Polnischer Nationalismus

Industrielle Welt

Schriftenreihe des Arbeitskreises für moderne Sozialgeschichte

Herausgegeben von
Andreas Eckert und Joachim Rückert

Band 78   Stephanie Zloch
            Polnischer Nationalismus

Stephanie Zloch

Polnischer Nationalismus

Politik und Gesellschaft
zwischen den beiden Weltkriegen

2010
BÖHLAU VERLAG KÖLN WEIMAR WIEN

Gedruckt mit freundlicher Unterstützung
der ZEIT-Stiftung Ebelin und Gerd Bucerius

Bibliografische Information der Deutschen Nationalbibliothek:
Die Deutsche Nationalbibliothek verzeichnet diese Publikation in der
Deutschen Nationalbibliografie; detaillierte bibliografische Daten sind
im Internet über http://dnb.d-nb.de abrufbar.

Umschlagabbildung:
B. Nowakowski, *Ojczyzna wzywa was!* (»*Das Vaterland ruft Euch!*«).
Plakat, 1918 (Muzeum Plakatu w Wilanowie), aus: Andrzej Garlicki, Drugiej
Rzeczypospolitej Początki, Wrocław 1997.

© 2010 by Böhlau Verlag GmbH & Cie, Köln Weimar Wien
Ursulaplatz 1, D-50668 Köln, www.boehlau.de

Alle Rechte vorbehalten. Dieses Werk ist urheberrechtlich geschützt.
Jede Verwertung außerhalb der engen Grenzen des Urheberrechtsgesetzes
ist unzulässig.

Druck und Bindung: Strauss GmbH, Mörlenbach
Gedruckt auf chlor- und säurefreiem Papier
Printed in Germany

ISBN 978-3-412-20543-0

Vorwort

Bei der vorliegenden Studie handelt es sich um die überarbeitete Fassung meiner Dissertation, die im Jahre 2007 von der Philosophischen Fakultät I der Humboldt-Universität zu Berlin angenommen wurde. Als Deutsche über polnischen Nationalismus zu schreiben ist nicht ohne Pikanterie. Umso dankbarer bin ich für den vielfältigen fachlichen Beistand, den ich erhalten habe.

An erster Stelle geht herzlicher Dank an meinen Doktorvater, Prof. Heinrich August Winkler. Er hat mich zu diesem Vorhaben ermuntert und mit methodischen Nachfragen sowie geistreich zugespitzten Kommentaren für die nötige Konturierung gesorgt. Ein besonderer Glücksfall war dabei für mich, dass Neuere und Neueste Geschichte am Lehrstuhl Winkler nicht, wie vielfach üblich, vorrangig als deutsche Geschichte begriffen wurde, sondern dass hier schon lange, bevor die Europäische Union vollendete Tatsachen schuf, eine „Osterweiterung" des historischen Denkens und Forschens stattgefunden hat. Ich freue mich, dass mit Frau Prof. Gertrud Pickhan (Freie Universität Berlin) eine exzellente Kennerin der polnisch-jüdischen Geschichte der Zwischenkriegszeit das Zweitgutachten übernommen hat.

Wertvolle Anregungen habe ich aus den Kolloquien der Professoren Günter Schödl (HU Berlin), Wolfgang Hardtwig (HU Berlin), Michael G. Müller (Halle), Wolfgang Benz (TU Berlin), Klaus Zernack (FU Berlin), Wojciech Wrzesiński und Krzysztof Kawalec (Wrocław) mitgenommen. In einem frühen Stadium der Arbeit halfen die Professoren Jerzy Holzer (ISP PAN) und Janusz Żarnowski (IH PAN). Ihre Gesprächsbereitschaft ist umso höher einzuschätzen, da sie ja damals nicht wissen konnten, was die junge Doktorandin mit dem Thema noch alles anstellen würde. Immer wieder als willkommener Gast fühlen durfte ich mich im Deutschen Historischen Institut Warschau. Die intensiven Diskussionen im Mittwochs-Kolloquium, die bestens sortierte Bibliothek und die Gespräche mit den wissenschaftlichen Mitarbeitern waren mir von großem Nutzen. Auch in den von mir besuchten polnischen Archiven und Bibliotheken habe ich durchweg freundliche und hilfsbereite Mitarbeiter angetroffen, die mir das Auffinden von Quellen sehr erleichtert haben.

Die vorliegende Arbeit hätte sich kaum realisieren lassen ohne eine großzügige materielle und logistische Unterstützung. Ein Jahr habe ich als Stipendiatin der Robert-Bosch-Stiftung am Centrum Stosunków Międzynarodowych von Botschafter a. D. Janusz Reiter in Warschau verbracht. In dieser Zeit konnte ich nicht nur in großem Umfang meine Materialrecherche in Archiven und Bibliotheken bewältigen, sondern ich hatte auch Gelegenheit, bei den Konferenzen und Diskussionsveranstaltungen des CSM die Unterschiede in der politischen Kultur der Zweiten und der Dritten Republik zu studieren. Der Deutsche Akademische Austauschdienst (DAAD) hat es mir anschließend über sein „Go East"-Programm ermöglicht, die Bestände des Ossolineums in Wrocław kennenzulernen und vor allem einen ausführlichen Einblick in die Forschungstätigkeit am Historischen Institut der Universität Wrocław zu gewinnen. Dabei war mir Prof. Krzysztof Ruchniewicz ein höchst ideenreicher und motivierender Ansprechpartner. Die wohl größte Herausforderung bestand darin, die Fülle an Quellen und Literatur zu strukturieren und zu verarbeiten. Daher bin ich ausgesprochen dankbar, dass mich die ZEIT-Stiftung Ebelin und Gerd Bucerius für die sogenannte „Schreibphase" in ihr Doktorandenprogramm „Die Deutschen und ihre östlichen Nachbarn" aufgenommen hat. Das Erscheinen der Arbeit als Buch hat die ZEIT-Stiftung dann mit einem überaus großzügigen Druckkostenzuschuss gefördert.

Dem Arbeitskreis für moderne Sozialgeschichte und seinem Vorsitzenden, Prof. Andreas Eckert, danke ich herzlich für die Aufnahme meiner Studie in die Schriftenreihe „Industrielle Welt". Aus den beiden Gutachten habe ich Ratschläge zur Präzisierung des Textes berücksichtigt. Hervorheben möchte ich nicht zuletzt die ausgezeichnete Zusammenarbeit mit dem Böhlau-Verlag.

Meine Eltern, Dr. Bernhard und Roswitha Zloch, haben meine Vorliebe für die Länder Mittel- und Osteuropas stets mit großer und ausdauernder Anteilnahme unterstützt. Mein Ehemann, Prof. Kornelius Nielsch, hat mich mit Gelassenheit und Souveränität durch die Wechselfälle wissenschaftlichen Arbeitens gelotst. Die Physik und die Geschichtswissenschaft haben offenkundig weit mehr Gemeinsamkeiten, als auf den ersten Blick zu vermuten ist! Meine Schwester Isabelle Zloch korrigierte die Druckfassung und half mir bei der neuen Rechtschreibung auf die Sprünge. Dass meine Doktorandenjahre sehr glückliche Jahre waren, verdanke ich meinen Töchtern Märta Luisa und Annika Solveig, die mit ihrer Geburt meinen Tagesablauf produktiv durcheinander gewirbelt haben. Widmen schließlich möchte ich die vorliegende Arbeit dem Andenken an meine Omi Maria Bens.

Hamburg, im Dezember 2009   Stephanie Zloch

Inhalt

Einleitung..11

I Auf der Suche nach der polnischen Nation. Aushandlungsprozesse zu Beginn der Zweiten Republik 35

  1 Nation in der Politik 35
    1. 1 Politische Partizipation als Idee. Das Wahlrecht zum Sejm..........35
    1. 2 Die Wahlkämpfe zum Sejm 1919 und 1922.................................53
    1. 3 Wahlergebnisse im Deutungsstreit 76
    1. 4 Konzepte der territorialen Selbstverwaltung 95
  2 Nation im Krieg: Der polnisch-sowjetische Krieg 1919 - 1920..........111
    2. 1 Jagiellonische vs. piastische Nation: Grenzen und Raumvorstellungen..111
    2. 2 Formierung einer Kriegsnation? Die Mobilisierung der Bevölkerung..129
    2. 3 Exklusion: Das Schlagwort *żydokomuna* 140
    2. 4 Nachwirkungen des Krieges und Anfänge der Gedenkpraxis 152
    2. 5 Polen als multiethnischer Staat...165
  3 Nation im Fest 191
    3. 1 Feiertag von „Volkspolen": 1. Mai..191
    3. 2 Verfassungstag: 3. Mai..196
    3. 3 Wann ist Nationalfeiertag? Rivalitäten zwischen 1. und 3. Mai..202
  4 Nation in der Schule 209
    4. 1 Ideen für die polnische Schule: Der Lehrer-Sejm 1919 209
    4. 2 Lehrer als neue gesellschaftliche Akteure 224
    4. 3 Schulische Praxis 232
    4. 4 Der Umgang mit der Multiethnizität im Schulwesen 244

II Von der Demokratie zum Autoritarismus. Nationsentwürfe unter politischem Druck..253

  1 Gelenkte Partizipation: Das Integrationsangebot des Staatsnationalismus 253
    1. 1 Repression und Integration: Die Sejm-Wahlen 1928 und 1930 .253

1. 2 Alte und neue Feiertage: Der 3. Mai und die Zehn-Jahres-Feier zur Staatsgründung am 11. November 1928.................274
1. 3 Die Umsetzung des neuen Kurses in der Schule 287
1. 4 Die Reform der territorialen Selbstverwaltung..................302
1. 5 Einheit nach außen? Außenpolitische Bedrohungsperzeptionen..................314
2 Adaption oder Opposition?..................322
2. 1 Auf dem Weg zur Massenbasis: Neue Wege der katholischen Kirche..................322
2. 2 Weltwirtschaftskrise und nationale Sinnstiftung: Der Gutsbesitzeradel..................336
2. 3 Staatsnationalismus als Kompromiss? Der Umgang mit der Multiethnizität..................347
3 Partizipationsentzug: Regimegegner auf Orientierungssuche..................357
3. 1 „Westliche" und „polnische" Wege zur Demokratie..................357
3. 2 Die schwierige Selbstbehauptung „Volkspolens"..................364
3. 3 Rückkehr der „organischen Arbeit": Gesellschaft als Privatveranstaltung..................381
3. 4 Der Faschismus als Vorbild?..................392

III Nation zwischen politischem Konflikt und gesellschaftlicher Integration. Von der April-Verfassung 1935 bis zum Kriegsausbruch 1939..................403

1 Politische Konflikte und Kampf um Partizipation..................403
1. 1 Boykott der Sejm-Wahlen 1935 und Lagerdenken..................403
1. 2 Umkämpfte Feiertage..................414
1. 3 Die Streiks von Bauern und Lehrern 1937..................430
1. 4 Spirale der Gewalt? Multiethnizität in einer polarisierten Gesellschaft..................449
2 Nationale Einheit im Zeichen der Bedrohung? Am Vorabend des Zweiten Weltkriegs..................464
2. 1 Zur Interdependenz von Außen- und Innenpolitik in den 1930er Jahren..................464
2. 2 Im Bann des Münchner Abkommens 1938..................470
2. 3 Die Mobilisierung der polnischen Gesellschaft 1939..................483
2. 4 Das „Wunder an der Weichsel" 1920 als Vorbild..................491
3 Gesellschaftliche Integration und politische Kultur. Formen nationaler Vergemeinschaftung..................500
3. 1 Festtagspraktiken..................500

3. 2 Der Diskurs der Landesverteidigung 510
3. 3 Generationswechsel: Die Jugend als Hoffnungsträger 519
3. 4 Die Organisierung der Gesellschaft 529
3. 5 Raumvorstellungen 536
3. 6 Sprache und Kultur 544
3. 7 Religiosität im Wandel 551
3. 8 Das Ideal der „sozialen Demokratisierung" 561
3. 9 „Rasse", „Volk", „Familie": Deutungsmuster der Abstammung 571

Zusammenfassung 579

Abkürzungsverzeichnis 591

Quellen- und Literaturverzeichnis 595

Personenregister 627

Einleitung

In der internationalen Geschichtsschreibung ist es üblich geworden, die Zeit zwischen den beiden Weltkriegen als lange währenden „Bürgerkrieg", mitunter auch als Mittelphase eines „Dreißigjährigen Krieges" zwischen 1914 und 1945 zu beschreiben.[1] Bei dieser Diagnose steht die Geschichte der totalitären Regimes in Deutschland, Italien und der Sowjetunion im Vordergrund, doch die Bemerkungen, die den nach dem Ersten Weltkrieg größtenteils neu entstandenen Staaten des östlichen Mitteleuropas gewidmet sind, tragen wesentlich dazu bei, das düstere Bild zu vervollständigen. Speziell im Falle Polens werden als Konfliktfaktoren häufig der diskriminierende Umgang mit ethnischen Minderheiten sowie das aufgrund widerstreitender Territorialansprüche belastete Verhältnis zu nahezu allen Nachbarländern angeführt. Als Ursache für diese Konflikte gilt gemeinhin ein übersteigerter polnischer Nationalismus, der nach der Erlangung der staatlichen Unabhängigkeit neuen Auftrieb erhalten habe. Ein entscheidendes Manko dieser Darstellungsweise ist allerdings, dass sie sich oft genug mit einem deskriptiven Zugang begnügt, Konfliktfaktoren und Ereignisse benennt, ohne ausführlicher nach Hintergründen und Wirkungszusammenhängen zu forschen.

Genau hier setzt die vorliegende Studie an. Worauf gründete der polnische Nationalismus der Zwischenkriegszeit und worin unterschied er sich vom polnischen Nationalismus des 19. Jahrhunderts? Kam es zu einer Radikalisierung des polnischen Nationalismus in der Zwischenkriegszeit und wenn ja, warum? Welche Entwicklungsmöglichkeiten und welche Zukunftsaussichten hatten Staat und Gesellschaft Polens zwischen den beiden Weltkriegen?

Zu klären ist zunächst der hier zugrunde gelegte Begriff von Nationalismus. Die Erforschung des Nationalismus hat in den 1980er Jahren einen bis heute bestimmenden Perspektivenwechsel durchgemacht. Wenngleich es schon früher konstruktivistische Deutungsansätze gegeben hat,[2] waren erst

---

1   Eric J. Hobsbawm: Das Zeitalter der Extreme. Weltgeschichte des 20. Jahrhunderts, München ⁶2003, S. 38; Mark Mazower: Der dunkle Kontinent. Europa im 20. Jahrhundert, Berlin 2000, S. 18; Hans-Ulrich Wehler: Deutsche Gesellschaftsgeschichte, Bd. 4: Vom Beginn des Ersten Weltkriegs bis zur Gründung der beiden deutschen Staaten, München 2003, S. 222; Harold James: Geschichte Europas im 20. Jahrhundert. Fall und Aufstieg 1914 - 2001, München 2004, S. 13, 39.
2   Im polnischen Zusammenhang von besonderer Bedeutung: Jan Stanisław Bystroń: Megalomania narodowa (1935), ND Warszawa 1995, S. 15 - 40.

die Werke Eric Hobsbawms[3] und Benedict Andersons[4] von entscheidendem Einfluss und sind mittlerweile schon fast zu "Klassikern" der Geschichtsschreibung aufgestiegen. Dieser Ansatz der Nationalismusforschung legt nahe, dass die Nation als „Artefakt", als eine Denkfigur bzw. als eine „imaginierte Gemeinschaft" zu betrachten ist.[5] Es handelt sich bei der Nation demnach nicht um eine feststehende historische Größe, die zunächst „schläft", dann „geweckt" wird und schließlich Besitz ergreift von den politischen und sozialen Strukturen, sondern um einen Prozess ständiger Konstruktion. Dies verweist auf die Flexibilität und innere Vielfalt des Phänomens Nation, das stets neu definiert und mit neuem Inhalt aufgeladen werden kann.[6] Nach einem viel zitierten Diktum von Ernest Gellner schafft sich so der Nationalismus erst seine Nation.[7]

Diese Formulierung hat, ebenso wie die deutsche Übersetzung des Titels von Andersons Hauptwerk („Die Erfindung der Nation"), einige Kritik hervorgerufen. Weiterführend ist der Konstruktivismus aber nur dann, wenn er nicht normativ ein voluntaristisches Prinzip von Nation impliziert, sondern als analytisches Konzept dient. So ist die Nationalismusforschung von der früheren Annahme weitgehender inhaltlicher Homogenität nationaler Bewegungen abgerückt und betont verstärkt die Varianz unterschiedlicher Nationsentwürfe. Wenngleich eine nationalistische Selbstbeschreibung weiterhin „für die Loyalität gegenüber der ‚Nation' absoluten Vorrang vor allen anderen Loyalitäten"[8] beansprucht, was in letzter Konsequenz die Bereitschaft einschließt, für die Nation persönliche Opfer zu bringen, das Äußerste zu geben und im Kampf für sie zu sterben, so ist doch typisch, dass der Nationalismus vielfältige Verbindungen eingeht mit anderen Identitätsangeboten wie Konfession, Geschlecht oder Region.[9]

Einerseits erhielt das Konstrukt der Nation dadurch seine Langlebigkeit, Dynamik und Durchschlagkraft. Andererseits ist davon auszugehen, dass die

---

[3] Eric J. Hobsbawm: Nationen und Nationalismus. Mythos und Realität seit 1780, München ²1998.

[4] Benedict Anderson: Die Erfindung der Nation. Zur Karriere eines folgenreichen Konzepts, Berlin 1998.

[5] Ein ausführliche Erörterung dieses Ansatzes bei Dieter Langewiesche: Was heißt „Erfindung der Nation?" Nationalgeschichte als Artefakt – oder Geschichtsdeutung als Machtkampf, in: HZ, 277, 2003, S. 593 - 617.

[6] Hans-Ulrich Wehler: Nationalismus. Geschichte, Formen, Folgen, München 2001, S. 10.

[7] Ernest Gellner: Nationalismus und Moderne, Hamburg 1995, S. 87.

[8] Heinrich August Winkler: Einleitung. Der Nationalismus und seine Funktionen, in: ders. (Hrsg.): Nationalismus, Königstein/Ts. ²1985, S. 33.

[9] Bernard Linek und Kai Struve: Einleitung, in: dies. (Hrsg.): Nacjonalizm a tożsamość narodowa w Europie Środkowo-Wschodniej w XIX i XX w./Nationalismus und nationale Identität in Ostmitteleuropa im 19. und 20. Jahrhundert [Tagungen zur Ostmitteleuropa-Forschung, Bd. 12], Opole - Marburg 2000, S. 6.

Nation keine „Monopolstellung in der mentalen Welt des Individuums" besitzt.[10] Hierauf hat in der polnischen Forschung insbesondere die Soziologin Antonina Kłoskowska aufmerksam gemacht.[11] Ihre Fragen nach individuellen Konversionen und Grenzen des Nationalen können helfen, sich der Fokussierung auf die Kollektivgröße Nation, die sich bei einer Studie zum Nationalismus leicht einstellt, immer wieder kritisch bewusst zu werden.

Viele empirische Studien und in jüngster Zeit auch eine wachsende Zahl von exemplarisch angelegten Überblicksdarstellungen haben die theoretischen Anregungen der Konstruktivisten mit Leben gefüllt. Um Entstehung und Wirkung des Nationalismus möglichst umfassend zu beleuchten, hat es sich aber als sinnvoll erwiesen, bereits früher entwickelte ideen- und sozialgeschichtliche Forschungsansätze in die Analyse zu integrieren. Miroslav Hroch bemerkte jüngst, das „Konstrukt Nation konnte nur unter bestimmten sozialen, politischen und kulturellen Bedingungen, die von den Wünschen und Idealen der ‚Nationalisten' unabhängig waren, Erfolg haben".[12] Die daraus resultierende Forschungsfrage nach der „Verschränkung unterschiedlich konstruierter Identitäten einerseits mit wichtigen Entwicklungsmustern und -prozessen des 19. und 20. Jahrhunderts andererseits"[13] kommt ohne eine Bündelung und Reflektierung verschiedener methodischer Ansätze nicht aus.

Den zeitlichen Schwerpunkt der Nationalismusforschung bildet bis heute das „lange" 19. Jahrhundert. Um den Nationalismus des 20. Jahrhunderts zu untersuchen, genügt es jedoch nicht, ältere Entwicklungslinien einfach in jüngere Zeiten zu verlängern. Dies gilt auch für den Fall des polnischen Nationalismus. Die Dynamik der polnischen Nationsbildung in der Zeit der Teilungen war eine wichtige Voraussetzung, um Anspruch auf Wiedererlangung der eigenen Staatlichkeit erheben zu können. Offen blieb jedoch die Frage, unter welchen konkreten politischen und gesellschaftlichen Rahmenbedingungen sich ein neues Polen konstituieren könnte. Unbeeindruckt vom verführerischen Charme geschichtsteleologischer Deutungen und von einer politischen Semantik, derzufolge die 1918 entstandene Republik Polen die

---

10 Wehler, Nationalismus, S. 11, 104.
11 Vgl. hierzu die Aufsätze in: Antonina Kłoskowska: National Cultures at the Grass-Root Level, Budapest 2001.
12 Miroslav Hroch: Das Europa der Nationen. Die moderne Nationsbildung im europäischen Vergleich [Synthesen. Probleme europäischer Geschichte, Bd. 2], Göttingen 2005, S. 8.
13 Heinz-Gerhard Haupt und Charlotte Tacke: Die Kultur des Nationalen. Sozial- und kulturgeschichtliche Ansätze bei der Erforschung des europäischen Nationalismus im 19. und 20. Jahrhundert, in: Wolfgang Hardtwig und Hans-Ulrich Wehler (Hrsg.): Kulturgeschichte heute [GG-Sonderheft, Bd. 16], Göttingen 1996, S. 283.

„Zweite Republik" nach der 1795 untergegangenen „Ersten Republik", der polnisch-litauischen Adelsrepublik, war: Eine zwangsläufige und logische Konsequenz der polnischen Nationalbewegung des 19. Jahrhunderts war die Staatsgründung nicht.[14]

Der Erste Weltkrieg brachte nicht nur den Untergang der imperialen Monarchien in Mittel- und Osteuropa und die Entstehung neuer Nationalstaaten, sondern auch tief greifende gesellschaftliche und mentale Änderungen. Genauer als das einflussreiche Deutungsmuster George F. Kennans von der „Urkatastrophe" des 20. Jahrhunderts trifft die Charakteristik des Ersten Weltkriegs als „nationalismusgeschichtliche Zäsur".[15] Auf der einen Seite sorgte das Konstrukt der Kriegsnation für eine neue Intensität von gesellschaftlicher Mobilisierung und für eine bis in die alltäglichen Lebenswelten reichende Militarisierung und Nationalisierung. Auf der anderen Seite wirkten die Partizipation breiter Bevölkerungsschichten an den Kriegsanstrengungen und der Legitimationsverlust der bestehenden Regierungssysteme katalysierend für die Durchsetzung des mit seinen Anfängen bis ins 19. Jahrhundert zurückreichenden politischen Massenmarkts. Das Ende des Krieges markierte zugleich den Beginn einer europaweiten Demokratisierungswelle.[16]

Das ambivalente Beziehungsgeflecht von Nationalismus und politischer Partizipation wurde zu einem konstitutiven Aspekt für die Epoche zwischen den beiden Weltkriegen. Den emanzipatorischen Forderungen der polnischen Nationalbewegung und dem allgemeinen europäischen Trend zur Demokratisierung folgend, erhielt die Bevölkerung Polens gleich zu Beginn der staatlichen Unabhängigkeit umfangreiche Partizipationsmöglichkeiten. Mit der Verkündung von Rede-, Presse-, Glaubens- und Versammlungsfreiheit, dem Streikrecht, dem allgemeinen, gleichen, geheimen, direkten und proportionalen Wahlrecht für Männer und Frauen sowie dem Prinzip der Selbstverwaltung für Städte, Gemeinden und Kreise, für das staatliche Schulwesen und andere soziale Einrichtungen brauchte Polen verfassungs-

---

[14] Wichtige Überlegungen hierzu bei Hans Lemberg: Polnische Konzeptionen für ein neues Polen in der Zeit vor 1918, in: Theodor Schieder (Hrsg.): Staatsgründungen und Nationalitätsprinzip [Studien zur Geschichte des neunzehnten Jahrhunderts. Abhandlung der Forschungsabteilung des Historischen Seminars der Universität Köln, Bd. 7], München - Wien 1974, S. 85, 102 - 103.
[15] Siegfried Weichlein: Nationalbewegungen und Nationalismus in Europa, Darmstadt 2006, S. 142.
[16] Kritische Würdigung bei Hartmut Kaelble: Wege zur Demokratie. Von der Französischen Revolution zur Europäischen Union, Stuttgart - München 2001, S. 49 - 60.

rechtlich den europäischen Vergleich nicht zu scheuen.[17] Die Mitwirkung der Bevölkerung entsprach einem breiten gesellschaftlichen und politischen Konsens, denn die Herkulesaufgabe des Staatsaufbaus erforderte eine Vielzahl von Kräften. Das nach 1918 stark ausgeweitete politische Partizipationsangebot bildete die entscheidende Voraussetzung für den offen ausgetragenen Aushandlungsprozess unterschiedlicher Nationsentwürfe.

Dies änderte sich einschneidend mit dem Übergang vom demokratischliberalen Verfassungsstaat zur autoritären Herrschaft Józef Piłsudskis. Erklärungsversuche stützten sich lange Zeit auf strukturelle Faktoren wie den agrarischen Charakter der Gesellschaft, wirtschaftliche Krisen oder die Schwäche demokratischer Institutionen.[18] Der Kontrast zwischen demokratischem, freiheitlichem Erbe und Errichtung einer autoritären Herrschaft noch vor der Weltwirtschaftskrise ist aber im Falle Polens so frappierend, dass eine befriedigende Erklärung ohne einen Blick auf das Verständnis von Staat, Nation und Demokratie kaum erreicht werden kann.[19]

Die theoretischen Implikationen von Regimewechseln werden von der Nationalismusforschung kontrovers diskutiert. Gestützt auf das historische Beispiel Westeuropas und Nordamerikas, konstatierte Hans-Ulrich Wehler eine prinzipielle Affinität des Nationalismus zur Nationaldemokratie, verwies aber für das 20. Jahrhundert auf die politische Polyvalenz des Nationalismus.[20] Dahinter stehen drei grundsätzliche Fragen: Kann das Gemeinschaftskonzept Nation mit politischem und gesellschaftlichem Pluralismus koexistieren? Welche Folgen hat dann im Gegenzug die Einschränkung der Partizipationsverheißung in einem autoritären Staat auf Nationsentwürfe und Nationalismus? Kann der Nationalismus ein Substitut für den Entzug von individuellen demokratischen Rechten bieten?

Zu den drängendsten Themen der Zeit zwischen den beiden Weltkriegen gehörte aber nicht nur die politische, sondern auch die gesellschaftliche Ordnung. Nationale und soziale Frage hatten schon früh enge Wechselwirkungen gezeigt: Mit der Deutung der Nation waren gesellschaftliche Ordnungsvorstellungen verknüpft, umgekehrt wurden soziale Auf- und Ab-

---

17 Jerzy Kochanowski: Horthy und Piłsudski – Vergleich der autoritären Regime in Ungarn und Polen, in: Erwin Oberländer (Hrsg.): Autoritäre Regime in Ostmittel- und Südosteuropa 1919 - 1944, Paderborn 2001, S. 33.
18 Horst Möller: Europa zwischen den Weltkriegen [Oldenbourg Grundriß der Geschichte, Bd. 21], München 1998, S. 125.
19 Die Darstellung von Hagen Schulze: Staat und Nation in der europäischen Geschichte, München 1994 leistet diese Aufgabe trotz einzelner Hinweise auf die Situation im Osten nur für die großen Länder Westeuropas.
20 Wehler, Nationalismus, S. 50.

stiegsprozesse sinnstiftend plausibilisiert. Die Ereignisse von 1917 verliehen dem Ganzen eine neue Dynamik und Qualität. Das radikale Experiment sowjetischer Herrschaft in Russland löste mitunter Faszination, weit mehr aber Furcht und Ablehnung aus. Eine Revolution nach Petrograder Muster besaß zwar spätestens zu Beginn der 1920er Jahre in den meisten europäischen Ländern keine Chance mehr auf Verwirklichung, allerdings konnten auch schon weitaus gemäßigtere soziale Reformen und neue Partizipationsangebote wie die Einführung des allgemeinen Männer- und Frauenwahlrechts traditionelle Vorstellungen von gesellschaftlicher Ordnung ins Wanken bringen. Diese Umbruchstimmung verführte dazu, nach neuen Formen von Zusammenhalt und Zugehörigkeit unter nationalen Vorzeichen zu suchen.[21]

Eine solche Neubestimmung der Nation erfolgte in Polen vor dem Hintergrund eines noch wenig verfestigten sozialen Gefüges. Rang und Anerkennung in der nach 1918 neu zu konstituierenden polnischen Gesamtgesellschaft, die sich aus den durch unterschiedliche Entwicklungsverläufe geprägten Gesellschaften der einzelnen Teilgebiete zusammensetzte, waren erst auszuhandeln. Dies war umso dringlicher, da die Eliten der Teilungsmächte, die wichtige Schaltstellen der Politik und Verwaltung, aber auch der gesellschaftlichen Hierarchie besetzt hatten, nicht mehr zur Verfügung standen. Parallel zum sozialen Wandel im Polen der Zwischenkriegszeit verliefen Ansätze zur Neubestimmung der Geschlechterordnung.

Nachdrücklicher als zuvor hatte der Erste Weltkrieg schließlich den Faktor Ethnizität, dies auch in Form ideologisch aufgeladener Derivate wie „Rasse" oder „Volk", ins Spiel gebracht. In der neueren Forschung wird Ethnizität, analog zum Begriff der Nation, nicht mehr essentialistisch aufgefasst, sondern als Wahrnehmung von Differenz. Diese Differenz kann auf unterschiedliche Merkmale der Selbst- oder Fremdbeschreibung bezogen sein, auf religiöse oder kulturelle Traditionen, auf sprachliche Zugehörigkeiten, geteilte historische Erinnerungen, aber auch auf rassisch-biologisch unterfütterte Vorstellungen von der eigenen Abstammung. Mit der Betonung des Konstrukthaften und Imaginären der Ethnizität ist früheren Annahmen einer Primordialität der Boden entzogen, somit kann auch der Begriff der Nation nicht quasi durch die Hintertür, in Gestalt der „ethnischen" Nation, durch ein vermeintlich objektives Kriterium „erhärtet" werden.[22]

---

[21] Einen Deutungsrahmen für die deutsche Geschichte gibt Paul Nolte: Die Ordnung der deutschen Gesellschaft. Selbstentwurf und Selbstbeschreibung im 20. Jahrhundert, München 2000, S. 24, 61 - 72.

[22] Weichlein, Nationalbewegungen, S. 14 - 15; in Bezug auf die Variante „Rasse": Christian Geulen: Wahlverwandtschaften. Rassendiskurs und Nationalismus im späten 19. Jahrhundert, Hamburg 2004, S. 16 - 17.

Ethnizität fand ihre entscheidende Abgrenzung zur Nation lange Zeit im Fehlen konkreter politischer Konsequenzen wie der Perspektive auf einen unabhängigen Staat. Geeignet diese Trennlinie neu auszuhandeln, war die maßgeblich vom amerikanischen Präsidenten Woodrow Wilson lancierte Vorstellung eines „Selbstbestimmungsrechts der Völker", die einer Friedensregelung nach dem Ende des Ersten Weltkriegs als Grundlage dienen sollte. Damit erhielten Bestrebungen, die als Ausgangspunkt von Ethnizität angenommenen Differenzen zu schärfen, starken Auftrieb. Für die seit 1918 neu entstandenen, ethnisch oft heterogen zusammengesetzten Staaten Mittel- und Osteuropas bedeutete dies eine besondere Herausforderung an politische Visionskraft und praktische Integrationsfähigkeit.

Die Charakteristik des Nationalismus als Kombination von Partizipationsverheißung (Inklusion) und Ausgrenzungsstrategien (Exklusion)[23] war nach dem Ersten Weltkrieg also nicht obsolet geworden, im Gegenteil: Zunehmende gesellschaftliche Differenzierung und Pluralisierung, Massenpolitik und Demokratisierung stellten neue Ansprüche an das Partizipationsangebot. Interessenartikulation und Konkurrenzprinzip waren von steigender Bedeutung. Wenn in den heutigen Sozialwissenschaften der geregelte Konfliktaustrag als wichtiges Fundament einer modernen Gesellschaft angesehen wird, so gestaltete sich der Weg dahin als eine ausgesprochen schwierige und von den Zeitgenossen oft als krisenhaft empfundene Anpassungsleistung.

In jüngeren Arbeiten zur Nationalismusforschung wurde nun der Nationalismus selbst als innergesellschaftliches Konfliktpotential wahrgenommen und der einheitsstiftende Anspruch des Nationalismus nachdrücklich in Frage gestellt.[24] Basis des Nationalismus sind demnach nicht nur unterschiedliche und oft auch divergierende Nationsentwürfe, vielmehr verschärft der Nationalismus sogar innergesellschaftliche Konflikte, indem er die Grenze zwischen äußeren und inneren Feinden in dichotomischer und diffamierender Weise verwischt und legitime Interessengegensätze unter dem Mantel des Nationalen negiert.[25] Dialektisch formuliert verstärkt der

---

[23] Dieter Langewiesche: Nation, Nationalismus, Nationalstaat: Forschungsstand und Forschungsperspektiven, in: NPL, 40, 1995, S. 190 - 236.

[24] Jörg Echternkamp und Sven Oliver Müller: Perspektiven einer politik- und kulturgeschichtlichen Nationalismusforschung. Einleitung, in: dies. (Hrsg.): Die Politik der Nation. Deutscher Nationalismus in Krieg und Krisen 1760 - 1960, München 2002, S. 1 - 24.

[25] Sven Oliver Müller: Die Nation als Waffe und Vorstellung. Nationalismus in Deutschland und Großbritannien im Ersten Weltkrieg [Kritische Studien zur Geschichtswissenschaft, Bd. 158], Göttingen 2002, S. 19 - 20.

Nationalismus damit gerade jene Krisenerfahrungen der Moderne, die er zu moderieren, reduzieren oder überwinden trachtet.

Diese Fragmentierungsthese ist freilich nicht das letzte Wort in der Diskussion. Selbst bei heftigsten Konflikten und Widerständen gegen Verfassungsrahmen und politische Ordnung gibt es John Breuilly zufolge im Konstrukt der Nation ein gemeinsames gesellschaftliches und kulturelles Bezugssystem.[26] Die politischen *cleavages* liefen nicht gegen die Nation, sondern beschrieben sie – oder anders ausgedrückt: Die Nation erhielt ihre innere Konsistenz gerade im Pluralismus konkurrierender Deutungen. Der Nationalismus entfaltete seine Integrationswirkung nicht durch die von ihm postulierte politische, ethnische oder kulturelle Homogenität, sondern durch gemeinsame Kommunikationsebenen und Formen der Vergemeinschaftung, die auf subtile Weise zu einer relativen Einheit zusammenführen. Dieser Vorgang kann durchaus als *nation-building* gelten, wenn damit eine den Konstruktionsprozess von Nation verfestigende Ausprägung von räumlichen, kulturellen, religiösen oder sozialen Vorstellungen unter nationalem Vorzeichen gemeint ist.

Angesichts der Bedeutung, die dem Nationalismus in Mittel- und Osteuropa gemeinhin zugeschrieben wird, erscheint eine Beschäftigung der neueren Nationalismusforschung mit dieser Region längst überfällig. Tatsächlich sind in den letzten beiden Jahrzehnten einige Arbeiten in Gang gekommen, dennoch ist die Situation im Gegensatz zu Westeuropa und Deutschland noch recht überschaubar.[27]

Der Schwerpunkt neuerer Forschungen zum polnischen Nationalismus liegt, hier dem internationalen Trend folgend, auf dem 19. Jahrhundert. Tomasz Kizwalter bietet eine Darstellung, die sich narrativ an politischen Ereignissen orientiert, aber deren Wirkungen auf das polnische Nationalbewusstsein im Lichte konstruktivistischer Deutungsansätze reflektiert.[28] Brian Porter bekennt sich dezidiert zum *linguistic turn* in der Geschichtswissenschaft, wenn er Nationsvorstellungen von Schriftstellern, Künstlern, Publi-

---

[26] John J. Breuilly: Nationalismus als kulturelle Konstruktion: Einige Überlegungen, in: Echternkamp/Müller, Politik der Nation, S. 261.

[27] Wichtige Forschungsfragen formulieren Ulrike von Hirschhausen und Jörn Leonhard: Europäische Nationalismen im West-Ost-Vergleich: Von der Typologie zur Differenzbestimmung, in: dies. (Hrsg.): Nationalismen in Europa. West- und Osteuropa im Vergleich, Göttingen 2001, S. 11 - 45. Recht allgemein gehalten ist der Forschungsüberblick von Ralph Schattkowsky: Nationalismus in Ostmitteleuropa. Tendenzen und Aufgaben der Forschung, in: ders. und Michael G. Müller (Hrsg.): Identitätswandel und nationale Mobilisierung in Regionen ethnischer Diversität. Ein regionaler Vergleich zwischen Westpreußen und Galizien am Ende des 19. und Anfang des 20. Jahrhunderts [Tagungen zur Ostmitteleuropa-Forschung, Bd. 20], Marburg 2004, S. 1 - 27.

[28] Tomasz Kizwalter: O nowoczesności narodu. Przypadek Polski, Warszawa 1999.

zisten, Politikern und Offizieren untersucht. Nationalismus konstituiert sich hiernach aus politischen Diskursen, aber auch aus der Sprache selbst als zentraler kultureller Praxis.[29]

Über das 19. Jahrhundert hinaus greifen Andrzej Walicki, Roman Wapiński und Timothy Snyder. In seinem geschichtsphilosophischen Essay „The Three Traditions in Polish Patriotism and their Contemporary Relevance" aus dem Jahr 1988 hat Andrzej Walicki bislang am prägnantesten die Heterogenität polnischer Nationsentwürfe vorgestellt.[30] Roman Wapiński betrachtet für die Zeit vom Ausgang des 18. bis zur Mitte des 20. Jahrhunderts ausführlich zwei Konstruktionselemente von Nation: Raum und Ethnizität.[31] Bis in die frühe Neuzeit zurück reicht schließlich die Arbeit von Timothy Snyder, die den Zusammenhang zwischen Multiethnizität und Nationalbewusstsein für den historischen Überlappungsbereich der heutigen Staaten Polen, Litauen, Ukraine und Weißrussland thematisiert.[32]

Der polnische Nationalismus zwischen den beiden Weltkriegen ist von der neueren Forschung somit nur im Rahmen zeitlich übergreifender oder thematisch fokussierter Studien erfasst. Dabei hat die Betrachtung dieses Zeitraums nicht nur ihre historischen, sondern auch ihre historiographischen Besonderheiten: Empirischen Erkenntnissen stehen nach wie vor höchst wirkmächtige normative Vorannahmen gegenüber.

Für die polnische Geschichtsschreibung galt während der ersten Jahrzehnte nach dem Zweiten Weltkrieg die Devise, die Zweite Republik als Negativfolie für die Volksrepublik Polen zu desavouieren.[33] In der internationalen Geschichtsschreibung dominierte dagegen lange Zeit das personenzentrierte Deutungsmuster von einer Rivalität zwischen dem Führer der Nationaldemokraten, Roman Dmowski, und Marschall Józef Piłsudski.[34]

---

[29] Brian Porter: When Nationalism Began to Hate. Imagining Modern Politics in Nineteenth-Century Poland, New York - Oxford 2000, S. 5 - 7.
[30] Andrzej Walicki: The Three Traditions in Polish Patriotism and their Contemporary Relevance, Bloomington 1988.
[31] Roman Wapiński: Polska i małe ojczyzny Polaków. Z dziejów kształtowania się świadomości narodowej w XIX i XX wieku po wybuch II wojny światowej, Wrocław - Warszawa - Kraków 1994.
[32] Timothy Snyder: The Reconstruction of Nations. Poland, Ukraine, Lithuania, Belarus 1569 - 1999, New Haven - London 2003.
[33] Jerzy Holzer: Upadek komunizmu i historiografia, in: Piotr Kosiewski und Grzegorz Motyka (Hrsg.): Historycy polscy i ukraińscy wobec problemów XX wieku, Kraków 2000, S. 6.
[34] Ausführlich dazu: Norman Davies: Im Herzen Europas. Geschichte Polens, München 2000, S. 118 - 135.

In Polen brachte das Ende der 1970er Jahre aufgekommene Paradigma der „Politischen Ideengeschichte" allmählich eine Versachlichung und Historisierung. Die Themen der polnischen und der internationalen Geschichtsschreibung glichen sich nun stärker: die Entwicklung politischer Parteien, die politische Ideenwelt einzelner Protagonisten oder das Verhältnis zwischen polnischem Staat und nationalen Minderheiten.

Die politik- und ideengeschichtliche Betrachtung der Zweiten Republik hat bis heute eine starke Stellung. Wenn diese Forschungshaltung mitunter positivistisch anmutet, dann ist dies nicht zuletzt durch die politische Wende seit Ende der 1980er Jahre befördert: Rafał Stobiecki konstatiert eine Krise methodischer Reflexion und erklärt dies mit dem Übermaß an Methodologie zu Zeiten des historischen Materialismus.[35] Komplementär dazu steht das Bestreben, nach dem Ende direkter ideologischer Einwirkungsmöglichkeiten auf die Geschichtsschreibung nun historischer „Wahrheit" und „Objektivität" näher kommen zu können. Lange Zeit tabuisierte Bereiche der politischen und militärischen Geschichte sowie der Biographik rückten nun in den Mittelpunkt des Interesses.

Kultur- und sozialgeschichtliche Ansätze finden sich auffallend häufig beim Themenbereich Multiethnizität. Wichtigen Anstoß haben hier in den 1980er Jahren die Arbeiten von Jerzy Tomaszewski gegeben, der die Perspektive der Forschung von der staatlichen „Nationalitätenpolitik" auf die Lebensumstände und politischen Vorstellungen der ethnisch nicht-polnischen Bevölkerung lenkte.[36] Ein solcher Paradigmenwechsel steht für die Beschäftigung mit dem polnischen Nationalismus der Zwischenkriegszeit insgesamt noch aus. Zwar ist die Auffassung von konkurrierenden Deutungen der Nation durchaus präsent, doch die für die Zeit zwischen den beiden Weltkriegen geläufige Zuspitzung auf eine „jagiellonische" und „piastische" Vision ist im inhaltlichen Zuschnitt begrenzt. Die Eingängigkeit des Kontrastes täuscht über komplexere gesellschaftliche, politische und kulturelle Differenzierungen hinweg und für eine Analyse im Kontext europäischer Geschichte erweist sich die Einbettung in ein spezifisch polnisches Nationalnarrativ als hinderlich.

Vor allem aber herrscht in vielen Einschätzungen zum polnischen Nationalismus zwischen den beiden Weltkriegen eine etatistische Sicht vor. Dies ist aus mehreren Gründen revisionsbedürftig. Zum ersten musste ein funktionierendes Staatswesen erst aufgebaut werden – und noch der in den

---

[35] Rafał Stobiecki: Between Continuity and Discontinuity: A Few Comments on the Post-War Development of Polish Historical Research, in: ZfO, 50, 2001, S. 227.
[36] Jerzy Tomaszewski: Ojczyzna nie tylko Polaków. Mniejszości narodowe w Polsce w latach 1918 - 1939, Warszawa 1985; Jerzy Tomaszewski: Rzeczpospolita wielu narodów, Warszawa 1985.

Einleitung

1930er Jahren dominierende Diskurs von Staat und Staatsbewusstsein zeugte mehr von einem vorhandenem Nachholbedarf als von einer als selbstverständlich empfundenen Normalität. Dagegen beruhte die polnische Nationalbewegung seit dem 19. Jahrhundert auf einem reichen Fundament an kulturellen Vereinen, Jugendverbänden, politischen Debattierzirkeln und Fördergesellschaften für das Schulwesen, die lokale Wirtschaft oder die Wissenschaft. Durch die Erfahrung der Teilungsherrschaft im 19. Jahrhundert war für viele Polen der Gedanke an den Staat mit negativem Vorzeichen versehen: „Nothing was more alien and more horrifying to Polish patriots than the idea of identifying nation with state, nationality with citizenship, and patriotism with loyalty to the existing state."[37] Dagegen wurde die Gesellschaft als Trägerin nationaler Kontinuität empfunden.[38] Die Annahme eines typologischen Übergangs vom „emanzipatorischen Nationalismus" zum „Staatsnationalismus" nach 1918 greift daher zu kurz. Stärker als bislang ist das Augenmerk auf die Rolle der Gesellschaft, auch auf die der intermediären Ordnungsmächte Adel und katholische Kirche zu richten, die sich im 19. Jahrhundert um eine Kompensation der fehlenden eigenen Staatlichkeit bemüht hatten.

Zum zweiten hat Eric Hobsbawm zu Recht daran erinnert, dass „offizielle Ideologien von Staaten und Bewegungen keine Anhaltspunkte für das, was in den Köpfen selbst ihrer loyalsten Bürger oder Anhänger vorgeht", bieten. Demnach ist es nicht ausreichend, sich auf die Analyse der Leitbilder und Handlungen von Eliten zu beschränken.[39] Die Verankerung nationaler Dispositionen und Loyalitäten ist dabei auch nicht lediglich Produkt einer Diffusion von „oben" nach „unten", von Elitenkultur zu Volkskultur, sondern Ausdruck immer wieder neuer Verarbeitung und Verflechtung kultureller Modelle.[40] Erst der Blick auf Bewusstsein und Handeln breiterer Bevölkerungsschichten gibt Aufschluss über Reichweite und Durchsetzungskraft des Nationalismus.[41]

Zum dritten neigt eine traditionelle etatistische Perspektive auf die polnische Geschichte zwischen den beiden Weltkriegen dazu, den Nationalismus funktional als Integrationsinstrument für den Aufbau des eigenen Nationalstaats zu interpretieren. Vom Denken in staatlichen Kategorien sind selbst

---

37 Walicki, Three Traditions, S. 2. Der berühmte Ausspruch „right or wrong, my country" gilt ihm für den polnischen Kontext als untypisch.
38 Katrin Steffen: Jüdische Polonität. Ethnizität und Nation im Spiegel der polnischsprachigen jüdischen Presse 1918 - 1939 [Schriften des Simon-Dubnow-Instituts, Bd. 3], Göttingen 2004, S. 254.
39 Hobsbawm, Nationen, S. 22.
40 Haupt/Tacke, Kultur des Nationalen, S. 283.
41 Hobsbawm, Nationen, S. 22

sozialpsychologische Deutungen des polnischen Nationalismus beeinflusst. Indem sie infolge der langen Teilungsherrschaft ein labiles kollektives Selbstwertgefühl konstatieren, setzen sie voraus, dass Sicherheit in Bezug auf Status und Identität wesentlich durch die Existenz von Staatlichkeit vermittelt werden.[42] Weitgehend unberücksichtigt bleiben hier die emanzipatorischen Antriebsmomente des Nationalismus, auch wird nicht genügend der Erkenntnis Rechnung getragen, dass es eine Vielfalt an Nationsentwürfen gibt, die Erfahrungen der Vergangenheit jeweils auf sehr unterschiedliche Weise verarbeiten. Mit dem Blick auf zentrale gesellschaftliche und politische Akteure wird das innergesellschaftliche Konfliktpotential des Nationalismus deutlich.

Die Analyse von Nationalismus stützt sich in dieser Studie auf ein breites methodisches Instrumentarium. Wird der polnische Nationalismus des 19. Jahrhunderts in seinen Auswirkungen thematisiert, dann geschieht dies mit den theoretischen Prämissen der intensiven jüngeren Forschungen zu Erinnerung und Gedächtnis: Demnach ist es so, dass die jeweilige „Gegenwart immer wieder neu darüber entscheidet, welche Personen, Ereignisse und historischen Zusammenhänge kollektiv erinnert werden".[43] Bei einem solchen kulturellen Gedächtnis handelt es sich um ein epochenübergreifendes Konstrukt, zu dessen Merkmalen eine zeremonielle Kommunikation, symbolische Kodierungen und Inszenierungen sowie spezialisierte Traditionsträger gehören.[44] Es ist also konkret zu fragen, welche Ideen, Organisationsformen und Wirkungen der polnischen Nationalbewegung des 19. Jahrhunderts in der Zwischenkriegszeit rezipiert wurden, in welchem Kontext diese zwangsläufig selektive Erinnerung stand und welche Trägerschichten hier identifiziert werden können.

Zentrale Bedeutung besitzt der sozial- und kulturgeschichtliche Ansatz, die unterschiedlichen Nationsentwürfe nicht nur ideologisch-programmatisch, sondern verstärkt lebensweltlich herzuleiten, insbesondere mit Blick auf Praktiken und kulturelle Repräsentationen. Dazu gehört die Analyse zeitgenössischer Diskurse, die nicht nur Aufschluss gibt über Wahrnehmungs- und Deutungshorizonte, sondern nach Michel Foucault idealerweise auch die gesellschaftlichen Vorbedingungen des Gesagten in den Blick

---

[42] Bereits Hans Kohn suchte den "osteuropäischen" Nationalismus als Versuch zur Überwindung des eigenen "Minderwertigkeitsgefühls" darzustellen: Hroch, Europa der Nationen, S. 18 - 19.

[43] Christoph Cornelißen: Was heißt Erinnerungskultur? Begriff – Methoden – Perspektiven, in: GWU, 54, 2003, S. 563.

[44] Grundlegend: Jan Assmann: Das kulturelle Gedächtnis. Schrift, Erinnerung und politische Identität in frühen Hochkulturen, München 1992, S. 50 - 56.

nimmt.⁴⁵ Strukturell verwandt ist das maßgeblich von Pierre Bourdieu entwickelte Konzept des Habitus, das in einer Form von „verinnerlichter Gesellschaft" bzw. „sozialisierter Subjektivität" die Verbindung zwischen gesellschaftlichen Strukturen und individuell-menschlichen Verhaltens- und Wertungsdispositionen, Denk- und Handlungsschemata zu begreifen sucht.⁴⁶ Für die zu diskutierenden Nationsentwürfe im Polen der Zwischenkriegszeit ergibt sich daraus, dass, wie für andere Deutungsangebote auch, nicht die Realitätsnähe entscheidend ist, sondern das Vermögen, Diskurse und Handlungen einer Gesellschaft zu prägen und dadurch eine eigene Wirklichkeit zu erzeugen. Die klassische Frage „Was ist eine Nation?" zielt im Verständnis der neueren Nationalimusforschung daher weniger auf die Typologisierung als vielmehr auf die komplexen gesellschaftlichen und kulturellen Aushandlungsprozesse von Nation. In der polnischen Zweiten Republik als junger Demokratie und jungem Nationalstaat waren diese Aushandlungsprozesse von herausragender Bedeutung.

Die vorliegende Studie ist perspektivisch auf die Gesamtgesellschaft Polens, verstanden als die Gesamtheit aller Staatsbürger, ausgerichtet. Dies entspricht formal einem politischen Nationsbegriff, wie ihn in ihren Grundaussagen die Verfassungen Polens von 1921 und 1935 transportierten. Dies legt auch die Bandbreite der zu betrachtenden Nationsentwürfe fest: Einbezogen werden solche, die auf eine aktive Gestaltung des unabhängigen Polen gerichtet sind, zumindest aber sich – gleich welcher ethnischer Provenienz – im politisch-kulturellen Bezugsrahmen der Zweiten Republik bewegen. Jenseits dieser Fokussierung verbleiben separatistische Identitätsentwürfe, die jegliche Verbindung selbst zu weit gefassten Vorstellungen von Polen oder polnischen kulturellen Prägungen („Polonität") negieren. Für den Sprachgebrauch der vorliegenden Studie ergibt sich daraus, dass mit „Polen" und „polnisch" der Gesamtzusammenhang einer politisch gefassten Nation gemeint ist. Geht es um spezifisch ethnische Bezüge, wird dies eigens hervorgehoben.

Die Analyse des Umgangs mit der Multiethnizität erfolgt vor allem am Beispiel der Juden und Deutschen in Polen und erweist damit Reverenz an die in jüngster Zeit beachtlich vorangeschrittene Spezialforschung. Seitenblicke auf die Lage namentlich der ostslavischen Bevölkerungsgruppen

---

45 Zusammenfassend zu den unterschiedlichen Konzepten von Diskursanalyse: Ute Daniel: Kompendium Kulturgeschichte. Theorien, Praxis, Schlüsselwörter, Frankfurt/Main ⁵2006, S. 354 - 357.
46 Ebd., S. 190; Sven Reichardt: Bourdieu für Historiker? Ein kultursoziologisches Angebot an die Sozialgeschichte, in: Thomas Mergel und Thomas Welskopp (Hrsg.): Geschichte zwischen Kultur und Gesellschaft. Beiträge zur Theoriedebatte, München 1997, S. 73 - 75.

(Ukrainer, Weißrussen) sind aber stets eingeschlossen. Im Gegensatz zu älteren Deutungen ist nicht von einer „Mehrheitsgesellschaft" und den „nationalen Minderheiten" als streng separierten, monolithischen Blöcken auszugehen, wonach die polnische Gesellschaft *a priori* als ethnisch festgeschrieben und ein Drittel der Bevölkerung – gestützt auf die vielfach kritisierten Volkszählungen von 1921 und 1931 – in einer gleichsam antagonistischen Rolle als „Minderheit" bestimmt wurde. Programm dieser Arbeit ist es, die Geschichte der ethnischen Bevölkerungsgruppen Polens nicht als Separatgeschichte anzubieten. Vielmehr sollen Interaktion und Beziehungsgeschichte von Bevölkerungsgruppen verschiedener ethnischer Observanz erkundet werden, um Nationsentwürfe im Kontext eines heterogen zusammengesetzten Nationalstaats zu analysieren.

Selbstverständlich sind weitere Differenzierungen der Kollektivgröße Gesellschaft notwendig. Dabei bietet sich ein Zugang über das politische Meinungsspektrum an. Seit Ausgang des 19. Jahrhunderts hatte sich in den polnischen Teilungsgebieten ein merklicher Politisierungsschub vollzogen. Nahezu alle wichtigen politischen Strömungen waren nun durch Parteien verkörpert.

Die Nationaldemokratie (*Narodowa Demokracja*, abgekürzt ND, daher auch *Endecja* genannt) war ein Sammelbegriff für Parteibildungen der politischen Rechten, angefangen 1893 mit der Nationalen Liga (*Liga Narodowa*) und 1897 mit der Demokratisch-Nationalen Partei (*Stronnictwo Demokratyczno-Narodowe*). Wie die meisten polnischen politischen Vereinigungen der Teilungszeit strebte die Nationaldemokratie die Herstellung der nationalen Unabhängigkeit an, doch war sie die einzige Gruppierung, die dezidiert das Bekenntnis zur Nation über alle anderen Loyalitäten stellte.

Die Nationaldemokraten verfolgten zunächst eine subjektive Vorstellung von Nation, geknüpft an historische Traditionen sowie eine gemeinsame geistige und materielle Kultur, wozu auch die Religion gezählt wurde. Die ethnische Abstammung galt nur einem kleineren Teil der nationalistischen Vordenker als entscheidend,[47] die Mehrheitsmeinung in nationaldemokratischen Kreisen war: „Die Nation war ein Produkt der Geschichte, nicht der Biologie."[48] Der Vorrang der eigenen Nation harmonierte im Verständnis der Nationaldemokraten mit dem Gefühl der Zugehörigkeit zur westlichen, insbesondere zur christlich-lateinischen Zivilisation. Die Errungenschaften

---

[47] Kizwalter, O nowoczesności narodu, S. 309. Weitere, allerdings weniger wirkungsmächtige Nationskonzepte aus den Reihen der Nationaldemokratie sind genannt bei Ewa Maj: Związek Ludowo-Narodowy 1919 - 1928. Studium z dziejów myśli politycznej, Lublin 2000, S. 162 - 170.

[48] Krzysztof Kawalec: Narodowa Demokracja wobec faszyzmu 1922 - 1939. Ze studiów nad dziejami myśli politycznej obozu narodowego, Warszawa 1989, S. 33.

des Westens wie Rechtsstaatlichkeit, Wahrung der persönlichen Individualität oder Garantie des Privateigentums standen im Wertesystem der Nationaldemokratie weit oben. Der Staat war nur eine mögliche Ausdrucksform nationaler Existenz.

Dagegen wahrten viele Nationaldemokraten Distanz gegenüber Erscheinungen der modernen Massengesellschaft wie industrieller Fortschritt, Urbanisierung, Säkularisierung oder Materialismus.[49] Die Hebung des Lebensstandards der kleinen Leute und deren politische Partizipation grundsätzlich bejahend, war die Furcht vor einer sozialen Revolution so ausgeprägt, dass die in der Entstehungsphase der Nationaldemokratie teilweise vorhandene Nähe zum Sozialismus bald zurückgedrängt wurde. Wichtig wurde dafür im 20. Jahrhundert die programmatische Hinwendung zur katholischen Kirche,[50] vor allem aber zu einem ethnischen Verständnis von Nation, das sich insbesondere in einem vehementen Antisemitismus äußerte.

Auf der politischen Rechten bestand eine ausgeprägte Gegnerschaft zwischen Nationaldemokraten und Konservativen.[51] Dies gründete vor allem auf der politischen Praxis während der Teilungszeit. Der Wunsch zur Wahrung ihres gesellschaftlichen Rangs brachte nicht wenige adelige Gutsbesitzer zur Zusammenarbeit mit den Teilungsmächten. In Österreich fanden zudem Angehörige gebildeter Schichten als Beamte und Wissenschaftler seit der galizischen Autonomieregelung von 1867 ein Betätigungsfeld staatlicher Verantwortung, das sie verständlicherweise nicht gerne aufgeben mochten. Angesichts der unsicheren Zukunftsperspektive für einen eigenständigen polnischen Staat gehörten sie im Ersten Weltkrieg zu den Befürwortern der austro-polnischen Lösung.

Nicht in jedem Teilungsgebiet waren jedoch die Bedingungen für konservative Politik so gut wie in Österreich, weshalb die polnischen Konservativen eine ausgesprochen heterogene Gruppe darstellten. Während die Krakauer Konservativen sich daran gewöhnten, staatstragend agieren zu können, wiesen die Konservativen im russischen Kongresspolen manche Konvergenzen mit den Nationaldemokraten auf. Im preußischen Teilungsgebiet wiederum war die politische Rolle der Konservativen mangels Spielräumen zur Zusammenarbeit mit der Staatsmacht marginal, während sich im russischen Teilungsgebiet außerhalb Kongresspolens, vor allem in Wilno, kleine, aber wirkungsmächtige Gruppierungen halten konnten.

---

49 Porter, When Nationlism, S. 236.
50 Kawalec, Narodowa Demokracja, S. 31 - 41.
51 Hierzu Antoni Dudek: Konserwatyzm w Polsce międzywojennej, in: Bożena Bankowicz, Antoni Dudek und Jacek Majchrowski: Główne nurty współczesnej polskiej myśli politycznej, Bd. 1, Kraków 1996, S. 30 - 49.

Die bäuerliche Bevölkerung hatte in der Polnischen Bauernpartei (*Polskie Stronnictwo Ludowe*, PSL), 1895 im galizischen Rzeszów gegründet, ihre Vertretung. Die Bauernbewegung stand ablehnend gegenüber dem konservativen oder nationaldemokratischen Gutsbesitzeradel sowie teilweise auch gegenüber der katholischen Geistlichkeit, insofern diese die Forderungen der Bauern nach sozialem Fortschritt und politischer Emanzipation als Zerfall der traditionellen Werte-Ordnung im ländlichen Raum deutete.[52] Die nationale Frage bedeutete für die Aktivisten der Bauernbewegung in erster Linie, das politische Partizipationsangebot des Nationalismus der breiten Masse der ländlichen Bevölkerung zugänglich zu machen. Dabei konkurrierten historisch-kulturelle mit ethnischen Nationskonzepten.[53] Angesichts der regionalen, sozialen und politischen Zersplitterung der Bauernbewegung kam es in den Jahren des Ersten Weltkrieges zu einer Ausdifferenzierung in drei Parteien: das PSL-Piast und der kleine linke Flügel PSL-Lewica mit Aktionsschwerpunkt im österreichischen Teilungsgebiet sowie das PSL-Wyzwolenie mit Wirkungsfeld in Kongresspolen.

Die 1892 in Paris gegründete Polnische Sozialistische Partei (*Polska Partia Socjalistyczna*, PPS) entwickelte ihr Verständnis von Nation unter dem Einfluss der Theorie von Otto Bauer. Die Nation wurde nicht ethnisch definiert, sondern als eine soziale Gruppe, verbunden durch eine gemeinsame Vergangenheit, gemeinsame Aktivitäten und Werte. Für die Konstituierung der Nation ausschlaggebend war die politische und staatliche Herrschaft. Ziel der polnischen Sozialisten war es, soziale und nationale Emanzipation gemeinsam zu verwirklichen.[54] Um Interessenskonflikte zwischen nationalem und sozialem Engagement zu vermeiden, konnte der Weg zu einem eigenen polnischen Staat für den Großteil der polnischen Sozialisten nur über Reformen, nicht aber über eine Revolution führen.

In der PPS engagierten sich auch Angehörige ethnisch nicht-polnischer Bevölkerungsgruppen. Dies war insofern bemerkenswert, als es seit der Wende vom 19. zum 20. Jahrhundert im östlichen Mitteleuropa eine wachsende Zahl von Parteien gab, die sich dezidiert auf eine einzelne ethnische Bevölkerungsgruppe bezogen. Die politischen Ziele dieser Parteien waren durchaus unterschiedlich: sie reichten von der Erlangung eigener Staatlichkeit, zumindest aber national-kultureller Autonomie, bis hin zu einer sozialistischen Revolution. Sich auf Aktivitäten im politischen Leben Polens

---

[52] Vgl. Zygmunt Hemmerling: Stronnictwa ludowe wobec Żydów i kwestii żydowskiej, in: KH, 96, 1989, H. 1 - 2, S. 156.
[53] Kai Struve: Die Juden in der Sicht der polnischen Bauernparteien vom Ende des 19. Jahrhunderts bis 1939, in: ZfO, 48, 1999, S. 190 - 191.
[54] Michał Śliwa: Polska myśl socjalistyczna (1918 - 1948), Wrocław - Warszawa - Kraków - Gdańsk - Łódź 1988, S. 29 - 30.

einzurichten, stand allerdings erst nach 1918 als konkrete Herausforderung an. Daher kam es in der Zweiten Republik zu entsprechenden Wandlungsprozessen und Neugründungen.

Die parteipolitischen Strömungen gaben wichtige Orientierungspunkte, sie waren jedoch nicht zwangsläufig identisch mit einem bestimmten Nationsentwurf. Noch in der Zeit zwischen den beiden Weltkriegen war das Parteiensystem in Polen starken Fluktuationen unterworfen, auch konnten innerhalb einer Partei unterschiedliche Nationsentwürfe konkurrieren. Schließlich kennzeichnete die Geschichte der Zweiten Republik eine Dynamik, die sich auch in der beständigen Neuformulierung von Nationsentwürfen auswirkte. Die Frage, welche Nationsentwürfe dabei den größten politischen und gesellschaftlichen Einfluss erlangten, ist für unterschiedliche Zeitphasen stets von Neuem zu beantworten.

Der entscheidende methodische Zugriff der Arbeit besteht daher in der Analyse des Nationalismus anhand konkreter Untersuchungsfelder: Wahlkämpfe und Wahlen, politische Feste, Schule, kommunale Selbstverwaltung sowie Nation und Krieg. Die Auswahl der Untersuchungsfelder erfolgte unter der Prämisse, die Entwürfe, Diskurse und Praktiken von Nation mit den wichtigsten Rahmenbedingungen seit Ende des Ersten Weltkriegs zu verknüpfen: mit den erweiterten politischen Partizipationsmöglichkeiten, dem gesellschaftlichen Wandel und der forcierten Beachtung von Ethnizität.

Ein erstes Ereignis von gesamtgesellschaftlicher Bedeutung waren in der unabhängigen Republik Polen die Wahlen zum Parlament (*Sejm*) sowie zu Stadt- und Gemeinderäten, die bereits im Winter 1918/19 anstanden. Die Wahlen stellten den wichtigsten institutionalisierten Prüfstein für die Partizipation der Bevölkerung dar und prädisponierten zugleich in der Praxis die Frage staatsbürgerlicher Zugehörigkeit. Im Anschluss an jüngere Forschungen zur politischen Wahlkultur liegt das Augenmerk nicht nur auf der Frage des Wahlrechts und der Interpretation der Wahlergebnisse, sondern auch auf der formalen und inhaltlichen Ausgestaltung der Wahlkampagnen. In der Politikwissenschaft als institutionelle Form des geregelten gesellschaftlichen Konfliktaustrags beschrieben, stellten die Wahlen und das mit ihnen verbundene Konkurrenzprinzip für eine Gesellschaft, die nach den Erfahrungen der Teilungszeit und in der Zeit von Umbruch und materieller Not nach dem Ersten Weltkrieg auf der Suche nach sozialer und politischer Orientierung war, eine Herausforderung ersten Ranges dar. In welchem Maße nahmen die Wähler mit dem Gang zum Abstimmungslokal ihre staatsbürgerlichen Rechte wahr, um ihre Interessen und Wertvorstellungen unterstützt zu wissen? Welche Nationsentwürfe kamen hier zur Sprache und vermochten Wähler zu mobilisieren?

Wahlen zum Sejm sowie zu den Stadt- und Gemeinderäten fanden im Abstand von einigen Jahren statt. In der Zwischenzeit boten sich der Bevölkerung weitere Möglichkeiten zur politischen Partizipation. Eine wichtige Rolle kam der kontinuierlichen politischen Mitarbeit in der kommunalen Selbstverwaltung zu. Dabei gab es im lokalen Rahmen häufig Gelegenheit, nationalen Inhalten Ausdruck zu verleihen – beispielsweise bei der Errichtung von Denkmälern oder der Veranstaltung politischer Feste. Für ethnisch heterogene Gebieten ist in solchen Fällen das Verhalten einzelner Bevölkerungsgruppen zueinander von besonderem Interesse.

Von der Teilnahme und dem Engagement der Bevölkerung lebte auch die politische Festkultur,[55] die in hohem Maße dazu angetan war, durch Mythen, Symbole und Rituale nationale Inhalte zu transportieren, und dies in spezifisch selektiver Weise: Erinnert wurde an das, was der Erinnerung für wert befunden wurde und sich zum eigenen Nationsentwurf fügte. Die Untersuchung politischer Feste gehört folgerichtig schon seit längerem zum Kanon einer kulturgeschichtlich orientierten Nationalismusforschung. Dabei hat sich die Erkenntnis durchgesetzt, dass die nationalen Feste ihre Wirkung nicht so sehr als singuläres Ereignis, sondern vor allem im Zusammentreffen verschiedener Festivitäten und somit in einem komplexen Verbund symbolischer Politik entfalten.[56] Dementsprechend stehen vier Festtermine im Blickpunkt: die nicht nur zeitlich eng korrelierten Feiern des 1. und 3. Mai (Tag der Arbeit und Tag der Verfassung von 1791), das Gedenken an die Entscheidung im polnisch-sowjetischen Krieg 1920 ("Wunder an der Weichsel") am 15. August und der Staatsgründungstag am 11. November.

Eine entscheidende Grundlage dafür, dass die Bevölkerung für die neuen Möglichkeiten der politischen Partizipation aufnahmebereit war, bot die Schule. Bildungsideale und Schulalltag der Zweiten Republik geben Auskunft über die Selbstbeschreibung der polnischen Gesellschaft. Vorstellungen über die Ausgestaltung des Schulwesens und die pädagogischen Inhalte waren daher in der Zweiten Republik ein heftig umstrittenes Terrain.

Die Ambivalenz der Denkfigur Nation wird schließlich existentiell deutlich in Zeiten von außenpolitischen Krisen und Kriegen. Der Erste Weltkrieg verlängerte sich im östlichen Mitteleuropa durch den Kampf um die territorialen Grenzen in den Jahren 1918 - 1921. Besondere Beachtung findet in der vorliegenden Arbeit der polnisch-sowjetische Krieg. In seiner Eigenschaft als politischer Systemkonflikt, in seinen Dimensionen der Be-

---

[55] Eine zeitgenössische Auflistung bietet Marja Bogusławska (Hrsg.): Rocznice narodowe, Lwów - Warszawa 1926.
[56] Haupt/Tacke, Kultur des Nationalen, S. 272.

völkerungsmobilisierung und in seinen Konsequenzen für den Umgang mit der Multiethnizität im östlichen Mitteleuropa war er weit umfassender als die regionalen Aufstände etwa in Oberschlesien oder Großpolen. Hier stand die außenpolitische Konzeption eines *cordon sanitaire* ebenso vor einer entscheidenden Belastungsprobe wie der innere Zusammenhalt des jungen polnischen Staates. Zu fragen ist konkret, ob dem Krieg die Eigenschaft eines Nationsbildners zukam und ob sich trotz konkurrierender Nationsentwürfe ein Reservoir an verbindenden, kollektiven Erlebnissen begründen ließ.

Wahrnehmungen der Lage Polens in Europa zwischen den beiden Weltkriegen und außenpolitisches Handeln standen in enger Wechselwirkung mit innerpolnischen gesellschaftlichen Verständigungsprozessen über Nation und Staat, Demokratie und Autoritarismus. In klassischen diplomatiegeschichtlichen Studien ist eine Analyse dieser Wechselwirkung oft nicht geleistet worden, hier kam es vielmehr zum methodischen Problem, die Staatsräson der einen Seite nur mit der Staatsräson der anderen Seite kontrastieren zu können. Die deutsch-polnischen Beziehungen und die Zuspitzung der internationalen Lage in der zweiten Hälfte der 1930er Jahre sind empirisch gut erforscht und daher geeignete Ansatzpunkte, um neue historiographische Perspektiven zu erproben.

Insgesamt ist der Forschungsstand zu den einzelnen Untersuchungsfeldern unterschiedlich. Während die Wahlkämpfe und die politische Festkultur der Zweiten Republik noch weitgehend unbearbeitete Felder darstellen, ist das Schulwesen in der polnischen Geschichtswissenschaft ein beliebter Forschungsgegenstand. Die einschlägigen Arbeiten zur Zweiten Republik konzentrieren sich auf die politischen Reformen und soziostrukturellen Probleme,[57] selten aber auf die schulische Praxis. Ähnlich wie beim Schulwesen stehen bei der wissenschaftlichen Beschäftigung mit der territorialen Selbstverwaltung die institutionellen Aspekte im Vordergrund.[58] Der polnisch-sowjetische Krieg hat in den 1990er Jahren ausführliche historiographische Bearbeitung erfahren. Schwerpunkte waren hier die militärischen und diplomatischen Aktivitäten im unmittelbaren Kriegszeitraum, während Nachwirkungen und Gedenkpraxis des „Wunders an der Weichsel" noch zu

---

[57] Den Stand der Forschung spiegelt im Wesentlichen die Arbeit von Stanisław Mauersberg: Komu służyła szkoła w Drugiej Rzeczypospolitej? Społeczne uwarunkowania dostępu do oświaty [Monografie z dziejów oświaty, Bd. 33], Wrocław u. a. 1988; in komprimierter Form: ders.: Kryzys szkolnictwa powszechnego, in: Miąso, Historia wychowania, S. 74 - 79.

[58] Die Facetten der bisherigen Forschung sind dargelegt in der Aufsatzsammlung von Ryszard Szwed: Samorządowa Rzeczpospolita 1918 - 1939. Wybór rozpraw i artykułów, Częstochowa 2002.

ergründen sind. Ob Wahlkämpfe, politische Feste oder Kriege, all diese Anlässe stellten Anforderungen an die Mobilisierungsfähigkeit der Menschen, verlangten ein öffentliches Bekenntnis und eignen sich daher sehr gut, um die Aushandlung von Nationsentwürfen und die Interaktionen zwischen verschiedenen Bevölkerungsgruppen herauszuarbeiten.

Die kulturgeschichtliche Betrachtung von Praktiken braucht konkrete Orte. Das historische Erbe der Teilungszeit sorgte im Verbund mit demographischen, ethnischen und sozioökonomischen Faktoren, nicht zuletzt mit einem ausgeprägten Stadt-Land-Kontrast, für eine äußerst heterogene politisch-kulturelle Landschaft Polens. Eine auf Repräsentativität abzielende Forschungsstrategie steht hier rasch vor Grenzen. Eine hervorgehobene Stellung ist allerdings der Hauptstadt Warschau zuzumessen. Zum einen spiegelten sich Konfliktaustrag und Aushandlungsprozesse von Nation in konkurrierenden Ansprüche auf die Identität der Stadt, zum anderen strahlten Ereignisse im Zentrum als Signale ins ganze Land. Beides wurde in nicht geringem Maße von den Medien kreiert und befördert, die in großer Zahl in der Hauptstadt beheimatet waren: rund ein Drittel der gesamten Presseerzeugnisse Polens beispielsweise kam somit vom selben Standort.[59] Darüber hinausgehende regionalspezifische Entwicklungen sind im Rahmen einer einzelnen Arbeit nur exemplarisch zu behandeln, so vor allem mit kontrastierenden Blicken auf den ländlichen und kleinstädtischen Raum des Hauptstadtumlands[60] und auf die soziokulturelle Varianzbreite zwischen den ehemaligen Teilungsgebieten.

Im ersten Kapitel der Arbeit, das die Anfangsjahre der Zweiten Republik als die eines demokratisch-liberalen Verfassungsstaats behandelt, stehen die einzelnen Untersuchungsfelder als Aushandlungsorte bewusst im Zentrum der Darstellung. Im zweiten und dritten Kapitel der Arbeit liefern sie das empirische Material für problemorientierte Perspektiven. So stehen die ausgehenden 1920er und beginnenden 1930er Jahre unter dem Zeichen des Übergangs von der Demokratie zum Autoritarismus und lassen die Adaptionsfähigkeit bzw. die oppositionelle Profilierung der unterschiedlichen Nationsentwürfe in den Vordergrund treten. Für die Zeit nach Piłsudskis Tod 1935 bis zum Ausbruch des Zweiten Weltkriegs gab es keine von einer Bevölkerungsmehrheit loyal akzeptierte politische Ordnung. Gewaltsamen

---

[59] Andrzej Paczkowski: Prasa polska w latach 1918 - 1939, Warszawa 1980, S. 443.
[60] Die Kleinstädte Polens waren, ebenso wie die Dörfer, lange Zeit Orte einer traditionellen Ordnung: Anna Żarnowska: Wspólnoty lokalne i środowiskowe w miastach i miasteczkach ziem polskich pod zaborami i po odzyskaniu niepodległości: tradycyjne czy nowoczesne? in: dies. (Hrsg.): Wspólnoty lokalne i środowiskowe w miastach i miasteczkach ziem polskich pod zaborami i po odzyskaniu niepodległości [Studia nad dziejami miast i mieszczaństwa, Bd. 3], Toruń 1998, S. 4 - 5.

Konflikten standen allerdings bemerkenswerte Prozesse gesellschaftlicher und kultureller Vergemeinschaftung gegenüber, die in eigenen, die Geschichte der Zweiten Republik auf mitunter ungewohnte Weise bilanzierenden Abschnitten zusammengeführt werden. Umso drängender stellen sich Fragen nach der Auswirkung der Kriegsgefahr 1938/39 auf den polnischen Nationalismus und nach den Zukunftserwartungen der polnischen Nation.

Die methodische Vorgehensweise dieser Studie lässt auch den Umgang mit den Quellen nicht unberührt. Entscheidend ist die Erkenntnis, dass jede Quelle, auch ein vermeintlich „objektives" amtliches Schriftstück, diskursiv und habituell konstruiert ist. Wenn etwa in Lageberichten des Innenministeriums, der Wojewodschaftsämter oder Starosteien eigene Abschnitte explizit den „nationalen Minderheiten" gewidmet sind, manifestiert sich hier über die konkrete Sachinformation hinaus ein Bild, das Momente der Abgrenzung und der parallelgesellschaftlichen Entwicklung betont; durch eine in der Regel wenig hinterfragte bürokratische Formalisierung der Berichterstattung wird dieses Bild zudem auf Jahre hinweg verfestigt.

Schon äußere Gestalt und Entstehungskontext der amtlichen Schriftstücke sind eine aufschlussreiche Quelle zur politischen Kulturgeschichte der Zweiten Republik. Die für den Zeitraum der ersten Nachkriegsjahre mitunter anzutreffende Form der improvisierten handschriftlichen Notiz auf einfachem Karopapier oder auf der Rückseite eines von der deutschen Besatzungsmacht im Ersten Weltkrieg übrig gebliebenen Formulars trägt Charakterzüge der Bestandsermittlung und Selbstvergewisserung, dokumentiert plastisch den schrittweisen Übergang vom virtuellen Polen in der Gedankenwelt der Nationalbewegung des 19. Jahrhunderts zum staatlich konstituierten Polen des 20. Jahrhunderts. Später ist dann nicht nur die zunehmende Professionalisierung, sondern in der Zeit des autoritären Regimes nach 1926 auch der neue Zeitgeist in der Struktur der Quellen abzulesen, nämlich in einer streng hierarchischen Anlage der Lageberichte vom Starosten über den Wojewoden zum Innenministerium.

Unter diesen Kautelen gelesen, sind Quellen aus Ministerien und Verwaltung eine wichtige empirische Grundlage der vorliegenden Arbeit. Dazu gehören Bestände des zentralen Archivs für die polnische Geschichte im 20. Jahrhundert, des Archivs Neuer Akten (*Archiwum Akt Nowych*) in Warschau wie die Akten des Innenministeriums, des Religions- und Bildungsministeriums, der Staatspolizei, einzelner politischer Parteien und gesellschaftlicher Organisationen, Nachlässe von Politikern sowie die Plakat- und Flugschriftensammlung. Akten von Wojewodschaftsämtern und Starosteien, lokalen Dienststellen der Staatspolizei, gesellschaftlichen Organisationen und Schulen finden sich in regionalen Archiven wie dem Staatsarchiv der Hauptstadt Warschau (*Archiwum Państwowe m. st. Warszawy*) und seiner lokalen

Abteilungen. Eine Reihe von amtlichen Quellen ist zudem in gedruckter Form einsehbar; die Editionstätigkeit zur Geschichte der Zweiten Republik hat in jüngster Zeit an Umfang und Qualität zugenommen.

Angesichts der großen Verluste an Aktenmaterial im Zweiten Weltkrieg kommt außerarchivalischen Quellen wie Zeitungen, Zeitschriften, Broschüren, statistischen, publizistischen und zeitgenössischen wissenschaftlichen Veröffentlichungen sowie autobiographischen Dokumenten wie Tagebüchern und Erinnerungen verstärkte Bedeutung zu. Diese Bestände wurden in der polnischen Nationalbibliothek (*Biblioteka Narodowa*, Warschau), in der Staatsbibliothek Ossolineum (Wrocław) und in der Warschauer Universitätsbibliothek eingesehen, die für die Zwischenkriegszeit über reichhaltige Sammlungen verfügen.

Auch für die Quellengruppe der Zeitungen und Zeitschriften ist zu beachten, dass es sich hier nicht bloß um sachlich informierende Medien handelt, die gewissermaßen als „Spiegel der Zeitläufte" fungieren, sondern die aktiv gesellschaftliche Prozesse und Stimmungen zu interpretieren, konstruieren und gestalten vermögen. Meinungsprägend ist so nicht nur die parteinahe Presse, sondern der Gesamtkomplex der Medien in der Zweiten Republik, der einen gewichtigen Schrittmacher moderner Gesellschaftsentwicklung durch Ausbildung von Öffentlichkeit darstellte.[61] Versuche, diese Entwicklung im autoritären Klima nach 1926 durch eine Pressezensur einzuhegen, mussten unweigerlich bruchstückhaft bleiben.

Das traditionelle Ideal von der Vollständigkeit aller Quellen kann in der historischen Forschung zum 20. Jahrhundert kaum mehr eingelöst werden. Umso wichtiger ist es daher, auch im Verlauf der Darstellung immer wieder Rechenschaft abzulegen über Entstehung, Reichweite und Wirkung der verwendeten Quellen.

Die politische Publizistik der Zwischenkriegszeit ist in den vergangenen Jahrzehnten in den zahlreichen Arbeiten zur „politischen Ideengeschichte" bereits recht gut erschlossen worden, daher lag besonderes Augenmerk darauf, komplementär dazu Quellen zu erschließen, aus denen sich Aussagen über gesellschaftliche, politische und kulturelle Praktiken gewinnen ließen. An einigen Stellen dieser Studie wird ausführlicher aus einem einzelnen Aktenkorpus oder aus mehreren Jahrgängen einer Zeitung oder einer Zeitschrift zitiert: Damit werden die inhaltlichen Prämissen des jeweiligen Nationsentwurfs und die Selbstbeschreibung seiner Trägerschichten deutlich erkennbar. Diese Erkenntnisse sind anschließend in den Gesamtzu-

---

[61] Sehr gute Überlegungen hierzu bei Steffen, Jüdische Polonität, S. 32 - 35. Grundlegend der Aufsatz von Jörg Requate: Öffentlichkeit und Medien als Gegenstände historischer Analyse, in: GG, 25, 1999, S. 5 - 32.

sammenhang der Studie, in die Konkurrenz unterschiedlicher Nationsentwürfe als Signum des polnischen Nationalismus zwischen den beiden Weltkriegen, einzuordnen.

*

Alle Übersetzungen aus dem Polnischen stammen von der Verfasserin der vorliegenden Arbeit. Im Text verbliebene polnische, aber auch andere fremdsprachliche Ausdrücke, Buchtitel und Namen von Institutionen, Parteien, Zeitungen oder Zeitschriften sind kursiv gesetzt. Bei der Verwendung polnischer Namen im Text wird das polnische grammatische Geschlecht beachtet. Prominentester Fall sind Parteinamen und die daraus abgeleiteten Abkürzungen; es heißt dann: die *Endecja* oder das *Stronnictwo Ludowe* bzw. das SL.

Für das östliche Mitteleuropa stellt sich aufgrund von wechselnden staatlichen Zugehörigkeiten und Multiethnizität als besonderes Problem die sprachliche Darstellung der Ortsnamen. Hier sind verschiedene Lösungen möglich; in der vorliegenden Arbeit werden alle Orte, sofern sie dem administrativen Geltungsbereich der Zweiten Republik zugehörten, in der offiziellen polnischen Form geführt. Ausnahmen sind Warschau und Krakau, die in den meisten europäischen Sprachen, also nicht nur im Deutschen, über jeweils sprachlich angepasste Bezeichnungen verfügen.

Im Falle von Institutionen oder Personen ethnisch nicht-polnischer Provenienz wird der Namensgebung in der jeweiligen Sprache der Vorzug gegeben. Die Wiedergabe aus Sprachen nicht-lateinischer Schrift folgt den Regeln der wissenschaftlichen Transliteration.

I Auf der Suche nach der polnischen Nation. Aushandlungsprozesse zu Beginn der Zweiten Republik

1 Nation in der Politik

1.1 Politische Partizipation als Idee. Das neue Wahlrecht zum Sejm

Gegen Ende des Ersten Weltkriegs zeichnete sich für eine ganze Reihe von Nationen und Ethnien im östlichen Mitteleuropa die Erlangung der staatlichen Unabhängigkeit ab. Die Niederlage des Deutschen Kaiserreichs und der Habsburgermonarchie sowie die Zerrüttung des Russischen Reiches in Revolution und Bürgerkrieg kamen ganz besonders der polnischen Nationalbewegung entgegen, denn seit den Teilungen Polens im 18. Jahrhundert verteilten sich Territorien und Einwohner der früheren Adelsrepublik Polen-Litauen auf jede der drei Großmächte.

Während erste Anläufe zu einer polnischen Eigenstaatlichkeit während des Ersten Weltkrieges, neben „austro-polnischen" Lösungsvorschlägen vor allem die gemeinsame deutsch-österreichische Proklamation eines „Königreiches Polen" am 5. November 1916, noch deutlich von den Interessen und Denkmustern der einstigen Teilungs- und nunmehrigen Besatzungsmächte geprägt waren,[1] bot die militärische und politische Entwicklung im Herbst 1918 völlig neue Gestaltungsmöglichkeiten.

Zeitgenössische Stimmungsberichte von der Entwaffnung der Besatzungstruppen und den Anfängen der Unabhängigkeit Polens zeichneten ein Bild öffentlicher Begeisterung und emotionaler Überwältigung. Ein anschauliches Beispiel bot die Darstellung aus der Feder von Jędrzej Moraczewski, einem der führenden Politiker der Polnischen Sozialdemokratischen Partei für Galizien und Schlesien (*Polska Partia Socjalno-Demokratyczna Galicji i Śląska*, PPSD) und langjährigen Abgeordneten des Wiener Reichsrats, des Parlaments der Habsburgermonarchie:

---

[1] In der Forschungsliteratur finden sich hierzu noch recht kontroverse Einschätzungen. Während etwa Jörg K. Hoensch konstatiert, dass der Akt des 5. November 1916 „unter den Polen weitgehend Anerkennung" fand (Geschichte Polens, Stuttgart ²1990, S. 239), unterzieht Andrzej Garlicki die Proklamation einer scharfen Kritik: Drugiej Rzeczypospolitej początki, Wrocław 1997, S. 15 - 17.

„Kaum zu beschreiben war das Chaos, das in Galizien und in den südlichen Landkreisen Kongresspolens entstand, sobald erst einmal die doppelköpfigen schwarz-gelben Adler und k. k.-Aufschriften verbannt waren. Kaum zu beschreiben war aber auch der Rausch, der Freudentaumel, der die polnische Bevölkerung in diesem Moment erfasste. Nach 120 Jahren barsten die Ketten! Es gab ,sie' nicht mehr! Freiheit! Unabhängigkeit! Einheit! Ein eigener Staat! Für immer! Chaos? Macht nichts! Es wird gut. Alles wird gut, weil wir frei sind von Blutsaugern, Dieben, Strolchen, von Mützen mit Rangabzeichen, weil wir uns selbst regieren werden. Im Verlaufe von zwei Tagen gab es keine Spuren mehr von den Symbolen österreichischer Herrschaft. Wer diese zwei Tage nicht erlebt hat, wer in dieser Zeit nicht mitsamt der ganzen Nation außer sich war vor Freude, der wird in seinem Leben eine solche Freude nicht mehr kennenlernen. Vier Generationen haben vergeblich auf diesen Moment gewartet, die fünfte Generation hat das Ziel erreicht. Von morgens früh bis abends spät versammelten sich Menschenmassen auf den Plätzen der Städte; Arbeiter und Beamte legten die Arbeit nieder, die Bauern verließen ihre Felder und eilten in die Stadt, auf den Marktplatz, um mehr zu erfahren, sich zu überzeugen und polnische Armeesoldaten, polnische Aufschriften und Wappenadler auf den Amtsgebäuden zu sehen. Zu Tränen rührte sie der Anblick von polnischen Eisenbahnern, ja selbst von polnischen Gendarmen."[2]

Symbolische Gesten des Nationalen überstrahlten in der öffentlichen Wahrnehmung oftmals die recht prekären Machtverhältnisse. Noch im November 1918 gab es kein unumstrittenes politisches Zentrum, stattdessen aber eine Reihe von provisorischen Institutionen, die sich teils nacheinander rasch abwechselten, teils zeitgleich nebeneinander standen und oft genug miteinander konkurrierten.[3]

Die älteste dieser Institutionen war der Warschauer Regentschaftsrat (*Rada Regencyjna*). Hierbei handelte es sich um den Nachfolger des Provisorischen Staatsrates, der Anfang 1917 als Konsequenz der deutsch-österreichischen Proklamation vom 5. November 1916 eingerichtet worden war. Nachdem sich aber aktive Vertreter der polnischen Nationalbewegung aus Protest gegen die fortgesetzte Besatzungsherrschaft aus dem Provisorischen Staatsrat zurückgezogen hatten, blieb den Besatzungsbehörden nur noch die Zusammenarbeit mit konservativ-adligen Kreisen. Den Regentschaftsrat bildeten seit Oktober 1917 der Warschauer Erzbischof Aleksander Kakowski, der Stadtpräsident von Warschau Fürst Zdzisław Lubomirski sowie der

---

[2] Jędrzej Moraczewski: Wyzwolenie się Polski w Krakowie, Lublinie i Warszawie (1919), in: Jan Borkowski (Hrsg.): Rok 1918 we wspomnieniach mężów stanu, polityków i wojskowych, Warszawa 1987, S. 253.

[3] Eine luzide Darstellung der unterschiedlichen Machtzentren bietet die Handbuchdarstellung von Czesław Brzoza und Andrzej Leon Sowa: Historia Polski 1918 - 1945, Kraków 2006, S. 17 - 23.

konservative Parteipolitiker und Gutsbesitzer Józef August Ostrowski. In der Historiographie hat der Regentschaftsrat lange Zeit eine ausgesprochen kritische Beurteilung gefunden. Gründe hierfür waren die Abhängigkeit von den Besatzungsmächten und die „reaktionäre" politische Haltung der drei Hauptakteure. Erst in jüngster Zeit änderte sich die Sichtweise: Demnach leistete der Regentschaftsrat im Bereich des Schulwesens, der Gerichtsbarkeit, der Verwaltung und der Heeresorganisation, die eine grundlegende eine für die spätere Staatsbildung unabdingbare Aufbauarbeit.[4]

Am 28. Oktober 1918 entstand in Krakau auf Initiative von polnischen Abgeordneten des Wiener Parlaments die Polnische Liquidierungskommission (*Polska Komisja Likwidacyjna*), die ihre Macht aus den Händen der österreichischen Verwaltung erhielt und sich als provisorische Regierung für Galizien verstand. Das tatsächliche Einflussgebiet umfasste aber nur den westlichen Teil des ehemaligen habsburgischen Kronlandes, denn im November 1918 waren zwischen Polen und Ukrainern Kämpfe um das östliche Galizien und dessen Metropole Lwów (Lemberg) ausgebrochen. In der Polnischen Liquidierungskommission waren Politiker verschiedener Parteien vertreten. Den Vorsitz des Präsidiums übernahm Wincenty Witos. Der 1874 im galizischen Dorf Wierzchosławice geborene Landwirt engagierte sich schon früh in der Parteipolitik: seit 1895 in der galizischen Bauernpartei PSL und seit 1913 als Anführer der gemäßigt rechts orientierten Ausgründung *Polskie Stronnictwo Ludowe „Piast"* (PSL-Piast). Dies brachte ihm mehrfach Abgeordnetenmandate ein: von 1908 bis 1914 im galizischen Landtag und von 1911 bis 1918 im österreichischen Reichsrat in Wien. Witos, der sich trotz seiner Tätigkeit als Parlamentarier und Berufspolitiker weiterhin gerne im bäuerlichen Habitus mit Weste und Hemdkragen ohne Krawatte präsentierte, verkörperte in prominenter Weise, ähnlich wie Antonín Švehla in der Tschechoslowakei oder Stjepan Radić in Kroatien, den im östlichen Mitteleuropa während der ersten Hälfte des 20. Jahrhunderts geläufigen Typus des politischen Bauernführers.

Überregionalen Charakter besaß die am 7. November 1918 in der ostpolnischen Stadt Lublin ins Leben gerufene Provisorische Volksregierung der Republik Polen (*Tymczasowy Rząd Ludowy Republiki Polskiej*). Ihre politische Orientierung war dezidiert links: Sozialisten aus Galizien und Kongresspolen verbanden sich mit dem kongresspolnischen PSL-Wyzwolenie, Unterstützung kam auch vom galizischen PSL-Lewica. Kopf der Lubliner Regierung war Ignacy Daszyński. Der Beamtensohn aus dem ostgalizischen Städtchen Zbaraż war 1892 Mitbegründer der galizischen Sozialdemokraten, seit 1897 Mitglied des Reichsrates in Wien und seit 1902 Mitglied des Stadt-

---

[4] Ebd., S. 18.

rates von Krakau. Im Herbst 1918 hatte Daszyński zunächst noch an der Seite von Wincenty Witos an der Polnischen Liquidierungskommission gewirkt, bevor er den konkurrierenden politischen Weg nach Lublin einschlug.

Aber auch im preußischen Teilungsgebiet gewannen die Unabhängigkeitsbestrebungen an Fahrt. Der schlesische Reichstagsabgeordnete Wojciech Korfanty sowie der katholische Priester Stanisław Adamski und der Journalist Adam Poszwiński, die beide aus der Provinz Posen kamen, gaben als Mitglieder des Kommissariats des Obersten Volksrats (*Naczelna Rada Ludowa*) den bisher im Geheimen tätigen polnischen politischen Gremien im Osten des Deutschen Reiches seit dem 14. November 1918 eine persönlich-konkrete Außendarstellung.

Weitere, eher lokal wirksame Initiativen wie der Nationalrat des Fürstentums Teschen oder die Republik Tarnobrzeg, die Autonomieansprüche von Stadt- und Gemeinderäten oder die Entstehung von Arbeiter-, Bauern- und Soldatenräten machten Polen im Herbst 1918 endgültig zu einem Experimentierfeld unterschiedlicher politischer Organisationsformen. Vor diesem Hintergrund gewannen die Ereignisse um den 11. November 1918 besondere Bedeutung. Dies war nicht nur der Tag, an dem das Deutsche Reich den Waffenstillstand unterschrieb und damit *de facto* den Weg zur staatlichen Unabhängigkeit Polens freigab, sondern auch der Tag, an dem Józef Piłsudski mit der Übernahme der Verantwortung für die Heeresorganisation seine Machtposition im Nachkriegspolen aufzubauen begann.

Józef Piłsudski wurde 1867 in Zułów bei Wilno als Sohn einer polnischen Adelsfamilie geboren. Nach dem Schulbesuch in Wilno nahm er an der Universität Charków ein Medizinstudium auf, das er allerdings nicht zum Abschluss bringen konnte: Aufgrund des Engagements seiner Familie für die polnische Nationalbewegung wurde er 1887 zu fünf Jahren Zwangsarbeit in Sibirien verurteilt. Seit den 1890er Jahren engagierte sich Piłsudski in der Polnischen Sozialistischen Partei (PPS) und übernahm die Herausgeberschaft der Parteizeitung *Robotnik*. Entschieden trat er für jenen Flügel der sozialistischen Bewegung auf, dessen inhaltliche Priorität dem Kampf um die staatliche Unabhängigkeit Polens galt. Bereits vor dem Ersten Weltkrieg machte Piłsudski durch die Organisation sozialistischer Kampfgruppen (*Organizacja Bojowa PPS*) und konspirativer paramilitärischer Verbände auf sich aufmerksam. Seit August 1914 war er Kommandeur der Polnischen Legionen (*Legiony Polskie*) unter dem militärischen Oberbefehl Österreich-Ungarns. Besondere Bedeutung erlangte dabei die von Piłsudski direkt geführte Erste Brigade, in der sich persönliche Anhänger und Mitarbeiter Piłsudskis zusammenfanden. Nach der deutsch-österreichischen Proklamation vom 5. November 1916 war Piłsudski als Experte für militärische Fragen im Provisorischen Staatsrat tätig, verweigerte aber den Treue-Eid seiner Brigade auf Kaiser Wilhelm II. Dafür kam Piłsudski in Haft und saß bis Kriegsende in der Festung Magdeburg ein. Die Novemberrevolution in Deutschland 1918 zog die umgehende Freilassung des prominenten Häftlings nach sich; in einem Sonderzug fuhr Piłsudski von Berlin nach Warschau.

Das Empfangskomitee für den Marschall am 10. November 1918 war klein, aber fein. Hierzu gehörte mit Fürst Lubomirski ein Vertreter des Warschauer Regentschaftsrats und mit Adam Koc ein führender Offizier der Polnischen Legionen.[5] Am Abend seines Ankunftstages traf Piłsudski sich bereits mit dem frisch konstituierten Deutschen Soldaten-Rat in Warschau, um die Überführung der deutschen Truppen zurück ins Reich zu regeln. Der Regentschaftsrat gestand Piłsudski dann am 11. November die Macht über das polnische Heer zu und fällte am 14. November die Entscheidung über seine Selbstauflösung, um die übriggebliebenen Kompetenzen ebenfalls Piłsudski anzuvertrauen. Die von Ignacy Daszyński geführte Volksregierung in Lublin hatte Piłsudski bereits am 12. November zu verstehen gegeben, dass sie im Falle einer neuen Regierungsbildung zu seiner Verfügung stehe.

Die Begeisterung über die Erlangung der Unabhängigkeit im November 1918 war groß in der polnischen Öffentlichkeit, doch die politischen Gremien waren noch ohne demokratische Legitimation. Dieses Defizit erschien umso drängender, als sich das am 14. November 1918 als Kompromisslösung zwischen Piłudski, der Lubliner Volksregierung und der Polnischen Liquidierungskommission zustande gekomme Kabinett unter Führung des Sozialisten und Piłsudski-Vertrauten Jędrzej Moraczewski anschickte weitreichende soziale und politische Reformen durchzuführen.

Nachdem bereits Anfang November die Lubliner Regierung unter Ignacy Daszyński ein demokratisches Wahlrecht für Männer und Frauen in Aussicht gestellt hatte,[6] erließ Józef Piłsudski in seiner Eigenschaft als Provisorisches Staatsoberhaupt am 28. November eine nunmehr rechtsverbindliche Wahlordnung für das neu zu bestimmende polnische Parlament, den Verfassungsgebenden Sejm. Das Prinzip von gleichen, geheimen, allgemeinen, direkten und proportionalen Wahlen, in der polnischen Terminologie der Zwischenkriegszeit als „fünffaches Wahlrecht" (*pięcioprzymiotnikowe prawo wyborcze*) bezeichnet, traf zugleich eine Vorentscheidung, wer zur sich neu konstituierenden polnischen Nation gehören sollte.

---

5   Ausführlich und mit Emphase schilderte den Empfang Piłsudskis in Warschau Adam Koc: Powitanie Piłsudskiego w Warsawie 10 listopada (1937), in: Borkowski, Rok 1918, S. 209 - 210.
5   AAN, Akta Leona Wasilewskiego, 65, Bl. 10.

Nach Art. 1 konnte „jeder Bürger des Staates" wählen, der bis zum Wahltag das 21. Lebensjahr vollendet hatte.[7] Dies war ein prinzipielles Signal: Die staatliche Unabhängigkeit war mit einer umfassenden Bereitstellung von Partizipationschancen verbunden. Die rechtliche Vorgabe passte zu einem verbreiteten Selbstgefühl in der Gründungsphase der Zweiten Republik: „Polen erwacht zu neuem Leben! Alle, denen das Vaterland lieb und teuer ist, sind zur Mitarbeit aufgerufen."[8] In Abgrenzung zu zeitgenössischen revolutionären Stimmungen in Europa sollte die Neuorganisation von Staat und Gesellschaft aus den Nachkriegswirren heraus „nicht mit Gewalt und Terror" erfolgen, sondern in den Bürgern „aufrichtige staatsbürgerliche Gefühle" wecken.[9] Der partizipatorische und egalitäre Impetus der Jahre 1917/18, der im östlichen Mitteleuropa nationale und soziale Frage als gleichberechtigt erscheinen ließ,[10] reichte anfänglich selbst in konservative Kreise. So stellte der junge Priester Czesław Oraczewski auf einer Rede vor dem Verband der Gutsbesitzerinnen (*Stowarzyszenie Ziemianek*) die Nation als eine demokratische Gemeinschaft vor, die nicht Privilegien für einzelne Gruppen, sondern „gemeinsame Arbeit, gleiche Pflichten für alle und gemeinsames Verantwortungsbewusstsein" kennzeichnen sollten[11].

Im Art. 1 der Wahlordnung steckte ein weiterer politischer Paukenschlag: Die Berechtigung zur Wahl galt „ohne Unterschied des Geschlechts".[12] Damit war die Republik Polen nach den Vorreitern Neuseeland, Australien, Kanada, Finnland, Norwegen und Dänemark eines der weltweit ersten Länder, die das aktive und passive Wahlrecht für Frauen einführten. Die gesellschaftliche Akzeptanz für das Frauenwahlrecht war in Polen hoch. Engagiert hierfür hatten sich in den Jahren vor dem Ersten Weltkrieg bekannte Feministinnen wie die an der Universität Zürich promovierte Nationalökonomin Zofia Daszyńska-Golińska, eine Schwägerin Ignacy Daszyńskis, die Publizistin Izabela Moszczeńska, die Malerin Maria

---

[7] Ordynacja Wyborcza do Sejmu Ustawodawczego, 28. 11. 1918, in: Tadeusz Rzepecki: Sejm Rzeczypospolitej Polskiej 1919 roku, Poznań 1920, S. 9.
[8] O poparcie..., in: Ziemianka, 7, 1918, S. 197 - 198; hierzu auch Krzysztof Kawalec: Spadkobiercy niepokornych. Dzieje polskiej myśli politycznej 1918 - 1939, Wrocław - Warszawa - Kraków 2000, S. 13, 20.
[9] Do pracy! in: Głos Nauczycielski, 3, 1919, S. 2 - 3.
[10] Hobsbawm, Nationen, S. 155.
[11] O samowiedzy narodowej, in: Ziemianka, 8, 1919, S. 34. Der starken Betonung von Gemeinschaft wohnte hier allerdings schon früh eine skeptische Haltung gegenüber der Parteipolitik inne. Einige Jahre später schloß sich Oraczewski unter dem Eindruck von Mussolinis Erfolg der antiparlamentarischen rechten Organisation *Pogotowie Patriotów Polskich* („Wacht polnischer Patrioten") an.
[12] Ordynacja Wyborcza do Sejmu Ustawodawczego, 28. 11. 1918, in: Rzepecki, Sejm RP 1919 roku, S. 9.

Dulębianka oder die Lehrerinnen Stefania Sempołowska, Teodora Męczkowska und Zofia Moraczewska, letztere zugleich Gattin des seit dem 14. November 1918 amtierenden Ministerpräsidenten Jędrzej Moraczewski. Sie alle standen politisch entweder den Sozialisten, den Bauernparteien oder den Kreisen um Piłsudski nahe. Forderungen nach größeren politischen Einflussmöglichkeiten konnten unter dem Eindruck des Ersten Weltkrieges mit den Leistungen der Frauen für den nationalen „Befreiungskampf" untermauert werden; neu gegründete „Frauenligen" verstanden sich häufig als weibliches Pendant zu den Legionen Piłsudskis.[13] Das eigentlich universelle Postulat der Gleichheit für die weibliche Bevölkerung war bei der Frauenbewegung in Polen damit frühzeitig in den Dienst des nationalen Unabhängigkeitsstrebens gestellt.[14]

Das rechte politische Spektrum mochte sich der partizipatorischen Neuerung nicht verschließen, zog aber andere ideelle Begründungen heran. Als unverwechselbare Leistungen der Frauen für die Nation galten hier lange Zeit, ganz im Sinne traditioneller Wertehaltungen, Erziehungsarbeit und gesellschaftlich-karitatives Wirken. Dies fügte sich in einen konservativen Nationsentwurf, der die Nation mit der Familie parallelisierte und Männern und Frauen jeweils klar voneinander abgegrenzte Aufgaben zuwies. Zwar vermochten konservativ eingestellte Frauen aus dieser Definition der Geschlechterrollen durchaus ein eigenes Selbstbewusstsein zu ziehen,[15] dennoch bedeutete die Einführung des Frauenwahlrechts eine habituell und mental erst noch zu bewältigende Zäsur.

Als vorsichtiges Zugeständnis an die Moderne galt, dass Frauen für ihren rollenspezifischen Beitrag zur Nation die gleichen Rechte erhalten sollten wie Männer – bei gleichzeitiger „Erfüllung ihrer Pflichten gegenüber der

---

13 Natali Stegmann: Die Töchter der geschlagenen Helden. „Frauenfrage", Feminismus und Frauenbewegung in Polen 1863 - 1919 [DHI Warschau, Quellen und Studien, Bd. 11], Wiesbaden 2000, S. 227 - 228.

14 Ebd., S. 241; Dobrochna Kałwa: Model kobiety aktywnej na tle sporów światopoglądowych. Ruch feministyczny w dwudziestoleciu międzywojennym, in: Anna Żarnowska und Andrzej Szwarc (Hrsg.): Równe prawa i nierówne szanse. Kobiety w Polsce międzywojennej, Warszawa 2000, S. 136; Gertrud Pickhan: Frauenrollen, Geschlechterdifferenz und *nation-building* in der Geschichte Polens, in: Jahrbuch Polen, 17, 2006, S. 13 - 14.

15 Charlotte Tacke: Geschlecht und Nation, in: Sophia Kemlein (Hrsg.): Geschlecht und Nationalismus in Mittel- und Osteuropa 1848 - 1918 [Einzelveröffentlichungen des DHI Warschau, Bd. 4], Osnabrück 2000, S. 25 - 26; allgemeine Überlegungen am deutschen Beispiel: Ute Planert: Vater Staat und Mutter Germania. Zur Politisierung des weiblichen Geschlechts im 19. und 20. Jahrhundert, in: dies. (Hrsg.): Nation, Politik und Geschlecht. Frauenbewegungen und Nationalismus in der Moderne, Frankfurt/Main 2000, S. 15 - 65.

Nation".¹⁶ Darüber hinaus ging eine Deutung, die beim gesellschaftlichen Wandel seit der Jahrhundertwende ansetzte: Demnach wich die Konzentration auf die Familie und den kleinen, überschaubaren Kreis des eigenen Hauses zugunsten einer stärkeren Teilnahme der Frauen am öffentlichen Leben. Die Notwendigkeit dieser Entwicklung zeigte sich in den Kriegs- und Nachkriegsjahren als Zeiten des „Umsturzes" und der „Bedrohung", deren Lasten Männer und Frauen gleichermaßen zu tragen hatten, vor allem aber – in einer optimistischeren Wahrnehmung – bei Gründung und Aufbau des polnischen Staates. Hier sollte niemand abseits stehen: „Im Namen des Wohles des Vaterlands und der Demokratisierung unserer Nation und aus der Notwendigkeit heraus, alle Kräfte zum Aufbau unseres Staates zu nutzen, fordern wir die vollen Wahlrechte für die polnische Frau."¹⁷

Die Wahlordnung vom 28. November 1918 erweiterte den Kreis von Wahlberechtigten umfassend und griff, indem sie die Wahlberechtigten explizit als „Staatsbürger" ansprach, in pragmatischer Weise dem noch zu verabschiedenden eigentlichen Staatsbürgerschaftsrecht vor. Das Wahlrecht konnte freilich nicht alle Fragen von Zugehörigkeit klären. Die funktionale Begrenzung auf den Aspekt der politischen Partizipation ließ etwa Kinder und Jugendliche außer Betracht, ebenso eine kleinere Personengruppe, deren staatsbürgerliche Rechte durch ein Gerichtsurteil außer Kraft gesetzt waren.

Ein Spezifikum der polnischen Regelung von 1918 war, dass aktive Armeeangehörige nach Art. 4 von den Wahlen ausgeschlossen waren. Die zeitgenössische Motivlage, keine Unruhe in die Armee zu bringen und umgekehrt die Politik nicht von militärischer Taktik zu beeinflussen,¹⁸ war konjunktureller, nicht prinzipieller Natur. In der am 5. April 1919 erlassenen ergänzenden Regelung zur Wahlordnung für das ehemalige preußische Teilungsgebiet war nämlich die Teilnahme von aktiven Angehörigen der Großpolnischen Armee (*Armia Wielkopolska*) erlaubt.¹⁹ Diese Heeresorganisation hatte sich Anfang 1919 im Zuge der bürgerkriegsähnlichen Ablösung der Provinz Posen vom Deutschen Reich, im so genannten Großpolnischen Aufstand, konstituiert.²⁰

---

16 So die Gutsbesitzerin Karszo-Siedlewska auf einem Treffen des Sozialausschusses des Gutsbesitzerinnen-Verbands am 8. Oktober 1918 in Warschau: Ze Stowarzyszenia Ziemianek, in: Ziemianka, 7, 1918, S. 180.
17 Aus dem Text einer auf demselben Treffen verabschiedeten Resolution: Ze Stowarzyszenia Ziemianek, in: Ziemianka, 7, 1918, S. 181.
18 Brzoza/Sowa, Histora Polski, S. 59.
19 Ustawa z 5 kwietnia 1919 r., in: Rzepecki, Sejm RP 1919 roku, S. 34.
20 „Großpolen" (*Wielkopolska*) stand hier für den im polnischen Sprachgebrauch bereits seit dem späten Mittelalter (zurückgehend auf lateinisch *Polonia Maior*) etablierten Namen für die Provinz Posen.

Das wohl gravierendste Manko der Wahlordnung von 1918 lag in ihrer unter den Bedingungen von Grenzkämpfen und Gebietsansprüchen formulierten territorialen Reichweite. Sie umfasste das ehemalige Kongresspolen und das ehemals österreichische Galizien, dabei auch dessen von blutigen Kämpfen zwischen Polen, Juden und Ukrainern erschütterte Osthälfte. Vom ehemaligen russischen Teilungsgebiet außerhalb Kongresspolens berücksichtigte sie das Gebiet Białystok. Die Wahlkreise für das ehemalige preußische Teilungsgebiet erstreckten sich noch vor dem Großpolnischen Aufstand und den Friedensregelungen in Versailles auf die Provinz Posen (Großpolen), auf Westpreußen (vor 1772 Pomerellen bzw. Königliches Preußen, in nunmehriger polnischer Bezeichnung: Pomorze) und auf Oberschlesien, ja sogar noch auf Gebiete westlich und nördlich davon.[21]

In einem ebenfalls am 28. November 1918 erlassenen ergänzenden Dekret verfügte Piłsudski daher provisorische Regelungen für jene Wahlkreise, in denen zum anvisierten Wahltermin, dem 26. Januar 1919, wegen anhaltender Kämpfe und ungeklärter staatlicher Zugehörigkeit keine Wahlen durchgeführt werden konnten. So sollte Ostgalizien diejenigen Abgeordneten in den Sejm entsenden, die die dortigen Wahlkreise bereits im Parlament der Habsburgermonarchie vertreten hatten. Im ehemaligen preußischen Teilungsgebiet sollten Wahlen zu einem späteren Zeitpunkt erfolgen, während für das außerhalb Kongresspolens gelegene ehemalige russische Teilungsgebiet die Frage nach der künftigen parlamentarischen Repräsentation noch völlig offen war.[22] Die Teilnahme an den ersten freien Wahlen in Po-

---

21 Ordynacja Wyborcza do Sejmu Ustawodawczego, 28. 11. 1918, in: Rzepecki, Sejm RP 1919 roku, S. 19 - 22. Die Wahlordnung wird von Włodzimierz Suleja: Józef Piłsudski, Wrocław - Warszawa - Kraków 1995, S. 181 - 182 als wichtiges Indiz dafür genommen, dass die Historiographie das Bild Piłsudskis als Anhänger der „jagiellonischen Idee" mit Blick ausschließlich auf den Osten Polens lange Zeit zu einseitig zeichnete. Eine einflussreiche Rolle bei der Ausdehnung des Wahlterritoriums nach Westen attestiert den Sozialisten Ignacy Daszyński und Leon Wasilewski: Roland Gehrke: Der polnische Westgedanke bis zur Wiedererrichtung des polnischen Staates nach Ende des Ersten Weltkrieges. Genese und Begründung polnischer Gebietsansprüche gegenüber Deutschland im Zeitalter des europäischen Nationalismus [Materialien und Studien zur Ostmitteleuropa-Forschung, Bd. 8], Marburg 2001, S. 325 - 326. Konkret waren 1918 noch folgende Wahlkreise geplant: im südlichen Ostpreußen Wahlkreis 61: Olsztyn/Allenstein, im Oppelner Schlesien Wahlkreis 65: Opole/Oppeln und Wahlkreis 70: Nissa/Neiße, im westlichen Ostpreußen und Danzig Wahlkreis 68: Gdańsk/Danzig mit Elbing und Marienburg, sowie den später bei der Tschechoslowakei verbleibenden Teil des Teschener Schlesiens als Wahlkreis 35 a: Frydek.
22 Dekret o wyborach do Sejmu Ustawodawczego, 28. 11. 1918, in: Rzepecki, Sejm RP 1919 roku, S. 28 - 29. Das Dekret sah unter anderem vor, dass Vertreter der „Polen in Litauen und der *Ruś* im Einvernehmen mit der örtlichen polnischen Gesellschaft" in den Sejm berufen werden sollten.

len stand somit vorerst nur der Bevölkerung großer Teile Kongresspolens und des westlichen Galiziens offen.

Eine sukzessive Ausweitung des demokratischen Legitimationsprozesses gab es schon in den folgenden Monaten. Am 16. Februar 1919 konnten im nördlichen Zipfel Kongresspolens, im bislang von der deutschen Heeresgruppe Ober-Ost besetzten Wahlkreis Augustów-Suwałki-Sejny, Wahlen durchgeführt werden.[23] Als letzte in Kongresspolen wählten die Bürger im Wahlkreis Biała Podlaska, nämlich am 9. März 1919. Ein Dekret vom 7. Februar 1919 regelte nun die Vorgehensweise für das ehemalige preußische Teilungsgebiet: Im Sejm sollte der neue Westen Polens zunächst von denjenigen polnischen Abgeordneten repräsentiert werden, die im Jahre 1918 ein Mandat im Deutschen Reichstag inne hatten – neun aus Großpolen, fünf aus Schlesien und zwei aus Westpreußen. Die ersten Wahlen im ehemaligen preußischen Teilungsgebiet konnten für den 1. Juni 1919 anberaumt werden, und zwar zuerst in den vier Wahlkreisen Großpolens; Pomorze kam am 2. Mai 1920 hinzu.[24] Angesichts der anhaltenden Auseinandersetzungen um die Zugehörigkeit Oberschlesiens wurde hier bis zum Ende der Legislaturperiode des Verfassungsgebenden Sejm nicht gewählt.[25] Bezüglich des zwischen Polen und der Tschechoslowakei umstrittenen Teschener Schlesien verfügte eine Sejm-Resolution vom 14. März 1919 die Kandidaten der Einheitsliste des Wahlkreises als Sejm-Abgeordnete zu kooptieren. Die ersten Wahlkreise des russischen Teilungsgebiets außerhalb Kongresspolens, Białystok und Bielsk Podlaski, waren am 15. Juni 1919 an der Reihe. Möglich wurde dies durch das Voranschreiten polnischer Truppen in östlicher Richtung nach Abzug der deutschen Heeresgruppe Ober-Ost. Damit gehörten Białystok und die Landschaft Podlasie für die längste Zeit der Legislaturperiode des Verfassungsgebenden Sejm zu den einzigen historischen Ostgebieten Polens (*Kresy Wschodnie*), in denen demokratische Wahlen stattfanden. Erst am 24. März 1922 kamen 20 Abgeordnete hinzu, die nach der polnischen Eroberung eines Teils von Litauen mit der Metropole Wilno in den daraufhin konstituierten Sejm „Mittellitauens" (*Litwa Środkowa*) gewählt worden waren. Die wichtigsten Aufgaben des Verfassungsgebenden Sejm,

---

[23] Rzepecki, Sejm RP 1919 roku, S. 100.
[24] Dekret, 7. 2. 1919, in: Wanda Sudnik (Hrsg.): Prawo polityczne Rzeczypospolitej Polskiej 1918 - 1939. Wybór źródeł, Warszawa 2002, S. 125; Rozporządzenie wykonawcze o wyborach poselskich do Sejmu Ustawodawczego z części ziem polskich b. zaboru pruskiego, 18. 4. 1919, in: Rzepecki, Sejm RP 1919 roku, S. 36 - 37, auch S. 233.
[25] Von den fünf polnisch-schlesischen Abgeordneten des Deutschen Reichstags präsentierten drei von ihnen Wahlkreise des westlichen Oberschlesien und des Oppelner Schlesien, die erst 1945 an Polen kommen sollten – unter anderem Wojciech Korfanty, der den Wahlkreis Gleiwitz vertrat.

die Verabschiedung einer Verfassung und zentraler Gesetze zum Aufbau des neuen polnischen Staats, waren zu diesem Zeitpunkt schon erfüllt.

Die über Jahre hinweg ungeklärte territoriale Ausgangslage verzögerte die Schaffung eines Wahlrechts, das der Multiethnizität des östlichen Mitteleuropa angemessen hätte sein können. Lediglich die jüdische Bevölkerung im ehemaligen Kongresspolen und in Galizien konnte sich mit der Wahlordnung vom 28. November 1918 ihrer politischen Rechte sicher sein. Daran änderte auch ein verbreitetes antisemitisches Ressentiment nichts, dem etwa eine Referentin auf einer Tagung des polnischen Gutsbesitzerinnen-Verbands Ausdruck verlieh, indem sie die Ausweitung des Wahlrechts auf Frauen den Partizipationsmöglichkeiten für die jüdische Bevölkerung gegenüber aufrechnete und polemisch fragte: „Sollte ein Jude mehr von den Fragen der Nation verstehen als eine polnische Frau? Sollte ein Jude besser empfinden, was für das Wohl der Nation nötig ist, als die Mutter, Ehefrau, Schwester und Tochter eines polnischen Bürgers?"[26]

Widersprüchlicher präsentierte sich die Situation für die Bevölkerung in den Grenzgebieten und für die *Polonia*, für diejenigen sich zu Polen zugehörig fühlenden Menschen also, die außerhalb der noch im weitesten Sinne als historisch polnisch verstandenen Siedlungsgebiete lebten. Eine großzügige Auslegungsmöglichkeit bot das mit Rücksicht auf die erwartete Welle von Rückwanderern nach Polen am 11. Januar 1919 erlassene Dekret, wonach das Wahlrecht auch denjenigen zustand, die erst nach dem 5. Dezember 1918 ins Land gekommen waren. Die Rückwanderer hatten sich bis zum 20. Januar 1919 bei der Wahlkommission ihres neuen Wohnorts zu melden.[27] Das Dekret ging nicht näher auf die Zusammensetzung und die Motive der Rückwanderer ein. Somit blieb offen, ob hier ein ethnisches oder politisches Verständnis der polnischen Nation zugrunde lag. Stärkere Reglementierung fand sich in der Wahlordnung für das ehemalige preußische Teilungsgebiet. Die sich als ethnisch deutsch definierende Bevölkerung durfte an den Wahlen teilnehmen; dies entsprach dem Territorialprinzip und damit einem politischen Nationsverständnis. Allerdings galt für die Deutschen eine entscheidende Einschränkung: Sie mussten in der Provinz Posen geboren sein.[28]

---

26 Ze Stowarzyszenia Ziemianek, in: Ziemianka, 7, 1918, S. 180; ähnliche Haltungen auch auf dem wenige Monate späteren Treffen der Gutsbesitzerinnen: Z walnego zgromadzenia Zjednoczonego Koła Ziemianek w Warszawie, in: Ziemianka, 8, 1919, S. 1 - 8.
27 Dekret o nadaniu praw wyborczych obywatelom, którzy po d. 5 grudnia 1918 r. powrócili do kraju, 11. 1. 1919, in: Rzepecki, Sejm RP 1919 roku, S. 31 - 32. Zum Ablauf der Remigration von Polen aus Deutschland im Herbst/Winter 1918 ausführlich Mirosław Piotrowski: Reemigracja Polaków z Niemiec 1918 - 1939, Lublin 2000, S. 67 - 115.
28 Rzepecki, Sejm RP 1919 roku, S. 233.

Das Territorialprinzip diente so dazu, den *status quo* einer ethnischen Gruppe festzschreiben und Abwanderung zu fördern.

Im Vorfeld der nächsten Legislaturperiode des Sejm entspannen sich, ausgehend von der veränderten ethnisch-territorialen Situation Polens und von den konkreten Erfahrungen der Wahlen seit 1919, intensive Diskussionen über eine Neuordnung des Wahlrechts, nicht nur auf parlamentarischem Parkett,[29] sondern auch im Rahmen von Verbänden und Lobbyorganisationen. Letzteres ist von der Forschung bislang wenig beachtet worden, dabei zeigte sich hier, wie auch abseits parteipolitischer Programme heftig um die innere Ausgestaltung der polnischen Nation gerungen wurde. Ein bemerkenswertes Beispiel entfaltete sich vor dem Hintergrund eines der größten strukturellen Probleme der Zweiten Republik, des Stadt-Land-Kontrasts.

Der polnische Städtebund (*Związek Miast Polskich*) verurteilte auf seiner 6. Allgemeinen Versammlung in Lwów 1922 die Wahlordnung von 1918, da er darin eine systematische Benachteiligung der Städte sah. In diesem Urteil spiegelte sich die Überzeugung von den historischen Leistungen polnischer Städte, von ihrer gegenwärtigen Rolle als wichtigste Steuerzahler des Landes und von ihrem herausragenden intellektuellen und wirtschaftlichen Potenzial wieder. Umso kritischer geriet der Rückblick auf die vergangene Legislaturperiode: „Der Sejm litt an einem chronischen Mangel gebildeter Schichten, eines Faktors, den ihm nur die Städte geben konnten."[30] Das Idealbild eines Parlaments, das den gesamten Staat und alle gesellschaftlichen Gruppen abbilden sollte, war sozialharmonisch inspiriert. Im Gegensatz dazu stand die vermeintlich drohende Gefahr einer „Klassenvertretung" einiger weniger sozialer Schichten: Demnach gingen die Stimmen der Städte in den ländlichen Wahlkreisen zugunsten der Bauernparteien und des Gutsbesitzeradels verloren. Die Städtevertreter hoben dabei ihre Wahrnehmungen auf die Ebene eines grundsätzlichen Richtungsentscheids zwischen konkurrierenden Nationsentwürfen. Polemisch zugespitzt ging es bei den Wahlen 1922 um nichts weniger als um die Frage, ob das neue Parlament

---

[29] Dazu eine reiche Literatur, etwa Andrzej Ajnenkiel: Spór o model parlamentaryzmu polskiego do roku 1926, Warszawa 1972, S. 207 - 253; Ewa Maj: Związek Ludowo-Narodowy 1919 - 1928. Studium z dziejów myśli politycznej, Lublin 2000, S. 294 - 296; Szymon Rudnicki: Żydzi w parlamencie II Rzeczypospolitej, Warszawa 2004, S. 89 - 91 sowie jetzt vor allem Kamil Kacperski: System wyborczy do Sejmu i Senatu u progu Drugiej Rzeczypospolitej, Warszawa 2007, S. 151 - 190.

[30] Tadeusz Przeorski: Ordynacja wyborcza do Sejmu i Senatu a miasta, in: Samorząd Miejski, 2, 1922, S. 542.

eine „Kammer der ländlichen Gemeinden" oder aber der Sejm der Republik Polen sei.[31]

Zu den konkreten Reformvorschlägen des Städtebunds zählte daher aus leicht nachvollziehbarem Grund eine Erhöhung der Anzahl städtischer Wahlkreise.[32] Der erwartete demographische Wandel zugunsten der Städte war dabei ein willkommenes Argument.[33] Bemerkenswert war darüber hinaus das Plädoyer für eine größere Zahl an Sejm-Mandaten insgesamt. Die dadurch erhoffte größere Vielfalt von Parteien im Sejm sollte auch kleineren politischen Gruppierungen die Möglichkeit der öffentlichen Stellungnahme geben und damit das differenzierte politische Stimmungsbild in den Städten angemessener widerspiegeln.[34]

Nach vielen Diskussionen und Reformvorschlägen war am 17. März 1921 das Hauptziel des Verfassunggebenden Sejm erreicht: An diesem Tag verabschiedete das Parlament in seltener Einmütigkeit und per Akklamation die neue Verfassung für die unabhängige Republik Polen. Die „Märzverfassung", so die rasch eingebürgerte Bezeichnung, war die entscheidende Manifestation des polnischen demokratischen Verfassungsstaats. Sie enthielt einen umfassenden Katalog von Grund- und Bürgerrechten, eröffnete Möglichkeiten für den Ausbau Polens als Sozialstaat, definierte aber auch Pflichten des Bürgers gegenüber dem Staat[35]. Sie griff in kurzer und generalisierter Form Fragen des aktiven und passiven Wahlrechts auf (Art. 11 – 15, 16 - 20).[36] Neu war die Einrichtung einer zweiten Kammer, des Senats (Art. 35 - 37),[37] der als Kontrollorgan für die legislative Tätigkeit des Sejm fungieren sollte.

Pragmatische Details des Wahlrechts regelte die im Gefolge der Märzverfassung neu gefasste Wahlordnung vom 28. Juli 1922. Sie verfügte die Anhebung des passiven Wahlrechts zum Sejm auf 25 Jahre, regelte Beson-

---

31 Ebd., S. 551.
32 Ebd., S. 550.
33 Sprawozdanie z VI Ogólnego Zebrania Związku Miast Polskich, in: Samorząd Miejski, 2, 1922, S. 399.
34 Tadeusz Przeorski: Ordynacja wyborcza do Sejmu i Senatu a miasta, in: Samorząd Miejski, 2, 1922, S. 550.
35 Würdigung der Märzverfassung bei Dieter Gosewinkel und Johannes Masing (Hrsg.): Die Verfassungen in Europa 1789 - 1949. Wissenschaftliche Textedition unter Einschluß sämtlicher Änderungen und Ergänzungen sowie mit Dokumenten aus der englischen und amerikanischen Verfassungsgeschichte, München 2006, S. 56 - 57.
36 Ustawa z dnia 17 marca 1921 r.: Konstytucja Rzeczypospolitej Polskiej, in: Sudnik, Prawo polityczne, S. 60 - 61. Die polnische Verfassung von 1921 ist jetzt in deutscher Übersetzung gut zugänglich bei: Gosewinkel/Masing, Verfassungen in Europa, S. 385 - 402, hier S. 386 - 387.
37 Ustawa z dnia 17 marca 1921 r.: Konstytucja Rzeczypospolitej Polskiej, in: Sudnik, Prawo polityczne, S. 63 - 64; Gosewinkel/Masing, Verfassungen in Europa, S. 390.

derheiten der Wahl zum Senat und führte vor allem republikweit einheitliche Listen (*listy państwowe*) der einzelnen Parteien ein. Ziel war eine stärkere Bündelung der parteipolitischen Kräfte im Lande, um künftig zu klareren Mehrheiten im Parlament zu gelangen. Dennoch besaßen Direktmandate aus den einzelnen Wahlkreisen weiterhin Vorrang: Der neue Sejm sollte 444 Abgeordnete zählen, wobei 372 aus den Wahlkreisen kamen und nur 72 von den Landeslisten.

Welche Folgen hatten diese überarbeiteten Regelungen für die Partizipationschancen der polnischen Bevölkerung? Bereits für das zeitgenössische Urteil war nicht allein der Wortlaut der Wahlordnung ausschlaggebend, sondern vor allem die Wahlpraxis. Die Probleme begannen schon mit dem häufigen Überschreiten des Richtwerts, dass kein Wähler mehr als sechs Kilometer vom Wahllokal entfernt wohnen sollte.[38] Politisch brisanter vermochten sich Ungleichheiten bei den Wahlkreisen auszuwirken. Für ein Abgeordnetenmandat waren im Durchschnitt 60 500 Wählerstimmen vonnöten – in der westpolnischen Stadt Poznań aber nur 42 000, im wolhynischen, hauptsächlich von Ukrainern bewohnten Wahlkreis Krzemieniec dagegen 99 700.[39] Eine Benachteiligung ethnisch nicht-polnischer Bevölkerungsgruppen lag hier in der Tat nahe.[40]

Nicht jede wahlrechtliche Regelung wies jedoch so eindeutige Wirkungszusammenhänge auf. Debatten über den Zuschnitt von Wahlkreisen oder über Verhältnis- und Mehrheitswahlrecht waren weder spezifisch für Polen noch für multiethnische Konstellationen überhaupt. In der Frage der Wahlkreise meinten etwa die bereits erwähnten Lobbyisten des polnischen Städtebundes enttäuscht, dass die neue Wahlordnung wie bisher den Interessen der ländlichen Bevölkerung zugute kam. Von den 64 Wahlkreisen waren lediglich fünf reine Stadtkreise (Warschau, Łódź, Krakau, Lwów und Poznań) mit insgesamt 37 Mandaten, „der Rest dagegen, einige hundert Städte, ertrinkt in den riesigen ländlichen Wahlbezirken".[41]

Dissens herrschte auch über die Wirkung der neu eingeführten Landeslisten. Eine Entscheidung, ob Polens Wahlsystem stärker nach dem Verhältnis- oder dem Mehrheitswahlrecht ausgerichtet sein sollte, war damit nicht verbunden: Da in den Wahlkreisen jeweils mehrere Direktmandate

---

[38] Rekordhalter im negativen Sinne war die dünn besiedelte Gegend der Białowieżer Heide: Główny Urząd Statystyczny (Hrsg.): Statystyka wyborów do Sejmu i Senatu odbytych w dniu 5 i 12 listopada 1922 roku [Statystyka Polski, Bd. 8 a], Warszawa 1926, S. VIII.
[39] Ebd., S. VII.
[40] Paweł Korzec: Der Block der Nationalen Minderheiten im Parlamentarismus Polens des Jahres 1922, in: ZfO, 24, 1975, S. 202 - 203; Brzoza/Sowa, Historia Polski, S. 68.
[41] Tadeusz Przeorski: Ordynacja wyborcza do Sejmu i Senatu a miasta, in: Samorząd Miejski, 2, 1922, S. 543.

vergeben wurden, konnten diese wie bereits 1919 proportional nach dem Stimmenergebnis auf verschiedene Parteien verteilt werden. Das Übergewicht von Wahlkreismandaten über Landeslistenmandate sprach vor allem für den Versuch einer lokalen und regionalen Verankerung von Politik in der polnischen Gesellschaft. Dazu passte, dass für die Landesliste einer Partei nur dann Stimmen angerechnet werden konnten, wenn diese Partei in mindestens sechs Sejm- oder drei Senats-Wahlkreisen bereits Direktmandate gewonnen hatte. Eine strukturelle Benachteiligung einer Partei konnte sich dabei aus einer allzu starken Konzentration auf einzelne regionale Hochburgen, aber auch aus einer weiten räumlichen Streuung der vermuteten Wählerschaft ergeben. Skepsis gegenüber dem Verrechnungssystem der Wahlkreisstimmen mit den Landeslisten äußerten Vertreter ethnisch nicht-polnischer Bevölkerungsgruppen, insbesondere der deutschen und der jüdischen, daher ebenso wie Vertreter von Parteien mit geringem gesellschaftlichen Rückhalt wie die Konservativen.

Zweifellos alle Wähler betraf aber die demokratisch fragwürdige Möglichkeit, dass wie schon gemäß der Wahlordnung von 1918 jeder Politiker in verschiedenen Wahlkreisen und zusätzlich auf einer Landesliste kandidieren konnte. Bei einer erfolgreichen Wahl in mehreren Wahlkreisen musste der Kandidat spätestens eine Woche nach Veröffentlichung der Wahlergebnisse im regierungsamtlichen Informationsbulletin *Monitor Polski* erklären, welches Mandat er wahrnehmen werde. Dies minderte die Transparenz der Wahlentscheidung erheblich.

Aufschlüsse über die unterschiedlichen Vorstellungen der Nation als politischer Gemeinschaft bot nicht nur die Frage, wer partizipieren durfte, sondern auch, in welche Institutionen Partizipation münden sollte. Für eine starke Stellung des Parlaments in der Republik Polen sprach, dass die die Erinnerung an den Reichstag der Adelsrepublik Polen-Litauen weithin präsent war.[42] Der frühneuzeitliche Sejm besaß größeres machtpolitisches Gewicht als die gewählten Könige. Hinzu kamen jüngere politische Eindrücke, als seit der zweiten Hälfte des 19. Jahrhunderts Intellektuelle, Parteien, Gewerkschaften und andere gesellschaftliche Organisationen in ganz Europa immer stärker für Partizipation und eine repräsentative Demokratie eintraten. Vor diesem Hintergrund hob der Ministerpräsident der Lubliner Volksregierung, Ignacy Daszyński, am 10. November 1918 in einer öffentlichen Ansprache hervor, dass die bevorstehenden Wahlen zum Sejm die eigentliche Voraussetzung für „das erste Jahr einer freien und einigen Nation in einem freien und einigen Vaterland" schufen und dass das künftige Parla-

---

[42] Andrzej Gwiżdż: Sejm i Senat w latach 1918 - 1939, in: Juliusz Bardach (Hrsg.): Dzieje Sejmu Polskiego, Warszawa 1993, S. 147.

ment alle Kompetenzen besitzen müsse, um sowohl die Grenzen als auch die rechtliche Ordnung des jungen Staates festzulegen.[43]

In der umfassenden Autorität, die dem Parlament zukommen sollte, steckte der Ansatzpunkt für manch eine Überschätzung. Der Gutsbesitzerinnen-Verband etwa erwartete vom Sejm großzügige territoriale Erweiterungen Polens und ein Schutzpatronat für die ethnischen Polen im ehemals russischen Teilungsgebiet außerhalb Kongresspolens: „Jeder Tag Aufschub nimmt Polen Tausende seiner Bevölkerung, Schätze an Hab und Gut sowie historischer Kultur. Jede Aufhaltung unserer Armeen bringt Tod und Verderben."[44] Auch der gemäßigt rechte Nationale Arbeitsbund (*Narodowy Związek Robotniczy*, NZR) warb auf seinen Wahlplakaten dafür, dass der Sejm über die zukünftige territoriale Gestalt Polens entscheiden solle[45] – so als sei keine völkerrechtliche Abstimmung mit anderen Staaten erforderlich, sondern allein eine innerpolnische Einigung über unterschiedliche Vorstellungen zur territorialen Gestalt des eigenen Staates.

Der Enthusiasmus für den neu begründeten Parlamentarismus war 1918 groß, aber die viel beschworene Beteiligung der Bevölkerung traf in der Praxis auf Schwierigkeiten. Die Wahlen zum Sejm seit 1919 waren vorerst die einzige Möglichkeit direkter Mitsprache an der gesamtstaatlichen Entwicklung; Volksbegehren oder Referenden zogen die frühen legislativen Verfügungen der Zweiten Republik nicht in Betracht. Ein größeres Problem stellte der immer noch weit verbreitete Analphabetismus dar, denn dadurch stand eine gravierende Benachteiligung für die politischen Partizipationsmöglichkeiten der ungebildeten Bevölkerungsgruppen zu befürchten.

Der Umgang mit diesem Problem sollte zum Prüfstein der jungen Demokratie in Polen werden. War in konservativen Kreisen die Vorstellung populär, aus jeder Gemeinde nur „die ehrlichsten, besten und klügsten Leute wählen zu lassen, die daran gemahnt werden, was für das allgemeine Wohl von größtem Nutzen ist",[46] so wähnte die politische Linke genau darin den ideologischen Ausdruck einer traditionellen Ordnung der Gesellschaft. Besonders betroffen waren aus ihrer Sicht Bauern, die oftmals die offiziellen Aushänge nicht zu lesen vermochten und sich damit abhängig

---

[43] AAN, Akta Leona Wasilewskiego, 65, Bl. 10.
[44] Ze Zjazdu Walnego Zjednocz. Ziemianek dnia 12, 13 i 14 czerwca 1919 r., in: Ziemianka, 8, 1919, S. 135.
[45] Raport polityczno-informacyjny Sztabu Generalnego WP o sytuacji w Okręgach: Warszawskim, Łódzkim, Krakowskim, Kieleckim, 4. 1. 1919, in: Marek Jabłonowski, Piotr Stawecki und Tadeusz Wawrzyński (Hrsg.): O niepodległą i granice, Bd. 2: Raporty i komunikaty Naczelnych Władz Wojskowych o sytuacji wewnętrznej w Polsce 1919 - 1920, Warszawa - Pułtusk 2001, S. 22.
[46] Wybory, in: Ziemianka, 7, 1918, S. 197.

machten von den Empfehlungen der dörflichen Eliten,[47] und Frauen, die sich in ihrem politischen Urteilsvermögen häufig von einer starken kirchlichen Bindung leiten ließen. Als Lösungsvorschlag präsentierte die politische Linke die Einführung der allgemeinen, weltlichen und unentgeltlichen Schulbildung. Erst die demokratische Schule führte demnach zu einer wirklichen Emanzipation breiter Bevölkerungsschichten.[48]

Gefährdungen der jungen Demokratie gingen aber nicht alleine von der traditionellen Ordnung und von Kirche und Gutsbesitzeradel als den „Lieblingsfeinden" eines partizipatorischen Nationsentwurfs aus. Den ersten Sejm-Wahlkampf im unabhängigen Polen überschatteten sowohl ein gescheiterter Putschversuch nationaldemokratischer Kreise am 5. Januar 1919 als auch Gerüchte über eine angeblich für den Tag der Sejm-Wahlen am 26. Januar 1919 geplante kommunistische revolutionäre Aktion, wonach der Warschauer Arbeiterrat, der wohl bedeutendste der vielen im Herbst 1918 entstandenen Arbeiterräte auf dem Territorium der Republik Polen, zur „wahren Regierung des Volkes" erklärt werden sollte.[49] In diesen Situationen, die über die in Wahlkämpfen übliche Konkurrenz und Konfliktbereitschaft hinaus an die Grundfesten der noch kaum etablierten polnischen Staatlichkeit rührten, erfuhr der Sejm noch einmal eine Steigerung seines Ansehens: Als Ordnungsfaktor wurde er nun umso stärker herbeigesehnt.[50]

Spätestens hier zeigte sich, dass die Wahrnehmung des Parlaments in der Anfangszeit der Zweiten Republik von einem Spannungsverhältnis zwischen partizipatorischem Schwung, traditioneller Ordnung und nationalen Denkfiguren geprägt war. So erfreute sich der Sejm anhaltender Wertschätzung selbst in Kreisen, die modernen demokratischen Prinzipien eher distanziert gegenüberstanden. Ein aufschlussreiches Beispiel bot eine Aktion des Gutsbesitzerinnen-Verbands. Auf einem Verbandstreffen am 14. Juni 1919 wurde für ein Kreuz aus dunkler Eiche mit einer bronzenen Christusfigur gesammelt. Eine Delegation von Gutsbesitzerinnen in farbigen Volkstrachten überreichte das Kreuz anschließend vor einer Sitzung des Sejm dem Parlamentspräsidenten Wojciech Trąmpczyński, versehen mit der Erläute-

---

[47] So die öffentlich geäußerte Befürchtung des Ministerpräsidenten der Lubliner Volksregierung, Ignacy Daszyński: AAN, Akta Leona Wasilewskiego, 65, Bl. 10.

[48] Der Zusammenhang ebenfalls schon bei Daszyński: AAN, Akta Leona Wasilewskiego, 65, Bl. 10; vor allem aber in Zeitungsartikeln und Reden des profiliertesten Bildungspolitikers der Bauernpartei PSL-Wyzwolenie, Tomasz Nocznicki, exemplarisch hierfür etwa: Wiedza dla ludu (1920), in: ders.: Wybór pism, hrsg. von Henryk Syska, Warszawa 1965, S. 185 - 192.

[49] Raport polityczno-informacyjny Sztabu Generalnego WP o sytuacji w Okręgach: Warszawskim, Łódzkim, Kieleckim, 15. 1. 1919, in: Jabłonowski/Stawecki/Wawrzyński, O niepodległą, S. 34.

[50] O samowiedzy narodowej, in: Ziemianka, 8, 1919, S. 33 - 35.

rung, dass wie einst der Sejm der Adelsrepublik auch der gegenwärtige Sejm unter dem Zeichen Christi tagen solle.[51] Trąmpczyński war für diese Aktion nicht nur aufgrund seines neuen Amtes ein geeigneter Ansprechpartner: Der Nationaldemokrat aus Großpolen, der bereits 1910 in den preußischen Landtag und 1912 in den Deutschen Reichstag gewählt worden war, galt in polnischen Parlamentskreisen als kraftvolle Führungspersönlichkeit. Zugute kam ihm dabei nicht nur rhetorisches und organisatorisches Geschick, sondern vor allem sein scharfes Eintreten gegen diejenigen preußischen Ansiedlungs- und Vereinsgesetze, die auf eine Diskriminierung der polnischen Minderheit im Deutschen Reich hinauszulaufen drohten.

Der Versuch, eine kulturelle Kontinuität zwischen früher Neuzeit und unabhängigem Staat seit 1918 herzustellen, deutete es bereits an: Der Gutsbesitzeradel agierte gegenüber der „neuen" Elite des Sejm mit dem Selbstbewusstsein einer „alten", seit langem politisch-kulturell dominanten Elite und legte als gemeinsames Ziel nahe, auf den Erhalt traditioneller Ordnungsvorstellungen hinzuwirken. Zur Eröffnung des Verfassunggebenden Sejm bedachten die Gutsbesitzerinnen die Abgeordneten mit den Worten:

„Möge der barmherzige Gott, der das Wunder der Auferstehung an uns vollbracht hat, gnädig auf unsere Auserwählten sehen, möge er in ihnen reine Herzen schaffen, die heiß für Polen und die Gerechtigkeit schlagen, einen klaren Verstand, der fähig ist, die gewaltige Verantwortung zu schultern. Wir dagegen, die polnischen Frauen, die wir sie mit unseren Stimmen gewählt haben, helfen mit täglicher, frommer Arbeit, um im Lande Ordnung, Bildung und Wohlstand zu erhalten."[52]

Die Projektion paternalistischer Vorstellungen auf den Sejm wirkte ambivalent: Einerseits lag darin die Chance, dem neu begründeten Parlamentarismus in Polen das Wohlwollen auch politisch rechts stehender Kreise zu verschaffen und damit die Gefahr einer außerparlamentarischen Systemopposition zu begrenzen. Andererseits zeigte sich in einer solch paternalistischen Sicht, zumal wenn sie mit der Absicht gepaart war, der ethnisch polnischen und katholischen Bevölkerungsgruppe eine Vorrangstellung zuzumessen, der Sejm weniger als Ort demokratischer Meinungsvielfalt und Interessenkonkurrenz denn als autoritatives nationales Symbol.

Insgesamt stellten sowohl Anhänger einer partizipatorisch gedachten Nation als auch diejenigen einer traditionellen Ordnung von Politik und

---

[51] Złożenie krzyża w Sejmie, in: Ziemianka, 8, 1919, S. 142 - 143. Das Kreuz wurde später nicht im Sitzungssaal selbst, sondern am Eingang aufgehängt: Z walnego zgromadzenia Zjednoczonego Koła Ziemianek w Warszawie, in: 9, 1920, S. 20.
[52] A. Grzybowska: Wielki dzień, in: Ziemianka, 8, 1919, S. 51.

Gesellschaft an das neu zu konstituierende Parlament hohe und dessen reale Möglichkeiten oft überschätzende Erwartungen. Damit setzten sie einen Zugzwang in Gang, der für eine spätere Enttäuschung über Parlamentarismus und Parteienwettbewerb entscheidende Ansatzpunkte in sich trug.

1. 2 Die Wahlkämpfe zum Sejm 1919 und 1922

Die Sejm-Wahlen gaben den Aushandlungsprozessen zu Beginn der polnischen Unabhängigkeit eine zentrale Bühne. Wahlkampfführung, Wahlkampfinhalte und Wahlpraxis fanden allerdings bislang kaum die Aufmerksamkeit der Historiographie, stattdessen dominierte der Blick auf die Konsequenzen der Wahlergebnisse.

Zweifellos erscheint die Quellenlage zur Erforschung der Wahlkampfpraxis in der frühen Zweiten Republik zunächst ungünstig, da die einschlägigen Aktenbestände des Innenministeriums und der obersten Landeswahlleitung, des Generalwahlkommissars, infolge des Zweiten Weltkriegs verloren gingen. Umso größere Bedeutung besitzen daher erhaltene Propaganda-Materialien wie Flugblätter, Reden und Hirtenbriefe, Lageberichte von Militärstäben und Zivilverwaltung, private Beobachtungen in Form von Tagebucheinträgen und Erinnerungen sowie schließlich Kommentare und Berichte in der zeitgenössischen Presse. Ein glücklicher Umstand ist es vor diesem Hintergrund, dass die für einen großen Teil der Bevölkerung neue Partizipationsmöglichkeit durch allgemeine Wahlen das Interesse von Vertretern der in Polen noch jungen Fachdisziplin Soziologie weckte. So existiert für die Wahlkämpfe von 1919 und 1922 eine wissenschaftliche Skizze aus der Feder von Ludwika Dobrzyńska-Rybicka.[53] Die in Zürich promovierte Philosophin hatte sich an der 1919 neu gegründeten polnischen Universität Poznań dem Soziologischen Institut unter der Leitung von Florian Znaniecki angeschlossen. Znaniecki, der zuvor an der Universität Chicago gelehrt hatte, war erst vor kurzem mit einer gemeinsam mit dem amerikanischen Soziologen William I. Thomas verfassten fünfbändigen Studie „The Polish Peasant in Europe and America" international hervorgetreten. Diesem Untersuchungsfeld blieb nun seine Assistentin Dobrzyńska-Rybicka treu, indem sie die ersten freien Wahlen in Polen bevorzugt mit Blick auf das Verhalten der einfachen Bevölkerung beschrieb.

Einen ersten praktischen Einblick in die damalige Wahlkampfführung bieten Werbe- und Propaganda-Materialien. Zu Beginn des 20. Jahrhunderts

---

[53] Ludwika Dobrzyńska-Rybicka: Wybory powszechne w świetle psychologji społecznej i etyki [Prace Instytutu Socjologicznego, Bd. 1], Poznań - Warszawa - Wilno - Lublin 1925.

europaweit etablierte Vermittlungsformen wie die Verteilung von Zeitungen, Zeitschriften und Flugblättern oder das Abhalten von Wahlversammlungen fanden auch in Polen ihre Adressaten. Hervorzuheben sind aber einige Spezifika. Politische Zeitungen und Zeitschriften waren in den Städten weit stärker verbreitet als im ländlichen Raum. Wo der Umgang mit modernen Medien noch wenig eingeübt war, geriet die Entscheidung für ein Abonnement oft weniger zum Ausdruck von Informations- und Diskussionsbedürfnis als zur Demonstration für ein bestimmtes politisches Bekenntnis. In ländlichen Gegenden, wo nicht einmal ein Briefträger zirkulierte und abonnierte Schriften zustellen konnte,[54] waren Aktionen der Parteien zur Kolportage von Broschüren und Zeitungen, etwa sonntags nach dem Gottesdienst, von besonderer Attraktivität. Flugblätter waren zumeist begleitend zu den mündlichen Ausführungen auf Kundgebungen konzipiert und erwiesen den bildungsfernen ländlichen Bevölkerungsschichten besondere Referenz, indem die Nummer der Liste auffallend groß gedruckt und von einem eingängigen Merksatz oder einem kleinen Gedicht umrahmt war. Da es keine amtlichen Stimmformulare gab,[55] verteilten die politischen Parteien Karten mit ihrer Listennummer (*numerki*) und warnten vor der Annahme „fremder" Stimmzettel.[56]

Eine herausragende Rolle spielte, vor allem im ländlichen Raum, die mündliche Vermittlung von politischen Programmen, weltanschaulichen Gewissheiten und Deutungsmustern für aktuelle gesellschaftliche Probleme. Eine prominente Rolle bei der Gestaltung des lokalen Meinungsklimas kam der katholischen Kirche zu. In einer traditionalen, durch hohe Kirchenbindung gekennzeichneten Gesellschaft besaßen Bischofsworte eine kaum zu überschätzende Autorität. Ein für den Wahlkampf 1922 verfasster Aufruf der polnischen Bischöfe an die Gläubigen, der gleich zweimal von der Kanzel verlesen werden sollte, nämlich am ersten Sonntag nach Erhalt des Textes sowie am Sonntag vor den Wahlen, legte nahe, für „das Glück und die Größe der Nation […] kluge, ehrliche und wahrhaft religiöse Kandidaten zu wählen, die mit ihrem ganzen bisherigen Leben und ihrer ganzen bisherigen Tätigkeit dafür bürgen, jederzeit das Wohl des Staates, die gerechten Anliegen aller Schichten sowie die Rechte und Freiheiten der katholischen Kirche

---

[54] Pamiętnik nr 3 (Województwo Warszawskie), in: Instytut Gospodarstwa Społecznego (Hrsg.): Pamiętniki Chłopów, serja druga, Warszawa 1936, S. 361.

[55] Art. 69 der Wahlordnung vom 28. November 1918 sah zwar amtliche Stimmformulare vor, in einer Novelle der Wahlordnung vom 26. Dezember 1918 wurde davon allerdings Abstand genommen: Sudnik, Prawo polityczne, S. 121.

[56] Z wydziału Kółek Gospodyń, in: Ziemianka, 8, 1919, S. 8 - 10; Numerek wyborczy, in: Wyzwolenie, 15. 10. 1922, S. 480.

zu verteidigen".⁵⁷ Für das Verhalten der örtlichen Priester gab eine zum Jahresende 1921 verabschiedete Resolution der polnischen Bischöfe vor: „1. Die Geistlichen verlesen bezüglich der Wahlen in der Kirche lediglich die Verlautbarungen des Bischofs, sofern eine solche herausgegeben wird, ohne jeden Kommentar, und sie erwähnen keine Wählerliste. 2. Außerhalb der Kirche haben die Priester die Freiheit, Parteien zu empfehlen, die auf katholischem und nationalem Boden stehen."⁵⁸

Das politische Wirken in die Gemeinde hinein ging von paternalistischen Vorstellungen aus. Ein Brief der polnischen Bischöfe vom 20. Januar 1919 forderte die Pfarrer ausdrücklich auf:

„So müsst ihr denn auf der Hut sein, liebste Brüder, um die Euch anvertrauten Schäfchen zu behüten und vor dem Bösen zu beschützen. So müsst ihr denn aufmerksam jede Bewegung, jeden Schachzug der gegnerischen Hand verfolgen. Keine Versammlung, keine Rede, keine schlechte Broschüre, die in Eure Gemeinde gelangt darf Eurer Aufmerksamkeit und Vorsicht entgehen. Über alles müsst Ihr Bescheid wissen und über alles einfallsreich wachen. Sage keiner von Euch: es ist uns genug, dass wir in der Kirche arbeiten."⁵⁹

Symptomatisch für die Beteiligung der Priester am Wahlkampf war nicht allein Obstruktion, sondern auch eigene „gesellschaftliche Arbeit". Neben der eher langfristig wirksamen Etablierung von sozialen Organisationen unter dem Schutz der Pfarrei ließen die bischöflichen Dekanate Materialien zur staatsbürgerlichen Unterrichtung der Gemeindemitglieder erarbeiten, um der kirchlichen Sicht der Dinge bereits in den laufenden Wahlkämpfen Nachdruck zu verleihen. In Form von Broschüren präsentierten sie Themen wie „Bolschewismus und Anarchie", „Pflichten und Rechte des Staatsbürgers", „Die Verfassung", „Das Verhältnis der Kirche zum Staat", „Das Ziel des Staates", „Die Aufgaben des Staates" oder „Die ‚weltliche' Schule".⁶⁰ Für die Verwendung im Sejm-Wahlkampf 1922 verfügte sogar an höchster Stelle die Bischofskonferenz die Herausgabe von vier Musterpredigten: „Die Verantwortung für die Wählerstimme", „Kirche und Staat", „Die allgemeine Bedeutung der Religion" und „Die wahre und die falsche Kirche".⁶¹ Neben

---

57 Odezwa biskupów polskich w sprawie wyborów, in: Wiadomości Archidyecezyalne Warszawskie, 12, 1922, S. 158 - 159.
58 W sprawie przyszłych wyborów do Sejmu i Senatu, in: Wiadomości Archidyecezyalne Warszawskie, 11, 1921, S. 169.
59 Biskupi Polscy do Duchowieństwa, 20. 1. 1919, in: Wiadomości Archidyecezyalne Warszawskie, 9, 1919, S. 24.
60 Wiadomości Archidyecezyalne Warszawskie, 9, 1919, S. 28 - 29.
61 W sprawie przyszłych wyborów do Sejmu i Senatu, in: Wiadomości Archidyecezyalne Warszawskie, 11, 1921, S. 169.

Verkündigungen von der Kirchenkanzel und politischer Bildungsarbeit kam dem direkten Kontakt der Priester mit dem einzelnen Wähler, etwa in Form von persönlicher Ansprache oder Hausbesuchen, besondere Bedeutung zu. Hier konnten auch Stimmzettel der „richtigen" Partei verteilt werden.

Eine Beeinflussung der Wahlentscheidung durch Nutzung gesellschaftlicher Autorität versuchte nicht aber nur die katholische Kirche; für eine in politischer Partizipation weithin unerfahrene Bevölkerung mochten auch Gutsbesitzeradel, lokale Amtsträger wie Landrat (Starost), Ortsvorsteher, Lehrer und Dorfpolizist oder in Industriestädten manche Fabrikbesitzer geistige Leitfunktion beanspruchen. Die Ortsgruppen des Gutsbesitzerinnen-Verbands etwa machten sich explizit zur Aufgabe, Treffen abzuhalten, auf denen aktuelle Fragen der Politik und der Selbstverwaltung zur Sprache kamen. „Die Wahlen zum Sejm", „Die staatsbürgerlichen Pflichten", „Die polnischen Länder", „Dienst am Vaterland", „Die politischen Parteien", „Die Gefahr umstürzlerischer Propaganda auf dem Dorf" oder „Die Pflichten in der Gemeinde" lauteten hier einschlägige Themen.[62] Polens größte Lehrergewerkschaft, die im April 1919 entstandene Vereinigung der polnischen Grundschullehrerschaft (*Związek Polskiego Nauczycielstwa Szkół Powszechnych*, ZPNSP), leitete ihren Anspruch, aktiv am Wahlkampfgeschehen teilzunehmen, aus der Selbstbeschreibung als „Pfeiler der nationalen Erziehung breiter Massen des polnischen Volkes" ab. Der Wahlkampf galt als „Spiel der Leidenschaften" ohne Rücksicht auf die Wahl seiner Mittel, deshalb sollten die Lehrer auf das Niveau der politischen Auseinandersetzungen achten, damit es zu keinen tätlichen Übergriffen oder anderen Grenzüberschreitungen kam.[63] Mit dem Anspruch, die Bevölkerung über die formale Durchführung der ersten freien Wahlen aufzuklären,[64] konnten sich die Lehrer über ihren eigentlichen Kompetenzbereich in der Schule hinaus als wichtige Helfer für den Aufbau des neuen polnischen Staatswesens profilieren.

Die im Rahmen paternalistischer Bildungsarbeit vermittelten Deutungsmuster kamen in der Regel den konservativen und nationaldemokratischen Wahllisten zugute. Es gab allerdings gewichtige Ausnahmen. So unterstützten die im ZPNSP organisierten Lehrer mehrheitlich „fortschrittliche und volksfreundliche" Parteien wie die Sozialisten oder die Bauernparteien.[65] Priester besaßen einen größeren parteipolitischen Interpretationsspielraum als Gutsbesitzeradel und Fabrikbesitzer, da es mit Berufung auf das Gebot

---

[62] Ze Stowarzyszenia Ziemianek, in: Ziemianka, 7, 1918, S. 180 - 183; Ze Zjazdu Walnego Zjednocz. Ziemianek dnia 12, 13 i 14 czerwca 1919 r., in: Ziemianka, 8, 1919, S. 120.
[63] Przedwyborcze sztuczki, in: Głos Nauczycielski, 6, 1922, S. 219.
[64] Nauczycielstwo wobec wyborów, in: Głos Nauczycielski, 2, 1918/19, S. 223.
[65] Z ruchu wyborczego. O naszą przyszłość, in: Głos Nauczycielski, 6, 1922, S. 243.

christlicher Nächstenliebe durchaus möglich war, auf die sozialen Bedürfnissen der einfachen Bevölkerung einzugehen und für eine den Landarbeitern und Kleinbauern entgegenkommende Agrarreform einzutreten.[66] Ebenso billigte die katholische Kirche grundsätzlich das Abhalten demokratischer Wahlen, auch wenn es aus ihrer Sicht viel an der konkreten Ausgestaltung des Wahlkampfs zu verbessern gab. Leitgedanke kirchlicher Verlautbarungen in der frühen Zweiten Republik war die Meidung von Parteienkampf und die Stärkung nationaler Einigkeit.

Die Wahrnehmung des Wahlkampfs als Gefahr für die traditionelle Ordnung vor allem im ländlichen Raum personifizierte sich insbesondere in jenen Wahlrednern, die im zeitgenössischen Sprachgebrauch als „Agitatoren" firmierten. Das Auftreten von Agitatoren war ein relativ junges Phänomen, das in engem Zusammenhang mit der Ausbildung eines politischen Massenmarkts stand. Der Herkunft, der sozialen Stellung, dem rhetorischem Auftreten und dem Habitus der Agitatoren galt besondere Aufmerksamkeit – nicht nur von Seiten der potenziellen Wähler, sondern auch der politischen Gegner, die sich während des Wahlkampfs in „Feindbeobachtung" übten.

Die Konflikthaftigkeit des Phänomens stand im Vordergrund der Wahrnehmung. Demnach gestaltete sich Agitation oft provokativ und verschonte den politischen Gegner nicht mit Beschimpfungen oder Hohn.[67] Umgekehrt konnten Agitatoren auf ein Publikum treffen, das sich ihnen gegenüber passiv oder gar feindselig verhielt.[68] Neben verbal ausgetragenen Streitigkeiten kamen mitunter handfeste Mittel wie Schlägereien oder das Bewerfen des Agitators mit Steinen zum Einsatz.[69] Nicht selten meinten örtliche Polizeibehörden präventiv tätig werden zu müssen, um Wahlveranstaltungen einen ruhigen Verlauf zu sichern.[70] Der wohl gängigste Vorwurf an Agitatoren gleich welcher politischer Orientierung war ihre vermeintliche Käuflichkeit: „Bezahlter Knecht" oder „Gut zahlen sie für das, was du da sagst"[71] – so lauteten einschlägige Beleidigungen. Sozialistische Wahlkämp-

---

[66] Biskupi Polscy do Duchowieństwa, 20. 1. 1919, in: Wiadomości Archidyecezyalne Warszawskie, 9, 1919, S. 25.
[67] Dobrzyńska-Rybicka, Wybory powszechne, S. 26.
[68] Raport polityczno-informacyjny Sztabu Generalnego WP o sytuacji w Okręgu Warszawskim oraz w Moskwie, 21. 1. 1919, in: Jabłonowski/Stawecki/Wawrzyński, O niepodległą, S. 39.
[69] Dobrzyńska-Rybicka, Wybory powszechne , S. 20.
[70] APW-Pułtusk, Starostwo Powiatowe w Makowie Mazowieckim, 4, Bl. 323; APW-Pułtusk, Starostwo Powiatowe w Przasnyszu, 5, Bl. 26.
[71] Dobrzyńska-Rybicka, Wybory powszechne , S. 25.

fer beklagten umgekehrt auch die relativ häufigen Störungen ihrer Veranstaltungen als Werk „bezahlter Störenfriede".[72]

Die politischen Deutungen, die die Agitatoren vermittelten, erlangten in einem jungen Staatswesen mit einer in demokratischer Partizipation noch weitgehend unerfahrenen Bevölkerung rasch eine grundsätzliche Dimension: Die einzelnen Agitatoren standen nicht nur für unterschiedliche Parteiprogramme, sondern vielmehr noch für unterschiedliche Nationsentwürfe. Ging es um eine solche weltanschauliche Perspektive, fanden sich häufig sozialistische und kommunistische Agitatoren im Zentrum der Auseinandersetzungen wieder. Aus der Sicht einer breiten Allianz von Nationaldemokraten, Konservativen, katholischer Kirche, aber auch von Zivilverwaltung und militärischen Stäben profitierten sie bei ihrer „Klassenkampfpropaganda" von der Armut der Bevölkerung und den sozialen Verwerfungen des Weltkrieges, standen programmatisch den Bolschewisten nahe und wurden oft pauschal als „jüdisch" identifiziert. Das Feindbild des „jüdisch-kommunistischen Agitators" schien umso gefährlicher, da die Bevölkerung vor allem des ländlichen Raums als ungebildet, politisch „unreif" und durch Propaganda leicht beeinflussbar galt.[73]

Die in den Agitatoren personifizierte emotionale Aufladung des Wahlkampfs ergab sich aus der engen Verbindung von politischen und strukturellen Ursachen. Der Einsatz von Agitatoren verwies auf Gegenden von gering ausgeprägtem parteipolitischen Organisationsgrad,[74] etwa wie im nördlichen Masowien, wo die Wahlversammlungen der politischen Linken in der Regel Redner bestritten, die aus der Industriemetropole Łódź zureisten,[75] er schien aber auch in parteipolitisch umstrittenen Gebieten angezeigt, für die sämtliche Kräfte zu mobilisieren waren. Daher kam auch die politische Rechte zu Beginn der Zweiten Republik nicht ohne die Hilfe von speziell instruierten Wahlrednern aus. Dabei galt es, die eigenen Hilfstruppen vom Zerrbild des „jüdisch-kommunistischen Agitators" und von

---

[72] AAN, PPS, 114/X-2, Bl. 7; ähnlich APW-Pułtusk, Starostwo Powiatowe w Przasnyszu, 5, Bl. 26.
[73] Biskupi Polscy do Duchowieństwa, 20. 1. 1919, in: Wiadomości Archidyecezyalne Warszawskie, 9, 1919, S. 24; Raport polityczno-informacyjny Sztabu Generalnego WP o sytuacji w Okręgach: Warszawskim, Łódzkim oraz Krakowskim, 4. 2. 1919, in: Jabłonowski/Stawecki/Wawrzyński, O niepodległą, S. 54; Raport polityczno-informacyjny Sztabu Generalnego WP o sytuacji w Okręgach: Siedleckim, Łomży, Będzinie, w Poznańskim, 10. 1. 1919, in: ebd., S. 28.
[74] Pamiętnik nr 3 (Województwo Warszawskie), in: Instytut Gospodarstwa Społecznego, Pamiętniki Chłopów, Bd. 2, S. 356; Stanisława Woszczyńska: Ze wspomnień działaczki socjalistycznego ruchu kobiecego, in: P. P. S. Wspomnienia z lat 1918 - 1939, Bd. 2, Warszawa 1987, S. 1130.
[75] APW-Pułtusk, Starostwo Powiatowe w Przasnyszu, 5, Bl. 26.

den eskalierenden Wahlveranstaltungen der „radikalen Parteien" habituell deutlich abzugrenzen. Wenn den „feindlichen" sozialistischen Agitatoren nicht schon der örtliche Priester den Wind aus den Segeln nahm, bestand die bevorzugte Möglichkeit darin, über einen lokal verwurzelten, „einheimischen" Agitator zu verfügen, der auf die Dörfer fuhr, um in Veranstaltungen und Vorträgen für die eigene politische Sache zu werben und sich gegenüber „ortsfremden" und „zugereisten" Agitatoren zu profilieren.[76] Vor allem aber galt das Ideal einer ruhigen, „milden" Art der Agitation, bei der das Wohl der Nation, der Gesellschaft und des Einzelnen im Vordergrund stehen sollte. Wirtschaftliche Probleme waren in solidarischer Arbeit aller Stände und Klassen zu lösen; alle „inneren Streitigkeiten" sollten verstummen.[77] Eine besondere Rolle kam Frauen zu: Sie sollten im Parteienstreit mäßigend und aufklärend wirken und mit ihrer engen Verbundenheit zu Familie und Kirche für eine Bewahrung der traditionellen Ordnung werben.[78] Diesem mentalen Hintergrund entsprechend streuten viele Agitatorinnen in die Wahlwerbung gerne Ausführungen über Traditionen, Sitten, Kämpfe und das Heldentum Polens ein, vollzogen die Teilungszeit als Leidenszeit nach und appellierten an die Bereitschaft zur nationalen Verständigung.[79] So sehr die Agitatoren der politischen Rechten durch ihre inhaltlichen Botschaften und gerade auch durch ihren Habitus bestrebt waren, die Überlegenheit und historische Folgerichtigkeit nationaldemokratischer und konservativer Nationsentwürfe unter Beweis zu stellen, so war doch auch ihr Wirken Protesten und Kritik ausgesetzt.[80]

Eine Gemeinsamkeit gab es allerdings zwischen Agitatoren der politischen Rechten und der politischen Linken. Den Sinn für ihre Aufgabe bezogen Exponenten beider Seiten aus einer Selbststilisierung, wonach sie in grenzenloser Aufopferungsbereitschaft Hunger, Frost oder anderen äußeren Widrigkeiten trotzten und ohne Blick auf materielle Vorteile, nur im Glauben an die eigenen Überzeugungen handelten.[81] Vor allem bei jenen weiblichen Agitatoren, deren Erinnerungen Ludwika Dobrzyńska-Rybicka aus-

---

76 APW-Pułtusk, Starostwo Powiatowe w Makowie Mazowieckim, 3, Bl. 10.
77 Dobrzyńska-Rybicka, Wybory powszechne, S. 11 - 12, 25 - 26
78 Z wydziału Kółek Gospodyń, in: Ziemianka, 8, 1919, S. 8 - 10.
79 Dobrzyńska-Rybicka, Wybory powszechne, S. 10, 24.
80 Die der politischen Linken zuneigende Schriftstellerin Maria Dąbrowska brandmarkte etwa das Wirken der Nationaldemokraten als Ausnutzung „niedriger Instinkte der Massen": 17 XI 1918, in: dies.: Dzienniki 1914 - 1925, hrsg. von Tadeusz Drewnowski, Warszawa 1998, S. 209.
81 Dobrzyńska-Rybicka, Wybory powszechne , S. 12 - 13; Stanisława Woszczyńska: Ze wspomnień działaczki socjalistycznego ruchu kobiecego, in: P. P. S. Wspomnienia, Bd. 2, S. 1130.

wertete,[82] spielten politische Karriere-Aussichten eine untergeordnete Rolle, vielmehr war häufig von einer „Berufung" die Rede. Populär war das Bild, ein zwar kleines Rädchen im Getriebe zu sein, das aber mithelfe, großen historischen Wandlungen den Weg zu bahnen.[83]

Paternalistische Bildungsarbeit und umkämpfte Wahlversammlungen, der Wunsch nach nationaler Einigkeit und polarisierende Agitation – in den Wahlkämpfen zu Beginn der Zweiten Republik prallten oft zwei Welten aufeinander. Zu den Wirkungen des Wahlkampfs gab es daher sehr kontroverse Beobachtungen. Vielen Wählern, die mit der Wahlrechtsreform 1918 erstmals die Chance zur Stimmabgabe erhielten, fiel die Orientierung zweifelsohne schwer.[84] Während manch autoritätsgläubige Bürger Anfragen an die Starosteien richteten, wie und für wen abzustimmen sei,[85] nahmen andere Wähler die Artikulationsformen des politischen Massenmarkts auf, indem sie Kundgebungen unterschiedlicher Parteien besuchten, mitunter mit der etwas naiven Vorstellung, endlich zu erfahren, „was richtig ist".[86]

Mitunter schien es nötig, erst einmal ein grundsätzliches Interesse an Wahlen zu wecken. In vielen ländlichen Regionen entwickelte sich der Wahlkampf anfangs nur recht schwach. Die Starosten erwarteten eine ausgesprochen niedrige Wahlbeteiligung.[87] Zudem hatten sich nur wenige Bürger für ein freiwilliges Mitwirken in den örtlichen Wahlkomitees bereiterklärt, so dass die Wahlorganisation letztlich in den Händen staatlicher Exekutivorgane lag.[88] In dieser Perspektive zeigte sich die Bevölkerung vielerorts nicht aktiv genug, um ein eigenständiges demokratisch-staatsbürgerliches Engagement zu entwickeln. Eine Bestätigung dessen konnten amtliche Berichterstatter finden, wenn Besucher von Wahlkundgebungen immer wieder tiefes Misstrauen gegen die Staatsmacht äußerten[89] und vor allem über die zu hohe Steuerlast klagten.[90] Die Regelungsdichte des modernen Staates traf auf eine vormodern-kleinteilige Lebenswelt – dies konnten Agi-

---

[82] Basis der Untersuchung waren 191 Erfahrungsprotokolle aus der Wahlarbeit von Frauen, die das Soziologische Institut in Poznań 1923 in einer Ausschreibung sammelte.
[83] Dobrzyńska-Rybicka, Wybory powszechne, S. 23 - 24.
[84] Dies konstatierte für sich selbst Maria Dąbrowska: 15 I 1919, in: dies., Dzienniki 1914 - 1925, S. 219.
[85] APW-Pułtusk, Starostwo Powiatowe w Przasnyszu, 5, Bl. 26.
[86] Dobrzyńska-Rybicka, Wybory powszechne, S. 28 - 29.
[87] Raport polityczno-informacyjny Sztabu Generalnego WP o sytuacji w Okręgu Warszawskim oraz w Moskwie, 21. 1. 1919, in: Jabłonowski/Stawecki/Wawrzyński, O niepodległą, S. 39; APW-Pułtusk, Starostwo Powiatowe w Przasnyszu, 5, Bl. 26.
[88] APW-Pułtusk, Starostwo Powiatowe w Przasnyszu, 5, Bl. 17; Dobrzyńska-Rybicka, Wybory powszechne, S. 5.
[89] Dobrzyńska-Rybicka, Wybory powszechne, S. 29.
[90] APW-Pułtusk, Starostwo Powiatowe w Makowie Mazowieckim, 4, Bl. 303 - 304.

tatoren nutzen, um in grundsätzlicher Polemik gegen die amtierende Regierung zu punkten.[91]

Dieser pessimistischen Einschätzung der politischen Willensbildung in breiten Bevölkerungskreisen stand diametral die Beobachtung entgegen, wonach die Wahlkämpfe im ländlichen Raum ein vielfaches Interesse der Bevölkerung auf sich zogen. Zweifellos war eine Wahlveranstaltung ein Ereignis im dörflichen Leben.[92] Zeitgenössische Beobachter berichteten von großer Begeisterung und Ernsthaftigkeit beim Besuch von Kundgebungen. Teilnehmer kamen häufig aus entfernter gelegenen Dörfern und immer wieder gab es Szenen von Dankbarkeit für den Redner.[93]

Die Wahrnehmung des Wahlkampfs spiegelte nicht nur den politischen, gesellschaftlichen und mentalen Umbruch nach 1918 wider, sondern auch die Deutungsmuster, die die Zeitgenossen dem ungewohnten Phänomen des politischen Massenmarkts gaben. Eine quellenkritische Nachfrage muss hier der amtlichen Berichterstattung gelten. Mancherorts lag die Diskrepanz zwischen der Einschätzung der Beamten und dem Verhalten der Bevölkerung schlicht im Aufeinandertreffen unterschiedlicher Lebenswelten begründet. Dies zeigte sich im Sejm-Wahlkampf 1922. Das noch im September konstatierte Desinteresse der Bevölkerung wich im Oktober, nach dem Ende der Erntezeit, einer deutlichen Belebung der örtlichen Stimmung. Im unmittelbaren Vorfeld der Wahlen interessierten sich viele Menschen intensiv für die Wahlen und besuchten zahlreich die Wahlveranstaltungen.[94] Die amtlichen Berichterstatter mussten schließlich doch überrascht ein großes Interesse an den Wahlen feststellen.[95] Schwerer wog, dass die Beamten – nicht anders als die von ihnen skeptisch begutachtete einheimische Bevölkerung – in den monarchisch-obrigkeitsstaatlichen Verhältnissen der Teilungszeit sozialisiert worden waren. Auch wenn eine Bereitschaft zum Aufbau des polnischen Staates nach freiheitlichen und partizipatorischen Prinzipien vorhanden war – der Neigung, im Gewoge des als konfliktreich und unkontrolliert empfundenen Wahlkampfs zu autoritativen Maßnahmen zu greifen statt demokratische Lernprozesse abzuwarten, war oft nur schwer zu widerstehen. Allzu nahe lag dann, den im unabhängigen Polen möglich gewordenen politischen Pluralismus und den offen ausgetragenen Parteienwettbewerb als Ursache für die mangelnde Orientierung einer politisch un-

---

91 APW-Pułtusk, Starostwo Powiatowe w Makowie Mazowieckim, 3, Bl. 10.
92 APW-Pułtusk, Starostwo Powiatowe w Makowie Mazowieckim, 4, Bl. 303 - 304; Z wydziału Kółek Gospodyń, in: Ziemianka, 8, 1919, S. 8 - 10.
93 Dobrzyńska-Rybicka, Wybory powszechne, S. 28.
94 APW-Pułtusk, Starostwo Powiatowe w Makowie Mazowieckim, 4, Bl. 323.
95 APW-Pułtusk, Starostwo Powiatowe w Przasnyszu, 5, Bl. 17.

erfahrenen Bevölkerung zu identifizieren.[96] Das viel beklagte Bildungsdefizit breiter Bevölkerungskreise ließ sich für eine antipluralistische Argumentation nutzen. Eine solche Einschätzung des Wahlkampfs gab Aufschluss über die Haltung eines Teils der Eliten in Politik, Publizistik und Verwaltung, die von einer gehörigen Portion Unbehagen an den Prinzipien des modernen politischen Massenmarkts, des Konkurrenzkampfs und der Interessenvertretung gekennzeichnet war.

Im Gegensatz dazu empfand eine Vertreterin der politischen Soziologie wie Dobrzyńska-Rybicka die Mannigfaltigkeit des Wahlkampfgeschehens als faszinierend. Sie lobte die Wahlen als einen „mächtigen und dynamischen Faktor", denn diese mobilisierten alle sozialen Schichten und waren ein „einzigartiges gesellschaftliches Experiment". Im Sinne einer partizipatorisch gedachten Nation lag die Hoffnung darin, dass die Landbevölkerung durch die Herausforderung des Wahlkampfs aus ihrer Passivität gerissen werde und sich ein Bewusstsein für Partizipation, Pluralismus und Demokratie entwickele.[97] Diesem Ideal am nächsten kamen die Wahlveranstaltungen der Sozialisten: sie waren häufiger „turbulent" als bei anderen Parteien, weil das hier bewusst gepflegte demokratische Prinzip der freien Meinungsäußerung konträre Wortmeldungen zuließ.[98]

Einige gemischte Gefühle bei der Betrachtung des Wahlkampfs gestanden sich allerdings auch Anhänger der politischen Linken zu. Ein plastisches Beispiel lieferte die Schriftstellerin Zofia Nałkowska in einem ihrer Tagebucheinträge. Nałkowska, 1884 in Warschau des Geographen Wacław Nałkowski geboren und schon früh mit feministisch und psychologisch inspirierten Erzählungen hervorgetreten, lebte zur Zeit der Sejm-Wahlen 1922 in der Nähe von Wilno. Sie empfand es als erhebend, wie litauische Bauern mit ihren Frauen, „einfaches Volk", durch den Morast auf langen Wegen durch den Herbstregen kamen, um ihren Willen zu bekunden, und vermerkte gleichzeitig: Hier „stimmt das ungebildete, dumme Volk ab, hängt die Waage des Schicksals davon ab, wer als erster in die Bauernhäuser mit seiner Agitation vorstieß, wer lauter brüllte, besser anpries, wer teurer bezahlt war".[99] Ähnlich erging es sogar aktiven Politikern der Linken, zumal wenn sie – wie Nałkowska – aus gehobenen Gesellschaftsschichten stammten. Maciej Rataj etwa gehörte in der frühen Zweiten Republik zu den führenden Köpfen der Bauernpartei PSL-Wyzwolenie. Nach einem Studium

---

[96] Ebd., Bl. 26.
[97] Dobrzyńska-Rybicka, Wybory powszechne, S. 32 - 33, 37 - 39.
[98] Pamiętnik nr 3 (Województwo Warszawskie), in: Instytut Gospodarstwa Społecznego, Pamiętniki Chłopów, Bd. 2, S. 353.
[99] Zofia Nałkowska: Zameczek 6 XI 1922, in: dies.: Dzienniki, Bd. 3: 1918 - 1929, Warszawa 1980, S. 94 - 95.

der klassischen Philologie mehrere Jahre im Schuldienst tätig, bekleidete er 1920 - 21 das Amt des Ministers für Religionsfragen und öffentliche Bildung und war seit 1922 Sejm-Marschall. Rataj zeigte sich bei seinen Wahlkampfauftritten im heimatlichen Terrain, im ländlichen Galizien, irritiert vom niedrigen Niveau politischer Bewusstseinsbildung. Mochte hier eine habituelle Distanz des früheren Gymnasiallehrers Rataj gegenüber der bäuerlichen Wählerklientel mitschwingen, so war es ihm aber ein Gebot seiner politischen Überzeugung, dank der demokratischen Verfassung Polens „von Jahr zu Jahr" ein verbessertes Verständnis für staatliche Belange feststellen zu können.[100] Tatsächlich reagierten viele Wahlkämpfer konstruktiv auf das Bildungsdefizit breiter Bevölkerungsschichten. Das Bemühen um eine geeignete Ansprache der Wähler, eine intensive politische Bildungsarbeit und demokratische Lernprozesse konnten die ursprünglichen Befürchtungen mildern.[101] Einflussnahmen im Sinne traditioneller Ordnung gab es in den Wahlkämpfen der frühen Zweiten Republik zweifellos, doch sie relativierten sich im Laufe der Zeit. Dies sollte sich insbesondere in den politischen Krisen der 1930er Jahre zeigen.

Die im Sejm-Wahlkampf 1919 vielfach beklagten Orientierungsschwierigkeiten lagen nicht nur in der fehlenden politischen Erfahrung der Wähler, sondern in mindestens ebensolchem Maße auch im zur Wahl stehenden politischen Angebot begründet. Wie die Debatten zur Neuordnung des Wahlrechts zeigten, war die Wahlordnung von 1918 dem Praxistest nicht genügend gewachsen. Kandidaten konnten sich in mehreren Wahlkreisen gleichzeitig zur Abstimmung stellen, während die zur Wahl antretenden politischen Gruppierungen keine landesweit einheitlichen Listennummern besaßen. Beispielsweise trat der nationaldemokratische *Związek Narodowo-Ludowy* (ZLN, „Nationaler Volks-Bund") in Warschau als Liste Nr. 10 auf, während er sich im nordmasowischen Wahlkreis Ciechanów in zwei konkurrierende Listen Nr. 8 und Nr. 9 aufspaltete. An diesem Punkt trafen sich intransparente Momente der Wahlorganisation und die Spezifik der Parteienlandschaft in Polen zu Beginn der Unabhängigkeit.

---

[100] Maciej Rataj: Pamiętniki 1918 - 1927, hrsg. von Jan Dębski, Warszawa 1965, S. 30.
[101] Dobrzyńska-Rybicka, Wybory powszechne, S. 37 - 39. Zeittypisch ging Dobrzyńska-Rybicka allerdings stärker von Bildungsarbeit und Stimulanz durch die Eliten als von eigenständigen Lernprozessen aus. Dies war ähnlich bei Stanisław Thugutt, Innenminister der Lubliner Volksregierung und des Kabinetts Moraczewski 1918/19, der befand, dass eine umsichtige lokale Verwaltung zu mehr Verantwortungsbewusstsein in der Bevölkerung beitragen konnte: ders.: Autobiografia, Warszawa 1984, S. 129.

Eine breite Streuung von Wahlgruppierungen minderte ganz erheblich die Übersichtlichkeit, in Kongresspolen häufiger noch als in Galizien,[102] wo parlamentarische Traditionen und Parteien schon länger Fuß gefasst hatten. Die genaue Identifikation und Zuordnung der einzelnen Wahlgruppierungen bereitete selbst den zeitgenössischen Wahlstatistikern Probleme[103] und konnte oft erst nach der – allerdings mitunter wechselnden – Fraktionsbildung der Abgeordneten während der nachfolgenden Legislaturperiode des Sejm entschieden werden.

Für Variationsbreite sorgten zunächst die Wahlgruppierungen der ethnisch nicht-polnischen Bevölkerung. Nahezu jede Ethnie hatte ein eigenes komplexes Parteienspektrum ausgebildet. 1919 erklärten sich in der Hauptstadt Warschau allein neun verschiedene jüdische Wahllisten zur Kandidatur bereit, angefangen vom sozialistischen *Bund* über *Poale- Syjon*, Zionistische Organistion (*Organizacja Syjonistyczna*) und Religiös-Orthodoxe bis hin zu liberalen Anhängern der jüdischen Volkspartei (*Żydowskie Stronnictwo Ludowe*, „Folkisten").

Dieser Vielfalt standen die „polnischen" Parteien kaum nach. Auf der politischen Rechten firmierten zahlreiche Wahllisten unter Bezeichnungen wie „national" oder „unparteiisch", „Städtische Liste", „Arbeiter- und Bauernkomitee", „Nationale Vereinigung", „Verband wirtschaftlicher Unabhängigkeit" oder „Politischer Kreis der Handwerkervereinigungen".[104] Erst Ende Dezember 1918 sammelte sich ein gemeinsames, aber immer noch lose verbundenes „Nationales Wahlkomitee Demokratischer Parteien".[105] Der Auftritt des rechten politischen Spektrums hatte nicht nur organisatorische, sondern auch inhaltliche und habituelle Ursachen. Die mit Beginn der Unabhängigkeit eingeräumten Partizipationsmöglichkeiten und die Entwicklung eines politischen Massenmarkts trafen auf unterschiedliche Parteistrukturen in den einzelnen Teilungsgebieten, vielfach noch unsichere Versuche zu ihrer organisatorischen Vereinigung und eine daraus resultierende Ungewissheit in der Selbstbeschreibung. Zur Sejm-Wahl 1919 trat die Nationaldemokratie nicht als geschlossene und hierarchisierte Partei auf, sondern als breit gefächerte Sammlungsbewegung.

Zeittypisch für den Wahlkampf des rechten politischen Spektrums im Jahre 1919 war die Organisationsform als „Bürger-, Bauern- und Arbeiter-

---

[102] Ludwik Krzywicki (Hrsg.): Statystyka Wyborów do Sejmu Ustawodawczego, Warszawa 1921, S. XVIII.
[103] Ebd., S. XVII.
[104] Listen aller Wahlkreise ebd.; für Warschau Ludwik Hass: Wybory warszawskie 1918 - 1926. Postawy polityczne mieszkańców Warszawy w świetle wyników głosowania do ciał przedstawicielskich, Warszawa 1972, S. 55, 59 - 60.
[105] Maj, Związek Ludowo-Narodowy, S. 25 - 26.

komitees" und die Selbstbezeichnung *ludowy*. Hier machte sich nicht nur der Eindruck des Ersten Weltkriegs und der revolutionären Umwälzungen seit 1917/18 bemerkbar, sondern auch das in der jüngeren Geschichte Polens so bedeutsame Wechselspiel der Begriffe *naród* und *lud*.

Im frühen 19. Jahrhundert, unter dem geistigen Einfluss der Romantik, verbreitete sich für die bäuerliche Bevölkerungsmehrheit Polens zunehmend der Begriff *lud* („Volk", „einfaches Volk") als Komplementärbegriff zum Adel (*szlachta*) und den gebildeten Schichten, die das soziale Fundament der frühneuzeitlichen polnischen Vorstellung von *naród* („Nation") geprägt hatten. Der erfolglos verlaufene polnische Novemberaufstand 1830 gegen die russische Teilungsherrschaft, zu dem sich die bäuerliche Bevölkerung so gut wie kaum mobilisieren ließ, führte bei politischen Vordenkern, Publizisten und in der Nationalbewegung engagierten Wissenschaftlern zu der Erkenntnis, dass ein unabhängiges Polen nur dann zu realisieren war, wenn es gelang, möglichst alle Schichten der Bevölkerung für das gemeinsame Ziel zu vereinen. Vor allem die politisch links stehenden Demokraten, die nach 1831 ins westeuropäische Exil gegangen waren, an prominenter Stelle der Historiker Joachim Lelewel, idealisierten den *lud*, dem im Gegensatz zum Adel die Zukunft gehören sollte. Auch wenn es immer wieder Verbindungslinien zu einem romantisch inspiriertem Interesse an der Volkskultur gab, das *ludowość* („Volkstum") und *słowiańskość* („Slaventum") zusammenbrachte, war der *lud* in erster Linie ein ethisches, nicht ein ethnisches Konzept.[106]

In der zweiten Hälfte des 19. Jahrhunderts widmeten nun auch politisch rechts stehende Kreise dem *lud* neue Aufmerksamkeit. Hier taten sich vor allem Jan Ludwik Popławski, früher Vordenker der Nationaldemokraten und Sohn von Gutsbesitzern aus dem Lubliner Land, aber auch Vertreter der Krakauer Konservativen hervor.[107] Dabei gab es zwar durchaus sozialkritische Anklänge, doch Zielperspektive war die Stärkung der polnischen Nation durch die Solidarität des *lud*.[108]

Die Selbstbezeichnung *ludowy* war auf der politischen Rechten somit mehr als nur wahltaktischer Opportunismus oder der Versuch, sich an aktu-

---

[106] Ausführlich dazu Kai Struve: Bauern und Nation in Galizien. Über Zugehörigkeit und soziale Emanzipation im 19. Jahrhundert [Schriften des Simon-Dubnow-Instituts, Bd. 4], Göttingen 2005, S. 31 - 53; Wanda Paprocka: Kultura i tradycja ludowa w polskiej myśli humanistycznej XIX i XX wieku [Biblioteka etnografii polskiej, Bd. 39], Wrocław u. a. 1986, S. 29 - 48; Porter, When Nationalism Began to Hate, S. 26, 117 - 134.
[107] Ebd., S. 105 - 106; Struve, Bauern und Nation, S. 48, 52 - 53; Roman Wapiński: Narodowa demokracja 1893 - 1939. Ze studiów nad dziejami myśli nacjonalistycznej, Wrocław - Warszawa - Kraków - Gdańsk 1980, S. 22 - 24.
[108] Porter, When Nationalism Began to Hate, S. 113 - 116.

elle Diskurse und Sprachregelungen anzupassen. Die nunmehr unter einem staatlichen Dach vereinte polnische Nation sollte bewusst Arbeiter und Bauern einschließen. Damit antwortete das Nationskonzept der Nationaldemokraten im Wahlkampf 1919 offensiv auf die neuen Möglichkeiten politischer Partizipation. In ihrem Bekenntnis zu wirtschaftlichen und sozialen Reformen, zu einem volksnahen und demokratischen Geist des unabhängigen Polen sahen viele Nationaldemokraten zu Beginn der Zweiten Republik die entscheidende Grundlage für die Stärke der polnischen Nation.[109]

Was hier wie eine Annäherung an Positionen der politischen Linken aussah, erfuhr bei der Umsetzung in die politische Praxis eine entscheidende Relativierung. Die politische Rechte schloss bei ihrer Hinwendung zum *lud* den Versuch der paternalistischen Zusammenführung von Arbeitern und Bauern unter der Regie nationaldemokratisch-konservativer Eliten nicht aus. Vor allem aber war *ludowy* nicht das einzige Element der Selbstbeschreibung. Viele nationaldemokratisch orientierte Wahllisten stilisierten sich auch als „städtisch" oder „unparteiisch" und spiegelten damit einen der modernen Parteienpolitik distanziert gegenüberstehenden Habitus wider.

Dass die Nationaldemokraten eine enge Verknüpfung von *narodowy* und *ludowy* nicht konsequent vorleben konnten, versuchten Gruppierungen der gemäßigten Rechten für sich zu nutzen. Dieses Spektrum war nicht groß, aber in einigen Regionen zeitweise von beachtlicher Bedeutung. Ein Beispiel hierfür war Pomorze, das ehemalige Westpreußen. Die Region gilt gemeinhin als eine historische Hochburg der Nationaldemokratie, doch tatsächlich dominierte hier zunächst die christlich-sozialreformerische Nationale Partei der Arbeiter (*Narodowe Stronnictwo Robotników*, NSR), die 1917 im westfälischen Wanne-Eickel gegründet worden war und im Laufe der Jahre 1918/19 ihr Betätigungsfeld rasch auf das ehemalige preußische Teilungsgebiet, insbesondere auf Oberschlesien und Westpreußen, erweiterte.

Der Erfolg des NSR mag aus einer besonderen Sozialstruktur der polnischen Arbeiterschaft im ehemaligen Westpreußen zu erklären sein,[110] offenkundig fiel es dem NSR in der ersten Zeit der Unabhängigkeit Polens aber

---

[109] Raport polityczno-informacyjny Sztabu Generalnego WP o sytuacji w Okręgach: Krakowskim oraz Warszawie, Siedlcach i Łomży, 8. 1. 1919, in: Jabłonowski/Stawecki/ Wawrzyński, O niepodległą, S. 26 - 27. Gerade wegen der inhaltlichen Implikationen von *ludowy* regte sich in jenem Teil des nationaldemokratischen Spektrums, der dem Gutsbesitzeradel nahe stand, einige Kritik am Namen ZLN. Die Kritiker konnten sich im Kontext der frühen Nachkriegsjahre allerdings nicht durchsetzen. Hierzu Maj, Związek Ludowo-Narodowy, S. 30 - 31.

[110] Mieczysław Wojciechowski: Powrót Pomorza do Polski 1918 - 1920 [Roczniki Towarzystwa Nauowego w Toruniu, Bd. 80,2], Warszawa - Poznań - Toruń 1981, S. 186.

auch leichter, Wähler in einer ehemals ins Deutsche Reich integrierten Region anzusprechen als dem nationaldemokratischen ZLN, der zwar in der ehemaligen Provinz Posen vorherrschte, doch eine mindestens ebenso starke Verwurzelung im ehemaligen Kongresspolen und Galizien besaß. Für eine kurze Zeit verfolgte das NSR gar das Konzept einer in zwei Staaten, Deutschland und Polen, aktiven Partei.[111] Diese Nachwirkung aus dem Doppelereignis des Novembers 1918 – der Revolution in Deutschland und der Unabhängigkeit Polens – hatte in Westpreußen/Pomorze noch einige Jahre Bestand und trug zu einer soziokulturellen und habituellen Zwitterstellung der Region zwischen Deutschem Reich und Polnischer Republik bei.

Im Selbstverständnis der politischen Linken war das Attribut *ludowy* ihre ureigene Domäne. Schon im 19. Jahrhundert hatten Sozialisten wie Ludwik Krzywicki oder Stanisław Mendelson in intellektuellen Debatten den *lud* als soziales und universell-ethisches Konzept des demokratischen Exils nach 1831 gegenüber der Verwendung durch die Nationaldemokraten zu verteidigen versucht.[112] In der Zweiten Republik baute die PPS nun offensiv auf ein eigenständiges Nationskonzept „Volkspolen" (*Polska Ludowa*). Für ihre Wahlkämpfe zeichneten sich dabei zwei Hauptaufgaben ab: Zum ersten die Abgrenzung „Volkspolens" gegenüber ähnlichen Anklängen auf der politischen Rechten und bei den Kommunisten,[113] zum zweiten die Erweiterung des eigenen, bislang vor allem auf Stadtbewohner und Industriearbeiter beschränkten Wählerpotentials. Ein erster Schritt war das Bemühen, auch ohne einheitliche Listennummer allerorts als einheitliche Partei aufzutreten. Dies kam nicht nur der zentralstaatlichen Orientierung der Sozialisten entgegen, sondern konnte auch gegen den politischen Gegner ins Feld geführt werden. Sowohl Nationaldemokraten als auch Kommunisten „wechselten ständig ihren Namen, um die Wähler in die Irre zu führen", während die Sozialisten für die Wähler eine zuverlässige Größe darstellten. Der Appell lautete: „Gehen wir mit der PPS, die wir seit 30 Jahren kennen."[114] Auch ansonsten meinte die PPS bei Nationaldemokraten und Kommunisten gleichgerichtete Tendenzen auszumachen. Beiden rechneten die Sozialisten

---

[111] Christoph Kleßmann: Polnische Bergarbeiter im Ruhrgebiet 1870 - 1945. Soziale Integration und nationale Subkultur einer Minderheit in der deutschen Industriegesellschaft [Kritische Studien zur Geschichtswissenschaft, Bd. 30], Göttingen 1978, S. 129 - 133. Auf organisatorische Fragen im polnisch gewordenen Pomorze konzentriert: Wojciechowski, Powrót Pomorza, S. 186 - 189. Zur Vorstellungswelt der „deutschen Polen" und Remigranten 1918/19: Piotrowski, Reemigracja, S. 84.
[112] Porter, When Nationalism Began to Hate, S. 117 - 134.
[113] AAN, PPS, 114/X-2, Bl. 37 - 37a; AAN, PPS, 114/X-2, S. 6 - 7a.
[114] AAN, PPS, 114/X-2, Bl. 37a.

in einem Flugblatt zum Sejm-Wahlkampf 1922 eine pro-russische Haltung während der Teilungszeit sowie ihren Kampf gegen die Regierung unter dem sozialistischen Premierminister Moraczewski zu Beginn der polnischen Unabhängigkeit vor. Sowohl *Endecja* als auch Kommunisten trügen mit ihrem Werben um die Arbeiterschaft dazu bei, die Gewerkschafts- und Arbeiterbewegung zu spalten.[115]

Tatsächlich war die inhaltliche Abgrenzung nicht ganz so einfach. Die Kommunistische Partei Polens (*Komunistyczna Partia Polski*, KPP) war zwar bereits Anfang 1919 von staatlichen Behörden für illegal erklärt worden, konnte aber über eine Hilfskonstruktion wie das Bündnis des Proletariats von Stadt und Land (*Związek Proletariatu Miast i Wsi*) an den Sejm-Wahlen teilnehmen. Die Kommunisten vertraten dabei in ihren Wahlkampfauftritten vielfach verwandte Positionen zur PPS.[116] Dies galt insbesondere bei Themen wie soziale Ungleichheit und wirtschaftliche Not der Nachkriegszeit.[117] Als entscheidend für die sozialistische Abgrenzung gegenüber dem Kommunismus erwies sich die Sicht auf die internationale Lage. Die KPP trat für einen Verbleib Oberschlesiens bei Deutschland ein, wo das Industriegebiet einen wichtigen Beitrag zu einer künftigen Revolution leisten sollte. Mit dieser Haltung war die KPP im innerpolnischen Machtkampf freilich in einer völlig isolierten Position.[118]

Die Frage der künftigen staatlichen Zugehörigkeit Oberschlesiens war kompliziert. Dies zeigte sich bereits bei den Bevölkerungsverhältnissen: Neben Polen, Deutschen und den von beiden Gruppen umworbenen Ślązaken (Schlonsaken) gab es auch eine ländliche Bevölkerung, die sich als „Hiesige" (*tutejsi*) bezeichnete.[119] Bei den Pariser Friedensverhandlungen war die wirtschaftliche Bedeutung der Region ausschlaggebend. Von den alliierten Mächten war es Frankreich, das Deutschland durch eine Abtretung Oberschlesiens an Polen schwächen wollte, während Großbritannien den deutschen Standpunkt unterstützte, dass Reparationsleistungen und die Stabilisierung des europäischen Wirtschaftsgefüges nur möglich seien, wenn das Kohlenrevier bei Deutschland verbliebe. Die Oberschlesien-Frage geriet also nicht nur zu einem Machtkampf zwischen deutschem und polnischem Nationalismus, sondern auch zwischen französischer und britischer Nachkriegskonzeption.

---

[115] Ebd., Bl. 37 - 37a.
[116] AAN, PPS, 114/X-2, S. 6 - 7a.
[117] Dobrzyńska-Rybicka, Wybory powszechne, S. 11.
[118] AAN, PPS, 114/X-2, Bl. 37 - 37a.
[119] Andrea Schmidt-Rösler: Autonomie- und Separatismusbestrebungen in Oberschlesien 1918 - 1922, in: ZfO, 48, 1999, S. 4.

In Oberschlesien ging es nach dem Ersten Weltkrieg aber nicht nur um die nationale, sondern in mindestens gleichem Maße auch um die soziale Frage. Im Winter und Frühjahr 1919 durchzog eine Streikbewegung das Deutsche Reich. Davon blieb auch Oberschlesien nicht unberührt, das eine zahlenmäßig starke Arbeiterschaft besaß und gerade auch den radikaleren Kräften der Arbeiterbewegung ein reiches Betätigungsfeld bot. Von dieser Entwicklung zeugte der im August 1919 ausgebrochene erste schlesische Aufstand. Für die polnische Regierung konnte das Ziel nicht lauten, im Hinblick auf ein geplantes Plebiszit ein *fait accompli* zu schaffen und sich dadurch die Sympathien der westlichen Verbündeten zu verscherzen, sondern vielmehr die Alliierten um Unterstützung und Konfliktlösung durch die Entsendung von Interventionstruppen zu bitten.[120]

Die Distanzierung offizieller polnischer Stellen vom Aufstand eröffnete den sich im politischen Massenmarkt neu positionierenden Parteien Polens die Chance, sich dagegen als Wortführer nationaler Einheit zu profilieren. Die Nationaldemokraten warfen der Regierung eine „deutschfreundliche" Politik vor und forderten energische Schritte zur Unterstützung der polnischen Nationalbewegung in Schlesien.[121] Für die PPS verliefen die Fronten zwischen polnischen Arbeitern einerseits und „preußischen Junkern und Kapitalisten", der polnischen „Bourgeoisie" sowie der „imperialistischen" deutschen SPD-Regierung andererseits.[122]

Ebenso verhängnisvoll wie ihre Ansichten zu Oberschlesien war für die KPP in den Wahlkämpfen der frühen Nachkriegszeit ihre Verehrung für die Russische Revolution. Dies nutzten die Sozialisten weidlich aus. Zum ersten versprach die Formulierung des Feindbilds „Bolschewismus" in der Situation des politischen Umbruchs nach 1918 einen klaren Orientierungsrahmen

---

[120] J. D.: Krew i węgiel, in: Kurjer Polski, 26. 8. 1919, S. 3; Pismo W. Skrzyńskiego do I. Paderewskiego, 6. 7. 1919, in: Archiwum polityczne Ignacego Paderewskiego, Bd. 2: 1919 - 1921, hrsg. von Witold Stankiewicz und Andrzej Piber, Wrocław - Warszawa - Kraków - Gdańsk 1974, S. 251 - 253. Später schrieb Władysław Skrzyński sogar an Korfanty: „Den Kampf halte ich für schlichtweg schädlich". Pismo W. Skrzyńskiego do W. Korfantego, 5. 9. 1919, in: ebd., S. 321; Raport łącznika Dowództwa Głównego WW i POW Górnego Śląska kpt. Ptarskiego do Oddziału II Naczelnego Dowództwa WP, 5. 8. 1919, in: Henryk Zieliński (Hrsg.): Źródła do dziejów powstań śląskich, Bd. 1: Październik 1918 - Styczeń 1920, Wrocław - Warszawa - Kraków 1963, S. 234.

[121] W. K.: Powstanie na Górnym Śląsku, in: Gazeta Warszawska, 19. 8. 1919, S. 3; W. K.: Gdzież jest rząd Polski? in: Gazeta Warszawska, 24. 8. 1919, S. 1.

[122] Centralny Komitet Wykonawczy Polskiej Partii Socjalistycznej: Towarzysze i Towarzyszki! Robotnicy i Robotnice! in: Robotnik, 20. 8. 1919, S. 1. Wesentlicher Grund für die Distanzierung der polnischen Sozialisten von den deutschen Genossen war das Wirken des sozialdemokratischen Reichskommissars für Schlesien, Otto Hörsing: Koalicja a Górny Śląsk, in: Robotnik, 24. 8. 1919, S. 1.

zu bieten und Wähler zu mobilisieren. Zum zweiten galt es, die Vision eines eigenständigen „polnischen Wegs zum Sozialismus" geltend zu machen.[123] Schließlich bot sich die Gelegenheit, die Propaganda der politischen Rechten, die dazu neigte, die gesamte Linke als „bolschewistisch" einzuordnen, nachdrücklich zurückzuweisen.

In der Auseinandersetzung mit der „nationalen und bürgerlichen Reaktion" war die Emanzipation der einfachen Bevölkerung führendes Wahlkampfthema der PPS. Die Sozialisten warnten vor der Hegemonie traditioneller Eliten und mahnten insbesondere die Landbevölkerung nicht auf die „Herren" zu hören, die die Bauern nur als arme und „finstere Masse" wahrnähmen. Ein häufig bemühtes Feindbild waren auch die Priester, denn diese beschworen von der Kanzel die Gefahren des Sozialismus, denunzierten die Sozialisten als Juden und behaupteten, dass der Sozialismus die Institution der Ehe nur noch auf drei Jahre gewähre und „Gott aus den Herzen der Menschen treiben wolle".[124]

Ihre Kritik an der traditionellen Ordnung der Gesellschaft kontrastierten die Sozialisten mit dem Verweis auf ihre eigenen Leistungen für die polnische Nation. Im Wahlkreis Ciechanów stellte die PPS 1922 in einer Wahlbroschüre ihren Spitzenkandidaten Tadeusz Hołówko als „ehrlichen, idealistischen und selbstlosen Menschen" vor, der sein Leben dem „Wohl des polnischen Volkes" verschrieben habe, und pries seine militärischen Verdienste während des polnisch-sowjetischen Kriegs, als er sich freiwillig zur Armee gemeldet hatte, verwundet und mit den Orden *Virtuti Militari* und dem Tapferkeitskreuz ausgezeichnet worden war.[125] In Warschau riefen am 10. November 1922 Künstler, Intellektuelle und Beamte zur Wahl Bolesław Limanowskis, eines „unermüdlichen, aufopferungsvollen Kämpfers für die Freiheit und Unabhängigkeit Polens", in den Senat auf. Limanowski war in der politischen Szenerie der frühen Zweiten Republik zweifellos eine Ausnahmegestalt. 1835 als Sohn einer polnischen Gutsbesitzerfamilie in der Nähe des lettischen Daugavpils (Dünaburg) geboren, verbrachte er infolge seines Engagements für die polnische Nationalbewegung viele Jahre in russischer Verbannung und anschließend in schweizerischem und französischem Exil. Politisch schloss er sich zunächst verschiedenen sozialistischen Strömungen an, bevor er 1892 zum Gründungsmitglied der PPS wurde. Einen Namen machte er sich als detailgetreuer Chronist des Januaraufstands 1863, der polnischen Arbeiterbewegung und der polnischen Demokratiegeschichte. Weit über achtzig Jahre alt, setzte er sich nach dem Ende des Ers-

---

[123] AAN, PPS, 114/IV-10, Bl. 1.
[124] AAN, PPS, 114/IX-2, Bl. 32 a; ähnlich AAN, PPS, 114/XI-3, Bl. 27.
[125] AAN, PPS, 114/X-2, Bl. 6a.

ten Weltkriegs aktiv für die Zugehörigkeit Ermlands, Masurens und Schlesiens zu Polen ein und mobilisierte 1920 auf zahlreichen Kundgebungen zur Verteidigung gegen die nach Westen voranschreitende Rote Armee. Limanowski trat für die Liste der PPS an, doch die Intellektuellen, darunter Zofia Daszyńska-Golińska, der Theaterdiektor Aleksander Zelwerowicz und die Ärztin und Feministin Justyna Budzińska-Tylicka, beschworen: „Denken wir nicht an die Liste, die Limanowski mit seinem Namen beehrt, sondern an seine ehrwürdige Person. Der Senior der Unabhängigkeitskämpfe muss im ersten Senat der Republik Polen sitzen. Alle wahrhaften Patrioten stimmen am 12. November für die Liste Nr. 2."[126]

Die Janusköpfigkeit des Nationalismus zeigte sich allerdings auch für die politische Linke, auch hier mischten sich aggressive und exkludierende Momente in das Konzept der Nation. Entgegen der offiziellen Parteilinie schreckten manche lokalen Vertreter der PPS nicht vor antisemitischen Anspielungen zurück. Gegen die Angriffe des politischen Gegners, dass es sich bei den Kandidaten der PPS um Juden handele oder dass sie „Juden und Deutschen dienten", hielt es etwa die örtliche PPS-Organisation im masowischen Wahlkreis Ciechanów für nötig zu betonen: „Alle unsere Kandidaten vom ersten bis zum letzten sind Polen von Geburt an."[127] Semantisch ließ sich hier durchaus auf eine organizistisch-ethnische Nationsvorstellung schließen. Den Kommunisten wiederum hielt die Warschauer PPS in einem Flugblatt vor, sie hätten ihren Abgeordneten in der russischen Duma mit den Stimmen der Litwaken, so die populäre Bezeichnung der seit Mitte des 19. Jahrhunderts aus dem Großfürstentum Litauen nach Kongresspolen eingewanderten Juden, wählen lassen.[128]

Der Nationsentwurf „Volkspolen" bedurfte aber nicht nur der Abgrenzung zu parteipolitischen Gegnern, sondern vielmehr noch der Demonstration einer möglichst eindrucksvollen gesellschaftlichen Massenbasis. Die PPS versuchte seit Beginn der Zweiten Republik über das zahlenmäßig nicht allzu große Milieu der städtischen Arbeiterbewegung hinauszuwachsen und neue Wählerschichten anzusprechen. Die neu entstandene PPS-Zentralabteilung für die Landarbeiterschaft (*Centralny Wydział Roboty Wiejskiej*) postulierte in einem ersten Rundschreiben: „Um den Aufgaben gerecht zu werden, welche der historische Moment der Polnischen Sozialistischen Partei auferlegt hat, müssen wir einen gewaltigen Teil unserer Anstrengungen auf das Dorf lenken, da die Bauern 75 % der polnischen Bevölkerung ausma-

---

[126] Ebd., Bl. 28.
[127] Mit "Polen von Geburt an" ist hier die polnische Originalformulierung *rodowici Polacy* übersetzt: ebd., Bl. 7.
[128] Ebd., Bl. 37 - 37a.

chen."[129] Als besonders aufnahmefähig für die sozialistische Überzeugungsarbeit sah die PPS-Zentralabteilung für die Landarbeiterschaft nicht nur Bevölkerungsgruppen ohne Landbesitz, sondern auch die Kleinbauern an. Die praktische Vorgehensweise war, in allen Siedlungen Untersektionen mit etwa drei bis fünf der „durchsetzungsfähigsten Genossen" zu bilden und mit ihrer Hilfe sozialistische Literatur unter der Bauernschaft zu verbreiten.[130] Tatsächlich kandidierten für die PPS in ländlichen Regionen 1922 neben Handwerkern, Arbeitern und Grundschullehrern zunehmend Mitglieder des Landarbeiterbundes.[131]

Einen eigenständigen Nationsentwurf „Volkspolen" propagierten nicht nur die Sozialisten, sondern auch die Bauernparteien. Sie knüpften an die aus dem 19. Jahrhundert überlieferte Auffassung vom *lud* als „einfacher", bäuerlicher Bevölkerung an. Allerdings konzentrierte sich die Bauernbewegung in der Mobilisierung von Anhängern und Wählern auf den ländlichen Raum und trat weder in Groß- noch in Kleinstädten nennenswert in Erscheinung. Dabei gab es eine ganze Reihe von Intellektuellen, die sich dem PSL-Piast, PSL-Wyzwolenie oder PSL-Lewica verbunden fühlten, etwa die Schriftstellerin Maria Dąbrowska, die Sozialpädagogin Helena Radlińska oder der Nestor der polnischen Wirtschafts- und Sozialgeschichte an der Krakauer Jagiellonen-Universität, Franciszek Bujak, der im Sommer 1920 sogar kurzzeitig das Amt des Landwirtschaftsministers bekleidete. In der Führungsriege der drei Parteien fanden sich Akademiker wie der Ökonom Juliusz Poniatowski oder der Gymnasiallehrer Maciej Rataj. Ihr Engagement war häufig ausgesprochen emotional motiviert, ging es ihnen doch darum, die ländliche Bevölkerung, die bis ins 20. Jahrhundert hinein außerhalb des öffentlich-politischen Lebens in Polen gestanden hatte, in ihrem Streben nach Emanzipation zu unterstützen und in die Nation einzubinden. Kaum zufällig waren Angehörige solcher Berufe, die sich der Bildungs- und Aufklärungsarbeit widmeten, überproportional vertreten: vor allem Lehrer, aber auch Sozialwissenschaftler und Journalisten. Ihre Präsenz in der Bauernbewegung stieß bei den bäuerlichen Mitgliedern und Wählern weitgehend auf Akzeptanz und Anerkennung.[132] Darüber hinausgehende Versuche, Angehörige gebildeter Schichten, zumal solche, die selbst bäuerlich-ländliche Wurzeln hatten, den Bauernparteien organisatorisch anzunähern oder zumindest als verlässliche Wählergruppe zu erschließen, schlugen jedoch

---

[129] AAN, PPS, 114/IV-10, Bl. 1.
[130] Ebd., Bl. 1 - 2.
[131] APW-Pułtusk, Starostwo Powiatowe w Makowie Mazowieckim, 4, Bl. 356.
[132] Gerhard Doliesen: Die Polnische Bauernpartei „Wyzwolenie" in den Jahren 1918 - 1926 [Historische und landeskundliche Ostmitteleuropa-Studien, Bd. 15], Marburg 1995, S. 59 - 63.

fehl.¹³³ Die in der Bauernbewegung tätigen Intellektuellen zeichnete ein Habitus aus, dessen Ausprägung zwischen einem altruistischen Engagement für eine als gut und fortschrittlich erkannte Sache und dem persönlichen Streben nach Wertschätzung als Ratgeber und Mäzen changierte.

Mit der politischen Absicht, das neue Partizipationsangebot der ländlichen Bevölkerung zugänglich zu machen, gingen massive Auseinandersetzungen mit dem Gutsbesitzeradel (*ziemiaństwo*), der sozialhistorischen Nachfolgerin der *szlachta*, sowie teilweise auch mit der katholischen Geistlichkeit einher, denn Vertreter beider Gruppen deuteten die Forderungen der Bauernbewegung nach sozialer und politischer Emanzipation als Zerfall der traditionellen Werteordnung auf dem Lande.

Die inhaltliche Schwerpunktsetzung der Bauernbewegung in den Sejm-Wahlkämpfen der frühen Zweiten Republik lag auf der Verheißung einer Agrarreform, die die großen, gerade in den östlichen Landesteilen Polens oft nur recht extensiv bewirtschafteten Latifundien des Gutsbesitzeradels auflöste und stattdessen mit der Zuteilung von Boden vielen kleinen und mittleren Bauernstellen ein besseres Auskommen ermöglichte und die in Polen noch immer geläufige Form der Subsistenzwirtschaft zurückdrängte.

Stellte sich dies nahtlos in die Reihe der Bestrebungen, mit der traditionellen Ordnung der Gesellschaft zugunsten einer neu gedachten Nation der Bauern und Arbeiter zu brechen und durch die Neuzuweisung von Produktionsmitteln die polnische Gesellschaft zu demokratisieren, so zeigten Wahlkämpfe und Wahlpraxis für die Bauernparteien ernüchternde Momente. Dies war zunächst der regionalen und politischen Zersplitterung der Bauernbewegung in unterschiedliche Parteien wie PSL-Piast, PSL-Wyzwolenie oder PSL-Lewica geschuldet. Darüber hinaus gab es neben Bauern, die sich in bewusster Klassensolidarität für einen bäuerlichen Kandidaten entschieden, auch ländliche Wähler, die Kandidaten von höherem Sozialprestige präferierten¹³⁴ und damit eine Orientierung an der Honoratiorenpolitik des 19. Jahrhunderts erkennen ließen. Sehr empfindlich reagierte etwa das PSL-Wyzwolenie daher auf paternalistische Wahlkampfauftritte von katholischen Priestern oder Avancen der Nationaldemokraten an die ländliche Bevölkerung.¹³⁵

---

133 Józef Hampel: Ruch inteligencji ludowej – formy organizacyjne i działalność polityczna, in: Stanisław Dąbrowski (Hrsg.): Chłopi – Naród – Kultura, Bd. 2: Działalność polityczna ruchu ludowego, Rzeszów 1996, S. 47 - 60.
134 Dobrzyńska-Rybicka, Wybory powszechne, S. 29 - 30, Rataj, Pamiętniki, S. 30.
135 Tomasz Nocznicki: O Sejmie, in: Wyzwolenie, 19. 1. 1919, S. 35; Jak nas objaśniał ksiądz proboszcz o wyborach. List z Radzymińskiego, in: Wyzwolenie, 19. 1. 1919, S. 37; Jan Smola: Niebezpieczeństwa przy wyborach, in: Wyzwolenie, 19. 1. 1919, S. 51; Tomasz Nocznicki: O wyborach do Sejmu! in: Wyzwolenie, 23. 4. 1922, S. 178 - 179.

Die Auseinandersetzung zwischen Tradition und Emanzipation, wie sie die Sozialisten und Bauernparteien führten, fand einen Höhepunkt, wenn es um die politische Partizipation der Frauen ging. Die Frauen nämlich stellten die zahlenmäßig größte der nach 1918 neu hinzugekommenen Wählergruppen dar und wurden von allen politischen Parteien intensiv umworben.[136] Umgekehrt suchten viele Frauen durch eine aktive Teilhabe an den Wahlen zu unterstreichen, dass das Frauenstimmrecht zu Recht eingeführt wurde. In Aufrufen wie „Seien wir gute Bürgerinnen, enthalten wir uns nicht der Wahlen. Indem wir unsere Pflichten erfüllen, erhalten wir auch Rechte"[137] zeigte sich noch eine gewisse Unsicherheit in Bezug auf die neue staatsbürgerliche Stellung der Frau - so, als könnten die zugestandenen Partizipationsmöglichkeiten bei „Fehlverhalten" wieder entzogen werden. Als Wahlkreiskandidatinnen für den Sejm waren Frauen noch weit unterdurchschnittlich vertreten,[138] in der Wahlkampfpraxis erwiesen sie sich mit ihrem organisatorischen und agitatorischen Engagement aber schon als unverzichtbarer Bestandteil des aufkommenden politischen Massenmarkts.

Zum Entsetzen der politischen Linken, die sich als Pioniere der modernen Frauen-Emanzipation wähnte, kam ein großer Teil weiblicher Wahlkampfaktivität und politischer Sympathien der Nationaldemokratie und christlich-konservativen Parteien zugute.[139] Pure Leichtgläubigeit war es nach Ansicht vieler Frauen in der PPS, dass ein großer Teil ihrer Geschlechtsgenossinnen den Parolen „Gott", „Vaterland", „Einheit" und „Brüderlichkeit" von Seiten der Gutsherren und Priester sowie den Verunglimpfungen der Sozialisten als Gottesleugner, vaterlandslose Gesellen und „jüdische Statthalter" gefolgt sei.[140] Konservative und nationaldemokratische Appelle an das Wohl des Vaterlandes und an religiöse Empfindungen galten als vorgeschoben. Vor allem die adeligen Damen seien aus Angst um ihre bisherigen Pfründe darauf bedacht, die Arbeiterinnen zu umgarnen – „sie scheuen weder Zeit, von der sie im Überfluss haben, noch Geld, sie

---

[136] Michał Śliwa: Udział kobiet w wyborach i ich działalność parlamentarna, in: Żarnowska/Szwarc, Równe prawa, S. 50 - 51.
[137] Wybory, in: Ziemianka, 7, 1918, S. 197.
[138] GUS, Statystyka wyborów 1922, S. IX.
[139] Dobrochna Kałwa: Politische Emanzipation durch nationale Mobilisierung? Bemerkungen zur Aktivität von Frauen im polnischen nationalen Lager der Zweiten Republik, in: Johanna Gehmacher, Elizabeth Harvey und Sophia Kemlein (Hrsg.): Zwischen Kriegen. Nationen, Nationalismen und Geschlechterverhältnisse in Mittel- und Osteuropa 1918 - 1939 [Einzelveröffentlichungen des DHI Warschau, Bd. 7], Osnabrück 2004, S. 51 - 55; ähnlich auch die Bauernbewegung: Arkadiusz Kołodziejczyk: Ruch ludowy a Kościół rzymskokatolicki w latach II Rzeczypospolitej, Warszawa 2002, S. 124 - 126, 131.
[140] AAN, PPS, 114/IV-3, Bl. 1.

missbrauchen und besudeln auf Schritt und Tritt den Namen Gottes, beschmutzen ihn für ihre eigenen Klasseninteressen". Die PPS und das PSL-Wyzwolenie warnten: „Arbeitende Frauen, gebt acht, dass ihr nicht der Agitation euch feindlich gesonnener Elemente zum Opfer fallt!"[141] Der Topos von der leichten Beeinflussbarkeit der Frauen, der in dieser Wahlanalyse mitschwang, fügte sich zu einer Sicht auf den politischen Massenmarkt Polens, wonach die Entscheidung weiblicher Wähler für rechte Parteien nur das Resultat manipulativer gesellschaftlicher Praktiken sein konnte.

Auf die tatsächliche soziale Lage wollte der Wahlkampf der Sozialisten Bezug nehmen, wenn er sich an die Wählerin als „werktätige Frau",[142] als Fabrikarbeiterin, Näherin, Beamtin oder Lehrerin richtete.[143] Dies sprach allerdings nicht nur einen recht kleinen Kreis der weiblichen Bevölkerung an, sondern erkannte auch dem auf Erwerbsarbeit und Klassenzugehörigkeit gerichteten Teilbereich weiblicher Identität eine Vorrangstellung zu. In dieser Sichtweise gaben sozioökonomische Motive den Ausschlag für eine Wahlentscheidung.

Werden hingegen Wirkmächtigkeit und Eigendynamik von Mentalitäten als Erklärungsansatz berücksichtigt, legt dies für eine Kulturgeschichte der Wahlkämpfe und Wahlen in Polen eine andere Erkenntnis nahe: Indem die politische Linke religiöse Denkfiguren und die Orientierung an traditionellen gesellschaftlichen Werten als bloß opportunistisch zu demaskieren suchte, versperrte sie sich oft genug den Zugang zur Lebenswelt vieler Frauen in ländlichen und kleinstädtischen Gegenden. Umgekehrt schöpften viele Anhängerinnen der politischen Rechten aus einem Selbstbewusstsein, wonach der Frau eine zentrale Rolle für die Bewahrung der Werte der Nation zukam. Angesichts der Herausforderung durch den politischen Massenmarkt war dieses Selbstbewusstsein neu zu justieren. Die Haltung zu den Wahlen oszillierte zwischen aktiver Teilhabe der Frau in einem individuellen Wahlakt einerseits und einer Stilisierung der Wahlen als Schicksalsfrage einer in den Bahnen traditioneller Ordnung gedachten Nation andererseits: Die Wahlbeteiligung der Frauen geriet zur Mission, mit dem Gang zur Wahlurne „ruht in ihren Händen das Schicksal des Vaterlandes".[144]

Die Denkfigur der Nation war im Wahlkampf aller Parteien präsent, die Wirkungen daraus waren aber ambivalent. Das „Wohl des Vaterlandes" stellte ein wichtiges Vehikel dar – zum einen für die Akzeptanz von weitrei-

---

[141] AAN, PPS, 114/X-2, Bl. 54; AAN, PPS, 114/IV-3, Bl. 1; Tomasz Nocznicki: Kobiety wiejskie! in: Wyzwolenie, 15. 10. 1922, S. 483.
[142] AAN, PPS, 114/IV-3, Bl. 1.
[143] AAN, PPS, 114/X-2, Bl. 54.
[144] Z walnego zgromadzenia Zjednoczonego Koła Ziemianek w Warszawie, in: Ziemianka, 8, 1919, S. 1 - 8.

chenden gesellschaftlichen Reformen, wie sie der politischen Linken vorschwebten, zum anderen für die Akzeptanz von politischem Pluralismus überhaupt: Dies zeigte sich beim Umgang mit dem Frauenstimmrecht in konservativen und rechten Kreisen. Der Bezug auf die Nation bot somit die Chance auf eine Stärkung von Demokratie. Zugleich lag im Bezug auf die Nation aber auch die Gefahr einer Schwächung von Demokratie. Zunächst war die Omnipräsenz des Nationalen, mehr noch als die mangelnde Erfahrung im Umgang mit modernen Partizipationsrechten oder organisatorische Unzulänglichkeiten, dazu angetan, den Wähler vor Entscheidungsprobleme zu stellen. Allen Parteien ging es demnach um das „Wohl des Vaterlandes" – „die einen sagen dies, die anderen das, wem soll man glauben, dass er die Wahrheit sagt?". Einige Wahlberechtigte zogen daraus gar den Schluss: „Wir wollen überhaupt nicht wählen."[145]

Schwerwiegender noch war aber, wenn das „Wohl des Vaterlands" den Rahmen definierte, innerhalb dessen politisch überhaupt argumentiert werden durfte und sich „Unterschiede nur auf die Lösung von Sachfragen beziehen" sollten.[146] Der Versuch, im Namen der Nation den politischen Konfliktaustrag einzuhegen, ließ auch keinen Raum für „Einzelinteressen". Ebensolche zu vertreten – dies war bei allem Einsatz für die eigene, sozioökonomisch definierte Anhängerschaft ein Vorwurf, den selbst die politische Linke nicht auf sich nehmen wollte. Bei ihrem Werben für den Senatskandidaten Limanowski beispielsweise hatte sie daher parteiübergreifend an alle „wahrhaften Patrioten" appelliert.[147] Hier zeigte sich deutlich, wie schmal der Grat sein konnte zwischen einer partizipatorisch gedachten Nation und dem Unbehagen am politischen Massenmarkt, der mit dem Wunschbild einer einheitlichen Nation zu kollidieren drohte.

1. 3 Wahlergebnisse im Deutungsstreit

Die offizielle Auswertung der Wahlen oblag einer Arbeitsgruppe des Statistischen Hauptamts (*Główny Urząd Statystyczny*, GUS). 1919 stand sie unter der Leitung von Ludwik Krzywicki. Dies war durchaus bemerkenswert: Seit seiner Warschauer Studienzeit in den 1880er Jahren war Krzywicki bekennender Marxist und während seiner Jahre im westeuropäischen Exil knüpfte er Kontakte mit deutschen Sozialisten wie Wilhelm Liebknecht oder Karl Kautsky und korrespondierte mit Friedrich Engels. Trotz seiner politisch im

---

[145] Dobrzyńska-Rybicka, Wybory powszechne, S. 28 - 29.
[146] So die normativen Überlegungen ebd., S. 32.
[147] AAN, PPS, 114/X-2, Bl. 28.

unabhängigen Polen kaum mehrheitsfähigen Ansichten waren seine wissenschaftlichen Leistungen auf dem Gebiet der Soziologie, Ethnologie, Ökonomie und Philospophie doch so unbestritten, dass Krzywicki seit 1918 an der Universität Warschau einen Lehrstuhl für die Geschichte der Gesellschaftverfassungen bekleidete.

Krzywicki sah die organisatorischen Schwächen der ersten freien Parlamentswahlen in Polen mit schonungslosem Blick. In seinen Vorbemerkungen zur 1921 veröffentlichen „Statistik der Wahlen zum Verfassungsgebenden Sejm" schilderte er ausführlich die Widrigkeiten, mit denen die Wahlstatistiker des GUS zu kämpfen hatten. Gegen die Wahl von 87 Sejm-Abgeordneten wurde Protest wegen unrechtmäßigen Zustandekommens der Wahl eingelegt. Der Oberste Gerichtshof bestätigte eine Reihe dieser Proteste, so dass die betreffenden Abgeordneten ihr Mandat zurückgeben mussten.[148]

Die festgestellten Mängel weisen nicht auf gezielte, von zentraler Seite gesteuerte Manipulationen hin. Im Januar 1919 zeigten sich die staatlichen Machtverhältnisse in Polen noch zu wenig konsolidiert, um eine bestimmte politische Kraft einseitig forcieren zu können. Die fehlende Erfahrung bei der Durchführung demokratischer Wahlen begünstigte vielmehr paternalistische Beeinflussungsversuche traditioneller Eliten, die örtlich recht unterschiedlich ausfallen konnten. Dieser Befund galt weitgehend auch für die Wahlen 1922, denn mit der nunmehrigen Festlegung der jahrelang umstrittenen staatlichen Außengrenzen Polens waren großflächig neue Stimmgebiete hinzugekommen, deren Bewohner erstmals am demokratischen Legitimierungsprozess teilhaben konnten.

Die Wahlbeteiligung und ihre regionale Differenzierung waren von Anfang an ein Politikum, galten sie doch als Indikatoren für die Zustimmung der Bevölkerung zum neuen Staatswesen und zur demokratischen Verfassung. Bei den zeitgenössischen Interpretationsversuchen taten sich neben den Wahlstatistikern des GUS insbesondere die Posener Juristen Tadeusz Rzepecki und Witold Rzepecki hervor. Ihre Parlamentshandbücher gelten noch heute als wichtige Dokumentation für die Geschichte der Wahlen in der Zweiten Republik.

Die Beteiligung an den Wahlen zum Verfassunggebenden Sejm 1919 betrug rund 76 %, bei den Wahlen zum Sejm 1922 sank sie auf 67, 9 %. Besonders rege an den Wahlurnen zeigten sich die Einwohner des ehemaligen preußischen Teilungsgebiets und des ehemaligen Kongresspolens. Hier war von 1919 zu 1922 die Wahlbeteiligung vielerorts sogar noch gestiegen.

---

[148] Rzepecki, Sejm RP 1919 roku, S. 282.

Auch die Hauptstadt Warschau schaffte es 1922 mit einer Wahlbeteiligung von 71, 56 % über den Landesdurchschnitt.[149]

Die hohe Wahlbeteiligung im ehemaligen preußischen Teilungsgebiet führten Tadeusz Rzepecki und Witold Rzepecki auf den höheren Bildungsstand der Bevölkerung sowie eine diversifizierte und auflagenstarke Presselandschaft zurück. Das politische Bewusstsein galt durch die jahrzehntelange Praxis von Wahlen zum preußischen Landtag und deutschen Reichstag als ausgereift.[150] Mit dem Lob für Bildung und politische Erfahrung der westpolnischen Bevölkerung umrissen die beiden Wahlanalysten allerdings in erster Linie ihr Bild vom „idealen Wähler". Die ähnlich hohe Wahlbeteiligung im ehemaligen Kongresspolen oder bei den erstmals wählenden Frauen ließ sich damit nicht erklären.

Wie komplex der Prozess politischer Willensbildung verlaufen konnte, zeigt beispielhaft ein Blick in den ländlichen Raum. Viele Gemeinden zeichneten sich durch eine hohe Wahlbeteiligung aus, in einigen Orten betrug sie gar 100 %.[151] Eine mögliche Ursache konnte in der hohen sozialen Kontrolle und damit in der ungebrochenen Dominanz traditioneller Ordnung auf dem Lande liegen. Eine andere Erklärung hingegen war der Konkurrenzkampf der Bauernparteien, der die ländlichen Wähler eindrucksvoll zu mobilisieren vermochte.[152] Traf dies zu, dann hatte sich hier der partizipatorische Schwung des aufkommenden politischen Massenmarkts durchgesetzt.

Eine verlockende Möglichkeit zur Einordnung unübersichtlich und konträr erscheinender Phänomene bot der Faktor Ethnizität. Dies spielte vor allem bei der Analyse der Sejm-Wahl 1922 eine große Rolle. Tadeusz Rzepecki und Witold Rzepecki folgerten im Kommentarteil ihres Parlamentshandbuchs für die Legislaturperiode 1922 - 1927 ohne Umschweife: Ursache für die im Vergleich zu den vorangegangenen Wahlen deutlich gesunkene Wahlbeteiligung von 67,9 % sei das Wahlverhalten in den erstmals an einer Sejm-Wahl teilnehmenden östlichen Landschaften Polens. Diese stellten *de jure* noch keinen Teil des polnischen Staates dar, denn noch stand die völkerrechtliche Anerkennung der neuen polnischen Ostgrenze durch die alliierte Botschafterkonferenz aus. Insbesondere im ehemaligen Ostgalizien verlief der Wahlkampf 1922 daher ausgesprochen konfliktträchtig. Zu einem Wahlboykott hatte eine Reihe von ukrainischen Organisatio-

---

[149] GUS, Statystyka wyborów 1922, S. XI; Tadeusz Rzepecki und Witold Rzepecki: Sejm i Senat 1922 - 1927. Podręcznik dla wyborców, Poznań 1923, S. 478, 482.
[150] Ebd., S. 477, 479. Dieser Interpretation folgt weitgehend unkritisch Kacperski, System wyborczy, S. 236 - 237.
[151] Rzepecki, Sejm RP 1919 roku, S. 264.
[152] Rzepecki/Rzepecki, Sejm i Senat 1922 - 1927, S. 477.

nen aufgerufen, die als ihre einzige legitime Vertretung und gewissermaßen als Exilregierung die Gruppe um Jevhen Petruševyč in Wien erachteten.

Petruševyč, geboren 1863 im ostgalizischen Busk, war nach dem Jurastudium in Lwów zunächst als Rechtsanwalt in den Kleinstädten Sokal und Skole tätig. Größere Bekanntheit erlangte er durch seine langjährige Funktion als Abgeordneter des galizischen Landtags und des österreichischen Reichsrats in Wien. Spätestens seit 1916, als er den Vorsitz der Ukrainischen Fraktion im Reichsrat übernahm, galt er als „führender ukrainischer Politiker in Österreich".[153] Seit Ende des Ersten Weltkriegs 1918 arbeitete Petruševyč unermüdlich daran, die ukrainischen Ansprüche auf Ostgalizien vor den neu gegründeten Völkerbund zu bringen. Die Ausarbeitung eines Autonomiestatuts für die Ukrainer in Polen lehnte er ab, denn sein Ziel war die Verteidigung und Konsolidierung des am 19. Oktober 1918 im ostgalizischen Lwów ausgerufenen unabhängigen ukrainischen Staates, der Westukrainischen Volksrepublik (*Zachidno-Ukraïns'ka Narodna Respublika*).[154] Sein Versuch, auch gute Kontakte mit Moskau und Vertretern der sowjetischen Ukraine zu pflegen,[155] sorgte allerdings in Kreisen der ukrainischen Nationalbewegung für Dissens, so dass sich Petruševyč 1919 nach Wien zurückzog und von dort aus seinen zunehmend einsameren Kampf um diplomatische Anerkennung führte.

Die Herbstwochen 1922 waren in Ostgalizien geprägt von ukrainischen terroristischen Aktionen und einem teilweise überharten Eingreifen der polnischen Verwaltung, die sich auch nicht scheute, militärische Truppen einzusetzen. Diese Spirale der Gewalt entwickelte eine ausgesprochen verhängnisvolle „Eigendynamik". Einerseits bestärkten die polnischen Militäreinsätze die ukrainische Bevölkerung in ihrer kritischen Distanz gegenüber der Zweiten Republik, andererseits richteten sich manche ukrainischen Aktionen auch gegen jenen Teil der ukrainischen Bevölkerung, der sich gegenüber dem polnischen Staat loyal zu verhalten suchte.[156]

---

[153] Caroline Milow: Die ukrainische Frage 1917 - 1923 im Spannungsfeld der europäischen Diplomatie [Veröffentlichungen des Osteuropa-Institutes München, Reihe: Geschichte, Bd. 68], Wiesbaden 2002, S. 516.
[154] Jan Pisuliński: Nie tylko Petlura. Kwestia ukraińska w polskiej polityce zagranicznej w latach 1918 - 1923, Wrocław 2004, S. 304 - 305, 325, 361, 367; Jan Jacek Bruski: Petlurowcy. Centrum Państwowe Ukraińskiej Republiki Ludowej na wychodźstwie (1919 - 1924), Kraków 2000, S. 474. Pisuliński und Bruski zeichnen das Bild von einer unversöhnlichen Haltung Petruševyčs, der auf polnischer Seite zumindest Ansätze von Kompromissbereitschaft entgegengestanden hätten.
[155] Bruski, Petlurowcy, S. 474 - 476.
[156] Torsten Wehrhahn: Die Westukrainische Volksrepublik. Zu den polnisch-ukrainischen Beziehungen und dem Problem der ukrainischen Staatlichkeit in den Jahren 1918 bis

Die gängige Interpretation des ostgalizischen Wahlergebnisses lautet, dass infolge von Boykott und Terror die ukrainische Bevölkerung weit weniger Abgeordnete in den Warschauer Sejm entsenden konnte, als dies ihrem zahlenmäßigen Gewicht entsprach, und dass es sich darüber hinaus um wenig profilierte und politisch unerfahrene Vertreter ihrer Ethnie handelte.[157] Immerhin reichte die Wahlbeteiligung der ukrainischen Bevölkerung aus, um den neu gegründeten Block der Nationalen Minderheiten (*Blok Mniejszości Narodowych*, auch kurz *Blok*), eine gemeinsame Listenplattform deutscher, jüdischer, ukrainischer und weißrussischer Gruppierungen,[158] sowie die Bauernpartei *Chliboroby* mit Mandaten zu versehen. Insgesamt besaßen die Ukrainer aus Wolhynien, Polesie und Ostgalizien zusammen 25 Mandatsträger im Sejm, im Vergleich dazu die jüdische Bevölkerung 34, die Deutschen 17 und die Weißrussen elf.[159]

Dem Wahlboykott der Ukrainer stellten zeitgenössische Wahlanalysten gerne jene Wahlkreise entgegen, in denen die Wahlbeteiligung hoch war. Sie vermuteten dort nicht nur ein höheres politisches Bewusstsein in der Wählerschaft, sondern vor allem eine weitgehend homogene ethnisch-polnische Zusammensetzung der Bevölkerung.[160] So entstand ein tendenziöses Bild von den politisch bewussten und ihrer staatsbürgerlichen Verpflichtung loyal nachkommenden ethnischen Polen und den sich ablehnend und illoyal verhaltenden ethnisch nicht-polnischen Bevölkerungsgruppen.

Tatsächlich differierte das Wahlverhalten der ethnisch nicht-polnischen Bevölkerung stark: Während der Wahlboykott der Ukrainer starke Beachtung in Politik und Öffentlichkeit fand, nutzte die deutsche Bevölkerung des ehemaligen preußischen Teilungsgebiets weit weniger spektakulär, aber

---

1923, Berlin 2004, S. 359 - 360; Mirosława Papierzyńska-Turek: Sprawa ukraińska w Drugiej Rzeczypospolitej 1922 - 1926, Kraków 1979, S. 121 - 135.

[157] Papierzyńska-Turek, Sprawa ukraińska, S. 151; leider recht einseitige Darstellung von Wahlkampf und Wahlergebnis 1922, gestützt auf Äußerungen Petruševyčs sowie auf deutsche und österreichische Gesandtschaftsberichte: Milow, Ukrainische Frage, S. 423 - 425. Eine ausgewogenere Würdigung der so zustande gekommenen Ukrainischen Parlamentarischen Repräsentation im Sejm dagegen bei Ryszard Torzecki: Kwestia ukraińska w Polsce w latach 1923 - 1929, Kraków 1989, S. 67 - 69. Ukrainische Politiker schätzten im nachhinein den Wahlboykott 1922 als Fehler ein, so die Erkenntnis von Mirosław Szumiło: Ukraińska Reprezentacja Parlamentarna w Sejmie i Senacie RP (1928 - 1939), Warszawa 2007, S. 24.

[158] Lange Zeit die einzige ausführliche Darstellung, allerdings mit einer Reihe von problematischen Wertungen: Korzec, Block der Nationalen Minderheiten, S. 193 - 220. Jetzt mit guten Einblicken in Motivation und Innenleben des *Blok*: Rudnicki, Żydzi, S. 126 - 135.

[159] Die Zahl der Mandate umgerechnet bei Andrzej Ajnenkiel: Sejmy i konstytucje w Polsce 1918 - 1939, Warszawa 1968, S. 60.

[160] GUS, Statystyka wyborów 1922, S. XI.

dafür umso nachdrücklicher ihre Wahlmöglichkeiten und trug mit zu den hohen Wahlbeteiligungsquoten im Westen Polens bei. Selbst innerhalb einer Ethnie waren Unterschiede auszumachen. Für die größten Städte des Landes wiesen die Statistiker des GUS die Wahlbeteiligung 1919 nach den Kriterien Geschlecht und Religionszugehörigkeit aus. Demnach betrug in Warschau die Wahlbeteiligung bei der „christlichen" Bevölkerung 75,7 % (Männer) bzw. 75,2 % (Frauen). Beide Geschlechter machten hier somit nahezu gleichermaßen Gebrauch von ihrem Wahlrecht.[161] Dagegen standen die jüdischen Frauen in Warschau mit einer Wahlbeteiligung von nur 49 % deutlich derjenigen bei den jüdischen Männern nach, die mit 63,8 % auch unter dem Gesamtdurchschnitt lag.

Die Betrachtung solcher statistischen Kennziffern kann Anstoß geben, sich mit der Situation der jüdischen Frauen zu Beginn der Zweiten Republik näher zu beschäftigen – sie waren oft noch wenig an ein Auftreten im öffentlichen Raum gewohnt, hatten bislang keine starke emanzipatorische Frauenbewegung ausgebildet und kämpften überhaupt erst um das Wahlrecht in der jüdischen Gemeinde.[162] Mindestens ebenso muss aber zu fragen sein, welche Erkenntnisse die Wahlstatistiker mit einer auf einen kleinen Ausschnitt der Gesellschaft Polens bezogenen und methodisch nicht näher erläuterten Differenzierung der Wahlbeteiligung nach konfessionellen und mithin ethnischen Kriterien zu fördern suchten.

Aus den Wahlen vom 26. Januar 1919 war mit einer Mehrheit von 37 % der Wählerstimmen der ZLN als Sieger hervorgegangen. Die Parteien der politischen Mitte kamen zusammen auf 15,4 %, darunter die Bauernpartei PSL-Piast mit 8,5 %. Auf der Linken erhielten das PSL-Wyzwolenie 17 %, das PSL-Lewica 4 % und die PPS 12,5 % der Stimmen und bildeten mit insgesamt 34 % ein fast gleich starkes Gegengewicht zum ZLN. Jüdische Gruppierungen kamen auf 10 %, deutsche auf 1,5 %. Die siegreiche Nationaldemokratie hatte eine ihrer Hochburgen in der Hauptstadt und deren Umland. Der ZLN erreichte in Warschau einen Stimmenanteil von 53,8 %. Lediglich im Arbeiterviertel Wola und in den vorwiegend jüdisch besiedelten Innenstadtbezirken Leszno, Muranów und Powązki konnten Sozialisten und jüdische Parteien konkurrieren. Im nördlichen Masowien, im Wahlkreis Ciechanów etwa, war die Rolle der Nationaldemokratie 1919 so beherrschend, dass 73,3 % der Stimmen auf die verschiedenen „nationalen" Listen entfielen.[163] Insgesamt gesehen dominierte die *Endecja* in der Nordhälfte des ehemaligen Kongresspolens sowie in den Städten Krakau und Lwów,

---

[161] Krzywicki, Statystyka Wyborów, S. XIX.
[162] Steffen, Jüdische Polonität, S. 211, 220, 223; Śliwa, Udział kobiet, S. 52.
[163] Krzywicki, Statystyka Wyborów, S. 2 - 5, 18 - 19.

dagegen stimmten die Wähler in der Südhälfte des ehemaligen Kongresspolens und im ehemaligen österreichischen Teilungsgebiet überwiegend für die Bauernparteien und die Sozialisten.

Die Kräfteverhältnisse der Januar-Wahl 1919 standen unter Vorbehalt: In vielen Landesteilen konnten zu diesem Zeitpunkt noch keine Wahlen zum Sejm durchgeführt werden, die Nachwahlen zogen sich bis zum Jahre 1922 hin. Erst bei der nächsten Sejm-Wahl war das gesamte neue Staatsterritorium der Polnischen Republik erfasst. Sieger war ein Listenbündnis von National- und Christdemokraten (Christliches Bündnis Nationaler Einheit, *Chrześcijański Związek Jedności Narodowej*, abgekürzt *Chjena*) mit 29,1 % der Stimmen. Das PSL-Piast zeigte sich mit 13,2 % der Stimmen im Aufwind, dagegen hatten die übrigen Parteien der Mitte deutliche Verluste zu verbuchen und schlossen sich, insofern sie im neuen Sejm vertreten waren, zumeist der politischen Rechten an. Die politische Linke konnte geringere Stimmenanteile verbuchen als drei Jahre zuvor: Das PSL-Wyzwolenie kam auf 11 %, die PPS auf 10,3%. Der Block der Nationalen Minderheiten konnte dagegen auf Anhieb 16 % der Stimmen erzielen und avancierte damit zur zweitstärksten politischen Kraft im Sejm.

Auf der politischen Landkarte Polens waren einige regionale Verschiebungen zu beobachten. Stark zeigte sich das PSL-Wyzwolenie in den neu hinzugekommenen östlichen Wojewodschaften, verbessert die PPS im ehemaligen Kongresspolen. In Warschau konnte die PPS die Zahl der Stimmen im Vergleich zu 1919 sogar verdoppeln und der Sieg der nationaldemokratischen Liste fiel mit knapp 42 % nicht mehr ganz so glänzend aus. Damit lag Warschau für die PPS gegen den Trend, denn während die Stimmanteile in den Städten und Industrieregionen 1922 stagnierten oder gar zurückgingen, konnten die Sozialisten Stimmzuwächse im ländlichen Raum begrüßen. In Pomorze bemühte sich die 1920 in Warschau gegründete und christlich-sozialistisch ausgerichtete Nationale Arbeitspartei (*Narodowa Partia Robotnicza*, NPR) in der Nachfolge des sozialreformerisch auftretenden NSR, dessen regionale politische Führungsposition zu übernehmen. Allerdings sorgten die Wahlergebnisse 1922 für Ernüchterung bei der Mitte-Rechts-Gruppierung, insbesondere in den vormaligen NSR-Hochburgen entlang der Weichsel. Sieger der Wahl waren die Nationaldemokraten, die in Pomorze zehn von 14 Mandaten erringen konnten.[164] Diese Beobachtung verdient insofern Interesse, als sich die Wähler in Pomorze mit der Hinwendung zur Nationaldemokratie politisch und mental allmählich aus dem

---

[164] Rzepecki/Rzepecki, Sejm i Senat 1922 - 1927, S. 489 - 513; Roman Wapiński: Życie polityczne Pomorza w latach 1920 - 1939 [Roczniki Towarzystwa Naukowego w Toruniu, Bd. 81,2], Warszawa - Poznań - Toruń 1983, S. 91 - 96.

früheren Zusammenhang mit dem Deutschen Reich lösten und auf die neu entstandene Parteienlandschaft Polens Bezug nahmen.

Die Wahlgeographie der frühen Zweiten Republik zeigte aber in den meisten Teilen des Landes eine auffällige Kontinuität bei der Stimmabgabe: So blieb wie schon 1919 auch 1922 die Nordhälfte des ehemaligen Kongresspolens weiterhin nationaldemokratisch gesonnen, während die Südhälfte des ehemaligen Kongresspolens und das ehemalige österreichische Teilungsgebiet nach wie vor Terrain der Bauernparteien und Sozialisten waren.[165] Zwar hatte sich angesichts des neu eingeführten allgemeinen Wahlrechts und der teilweise erst kurze Zeit bestehenden Parteien eine Stammwählerschaft allenfalls ansatzweise herausbilden können, allerdings traf das Angebot des Parteienwettbewerbs auf Strukturbedingungen einer weitgehend traditionalen Gesellschaft. Vor diesem Hintergrund erfreuten sich Versuche einer sozialen Zuordnung von Wählergruppen zu politischen Parteien sowohl in der frühen Zweiten Republik als auch später in der politischen Sozialgeschichtsschreibung großer Popularität. Ganz pragmatisch hatte dies zunächst den Charakter von Hilfskonstruktionen, um Übersichtlichkeit in den ungewohnten politischen Massenmarkt zu bringen. Darüber hinaus bot sich hier aber auch eine Projektionsfläche unterschiedlicher Nationsentwürfe.

Anschaulich zeigte sich dies am Beispiel jener Parteien, die bereits in ihrer Bezeichnung den Bezug auf eine bestimmte soziale Gruppe herstellten: der Bauernparteien. Zu Beginn der Zweiten Republik zirkulierte die eingängige Gleichung, wonach Wählerstimmen für die PSL-Gruppierungen proportional zum Anteil der Landbevölkerung sein würden und die Bauernparteien somit über kurz oder lang zur dominierenden politischen Kraft im Sejm aufsteigen müssten. PSL-Piast und PSL-Wyzwolenie, ganz zu schweigen vom PSL-Lewica, wurden aber bei den Wahlen in vielen Regionen deutlich distanziert. Im nördlichen Masowien etwa stimmten viele Bauern für die Wahlliste Nr. 8 und trugen damit zu den enormen Wahlerfolgen der Nationaldemokraten bei,[166] obwohl diese sich auf regionaler Ebene gegen eine Agrarreform und für einen *status quo* im Sinne des Großgrundbesitzes

---

[165] In jüngster Zeit gab es Versuche, Kontinuitäten auf der politischen Landkarte der Zweiten Republik und der Dritten Republik (nach 1989) zu identifizieren, so etwa Grzegorz Węcławowicz: Przestrzeń i społeczeństwo współczesnej Polski. Studium z geografii społeczno-gospodarczej, Warszawa 2002, S. 114 - 115 sowie Kommentare anlässlich der Sejm-Wahlen 2005 und 2007 in der Tagespresse. Hier ist allerdings zu bedenken, dass eine „politisch rechte" oder „politisch linke" Option zu Beginn des 20. Jahrhunderts andere kulturelle und soziale Begründungszusammenhänge hatte. Deshalb ist eine Assoziation etwa von Wahlergebnissen der Bauernpartei PSL-Piast mit Wahlergebnissen einer Post-Solidarność-Gruppierung methodisch äußerst fragwürdig.

[166] Rzepecki/Rzepecki, Sejm i Senat 1922 - 1927, S. 491, 493.

aussprachen.¹⁶⁷ Entsprechend enttäuscht zeigten sich Politiker des PSL. Dies traf insbesondere einen Mann wie den stellvertretenden Vorsitzenden des PSL-Wyzwolenie, Tomasz Nocznicki, persönlich. Er war vor dem Ersten Weltkrieg Mitbegründer der Volksbildungsbewegung *Zaranie* („Aufbruch") gewesen, für die er sich zusammen mit intellektuellen Persönlichkeiten wie der Publizistin und Lehrerin Irena Kosmowska oder der Schriftstellerin Maria Dąbrowska engagiert hatte. Häufig war er hierfür durch die ländlichen Gebiete Kongresspolens gereist. Nocznicki sprach nun davon, dass „das polnische Volk, rückständig, politisch ungebildet und gerade erst aus der Unfreiheit entlassen, nicht angemessen von seinem Wahlrecht Gebrauch machte".¹⁶⁸

Beim Kampf um die Gewinnung dieser unter dem Blickwinkel der Klassensolidarität „fehlgehenden" Stimmen hatten die PSL-Gruppierungen die Konkurrenz der Sozialisten zu gewärtigen, die sich im Vorfeld der Sejm-Wahl 1922 intensiv um die Landarbeiterverbände bemühten.¹⁶⁹ Das Unterfangen, die noch flexiblen politischen Loyalitäten für die Erweiterung des eigenen Wählerstamms zu nutzen, trug einige Früchte. Unter dem Einfluss der Landarbeitergewerkschaft, die ihre Büros den Sozialisten als örtliche Wahlkampfzentralen zur Verfügung stellte, gaben viele Landarbeiter ihre Stimme der PPS.¹⁷⁰ Damit konnte die PPS ihre Stimmenzahl von 1919 zu 1922 insbesondere dort steigern, wo der Großgrundbesitz und die Landarbeiterschaft stark waren, beispielsweise im nordmasowischen Landkreis Mława von 190 auf 3.443 Stimmen.¹⁷¹ Schließlich nahm auch die katholische Kirche hoffnungsvoll für sich in Anspruch, dass eine von bäuerlichen Wählern getragene Mehrheit im Verfassungsgebenden Sejm dem katholischen Einfluss den Weg ebne.¹⁷² Wirkmächtig war hier die Vorstellung von der Landbevölkerung als konservativem Bollwerk des Katholizismus, das einer vermeintlich säkularisierten Wählerschaft in den Städten entgegenstand.

Das Nationskonzept „Volkspolen" hatte, selbst wenn die „arbeitenden Klassen", die „Arbeiter und Bauern", beschworen wurden, ein recht unsicheres sozioökonomisches Fundament. Dies traf umso mehr aber für die politische Rechte zu. Hier war die Zielgruppe der Wähler noch weniger scharf umrissen. Das Eintreten für die traditionelle Ordnung und der mit ihr verbundenen Eliten stand neben einer vom partizipatorischen Impetus der

---

[167] AAN, PPS, 114/X-2, Bl. 37 - 37a.
[168] Tomasz Nocznicki: Władza dla ludu (1920), in: ders., Wybór pism, S. 181.
[169] Rzepecki/Rzepecki, Sejm i Senat 1922 - 1927, S. 496.
[170] APW-Pułtusk, Starostwo Powiatowe w Przasnyszu, 5, Bl. 17.
[171] Rzepecki/Rzepecki, Sejm i Senat 1922 - 1927, S. 499.
[172] X. J. G.: Stronnictwo katolickie w Polsce, in: Wiadomości Archidyecezyalne Warszawskie, 9, 1919, S. 5.

Nachkriegszeit geprägten Bezugnahme auf das „einfache Volk". Die Wahlpraxis brachte vorerst keine Klärung. Für Pomorze beispielsweise formulierten zwar zeitgenössische Beobachter die Annahme, der Einfluss der *Endecja* erstrecke sich auf Teile der gebildeten Schichten, des Mittelstandes und auf die Priester,[173] während die NPR ihre Klientel vornehmlich aus der gewerkschaftlich organisierten städtischen und ländlichen Arbeiterschaft rekrutiere[174] – die markante Stimmenverschiebung zwischen beiden Parteien innerhalb von nur zwei Jahren zwischen der nachgeholten Wahl zum Verfassunggebenden Sejm 1920 und der regulären Sejm-Wahl 1922 konnten sie damit aber nicht erklären.

Gegen den Trend sozialer Zuordnungsversuche erhoben bereits in der Zwischenkriegszeit Wissenschaftler ihre Bedenken. Seine Stimme erhob hier der junge, in Fachkreisen aber bereits hoch geschätzte Warschauer Soziologe und Ökonom Stanisław Rychliński, der die gesellschaftliche Schichtung Polens weniger als Ausdruck sozioökonomischer Faktoren, sondern als Ergebnis der historisch-kulturellen Entwicklung des öffentlichen Zusammenlebens ansah.[175] Belege für diese These boten sowohl die Entscheidung der Wähler zwischen NPR und Nationaldemokratie in einer Region wie Pomorze, die sich im mentalen Übergang vom Deutschen Reich zur Polnischen Republik befand, als auch die mikrohistorische Beobachtung, dass in einem nationaldemokratisch dominierten Landkreis das PSL-Wyzwolenie gute Stimmergebnisse in jenen Gemeinden erzielen konnte, in denen vor dem Ersten Weltkrieg Anhänger des *Zaranie* Aktivitäten zur Volksbildung abhielten.[176]

Die Zuordnungsversuche erhielten bei der Interpretation der Wahlergebnisse 1922 einen neuen Akzent. Zwar war im Westen und in der Mitte Polens mit Ausnahme der Wojewodschaft Krakau (Sieg des PSL-Piast) der ZLN die dominierende Liste,[177] doch in den erstmals teilnehmenden östlichen Wojewodschaften konnte der Block der Nationalen Minderheiten fast die Hälfte aller Stimmen auf sich vereinigen. Dies hatte selbstverständlich Auswirkungen auf die Zusammensetzung des Sejm. Während im Verfas-

---

173 Komunikat Informacyjny (Sprawy polityczne) nr 26 (94), 7. 5. 1920, in: Jabłonowski/Stawecki/Wawrzyński, O niepodległą, S. 433.
174 Rzepecki/Rzepecki, Sejm i Senat 1922 - 1927, S. 486.
175 Stanisław Rychliński: Warstwy społeczne, in: Ruch Prawniczy, Ekonomiczny i Socjologiczny, 19, 1939, S. 113* - 127*. Obwohl sich sozialistische Historiker und Soziologen später häufig auf den 1944 von deutschen Soldaten ermordeten Rychliński beriefen, verfolgten sie seinen im modernen Sinne kulturgeschichtlich orientierten Interpretationspfad nicht weiter.
176 APW-Pułtusk, Starostwo Powiatowe w Przasnyszu, 5, Bl. 17.
177 GUS, Statystyka wyborów 1922, S. XVII; Rzepecki/Rzepecki, Sejm i Senat 1922 - 1927, S. 488.

sunggebenden Sejm 3,9 % der Abgeordneten ethnisch nicht-polnischen Bevölkerungsgruppen angehörten, so waren es 1922 bereits 21 %.

Gemessen am Anteil der ethnisch nicht-polnischen Bevölkerung von 31,5 %, wie ihn die erste Volkszählung Polens 1921 ermittelte, war die ethnisch nicht-polnische Repräsentanz im Sejm allerdings unterdurchschnittlich. Wäre die Bilanz ohne die niedrige Wahlbeteiligung in den östlichen Landesteilen und ohne den Wahlboykott der Ukrainer „gerechter" ausgefallen? Der vermeintlich nahe liegende Abgleich von Prozentzahlen folgte derselben Logik wie die sozialen Zuordnungsversuche. Nicht nur materielle Lage, sondern vor allem Ethnizität bestimmten demnach die individuelle Wahlentscheidung.

Eine zeitgenössische Konsequenz dieser Auffassung war die Angst vor einer „Zersplitterung der christlichen Stimmen". Sie äußerte sich in internen Lageberichten der Staatsverwaltung und Wortmeldungen des Militärs ebenso wie in öffentlichen Aufrufen der katholischen Kirche. So spekulierte der Starost des masowischen Landkreises Przasnysz, Stanisław Bryła, dass ein jüdischer Kandidat angesichts der „jüdischen Solidarität" stets gute Chancen auf ein Mandat besitze, und die polnischen Bischöfe mahnten eindringlich die katholischen Wähler: „Wer sich der Wahl enthält, bereitet dem Vaterland und sich selbst die größte Schande. Nicht zur Wahl zu gehen, bedeutet, dass ein nationaler Schädling Abgeordneter werden kann."[178] Die Wahlen gerieten in dieser Sicht zu einem öffentlichen Bekenntnis zur Nation und zu einer Entscheidung von moralischer Bedeutung. Zu wählen waren „ehrliche Leute, gute Polen, die ihre Nation liebten", während die Juden alles nur aus dem Blickwinkel ihres eigenen „Komforts" betrachteten und demzufolge keine geeigneten Vertreter des nationalen Gemeinwohls sein konnten.[179] Die bei der Wahl zum Verfassunggebenden Sejm von der politischen Rechten geübte Selbststilisierung als „unparteiische" Sammlungsbewegung konservativ-nationaler Provenienz war mit der organisatorischen Etablierung des ZLN als Partei im Oktober 1919 nicht nur obsolet geworden, sie galt nun geradezu als Nachteil: Die Existenz kleiner Listen vermochte die polnischen Stimmen „unnötigerweise" zu zersplittern. Ein schadenfroher Blick galt der politischen Linken, die sich „gar in elf Fraktionen präsentierte" und von deren 187 Abgeordneten 88 ethnisch nicht-polnischen Bevölkerungsgruppen angehörten.[180]

---

[178] APW-Pułtusk, Starostwo Powiatowe w Przasnyszu, 5, Bl. 26; Odezwa biskupów polskich w sprawie wyborów, in: Wiadomości Archidyecezyalne Warszawskie, 12, 1922, S. 158 - 159; ähnlich auch Wybory, in: Polska Zbrojna, 18. 8. 1922, S. 1.
[179] Wybory, in: Ziemianka, 7, 1918, S. 197.
[180] Rzepecki/Rzepecki, Sejm i Senat 1922 - 1927, S. 490, 518.

Von solchen Deutungen der Wahlergebnisse war der Weg zu Verschwörungstheorien nicht weit. So brachten Tadeusz Rzepecki und Witold Rzepecki das gute Stimmergebnis der Sozialisten in der Hauptstadt Warschau 1922 in engen Zusammenhang mit dem Wahlverhalten der jüdischen Bevölkerung und nährten damit das in der Nachkriegszeit verbreitete Feindbild eines „jüdischen Bolschewismus" (żydokomuna).[181] Einen ähnlichen Gedankengang offenbarte der bereits erwähnte Starost des masowischen Landkreises Przasnysz, wenn er die Stimmabgabe jüdischer Wähler für die Liste Nr. 16, den Block der Nationalen Minderheiten, als „Bündnis der Juden mit den Deutschen" zu skandalisieren versuchte.[182]

Fiktion von Realität zu unterscheiden, musste einer breiten Öffentlichkeit umso schwerer fallen, wenn Begebenheiten hineinspielten wie die Förderung des Blocks der Nationalen Minderheiten durch das Auswärtige Amt des Deutschen Reichs, das sich erhoffte, so zur Destabilisierung Polens beitragen zu können.[183] Das tatsächliche Ausmaß des Geldflusses aus Berlin war dabei weniger entscheidend als die daraus konstruierten Wirkungen auf Handlungen und Diskurse.

Nachhaltig wirkte die Verankerung ethnischer Zuordnungsversuche und des Topos der Stimmenzersplitterung in der statistischen und wissenschaftlichen Literatur. Was einzelne Kommentare der offiziellen Wahlstatistiker des GUS noch eher vorsichtig andeuteten, brachten die Parlamentshandbücher von Tadeusz Rzepecki und Witold Rzepecki unverstellt zum Vorschein: sie zeichneten ein Bild der Konfrontation zwischen den einzelnen ethnischen Bevölkerungsgruppen, das jegliche Übergänge, Pluralität von Identitäten und Möglichkeiten der Kooperation ausblendete. Einem solchen Interpretationspfad folgten auch manch spätere Forschungsarbeiten zu

---

[181] Ebd., S. 505.
[182] APW-Pułtusk, Starostwo Powiatowe w Przasnyszu, 5, Bl. 17. Radosław Waleszczak: Przasnysz i powiat przasnyski w latach 1866 - 1939, Przasnysz 1999, S. 233 hält Stanisław Bryla zugute, dass dieser in der ersten Nachkriegszeit „antisemitische Exzesse" im Landkreis bekämpft habe. Vor dem Hintergrund der zitierten Aussagen Bryłas lag der Beweggrund seines Handelns aber kaum in einer Sympathie für die jüdische Bevölkerung, sondern wohl ausschließlich im Streben nach Wiederherstellung der öffentlichen Ordnung.
[183] Grundsätzlich Norbert F. Krekeler: Revisionsanspruch und geheime Ostpolitik der Weimarer Republik. Die Subventionierung der deutschen Minderheit in Polen [Schriftenreihe der VfZ, Bd. 27], Stuttgart 1973; mit Bezug zum *Blok*: Korzec, Block der Nationalen Minderheiten, S. 207; Werner Benecke: „... ein allerdings zur Zeit sehr schwacher Verbündeter Deutschlands". Das Auswärtige Amt und die ukrainische Minderheit in der Polnischen Republik 1922 - 1930, in: ZfO, 49, 2000, S. 226 - 227.

Wahlen und Parlamentarismus in Polen, indem sie sich die Annahme von der Ethnizität als wahlentscheidendem Faktor zu Eigen machten.[184]

Dabei gab es auch schon in der Anfangszeit der Zweiten Republik gegenläufige Wahrnehmungen. Maria Dąbrowska vermerkte, sprachlich und gedanklich noch ganz eingefangen vom zeitgenössischen Diskurs, 1919 in ihrem Tagebuch, dass wenigstens auch jüdische Stimmen „zersplittert" waren.[185] Und fast mit Verwunderung rechneten Tadeusz Rzepecki und Witold Rzepecki 1922 vor, dass in der Hauptstadt Warschau die Juden bei einheitlichem Stimmverhalten für den Block Nationaler Minderheiten bis zu vier Mandate hätten erringen können; es seien jedoch nur zwei geworden, da eine Reihe jüdischer Bürger für „polnische" Listen, insbesondere für die PPS gestimmt habe.[186] Überhaupt stimmte ein Teil der ethnisch nicht-polnischen Bevölkerung für „polnische" Listen, etwa in den *Kresy Wschodnie* für das PSL-Wyzwolenie. Umgekehrt kam es mancherorts im Westen Polens zu Konstellationen, in der deutsche Listen in einzelnen Wahlkreisen mit absoluter Mehrheit reüssierten, obwohl der Anteil der ethnisch deutschen Bevölkerung niedriger lag.[187]

Selbst wenn solche Wahlentscheidungen kein Mehrheitsphänomen waren, so betrafen sie doch immerhin eine hunderttausende zählende Gruppe von Bürgern, für deren konkrete Bewusstseinslagen und Motive die historische Forschung bislang noch kaum Anhaltspunkte hat. Zu Beginn der Zweiten Republik gab es aber weder eine klare sozioökonomische Fundierung des Parteiensystems noch klare ethnische Trennlinien.

Zuordnungsversuche und die Warnung vor der „Zersplitterung" von Stimmen mussten allerdings keinen hohen Wahrheitsgehalt besitzen, um Konsequenzen geltend machen zu können. Mahnte die politische Linke zur Geschlossenheit, um einen Sieg der adeligen und bürgerlichen „Reaktion" zu verhindern,[188] und gab damit sozialen Zuordnungsversuchen den Vor-

---

[184] So Korzec, Block der Nationalen Minderheiten, S. 193 - 220; Hass, Wybory warszawskie; Papierzyńska-Turek, Sprawa ukraińska, S. 151; in Anklängen auch noch bei Rudnicki, Żydzi, S. 25 - 28; Brzoza/Sowa, Historia Polski, S. 68.

[185] Maria Dąbrowska: 27 I 1919, in: dies., Dzienniki 1914 - 1925, S. 222.

[186] Rzepecki/Rzepecki, Sejm i Senat 1922 - 1927, S. 517. Die PPS konnte daher kaum anders, als im *Blok* einen Konkurrenten zu sehen: Korzec, Block der Nationalen Minderheiten, S. 210. Hass, Wybory warszawskie, S. 69 - 70, 72, 149 - 150 verbleibt in der Logik ethnischer Zuordnungsversuche, indem er darauf verweist, die Stimmen für „polnische" Listen stammten von „vollständig assimilierten" Juden.

[187] So in Betrachtung des Kreises Sępolno: Mathias Niendorf: Minderheiten an der Grenze. Deutsche und Polen in den Kreisen Flatow (Złotów) und Zempelburg (Sępolno Krajeńskie) 1900 - 1939 [DHI Warschau, Quellen und Studien, Bd. 6], Wiesbaden 1997, S. 196 - 197.

[188] AAN, PPS, 114/X-2, S. 6 - 7a.

zug, so war die Vorstellung von einer Einheit der „polnischen Stimmen" gegenüber den ethnisch nicht-polnischen Bevölkerungsgruppen überwiegend im Meinungsspektrum der politischen Rechten und der politischen Mitte präsent.

Ein anschauliches Beispiel, wie beide Momente politischer Autosuggestion zusammentrafen, bot der die politische Kultur der Zweiten Republik so überaus prägende Stadt-Land-Kontrast. In der Wahrnehmung städtischer Kommunalvertreter zeigten sich Polens ländliche Regionen strukturell stark durch „die Zahl ihrer Bewohner, ihre innere Geschlossenheit und einheitlichen, gemeinsamen Ziele". Dieser vermeintlichen Verbundenheit der ländlichen Bevölkerung durch eine gemeinsame soziale Lage stand das Bild einer städtischen Bevölkerung gegenüber, die durch sich heftig gegenseitig bekämpfende politische Gruppen gespalten war. Nutznießer bei den Sejm-Wahlen in den Städten waren demnach die „solidarisch" auftretenden Gruppierungen der ethnisch nicht-polnischen Bevölkerung, die als lachende Dritte im Sejm das „Zünglein an der Waage" spielen könnten. Als Rezept gegen eine solche „Stimmenzersplitterung" in den Städten empfahl der Krakauer Jurist und Kommunalbeamte Tadeusz Przeorski, künftig Kompromisse zwischen den „polnischen" politischen Parteien zu schaffen und gemeinsame Wahllisten zu bilden. Sein Vorschlag griff dabei einen militärischen Ton auf, wenn solche Wahllisten als „Wahlfronten" figurierten, und zeichnete sich durch korporationistische Anklänge aus: Der Auftritt der Städte hatte sich wie ein eigener „Stand" im Staat zu gestalten.[189]

Im Appell an die Bevölkerung, sich zwecks engeren Zusammenhalts hinter einige wenige oder gar nur eine politische Option zu scharen, wurden antipluralistische und antiegalitäre Grundeinstellungen manifest. Im Spannungsfeld zwischen partizipatorischem Schwung, traditioneller Ordnung und nationalen Denkfiguren ließ sich in der frühen Nachkriegszeit keine verbindliche Übereinkunft über die Funktionsmechanismen einer parlamentarischen Demokratie produzieren.

Moderne demokratische Auswahlprinzipien hatten in Polen zweifelsohne ihre Befürworter. Mindestens ebenso häufig zirkulierte aber schon zu Beginn der Zweiten Republik der Wunsch nach Alternativen. Ein Teil der Vorstellungen war mit den Bedingungen eines demokratisch-parlamentarischen Systems noch in Einklang zu bringen, etwa wenn es darum ging, die staatlichen Geschicke Persönlichkeiten des nationalen Unabhängigkeitskampfs[190] oder „Fachleuten"[191] anzuvertrauen. Schwieriger verhielt es sich

---

[189] Tadeusz Przeorski: Ordynacja wyborcza do Sejmu i Senatu a miasta, in: Samorząd Miejski, 2, 1922, S. 550.
[190] AAN, PPS, 114/X-2, Bl. 28.
[191] O samowiedzy narodowej, in: Ziemianka, 8, 1919, S. 35.

schon damit, eine Koalition aller Parteien anzustreben[192] oder den Wahlkampf als möglichen Quell nationaler Uneinigkeit gänzlich auszuschalten. Ein lokales Wahlkampfabkommen der politischen Parteien im ehemaligen Galizien, das besagtem solange es keinen Sejm gebe, auch noch keinen Parteienwettstreit auszutragen, erhielt Lob vom konservativen Gutsbesitzerinnenverband, aber auch vom Nationaldemokraten Stanisław Grabski.[193] Dessen Wort besaß besonderes Gewicht: Der 1871 als Sohn eines masowischen Gutsbesitzers geborene Grabski hatte bei Gustav Schmoller in Berlin Ökonomie studiert, im schweizerischen Bern seine Promotion in Philospohie abgelegt und sich in der sozialistischen Bewegung engagiert, bevor er 1905 zur Nationaldemokratie übertrat. In den letzten Jahren des Ersten Weltkriegs gehörte er zum Polnischen Nationalkomitee (*Komitet Narodowy Polski*) in Paris, das bei den westlichen Alliierten Lobbyarbeit für die Unabhängigkeit Polens betrieb. Grabski konzentrierte seine Tätigkeit dann seit Anfang 1919 auf die Innenpolitik und erwuchs rasch zu einem führenden Vertreter und ideologischen Vordenker der Nationaldemokraten.

Grabski hatte in der Frage künftiger polnischer Verfassungsinstitutionen noch weitergehende Pläne: In Verhandlungen mit politischen Parteien aller drei Teilungsgebiete brachte er die Idee eines Obersten Rats der polnischen Nation (*Rada Naczelna Narodu Polskiego*) vor, der 100 Mitglieder und das gesamte Parteienspektrum Polens umfassen sollte.[194] Ein Präzedenzfall mochte hier der tschechoslowakische Nationalausschuss (*Národní Výbor*) nach dem 13. Juli 1918 sein,[195] in den alle politischen Parteien gemäß dem Schlüssel des Wahlergebnisses zum österreichischen Reichsrat 1911 ihre Vertreter entsenden konnten. Unter der Führung von Karel Kramář, später von Antonín Švehla, bereitete dieses Gremium die Unabhängigkeit der Tschechen und Slowaken vom Habsburgerreich vor. Bewundertes Vorbild der polnischen Rechten war aber in erster Linie das ehemalige preußische Teilungsgebiet. In Poznań tagte vom 3. bis 5. Dezember 1918 ein regionaler

---

[192] Davor warnte schon Ignacy Daszyński während seiner Zeit als Ministerpräsident der Lubliner Regierung im November 1918: AAN, Akta Leona Wasilewskiego, 65, Bl. 10.

[193] Z walnego zgromadzenia Zjednoczonego Koła Ziemianek w Warszawie, in: Ziemianka, 8, 1919, S. 2; Stanisław Grabski: Pamiętniki, hrsg. von Witold Stankiewicz, Bd. 2, Warszawa 1989, S. 95.

[194] Grabski, Pamiętniki, S. 95, 98 - 99; Maj, Związek Ludowo-Narodowy, S. 26; Raport polityczno-informacyjny Sztabu Generalnego WP o sytuacji w Okręgach: Warszawskim, Łódzkim, Krakowskim, Kieleckim, 4. 1. 1919, in: Jabłonowski/Stawecki/Wawrzyński, O niepodległą, S. 22. Die Lageberichterstatter der Armee registrierten den Vorschlag erst während der Verhandlungen Grabskis mit dem NZR. Hierzu Teresa Monasterska: Narodowy Związek Robotniczy 1905 - 1920, Warszawa 1973, S. 266 - 267.

[195] Darauf verweist Ajnenkiel, Spór, S. 186 - 187, ohne allerdings Belege für die Rezeption des tschechoslowakischen Beispiels in Polen anzuführen.

Sejm, dessen Abgeordnete einmütig auf Seiten des Polnischen Nationalkomitees in Paris standen. Dabei faszinierte Anhänger der politischen Rechten an den Plänen Grabskis und am Posener Sejm nicht nur das vermeintlich konfliktfreie parlamentarische Gebaren, sondern auch das Ideal des Zusammenwirkens aller sozialen Schichten für die Nation.[196]

Für die große Resonanz, die solche Überlegungen in der polnischen Öffentlichkeit fanden, gab es mehrere Ursachen. Staatliche Unabhängigkeit und nationale Einheit – dies war in den Jahren der Teilungszeit der meistgehegte Wunsch der polnischen Nationalbewegung. Umso aufmerksamer wurde daher registriert, was dieses Ideal stören konnte. Einem kritischen Blick waren insbesondere die Sejm-Wahlen und der damit verbundene Parteienwettbewerb ausgesetzt. Die nach 1918 lancierten Alternativen zur demokratischen Repräsentation spiegelten häufig ebenfalls Erfahrungen und Denkkategorien der Teilungszeit wider: Die seinerzeit ausgebliebene Parlamentarisierung hatte sich auf die politische Sozialisierung der polnischen Bevölkerung durchgeschlagen. Schließlich harrten demokratische Praktiken in der frühen Zweiten Republik noch der Einübung. Denokratie war keine alltäglich gelebte Selbstverständlichkeit.

Welche konkreten Ausdrucksformen Demokratieskepsis annahm, variierte je nach weltanschaulicher Orientierung. Die politische Rechte neigte dazu, kulturpessimistisch die eigene Stellung als bedroht anzusehen und mit Befürchtungen zum Untergang der westlichen Zivilisation zu verknüpfen. Damit zeigten sich konservative und nationaldemokratische Vordenker ganz im europäischen Trend der Zeit. Zum Ausgang des Ersten Weltkriegs gab es auch in Polen eine katastrophische Sicht auf die Geschichte des Westens. So betonte der Posener Soziologe Florian Znaniecki in seinem Werk „Der Untergang der westlichen Zivilisation" in bemerkenswerter Parallelität zu Oswald Spengler die Gefahren von Materialismus, Bolschewismus und des Aufstiegs der „Massen".[197] Allgemeine Wahlen stellten in dieser Sicht für die traditionelle Ordnung der Gesellschaft ein Gefährdungspotenzial ersten Ranges dar. Gerade deswegen war für viele Vertreter der politischen Rechten das Beispiel der polnischen Gesellschaft im ehemals preußischen Teilungsgebiet so attraktiv. Der langjährige Kampf gegen die Germanisierungspolitik und der daraus resultierende Habitus unbeugsamer Wahrer polnischer nationaler Traditionen prädestinierte die Bewohner Großpolens,

---

[196] O samowiedzy narodowej, in: Ziemianka, 8, 1919, S. 33 - 35; Z walnego zgromadzenia Zjednoczonego Koła Ziemianek w Warszawie, in: Ziemianka, 8, 1919, S. 1 - 8.
[197] Florian Znaniecki: Der Untergang der westlichen Zivilisation, Poznań 1996. Ausführlich Leszek Gawor: Katastrofizm w polskiej myśli społecznej i filozofii 1918 - 1939, Lublin 1999; hierzu knapp auch Kawalec, Spadkobiercy, S. 54 - 56.

Pomerellens oder Schlesiens zum gesamtpolnischen Vorbild für all jene, die in der Nachkriegszeit eine traditionelle Ordnung zu bewahren suchten.

Die politische Linke zeigte sich zunächst zuversichtlich, dass Arbeiter und Bauern, die die überwiegende Mehrheit der Bevölkerung stellten, für diejenigen Parteien stimmten, die das Konzept „Volkspolen" vertraten. Die befürwortende Haltung der politischen Linken zu allgemeinen Wahlen folgte nicht zuletzt aus der Überzeugung eines direkten Nexus von sozialer Zugehörigkeit und Wahlverhalten. Zum Auslöser für Unzufriedenheit mit dem demokratisch-parlamentarischen System konnten dann allerdings den eigenen politischen Präferenzen entgegenstehende Wahlergebnisse geraten.[198] Enttäuscht vom schlechten Abschneiden der PPS, träumte etwa Zofia Nałkowska von einem revolutionären Ausweg,

> „dass die PPS den Kommunisten zuvorkommt, dass sie – zur Weißglut getrieben durch die ständigen Niederlagen im Sejm und bei den Wahlen, durch die Herumkommandiererei der stets siegreichen *Endecja* und schließlich durch den jetzt eingeführten Kriegszustand – reif wird für eine Revolution, dass sie den Ausbruch wagt, das Schicksal in die eigene Hand nimmt und die Kommunisten damit überflüssig macht".[199]

Das Unbehagen am politischen Massenmarkt konnte in der heterogen zusammengesetzten Republik Polen ethnisch und sozial aufgeladen werden. Das Denken in binären Argumentationsmustern bot in der unübersichtlich erscheinenden Nachkriegszeit Sinn und Orientierung an. Dadurch aber war das Gegenteil sämtlicher Appelle an die nationale Einheit erreicht. Mit dem schwachen Abschneiden der ohnehin schon zahlenmäßig kleinen Parteien der politischen Mitte 1922 sahen die Zeitgenossen in der Zweiten Republik nun den scharfen Gegensatz zwischen den „zwei äußersten Flügeln unserer Gesellschaft" aufziehen – zwischen der PPS und den Nationaldemokraten,[200] die jeweils ihre eigene Anhängerschaft fester um sich zu scharen suchten. Der Theologe und spätere persönliche Sekretär Kardinal Stefan Wyszyńskis, Władysław Padacz, resümierte aus der Sicht der 1930er Jahre: Nach dem allmählichen Abflauen der Kämpfe um die äußeren Grenzen des

---

[198] Selbst historische Darstellungen sind von dieser Tendenz nicht frei, so Korzec, Block der Nationalen Minderheiten, S. 198: „Trotz einer demokratischen Wahlordnung mit ihren fünf Prinzipien allgemeiner, gleicher, direkter, geheimer und proportionaler Wahlen errangen die rechten Gruppen einen entschiedenen Sieg". Ähnlich Hass, Wybory warszawskie, S. 73, 75 - 77.

[199] Zofia Nałkowska: Warszawa 7 IV 1919, in: dies.: Dzienniki, Bd. 3, S. 53.

[200] AAN, PPS, 114/X-2, Bl. 28. Für Warschau postuliert Hass, Wybory warszawskie, S. 70 bereits für 1919 eine solche Polarisierung.

unabhängigen Polen war die Zeit der Streiks und innenpolitischen „Kämpfe zwischen Parteien und Klassen" gekommen.[201]

Die Wochen nach der Sejm-Wahl 1922 schienen diese Befürchtungen nur allzu sehr zu bestätigen. Am 9. Dezember versammelten sich die Mitglieder des neu gewählten Sejm und Senats zur Nationalversammlung (*Zgromadzenie Narodowe*), um den ersten verfassungsmäßigen Präsidenten der unabhängigen Republik Polen zu küren. Recht unerwartet setzte sich dabei der von der Bauernpartei PSL-Wyzwolenie vorgeschlagene Gabriel Narutowicz im fünften Wahlgang gegen den Kandidaten des ZLN, den Gutsbesitzer Maurycy Zamoyski, durch.

Narutowicz wurde 1865 im litauischen Telšiai geboren. Sein Vater war Gutsbesitzer und Teilnehmer am Januaraufstand 1863. Die von den Eltern gepflegte Hingabe an die polnische Nationalbewegung hinderte die junge Generation aber nicht daran, alternative Lebenswege einzuschlagen. Während Gabriels älterer Bruder Stanisław sich der Förderung der litauischen Unabhängigkeit und der litauisch-polnischen Freundschaft verschrieb, blieb der künftige Staatspräsident Polens nach seinem Ingenieursstudium in den 1890er Jahren in der Schweiz, nahm 1895 die schweizerische Staatsbürgerschaft an und wirkte seit 1907 als Professor an der Eidgenössischen Technischen Hochschule Zürich. 1920 erst kehrte er ins unabhängig gewordene Polen zurück.

Die Wahl zum Staatsoberhaupt 1922 rief umgehend heftige Kontroversen hervor. Auf der politischen Rechten galt Narutowicz als Präsident der „nationalen Minderheiten", dessen Wahl die Vorangstellung ethnischer Polen im Machtgefüge des unabhängigen Polen und damit gar die staatliche Stabilität gefährde.[202] Die damals virulente These von der nahezu zwangsläufigen ethnischen Konfrontation bei politischen Entscheidungen war jedoch bei näherem Hinsehen wenig haltbar: Zwar wurde Narutowicz ab dem zweiten Wahlgang von Vertretern des Blocks der nationalen Minderheiten gewählt, doch der ursprünglich lancierte Kandidat der ethnisch nicht-polnischen Gruppierungen war der Slavist, Sprachwissenschaftler und Freidenker Jan Niecisław Baudouin de Courtenay, geboren 1845 in Radzymin bei Warschau als Sohn polonisierter französischer Adeliger. Erst nachdem Courtenay im ersten Wahlgang ausschied, richtete sich das Interesse des *Blok* auf Narutowicz, dessen Sieg im entscheidenden fünften Wahlgang aber zugleich von den Stimmen der Sozialisten, der kleinen Parteien der Mitte und auch von der rechten Bauernpartei PSL-Piast getragen

---

[201] Władysław Padacz: Listy Pasterskie i Odezwy Jego Eminencji Ks. Kardynała Aleksandra Kakowskiego, in: Wiadomości Archidiecezjalne Warszawskie, 28, 1938, S. 171.
[202] Brzoza/Sowa, Historia Polski, S. 268; Andrzej Ajnenkiel, Andrzej Drzycimski und Janina Paradowska: Prezydenci Polski, Warszawa 1991, S. 36.

wurde. Damit hatten Narutowicz einzig die Fraktionen der National- und Christdemokraten nicht gewählt.

Schon zur Vereidigung Narutowiczs am 11. Dezember war die Stimmung in Warschau aufgeheizt: Anhänger der politischen Rechten und der politischen Linken lieferten sich auf den Straßen der Hauptstadt Handgreiflichkeiten, während die Fraktionen der National- und Christdemokraten demonstrativ der Zeremonie im Sejm fernblieben. Nur wenige Tage später, am 16. Dezember, kam es zum tragischen Höhepunkt der Auseinandersetzungen. Während der Eröffnung einer Malereiausstellung in der *Zachęta*, dem Gebäude der Warschauer Gesellschaft zur Förderung der Schönen Künste, wurde der Staatspräsident von einem Attentäter durch tödliche Schüsse getroffen.[203]

Die Eskalation weiter zu treiben und einen regelrechten Bürgerkrieg zu provozieren – davor schreckten aber selbst jene Kreise der politischen Rechten zurück, die Narutowicz schärfstens kritisiert hatten und seinem Attentäter, dem Kunstillustrator und Beamten im Kulturministerium Eligiusz Niewiadomski, ein Handeln aus nationalem und moralischem Antrieb zubilligten. In seinem Hirtenbrief zu Weihnachten 1922 warnte der Warschauer Erzbischof Kardinal Aleksander Kakowski vor einem Untergang Polens „aus eigener Schuld".[204]

Die Warnungen verfehlten nicht ihre Wirkung. Bei der notwendig gewordenen Wahl eines neuen Präsidenten am 20. Dezember trat Stanisław Wojciechowski als Kandidat der Bauernpartei PSL-Piast an. Wojciechowski, geboren 1869 in Kalisz (Provinz Posen), zunächst in der sozialistischen, dann in der genossenschaftlichen Bewegung aktiv und schließlich 1919 - 20 Innenminister im unabhängigen Polen, wurde von der nahezu exakt gleichen Parteienkonstellation zum Wahlsieg getragen wie Narutowicz elf Tage zuvor – von den Bauernparteien, den Sozialisten, den kleinen Parteien der Mitte und dem Block der Nationalen Minderheiten. Ein öffentlicher Aufruhr blieb diesmal aber aus.

---

[203] Zum genauen Hergang der Tat, zu Reaktionen im In- und Ausland sowie zum Prozess gegen den Täter Eligiusz Niewiadomski, der mit dem Todesurteil endete: Marek Andrzejewski: Gabriel Narutowicz. Wasserbauer, Hochschullehrer und Politiker, Zürich 2006, S. 185 - 193.

[204] Tadeusz Jachimowski: Operari – Sperare! Szkic działalności pasterskiej śp. Ks. Kardynała Aleksandra Kakowskiego na stolicy arcybiskupiej w Warszawie, in: Wiadomości Archidiecezjalne Warszawskie, 29, 1939, S. 42.

1.4 Konzepte der territorialen Selbstverwaltung

Nicht nur der Sejm, auch die Kommunalpolitik genoss zu Beginn der Zweiten Republik besondere Aufmerksamkeit. Die territoriale Selbstverwaltung bot in ihrer Aufbauphase eine willkommene Projektionsfläche unterschiedlicher Nationsentwürfe. Hier liefen zentrale Aushandlungsprozesse um die innere Gestaltung des jungen Staates und die Beteiligung der Bürger am öffentlichen Leben, um Parteipolitik, soziale Strukturen, Stadt-Land-Gegensätze und den Umgang mit der Multiethnizität Polens im überschaubaren Rahmen der lokalen Lebenswelt zusammen.

Die Ausgangslage stellte sich in jedem der ehemaligen Teilungsgebiete anders dar. Am weitesten gediehen war die Organisation der kommunalen Selbstverwaltung in Galizien: Die Städte und Landgemeinden konnten sich seit 1866 auf eine Vielzahl österreichischer Rechtsakte stützen; Lwów und Kraków verfügten über eigene Statuten aus den Jahren 1901 bzw. 1870. Gewählt wurden die kommunalen Vertreter nach dem Drei-Kurienwahlrecht. Darüber hinaus existierten eine Selbstverwaltung auf Kreisebene (*samorząd powiatowy*) und, da Galizien innerhalb der Habsburgermonarchie ein eigenes Kronland bildete, auf Landesebene (*samorząd krajowy*) in Gestalt des galizischen Landtags (*Sejm*) und Landesausschusses (*wydział krajowy*) mit Sitz in Lwów.

Die Städte im preußischen Teilungsgebiet wurden nach der „Städteordnung für die sechs östlichen Provinzen der preußischen Monarchie" von 1853 administriert. Eine moderne, nicht-ständische Selbstverwaltung im ländlichen Raum ließ allerdings bis 1891 auf sich warten. Noch schwieriger stand es um eine Selbstverwaltung auf Kreisebene. Die preußische Kreisordnung von 1872 blieb für die Provinz Posen unverwirklicht. In jenen Teilen des preußischen Teilungsgebiets, wo die Kreisordnung wirksam war, stand der Landrat als Staatsbeamter an der Spitze des Kreisausschusses. Damit war die Selbstverwaltung, anders als in Galizien, an die zentralstaatliche Exekutive gebunden. Ähnlich verhielt es sich mit der Selbstverwaltung auf Provinzialebene: Dem Provinzialausschuss saß der Oberpräsident vor. Das Wahlrecht war für Städte und Landgemeinden regional uneinheitlich, dabei oft an Haus- und Grundbesitz oder Steueraufkommen gebunden.

In Kongresspolen war für die Entwicklung der kommunalen Selbstverwaltung die Bauernbefreiung 1861 eine wichtige Wegmarke. Seither fungierte, lange Zeit als einzige Selbstverwaltungsinstitution, die Gemeindevollversammlung. Erst 1915/16, während des Ersten Weltkriegs, führten die österreichischen und deutschen Besatzungsherrscher die städtische Selbstverwaltung in Kongresspolen ein. Die Wahlen zum Stadtrat von Warschau oder Lublin folgten einem modifizierten Kurienwahlrecht. Eine Selbstverwaltung auf Kreisebene fand ihre ersten Ansätze ebenfalls in der Zeit des Ersten Weltkriegs, war allerdings stark auf die Zwecke der Besatzungsherrschaft zugeschnitten. Umgekehrt gab es im russischen Teilungsgebiet außerhalb Kongresspolens weder in Städten noch Landgemeinden gewählte Räte, doch war seit 1911 eine Kreisselbstverwaltung in Wolhynien, Polesien und im südlichen Wilno-Gebiet möglich.[205]

Während sich in den Städten und Kleinstädten Galiziens eine verhältnismäßig lebhafte kommunalpolitische Kultur herausbilden konnte, besaß die Selbstverwaltung in Kongresspolen kaum politischen Charakter, sondern regelte vorwiegend Fragen des materiellen Bedarfs. Gemeinsam war aber allen ehemaligen Teilungsgebieten eine unbefriedigende Situation der Selbstverwaltung im ländlichen Raum. Die Landbevölkerung hatte meist nur geringe Partizipationschancen, die auf die Ebene eines Dorfes oder einiger weniger Dörfer beschränkt waren. In Kongresspolen vermochte das Prinzip der Gemeindevollversammlungen Entschlussfähigkeit und Verantwortlichkeit wirkungsvoll zu unterbinden.[206]

Die Neuausrichtung der territorialen Selbstverwaltung im unabhängigen Polen hatte nicht nur ein heterogenes historisches Erbe, sondern auch ganz praktische Gegenwartsprobleme zu bewältigen. In der Nachkriegszeit gestaltete sich die wirtschaftliche und finanzielle Situation vieler Städte und Gemeinden ausgesprochen schwierig.[207] Die Bevölkerung litt unter schweren Versorgungsmängeln; Lebensmittel und Wohnraum waren knapp. In der nordmasowischen Kreisstadt Maków etwa mangelte es selbst an Immobilien für staatliche Behörden und Institutionen der Selbstverwaltung sowie an Unterkünften für die jeweiligen Beamten. Möglichkeiten zur Steigerung der Einnahmen gab es wenig, da das städtische Gewerbe stagnierte. Der

---

[205] Eine Gesamtdarstellung zur Selbstverwaltung während der Teilungszeit fehlt. Informationen bieten: Juliusz Bardach, Bogusław Leśnodorski und Michał Pietrzak: Historia ustroju i prawa polskiego, Warszawa ⁵2001, S. 400 - 401, 449 - 450; Wojciech Witkowski: Historia administracji w Polsce 1764 - 1989, Warszawa 2007, S. 146 - 156, 179 - 189, 216 - 220, 248 - 252; Moritz Swietoslawski: Der Organismus der territorialen Selbstverwaltung in der Republik Polen [Abhandlungen des Instituts für Politik, ausländisches öffentliches Recht und Völkerrecht an der Universität Leipzig, Heft 13], Leipzig 1931; M. Porowski: Stan samorządu miejskiego w Polsce i braki w jego organizacji, in: Samorząd Miejski, 2, 1922, S. 668 - 670. Für die Situation im preußischen Teilungsgebiet: Thomas Nipperdey: Deutsche Geschichte 1866 - 1918, Bd. 2: Machtstaat vor der Demokratie, München ²1993, S. 115 - 124.

[206] Wiktor Bronikowski: Chłopska działalność samorządowa w świetle życiorysów, in: Roczniki Socjologii Wsi, 2, 1937, S. 153 - 154; zu Galizien: Struve, Bauern und Nation, S. 121 - 124.

[207] M. Porowski: Stan samorządu miejskiego w Polsce i braki w jego organizacji, in: Samorząd Miejski, 2, 1922, S. 671.

Stadtrat von Maków sah sich daher veranlasst, eine Anleihe im Wert von 500.000 Mark bei einer kommunalen Bank aufzunehmen.[208]

Dem Ansehen der kommunalen Institutionen war der politische Umbruch seit Ende des Ersten Weltkriegs zunächst nicht förderlich. In Verwaltungsfragen konzentrierte sich das Interesse auf die Schaffung von Zentralinstanzen als nicht nur praktisch notwendiger, sondern auch symbolträchtiger Ausdruck der gerade erst erlangten staatlichen Souveränität. Dies führte dazu, dass manche neu entstandenen Ministerien Aufgaben übernahmen, die eigentlich in die Kompetenz von Kreisverwaltungen gehörten. Eine überbordende Arbeitsbelastung für die Warschauer Regierungsmitarbeiter und administrative Verzögerungen waren die nahezu zwangsläufigen Konsequenzen. Auf lokaler und regionaler Ebene schlugen die Schwierigkeiten bei der Etablierung der polnischen staatlichen Macht in mehrfacher Weise durch. Im Winter 1918/19 machte sich die revolutionäre Stimmung in Mitteleuropa auch in Polens Provinzen bemerkbar. Verwaltungsbeamte firmierten häufig als Volks- oder Kreiskommissare.[209] In einem weithin ungeklärten gesetzlichen Rahmen fanden in mancher kleinen Landgemeinde bereits kurz nach der Unabhängigkeit Polens ab November 1918 Wahlen statt.[210]

Während sich auf den Sejm als zentrale Repräsentanz der geeinten Nation und ordnende Autorität große Hoffnungen richteten, hatten die disparat auftretenden kommunalen Instanzen um die Akzeptanz der Bevölkerung zu ringen. Die Selbstverwaltung galt als kostspielige und überflüssige Ausgabe, gar als zweifelhafte Hinterlassenschaft des Ersten Weltkriegs, da sie – etwa in Kongresspolen – erst von den Besatzungsmächten initiiert wurde.[211]

Gesetzliche Regelungen für die territoriale Selbstverwaltung waren daher dringlich, sowohl um für Effizienz der praktischen Abläufe zu sorgen als auch um Vertrauen bei den Bürgern zu schaffen. Die ersten offiziellen Dekrete über die Schaffung von Gemeinderäten im ehemaligen Kongresspolen (27. November 1918), über die Aufgaben und Kompetenzen der städtischen Selbstverwaltung im ehemaligen Kongresspolen (4. Februar 1919) oder deren Finanzhaushalt (7. Februar 1919) waren allerdings auf einzelne Selbstverwaltungseinheiten und Regionen beschränkt.

---

208 APW-Pułtusk, Starostwo Powiatowe w Makowie Mazowieckim, 4, Bl. 18 - 19.
209 Piotr Wielgus: Nowe rozporządzenia administracyjne a Samorząd Miejski, in: Samorząd Miejski, 8, 1928, S. 365 - 394. Das Beispiel des nördlichen Masowiens: Tadeusz Świecki und Franciszek Wybult: Mazowsze Płockie w czasach wojny światowej i powstania państwa polskiego, Toruń 1932, S. 285 - 287, 295 - 298.
210 APW-Pułtusk, Starostwo Powiatowe w Makowie Mazowieckim, 2, Bl. 286, 288, 290.
211 M. Porowski: Stan samorządu miejskiego w Polsce i braki w jego organizacji, in: Samorząd Miejski, 2, 1922, S. 677.

Auf diesem Gebiet war nicht alleine das Innenministerium aktiv. Das Gesetz über die provisorische Verwaltung des ehemaligen preußischen Teilungsgebietes vom 1. August 1919 richtete die zwei Wojewodschaften Großpolen und Pomorze ein und bestimmte zugleich ein regionales Sonderministerium, das einzige seiner Art in der Zweiten Republik, zum federführenden Organ bei der weiteren Ausgestaltung der Selbstverwaltung: das Ministerium für das ehemalige preußische Teilungsgebiet mit Sitz in Warschau und Poznań. Allerdings blieben insbesondere bei der Organisation der Kreis- und Gemeindeselbstverwaltung noch viele Regelungen aus preußischer Zeit bestehen.[212] Die Selbstverwaltung im ehemaligen russischen Teilungsgebiet außerhalb Kongresspolens wiederum stand in den ersten Jahren der Unabhängigkeit Polens unter der Kontrolle der Zivilverwaltung für die Ostgebiete (*Zarząd Cywilny Ziem Wschodnich*), die 1919 im Zuge des polnischen militärischen Ausgreifens nach Osten eingerichtet worden war.[213]

Ein provisorisches Bild boten auch die Verfügungen zum Wahlrecht. Eine Leitfunktion nahm das Dekret vom 13. Dezember 1918 über die Wahlen zu den Stadträten in Kongresspolen ein, das gleiche, geheime, direkte und proportionale Wahlen vorsah.[214] Daran orientierten sich im Wesentlichen auch die Regelungen für das ehemalige preußische Teilungsgebiet.[215] Im Gegensatz hierzu stand die Entwicklung im östlichen und südlichen Polen. Das aus Habsburgerzeiten rührende Dreikurienwahlrecht ergänzte die Polnische Liquidierungskommission in Krakau in einer Verordnung vom 10. Dezember 1918 lediglich behelfsmäßig um eine vierte Kurie der bislang nicht wahlberechtigten Bevölkerungsgruppen. Im ehema-

---

[212] Ustawa z dnia 1 sierpnia 1919 r. o tymczasowej organizacji zarządu b. dzielnicy pruskiej, in: Sudnik, Prawo polityczne, S. 280 - 283; Piotr Wielgus: Nowe rozporządzenia administracyjne a Samorząd Miejski, in: Samorząd Miejski, 8, 1928, S. 369; Swietoslawski, Organismus der territorialen Selbstverwaltung, S. 37 - 74. Zum Ministerium für das ehemalige preußische Teilungsgebiet insgesamt Andrzej Gulczyński: Ministerstwo byłej dzielnicy pruskiej (1919 - 1922) [Poznańskie Towarzystwo Przyjaciół Nauk, Wydział Historii i Nauk Społecznych, Prace Komisji Historycznej, Bd. 50], Poznań 1995.

[213] Józef Zawadzki: Samorząd miejski w Polsce, in: Samorząd Miejski, 1, 1921, S. 226 - 227; Swietoslawski, Organismus der territorialen Selbstverwaltung, S. 30 - 35. Offenbar gab es in der ersten Nachkriegszeit sogar Pläne, die Selbstverwaltungsorgane im ehemaligen russischen Teilungsgebiet außerhalb Kongresspolens zur Unterstützung territorialer Ansprüche Polens im Osten zu nutzen: Joanna Gierowska-Kałłaur: Zarząd Cywilny Ziem Wschodnich (19 lutego 1919 - 9 września 1920), Warszawa 2003, S. 187.

[214] Dekret o wyborach do Rad Miejskich na terenie b. Królestwa Kongresowego, in: Ryszard Szwed: Samorząd terytorialny w Drugiej Rzeczypospolitej (1918 - 1939). Zarys problematyki, in: ders.: Samorządowa Rzeczpospolita 1918 - 1939. Wybór rozpraw i artykułów, Częstochowa 2000, S. 25 - 26.

[215] M. Porowski: Stan samorządu miejskiego w Polsce i braki w jego organizacji, in: Samorząd Miejski, 2, 1922, S. 669.

ligen russischen Teilungsgebiet außerhalb Kongresspolens fungierten nur in einem Teil der Städte und Gemeinden Räte, die aufgrund von Anordnungen des 1919 eingesetzten Generalkommissars für die Zivilverwaltung der Ostgebiete gewählt worden waren.[216] Ansonsten waren amtlich ernannte Stadt- und Gemeindeverwaltungen tätig.

Die nach 1918 getroffenen Regelungen trugen in ihrer Unvollkommenheit häufig den Charakter von pragmatischen Entlastungsmaßnahmen für die Zentralbehörden. Die Verständigung über die ideellen Leitlinien der territorialen Selbstverwaltung war noch in vollem Gange und verlief ausgesprochen kontrovers. Die erste Kontroverse betraf eine Frage, die wohl in den meisten modernen Flächenstaaten schon berührt worden ist, nämlich nach zentralistischer Vereinheitlichung oder regionaler Diversität der Selbstverwaltung. Spezifisch für die Situation in Polen war, dass das Streben nach einer für alle Gebiete des Staates gleichermaßen geltenden Lösung zum Ziel hatte, die administrativen Nachwirkungen der Teilungszeit baldmöglichst zu beseitigen. Im Gegensatz dazu stand die Vorstellung, zwar die Beziehungen zwischen Zentralverwaltung und Selbstverwaltung einheitlich zu regeln, um den Zusammenhalt des Staates zu gewährleisten, doch bei der inneren Ausgestaltung der Selbstverwaltung den unterschiedlichen Gepflogenheiten und „Nationalitätenverhältnissen" der jeweiligen Region Rechnung zu tragen.[217]

Die zweite, für die Zeit der Zweiten Republik weit folgenreichere Kontroverse rührte an die Verortung der Kommunalpolitik zwischen Staat und Gesellschaft. Einer etatistischen, staatsnahen Vorstellung entsprach, dass sich die Selbstverwaltung „vertrauensvoll an die nationale Regierung anlehnen" sollte. Umgekehrt sah eine gesellschaftsnahe Vorstellung aus: Die Regierung sollte Vertrauen in bürgerliches Engagement, Wissen und Sorge um das Gemeinwohl haben und Eingriffe in die territoriale Selbstverwaltung so gering wie möglich halten.[218] Die besondere Brisanz dieser Kontroverse war nur mit einem Blick auf die Geschichte zu verstehen. Aus der Perspektive der frühen Zweiten Republik präsentierte sich die Kommunalpolitik des 19. Jahrhunderts als ein anhaltendes Ringen zwischen staatlich-administrativer Dominanz der Teilungsmächte und polnischer gesellschaftlicher Selbst-

---

[216] Gierowska-Kałłaur, Zarząd Cywilny Ziem Wschodnich, S. 88 begründet dies damit, dass die betroffenen Landkreise direkt an der militärischen Front lagen. Allerdings änderte sich der Frontverlauf innerhalb nur eines Jahres erheblich, und die Durchführung einer Kommunalwahl war laut Wahlordnung vom 25. Juni 1919 „in jedem einzelnen Falle von einer Verfügung des Generalkommissars" abhängig: Swietoslawski, Organismus der territorialen Selbstverwaltung, S. 31.
[217] Józef Zawadzki: Samorząd miejski w Polsce, in: Samorząd Miejski, 1, 1921, S. 226 - 227.
[218] Ebd., S. 227, 229, 236.

organisation. Dieses Deutungsmuster traf zwar für Galizien nach 1867 kaum mehr, für Kongresspolen nur bedingt und lediglich für das preußische Teilungsgebiet überwiegend zu, dennoch prägte es über Jahre hinweg das polnische verwaltungstheoretische Denken. Gegenüber dem als etatistisch-bürokratisch empfundenen Wirken der Teilungsmächte im 19. Jahrhundert, für das die Praxis in Preußen zu einem häufig zitierten Beispiel wurde, artikulierte sich das Bestreben, es im unabhängigen Polen genau entgegengesetzt zu halten: „Mehr Glaube in den Bürger, weniger Glaube in die Bürokratie – dies sollte die Parole unseres wieder auferstehenden Vaterlandes sein."[219]

Die gesellschaftsnahe Ausrichtung der territorialen Selbstverwaltung war nach 1918 in der politischen und juristischen Debatte vorherrschend. Sie fand parteiübergreifend Fürsprache und war mit unterschiedlichen Nationsentwürfen kompatibel. Die Vertreter des Nationsentwurfs „Volkspolen" standen für eine Implementierung demokratischer Elemente in die territoriale Selbstverwaltung, für umfassende Partizipationsmöglichkeiten breiter Bevölkerungsschichten, gerade auch im bislang benachteiligten ländlichen Raum.[220] Die polnische Demokratie hatte sich demnach, wenn sie „wahrhaftiger und tiefgründiger als in vielen anderen Staaten sein" wollte, nicht nur darauf zu beschränken, aus dem Bürger einen Parlamentswähler zu machen, sondern sich gerade im Bereich der Selbstverwaltung weiterzuentwickeln.[221] Zur ideellen Begründung einer solchermaßen partizipatorisch gedachten Nation konnten nicht nur ein universales emanzipatorisches Anliegen und die Abgrenzung von der Praxis der Teilungsmächte ins Feld geführt werden, sondern auch positiv besetzte Deutungen der nationalen Geschichte, namentlich der zum freiheitlichen Vorbild stilisierten Adelsrepublik des 16. Jahrhunderts.[222] Der Naturwissenschaftler und Pädagoge Antoni Bolesław Dobrowolski schrieb in seiner Rede auf dem Lehrerkongress des ZPNSP 1920 die Neigung zur Selbstverwaltung gar dem polnischen Nationalcharakter zu, ebenso wie die Fähigkeit zur friedlichen Konfliktlösung, zur Anerkennung und Tolerierung von Minderheitsmeinungen.[223]

Die polnischen Sozialisten verstanden die Demokratisierung der Selbstverwaltung auch in sozialer Hinsicht. Während der Teilungszeit hatte eine restriktive Wahlordnung bewirkt, dass die Stadtverwaltungen überwiegend

---

[219] Ebd., S. 237.
[220] Wiktor Bronikowski: Chłopska działalność samorządowa w świetle życiorysów, in: Roczniki Socjologii Wsi, 2, 1937, S. 153 - 175; Thugutt, Autobiografia, S. 118.
[221] O wychowaniu obywatelskiem w szkole, in: Głos Nauczycielski, 4, 1920, H. 7 - 8, S. 1.
[222] Józef Zawadzki: Samorząd miejski w Polsce, in: Samorząd Miejski, 1, 1921, S. 237.
[223] O wychowaniu obywatelskiem w szkole, in: Głos Nauczycielski, 4, 1920, H. 7 - 8, S. 1.

in den Händen der gesellschaftlichen Oberschichten lagen, während Arbeiter nur wenig Einfluss auf kommunalpolitische Entscheidungen nehmen konnten. Im unabhängigen Polen wollten nun die Sozialisten ihre Präsenz in den Selbstverwaltungseinrichtungen deutlich steigern, in einigen Stadt- und Gemeinderäten sogar die Führung übernehmen. Kommunalpolitischer Vordenker der Linken war Tomasz Arciszewski, der im Generalsekretariat der PPS den Vorsitz der Zentralabteilung für Angelegenheiten der Selbstverwaltung bekleidete. Arciszewski, bereits seit den 1890er Jahren Mitglied der PPS, saß seit 1916 im neu begründeten Warschauer Stadtrat und behielt dieses Mandat auch bei, als er 1919 in den Verfassunggebenden Sejm gewählt wurde und 1918/19 für kurze Zeit unter den sozialistischen Ministerpräsidenten Ignacy Daszyński und Jędrzej Moraczewski die Ministerien für Arbeit und Soziales sowie für Post und Telegraphie führte. Er machte deutlich: „Die Stadträte müssen für uns einer der Orte für den Aufbau einer neuen, sozialistischen Ordnung sein."[224] Das Nationskonzept „Volkspolen" sollte im Mikrokosmos der Stadt- und Gemeinderäte alltäglich praktiziert werden.

Auch die Nationaldemokraten befürworteten eine gesellschaftsnahe Ausrichtung von Selbstverwaltung.[225] Sie sahen das Engagement in der Kommunalpolitik angelehnt an das Prinzip der „organischen Arbeit": Die polnische Nationalbewegung hatte nach dem Scheitern des Januaraufstands 1863 verstärkt auf ein breites Fundament von kulturellen, politischen, wirtschaftlichen und wissenschaftlichen Vereinen und Netzwerken gesetzt, um die polnische Nation „von unten" zu konsolidieren und sie für die Herausforderungen der Moderne zu rüsten. Die „organische Arbeit" war nicht nur ein Phänomen der Resistenz gegen die Teilungsmächte, sondern auch ein Surrogat für die fehlende staatliche Existenz Polens. Das hiervon inspirierte gesellschaftliche Engagement geriet aber genau deswegen zu Beginn der polnischen Unabhängigkeit in eine Krise: „Die gesellschaftliche Selbsthilfe, die während der ganzen Zeit der Abhängigkeit so wirkungsvoll gegen die fremde Staatsgewalt angekämpft hatte, ist plötzlich, nach der Erlangung der Unabhängigkeit, wie erstorben. Alle erwarten alles nur vom Staat."[226] Die Klage über eine nachlassende gesellschaftliche Selbstorganisation konnte die polnischen Konservativen hingegen nur wenig anfechten, denn ihre Sichtweise der Selbstverwaltung orientierte sich an einem anderen Ideal, nämlich

---

[224] AAN, PPS, 114/IV-9, Bl. 2.
[225] Maj, Związek Ludowo-Narodowy, S. 309.
[226] Stanisław Grabski: Rewolucja. Studjum społeczno-psychologiczne, Warszawa 1921, S. 164. Ähnlich äußerten sich katholische Kreise: Zjazd Katolicki w Warszawie, in: Wiadomości Archidyecezyalne Warszawskie, 11, 1921, S. 137.

an der organischen Reihung von Familie – Gemeinde – Nation.[227] Der Staat kam in diesem Modell als Akteur nicht vor und die Gesellschaft präsentierte sich in einem familial-paternalistischen Zuschnitt.

Auf der politischen Rechten bedeutete eine gesellschaftsnahe somit nicht automatisch eine partizipatorische Ausrichtung von Selbstverwaltung. Weder beim nationaldemokratischen Modell der „organischen Arbeit" noch beim konservativen Modell der „Familie" stand Teilhabe durch demokratische Wahlen im Vordergrund. Zwar konnten sich bei beiden Modellen Interessierte aller sozialen Schichten einbringen, doch in der Praxis blieben häufig traditionelle gesellschaftliche Ordnungszusammenhänge gewahrt. Gesellschaft erschien vorrangig in der Dimension von Kooperation, nicht aber von Konflikt und Aushandlungsprozessen.

So einleuchtend die gesellschaftsnahe Ausrichtung der Selbstverwaltung gerade in Abgrenzung gegenüber der Teilungszeit schien, so gab es doch nach Erlangung der Unabhängigkeit erste Stimmen für eine staatsnahe Ausrichtung der Selbstverwaltung – als Vertrauensbeweis in den neu begründeten polnischen Staat und als erster Schritt zur Aneignung des nach 1918 zunehmend geforderten „Denkens in staatlichen Kategorien".[228] Wie dies konkret aussehen konnte, zeigte sich wiederum am Beispiel der polnischen Städte.

Die Städtevertreter setzten in die Selbstverwaltung große Hoffnungen. Ein selbstständiges kommunales Handeln galt ihnen als Voraussetzung dafür, im neuen Staat eine herausragende Stellung einzunehmen. Das vom Städtebund propagierte Selbstbild parallelisierte das Schicksal von Stadt und Staat und konstruierte daraus eine untrennbare Einheit.[229] Der Niedergang des polnischen Staates im 18. Jahrhundert stand demnach in enger Verbindung mit der einseitigen Privilegierung des Adels und den eingeschränkten Bürger- und Stadtrechten. Für die Zukunft sollte sich daher die Überzeugung durchsetzen, dass „die Entwicklung der Städte mit der Entwicklung, dem Wohlstand, der Kultur und dem Fortschritt der gesamten Nation untrennbar verbunden"[230] sei: „An der Entwicklung der polnischen Städte nämlich werden die Repräsentanten der Nationen der zivilisierten Welt den

---

[227] Mrowisko ludzie (Rodzina, gmina, naród), in: Ziemianka, 7, 1918, S. 195 - 196.
[228] Stanisław Grabski: Naród a Państwo, Lwów 1922, S. 5.
[229] Tadeusz Przeorski: VI. Ogólny Zjazd przedstawicieli miast polskich, Lwów 24 do 27 maja 1922, in: Samorząd Miejski, 2, 1922, S. 384.
[230] Tadeusz Przeorski: Ordynacja wyborcza do Sejmu i Senatu a miasta, in: Samorząd Miejski, 2, 1922, S. 544.

Wert, den Rang und die Bedeutung der Republik Polens in der internationalen Arena messen."[231]

Der Glaube an die nationale Bedeutung der Städte und ihre historische Mission war umso wertvoller für die eigene Identitätskonstruktion, da die Städtevertreter ihre Position in einem agrarisch geprägten Staat als unterlegen empfanden. Als sozialgeschichtlicher Widerpart fungierte nicht mehr wie in der Frühen Neuzeit der Gutsbesitzeradel, sondern die Bauernschaft. Mit der Befürchtung, dass das „städtische Element in Polen im Meer der Forderungen einer sozialen Klasse zu versinken" drohe,[232] stand das Selbstbild der Städte als führende Repräsentanten der Nation allerdings in eigentümlichem Kontrast zu einem Gefühl der Unterprivilegierung gegenüber einer Bevölkerungsgruppe, die selbst noch mit ihrer Emanzipation von einer Randgruppe der Nation zu einer tragenden Säule „Volkspolens" beschäftigt war. Damit bestärkten die Städtevertreter *nolens volens* die These von einem mangelnden urbanen Selbstbewusstsein in Polen.

Dem Nationskonzept „Volkspolen", polemisch konnotiert mit „Klassenkampf" und „materiellem Egoismus", suchte der Städtebund einen staatstragenden Habitus entgegenzusetzen. Die enge Anlehnung an den Staat enthielt aber auch eine ethnische Komponente. Im Deutungskampf zwischen „Stadt" und „Land" konnte besonders die Rolle jener Städte profiliert werden, die als polnische nationale „Inseln" in einem ethnisch nichtpolnischen Umfeld standen. Große Verehrung genoss vor allem Lwów. Am 1. November 1918 hatten Anhänger der von Jevhen Petruševyč ausgerufenen Westukrainischen Volksrepublik in einem bewaffneten Handstreich die ostgalizische Metropole, die sie als Kristallisationspunkt einer unabhängigen ukrainischen Staatlichkeit betrachteten, eingenommen. In den nächsten drei Wochen entwickelten sich blutige Kämpfe mit polnischen paramilitärischen Organisationen und Freiwilligenverbänden, die Lwów als integralen Bestandteil des neuen polnischen Staates zu sichern suchten. Die polnische Seite behielt die Oberhand und am 21. November verließen die letzten ukrainischen Einheiten die Stadt. Die polnisch-ukrainischen Auseinandersetzungen setzten sich im ländlichen Raum Ostgaliziens bis Mitte 1919 fort. Aus polnischer Sicht hatten insbesondere die Einwohner von Lwów die „heiligsten Ideale" verteidigt und die „Zugehörigkeit dieses Landesteils zum Vaterland" erkämpft. Lwów rückte dadurch in den symbolischen Rang einer „Wacht des Polentums an den Rändern der Rzeczpospolita".[233]

---

[231] Sprawozdanie z VI Ogólnego Zebrania Związku Miast Polskich, in: Samorząd Miejski, 2, 1922, S. 389.
[232] Ebd., S. 389.
[233] Tadeusz Przeorski: VI. Ogólny Zjazd przedstawicieli miast polskich, Lwów 24 do 27 maja 1922, in: Samorząd Miejski, 2, 1922, S. 383 - 385.

In der Debatte über die Organisation der Selbstverwaltung gab es keine durchgängige Zusammenführung einer staatsnahen mit einer zentralistischen Ausrichtung oder einer gesellschaftsnahen mit einer regional diversifizierten Ausrichtung. Der wechselhafte Verlauf argumentativer Trennlinien zeigte sich besonders deutlich in der Debatte über das kommunale Wahlrecht.

Die Verfassung der Republik Polen vom 17. März 1921 postulierte die Dekonzentration der Verwaltung unter Berücksichtigung der Bürgerbeteiligung durch Wahlen (Art. 3 und 65 - 73).[234] Kurz zuvor schon, am 11. März 1921, trug Innenminister Leopold Skulski, der während des Ersten Weltkriegs als Stadtrat und von 1917 - 19 als Oberbürgermeister von Łódź praktische kommunalpolitische Erfahrungen gesammelt hatte, einen Gesetzentwurf vor, der – analog zum Sejm-Wahlrecht – für die territoriale Selbstverwaltung das Prinzip allgemeiner, gleicher, geheimer und direkter Wahlen nach dem Verhältniswahlrecht vorsah.[235] Der Regierungsvorschlag stand für ein demokratisches Wahlrecht und zielte zugleich auf eine landesweite Vereinheitlichung der territorialen Selbstverwaltung. Einhellige Unterstützung erfuhr dieser Kurs durch die polnischen Sozialisten, die hier wie in vielen anderen politischen Fragen eine sowohl gesellschaftsnahe und partizipatorische als auch zentralistische Linie verfolgten.

Dagegen stand ein Vorschlag des Kleinpolnischen Städtebundes (*Związek miast Małopolski*)[236], der die kommunalen Interessen des ehemaligen Westgaliziens vertrat. Es handelte sich dabei um eine modifizierte Fassung des österreichischen Kurienwahlrechts, wie es bislang in der Region praktiziert worden war.[237] Zielpunkt waren vor allem die Kleinstädte und Städte in Polens östlichen Landesteilen, die von einer mehrheitlich ethnisch nichtpolnischen Bevölkerung bewohnt waren. Die kleinpolnischen Städtevertreter sprachen offen die Befürchtung aus, dass das demokratische „fünffache" Wahlrecht in vielen Städten das staatstragende „polnische Element" in die Minderheit bringe. Ihre Schlussfolgerung lautete, Gebildete, Gewerbetrei-

---

[234] Ustawa z dnia 17 marca 1921 r. Konstytucja Rzeczypospolitej Polskiej, in: Sudnik, Prawo polityczne, S. 59 - 60, 66 - 67; deutsche Übersetzung bei: Gosewinkel/Masing, Verfassungen in Europa, S. 385, 394 - 395.

[235] Józef Zawadzki: Ordynacja wyborcza do Rad Miejskich, in: Samorząd Miejski, 2, 1922, S. 298; M. Porowski: Stan samorządu miejskiego w Polsce i braki w jego organizacji, in: Samorząd Miejski, 2, 1922, S. 677; Ryszard Szwed: Samorząd terytorialny w Drugiej Rzeczypospolitej (1918 - 1939). Zarys problematyki, in: ders.: Samorządowa Rzeczpospolita, S. 18.

[236] Kleinpolen (*Polonia Minor*) war die aus dem Mittelalter überkommene und im polnischen Sprachgebrauch kontinuierlich verwendete Bezeichnung für die Region um Krakau.

[237] Józef Zawadzki: Ordynacja wyborcza do Rad Miejskich, in: Samorząd Miejski, 2, 1922, S. 298.

bende und Händler, mithin also Angehörige von Gesellschaftsschichten, die der Bund der Städte Kleinpolens und des Teschener Schlesien als ethnisch polnisch identifizierte, wahlrechtlich gesondert von der übrigen Bevölkerung zu behandeln. Mit Hilfe der Wahlordnung sollte die Grundlage dafür geschaffen werden, dass die Städte im neuen polnischen Staat auch einen „polnischen Charakter" erhielten.[238] Eine regionale Diversifizierung der Selbstverwaltung stand hier im Einklang mit einer staatsnahen Ausrichtung von Selbstverwaltung und zielte darauf ab, tradierte Hierarchien und Ordnungen fortführen zu können.

Eine solche Vision hatte besondere Brisanz für den Umgang mit der Multiethnizität Polens. Indem das demokratische Wahlrecht als Schwächung des ethnischen Polentums wahrgenommen wurde, lief dies auf eine Partizipationsverweigerung für die ethnisch nicht-polnische Bevölkerung der Zweiten Republik hinaus. In dieselbe Richtung zielte die Forderung, nicht nur für zur Wahl stehende Kandidaten die Fähigkeit polnisch zu lesen und zu schreiben vorauszusetzen, wie dies bereits Art. 4 der kommunalen Wahlordnung vom 13. Dezember 1918 getan hatte,[239] sondern auch für die Wähler.[240] Die Formulierungen ließen freilich offen: Ging es um die Verknüpfung von staatsbürgerlichen Rechten mit der Kenntnis der polnischen Sprache oder mit einem bestimmten Bildungsstandard? Tatsächlich besaßen viele Angehörige ethnisch nicht-polnischer Bevölkerungsgruppen, insbesondere die politisch aktiven Eliten, sehr wohl die Fähigkeit, polnisch zu lesen und zu schreiben. Das Ansinnen traf daher vor allem die ungebildeten und ärmeren Bevölkerungsschichten gleich welcher Ethnizität. Eine solche anti-egalitäre Tendenz steckte auch in weiteren zeitgenössischen Vorschlägen: So sollten diejenigen Bürger, die wegen ihrer Armut auf Kosten der Gemeinde unterhalten wurden, kein Wahlrecht ausüben dürfen, da sie nicht in der Lage seien, objektiv über die wirtschaftlichen Aktivitäten der Gemeinde zu urteilen. Ebenso sollte das Wahlrecht auf 25 Jahre heraufgesetzt werden, damit die Wähler aus eigener Lebenserfahrung über die Belange der Gemeinde urteilen könnten.[241] Schließlich konnte Skeptikern des demokratischen Wahlrechts zur Beruhigung dienen, dass in den Händen der Zentral-

---

[238] Sprawozdanie z VI Ogólnego Zebrania Związku Miast Polskich, in: Samorząd Miejski, 2, 1922, S. 397, 431 - 433.
[239] Dekret o wyborach do Rad Miejskich na terenie b. Królestwa Kongresowego (13. 12. 1918), in: Ryszard Szwed (Hrsg.): Samorząd terytorialny w Polsce w latach 1918 - 1939. Wybór materiałów źródłowych, Częstochowa 2000, S. 26.
[240] M. Porowski: Stan samorządu miejskiego w Polsce i braki w jego organizacji, in: Samorząd Miejski, 2, 1922, S. 671.
[241] Józef Zawadzki: Ordynacja wyborcza do Rad Miejskich, in: Samorząd Miejski, 2, 1922, S. 302 - 303.

regierung immerhin das Recht lag, in „schwerwiegenden Fällen" Wahlen nicht anzuerkennen und einzelne Stadträte aufzulösen.[242] Lediglich über das Wahlrecht von Frauen bestand kaum Dissens, da auch rechte und konservative Kreise die Rechte der Frauen unterstützten.[243]

Vorstellungen zur Einschränkung des demokratischen Wahlrechts waren in der frühen Zweiten Republik weit verbreitet. Die in Kauf genommene Benachteiligung ethnisch nicht-polnischer Bevölkerungsgruppen war dabei keine isolierte Maßnahme, sondern fügte sich in den Rahmen eines paternalistischen und antiegalitären Politikverständnisses. Dahinter stand der Wunsch, dem als polarisierend empfundenen Wahlkampf und politischen Massenmarkt auszuweichen und dafür das Konstrukt nationaler Einheit gegen jegliche „Störungen", auch auf Kosten demokratischer Prinzipien zu verteidigen. In der Anfangszeit der Zweiten Republik blieb es beim Wunsch. Weder der Gesetzesentwurf von Skulski aus dem Jahre 1921 noch spätere Projekte für eine neue Wahlordnung konnten bis zu den 1930er Jahren realisiert werden.[244]

In der Praxis kennzeichnete die Wahlen zur territorialen Selbstverwaltung häufig eine ebenso hohe emotionale Aufladung wie die Wahlen zum Sejm. Thematisch dominierten weniger Sachfragen lokaler oder regionaler Reichweite als allgemeine politische Forderungen. Die Wahlkampfsprache war hochgradig politisiert, ja aggressiv. Bei den Wahlen zum Stadtrat von Warschau 1919 verkündete etwa die PPS auf einem Plakat: „Wer an diesem Tag nicht seine Pflicht erfüllt und seine Stimme für die Liste Nr. 2 abgibt, verrät die arbeitende Klasse."[245] Die Argumentation mit Kategorien wie „Pflicht", „Verrat" oder „Schicksal" trug dazu bei, selbst in der Kommunalpolitik kollektiv gedachte Gruppen wie die „Nation" oder die „arbeitende Klasse" als entscheidende Akteure herauszustellen.

Einen besonders umkämpften Stimmenmarkt stellten die Frauen dar. Ausgehend von einer hoch gespannten Erwartungshaltung erlebte die Sozialisten bei den Wahlen zur Selbstverwaltung eine erneute Enttäuschung. Vor allem im ländlichen Raum konnten sie wenig ausrichten. Hierfür fanden sie, wie schon bei den Wahlen zum Sejm, schnell eine Erklärung. Die Honoratioren des Dorfes hätten allzu lange die Haltung der Frauen massiv beeinflusst: „Sie denken sich, dass die Frau ein weiches Herz und ein kurzes Gedächtnis besitzt und daher schon vergessen hat, wer sie ihr ganzes Leben lang ausgebeutet, bedrängt, herabgewürdigt und getriezt hat, dass die Frau

---

[242] Józef Zawadzki: Samorząd miejski w Polsce, in: Samorząd Miejski, 1, 1921, S. 229.
[243] Mrowisko ludzie (Rodzina, gmina, naród), in: Ziemianka, 7, 1918, S. 195 - 196.
[244] Ryszard Szwed: Samorząd terytorialny w Drugiej Rzeczypospolitej (1918 - 1939). Zarys problematyki, in: ders., Samorządowa Rzeczpospolita, S. 18 - 21.
[245] AAN, PPS, 114/XI-3, S. 26.

auch sämtliches Unrecht und sämtliche Demütigungen, die ihr noch gestern nicht erspart wurden, vergessen hat."[246]

Die Schlussfolgerung der PPS war, dass sie Frauen im ländlichen Raum nur dann als Wählerinnen gewinnen konnte, wenn es gelang, die traditionelle Ordnung aufzulösen. Dies war leichter gesagt als getan. Zum einen mussten Frauen, die sich dem Paternalismus der ländlichen Lebenswelt zu entziehen suchten, um Anerkennung, Sicherheit und Zusammenhalt in der Dorfgemeinschaft fürchten. Zum anderen bot die politische Rechte einen konkurrierenden Nationsentwurf mit selbstbewussten sozialkonservativen Tönen, etwa mit dem Lobpreis des traditionellen Rollenbilds der „Mutter und Polin" (*matka-polka*), die den Freiheitshelden vergangener Tage durch ihre Erziehung und ihre nationalen Gefühle erst den eigentlichen Antrieb gegeben habe.[247] Zwar hatten sich konservative, katholische und nationaldemokratische Gruppierungen kaum aktiv für ein Frauenwahlrecht eingesetzt; war es aber einmal eingeführt, begegneten sie der neuen Regelung nach 1918 ausgesprochen pragmatisch. Da nun Frauen politisches Mitspracherecht besaßen, sollten sie es nutzen, um zum Wohle von Nation und Staat zu wirken. Gerade die Überzeugung von der „nationalen Zuverlässigkeit der polnischen Frau" ließ es der politischen Rechten opportun erscheinen, die weiblichen Stimmen bei den Wahlen zur Selbstverwaltung gegen die Stimmen der ethnisch nicht-polnischen Bevölkerungsgruppen in Stellung zu bringen: Die Wahrnehmung der Interessen der ethnisch-polnischen Bevölkerung galt als Gradmesser für die „politische Reife" der Frau und zugleich sollte so der „Einfluss fremder Elemente" gebremst werden.[248]

Das Spannungsfeld von traditioneller Ordnung, partizipatorischem Impetus sowie nationaler Inklusion und Exklusion prägte nicht nur die Wahlkämpfe zum Sejm und zur territorialen Selbstverwaltung, sondern auch die kommunalpolitische Praxis. Bei einer statistischen Untersuchung der 52 Stadträte in der Wojewodschaft Warschau waren von insgesamt 1039 Abgeordneten 322 Handwerker, 301 Kaufleute und Gewerbetreibende, 115 Beamte, 112 Landwirte, 54 Freiberufler, 51 Arbeiter, 15 Hausbesitzer, 14 Geistliche und 55 Angehörige weiterer Berufe. Die überwiegende Mehrheit stellten somit Kaufleute, Gewerbetreibende und Handwerker, die zu rund 80 % über eine Volksschulbildung verfügten. Beim Blick auf die Leitungsgremien, die Magistrate, änderte sich dieses Verhältnis nur unwesentlich.[249]

---

[246] Ebd., S. 27.
[247] AAN, Zbiór druków ulotnych, 7, Bl. 7.
[248] Ebd., Bl. 7.
[249] M. Porowski: Stan samorządu miejskiego w Polsce i braki w jego organizacji, in: Samorząd Miejski, 2, 1922, S. 675.

Im ländlichen Raum Masowiens dominierten Klein- und Mittelbauern die kommunale Selbstverwaltung.[250]

Auch die soziale Zusammensetzung der aus mittelbarer Wahl von Stadt- und Gemeinderäten hervorgegangenen Kreisräte (*sejmiki powiatowe*) gestaltete sich zu Beginn der Zweiten Republik wenig elitär. Erst auf der Führungsebene zeigte sich ein neues Bild: Im Exekutivrat der Kreisselbstverwaltung (*wydział powiatowy*) von Maków Mazowiecki beispielsweise, der aus drei Angehörigen der Kreisräte und drei externen Delegierten gebildet war, standen zwei Klein- und Mittelbauern nun ein städtischer Immobilienbesitzer und drei Großgrundbesitzer gegenüber.[251]

Zumindest auf den unteren Ebenen bot die territoriale Selbstverwaltung politische Betätigungschancen jenseits des traditionellen hierarchischen Gesellschaftsgefüges von Gutsbesitzeradel, Beamtenschaft und Geistlichkeit. Viele kommunale Delegierte waren zudem erst in den Jahren der Unabhängigkeit aktiv geworden.[252] Dieser sozialgeschichtliche Befund gab Anlass für kontroverse Wertungen der kommunalpolitischen Praxis. Was die einen im Hinblick auf fehlende Eliten bedenklich stimmte, mochte für die anden die Attraktivität der Selbstverwaltung zu Beginn der Zweiten Republik belegen.

Negative Einschätzungen kamen häufig von Seiten traditioneller Eliten. Alkoholmissbrauch und Korruption bei den Wahlen für lokale Ämter, ob tatsächlich beobachtet oder mit skeptischem Blick auf die einfache Bevölkerung unterstellt, waren Stichworte, die ein Eingreifen angezeigt erscheinen ließen. Gutsbesitzerinnen etwa stilisierten sich bevorzugt als Bewahrerinnen von Moral und Ordnung. Wenn sie Anspruch auf Lenkung der Gemeinderäte im ländlichen Raum erhoben, kam ihnen zupass, dass sich viele kommunale Aufgaben mit Bereichen traditioneller Wohltätigkeit überlappten: Schulen, Kranken- und Armenhäuser, aber auch Verbesserung von Verkehrswegen.[253] Die territoriale Selbstverwaltung erschien somit als modernisierte Form paternalistischer Fürsorge für das Dorf.

Andere Akzente setzten staatlich eingesetzte Selbstverwaltungsinspektoren. Sie kritisierten vor allem eine ungenügende Professionalität: Bei den Wahlen zu den Gemeinderäten im unabhängigen Polen seien vielfach nicht gesellschaftlich anerkannte Vertreter gewählt worden, sondern die „erstbesten, die auf den Bürgerversammlungen gesichtet worden seien". Klein- und

---

[250] Beispielhaft hier der Landkreis Maków Mazowiecki: APW-Pułtusk, Starostwo Powiatowe w Makowie Mazowieckim, 2, Bl. 286, 288, 290.
[251] APW-Pułtusk, Starostwo Powiatowe w Makowie Mazowieckim, 1, Bl. 7.
[252] Wiktor Bronikowski: Chłopska działalność samorządowa w świetle życiorysów, in: Roczniki Socjologii Wsi, 2, 1937, S. 159.
[253] Z wydziału Kółek Gospodyń, in: Ziemianka, 8, 1919, S. 8 - 10.

Mittelbauern in den Gemeinderäten orientierten sich demnach oft mehr schlecht als recht an den kommunalen Herausforderungen und wiesen auch nach vierjähriger Amtszeit noch erhebliche Lücken im Wissen um die Selbstverwaltung auf.[254] Eine mancherorts schwache Beteiligung der Landbevölkerung an der Selbstverwaltung schien das skeptische Stimmungsbild nur zu bestätigen.[255] Unberücksichtigt blieb dabei, dass manches Mal die Zeit der Ernte und häufiger noch das längst als untauglich erkannte, in der Praxis aber noch nicht revidierte Instrument der Gemeindevollversammlungen gewichtige Partizipationshindernisse bildeten.

Die städtische Selbstverwaltung erhielt kein günstigeres Urteil. Demnach verfügten die meisten städtischen Abgeordneten nicht über die nötige fachliche Kompetenz und seien sich über ihre Aufgaben und Verpflichtungen nicht im Klaren. Hinzu gesellte sich eine schlechte personelle Ausstattung der Magistrate mit fest angestellten Beamten.[256] Nach Auffassung der Starostei Maków etwa waren Stadtrat und Magistrat der Kleinstadt Różan mit Leuten von so geringem sozialem Engagement besetzt, dass sie die kommunalen Geschicke kaum wirksam zu steuern vermochten. Wohnungsnot, fehlende Bautätigkeit sowie wirtschaftliche Stagnation galten als Konsequenz.[257] Im Kontrast dazu stand die Wahrnehmung des Exekutivrats der Kreisverwaltung (*wydział powiatowy*). Laut staatlicher Inspektoren kennzeichnete die Mitglieder dieser Selbstverwaltungsinstanz „Sachkunde und staatsbürgerliches Bewusstsein", gingen hiervon die eigentlich wirksamen Initiativen für die wirtschaftliche Entwicklung und Versorgung der Bevölkerung aus.[258] Unschwer war hierin Wertschätzung für eine traditionelle Ordnung der Gesellschaft zu erkennen.

Häufige Wechsel auf den Posten der Selbstverwaltungsinspektoren in der Anfangszeit der Zweiten Republik machten es allerdings möglich, dass sich je nach politischer Orientierung auch Stimmen erheben konnten, das junge Gewächs der territorialen Selbstverwaltung mit größerer Zuversicht zu behandeln. So konstatierte zu Beginn der 1920er Jahre ein Selbstverwaltungsinspektor des Kreises Maków, bei den Mitgliedern nicht weniger Gemeinderäte handele es sich um Vertreter der ländlichen Bevölkerung, die sowohl des Lesens und Schreibens mächtig seien als auch teilweise landwirtschaftli-

---

[254] APW-Pułtusk, Starostwo Powiatowe w Makowie Mazowieckim, 1, Bl. 7.
[255] APW-Pułtusk, Starostwo Powiatowe w Makowie Mazowieckim, 2, Bl. 286, 288, 290; APW-Pułtusk, Starostwo Powiatowe w Makowie Mazowieckim, 3, Bl. 236.
[256] M. Porowski: Stan samorządu miejskiego w Polsce i braki w jego organizacji, in: Samorząd Miejski, 2, 1922, S. 672, 675 - 676.
[257] APW-Pułtusk, Starostwo Powiatowe w Makowie Mazowieckim, 4, Bl. 18 - 19.
[258] APW-Pułtusk, Starostwo Powiatowe w Makowie Mazowieckim, 1, Bl. 7.

che Fortbildungskurse oder höhere Schulen besucht hatten.[259] Ein kritischer Seitenhieb galt dagegen den vermögenden Grundbesitzern, die die Selbstverwaltung im ländlichen Raum zur Lancierung ihrer eigenen wirtschaftlichen Interessen dominierten.[260]

Die Subjektivität in der Einschätzung, was zu legitimer Interessenswahrnehmung und was zu paternalistischer Einflussnahme zählte, war symptomatisch für die Unsicherheit, die das Wirken der territorialen Selbstverwaltung in den ersten Jahren der Unabhängigkeit durchzog. Was war gut für die Nation, den Staat und den einzelnen Bürger? Sollten die Stadt- und Gemeinderäte ein Forum lebhafter Auseinandersetzungen sein, auf dem auch einmal kommunale Angelegenheiten zurückstehen konnten und dafür allgemeine politische Fragen im Zentrum der Polemik standen? Oder war dies eine kritikwürdige Erscheinung, die sich im Laufe der Zeit zugunsten „konzentrierter sachlicher Arbeit" geben werde?[261] War es vertretbar, dass sich in der Nachkriegszeit Selbstverwaltungsinstanzen trotz kritischer Finanzlage der prestigeträchtigen Förderung nationaler Symbolik verschrieben? So hatten sich die nordmasowischen Städte Maków und Różan dafür entschieden, den Aufbau der polnischen Marine mit 15.000 Mark bzw. 5.000 Mark zu unterstützen, und der Kreisrat von Maków zeichnete auf einer Sitzung am 6. September 1919 unter dem Eindruck des gerade erst zwei Wochen zurückliegenden Generalstreiks in Oberschlesien Hilfen für die dortige polnische Nationalbewegung in Höhe von 10.000 Mark sowie Hilfen in Höhe von 5.000 Mark für das im Juni 1919 gebildete polnische Masurische Plebiszitkomitee (*Mazurski Komitet Plebiscytowy*) in Allenstein, das die im Versailler Vertrag vorgesehene Abstimmung über die staatliche Zugehörigkeit des Masurenlandes organisatorisch und propagandistisch begleiten sollte.[262]

Hier schlug sich nahtlos in die Praxis durch, dass die von Staatsrechtlern, Politikern und Verbandsvertretern zu Beginn der Zweiten Republik intensiv geführte Debatte über Aufgaben und Selbstverständnis der Kommunalpolitik noch zu keiner verbindlichen Lösung geführt hatte. Vor dem Hintergrund divergierender Nationsentwürfe schien eine baldige Einigung auch kaum absehbar. So war die territoriale Selbstverwaltung im unabhängigen Polen zwar ein wichtiges Feld zur Einübung von politischer Partizipation und Professionalisierung, ein Ansatzpunkt für die Konstruktion der polnischen Nation in der lokalen und regionalen Lebenswelt, zugleich aber blieb sie ein in ihren ideellen Prämissen unbestimmtes und labiles Gebilde, das

---

[259] APW-Pułtusk, Starostwo Powiatowe w Makowie Mazowieckim, 2, Bl. 286, 288, 290.
[260] APW-Pułtusk, Starostwo Powiatowe w Makowie Mazowieckim, 3, Bl. 236.
[261] Józef Zawadzki: Samorząd miejski w Polsce, in: Samorząd Miejski, 1, 1921, S. 228.
[262] APW-Pułtusk, Starostwo Powiatowe w Makowie Mazowieckim, 2, Bl. 53, 297.

stärkerem politischen Druck der Zentralebene nur wenig entgegenzusetzen haben würde.

2 Nation im Krieg: Der polnisch-sowjetische Krieg 1919 - 1920

2. 1 Jagiellonische vs. piastische Nation: Grenzen und Raumvorstellungen

Die Anfangszeit des unabhängigen Polens zeichnete sich durch einen ausgesprochen ideenreichen und lebendigen Verständigungsprozess über Raum und Grenzen aus. Erste konkrete Überlegungen setzten 1917/18 ein, in den letzten Jahren des Ersten Weltkriegs, als mit dem herannahenden Zusammenbruch der Teilungsmächte Deutschland, Österreich-Ungarn und Russland die erhoffte staatliche Eigenständigkeit Polens immer größere Aussichten auf Verwirklichung erhielt.

Die polnischen Visionen für eine neue Landkarte des östlichen Europas folgten zwei unterschiedlichen Pfaden. Der erste Pfad nahm seinen Ausgangspunkt bei jener Denkrichtung der polnischen Nationalbewegung während der Teilungszeit, derzufolge die polnische mit der europäischen Frage in enger Verbindung stand. Die Neuordnung Europas, speziell auch Osteuropas, am Ende des Ersten Weltkriegs wurde nicht allein im Rahmen eines nationalstaatlichen Paradigmas gedacht. Vielmehr zirkulierten seit den Kriegsjahren verstärkt Überlegungen für alternative Ordnungsversuche, etwa die Begründung „Vereinigter Staaten von Europa". Vertreter dieser Denkhaltung waren über das gesamte politische Spektrum Polens hinweg anzutreffen, angefangen bei den polnischen Sozialisten, die Ostmitteleuropa als Nukleus eines künftigen europäischen Einigungsprozesses ansahen, bis hin zu konservativen Propheten einer „lateinischen Zivilisation" wie dem Historiker und Publizisten Feliks Koneczny, der ab 1922 den Lehrstuhl für die Geschichte Osteuropas an der Universität Wilno bekleidete.[263]

Der wohl bekannteste und politisch einflussreichste Vertreter dieses Spektrums war Ignacy Jan Paderewski. Der 1860 im ukrainischen Podolien geborene Paderewski wuchs in einer Familie auf, in der die Teilnahme an den polnischen Aufständen im November 1830 und Januar 1863 zu den

---

[263] Wiesław Bokajło: Polnische Konzepte einer europäischen Föderation. Zwischen den „Vereinigten Staaten von Europa" und dem konföderalen Mitteleuropa (1917 - 1939), in: Heinz Duchhardt und Małgorzata Morawiec (Hrsg.): Vision Europa. Deutsche und polnische Föderationspläne des 19. und frühen 20. Jahrhunderts [Veröffentlichungen des Instituts für Europäische Geschichte Mainz, Beiheft 60], Mainz 2003, S. 85 - 90, 97 - 99, 109 - 112.

gerne gepflegten Erinnerungen gehörte. Sein eigener Lebensweg führte ihn zur Musik: Paderewski entwickelte sich seit seinem Debüt 1887 zu einem international geschätzten Pianisten und Komponisten. Nach Ausbruch des Ersten Weltkriegs nahm er eine aktive Rolle in den diplomatischen Bemühungen um die Erlangung der staatlichen Unabhängigkeit Polens ein, seit 1917 als Vertreter des Polnischen Nationalkomitees in den Vereinigten Staaten. Paderewskis Rückkehr nach Mitteleuropa im Dezember 1918 geriet zu einem denkwürdigen Ereignis: Der begeisterte Empfang, den ihm tausende polnischer Bürger in Poznań bereiteten, gab den symbolträchtigen Auftakt zum Großpolnischen Aufstand. Paderewski bekleidete dann von Januar bis November 1919 parteipolitisch unabhängig, aber von Nationaldemokraten, Christdemokraten und Konservativen unterstützt das Amt des polnischen Ministerpräsidenten und Außenministers.

Indem Paderewski begann, seine Vorstellungen von der künftigen Organisation Mittel- und Osteuropas als „Vereinigte Staaten von Polen" zu benennen,[264] war eine Verbindungslinie zum zweiten Pfad des polnischen Raum- und Grenzdiskurses hergestellt. Dieser Pfad war stärker binnenperspektivisch angelegt: Was sollte die polnische Nation ausmachen, welche Territorien und Bevölkerungsgruppen sollten ihr zugeschrieben sein? Es verwundert kaum, dass sich nach Erlangung der Unabhängigkeit 1918 die Gewichte zunehmend zugunsten dieses zweiten Pfades verschoben – allerdings waren die Kontroversen hier heftiger, kamen die in der langen Teilungszeit geprägten Unterschiede in politischen Erfahrungen und *mental maps* schärfer zum Vorschein.

Ein erster wichtiger Prüfstein für die auf Raum und Grenzen bezogenen Entwürfe einer polnischen Nation war die seit Anfang 1919 tagende Pariser Friedenskonferenz, auf der die neue Gestalt Nachkriegseuropas zur Debatte stand. Die hier ausgehandelten Ergebnisse, insbesondere die Verträge von Versailles, Saint-Germain und Trianon, haben nicht nur bei Politikern und Öffentlichkeit in Deutschland, Österreich und Ungarn, den Verliererstaaten des Ersten Weltkriegs, umgehend große Empörung und revisionistische Bestrebungen hervorgerufen, sondern auch in der Geschichtsschreibung ausgesprochen kritische Einschätzungen gefunden.

Bis heute gilt die Entstehung neuer Staaten in Mittel- und Osteuropa und die hiermit in Beziehung gesetzte Verschärfung der „Nationalitätenproblematik" als Belastung für die internationale Ordnung der Zwischenkriegszeit.[265] Auch das traditionelle Idealbild eines Mächtegleichgewichts in

---

[264] Stanisław Kozicki: Sprawa granic Polski. Na konferencji pokojowej w Paryżu, Warszawa 1921, S. 119 - 120; Bokajło, Polnische Konzepte, S. 90 - 96.
[265] Anthony Adamthwaite: The Lost Peace. International Relations in Europe, 1918 - 1939, New York 1981, S. 2; Wolfgang J. Mommsen: Der Vertrag von Versailles. Eine Bilanz,

der internationalen Politik war empfindlich gestört: Demnach war nach der Auflösung Österreich-Ungarns und dem Verlust der starken Stellung Deutschlands in Mittel- und Osteuropa ein „Vakuum" entstanden. Die einheimischen Nationalbewegungen mochten mit ihren Staatsgründungen ein *fait accompli*, aber keine neue *balance of power* schaffen.[266]

In der internationalen Debatte um die Pariser Friedensordnung sind die Erwartungen und Reaktionen der Mittel- und Osteuropäer nur wenig beachtet worden. Tatsächlich war deren Ausgangssituation auf dem europäischen diplomatischen Parkett der frühen Nachkriegszeit nicht nur höchst unterschiedlich, sondern auch von vielen Unwägbarkeiten begleitet. Dies galt auch für Polen, das gemeinhin als Begünstigter des Versailler Vertrags und damit der neuen internationalen Ordnung firmiert.

Zunächst kamen die Vorstellungen der westlichen Alliierten, nicht nur das Prinzip des „Selbstbestimmungsrechts der Völker" anzuwenden, sonden auch einen lebensfähigen polnischen Staat mit ausreichender industrieller Basis und Zugang zum Meer zu schaffen, den Erwartungen der polnischen Delegation in Paris weit entgegen. Die polnische Delegation unter Führung von Ignacy Jan Paderewski und Roman Dmowski sah sich dadurch in der Lage, ihre territorialen Wünsche sowohl auf historische als auch demographische, auf wirtschaftliche als auch geostrategische Argumente stützen zu können.[267] Vor diesem Hintergrund sind die beiden Noten Roman Dmowskis an die westlichen Alliierten zu sehen.

Dmowski war unbestritten der programmatische Kopf der polnischen Delegation. Diese Stellung hatte er sich, anders als Piłsudski, der militärisch für die Unabhängigkeit Polens eingetreten war, durch langjährige politische Gremien- und Lobbyarbeit erworben. 1864 im Warschauer Vorort Kamionek geboren, engagierte er sich nach seinem Biologie-Studium an der Uni-

---

in: Gerd Krumeich (Hrsg.): Versailles 1919. Ziele – Wirkung – Wahrnehmung [Schriften der Bibliothek für Zeitgeschichte, N. F., Bd. 14], Essen 2001, S. 354 - 355; Möller, Europa, S. 33, 35 - 36. Differenzierter in der Argumentation, mit dem Hinweis auf die noch in der heutigen Zeit andauernde „inability to find ways of handling ethnic questions": Zara Steiner: The Treaty of Versailles Revisited, in: Michael Dockrill und John Fisher (Hrsg.): The Paris Peace Conference, 1919. Peace without Victory? Houndmills, Basingstoke 2001, S. 23 - 29 (Zitat: S. 29).

[266] So Adamthwaite, Lost Peace, S. 2; Peter Krüger: Ostmitteleuropa und das Staatensystem nach dem Ersten Weltkrieg: Im Spannungsfeld von Zentren, Peripherien, Grenzen und Regionen, in: Eduard Mühle (Hrsg.): Mentalitäten – Nationen – Spannungsfelder. Studien zu Mittel- und Osteuropa im 19. und 20. Jahrhundert. Beiträge eines Kolloquiums zum 65. Geburtstag von Hans Lemberg [Tagungen zur Ostmitteleuropa-Forschung, Bd. 11], Marburg 2001, S. 59 - 63.

[267] Überblick über die Denkschriften Roman Dmowskis und Jan Ignacy Paderewskis an die Alliierten, in denen sie seit 1916 ihre Territorialvorstellungen für ein unabhängiges Polen darlegten: Gehrke, Polnischer Westgedanke, S. 297 - 321.

versität Warschau in der nationaldemokratischen Bewegung und fand sein Auskommen als Publizist. Von 1907 bis 1909 war Dmowski Vorsitzender der Polnischen Fraktion in der zweiten russischen Duma. Während des Ersten Weltkriegs entfaltete er eine intensive Reisetätigkeit in Nord- und Westeuropa, um die Alliierten von seiner Vision eines unabhängigen Polens zu überzeugen.

In seiner Note vom 28. Februar 1919 zur Frage der polnischen Westgrenze umriss Dmowski als künftiges polnisches Gebiet nicht nur die Provinz Posen, wo seit wenigen Wochen der Großpolnische Aufstand im Gange war, oder Westpreußen, das den versprochenen Zugang zum Meer sichern sollte, sondern auch große Teile des preußischen Regierungsbezirks Oppeln, einen kleineren Teil des Regierungsbezirks Breslau, die pommerschen Kreise Lauenburg und Bütow, den östlichen Teil des Kreises Stolp und den südlichen Teil von Ostpreußen. Königsberg und sein Umland sollten als Freie Republik unter das Protektorat des Völkerbunds gestellt werden sollten.[268] In seiner Note vom 3. März 1919 zur Frage der polnischen Ostgrenze umriss er die Grenzlinie, die später auch als „Dmowski-Linie" in die politische Literatur eingegangen ist, folgendermaßen: Beginnend nördlich von Polangen, entlang der lettisch-litauischen Grenze und des Flusses Düna, unter Einschluss der weißrussischen Städte Minsk und Bobrujsk, sollte sie die größten Teile der ehemaligen russischen Gouvernements Podolien und Wolhynien umfassen.[269]

Dennoch besaß Polen, trotz dieser beherzten territorialen Forderungen, als gerade erst etablierter und noch wenig konsolidierter Staat bei den Entscheidungsprozessen auf der Pariser Friedenskonferenz kein großes Gewicht. Zur wiederholten Enttäuschung der polnischen Delegation erwiesen sich nach Abgabe der Noten Dmowskis die Möglichkeiten der weiteren Einflussnahme auf die Großmächte als ausgesprochen begrenzt. Hinzu kamen immer wiederkehrende Meinungsverschiedenheiten innerhalb der polnischen Delegation über die künftigen Grenzen des polnischen Staates und die grundsätzliche Ausrichtung der polnischen Außenpolitik. Der dänische Historiker Kay Lundgreen-Nielsen hat daher die These vertreten, dass

---

[268] Nota delegacji polskiej na Konferencji Pokojowej w sprawie granicy zachodniej Polski, 28. 2. 1919, in: Halina Janowska und Tadeusz Jędruszczak (Hrsg.): Powstanie II Rzeczypospolitej. Wybór dokumentów 1866 - 1925, Warszawa 1981, S. 481 - 485.

[269] Nota delegacji polskiej na Konferencji Pokojowej w sprawie granicy wschodniej Polski, 3. 3. 1919, in: Janowska/Jędruszczak, Powstanie II Rzeczypospolitej, S. 486 - 488.

die polnische Uneinigkeit den westlichen Alliierten willkommene Spielräume für ihre eigene Entscheidungsfindung bot.[270]

Im Versailler Vertrag wurden Polen die ehemalige Provinz Posen (mit Ausnahme von Gebieten der späteren deutschen „Grenzmark Posen-Westpreußen"), kleine Teile Niederschlesiens und Ostpreußens (Gebiet Soldau/Działdowo) sowie große Teile des ehemaligen Westpreußens, die den polnischen Zugang zum Meer gewährleisten sollten, zuerkannt. Danzig wurde Freie Stadt unter der Kontrolle des Völkerbundes, wobei Polen wirtschaftliche Rechte wie die Zugehörigkeit Danzigs zum polnischen Zollgebiet, die Nutzung des Hafens oder die Aufsicht über Verkehrswege und Kommunikationswesen nutzen konnte. In Oberschlesien, im südlichen Ostpreußen und im westpreußischen Landkreis Marienwerder sollten Plebiszite über die künftige staatliche Zugehörigkeit entscheiden.

Damit waren die territorialen Forderungen nicht in jenem Umfang realisiert worden, wie dies von der polnischen Delegation in Paris und von der national euphorisierten Öffentlichkeit des gerade erst begründeten polnischen Staates erhofft worden war. Die Regelungen betrafen außerdem ausschließlich die künftige Westgrenze Polens. Schließlich fielen auch die Aussichten auf die internationale Stellung des eigenen Staates nicht zur Zufriedenheit aus: Der dem politischen Konservatismus zugeneigte Diplomat Aleksander Skrzyński beklagte in seiner an ein internationales Publikum gerichteten Darstellung der Pariser Friedenskonferenz, die er während seiner Zeit als polnischer Außenminister 1922/23 schrieb, das Defizit an Sinngebung von Seiten der neuen europäischen Nachkriegsordnung: „this purely negative justification of the necessity for Poland's existence - a threat to her existence being a menace to the world's peace - cannot be a satisfactory foundation for the aims of Polish foreign policy, and cannot be adopted as a basis for Poland's relationship with European problems".[271]

Umso erwartungsvoller richteten sich die Blicke nach Osten. Während in Paris über Frieden verhandelt wurde, hatte der Krieg an den osteuropäischen Fronten noch kein Ende gefunden. Nahtlos glitt hier die Zeit des Ersten Weltkriegs in die Zeit der Grenzkämpfe der neu entstehenden Staaten über. Einen vorläufigen Höhepunkt fanden territoriale und demographische Entwürfe einer polnischen Nation während der rund dreijährigen militärischen und diplomatischen Auseinandersetzung mit Sowjetrussland.

In vielen historischen Darstellungen beginnt der polnisch-sowjetische Krieg mit dem Vormarsch Piłsudskis nach Kiew im April 1920. Für die

---

[270] Kay Lundgreen-Nielsen: The Polish Problem at the Paris Peace Conference. A Study of the Politics of the Great Powers and the Poles, 1918 - 1919, Odense 1979, S. 409 - 411, 414.
[271] Aleksander Skrzynski: Poland and Peace, London 1923, S. 153.

westliche Geschichtsschreibung ist bis heute ausschlaggebend, dass erst zu diesem Zeitpunkt eine breitere europäische Öffentlichkeit die militärische Auseinandersetzung überhaupt wahrnahm. Für die Geschichtsschreibung der Volksrepublik Polen stand fest, dass es sich nur um eine „konterrevolutionäre" Offensive gegen das sowjetische Russland handeln konnte. Die Frage nach weiterreichenden Ursachen war bis 1989 aus einsichtigen politischen Gründen tabuisiert.

Seit den 1990er Jahren ist in der polnischen Geschichtsschreibung ein neues und bislang noch kaum erschöpftes Interesse am polnisch-sowjetischen Krieg entstanden. Eine wichtige Rolle für die Neubewertung des Geschehens bot die bereits zu Beginn der 1970er Jahre erschienene, damals in der westlichen Geschichtsschreibung singuläre Studie „White Eagle, Red Star" des britischen Historikers Norman Davies, der sowohl gegen die dominierende westliche als auch gegen die kommunistische Interpretation Stellung bezog.[272]

Nach dem Zusammenbruch der ehemaligen Teilungsmächte und dem Abzug der deutschen Heeresgruppe Ober-Ost im Winter 1918/19 entbrannten im Machtvakuum des Gebietes zwischen Bug und Dnjepr heftige Kämpfe um die künftige Dominanz. Litauer und Ukrainer drängten auf die Errichtung einer eigenen, souveränen Staatlichkeit, Polen und Russen auf die territoriale Konsolidierung ihrer Staatsgebilde. Über den Wahrheitsgehalt der Gebietsansprüche im Hinblick auf ethnische Struktur oder historische Rechte zu befinden war müßig, denn die Konstruktion des jeweiligen nationalen Raums bediente sich einer selektiven Kombination von Geschichtsbildern, Statistiken und politischen Argumenten, die mehr als alles andere über das eigene Nationsverständnis Auskunft gaben. Für einen Großteil der Bevölkerung in der umkämpften Region lag eine Selbstbeschreibung in nationalen Kategorien fern; dies ließ einen großen Ermessensspielraum für ethnische oder politische Zuschreibungen und damit für eine künftige Staatszugehörigkeit.

Aus polnischer Sicht handelte es sich bei den Gebieten jenseits des Bug, bei den *Kresy Wschodnie*, um integrale Bestandteile der frühneuzeitlichen polnisch-litauischen Adelsrepublik[273] und ähnlich wie seit Ende 1918 Territorien von den ehemaligen österreichischen und preußischen Teilungsmächten für den neu entstehenden Staat Polen gewonnen werden konnten, so er-

---

[272] Polnische Neuausgabe: Norman Davies: Orzeł biały, czerwona gwiazda. Wojna polsko-bolszewicka 1919 - 1920, Kraków 1997.

[273] Zur Bedeutung der *Kresy Wschodnie* in der polnischen Publizistik und Literatur: Wapiński, Polska i małe ojczyzny Polaków, insbesondere S. 58 - 70, 108 - 111, 133 - 152; Piotr Eberhardt: Polska ludność kresowa. Rodowód, liczebność, rozmieszczenie, Warszawa 1998, S. 12 - 24; Jacek Kolbuszewski: Kresy, Wrocław 1995.

hoffte sich ein großer Teil der polnischen Öffentlichkeit die „Rückkehr" von Gebieten aus dem ehemaligen russischen Teilungsgebiet jenseits Kongresspolens. Angesichts von Revolution und Bürgerkrieg im nachzarischen Russland konnte sich der neue und gleich schon dynamisch expandierende polnische Staat als Stabilitätsanker in der Region präsentieren. Aus russischer Sicht dagegen waren die umkämpften Gebiete als ehemalige Westgouvernements Bestandteil des Zarenreiches. Die Bolschewiki wichen von dieser Annahme nicht ab, bot sich doch die Gelegenheit, das revolutionäre Regime auf eine möglichst breite territoriale Grundlage zu stellen. Im Frühjahr 1919 entstand so die Litauisch-Weißrussische Räterepublik (*Lit-Bjel*).

Die sowjetrussischen Truppen verfügten über die besseren Ausgangsbedingungen und befanden sich im Februar 1919 dicht an der Grenze zu Kongresspolen. Am 14. Februar 1919 kam es in Bereza Kartuska zum ersten Gefecht des polnisch-sowjetischen Krieges. Im weiteren Verlauf des Jahres 1919 wandte sich das Kriegsglück aber auf die Seite Polens: Am 20. April wurde Wilno von polnischen Truppen erobert und damit die Sowjetrepublik *Lit-Bjel* zu Fall gebracht, am 18. Juli standen polnische Truppen am einstigen ostgalizischen Grenzfluss Zbrucz, und am 8. August konnte die Einnahme von Minsk gefeiert werden. Der Abschluss des Feldzugs fiel in das Jahr 1920: Am 5. Januar wurden die sowjetischen Truppen aus Daugavpils vertrieben und die Stadt als Faustpfand für die polnisch-lettische Zusammenarbeit der neu entstandenen baltischen Republik übergeben. Eine erneute Offensive Piłsudskis nach Osten begann am 25. April 1920 und erreichte ihren Höhepunkt mit der Einnahme Kiews am 7. Mai.

Nicht wenigen zeitgenössischen Beobachtern in Polen mochte die militärische Eroberung und Behauptung großer Territorien im Osten Europas weit heldenhafter erscheinen als das diplomatische Aushandeln von Kompromissen auf der Pariser Friedenskonferenz, zumal der Kampf um Lwów im November 1918, der Großpolnische Aufstand seit Dezember 1918 und nicht zuletzt die im Entstehen begriffene Mythenbildung um die Polnischen Legionen unter Piłsudskis Führung im Ersten Weltkrieg den Erfolg „aktiven" Eingreifens nur allzu plausibel machten. Daher erschienen auch die im Zuge des polnischen Vormarschs nach Osten formulierten Raum-Mythen und Zivilisationskonzepte zunehmend als realisierbar und gewannen rasch an Faszination.

Die wohl bekannteste dieser Projektionen war die „jagiellonische Idee". Dabei handelte es sich um einen ausgesprochen schillernden Begriff. Ausgangspunkt war die Erinnerung an die Herrscher-Dynastie der Jagiellonen, die vom 14. bis 16. Jahrhundert den polnisch-litauischen Staatsverband regierten und dessen territorialen Schwerpunkt weit in den Osten Europas hinausschoben. Welche Traditionslinien aber in welcher Weise auf die Situation der Jahre 1919/20 übertragen werden sollten, unterlag unterschiedlichen Deutungen. Eine unveränderte Wiederherstellung der Grenzen von 1772 erschien den meisten Anhängern der „jagiellonischen Idee" als undurchführbar. Dass sich die Rahmenbedingungen in den *Kresy Wschodnie* durch die Formierung einer litauischen und ukrainischen Nationalbewegung im 19. Jahrhundert gewandelt hatten, war polnischen Politikern, Publizisten und Gelehrten nicht verborgen geblieben.[274] Eine Antwort darauf war, die „jagiellonische Idee" so zu formulieren, dass sie die Multiethnizität im Osten Europas berücksichtigte.

Von großem Symbolwert war der nach der Einnahme Wilnos verfasste „Aufruf an die Einwohner des ehemaligen Großfürstentums Litauen" vom 22. April 1919. Darin verkündete Józef Piłsudski, der selbst Kindheit und Jugend in der Stadt verbracht hatte: „Ich möchte Euch die Möglichkeit geben, Innenpolitik, Nationalitäten- und Religionsangelegenheiten so zu regeln, wie Ihr Euch das selbst wünscht, ohne jegliche Gewalt und jeglichen Druck von Seiten Polens."[275] Es hat seither nicht an historischen Deutungen gemangelt, die diese Sätze als mustergültig für die zeitgenössische Losung vom „Selbstbestimmungsrecht der Völker" interpretierten und einen von der „jagiellonischen Idee" geleiteten Staatsverband als nicht-ethnisch konnotiertes, „republikanisches Gemeinwesen gleichberechtigter Bürger" idealisierten.[276] Dies hielt viele Anhänger der „jagiellonischen Idee" jedoch nicht davon ab, Raum-Mythen und Zivilisationskonzepte zu entwickeln, die inmitten eines multiethnischen Umfelds eine polnische Hegemonialstellung postulierten.

Eine besondere historische Mission Polens im Osten Europas propagierten vor allem konservative Kreise. Dem 1896 in St. Petersburg geborenen und in Wilno aufgewachsenen Stanisław Cat Mackiewicz, der in seinem publizistischen Wirken bewusst die Eigenart, Tradition und Gedankenwelt ethnischer Polen in den *Kresy Wschodnie* zu kultivierte, schwebte eine Sammlung der slavischen Völker unter polnischer Führung vor. Mackiewicz spekulierte gar noch Jahre später, ob Polen nicht eines Tages in der Lage sein

---

[274] Leon Wasilewski: O wschodnią granicę państwa polskiego, Warszawa 1917; Projekt instrukcji dla szefów placówek dyplomatycznych w sprawie kierunków polskiej polityki zagranicznej, 7. 7. 1919, in: Archiwum polityczne, Bd. 2, S. 255. Dies betont auch Kawalec, Spadkobiercy, S. 34.

[275] Józef Piłsudski: Pisma zbiorowe. Wydanie prac dotychczas drukiem ogłoszonych, Bd. 5, Warszawa 1937, S. 75.

[276] Stanisław Kutrzeba: Polska odrodzona 1914 - 1921, Kraków 1921, S. 164; Stanisław Bukowiecki: Polityka Polski niepodległej. Szkic programu, Warszawa 1922, S. 88; als jüngere Beispiele: Suleja, Piłsudski, S. 204; Steffen, Jüdische Polonität, S. 124, 150 - 151.

könnte, auf kolonisatorischem Wege die Nachfolge von russischen Besitzungen in Asien anzutreten.[277]

Gesellschaftlich sehr viel wirkmächtiger war die Haltung katholischer Würdenträger. Der Bischof von Kujawien und Kalisz, Stanisław Zdzitowiecki, gab als Leitlinie aus: „Im Osten reicht unser Polen so weit, wie die katholische Religion reicht"[278] und der Erzbischof von Lwów, Józef Bilczewski, meinte, das neue Polen müsse „die Aufgabe eines göttlichen Apostels erfüllen, der den Brudervölkern im Osten das helle Licht der reinen Lehre Christi bringt".[279] Der Warschauer Erzbischof, Kardinal Aleksander Kakowski, leitete aus einer aktiven Missionstätigkeit der katholischen Kirche gar den Anspruch auf eine politische Großmachtrolle Polens ab: „Uns verpflichten dazu auch nationale Gesichtspunkte, da wir eine große Nation sind und sein wollen."[280]

Die politische Linke entwickelte ihre Version der „jagiellonischen Idee" in Anlehnung an die Parolen der romantischen Nationalbewegung aus dem 19. Jahrhundert: „Freie mit Freien, Gleiche mit Gleichen".[281] Gegenüber den konservativen und katholischen Anhängern der „jagiellonischen Idee" nahmen sozialistische Publizisten eine scharfe Abgrenzung vor und unterstellten, deren beabsichtigte „zivilisatorische Mission" diene nur dem Zweck, den territorialen Besitzstand der polnischen Großgrundbesitzer zu sichern.[282] Setzte sich diese These in der öffentlichen Wahrnehmung fest, dann war der gesellschaftliche Rückhalt für die polnische Politik im Osten Europas in Gefahr. Der im Kriegssommer 1920 begründete Rat der Staatsverteidigung (*Rada Obrony Państwa*), dem unter Federführung des PSL-Piast-Vorsitzenden Wincenty Witos führende Politiker Polens angehörten, bemühte sich daher rasch öffentlich zu bekräftigen, dass das im Osten gewon-

---

277 Stanisław Cat-Mackiewicz: Sen o potędze, in: Słowo, 27. 8. 1922, S. 1.
278 Orędzie biskupa Kujawsko-Kaliskiego Stanisława Zdzitowieckiego do duchowieństwa i wiernych, 3. 5. 1919, in: Marian Marek Drozdowski (Hrsg.): Metropolia Warszawska a narodziny II Rzeczypospolitej. Antologia tekstów historycznych i literackich w 80-tą rocznicę odzyskania niepodległości, Warszawa 1998, S. 185.
279 Józef Bilczewski: O miłości Ojczyzny. List pasterski na Wielki Post 1923, Lwów 1923, S. 56 - 57.
280 List pasterski Metropolity Warszawskiego w sprawie pracy misyjnej, 6. 1. 1921, in: Drozdowski, Metropolia, S. 236.
281 Deklaracja PSL-Wyzwolenie, 22. 2. 1919, in: Stanisław Giza und Stanisław Lato (Hrsg.): Materiały źródłowe do historii polskiego ruchu ludowego, Bd. 2: 1918 - 1931, Warszawa 1967, S. 14.
282 Jerzy Sochacki: Z powodu zajęcia Mińska, in: Robotnik, 10. 8. 1919, S. 1. Später wurde diese Deutung übernommen von der Historiographie in der Volksrepublik Polen: Józef Lewandowski: Federalizm. Litwa i Białoruś w polityce obozu belwederskiego (XI 1918 - IV 1920), Warszawa 1962, S. 251 - 252.

nene Land an Bauern mit kleinen und mittelgroßen Höfen verteilt werde.[283] Diese Ankündigung war aber allenfalls geeignet die Aussichten auf eine „kolonisatorische Expansion des polnischen Volkes"[284] auf andere Bevölkerungsschichten umzulegen.

So unterschiedliche Motivationen und Zielsetzungen die Anhänger der „jagiellonischen Idee" besaßen, so vielfältig waren auch die Vorstellungen zu konkreten Organisationsprinzipien. Die wohl markanteste Trennlinie verlief dabei zwischen „Inkorporationisten" und „Föderationisten". Die Inkorporationisten plädierten dafür, die Gebiete im Osten, zumindest aber jene Gebiete unmittelbar an der Grenze zum ethnographisch definierten polnischen Kerngebiet direkt dem polnischen Staat einzugliedern. So engagierten sich die Wilnoer Konservativen um Mackiewicz für eine direkte Eingliederung des Gebiets um die Stadt Wilno („Mittel-Litauen") und stellten sich damit den Versprechungen Piłsudskis vom April 1919 diametral entgegen.

Die Föderationisten richteten besondere Aufmerksamkeit auf die Stellung Litauens, Weißrusslands und der Ukraine. Ziel war es, diese zwischen Polen und Russland liegenden Gebiete als formal unabhängige Staaten mit Polen zu verbinden. Die Litauer, die in der Konstruktion einer eigenen Nation von allen Ethnien der *Kresy Wschodnie* am weitesten vorangeschritten waren, entzogen sich allerdings polnischen Föderationsplänen frühzeitig durch die Gründung eines eigenen, in seinen außenpolitischen Orientierungen freien Staates am 16. Februar 1918 und durch ihre Beharrlichkeit, was die Zugehörigkeit der Metropole Wilno (Vilnius) und ihres Umlands zu Litauen anging.

Günstigere Umstände trafen die Föderationisten im Fall der Ukraine an. Am 26. Juni 1919 hatten die westlichen Alliierten die Einnahme Ostgaliziens durch Polen gebilligt und Symon Petlura, Mitbegründer der Ukrainischen Sozial-Demokratischen Partei und Vorsitzender des Direktorats der im November 1917 ins Leben gerufenen, antibolschewistischen Ukrainischen Volksrepublik (*Ukraïns'ka Narodna Respublika*), pflegte gute Kontakte mit Warschau. Am 21. April 1920 schloss Piłsudski mit Petlura einen Vertrag, der ausführliche Regelungen über den Grenzverlauf zwischen Polen und der Ukraine und das Ausmaß der bilateralen Zusammenarbeit enthielt.[285] Drei Tage später folgte eine Militärkonvention, die unter anderem eine umfas-

---

[283] Odezwa Rady Obrony Państwa, 6. 8. 1920, in: Drozdowski, Metropolia, S. 379.
[284] Bukowiecki, Polityka, S. 89.
[285] Umowa między rządem Rzeczypospolitej Polskiej a rządem Ukraińskiej Republiki Ludowej, 21. 4. 1920, in: Tadeusz Jędruszczak und Maria Nowak-Kiełbikowa (Hrsg.): Dokumenty z dziejów polskiej polityki zagranicznej 1918 - 1939, Bd. 1: 1918 - 1932, Warszawa 1989, S. 94 - 96.

sende Alimentierung der polnischen Armee mit Erzeugnissen der ukrainischen Landwirtschaft vorsah.[286]

Der weitere Verlauf des polnisch-sowjetischen Krieges machte diese Perspektive polnischer Ostpolitik allerdings zunichte. Damit war das größte Manko der Föderationspläne umrissen: Sie wurden ermöglicht durch die Auflösung der etablierten Ordnung im östlichen Europa seit 1917/18 und reagierten situativ auf die neuesten politischen und militärischen Entwicklungen, konnten unter diesen Umständen aber kaum Ausdruck einer zielstrebig verfolgten Strategie sein. Unklar blieb nicht nur, welche Territorien konkret für ein Zusammengehen mit Polen in Betracht kamen, sondern auch, welche administrative Ausgestaltung eine künftige „Föderation" erfahren sollte.[287] Die bis 1920 diskutierten Ordnungsentwürfe der Föderationisten changierten in ihrem Charakter zwischen Staatenbund und Allianz. Damit war noch keine verbindliche Aussage über den Umgang mit der Multiethnizität in den zwischen Polen, Litauen, der Ukraine und Sowjetrussland umstrittenen Gebieten verbunden. Vielmehr handelte es sich so beim Föderationismus in erster Linie um ein außenpolitisches Konzept.[288]

Wichtiger Antrieb für die Föderationisten war das traditionelle Feindbild Russland, das durch die Revolution 1917 an neuer Brisanz gewonnen hatte. Ein Kommentator der konservativen Krakauer Tageszeitung *Czas* befand, es dürfe nicht sein, „dass Polen die Augen verschließt oder aber kaltblütig zusieht, wie die Bolschewiki die polnisch-katholischen Massen aus Weißrussland und Litauen umbringen, verhungern lassen oder nach Osten vertreiben".[289] Der Publizist Władysław Studnicki, der sich dem Kreis der Willnoer Konservativen angeschlossen hatte, war seit einem Strafaufenthalt in Sibirien gegen Ende des 19. Jahrhunderts kompromissloser Gegner Russlands. Er gab als Ziel aus: „Polen wird so viel Land im Osten haben, so viel es okkupiert, so viel es befreit aus der Herrschaft der bolschewistischen Banden."[290]

---

[286] Konwencja wojskowa między przedstawicielstwem Ministerstwa Spraw Wojskowych Rzeczypospolitej Polskiej a rządem Ukraińskiej Republiki Ludowej, 24. 4. 1920, in: Jędruszczak/Nowak-Kiełbikowa, Dokumenty, S. 96 - 99.

[287] Przemysław Hauser: Federacyjna wizja Rzeczypospolitej w poglądach Józefa Piłsudskiego i próba jej urzeczywistnienia w latach 1918 - 1921, in: Zbigniew Karpus, Waldemar Rezmer und Emilian Wiszka (Hrsg.): Polska i Ukraina. Sojusz 1920 roku i jego następstwa, Toruń 1997, S. 28.

[288] So zutreffend Werner Benecke: Die Ostgebiete der zweiten polnischen Republik. Staatsmacht und öffentliche Ordnung in einer Minderheitenregion 1918 - 1939 [Beiträge zur Geschichte Osteuropas, Bd. 29], Köln - Weimar - Wien 1999, S. 18.

[289] Naszym francuskim przyjaciołom! in: Czas, 30. 8. 1920, S. 1.

[290] Władysław Studnicki: W sprawie stosunku politycznego Polski do jej ziem wschodnich, Warszawa 1919, S. 9.

Piłsudski versuchte die Abwehr Russlands produktiv zu gestalten. In einem Interview mit der Pariser Tageszeitung *Le Matin* vom 15. Februar 1920 ließ er wissen:

> „Es ist nicht daran zu denken, das alte Russland um jeden Preis wieder zum Leben zu erwecken, womöglich mit den alten Verantwortlichen. Man muss nach neuen Konzepten suchen. [...] Man muss endlich verstehen, dass es im Osten Europas zu einem fundamentalen Wandel gekommen ist. [...] Wir erarbeiten gegenwärtig einen Plan, der die Schaffung einer rechtmäßigen Ordnung im Osten Europas zum Ziel hat."[291]

Strittig war bei diesem Projekt innerhalb des Lagers der Föderationisten, ob dieses groß angelegte Vorhaben der polnischen Außenpolitik in Abstimmung mit den westlichen Alliierten oder im Alleingang durchgeführt werden sollte.[292] In letzterem Falle ging es um nichts weniger als eine eigenständige, komplementär zum Versailler System verstandene polnische Nachkriegsordnung für das östliche Europa aus der Taufe zu heben. Polen sollte demzufolge kein Bestandteil eines *cordon sanitaire* im Sinne der Westmächte sein, eines Gürtels von neu entstandenen Staaten im östlichen Mitteleuropa also, deren Funktion für die internationale Ordnung der Nachkriegszeit darin bestand, das revolutionäre Sowjetrussland gegenüber den Demokratien des Westens räumlich auf Distanz zu halten, revisionistischen Absichten in Deutschland, dem Hauptverlierer des Ersten Weltkriegs, den Wind aus den Segeln zu nehmen sowie eine mögliche Zusammenarbeit zwischen Russland und Deutschland zu verhindern. Alliierte Diplomaten und Politiker setzten dabei vertrauensvoll auf eine entschieden antikommunistische, antirussische und antideutsche Grundhaltung in den neuen Staaten.[293] Nach dem Willen des überwiegenden Teils der Piłsudski-Anhänger sollte Polen sich dagegen sein eigenes Vorfeld schaffen und die kleineren Staaten des östlichen Europa „in einem politischen Verbund" um sich scharen.[294]

Diese Umdeutung des *cordon sanitaire*-Gedankens war eng gekoppelt mit dem Versuch einer neuen Selbstbeschreibung Polens vor dem Hintergrund

---

[291] Wywiad korespondenta „Le Matin", 15. 2. 1920, in: Piłsudski, Pisma, Bd. 5, S. 148.
[292] Bukowiecki, Polityka, S. 69, 72.
[293] Hierzu die grundlegende Darstellung von Kalervo Hovi: Cordon sanitaire or barrière de l' Est? The Emergence of the New French Eastern European Alliance Policy 1917 - 1919 [Annales Universitatis Turkuensis, Serie B, Bd. 135], Turku 1975. Hovi meint, dass die Konzeption einer „barrière de l' Est" mit dem Ziel der Schwächung Deutschlands langfristig stärker die französische Außenpolitik geprägt hat (S. 215 - 217). Den Akzent stärker auf den Schutz vor Rußland setzt dagegen Gottfried Niedhart: Internationale Beziehungen 1917 - 1947, Paderborn u. a. 1989, S. 27.
[294] Bukowiecki, Polityka, S. 72.

der gerade gewonnenen Unabhängigkeit. Der Jurist und spätere Generalstaatsanwalt Polens, Stanisław Bukowiecki, konstatierte in seinem weit gespannten Essay zu den politischen Entwicklungsmöglichkeiten der Zweiten Republik den endgültigen Abschied vom „Messianismus", der seit dem 19. Jahrhundert zu einer Hauptrichtung des polnischen politischen Denkens geworden sei. Tatsächlich hatte sich nach dem gescheiterten Novemberaufstand 1830 ein martyrologisches Narrativ herausgebildet, das Polen als „Christus der Nationen" und Polens Unabhängigkeit als Befreiung der Menschheit sah. Diese Deutung erhielt besonderes Gewicht dadurch, dass Dichter und Philosophen wie Kazimierz Brodziński, Karol Libelt, Maurycy Mochnacki, Juliusz Słowacki und Adam Mickiewicz ihr einen prominenten und literarisch dauerhaften Ausdruck verliehen.[295] Nun aber, so Bukowiecki, falle Polen nicht länger eine passive, sondern endlich eine schöpferische Rolle zu. Die neue Rolle könne Polen nur als Vormacht einer osteuropäischen Föderation erproben, denn „in anderen Systemen sind wir immer zur Rolle eines Satelliten verurteilt, zur Rolle des Schwachen, Hilfsbedürftigen, mehr oder weniger Abhängigen. Dagegen haben wir zwar im letztgenannten [i. e. im föderationistischen, S. Z.] System eine unendlich schwierigere Aufgabe, aber wir sind als Initiator und Lenker ein selbständiger Faktor."[296]

Die Anhängerschaft der „jagiellonischen Idee" war ausgesprochen heterogen und sorgte für eine bunte Vielfalt von Konzeptionen und Interessen. Piłsudski-Anhänger, Bauernparteien, und Sozialisten zählten zu dieser Gruppe ebenso wie Konservative und katholische Kirchenkreise. Die Grenz- und Raumdiskurse in den ersten Jahren der polnischen Unabhängigkeit gingen über gängige Parteigrenzen hinweg. Vor diesem Hintergrund ist die in vielen Darstellungen zur Geschichte Polens verbreitete und oft recht zugespitzte Annahme eines dichotomischen Gegensatzes von Piłsudskis „jagiellonischer" und Dmowskis „piastischer" Orientierung[297] neu zu betrachten.

---

[295] Zum Messianismus die klassische Darstellung von Wilhelm Feldman: Geschichte der politischen Ideen in Polen seit dessen Teilungen (1795 - 1914), München - Berlin 1917, S. 94 - 96; aus der neueren Literatur Porter, When Nationalism Began to Hate, S. 26 - 29.

[296] Bukowiecki, Polityka, S. 74 - 75.

[297] Andrzej Ajnenkiel: Nationality, Patriotism and Nationalism: The Polish Case from the Mid-Eastern European Perspective, in: Roger Michener (Hrsg.): Nationality, Patriotism, and Nationalism in Liberal Democratic Societies, St. Paul, Minnesota, 1993, S. 115; Adam Krzemiński: Polen im 20. Jahrhundert. Ein historischer Essay, München ²1998, S. 59; Gotthold Rhode: Kleine Geschichte Polens, Darmstadt 1965, S. 449 - 450, 454 - 455; Hans Roos: Geschichte der Polnischen Nation 1918 - 1985. Von der Staatsgründung im Ersten Weltkrieg bis zur Gegenwart, Stuttgart - Berlin - Köln - Mainz ⁴1986, S. 52. Eine Auflistung aller dichotomischen Zuschreibungen gibt Kristian Gerner: Piast, Jagiello or Jadwiga? Poland and Europe at the End of the 20th Century, in: Ryszard Domański

Zweifellos sahen insbesondere die Nationaldemokraten die Hauptaufgabe der polnischen Politik in der Auseinandersetzung mit Deutschland, namentlich in den am weitesten westlich gelegenen Gebieten der frühneuzeitlichen Adelsrepublik Polen-Litauen, die seit 1772 mit den Teilungen Polens an Preußen gefallen waren. Diese Haltung hatte als „Westgedanke" (*myśl zachodnia*) in der polnischen Publizistik, Politik und Wissenschaft eine Traditionslinie, die bis in die Zeit um 1800 zurückreichte.[298] Im 20. Jahrhundert fand der an der Universität Poznań lehrende Mediävist Zygmunt Wojciechowski dafür die Formel von der „piastischen Idee".[299] Historischer Bezugspunkt war die Dynastie der Piasten, die Polen vom 10. bis zum 14. Jahrhundert regierte und deren Herrschaftssitze anfänglich in Großpolen lagen.

In ihrer Reserve gegenüber weit nach Osten reichenden polnischen Hegemonieplänen sprachen die Nationaldemokraten insbesondere für die Bevölkerung im westlichen Polen, der die *Kresy Wschodnie* ein fernes und exotisches Terrain waren.[300] Vor allem aber war ihre Skepsis taktischer Natur. Piłsudski, dem politischen Gegner, unterstellte Stanisław Grabski eine in erster Linie auf Popularität zielende Politik durch die „Umkehr der Ausdehnung Polens von der Ostsee hin zur Ukraine, vom Meer zu den Dnjepr-Steppen, vom Nordwesten, wo Polen sich früher oder später mit Deutschland reiben muss, zum Osten, wo Polen vermeintlich leichte Triumphe über das auseinander fallende Russland erwarten".[301] Die östlich von Polen projektierten Pufferstaaten wähnten die Nationaldemokraten als zu schwach zur Selbsterhaltung und befürchteten, dass diese, wenn sie nicht an Russland kämen, über kurz oder lang dem deutschen Einfluss anheim fielen.[302] Aber auch aus dem Umkreis der anfänglich noch föderationistisch orientierten Bauernpartei PSL-Piast verlautete mittlerweile: „Wir dürfen uns nicht in der Rolle als Befreier der kleinen Völker und anderer Experimente gefallen. Das Sprichwort ‚Lieber den Spatz in der Hand als die Taube auf dem Dach' müssen wir wörtlich nehmen."[303] Das für die Konzeption der Föde-

---

(Hrsg.): The Changing Map of Europe. The Trajectory Berlin - Poznań - Warsaw. A Tribute to Antoni Kukliński, Warsaw 1999, S. 39. Mit differenzierten Wertungen des „Duells" zwischen Dmowski und Piłsudski: Davies, Im Herzen Europas, S. 131 - 135; Kawalec, Spadkobiercy, S. 23 - 35.

[298] Hierzu ausführlich die Studie von Gehrke, Polnischer Westgedanke.
[299] Andrzej F. Grabski: The Concept of the Poland of the Piasts in Polish Historiography. Zygmunt Wojciechowski's Interpretation of Poland's History, in: Polish Western Affairs, 33, 1992, S. 251 - 272.
[300] Wapiński, Polska i małe ojczyzny Polaków, S. 307.
[301] Stanisław Grabski: Z codziennych walk i rozważań, Poznań 1923, S. 98.
[302] Ebd., S. 118 - 119; AAN, MSW, 866, Bl. 63 - 65.
[303] Po zwycięstwie, in: Piast, 5. 9. 1920, S. 2.

rationisten zentrale Konstrukt einer eigenständigen Ukraine galt nicht wenigen Vertretern der politischen Rechten gar als eine deutsch-österreichische Erfindung.[304]

Allerdings konnte sich auch ein Teil der Nationaldemokraten nicht der Wirkmächtigkeit von *mental maps* und historischen Traditionskonstrukten wie dem Bewusstsein für eine besondere Mission Polens im Osten Europas entziehen. Hierzu gehörte beispielsweise Joachim Bartoszewicz, der zwar in Warschau geboren und aufgewachsen war, sich aber 1904 auf einem Landgut im Landkreis Trembowla (bei Tarnopol) niedergelassen hatte. In den Folgejahren beteiligte er sich aktiv am gesellschaftlichen und politischen Leben der ethnischen Polen in den ukrainischen Gouvernements des Zarenreichs und avancierte dort 1917 zum Führer der nationaldemokratischen Geheimorganisation *Liga Narodowa* („Nationale Liga").[305] Auch der aus dem kongresspolnischen Masowien stammende Stanisław Kozicki hatte prägende Erfahrungen im Osten gemacht, als er während des Ersten Weltkriegs als Publizist für polnische Zeitungen in Petrograd und Moskau tätig war. Ihm schwebte ein Staatenbund mit dem litauischen Kerngebiet vor.[306] Die offiziellen Vorschläge Dmowskis auf der Pariser Friedenskonferenz, dargelegt in seiner Note vom 3. März 1919, hatten dann eine Linie markiert, die nach Osten über den Verlauf der zweiten Teilung Polens von 1793 hinausging und Orte wie Kowno (Kaunas), Kłajpeda (Memel), Lipawa (Liepāja), Daugavpils, Połock, Mińsk, Bobrujsk, Borysów (Borisov), Starokonstantynów, Kamieniec Podolski, Mozyrz (Mosyr') und Płoskirów an Polen gebunden hätte. Auf dem Höhepunkt des polnischen Vorstoßes nach Kiew im Frühjahr 1920 fanden sich schließlich in der Berichterstattung der nationaldemokratisch orientierten Tageszeitung *Gazeta Warszawska* zum Nationalfeiertag am 3. Mai anerkennende Worte für ein Transparent mit der Aufschrift „Wilno, Mińsk, Płoskirów und Kamieniec – zu Polen!"[307]

Solche auf den Osten Europas gerichteten territorialen Projektionen beschränkten sich keineswegs auf ein ethnisch polnisches Gebiet. Vielmehr konstruierten auch die Nationaldemokraten die künftige räumliche Gestalt des unabhängigen Polens unter Berufung auf historische, geostrategische und religiöse Argumente. Leitbild war ein starkes, vor Eroberungen sicheres und zugleich zu Eroberungen fähiges, bevölkerungsreiches Polen, das alle

---

304 Klärend zu den Hintergründen: Riccardo Bavaj: Die deutsche Ukraine-Publizistik während des Ersten Weltkrieges, in: ZfO, 50, 2001, S. 1 - 25; zu Versuchen der praktischen Umsetzung umfassend Włodzimierz Mędrzecki: Niemiecka interwencja militarna na Ukrainie w 1918 roku, Warszawa 2000.
305 Wapiński, Polska i małe ojczyzny Polaków, S. 258 - 259.
306 Kozicki, Sprawa, S. 31.
307 Jak minęło święto narodowe? in: Gazeta Warszawska, 4. 5. 1920, S. 6.

Voraussetzungen besaß, „um einen Platz unter den ersten Nationen der Welt einzunehmen".[308] Der Unterschied zu den Konzepten der Föderationisten reduzierte sich auf die Präferenz einer direkten Grenze zwischen Polen und Russland.

Der „Westgedanke" beschränkte sich nicht nur auf die Nationaldemokratie; dies zeigten das unter der Ägide des provisorischen Staatsoberhaupts Piłsudski und der Regierung Moraczewski verabschiedete Wahlgesetz vom 28. November 1918[309] oder der breite Konsens in der Bevölkerung für die polnischen Territorialforderungen auf der Pariser Friedenskonferenz.[310] Weit häufiger als ein trennscharfer Dualismus zwischen „jagiellonischer" und „piastischer Idee" war ein Blick, der sowohl nach Westen als auch nach Osten schweifte. Ein führender Nationaldemokrat wie Stanisław Grabski berief sich explizit auf das piastische und auf das jagiellonische Erbe Polens.[311] Geographisch ausgewogen präsentierten sich auch die Resolutionen auf den in der frühen Zweiten Republik beliebten Vollversammlungen beruflicher und gesellschaftlicher Organisationen, angefangen von konservativen Gutsbesitzerinnen bis hin zu reformbegeisterten Volksschullehrern: Gewünscht war die Angliederung von Gebieten im Westen wie Oberschlesien, Spisz, Orawa, Danzig, Westpreußen, Ermland und Masuren ebenso wie von Gebieten im Osten wie Ostgalizien und die *Kresy Wschodnie*, somit sämtlicher „historisch zu Polen gehöriger Länder".[312]

Dies entsprach vor allem der gesellschaftlich und kulturell höchst einflussreichen Haltung der katholischen Kirche.[313] Die Resolution des Katholikentags 1920 enthielt einen Gruß an die außerhalb der gegenwärtigen Staatsgrenzen gelegenen „ganzen Reihen polnischer Dörfer und Städte", gleich ob in Ost und West. Die dortige Bevölkerung, „patriotisch und wahrhaft religiös denkend und fühlend", sollte sich mit Polen verbinden können:

---

[308] Stanisław Grabski: Uwagi o bieżącej historycznej chwili Polski, Warszawa 1922, S. 158.

[309] Während Roos, Geschichte der Polnischen Nation, S. 53 hier einen „seltsamen Kompromißcharakter" konstatiert, sieht Suleja, Piłsudski, S. 181 - 182 darin den Nachweis, dass Piłsudski und seine Anhänger durchaus interessiert an der Gestaltung der Westgrenze Polens waren.

[310] Hierzu auch Gehrke, Polnischer Westgedanke, S. 323 - 329.

[311] Grabski, Z codziennych walk, S. 124.

[312] Ze Zjazdu Walnego Zjednocz. Ziemianek dnia 12, 13 i 14 czerwca 1919 r., in: Ziemianka, 8, 1919, S. 135; Sprawozdanie ze zjazdu nauczycielstwa polskiego w Warszawie w dniach 14, 15, 16 i 17 kwietnia 1919 r., in: Głos Nauczycielski, 2, 1918/19, S. 396.

[313] Die Haltung der katholischen Kirche ist in bisherigen Studien zu den polnischen Grenz- und Raumdiskursen noch wenig beachtet worden. Eine erste Skizze gibt Michał Piela: Udział duchowieństwa w polskim życiu politycznym w latach 1914 - 1924, Lublin 1994, S. 73 - 138.

„Wir bekunden unseren unverbrüchlichen Willen, dass die uns trennenden künstlichen Grenzen bald fallen werden."[314]

Nachdem das weite territoriale Ausgreifen polnischer Truppen in den Osten Europas unterschiedlichen Raum-Mythen und Zivilisationskonzepten eine schier unerschöpflich scheinende Projektionsfläche geboten hatte, brachte das zweite Jahr des polnisch-sowjetischen Krieges eine diametral entgegengesetzte Erfahrung. Einen Monat nach der polnischen Einnahme Kiews begann die Rote Armee im Juni 1920 ihre Gegenoffensive. Zunächst drängte die Erste Reiterarmee unter Führung von Semën Michajlovič Budënnyj die polnischen Truppen innerhalb kürzester Zeit aus der Ukraine zurück, um am 9. Juli das wolhynische Równe zu erobern. Im Norden des polnisch-sowjetischen Frontverlaufs begann ab dem 4. Juli unter dem jungen, erst 27-jährigen General Michail Nikolaevič Tuchačevskij ein gewaltiger Vorstoß, der bereits Mitte Juli über Minsk, Wilno und Bobrujsk nach Grodno und damit dicht an das ethnisch polnisch besiedelte Kernland führte. Dies bedeutete für die weitere Existenz des jungen polnischen Staates eine ausgesprochen bedrohliche Situation.

Dieser einschneidenden politisch-militärischen Lageänderung folgte erst mit einigem Zögern das Bewusstsein für Polens neue räumliche Rahmenbedingungen. Noch versetzte die polnische Öffentlichkeit in helle Aufregung, dass die westeuropäischen Alliierten zukünftige Hilfeleistungen an Auflagen knüpften. Dies jedenfalls war das Ergebnis einer Übereinkunft, die der erst seit gut zwei Wochen amtierende polnische Ministerpräsident Władysław Grabski am 10. Juli 1920 nach einem Treffen mit seinen britischen und französischen Amtskollegen David Lloyd George und Alexandre Millerand im belgischen Kurort Spa unterzeichnete.[315]

Die wohl weitreichendste Auflage war der Rückzug der polnischen Armee hinter einen vom Alliierten Botschafterrat am 8. Dezember 1919 verkündeten polnisch-sowjetrussischen Grenzverlauf. Dieser Grenzverlauf, als Grundlage für eine in London geplante Friedenskonferenz zwischen Polen und Sowjetrussland gedacht, ist als „Curzon-Linie", benannt nach dem damaligen britischen Außenminister Lord George Curzon, in die Geschichte eingegangen. Dabei wären Wilno und Umland, ein großer Teil der Landschaft Podlasie mit ihrem Zentrum Grodno, Wolhynien und ein großer Teil

---

[314] Ze zjazdu katolickiego w Poznaniu, in: Wiadomości Archidyecezyalne Warszawskie, 10, 1920, S. 249 - 250.
[315] Układ Głównych Mocarstw Sprzymierzonych i Stowarzyszonych z Polską w sprawie rozejmu z RSFRR, 10. 7. 1920, in: Jędruszczak/Nowak-Kiełbikowa, Dokumenty, S. 99 - 100; Piotr S. Wandycz: France and Her Eastern Allies 1919 - 1925. French-Czechoslovak-Polish Relations from the Paris Peace Conference to Locarno, Minneapolis 1962, S. 153 - 157; Davies, Orzeł biały, S. 167 - 170.

des ehemaligen Ostgalizien, möglicherweise mit seiner alten Provinzhauptstadt Lwów – hier gab es strittige Interpretationen –, der sowjetischen Seite zugewiesen worden. Die Curzon-Linie spiegelte den Versuch wider, gestützt auf das zur damaligen Zeit auch in Westeuropa als objektiv erachtete Kriterium der Ethnizität staatlich-territoriale Eindeutigkeit zu schaffen. Zugleich zeigte sich hier, dass bei vielen europäischen Politikern und Diplomaten weiterhin *mental maps* vorherrschend waren, die noch vor dem Ersten Weltkrieg, im „langen" 19. Jahrhundert, geprägt worden waren und die für den Osten Europas einzig Russland als nennenswerten politischen Akteur auswiesen.[316]

Dass die Vorstellungen der westlichen Alliierten vorerst nicht zum Zuge kamen, lag in erster Linie daran, dass die sowjetische Regierung, die sich im Sommer 1920 unzweifelhaft in der Position militärischer Stärke und in der Hoffnung auf baldige revolutionäre Umwälzungen in Polen und im westlichen Europa befand, die Curzon-Linie nicht als Verhandlungsgrundlage akzeptieren mochte. Ihre eigentliche historische Wirkungsmacht sollte die Curzon-Linie erst im Gefolge des Zweiten Weltkriegs auf der Konferenz von Jalta 1945 entfalten. Für Władysław Grabski, jüngerer Bruder von Stanisław Grabski und gleichfalls Nationaldemokrat, war die Konferenz von Spa aber schon kurzfristig von Wirkung. Bereits zwei Wochen später musste er, mit dem Makel behaftet, für Polen denkbar ungünstige Bedingungen akzeptiert zu haben, das Amt des Ministerpräsidenten zugunsten des Bauernführers Wincenty Witos räumen.

Der Grenz- und Raumdiskurs der frühen Zweiten Republik gab nicht so sehr Auskunft über konkrete politische und militärische Realisierungschancen als vielmehr über den Zustand des polnischen Nationsverständnisses. Zum ersten verwies der häufige parallele Bezug auf „jagiellonische" und „piastische" Vorbilder auf noch wenig kanonisierte Geschichtsdeutungen. Zum zweiten schwang über den Ersten Weltkrieg hinaus das Bestreben mit, eine Perspektive für Polen zu schaffen, die jenseits des Nationalstaats lag. Die Neugründung Polens war demnach in eine Neuordnung Europas, zumindest aber des östlichen Europas, eingebettet. Damit manifestierte sich hier zum dritten – und diese Auseinandersetzung sollte die Zweite Republik bis zum Ausbruch des Zweiten Weltkriegs nicht in Ruhe lassen – paradigmatisch das Spannungsverhältnis zwischen politischer und ethnischer Nation.

---

[316] Vgl. hierzu die bedenkenswerte Skizze zur generationellen Prägung europäischer Politiker, Diplomaten und Offiziere: Norman Davies: Aufstand der Verlorenen. Der Kampf um Warschau 1944, München 2004, S. 38 - 41.

2.2 Formierung einer Kriegsnation? Die Mobilisierung der Bevölkerung

Die Kriegsnation als Verkörperung von Einigkeit – dieses zu Beginn des 20. Jahrhunderts in Europa weit verbreitete Wunschbild übte auch auf die polnische Nationalbewegung große Faszination aus. Der katholische Priester und spätere nationaldemokratische Sejm-Abgeordnete Marceli Nowakowski beschwor im Herbst 1918 in einem Vortrag vor dem Gutsbesitzerinnenverband das Gefühl des Zusammenhalts, das zur Zeit des Krieges viel stärker zu spüren gewesen sei als davor.[317] Nowakowskis Parteikollege Stanisław Grabski meinte sogar, die polnische Nation habe im Ersten Weltkrieg ein so machtvolles Zeichen ihrer Einheit zum Ausdruck gebracht, „dass die ganze zivilisierte Welt als erste Notwendigkeit für ein erneuertes Europa die Tilgung der Teilungen Polens anerkennen muss".[318] Die Verherrlichung der Kriegsnation bedeutete damit zugleich eine Befreiung von den Verhältnissen vor 1914, von einer Zeit fehlender staatlicher Souveränität und von einem verbreiteten Gefühl der Machtlosigkeit gegenüber den Teilungsmächten.

Der Erste Weltkrieg war aus alltagshistorischer Perspektive freilich nur bedingt geeignet, die Segnungen der Kriegsnation zu beschwören. Die Polen erlebten den Kriegsbeginn als Staatsangehörige der drei Teilungsmächte, polnische Soldaten kämpften in einander feindlich gegenüber stehenden Armeen und selbst die ersten Schritte auf dem Weg zur Unabhängigkeit vollzogen sich unter der Kontrolle der Besatzungsmächte. Im Rückblick einer in weiten Teilen materielle Not leidenden Nachkriegsgesellschaft war der Erste Weltkrieg zuvorderst als Katastrophe präsent und nicht als Reservoir für nationale Heldenerzählungen.[319]

Die Darstellung Polens als Kriegsnation während des Ersten Weltkriegs war zweifellos ein intellektuelles Konstrukt, das allerdings eine wichtige Funktion für eine der großen politischen Debatten des jungen polnischen Staates besaß: Es ging um nichts weniger als die Frage, welchen Beitrag die polnische Bevölkerung zur Erlangung ihrer staatlichen Unabhängigkeit geleistet hatte. Piłsudski-Anhänger, Sozialisten und Bauernparteien sahen sich in der Tradition der nationalen Aufstände des 19. Jahrhunderts: „Wir haben für unsere Unabhängigkeit ein ganzes Jahrhundert lang gekämpft ... Wir waren keine gleichgültigen Zuschauer, wir haben sichere Verdienste

---

[317] O wychowaniu narodowym, in: Ziemianka, 7, 1918, S. 145.
[318] Stanisław Grabski: Trzeci Maja, in: Gazeta Warszawska, 2. 5. 1920, S. 2.
[319] So die Eindrücke von Lehrern, die die gesellschaftliche Stimmung vor Ort reflektierten: Deklaracja Zrzeszenia Nauczycielstwa Polskich Szkół Początkowych, in: Głos Nauczycielski, 2, 1918/19, S. 97; Leon Patyna: IV Zjazd Delegatów Związku Polskiego Nauczycielstwa Szkół Powszechnych Rzeczypospolitej Polskiej, in: Głos Nauczycielski, 6, 1922, S. 196.

daran, dass unser Staat entstand."³²⁰ Die Auffassung, dass Freiheit und Unabhängigkeit Polens aktiv erkämpft werden mussten, stand Pate für die Benennung dieses Geschichtsbildes als „aktivistisch". Eng verbunden damit war ein früher Kult um Marschall Piłsudski, den Schöpfer der polnischen Legionen im Ersten Weltkrieg.³²¹

Nationaldemokraten und Konservative vertraten dagegen bevorzugt eine Haltung, die im Westen Europas nahezu alleinige Gültigkeit besaß: Demnach verdankte Polen seine Freiheit in erster Linie der tatkräftigen alliierten Unterstützung. In kirchennahen Kreisen wurde von der Unabhängigkeit in christlicher Metaphorik häufig als einem „Wunder" gesprochen, das sich vor den Augen der Zeitgenossen ereignet hatte, oder gar von der „Auferstehung" Polens: „Das Vaterland und die Freiheit hat Gott uns wiedergegeben."³²² Kaum zufällig standen jene Teile der polnischen Öffentlichkeit, die ihr Schicksal in „fremde" Hände gelegt sahen und deshalb in der zeitgenössischen Debatte als „Passivisten" firmierten, den von Piłsudski und seinen Anhängern dominierten polnischen Militärorganisationen politisch eher fern. Dies bedeutete allerdings keine grundsätzliche Distanz zu Krieg und Militär, auch schloss es das Konstrukt einer Kriegsnation nicht aus. Im Gegenteil, mit der Stilisierung Polens als Kriegsnation im Ersten Weltkrieg ließ sich zeigen, dass die alliierte Hilfe „verdient" war.

Diese konträren Geschichtsbilder haben ihren Niederschlag bis heute in der Historiographie gefunden.³²³ Vor allem aber hatten sie in den Jahren nach dem Ersten Weltkrieg konkrete Auswirkungen auf das politische und militärische Handeln: Den Kampf um die Grenzen des jungen polnischen Staates begriffen die „Aktivisten" als erfolgreiche Selbstbehauptung und die „Passivisten" als Chance auf ein Erlebnis, das die polnische Nachkriegsgesellschaft wieder einigte.

Die Formierung einer Kriegsnation schien im Sommer 1920, auf dem Höhepunkt des polnisch-sowjetischen Kriegs, zum Greifen nahe. Unter dem Eindruck rasch nach Westen vorrückender sowjetrussischer Truppen fanden sich ab dem 1. Juli 1920 Vertreter aller größeren im Sejm vertretenen Parteien im Rat der Staatsverteidigung zusammen. Hier saßen sich auch die

---

[320] Maciej Rataj, in: Sprawozdania Stenograficzne Sejmu Ustawodawczego, 81. Sitzung, 30. 7. 1919, S. 56 - 57.
[321] Marceli Handelsman: Rocznice Polski, in: Kurjer Polski, 6. 8. 1919, S. 1; Adam Koc: Rocznica 6 sierpnia, in: Polska Zbrojna, 5. 8. 1923, S. 3.
[322] Polska będzie! in: Ziemianka, 7, 1918, S. 177; ähnlich: Polka: Chwila obecna a żydzi, in: Ziemianka, 8, 1919, S. 97 - 101.
[323] Der „passivistischen" Interpretation folgt etwa Davies, Im Herzen Europas, S. 105, der „aktivistischen" Piotr Łossowski: Dyplomacja Drugiej Rzeczypospolitej. Z dziejów polskiej służby zagranicznej, Warszawa 1992, S. 116.

Kontrahenten Roman Dmowski und Józef Piłsudski gegenüber. Zwar bestand weiterhin ein reguläres Kabinett, zunächst unter Führung des Nationaldemokraten Władysław Grabski, dann unter Wincenty Witos, dem Vorsitzenden der Bauernpartei PSL-Piast, doch sollte der Rat der Staatsverteidigung vorübergehend die entscheidenden exekutiven und legislativen Funktionen übernehmen und für eine Verständigung zwischen den politischen Parteien sorgen.

Die innere Einheit des Landes als Voraussetzung für die Hilfe aus dem Westen – so lautete noch in der ersten Julihälfte das Ideal der „Passivisten": „*Aide-toi, Dieu t'aidera*: Hilf Dir selbst, und Frankreich und England werden Dir ebenfalls helfen."[324] Die Entwicklung der internationalen Lage und insbesondere die aus polnischer Sicht enttäuschend verlaufene Kontaktaufnahme mit den westlichen Alliierten in Spa entzog dieser Haltung aber bald den Boden: „Es gibt in Polen niemanden, der nicht die Vereinigung mit den alliierten Mächten wünschen würde, dank derer wir die Unabhängigkeit erlangt haben. Bis jetzt aber haben wir mit Verwunderung und Traurigkeit gesehen, dass wir alleine gehen."[325]

Vor diesem Hintergrund gewann die Mobilisierung der Bevölkerung Polens umso größere Bedeutung. Der Appell an die „innere Einheit" stieß im Sommer 1920 auf breite Resonanz – und wurde von den einzelnen politischen und gesellschaftlichen Gruppen auf jeweils eigene Weise umgesetzt. Die Bauernführer beschworen die verheerenden Folgen, die eine bolschewistische Herrschaft für den ländlichen Raum Polens mit sich bringen würde: Verlust von Grund und Boden sowie von individueller Freiheit. Die polemisierende Verknüpfung des bolschewistischen Agrarprogramms mit der Erinnerung an die Leibeigenschaft, die bis 1864 im Zarenreich galt, versprach gerade im ehemals russischen Teilungsgebiet Wirkung. Bei einem Einsatz für die polnische Sache stellte etwa das PSL-Piast die baldige Durchführung einer die Bauern begünstigenden Bodenreform in Aussicht.[326] Soldaten und Angehörige der Freiwilligen-Armee sollten dabei besonders profitieren.[327] Damit verbanden sich in der Mobilisierungspropaganda der Bauernparteien soziale mit nationalen Motiven.

Die Sozialisten hoben die besondere Rolle hervor, die dem Proletariat bei der Verteidigung des Landes zukam.[328] Unter der Leitung von Tomasz

---

[324] Stanisław Stroński: Będziem się bronić, in: Rzeczpospolita, Morgenausgabe, 10. 7. 1920, S. 3.
[325] Nadzieja zwycięstwa i nasi sprzymierzeńcy, in: Kurjer Poranny, 13. 7. 1920, S. 2.
[326] Posłowie ludowi do Braci chłopów, in: Piast, 11. 7. 1920, S. 1 - 2.
[327] Wincenty Witos: Odezwa do żołnierzy, 7. 8. 1920, in: ders.: Wybór pism i mów [Biblioteka Dziejów i Kultury Wsi, Bd. 7], Lwów 1939, S. 151.
[328] Do socjalistów wszystkich wolnych krajów, in: Robotnik, 7. 8. 1920, S. 1.

Arciszewski, der bereits im Revolutionsjahr 1905 sowie während des Ersten Weltkriegs schlagkräftige Milizen für die PPS organisiert hatte, wurden nun ein Arbeiterkomitee zur Verteidigung der Unabhängigkeit (*Robotniczy Komitet Obrony Niepodległości*) sowie dazugehörige Freiwilligen-Einheiten der Arbeiterschaft organisiert. Der Erzbischof von Warschau, Kardinal Aleksander Kakowski, erließ einen Aufruf, dass am 8. August eine große Spendenaktion zugunsten des polnischen Soldaten stattfinden solle.[329]

Den größten öffentlichen Widerhall fand die Freiwilligen-Armee unter Führung von General Józef Haller. Haller, 1873 in eine adelige Gutsbesitzerfamilie in der Nähe von Krakau geboren, konnte auf eine fünfzehnjährige Dienstzeit in der österreichisch-ungarischen Armee zurückblicken, bevor er im Ersten Weltkrieg als Mitorganisator der Polnischen Legionen wirkte. In seinen politischen Ansichten der Nationaldemokratie zugetan, gehörte er allerdings nicht zum Kreis um Piłsudski. 1918 entzog sich Haller mit seiner Division, die in Russland und der Ukraine operierte, über Murmansk nach Frankreich, um dort noch im Herbst 1918 in der Champagne und den Vogesen gegen das Deutsche Reich zu kämpfen. Im Laufe des Jahres 1919 kehrte seine neugebildete und nach der Farbe ihrer Uniformen so genannte Blaue Armee (*Błękitna Armia*) nach Polen zurück und ging im neuen polnischen Heer auf.

Am 3. Juli 1920 riefen zunächst der Rat der Staatsverteidigung, am 6. Juli dann Haller selbst zur Einrichtung einer Freiwilligen-Armee auf.[330] Die *Gazeta Warszawska* berichtete von 300.000 Freiwilligen innerhalb von zwei Tagen.[331] Der Wahrheitsgehalt dieser Zahl war dabei weniger von Bedeutung als die psychologische Wirkung: Wenn sich so viele an der Rettung des Vaterlandes aktiv beteiligten, sollte sich der Einzelne dieser Gruppendynamik kaum entziehen können.

Die sozialen Gruppierungen, auf die sich die Freiwilligen-Armee hauptsächlich stützte, waren die städtischen gebildeten Schichten und die Schuljugend. Der Schriftsteller, Journalist und Literaturkritiker Adam Grzymała-Siedlecki, der sich in den Sommermonaten 1920 als Kriegsbeobachter betätigte, stellte fest, dass Studenten, Gymnasiasten und Realschüler, die oft zugleich in der Pfadfinderbewegung aktiv waren, sich als Erste in den Werbungsbüros meldeten. In ländlichen Regionen wiederum arrangierten adelige

---

[329] Mowa P. Prezydenta m. stołecznego Warszawy Stefana Starzyńskiego, in: Wiadomości Archidiecezjalne Warszawskie, 29, 1939, S. 20 - 23.
[330] Odezwa gen. Józefa Hallera Generalnego Inspektora Armii Ochotniczej, 6. 7. 1920, in: Marian Marek Drozdowski, Hanna Eychhorn-Szwankowska und Jerzy Wiechowski (Hrsg.): Zwycięstwo 1920. Warszawa wobec agresji bolszewickiej, Paris 1990, S. 33 - 34.
[331] Ku zwycięstwa, in: Gazeta Warszawska, 11. 7. 1920, S. 1.

Gutsbesitzer in Eigenregie und paternalistischer Manier Kavallerie-Truppen für die Freiwilligen-Armee.[332]

Die politische Sympathie vieler Freiwilliger galt der Nationaldemokratie, bei geeigneter inhaltlicher Ansprache konnte die Freiwilligen-Armee aber auch parteiübergreifend wirken und breitere Bevölkerungsschichten anziehen. Hier bot sich die Instrumentalisierung historischer Erinnerung an. Veteranen des polnischen Januaraufstands von 1863 taten ihre Unterstützung für die Haller-Armee kund, sowohl propagandistisch als auch praktisch, indem sie besonders gekennzeichnet in die Reihen der Freiwilligen von 1920 aufgenommen wurden.[333] Ebenso druckte der linksliberal orientierte Grundschullehrerverband ZPNSP in seinem Hausorgan *Głos Nauczycielski* einen Aufruf, dem Beispiel der polnischen Aufständischen von 1831 und 1863 zu folgen. Alle Lehrer, die sich freiwillig zum Militärdienst meldeten, könnten mit bezahltem Urlaub und Rückkehr auf ihre Stellen unter Anrechnung der Militärdienstzeit rechnen.[334]

Besondere Bedeutung für die Mobilisierungspropaganda besaßen die erst kurze Zeit zurückliegenden, aber bereits mythisch verklärten Grenzkämpfe, etwa der Krieg um Lwów im November 1918:

„Möge die ganze Bevölkerung auf den Straßen Warschaus die zum Kampf eilenden Soldaten nicht mit Tränen und sentimentalen Gefühlen, sondern mit einem Wort des Glaubens in den Sieg verabschieden. Denn der Sieg ist sicher und unser, wenn Warschau, die Redoute der morgigen Schlacht, sich mit dem Panzer der ritterlichen Tugenden Lwóws bedeckt."[335]

Die Mobilisierung der Bevölkerung lief nicht nur auf militärische Aktivitäten im engeren Sinne hinaus. Freiwillige konnten sich für den Polizeidienst melden,[336] zudem schossen im Sommer 1920 zahlreiche Bürgerkomitees zur nationalen Verteidigung aus dem Boden, die entweder lokal oder nach Berufsgruppen organisiert waren und Sektionen wie Propaganda, Einwohnerwehr, Versorgung der Soldaten oder Fürsorge für deren Angehörige unter-

---

332 Adam Grzymała-Siedlecki: Cud Wisły. Wspomnienia korespondenta wojennego (1921), Poznań - Warszawa - Wilno - Lublin ³1926, S. 208 - 210.
333 Odezwa weteranów 1863 r. do narodu, 15. 7. 1920, in: Drozdowski/Eychhorn-Szwankowska/Wiechowski, Zwycięstwo, S. 78 - 79.
334 Do Nauczycielstwa! Koledzy i Koleżanki! in: Głos Nauczycielski, 4, 1920, H. 9 - 10, S. 1.
335 Stanisław Strzetelski: Reduta, in: Rzeczpospolita, Abendausgabe, 14. 8. 1920, S. 3; ebenso: Gen. Haller do armji ochotniczej, in: Rzeczpospolita, Morgenausgabe, 11. 7. 1920, S. 5; Odezwa weteranów 1863 r. do narodu, 15. 7. 1920, in: Drozdowski, Metropolia, S. 373; Odezwa Rady Obrony Państwa, 6. 8. 1920, in: ebd., S. 379.
336 Grzymała-Siedlecki, Cud Wisły, S. 208 - 210.

hielten.³³⁷ Eine weitere Möglichkeit war, die nationale Gesinnung durch den Erwerb von Kriegsanleihen (*Pożyczki Odrodzenia*) unter Beweis zu stellen.³³⁸ Der ZPNSP legte in einem Aufruf denjenigen Lehrern, die nicht in den Militärdienst getreten waren, nahe, in der Schule eine „standhafte innere Front" zu schaffen, eine „Front nicht nur der Tat, sondern der inneren Haltung und des Geistes", da sich sonst die antimilitaristische und antistaatliche Agitation der Bolschewiki im Lande zu verbreiten drohe.³³⁹ Der selbstgewählte Vergleich mit den Soldaten, die „zur Verteidigung des Vaterlandes ihre Gesundheit, ihre Kräfte und ihr Leben opferten", sollte deutlich zum Ausdruck bringen, dass die Arbeit der Lehrer nicht weniger wichtig war als der bewaffnete Kampf gegen den äußeren Feind.³⁴⁰

Die Chancen, im Kriegssommer 1920 Verdienste um die Nation zu erwerben, waren vielfältig. Indem auch nicht-soldatische Tätigkeiten zum Einsatz an der „inneren Front" erklärt wurden, leistete der polnisch-sowjetische Krieg einen kaum zu unterschätzenden Beitrag zu einer militärisch geprägten Selbstbeschreibung der polnischen Gesellschaft in der Zweiten Republik. Am 10. Juli 1920 schrieb Stanisław Stroński, der an der Jagiellonen-Universität Krakau Romanistik lehrte und zugleich publizistisch für Blätter des nationaldemokratischen und christdemokratischen Meinungsspektrums tätig war: „Besiegt werden kann eine große Nation, sich nicht verteidigen jedoch nur eine elende Nation... Unsere Sache ist es, uns bis zuletzt zu verteidigen... Unser Geist ist nicht vergiftet. Wir haben ein reines Gewissen."³⁴¹

So zuversichtlich war die Haltung der polnischen Bevölkerung aber nicht allgemein. Nach wie vor ging der Vormarsch sowjetrussischer Truppen mit großer Dynamik voran. Ende Juli 1920 gelangte die Rote Armee in die Gegend des südpolnischen Zamość, nach Podlasie und in die Wojewodschaftshauptstadt Białystok. In Białystok etablierte sich ab dem 30. Juli 1920 eine Sowjetregierung. Das Provisorische Revolutionskomitee für Polen (*Tymczasowy Komitet Rewolucyjny Polski*) versammelte in seinen Reihen prominente Kommunisten polnischer Herkunft: Dazu gehörten Julian Marchlewski, der zuvor in Deutschland für den linken Flügel der SPD, den Spartakusbund und die KPD engagiert war, Feliks Kon, der einst an der Parteispitze der 1906 gegründeten PPS-Lewica stand und 1917 aktiv an der

---

337 Der Lehrerverband ZPNSP stellte ein eigenes Komitee auf die Beine: Nauczycielski Komitet Obrony Narodowej, in: Głos Nauczycielski, 4, 1920, H. 11 - 13, S. 2 - 3.
338 Grzymała-Siedlecki, Cud Wisły, S. 208 - 210.
339 Do Nauczycielstwa! Koledzy i Koleżanki! in: Głos Nauczycielski, 4, 1920, H. 9 - 10, S. 1.
340 Z otchłani nocy na drogi słońca..., in: Głos Nauczycielski, 4, 1920, H. 11 - 13, S. 2.
341 Stanisław Stroński: Będziem się bronić, in: Rzeczpospolita, Morgenausgabe, 10. 7. 1920, S. 3.

Oktoberrevolution teilnahm, Józef Unszlicht, der aus Mława stammte und sich um die politische Etablierung der Sozialdemokratie des Königreiches Polen und Litauen (*Socjaldemokracja Królestwa Polskiego i Litwy*, SDKPiL) in seiner Heimatregion Masowien bemüht hatte, bevor er 1917 als Mitglied des Petrograder Arbeiter-, Bauern- und Soldatenrates reüssierte, sowie schließlich Feliks Dzierżyński, der einst dasselbe Gymnasium in Wilno besuchte wie Józef Piłsudski, sein Organisationsgeschick allerdings der kommunistischen Bewegung zugute kommen ließ und in enger Kooperation mit Lenin seit 1917 die Leitung der sowjetischen Geheimpolizei (*Tscheka*) übernahm.

In der ersten Augusthälfte 1920 erreichten die Truppen der Roten Armee die weiteste Ausdehnung nach Westen. Nach schweren Kämpfen bei Łomża und Ostrów Mazowiecki war die massierte polnische Verteidigungslinie entlang der Flüsse Bug und Narew gesprengt. Tuchačevskij ließ nun seine Soldaten zunächst ins nördliche Masowien, in die Wojewodschaft Warschau, vorrücken und dann weiter nach Kujawien bis ins ehemalige Westpeußen um die Kleinstädte Brodnica (Strasburg) und Lubawa (Löbau) hinein.

In den sowjetisch besetzten Gebieten bestimmten oft genug Angst, Ablehnung des Krieges oder Fatalismus die Gefühlslage der einheimischen Bevölkerung. Adam Grzymała-Siedlecki berichtete von Flüchtlingskarawanen aus den *Kresy Wschodnie* und Masowien, die Richtung Westen zogen,[342] und die polnische Oberste Heeresleitung räumte ein, dass sich durch den „gewaltigen Flüchtlingsstrom aus dem Osten" Panik verbreite.[343] Den Eindruck, dass weite Landstriche außer politischer Kontrolle geraten waren, verstärkten die polnischen militärischen Lageberichte, indem sie vermerkten, wie die ostslavische ländliche Bevölkerung die sowjetischen Truppen freudig begrüßte – in der Annahme, es handle sich um die zurückkehrende zarische Armee.[344] Damit suggerierten die Berichterstatter eine ethnisch motivierte Präferenz für die „russische" Herrschaft. Unbeachtet blieb ein anderer möglicher Beweggrund für Ukrainer und Weißrussen, nämlich der Wunsch nach stabilen Verhältnissen, den die kurze Phase polnischer Besatzungs- und Zivilverwaltung in den *Kresy Wschodnie* nicht erfüllt hatte.

Vom Vormarsch der Roten Armee war in besonderem Maße die katholische Kirche betroffen. Vor allem aus Ostgalizien, Wolhynien und der Ukra-

---

[342] Grzymała-Siedlecki, Cud Wisły, S. 207.
[343] Komunikat Informacyjny (Sprawy polityczne) nr 45 (112), 15. 8. 1920, in: Jabłonowski/Stawecki/Wawrzyński, O niepodległą, S. 524.
[344] Komunikat Informacyjny (Sprawy polityczne) nr 43 (110), 31. 7. 1920, in: Jabłonowski/Stawecki/Wawrzyński, O niepodległą, S. 513.

ine wurden Übergriffe auf Priester oder Kirchenplünderungen gemeldet.[345] Am 10. August 1920 verfügte Kardinal Kakowski, zu dessen Erzbistum das mittlerweile sowjetisch besetzte nördliche Masowien gehörte, dass alle Pfarrer auf ihrem Posten bleiben sollten, sonst drohe die Suspendierung *ab officio et beneficio*.[346] Zu den bischöflichen Befürchtungen gab es in der Tat einigen Anlass, denn die Haltung in der katholischen Kirche war im Sommer 1920 nicht allseits polnisch-national. Berichterstatter für die Oberste Heeresleitung monierten wiederholt die Zurückhaltung und „mangelnde nationale Gesinnung" mancher Pfarrer, die weder Kanzelworte noch ihre gesellschaftliche Autorität zur Mobilisierung der Bevölkerung beisteuerten.[347] Die kirchenkritisch gesonnene Presse der Bauernbewegung und der politischen Linken griff ähnliche Beispiele gerne auf,[348] denn so bestand die Gelegenheit, dem Tadel an der Geistlichkeit das eigene Nationalbewusstsein positiv gegenüberzustellen. Umso mehr musste in den Sommermonaten 1920 Episkopat und kirchlichen Organisationen daran gelegen sein, durch Appelle, Hilfsprogramme und symbolträchtige Massengottesdienste auf die moralische Stärkung der Bevölkerung wie auch der eigenen Institution hinzuwirken.[349]

In den sowjetischen Vorstellungen von einer kommunistischen Neuordnung Polens waren die katholische Geistlichkeit und der Gutsbesitzeradel die vorrangig georteten Feinde.[350] Als Vertreter der „reaktionären" polnischen Staatsmacht waren aber auch Verwaltungsbeamte von Repressionen betroffen. Für die Rote Armee waren die Feinheiten des dualistischen Verwaltungsprinzips in Polen dabei von untergeordneter Natur: Die von der örtlichen Bevölkerung gewählten Bürgermeister, Stadtverordneten und Gemeinderäte galten ebenso als Repräsentanten einer zu überwindenden vorrevolutionären Ordnung wie die vom Warschauer Innenministerium bestellten Starosten.

---

[345] List Biskupów Polskich do Episkopatu Świata w sprawie groźby bolszewizmu, 7. 7. 1920, in: Drozdowski, Metropolia, S. 213; Piela, Udział duchowieństwa, S. 130 - 132.

[346] Władysław Padacz: Listy Pasterskie i Odezwy Jego Eminencji Ks. Kardynała Aleksandra Kakowskiego, in: Wiadomości Archidiecezjalne Warszawskie, 28, 1938, S. 164 - 179.

[347] Komunikat Informacyjny (Sprawy polityczne) nr 38 (105), 3. 7. 1920, in: Jabłonowski/ Stawecki/Wawrzyński, O niepodległą, S. 488; Komunikat Informacyjny (Sprawy polityczne) nr 39 (106), 9. 7. 1920, in: ebd., S. 494.

[348] Bierny opór – duchowieństwa, in: Piast, 15. 8. 1920, S. 4.

[349] Beispiele kirchlicher Aktivitäten bei Janusz Szczepański: Społeczeństwo Polski w walce z najazdem bolszewickim 1920 roku, Warszawa - Pułtusk 2000, S. 206 - 211.

[350] Thomas C. Fiddick: Russia's Retreat from Poland, 1920. From Permanent Revolution to Peaceful Coexistence, Houndmills - London 1990, S. 119 - 120. Allerdings gab es unterschiedliche Vorstellungen bei Lenin und den polnischen Kommunisten, wie das vom Großgrundbesitz genommene Land zu verteilen sei.

Für die polnischen Verteidigungsbemühungen waren die Unterschiede offenkundig von größerer Relevanz: Eigens vom Kriegsministerium eingerichtete Kommissionen sorgten dafür, dass Einrichtungen der staatlichen Exekutive zumindest teilweise evakuiert wurden,[351] so die masowische Starostei Maków für den Zeitraum vom 7. bis 28. August 1920.[352] Die territoriale Selbstverwaltung verfügte dagegen über einen geringeren logistischen Rückhalt. Welchem Schicksal Kommunalpolitiker begegneten, war mitunter eine Frage des individuellen Zufalls: Der Bürgermeister der Kleinstadt Różan wurde gemeinsam mit 14 anderen Einwohnern deportiert und anschließend erschossen, dagegen konnten der Bürgermeister und ein Stadtverordneter der benachbarten Kreisstadt Maków nach Abzug der Roten Armee zurückkehren.[353]

Die Praxis der Evakuierung zeigte ungleiche Wertigkeiten zwischen zentralstaatlichen und kommunalen Institutionen auf. Die einseitigen Schutzmaßnahmen entfalteten allerdings gegenteilige Wirkung: Die Exekutiv-Organe des jungen Staates wichen bei Gefahr zurück, während die kommunalen Vertreter und die in den Kriegswochen entstandenen Bürgerkomitees vor Ort ausharrten, das Schicksal sowjetischer Besatzung teilten, für Kontinuität im Sinne der während der Teilungszeit praktizierten „organischen Arbeit" sorgten und die Bindung zu den Einwohnern stärken konnten.

Brisant war das Vorrücken der sowjetischen Truppen aber nicht nur wegen ihres Kampfes gegen die „Feinde" der neuen Ordnung, sondern auch durch die gleichzeitige propagandistische Verheißung von Revolution und Fortschritt. Für eine von Armut und Rückständigkeit betroffene Bevölkerung konnten die kommunistischen Parolen durchaus attraktiv sein. Gerade diejenigen polnischen Parteien, die ihre Klientel gefährdet sahen, hatten hier besondere Herausforderungen zu bewältigen.

Trotz intensiver Mobilisierungspropaganda der Bauernparteien hielt die ländliche Bevölkerung den an sie gerichteten Erwartungen nicht immer stand. Zwar hatten gerade die wohlhabenderen Bauern bei einer sozialen Revolution unter bolschewistischem Vorzeichen den Verlust ihres Eigentums zu fürchten, doch zeigten die Lageberichte der polnischen Obersten Heeresleitung, dass sich viele Bauern der Rekrutierung zur Armee entzogen. Deserteure konnten auf mannigfaltige Unterstützung der ländlichen Bevölkerung bauen.[354] Demgegenüber zeigten sich die polnischen Militärbehör-

---

351 Ausführlich hierzu: Szczepański, Społeczeństwo Polski, S. 299 - 304.
352 APW-Pułtusk, Starostwo Powiatowe w Makowie Mazowieckim, 3, Bl. 103.
353 Ebd., Bl. 103 - 104.
354 Komunikat Informycyjny (Sprawy polityczne) nr 41 (108), 24. 7. 1920, in: Jabłonowski/Stawecki/Wawrzyński, O niepodległą, S. 499; Komunikat Informacyjny (Sprawy wojsko-

den einigermaßen ratlos: einerseits drohten sie für Desertion die Todesstrafe an, andererseits garantierten sie bei freiwilliger Rückkehr zur Armee Straffreiheit.[355] Zwischen den Aktivisten der Bauernbewegung und der ländlichen Bevölkerung gab es somit deutliche Unterschiede im Engagement für die Landesverteidigung.

In der PPS führte die Konfrontation mit dem bolschewistischen Angebot einer sozialen Revolution zu schwerwiegenden innerparteilichen Auseinandersetzungen. Noch in ihren Kundgebungen zum 1. Mai 1920 drängten die Sozialisten auf eine baldige Beendigung des Krieges mit Sowjetrussland, da dieser den wirtschaftlichen Aufbau behindere und zur Demoralisierung und politischen Schwächung Polens beitrage.[356] Unter dem Eindruck der sowjetischen Besatzung fanden sich wenige Wochen später die PPS-Organisationen in Białystok und Siedlce bereit, die neu eingerichtete provisorische Sowjetregierung in öffentlichen Resolutionen zu begrüßen.[357]

Eine Mehrheit der Sozialisten sprach sich aber im Sommer 1920 entschieden gegen die sowjetische Herrschaft und für die Verteidigung des jungen polnischen Staats aus.[358] Die provisorische Sowjetregierung in Białystok musste sich im *Robotnik* vielmehr als Verein „russischer Agenten" bezeichnen lassen: „Die Bolschewiki folgen zwar den Spuren der alten zarischen Räuber, ... versuchen aber den tatsächlichen Charakter ihres Banditenzuges mit einigen polnischen Nachnamen zu maskieren."[359]

Anders als die politische Rechte, die die Herausbildung von innerer Einheit mit der Demonstration von Stärke und Wehrhaftigkeit verknüpfte, versuchten Vertreter des „volkspolnischen" Nationsentwurfs, dem Bolschewismus konstruktiv zu begegnen und die Durchsetzung tiefgreifender sozialer Wandlungsprozesse zur Basis des nationalen Zusammenhalts zu machen. Für die gesellschaftliche Breitenwirkung dieses Anliegens sprach, dass es keineswegs nur von Politikern der PPS oder der Bauernparteien propagiert wurde. Der durch zahlreiche sozialkritische Erzählungen, Dramen und Essays ausgewiesene Schriftsteller Stefan Żeromski, dem nicht nur

---

we) nr 42 (109), 31. 7. 1920, in: ebd., S. 502; Komunikat Informacyjny (Sprawy polityczne) nr 45 (112), 15. 8. 1920, in: ebd., S. 520.

[355] Komunikat Informacyjny (Sprawy polityczne) nr 45 (112), 15. 8. 1920, in: Jabłonowski/Stawecki/Wawrzyński, O niepodległą, S. 520.

[356] AAN, PPS, 114/X-2, Bl. 37 - 37a ; Święto Pierwszego Maja, in: Robotnik, 30. 4. 1920, S. 1; Wczorajsze święto, in: Robotnik, 2. 5. 1920, S. 1 - 2.

[357] Dieser Umstand ist von der kommunistischen Historiographie entsprechend gewürdigt worden: Artur Leinwand: Polska Partia Socjalistyczna wobec wojny polsko-radzieckiej 1919 - 1920, Warszawa 1964, S. 214 - 215.

[358] Komunikat Informycyjny (Sprawy polityczne) nr 41 (108), 24. 7. 1920, in: Jabłonowski/Stawecki/Wawrzyński, O niepodległą, S. 499.

[359] Ajency rosyjscy jako „Rząd rewolucyjny", in: Robotnik, 10. 8. 1920, S. 1.

der Ruf eines modernen literarischen Klassikers, sondern auch des „sozialen Gewissens der Nation" vorauseilte, bemerkte: „Wenn die Notwendigkeit eintreten sollte, eine Revolution zu machen, dann wird Polen seine eigene machen, aber nicht Moskauer Spuren folgen."[360] Der mitgliederstarke Grundschullehrerverband ZPNSP erkannte es als seine Aufgabe an, sich nicht nur um die Schulkinder, sondern auch um das „einfache Volk" zu kümmern, denn nur mit dessen aktiven Anteil am gesellschaftlichen Leben könne die „nun am nächsten liegende Aufgabe", die weitere Staatsbildung Polens verwirklicht werden.[361] Die Volkswirtin Zofia Daszyńska-Golińska vertrat schließlich noch Jahre später die Ansicht, mit einer energischen und klugen Sozialpolitik könne sich Polen am besten vor einer bolschewistischen Revolution schützen.[362]

Der polnische Staat hatte durch die Aktivität der sozialistisch geprägten Regierungen im Winter 1918/19 eine Reihe von politischen und sozialen Reformen vorzuweisen. Diese Errungenschaften waren ein wichtiges Faustpfand der polnischen Linken bei der Mobilisierung gegen sowjetische Lockrufe. Der britische Historiker Eric Hobsbawm hat bemerkt, dass die Menschen in den Jahren 1917/18 die soziale Revolution mehr bewegte als die nationale Selbstbestimmung.[363] Das Verhalten der polnischen Bevölkerung im Krieg mit Sowjetrussland 1919/20 zeigte, dass dies noch Jahre später in Mittel- und Osteuropa galt. Soziale Erwartungshaltungen konnten nicht ohne weiteres vom Partizipationsangebot des Nationalismus aufgefangen werden. Vielmehr sollte sich für die weitere Entwicklung in Polen die Kombination von sozialer und nationaler Frage als prägend erweisen. Der Nationsentwurf „Volkspolen" erhielt dadurch in der Zweiten Republik ein politisches Gewicht, das deutlich über die Kreise seiner Bannerträger, über Sozialisten und Bauernparteien, hinauswies.

Hatte sich im polnisch-sowjetischen Krieg nun eine polnische Kriegsnation formiert? Die umfängliche Propaganda, vermittelt in Pressekommentaren, Plakaten, Flugblättern oder Versammlungsresolutionen, gab nicht nur Verhaltens- und Denknormen vor, sondern bewirkte zweifellos jene Verdichtung von Kommunikation, die in der Nationalismusforschung seit Karl W. Deutsch als wichtige Voraussetzung für die Konstruktion einer gemein-

---

360 Stefan Żeromski: Snobizm i rewolucja (1923), in: Krzysztof Budziło und Jan Pruszyński (Hrsg.): Dla dobra Rzeczypospolitej. Antologia myśli państwowej, Warszawa 1996, S. 290.
361 Z otchłani nocy na drogi słońca... , in: Głos Nauczycielski, 4, 1920, H. 11 - 13, S. 2.
362 Zofja Daszyńska-Golińska: Polityka społeczna a Polska, in: Ruch Prawniczy, Ekonomiczny i Socjologiczny, 10, 1930, S. 191* - 200*.
363 Hobsbawm, Nationen, S. 155.

samen Identität gilt.³⁶⁴ Gleichzeitig ließen sich aber in den innenpolitischen Lageberichten der polnischen Obersten Heeresleitung oder im Nachrichtenteil der Zeitungen die Grenzen der Massenmobilisierung erkennen. Obwohl öffentliche Bekenntnisse zur Nation, die im 19. Jahrhundert noch Repressionen durch die Teilungsmächte nach sich gezogen hatten, in der Zweiten Republik nun zum guten gesellschaftlichen Ton gehörten, hatte die eigene Staatlichkeit keine auch nur annähernd mehrheitlich akzeptierte Konstruktion von Nation hervorgebracht. Das Erbe der Teilungszeit, traditionelle vorpolitische Lebenswelten eines großen Teils der Bevölkerung und der mental noch nicht vollzogene Übergang von den imperialen Monarchien des 19. Jahrhunderts zum Nationalstaat der Zwischenkriegszeit spielten hier ebenso hinein wie die Tatsache, dass bei der Mobilisierung im Sommer 1920 jede politische Partei oder gesellschaftliche Organisation den ihr vermeintlich am nächsten stehenden Teil der Bevölkerung ansprach und damit innergesellschaftliche Trennlinien stärkte. Von hier aus war es oft nur ein kurzer Schritt zur Exklusion von Bevölkerungsruppen aus der Nation, die als anders, gegnerisch oder gar fremd empfunden wurden.

2.3 Exklusion: Das Schlagwort *żydokomuna*

Die Mobilisierungspropaganda stellte neben dem positiven Werben um eine möglichst breite Unterstützung der Bevölkerung auch die Gefahr durch den Kriegsgegner heraus. Dies war ein traditionelles Verhaltensmuster in kriegerischen Auseinandersetzungen, doch der Erste Weltkrieg hatte europaweit neue Maßstäbe gesetzt: In einem bislang ungekannten Ausmaß von Propaganda und Meinungslenkung wurden nun Feindbilder konstruiert, die sich nicht nur gegen „äußere Gegner", sondern gerade auch gegen „innere Gegner" und „Verräter" richteten. Mit dem Konstrukt umfassender nationaler Einheit in Gestalt der Kriegsnation ließen sich vermeintlich abweichende Haltungen nicht mehr stillschweigend übergehen, in den Vordergrund rückten vielmehr Skandalisierung und aktive Bekämpfung. In der polnischen Auseinandersetzung mit den revolutionären Truppen Sowjetrusslands 1919/20 gewann ein Feindbild besondere Virulenz: der „jüdische Bolschewismus" (*żydokomuna*).

Die Geschichte des Antisemitismus in Polen und der polnisch-jüdischen Beziehungen hat in den letzten Jahren neue und zugleich internationale

---

³⁶⁴ Karl W. Deutsch: Nationalism and Social Communication. An Inquiry into the Foundations of Nationality, New York u. a. 1953.

Aufmerksamkeit erfahren.[365] Wiederholt ist dabei die Ansicht geäußert worden, das Stereotyp vom „jüdischen Bolschewismus", die Instrumentalisierung des Zusammenhangs zwischen Kommunismus und Judentum als politischem Schlagwort, sei im östlichen Europa bereits in der Zeit vor dem Zweiten Weltkrieg weit verbreitet gewesen; noch fehlt es aber an genaueren empirischen Studien.[366]

Die moderne Mythenforschung hat die Wirkmächtigkeit von Mythen damit erklärt, dass Fiktion und Realität eine komplexe und analytisch oft nur schwer entwirrbare Verbindung eingehen. Untersuchungen, die auf eine bloße Verifizierung oder Falsifizierung eines Mythos abzielen, indem sie die Aussagen des betreffenden Mythos beispielsweise mit sozialhistorischen Statistiken konfrontieren, wonach eine Bevölkerungsgruppe in bestimmten Organisationen „überrepräsentiert" gewesen sein mag oder nicht, greifen daher zu kurz.

Der Boden für das Schlagwort vom „jüdischen Bolschewismus" wurde seit Ende des 19. Jahrhunderts bereitet. Nach dem erfolglosen Januaraufstand 1863 und den Jahren der „organischen Arbeit" vollzog sich seit den 1890er Jahren, als erste politische Parteien modernen Typs gegründet wurden, und verstärkt seit der Russischen Revolution von 1905, die sich gerade in Kongresspolen intensiv entfaltete, innerhalb der polnischen Bevölkerung ein merklicher Politisierungsschub.[367] Auch innerhalb der jüdischen Bevölkerungsgruppe spielten sich seit Ende des 19. Jahrhunderts bedeutende Veränderungs- und Emanzipationsprozesse ab. Die voranschreitende Industrialisierung und gewerbliche Umgestaltung der Wirtschaft, aber auch die Zuwanderung von Juden aus östlicher gelegenen Regionen des Russischen Reichs stellten für die jüdischen Gemeinden in Polen gravierende Herausforderungen dar. Die traditionelle Dominanz religiöser Autoritäten wurde durch ein sich dynamisch ausbildendes und ausdifferenzierendes Vereins- und Fraktionswesen innerhalb der jüdischen Gemeinde immer

---

[365] Vgl. hierzu den Forschungsüberblick von Klaus-Peter Friedrich: Juden und jüdisch-polnische Beziehungen in der Zweiten Polnischen Republik (1918 - 1939). Neuere Literatur, in: ZfO, 46, 1997, S. 535 - 560.

[366] Erste Hinweise hierzu bieten Agnieszka Pufelska: Die „Judäo-Komune". Ein Feindbild in Polen. Das polnische Selbstverständnis im Schatten des Antisemitismus 1939 - 1948, Paderborn u. a. 2007, S. 11 - 24; Klaus-Peter Friedrich: Von der żydokomuna zur Lösung einer „jüdischen Frage" durch Auswanderung: Die politische Instrumentalisierung ethnischer und kultureller Differenzen in Polen 1917/18 bis 1939, in: Dittmar Dahlmann und Anke Hilbrenner (Hrsg.): Zwischen großen Erwartungen und bösem Erwachen. Juden, Politik und Antisemitismus in Ost- und Südosteuropa 1918 - 1945, Paderborn 2007, S. 53 - 75.

[367] Prägnante Zusammenfassung bei Janusz Żarnowski: Społeczeństwo, in: ders. (Hrsg.): Społeczeństwo polskie w XX wieku, Warszawa 2003, S. 11 - 12.

stärker in Frage gestellt. Politisierung und Säkularisierung griffen oftmals ineinander über.

Die Modernisierungsprozesse sowohl der polnischen Bevölkerung insgesamt als auch innerhalb der jüdischen Bevölkerungsgruppe beschleunigten die Transformation des bislang vorwiegend religiös und sozioökonomisch fundierten Antisemitismus zu einem stärker politisch geprägten Konstrukt. Traditionelle antisemitische Stereotype wurden seit dem ausgehenden 19. Jahrhundert um neue Facetten erweitert: Am wirkungsmächtigsten war dabei die Verbindung von jüdischer Herkunft und politischer Betätigung zugunsten der Kommunisten bzw. Sozialisten.[368]

Der Erste Weltkrieg und die von politischer Unübersichtlichkeit bestimmte Nachkriegszeit gaben diesen Ansätzen entscheidende Nahrung. Scheinbar unerklärliche Vorgänge, wie sie diese Zeit mit ihren tief in die alltägliche Lebenswelt der Menschen reichenden Zäsuren in einem Übermaß bot, wurden zunehmend mit der geheimen Macht der Juden erklärt, sei es als Drahtzieher der internationalen Hochfinanz oder des internationalen Marxismus. Der dominierende Gedanke war in beiden Fällen die Vorstellung von einer Weltverschwörung der Juden. Spätestens mit der Russischen Revolution 1917 schob sich die kommunistische Variante in den Vordergrund. Das Gefühl der Bedrohung aus dem bolschewistisch regierten Osten korrespondierte mit einer verbreiteten Krisenwahrnehmung in Europa.[369] Das Stereotyp vom „jüdischen Bolschewismus" schien sich dann praktisch zu bestätigen, wenn im Zuge der weitreichenden Umbrüche nach dem Ersten Weltkrieg die jüdische Bevölkerung, die lange Zeit von der Ausübung staatlicher Ämter ferngehalten worden war, erstmals politische Macht übernehmen konnte, und sei es im Rahmen einer kommunistischen Räteregierung.[370]

In Polen waren es vor allem Anhänger einer traditionellen Ordnung, die einschlägige Bedrohungs- und Krisenszenarien entwickelten. Aus ihrer Perspektive geschah zu wenig, um dem „umstürzlerischen Treiben" Einhalt zu gebieten, vielmehr ventilierten sie die These, der Bolschewismus habe sich angesichts der schwierigen materiellen Lage im Nachkriegs-Polen und der noch jungen, labilen Eigenstaatlichkeit bereits tief in das tägliche Leben

---

[368] Mit Beispielen: Pufelska, „Judäo-Komune", S. 40 - 46. Hervorgehoben wurde der Zusammenhang zwischen Judentum und Kommunismus schon bei Roman Dmowski: Niemcy, Rosya i kwestya polska, Lwów 1908, S. 179.

[369] André Gerrits: Antisemitism and Anti-Communism: The Myth of "Judeo-Communism" in Eastern Europe, in: East European Jewish Affairs, 25, 1995, S. 54 - 58.

[370] Daniel Gerson: Der Jude als Bolschewist. Die Wiederbelebung eines Stereotyps, in: Wolfgang Benz (Hrsg.): Antisemitismus in Deutschland. Zur Aktualität eines Vorurteils, München 1995, S. 161.

eingegraben. Zu den am leichtesten von der bolschewistischen „Untergrundarbeit" vereinnahmten Bevölkerungsteilen zählten sie die Armee und die Schuljugend.[371]

Bei den Lösungsvorschlägen gingen kulturkonservative und antisemitische Vorstellungen Hand in Hand: Als kurzfristige Maßnahme waren der Schuljugend der Besuch von „skandalträchtigen Schauspielen" zu verbieten und Kinofilme zu zensieren. Als längerfristig wirksamer Schutz gegen bolschewistische Tendenzen galten die Einführung von Konfessionsschulen und eine verstärkte staatliche Aufsicht über das Lehrpersonal. Neben solche defensive Maßnahmen trat die offensive Forderung, Juden aus allen zivilen und militärischen Ämtern zu entfernen, da sie der polnischen Staatlichkeit feindlich gegenüberstünden. Als Rechtfertigung für ein solches Vorgehen dienten selektiv herangezogene internationale Vorbilder: Deutschland, wo der Bolschewismus „hart bekämpft" werde, und vor allem Amerika, wo „alle Ausländer, insbesondere Russen und Juden, die den Bolschewismus einführen wollten, des Landes verwiesen" würden.[372]

Trotz aller Furcht vor dem Kommunismus war der Antisemitismus das ursprünglichere Ressentiment, mehr noch: Das Stereotyp konnte vor allem dort auf fruchtbaren Boden fallen, wo einheimische antisemitische Traditionen besonders ausgeprägt waren.[373] Dies zeigte sich auf drastische Weise, als es im Winter 1918/19 und Frühjahr 1919 in Galizien und in den *Kresy Wschodnie* zu Pogromen gegen die jüdische Bevölkerung kam.

Der Zusammenbruch der Teilungsmächte, an deren Stelle noch kein neuer Staatsapparat getreten war, begünstigte im Übergang vom Ersten Weltkrieg zum polnisch-sowjetischen Krieg die aufbrechende Gewalt gegen Juden. Während ältere Forschungsansätze vor allem sozioökonomische Beweggründe wie die schwierige materielle Versorgungssituation oder die kriegsbedingte Inflation für den Ausbruch von Pogromen verantwortlich machten, verweisen von der kulturalistischen Wende inspirierte Arbeiten verstärkt auf kollektive Imaginationen und daraus resultierende soziale Praktiken.[374]

Ideologische Momente standen fraglos Pate, als polnische Militäreinheiten und die ab 1919 errichtete polnische Verwaltung in den zuvor sowjetisch

---

[371] M. H. E.: Ruch przeciwbolszewicki, in: Ziemianka, 9, 1920, S. 40 - 42; Polka: Chwila obecna a żydzi, in: Ziemianka, 8, 1919, S. 97 - 101.
[372] M. H. E.: Ruch przeciwbolszewicki, in: Ziemianka, 9, 1920, S. 40; ähnlich auch Najważniejsze rezolucje Zjazdu Katolickiego, in: Wiadomości Archidyecezyalne Warszawskie, 11, 1921, S. 145 - 149.
[373] Gerrits, Antisemitism, S. 60 - 63.
[374] William W. Hagen: The Moral Economy of Ethnic Violence: The Pogrom in Lwów, November 1918, in: GG, 31, 2005, S. 203 - 226.

kontrollierten Gebieten die „Liquidierung des Bolschewismus" zu einem ihrer wichtigsten Ziele erklärten. Dabei wurden nicht nur bekennende Kommunisten mit Strafaktionen verfolgt, sondern auch eine breite und heterogene Gruppe von „Kollaborateuren" und „Sympathisanten". Dies betraf in besonderem Maße die jüdische Bevölkerung, die als loyal und kooperativ gegenüber der vorangegangenen sowjetischen Herrschaft angesehen wurde.

Unter dem Verdacht, eine bolschewistische Versammlung abgehalten zu haben, exekutierten polnische Soldaten etwa am 5. April 1919 in Pińsk bis zu 34 jüdische Einwohner. Nach der Einnahme Wilnos durch polnische Soldaten am 19. April 1919 kamen bei Plünderungszügen und Straßenkämpfen 55 jüdische Bürger ums Leben. Insbesondere Armeegruppen aus Großpolen, einer politischen Hochburg der Nationaldemokraten, neigten dazu, die *Kresy Wschodnie* weniger als zukünftigen und gleichberechtigten Teil des polnischen Staatsgebiets zu betrachten, sondern als Besatzungsgebiet im Ausnahmezustand.[375]

Antikommunistische und „nationalitätenpolitische" Zielsetzungen gingen häufig Hand in Hand, denn gleichzeitig unternahm die polnische provisorische Verwaltung einige Anstrengungen, die ethnisch polnische Bevölkerung in den Ostgebieten zu fördern. Wichtig waren hier Organisationen wie die 1918 gegründete Gesellschaft zum Schutz der Ostgebiete (*Towarzystwo Straży Kresowej*, TSK), die im Rahmen des polnischen Grenz- und Raumdiskurses ein inkorporationistisches, ethnisch-nationales Programm verfocht, aber auch die Einführung der lokalen Selbstverwaltung, die Gründung von Jugendgruppen oder die intensive Zusammenarbeit mit den ansässigen ethnisch polnischen Grundbesitzern.[376]

Dabei hatte die jüdische Bevölkerung in diesen zwischen Polen und Sowjetrußland umkämpften Gebieten recht unterschiedliche Reaktionen auf die bolschewistischen und antisemitischen Herausforderungen gezeigt. Die jüdische Oberschicht und die orthodoxen Juden hatten sich in der Regel der polnischen Administration gegenüber loyal erklärt, denn vom Bolschewismus war für sie nichts Gutes zu erwarten: Orthodoxe Juden fürchteten die Religionsfeindschaft der Kommunisten, jüdische Kaufleute Enteignungen ihres Besitzes. Zu offenen Reaktionen auf die Ausschreitungen polnischer Soldaten ließen sich vor allem jüngere Juden bewegen: Viele von ihnen entzogen sich den Rekrutierungen zur polnischen Armee oder traten offen bei

---

[375] Ausführlich Frank Golczewski: Polnisch-jüdische Beziehungen 1881 - 1922. Eine Studie zur Geschichte des Antisemitismus in Osteuropa [Quellen und Studien zur Geschichte des östlichen Europa, Bd. 14], Wiesbaden 1981, S. 218 - 229; hierzu auch Friedrich, Juden und jüdisch-polnische Beziehungen, S. 550.
[376] Szczepański, Społeczeńswo Polski, S. 124 - 125.

Demonstrationen und Agitationsveranstaltungen für die bolschewistische Sache auf. Die Aktivitäten der jüdischen Jugend schienen in den Augen polnischer Nationalisten das Stereotyp vom „jüdischen Bolschewismus" nur zu bestätigen.

Im weitaus stärker von Modernisierungs- und Politisierungsprozessen berührten ehemaligen Kongresspolen, das ab Juli 1920 in den polnisch-sowjetischen Krieg einbezogen war, erweiterte sich das Spektrum jüdischer Handlungs- und Verhaltensweisen nochmals: Auf der einen Seite entzog sich die jüdische Jugend der Rekrutierung zur polnischen Armee, verstärkte die Reihen prosowjetischer Volksmilizen oder engagierte sich bei den jüdischen Sozialisten des *Bund*, die in den ersten Jahren der Unabhängigkeit Polens noch auf das politische Modell einer revolutionären Räterepublik setzten[377] – auf der anderen Seite engagierten sich viele jüdische Bürger für die Verteidigung Polens, indem sie entweder eigene jüdische Verteidigungskomitees bildeten oder sich allgemeinen örtlichen Initiativen anschlossen.[378] Auf der einen Seite zählten viele der seit Anfang August 1920 gebildeten Ortsgruppen der provisorischen Sowjetregierung für Polen, die so genannten Revolutionären Komitees (*Rewolucyjne komitety*, Kurzform: *Rewkomy*), einen hohen Anteil jüdischer Arbeiter und Handwerker, die zumeist für die linken Parteien *Bund* und *Poale-Syjon* tätig waren – auf der anderen Seite gab es wiederum Revolutionäre Komitees ohne einen einzigen jüdischen Vertreter. Hier arbeiteten vielmehr polnische *Rewkom*-Mitglieder mit der Roten Armee zusammen, wenn es um die Plünderung von jüdischem Hab und Gut ging.[379]

Ethnische und ideologische Trennlinien verliefen im Sommer 1920 oftmals quer zueinander. Auseinandersetzungen zwischen jüdischen und polnischen Kommunisten in der Białystoker Sowjetregierung fanden auf untergeordneter Ebene ihre Entsprechung in der Rivalität von KPP-, *Poale-Syjon*- und *Bund*-Mitgliedern in den örtlichen Revolutionären Komitees. Jüdische Kommunisten schikanierten wiederum bevorzugt traditionell-religiöse Ju-

---

[377] Gertrud Pickhan: „Gegen den Strom". Der Allgemeine Jüdische Arbeiterbund „Bund" in Polen 1918 - 1939 [Schriften des Simon-Dubnow-Instituts Leipzig, Bd. 1], Stuttgart - München 2001, S. 79 - 80; die teilweise recht heftigen innerparteilichen Auseinandersetzungen ausführlich bei Bernard K. Johnpoll: The Politics of Futility. The General Jewish Workers Bund of Poland, 1917 - 1943, Ithaca - New York 1967, S. 79 - 91, 99 - 100.

[378] Beispiele aus Płock und dem nördlichen Masowien: Świecki/Wybult, Mazowsze Płockie, S. 336; für Polen insgesamt: Szczepański, Społeczeństwo Polski, S. 244 - 247, 388.

[379] Szczepański, Społeczeństwo Polski, S. 324, 329 - 330. Auch der mikrohistorische Blick auf einen einzelnen Landkreis zeigt, dass sich ethnische Polen und Juden sowohl auf der Seite von Anhängern als auch auf der Seite von Gegnern der Roten Armee befanden: Waleszczak, Przasnysz i powiat przasnyszki, S. 257 - 259.

den: Mitglieder der Jüdischen Gemeinde in Ostrołęka mussten am Sabbat die Straßen fegen und in Białystok löste die provisorische Sowjetregierung den gegenüber der Besatzungsherrschaft kritisch eingestellten Vorstand der Jüdischen Gemeinde auf und beschlagnahmte deren Räumlichkeiten sowie einen Teil der Finanzen.[380]

Die jüdische Bevölkerung in Polen war somit konträren Ansprüchen und Handlungen ausgesetzt: Auf der einen Seite wurden massive Angriffe auf Leben, Hab und Gut verübt, während auf der anderen Seite Loyalitätsforderungen an sie herangetragen wurden. Die unübersichtliche Lage, aber auch die starke Binnendifferenzierung innerhalb der jüdischen Gemeinschaft selbst machte es nahezu unmöglich, wirksam koordinierte Reaktionsmuster zu entwickeln. Religiöse und vermögende, „bürgerliche" Juden zählten in der Regel zu den Gegnern der Bolschewisten und erklärten sich loyal gegenüber dem polnischen Staat. Dabei fürchteten religiöse Juden angesichts einer kommunistischen Neuordnung von Staat und Gesellschaft vor allem um die Freiheit der Religionsausübung, während jüdische Freiberufler und Kaufleute als „Bourgeoisie" eine bevorzugte Zielscheibe in den sowjetischen Klassenkampf-Vorstellungen abgaben. Dagegen erhofften sich ärmere Schichten der jüdischen Bevölkerung von der neuen Sowjetmacht eine Verbesserung ihrer schwierigen materiellen und gesellschaftlichen Lage. Neben diese sozialen und religiösen Trennlinien traten ein innerjüdischer Generationskonflikt: Das jüdische „Establishment" konnte den radikalen Neuordnungsvorstellungen der Bolschewiki nur wenig abgewinnen, während sich die jüdische Jugend auf der Suche nach ihrem zukünftigen Platz in der Gesellschaft durchaus von den kommunistischen und sozialistischen Programmen faszinieren ließ.

Die Haltung der jüdischen Bevölkerung entzog sich einer Einordnung in Schubladen und Stereotype. In der hitzigen Atmosphäre des Sommers 1920, angesichts von Krieg, Besatzung und Existenzangst, war jedoch das Bedürfnis nach einfachen Erklärungen weit verbreitet. Dies bildete den Ausgangspunkt für die Feindbilder und Bedrohungsszenarien, wie sie im Sommer 1920 die einzelnen politischen und gesellschaftlichen Gruppierungen Polens entwickelten.[381]

Der Antisemitismus der nationaldemokratischen Bewegung richtete sich in erster Linie gegen den Emanzipationsprozess der Juden, griff aber auch

---

[380] Szczepański, Społeczeństwo Polski, S. 321, 354, 388 - 389.
[381] Eine wichtige Einführung in das Thema bietet Henryk Lisiak: Propaganda obronna w Polsce w rozstrzygającym okresie wojny polsko-bolszewickiej 1920 r., in: Dzieje Najnowsze, 29, 1997, H. 4, S. 3 - 25.

Elemente des traditionellen, religiös motivierten Antisemitismus auf.[382] In den Kriegsjahren 1919/20 radikalisierte sich die antisemitische Haltung der polnischen Nationaldemokraten. Der beachtliche Zulauf zur nationaldemokratisch dominierten Freiwilligen-Armee speiste sich nicht zuletzt aus einer aggressiven Propaganda, die für die verfahrene Situation ein einfaches Erklärungsmuster anbot: das antijüdische Ressentiment. Die Verschwörungstheorien gingen so weit, dass in sämtlichen für Polen ungünstigen politischen Ereignissen das Wirken der „anonymen Großmacht" oder das Resultat einer jüdisch-bolschewistisch-deutschen Intrige gesehen wurde. In den Verlautbarungen der *Endecja* erschien das Schlagwort vom „jüdischen Bolschewismus" in seiner ausgeprägtesten Form, nämlich als Identifizierung aller Juden mit der kommunistischen Bewegung. Scharf wandte sich die Propaganda der Nationaldemokratie gegen die Juden in Polen als vermeintlichem Feind im Innern: „Wenn bestimmte Elemente bei uns bewusst oder unbewusst mit Intrigen dem Feind zur Hilfe kommen sollten, muss man sich dieser destruktiven Tätigkeit mit aller Kraft, mit aller Rücksichtslosigkeit entgegenstellen."[383] Der innenpolitische Druck, den die *Endecja* als die größte im Verfassungsgebenden Sejm vertretene politische Kraft und mit der Freiwilligen-Armee Józef Hallers im Hintergrund ausüben konnte, war beträchtlich. So zog das Bedrohungsszenario vom „jüdischen Bolschewismus" gravierende praktische Folgen nach sich.

Nach der vorübergehenden zwangsweisen Auflösung des *Bund* am 10. Juli 1920[384] und zahlreichen Verhaftungen von Mitgliedern kommunistischer, jüdischer und deutscher Gruppierungen im Verlauf des Juli und August wurde am 6. August 1920 ein Höhepunkt beim Kampf gegen den „inneren Feind" erreicht. Auf Befehl des Kriegsministeriums sollte der Anteil von jüdischen Soldaten in allen Heeresformationen auf höchstens 5 % beschränkt werden, außerdem durften jüdische Soldaten keine Tätigkeiten mehr in Büros und Amtsstuben der Armee ausüben. Schließlich wurden 17.000 jüdische Männer, als „unsichere Elemente" und Sympathisanten der Bolschewiki angesehen, im Heereslager Jabłonna bei Warschau als Mitglieder von Hilfs- und Arbeitstruppen interniert. Der Internierungszustand

---

[382] Zum Antisemitismus im politischen Denken der Nationaldemokratie: Olaf Bergmann: Narodowa Demokracja wobec problematyki żydowskiej w latach 1918 - 1929, Poznań 1998; Mieczysław Sobczak: Stosunek Narodowej Demokracji do kwestii żydowskiej w Polsce w latach 1918 - 1939, Wrocław 1998; Maj, Związek Ludowo-Narodowy, S. 232 - 257.

[383] W obliczu wroga, in: Gazeta Warszawska, 6. 7. 1920, S. 1. Ähnlich: Co nas rozdwaja? in: Gazeta Warszawska, 15. 7. 1920, S. 1; Aresztowanie szajki komunistów w Łodzi, in: Gazeta Warszawska, 12. 8. 1920, S. 3; Na szańcach niepodległości, in: Gazeta Warszawska, 15. 8. 1920, S. 1.

[384] Ausführlich hierzu Pickhan, „Gegen den Strom", S. 81 - 83.

dauerte bis zum 10. September 1920 an, als die sowjetischen Truppen weitgehend zurückgedrängt worden waren.[385]
Antisemitischer Töne bediente sich auch die katholische Kirche. Besonders deutlich wurde dies in einem Brief an die internationale Gemeinschaft der Bischöfe vom Juli 1920:

> „Der Bolschewismus schreitet geradewegs zur Eroberung der Welt. Die Rasse, die den Bolschewismus anführt, hat sich schon vorher die Welt untertan gemacht durch Gold und Banken, und heute, angetrieben durch ein ewiges imperialistisches Verlangen, das in ihren Adern fließt, wendet sie sich direkt zum letzten Eroberungszug, um die Nationen unter das Joch ihrer Regimes zu zwingen [...] Der Bolschewismus ist wahrhaftig die lebendige Verkörperung und Offenbarung des Antichristen auf Erden."[386]

Mit der Warnung vor dem Antichrist bewegten sich die Bischöfe einerseits im sprachlichen Muster des traditionellen kirchlichen Antijudaismus, mit dem Verweis auf die „Goldene Internationale" und den Bolschewismus nahmen sie andererseits Elemente des modernen politischen Antisemitismus auf, der nicht mehr nur die religiöse und lebensweltliche Andersartigkeit der Juden brandmarkte, sondern auch die gesellschaftliche Emanzipation der Juden, die sich europaweit seit dem 19. Jahrhundert vollzog, verunglimpfte. Mit dieser zweigleisigen Argumentation war die katholische Kirche in der Lage, sowohl eine traditionell eingestellte ländliche Bevölkerung anzusprechen als auch nationaldemokratisch orientierte gebildete Schichten in den Städten. Das grundlegende Motiv für die antisemitische Haltung innerhalb der katholischen Kirche war demjenigen der Nationaldemokratie eng verwandt: Das Gefühl der Bedrohung durch die Transformationsprozesse der Moderne, zu denen auch das Phänomen des Kommunismus gehörte, veranlasste die kirchlichen Prediger und Publizisten zu vielfältigen Versuchen, die „Reihen zu schließen". Der Antisemitismus war hier kein Tabu.[387]

Die polnische politische Rechte war aber auch in dieser Frage nicht homogen; eine deutliche Distanz bestand zwischen Nationaldemokraten und

---

[385] Friedrich, Juden, S. 542. Jüdische Zeugenaussagen zum Lager in Jabłonna bei Golczewski, Beziehungen, S. 241.
[386] List Biskupów Polskich do Episkopatu Świata w sprawie groźby bolszewizmu, 7. 7. 1920, in: Drozdowski, Metropolia, S. 212 - 213.
[387] Mit markanten Thesen zum kirchlichen Antisemitismus: Viktoria Pollmann: Untermieter im christlichen Haus. Die Kirche und die „jüdische Frage" in Polen anhand der Bistumspresse der Metropolie Krakau 1926 - 1939 [Jüdische Kultur, Bd. 9], Wiesbaden 2001.

Konservativen.[388] Die Haltung der zahlenmäßig kleinen, aber gesellschaftlich nach wie vor einflussreichen Konservativen verdient nicht zuletzt deswegen besonderes Interesse, weil hier bemerkenswerte Parallelen zu den Bauernparteien und den Sozialisten auftraten.

Die von den Bolschewiki verbreiteten Parolen der sozialen Revolution stellten naturgemäß eine gravierende Bedrohung für die Konservativen dar, die antikommunistische Haltung deckte sich jedoch nicht automatisch mit einer antisemitischen. Die Konservativen wiesen zwar eine enge Bindung an den Katholizismus auf,[389] standen aber einem ethnischen Nationalismus skeptisch gegenüber. Ihr Idealbild war die politische Nation der frühneuzeitlichen Adelsrepublik Polen-Litauen. Vor allem aber hatten viele konservative Gutsbesitzer jahrelang mit ihren jüdischen Verwaltern ohne größere Probleme kooperiert. Die vermeintliche „jüdisch-bolschewistische" Bedrohung wurde daher bemerkenswert widersprüchlich perzipiert. Beispielsweise machte der Krakauer *Czas* in Sowjetrussland zwei unterschiedliche Lager aus: Demnach ließen sich Lenin und sein Volkskommissar des Äußeren, Georgij Čičerin, vor allem von der Sorge um die Sicherung der Sowjetmacht und der russischen nationalen Interessen leiten und seien bereit mit Polen Frieden zu schließen, während „die Juden" Karl Radek als führender Komintern-Funktionär und Lev Trockij als Volkskommissar für das Kriegswesen zusammen mit dem „Ex-Polen" Feliks Dzierżyński nach der Herrschaft über die gesamte westliche Welt strebten.[390]

Der „jüdische Bolschewismus" erschien somit als eine Variante des Kommunismus und zwar als die ungleich bedrohlichere. In Polen galt der *Bund* als Zuarbeiter dieser „sowjetisch-kosmopolitischen" Strömung. Die Vorstellung von der „jüdisch-bolschwistischen" Bedrohung übertrugen die Konservativen aber nicht umstandlos auf die Juden in Polen, vielmehr hoben sie ausdrücklich deren Loyalität zum polnischen Staat hervor.[391] Propagandabild und eigene, lebensweltliche Erfahrungen fielen genau dort auseinander, wo die geschickte Verbindung von Fiktion und Realität erst den Mythos schafft. Die Konservativen waren daher nicht in der Lage, ein auch nur ähnlich stringentes Feindbild von der „jüdisch-bolschewistischen"

---

[388] Antoni Dudek: Konserwatyzm w Polsce międzywojennej, in: Bożena Bankowicz, Antoni Dudek und Jacek Majchrowski: Główne nurty współczesnej polskiej myśli politycznej, Bd. 1, Kraków 1996, S. 30 - 49.

[389] Włodzimierz Mich: Polscy konserwatyści, in: Jan Jachymek und Waldemar Paruch (Hrsg.): Więcej niż Niepodległość. Polska myśl polityczna 1918 - 1939, Lublin 2001, S. 31.

[390] U wrót Europy, in: Czas, 21. 7. 1920, S. 1.

[391] Ameryka i Polska, in: Czas, 18. 8. 1920, S. 1.

Weltverschwörung zu konstruieren wie ihre Konkurrenten auf der politischen Rechten, die Nationaldemokraten.

Sehr viel erfolgreicher lancierte die konservative Publizistik dagegen das Bild vom Bolschewismus als direkter Fortsetzung jener barbarischen Überfälle aus dem Osten, die Polen als Vorhut der christlichen Zivilisation des Westens treffen sollten: „Der Bolschewismus ist nicht, wie wir bereits betont haben, eine Neuerung in der Geschichte der Menschheit. Seine Wiege sind die Steppen der turanischen Nomaden Asiens. Aus diesem wimmelnden Haufen schwappten die Horden Attilas und Tamerlans nach Europa herein."[392] Was hier im Angesicht der Kriegsbedrohung formuliert wurde, hatte Wurzeln in einem polnischen Russlandbild, das selbst in wissenschaftlichen Kreisen von einer „zivilisatorischen Fremdheit" des Nachbarn ausging.[393] Die historische Einordnung der russischen Revolution war hier zwar nicht antisemitisch, aber doch von einer pejorativen ethnischen Zuschreibung begleitet. Dies half, die soziale Umbruchsituation nach dem Ersten Weltkrieg, die in Russland ihre dramatischste Verlaufsform angenommen hatte, zu verdrängen oder nur selektiv wahrzunehmen. Die Binnenlogik eines traditionellen Weltbilds konnte so zumindest kurzfristig bewahrt werden.

Für die Propaganda der Bauernparteien stellte sich dasselbe Problem, mit dem sich die konservativen Gutsbesitzer konfrontiert sahen: das Feindbild *żydokomuna* mit den eigenen lebensweltlichen Erfahrungen mit den Juden in Zusammenhang zu bringen. Auf der einen Seite wurden Juden in der bäuerlichen Wochenpresse der „antistaatlichen" Tätigkeiten bezichtigt und als „Vorhut" des Bolschewismus verleumdet, auf der anderen Seite bemühten die Verfasser solcher Artikel umgehend die Feststellung, dass es sich dabei nicht um alle Juden handele: „Wir reden natürlich nicht über alle Juden, denn unter ihnen, z. B. in Kleinpolen, gibt es eine beträchtliche Zahl, die polnisch denkt und fühlt."[394] Auch wenn die Unterscheidung von „guten" und „bösen" Juden antisemitische Denkmuster bei einem Teil der Bauernparteien eher entlarvte als verschleierte, so gelang auch hier keine konsequent durchgehaltene Mythenkonstruktion vom „jüdischen Bolschewismus". Das entscheidende Problem für die polnische Kriegspropaganda auf dem Land war ohnehin weniger, Aggressionen der Bevölkerung gegen die

---

[392] G. F.: Nowe zadania, in: Rzeczpospolita, Abendausgabe, 12. 8. 1920, S. 5.
[393] Mirosław Filipowicz: Wobec Rosji. Studia z dziejów historiografii polskiej od końca XIX wieku po II wojnę światową [Monografie Instytutu Europy Środkowo-Wschodniej, Bd. 2], Lublin 2000, S. 110, 189. Unter den von Filipowicz analysierten Historikern finden sich so prominente Namen wie Józef Szujski, Tadeusz Korzon, Feliks Koneczny oder Oskar Halecki.
[394] Nie można milczeć dłużej! in: Piast, 22. 8. 1920, S. 3 - 4.

Regierenden durch das Ventil des Antisemitismus abzulenken,[395] sondern vielmehr die Gleichgültigkeit in der Bevölkerung zu überwinden.

Um die besondere Virulenz des Schlagworts vom „jüdischen Bolschewismus" im östlichen Mitteleuropa zu erklären, hat der niederländische Historiker André Gerrits eine enge Verknüpfung dieses Feindbilds mit der Gegnerschaft zu Russland postuliert. Die Gleichung lautete demnach: Jude = Kommunismus = Russland.[396] Für den Kriegssommer 1920 in Polen lässt sich diese Annahme nicht erhärten. Das Stereotyp vom „jüdischen Bolschewismus" verbreiteten in ausgeprägter, nahezu paranoider Form die Nationaldemokraten, ihre Einstellung war aber nicht zugleich antirussisch. Der einstige Duma-Abgeordnete Roman Dmowski und seine Anhänger mochten trotz Russischer Revolution und Etablierung der Sowjetmacht eine prinzipielle Verständigung mit dem östlichen Nachbarn nicht ausschließen. Bei Konservativen und Bauernparteien, aber auch bei den Sozialisten, die sich um eine Abgrenzung ihrer politischen Vorstellungen gegenüber „russischen Agenten" bemühten, erwies sich hingegen das antirussische Feindbild mit seinen Konnotationen von Unterdrückung, Zerfall und Bürgerkrieg als eigenständige Größe, die bei der Mobilisierung der Bevölkerung in Konkurrenz zum Schlagwort vom „jüdischen Bolschewismus" trat.[397] Das abstraktere Bild vom „russisch-asiatischen Unterdrücker" besaß die Vorzüge, dass es sich nicht direkt in der eigenen Lebens- und Erfahrungswelt widerspiegelte und dass es nicht mit einer widersprüchlichen Realität konfrontiert werden musste.

Die alle Facetten umfassende Haltung der jüdischen Bevölkerung von offen bekundeter Loyalität gegenüber dem polnischen Staat bis hin zur freiwilligen Zusammenarbeit mit der provisorischen Sowjetregierung in Polen nahm die nicht-jüdische Bevölkerung in dieser Komplexität durchaus wahr. Traditionell religiös eingestellte Juden, die als Nachbarn und Mitbewohner ein vertrautes und bekanntes Element darstellten,[398] wurden von jugendlichen „Aufrührern" und vom pauschalen Feindbild der *żydokomuna* unterschieden.

Dies zeigte sich auch nach dem polnischen Sieg bei Warschau am 15. August 1920 und dem darauf folgenden Abzug von Roter Armee und pro-

---

[395] Golczewski, Beziehungen, S. 237.
[396] Gerrits, Antisemitism, S. 60 - 63.
[397] Dwie wojny, in: Robotnik, 20. 7. 1920, S. 2. Aufschlußreich ist auch der Blick in die umfangreiche politische Lyrik, die Russland gewidmet ist: Ewa Pogonowska: Dzikie biesy. Wizja Rosji sowieckiej w antybolszewickiej poezji polskiej lat 1917 - 1932, Lublin 2002, vor allem S. 49 - 67 und mit Beispielen aus späteren Jahren auch S. 93 - 132.
[398] Przemysław Hauser: Problem mniejszości narodowych, in: Stanisław Sierpowski (Hrsg.): Polska na tle procesów rozwojowych Europy w XX wieku, Poznań 2002, S. 106.

visorischer Sowjetregierung. Während es in einer Reihe von Ortschaften zu Vergeltungsaktionen gegen einheimische Juden kam, die der Kollaboration mit der sowjetischen Besatzungsmacht verdächtigt wurden, sorgte am 31. August 1920 eine Erklärung des Stadtrats von Płock für breites Aufsehen, die die jüdische Bevölkerung der Stadt vom Vorwurf der Zusammenarbeit mit den Bolschewisten offiziell freisprach. Auch die polnische Staats- und Armeeführung, die sich im Angesicht der sowjetischen Gefahr im Sommer 1920 zu antijüdischen Aktionen hatte hinreißen lassen, war anschließend bemüht den inneren Frieden wieder herzustellen. Dies führte zwischenzeitlich zu einer recht ambivalenten Situation: Auf der einen Seite verfolgte die Militärjustiz weiterhin Deserteure aus der polnischen Armee, darunter auch jüdische Rekruten, auf der anderen Seite begann sie nun Soldaten wegen antijüdischer Überfälle zu verurteilen.[399]

Das Schlagwort vom „jüdischen Bolschewismus" war wirkungsmächtig genug Verhaftungen, Repressalien und Anordnungen wie die Schaffung einer eigenen „jüdischen Abteilung" im Heereslager Jabłonna auszulösen. Die führende Rolle in der polnischen Propaganda spielte es im Sommer 1920 jedoch nicht. In einem pluralistisch und zumal in den Jahren 1919/1920 noch provisorisch verfassten Gemeinwesen wie der gerade erst unabhängig gewordenen polnischen Republik vermochte kein Deutungsangebot eine unangefochtene Monopolstellung zu erlangen. Das Feindbild *żydokomuna* stand nicht nur in Konkurrenz zum Feindbild „Russland", sondern auch zu positiven Selbstbeschreibungen: Dazu gehörten die schon in der ersten Phase des polnisch-sowjetischen Krieges ausgeprägten, räumlich weit nach Osten ausgreifenden Hegemonie- und Zivilisationskonzepte, aber auch die Vorstellungen von Polen als „Vormauer" (*antemurale*) des Christentums und der westlichen Kultur, die vor allem bei der nachträglichen Deutung des polnisch-sowjetischen Kriegs an Einfluss gewannen. Die Bedeutung des Feindbilds „jüdischer Bolschewismus" beruhte darauf, dass im Kriegssommer 1920 ein Reservoir an antikommunistischen und antisemitischen Kollektivstigmatisierungen geschaffen wurde, aus dem in späteren Kriegs- und Krisensituationen geschöpft werden konnte.

2. 4 Nachwirkungen des Krieges und Anfänge der Gedenkpraxis

Nachdem die polnische Gegenoffensive die Truppen der Roten Armee erfolgreich zurückgedrängt hatte, begann ein innergesellschaftliches Ringen um Klärung, Konsolidierung und Selbstvergewisserung angesichts der nur

---

[399] Szczepański, Społeczeństwo Polski, S. 411 - 412, 416.

knapp vermiedenen Katastrophe. Die Bewältigung der kurzen, aber heftigen Episode sowjetischer Bedrohung fand auf unterschiedlichen Ebenen statt.

In den Regionen, die sich im Juli und August 1920 unter direkter sowjetischer Kontrolle befunden hatten, war nicht nur konkrete Wiederaufbauarbeit zu leisten. Hier, wo die Besatzungsherrschaft in die alltäglichen Lebenswelten eingebrochen war, wurde angesichts des unbegreiflich Scheinenden am dringlichsten nach Ursachen und Schuldzuschreibungen gesucht. Einer populären Deutung zufolge war beispielsweise die kleinstädtische Bevölkerung in drei Gruppen gespalten: Zum einen in Kleinhändler und Handwerker, die sich resistent gegenüber den sowjetischen Parolen gezeigt hätten, zum zweiten in städtische gebildete Schichten und reiche Bürger, die aus Angst mit den Besatzern zusammengearbeitet hätten, und zum dritten in die Mitglieder des *Bund*, die jüdische Jugend und einzelne Arbeiter, die sich aus Überzeugung an der Errichtung des Sowjetsystems in Polen beteiligt hätten.[400]

Das Feindbild *żydokomuna* war mancherorts noch lebendig, daher hatte unter der Abrechnung mit den Hinterlassenschaften der sowjetischen Besatzung vor allem die jüdische Bevölkerung zu leiden.[401] Deren Dilemma mit Opportunismus verwechselte Maciej Rataj, der im Spätsommer 1920 Bildungsminister war und zusammen mit Ministerpräsident Wincenty Witos einige gerade von der Roten Armee geräumten Städte und Dörfer inspizierte. In seinen Erinnerungen gab er weitgehend unkritisch Berichte wieder, wonach Teile der jüdischen Bevölkerung, die einst die kommunistische Besatzung begrüßt hätten, nun ihre Häuser mit polnischen Fähnchen dekorierten.[402] Tatsächlich sahen sich aber viele Juden genötigt, ihre Heimatregionen zu verlassen: Vor allem Mitglieder des *Bund*, aber auch Angehörige der jüdischen Gemeinden ließen sich Pässe zur Ausreise ausstellen,[403] bevor nach Abzug der Roten Armee neu gegründete Bürgerwehren (*Straży obywatelskie*) ihre Aktivitäten entfalten konnten.

Das Tätigkeitsfeld der Bürgerwehren reichte von der Wiederherstellung der öffentlichen Sicherheit und Ordnung über die Fahndung nach Deserteuren und versprengten Angehörigen der sowjetischen Truppen bis hin zur Verhaftung von Personen, die sich in der Zeit der sowjetischen Besatzung der Kollaboration mit dem Feind oder anderer krimineller Tätigkeiten verdächtig gemacht hatten. In Zusammenarbeit mit Polizei und polnischer Armee sowie unter Hilfestellung der örtlichen Bevölkerung wurden etwa im

---

[400] APW-Pułtusk, Starostwo Powiatowe w Makowie Mazowieckim, 2, Bl. 172.
[401] Für den masowischen Landkreis Przasnysz die Darstellung bei Waleszczak, Przasnysz i powiat przasnyski, S. 277.
[402] Rataj, Pamiętniki, S. 108.
[403] APW-Pułtusk, Starostwo Powiatowe w Makowie Mazowieckim, 3, Bl. 103 - 104.

masowischen Landkreis Maków bis September 1920 insgesamt 21 Personen verhaftet und vor ein Schnellgericht gestellt.[404] Die Empfindung für Recht und Unrecht, die zeitgenössische Kommentatoren mit der kommunistischen Propaganda ins Wanken geraten sahen, wurde durch diese Art der Kriegsfolgenbewältigung nicht so leicht wiederhergestellt.

Begünstigt wurde die von den Bürgerwehren ausgeübte Selbstjustiz durch den Autoritätsverlust polnischer staatlicher Behörden, die den vorrückenden Sowjettruppen vor Ort wenig entgegengesetzt und ihr Heil in der Evakuierung gesucht hatten. Wie bereits in der Endphase des Ersten Weltkriegs so gab es auch im Nachgang des polnisch-sowjetischen Krieges unter dem Eindruck einer aus den Fugen geratenen Welt der „großen Politik" Skepsis gegenüber zentralstaatlichen Nationsentwürfen und eine verstärkte Orientierung auf lokale Strukturen. Auf ideologischer Ebene unterschieden sich die beiden Nachkriegszeiten 1918 und 1920 jedoch erheblich. Vormals mancherorts vorhandene Sympathien für das sowjetische Gesellschaftsmodell, für die Verheißung einer neuen politischen und sozialen Ordnung, waren nun gründlich diskreditiert. Bislang revolutionär orientierte Teile der städtischen Arbeiterschaft stellten ihre Organisationstätigkeit ein und Vertreter der Landarbeiterschaft suchten nach Wegen zu einem friedlichen Ausgleich mit den Gutsbesitzern.[405]

Auf gesamtpolnischer Ebene überwog nach dem Sieg über die Rote Armee zunächst die Erleichterung darüber, die existentielle Gefahr für den eigenen Staat im letzten Moment abgewendet zu haben. Für viele Kommentatoren war der Sieg ein Triumph der nationalen Solidarität und Einigkeit,[406] ein „großes nationales Werk", gemessen in den historischen Dimensionen der mythisch verklärten Schlacht von Grunwald 1410, als der Sieg der vereinten polnischen und litauischen Heere den Niedergang des Deutschen Ordens einleitete.[407]

Im Kampf um Rang und Anerkennung in der nach Ende der Teilungszeit neu zu konstituierenden polnischen Gesamtgesellschaft war allerdings jede Bevölkerungsgruppe sorgfältig darauf bedacht, die eigenen Verdienste um die Nation hervorzuheben und für das eigene Sozialprestige zu nutzen. Dies war insbesondere jenen zuträglich, deren Rang in Nation und Gesellschaft noch ungefestigt schien. So deutete der ZPNSP die erfolgreiche Mobilisierung der Bevölkerung im Sommer 1920 als vornehmlichen Verdienst

---

[404] Ebd., Bl. 103 - 104; APW-Pułtusk, Starostwo Powiatowe w Makowie Mazowieckim, 2, Bl. 172. Ähnliche Eindrücke aus Nasielsk (Kreis Pułtusk) bei Rataj, Pamiętniki, S. 106.
[405] APW-Pułtusk, Starostwo Powiatowe w Makowie Mazowieckim, 2, Bl. 172.
[406] Stanisław Strzetelski: Wojna narodowa, in: Rzeczpospolita, Abendausgabe, 17. 8. 1920, S. 3.
[407] Na dalszą drogę, in: Głos Nauczycielski, 5, 1921, H. 1 - 2, S. 1.

der Lehrer,⁴⁰⁸ die „in alle Ecken und Kanten Polens", selbst in die umstrittenen Plebiszitgebiete gegangen seien, um „das polnische Wort zu bringen und den Geist des Polentums zu wecken".⁴⁰⁹ Und auch die Bauern wollten bei der Hervorhebung nationaler Leistungen nicht zurückstehen, waren sie doch bestrebt, sich als Mehrheit der Bevölkerung und damit als tragende Säule „Volkspolens" zu profilieren. Nach dem 15. August ließ es sich Wincenty Witos nicht nehmen, den großen Anteil der ländlichen Bevölkerung am erfolgreichen Ausgang der Schlacht von Warschau zu würdigen⁴¹⁰ und die schon seit vielen Jahren für die Bauernbewegung engagierte Schriftstellerin Maria Dąbrowska meinte: „Bauern stürzten sich mit Sensen, Dreschflegeln und Heugabeln auf die bolschewistischen Banden. Überhaupt erst mit diesem Krieg wurden wir wirklich zu einer Nation, haben wir den polnischen Bauern gewonnen."⁴¹¹

Vor diesem Hintergrund kann kaum überraschen, dass auch die Debatte, welche politischen Konsequenzen aus dem zurückliegenden Kriegsgeschehen zu ziehen seien, höchst unterschiedliche Haltungen zu Tage förderte. Aus einer konservativen Sicht hatte das opfervolle Ringen mit Sowjetrussland zahlreiche ideelle Werte gezeigt und Polen vor dem moralischen Zerfall bewahrt:

„Verstummt ist in Polen der wütende Parteienstreit. Die Gesellschaft hat die Bedrücktheit, in die sie unter dem Einfluß des Krieges fiel, abgeschüttelt, sie hat sich gelöst aus der jeglichen Geist tötenden Atmosphäre materieller Einzelinteressen, egoistischer Handlungen und schwindender Ideale. Die Gesellschaft hat sich bereit gefunden, in einer gewaltigen und aufopferungsvollen Aufwallung ihre höchsten Ideale zu verteidigen – das Vaterland und die Freiheit."⁴¹²

Dagegen wurden auf der politischen Linken Rufe nach innenpolitischen Veränderungen laut. Dringlich war die soziale Frage im ländlichen Raum. Am 15. Juli 1920 hatte der Sejm ein Gesetz zur Agrarreform verabschiedet, das Bauern die Möglichkeit in Aussicht stellte, recht günstig landwirtschaftliche Nutzfläche von Großgrundbesitzern zu erwerben, nämlich gegen eine Entschädigungszahlung in halber Höhe des geschätzten Bodenwerts. Der Zeitpunkt des Gesetzes war überlegt gewählt: Die Neuverteilung der land-

---

408 Z otchłani nocy na drogi słońca..., in: Głos Nauczycielski, 4, 1920, H. 11 - 13, S. 1.
409 Na dalszą drogę, in: Głos Nauczycielski, 5, 1921, H. 1 - 2, S. 1.
410 Wincenty Witos: Z przemówienia w Lipnie, 18. 9. 1920, in: ders., Wybór pism i mów, S. 157 - 158.
411 Maria Dąbrowska: 21 VIII 1920, in: dies., Dzienniki 1914 - 1925, S. 253.
412 So der Staatssekretär im Bildungsministerium, Tadeusz Łopuszański, auf dem dritten Delegiertentreffen von ZPNSP und ZZNPSŚ: III. Zjazd Delegatów, in: Głos Nauczycielski, 5, 1921, S. 122.

wirtschaftlichen Besitzverhältnisse sollte für die ländliche Bevölkerung den entscheidenden Anreiz bieten, sich für die Verteidigung des jungen polnischen Staates gegen die sowjetrussischen Militärtruppen einzusetzen.[413] Allerdings fehlte es an konkreten Durchführungsbestimmungen zur Agrarreform, daher konnten der Gutsbesitzeradel und die politische Rechte in der Folgezeit erfolgreich auf Modifikationen des Gesetzes hinarbeiten. Eine sozial begründete Bodenverteilung war somit nur unter veränderten politischen Rahmenbedingungen und Machtverhältnissen durchzusetzen. Die politische Linke legte ihre Hoffnung daher in die geplante neue Verfassung für Polen und in einen neuen Sejm.[414] Die künftige parlamentarische Repräsentation sollte mit einem größeren Anteil an Arbeitern und Bauern endlich dem Ideal „Volkspolen" gerecht werden. In den Worten Stefan Żeromskis: Es galt, der Weltöffentlichkeit zu zeigen, dass Polen keine „Nation der Herren und des Adels" sei und die polnische Armee keine „weiße Armee Piłsudskis".[415]

Um das Kriegserlebnis im Sommer 1920 zu einem die Nation einigenden Erinnerungsort zu machen, bedurfte es daher einiger geschichtspolitischer Anstrengungen. Zunächst bot sich eine Sinnstiftung für die Kriegsmühen durch den *antemurale*-Mythos an. Die Vorstellung von Polen als „Vormauer" ließ sich bis auf das Spätmittelalter, bis zu den Einfällen von Tataren, Türken und Moskowitern zurückführen und nährte den Eindruck einer langen Kontinuität polnischer Verteidigungsbereitschaft nach Osten hin. Die religiöse Konnotation dieses historischen Konstrukts war zunächst gegen die russische Orthodoxie, später auch gegen das Osmanische Reich gerichtet. Im 19. Jahrhundert kam eine geschichtsphilosophische Begründung hinzu: Polen war demnach Vorkämpfer für die Freiheit der Völker Europas. Der bolschewistische Vorstoß bot Gelegenheit für eine Aktualisierung des *antemurale*-Mythos: Polen verteidigte nun sowohl die eigene Freiheit als auch „die christlichen Ideale und die westliche Kultur".[416]

In zahlreichen öffentlichen Aufrufen seit Mitte Juli 1920 rückten polnische Politiker und Publizisten die historische Mission Polens als Schutzwall für Europa in den Vordergrund. Mit beispielhaftem Pathos formulierte der junge nationaldemokratische Publizist Stanisław Strzetelski: „Durch die Straßen der Stadt zieht der polnische Soldat und trägt auf der Spitze seines

---

[413] So die *communis opinio* bei Brzoza/Sowa, Historia Polski, S. 192 - 193.
[414] M. Malinowski: Po zwycięstwie, in: Wyzwolenie, 5. 9. 1920, S. 397.
[415] Stefan Żeromski: Na probostwie w Wyszkowie (1920), in: Czesław Brzoza und Adam Roliński (Hrsg.): Bij Bolszewika! Rok 1920 w przekazie historycznym i literackim, Kraków 1990, S. 166.
[416] U wrót Europy, in: Czas, 21. 7. 1920, S. 1 (Zitat); Gen. Haller do armji ochotniczej, in: Rzeczpospolita, Morgenausgabe, 11. 7. 1920, S. 5.

Bajonetts das Schicksal Polens und Europas."[417] Für die Formulierung des *antemurale*-Mythos spielten kirchliche und konservative Kreise eine herausragende Rolle.[418] Nicht zufällig handelte es sich um jene traditionellen Eliten, die sich durch den politischen Umbruch nach dem Ersten Weltkrieg in der Defensive wähnten. Im *antemurale*-Mythos konnten sie die eigene Situation widergespiegelt finden: Erfolge gegen einen „äußeren" Feind machten Mut, auch gegen „innere" Feinde, die Herausforderungen der Moderne und der Massengesellschaft bestehen zu können.

Doch auch die sozialistische Publizistik des Jahres 1920 nahm Anleihen am *antemurale*-Motiv: Sie setzte ein Idealbild des Westens gegen das Feindbild Russland. Dadurch konnte die Verteidigung der polnischen Hauptstadt zu einem Stellvertreterkrieg universaler Werte stilisiert werden: „Die Bolschewiki werden von keiner neuen Idee geleitet, sondern vom alten Eroberungsinstinkt des zarischen Russland. Die Schlacht von Warschau ist die Schlacht, bei der auf polnischer Seite das Recht auf Freiheit, auf russischer Seite dagegen das Verlangen nach Gewalt und Despotismus steht."[419] Die Abgrenzung von den Kommunisten, mit denen die PPS in den industrialisierten Regionen Polens um den Einfluss auf die Arbeiterschaft konkurrierte, war nicht allein wahl- oder machttaktisch begründet. Der größte Teil der PPS-Mitglieder sah die Kommunisten als „Abweichler" von den Zielen und Zukunftsentwürfen der Arbeiterbewegung. Der stellvertretende Chefredakteur des *Robotnik* Jan Maurycy Borski befand daher mit Genugtuung nach dem 15. August 1920: „Der ehrliche europäische Sozialismus hat den degenerierten, hysterischen, asiatischen Nachkriegssozialismus bezwungen."[420]

Allerdings legten die Sozialisten gegen jene Deutungen Polens als „Vormauer" ihren Widerspruch ein, die in ihrer Sicht auf eine Instrumentalisierung im Sinne der Westmächte hinausliefen:

„Polen will keine Barriere und kein Brückenkopf sein; Polen will das Leben einer unabhängigen Nation leben wie andere Nationen auch. Polen will kein

---

[417] Stanisław Strzetelski: Reduta, in: Rzeczpospolita, Abendausgabe, 14. 8. 1920, S. 3. Strzetelski blieb dieser Haltung später unter anderen Umständen treu: Nach dem Zweiten Weltkrieg leitete er das polnische Büro von „Radio Free Europe" in New York.
[418] Janusz Tazbir: Spory o przedmurze, in: ders.: Pożegnanie z XX wiekiem, Warszawa 1999, S. 112 - 114. Als zeitgenössische Beispiele vor allem die Katholikentage in Poznań vom 26. bis 28. Oktober 1920 und Warschau vom 5. bis 8. September 1921: Ze zjazdu katolickiego w Poznaniu, in: Wiadomości Archidyecezyalne Warszawskie, 10, 1920, S. 249 - 250; Zjazd Katolicki w Warszawie. Odezwa Komitetu Organizacyjnego, in: Wiadomości Archidyecezyalne Warszawskie, 11, 1921, S. 109 - 110.
[419] Zygmunt Kisielewski: Bitwa pod Warszawą, in: Robotnik, 15. 8. 1920, S. 1.
[420] Jan Maurycy Borski: Wojna – Pokój, in: Robotnik, 20. 8. 1920, S. 1.

Werkzeug sein, das der Entente dazu dient, politische und wirtschaftliche Rechnungen mit Deutschland, Russland und der Tschechoslowakei zu begleichen. Die Existenz Polens und seine Unabhängigkeit dürfen nicht abhängig sein von den wechselnden politischen Konjunkturen zwischen Ost und West."[421]

Stefan Żeromski brachte auf den Punkt, was die polnische Linke im Rückblick auf 1920 immer wieder umtrieb: Polen sei kein „Gendarm des bourgeoisen Europa".[422]

Die Stellung des *antemurale*-Mythos im Kontext der zeitgenössischen internationalen Politik war somit der eigentliche Punkt, an dem sich die Geister schieden. Die Nationaldemokraten sahen eine „Vormauer" nicht nur gegen Russland, sondern auch gegen Deutschland und ein deutsch-russisches Zusammengehen für notwendig an: „Der preußische Stiefel im Verein mit der russischen Knute würde sonst bald wieder über die Menschen regieren, die erst eine kurze Zeit lang die Freiheit geatmet haben."[423] Umso nachdrücklicher bekannte sich die Nationaldemokratie zur Rolle Polens als strategischer und moralischer Pfeiler der europäischen Nachkriegsordnung.

Dagegen ließen die Anhänger Piłsudskis zwar nicht prinzipiell vom Bild der „Vormauer", betonten aber die Stärke eines auf sich allein gestellten Polens. Vorbehaltlos für die Interessen des Westens einzutreten schien nicht opportun, solange die westlichen Alliierten noch mit der Unterstützung der „Weißen" im russischen Bürgerkrieg kokettierten: „Sämtliche politische Konstruktionen, die ihre Hoffnungen auf Frieden und Gleichgewicht in Europa in erster Linie auf das Wiedererstehen Russlands stützen, sind auf Sand gebaut, solange von diesem Russland diese schreckliche Seuche in die Welt ausgeht, die Polen, und nur Polen aufzuhalten in der Lage ist". Mit der Feststellung, dass die westlichen Alliierten die Fragen Osteuropas in keiner Weise verstünden, verband sich in den Augen der Piłsudski-Anhänger eine Rechtfertigung für das polnische Hegemoniestreben in Osteuropa – gleichsam in einer offensiven Wendung des *antemurale*-Mythos war mit Hilfe polnischer Herrschaft der „Geist des Westens" im Osten zu implementieren.[424]

Noch unter dem Eindruck des militärischen Geschehens kam es zu ersten Versuchen, den Sieg über die Rote Armee am 15. August als Gedenktag zu etablieren. Daran beteiligten sich vor allem die Nationaldemokraten, die katholische Kirche und ihnen nahe stehende gesellschaftliche Organisatio-

---

[421] Jan Maurycy Borski: O roli Polski wśród narodów, in: Robotnik, 3. 8. 1920, S. 1.
[422] Żeromski, Na probostwie, S. 166.
[423] Na szańcach niepodległości, in: Gazeta Warszawska, 15. 8. 1920, S. 1.
[424] Zm.: Skutki dyplomatyczne bitwy pod Warszawą, in: Kurjer Polski, 25. 8. 1920, S. 1; Zustimmung fand diese Position bei den Krakauer Konservativen: Ameryka i Polska, in: Czas, 18. 10. 1920, S. 1.

nen. Schon in der ersten Woche nach dem Sieg bei Warschau 1920 fanden kirchliche Gedenkfeiern statt, darunter am 21. August als größte Veranstaltung ein feierlicher Gottesdienst mit Beerdigung der Gefallenen im kujawischen Włocławek.[425] Der Warschauer Erzbischof Kardinal Aleksander Kakowski wurde in besonderem Maße gedenkpolitisch aktiv. Am 18. August war er an die Front bei Radzymin gefahren, bevor er am 29. August einen festlichen Dankgottesdienst in der Warschauer St. Johannes-Kathedrale abhielt.[426] In einem Hirtenbrief vom 30. Oktober 1920 schlug er vor, den 15. August zum „Tag des polnischen Soldaten" auszurufen.[427] Im Sommer 1921 ordnete er dann für alle Priester und Ordensleute an, an jenem Tag feierliche Hochämter zu organisieren.[428] Der Warschauer Ortsverband der Gutsbesitzerinnen, der traditionell enge Bindungen zur bischöflichen Kurie unterhielt, organisierte 1921 unter Führung seiner langjährigen Vorsitzenden Józefa Klawerowa eine Pilgerfahrt nach Częstochowa zum Dank für das Wunder an der Weichsel.[429]

Durch die Krise des Sommers 1920 hatte die Kirchenbindung vieler Menschen zugenommen.[430] Der katholischen Kirche war verständlicherweise daran gelegen, dass es sich hier nicht nur um ein temporäres Phänomen handelte. Gerade darum war das Gedenken an das „Wunder an der Weichsel" so wichtig: Es hielt das Glaubenserlebnis vom Sommer 1920 präsent und dokumentierte gleichzeitig das Selbstverständnis der Kirche, in Notlagen der entscheidende Rückhalt der polnischen Nation zu sein.

An die kirchlichen Bestrebungen, den Jahrestag des Sieges über die Rote Armee als Gedenktag zu etablieren, versuchte die Nationaldemokratie anzuknüpfen. Für ein Komitee, das die Errichtung einer kirchlichen Gedenkstätte plante, konnte Sejm-Marschall Wojciech Trąmpczyński als Vorsitzender gewonnen werden. 1921 gab es zum ersten Gedenktag in Warschau 15 Stadtteil-Versammlungen des ZLN und bei Feierlichkeiten am ehemaligen

---

[425] Mieczysław B. Markowski: Społeczeństwo województwa kieleckiego wobec wojny polsko-bolszewickiej 1919 - 1920, Kielce 1998, S. 187 - 194; Józef Bilczewski: Pokłosie z czasu wojny bolszewickiej. List pasterski do duchowieństwa i wiernych (24. 9. 1920), Lwów 1920, S. 17.
[426] Władysław Padacz: Listy Pasterskie i Odezwy Jego Eminencji Ks. Kardynała Aleksandra Kakowskiego, in: Wiadomości Archidiecezjalne Warszawskie, 28, 1938, S. 164 - 179.
[427] List pasterski kardynała Aleksandra Kakowskiego do duchowieństwa i wiernych Archidiecezji Warszawskiej, 30. 10. 1920, in: Drozdowski, Metropolia, S. 230.
[428] List pasterski arcybiskupa kardynała Aleksandra Kakowskiego w pierwszą rocznicę „Cudu nad Wisłą", 30. 7. 1921, in: Drozdowski, Metropolia, S. 256.
[429] A. Grzybowska: Duchy świetlane, in: Ziemianka Polska, 1930, H. 11, S. 5 - 6.
[430] Bilczewski, Pokłosie, S. 17. Zur Aktivität der Kirche: Szczepański, Społeczeństwo Polski, S. 206 - 211.

Frontverlauf nahe der Hauptstadt waren Organisationen wie die Turnbewegung *Sokół* und örtliche Bürgerwehren präsent.[431]

Dagegen zeigten sich Piłsudski und seine Anhänger zunächst wenig interessiert den 15. August historisch besonders zu würdigen, denn sie verfügten bereits über einen zeitlich in enger Nähe liegenden Gedenktag: Am 6. August 1914 waren Piłsudskis Legionen über die österreichisch-russische Grenze vorgedrungen, und am 6. August 1919, im ersten Jahr des unabhängigen Polens, wurde an dieses Ereignis erstmals feierlich erinnert.[432]

Für das Gedenken an den Sieg von 1920 waren freilich nicht allein Umfang und Häufigkeit der Festivitäten entscheidend, sondern auch die inhaltliche Ausrichtung. Der Kampf um die Deutung des polnisch-sowjetischen Krieges begann schon mit der Frage nach den Bezeichnungen. Kirchliche, nationaldemokratische und konservative Kreise sprachen in religiöser Metaphorik vom „Wunder an der Weichsel" (*Cud nad Wisłą*, anfangs auch *Cud Wisły*). Die katholische Presse polemisierte dabei mit Autoren, die die neutralere Bezeichnung „Schlacht von Warschau" (*Bitwa Warszawska*) bevorzugten.[433] Umstritten war auch die Lokalisierung eines möglichst symbolträchtigen Erinnerungsorts. Der siegreiche Konterangriff gegen die sowjetrussischen Truppen fand an verschiedenen Schauplätzen statt, wobei der Großteil der militärischen Aktionen abseits der Hauptstadt ausgefochten wurde: Marschall Józef Piłsudski begann seine Offensive in der Nähe von Puławy, General Władysław Sikorski, der sich im Ersten Weltkrieg als Mitorganisator der Polnischen Legionen und beim Kampf um Lwów 1918 hervorgetan hatte, kämpfte im nordwestlichen Masowien (Modlin - Ciechanów) und die Freiwilligen-Armee General Józef Hallers verteidigte das Terrain um die Kreisstadt Radzymin nordöstlich von Warschau. Dass gerade das Aktionsgebiet der Haller-Armee in der späteren Erinnerung an den Krieg die meiste Beachtung fand, hatte mehrere Gründe. Zum ersten standen hier die sowjetrussischen Truppen in nächster Nähe zur Hauptstadt Warschau. Damit kam die dem Land als Ganzes drohende existentielle Gefahr hier am eindrücklichsten zum Vorschein. Zum zweiten agierte hier die Freiwilligen-Armee, die in höherem Maße als die professionellen Einheiten Piłsudskis oder Sikorskis den Verteidigungswillen breiter Bevölkerungsschichten verkörperte. Der große Erfolg bei der Mobilisierung bot schon im

---

[431] Warszawa – w rocznicę „Cudu Wisły", in: Gazeta Warszawska, 16. 8. 1921, S. 3.
[432] Cześć bohaterom! 6 sierpnia 1914 r., in: Kurjer Polski, 6. 8. 1919, S. 1.
[433] Markowski, Społeczeństwo, S. 189 - 190. Noch in den frühen 1920er Jahren war der Ausdruck „Wunder an der Weichsel" auch in militärischen Kreisen verbreitet, wenn auch mit Reverenz an Piłsudski als denjenigen, der das „Wunder" ermöglichte: Pod Warszawą, in: Polska Zbrojna, 13. 8. 1922, S. 1; Bitwa Warszawska, in: Polska Zbrojna, 15. 8. 1922, S. 1.

Juli 1920 der *Endecja* die Gelegenheit, die Freiwilligen-Armee als Volksarmee zu stilisieren und dem regulären Piłsudski-Heer gegenüberzustellen.[434] Zum dritten kam in der Nähe von Radzymin, beim Dorf Ossów, der junge Warschauer Priester Ignacy Skorupka zu Tode, der als Kriegsfreiwilliger und Feldgeistlicher im 236. Infanterie-Regiment Dienst tat und eine Attacke aus der ersten Reihe angeführt hatte. Bereits 1921 fanden in Ossów Feierlichkeiten statt, bei welchen nach einer kirchlichen Zeremonie ein von einheimischen Bauern gestiftetes Eichenkreuz zu seinen Ehren geweiht wurde.[435] In der Folge stieg Skorupka, vermittelt durch die gesellschaftlich einflussreiche Kriegsdeutung der katholischen Kirche, rasch landesweit zur populären Heldenfigur des „Wunders an der Weichsel" auf.[436]

Der junge Priester war nicht die einzige Personifizierung der Kriegswochen von 1920. Es war freilich ausgesprochen strittig, wer noch zum Helden-Pantheon gehören sollte. Während die Piłsudski-Anhänger auf den Kult des Marschalls setzten, der ausgerechnet am 6. August 1920, dem Jahrestag der Legionen, den Plan für die Befreiungsschlacht ersonnen haben soll,[437] bauten die Nationaldemokraten auf General Józef Haller und den französischen General Maxime Weygand als militärischen Repräsentanten einer Interalliierten Kontroll-Kommission, die auf Grundlage des Abkommens von Spa am 21. Juli 1920 nach Polen gesandt worden war. Weygand hatte sich während des Ersten Weltkriegs im Stab von Marschall Foch bewährt und war bei den Waffenstillstandsverhandlungen mit dem Deutschen Reich im November 1918 zugegen gewesen. Dass die Nationaldemokraten Weygand im Einklang mit vielen zeitgenössischen Kommentatoren in Westeuropa zum geistigen Vater der Abwehrschlacht von Warschau stilisierten, obwohl Weygand selbst sich seit den 1920er Jahren in mehreren Stellungnahmen gegen eine solche Heldenrolle verwahrte,[438] hatte politische Gründe. Zum einen galt es zu verhindern, dass dem innenpolitischen Gegner Piłsudski die entscheidenden Verdienste um den Sieg zuerkannt wurden, zum anderen diente es der Rechtfertigung und Rehabilitierung nationaldemokratischer Außenpolitik, wenn die alliierte Hilfe gebührend hervorgehoben

---

434 Ku zwycięstwa, in: Gazeta Warszawska, 11. 7. 1920, S. 1.
435 Warszawa – w rocznicę „Cudu Wisły", in: Gazeta Warszawska, 16. 8. 1921, S. 3.
436 Frühe Würdigungen: Marja Bogusławska: Dziedzictwo Kordeckiego. Ks. Ignacy Skorupka, Warszawa 1920; I. W. Kosmowska: Nasi bohaterscy obrońcy. Ksiądz Ignacy Skorupka, Warszawa o. J.; Cz. Nowicki: Pierwsze Święto Królowej Korony Polskiej na Jasnej Górze. Spełnienie Ślubów Króla Jana Kazimierza złożonych w katedrze lwowskiej 1 kwietnia 1656 r., Częstochowa 1925, S. 7.
437 Bitwa Warszawska (13 - 17 VIII 1920), in: Robotnik, 14. 8. 1922, S. 2.
438 Wandycz, France and Her Eastern Allies, S. 173 - 174. Tatsächlich schätzt auch die historische Forschung den militärischen Einfluss Weygands eher gering ein, so ebd., S. 171 - 173; Davies, Orzeł biały, S. 224 - 228.

werden konnte. Für ihre enge Anlehnung an die Westmächte hatte die *Endecja* im Juli 1920 herbe Kritik erfahren und mit dem Rücktritt der Regierung Władysław Grabski politischen Tribut zollen müssen.

Schließlich gab es zahlreiche regionale und gruppenspezifische Helden, wie etwa den Vorsitzenden des Warschauer ZPNSP-Bezirksverbands, Roland Bauer, der bei Kampfhandlungen in der Nähe von Łomża Anfang August 1920 ums Leben kam,[439] oder der sozialistische Sejm-Abgeordnete Aleksander Napiórkowski, der sich als aufstrebendes politisches Talent Meriten um die lokale Organisation der PPS in Łódź erworben hatte und gerade erst im Mai 1920 in das höchste Führunggremium der Partei, in das Zentrale Exekutiv-Komitee (*Centralny Komitet Wykonawczy*, CKW), gewählt worden war, bevor er am 18. August 1920 bei Ciechanów fiel.[440] Gemessen am scharfen Deutungskonflikt zwischen Nationaldemokraten, katholischer Kirche und Piłsudski-Anhängern stand allerdings die Traditionsstiftung von Sozialisten und Bauernparteien zunächst im Hintergrund. Erst in den 1930er Jahren sollte ihr eine wichtigere politische Rolle zukommen.

Direkte Gelegenheit zur Abrechnung mit dem innenpolitischen Gegner bot schließlich die Debatte über Verhaltensweisen während des Krieges. Einstecken musste dabei Piłsudski, dessen Vorstoß nach Kiew ihm als Verantwortungslosigkeit ausgelegt wurde, da dies Polen überhaupt erst in die schwierige Lage gebracht hätte,[441] aber umgekehrt auch die *Endecja*: Deren führende Politiker hatten angesichts des erwarteten Falls der Hauptstadt Warschau nicht tapfer ausgeharrt, sondern sich nach Poznań zurückgezogen, um dort Regierung und Militär neu organisieren zu können.[442]

Obwohl sich die Rote Armee seit Herbst 1920 aus den Kerngebieten Polens zurückgezogen hatte und diese bis zum Zweiten Weltkrieg nicht wieder betreten sollte, blieb die Furcht vor dem Bolschewismus in Polen ein Thema, mit dem vor allem zu den alljährlichen Gedenktagen und in Wahlkampfzeiten höchst emotional umgegangen werden konnte. Die Nationaldemokraten sahen ihr verschwörungstheoretisch angereichertes Stereotyp vom „jüdischen Bolschewismus" bestätigt und weiterhin virulent: „Bolschewiki, Deutsche und die internationale Judenorganisation reichten sich die Hände, um Polen in den Strudel von Anarchie und Revolution hinein zu reißen und es dadurch ins Verderben zu stoßen."[443] Aber auch die Sozialisten bedienten sich in der Auseinandersetzung mit ihrem Konkurrenten auf der Linken, der Kommunistischen Partei Polens, drastischer Warnungen:

---

[439] III. Zjazd Delegatów, in: Głos Nauczycielski, 5, 1921, S. 121.
[440] Po latach osiemnastu. Sierpień roku 1920, in: Robotnik, 14. 8. 1938, S. 4.
[441] Warszawa – w rocznicę „Cudu Wisły", in: Gazeta Warszawska, 16. 8. 1921, S. 3.
[442] AAN, PPS, 114/X-2, Bl. 37 - 37a.
[443] Warszawa – w rocznicę „Cudu Wisły", in: Gazeta Warszawska, 16. 8. 1921, S. 3.

Demnach hatten die Kommunisten nicht nur aktiv den Bolschewiki geholfen und die provisorische Sowjetregierung in Białystok unter Führung von Feliks Dzierżyński mitorganisiert, sondern sie würden bei einem erfolgreichen Abschneiden in den Sejm-Wahlen „Trockij einladen, ein zweites Mal Krieg gegen Polen zu beginnen und dabei zu helfen, ein Sowjet-Polen zu schaffen, ein genauso unglückliches Land wie das heutige Russland, wo die Väter vor Hunger ihre eigenen Kinder auffressen".[444]

Konkrete Gedenkaktivitäten waren in den ersten Jahren nach dem Sieg über die Rote Armee ausschließlich der Initiative einzelner politischer und gesellschaftlicher Gruppierungen, allen voran der katholischen Kirche, geschuldet. Allerdings hatte die unterschiedliche Deutung des Kriegs wiederholt die Gemüter in der polnischen Öffentlichkeit erregt und zur Polarisierung im Sejm-Wahlkampf 1922 beigetragen. 1923 kam es dann zu ersten offiziellen geschichtspolitischen Maßnahmen. Am 28. Mai hatten die Nationaldemokraten in Koalition mit den Christdemokraten und dem PSL-Piast die Regierung übernommen. Daraufhin brachte Józef Piłsudski seinen im Dezember 1922 begonnenen Rückzug von politischen und militärischen Ämtern zum Abschluss und zog sich als Privatier nach Sulejówek, einen Villenvorort bei Warschau, zurück. Der neue Kriegsminister Stanisław Szeptycki, ein lange gedienter Offizier der österreichisch-ungarischen Armee, der sich im polnisch-sowjetischen Krieg als Befehlshaber der polnischen Litauisch-Weißrussischen Front in taktischen Fragen mit Piłsudski überworfen hatte und im Juli 1920 von seinem Posten entbunden worden war, nahm nun politisch geschickt terminiert dem Legionärstag zum 6. August den Wind aus den Segeln: In einer Anordnung vom 4. August 1923 verkündete er den 15. August, wie schon lange von kirchlichen und nationaldemokratischen Kreisen gefordert, zum offiziellen „Tag des Soldaten", der von Armee und polnischer Gesellschaft feierlich begangen werden sollte. Nach einer vormittäglichen Militärparade sollten die Feierlichkeiten am Nachmittag ausdrücklich „zivilen Charakter" haben.[445] Darin manifestierten sich sowohl die Distanz zum weitgehend von Piłsudski und seinen Anhängern geprägten Heer als auch die Betonung gesellschaftlicher Initiativkraft, wie sie die Nationaldemokraten seit den Zeiten der „organischen Arbeit" in der zweiten Hälfte des 19. Jahrhunderts immer wieder beschworen. So kam es der neuen Regierungskoalition sehr zupass, dass, ebenfalls noch vor dem 6. August, der polnische Pfadfinderverband zur Teilnahme an den Feiern zum dritten Jahrestag des „Wunders an der Weichsel" aufrief,

---

[444] AAN, PPS, 114/X-2, S. 6 - 7a, 37 - 37 a.
[445] Święto żołnierza i doroczny przegląd załogi w dniu 15 sierpnia, in: Polska Zbrojna, 4. 8. 1923, S. 4.

verbunden mit dem Hinweis, dass seinerzeit in der Freiwilligen-Armee Józef Hallers rund 15.000 Pfadfinder und Pfadfinderinnen gedient hätten.[446]

Die zentrale Veranstaltung in der Hauptstadt begann um 9 Uhr mit einer aufwändigen Militärparade einschließlich Flugschau der Luftwaffe und Feldmesse. Vertreten waren Sejm, Senat, Regierung und ausländische Staatsgäste wie der rumänische König Ferdinand I. als höchster Repräsentant desjenigen Landes, mit dem Polen die besten nachbarschaftlichen Beziehungen unterhielt, oder der amtierende britische Generalstabschef General Lord Frederick Lambart Cavan. Insbesondere aber richteten sich die Blicke auf den ehemaligen französischen Generalstabschef Marschall Ferdinand Foch und die Vertreter der französischen Militärmission in Polen.[447]

Noch unter der Regie von Józef Piłsudski und Außenminister Eustachy Sapieha, einem Anhänger der Wilnoer Konservativen, war es am 19. Februar 1921 in Paris zum Abschluss eines polnisch-französischen Allianzabkommens gekommen. Die kritischen Urteile von Historikern, wonach das Bündnis von beiden Seiten nicht sonderlich ernst genommen worden sei[448] und es sich um ein eher technisches Abkommen gehandelt habe,[449] berücksichtigten nicht die zeitgenössische Rezeption des polnisch-französischen Zusammengehens in der polnischen Öffentlichkeit. Entscheidend war hier weniger der Inhalt als die psychologische Wirkung des Abkommens. Nahezu enthusiastisch reagierten Nationaldemokraten und Konservative,[450] die eine enge polnisch-französische Beziehung schon lange gefordert hatten. Der frankophile Publizist Stanisław Stroński wertete das polnisch-französische Bündnis als bedeutsamsten außenpolitischen Vorgang seit dem Versailler Vertrag und erkannte eine „ungeheure Tragweite für Polen, für Frankreich und für Europa". Polen habe mit diesem Bündnis die Nachfolge Russlands als wichtigster Verbündeter Frankreichs auf dem Kontinent angetreten.[451] Als eine „Rückkehr nach Europa" feierte gar die Kommen-

---

[446] W trzechlecie „Cudu nad Wisłą". Odezwa, in: Gazeta Warszawska, 5. 8. 1923, S. 3.
[447] Obchód Święta Żołnierza Polskiego w Warszawie, in: Polska Zbrojna, 16. 8. 1923, S. 2.
[448] Peter D. Stachura: The Battle of Warsaw, August 1920, and the Development of the Second Polish Republic, in: ders. (Hrsg.): Poland between the Wars, 1918 - 1939, Houndmills - London - New York 1998, S. 50 - 51.
[449] Vgl. vor allem Jacques Bariéty: Die französisch-polnische „Allianz" und Locarno, in: Ralph Schattkowsky (Hrsg.): Locarno und Osteuropa. Fragen eines europäischen Sicherheitssystems in den 20er Jahren [Marburger Studien zur Neueren Geschichte, Bd. 5], Marburg 1994, S. 79 - 81. Die Schärfe der Argumentation ist mit dem Versuch zu erklären, Frankreich vom Vorwurf zu entlasten, in Locarno das polnisch-französische Bündnis aufs Spiel gesetzt zu haben.
[450] Znaczenie układów paryskich, in: Gazeta Warszawska, 22. 2. 1921, S. 1.
[451] Stanisław Stroński: Sojusz Francji z Polską, in: Rzeczpospolita, Morgenausgabe, 22. 2. 1921, S. 3.

tatorin der konservativen *Rzeczpospolita*, die aus einer assimilierten jüdischen Familie stammende und an der Universität Lwów promovierte Philosophin Irena Pannenkowa, den Vertrag.[452]

Seit 1923 suchte die neue Regierungskoalition von Nationaldemokraten, Christdemokraten und PSL-Piast die Bindungen zum Partner Frankreich weiter zu stärken. Die politische Rechte war auf einer symbolischen Ebene gerne bereit, französischen Militärvertretern und Politikern ein bedeutendes Verdienst am „Wunder an der Weichsel" zu attestieren. Das Prestige, das die ausländischen Gäste dem Feiertag am 15. August verliehen, registrierten regierungsnahe Berichterstatter mit besonderer Genugtuung, ließ sich dadurch doch demonstrieren, dass die Nationaldemokraten im Gegensatz zu Piłsudski größeren internationalen Kredit genossen. Dies setzte zugleich einen willkommenen politischen Kontrapunkt zu einer insbesondere im Nachbarland Deutschland weit verbreiteten Darstellung und Diskreditierung Polens als „Saisonstaat", als labiles Staatsgebilde ohne größere Zukunft.

Formal im Vordergrund stand am 15. August 1923 die Ehrung der vielen Freiwilligen, die sich zur Verteidigung gegen die Bolschewiki unter der Führung General Hallers gemeldet hatten, und des einfachen, „grauen" Soldaten. Damit gemeint waren zwar Angehörige der regulären polnischen Armee, aber gerade nicht das Offizierskorps, das in seiner Mehrheit loyal zu Piłsudski stand. Zwei Jahre später fand die neue Symbolfigur Eingang in das in Warschau am Sächsischen Garten errichtete und feierlich eingeweihte „Denkmal des unbekannten Soldaten".

Der 15. August hatte sich drei Jahre nach dem Ereignis durch gezielte geschichtspolitische Maßnahmen erstmals als offizieller Gedenktag präsentiert. Die Deutungshoheit trugen zunächst Nationaldemokraten und katholische Kirche davon. Obwohl die einige Kriegsnation immer wieder als Verhaltensmaßstab auch für Friedenszeiten beschworen wurde, hatte das Ringen um die „richtige" Gedenkpraxis neue Trennlinien in der polnischen Gesellschaft aufgezeigt. In seiner polarisierenden Wirkung stand das politische Fest dem Sejm-Wahlkampf kaum nach.

2. 5 Polen als multiethnischer Staat

Das Ende des Ersten Weltkriegs und die anschließenden Grenzkämpfe hatten gravierende Auswirkungen auf die Multiethnizität im östlichen Mitteleuropa. Zwar hatten sich spätestens im 19. Jahrhundert ethnische Selbst-

---

[452] Irena Pannenkowa: My i Europa, in: Rzeczpospolita, Abendausgabe, 25. 2. 1921, S. 3.

und Fremdbilder ausgeprägt, doch standen diese häufig noch im Bezugsrahmen übernational ausgerichteter Imperien im östlichen Europa, die ihre Macht über dynastische Traditionen definierten und legitimierten. Dies galt zuallererst für Österreich-Ungarn, in Teilen aber auch für das zarische Russland und das von einer großen ethnisch polnischen Bevölkerungsgruppe bewohnte Preußen. Unverkennbar war allerdings schon in der zweiten Hälfte des 19. Jahrhunderts die Entwicklung eines Herrschaftsverständnisses, das nationalistischen Bestrebungen der ethnischen Mehrheitsbevölkerung entgegenkam. Imperiale Herrschaft erhielt einen immer stärkeren binnenkolonialen Charakter.[453]

Eine deutliche Verfestigung der Vorstellungen von Ethnizität brachte der Erste Weltkrieg, für das Gebiet des späteren Polen speziell die von den Besatzungsmächten Deutschland und Österreich-Ungarn praktizierte „Nationalitätenpolitik" im Sinne eines *divide et impera*. Diese brachte etwa der jüdischen Bevölkerung *nolens volens* manche Fördermaßnahme ein, gleichzeitig aber kollektiv den Ruf kollaborationistischen Verhaltens, während Vertreter der ukrainischen Nationalbewegung sich so weit gestärkt sahen, um eigene Staatsgründungsprojekte zu forcieren.

Die staatlichen Neuordnungsprozesse nach 1918 beendeten die Dynamik der Ethnisierung keineswegs. Die blutigen Auseinandersetzungen im Westen des gerade unabhängig gewordenen polnischen Staates fanden ihren Ausdruck im Großpolnischen Aufstand 1918/19, vor allem aber in den Kämpfen um Oberschlesien. Nach dem ersten schlesischen Aufstand im August 1919 hatte Anfang 1920 eine Interalliierte Regierungs- und Plebiszitkommission unter Leitung des französischen Generals Henri Le Rond die Aufsicht über das Zusammenleben von Deutschen und Polen in der Region übernommen, allerdings konnte sie auch nicht verhindern, dass Ende August 1920, als die für Polen günstige Entscheidung im Krieg mit Sowjetrussland gefallen war, erneut nationale Emotionen in gewalttätiger Weise aufbrachen. Der „zweite schlesische Aufstand", der sich vor allem im ländlichen Raum Oberschlesiens entfaltete, endete mit der vorübergehenden

---

[453] Die für Österreich-Ungarn schon seit längerem geläufige Interpretation als übernationales Imperium ist in jüngster Zeit in eine postkoloniale Perspektive gerückt worden, so vor allem im Sammelband von Johannes Feichtinger, Ursula Prutsch und Moritz Csáky (Hrsg.): Habsburg postcolonial. Machtstrukturen und kollektives Gedächtnis [Gedächtnis – Erinnerung – Identität, Bd. 2], Innsbruck u. a. 2003. Für Russland grundlegend: Andreas Kappeler: Rußland als Vielvölkerreich. Entstehung, Geschichte, Zerfall, München 1992, S. 207 - 283. Zur Charakteristik des Deutschen Kaiserreichs als „preußisch-deutsches Empire": Philipp Ther: Deutsche Geschichte als imperiale Geschichte. Polen, slawophone Minderheiten und das Kaiserreich als kontinentales Empire, in: Sebastian Conrad und Jürgen Osterhammel (Hrsg.): Das Kaiserreich transnational. Deutschland in der Welt 1871 - 1914, Göttingen 2004, S. 129 - 148.

Einführung einer gemeinsamen deutsch-polnischen „Plebiszit-Polizei". Das Plebiszit am 20. März 1921 brachte für Polen eine Enttäuschung, da sich 40,4 % der Stimmberechtigten für eine Angliederung Oberschlesiens an Polen, aber 59,6 % der Stimmberechtigten für einen Verbleib Oberschlesiens bei Deutschland aussprachen. Der in der Nacht vom 2. auf den 3. Mai 1921 federführend vom polnischen Plebiszitkomitee unter Wojciech Korfanty entfesselte „dritte schlesische Aufstand" war organisatorisch gut vorbereitet und währte nahezu zwei Monate. Die Kämpfe deutscher und polnischer Freischärler mit ihrem symbolträchtigen Höhepunkt am Sankt Annaberg (Góra św. Anny) endeten ohne klaren Sieger. Politisch war der Aufstand für Polen aber ein Erfolg, denn auf der Suche nach einer Kompromisslösung kam es am 20. Oktober 1921 zu einer Entscheidung des Obersten Alliierten Rates, indem die Ergebnisse des Plebiszits lokal differenziert und mit wirtschaftlichen Interessen abgewogen wurden. Polen erhielt mit 29 % des zur Abstimmung stehenden Territoriums den flächenmäßig kleineren, aber mit Industrieanlagen, Bergwerken und Bodenschätzen reichhaltiger ausgestatteten Teil Oberschlesiens. Trotz der in den Folgejahren geschlossenen rechtlichen Abkommen zur friedlichen Bewältigung der Teilung Oberschlesiens wirkten doch die Aufstände und Kämpfe, aber auch die vielen alltäglichen Zusammenstöße in den Jahren 1919 - 1921 nachhaltig auf die Erinnerungskulturen von Deutschen und Polen.

Eine Eskalation der Gewalt und Aufmerksamkeit internationalen Ausmaßes erfuhren parallel dazu die polnisch-ukrainisch-jüdischen Beziehungen in Galizien und den *Kresy Wschodnie* im Winter 1918/19 und Frühjahr 1919, angefangen mit dem Kampf um Lwów[454] bis hin zu den antijüdischen Pogromen in der Anfangsphase des polnisch-sowjetischen Kriegs, insbesondere in Pińsk und Wilno. Die Nachrichten von den Pogromen waren so beunruhigend, dass sich die westlichen Alliierten zur Entsendung einer Untersuchungskommission unter Führung des amerikanischen Diplomaten und Experten für Nahost- und Flüchtlingsfragen Henry Morgenthau sen. entschlossen.[455] Der Schutz der Juden in Mittel- und Osteuropa lag nicht nur im humanitären, sondern auch im staatlichen Interesse der Westmächte, da sie aufgrund der Pogrome mit einer wachsenden Zahl an Einwanderern rechneten.

Die antisemitischen Ausschreitungen in der Frühphase des polnisch-sowjetischen Krieges hatten konkrete völkerrechtliche Auswirkungen: Polen

---

[454] Stärkeren Akzent auf den in einer polnisch-ukrainischen Perspektive bislang wenig beachteten Pogrom von Lwów im November 1918 legen nun Christoph Mick: Ethnische Gewalt und Pogrome in Lemberg 1914 - 1941, in: Osteuropa, 53, 2003, S. 1814 - 1817 und Hagen, Moral Economy, 203 - 226.

[455] Ausführlich hierzu Lundgreen-Nielsen, Polish Problem, S. 371 - 376.

war der erste Staat nach dem Ersten Weltkrieg, der einen Vertrag zum Schutz „nationaler Minderheiten" zu unterschreiben hatte. Trotz negativer Resonanz in polnischen Medien und polnischer Politik fand sich für die Ratifizierung am 31. Juli 1919 eine Mehrheit im Sejm. Ein erster Grund hierfür war die direkte Koppelung des Minderheitenschutzvertrags an den Versailler Friedensvertrag. Nur die Zustimmung zu beiden Verträgen machte den Weg zur völkerrechtlichen Anerkennung Polens frei. Ein zweiter Grund lag in der zeitlichen Koinzidenz mit den polnischen militärischen Erfolgen im Osten. Dieser Zusammenhang zwischen Minderheitenschutzvertrag und beginnendem polnisch-sowjetischen Krieg ist in der Historiographie bislang nicht reflektiert worden, entbehrt aber nicht der Dialektik: Einerseits hatten die Pogrome in den *Kresy Wschodnie* die Vertragsbedingungen für Polen wesentlich verschärft, andererseits war der Feldzug des Jahres 1919, in dessen Verlauf bereits im Sommer polnische Truppen vor Minsk standen, dazu angetan Kritikern den Wind aus den Segeln zu nehmen.

Der Minderheitenschutzvertrag sprach allgemeine Grundrechte, Fragen der Staatsangehörigkeit, des Sprachgebrauchs, der kulturellen Entfaltungsmöglichkeiten und der internationalern Garantien an, jedoch häufig, ohne einzelne Bestimmungen zu präzisieren.[456] Die Ratlosigkeit angesichts der praktischen Durchführung teilten Diplomaten und Experten der westlichen Alliierten mit ihren polnischen Vertragspartnern. Für die sich als ethnisch polnisch verstehende Bevölkerung war das Zusammenleben mit ethnisch nicht-polnischen Bevölkerungsgruppen keine Ausnahme, sondern im Guten wie im Schlechten der Normalfall,[457] allerdings gab es keine institutionalisierte Regeln. Daher existierte zu Beginn der 1920er Jahre in keinem politischen Lager Polens ein stringentes Programm für eine künftige „Minderheitenpolitik".[458] Ein solches Programm setzte voraus, dass elementare Fragen geklärt waren: Wer gehörte überhaupt zur Nation? Sollte Polen eine ethnische Nation oder eine politische Nation sein?

Antworten mussten sich unter erschwerten Rahmenbedingungen weisen – in Zeiten des Krieges und eines im vollen Gange befindlichen Aushand-

---

[456] Martin Scheuermann: Minderheitenschutz contra Konfliktverhütung? Die Minderheitenpolitik des Völkerbundes in den zwanziger Jahren [Materialien und Studien zur Ostmitteleuropa-Forschung, Bd. 6], Marburg 2000, S. 26 - 30. Als zeitgenössische Einschätzung: Uznanie granic wschodnich. Sukces Polski i polskiego rządu, in: Czas, 16. 3. 1923, S. 1.

[457] Wapiński, Polska i małe ojczyzny Polaków, S. 313.

[458] Michał Śliwa: Polska myśl polityczna w I połowie XX wieku, Wrocław - Warszawa - Kraków 1993, S. 152; Andrzej Chojnowski: Koncepcje polityki narodowościowej rządów polskich w latach 1921 - 1939 [Polska Myśl Polityczna XIX i XX wieku, Bd. 3], Wrocław - Warszawa - Kraków - Gdańsk 1979, S. 67.

lungsprozesses konkurrierender Nationsentwürfe. Der Diskurs über die Multiethnizität Polens war in den ersten Jahren der Unabhängigkeit an den Diskurs über Grenz- und Raumvorstellungen geknüpft. Da für den Westen des Landes 1919 in Versailles eine zwar in Teilen noch vorläufige, umstrittene, doch immerhin Orientierung gebende Regelung erfolgt war, richtete sich der Blick auch hier bevorzugt nach Osten, auf den Raum zwischen Weichsel und Dnjepr, auf den Schauplatz des polnisch-sowjetischen Kriegs. Wie war die einheimische Bevölkerung, die sich nach ethnischen Kriterien als Litauer, Weißrussen und Ukrainer, teilweise auch in vormoderner Verweigerung klassifizierender Ansprüche als „Hiesige" (*tutejsi*), hingegen nur zu einem geringen Prozentsatz als Polen verstand, in die neu entstandene Zweite Republik einzugliedern?

Das Beispiel der westlichen Demokratien gab in den ersten Jahren der staatlichen Unabhängigkeit Polens wichtige Orientierung. Ausgehend von dem Postulat, dass in Polen alle Bürger, unabhängig von Herkunft, Glauben, sozialer Stellung oder politischen Überzeugungen die gleichen Rechte besitzen sollten, zog etwa der Sozialist Tadeusz Hołówko den Vergleich zu den Vereinigten Staaten: „Genau mit dieser Gleichberechtigung, dieser einheitlichen Behandlung aller gelang Amerika das Wunder, dass es für Emigranten schnell zu einem zweiten Vaterland wurde."[459] Die polnische Republik sollte den gleichen Weg beschreiten im Verhältnis zu Ukrainern, Juden, Weißrussen und Deutschen, wobei die Freiwilligkeit, mit der sich die nicht-polnischen Ethnien für eine Zugehörigkeit zu Polen entscheiden sollten, an erster Stelle stand. Der Einsatz von Polizeigewalt oder einer Militärverwaltung in den Grenzgebieten war für Hołówko nicht akzeptabel. Das angelsächsische Beispiel fand der Konservative Stanisław Cat Mackiewicz ansprechend: „Wenn die Yankees Nationalisten gewesen wären, gäbe es keine Vereinigten Staaten, wenn die Engländer Nationalisten gewesen wären, gäbe es kein britisches Imperium."[460] Eine Strategie der Toleranz verband sich hier mit der Hoffnung auf eine Stärkung der polnischen Vormachtstellung im östlichen Europa.

Die mit Abstand größte Beachtung in den polnischen Überlegungen erfuhr allerdings Frankreich. Die Wirkungen der französischen Kultur auf Polen zum Vorbild nehmend, sollte die polnische Kultur ehrgeizig verstanden auf Weißrussen, Ukrainer, Letten oder Esten wirken. Auch dies war eine Vision, von der Tadeusz Hołówko angetan war: „Wir wollen keine politischen und ethnographischen Eroberungen machen, aber kulturelle. Möge der Einfluss der polnischen Kultur weit außerhalb der Grenzen der

---

[459] Tadeusz Hołówko: Kwestja narodowościowa w Polsce, Warszawa 1922, S. 10.
[460] Stanisław Cat-Mackiewicz: Credo polityki narodowościowej, in: Słowo, 28. 12. 1922, S. 1.

Rzeczpospolita verlaufen, möge die polnische Kultur so eroberungsfreudig sein wie die so dominierende französische Kultur."[461] Bei dieser Aussage konnte Hołówko auf seine persönliche Lebenserfahrung vertrauen: Geboren 1889 im kasachischen Semipalatinsk, wohin sein Vater von der zarischen Herrschaft aus politischen Gründen verbannt worden war, besuchte er das Gymnasium in Alma-Ata und begann sein Studium in St. Petersburg. Polen hatte der junge Hołówko bislang nur durch Erzählungen der Eltern, Lektüre und die Pflege von Sprache und kulturellen Gebräuchen kennengelernt, bevor er als Zwanzigjähriger erstmals nach Krakau kam und sich noch während seiner Studienzeit dem sozialistischen Flügel der polnischen Nationalbewegung anschloss. Vor diesem Hintergrund zeigte er sich optimistisch, dass für die junge Generation von Ukrainern und Weißrussen „die polnische Kultur das Bindeglied zur westlichen Kultur sein könne".[462] Ins gleiche Horn stieß Stanisław Grabski, der aus Einsichten während seines Studien-Aufenthalts in Paris schöpfte: So wie die Attraktivität der französischen Zivilisation Elsass-Lothringen an das französische Staatswesen gebunden habe, sollte Polen im Osten gegenüber Ukrainern und Weißrussen wirken.[463]

Das Selbstverständnis, inspiriert von westlichen Traditionen und Werten als neue Macht im Osten Europas agieren zu können, stellte die polnischen Eliten damit nicht, wie von Ernest Gellner angenommen, vor die Wahl, „den Westen oder aber die Tugenden ihres eigenen ,Volkes' zu idealisieren".[464] Vielmehr war die Verbindung beider Möglichkeiten ein gemeinsames Element in den ansonsten unterschiedlichen Nationsentwürfen zu Beginn der Unabhängigkeit Polens.

Beim Versuch, die Ideen vom Umgang mit der Multiethnizität in die Praxis umzusetzen, zeigte sich aber trotz aller Beschwörungen ausländischer Vorbilder die Schwierigkeit, in Westeuropa oder Nordamerika etablierte Organisationsformen umstandslos auf die Situation im östlichen Mitteleuropa zu übertragen. Dies lag weniger in der ethnisch heterogenen Struktur Ostmitteleuropas begründet, die nach dem Urteil von Hans Rothfels inkompatibel war mit dem westlichen Staats- und Nationalgedanken,[465] sondern vielmehr in der Konstruktionslogik von Nationsentwürfen: Kenntnis,

---

[461] Hołówko, Kwestja narodowościowa, S. 41.
[462] Ebd., S. 39 - 40. Ebenso Bukowiecki, Polityka, S. 98.
[463] Grabski, Z codziennych walk, S. 48.
[464] Gellner, Nationalismus, Kultur, S. 137.
[465] Für Rothfels war die Annahme von einem dominant ethnischen Nationsverständnis im östlichen Mitteleuropa und von der Ethnizität als zentraler Trennlinie in politischen und gesellschaftlichen Auseinandersetzungen konstitutiv. Vgl. hierzu Heinrich August Winkler: Ein Historiker im Zeitalter der Extreme. Anmerkungen zur Debatte um Hans Rothfels, in: Johannes Hürter und Hans Woller (Hrsg.): Hans Rothfels und die deutsche Zeitgeschichte [Schriftenreihe der VfZ, Bd. 90], München 2005, S. 193 - 194.

Wahrnehmung und Verarbeitung dessen, was vom Ausland übernommen werden sollte, geriet ausgesprochen selektiv. Die Diskussion über die künftige Gestalt Polens hatte nur wenig gemein mit dem föderalistischen Prinzip der Vereinigten Staaten, viel aber mit den erinnerten Praktiken der Habsburgermonarchie oder des Zarenreichs, den Staaten mithin, in denen der größte Teil der polnischen Eliten politisch sozialisiert worden war.

Die Auswahl der als vorbildlich erachteten Länder sagte daher weit mehr über ein nationales Selbstbild aus, das den neu begründeten polnischen Staat mit den großen Demokratien des Westens auf Augenhöhe wissen wollte, als dass in pragmatischer Manier Debatten und Erfahrungen im übrigen östlichen Mitteleuropa rezipiert wurden – in einer Region mithin, die einen ähnlichen politischen und kulturellen Hintergrund aufwies. Hierzu zählte der zu Beginn der 1920er Jahre noch recht hoffnungsvoll unternommene Versuch zur Schaffung einer „synthetischen" tschechoslowakischen „Staatsnation"[466] ebenso wie die Einrichtung einer „Kulturautonomie" in Estland 1925.[467]

Nachdem sich die optimistischen Pläne einer polnisch geführten Föderation im Osten Europas zu Beginn der 1920er Jahre als undurchführbar erwiesen hatten, galt die Konzentration innerstaatlichen Lösungsansätzen. Dabei zirkulierten in der Debatte im Wesentlichen zwei Alternativen: eine „Autonomie" oder eine nun nicht mehr außenpolitisch, sondern administrativ verstandene „Inkorporation".

Die Autonomielösung fand Befürworter auf der politischen Linken. Einen konkreten Plan einer umfassenden territorialen Autonomie für Ostgalizien, der seinerzeit „größten Wunde der Republik Polen",[468] entwarf 1921

---

[466] Elisabeth Bakke: The Making of Czechoslovakism in the First Czechoslovak Republic, in: Martin Schulze Wessel (Hrsg.): Loyalitäten in der Tschechoslowakischen Republik 1918 - 1939. Politische, nationale und kulturelle Zugehörigkeiten [Veröffentlichungen des Collegium Carolinum, Bd. 101], München 2004, S. 23 - 44.

[467] Insbesondere deutschsprachige Autoren haben dieses Gesetz lobend hervorgehoben. Nachweise hierzu bietet Sabine Bamberger-Stemmann: Der Europäische Nationalitätenkongreß 1925 bis 1938. Nationale Minderheiten zwischen Lobbyistentum und Großmachtinteressen [Materialien und Studien zur Ostmitteleuropa-Forschung, Bd. 7], Marburg 2000, S. 47 - 48. Auf einem anderen Blatt freilich steht, dass Schweden und Russen nicht von der estländischen Kulturautonomie Gebrauch machen wollten und dass einer der Initiatoren des Gesetzes, der deutsch-baltische Jurist Werner Hasselblatt, die durch die Kulturautonomie eröffneten Möglichkeiten für eine deutsche Volkstumspolitik nutzte: Jörg Hackmann: Werner Hasselblatt (1890 - 1958). Von der estländischen Kulturautonomie zur nationalsozialistischen Bevölkerungspolitik, in: Gert von Pistohlkors und Matthias Weber (Hrsg.): Staatliche Einheit und nationale Vielfalt im Baltikum. Festschrift für Prof. Dr. Michael Garleff zum 65. Geburtstag [Schriften des Bundesinstituts für Kultur und Geschichte der Deutschen im östlichen Europa, Bd. 26], München 2005, S. 175 - 205.

[468] Hołówko, Kwestja narodowościowa, S. 13.

Mieczysław Niedziałkowski.[469] Niedziałkowski stammte aus Wilno und hatte in St. Petersburg Rechtswissenschaften studiert, bevor er 1914 in die PPS eintrat. Schon bald zeichnete er sich als fleißiger Verfasser politischer Gesetz- und Verfassungsentwürfe aus. Neben der Wahlordnung 1918 und dem Verfassungsvorschlag der sozialistischen Regierung Moraczewski 1918/19 arbeitete er auch am Autonomiegesetz für Oberschlesien mit. Am 15. Juli 1920 wurde dann für Oberschlesien das Organische Statut im Verfassungsrang als Auflage des Versailler Vertrags (Art. 88) erlassen.[470] Darauf nahm Niedziałkowskis Parteikollege Hołówko Bezug, wenn er davon sprach, dass die Autonomie das einzige Mittel gewesen sei, um den bürgerkriegsähnlichen Kämpfen und Aufständen ein Ende zu bereiten. Ebenso gelte es nun in Ostgalizien, wo sich Polen und Ukrainer in „offenem Krieg" gegenüber standen, ein „polnisches Irland" zu verhindern.[471] Das PSL-Wyzwolenie ging 1922 gar in den Sejm-Wahlkampf mit der Forderung nach territorialer Autonomie für Ukrainer und Weißrussen, zusammen mit dem Bekenntnis zu gleichen Rechten für alle Staatsbürger, unabhängig von ethnischer Zugehörigkeit und Konfession.[472]

Auch konservative Kreise signalisierten Akzeptanz für Autonomielösungen, hatten sie doch selbst als traditionelle Elite in Verwaltung, Gerichts- und Bildungswesen während der Habsburgermonarchie von weitreichenden Regelungen der Selbstregierung Galiziens seit den 1860er Jahren, insbesondere seit des österreichisch-ungarischen Ausgleichs 1867 profitiert.[473] In diesem Sinne hatte sogar ein Nationaldemokrat wie Joachim Bartoszewicz gemeinsam mit Vertretern des polnischen Großgrundbesitzes im Mai 1919 eine Petition an Premierminister Ignacy Jan Paderewski unterschrieben, in der Selbstverwaltungsrechte für die Ukrainer gefordert wurden, die allerdings in Einklang zu stehen hätten mit der polnischen Staatsräson.[474]

---

[469] Eugeniusz Koko: Wolni z wolnymi. PPS wobec kwestii ukraińskiej w latach 1918 - 1925, Gdańsk 1991, S. 76 - 77.
[470] Ustawa Konstytucyjna zawierająca statut organiczny Województwa Śląskiego, 15. 7. 1920, in: Dziennik Ustaw RP, Nr. 73, 11. 8. 1920, S. 1298 - 1305.
[471] Hołówko, Kwestja narodowościowa, S. 34, 44. Zu einigen Unterschieden in den Konzepten von Niedziałkowski und Hołówko: Koko, Wolni z wolnymi, S. 86 - 87.
[472] PSL Wyzwolenie przedstawia program stronnictwa w związku z wyborami sejmowymi, in: Stanisław Kowalczyk und Aleksander Łuczak (Hrsg.): Pisma ulotne stronnictw ludowych w Polsce 1895 - 1939, Warszawa 1971, S. 107. Die Autonomie-Forderung stand schon im Parteiprogramm vom 6. März 1921: Program Polskiego Stronnictwa Ludowego Wyzwolenie (1921), in: Stanisław Lato und Witold Stankiewicz (Hrsg.): Programy Stronnictw Ludowych. Zbiór dokumentów, Warszawa 1969, S. 182.
[473] Uznanie granic wschodnich. Sukces Polski i polskiego rządu, in: Czas, 16. 3. 1923, S. 1.
[474] Pismo przedstawicieli ziemiaństwa polskiego na Ukrainie do I. Paderewskiego, Mai 1919, in: Archiwum polityczne, Bd. 2, S. 174 - 175.

Die Idee der Autonomielösung traf aber auch auf starken Widerstand und dies schon innerhalb der PPS. Es begann mit Versuchen, die territoriale Reichweite von geplanten Autonomiestatuten einzuschränken,[475] reichte über skeptische Bemerkungen zu den Erfolgschancen, wie sie die aus Ostgalizien stammenden Sejm-Abgeordneten Herman Diamand und Herman Lieberman äußerten[476] bis hin zu offener Ablehnung: Der Sejm-Abgeordnete aus dem Wahlkreis Lwów-Stadt und Chefredakteur der lokalen Parteizeitung *Dziennik Ludowy*, Artur Hausner, sprach sich, gestützt auf eine Mehrheitsmeinung in den ostgalizischen PPS-Ortsverbänden, gegen jegliche Pläne für eine territoriale Autonomie aus. Gründe für diese Haltung waren die Sorge um den staatlichen Zusammenhalt des unabhängigen Polens, aber auch um den sozialen Interessenausgleich zwischen polnischen städtischen Arbeitern und ukrainischen Bauern.[477]

Selbst Forderungen nach einer nicht territorial definierten, „nationalkulturellen" Autonomie trafen bei vielen PPS-Mitgliedern auf Skepsis. Dies mussten insbesondere die jüdischen Parteien in Polen erfahren, die sich für dieses Anliegen Unterstützung bei den Sozialisten erhofft hatten. Als bevorzugte Lösung der „jüdischen Frage" galt der PPS die Assimilation an die polnische Mehrheitsgesellschaft.[478] Überhaupt knüpfte die politische Linke ihre vielfach erhobene Forderung nach einem „einträchtigen Zusammenleben mit den nationalen Minderheiten"[479] an die Rahmenbedingung umfassender gesellschaftlicher Reformen.[480]

Eine überwältigende Mehrheit gab es somit für die inkorporationistische Lösung. Dabei schloss der direkte administrative Einbezug in den polnischen Staat Schwärmereien für eine ethnisch plural verfasste *Rzeczpospolita*, wie sie der in Polen weithin verehrte Romanautor und Literatur-Nobelpreisträger Henryk Sienkiewicz in seiner historischen, dem 17. Jahrhundert gewidmeten Trilogie „Mit Feuer und Schwert", „Die Sintflut" und „Oberst

---

[475] Michał Śliwa: Polska myśl socjalistyczna (1918 - 1949), Wrocław u. a. 1988, S. 117 - 118; Roman Bäcker: Problematyka państwa w polskiej myśli socjalistycznej lat 1918 - 1948, Toruń 1994, S. 30.

[476] Koko, Wolni z wolnymi, S. 84.

[477] Ebd., S. 81, 84 - 85; ders.: W nadziei na zgodę. Polski ruch socjalistyczny wobec kwestii narodowościowej w Polsce (1918 - 1939), Gdańsk 1995, S. 67 - 68.

[478] Pickhan, „Gegen den Strom", S. 67; Jolanta Żyndul: Państwo w państwie? Autonomia narodowo-kulturalna w Europie środkowowschodniej w XX wieku, Warszawa 2000, S. 103 - 104. Żynduls weitere Annahme, ein auf einheitlichem Territorium und einheitlicher Sprache basierendes Nationskonzept der Sozialisten hätte zur Ablehnung der „nationalkulturellen Autonomie" geführt, steht allerdings im Widerspruch zur Bereitschaft großer Teile der PPS, territoriale Autonomie-Projekte innerhalb des polnischen Staatsverbands zu unterstützen.

[479] AAN, PPS, 114/XI-3, S. 27.

[480] Śliwa, Polska myśl socjalistyczna, S. 50.

Wołodyjowski" darstellte, nicht aus.⁴⁸¹ Stark verankert war in diesem Geschichtsbild, wie es vornehmlich die Wilnoer Konservativen um Stanisław Cat Mackiewicz repräsentierten, allerdings die Vorstellung einer polnischen kulturellen Hegemonie.

Für die Nationaldemokraten galt als Idealzustand, am besten so wenig ethnisch nicht-polnische Bevölkerungsgruppen wie möglich im polnischen Staat zu haben. Grundlage des Staates war für Stanisław Grabski das Wirken der Nation: „Gegenwärtig formt nicht mehr der Staat die Nationen, sondern die Nationen formen die Staaten". Der polnische Staat war demnach nur als „Nationalstaat" denkbar, nicht als „Nationalitätenstaat".⁴⁸² Diese wenigen Sätze waren ausgesprochen wirkmächtig. Viele Historiker folgten nicht nur der in polemischer Absicht formulierten Gegenüberstellung von „Nationalstaat" und „Nationalitätenstaat", als handle es sich hierbei um verfassungsrechtliche Alternativen, sondern zogen auch den Schluss, die Nationaldemokratie allein habe den Kult der Nation forciert, während Piłsudski und seine Anhänger zunehmend einem Kult des Staates huldigten.⁴⁸³

Etatistische Positionen lagen jedoch auch den Nationaldemokraten nicht fern.⁴⁸⁴ Der maßgebliche Unterschied zu Piłsudski und seinen Anhängern lag in der Grundsatzentscheidung für eine ethnisch-polnische Dominanz im Staat: „Was staatlich ist – das muss in Polen polnisch sein."⁴⁸⁵ Vor diesem Hintergrund erfuhr die von der politischen Rechten in der Anfangszeit der Zweiten Republik bekundete Toleranz gegenüber ethnisch nicht-polnischen Bevölkerungsgruppen eine entscheidende Einschränkung. Zwar postulierte Grabski: „Der Staat darf sich in seinem Verhältnis zu den Bürgern nur von dem Aspekt ihrer Loyalität zum Staat leiten lassen"⁴⁸⁶ und der von seinem langjährigen Aufenthalt in den *Kresy Wschodnie* geprägte Joachim Bartoszewicz bekannte sich zu einem „einvernehmlichen Zusammenleben mit den anderen Nationalitäten, die auf dem historischen polnischen Territorium leben (mit Litauern, Ruthenen, Deutschen)" – dies sollte aber nur gelten, solange sich die nicht-polnischen Ethnien nicht „zum Schaden der

---

⁴⁸¹ Stanisław Cat-Mackiewicz: Credo polityki narodowościowej, in: Słowo, 28. 12. 1922, S. 1.
⁴⁸² Grabski, Naród a Państwo, S. 8, 10.
⁴⁸³ Andrzej Wierzbicki: Naród – Państwo w polskiej myśli historycznej dwudziestolecia międzywojennego, Wrocław - Warszawa - Kraków - Gdańsk 1978, S. 36, 40. Dagegen die Kritik von Roman Wapiński: Świadomość polityczna w Drugiej Rzeczypospolitej, Łódź 1989, S. 289.
⁴⁸⁴ Stanisław Kutrzeba: Trud budowy Polski jako jedności państwowej. Co warte własne państwo? Warszawa 1920, S. 10.
⁴⁸⁵ Grabski, Z codziennych walk, S. 37.
⁴⁸⁶ Grabski, Naród, S. 19.

polnischen Nation betätigten".[487] Ins gleiche Horn stieß der Posener Priester Stanisław Adamski, Sejm-Abgeordneter und Mitbegründer der polnischen Christdemokratie, mit seiner Forderung, es müsse sichergestellt werden, dass die Rechte der Polen nicht geschmälert oder auf einen nachgeordneten Rang verwiesen würden.[488] Hier bestand die Gefahr, den Umgang mit der Multiethnizität an normativen und vom aktuellen Ausgang politischer Deutungskämpfe abhängigen Kriterien wie der „Staatsräson" oder dem „Wohl der Nation" auszurichten.

Eine innerpolnische Klärung war somit noch lange nicht in Sicht, als im Frühjahr 1921 eine polnische und eine sowjetrussische Delegation in der lettischen Hauptstadt Riga zusammentrafen, um den noch vor wenigen Monaten zwischen beiden Staaten erbittert geführten Krieg mit einem offiziellen Friedensvertrag zu beenden.[489] Der am 18. März 1921 geschlossene Vertrag beinhaltete die Grenzziehung zwischen Polen und Sowjetrussland bzw. der Sowjetukraine, die vom Fluss Düna im Norden durch Weißrussland verlief und dabei die Stadt Minsk auf sowjetischer Seite beließ, sich dann durch Polesie bis zu den Flüssen Zbrucz und Dnjestr fortsetzte. Weitere Abmachungen betrafen – auf Wunsch der sowjetischen Delegation – die Entwaffnung und Internierung der mit Polen verbündeten ukrainischen Truppen Petluras und – auf Wunsch der polnischen Delegation – die Rückgabe polnischer Kulturgüter, die nach 1772 ins russische Kernland verbracht worden waren. Ein Optionsrecht für diejenigen Polen, die noch auf dem Gebiet Sowjetrusslands lebten und umgekehrt für die russische Bevölkerungsgruppe in der Zweiten Republik sowie eine Erklärung, die Rechte ethnischer Minderheiten zu achten, rundeten das Vertragswerk ab.

Die polnische Rezeption des Rigaer Friedens ließ die kontroversen Standpunkte zu Ethnizität, Grenz- und Raumvorstellungen im Osten Europas noch einmal deutlich hervortreten. Die Wilnoer Konservativen brandmarkten den Vertrag als „vierte Teilung Polens", da er nicht ihren maximalen, aus der Frühen Neuzeit abgeleiteten Grenzvorstellungen enstprach, und die Krakauer Konservativen sahen darin den Verzicht Polens auf seine zivilisatorische Mission im Osten.[490] Der Vertreter der kleinen, im ehemals

---

[487] Joachim Bartoszewicz: Narodowa Demokracja, in: ders.: Podręczny słownik polityczny, Warszawa 1922, S. 514.

[488] Stanisław Adamski: Zadania Chrześcijańskiej Demokracji (1922), in: Antoni Dudek und Bogdan Szlachta (Hrsg.): Naród, Państwo, Władza. Wybór tekstów z historii polskiej myśli politycznej, Kraków 1996, S. 227.

[489] Zu den Vertragsverhandlungen: Kai von Jena: Polnische Ostpolitik nach dem Ersten Weltkrieg. Das Problem der Beziehungen zu Sowjetrußland nach dem Rigaer Frieden von 1921 [Schriftenreihe der VfZ, Bd. 40], Stuttgart 1980, S. 28 - 41.

[490] Edward Czapiewski: Koncepcje polityki zagranicznej konserwatystów polskich w latach 1918 - 1926 [Historia, Bd. 68], Wrocław 1988, S. 118, 122.

österreichischen Teilungsgebiet beheimateten Polnischen Katholischen Volkspartei (*Polskie Stronnictwo Katolicko-Ludowe*, PSKL), Antoni Matakiewicz, erinnerte in der Sejm-Debatte zur Ratifizierung des Vertrags von Riga an das Schicksal der polnischen Glaubensbrüder in den Bistümern Minsk, Kamieniec Podolski, Żytomierz (Žitomir) und Mohylew (Mogilev).[491]

Dass es im Sejm dann doch zu einer deutlichen Mehrheit für den Friedensvertrag kam, war der Befürwortung sowohl auf der Linken als auch der Rechten zu verdanken. Der Sozialist Feliks Perl, Mitbegründer der PPS und seit 1919 Chefredakteur des *Robotnik*, honorierte staatstragend den Friedensschluss als ersten Akt selbständiger polnischer Außenpolitik, ohne Vorgaben von Seiten der Entente,[492] während die Nationaldemokraten vor allem mit den territorialen Bestimmungen des Vertrages zufrieden waren, da sie weitgehend dem entsprachen, was Roman Dmowski am 3. März 1919 in seiner Pariser Note dargelegt hatte. Der Historiker Roman Wapiński konstatierte sogar, dass das Programm der *Endecja* für die Ostgrenze in höherem Maße realisiert wurde als dasjenige für die Westgrenze.[493] Das Problem, dass die Zweite Republik künftig vor allem im Osten eine große Zahl ethnisch nichtpolnischer Bevölkerungsgruppen umfasste, sollte nach Auffassung der politischen Rechten durch eine Binnenmigration von ethnisch-polnischen Siedlern in die östlichen Landesteile und mit Hilfe der Loyalität der katholischen Weißrussen zu Polen gelöst werden.[494]

Umstritten blieb der künftige politische Umgang mit den einstigen Partnern im Kampf gegen Sowjetrussland, vor allem mit denjenigen Weißrussen und Ukrainern, die sich nach 1921 außerhalb der polnischen Grenzen wiederfanden. Stanisław Grabski befand, es sei „die Angelegenheit der betreffenden Nationen, wie sie ihre Unabhängigkeit gestalten wollen, ob in den Formen einer sowjetischen Föderation mit Russland oder in den Formen nationaler Unabhängigkeit oder auch durch Bündnisse untereinander oder mit stärkeren Nachbarn".[495] Dass die Wahlmöglichkeit von Weißrussen oder Ukrainern unter sowjetischer Regie äußerst begrenzt war, stand auf einem anderen Blatt. Daher insistierte der stellvertretende Vorsitzende des PSL-Wyzwolenie, Juliusz Poniatowski, der während des Ersten Weltkriegs an der Seite Piłsudskis in den Polnischen Legionen gekämpft hatte, stellvertretend

---

[491] Antoni Matakiewicz, in: Sprawozdania Stenograficzne Sejmu Ustawodawczego, 223. Sitzung, 14. 4. 1921, S. 49.
[492] Feliks Perl, in: Sprawozdania Stenograficzne Sejmu Ustawodawczego, 223. Sitzung, 14. 4. 1921, S. 35 - 36.
[493] Wapiński, Narodowa demokracja, S. 198.
[494] So äußerte sich auch Kozicki, Sprawa, S. 31.
[495] Stanisław Grabski, in: Sprawozdania Stenograficzne Sejmu Ustawodawczego, 223. Sitzung, 14. 4. 1921, S. 27.

für die Anhänger des Föderationsgedankens auf der Haltung, dass Polen weiterhin „für eure und für unsere Freiheit" kämpfen werde, denn dies liege „im großen, weit verstandenen Interesse Polens".[496]

Der Friedensvertrag von Riga war ein Meilenstein, aber nicht der Schlusspunkt für die Konsolidierung der lange umkämpften Ostgrenze Polens. Noch stand die Zustimmung der Alliierten Botschafterkonferenz aus. Um diese zu erreichen, erhöhte sich kurzfristig unter den im Sejm vertretenen Parteien die Bereitschaft, für die ethnisch nicht-polnischen Bevölkerungsgruppen doch die umstrittene Autonomielösung anzubieten. Das am 19. September 1922 verabschiedete Gesetz über die Selbstverwaltung in den ostgalizischen Wojewodschaften Lwów, Stanisławów und Tarnopol haben viele Historiker übereinstimmend als taktisch motiviert beurteilt.[497]

Zu den geplanten Maßnahmen, die innerhalb eines Zeitraums von zwei Jahren durchzuführen waren, gehörten unter anderem die Schaffung einer ukrainischen Universität und die Einteilung der Regionalparlamente (*sejmiki*) in zwei separate Kammern, in eine „polnische" und eine „ukrainische" Kammer.[498] Eine ablehnende Haltung gegenüber dem Autonomieprojekt legten in erster Linie die Nationaldemokraten an den Tag, die in der ostgalizischen Metropole Lwów Protestkundgebungen organisierten, aber auch die Zionisten, die die jüdische Bevölkerung übergangen sahen.[499] Nach der alliierten Anerkennung der Ostgrenze und dem innenpolitischen Wechsel zur Regierungskoalition von Nationaldemokraten, Christdemokraten und PSL-Piast 1923 wurde dieses Projekt zu den Akten gegeben. Das vor wenigen Jahren noch starke Interesse an der ukrainischen Frage sank in Polen nun rasch.[500]

---

[496] Juliusz Poniatowski, in: Sprawozdania Stenograficzne Sejmu Ustawodawczego, 223. Sitzung, 14. 4. 1921, S. 48.

[497] Chojnowski, Koncepcje polityki, S. 30; Włodzimierz Mich: Obcy w polskim domu. Nacjonalistyczne koncepcje rozwiązania problemu mniejszości narodowych 1918 - 1939, Lublin 1994, S. 111; Kawalec, Spadkobiercy, S. 81; Milow, Ukrainische Frage, S. 420; Alexander Uschakow: Verfassungen und Minderheitenrecht, in: Hans Lemberg (Hrsg.): Ostmitteleuropa zwischen den beiden Weltkriegen (1918 - 1939). Stärke und Schwäche der neuen Staaten, nationale Minderheiten [Tagungen zur Ostmitteleuropa-Forschung, Bd. 3], Marburg 1997, S. 209; mit dem wichtigen Hinweis auf die Befürchtung der polnischen Regierung, dass die Sejm-Wahlen im November 1922 zu einem Plebiszit für ein ukrainisches Ostgalizien genutzt werden könnten: Wehrhahn, Westukrainische Volksrepublik, S. 347.

[498] Ustawa o zasadach powszechnego samorządu wojewódzkiego, a w szczególności województwa lwowskiego, tarnopolskiego i stanisławowskiego, 26. 9. 1922, in: Dziennik Ustaw RP, Nr. 90, 25. 10. 1922, S. 1553 - 1555.

[499] Wehrhahn, Westukrainische Volksrepublik, S. 352 - 355.

[500] Pisuliński, Nie tylko Petlura, S. 389 - 391.

In der Praxis hatte sich die inkorporationistische Lösung weitgehend durchgesetzt. Dafür drängte sich nun bei vielen innenpolitischen Grundsatzentscheidungen zum Aufbau des polnischen Staates die Frage nach dem Umgang mit der Multiethnizität auf. Besonders deutlich zeigte sich dies beim Staatsangehörigkeitsrecht und bei der Ausgestaltung der territorialen Selbstverwaltung.

Das Staatsangehörigkeitsrecht stellt eines der bedeutendsten Reglementarien dar, wer zu einer Nation gehört und wer nicht. Im unabhängigen Polen existierten als pragmatische Vorfestlegung zunächst die Bestimmungen des Wahlrechts. Die soziale Erweiterung der staatsbürgerlichen Basis, wie sie die Wahlordnung vom November 1918 vorgenommen hatte, stand bei den späteren Diskussionen um ein neues Staatsangehörigkeitsrecht nicht mehr in Abrede. Wesentlich schwieriger verhielt es sich dagegen mit der Frage ethnischer Identifikation. Bereits die Frage der Zuwanderung, gleich ob es sich um Juden handelte, die aus Russland und der Ukraine kamen[501] oder um polnische Arbeiter aus dem Ruhrgebiet,[502] war im Vorfeld der Sejm-Wahl 1919 nur dilatorisch durch ein Dekret gelöst worden.[503] Weitere juristische Anhaltspunkte gaben auf internationaler Ebene der Minderheitenschutzvertrag von 1919 und die bis in die 1920er Jahre andauernde Aushandlung spezieller bilateraler Regelungen mit den ehemaligen Teilungsmächten vor.[504]

Das nach einigem Ringen am 20. Januar 1920 verabschiedete Gesetz über die Staatsangehörigkeit[505] und die Bestimmungen der Verfassung vom 17. März 1921 (Art. 87, 88)[506] gestanden die polnische Staatsbürgerschaft im Grundsatz allen zu, die zum Zeitpunkt des Inkrafttretens der gesetzlichen Regelung auf dem Gebiet des polnischen Staates ihren ständigen Wohnsitz hatten, unabhängig von ethnischem oder religiösem Bekenntnis. Dies entsprach einem politischen Nationsbegriff und bedeutete eine historische Referenz an die nach wie vor wirkmächtigen staatsbürgerlichen Auffassungen der polnisch-litauischen Adelsrepublik. Für die nachwachsenden Generationen mischte sich dann das Territorialprinzip mit dem Abstammungsprinzip, da die Erlangung der Staatsbürgerschaft in der Folge vornehmlich

---

[501] Rudnicki, Żydzi, S. 68 - 72.
[502] Piotrowski, Reemigracja, S. 80 - 84.
[503] Dekret o nadaniu praw wyborczych obywatelom, którzy po d. 5 grudnia 1918 r. powrócili do kraju, 11. 1. 1919, in: Rzepecki, Sejm RP 1919 roku, S. 31 - 32.
[504] Ausführlich Walenty Ramus: Prawo o obywatelstwie polskim, Warszawa 1968, S. 11 - 146.
[505] Ustawa o obywatelstwie Państwa Polskiego, 20. 1. 1920, in: Dziennik Ustaw RP, Nr. 7, 31. 1. 1920, S. 82 - 83.
[506] Ustawa z dnia 17 marca 1921 r.: Konstytucja Rzeczypospolitej Polskiej, in: Sudnik, Prawo polityczne, S. 68.

daran gebunden war, dass schon die Eltern polnische Staatsbürger waren.[507] Doch auch damit konnte die ethnisch indifferente Ausgangsdefinition des Staatsangehörigkeitsgesetzes überdauern.

Die Vielzahl von Änderungen und Ausführungsbestimmungen zum Staatsangehörigkeitsrecht ließ allerdings für viele Betroffene das Gefühl von Rechtsunsicherheit aufkommen und führte dazu, dass sowohl in der administrativen Praxis als auch im publizistischen Sprachgebrauch immer wieder Irritationen auftraten, etwa mit der Vermischung der Begriffe „Staatsangehörigkeit" und „Nationalität".[508] Ohnehin präsentierte sich trotz des juristisch niedergelegten Gleichheitspostulats die Situation der ethnisch nichtpolnischen Bevölkerungsgruppen in den Anfangsjahren der Zweiten Republik sehr unterschiedlich.

Die Deutschen in Polen konnten auf die umfassendste völkerrechtliche Unterstützung bauen. Die ethnisch deutsche Bevölkerung in Oberschlesien profitierte von der 1920 eingerichteten Autonomie, die als administratives Modell in der gesamten Zwischenkriegszeit für Polen singulär bleiben sollte. Im Staatsangehörigkeitsrecht zeigte sich allerdings die Kehrseite bilateraler Vereinbarungen. Nach Art. 4 des Minderheitenschutzvertrags sollten alle Deutschen, die in Folge der neuen Grenzziehungen nun auf dem Territorium polnischen Staates ansässig waren, dort geboren waren, mit ihren Eltern lebten oder zumindest seit zehn Jahren ihren Wohnsitz hatten, die Möglichkeit erhalten polnische Staatsbürger zu werden. Eine Ausnahme bildeten die Siedler, die nach den preußischen Ansiedlungsgesetzen 1908 zugezogen waren. Die genaue Auslegung dieser Vertragsbestimmung unterlag einem jahrelangen Rechtsstreit zwischen Deutschland und Polen.[509] Weit grundsätzlicher noch überschnitt sich der Geltungsanspruch des neuen polnischen Staatsbürgerschaftsrechts mit dem deutschen Staatsbürgerschaftsrecht von 1913, das auf dem Prinzip des *ius sanguinis* gründete und für Auslandsdeutsche die Möglichkeit der „unmittelbaren Reichsangehörigkeit" zeitlich unbegrenzt offen hielt.[510] Als Kompromisslösung gedacht war das

---

[507] Ustawa o obywatelstwie Państwa Polskiego, 20. 1. 1920, in: Dziennik Ustaw RP, Nr. 7, 31. 1. 1920, S. 82 - 83. Kommentar in: Stanisław Pawłowski, Jan Stanisław Bystroń und Antoni Peretiatkowicz: Polska współczesna, Lwów - Warszawa 1923, S. 120 - 121.

[508] Niendorf, Minderheiten, S. 217.

[509] Scheuermann, Minderheitenschutz contra Konfliktverhütung, S. 104 - 105; Einzelheiten finden sich bei Ralph Schattkowsky: Deutschland und Polen von 1918/19 bis 1925. Deutsch-polnische Beziehungen zwischen Versailles und Locarno [Europäische Hochschulschriften, Reihe 3: Geschichte und ihre Hilfswissenschaften, Bd. 619], Frankfurt/Main 1994.

[510] Hierzu grundlegend Dieter Gosewinkel: Einbürgern und Ausschließen. Die Nationalisierung der Staatsangehörigkeit vom Deutschen Bund bis zur Bundesrepublik Deutschland [Kritische Studien zur Geschichtswissenschaft, Bd. 150], Göttingen 2001, S.

Optionsrecht, das den Deutschen in Polen die Gelegenheit gab, sich für die deutsche Staatsbürgerschaft, damit aber auch für eine Abwanderung ins Deutsche Reich zu entscheiden.[511] Die zwischen Berlin und Warschau zum Ausdruck kommenden Unterschiede in der Interpretation der Vertragsbestimmungen hatten allerdings einschneidende Folgen für die öffentliche Wahrnehmung der betroffenen Bevölkerungsgruppe: Während bei vielen Polen die Optanten als illoyal gegenüber der Republik Polen galten, klagten die Deutschen umgekehrt über polnische Repressalien.

In der umfangreichen Historiographie zu den deutsch-polnischen Beziehungen der Zwischenkriegszeit ist diesen Konfliktfällen lange Zeit große Aufmerksamkeit zugemessen worden, ja die Lage der sich als ethnisch deutsch definierenden Bevölkerung galt gar als „Funktion der deutsch-polnischen Beziehungen auf Regierungsebene".[512] Die Situation der Deutschen in Polen war aber nicht ausschließlich durch diese Perspektive geprägt; überhaupt handelte es sich nicht um eine „geschlossene Volksgruppe".[513] Der ethnisch deutschen Bevölkerung im ehemaligen preußischen Teilungsgebiet, die bis zum Inkrafttreten des Versailler Vertrags am 10. Januar 1920 „Staatsvolk" im Deutschen Reich gewesen war, fiel die Adaption an die neuen Verhältnisse schwer.[514] Den außerdeutschen und multiethnischen Kontext seit längerem gewohnt waren dagegen die Deutschen in Łódź, in Teilen Galiziens wie der Gegend um Bielsko-Biała oder in Wolhynien. Im 20. Jahrhundert kaum mehr als eigene Gruppe wahrnehmbar waren Bürger deutscher Herkunft in Warschau und Masowien.

---

319 - 321, 324 - 327. Gosewinkel weist allerdings darauf hin, dass das *ius sanguinis* eine „rechtlich-formale", keine „rassische" Konstruktion war, da – wenn auch restriktiv – weiterhin Einbürgerungsverfahren möglich waren.

[511] Ralph Schattkowsky: Deutsch-polnischer Minderheitenstreit nach dem Ersten Weltkrieg, in: ZfO, 48, 1999, S. 530 - 531.

[512] Marian Wojciechowski: Die deutsche Minderheit in Polen (1920 - 1939), in: Rudolf Jaworski und Marian Wojciechowski (Hrsg.): Deutsche und Polen zwischen den Weltkriegen. Minderheitenstatus und „Volkstumskampf" im Grenzgebiet. Amtliche Berichterstattung aus beiden Ländern 1920 - 1939, München u. a. 1997, Halbbd. 1, S. 13; diesen Zusammenhang betont auch Mich, Obcy w polskim domu, S. 114.

[513] Kritisch zu dieser Annahme der älteren Forschung: Tomaszewski, Rzeczpospolita, S. 216 - 218, 235; Albert S. Kotowski: Polens Politik gegenüber seiner deutschen Minderheit 1919 - 1939 [Studien der Forschungsstelle Ostmitteleuropa an der Universität Dortmund, Bd. 23], Wiesbaden 1998, S. 51 - 74, 80 - 82; Winson W. Chu: Metropole der Minderheit. Die Deutschen in Lodz und Mittelpolen 1918 - 1939, in: Jerzy Kochanowski und Maike Sach (Hrsg.): Die „Volksdeutschen" in Polen, Frankreich, Ungarn und der Tschechoslowakei. Mythos und Realität [Einzelveröffentlichungen des DHI Warschau, Bd. 12], Osnabrück 2006, S. 95 - 98.

[514] Sehr treffend die Charakterisierung der Deutschen in Polen nach 1918 als „entthronte Nation" – im doppelten Wortsinne – bei Tomaszewski, Rzeczpospolita, S. 208.

Integrierende Wirkung kam in der Regel erst durch Druck von außen zustande. Die ältere deutsche Historiographie interpretierte den Umgang mit der Multiethnizität in der Zweiten Republik als planmäßiges, repressives Regierungshandeln und somit als solch entscheidenden Druck von außen. Dagegen verweisen jüngere Forschungen auf die rückwirkend projizierte Erfahrung nationalsozialistischer Propaganda und von Flucht und Vertreibung seit Ende des Zweiten Weltkriegs.[515]

Eine Revision durchlief in der Geschichtsschreibung auch die Frage der Auswanderung. Ältere deutsche Arbeiten legten nahe, die Auswanderung als Folge einer diskriminierenden polnischen „Nationalitätenpolitik" zu sehen. Dies galt vor allem für die einflussreiche Publikation zur „Entdeutschung Westpreußens und Posens" von Hermann Rauschning, eines gebürtigen Thorners, der nach 1918 die kulturpolitischen Aktivitäten der deutschen Bevölkerungsgruppe in Polen koordinierte, bevor er 1926 in die Freie Stadt Danzig übersiedelte und später der NSDAP beitrat.[516] Dagegen betonten polnische Forscher, dass die stärkste Abwanderung von Deutschen aus Polen in die Jahre 1919 und 1920 fiel,[517] bevor staatliche Stellen Polens überhaupt im Sinne einer „Nationalitätenpolitik" agieren konnten. Die Region verließen demnach vor allem jene Teile der ethnisch deutschen Bevölkerung, die als Beamte oder Ansiedler eine enge Bindung an die Geschicke des Deutschen Reichs aufwiesen. In eine genaue Rechnung wären überdies die Wirkungen von Kriegszeit, Revolution und Grenzkämpfen, von Alters- und Sozialstruktur ebenso einzubeziehen wie die Frage nach länger andauernden historischen Prägungen – schließlich stellte das ehemalige preußische Teilungsgebiet schon vor 1914 eine Abwanderungsregion dar.[518]

Insgesamt mangelte es aber nicht an Versuchen, die Deutschen in Entwürfe einer polnischen Nation einzubeziehen. Zu Beginn der 1920er Jahre äußerten sich viele Politiker, Publizisten und Wissenschaftler optimistisch

---

[515] Chu, Metropole, S. 95 - 97, 111; Wojciechowski, Deutsche Minderheit, S. 4; Pia Nordblom: Für Glaube und Volkstum. Die katholische Wochenzeitung „Der Deutsche in Polen" (1934 - 1939) in der Auseinandersetzung mit dem Nationalsozialismus [Veröffentlichungen der Kommission für Zeitgeschichte, Reihe B: Forschungen, Bd. 87], Paderborn u. a. 2000, S. 61.

[516] Neuausgabe mit einem instruktiven Vorwort des Herausgebers Wolfgang Kessler: Hermann Rauschning: Die Abwanderung der Deutschen aus Westpreußen und Posen nach dem Ersten Weltkrieg. Ein Beitrag zur Geschichte er deutsch-polnischen Beziehungen 1919 - 1929. Die Entdeutschung Westpreußens und Posens, Essen 1988; Zur Person und Wirken Rauschnings jetzt der Sammelband von Jürgen Hensel und Pia Nordblom (Hrsg.): Hermann Rauschning. Materialien und Beiträge zu einer politischen Biographie, Osnabrück 2003.

[517] Wojciechowski, Deutsche Minderheit, S. 5 - 6.

[518] Eine differenzierte lokalgeschichtliche Analyse, die eine Vielzahl von Migrationsgründen benennt, bei Niendorf, Minderheiten, S. 197 - 205.

über die Integration der Deutschen in den polnischen Staat: „Es ist bezeichnend, dass sogar die Deutschen, die sich hier auf Dauer niedergelassen haben, den Einflüssen der polnischen Kultur unterliegen. Schnell nehmen sie diese an und sind nicht selten sogar die besten Bürger Polens."[519] Eine solche Haltung war bei den Wilnoer Konservativen wenig überraschend, da sie als eine der wenigen politischen und gesellschaftlichen Gruppierungen in Polen explizit gutnachbarschaftliche Beziehungen zu Deutschland anstrebten.[520] Doch selbst Nationaldemokraten wie Stanisław Grabski bekundeten, jeder Bürger des polnischen Staates solle über gleiche Rechte verfügen, und bezogen dies explizit auch auf die deutsche Bevölkerungsgruppe: „Denn nur bei solchem Vorgehen der staatlichen Macht kann sich unter der nicht-polnischen Bevölkerung ein Zugehörigkeitsgefühl zum polnischen Staat herausbilden, [...] ein Typus des Deutschen, der stolz ist auf seine deutsche Kultur, aber gleichzeitig ein ergebener Verteidiger der Integrität der Republik".[521] Grabski erinnerte dabei an die vielen ethnisch deutschen Bürger der polnisch-litauischen Adelsrepublik, die sich „polonisierten" und deren Kinder zu „besten polnischen Patrioten" wurden.[522]

Auch auf die ethnisch nicht-polnische Bevölkerung im Osten Polens richteten sich vielfältige Mutmaßungen über die jeweiligen Integrationschancen. Die Litauer umfassten eine Gruppe von etwa 200.000 Personen, die ihre Siedlungsschwerpunkte im Gebiet von Wilno sowie um die östlich Ostpreußens gelegene Kleinstadt Suwałki besaß. Einst Titularnation der frühneuzeitlichen Adelsrepublik Polen-Litauen, gab es noch bis ins 20. Jahrhundert Beispiele polnisch-litauischen Austauschs, so etwa in der Familie Narutowicz, doch der Streit um das Gebiet von Wilno belastete die polnisch-litauischen Beziehungen seit Ende des Ersten Weltkriegs stark und prägte auch die Haltung der litauischen Bevölkerungsgruppe zum polnischen Staat.[523]

Deutlich größer, nämlich rund zwei Millionen Menschen umfassend (rund 6 % der Bevölkerung Polens) war die Bevölkerungsgruppe der Weißrussen. Sie lebte vorwiegend in den Wojewodschaften Polesien und Nowo-

---

[519] Pawłowski/Bystroń/Peretiatkowicz, Polska, S. 41. Optimistisch auch Skrzynski, Poland, S. 85.
[520] Stanisław Cat-Mackiewicz: Bądźmy państwem, in: Kurjer Polski, 19. 5. 1922, S. 1. Ausführlich zu den Wilnoer Konservativen: Jacek Gzella: Myśl polityczna Władysława Studnickiego na tle koncepcji konserwatystów polskich (1918 - 1939), Toruń 1993, S. 35, 40 - 45.
[521] Grabski, Naród, S. 20. Tatsächlich gab es später polnische Gesetze, die offiziell die Formel „polnischer Staatsangehöriger litauischer Nationalität" verwendeten. Vgl. hierzu Uschakow, Verfassungen, S. 210; Mich, Obcy w polskim domu, S. 17.
[522] Grabski, Naród, S. 20.
[523] Umfassend Bronisław Makowski: Litwini w Polsce 1920 - 1939, Warszawa 1986.

gródek, zu geringeren Teilen auch im Gebiet von Wilno, also im ehemals russischen Teilungsgebiet außerhalb Kongresspolens. Hier war der Anteil derjenigen, die sich keine spezifische ethnische Identität (*tutejsi* – „die Hiesigen") oder allenfalls eine regionale Identität (*Poleszucy* – „Polesier") zuschrieben, recht bedeutsam. Konfessionell war der größere Teil der Weißrussen orthodox, im Gebiet von Wilno allerdings war auch der katholische Glaube verbreitet. Die Konstruktion einer weißrussischen Nation war stark mit sozialen Momenten verknüpft, da der weißrussischen Bevölkerung als einer bäuerlich geprägten Bevölkerung in besonderer Weise an der Durchführung einer Agrarreform gelegen war.[524]

Nahezu fünf Millionen Menschen umfasste die ukrainische Bevölkerung in Polen. Von stärkerem Bewusstsein nationaler Zugehörigkeit als die Weißrussen, präsentierten sich die Ukrainer allerdings heterogener. Wichtigste Trennungslinie war die unterschiedliche politische und kulturelle Sozialisation im ehemaligen russischen Teilungsgebiet außerhalb Kongresspolens (Wolhynien und Teile Polesiens) einerseits und im Osten des ehemals österreichischen Teilungsgebiets, in Ostgalizien, andererseits. Dies zeigte sich nicht zuletzt in der Konfession: Wolhynier und Polesier waren überwiegend orthodox, die ukrainischen Ostgalizier dagegen griechisch-katholisch.

Der Einbezug ethnisch nicht-polnischer Bevölkerungsgruppen in die polnische Nation erschien als grundsätzlich erreichbares Unterfangen. Deutsche, Ostslaven und Litauer „durften und sollten sich sogar polonisieren",[525] wenn auch in unterschiedlichen Akzentuierungen. Die Weißrussen, insbesondere diejenigen katholischer Konfession, avancierten ab 1923, als die Regierungskoalition von Nationaldemokraten, Christdemokraten und PSL-Piast an die Macht kam, zu einem bevorzugten Objekt von Assimilationsbemühungen.[526] Dagegen lancierte Stanisław Grabski am Beispiel der Ukrainer, analog zur Einschätzung der Deutschen und in Reminiszenz an die polnisch-litauische Adelsrepublik, für das Zusammenleben unter einem staatlichen Dach die Formel, es könne „der Typus des Ruthenen wiederkehren, der von sich sagt *gente rutenus, natione polonus*".[527] Bemerkenswert ist an

---

[524] Ausgehend von einem essentialistischen Nationsbegriff schildert die Entwicklung des weißrussischen „nationalen Bewusstseins" seit dem 19. Jahrhundert: Piotr Wróbel: Kształtowanie się białoruskiej świadomości narodowej a Polska [Prace Instytutu Historycznego Uniwersytetu Warszawskiego, Bd. 15], Warszawa 1990.

[525] Friedrich, Juden, S. 551; ähnlich auch Mich, Obcy w polskim domu, S. 8, 10.

[526] Zasady współpracy stronnictw polskiej większości parlamentarnej w Sejmie w r. 1923, tak zwany pakt lanckoroński, 17. 5. 1923, in: Giza/Lato, Materiały, S. 82; Kawalec, Spadkobiercy, S. 83 – 84.

[527] Grabski, Naród, S. 20. In einer begriffsgeschichtlichen Studie hat David Althoen gezeigt, dass die Wendung *gente rutenus, natione polonus* in der Frühen Neuzeit kaum in Gebrauch war, dafür aber seit dem 19. Jahrhundert in einer rückblickenden Idealisierung der

dieser Aussage vor allem, dass der Nationsentwurf der Nationaldemokraten zu diesem Zeitpunkt noch nicht ausschließlich ethnisch gefasst war.[528]

In ihren Überlegungen manifestierte sich allerdings ein deutlich hegemonialer Zug. So begründete der Krakauer Historiker Stanisław Kutrzeba, der mit Arbeiten zur mittelalterlichen und frühneuzeitlichen Rechts- und Verfassungsgeschichte Polens hervorgetreten war und der auf der Pariser Friedenskonferenz 1919 seine Expertise der polnischen Delegation unter Roman Dmowski und Ignacy Paderewski zur Verfügung gestellt hatte, seine Ablehnung einer Föderationslösung damit, dass Polen auf diese Weise die ostslavischen Nationalbewegungen erst gestärkt hätte: Es sei ein „ziemlich seltsamer Anblick gewesen, wie in erster Linie Polen, die Anhänger einer Föderation, sich für eine weißrussische Staatlichkeit aussprachen und sich zu ihren Wortführern machten, während es unter der weißrussischen Bevölkerung schwierig war, diejenigen Elemente zu organisieren, die einen möglichen Kristallisationspunkt bilden könnten".[529]

Die historische Forschung hat die Haltung der ethnisch polnischen Mehrheitsbevölkerung gegenüber diesen Ethnien mittlerweile detailliert untersucht. Umgekehrt ist allerdings noch recht wenig bekannt, ob und inwiefern es Vorstellungen einer spezifisch „deutschen", „ukrainischen", „litauischen" oder „weißrussischen" Polonität es gab. In den vergangenen Jahren konnten immerhin für die ukrainische und deutsche Bevölkerung in Polen einige neue Erkenntnisse gewonnen werden.

Die Haltung der Ukrainer in Polen war in hohem Maße geprägt durch die seit 1917/18 mehrfach unternommenen Versuche, einen eigenen Staat zu gründen. Insbesondere die bürgerkriegsähnliche Auseinandersetzung um Lwów seit November 1918 war eine Hypothek für die Entwicklung einer „ukrainischen" Polonität. Ein Teil der Historiker kam daher zum Schluss, dass die Möglichkeit einer ukrainischen Verständigung mit Polen auf einige wenige Persönlichkeiten beschränkt war.[530] Allerdings spielte die politische Differenzierung der Ukrainer in Polen eine entscheidende Rolle. Mit Blick auf Symon Petlura und seine Anhänger, die nach dem polnisch-sowjetrussi-

---

Rzeczpospolita aber um so größere Popularität gewann: Natione Polonus and the Naród Szlachecki. Two Myths of National Identity and Noble Solidarity, in: ZfO, 52, 2003, S. 487 - 490.

[528] Joachim Bartoszewicz: Naród, in: ders., Podręczny słownik, S. 517; ders.: Polityka interesu narodowego, in: Przegląd Wszechpolski, 1922, H. 5, S. 330; Mich, Obcy w polskim domu, S. 10; zur Diskussion innerhalb der Nationaldemokratie: Kawalec, Spadkobiercy, S. 76 - 77.

[529] Kutrzeba, Polska odrodzona, S. 167. Im gleichen Sinne zu den Ukrainern: Grabski, Z codziennych walk, S. 46 - 48.

[530] Tomaszewski, Rzeczpospolita, S. 87; Wehrhahn, Westukrainische Volksrepublik, S. 272 - 273, 381, 386 - 387.

schen Friedensschluss 1921 ihre Pläne von einer unabhängigen Ukraine nicht mehr verwirklichen konnten und ihr Exil in Polen fanden, sind jüngst trotz aller Wechselfälle im gegenseitigen Verhältnis die Chancen einer ukrainisch-polnischen Kooperation betont worden.[531] In einer alltagsgeschichtlichen Perspektive ließ sich wiederum zeigen, wie wenig die überwiegend ländliche Bevölkerung in Ostgalizien und Wolhynien sich an den politischen Aussagen ukrainischer nationaler Parteien orientierte.[532]

Optimistischer präsentiert sich das Bild für die ethnisch deutsche Bevölkerung in Polen. So versuchte die Evangelisch-Augsburgische Kirche unter Generalsuperintendent Julius Bursche, der einer deutschen Pastorenfamilie aus Kalisz entstammte und in Dorpat Theologie studiert hatte, ihre Angehörigen auf einen loyalen Kurs gegenüber dem neuen polnischen Staat einzustimmen und strebte sogar an, sich explizit an den geistig-kulturellen Traditionen des Protestantismus in Polen während des 16. Jahrhunderts zu orientieren.[533] Auch die deutschen Katholiken in Oberschlesien übten trotz der polarisierenden Erfahrungen in den Jahren der Plebiszitvorbereitungen Loyalität gegenüber der polnischen Staatlichkeit.[534] In beiden Fällen spielte offenkundig der Faktor Konfession eine vermittelnde Rolle. Zudem gab es Beobachtungen, wonach sich die deutsche Bevölkerung in ethnisch heterogenen Gebieten wie Pomorze konstruktiv in das neue polnische Staatswesen einfand und mit ihren polnischen Nachbarn ein gutes Auskommen suchte. Ursächlich hierfür war vermutlich eine noch überwiegend lokal und weniger national orientierte Identität.[535]

Anders als bei Deutschen, Ostslaven oder Litauern stellte sich die Situation der jüdischen Bevölkerungsgruppe in Polen dar. Vor allem die Nationaldemokraten zeigten sich ausgrenzend gegenüber Juden: Ihnen sollte der Einbezug in die polnische Nation verwehrt bleiben.[536] Da ein juristisches Vorgehen gegen die Juden als polnische Staatsbürger nicht möglich war, verlegte sich die Auseinandersetzung auf die lebensweltliche Ebene. Zu Beginn der 1920er Jahre lautete die gängige antisemitische Zielsetzung, die

---

[531] Bruski, Petlurowcy, S. 530. Etwas größere Einflussmöglichkeiten für Verständigungsversuche mit Polen sah aber auch schon Torzecki, Kwestia ukraińska, S. 29.
[532] Timothy Snyder: The Reconstruction of Nations. Poland, Ukraine, Lithuania, Belarus 1569 - 1999, New Haven - London 2003, S. 152 - 153.
[533] Bernd Krebs: Nationale Identität und kirchliche Selbstbehauptung. Julius Bursche und die Auseinandersetzungen um Auftrag und Weg des Protestantismus in Polen 1917 - 1939 [Historisch-Theologische Studien zum 19. und 20. Jahrhundert, Bd. 6], Neukirchen-Vluyn 1993, S. 66 - 67.
[534] Nordblom, Für Glaube.
[535] Niendorf, Minderheiten, S. 396 - 401.
[536] Die nationaldemokratische Haltung ist ausführlich dargestellt bei Bergmann, Narodowa Demokracja; Sobczak, Stosunek Narodowej Demokracji, S. 232 - 257.

Juden aus den wirtschaftlich starken und gebildeten Schichten zugunsten ethnischer Polen zu verdrängen.

Aber selbst die politische Linke war in ihren Ansichten über die Zugehörigkeit der Juden schwankend. Sie bejahte einen assimilierenden Einbezug von jüdischen Arbeitern und Angehörigen der gebildeten Schichten in die polnische Gesellschaft, wahrte aber Skepsis gegenüber orthodoxen Juden, deren Welt ihnen häufig genug fremd blieb.[537]

Über Motivlagen und Binnendifferenzierung der jüdischen Bevölkerungsgruppe selbst hat die historische Forschung zuletzt viele grundsätzliche Erkenntnisse vermitteln können. Demnach konnte von einer „ostjüdischen Einheit" keine Rede sein. Die Entwicklungslinien jüdischer Geschichte liefen in den verschiedenen Regionen Polens wohl noch stärker auseinander als bei anderen Ethnien. Dies war nicht nur ein Resultat der politischen Geschichte, etwa der Teilungen Polens, sondern auch der Vielfalt und Dynamik jüdischen Lebens im östlichen Europa. Die Orientierung an Haskalah oder Chassidismus, das Leben in Stadt oder Land sowie die Zugehörigkeit zu bestimmten sozialen Schichten führten zu unterschiedlichen innerjüdischen Erfahrungswelten und Selbstbeschreibungen, denen der gerne gepflegte „Shtetl-Mythos"[538] nicht gerecht wurde. Ähnlich sah es mit der Verortung von Juden in einer nicht-jüdischen „Außenwelt" aus. Dies zeigte sich elementar im Bereich der Sprache: Einer stattlichen Anzahl jiddischer Dialekte und der Hinwendung zum Hebräischen standen unterschiedliche Zweit- und Drittsprachen als Zeichen unterschiedlicher multiethnischer Umgebungen gegenüber. Die Grenzen des kulturellen Zugehörigkeitsgefühls waren fließend. Hatten sich im preußischen Teilungsgebiet viele Juden an die deutsche Sprache und Kultur angelehnt,[539] zeigte dagegen der jüdische Akkulturationsprozess in Galizien seit der zweiten Hälfte des 19. Jahrhunderts eine Tendenz von der Germanisierung zur Polonisierung.[540] In

---

[537] Heiko Haumann: Geschichte der Ostjuden, München ⁴1998, S. 198.

[538] Prägnante Skizze bei Christoph Schmidt: Das Schtetl aus neuer Sicht, in: HZ, 277, 2003, S. 115 - 117.

[539] Sophia Kemlein: Die Posener Juden. Entwicklungsprozesse einer polnischen Judenheit unter preußischer Herrschaft [Hamburger Veröffentlichungen zur Geschichte Mittel- und Osteuropas, Bd. 3], Hamburg 1997, S. 237 - 245, 323; William W. Hagen: Germans, Poles, and Jews. The Nationality Conflict in the Prussian East, 1772 - 1914, Chicago - London 1980, S. 102 - 103, 153; Piotr Wróbel: Przed odzyskaniem niepodległości, in: Jerzy Tomaszewski (Hrsg.): Najnowsze dzieje Żydów w Polsce w zarysie (do 1950 roku), Warszawa 1993, S. 68 - 75.

[540] Jerzy Holzer: Die galizischen Juden, Deutschtum und Polentum, in: Robert Maier und Georg Stöber (Hrsg.): Zwischen Abgrenzung und Assimilation – Deutsche, Polen und Juden. Schauplätze ihres Zusammenlebens von der Zeit der Aufklärung bis zum Beginn des Zweiten Weltkrieges [Studien zur internationalen Schulbuchforschung, Bd. 88], Hannover 1996, S. 131 - 135; Wróbel, Przed odzyskaniem niepodległości, S. 90 - 91.

Kongresspolen schließlich standen die sprachlich und kulturell an Russland orientierten Litwaken neben Angehörigen jüdischer Gemeinden, die eine Verbindung von polnischer, jiddischer und hebräischer Subkultur pflegten.[541]

Dies alles bedingte eine große Vielfalt an Identitätsentwürfen. Selbst für eine gewünschte Bindung an die polnische Nation gab es mehrere Wege. Das Konzept der Assimilation implizierte die Anpassung an eine als fix gesetzte Mehrheitskultur. Das Konzept der Akkulturation dagegen suchte Elemente der jüdischen Kultur mit Elementen der jeweiligen Mehrheitskultur zu einer neuen Synthese zusammenzuführen.[542] Davon abgesetzt zeigten sich schließlich Versuche, ein eigenes jüdisches Projekt zu begründen. Gestaltungsideen und Entwicklungspotenziale der jüdischen Bevölkerungsgruppe sind dabei stärker zu betonen als allein die jüdische Reaktion auf gesellschaftliche Rahmenbedingungen und staatliche Politik.[543] Damit richtete sich erstmals größere Aufmerksamkeit auf den Identitätsentwurf „jüdische Polonität": Selbstbewusst zogen hier polnisch-jüdische Journalisten Parallelen zur frühneuzeitlichen Adelsrepublik und erklärten sich zu *Cives Poloni, Natione Judaei*.[544] Vor allem aber kann dies ein neues Licht auf den Zionismus werfen, der sich im östlichen Europa aufgrund eigenständiger religiöser und sprachlicher Traditionen und aufgrund des später einsetzenden Emanzipationsprozesses weit größerer Resonanz erfreute als im westlichen Europa.

Konnte eine ethnisch und regional diversifizierte Ausgestaltung der territorialen Selbstverwaltung den unterschiedlichen, auch in sich ausgesprochen heterogenen ethnischen Bevölkerungsgruppen in Polen gerecht werden? Die Vorstellung, dass eine Stärkung der Regionen zu einem größeren Engagement der Bevölkerung, zu konstruktiven Ideen für den Aufbau von Staat und Nation führen könnte, besaß in der Zweiten Republik einige Popularität.[545] Für eine „regionalistische Bewegung" engagierte sich eine Reihe von bekannten Wissenschaftlern, so vor allem Franciszek Bujak, der mit Studien zu Dörfern Galiziens die moderne Agrar- und Siedlungsgeschichte in Polen initiiert hatte, der Krakauer Polonist Kazimierz Nitsch, dessen

---

541 Pickhan, „Gegen den Strom", S. 224; Steffen, Jüdische Polonität, S. 21.
542 Zum Konzept der Akkulturation im Unterschied zur Assimilation: Trude Maurer: Plädoyer für eine vergleichende Erforschung der jüdischen Geschichte Deutschlands und Osteuropas, in: GG, 27, 2001, S. 314 - 316.
543 Ebd., S. 308 - 326. Eindrucksvolle Umsetzung für die Situation in Deutschland: Simone Lässig: Jüdische Wege ins Bürgertum. Kulturelles Kapital und sozialer Aufstieg im 19. Jahrhundert [Bürgertum, N. F., Bd. 1], Göttingen 2004.
544 Steffen, Jüdische Polonität, S. 145.
545 Wapiński, Polska i małe ojczyzny Polaków, S. 352; Paprocka, Kultura i tradycja ludowa, S. 90 - 94.

wissenschaftliche Leidenschaft der Volkssprache und den Dialekten Polens galt, oder der an der Universität Poznań lehrende Ethnologe Jan Stanisław Bystroń, der sich in seinen Arbeiten mit den Traditionen der ländlichen Bevölkerung Polens oder mit der Genese und Bedeutung des polnischen Volkslieds befasste.

Welche Konsequenzen eine stärkere Regionalisierung für den Umgang mit der Multiethnizität haben konnten, war aber heftig umstritten. Tadeusz Hołówko, der nach wie vor eine Autonomieregelung für die beste Lösung hielt, schlug für Ukrainer und Weißrussen in den *Kresy Wschodnie* zumindest als Vorstufe hierzu eine weit verstandene regionale Selbstverwaltung vor.[546] Dagegen erhoffte sich der Nationaldemokrat Stanisław Grabski von der Selbstverwaltung gerade eine Stärkung der ethnisch polnischen Bevölkerung. Mit „polnischer zivilisatorischer Arbeit" sollten, beispielgebend in den Städten Lwów, Wilno und Poznań, die polnischen Grenzgebiete mit dem Kernland kulturell vereinigt werden.[547] Die Aussagen Hołówkos und Grabskis standen exemplarisch für eine Kontroverse über die Ausgestaltung dder territorialen Selbstverwaltung, die bis weit in die 1930 anhielt.

Auch für die ethnisch nicht-polnischen Bevölkerungsgruppen stellte die Einführung der territorialen Selbstverwaltung eine ambivalente Angelegenheit dar. Seit Jahrhunderten hatte sich etwa das politische und gesellschaftliche Leben der Juden in Polen auf ihre Gemeinde konzentriert. Nachdem im 19. Jahrhundert bereits mehrere Anläufe zu verzeichnen waren, jüdische Institutionen in das „allgemeinstaatliche Rechtssystem" zu bringen,[548] erließ die deutsche Besatzungsmacht in einer Verordnung vom 15. November 1916 neue Regelungen: Die jüdische Gemeinde sollte demnach nicht nur religiöse Fragen, sondern auch Erziehung, Bildung, Armenfürsorge und andere soziale Tätigkeiten koordinieren.[549]

Die kommunale Selbstverwaltung, die im ehemaligen Kongresspolen ebenfalls erst während des Ersten Weltkriegs von der deutschen Besatzungsmacht eingeführt wurde, bedeutete für die Juden allerdings eine Doppelung der Zuständigkeiten. Im unabhängigen Polen plädierten nun führende Kommunalpolitiker wie Aleksy Rżewski, der den Sozialisten nahe

---

[546] Hołówko, Kwestja narodowościowa, S. 38.
[547] Grabski, Z codziennych walk, S. 38.
[548] François Guesnet: Polnische Juden im 19. Jahrhundert. Lebensbedingungen, Rechtsnormen und Organisation im Wandel [Lebenswelten osteuropäischer Juden, Bd. 3], Köln - Weimar - Wien 1998, S. 230.
[549] Piotr Wróbel: Prezd odzyskaniem niepodległości, in: Tomaszewski, Najnowsze dzieje Żydów, S. 133 - 135; Frank M. Schuster: Zwischen allen Fronten. Osteuropäische Juden während des Ersten Weltkriegs (1914 - 1919) [Lebenswelten osteuropäischer Juden, Bd. 9], Köln - Weimar - Wien 2004, S. 270 - 271.

stehende Stadtpräsident von Łódź, dafür, die jüdischen Gemeinden von allen Aufgaben zu entbinden, die über das rein Religiöse hinausgingen, und diese stattdessen der territorialen Selbstverwaltung zu überlassen. Ausgehend vom Prinzip der Trennung von Staat und Kirche, aber in Verkennung jüdischer Traditionen sprach Rżewski den jüdischen Gemeinden einen Status zu, der demjenigen anderer konfessioneller Institutionen, etwa katholischer Pfarreien, entsprach. Ziel war es, einen möglichen jüdischen Separatismus zu verhindern und die jüdische Bevölkerung zur Mitarbeit am neuen polnischen Staat zu bewegen.[550]

Ernüchternd fiel allerdings mitunter die Praxis in den Stadt- und Gemeinderäten aus. In der nordmasowischen Kreisstadt Maków etwa konnten sich die Abgeordneten des am 31. August 1919 neu gewählten Stadtrats nicht darauf einigen, wie viele Mandate als Beisitzer im Magistrat christlichen und jüdischen Vertretern zukommen sollten. Nachdem das Innenministerium eingeschritten war und die Wahl annulliert hatte, wurden am 14. Dezember 1919 erneut Wahlen zum Stadtrat abgehalten. Im neuen Stadtrat saßen nun neun Katholiken und 15 Juden. Im Magistrat fanden sich dann aber vier Katholiken und nur ein Jude als Beisitzer. Diese Ämterverteilung hatte auch finanzielle Folgen: Der Bürgermeister erhielt als monatliche Vergütung 1.500 Mark, sein Stellvertreter 750 Mark, ein Beisitzer dagegen nur 300 Mark. Im März 1920 gab dann der Beisitzer Feliks Krystman sein Mandat zurück; über das Ergebnis der Nachwahl ist in den Akten nichts mehr überliefert.[551] Auch wenn nicht überall ein solches Tauziehen stattfand wie in Maków: Die kommunalen Gewichtsverhältnisse im Warschauer Umland fielen häufig zugunsten der ethnisch polnischen Bevölkerung aus; in den Kreisselbstverwaltungen und in deren Exekutivräten saßen nahezu ausschließlich ethnische Polen.[552] Neben den Pogromen 1918 - 20 und der wirtschaftlichen Not[553] trug wohl nicht zuletzt die mangelnde Akzeptanz jüdischen Engagements für das öffentliche Leben im unabhängigen Polen zu Migrationsentscheidungen bei. Zu Beginn der Zweiten Republik verlie-

---

[550] Aleksy Rżewski: Samorząd miejski – a żydowska gmina wyznaniowa, in: Samorząd Miejski, 1, 1921, S. 348 - 350. Die Entwicklung der jüdischen Gemeindeselbstverwaltung zu einem „Staat im Staate" beschwor als Gefahr auch Stanisław Piekarski: Wyznania religijne w Polsce, Warszawa 1927, S. 83.
[551] APW-Pułtusk, Starostwo Powiatowe w Makowie Mazowieckim, 2, Bl. 9, 53, 276, 518.
[552] APW-Pułtusk, Starostwo Powiatowe w Makowie Mazowieckim, 4, Bl. 18 - 19; APW-Pułtusk, Starostwo Powiatowe w Makowie Mazowieckim, 1, Bl. 7.
[553] Jerzy Tomaszewski: Niepodległa Rzeczpospolita, in: ders., Najnowsze dzieje Żydów, S. 163.

ßen viele jüdische Bürger das nördliche Masowien und wanderten nach Amerika aus.[554]

Der internationale Minderheitenschutz in der Zeit zwischen den beiden Weltkriegen gehört zu den schon seit langem diskutierten Themen der Geschichtsschreibung. Ein gängiger Kritikpunkt, den auch schon zeitgenössische Beobachter zur Sprache brachten, war, dass sich der Minderheitenschutz, obwohl mit der lauteren Absicht begründet, die Gleichbehandlung unterschiedlicher ethnischer Bevölkerungsgruppen und die Ausübung kultureller Möglichkeiten selbst noch unterhalb der Autonomie-Ebene zu gewährleisten, mit den Jahren immer mehr in ein Instrument im Kampf um die Revision der Pariser Friedensordnung verwandelte. Statt berechtigte Belange der „nationalen Minderheiten" zu vertreten und schützen, bot der Minderheitenschutz der Zwischenkriegszeit demnach Ansatzpunkte für das außenpolitische Einwirken auf verfeindete Nachbarstaaten und deren innenpolitische Destabilisierung.[555]

Die entscheidende Problematik der internationalen Minderheitenschutzpolitik zeigte sich allerdings, wenn es um den grundsätzlichen Umgang mit Multiethnizität ging. Durch die vertraglichen Regelungen sollten nicht nur bereits bekannte, sondern auch zu erwartende Konflikte abgedeckt werden. Dieser Konzeption lag die Annahme zugrunde, dass „Nationalitätenkämpfe" eine unausweichliche Begebenheit darstellten – ethnische Trennlinien wurden *a priori* als die entscheidenden Faktoren für zwischenmenschliche Beziehungen definiert. Mit den in den Regularien des internationalen Minderheitenschutzes vorgesehenen Plebisziten etwa wurde aber ein großer Teil der Bevölkerung Ostmitteleuropas überhaupt erst vor die Frage eines eindeutigen Gruppenbekenntnisses gestellt. Auf dialektische Weise trug der internationale Minderheitenschutz, der sich die Rechte „nationaler Minderheiten" auf die Fahnen geschrieben hatte, damit selbst zur Verfestigung ethnisch-nationaler Denkmuster bei. Daher ist im Gegensatz zu älteren

---

[554] APW-Pułtusk, Starostwo Powiatowe w Makowie Mazowieckim, 2, Bl. 184; APW-Pułtusk, Starostwo Powiatowe w Makowie Mazowieckim, 4, Bl. 18 - 19.

[555] In der polnischen Forschung dezidiert dazu: Stanisław Sierpowski: Mniejszości narodowe jako instrument polityki międzynarodowej 1919 - 1939, Poznań 1986, insbesondere S. 17 - 37. Grundsätzlich dieser Interpretation folgend, aber mit Verweis auf Deutungs- und Interessenkonflikte zwischen auslandsdeutschen Lobby-Organisationen und der deutschen Außenpolitik der Weimarer Republik: Bastiaan Schot: Nation oder Staat? Deutschland und der Minderheitenschutz. Zur Völkerbundpolitik der Stresemann-Ära [Historische und landeskundliche Ostmitteleuropa-Studien, Bd. 4], Marburg 1988. Dagegen betont jetzt Scheuermann, Minderheitenschutz contra Konfliktverhütung, S. 404, 406 die Suche nach Kompromissen und die konfliktverhütende Wirkung, die die Minderheitensektion des Völkerbundes hatte.

Deutungen auch bei der Betrachtung der Multiethnizität Polens nicht von eindeutig geklärten Zuordnungen auszugehen, etwa von einer Mehrheitsgesellschaft und den „nationalen Minderheiten" als streng voneinander separierten, monolithischen Blöcken. Die Komplexität eines ethnisch heterogen zusammengesetzten Staats zeigte sich gerade darin, dass es zwischen den einzelnen Bevölkerungsgruppen zu einer ständigen Interaktion kam, die durchaus widersprüchlich geprägt war durch unterschiedliche Nationsentwürfe und – daraus resultierend – durch eine unterschiedlich gelagerte Bereitschaft zu Integration und Loyalität.

Zu Beginn der Zweiten Republik war noch keine Entscheidung für einen ethnischen oder einen politischen Nationsbegriff gefallen. Gemeinsam war den mit „Nationalitätenfragen" befassten Vordenkern und Politikern allerdings, dass sie, die in aller Regel der ethnisch polnischen Bevölkerungsgruppe entstammten, wie selbstverständlich eine kulturelle Höherwertigkeit der polnischen Ethnie und damit deren Anspruch auf Dominanz in der Gesamtnation voraussetzten. Nach dem Staatsangehörigkeitsgesetz von 1920 war ein justiziables Vorgehen gegen polnische Staatsangehörige allein aufgrund ihrer ethnischen Zugehörigkeit nicht möglich. Ethnisch verstandene Nationsentwürfe mussten sich daher unterhalb dieser Schwelle artikulieren, durch soziale und kulturelle Strategien der Ethnisierung.

3 Nation im Fest

3.1 Feiertag von „Volkspolen": 1. Mai

Die Feier des 1. Mai, auf dem Gründungskongress der Zweiten Internationale 1889 als „Kampftag der Arbeiterbewegung" ausgerufen, wurde 1890 erstmals weltweit begangen. Von Anfang an dabei waren auch polnische Sozialisten. Ihre Manifestationen standen in den nächsten drei Jahrzehnten stets im Spannungsfeld von sozialer und nationaler Emanzipation, von Internationalismus und Nationalismus. Die PPS verstand sich nicht nur als Vorkämpferin für das Proletariat, sondern auch für die polnische Unabhängigkeit.[556] Gerne pflegten die Sozialisten die Erinnerung an den tatkräftigen Einsatz der polnischen Arbeiter für die Freiheit des Landes, angefangen mit

---

[556] Zum ideengeschichtlichen Hintergrund Bäcker, Problematyka państwa, S. 16–17; Stanisław Michałowski: Polscy socjaliści, in: Jachymek/Paruch, Więcej niż niepodległość, S. 263.

den nationalen Aufständen des 19. Jahrhunderts über die Revolution von 1905 bis in die Jahre des Ersten Weltkriegs.[557]

Diese Haltung war auch in den ersten Jahren der Zweiten Republik prägend. Beim Maiumzug 1920 beschwor die PPS-Parteispitze in ihrer Resolution „sofortige" soziale Reformen, die Berücksichtigung der „Bedürfnisse des Proletariats", die Einführung des Sozialismus und die „internationale Solidarität", beklagte aber zugleich die Unabhängigkeit Polens als unvollständig, da noch keine Vereinigung mit dem „polnischen arbeitenden Volk" in Oberschlesien oder im Teschener Schlesien erfolgt sei.[558] 1921 sah das Bild nicht anders aus. Schon fast traditionell übten die Sozialisten Protest gegen die Regierungspolitik, gegen die vermeintliche Begünstigung von Großgrundbesitzern, vermögenden Bauern, Kaufleuten und Industriellen.[559] Gewerkschaftliche Forderungen wie nach einem Acht-Stunden-Tag rechtfertigten die Sozialisten aber nicht nur mit dem sozialen Fortschritt, sondern wiederum mit den Nutzen für die Nation: Bei einem Acht-Stunden-Tag könne sich der polnische Arbeiter sowohl der persönlichen Weiterbildung und der Befriedigung kultureller Bedürfnisse widmen als auch dem Aufbau des Landes.[560] Schließlich führten die Demonstranten beim Warschauer Umzug weiterhin Transparente mit, die an noch offene Gebietsansprüche Polens gemahnten: „Es lebe das oberschlesische Proletariat!" und „Es lebe Oberschlesien!"[561]

Prägend für den Tag der Arbeit zu Beginn der Zweiten Republik war aber nicht nur die Balance zwischen nationaler und sozialer Frage, sondern auch zwischen historischem Erbe und Zukunftsgestaltung. Im Unterschied zu anderen nationalen Feier- und Gedenktagen sollte der 1. Mai nicht rückwärtsgewandt auf die historische Erinnerung gerichtet sein, sondern sich den gegenwärtigen „Mühen, Sorgen und Kümmernissen" sowie vor allem den „Erwartungen und Hoffnungen" der Arbeiter widmen.[562] Für einen „Marsch in die Zukunft" war nach dem Dafürhalten der PPS mit der Etablierung einer demokratischen Republik die entscheidende Grundlage geschaffen worden. Lag lange Zeit die Bedeutung des 1. Mai „ausschließlich im Kampf" für das polnische Proletariat, avancierte er nun im unabhängigen Polen zu einem Feiertag von „frühlingshafterem, hellerem, fröhlicherem

---

[557] Im Rückblick formuliert: Wczorajsze święto, in: Robotnik, 2. 5. 1921, S. 1 - 2.
[558] Święto Pierwszego Maja, in: Robotnik, 30. 4. 1920, S. 1; Wczorajsze święto, in: Robotnik, 2. 5. 1920, S. 1 - 2; Święto 1 Maja, in: Robotnik, 7. 5. 1920, S. 8. Ähnlich noch 1921: Święto majowe, in: Robotnik, 1. 5. 1921, S. 1.
[559] Święto majowe, in: Robotnik, 1. 5. 1921, S. 1.
[560] Wczorajsze święto, in: Robotnik, 2. 5. 1921, S. 1 - 2.
[561] Ebd., S. 1 - 2; Święto majowe, in: Robotnik, 1. 5. 1921, S. 1.
[562] Jan Maurycy Borski: Święto robotnicze, in: Robotnik, 30. 4. 1920, S. 1 - 2.

Charakter".563 Anders aber als der junge, gerade erst zwanzigjährige Warschauer Dichter Jan Lechoń, der zu Beginn der Zweiten Republik in Aufsehen erregenden Versen beschworen hatte: „Und im Frühling –werde ich den Frühling sehen und nicht Polen",564 ließen die Sozialisten nicht von einem politischen Projekt, der Schaffung von „Volkspolen".

Tatsächlich konnte sich die politische Linke einige Hoffnungen auf die Verwirklichung ihres Nationsentwurfs machen: In den Aufbaujahren der Zweiten Republik besaß der am 1. Mai gewürdigte Begriff der Arbeit565 nicht nur große symbolische, sondern auch praktische Bedeutung. Und wie bereits die Sejm-Wahlen gezeigt hatten, reichte die Bezugnahme auf das sozial definierte „Volk" bis weit in politisch rechte Kreise hinein. Vor allem aber in der katholischen Deutung war das „Volk" präsent, und dies nicht nur mit Blick auf die katholische Bevölkerungsmehrheit. Vielmehr wich das traditionelle Bewusstsein für ständisch-hierarchische Privilegien allmählich einem neuen Selbstbild, wonach sich die zukünftige Stellung der Kirche in der Gesellschaft stärker als zuvor über die Massenbasis der Gläubigen bemaß.566

Für die Frage nach der Integrationskraft des Konzepts „Volkspolen" gab die kulturelle Praxis des 1. Mai allerdings entscheidenden Aufschluss. Wichtig war zunächst, möglichst breite Kreise der Bevölkerung einzubeziehen. Frauen und Kinder der Arbeiter waren die ersten Ansprechpartner. Sie spielten keineswegs nur eine ergänzende Rolle als Familienmitglieder, sondern hatten im unabhängigen Polen an eigenständiger gesellschaftlicher und politischer Bedeutung gewonnen. So stand der Einbezug der Frauen in engem Zusammenhang mit den neuen Partizipationschancen, die das 1918 eingeführte Frauenwahlrecht bot. Die PPS-Zentralabteilung Frauen (*Centralny Wydział Kobiet*) konnte selbstbewusst verlangen, dass auf den Kundgebungen oder den akademischen Feiern stets eine Genossin sprechen sollte.567 Besser konnten die Aufbruchstimmung der frühen Nachkriegsjahre nur noch die Arbeiterkinder verkörpern, die symbolträchtig bei den Umzügen in den vorderen Reihen liefen. Zusammen mit politisch links orientierten Gymnasiasten und Vertretern sozialistischer Jugendorganisationen konnten sie sich am 1. Mai insbesondere zu den aktuellen bildungspoliti-

---

563 Święto majowe, in: Robotnik, 1. 5. 1921, S. 1.
564 So die wohl bekannteste Zeile in seinem Gedicht *Herostrates*: Jan Lechoń: Poezje, Warszawa 1963, S. 5 - 6. Zum literarischen Kontext: Andrzej Zawada: Dwudziestolecie literackie, Wrocław 1998, S. 20 - 27.
565 Święto majowe, in: Robotnik, 1. 5. 1921, S. 1.
566 Als Beispiel hierfür: X. Z.: Kilka uwag o pracy społecznej duchowieństwa (dokończenie), in: Wiadomości Archidyecezjalne Warszawskie, 9, 1919, S. 131 - 138.
567 AAN, PPS, 114/IV-3, Bl. 8.

schen Fragen öffentliches Gehör verschaffen und für das „volkspolnische" Anliegen einer „freien weltlichen polnischen Schule" werben.[568]

Die sozialistische Berichterstattung hob darüber hinaus das Mitwirken von Bevölkerungsgruppen hervor, die in der „Kampfzeit" der PPS noch kaum beteiligt waren. So waren etwa beim hauptstädtischen Umzug von 1921 Landarbeiter aus dem Umland von Warschau zugegen, die die Standarte ihrer Landarbeitergewerkschaft trugen, und erfreut wurde die Beteiligung von Künstlern an den akademischen Feiern zum 1. Mai registriert, da hier die Wertschätzung des Arbeiters in Intellektuellenkreisen zum Ausdruck kam.[569]

Der Versuch, neue Teilnehmergruppen an den 1. Mai heranzuführen, war allerdings kein Selbstläufer. Der Attraktivität des Feiertags wurde durch eine intensive Werbung im Vorfeld nachgeholfen: 1922 veranstaltete die PPS allein in Warschau 160 Agitationsversammlungen, um an den Maifeiertag zu erinnern.[570] Besondere Schwierigkeiten zeigten sich bei der Beteiligung ethnisch nicht-polnischer Bevölkerungsgruppen. In Toruń (Thorn) etwa hielten die deutschen sozialistischen Organisationen ihre eigenen Maifeierlichkeiten ab und verbanden sich nicht mit der PPS; auch in anderen Orten des ehemaligen preußischen Teilungsgebiets hatten sich Verhandlungen über ein gemeinsames Auftreten von Deutschen und Polen zerschlagen.[571] Jüdische Sozialisten waren zwar bei den Kundgebungen der PPS als Redner vertreten und bekundeten ihre Solidarität mit dem polnischen Proletariat,[572] veranstalteten aber ihre eigenen Kundgebungen und Festzüge, die durch das jüdische Viertel zogen.[573]

Diese räumliche Separierung wog umso schwerer, da bereits zeitgenössische Beobachter der Inanspruchnahme des öffentlichen Raums für politische Feste großen Symbolwert zumaßen und die Maifeierlichkeiten der PPS zu Beginn der Zweiten Republik hier ansonsten als recht erfolgreich hätten gelten können. Durchgängig gelang die Besetzung zentraler Plätze und innenstädtischer Straßen: Zum 1. Mai 1920 etwa wurde in Warschau die Kundgebung am plac Teatralny abgehalten, bevor ein Festzug mit rund

---

[568] Wczorajsze święto, in: Robotnik, 2. 5. 1921, S. 1 - 2.
[569] Ebd., S. 1 - 2. Über ihre aktive Teilnahme am 1. Mai 1919 berichtete die Schriftstellerin Zofia Nałkowska: Warszawa 2 V 1919, in: dies., Dzienniki, Bd. 3, S. 54 - 55. Für den Schriftsteller Aleksander Wat war die Teilnahme am 1. Mai schon Familientradition: Jenseits von Wahrheit und Lüge. Mein Jahrhundert. Gesprochene Erinnerungen 1926 - 1945, hrsg. von Matthias Freise, Frankfurt/Main 2000, S. 202.
[570] Wspaniała manifestacja pierwszomajowa w Warszawie, in: Robotnik, 2. 5. 1922, S. 1 - 2.
[571] Święto majowe, in: Robotnik, 6. 5. 1922, S. 2.
[572] Święto 1 Maja, in: Robotnik, 5. 5. 1920, S. 1 - 2; ähnlicher Verlauf 1921: Święto 1-go Maja, in: Robotik, 5. 5. 1921, S. 3.
[573] Wczorajsze święto, in: Robotnik, 2. 5. 1920, S. 1 - 2.

50.000 Teilnehmern anschließend die Hauptstraßen der Innenstadt entlang zog.[574] In Krakau sprach auf den Kundgebungen zum 1. Mai alljährlich der frühere Ministerpräsident der Lubliner Volksregierung, Ignacy Daszyński, bevor ein großer Umzug zum Markt (*Rynek*) zog.[575] Die Besetzung des zentralen öffentlichen Raums gelang auch in kleineren Städten, etwa mit einem Zug durch die Hauptstraßen des Ortes und einer Abschlusskundgebung auf dem Marktplatz.[576] In der Provinz war dies von besonderer Bedeutung, ging es doch vielfach erst einmal darum, der politischen Linken eine von der lokalen Bevölkerung anerkannte öffentliche Bühne zu verschaffen.

Beträchtliche lokale Unterschiede gab es allerdings bei Formensprache und inhaltlichen Aussagen. Die hauptstädtische PPS maß ihren Erfolg an wachsenden Teilnehmerzahlen und war bemüht stets die neuesten politischen Entwicklungen zu reflektieren. Am 1. Mai ging es um das Mobilisieren und Zurschaustellen der eigenen Kräfte, um für die kommenden Wahlkämpfe zu Sejm und Stadtrat gerüstet zu sein.[577] Der 1. Mai in Krakau besaß dagegen eher den Charakter eines Familienfestes, war stärker an lokale Traditionen gebunden, ja, besaß durch das Gepräge der Stadt nahezu einen „bürgerlichen" Anstrich: Auf dem Marktplatz war das Denkmal für Adam Mickiewicz, den wohl bedeutendsten Schriftsteller Polens, mit roten Standarten und Transparenten geschmückt und die Teilnehmer des Umzugs bezogen dort beim Klang der Glocken der gotischen Marienkirche ihre Stellung. Nachmittags wurde der 1. Mai im Park von Krzemionki als Familienfest fortgesetzt, bevor am Abend Vorstellungen im Stadttheater lockten. Störungen etwa durch kommunistische Gruppierungen zählten zu den Ausnahmen.[578]

In die lokale Lebenswelt eingepasst wurde das Konzept „Volkspolen" sogar im ländlichen Raum, dort also, wo die lange Zeit an der Zielgruppe städtischer Arbeiter orientierte sozialistische Bewegung erst gesellschaftlichen Rückhalt aufzubauen versuchte. Anlässlich des 1. Mai wurden immerhin in einzelnen Ortschaften Volksfeste veranstaltet. Hier trat aber oft nicht nur der politische Inhalt gegenüber dem Vergnügungsangebot in den Hintergrund, auch zeigten sich deutliche Züge einer traditionellen Ordnung der Gesellschaft: So etwa waren die weiblichen Aktivisten der PPS bevorzugt

---

[574] Ebd., S. 1 - 2.
[575] Święto 1 Maja, in: Robotnik, 5. 5. 1920, S. 1 - 2; Święto 1-go Maja, in: Robotik, 5. 5. 1921, S. 3.
[576] Święto 1 Maja, in: Robotnik, 7. 5. 1920, S. 8.
[577] Wczorajsze święto, in: Robotnik, 2. 5. 1921, S. 1 - 2; Wspaniała manifestacja pierwszomajowa w Warszawie, in: Robotnik, 2. 5. 1922, S. 1 - 2.
[578] Święto 1 Maja, in: Robotnik, 5. 5. 1920, S. 1 - 2; Święto 1-go Maja, in: Robotik, 5. 5. 1921, S. 3; Przebieg uroczystości w Krakowie, in: Robotnik, 4. 5. 1922, S. 3.

dazu eingesetzt, um gemäß klassischer Geschlechterrollenverteilung das Festtagsprogramm für Kinder zu gestalten.[579]

Der Tag der Arbeit stand zu Beginn der Zweiten Republik für den Anspruch der politischen Linken weite Bevölkerungskreise zu erreichen und damit dem Nationsentwurf „Volkspolen" möglichst große Resonanz zu verschaffen. Die Konsequenz war eine liberale und offene, allerdings auch disparate und inhaltlich nicht allzu stringente Form der Feierlichkeiten zum 1. Mai.

3. 2 Verfassungstag: 3. Mai

In einem Gesetz vom 29. April 1919 bestimmte der Verfassunggebende Sejm den 3. Mai zum Nationalfeiertag. Bereits wenige Tage später konnten in allen Landesteilen Polens offizielle Festivitäten stattfinden. Seine historische Begründung bezog der neue Nationalfeiertag aus der Verfassung vom 3. Mai 1791. Dies war in einer Situation, in der die Verfassungsfindung für das gerade erst unabhängig gewordene Polen noch in vollem Gange war, von besonderer Brisanz. Obwohl eine unveränderte Übernahme aufgrund des gewandelten historischen Kontextes außer Frage stand, klopften Publizisten, Politiker und Wissenschaftler der frühen Zweiten Republik doch die alte Verfassung aus der Zeit der Aufklärung und der Reformen am Vorabend der Teilungen Polens wiederholt auf ihren Vorbildcharakter und auf Ideen für die aktuelle Verfassungsdebatte hin ab. Symptomatisch für die politisch, kulturell und sozial neu zusammengesetzte Gesellschaft Polens war dabei, dass aus den Formulierungen von 1791 nahezu jede Gruppierung die für sie am nächsten liegenden Schlüsse ziehen sowie ihre eigenen Geschichtsbilder und Nationsentwürfe ableiten konnte.

Besonders stark war der Bezug auf die Verfassung von 1791 für katholische Kirche und Nationaldemokraten. Für die katholische Kirche spielte bei der Erinnerung an die Verfassung von 1791 die Stellung der Religion in Staat und Gesellschaft die entscheidende Rolle. Besonders wichtig war der Verweis auf den ersten Abschnitt des damaligen Verfassungstexts: „Die nationale, vorherrschende Religion ist und wird sein der heilige römischkatholische Glaube mit allen seinen Rechten."[580] Zu den Prämissen einer künftigen Verfassung Polens nahm Kardinal Aleksander Kakowski in seinem Hirtenbrief zum 3. Mai 1919 ausführlich Stellung. Der politisch ein-

---

[579] AAN, PPS, 114/IV-3, Bl. 8. Zum dahinterstehenden Frauenbild: Kałwa, Model kobiety, S. 143, 153.

[580] Ustawa Rządowa z dnia 3-go maja 1791 roku, in: Tadeusz Kołodziejczyk und Małgorzata Pomianowska (Hrsg.): Konstytucje w Polsce 1791 - 1990, Warszawa 1990, S. 13.

flussreiche Erzbischof von Warschau forderte, dass auch das heutige Polen dem Grundsatz von 1791 treu bleiben müsse: „Polen soll katholisch sein und bleiben". Während er so die Vorrangstellung der katholischen Konfession verfassungsrechtlich festschreiben lassen wollte, suchte Kakowski die gegen dieses Ansinnen protestierenden nicht-katholischen Glaubensgemeinschaften mit dem Hinweis zu vertrösten, dass die katholische Kirche Gewalt immer verurteilt habe und „Verfolgungen weder im katholischen, noch im polnischen Geiste" seien. Im Zeichen praktizierter christlicher Nächstenliebe verbinde sich vielmehr die „Idee von einer dominierenden Religion ohne Umstände mit der Toleranz anderer Konfessionen".[581]

Eine größere Gefahr als in der Konkurrenz durch andere Religionsgemeinschaften sah Kakowski in laizistischen Forderungen nach einer Trennung von Staat und Religion: „Ein Staat ohne Religion stirbt, und du, polnische Nation, würdest sterben, wenn du die Religion aus den Häusern, Familien, Gemeinden und aus dem Staat vertreiben würdest". Diese Warnung geriet mit dem Verweis auf die besondere Rolle der katholischen Kirche in der polnischen Geschichte besonders eindringlich. Die „tausendjährige Verbindung des Katholizismus mit dem Polentum" habe dazu geführt, dass die öffentliche Meinung in Polen nur mit Mühe beides voneinander trennen könne. Die Teilungszeit bestärkte diese Empfindungen: Durch die Tröstungen der Religion und das einigende Band der Kirche erst hätte Polen die schwere Zeit überstanden, hätten in den *Kresy* der polnische Geist und die Verbundenheit mit dem Mutterland überdauert. Umso wichtiger war es daher aus kirchlicher Sicht, „dem staatlichen Gehäuse die Religion als dauerhaftes Fundament zu unterlegen".[582]

Den Nationaldemokraten erschienen zwei andere Postulate der Verfassung vom 3. Mai 1791 von hervorzuhebender Bedeutung. Zum ersten waren die Privilegien des Adels durch die rechtliche und politische Gleichstellung der Städte relativiert worden. Damit lag die Quelle der Macht nicht länger in einer ständischen Ordnung, sondern im „Willen der Nation".[583] Hier zeigte die Nationaldemokratie ihre Wertschätzung des partizipatorischen Elements, aber auch ihr Bewusstsein für den sozialgeschichtlichen Hintergrund jener Bevölkerungsschichten, als deren Anwalt sie sich sah:

---

[581] Arcybiskup Metropolita Warszawski do duchowieństwa i ludu wiernego, in: Wiadomości Archidyecezyalne Warszawskie, 9, 1919, S. 122.
[582] Ebd.,, S. 121 - 124.
[583] So Art. 5 der Verfassung von 1791: Ustawa Rządowa z dnia 3-go maja 1791 roku, in: Kołodziejczyk/Pomianowska, Konstytucje w Polsce, S. 14; deutsche Übersetzung bei Gosewinkel/Masing, Verfassungen in Europa, S. 379. Für die nationaldemokratische Deutung wichtig: Stanisław Grabski: Trzeci Maja, in: Gazeta Warszawska, 2. 5. 1920, S. 2.

städtische gebildete Schichten, Kaufleute und Unternehmer. Auf diese Wählerklientel zielten die wirtschaftlichen Forderungen der *Endecja*, die recht frei aus dem Emanzipationspostulat der Verfassung von 1791 abgeleitet wurden, nämlich in einem polnischen Nationalstaat „den Handel und die Industrie wiederzugewinnen und die Städte zu beherrschen".[584]

Zum zweiten begrüßten die Nationaldemokraten, dass 1791 die weitgehende Eigenständigkeit der einzelnen Landesteile Polen-Litauens aufgehoben worden war. Der Sejm als Reichstag stellte nicht mehr die Oberversammlung von Landtagen (*sejmiki*) dar, sondern war zentrale legislative Macht der Nation.[585] Für Stanisław Grabski beruhte der Erfolg der Verfassung vom 3. Mai wesentlich darauf, dass die „beiden Nationen" Polen und Litauen in „eine ungeteilte Nation, in ein ungeteiltes Vaterland, in einen einheitlichen Staat mit einer einzigen legislativen, exekutiven und judikativen Macht" transformiert wurden. Aus der alten föderierten und ständisch organisierten Adelsrepublik war demnach ein „einheitlicher Nationalstaat" geworden.[586] In diesem Rahmen war zwar – so die nationaldemokratische Folgerung für die aktuelle Verfassungsdebatte seit 1918 – die Berücksichtigung regionaler Unterschiede denkbar und durchaus wünschenswert, nicht aber die Durchsetzung von Autonomie- oder Föderationskonzepten.

So sehr die Erinnerung an den 3. Mai 1791 die Verfassungsdebatte anspornte, so wenig ließ sich daraus für die konkrete Festtagsgestaltung und damit für die symbolische Selbstbeschreibung der polnischen Gesellschaft an ihrem Nationalfeiertag ableiten. Die Praxis des 3. Mai stellte sich, ähnlich wie diejenige des 1. Mai, zu Beginn der Zweiten Republik in Form und Inhalt ausgesprochen disparat dar.

Staatlich-offiziöse Festelemente machten nur ein Teil der Inszenierung aus. Zum zentralen Festgottesdienst in Warschau, den am Vormittag Kardinal Aleksander Kakowski zelebrierte, versammelten sich Würdenträger höchsten Ranges: Marschall Józef Piłsudski als provisorisches Staatsoberhaupt, der Apostolische Nuntius und andere ausländische Gesandte, Vertreter der Regierung, des Sejm, der hauptstädtischen Selbstverwaltung, der Armee und der Presse.[587] Auf die anschließende Militärparade folgte ein Festumzug, in dem eine stattliche Anzahl von gesellschaftlichen Organisationen vertreten war – von Feuerwehr, Polnischem Roten Kreuz und Kauf-

---

[584] Przebieg święta narodowego, in: Gazeta Warszawska, 4. 5. 1922, S. 1- 2.
[585] Art. 6 der Verfassung von 1791: Ustawa Rządowa z dnia 3-go maja 1791 roku, in: Kołodziejczyk/Pomianowska, Konstytucje w Polsce, S. 14 - 15; deutsche Übersetzung bei Gosewinkel/Masing, Verfassungen in Europa, S. 379 - 380.
[586] Stanisław Grabski: Trzeci Maja, in: Gazeta Warszawska, 2. 5. 1920, S. 2.
[587] Przebieg święta narodowego, in: Gazeta Warszawska, 4. 5. 1922, S. 1 - 2.

mannsverbänden bis hin zu christlichen Gewerkschaften und Lehrervereinen.[588]

Die Aktivitäten gesellschaftlicher, politischer und religiöser Organisationen fanden in der nationaldemokratisch dominierten Hauptstadtpresse besondere Beachtung. Der ZLN selbst veranstaltete zusammen mit den christlichen Arbeitergewerkschaften, der Warschauer Wohltätigen Gesellschaft und dem Polnischen Roten Kreuz Versammlungen und Vortragsabende zum 3. Mai.[589] Die wohl wichtigste Geste staatsbürgerlichen Engagements bestand in der Unterstützung des Bildungswesens. Erstmals hatten Nationaldemokraten im österreichischen Galizien 1901 eine Nationale Gabe (*Dar Narodowy*) eingesammelt. Doppelter Anlass war die 110-Jahres-Feier der Mai-Verfassung und das zehnjährige Jubiläum des privaten Bildungsvereins *Towarzystwo Szkoły Ludowej* (TSL, „Gesellschaft für die Volksschule") mit Sitz in Krakau gewesen. 1907 übernahm die Sammlung der Nationalen Gabe in Kongresspolen die *Polska Macierz Szkolna* (PMS, „Polnische Mutterorganisation für die Schule"),[590] die, in ihren Zielen dem TSL ähnlich, ein Jahr zuvor auf Initiative des Schriftstellers Henryk Sienkiewicz und des Warschauer Juristen und Bildungsaktivisten Antoni Osuchowski entstanden war. In der Zweiten Republik war die Nationale Gabe zum 3. Mai für den Aufbau des polnischen Schulwesens gedacht, insbesondere in den *Kresy Wschodnie*. Die Jugend galt als nationaler Hoffnungsträger und sie bediente diese Erwartungshaltung zumindest schon einmal rhetorisch, wenn auf einem Transparent verkündet wurde: „Wir lernen, um unserem Vaterland zu dienen."[591]

Die gesellschaftlichen Feiertagsaktivitäen konnten regional unterschiedliche Formen annehmen. Im ehemals preußischen Toruń, wo der Nationalfeiertag 1920 erstmals begangen wurde, demonstrierte die Teilnahme der Armee symbolträchtig die neue staatliche Zugehörigkeit; daneben traten aber auch Angehörige lokaler Vereine und Zünfte auf, teilweise zu Pferde in mittelalterlich nachempfundenen Gewändern.[592] Historisch stilisierte Elemente städtischer Identität gingen so in eine staatlich-nationale Festtagsgestaltung ein.

Zu Beginn der polnischen Unabhängigkeit waren Stimmungslage und Parolen am 3. Mai wie bereits am 1. Mai stark vom Erleben der Grenz-

---

[588] Jak minęło święto narodowe? in: Gazeta Warszawska, 4. 5. 1920, S. 6.
[589] W rocznicę konstytucji majowej, in: Gazeta Warszawska, 2. 5. 1920, S. 4.
[590] Teresa Kulak: Konstytucja 3 Maja w ideologii i praktyce politycznej Narodowej Demokracji, in: dies. (Hrsg.): Konstytucja 3 Maja z perspektywy dwusetnej rocznicy (1791 - 1991) [Historia, Bd. 110], Wrocław 1993, S. 86.
[591] Jak minęło święto narodowe? in: Gazeta Warszawska, 4. 5. 1920, S. 6.
[592] W Toruniu, in: Gazeta Warszawska, 4. 5. 1920, S. 7.

kämpfe und der staatlich-territorialen Konsolidierungsbemühungen geprägt. Transparente des ZLN verkündeten: „Gdańsk – einstmals unser, wird wieder unser!", „Die Macht und die Zukunft Polens stützt sich auf die Ostsee!", „Es lebe das heldenhafte Lwów!", „Ermland und Masuren müssen unser werden!" oder „Wir geben Oberschlesien, Teschen, Spisz und Orawa nicht auf!"[593] Der 3. Mai 1920 stand unter dem Eindruck des bevorstehenden Vorstoßes polnischer Truppen nach Kiew, während am 3. Mai 1921 eine breite Unterstützung für den am Vortag ausgebrochenen dritten Schlesischen Aufstand zu beobachten war.

Die Gebietsforderungen, aber auch die noch jungen nationalen Märtyrererzählungen vom Kampf um die polnischen Grenzen gaben der polnischen Armee bei der Festtagsgestaltung eine hervorgehobene Rolle. Selbst die nationaldemokratisch orientierte Presse, die ihren Schwerpunkt auf die Würdigung des gesellschaftlichen Engagements legte, hob, wenn vom staatlich-offiziösen Teil der Festveranstaltungen die Rede war, bevorzugt die Haltung der Soldaten hervor. Die geschlossenen Reihen der paradierenden Armee vermittelten in den turbulenten Aufbaujahren höchst symbolträchtig die Hoffnung auf Stärke und Disziplin. Mit derselben Erwartungshaltung wurde auch das Auftreten gesellschaftlicher Organisationen in den Denkfiguren militärischer Ordnung beschrieben oder der Schuljugend ein „gesundes" Aussehen attestiert. All dies ließ sich positiv absetzen von den zehrenden Wirkungen der zurückliegenden Kriegsjahre auf die polnische Gesellschaft.[594]

Dabei stand das militärische Element nicht für sich allein. Beispielhaft zeigte sich dies in zwei bildlichen Eindrücken vom Warschauer 3. Mai-Fest 1920, die ein Reporter der *Gazeta Warszawska* skizzierte: Das Läuten der Kirchenglocken zum Feldgottesdienst und das Vorüberziehen der Soldaten am Adam Mickiewicz-Denkmal auf der Warschauer Prachtstraße Krakowskie Przedmieście.[595] Im nationaldemokratischen Nationskonzept sollte das Militär weit mehr als ein funktionaler Kampfverband sein, nämlich zugleich eine tiefe Verwurzelung in den geistigen Werten Polens, versinnbildlicht durch katholische Kirche und nationale Hochkultur, aufweisen.

Der 3. Mai wurde auf öffentlichen Straßen und Plätzen gefeiert, aber auch in Kirchen, in Festsälen gesellschaftlicher Organisationen oder Aulen von Schulen. Dabei trafen die Aktivitäten der katholischen Kirche auf die größte gesellschaftliche Resonanz. Nicht nur zusammen mit staatlichen Würdenträgern, sondern auch in den eigenen Pfarrgemeinden begingen

---

[593] Dabei auch das bereits zitierte „Wilno, Minsk, Płoskierów und Kamieniec – zu Polen!": Jak minęło święto narodowe? in: Gazeta Warszawska, 4. 5. 1920, S. 6.
[594] Ebd., S. 6; Przebieg święta narodowego, in: Gazeta Warszawska, 4. 5. 1922, S. 1 - 2.
[595] Jak minęło święto narodowe? in: Gazeta Warszawska, 4. 5. 1920, S. 6.

Geistliche und Gläubige den Nationalfeiertag. Im Erzbistum Warschau beispielsweise war am 3. Mai um 9 Uhr morgens eine feierliche „Heilige Messe für das Vaterland" vorgesehen. Zu diesem Gottesdienst hatten die Pfarrer insbesondere auch die Schülerinnen und Schüler der ihnen obliegenden Schulen zu versammeln. Das liturgische Programm konnte aktuellen Gegebenheiten entsprechend variiert werden. Ganz unter dem Eindruck der Grenzkämpfe verfügte die Warschauer Kurie 1920, dass am Vortag des 3. Mai in allen Kirchen eine feierliche Heilige Messe abgehalten werden sollte „für unsere Kämpfenden an der Front, für die Märtyrer in den *Kresy Wschodnie* und *Zachodnie* sowie für die Erbauer eines starken Polen im Geist von Christlichkeit und Vaterlandsliebe".[596] Schon früh kamen zudem Vorschläge auf, am 3. Mai eine offizielle Pilgerfahrt nach Częstochowa, dem bedeutendsten Wallfahrtsort Polens zu arrangieren, um am Heiligtum Mariens auf dem Klosterberg Jasna Góra für die Wiedererlangung der Unabhängigkeit und die Einigkeit des Vaterlandes zu danken.[597]

Am 3. Mai zeigte die Kirche ihr Selbstbewusstsein gegenüber der sich erst formierenden Staatsmacht. Zum Nationalfeiertag wurden prunkvolle Gottesdienste begangen, an denen Regierungsvertreter und Angehörige des diplomatischen Korps teilnahmen. Die erzbischöfliche Kurie in Warschau, deren Kirchen hauptsächlich in Anspruch genommen waren, sah nüchtern den repräsentativen Charakter der Veranstaltungen, die mit Hilfe kirchlicher Pracht und Ästhetik dem polnischen Staat Würde und Gewicht verleihen sollten. Daher richtete sie eine Aufforderung an das Religions- und Bildungsministerium, sich an den Ausgaben für Beleuchtung, Musik, Bestuhlung und Dekoration zu beteiligen.[598] Und nicht nur beim äußeren Rahmen zeigte sich die Kirche machtvoll im Aushandeln: Für die gesamte Kirchenprovinz Warschau galt zum 3. Mai 1921, dass nach der Messe das katholische Lied *Boże coś Polskę* als Nationalhymne gesungen werden sollte. Dagegen war der Dąbrowski-Marsch (*Mazurek Dąbrowskiego*), der 1797 als Kampflied der polnischen Legionen in Italien entstanden war und nun als neue Nationalhymne Polens im Gespräch war, innerhalb der Kirche vorerst nicht gestattet.[599]

Die Sakralisierung der Nation, die Übernahme religiöser Ausdrucksformen für nationale Zwecke, war somit nicht ohne Gegenleistung zu erhalten.

---

[596] Do Wielebnego Duchowieństwa Archidyecezyi Warszawskiej, in: Wiadomości Archidyecezalne Warszawskie, 10, 1920, S. 118.

[597] Z walnego zgromadzenia Zjednoczonego Koła Ziemianek w Warszawie, in: Ziemianka, 8, 1919, S. 1 - 8.

[598] AAN, MWRiOP, 408, Bl. 11.

[599] Obchód uroczystości narodowych, in: Wiadomości Archidyecezalne Warszawskie, 11, 1921, S. 129.

Den 3. Mai gestaltete die katholische Kirche mit einer Mischung aus Anlehnung und Distanz gegenüber der neuen Staatlichkeit. Sie setzte vor allem aber auf eigene Akzente bei der Ausgestaltung des Nationalfeiertags. Im Zweifelsfall stand der Selbstbehauptungswille einer traditionellen Ordnungsmacht wie der katholischen Kirche über dem Repräsentationsbedürfnis der jungen Republik.

Der 3. Mai war zu Beginn der Zweiten Republik noch wenig ritualisiert. Mit der Erinnerung an die Verfassung von 1791 konnte eine Vielfalt an Nationsentwürfen und Selbstbildern zum Ausdruck gebracht werden. Dabei zeigte sich, dass die Institutionen und Symbole eines erst im Aufbau befindlichen Staats noch nicht so leicht mit der seit dem 19. Jahrhundert vertrauten gesellschaftlichen Initiativkraft von Vereinen und Verbänden und mit der schon weit länger wirksamen kulturellen Prägekraft der katholischen Kirche konkurrieren konnten.

3.3 Wann ist Nationalfeiertag? Rivalitäten zwischen 1. und 3. Mai

Mit dem 1. und dem 3. Mai standen sich in enger zeitlicher Nähe zwei Feiertage gegenüber, die jeweils den Anspruch auf umfassende Mobilisierung der Bevölkerung erhoben. Die Konflikte begannen bereits bei der Festlegung des Status „Nationalfeiertag" im Sejm: In der Sitzung am 29. April 1919 stellten die Sozialisten einen Eilantrag, den 1. Mai offiziell zum Tag der Arbeit in ganz Polen zu erklären. Dies wies eine Mehrheit zurück – und zwar nicht nur mit Stimmen der politischen Rechten, sondern auch mit Stimmen von Parteien der Mitte und sogar Teilen der links orientierten Bauernpartei PSL-Wyzwolenie, um in einer anschließenden Abstimmung den 3. Mai zum staatlichen Feiertag zu küren.[600]

Für den 3. Mai war der Gesetzesrang aber noch kein Garant für eine breite Akzeptanz bei der Bevölkerung und umgekehrt besaß der 1. Mai zwar keine staatlichen Weihen, konnte sich aber mit Bezug auf das Nationskonzept „Volkspolen" durchaus Hoffnung auf Resonanz in der Bevölkerung machen. Welcher Tag im neu gegründeten Polen Nationalfeiertag sein sollte, war eine Frage der Aushandlung, sowohl diskursiv als auch lebensweltlich-praktisch. Paradigmatisch hierfür stehen die Rivalitäten zwischen der nationaldemokratischen Auffassung vom 3. Mai und der sozialistischen Auffassung vom 1. Mai. Zwar hatte der ZLN bei den Sejm-Wahlen 1919 dreimal so viele Stimmen bekommen wie die PPS, allerdings standen sich in den großen Städten des Landes beide Parteien mit einer nahezu gleichgewichti-

---

[600] Sejm przeciwko świętu pierwszego maja! Obrady sejmowe, in: Robotnik, 30.4.1919, S. 2.

gen Anhängerschaft gegenüber. Auch die Medien, die über die beiden Maifeiertage berichteten, hatten ihren Sitz in den Städten, vornehmlich in Warschau, und bezogen sich in ihren Wahrnehmungen und Kommentatoren hauptsächlich auf die dortigen Geschehnisse.

Im Zuge der diskursiven Auseinandersetzung konstatierten die Nationaldemokraten einen durchaus beachtlichen Zulauf zum 1. Mai, wähnten aber dessen baldiges Ende gekommen. Ihrer Ansicht nach hatten die Sozialisten in Polen hervorragende Bedingungen zur Verbreitung ihrer Ideen gehabt, indem sie die ersten Regierungen stellten und geistig-moralischen Rückhalt in Teilen der gebildeten Schichten besaßen. Allerdings sei es in Polen leichter gewesen, einen sozialistischen Minister anzutreffen als einen sozialistischen Arbeiter. Ihre Annahme vom mangelnden Rückhalt der Sozialisten in der Bevölkerung begründeten die Nationaldemokraten auf eine denkbar einfache Weise: „Das Volk in Polen ist gesund. Der Sozialismus ist eine Angelegenheit der Juden und der Freimaurer". Lediglich die Juden in den Städten hielten den Anschein eines Feiertags noch aufrecht, so dass der 1. Mai den Nationaldemokraten als „jüdischer Feiertag" galt.[601] Der Gegensatz hierzu war klar: „Mit jedem neuen Frühling im unabhängigen Polen wächst die Bedeutung des Nationalfeiertags am 3. Mai". Die nationaldemokratische Presse wertete dies als Zeichen der „Gesundung" und eines zunehmend „positiven Selbstwertgefühls" der polnischen Gesellschaft.[602]

Komplexer gestaltete sich umgekehrt die Auseinandersetzung der Sozialisten mit dem 3. Mai. Die doppelte Herausforderung bestand darin, die verbreitete Wahrnehmung der Verfassung von 1791 als Dokument des Fortschritts zu kritisieren und stattdessen die sozialistische Vision von Fortschritt in einem künftigen „Volkspolen" als überlegen darzustellen.

In einem Artikel für den *Robotnik* kontrastierte der Publizist Bronisław Siwik, der nach 1918 als Ministerialbeamter am Aufbau der polnischen Sozialversicherung mitwirkte und seit 1920 für die PPS im Warschauer Stadtrat saß, die Verfassung vom 3. Mai 1791 mit den Errungenschaften der Französischen Revolution: Während die Deklaration der Menschen- und Bürgerrechte 1789 Werte von universaler Bedeutung hinterließ, spiegelte die polnische Verfassung vorrangig ein „nationales Empfinden" wider. Der entscheidende Kritikpunkt war für Siwik aber nicht internationalistisch, sondern klassenkämpferisch motiviert: Demnach war die Verfassung von 1791 das Werk der polnischen „Adelskaste", verabschiedet aus Gründen der Selbsterhaltung angesichts des Niedergangs der Adelsrepublik. Das „arbeitende Volk in Stadt und Land" vermochte die Verfassung vom 3. Mai 1791 daher

---

[601] Zmierzch pierwszego maja, in: Gazeta Warszawska, 1. 5. 1920, S. 3.
[602] Przebieg święta narodowego, in: Gazeta Warszawska, 4. 5. 1922, S. 1 - 2.

nicht „aus ihrer Unterdrückung zu befreien".⁶⁰³ Auch in einer anderen Verlautbarung der politischen Linken standen die historischen Umstände der Verfassung in der Kritik. Ziel der Verfassungsväter sei es gewesen, die „politische Anarchie" in Polen zu bekämpfen, die durch den Kampf zwischen den unterschiedlichen Adelsparteien ausgelöst worden war. Aber statt einen Ansatzpunkt für eine moderne polnische Gesellschaft zu schaffen, blieb die Ordnung der Adelsrepublik im Grundsatz unangetastet. Vielmehr war der genaue Inhalt der Verfassung dem größten Teil der Bevölkerung gar lange Zeit unbekannt geblieben.⁶⁰⁴

Die Erinnerung an den 3. Mai 1791 zur Grundlage des Nationalfeiertags im unabhängigen Polen zu machen, erschien aus dieser Perspektive völlig verfehlt. Eine neu verstandene, auf ein neues gesellschaftliches Fundament gegründete Nation benötigte neue Feiertage, insbesondere den 1. Mai als Nationalfeiertag „Volkspolens". Die Sozialisten empfanden die Installation des 3. Mai daher als Kampfansage: mit der Absicht versehen, die Adelsrepublik als Vorbild dem heutigen demokratischen Polen gegenüberzustellen und den zeitlich nahe liegenden 1. Mai zu desavouieren.⁶⁰⁵ Allerdings war die harsche Kritik der Sozialisten am 3. Mai nicht für die gesamte politische Linke typisch. Dies zeigt ein kurzer Blick auf die Bauernbewegung. So wiesen Vertreter des PSL-Wyzwolenie zwar darauf hin, dass 1791 noch keine Bauernbefreiung vorgesehen war, aber eine lobende Erwähnung war ihnen wert, dass immerhin die Verfassung „gegen die starke Opposition der Herren Magnaten" verabschiedet worden sei und zum Ziel gehabt habe, die politische Unabhängigkeit Polens zu bewahren.⁶⁰⁶ Eine eigene Festtagstradition zum 3. Mai entwickelte die Bauernbewegung jedoch nicht.

Augenfälliger noch als im publizistischen Streit geriet die Konkurrenz der beiden Maifeiertage allerdings gerade in Lebenswelt und Festtagspraxis. Dies begann schon bei den Teilnehmerzahlen. Die Frage, wer besser mobilisieren konnte, barg ein Ungleichgewicht in sich, da der 3. Mai staatliche Unterstützung genoss, der 1. Mai hingegen oft genug auf die örtlich unterschiedliche Akzeptanz von Behörden oder Festsaalbesitzern angewiesen war. Während zum Tag der Arbeit die prestigeträchtigen Veranstaltungen in der Hauptstadt oder die von einem eher konservativen Habitus geprägten Manifestationen in Krakau ohne nennenswerte Einschränkungen abliefen,

---

⁶⁰³ Bronisław Siwik: Proletarjat a konstytucja 3 maja 1791 r., in: Robotnik, 3. 5. 1922, S. 1.
⁶⁰⁴ Z powodu Konstytucji 3-go maja, in: Robotnik, 3. 5. 1921, S. 1 - 2.
⁶⁰⁵ Bronisław Siwik: Proletarjat a konstytucja 3 maja 1791 r., in: Robotnik, 3. 5. 1922, S. 1; Ähnlich: Z powodu Konstytucji 3-go maja, in: Robotnik, 3. 5. 1921, S. 1 - 2.
⁶⁰⁶ Wyzwolony: W rocznicę Konstytucji 3-go Maja, in: Wyzwolenie, 4. 5. 1919, S. 233; Maksymilian Malinowski: W rocznicę Konstytucji 3-go maja, in: Wyzwolenie, 2. 5. 1920, S. 201 - 202.

konnte in Regionen, die von der politischen Rechten dominiert waren, eine Reihe geplanter Maifeierlichkeiten nicht stattfinden, da örtliche Festsaalbesitzer die Abhaltung von sozialistischen Versammlungen verweigerten. 1922 etwa wurden in der Wojewodschaft Pomorze die Zusammenkünfte in den Kleinstädten Chełmża und Wąbrzeźno in letzter Minute abgesagt und lediglich in Toruń versammelten sich einige hundert Arbeiterinnen und Arbeiter.[607]

Was ein „schwacher Besuch" oder eine „gelungene Veranstaltung" war, unterlag daher höchst subjektiven Einschätzungen, je nachdem, ob Sympathisanten oder politische Gegner über den jeweiligen Feiertag berichteten. So nahm nach Angaben der nationaldemokratischen *Gazeta Warszawska* am 3. Mai 1920 „ganz Warschau" an den Feierlichkeiten teil, mit Ausnahme der jüdischen Bevölkerung und der Wenigen, die den 1. Mai gefeiert hätten.[608] Die Beteiligung am 1. Mai schrieben die nationaldemokratischen Beobachter eher dem schönen Wetter und einer vermeintlich verbreiteten Arbeitsscheu zu als den sozialistischen Parolen.[609]

Angesichts der Unsicherheit quantitativer Angaben beriefen sich im Kampf für „ihren" Nationalfeiertag Nationaldemokraten und Sozialisten bevorzugt auf symbolisch verwertbare Indizien: Dazu gehörte, welche Tageszeitungen am jeweiligen Feiertag erschienen, welche Betriebe geöffnet hatten und welche Bevölkerungskreise sich am meisten angesprochen fühlten. Befriedigt vermerkte etwa die PPS, dass zum 1. Mai in Warschau lediglich die Tageszeitungen der nationalen Rechten erschienen, die *Gazeta Warszawska*, der *Kurjer Warszawski* oder das aggressive Boulevardblatt *Gazeta Poranna 2 Grosze*.[610] Die Anhänger der Nationaldemokratie kritisierten wiederum, dass Teile der linken Presse zusammen mit den jüdischen Zeitungen am 3. Mai erschienen – und so den Feiertag ignorierten.[611] In diesem Symbolkampf mussten die Sozialisten zum 1. Mai 1922 eine bittere Niederlage einstecken: Bis auf den *Robotnik* und die jüdischen Tageszeitungen erschienen alle anderen Blätter der Hauptstadt.[612]

Ähnlich detailversessen geriet die Aufzählung von Beteiligung und Nichtbeteiligung im Bereich der Arbeitswelt. Während die Sozialisten für jeden einzelnen Betrieb und für jede einzelne Gewerbebranche die Arbeitsniederlegung am 1. Mai begrüßten, bemühten sich ihre politischen Gegner

---

[607] Święto majowe, in: Robotnik, 6. 5. 1922, S. 2.
[608] Jak minęło święto narodowe? in: Gazeta Warszawska, 4. 5. 1920, S. 6.
[609] Dzień wczorajszy, in: Gazeta Warszawska, 2. 5. 1922, S. 1.
[610] Wczorajsze święto, in: Robotnik, 2. 5. 1920, S. 1 - 2.
[611] Prasa a święto narodowe, in: Gazeta Warszawska, 4. 5. 1920, S. 7.
[612] Wspaniała manifestacja pierwszomajowa w Warszawie, in: Robotnik, 2. 5. 1922, S. 1 - 2; Dzień wczorajszy, in: Gazeta Warszawska, 2. 5. 1922, S. 1.

darzulegen, dass sich die Arbeitsniederlegung hauptsächlich auf Kosten der hart arbeitenden kleinen Leute auswirke, denn der Stillstand bei Straßenbahnen und Vorortzügen treffe kaum die wohlhabenden Schichten.[613] Tatsächlich fiel manche Arbeitsniederlegung negativ in das Konzept der politischen Linken: Wegen des Ausstandes der Bühnenarbeiter konnten 1920 die geplanten abendlichen Theaterveranstaltungen nicht stattfinden.[614] Im nächsten Jahr arbeiteten die Bühnenarbeiter dann demonstrativ, um den 1. Mai nicht zu kompromittieren.[615]

Um dem Selbstbild als Anwalt der „kleinen Leute" Glaubwürdigkeit zu verleihen, hoben die nationaldemokratischen Presseberichterstatter bei den Festumzügen am 3. Mai stets das Mitwirken der nicht-sozialistischen Arbeiterschaft hervorgehoben. Neben Forderungen nach kollektiven Tarifverträgen und dem Erhalt des Acht-Stunden-Tags standen dabei Appelle, Religion und Kirche zu verteidigen und Transparente verkündeten eine Absage an den Klassenkampf, da die „Befreiung der Arbeiter ein Werk der gesamten Nation" sei.[616] Ein solcher Auftritt von Arbeitern spiegelte das soziale Ideal des nationaldemokratischen Nationsentwurfs wider, wonach unterschiedliche gesellschaftliche Interessen zwar vorhanden waren, sich aber in einen gemeinsamen nationalen Rahmen integrieren ließen.

Dem Wunsch nach nationaler Einigkeit zum Trotz waren die Auseinandersetzungen um den „richtigen" Nationalfeiertag in der Hauptstadt Warschau wie kaum anderswo durch scharfe gesellschaftliche Trennlinien und politische Gewalt gekennzeichnet. Vor allem zum 1. Mai brachen sich handgreifliche Auseinandersetzungen Bahn.

Zu Beginn der Zweiten Republik standen sich hier mehrere Gruppierungen feindlich gegenüber: Neben Anhängern des 1. Mai und nationaldemokratischen Gegendemonstranten stritten sich mitunter auch Gruppierungen der politischen Linken untereinander – PPS, jüdische Sozialisten und Kommunisten. Die Vorgehensweise war in vielen Fällen gleich: Es wurde versucht, den „Anderen" Standarten und Transparente aus der Hand zu reißen, diese zu zerstören und überhaupt die gesamte gegnerische Versammlung auseinander zu treiben.

Die nationaldemokratische Presse vermerkte angesichts von Auseinandersetzungen innerhalb linker Gruppierungen wie 1922 auf dem pl. Teatralny zwar ironisch, dass es mit der Solidarität des Weltproletariats wohl nicht zum besten bestellt sei,[617] in der Regel aber fielen für die politische

---

[613] Dzień wczorajszy, in: Gazeta Warszawska, 2. 5. 1922, S. 1.
[614] Wczorajsze święto, in: Robotnik, 2. 5. 1920, S. 1 - 2.
[615] Wczorajsze święto, in: Robotnik, 2. 5. 1921, S. 1 - 2.
[616] Przebieg święta narodowego, in: Gazeta Warszawska, 4. 5. 1922, S. 1 - 2.
[617] Dzień wczorajszy, in: Gazeta Warszawska, 2. 5. 1922, S. 1.

Rechte unter dem polemischen Schlagwort *żydokomuna* Sozialisten, Kommunisten und jüdische Linke unterschiedslos zusammen. Dagegen gerieten die Handgreiflichkeiten und Schlägereien, in die manche Zuschauer am Straßenrand bevorzugt die jüdischen Demonstranten verwickelten, aus nationaldemokratischer Sicht zur „Feuerprobe für das Polentum unserer Hauptstadt".[618]

Getragen wurden die Auseinandersetzungen vorwiegend von jugendlichen Sympathisanten und Jugendverbänden der jeweiligen Parteien. Am besonders heftig umkämpften 1. Mai 1922 provozierten auf Seiten der politischen Rechten Gymnasiasten und Mitglieder akademischer Jugendverbände mit Parolen wie: „Weg mit den Juden! Schlagt die Juden! Hoch leben Paderewski und Dmowski!" Am Eingangstor zur Warschauer Universität versammelte sich eine Gruppe von nationaldemokratischen Studenten, um sich auf eine vorbeiziehende kommunistische Gruppe zu stürzen.[619] Den Studenten stellte sich wiederum eine Gruppe von etwa 500 Personen aus der Arbeiterjugend entgegen, die skandierte: „Weg mit der Reaktion unter der Jugend."[620]

Schlägereien zwischen jugendlichen Arbeitern und Gymnasiasten ereigneten sich aber zumeist an mehreren Stellen der Stadt gleichzeitig, insbesondere wenn die Umzüge nach den Abschlusskundgebungen in Auflösung begriffen waren.[621] Die sozialistischen Kommentatoren witterten hinter solchen Angriffen gezielte Anstiftung, da die Gymnasiasten politisch „noch unbedarft" seien. Beim 1. Mai 1921 beispielsweise sei auf dem pl. Trzech Krzyży unter den Schuljungen eine priesterliche Soutane zu sehen gewesen und darüber hinaus hätte eine Person in Militäruniform aktiv an einer Schlägerei teilgenommen.[622] Gleich, ob dies den Tatsachen entsprach oder nicht – mit der Kirche und dem Militär waren klassische Feindbilder der Sozialisten aufgelistet.

Umstritten war das Verhalten der Polizei. Nationaldemokratische Kommentatoren der 1. Mai-Feiern begleiteten das Eingreifen gegen den „jüdischkommunistischen" Auftritt mit Sympathie,[623] da sie hier die Staatsmacht gegen „Staatsfremde", gegen eine mit Hilfe ethnischer Zuschreibungen definierte „Unordnung" walten sahen. Dagegen erhoben die Sozialisten scharfe Vorwürfe gegen die Vorgehensweise der Ordnungshüter: Ohne das Eingreifen der Polizei hätten sich die Veranstaltungen zum 1. Mai völlig

---

[618] Nieudana rewja, in: Gazeta Warszawska, 2. 5. 1920, S. 7.
[619] Zajścia wczorajsze, in: Robotnik, 2. 5. 1922, S. 2.
[620] Święto majowe, in: Robotnik, 4. 5. 1922, S. 3.
[621] Wspaniała manifestacja pierwszomajowa w Warszawie, in: Robotnik, 2. 5. 1922, S. 1 - 2.
[622] Wczorajsze święto, in: Robotnik, 2. 5. 1921, S. 1 - 2.
[623] Dzień wczorajszy, in: Gazeta Warszawska, 2. 5. 1922, S. 1.

friedlich abgespielt. Die Polizei habe vielmehr eine eskalierende Rolle gespielt, indem sich Polizisten immer wieder auf demonstrierende Arbeiter gestürzt, jüdische Teilnehmer aus dem Umzug herausgezogen, Standarten legaler Organisationen weggenommen und ohne ersichtlichen Grund Personen verhaftet hätten.[624]

Tatsächlich kam es bei einer Polizeiaktion gegen eine Versammlung des *Bund* 1921 zu einigen Dutzend Verletzten. Die PPS, die sich gegenüber der politischen Öffentlichkeit Polens gerne als Wortführerin der sozialistischen Bewegung verstand, ergriff Partei und stellte fest, dass sich die jüdischen Sozialisten keinerlei antistaatlichen Verhaltens schuldig gemacht hätten, während die Polizisten tatkräftige Hilfe von Straßenjungen sowie Teilnehmern einer nationaldemokratischen Kundgebung erhalten hätten. Als ebenso fatal empfand die PPS die gleichzeitigen Zusammenstöße zwischen kommunistischen Demonstranten und der Polizei am pl. Bankowy sowie im überwiegend von der jüdischen Bevölkerungsgruppe bewohnten Stadtviertel Leszno. Das Vorgehen der Polizei habe dem „kleinen Häufchen kommunistischer Schreihälse" den Status von „Märtyrern" und „Opfern" verliehen und damit die politische Legendenbildung auf der extremen Linken weiter angefacht.[625]

Im folgenden Jahr, als besonders heftige Kämpfe die Hauptstadt erschütterten, war die Bilanz des Polizei-Einsatzes so ungleichgewichtig, dass von einem Zufall kaum die Rede sein konnte: Am 1. Mai 1922 wurden 88 linke Demonstranten verhaftet, überwiegend Juden, dagegen keiner der nationaldemokratischen Studenten.[626] Die Forderung, die Vorkommnisse eingehend zu untersuchen, richteten die Sozialisten dabei persönlich an den parteilosen Innenminister Antoni Kamieński – denn während seiner Warschauer Studienzeit in den 1890er Jahren hatte er als damaliges Mitglied der PPS schließlich selbst an Maidemonstrationen teilgenommen.[627]

Wichtiger als der Appell an die Staatsmacht aber war für die politische Linke die Existenz einer eigenen Miliz. Der Einsatz parteigebundener Ordnungskräfte sorgte zusammen mit einem möglichst großen Teilnehmerfeld dafür, dass die Festzüge der polnischen Sozialisten am 1. Mai weniger gefährdet gegenüber gegnerischen Attacken waren. Dagegen waren kleinere, von der PPS getrennt marschierende und ethnisch nicht-polnische Gruppen

---

[624] W sprawie gwałtów policji w d. 1-ym maja, in: Robotnik, 5. 5. 1922, S. 1.
[625] Wczorajsze święto, in: Robotnik, 2. 5. 1921, S. 1 - 2.
[626] Jeszcze o zajściach w dn. 1-go maja, in: Robotnik, 3. 5. 1922, S. 3.
[627] W sprawie gwałtów policji w d. 1-ym maja, in: Robotnik, 5. 5. 1922, S. 1.

wie die jüdischen Sozialisten häufiger Angriffen ausgesetzt. Die Miliz der PPS, ausgestattet mit roten Schulterbändern, nahm allerdings immer wieder kleinere Gruppen von 1. Mai-Demonstranten unter ihren Schutz, so 1922, als eine Gruppe des *Bund* aus einer Zuschauermenge am Straßenrand heraus angegriffen wurde.[628]

Zwischen dem 1. Mai und dem 3. Mai gab es bei der Festgestaltung in der Hauptstadt keinerlei Überlappungen in Symbolik und Trägerschichten. Dadurch konnte die polemische Unterscheidung der *Endecja* zwischen einem „jüdischen" 1. Mai und „polnischen" 3. Mai Popularität erlangen. Mit einer solchen Ethnisierung der Feiertage versuchte die politische Rechte Partizipationsströme zu lenken und sich als ethnisch polnisch definierende Arbeiter von der Teilnahme am 1. Mai abzuhalten.[629] Den zweiten großen Streitpunkt stellte die Verknüpfung von sozialer und nationaler Emanzipation dar: Während die Nationaldemokraten versuchten den 3. Mai als „nationalen Feiertag" dem 1. Mai als „Feiertag nur einer Klasse"[630] entgegenzustellen, spiegelte sich für die Sozialisten in der Konkurrenz der beiden Feiertage ein Stellvertreterkrieg zwischen alter und neuer Gesellschaftsordnung, zwischen Vergangenheit und Zukunft der polnischen Nation. Die aus den Grenzkämpfen und dem Krieg mit Sowjetrussland geläufige Forderung nach Schaffung einer „inneren Front", die sich aus einem Lobpreis für das Militär speiste und zu einer einigen Kriegsnation führen sollte, erhielt in der Auseinandersetzung um den „richtigen" Nationalfeiertag eine zweite, dunklere Bedeutungsvariante: Gewalt war zu einem weithin akzeptierten Mittel der innergesellschaftlichen Auseinandersetzung geworden.

4 Nation in der Schule

4.1 Ideen für die polnische Schule: Der Lehrer-Sejm 1919

Schule und Bildung besaßen in der Zweiten Republik eine herausragende Bedeutung, denn hier gab es einen großen Nachholbedarf. Das bis 1918 zur Verfügung stehende Bildungsangebot war teilweise dürftig gewesen – besonders im russischen Teilungsgebiet, wo die höchsten Analphabetenquoten zu beklagen waren – vor allem aber inhaltlich auf Erziehungsziele und Staatsräson der jeweiligen Teilungsmächte konzentriert. Die Bilanz fiel aus

---

[628] Wspaniała manifestacja pierwszomajowa w Warszawie, in: Robotnik, 2. 5. 1922, S. 1 - 2.
[629] Przebieg święta narodowego, in: Gazeta Warszawska, 4. 5. 1922, S. 1 - 2.
[630] Bronisław Siwik: Proletarjat a konstytucja 3 maja 1791 r., in: Robotnik, 3. 5. 1922, S. 1.

der Perspektive der polnischen Nationalbewegung düster aus: „Wir sind eine ungebildete, rückständige und uneinige Nation von Analphabeten."[631] Der Priester Jan Gralewski, Religionslehrer an Warschauer Schulen, aktives Mitglied der *Polska Macierz Szkolna* und in der Vorkriegszeit als Gründer einer Reformschule in Stara Wieś bei Mińsk Mazowiecki hervorgetreten, zeichnete das Bild von „preußischem Kreuzrittertum" und russisch-österreichischem „Byzantinismus", das den Geist der Schulen geprägt habe.[632] Manche Pessimisten befürchteten gar, die gesamte erwachsene Bevölkerung Polens sei von der Teilungszeit und dem Erlebnis des Weltkriegs moralisch so beeinträchtigt, dass sie kaum in der Lage sei, das Schicksal von Nation und Gesellschaft zukunftsweisend zu gestalten. Besser werde es erst, wenn eine Generation heranwachse, die in einer polnischen Schule im nationalen Geist erzogen worden sei.[633]

Vor diesem Hintergrund wurde die Neugestaltung des Schulwesens im unabhängigen Polen von höchsten Erwartungen begleitet.[634] Der Grundschullehrerverband ZPNSP prognostizierte einen regelrechten Ansturm auf Bildung und Weiterbildung, um die „jahrhundertlange Vernachlässigung" aufzuholen.[635] So einig sich Pädagogen, Intellektuelle und Politiker über die Bedeutung der Schule im unabhängigen Polen waren, so kontrovers wurde die Debatte über deren konkrete Ausgestaltung geführt. Welche Formen, Methoden und Inhalte waren am besten dazu geeignet, dem Bildungsrückstand weiter Bevölkerungskreise Einhalt zu gebieten, welches Bild von Polen sollte in der Schule vermittelt werden? Der Streit um die Schule war zugleich ein Streit um die „richtige" Nation.

Zentralen programmatischen Stellenwert nahm der vom 14. bis 17. April 1919 in Warschau tagende „Lehrer-Sejm" ein. Bereits in den Kriegsjahren hatte es gemeinsame Treffen von Lehrervereinen, Schulvertretern und Bildungspolitikern gegeben. Wenige Monate nach Erlangung der staatlichen Unabhängigkeit konnte eine solche Zusammenkunft freilich ganz anderen Aufmerksamkeitswert beanspruchen: Langgehegte Wünsche schienen nun

---

[631] Leon Patyna: IV Zjazd Delegatów Związku Polskiego Nauczycielstwa Szkół Powszechnych Rzeczypospolitej Polskiej, in: Głos Nauczycielski, 6, 1922, S. 196.

[632] Sprawozdanie ze zjazdu nauczycielstwa polskiego w Warszawie w dniach 14, 15, 16 i 17 kwietnia 1919 r., in: Głos Nauczycielski, 2, 1918/19, S. 398.

[633] Leon Patyna: IV Zjazd Delegatów Związku Polskiego Nauczycielstwa Szkół Powszechnych Rzeczypospolitej Polskiej, in: Głos Nauczycielski, 6, 1922, S. 196; O wychowaniu narodowym, in: Ziemianka, 7, 1918, S. 145 - 150.

[634] Beispielhaft die Bekundungen einer Warschauer Schuldirektorin: APW, Gimnazjum H. Rzeszotarskiej, 100, Protokół nr 1. Die euphorische Stimmung schlug sich selbst in lyrischen Versuchen nieder, so J. Jelnicka: Polskiej szkole, in: Ziemianka, 7, 1918, S. 150.

[635] Sprawozdanie z II. Zjazdu delegatów Związku P. N. S. P., in: Głos Nauczycielski, 4, 1920, H. 5 - 6, S. 2.

der Verwirklichung nahe, die Gestaltungseuphorie war immens. Die polnische Pädagogik sah für sich ein riesiges, neu zu erschließendes Betätigungsfeld, gar eine „Renaissance des polnischen pädagogischen Denkens".[636] Der Pädagoge und Psychologe Henryk Rowid, der sich seit der Jahrhundertwende um die Lehrerbildung in Galizien verdient gemacht hatte und in der Zweiten Republik zu einem der bedeutendsten Vertreter des experimentellen Schulwesens avancieren sollte, brachte die selbstbewusste Haltung seiner Kollegen auf die Formel: „Ausgangspunkt aller staatsbildenden Tätigkeit muss die Bildungsfrage sein."[637]

Die vom Religions- und Bildungsministerium einberufene gesamtpolnische Konferenz im April 1919 bezog ihren populären Namen Lehrer-Sejm daraus, dass hier Projekte auszuarbeiten waren, die im Verfassungsgebenden Sejm zur Vorlage kommen sollten. Dem Wunsch des Veranstalters nach ging es vorrangig um das ideelle Fundament der Bildungs- und Erziehungstätigkeit im polnischen Staat. Materielle Fragen wie die künftige Bezahlung der Lehrer, die in den ersten Monaten der Unabhängigkeit in Form von Streiks, Deklarationen und Protesten für Wirbel gesorgt hatten, sollten hingegen kein Thema sein.[638]

Die Resonanz, die der Lehrer-Sejm fand, war beträchtlich. Sowohl beim Eröffnungsgottesdienst am 14. April 1919 als auch bei der eigentlichen Tagung waren nicht nur Kongressteilnehmer zugegen, sondern auch Vertreter der Regierung, des Sejms und des Warschauer Stadtrats sowie als Logengäste die interessierte Öffentlichkeit. Die prominenten Kongressräumlichkeiten, unter anderem der Konzertsaal der Nationalphilharmonie, waren randvoll gefüllt.[639]

Überhaupt zeichnete den Lehrer-Sejm eine betont nationale Stimmung aus. Mehrfach kam es zu Proklamationen über die künftigen Territorien und Grenzen des polnischen Staates, die zeitgleich auf der Pariser Friedenskonferenz zur Verhandlung anstanden. An den polnischen Ministerpräsidenten Ignacy Paderewski und den französischen Premierminister Georges Clemenceau erging eine Resolution, die den Anschluss Danzigs und eines breiten Küstenstreifens, des Oppelner und des Teschener Schlesiens sowie der Gebirgsregion von Spisz (Zips) und Orawa an Polen forderte. Der erste Tag

---

[636] St. Świdwiński: Na 20-lecie Sejmu Nauczycielskiego, in: Głos Nauczycielski, 23 (33), 1938/39, S. 666 - 668.

[637] Sprawozdanie z II. Zjazdu delegatów Związku P. N. S. P., in: Głos Nauczycielski, 4, 1920, H. 5 - 6, S. 9.

[638] Sprawozdanie ze zjazdu nauczycielstwa polskiego w Warszawie w dniach 14, 15, 16 i 17 kwietnia 1919 r., in: Głos Nauczycielski, 2, 1918/19, S. 397.

[639] Sprawozdanie ze zjazdu nauczycielstwa polskiego w Warszawie w dniach 14, 15, 16 i 17 kwietnia 1919 r., in: Głos Nauczycielski, 2, 1918/19, S. 395.

der Beratungen im Plenum wurde mit Hochrufen auf die „große, mächtige und auf Jahrhunderte lebendige" polnische Republik und dem gemeinsamen Singen einer populären nationalen Hymne, der *Rota*, beschlossen.[640]

Die polnische Pädagogik suchte nach dem Ende der Teilungszeit ideelle Anknüpfungspunkte verstärkt in nationalen historischen Vorbildern. Hierfür in Frage kamen insbesondere die Schul- und Bildungsreformer des späten 18. Jahrhunderts, die in der Kommission für Nationale Erziehung (*Komisja Edukacji Narodowej*, KEN) unter der Führung des Krakauer Geistlichen und Hochschulrektors Hugo Kołłątaj den Ausbau von Schulen, verbesserte Bildungschancen für nichtadelige Kinder sowie die Schaffung neuer Lehrpläne und Lehrbücher im Geiste der Aufklärung angestrebt hatten. Anerkennung fanden bei den Lehrern und Pädagogen der Zweiten Republik zudem die Bildungsaktivitäten im Rahmen der „organischen Arbeit" seit der zweiten Hälfte des 19. Jahrhunderts.[641]

Gleichzeitig dienten aber auch die schulischen Verhältnisse in westlichen Ländern als Vorbild. Dabei wurde die „Annäherung Polens an die Kultur des Westens" und eine „am Westen orientierte Wiedergeburt des polnischen Geistes" beschworen, ja sogar der ehrgeizige Anspruch formuliert, den Westen bei den neuesten pädagogischen Entwicklungen einzuholen.[642] Auch hier war, entgegen den Thesen Ernest Gellners zum Nationalismus im östlichen Europa,[643] die Konstruktion einer polnischen pädagogischen Tradition mit dem orientierungssuchenden Blick nach Westeuropa und Nordamerika sehr wohl vereinbar.

Vermittelndes Glied zwischen nationalen und westlichen Vorbildern war eine neue Sicht auf die Kinder: Aufgabe der modernen Schule war es demnach, Kindern ihre „persönliche Würde zu geben" und sie nicht länger als Arbeitskraft zu betrachten, wie es in einer noch weitgehend agrarisch ge-

---

[640] Ebd., S. 404. Die *Rota* war ein hymnisch vertontes Gedicht, das die Schriftstellerin, Literaturkritikerin und Frauenrechtlerin Maria Konopnicka 1908 unter dem Eindruck der Germanisierungspolitik im preußischen Teilungsgebiet verfasst hatte. Nachdem die *Rota* erstmals öffentliche Resonanz bei der 500-Jahr-Feier zum Gedenken an die Schlacht bei Grunwald/Tannenberg 1410 gefunden hatte, wurde sie 1919 zur Hymne der polnischen Pfadfinder und spielte sogar in den Überlegungen zur künftigen Nationalhymne des unabhängigen Polens eine prominente Rolle.

[641] Ebd., S. 399 - 400; So auch der ZPNSP-Vorsitzende Stanisław Nowak auf einem Kongress in Poznań: Założenie organizacji Związkowej w Poznaniu, in: Głos Nauczycielski, 4, 1920, H. 9 - 10, S. 3.

[642] Z ruchu wyborczego. O naszą przyszłość, in: Głos Nauczycielski, 6, 1922, S. 243; O wychowaniu obywatelskiem w szkole, in: Głos Nauczycielski, 4, 1920, H. 7 - 8, S. 1; Leon Patyna: IV Zjazd Delegatów Związku Polskiego Nauczycielstwa Szkół Powszechnych Rzeczypospolitej Polskiej, in: Głos Nauczycielski, 6, 1922, S. 196; Franciszek Nowosławski: Z aktualnych zagadnień małopolskiego szkolnictwa, Sanok 1924, S. 8.

[643] Gellner, Nationalismus, Kultur, S. 137.

prägten Gesellschaft bis ins 20. Jahrhundert hinein vorkam.[644] Zunehmende Popularität gewann unter dem Eindruck der staatlichen Unabhängigkeit die Vorstellung, dass die Kinder gerade auch als künftige Staatsbürger besondere Wertschätzung und Unterstützung verdienten. Orientierung bot schließlich die Abgrenzung vom Schulunterricht der Teilungszeit oder genauer gesagt, was hiervon im Rückblick als „typisch" erschien. Die Bildungsideale des 19. Jahrhunderts stellten sich dabei als theorielastige, positivistische Wissensvermittlung dar, deren Resultat der Typus des Intellektuellen und Gelehrten gewesen sei, der den praktischen Fragen des Alltags hilflos gegenüber stand.[645] Das Menschenbild, das dagegen die Schule im unabhängigen Polen vermitteln sollte, war von zwei neuen, untereinander durchaus gegensätzlichen Erfahrungen geprägt: von der krisenhaften Labilität der Nachkriegszeit und von der nationalen Euphorie nach Erlangung der Unabhängigkeit. Gefordert war nun die Fähigkeit, sich schnell und gewandt in neuen Situationen zurechtzufinden. Für den schulischen Unterricht bedeutete dies, die eigenverantwortliche Bildung der Schüler zu stärken. Lehrer sollten nicht länger nur ihr Wissen vortragen, sondern vor allem für Fragen und Hilfestellungen zur Verfügung stehen. Die Aufbruchstimmung zu Beginn der lange ersehnten Eigenstaatlichkeit fand ihren symbolischen Ausdruck darin, dass die Übereinstimmung des Schulunterrichts mit dem polnischen „nationalen Geist" und dem polnischen „nationalen Leben" zum Gebot der neuen Zeit erhoben wurde.[646] Zusammengefasst lauten die neuen Leitbilder: Tatkraft, Dynamik, Kreativität und Mobilisierungsfähigkeit.

Die nationale Ausrichtung der polnischen Schule war neben dem selbstgewählten Vergleich mit dem Westen die meistbeschworene Vision des Lehrer-Sejms. Was aber bedeutete „national" vor dem Hintergrund konkurrierender Nationsentwürfe? In der Anfangszeit der Zweiten Republik besaß das Nationskonzept „Volkspolen" einen wichtigen, ja dominanten Stellenwert in Pädagogik und Bildungspolitik. Als wichtigste Herausforderung für das neue polnische Schulwesen galt die „rasche Demokratisierung" der polnischen Gesellschaft.[647] Für diese Forderung gab es sowohl ethische als

---

[644] Lena Jostówna: W sprawie uczęszczania dzieci do szkół, in: Głos Nauczycielski, 5, 1921, S. 204; ausführlich zum alltagsgeschichtlichen Hintergrund mit Veränderungen zwischen der „Generation 1863" und der „Generation 1890": Włodzimierz Mędrzecki: Młodzież wiejska na ziemiach Polski centralnej 1864 - 1939. Procesy socjalizacji, Warszawa 2002, S. 42 - 44, 90 - 93.
[645] Nowosławski, Z aktualnych zagadnień, S. 8 - 13.
[646] Odezwa Naczelnego Zarządu Związku Polskiego Nauczycielstwa w Krakowie, in: Głos Nauczycielski, 2, 1918/19, S. 185; Nowosławski, Z aktualnych zagadnień, S. 8 - 13.
[647] Nowosławski, Z aktualnych zagadnień, S. 8.

auch politische Argumente. Nach Überzeugung „volkspolnischer" Pädagogen und Bildungspolitiker stellte die breite Masse der Bevölkerung die Grundlage eines jeden modernen Staates dar. Der weit verbreitete Analphabetismus allerdings war zu Beginn der Zweiten Republik ein gravierendes Hindernis für die dringlich erhoffte Partizipation und Mitarbeit der Bevölkerung.[648] Dabei durfte ein Verweis auf das Trauma der Geschichte Polens nicht fehlen: Der stellvertretende Vorsitzende des ZPNSP und Sejm-Abgeordnete des PSL-Wyzwolenie Zygmunt Nowicki meinte, die frühneuzeitliche Adelsrepublik sei „nicht zuletzt deshalb gescheitert, weil ihr im Laufe des 17. und 18. Jahrhunderts der Typ des Staatsbürgers abhanden kam, der zum Erhalt und zur Stärkung der Unabhängigkeit des polnischen Staates hätte beitragen können". „Volkspolen" drohe „dasselbe Unglück, wenn wir nicht beizeiten in der Nation den staatsbürgerlichen Geist wecken".[649]

Tatsächlich wurden die „volkspolnischen" Wünsche nach einem einheitlichen Schulsystem für alle Kinder ohne Unterschied von Konfession und Herkunft sehr rasch von der Politik aufgegriffen. Der Sozialist Ksawery Prauss erließ als Religions- und Bildungsminister während seiner kurzen Amtszeit im Winter 1918/19 ein Grundsatzprogramm (später als „Prauss-Programm" bezeichnet), in dem er einen verpflichtenden und kostenlosen siebenjährigen Grundschulbesuch verfügte. Unterstützung für dieses Programm kam von der politischen Linken und vor allem vom ZPNSP.[650] Die Lehrergewerkschaft propagierte in der Folge unermüdlich eine herausragende Rolle für die neu einzuführende „allgemeine" Grundschule, eine „Schule für alle" (*szkoła powszechna*).[651] Die bisher existierende „Volksschule" (*szkoła ludowa*) war eine Schule der ärmeren Bevölkerungsschichten gewesen. Die Kinder von Angehörigen der gebildeten und vermögenden Schichten waren nach einer Propädeutik durch Privatlehrer oft gleich auf die Mittelschulen gewechselt. Die Bildungspolitik des unabhängigen Polens hatte sich deshalb nach Ansicht des ZPNSP auf den Aufbau des Grundschulwesens zu konzentrieren, denn dies sei die „Grundvoraussetzung für die Existenz,

---

[648] AAN, Akta Leona Wasilewskiego, 65, Bl. 10; Sprawozdanie z II. Zjazdu delegatów Związku P. N. S. P., in: Głos Nauczycielski, 4, 1920, H. 5 - 6, S. 7; Z. Nowicki: O szkołę powszechną, in: Głos Nauczycielski, 5, 1921, S. 197; O wychowaniu obywatelskiem w szkole, in: Głos Nauczycielski, 4, 1920, H. 7 - 8, S. 1.

[649] Z. Nowicki: O szkołę powszechną, in: Głos Nauczycielski, 5, 1921, S. 197.

[650] Deklaracja Zrzeszenia Nauczycielstwa Polskich Szkół Początkowych, in: Głos Nauczycielski, 2, 1918/19, S. 98; Sprawozdanie z II. Zjazdu delegatów Związku P. N. S. P., in: Głos Nauczycielski, 4, 1920, H. 5 - 6, S. 6; Tomasz Nocznicki: Wiedza dla ludu (1920), in: ders., Wybór pism, S. 185 - 192.

[651] Z. Nowicki: O szkołę powszechną, in: Głos Nauczycielski, 5, 1921, S. 197.

die Entwicklung und die Herrlichkeit des polnischen Staates und der polnischen Nation".[652]

Mit Widerstand gegen die neu ausgerufene Orientierung am „einfachen Volk" hatte der ZPNSP wohl zu rechnen. Wiederholt betonte der Lehrerverband, das „volkspolnische" Konzept in der Pädagogik bedeute keine Absenkung des Bildungsniveaus, sondern solle das Volk auf das staatsbürgerliche Leben vorbereiten, es zu einem „nationalen Körper" vereinen[653] und „auf einen Stand bringen, der den großen Bedürfnissen und Bestrebungen der polnischen Nation nach Teilnahme an der weltweiten Hochkultur entspricht".[654]

Zwischen einer emanzipatorisch inspirierten Hebung der einfachen Bevölkerung und einer autoritär-paternalistischen Vorstellung von Erziehbarkeit war nur ein schmaler Grat. Auf diesem wandelte der ZPNSP, wenn er das Ideal der Demokratisierung zunehmend enger mit den „Bedürfnissen des Staates" zu verknüpfen suchte.[655] Forderungen an die Lehrer, die künftigen Generationen zu „besseren Staatsbürgern heranzuziehen" als es die heutigen Erwachsenen waren[656] und ihnen einen „Kult ständiger, ausdauernder Arbeit" zu vermitteln,[657] enthielten schon einen deutlich normativeren Zug als das „volkspolnische" Postulat nach mehr Bildung. Auf dem vierten ZPNSP-Kongress 1922 forderte der Verbandsvorsitzende, der Krakauer Grundschuldirektor Stanisław Nowak, dann explizit Wertschätzung für die Autorität der staatlichen Macht ein.[658]

Eine solche staatsnahe Strömung in der polnischen Pädagogik gewann nun zunehmend an Bedeutung. Typisch für die Anfangsjahre der Zweiten Republik war, dass die Etatisten vor allem mit pragmatischen Argumenten auf sich aufmerksam machten. Der Neuaufbau des Schulwesens hatte demnach eines seiner wichtigsten Ziele darin, dem jungen polnischen Staat eine große Zahl von gut ausgebildeten Fachkräften für Verwaltung, Infrastruktur

---

652 Sprawozdanie z II. Zjazdu delegatów Związku P. N. S. P., in: Głos Nauczycielski, 4, 1920, H. 5 - 6, S. 2.
653 Ebd., S. 7.
654 Deklaracja nauczycielstwa szkół powszechnych w Galicji, in: Głos Nauczycielski, 2, 1918/19, S. 230.
655 III. Zjazd Delegatów, in: Głos Nauczycielski, 5, 1921, S. 119 - 120; Leon Patyna: IV Zjazd Delegatów Związku Polskiego Nauczycielstwa Szkół Powszechnych Rzeczypospolitej Polskiej, in: Głos Nauczycielski, 6, 1922, S. 196.
656 O wychowaniu obywatelskiem w szkole, in: Głos Nauczycielski, 4, 1920, H. 7 - 8, S. 1.
657 Mieczysław Jurecki: O wizytowaniu publicznych szkół powszechnych, Grodno 1923, S. 13; Nadratowska-Kompatowa: Ton wychowawczy wczoraj i dziś, in: Głos Nauczycielski, 3, 1919, S. 64 - 65.
658 Leon Patyna: IV Zjazd Delegatów Związku Polskiego Nauczycielstwa Szkół Powszechnych Rzeczypospolitej Polskiej, in: Głos Nauczycielski, 6, 1922, S. 198.

und Volkswirtschaft an die Hand zu geben. Damit verbunden war zum ersten eine verstärkte Förderung von Real- und Berufsschulen. Zum zweiten sollten einklassige Zwergschulen, die in Kongresspolen etwa 90 % der bisherigen Volksschulen ausmachten, sukzessive durch Grundschulen mit mindestens drei Klassen ersetzt werden.[659] Zum dritten fanden die Mittelschulen, im „volkspolnischen" Konzept wegen ihres Standesdünkels skeptisch beäugt, in etatistischer Perspektive ihre fortgesetzte Berechtigung. Sie sollten die künftige Elite des Landes ausbilden.[660] Die Mobilisierung und Partizipation weiter Bevölkerungsteile, die durch das neue Bildungswesen gewährleistet werden sollte, erschien schließlich aus außenpolitischem Blickwinkel dringlich. Die anhaltende Unsicherheit über die Staatsgrenzen und die als bedrohlich empfundene geopolitische Lage Polens zwischen den beiden revolutionsgeschüttelten Nachbarn Deutschland und Sowjetrussland bewirkten, dass schon in den ersten Nachkriegsjahren die Selbstbehauptung des polnischen Staates als existenzielles Bedürfnis erschien.[661]

Im Gegensatz zu den „volkspolnischen" und staatsnahen Ansätzen gehörte es zu den Grundprinzipien eines konservativen und katholischen Bildungsideals, der Erziehung im Elternhaus erstrangige Bedeutung zuzumessen.[662] In der Teilungszeit war diese Haltung besonders ausgeprägt worden, da hier das „polnische" Elternhaus dem „fremden" Schulwesen entgegengestellt werden konnte. Die Auffassung, ein Kind gehöre „nicht nur zur Familie, sondern auch zur ganzen Nation"[663] stand nach 1918 auf neuer Grundlage. Damit war auch in konservativen Gesellschaftskreisen einer prinzipiellen Akzeptanz von allgemeiner Schulpflicht und staatlich kontrolliertem Schulwesen der Weg geebnet, doch wurde gerne noch betont, die Liebe zum Vaterland werde nicht erst in der Schule, sondern bereits im Elternhaus geweckt.[664] Wert wurde daher auf ein enges Zusammenwirken

---

[659] Sprawozdanie z II. Zjazdu delegatów Związku P. N. S. P., in: Głos Nauczycielski, 4, 1920, H. 5 - 6, S. 4.

[660] Damit war eine Forderung der Mittelschullehrer berücksichtigt: Zarząd Związku Zawodowego Nauczycielstwa Polskich Szkół Średnich: Do nauczycielstwa szkół średnich w całej Polsce, in: Głos Nauczycielski, 2, 1918/19, S. 279. Entsprechend waren demnach die mathematisch-naturwissenschaftlichen Fächer zu stärken: Feliks W. Araszkiewicz: Kierunek rozwoju średnich szkół ogólnokształcących, in: Józef Miąso (Hrsg.): Historia wychowania. Wiek XX, Warszawa ²1981, S. 38.

[661] Leon Patyna: IV Zjazd Delegatów Związku Polskiego Nauczycielstwa Szkół Powszechnych Rzeczypospolitej Polskiej, in: Głos Nauczycielski, 6, 1922, S. 199.

[662] Lucjan Zarzecki: Wychowanie narodowe. Studja i szkice, Warszawa ²1929, S. 251.

[663] Zgromadzenie Wydziału Kółek Gospodyń dnia 13 czerwca 1919 r., in: Ziemianka, 8, 1919, S. 139 - 141; Ze Zjazdu Walnego Zjednocz. Ziemianek dnia 12, 13 i 14 czerwca 1919 r., in: Ziemianka, 8, 1919, S. 127 - 132.

[664] O wychowaniu narodowym, in: Ziemianka, 7, 1918, S. 145 - 150.

von Elternhaus und Schule gelegt – durchaus aber auch in dem Sinne, dass die Eltern „den Lehrern genau aufs Handwerk sehen" sollten.[665]

Eine Herausforderung für konservative und kirchliche Kreise war die sich wandelnde Rolle der Frau. Die häusliche Erziehung galt bislang als wichtigste Aufgabe der Frau; gepriesen wurde auch ihr Engagement in lokalen Schulgremien, wo sie sich durch ihre profunde Kenntnis der kindlichen Seele und der kindlichen Bedürfnisse auszeichne.[666] Antrieb kam aus dem Glauben: Die polnische Frau sollte für den „katholischen Charakter des Familienlebens sorgen"[667] und mit ihrem erzieherischen Wirken der polnischen Gesellschaft eine neue „starke und moralisch gesunde Generation" schenken.[668] Exemplarisch für diese Sichtweise war die Forderung, die auf dem Katholikentag in Poznań 1920 erhoben wurde: Demnach sollten bei der Gestaltung der Unterrichtsprogramme für Mädchengymnasien zwar die gleichen Rechte und fachlichen Inhalte wie bei Jungengymnasien zur Anwendung kommen, dennoch sollte zugleich die „besondere Natur der Frau" Berücksichtigung finden.[669]

Ob die Rolle der Frau als Erzieherin nun defensiv gegen negativ verstandene Phänomene der Moderne oder aber selbstbewusst als grundlegend „für die Zukunft der Nation"[670] interpretiert wurde – die konservativen und katholischen Bildungsideale setzten beim weiblichen Geschlecht eine durchweg altruistische Motivation voraus. Bildung von Frauen in ihrem Eigenwert anzuerkennen, war in den Reihen des rechten politischen Spektrums neu und ungewohnt. In vorsichtiger Aneignung von Ansichten der emanzipatorisch orientierten Frauenbewegung fand der Gutsbesitzerinnen-Verband lobende Worte für junge Frauen, die „selbst in den entlegenen Winkeln des Landes […] begierig sind auf Bildung". Die hieraus abgeleitete Forderung nach „Bildung, Gleichberechtigung und Wohlstand unter den Frauen" stand allerdings weniger unter dem Leitbild einer individuellen

---

665 Tadeusz Jachimowski: Operari – Sperare! Szkic działalności pasterskiej śp. Ks. Kardynała Aleksandra Kakowskiego na stolicy arcybiskupiej w Warszawie, in: Wiadomości Archidiecezjalne Warszawskie, 29, 1939, S. 27 - 47.
666 Helena Frańczakówna: W sprawie równouprawienia kobiet, in: Ziemianka, 8, 1919, S. 54.
667 Ze zjazdu katolickiego w Poznaniu, in: Wiadomości Archidyecezjalne Warszawskie, 10, 1920, S. 253.
668 Zgromadzenie Wydziału Kółek Gospodyń dnia 13 czerwca 1919 r., in: Ziemianka, 8, 1919, S. 141.
669 Ze zjazdu katolickiego w Poznaniu, in: Wiadomości Archidyecezjalne Warszawskie, 10, 1920, S. 249 – 255.
670 Ze Zjazdu Walnego Zjednocz. Ziemianek dnia 12, 13 i 14 czerwca 1919 r., in: Ziemianka, 8, 1919, S. 127 - 132.

Selbstverwirklichung, sondern sollte der Weiterentwicklung der polnischen Gesellschaft dienen.⁶⁷¹

Tatsächlich lief die Weiterentwicklung der polnischen Gesellschaft in eine andere Richtung als gewünscht. Das Vertrauen in das noch junge polnische Schulwesen nahm drastisch ab, als in den Anfangsjahren der Zweiten Republik überwiegend politisch links orientierte Religions- und Bildungsminister die Regie führten: Auf den PPS-Politiker Ksawery Prauss folgten der parteilose Mathematiker und Philosoph Jan Łukasiewicz, der für eine Verstaatlichung sämtlicher Mittelschulen plädierte, und Maciej Rataj von der Bauernpartei PSL-Wyzwolenie, der energisch an die landesweite Vereinheitlichung des Schulwesens und die staatliche Trägerschaft der Lehrerausbildung ging.

Die Anhänger einer traditionellen Ordnung vermochten das Sendungsbewusstsein linker Bildungspolitiker, entscheidend zum Aufbau der polnischen Gesellschaft im demokratischen und nationalen Geiste beizutragen,⁶⁷² nur in geringem Maße zu teilen. Wenn der Vorstand der *Polska Macierz Szkolna* das Ziel ausgab, für die Schaffung einer demokratischen Gesellschaft das kulturelle Niveau der breiten Bevölkerung anheben zu wollen,⁶⁷³ fanden sich hier zwar auf den ersten Blick Gleichklänge zu den „volkspolnischen" und staatsnahen Bildungsidealen, doch Formulierungen, wonach der Aufbau Polens nur zu schaffen sei, wenn „das einfache Volk aus Unwissenheit, Gleichgültigkeit und Analphabetentum befreit" werde,⁶⁷⁴ ließen bei der Umsetzung in die Praxis den Rückgriff auf paternalistische Erziehungsvorstellungen erahnen. Selbst der mit dem ZPNSP kooperierende Berufsverband der polnischen Mittelschullehrer (*Związek Zawodowy Nauczycieli Polskich Szkół Średnich*, ZZNPSŚ) trug Bedenken und sah die „Auferstehung des Vaterlandes mitten im Chaos sozialer Umwälzungen".⁶⁷⁵ Diese eher pessimistischen Haltungen trafen mit der weit verbreiteten Bolschewismusfurcht der Nachkriegszeit zusammen. Zwei alternativen Schulmodellen galt daher auf dem rechten politischen Spektrum der Vorzug: der katholischen Bekenntnisschule und dem Privatschulwesen.

---

⁶⁷¹ Julja Roguska: O siłach kobiecych, in: Ziemianka, 7, 1918, S. 136.
⁶⁷² Sprawozdanie ze zjazdu nauczycielstwa polskiego w Warszawie w dniach 14, 15, 16 i 17 kwietnia 1919 r., in: Głos Nauczycielski, 2, 1918/19, S. 410; St. Świdwiński: Na 20-lecie Sejmu Nauczycielskiego, in: Głos Nauczycielski, 23 (33), 1938/39, S. 666 - 668.
⁶⁷³ Zarząd Główny Polskiej Macierzy Szkolnej: Do Stowarzyszeń Oświatowych Polskich, in: Głos Nauczycielski, 2, 1918/19, S. 275.
⁶⁷⁴ Ze Zjazdu Walnego Zjednocz. Ziemianek dnia 12, 13 i 14 czerwca 1919 r., in: Ziemianka, 8, 1919, S. 127 - 132.
⁶⁷⁵ Zarząd Związku Zawodowego Nauczycielstwa Polskich Szkół Średnich: Do nauczycielstwa szkół średnich w całej Polsce, in: Głos Nauczycielski, 2, 1918/19, S. 278.

Die Rolle der Religion, und speziell des Katholizismus als der Mehrheitskonfession in Polen, stellte eine zentrale Streitfrage auf dem Lehrer-Sejm dar. Vertreter mehrerer katholischer Lehrerverbände trugen gemeinsam mit Delegierten aus dem ehemaligen preußischen Teilungsgebiet die Forderung nach einer katholischen Bekenntnisschule vor.[676] Im ehemals preußischen Teilungsgebiet stellte die Religion wie in kaum einem anderen Landesteil Polens einen integralen Bestandteil von Erziehung und Lebenswelt dar. Die hier seit dem 19. Jahrhundert am konsequentesten umgesetzte Schulpflicht führte zwar zur geringsten Analphabetenquote in Polen, deckte sich aber nicht mit den Bildungszielen der polnischen Nationalbewegung. Daher fand während der Teilungszeit die Erziehung der Kinder in der polnischen Sprache und in anderen, für die Ausbildung eines polnischen Nationalbewusstseins relevanten Fächern bevorzugt in Gutshöfen oder Pfarrsälen statt. Vor allem Töchter von Gutsbesitzern entzogen sich dem deutschen Schulsystem durch den Besuch von Klosterschulen etwa im galizischen Krakau oder Lwów.[677] Nicht von ungefähr galt in westpolnischer Perspektive vor allem der Geistlichkeit Dank „für ihren unermüdlichen Einsatz zum Erhalt des nationalen Gedankens und zur Bewahrung der polnischen Kultur unter widrigen äußeren Umständen".[678]

Die Idee der Bekenntnisschule stieß im Lehrer-Sejm bei der Mehrheit der Delegierten aber auf wenig Gegenliebe. Die Anhänger einer weltlichen Schule, die sich hauptsächlich um den ZPNSP scharten, bemühten für ihre Argumentation intensiv die Historie: zum einen das Vorbild der reformerischen Kommission für Nationale Erziehung im 18. Jahrhundert, die die Klosterschulen zugunsten der weltlichen Schulen abgeschafft hatte,[679] zum anderen den Verweis auf das polnischen Kulturerbe aus der Zeit von Renaissance und Humanismus, die bedeutende evangelische Denker und Dichter wie Andrzej Frycz-Modrzewski oder Mikołaj Rej hervorgebracht hatte und der ein eng verstandener Konfessionalismus fremd war.[680]

---

[676] Klemens Trzebiatowski: Szkolnictwo w województwie pomorskim w latach 1920 - 1939 [Gdańskie Towarzystwo Naukowe, Wydział I: Nauk Społecznych i Humanistycznych, Seria Monografii, Bd. 82], Wrocław u. a. 1986, S. 116.

[677] Im österreichischen Teilungsgebiet war das katholische Ordenswesen am lebhaftesten: Waldemar Witold Żurek: Szkolnictwo zakonne w okresie międzywojennym na tle prądów epoki, in: Edward Walewander (Hrsg.): Katolicka a liberalna myśl wychowawcza w Polsce w latach 1918 - 1939 [Biblioteka Pedagogiczna, Seria A: Studia, Bd. 3], Lublin 2000, S. 345.

[678] Założenie organizacji Związkowej w Poznaniu, in: Głos Nauczycielski, 4, 1920, H. 9 - 10, S. 2.

[679] Sprawozdanie ze zjazdu nauczycielstwa polskiego w Warszawie w dniach 14, 15, 16 i 17 kwietnia 1919 r., in: Głos Nauczycielski, 2, 1918/19, S. 409.

[680] Związek nauczycieli-katolików, in: Głos Nauczycielski, 3, 1919, S. 104.

Die Ablehnung der Bekenntnisschule auf dem Lehrer-Sejm beendete die Diskussion keineswegs. Persönlichkeiten des öffentlichen Lebens wie Anna Haller, die Schwester General Józef Hallers, selbst Lehrerin und bekannt für ihren fundamentalistischen Katholizismus, setzten sich massiv für die Bekenntnisschule ein[681] und in die gleiche Kerbe schlugen die Katholikentage in Poznań 1920 und Warschau 1921. Die bisherige Entwicklung des Schulsystems im unabhängigen Polen wurde dort kritisiert, da diese den Grundsätzen katholischer Erziehung nicht entspreche und die Erziehung einer katholischen Jugend gar erschwere.[682]

Der ZPNSP focht zwar schon fast beständig Fehden gegen die katholischen Lehrerverbände aus, in denen er bevorzugt Erfüllungsgehilfen der katholischen Geistlichkeit vermutete, allerdings gab es in seinen eigenen Reihen neben überzeugten Laizisten auch religiös verwurzelte Mitglieder. Wichtig war daher, die Ablehnung der Bekenntnisschule nicht zu einer Ablehnung des Religiösen an sich geraten zu lassen: „Nicht um Katholizismus geht es, nicht um Glauben und Religion, sondern um die Macht des Klerus über die Lehrerschaft."[683] So definierte auch die einflussreiche Lehrergewerkschaft in ihren Verlautbarungen die Religion als einen zentralen Aspekt der polnischen nationalen Kultur und fügte ihrem Konzept der weltlichen Schule einen obligatorischen Religionsunterricht bei.

Vertreter eines konservativen und katholischen Bildungsideals konnten darin nur die Erfüllung ihrer Mindestforderungen sehen. Sie bemühten sich daher, solange es keine gesetzliche Approbation für die erhoffte Bekenntnisschule gab, durch zahlreiche Einzelforderungen dem polnischen Schulwesen weitergehende religiöse Akzente zu verleihen. Besondere Aufmerksamkeit galt dem Religionsunterricht, der prinzipiell von Geistlichen geleitet werden sollte und dessen Inhalte der Leitung und Aufsicht kirchlicher Behörden zu überlassen waren.[684] Positiven Einfluss auf den Geist der Schule versprachen sie sich auch von der Zusammensetzung des Lehrerkollegiums: Die Lehrer sollten praktizierende Katholiken sein, „um den Kindern in Wort

---

[681] AAN, MWRiOP, 385, Bl. 10.
[682] Najważniejsze rezolucje Zjazdu Katolickiego, in: Wiadomości Archidyecezyalne Warszawskie, 11, 1921, S. 145 - 149.
[683] Związek nauczycieli-katolików, in: Głos Nauczycielski, 3, 1919, S. 105.
[684] Ze zjazdu katolickiego w Poznaniu, in: Wiadomości Archidyecezyalne Warszawskie, 10, 1920, S. 249 - 255; Leonard Grochowski: Wychowanie religijne katolickie w szkołach II Rzeczypospolitej lat dwudziestych. Treści i funkcje, in: Walewander, Katolicka a liberalna myśl wychowawcza, S. 244 - 257.

und Tat ein gutes Beispiel zu geben".[685] Geltung verschafft werden sollte der Religion schließlich durch die Gestaltung des schulischen Umfelds.

Noch auf dem Lehrer-Sejm war der Antrag konservativer und katholischer Pädagogen, eine Beteiligung von Priestern an den Schulorganen nicht durch Wahl, sondern qua Amt zu gewähren, abgelehnt worden.[686] Vielmehr unterbreiteten politisch links orientierte Pädagogen den Gegenvorschlag, die Priester generell aus der schulischen Selbstverwaltung zu entfernen. Ziel war es, die Schulen aus jeglicher, formeller wie informeller geistlicher Aufsicht herauszulösen und in entscheidendem Maße den Lehrern zu überantworten. Der Anteil der Lehrer in der schulischen Selbstverwaltung sollte 55 % betragen; zur weiteren Mitwirkung aufgerufen waren Vertreter der Elternschaft oder außerschulischer Bildungseinrichtungen.[687] Darüber hinaus sollten die Posten von Lehrern, Schuldirektoren oder Inspektoren in freier Wahl von den Lehrerkollegien bestimmt werden, die bisherige örtliche Schulaufsicht zur „Gemeinde-Schulkommission" werden. Als Konsequenz wäre die bisherige hierarchische Ordnung im Schulwesen in eine stärker horizontale und egalitäre Ordnung verwandelt worden. Ein solches Vorhaben stellten konservative und katholische Kreise allerdings sogleich unter den Generalverdacht von „Radikalismus" und „Demagogie", ja gar „bolschewistischer Indoktrination" im polnischen Schulwesen.[688]

Rund ein Jahr später aber konnten konservative und katholische Kreise ihren wohl größten bildungspolitischen Erfolg in der Anfangszeit der Zweiten Republik feiern. Das vom Sejm am 4. Juni 1920 verabschiedete Gesetz über die provisorische Struktur der Schulverwaltung gab Regelungen vor, die von der Ebene des Ministeriums über die Kuratorien bis zu den einzelnen Schulbezirken reichten. Dabei konnten in die kommunalen, in organistorischen Fragen beratenden Schulräte (*rady szkolne*) Vertreter des regional vorherrschenden religiösen Bekenntnisses berufen werden, vor allem aber konnten Priester und Katecheten in der Schulfürsorge (*opieki szkolne*) wirken.[689] Mit ihrem Engagement in den aufsichtsführenden Orga-

---

[685] Tadeusz Jachimowski: Operari – Sperare! Szkic działalności pasterskiej śp. Ks. Kardynała Aleksandra Kakowskiego na stolicy arcybiskupiej w Warszawie, in: Wiadomości Archidiecezjalne Warszawskie, 29, 1939, S. 41.
[686] Sprawozdanie ze zjazdu nauczycielstwa polskiego w Warszawie w dniach 14, 15, 16 i 17 kwietnia 1919 r., in: Głos Nauczycielski, 2, 1918/19, S. 410.
[687] Alfons Trepkowski: Opieki szkolne, in: Wiadomości Archidyecezjalne Warszawskie, 12, 1922, S. 96 - 97; St. Świdwiński: Na 20-lecie Sejmu Nauczycielskiego, in: Głos Nauczycielski, 23 (33), 1938/39, S. 666 - 668.
[688] Alfons Trepkowski: Opieki szkolne, in: Wiadomości Archidyecezjalne Warszawskie, 12, 1922, S. 97.
[689] Ustawa z dnia 4 czerwca 1920 roku o tymczasowym ustroju władz szkolnych, in: Dziennik Ustaw RP, 23. 6. 1920, S. 873.

nen der Schulfürsorge, die einer einzelnen oder einigen wenigen Schulen gemeinsam zugeteilt waren, sahen konservative und katholische Kreise die Möglichkeit, eine religiös-moralische Erziehung der Kinder zu pflichtbewussten Staatsbürgern voranzutreiben sowie auch die Elterngeneration zu erreichen.[690]

Mit dem Schulgesetz von 1920 wurde der Einfluss der Geistlichkeit in einem wichtigen gesellschaftlichen Bereich nicht nur bewahrt, sondern teilweise sogar erst neu aufgebaut: Während im ehemals preußischen und österreichischen Teilungsgebiet die Schulfürsorge schon länger existierte, musste sie im ehemaligen Kongresspolen an den staatlichen Schulen noch eingerichtet werden. Auch die weitere Gestaltung des schulischen Umfeldes, etwa durch die Etablierung von Jugendverbänden, Schülerwohnheimen oder Lesesälen, stellte in vielen Landesteilen Polens noch eine Zukunftsaufgabe katholischer Erziehung dar, für die bei staatlichen Stellen, in der gesellschaftlichen Öffentlichkeit und bei den Eltern um Unterstützung zu werben war.[691]

Vor einer Entwicklung ohne gesetzliche Garantien stand das Privatschulwesen. Bis 1918 hatte sich ein beachtliches Spektrum an privaten Bildungseinrichtungen herausgebildet, das vom städtischen Gymnasium bis zur Dorfschule reichte. Drei Faktoren wirkten begünstigend: zum ersten das mangelnde staatliche Schulangebot, vor allem im russischen Teilungsgebiet, zum zweiten die althergebrachte Haltung, das Schulwesen noch nicht durchweg als staatliche Hoheitsaufgabe zu betrachten, und zum dritten die bewusste Profilierung als polnisch-nationale Einrichtungen gegen die kulturelle Hegemonie der Teilungsmächte. Besonders eindrucksvoll war die Entwicklung in Kongresspolen. Dort hatte die zarische Regierung nach der Revolution von 1905 private Schulgründungen und den Unterricht in der polnischen Muttersprache zugelassen. Die neuen Bildungsangebote hatten sich in der Hauptstadt Warschau am schnellsten durchgesetzt und dienten der Provinz oft als Vorbild. Allerdings genossen die privaten Schulen und die dort tätigen Lehrer nach wie vor nicht dieselben Privilegien wie staatliche Schulen.

Im unabhängigen Polen galten neue Leitideen. Der Aufbau des Schulwesens sollte in staatlich geordneten Bahnen verlaufen, um möglichst alle Landesteile rasch mit Bildungseinrichtungen von annähernd gleichem Standard zu versorgen und zugleich um die neu gewonnene staatliche Souveränität in einem wichtigen gesellschaftlichen Bereich unter Beweis zu stellen. Die ega-

---

[690] Alfons Trepkowski: Opieki szkolne. Dokończenie, in: Wiadomości Archidyecezyalne Warszawskie, 12, 1922, S. 113 - 116.
[691] Ze zjazdu katolickiego w Poznaniu, in: Wiadomości Archidyecezyalne Warszawskie, 10, 1920, S. 249 - 255.

litäre und etatistische Orientierung in der Bildungspolitik der frühen Nachkriegsjahre ließ die Privatschulen, die häufig von Angehörigen traditioneller Eliten wie der katholischen Geistlichkeit, dem Gutsbesitzeradel oder den städtischen Oberschichten getragen waren, zunehmend als Relikte einer überwundenen historischen Situation erscheinen.

Den privaten Bildungsträgern war selbstredend daran gelegen, sich gegen die Verstaatlichungstendenzen zu behaupten. Auch sie versuchten den Nutzen ihrer Einrichtungen mit einem sinnstiftenden Rückgriff auf die Historie hervorzuheben. Das dabei bevorzugt ventilierte Geschichtsbild entsprang ebenso sehr dem Legitimationsdruck im unabhängigen Polen wie dem eigenen Selbstverständnis: Demnach bildeten die Privatschulen vor 1918 einen Hort des Widerstands gegen die repressiven Teilungsmächte und zugleich ein nachahmenswertes Beispiel polnischen Überlebens- und Gestaltungswillens.[692] Großer Wert wurde darauf gelegt, dass selbst Einrichtungen, die von traditionellen Eliten wie dem Gutsbesitzeradel oder der katholischen Geistlichkeit getragen waren, stets „tatkräftige Unterstützung der Bevölkerung" genossen hatten.[693] Zugleich wurden aus dem 19. Jahrhundert abgeleitete Erfahrungen, wonach Erziehungswesen, „organische Arbeit" und *nation-building* in einem engen Zusammenhang gestanden hatten, als vorbildlich für das unabhängige Polen präsentiert. Nicht Verstaatlichung des Schulwesens, sondern fruchtbares Zusammenwirken bestehender Bildungsorganisationen: Dies war das Ideal der *Polska Macierz Szkolna*.[694]

Viele Ideen zur künftigen Ausgestaltung der polnischen Schule, die auf dem Lehrer-Sejm und in der Folgezeit geäußert wurden, waren kaum miteinander kompatibel. Begriffe wie „staatsbürgerliche Erziehung" (*wychowanie obywatelskie*), „staatliche Erziehung" (*wychowanie państwowe*) oder „nationale Erziehung" (*wychowanie narodowe*) waren allerdings in der Anfangszeit der Zweiten Republik nicht eindeutig programmatisch voneinander abgegrenzt, ja wurden vielfach sogar synonym verwendet. Dies war symptomatisch für die pädagogischen Aushandlungsprozesse, die in vollem Umfang nach 1918 zur Entfaltung kamen. Die hohen Erwartungen, die in das Bildungswesen projiziert wurden, fachten dabei stets von neuem Konflikte an und machten

---

[692] Julja Roguska: O siłach kobiecych, in: Ziemianka, 7, 1918, S. 134 - 137. Die Deutung des Privatschulwesens als „Phänomen des nationalen Befreiungskampfs" bildete später eine beliebte Formel in der polnischen Geschichtsschreibung, so auch in der Zeit der Volksrepublik Polen, z. B.: Józef Miąso, Jan Kulpa und Karol Poznański: Rozwój oświaty przed I wojną światową, in: Miąso, Historia wychowania, S. 9.

[693] Alfons Trepkowski: Opieki szkolne, in: Wiadomości Archidyecezjalne Warszawskie, 12, 1922, S. 93 - 97.

[694] Zarząd Główny Polskiej Macierzy Szkolnej: Do Stowarzyszeń Oświatowych Polskich, in: Głos Nauczycielski, 2, 1918/19, S. 275.

die Schule zu einem zentralen Ort gesellschaftlicher Auseinandersetzungen im unabhängigen Polen.

4.2 Lehrer als neue gesellschaftliche Akteure

Mit dem Neuaufbau des polnischen Schulwesens wurden auch an die Lehrer weitreichende Erwartungen herangetragen. Die traditionelle Kernkompetenz der Lehrer, die Erziehung der Kinder, stand nun unter der Prämisse, verantwortungsvolle Staatsbürger für das demokratische Polen zu prägen. Welches Bildungsideal und welches Schulmodell hierfür am besten geeignet waren, darüber wurde auf dem Lehrer-Sejm ausgiebig gestritten. Sich in der gesellschaftlichen Auseinandersetzung um die Bildung zu orientieren, war aber nicht die einzige Herausforderung für die Lehrer im jungen polnischen Staat.

Von offizieller Seite erwünscht war die Mitwirkung in der bislang kaum institutionalisierten Erwachsenenbildung. So schlug die Abteilung für Außerschulische Bildung des Religions- und Bildungsministeriums im Frühjahr 1919 vor, dass Lehrer „zur nationalen und staatsbürgerlichen Bewusstseinsbildung des Volkes" durchs Land reisten und populärwissenschaftliche Vorträge zur Geographie, Geschichte und Gegenwartskunde Polens hielten. Für die Vorträge wurden Honorare ausgelobt und den Vortragenden wurde für jedes Thema eine Vorbereitungsbroschüre zugesichert.[695] Inspiriert war diese Aktion von einem „volkspolnischen" Bildungsideal, wonach der hohe Analphabetismus vor allem in der ländlichen Bevölkerung ein schnellstmöglich zu beseitigendes Hindernis auf dem Weg zu politischer und gesellschaftlicher Partizipation darstellte. Die Beteiligung der Lehrer an der improvisierten Erwachsenenbildung wurzelte in der Hoffnung auf ein finanzielles Zubrot angesichts der materiellen Not der Nachkriegszeit, mitunter in einer Aufforderung durch Vorgesetzte, aber auch in einem verbreiteten Idealismus einen aktiven Beitrag zum Aufbau Polens zu leisten.

Mit einem „vertrauensvollen Zusammenwirken von Lehrerschaft und Gesellschaft"[696] war es allerdings nicht zum Besten bestellt. Bei der Suche nach einer Erklärung lag für viele Lehrer der Blick auf die Teilungszeit nahe. Den Zeitgenossen stellten sich insbesondere die preußischen und russischen Teilungsmächte als „Polizeistaaten" dar, die gesellschaftliche Aktivitäten

---

[695] Okólniki Zarządu Głównego Związku Polskiego Nauczycielstwa. Okólnik nr 2: Pogadanki popularne dla dorosłych, in: Głos Nauczycielski, 2, 1918/19, S. 423 - 424.

[696] Sprawozdanie ze zjazdu nauczycielstwa polskiego w Warszawie w dniach 14, 15, 16 i 17 kwietnia 1919 r., in: Głos Nauczycielski, 2, 1918/19, S. 406; Deklaracja Zrzeszenia Nauczycielstwa Polskich Szkół Początkowych, in: Głos Nauczycielski, 2, 1918/19, S. 97.

repressiv den Machtinstitutionen unterordneten. Wie fast jede Bevölkerungsgruppe Polens wussten auch die Lehrer ein eigenes Opfernarrativ zu erzählen: Sie hätten als „unkritisches und folgsames Werkzeug" den von oben festgesetzten Zielen dienen müssen und seien von den eigentlichen Entscheidungen im Schulwesen ferngehalten worden. Die sorgsame Konzentration auf den schulischen Unterricht prägte forthin auch das öffentliche Bild des Lehrerberufs, so dass das im unabhängigen Polen neu aufgenommene gesellschaftliche und politische Engagement der Lehrer in der Bevölkerung anfänglich auf Verwunderung und Vorbehalte traf.[697]

Hindernisse in der Kommunikation zwischen Lehrerschaft und Gesellschaft lagen aber nicht nur in einem sich erst langsam vollziehenden Mentalitätswandel begründet. Noch im unabhängigen Polen waren die Handlungsspielräume der Lehrer vor Ort nur so groß wie es die traditionelle Ordnung der Gesellschaft zuließ. Vor allem im ländlichen Raum war es weithin gang und gäbe, dass sich Vertreter der traditionellen Eliten um die Gründung von Schulen bemühten oder in Schulaufsicht und Schulfürsorge Einfluss ausübten, um missliebige Lehrer zu entfernen oder aber auch um begabte Schüler beim Lernen zu unterstützen, weiterzubilden und später selbst in Lehrerseminare zu entsenden.[698]

Die Sorge um die Schule im ländlichen Raum war zum einen ein bevorzugtes Betätigungsfeld von Gutsbesitzerinnen, ihrerseits im Rahmen einer traditionellen Geschlechterrollenauffassung agierend, die den Frauen besondere erzieherische Neigungen und Befähigungen zuschrieb. Aktiv zeigte sich zum anderen die katholische Kirche. Nachdem im russischen Teilungsgebiet der Einfluss der Geistlichkeit auf das staatliche Schulwesen erheblich eingeschränkt worden war, erließ der Warschauer Erzbischof Aleksander Kakowski 1915, nach dem Einmarsch deutscher Truppen, an die Priester seines Bistums den Aufruf, dass in keinem Dorf eine Schule fehlen dürfe, die die Kinder im katholischen Geist erziehe. In den Fällen, in denen aus Lehrermangel keine Schule gegründet werden konnte, war zumindest eine Vorschule zu errichten.[699] Erweiterte Mitwirkungsmöglichkeiten ergaben sich im unabhängigen Polen. Den Religionsunterricht konnten nun wieder Priester erteilen. Das provisorische Schulgesetz vom 4. Juni 1920 stärkte ihre Position in den örtlichen Schulräten und der Schulfürsorge. Darüber hinaus legten Bischöfe ihren Priestern nahe, gute Beziehungen zur Lehrer-

---

[697] Sprawozdanie ze zjazdu nauczycielstwa polskiego w Warszawie w dniach 14, 15, 16 i 17 kwietnia 1919 r., in: Głos Nauczycielski, 2, 1918/19, S. 402 - 403, 405 - 406.
[698] Zgromadzenie Wydziału Kółek Gospodyń dnia 13 czerwca 1919 r., in: Ziemianka, 8, 1919, S. 139 - 141.
[699] So im Rückblick: Ks. Kard. Kakowski: Rzut oka na rozwój Akcji Katolickiej w Archidiecezji Warszawskiej, in: Ruch Katolicki, 1, 1931, S. 107.

schaft zu pflegen und ihr mit Rat, Unterstützung und Seelsorge zur Seite zu stehen. Wie sehr die Kirche auch ohne institutionalisierte geistliche Schulaufsicht von einer dominanten Stellung der Priester im Bildungswesen ausging, zeigte die Empfehlung, im Falle von Lehrern, die eine priesterliche Einflussnahme ablehnten, das Gespräch mit der Schulinspektion zu suchen. Allerdings, so die selbstbewusste Folgerung, dürfte es sich hier in der Lehrerschaft um wenige Ausnahmefälle handeln.[700]

Der Paternalismus von Kirche und Gutsbesitzeradel sorgte für reichlich Verdruss bei der Lehrerschaft. Im ländlichen Raum wechselten viele Lehrer oft bereits nach einem Jahr die Stelle, beklagten die fehlenden Möglichkeiten zur Weiterbildung und einen schwindenden beruflichen Idealismus.[701] Zwischen dem Anspruch der Lehrer, sich als neue gesellschaftliche Akteure im unabhängigen Polen zu etablieren, und ihrer subalternen Stellung in einer traditionellen Ordnung der Gesellschaft bestand ein eklatanter Widerspruch. Um diesen aufzulösen, waren in drei wichtigen Bereichen Änderungen unabdingbar: in der Lehrerausbildung, im Verhältnis zu den Schulbehörden und bei der Entlohnung.

Ein Großteil der Lehrkräfte war ohne Hochschulstudium, teilweise sogar ohne abgeschlossenen Gymnasialbesuch.[702] Zwar waren viele Lehrer ernsthaft bemüht, Bildungslücken wettzumachen und in der Ferienzeit Fortbildungskurse zu belegen,[703] doch damit allein war der Mangel an gut ausgebildeten Lehrerinnen und Lehrern nicht so schnell zu beheben. Gerade in entlegenen Ortschaften kam es wiederholt zu Engpässen an geeigneten Fortbildungsmaßnahmen.[704] Daher war in den Anfangsjahren der Zweiten Republik wiederholt auf private Initiativen zurückzugreifen, die teilweise von Vertretern der traditionellen Eliten getragen waren. Beispiele hierfür waren das vom Gutsbesitzerinnen-Verband im September 1917 in Mińsk Mazowiecki eingerichtete Seminar für angehende Volksschullehrerinnen, in dem jährlich bis zu 45 junge Frauen ihre Ausbildung erhielten,[705] oder die vom selben Verband in der Ferienzeit veranstalteten „wirtschaftlich-sozialen" Fortbildungskurse.[706] Die Träger der privaten Initiativen konnten dabei

---

[700] X. Z.: Kilka uwag o pracy społecznej duchowieństwa (dokończenie), in: Wiadomości Archidyecezyalne Warszawskie, 9, 1919, S. 132; Grochowski, Wychowanie religijne, S. 269 - 272.
[701] Pustelnica z powiatu limanowskiego: Jak wygląda 1-klasówka, in: Głos Nauczycielski, 5, 1921, S. 273 - 274.
[702] Dzień szkoły powszechnej, in: Głos Nauczycielski, 5, 1921, S. 118.
[703] O równouprawnienie, in: Głos Nauczycielski, 2, 1918/19, S. 345 - 346.
[704] Jurecki, O wizytowaniu, S. 18.
[705] O poparcie..., in: Ziemianka, 7, 1918, S. 197 - 198.
[706] Ze Zjazdu Walnego Zjednocz. Ziemianek dnia 12, 13 i 14 czerwca 1919 r., in: Ziemianka, 8, 1919, S. 113 - 138.

weitgehend unbeschränkt ihren eigenen Auffassungen von Erziehung Ausdruck verleihen. So geriet, ähnlich wie die generelle Ausrichtung des Schulwesens im unabhängigen Polen, auch die Lehrerausbildung schnell zum Politikum.

Vorerst größere Erfolgsaussichten sah die Lehrergewerkschaft ZPNSP darin, das Verhältnis der Lehrer zu den Schulbehörden künftig stärker gleichberechtigt zu gestalten. Die Schulverwaltung im unabhängigen Polen sollte sich in positiver Weise von der bürokratischen Praxis der Teilungsmächte abheben. Scharf rechnete der ZPNSP mit den bisherigen Schulbehördenpräsidenten und Schulinspektoren ab, die im Dienste der Teilungsmächte Selbstherrlichkeit und Willkür im Umgang mit den Lehrern an den Tag gelegt hätten.[707]

Eine Handreichung für Schulinspektoren formulierte die neuen Erwartungen: Die Beamten sollten sich mit den neuesten wissenschaftlichen, pädagogischen und sozialen Strömungen sowie mit den spezifischen Gegebenheiten in ihrem Bezirken vertraut machen.[708] Dies klang mit dem Wunsch der Lehrer überein: Vertrauen und fachlicher Rat sollten den Umgang im Schulwesen des neuen Polens prägen und nicht der Geist von „Bürokratismus".[709]

In der Praxis zeichneten sich regionale Unterschiede ab: Im ehemaligen preußischen Teilungsgebiet, das mit einer konsequent umgesetzten Schulpflicht glänzen konnte, und im ehemaligen österreichischen Teilungsgebiet, wo die Regelungen von 1867 eine national eigenständige Ausrichtung des polnischen Schulwesens ermöglicht hatten, zeigten die Schulinspektoren die Tendenz, etablierte Methoden und Normen weiterzuführen. Dagegen gingen im ehemaligen Kongresspolen viele neu eingesetzte Schulinspektoren mit großem Reformeifer zu Werke, verfügten aber nicht immer über die nötige fachliche Qualifikation für ihr Amt.[710]

Änderungsbedarf bestand für die Lehrer schließlich in ihrer materiellen Lage. Die hohen Erwartungen an den Lehrer sollten ihren Niederschlag in einer besseren Bezahlung finden.[711] Dies sorgte zu Beginn der Zweiten Republik für erbitterte Konflikte. Nach anhaltenden Auseinandersetzungen mit

---

[707] Ostatni Mohikanin, in: Głos Nauczycielski, 3, 1919, S. 18 - 21; Inspektorzy szkolni okręgowi jako szerzyciele anarchji, in: Głos Nauczycielski, 3, 1919, S. 83.
[708] Jurecki, O wizytowaniu, S. 4 - 5.
[709] Deklaracja Zrzeszenia Nauczycielstwa Polskich Szkół Początkowych, in: Głos Nauczycielski, 2, 1918/19, S. 98.
[710] Józef Bałaban: Zjazd inspektorów szkolnych w Zakopanem, in: Głos Nauczycielski, 6, 1922, S. 264.
[711] AAN, ZZSUSŚ, 3, Bl. 4; K. Klimek: W sprawie bytu materjalnego, in: Głos Nauczycielski, 2, 1918/19, S. 147.

den lokalen Schulbehörden und dem Magistrat traten die Grundschullehrer der Hauptstadt am 24. Januar 1919 für eine Woche in den Streik. Die Schulbehörden hielten entgegen, dass die Bevölkerung Warschaus für diese „Welle der Anarchie" kein Verständnis habe, da die Lehrer ihre Aktion auf dem Rücken der Steuerzahler und der Kinder austrügen.[712] Noch in den Folgejahren kam es wiederholt zu Lehrerstreiks auf Kreis- oder Gemeindeebene. Da vom Religions- und Bildungsministerium sowie von den Schulbehörden wenig Unterstützung zu erwarten war, empfahlen die Lehrerverbände ihren Mitgliedern bei den Eltern der Schulkinder für die Anliegen von Schule und Bildung zu werben.[713]

Im Streben nach gesellschaftlicher Anerkennung spielten die Aktivitäten der Lehrerverbände eine herausragende Rolle. Der ZPNSP war mit rund 40.000 Mitgliedern in den frühen 1920er Jahren der mit Abstand größte Lehrerverband und besaß seine Hochburgen im ehemals österreichischen Galizien und im ehemaligen Kongresspolen, insbesondere in der Hauptstadt Warschau. Er umfasste ein Spektrum an liberalen, staatsnahen und „volkspolnischen" Orientierungen. Der ZPNSP erklärte sich selbst parteipolitisch für neutral, ließ aber seinen Mitgliedern die Option eines individuellen Engagements. Dieses kam in der Regel der PPS, dem PSL-Wyzwolenie oder dem Block der nationalen Minderheiten zu Gute; die Rechtsparteien waren kaum vertreten. Der ZPNSP-Vorsitzende Stanisław Nowak ging mit eigenem Beispiel voran, indem er 1922 auf der Liste des PSL-Wyzwolenie in der Wojewodschaft Krakau für den Senat kandidierte.[714] Parteiübergreifender Wille war, gegen die alltäglichen und mächtigen Verwurzelungen der traditionellen Gesellschaftsordnung anzugehen. Besonders heftig gestalteten sich dabei die Auseinandersetzungen mit der katholischen Kirche.

In Opposition zum ZPNSP standen die nationaldemokratisch und katholisch ausgerichteten Lehrervereine, die allerdings von geringerer Mitgliederstärke waren. Zu den größten gehörten die Vereinigung der Christlich-Nationalen Grundschullehrerschaft (*Stowarzyszenie Chrześcijańsko-Narodowe Nauczycielstwa Szkół Powszechnych*, SChNNSP) mit rund 7.000 Mitgliedern (1922) und die Gesellschaft der Gymnasial- und Hochschullehrer (*Towarzystwo Nauczycieli Szkół Średnich i Wyższych*, TNSW bzw. TNSŚW) mit ebenfalls rund 7.000 Mitgliedern (1924) waren. In nicht wenigen Lehrerkol-

---

[712] Strajk nauczycielstwa szkół powszechnych w Warszawie, in: Głos Nauczycielski, 2, 1918/19, S. 249 - 259; Zygmunt Gąsiorowski: Odezwa do nauczycielstwa publicznych szkół powszechnych m. st. Warszawy, in: Głos Nauczycielski, 2, 1918/19, S. 368 - 370.

[713] O równouprawnienie, in: Głos Nauczycielski, 2, 1918/19, S. 345 - 346; O normalne rozpoczęcie nauki w przyszłym roku szkolnym, in: Głos Nauczycielski, 4, 1920, H. 7 - 8, S. 7.

[714] Z ruchu wyborczego. O naszą przyszłość, in: Głos Nauczycielski, 6, 1922, S. 244.

legien ließ sich eine Aufteilung in zwei, mitunter sogar drei rivalisierende Berufsverbände beobachten.

Die organisatorische Vielfalt nahmen die Zeitgenossen als Problem wahr, als Zeichen von Partikularismus und „mangelnder Reife" der polnischen Lehrerschaft. Der „Kampf der Ideen" im polnischen Schulwesen[715] trieb nicht wenige Lehrer in persönliche Gewissenskonflikte. So baten zwei Lehrerinnen, die vor die Wahl zwischen der Mitgliedschaft im ZPNSP und der Marienschwesterschaft (*Sodalicja Marjańska*) gestellt waren, in einem Schreiben an den vierten ZPNSP-Kongress 1922 darum, sowohl treue Mitglieder der Gewerkschaft als auch „glühende Katholikinnen" sein zu dürfen.[716]

Gespalten zeigte sich die Lehrerschaft auch entlang der beruflichen Sozialisierung: Dienstbeflissene und obrigkeitstreue Lehrer, die sich mit den Teilungsmächten arrangiert hatten, trafen auf Aktivisten der Nationalbewegung, die für ihr Engagement seinerzeit verfolgt und diskriminiert wurden. In der Zweiten Republik galten einige Anstrengungen dem Ziel, beide Gruppen näher zusammenzuführen: Pflichterfüllung sollte nicht länger als Untertänigkeit gelten und eine idealistisch motivierte „Aufopferung für die Nation" war an dienstliche Pflichten rückzubinden.[717]

Besonders mühsam war die Vermittlung zwischen unterschiedlichen historischen und regionalen Erfahrungen. So hatte im ehemaligen preußischen Teilungsgebiet die polnische Bevölkerung in nur geringem Ausmaß berufliche Möglichkeiten in der Verwaltung und im Staatsdienst wahrnehmen können. Aufgrund des daraus resultierenden Fachkräftemangels schien die Notwendigkeit der Zuwanderung von Lehrern aus anderen Teilungsgebieten besonders dringlich.[718] Dies betraf die Mittelschulen stärker noch als die Grundschulen.[719] Lehrerinnen und Lehrer aus Galizien, die teilweise schon während des Ersten Weltkriegs nach Kongresspolen und ins preußische Teilungsgebiet gekommen waren, trafen allerdings auf einiges Misstrauen. Ihre Zuwanderung interpretierte insbesondere die nationalbewusste Bevölkerung im Westen Polens als Geringschätzung der eigenen Leistung im Widerstand gegen die preußische Teilungsmacht[720] und viele örtliche Lehrer fürchteten, dass die neuen Kollegen ihnen berufliche Möglichkeiten

---

[715] Związek nauczycieli-katolików, in: Głos Nauczycielski, 3, 1919, S. 101 - 103.
[716] IV Zjazd Delegatów Związku Polskiego Nauczycielstwa Szkół Powszechnych Rzeczypospolitej Polskiej, in: Głos Nauczycielski, 6, 1922, S. 197 - 198.
[717] III. Zjazd Delegatów, in: Głos Nauczycielski, 5, 1921, S. 126 - 127.
[718] Z naszych stosunków międzydzielnicowych, in: Głos Nauczycielski, 5, 1921, S. 205.
[719] Jan Szwemin: Szkolnictwo i oświata na Pomorzu 1920 - 1930, Lwów 1933, S. 33 - 34, 98, 129 - 130.
[720] Trzebiatowski, Szkolnictwo, S. 23.

nehmen könnten.⁷²¹ Daher sah sich der ZPNSP zu einem Aufruf veranlasst, in dem es hieß, dass kein Misstrauen mehr entstehen solle, wenn Lehrer von einem Teilungsgebiet in das andere wechselten, schließlich gäbe es jetzt ein großes und einiges Polen, das allen offen stehe:

> „Heißen wir unsere Kollegen und Kolleginnen aus dem ehemaligen Galizien willkommen als unsere teuren Brüder und Schwestern, mit denen wir jetzt gemeinsam die Zukunft Polens bauen, unsere nationale Kultur schaffen und das Auf und Ab des Lehrerdaseins mit frohen und traurigen Momenten teilen werden. [...] Endlich sollen die Begriffe ‚wir' und ‚sie' verschwinden, lasst uns alle ‚wir' sein."⁷²²

Wie bereits die Debatten auf dem Lehrer-Sejm gezeigt hatten, war die vermeintlich einheitsstiftende Berufung auf die Nation bei näherem Hinsehen mit recht unterschiedlichen Bildungsidealen und Nationsentwürfen verbunden. So deklarierte der ZPNSP deklarierte anlässlich der polnischen Unabhängigkeit im November 1918 feierlich, für das Vaterland „alle Kräfte und das eigene Leben, im Notfall Blut und das wenige Hab und Gut zur Vermehrung seiner Kultur und seines Wohlstands, zur Festigung seiner Ungebundenheit und Freiheit, zur Entwicklung einer wahrhaft demokratischen Staats- und Gesellschaftsordnung mit heißem Herzen zu opfern".⁷²³ Die Bereitschaft zur „Aufopferung für die Nation" verknüpfte die einflussreiche Lehrergewerkschaft aber zugleich mit emanzipatorischen Forderungen, etwa nach einer besseren Bezahlung der Lehrer oder nach größeren Partizipationsmöglichkeiten in der schulischen Verwaltung. Konservative dagegen verwendeten denselben Topos in einem anderen Zusammenhang: Die „Aufopferung für die Nation" war für sie das geeignete sprachliche Bild, um im Sinne traditioneller Geschlechter- und Gesellschaftsvorstellungen die Leistungen der Frauen in Erziehung und Bildung zu loben.⁷²⁴

Die konträren Erwartungen an die Lehrer im Zeichen der Nation bündelten sich exemplarisch in der Gestalt des Dorfschullehrers. Viele Konservative sahen in einer sozialharmonischen Nationsvorstellung die ländliche Grundschullehrerschaft als Vermittler zwischen Gutsbesitzeradel und Dorf-

---

721 Z naszych stosunków międzydzielnicowych, in: Głos Nauczycielski, 5, 1921, S. 205. Tatsächlich machten etwa in Pomorze einheimische, in der Region geborene Lehrer 1920 immer noch rund 83 % der Grundschullehrerschaft aus: Trzebiatowski, Szkolnictwo, S. 154.
722 Związek Polskiego Nauczycielstwa Szkół Powszechnych, in: Głos Nauczycielski, 2, 1918/19, S. 195.
723 Deklaracja Zrzeszenia Nauczycielstwa Polskich Szkół Początkowych, in: Głos Nauczycielski, 2, 1918/19, S. 97.
724 O poparcie..., in: Ziemianka, 7, 1918, S. 198.

bewohnern.⁷²⁵ Dagegen lag Vertretern des PSL-Wyzwolenie, das sich zur politischen Vertretung der Dorfschullehrer aufzuschwingen versuchte, daran, Lehrer und ländliche Bevölkerung als Verbündete im Kampf gegen die traditionelle Ordnung der Gesellschaft zusammenzubringen. Das „volkspolnische" Bildungsideal bedeutete eine Kampfansage an das gängige Bild, der Dorfschullehrer benötige selbst nur so viel Kenntnisse, um der Dorfjugend die Grundlagen des Lesens, Schreibens und Rechnens beizubringen und sie auf den Militärdienst vorzubereiten. Stattdessen sollte der Lehrer freiheitlich-demokratische Losungen verbreiten und „Einheit, Arbeitsfleiß und Brüderlichkeit unter die Menschen bringen".⁷²⁶

Gemeinsamkeiten innerhalb des bildungspolitischen Diskurses der frühen Zweiten Republik zeigten sich oft unterschwellig auf der Ebene habitueller Prägungen. Hierzu zählte zunächst eine weit verbreitete religiöse Metaphorik. Ausgehend vom Selbstverständnis vieler Lehrer, dass ihre Tätigkeit über einen „normalen Broterwerb" hinausging, neigten selbst politisch eher liberal oder links orientierte Pädagogen und Bildungspolitiker zu Überhöhungen: Ein Beitrag im ZPNSP-Organ *Głos Nauczycielski* bezeichnete Lehrer als „erzieherische Engel",⁷²⁷ und der führende Bildungspolitiker des PSL-Wyzwolenie, Tomasz Nocznicki, lobte sie als „Apostel der neuen Epoche", die sich in „wahrhafter Selbstverleugnung dem Wohle der Nation" widmeten.⁷²⁸ Der ebenfalls häufig anzutreffende Militärjargon war Symptom für ein nachholendes Kriegserlebnis in der Zeit der Grenzkämpfe. Die Lehrer deuteten ihre Auseinandersetzung mit bürokratischen und materiellen Widrigkeiten als Kampf an der „inneren Front", während der in der Nachkriegszeit vermehrt anzutreffende Wechsel von Lehrern in andere Berufe den Ruch einer „massenhaften Desertion" annahm.⁷²⁹ Mit dem missionarischen Eifer der Lehrer ging schließlich ein Glaube an die Erziehbarkeit der Massen einher. Zum Dienst für Nation und Staat gehörte es, die „Seele des einfachen polnischen Volks zu höchsten moralischen Werten auszubilden".⁷³⁰ Vor allem die ländliche Bevölkerung erwartete demnach von „ihrem" Lehrer einen „geistigen Anführer" und Berater in allen Lebensfragen;⁷³¹ der Lehrer galt mitunter gar als „einzige Person auf dem Lande, die den Men-

---

725 Ze Zjazdu Walnego Zjednocz. Ziemianek dnia 12, 13 i 14 czerwca 1919 r., in: Ziemianka, 8, 1919, S. 113 - 138.
726 Tomasz Nocznicki: Szkoła i lud, in: Głos Nauczycielski, 2, 1918/19, S. 163.
727 Na dalszą drogę, in: Głos Nauczycielski, 5, 1921, H. 1 - 2, S. 2.
728 Tomasz Nocznicki: Szkoła i lud, in: Głos Nauczycielski, 2, 1918/19, S. 163.
729 O równouprawnienie, in: Głos Nauczycielski, 2, 1918/19, S. 345 - 346.
730 Deklaracja nauczycielstwa szkół powszechnych w Galicji, in: Głos Nauczycielski, 2, 1918/19, S. 230.
731 Ben.: O szkodliwości częstych zmian nauczycieli w szkołach, in: Głos Nauczycielski, 5, 1921, S. 168 - 169.

schen aller Schichten in ihrem gesellschaftlichen Wirken eine Richtung geben" könne.[732] In dieser Sichtweise „erforderten" das neue demokratische System und die politischen Partizipationsmöglichkeiten für breite Bevölkerungsschichten, dass der Grundschullehrer die Rolle eines Zivilisators einnahm und eine erzieherische Mission übernahm.[733]

„Die Lehrer dürfen trotz äußerer Widrigkeiten nicht ihr hehres Ziel aus den Augen verlieren, die Bildung in allen Ecken der *Rzeczpospolita* zu verbreiten"[734] – dieser Ansporn war notwendig, denn die Lage der Lehrerschaft zu Beginn der Zweiten Republik kennzeichneten zwei gegensätzliche Entwicklungsprozesse. Auf der einen Seite kam es zu einem umfassenden Exodus von Lehrern aus ihrem Beruf. Verwaltung und Wirtschaft hatten einen großen Personalbedarf und von der Aussicht auf sozialen Aufstieg fühlten sich insbesondere die am besten ausgebildeten und intellektuell fähigsten Lehrer angezogen.[735] Auf der anderen Seite war bei den im Beruf verbleibenden Lehrern das Bedürfnis nach Sinnstiftung besonders ausgeprägt. Sahen „volkspolnisch" orientierte Lehrer in der Staatsgründung 1918 und dem Um- und Ausbau des Bildungswesens die Chance, sich von den Überresten geistlicher Kuratel und bürokratischer Gängelung während der Teilungszeit zu befreien, erhofften sich konservativ eingestellte Kollegen von Privatschulen und konfessionellen Bekenntnisschulen den Erhalt einer traditionellen Gesellschafts- und Geschlechterordnung. Gemeinsam war ihnen allerdings die nationale Überhöhung der eigenen Aufgaben, insbesondere die Selbststilisierung als unverzichtbare Säule für den Aufbau Polens.

4. 3 Schulische Praxis

An den Schulgebäuden dokumentierte nun die obligatorische, deutlich sichtbare Aufschrift „Staatliche Grundschule"[736] den Anspruch der Schule als Respekt gebietende, unmittelbar in die lokale Lebenswelt hineinreichende Institution des polnischen Staates. Tatsächlich war die Schule der Zweiten

---

[732] Sprawozdanie z II. Zjazdu delegatów Związku P. N. S. P., in: Głos Nauczycielski, 4, 1920, H. 5 - 6, S. 4.

[733] Tomasz Nocznicki: Szkoła i lud, in: Głos Nauczycielski, 2, 1918/19, S. 163. Von einem „moralischen Druck", den die Lehrerverbände auf ihre Mitglieder ausübten, sprach Andrzej Niesiołowski: Formy i metody pracy oświatowej. Próba klasyfikacji i analizy socjologicznej, Warszawa 1932, S. 159.

[734] Sprawozdanie z II. Zjazdu delegatów Związku P. N. S. P., in: Głos Nauczycielski, 4, 1920, H. 5 - 6, S. 1.

[735] APW, ZZSUSŚ, 3, Bl. 4; O równouprawnienie, in: Głos Nauczycielski, 2, 1918/19, S. 345 - 346.

[736] Jurecki, O wizytowaniu, S. 7.

Republik aber Aushandlungsort konkurrierender Nations- und Gesellschaftsentwürfe und daher kaum als „Nationalisierungsagentur" zu begreifen, wie es die Nationalismusforschung gemeinhin postuliert. Dies hatte selbstverständlich Auswirkungen auf die schulische Praxis.

Zwar galt die Vorgabe, beim Umbau des Bildungswesens „Anarchie und Chaos" zu vermeiden,[737] doch brachte, wie der Schulbuchautor Józef Bałaban klagte, nahezu jede Ausgabe des ministeriellen Amtsblatts (*Dziennik Urzędowy MWRiOP*) neue Regelungen bezüglich des Schulwesens mit sich – gleich ob administrativer oder methodisch-didaktischer Art.[738] Hemmnisse zeigten sich sogar schon bei der Implementierung nationaler und staatlicher Symbolik. Die erste wichtige Änderung in der terminlichen Gestaltung des Schuljahrs war, dass der Nationalfeiertag am 3. Mai zum schulfreien Tag wurde. Dies war umso bedeutsamer, als bisher nur kirchliche Feiertage eine Unterrichtspause nach sich gezogen hatten. Allerdings blieb der 3. Mai in der Anfangszeit der Zweiten Republik vorerst der einzige weltliche Festtag; sonstige schulische Feierstunden mit nationalem Hintergrund waren entweder auf den nächsten Sonn- oder Feiertag oder auf die Nachmittagsstunden zu verlegen.[739] So war es der katholischen Kirche in vielen Orten bis auf weiteres möglich, ihre mentalitätsprägende Kraft in Vorrang vor dem neuen Staatswesen behaupten zu können.

Im didaktischen Bereich war die Forderung allgegenwärtig, diejenigen Unterrichtselemente, die von der Teilungszeit zeugten, als „Symbole der Unfreiheit und der Erniedrigung" rigoros zu eliminieren und durch neue Inhalte zu ersetzen.[740] Einer flächendeckenden Einführung von neuen Schul- und Lesebüchern standen freilich gravierende Hindernisse entgegen. Die finanzielle Not vieler Familien nach dem Krieg schränkte die Möglichkeiten zum Kauf von Schulbüchern stark ein und umgekehrt stellten sich auch Verleger und Autoren angesichts von Papier- und Kapitalmangel erst allmählich auf die neue Situation ein.

Daher galt es zumindest für die ersten Jahre zu pragmatischen Lösungen zu greifen. Von den Lehrern erforderte dies einiges Improvisationstalent. Wenn die alten Schulbücher weiterhin benutzt wurden, waren etwa Passagen, in denen Geschichte und geographische Verhältnisse der Teilungs-

---

[737] Odezwa Naczelnego Zarządu Związku Polskiego Nauczycielstwa w Krakowie, in: Głos Nauczycielski, 2, 1918/19, S. 185.
[738] Józef Bałaban: Zjazd inspektorów szkolnych w Zakopanem, in: Głos Nauczycielski, 6, 1922, S. 263.
[739] Dni wolne od nauki szkolnej, in: Głos Nauczycielski, 5, 1921, S. 256.
[740] Odezwa Naczelnego Zarządu Związku Polskiego Nauczycielstwa w Krakowie, in: Głos Nauczycielski, 2, 1918/19, S. 185.

mächte behandelt wurden, ebenso zu umgehen wie „gefühlige Beispiele über die Großherzigkeit der Monarchen".[741]

Da das im Aufbau befindliche Religions- und Bildungsministerium noch nicht über eine entsprechende Abteilung verfügte, richteten die Lehrervereine seit dem Winter 1918/19 kurzerhand eigene Kommissionen zur Begutachtung von Schulbüchern ein.[742] Ein bezeichnendes Schlaglicht auf diese Übergangssituation warf ein Aufruf des Krakauer Verbands der polnischen Volksschullehrerschaft in Galizien (*Związek Polskiego Nauczycielstwa Ludowego w Galicji*), einer Vorgängerorganisation des ZPNSP. Anstelle der bisherigen Schulbücher, die von den Schulbehörden der Habsburgermonarchie empfohlen und genehmigt worden waren, sei nun auf Schulbücher aus dem ehemaligen Kongresspolen zurückzugreifen.[743] Dabei hatten die Warschauer Lehrwerke lediglich bei den Begutachtungen an erster Stelle der zeitlichen Reihenfolge gestanden.[744] Tatsächlich spielten in den Folgejahren polnischsprachige Schulbücher aus der galizischen Autonomiezeit weiterhin eine wichtige Rolle, vor allem die vielfach aufgelegten „Erzählungen aus der vaterländischen Geschichte", die der Lemberger Gymnasiallehrer Bronisław Gebert gemeinsam mit seiner Frau Gizela verfasste.[745]

Wenn Schulbücher als Indikator gesellschaftlicher Veränderungsprozesse zu begreifen sind, dann waren für die Anfangszeit der Zweiten Republik drei Merkmale typisch: Zum ersten existierten alte Schulbücher und neue Lehrinhalte noch für längere Zeit nebeneinander. Zum zweiten verlagerten sich wichtige Entscheidungsspielräume von den Schulbehörden auf die Ebene von Lehrerverbänden und Lehrerkollegien, etwa bei der Approbation von Unterrichtswerken.[746] Schließlich forderte die defizitäre Schulbuchsituation das Engagement zeitgenössischer Wissenschaftler und Intellektueller heraus: Neue Schulbücher oder Lesetexte verfassten unter anderem Jan Dąbrowski, Professor für mittelalterliche Geschichte an der Krakauer Jagiellonen-Universität, Stanisław Szober, Professor für polnische Sprache an

---

[741] Ebd., S. 185.
[742] Maria Alicja Andruszko: Niektóre podręczniki dla klas najmłodszych publicznych szkół powszechnych (1918 - 1939), in: Studia z dziejów oświaty polskiej XIX i XX wieku [Prace Pedagogiczne, Bd. 48], Wrocław 1986, S. 116.
[743] Odezwa Naczelnego Zarządu Związku Polskiego Nauczycielstwa w Krakowie, in: Głos Nauczycielski, 2, 1918/19, S. 186.
[744] Andruszko, Niektóre podręczniki, S. 116.
[745] Alicja Puszka: Nauczyciele historii i geografii państwowych szkół średnich w Galicji w okresie autonomii (1868 - 1914) [Towarzystwo Naukowe KUL, Źródła i monografie, Bd. 184], Lublin 1999, S. 169 - 171; Hanna Konopka: Edukacja historyczna w polskich szkołach powszechnych 1918 - 1939, Białystok 1987, S. 123 - 134.
[746] Odezwa Naczelnego Zarządu Związku Polskiego Nauczycielstwa w Krakowie, in: Głos Nauczycielski, 2, 1918/19, S. 186.

der Universität Warschau und Verfasser einer über mehrere Jahrzehnte für Studenten der Polonistik verbindlichen Grammatik der polnischen Sprache, oder Marian Falski, Abteilungsleiter im Religions- und Bildungsministerium, der sich während seiner akademischen Lehrtätigkeit an der Jagiellonen-Universität mit der Methodik des Lesen- und Schreibenlernens befasst hatte und nun als Autor einer noch bis in die 1990er Jahre in polnischen Schulen verwendeten Fibel hervortrat.[747] Von geringerer Auflagenzahl, aber von hoher symbolischer Bedeutung für das gesellschaftliche Engagement zu Beginn der Zweiten Republik waren die Schulbücher, die prominente zeitgenössische Schriftstellerinnen und Schriftsteller wie Maria Dąbrowska, Juliusz Kaden-Bandrowski, Zofia Nałkowska, Jarosław Iwaszkiewicz, Ferdynand Goetel oder Maria Kuncewiczowa verfassten.[748]

Aus schulgeschichtlichen Untersuchungen ist das Phänomen einer Differenz zwischen Bildungsidealen und Bildungswirklichkeit hinlänglich bekannt. Als Steuerungsgröße von Unterricht sind daher nicht nur Lehrpläne und Lehrwerke zu betrachten, sondern auch die direkte Vermittlung durch die Lehrkraft. Um den „richtigen" Unterricht entspannen sich häufige Disupute innerhalb der Lehrerkollegien, in die manchmal auch Vertreter der lokalen Schulbehörden einbezogen wurden. Traditionell am verbalen Frontalunterricht orientierte Kollegen hatten damit klar zu kommen, selbständige Schülerarbeit zuzulassen und moderne Lehrmethoden zu erproben. Dazu gab es curriculare Reformbestrebungen: Insbesondere wurde unter Berufung auf den „neuen Geist in den Schulen" die Forderung nach einer Kürzung des Lernstoffs erhoben.[749]

Die Auseinandersetzungen um den „richtigen" Unterricht waren vor allem in den humanistischen und gesellschaftskundlichen Fächern gegenwärtig. Beim umfassenden Revirement der Lehrinhalte spielte der Geschichtsunterricht eine herausgehobene Rolle. Die Euphorie, nicht mehr nur die amtliche Historiographie der Teilungsmächte zu vermitteln, sondern endlich eine eigene polnische Geschichte erzählen zu können, begünstigte eine stark emotionalisierte Darstellung. Mit unverkennbar teleologischer Tendenz spannte sich der Bogen des Geschichtsverlauf von der Zeit der Piasten, der Jagiellonen und der Union mit Litauen, mithin von der Zeit der „Großartig-

---

[747] Wincenty Okoń: Marian Falski – Erzieher von Generationen, in: ders.: Lebensbilder polnischer Pädagogen, hrsg. von Oskar Anweiler [Bildung und Erziehung, Beiheft 10], Köln - Weimar - Wien 1999, S. 64 - 86.

[748] Zofia Budrewicz: Czytanka literacka w gimnazjum międzywojennym. Geneza, struktura, funkcje [Akademia Pedagogiczna im. KEN w Krakowie, Prace monograficzne, Bd. 353], Kraków 2003.

[749] Sprawozdanie ze zjazdu nauczycielstwa polskiego w Warszawie w dniach 14, 15, 16 i 17 kwietnia 1919 r., in: Głos Nauczycielski, 2, 1918/19, S. 413.

keit Polens", über den Niedergang während des 18. Jahrhunderts bis zum langen Kampf um „Unabhängigkeit" und „Wiederaufstieg" seit der Verfassung vom 3. Mai 1791 und den Aufständen seit Ende des 18. Jahrhunderts.[750] Zudem war es eine gängige Erwartung an den Geschichtsunterricht, das staatsbürgerliche Wissen der jungen Generation zu fördern. Dies sollte durch eine historische Traditionsstiftung für Begriffe und Institutionen wie Nation, Staat, Selbstverwaltung, Sejm, Regierung, Wahlen, Steuern oder Gesetze geschehen,[751] vor allem aber durch die Präsentation von Helden und ihren Taten.[752] Solchen nationalen Helden war Ehrfurcht entgegenzubringen und in ihrem Verhalten Vorbildcharakter zu erkennen.[753] Konkret konnte dies bedeuten den Kindern ein Bild zu zeigen, zum Beispiel von Tadeusz Kościuszko, dem parteiübergreifend verehrten Anführer des letzten großen Aufstandsversuchs gegen die Teilungen Polens im Jahre 1794, und ihm anhand dessen zu sagen: „Schau, der hat sich für seine Nation geopfert."[754]

Das große Gewicht, das nationalen Helden im Geschichtsunterricht zukommen sollte, forderte aber auch zu Kritik heraus. Sehr anschaulich zeigt dies ein Protokoll in den Akten des Religions- und Bildungsministeriums, das die Diskussionen im Rahmen einer Lehrerfortbildung wiedergibt: Ein Schuldirektor präsentierte in Anwesenheit des Visitators seine Idealvorstellung von einer Geschichtsstunde. Er vertrat die Auffassung, dass es trotz mancher Vorzüge von Schulbüchern am besten wäre, auf sie zu verzichten. Seine Empfehlung lautete, wichtige Ereignisse und Daten auswendig lernen zu lassen, vor allem aber aus solchen Büchern vorzulesen, die mit einem emotionalen, einfühlsamen Ton und mit Hervorhebung individueller Eigenschaften die Schüler in die Lage historischer Helden zu versetzen mochten und positive Identifikationsmöglichkeiten anboten. Die sachliche Information stand somit hinter ethisch-sittlichen Erziehungszielen zurück: „Aufgabe eines propädeutischen Geschichtskurses ist es, die guten Seiten unserer Vergangenheit zu betonen und die schlechten zu übergehen."[755] Zwar war diese Haltung auch den in der Nachkriegszeit kursierenden Lehrplänen und

---

[750] Okólniki Zarządu Głównego Związku Polskiego Nauczycielstwa. Okólnik nr 2: Pogadanki popularne dla dorosłych, in: Głos Nauczycielski, 2, 1918/19, S. 423 - 424.
[751] O wychowaniu obywatelskiem w szkole, in: Głos Nauczycielski, 4, 1920, H. 7 - 8, S. 2.
[752] Jurecki, O wizytowaniu, S. 12.
[753] O wychowaniu obywatelskiem w szkole, in: Głos Nauczycielski, 4, 1920, H. 7 - 8, S. 2; O wychowaniu narodowym, in: Ziemianka, 7, 1918, S. 145 - 150.
[754] O wychowaniu narodowym, in: Ziemianka, 7, 1918, S. 145 - 150.
[755] MWRiOP, 182, Bl. 34 - 35.

vielen Schulbüchern zu Eigen,[756] dennoch stießen die konkreten Ausführungen bei den Teilnehmern des Instruktionskurses auf einigen Widerspruch. Ein Lehrer monierte die moralisierende Tendenz in der Geschichtsauffassung des Direktors und eine Lehrerin merkte an, dass die Beispiel-Lektion etwas einseitig den Vorstellungen einer „nationalen Erziehung" verpflichtet gewesen sei.[757]

Tatsächlich gestaltete sich die Auswahl nationaler Helden angesichts konkurrierender Nationsentwürfe beileibe nicht eindeutig. Den Zeitgenossen war zu Beginn der Zweiten Republik auch die Austauschbarkeit von Helden wohl bewusst, hatten doch bis vor kurzem Könige, Kaiser und Zaren als verehrungswürdige Herrscher gegolten, deren Bilder den Kindern vor Augen geführt worden waren.[758] Wie kurz die Distanz zum politisch-kulturellen Erfahrungshorizont der Teilungszeit war, verdeutlichte ein Programmvorschlag zu Schulausflügen innerhalb Warschaus, der 1918 im *Głos Nauczycielski* erschien. Hier galten die Kämpfe des Januaraufstands 1863 noch als „blutige Manifestationen" und „Vorfälle", dagegen wurde an die Militärparaden des zarischen Statthalters in Polen, Fürst Konstantin, auf dem pl. Saski erinnert. Empfohlen wurde gar der Besuch der Schanzen im Warschauer Stadtteil Wola, um dort die orthodoxe Kirche mitsamt Friedhof zu besichtigen, wo auf einer Gedenktafel die Namen der russischen Truppenführer verewigt waren, die 1831 als Reaktion auf den polnischen Novemberaufstand 1830 Warschau eingenommen hatten.[759] Die Erschütterung des bisherigen Geschichtsbildes machte für nicht wenige Lehrer den Vorschlag annehmbar, die Darstellung der Geschichte Polens verstärkt in die Darstellung der allgemeinen Geschichte Europas und der Welt zu integrieren.[760]

Der Heimat- und Erdkundeunterricht hatte sich während der Teilungszeit auf solche politische Einheiten wie Kongresspolen oder Galizien bezogen. Orientiert an den damals geltenden Staats- und Reichsgrenzen wurden die anderen polnischen Teilungsgebiete im Unterricht ausgespart. Nun ließ sich Polen als eigenes Territorium, „Polen als Ganzes" präsentieren. Was

---

[756] Anna Kulczykowska: Programy nauczania historii w Polsce 1918 - 1932, Warszawa 1972, S. 79 - 88, 102 (betraf vor allem Grundschulen); Jerzy Ronikier: Mit i historia. Mitotwórcze funkcje podręczników szkolnych, Kraków 2002, S. 69.
[757] MWRiOP, 182, Bl. 34.
[758] O wychowaniu narodowym, in: Ziemianka, 7, 1918, S. 145 - 150.
[759] Marja Wysznacka: Wycieczki szkolne po Warszawie, in: Głos Nauczycielski, 2, 1918/19, S. 68 - 72.
[760] Odezwa Naczelnego Zarządu Związku Polskiego Nauczycielstwa w Krakowie, in: Głos Nauczycielski, 2, 1918/19, S. 186. Zur Debatte darüber, in welchem Verhältnis die polnische und die allgemeine Geschichte zueinander stehen sollten: Hanna Pohoska: Dydaktyka historji, Warszawa 1928, S. 80 - 86.

aber umfasste „Polen als Ganzes"? In den ersten Jahren der Unabhängigkeit Polens waren die Grenzverläufe, ob in Oberschlesien, an der Ostseeküste oder im osteuropäischen Tiefland, noch vielerorts unklar. Lehrer konnten sich nun offensiv für eine bestimmte Grenzkonzeption aussprechen oder aber sich – analog zur Möglichkeit für den Geschichtsunterricht – auf die vermeintlich unpolitische physische Geographie Europas und der Welt konzentrieren.[761]

Richtete sich der Blick auf die einzelnen Landesteile der neu konstituierten Republik Polen, dann bestand die Herausforderung darin, diese als „natürlich" zusammengehörige Einheit vorzustellen. Bei den in der Nachkriegszeit populären Vortragsreisen von Lehrern im ganzen Land lauteten die geographischen Themen unter anderem: „Die heimatliche Landschaft", „Unsere natürlichen Reichtümer", „Unsere Berge", „Unsere Flüsse und Seen", „Das polnische Volk" oder „Unsere Städte".[762] Das Possessivpronomen zeigte es an: Für die Suche nach einer polnischen Nation spielte die emotionale Aneignung des Raumes eine kaum zu unterschätzende Rolle. Die Nation bot sich auch als Bezugsgröße an, wenn die Leistungen der unterschiedlichen Landesteile für die gemeinsame Sache hervorgehoben werden sollten: Die Provinz Großpolen war historisches Ursprungsgebiet des mittelalterlichen polnischen Staates, in Oberschlesien hatte die polnische Bevölkerung jahrhundertelang der Germanisierung getrotzt, in Ostgalizien und seiner Metropole Lwów wurde der polnische Besitzstand in den *Kresy Wschodnie* „heldenhaft" verteidigt, und Westpreußen mit Danzig schuf schließlich wichtige Voraussetzungen dafür, dass Polen wirtschaftlich als Staat existieren konnte.[763]

Auch dem Wunsch, ein neues geographisches Bild Polens zu schaffen, stand in der Anfangszeit der Zweiten Republik eine Reihe von praktischen Schwierigkeiten gegenüber. In vielen Schulen mangelte es an aktuellen Wandkarten der unabhängigen Republik Polen, während die Karten der alten Imperien noch hängen blieben. Angesichts der materiellen Not im Schulwesen der Nachkriegszeit war dies oft eine pragmatische Entscheidung. Allerdings witterten national besorgte Pädagogen im dargebotenen kartographischen Material eine Gefahr: Den Kindern präge sich sinnlich und plastisch die alte Ordnung ein, so dass auf subtile Weise die Teilungen

---

[761] Odezwa Naczelnego Zarządu Związku Polskiego Nauczycielstwa w Krakowie, in: Głos Nauczycielski, 2, 1918/19, S. 186.
[762] Okólniki Zarządu Głównego Związku Polskiego Nauczycielstwa. Okólnik nr 2: Pogadanki popularne dla dorosłych, in: Głos Nauczycielski, 2, 1918/19, S. 423 - 424.
[763] Sprawozdanie ze zjazdu nauczycielstwa polskiego w Warszawie w dniach 14, 15, 16 i 17 kwietnia 1919 r., in: Głos Nauczycielski, 2, 1918/19, S. 396, 403; O wychowaniu obywatelskim w szkole, in: Głos Nauczycielski, 4, 1920, H. 7 - 8, S. 2.

Polens nachträglich gleichsam legitimiert würden. Dagegen sei die Kenntnis des souveränen Staates Polen, seines Territoriums und seiner Grenzen noch recht schwach im gesellschaftlichen Bewusstsein verankert.[764] Gemäß der Annahme, neue Karten prägten neue *mental maps*, riefen Bildungspolitiker und Lehrerverbände die Schulen auf, sich so bald wie möglich um eine neue Karte Polens oder zumindest um eine physische Karte Mitteleuropas zu bemühen – im Notfall könne der Lehrer selbst auf einem großen Bogen Papier die jeweiligen Karten zeichnen.[765] Im Mai 1922 startete die ZPNSP-Schülerzeitschrift *Płomyk* eine Initiative, indem sie für alle Kinder ab dem dritten Schuljahr eine Karte Polens in zwei Varianten herausgab – einmal mit Wojewodschaftseinteilung, einmal ohne. Die Aktion fand großen Anklang, schon nach kurzer Zeit war die Karte vergriffen.[766]

Beim Sprachunterricht war während der Teilungszeit eine stattliche Anzahl an Wochenstunden für die jeweilige Staatssprache vorgesehen. Die frei gewordene Zeit im Stundenplan konnte nun mit neuen Inhalten gefüllt werden. Nach 1918 war die Polonisierung der Schule das Gebot der Stunde. Neben Erdkunde und Geschichte kam hier natürlich dem Unterricht in polnischer Literatur und Sprache zentrale Bedeutung zu.[767] Die Festlegung auf eine stärkere Förderung des Polnischen war allerdings nur ein Rahmen, der recht unterschiedliche Interpretationen dessen, was die polnische Kultur ausmachen sollte, zuließ.

Selbst die literarische Romantik hatte keinen unangefochtenen Stand. Dabei hatte sie in den Jahrzehnten nach den Teilungen mit ihrer Beschwörung der glorreichen Vergangenheit und dem messianischen Glauben an eine nationale Erlösung besondere Intensität entwickelt, hatte Schriftstellerpersönlichkeiten wie Adam Mickiewicz, Juliusz Słowacki oder Cyprian Norwid hervorgebracht und mit ihren sprachlichen und bildlichen Ausdrucksformen über einen langen Zeitraum den ästhetischen Horizont der polnischen Kultur geprägt. Neben die künstlerisch motivierte Kritik der Positivisten in der zweiten Hälfte des 19. Jahrhunderts traten nach 1918 Überlegungen zu einer neuen symbolisch-kulturellen Selbstdarstellung des unabhängigen Staates. So bemängelte eine Lehrerin in einem Artikel für den *Głos Nauczycielski*, der elegische Duktus der romantischen Literatur sei den Erfordernissen der gegenwärtigen Zeit nicht mehr angemessen. Geeignete

---

[764] Mapka Polski w konturach, in: Głos Nauczycielski, 6, 1922, S. 219.
[765] Odezwa Naczelnego Zarządu Związku Polskiego Nauczycielstwa w Krakowie, in: Głos Nauczycielski, 2, 1918/19, S. 186; über eine solche Umsetzung in die Praxis: AAN, MSW, 1351, Bl. 25. Diese Forderungen galten auch für Kartenmaterial zur polnischen Geschichte: Pohoska, Dydaktyka historji, S. 231.
[766] Mapka Polski w konturach, in: Głos Nauczycielski, 6, 1922, S. 219.
[767] Nowosławski, Z aktualnych zagadnień, S. 8 - 13.

Themen für die Feier nationaler Feste in der Schule waren nicht jene, die „das Herz erweichten, sondern es zu hartem Stahl schmiedeten". Statt das „arme geschundene Vaterland" oder die „unglückliche polnische Heimaterde" zu betrauern, sollten im freien Polen Leitbilder wie eiserner Wille, gesunder Verstand und feste Physis in den Vordergrund rücken und den Glauben in die eigene Stärke fördern.[768]

Die literarische Kanonbildung stellte einen Aushandlungsprozess *par excellence* dar. Die Forderung nach der Lektüre nationaler Klassiker von den altpolnischen Sprachdenkmälern bis zum Beginn des 20. Jahrhunderts setzte zunächst eine Verständigung über diejenigen Texte voraus, die für die Entwicklung der polnischen Literatur als zentral gelten sollten. Die Empfehlung des Verbands polnischer Volksschullehrer in Galizien, im Polnischunterricht die alten Lesebücher aus der Teilungszeit durch die Lektüre von Klassikern der polnischen Literatur aus Reihen wie der *Biblioteczka Narodowa* („Kleine National-Bibliothek"), herausgegeben vom Verlag M. Arct in Warschau, oder der *Bibljoteczka Uniwersytetów Ludowych i młodzieży szkolnej* („Kleine Bibliothek für Volkshochschulen und die Schuljugend") aus dem Hause Gebethner und Wolff zu ersetzen,[769] konnte wie die Forderung nach einer gut ausgestatteten Schulbibliothek[770] nur für erste Anhaltspunkte sorgen.

Die Verständigung über das Wesen des Polnischen betraf auch die Sprache selbst. Die bislang am klassischen Latein orientierte Grammatik galt schon Polonisten des 19. Jahrhunderts der Struktur der polnischen Sprache als nicht adäquat.[771] Die Muttersprache sollte nun im Schulunterricht am konkreten Beispiel der polnischen Schrift- und Volkssprache vermittelt werden.[772] Die polonistische Linguistik konnte sich dabei verstärkt als nationale Wissenschaft profilieren.[773]

Im Fremdsprachenunterricht manifestierte sich parallel dazu der Wandel von den übernationalen, freilich von oben verordneten Gepflogenheiten der einstigen Vielvölkermonarchien Mittel- und Osteuropas zum einem neuen nationalstaatlichen Selbstverständnis. Dafür stand das Plädoyer, die Sprachen „wichtiger und fortschrittlicher Nationen" zu lehren, so dass ein Gedankenaustausch gepflegt werden könne, der dem polnischen Streben nach

---

[768] Nadratowska-Kompatowa: Ton wychowawczy wczoraj i dziś, in: Głos Nauczycielski, 3, 1919, S. 63 - 64.
[769] Odezwa Naczelnego Zarządu Związku Polskiego Nauczycielstwa w Krakowie, in: Głos Nauczycielski, 2, 1918/19, S. 186.
[770] Jurecki, O wizytowaniu, S. 12 - 14.
[771] Als erster vertrat diese Erkenntnis Józef Mroziński, hierzu: Zenon Klemensiewicz: Historia języka polskiego, Warszawa [7]1999, S. 670; Bogdan Walczak: Zarys dziejów języka polskiego, Wrocław 1999, S. 263.
[772] Nowosławski, Z aktualnych zagadnień, S. 12.
[773] Klemensiewicz, Historia, S. 598 - 601, 676 - 681.

Fortschritt in Bildung und Wissenschaft, Sozialsystem und Staatswesen zum Vorteil gereiche. Was als erlernenswerte Sprachen wichtiger und fortschrittlicher Nationen zu gelten hatte, darüber gab es recht diverse Meinungen: Die Bedeutung des Französischen und Englischen war unbestritten, anders dagegen die des Russischen oder Deutschen. Während Schulvertreter aus dem ehemaligen österreichischen Teilungsgebiet hier wenig Vorbehalte zeigten,[774] forderten Delegierte aus dem ehemaligen preußischen Teilungsgebiet auf dem Lehrer-Sejm, bei den modernen Fremdsprachen den bisherigen Vorrang des Deutschen abzubauen.[775]

Einen neuen Stellenwert erhielt die Leibeserziehung. Am Schulsystem der Teilungszeit wurde bemängelt, die geistige Bildung sei einseitig privilegiert worden. Beim Sportunterricht im unabhängigen Polen richete sich die Hoffnung nicht nur auf eine Regeneration der Kräfte nach den zehrenden Jahren des Ersten Weltkriegs, sondern auch auf die praktische Förderung von Vorstellungen nationaler Gesundheit und Stärke. Demnach konnte „nur diejenige Nation heute siegreich aus Schlachten hervorgehen, deren Söhne, wie einst bei den Spartanern, kräftig, gesund und seit frühester Jugend wie Soldaten geschult sind".[776] Auch weniger martialisch gestimmte Zeitgenossen sahen das Erziehungsziel des Sportunterrichts nicht so sehr in einer individuellen Körperertüchtigung, sondern in der Einübung von kollektiven Aktivitäten, von Solidarität und Hilfsbereitschaft.[777] Das Gemeinschaftsideal war damit körperlich und sinnlich erfahrbar. Sport galt als Mittel der nationalen Selbstvergewisserung und sollte das Trauma der Teilungen überwinden helfen.

Den Religionsunterricht hielten in der Regel Priester ab. Die neue polnische Schulverwaltung führte damit nicht einfach eine Tradition weiter, sondern belebte dort, wo, wie im ehemaligen Kongresspolen während der Teilungszeit, Geistlichen der Zugang zur Schule verwehrt worden war,[778] diese Praxis erst wieder neu. Grundsätzlich waren die Schüler zudem verpflichtet, an Sonn- und Feiertagen den Schulgottesdienst in einer eigens hierzu bestimmten Kirche zu besuchen. Schließlich betonte das Religions- und Bildungsministerium in seinem Lehrplan für das Schulfach Religion, dass die-

---

[774] Nowosławski, Z aktualnych zagadnień, S. 9.
[775] Sprawozdanie ze zjazdu nauczycielstwa polskiego w Warszawie w dniach 14, 15, 16 i 17 kwietnia 1919 r., in: Głos Nauczycielski, 2, 1918/19, S. 414.
[776] Nowosławski, Z aktualnych zagadnień, S. 10.
[777] Jurecki, O wizytowaniu, S. 12 - 14.
[778] Alfons Trepkowski: Opieki szkolne, in: Wiadomości Archidyecezyalne Warszawskie, 12, 1922, S. 93 - 97.

ses „nicht nur eines von vielen Fächern" sein solle, sondern „völlig eigenständige erzieherische Aufgaben" erfülle.[779]

In den Lehrplänen für den Religionsunterricht im Erzbistum Warschau kamen staatlich-nationale Motive nur im Umfeld des 3. Mai zum Zuge. So sollte im Schuljahr 1919/20 unter dem Obertitel „Jugend und Vaterland" jedem einzelnen Gymnasiasten vermittelt werden: erstens „in seinem Herzen den Glauben an die ehrenvolle Mission des Vaterlandes zu tragen, zweitens sein Vaterland mit ganzem Herzen zu lieben, sich drittens bereits auf der Schulbank auf den treuen Dienst am Vaterland vorzubereiten und viertens für sein Vaterland zu beten".[780] Für Grundschüler waren die Themen anschaulicher und personenbezogener ausgelegt: So standen die Verehrung der Allerheiligsten Jungfrau Maria sowie des heiligen Stanisław Kostka, Patron des Erzbistums Warschaus und der polnischen Jugend im Vordergrund.[781] Das Programm für das nächste Schuljahr war stark beeinflusst von den noch frischen Kriegserfahrungen des Sommers 1920. Zu Schulbeginn war eine umfassende Würdigung der Helden des polnisch-sowjetischen Krieges vorgesehen: „Ehre all denjenigen, die ihr Leben auf dem Altar des Vaterlandes dargeboten haben". Auch weitere Unterrichtseinheiten waren vom Kriegserlebnis geprägt. „Das Vaterland lieben – unsere Verpflichtung": Unter diesem Motto war zu zeigen, dass gerade im Falle eines Krieges die alles aufopfernde Liebe zum Vaterland eine der größten Verpflichtungen sowohl vom christlichen als auch vom staatsbürgerlichen Standpunkt aus war. Für das Vaterland durften weder Hab und Gut noch das eigene Leben geschont werden. Zum 3. Mai schließlich war im Rahmen des Schulgottesdienstes eine dem Anlass entsprechende Ansprache vorgesehen.[782]

Die Neuausrichtung von Unterrichtsmethoden und Unterrichtsinhalten konnten erst dann ihre volle Wirkung entfalten, wenn sich die sozialen Strukturbedingungen für Bildung gegenüber den Verhältnissen der Teilungszeit verbesserten. Genau dies bereitete aber Sorge. Nachdem das erste Schuljahr der Zweiten Republik von großen Erwartungen auf einen raschen Aufwärtstrend begleitet worden war, zeigte sich in den Folgejahren ein solches Ausmaß unbewältigter Probleme, dass der ZPNSP Ende 1921 vor

---

[779] Ministerstwo Wyznań Religijnych i Oświecenia Publicznego (Hrsg.): Program Nauki w szkołach powszechnych siedmioklasowych. Religja rzymsko-katolicka, Warszawa 1920, S. 17.

[780] Tematy nauk dla młodzieży szkół średnich na rok szkolny 1919/20, in: Wiadomości Archidyecezyalne Warszawskie, 9, 1919, S. 196 - 202.

[781] Plan nauk niedzielnych i świątecznych dla szkół początkujących na rok 1919/20, in: Wiadomości Archidyecezyalne Warszawskie, 9, 1919, S. 202 - 203.

[782] Tematy nauk dla młodzieży szkół średnich na rok szkolny 1920/21, in: Wiadomości Archidyecezyalne Warszawskie, 10, 1920, S. 192 - 200.

einer erneuten Welle von Analphabetismus warnte.[783] Der Grundschullehrerverband präsentierte Zahlen, wonach 1920 lediglich 50 % aller Kinder im ehemaligen Kongresspolen der Schulpflicht nachkamen und selbst in der Hauptstadt Warschau von 150.000 Kindern im schulpflichtigen Alter 1921 lediglich 60.000 tatsächlich zur Schule gingen. In vielen ländlichen Gebieten dauerte das Schuljahr statt der regulären 234 Tage oft nur etwa 185 Tage, in manchen Gegenden sogar nur etwa 150 Tage.[784] In Kongresspolen konnte das Schuljahr häufig nicht pünktlich im September beginnen. Viele Kinder gingen zudem nur zwei bis vier Jahre lang zur Schule.[785] Selbst der Bildungsvorsprung, den das ehemalige preußische Teilungsgebiet besaß, verkleinerte sich in der Zweiten Republik – die Schulpflicht wurde im Westen Polens nicht mehr mit der bisherigen Konsequenz durchgehalten.[786]

Bei der Ursachenforschung richtete der ZPNSP den Blick zunächst auf den Mangel an Lehrern und Schulgebäuden. Den kommunalen Selbstverwaltungen, die für den Unterhalt der Schulen vor Ort zuständig waren, lastete der ZPNSP an, nicht in genügendem Maße für Unterrichtsräume, Lehrerwohnungen und Heizmaterial zu sorgen.[787] Die Skepsis gegenüber einer dezentralen Verwaltungspraxis, die hier mitschwang, konnte aber auch nicht durch das Vorgehen höherer staatlicher Stellen kompensiert werden. Die Bildungsausgaben schlugen im Staatshaushalt mit nur rund 2 % zu Buche. Damit belegte Polen einen der hinteren Plätze in Europa. 1921, auf dem dritten Delegiertentreffen des ZPNSP und des ihm nahe stehenden Verbands der polnischen Mittelschullehrer ZZNPSŚ, suchte der Staatssekretär im Religions- und Bildungsministerium, der ehemalige galizische Schulinspektor Tadeusz Łopuszański, der 1919/20 für einige Monate selbst das Amt des Religions- und Bildungsministers bekleidet hatte, dies mit den hohen Finanzlasten und der wirtschaftlichen Verwüstung, die der polnisch-sowjetische Krieg in weiten Teilen des Landes hinterlassen hatte, zu entschuldigen.[788] Tatsächlich veranschlagte der Sejm für das Jahr 1922 dann rund 10 % des Staatshaushaltes für die Bildungsausgaben.[789]

Hemmnisse beim Aufbau des polnischen Schulwesens waren forthin nicht allein mit der fehlenden staatlichen Fürsorge zu erklären. Angesichts der oft noch provisorischen Strukturen im Schulwesen war das Engagement

---

783 Powrotna fala analfabetyzmu, in: Głos Nauczycielski, 5, 1921, S. 286.
784 III. Zjazd Delegatów, in: Głos Nauczycielski, 5, 1921, S. 121, 125.
785 Dzień szkoły powszechnej, in: Głos Nauczycielski, 5, 1921, S. 118.
786 III. Zjazd Delegatów, in: Głos Nauczycielski, 5, 1921, S. 125.
787 Powrotna fala analfabetyzmu, in: Głos Nauczycielski, 5, 1921, S. 286.
788 III. Zjazd Delegatów, in: Głos Nauczycielski, 5, 1921, S. 122.
789 IV Zjazd Delegatów Związku Polskiego Nauczycielstwa Szkół Powszechnych Rzeczypospolitej Polskiej, in: Głos Nauczycielski, 6, 1922, S. 197.

der Bevölkerung vor Ort unabdingbar. Genau hier lag aber ein entscheidendes Manko, insbesondere im ländlichen Raum. Zwar war hier seit den ersten Jahren des unabhängigen Polens eine wachsende Akzeptanz von Bildung zu beobachten, doch gleichzeitig waren noch traditionelle Ordnungsvorstellungen, wonach Kinder im landwirtschaftlichen Familienbetrieb frühzeitig Aufgaben übernehmen mussten, lebendig.[790] Auch zogen zeitweise die materielle Not der Nachkriegsjahre und der Kampf um die Grenzen und die Existenz des polnischen Staates die öffentliche Aufmerksamkeit von der Schule ab. Gegen die „Gleichgültigkeit" in der polnischen Gesellschaft gegenüber dem Schulwesen[791] forderte der ZPNSP-Vorsitzende Stanisław Nowak eine intensive Propaganda-Anstrengung: Die Schule müsse als eine nationale Angelegenheit wahrgenommen und begriffen werden.[792] So fand 1921 zu Beginn des neuen Schuljahrs, begleitet von einem großen Medienecho in der regionalen und überregionalen Presse, der „Tag der Grundschule" statt. Mit dieser Aktion sollte die Bevölkerung ermuntert werden sich an Schulbeiräten und Elternversammlungen zu beteiligen und die Schulpolitik der lokalen Selbstverwaltung aktiv mitzuverfolgen.[793]

4.4 Der Umgang mit der Multiethnizität im Schulwesen

Eine mehrheitliche Übereinstimmung in der bildungspolitischen Debatte in der Anfangszeit der Zweiten Republik bestand darin, möglichst viele Menschen zur Teilnahme am neuen polnischen Schulwesen und damit auch zur Loyalität gegenüber dem neuen polnischen Gemeinwesen zu bewegen. Dies galt grundsätzlich auch für die ethnisch nicht-polnischen Staatsbürger. Dabei war die Ausrichtung auf eine polnische Leitkultur die dominierende Erwartungshaltung.

Der Nationaldemokrat Stanisław Grabski avancierte in der ersten Hälfte der 1920er Jahre zu einer zentralen Gestalt der bildungspolitischen Debatte in Polen und bekleidete 1923 sowie 1925/26 das Amt des Religions- und Bildungsministers. Grabski setzte hier seine früheren grundsätzlichen Überlegungen zu Staat und Nation fort: „Die Politik eines großen Staates darf nicht allein die Politik der Verteidigung sein. Sie muss einen eigenen Leitgedanken, eine eigene historische Aufgabe haben."[794] Für den Umgang mit der

---

[790] Mędrzecki, Młodzież wiejska, S. 155 - 158, 164 - 167.
[791] Powrotna fala analfabetyzmu, in: Głos Nauczycielski, 5, 1921, S. 286.
[792] III. Zjazd Delegatów, in: Głos Nauczycielski, 5, 1921, S. 119 - 120.
[793] Dzień szkoły powszechnej, in: Głos Nauczycielski, 5, 1921, S. 118 - 119.
[794] Stanisław Grabski: Szkoła na ziemiach wschodnich. W obronie ustawy szkolnej z 31 lipca 1924 r., Warszawa 1927, S. 4.

Multiethnizität im Schulwesen bedeutete dies, die Zivilisation und „historische Aufgabe" Polens den ethnisch nicht-polnischen Schülerinnen und Schülern zu vermitteln.

Ein solches Anliegen war aber erst einmal in Einklang zu bringen mit den Bestimmungen des in Versailles 1919 unterzeichneten Minderheitenschutzvertrags, der den ethnisch nicht-polnischen Bevölkerungsgruppen das Recht zubilligte, eigene Schulen bei freiem Gebrauch der eigenen Sprache zu unterhalten, wenn auch auf eigene Kosten. Sofern nicht bereits private Bildungsorganisationen der ethnisch nicht-polnischen Bevölkerungsgruppen vorhanden waren wie die 1881 in Lwów gegründete, vorwiegend in Ostgalizien tätige ukrainische *Ridna Škola* oder die 1868 ebenfalls in Lwów gegründete, aber auch in Wolhynien vertretene ukrainische *Prosvita*, entstanden in der Folge rasch neue Einrichtungen dieser Art. Dazu gehörten ab 1919 der teilweise durch das Deutsche Reich subventionierte Deutsche Schulverein in Polen mit Sitz in Bydgoszcz (Bromberg), ab 1921 die bundische CISZO (*Centrale Jidysze Szul Organizacje*) mit jiddischer Schulsprache, ab 1922 der zionistische *Tarbut* mit hebräischer Schulsprache oder ab 1929 der gleichfalls zionistische *Szul-Kult* mit jiddischer Schulsprache.

Als Pflicht des polnischen Staates sah der Minderheitenschutzvertrag vor, für staatliche Schulen mit nicht-polnischer Unterrichtssprache dort zu sorgen, wo ein „beträchtlicher Anteil polnischer Staatsbürger mit anderer als polnischer Muttersprache wohnt" (Art. 9). Zugleich konnte aber der polnische Staat in Schulen mit nicht-polnischer Unterrichtssprache einen obligatorischen Unterricht der Staatssprache Polnisch (als Fremdsprache) verlangen.[795]

Eine erste Umsetzung der Vorgaben des Minderheitenschutzvertrags stellte, zunächst begrenzt auf die ostpolnischen Wojewodschaften, ein am 31. Juli 1924 erlassenes Schulgesetz in Aussicht. Zum Schuljahr 1925/26 sollte die zweisprachige („utraquistische") Schule eingeführt werden: Wenn die Eltern von mindestens 40 schulpflichtigen Kindern Unterricht in der ukrainischen oder weißrussischen Sprache forderten, war eine staatliche Schule mit entsprechender Unterrichtssprache einzurichten. Falls aber gleichzeitig die Eltern von 20 schulpflichtigen Kindern Unterricht in der polnischen Sprache forderten, war eine zweisprachige Schule einzurichten.

Stanisław Grabski war der parlamentarische Hauptautor dieses Gesetzes gewesen, das später im politischen Jargon der Zweiten Republik seinen Namen erhielt (*lex Grabski*). In einer nachträglichen Erläuterung und Rechtfertigung seines Werkes betonte Grabski, dass die zweisprachige Schule das „freundschaftliche Miteinander" zwischen Kindern unterschiedlicher ethni-

---

[795] Scheuermann, Minderheitenschutz contra Konfliktverhütung, S. 28.

scher Herkunft einübe. Im Hinblick auf die Situation in den *Kresy Wschodnie* enthielt sein Postulat einige panslavistische Anklänge, denn weißrussische und ukrainische Kinder sollten die Chance erhalten, „im Bewusstsein kultureller Einheit sowie naher sprachlicher und rassischer Verwandtschaft der einzelnen slavischen Stämme" untereinander aufwachsen zu können. Im Unterricht konnten dabei als konkrete Beispiele die sprachliche Verwandtschaft zwischen dem Ukrainischen, Weißrussischen und Polnischen aufgezeigt oder die freundschaftlichen Beziehungen zwischen den drei Ethnien hervorgehoben werden, etwa indem Gelehrte, Dichter und Staatsmänner vorgestellt wurden, „die für Polen gekämpft hatten, gleich ob sie polnischer, ukrainischer oder weißrussischer Herkunft waren".[796] Die polnische Nation wurde hier absichtsvoll als multiethnisch konstruiert, um „kulturelle Eroberungen" zu machen.[797] Zugleich wurden Elemente der weißrussischen und ukrainischen nationalen Selbstbeschreibung auf positive Bezüge zu Polen hin geprüft, um so separatistischen Tendenzen den Wind aus den Segeln zu nehmen.

Beispielhaft für diese Strategie war der Umgang mit den Sprachen. Eine polonisierende Wirkung des Schulwesens sollte auch ohne polnische Unterrichtssprache verwirklicht werden.[798] Dieses Vorhaben mutete auf den ersten Blick überraschend an. In der Nationalismusforschung hatte insbesondere Ernest Gellner die gemeinsame Hochsprache als zentrales Element für die Standardisierung einer Nationalkultur und damit für die Nationsbildung definiert.[799] Sollte im Schulunterricht der *Kresy Wschodnie* auf dieses funktionale Wirkprinzip verzichtet werden? Zollten nun selbst Bildungspolitiker der politischen Rechten einer historischen Entwicklung Tribut, die es nicht nur Juden und Deutschen seit Jahrhunderten, sondern auch den Ukrainern im ehemaligen Ostgalizien seit Jahrzehnten ermöglicht hatte, eigene Schulen zu besitzen, Zeitschriften und Bücher in der eigenen Sprache zu schreiben und zu lesen?

Stanisław Grabski schlug mit seinen bildungspolitischen Vorstellungen einen subtilen, doch zugleich im nationalistischen Sinne zielführenden Weg ein: Die weißrussische oder ukrainische Muttersprache zu unterrichten bedeutete nach seinem Dafürhalten nicht, „die Zuneigung zur ukrainischen und weißrussischen Lektüre und Schrift zu wecken", die wissenschaftliche Terminologie dieser Sprachen zu erweitern und überhaupt eine kulturelle Differenz zum Polentum zu schaffen.[800] Zunächst konnte die Förderung

---

[796] Grabski, Szkoła, S. 4, 11.
[797] So prägnant schon bei Hołówko, Kwestja narodowościowa, S. 41.
[798] Grabski, Szkoła, S. 7.
[799] Gellner, Nationalismus, Kultur, S. 96.
[800] Grabski, Szkoła, S. 8.

des Ukrainischen und Weißrussischen dazu dienen, die bis vor wenigen Jahren in den *Kresy* verpflichtende russische Sprache endgültig aus dem Bildungswesen zu verdrängen.[801] Ohnehin aber sollten die zur Ausbildung eines Nationalbewusstseins relevanten Fächer auf Polnisch unterrichtet werden. Selbst in einsprachigen ukrainischen oder weißrussischen Schulen, wo sich keine 20 ethnisch polnischen Kinder zusammengefunden hatten, waren der Polnisch-, Geschichts- und Staatskunde-Unterricht auf Polnisch zu erteilen.[802] Dies deckte sich mit Empfehlungen an Lehrer und Schulinspektoren, in jenen Gebieten, in denen sowohl Kinder als auch Erwachsene die polnische Sprache nur schlecht beherrschten und keine eindeutige nationale Orientierung besaßen, polnischsprachige „Gedichte deklamieren zu lassen, um den sprachlichen Ausdruck der Kinder geschmeidig zu machen, und mit Hilfe fröhlicher weltlicher Lieder die Kinder gefühlsmäßig und sprachlich mit der polnischen Nation zu vereinen". Über die Kinder sollten auch die Eltern erreicht werden.[803]

Von einer einvernehmlich anerkannten Lösung war die *lex Grabski*, wie sich rasch zeigen sollte, weit entfernt. Für wütende Kontroversen sorgte die praktische Umsetzung. Die Implementierung von „utraquistischen" Schulen geriet in den *Kresy Wschodnie* geradezu in einen Strudel von Manipulationsvorwürfen. Bildungsminister Grabski wähnte die Verantwortung hierfür auf ethnisch nicht-polnischer Seite: Für Ukrainer und Weißrussen sei oft die Eingabe mit Kreuzen unterschrieben worden oder aber von einer Hand für das ganze Dorf. Viele Kinder, für die der Unterricht in einer nicht-polnischen Sprache verlangt worden sei, existierten entweder gar nicht, waren nicht schulpflichtig oder hatten andere Erziehungsberechtigte als die Unterzeichner. Offenkundig hätten viele Eltern nicht genau gewusst, was sie unterschrieben – „sie wurden zusammengerufen und ihnen wurde befohlen, zu unterschreiben, oder sie unterschrieben, weil ihnen gesagt wurde, ansonsten werde die Schule geschlossen, oder aber sie unterschrieben, weil sie wollten, dass die Kinder sowohl polnisch als auch ukrainisch lernten".[804]

Dagegen brachten ukrainische Sejm-Abgeordnete eine Beschwerde bis vor den Völkerbund, dass die polnische Seite Petitionslisten gefälscht habe.[805] Tatsächlich hob der konservative Gutsbesitzerinnenverband Kleinpolens einige Jahre später in einer rückblickenden Betrachtung lobend hervor, dass Gutsbesitzer und Priester die örtliche ethnisch nicht-polnische Bevölkerung für Schulen mit polnischer Unterrichtssprache gewonnen hät-

---

801 Darauf weist Benecke, Ostgebiete, S. 256 hin.
802 Grabski, Szkoła, S. 8; Jurecki, O wizytowaniu, S. 10 - 11.
803 Jurecki, O wizytowaniu, S. 9.
804 Grabski, Szkoła, S. 9.
805 Scheuermann, Minderheitenschutz contra Konfliktverhütung, S. 133.

ten.[806] Günstig für ethnisch polnische Bestrebungen konnte sich auch eine subtilere Vorgehensweise auswirken. Eine Handreichung für Schulinspektoren legte nahe, anläßlich der Visitation einer Schule keine Statistik nach ethnischer Zugehörigkeit und Konfession zu erstellen, denn dies führe dazu, dass „Kinder anderer Nationalität sich verfrüht für ihre jeweilige nationale Zugehörigkeit entscheiden und sich nicht mehr der assimilierenden Kraft des polnischen Geistes hingeben".[807]

Umstritten waren schließlich die langfristigen Folgen des Schulgesetzes von 1924. Vertreter ethnisch nicht-polnischer Gruppierungen und spätere Historiker beklagten vielfach die faktische Umwandlung von Schulen nichtpolnischer Unterrichtssprache in zweisprachige Schulen. Davon betroffen waren vor allem die in den *Kresy Wschodnie* bislang zahlenmäßig am stärksten vertretenen ukrainischsprachigen Schulen, während ein einsprachiges weißrussisches Schulwesen gar nicht erst zur Entfaltung kommen konnte.[808] Das Bemühen Stanisław Grabskis, der Kritik an dem von ihm initiierten Gesetz den Wind aus den Segeln zu nehmen, etwa mit dem Verweis darauf, dass in Wolhynien immerhin auch ein Teil der polnischen Schulen in zweisprachige Grundschulen umgewandelt wurde,[809] war vor diesem Hintergrund nur allzu durchsichtig.

Die gemeinsame Logik der vorgebrachten Argumente lag allerdings darin, die Einführung zweisprachiger Schulen als Verlust an Eindeutigkeit und Eigenständigkeit zu sehen. Multiethnizität im Schulwesen als Gewinn für das Zusammenleben innerhalb einer Gesellschaft zu sehen, fiel weitaus schwerer. Daran trug nicht zuletzt eine Bildungspolitik Schuld, die zweifelhafte oder gar diskriminierende Maßnahmen in Kraft ließ. Dies galt für das zahlenmäßige Ungleichgewicht bei der Entscheidung über die Wahl der Unterrichtssprachen in den *Kresy Wschodnie* (40 Stimmen für eine nicht-polnische Sprache gegenüber 20 Stimmen für die polnische Sprache), aber auch für die Ignoranz gegenüber einer Sprache wie dem Jiddischen: Während das Ukrainische, Weißrussische und Litauische immerhin die Anerkennung als

---

[806] Wanda Drużbocka: Jubileuszowe Zebranie Związku Ziemianek Małopolskich, in: Ziemianka Polska, 1931, H. 10, S. 8.

[807] Jurecki, O wizytowaniu, S. 12 - 13. Ausführlich zu den lokalen Auseinandersetzungen um die Einrichtung einsprachiger oder utraquistischer Schulen: Benecke, Ostgebiete, S. 258 - 261.

[808] Stanisław Mauersberg: Szkolnictwo dla mniejszości narodowych, in: Miąso, Historia wychowania, S. 128 - 131; Brzoza/Sowa, Historia Polski, S. 381 - 382. Die Polonisierung des Schulwesens in den *Kresy* mit der geringen praktischen Effizienz (Unterfinanzierung, Lückenhaftigkeit des Schulnetzes, weiterhin hohe Analphabetenquoten) konfrontiert Benecke, Ostgebiete, S. 262 - 265.

[809] Grabski, Szkoła, S. 10.

Unterrichtssprache in staatlichen Schulen bestätigt bekamen, blieb dies der bevorzugten Sprache der jüdischen Bevölkerung Polens verwehrt.[810]

Darüber hinaus richtete sich in der Debatte über den Umgang mit der Multiethnizität im Schulwesen der Blick überwiegend auf staatliche Garantien und Maßnahmen, kaum aber auf die Eltern und ihre Wünsche an die Schule. Dabei deutet sich für die Zeit der Zweiten Republik an, dass die Aussicht auf eine durchgehende Zweisprachigkeit in der Schule durchaus einige Attraktivität besaß. Grundsätzlich bedeutete ein Bekenntnis zur gewünschten Unterrichtssprache noch keine hinreichende Aussage über die Wirksamkeit ethnischer Vorstellungen. Überwiegend pragmatisch motiviert war der Wunsch, die Kinder sowohl Muttersprache als auch Staatssprache lernen zu lassen, da letzteres den Zugang zu den staatlichen Mittelschulen und zu einer möglichen späteren Anstellung im Staatsdienst eröffnete.[811] Damit war mehr oder weniger bewusst die Bereitschaft verbunden, sich auf ein Leben in der Republik Polen einzurichten.

Mit dem Blick auf die Rolle der Eltern und ihre Wünsche an die Schule eröffnen sich auch neue Perspektiven auf die Geschichte des deutschen Schulwesens in Polen. Die im Minderheitenschutzvertrag angemahnten Mindestgrenzen für die Einrichtung von Schulen nicht-polnischer Unterrichtssprache waren im ehemaligen preußischen Teilungsgebiet für eine im Zuge von Auswanderung rasch schrumpfende ethnisch deutsche Bevölkerung immer schwieriger zu erreichen. In Teilen der ethnisch deutschen Elternschaft war unter diesen Voraussetzungen die Bereitschaft für einen zweisprachigen Unterricht vorhanden.[812]

Während in den *Kresy Wschodnie* bei der Wahl der Schule die Unterrichtssprache eine dominierende Rolle spielte, kamen für die ethnisch deutsche Bevölkerungsgruppe noch andere Entscheidungsgrößen in den Blick. Hierzu zählte das Prestige und didaktische Niveau der Schule. Landesweit litten viele Schulen der ethnisch nicht-polnischen Bevölkerungsgruppen unter dem Manko geringer Größe. Dies war in den westlichen Gebieten der Zweiten Republik aber nicht so. Im ehemaligen Westpreußen zeichneten sich vor dem Hintergrund eines eher gering ausgeprägten polnischen Bewusstseins in der Region die Auswirkungen der Germanisierungspolitik seit

---

810 Das vergebliche Ringen um die Einführung von staatlichen Schulen mit jiddischer Unterrichtssprache schildert Żyndul, Państwo w państwie, S. 122 - 142.
811 Dies rechneten sich Stanisław Grabski und nachfolgende Bildungsminister als Verdienst des Schulgesetzes von 1924 an: Grabski, Szkoła, S. 10; AAN, MSW, 1351, Bl. 24.
812 Ingo Eser: Polnischer Nationalstaat, deutsche Minderheit und Schulwesen 1918 - 1939. Ansätze einer Zivilgesellschaft? in: Arnd Bauerkämper (Hrsg.): Die Praxis der Zivilgesellschaft. Akteure, Handeln und Strukturen im internationalen Vergleich, Frankfurt - New York 2003, S. 288.

dem 19. Jahrhundert umso stärker ab. Trotz forcierter staatlicher Unterstützung für neu gegründete polnische Schulen galten hier zu Beginn der 1920er Jahre die deutschen Schulen immer noch als besser ausgestattet,[813] erfreuten sich die älteren und als traditionsreich wahrgenommenen deutschen Schulen gar oft eines höheren Ansehens.[814]

All jene, denen an einer raschen Polonisierung des Bildungswesens gelegen war, setzte dies unter massiven Zugzwang. Sogar in den staatlich-polnischen Grundschulen verfügten nicht alle Lehrer über hinreichend gute polnische Sprachkenntnisse.[815] Neben der staatlichen Schulorganisation kam daher privater Initiative große Bedeutung zu. Kulturelle Hilfsaktivitäten konnten so in den Rang von nationaler Verpflichtung und Großherzigkeit erwachsen. Im November 1921 etwa sandte das Polnische Weiße Kreuz (*Polski Biały Krzyż*), eine auf Initiative von Helena Paderewska, der Ehefrau des zeitweiligen polnischen Ministerpräsidenten Ignacy Paderewski, zurückgehende und vornehmlich für Angehörige der polnischen Armee bestimmte Kultur- und Bildungsorganisation, 35.000 Bücher in 350 Bibliotheken nach Pomorze, die für polnischsprachige Schulkinder und ihre Eltern bestimmt waren.[816]

Wer mit dem staatlichen Angebot im Bildungswesen nicht zufrieden war, dem stand der Weg in das private Erziehungswesen offen, ob durch Eltern und Hauslehrer im familiären Rahmen oder in einer Privatschule. Dies galt gerade auch für ethnisch nicht-polnische Eltern, denen es nicht genügte, ihre Kinder in der Muttersprache unterrichten zu lassen, sondern die eine Erziehung „gemäß der ethnisch-nationalen Gesinnung ihrer Bevölkerungsgruppe" forderten.[817] Für konfessionell gebundene Angehörige der deutschen Bevölkerung bedeutete dies eine vornehmliche Unterstützung evangelischer Privatschulen.

Die jüdische Bevölkerung war in der Schulfrage weitaus heterogener eingestellt. Während auf Akkulturation setzende jüdische Eltern für ihre Kinder polnische staatliche Schulen präferierten, schienen für überzeugte Zionisten

---

[813] Szkolnictwo polskie i niemieckie na ziemiach byłego zaboru pruskiego, in: Głos Nauczycielski, 5, 1921, S. 287.

[814] Eser, Polnischer Nationalstaat, deutsche Minderheit, S. 287. Mathias Niendorf kam sogar zu dem Schluss, dass die schulische Praxis für die ethnisch deutsche Bevölkerung, insbesondere im Vergleich mit den Verhältnissen in den *Kresy Wschodnie*, weniger assimilatorisch orientiert war, sondern eher darauf abzielte, „auf Augenhöhe" loyale polnische Staatsbürger auszubilden: Niendorf, Minderheiten, S. 246.

[815] Trzebiatowski, Szkolnictwo, S. 120.

[816] 35.000 książek na Pomorze, in: Głos Nauczycielski, 5, 1921, S. 287.

[817] Eser, Polnischer Nationalstaat, deutsche Minderheit, S. 282. Hierzu die zeitgenössischen Vorstellungen von Paul Dobbermann: Die deutsche Schule im ehemals preußischen Teilgebiet Polens, Posen 1925, S. 49 - 52.

nur Schulen mit hebräischer Unterrichtssprache, für Anhänger des *Bund* nur Schulen mit jiddischer Unterrichtssprache und für die große Zahl traditionell orientierter Juden wiederum einzig der Unterhalt religiös fundierter Schulen (*cheder*) angemessen.[818]

Das Privatschulwesen erfuhr in der Bildungspolitik der Zweiten Republik eine ambivalente Beurteilung. Insofern es sich um Einrichtungen ethnisch nicht-polnischer Bevölkerungsgruppen handelte, war damit auf der einen Seite der Umgang mit der Multiethnizität im Wortsinne privatisiert. Auf der anderen Seite galt weiterhin als offizielle Maxime, polnische Staatsbürger auszubilden – daher wurde das Wirken der Privatschulen skeptisch beäugt und wiederholt einem rigorosen staatlichen Durchgreifen unterzogen, an dessen Berechtigung sich die Meinungen schieden.[819] Stanisław Grabski führte zur Rechtfertigung seines Schulgesetzes an, wenn sich nicht staatliche Schulen der Multiethnizität Polens annähmen, würde die Lücke von privaten Organisationen gefüllt – mit der Folge eines geheimen und tendenziell illoyalen Schulwesens. Zur Ironie der Geschichte gehört dabei wohl, dass Grabski zur Untermauerung seiner These ausgerechnet auf das im Rückblick wegen seiner heroischen Selbstbehauptung verehrte polnische Schulwesen im russischen und preußischen Teilungsgebiet verwies.[820]

Tatsächlich mischten sich im Privatschulwesen verschiedene Streitpunkte im Kampf um die Bildungspolitik der Zweiten Republik und die „Nationalitätenfrage" stellte hier nur eine und keineswegs isolierte Facette dar. Die polnisch-nationalen Privatschulen der Teilungszeit existierten nach 1918 mehrheitlich weiter und stemmten sich nun der im unabhängigen Polen dominierenden Neigung zur Verstaatlichung des Bildungssystems entgegen. Dabei entwickelten sie sich zunehmend zu einem Rückzugsgebiet für die auf dem Lehrer-Sejm 1919 unterlegenen Bildungsideale. Dies betraf insbesondere Befürworter einer katholischen Bekenntnisschule, die argwöhnten, die „angeblich fortschrittlichen" Pädagogen wollten „den Katholizismus bekämpfen oder gar aus der nationalen Erziehungsaufgabe hinausdrängen", hierzu das Projekt einer konfessionslosen Schule vorantreiben und die Mit-

---

[818] Henryk Rowid: Sprawozdanie z II. Zjazdu delegatów Związku P. N. S. P., in: Głos Nauczycielski, 4, 1920, H. 5 - 6, S. 7; Stanisław Mauersberg: Szkolnictwo powszechne dla mniejszości narodowych w Polsce w latach 1918 - 1939, Wrocław - Warszawa - Kraków 1968, S. 166 - 187.
[819] Fälle, die im Rahmen des Minderheitenschutzvertrags beim Völkerbund aktenkundig wurden, dokumentiert Scheuermann, Minderheitenschutz contra Konfliktverhütung, S. 91 - 93.
[820] Grabski, Szkoła, S. 7.

wirkung der Eltern in den Schulkommissionen auf eine rein materielle Unterstützung beschränken.[821]

Die Abwendung vom entstehenden staatlichen Bildungswesen stand damit nicht nur in ethnisch-nationalen, sondern auch in konfessionellen und weltanschaulichen Begründungszusammenhängen. Eine darüber hinausgehende gemeinsame Interessenlage resultierte daraus aber nicht, im Gegenteil. Die Nationaldemokraten unterstützten vielfach die Rufe der katholischen Kirche nach einer Bekenntnisschule, die analoge Konsequenz einer konfessionell-jüdischen Schule war ihnen jedoch nicht genehm. Wiederholt monierte der ZLN, dass privaten jüdischen Grundschulen, Gymnasien und Lehrerseminarien staatliche Anerkennung zuteil geworden war, obwohl Juden in staatliche Schulen gehen könnten. Die Genehmigung eines eigenen jüdischen Schulwesens werde die Zahl jüdischer Abiturienten weiter erhöhen.[822] Schon in den frühen 1920er Jahren zirkulierte daher in der nationaldemokratischen Publizistik der Vorschlag, jüdischen Abiturienten eine Zugangsbeschränkung zum Hochschulstudium aufzuerlegen (*numerus clausus*).[823]

Das Schulwesen im unabhängigen Polen sollte nach den Erfahrungen der „Fremdherrschaft" im 19. Jahrhundert als betont „nationales" Schulwesen konzipiert werden. Wie bereits die Diskussionen auf dem Lehrer-Sejm gezeigt hatten, konkurrierten in der Schulpolitik aber unterschiedliche Nationskonzepte miteinander. Die Stellung der ethnisch nicht-polnischen Bevölkerungsgruppen in der Schule war grundsätzlich abhängig von der Frage nach der Selbstdefinition als ethnischer oder politischer Nation. Solange dies nicht geklärt war, nahm der Umgang mit der Multiethnizität im Bildungswesen zwangsläufig einen improvisierten Charakter an.

---

[821] Alfons Trepkowski: Opieki szkolne, in: Wiadomości Archidyecezyalne Warszawskie, 12, 1922, S. 93 - 97.
[822] AAN, Zbiór druków ulotnych 73, Bl. 14; AAN, Zbiór druków ulotnych, 103, Bl. 64 - 65.
[823] Bergmann, Narodowa Demokracja, S. 231 - 236.

II Von der Demokratie zum Autoritarismus. Nationsentwürfe unter politischem Druck

1 Gelenkte Partizipation: Das Integrationsangebot des Staatsnationalismus

1.1 Repression und Integration: Die Sejm-Wahlen 1928 und 1930

> „Betrunken von Freiheit haben wir an die verantwortlichen Stellen der neuen Staatlichkeit die breiten Massen der Gesellschaft gestellt – das einfache Volk. Ihm gaben wir Stimmrecht, Hammer und Kelle. So wollte es die historische Stunde. Wir hofften vielleicht auf ein Wunder geistiger Wiedergeburt, auf das Genie der Massen. Die Ekstase aber schwand. [...] Es entstanden so viele Parteien, wie es Ehrgeizige gab, die Regie führen wollten. Der Aufbau begann. Alles für das einfache Volk, denn es hatte Millionen von Stimmkarten in der Hand. [...] Das Ringen um die Seele und um ‚den Willen' des einfachen Volkes begann und bediente sich der einfachsten Methode – der Demagogie. [...] Auf diese Weise haben wir schon in den Anfängen der Staatlichkeit das Vertrauen der breiten Massen zu ihren Regierungen, die ja in der Wahrnehmung des einfachen Volkes eins waren mit dem Staat, verspielt."[1]

Diese kritische Bilanz des demokratisch-liberalen Verfassungsstaats der frühen Zweiten Republik zog der Warschauer Grundschuldirektor und Schulbuchautor Stanisław Dobraniecki. Auch für den jungen Nationaldemokraten Tadeusz Bielecki, der noch während seines Jurastudiums an der Jagiellonen-Universität als persönlicher Referent für Roman Dmowski tätig war, zeigte sich in den ersten Jahren der polnischen Unabhängigkeit ein übermäßiges Anwachsen des Parteiwesens:

> „Die Sejm-Wahlen gemäß des fünffachen Wahlrechts förderten die Entstehung neuer Parteien, die nicht Ausdruck tatsächlicher Bedürfnisse des Landes, sondern oft des Egoismus einzelner ambitionierter Führer oder sozialer Gruppen waren. Darüber hinaus führte fehlende politische Erfahrung dazu, dass sich an der Spitze des öffentlichen Lebens nicht Männer von Statur befanden, sondern

---

[1] St. Dobraniecki: Nauczyciel związkowiec jako działacz państwowy, in: Głos Nauczycielski, 15, 1931, S. 504 - 509.

Schreihälse und Agitatoren, die den Wählermassen schmeichelten. Kein Wunder, dass die politische Kultur niedrig war. Jeder kühnere Gedanke, der die Gesamtheit des nationalen Interesses in den Blick zu nehmen suchte, ertrank in einem Meer der Demagogie. Die Energie der Parteien wurde vor allem in internen Flügelkämpfen und im Flicken brüchiger Parlamentskoalitionen aufgebracht, mit Kompromissen, Zugeständnissen und Halbheiten, wobei häufig das kleinere Grüppchen das Zünglein an der Waage spielte und über die wichtigsten Anliegen der Regierung entschied, obwohl es darauf weder moralisch noch inhaltlich vorbereitet war."[2]

Nur gut zehn Jahre nach Erlangung der Unabhängigkeit trafen diese beiden Aussagen eine mehrheitliche Stimmung in der polnischen Öffentlichkeit. Partizipationsrechte für breite Bevölkerungsschichten, Pluralismus und die Entstehung eines politischen Massenmarkts galten immer weniger als Chance, aber immer mehr als Gefährdung für das junge Staatswesen. Begriffe wie „Chaos", „Demagogie", „Anarchie", „Parteienstreit" und „nationale Uneinigkeit" dominierten zunehmend den Diskurs über Parteien und Wahlen in der Zweiten Republik.[3] Nach dem Zweiten Weltkrieg haben nicht wenige Politologen und Historiker diese Einschätzungen nahezu ansatzlos übernommen.[4]

Die Elitenkritik an der „fehlenden politischen Kultur" war allerdings in sich widersprüchlich. Gegenstand der Klagen war sowohl die vermeintliche Passivität der Bevölkerung als auch eine überspitzte Politisierung des Wahlkampfs. Offenkundig gab es keine klaren Vorstellungen vom Wahlkampf als einem geregelten Konfliktaustrag. Nicht nur weiterhin virulente, unreflektierte Erfahrungen aus vordemokratischer Zeit verwischten die Maßstäbe, sondern auch die omnipräsente Berufung auf die Nation: In den Wahlkämpfen des unabhängigen Polens war es ein beliebtes Argumentationsmuster, die eigene inhaltliche Position mit dem nationalen Interesse gleichzusetzen, dem politischen Gegner aber Demagogie zu unterstellen. Die Auseinander-

---

[2] Tad. Bielecki: Demagogja bezpartyjna, in: Gazeta Warszawska, 1. 5. 1928, S. 3.
[3] APW, UW Warszawski, 46, Bl. 85 - 86. Als „Krankheit, die jeder Staat eine gewisse Zeit durchstehen muss" bezeichneten militärische Kommentatoren die Wahlkämpfe: Wybory, in: Polska Zbrojna, 18. 8. 1922, S. 1.
[4] Karl J. Newman: Zerstörung und Selbstzerstörung der Demokratie. Europa 1918 - 1938, Stuttgart ²1984, S. 115; Theodor Eschenburg: Der Zerfall der demokratischen Ordnungen zwischen dem Ersten und dem Zweiten Weltkrieg, in: ders. u. a.: Der Weg in die Diktatur 1918 bis 1933, München 1962, S. 15 - 16: Die Demokratien Ost- und Südosteuropas „waren *improvisierte Demokratien* ohne geistige Vorbereitung und ohne die Entwicklungsstufe, welche die traditionelle Demokratie erlebt hatte". Hoensch, Geschichte Polens, S. 265 wertete die demokratische Phase der Zweiten Republik als „extreme Ausbildung der parlamentarischen Regierungsform".

setzung mit anderen Meinungen mündete so allzu häufig in eine Diffamierung des gesamten politischen Systems.

Der antipluralistische Diskurs war politisch folgenschwer, denn vor diesem Hintergrund konnte Józef Piłsudski im Mai 1926 erfolgreich seinen Handstreich gegen den demokratischen Verfassungsstaat der frühen Zweiten Republik führen. Der Marschall hatte sich 1923 ins Privatleben zurückgezogen, tat aber seither immer wieder seine Missbilligung der aktuellen Entwicklungen in Politik und Militär kund. Die Bildung einer erneuten Regierungskoalition von Nationaldemokraten, Christdemokraten und PSL-Piast unter Ministerpräsident Wincenty Witos am 10. Mai 1926 gab den Auslöser: Proteste der politischen Linken und von Militärangehörigen gegen die neue Regierung interpretierte Piłsudski als günstige Voraussetzung, um mit ihm treu ergebenen Truppen ab dem 12. Mai Warschau einzunehmen. Nach mehrtägigen Kämpfen in der Hauptstadt, wobei PPS und Gewerkschaften Piłsudski durch einen Generalstreik unterstützten, war der Rücktritt der Regierung Witos erzwungen.

Eine neue Regierung kam unter dem Lemberger Mathematikprofessor Kazimierz Bartel zustande, der bis 1925 Sejm-Abgeordneter für das PSL-Wyzwolenie gewesen war. Zugleich war auch ein neuer Staatspräsident zu bestimmen, da Stanisław Wojciechowski aus Protest gegen den Mai-Umsturz sein Amt niedergelegt hatte. Nachdem Piłsudski persönlich die Nachfolge Wojciechowskis abgelehnt hatte, wählte die Nationalversammlung am 1. Juni 1926 Ignacy Mościcki. Der 1867 im nordmasowischen Landkreis Ciechanów als Sohn einer Gutsbesitzerfamilie geborene Mościcki hatte sich in den 1890er Jahren in der polnischen sozialistischen Bewegung engagiert und damals Piłsudski kennengelernt. Mościcki schlug in den Folgejahren allerdings eine wissenschaftliche Karriere ein und war Professor für Chemie an den Technischen Hochschulen von Lwów und Warschau. Im unabhängigen Polen übernahm er den Direktorenposten einer Chemiefabrik im oberschlesischen Królewska Huta (Königshütte).

Gemessen am turbulenten Mai 1926 verliefen die Folgemonate ruhig. Erst allmählich begannen Piłsudski und seine Anhänger, die aufgrund ihrer Forderungen nach einer politischen und moralischen „Gesundung" der Verhältnisse in Polen forthin *Sanacja* genannt wurden, ihre Macht auszubauen.

Im Mai 1926 fand Piłsudski noch vornehmlich Unterstützung bei der politischen Linken. Eine Reihe von Politikern der PPS stelle sich demonstrativ auf die Seite ihres früheren Weggefährten Piłsudski. Hierzu gehörten der erste Ministerpräsident des unabhängigen Polens, Jędrzej Moraczewski, der Ministerpräsident der Lubliner Volksregierung, Ignacy Daszyński, der sich 1928 zum Sejm-Marschall wählen ließ, sowie der profilierte Vordenker in „Nationalitätenfragen", Tadeusz Hołówko. Auch das PSL-Wyzwolenie unterstützte zunächst den neuen Kurs. Bereits innerhalb kurzer Zeit aber zeigte sich eine wachsende Mehrheit innerhalb von PPS und PSL-Wyzwolenie skeptisch, ja ablehnend gegenüber der neuen, gegen den demokratischen Verfassungsstaat gesetzten Machtkonstellation.

Ihren Rückhalt bezog die *Sanacja* daher zunächst weniger aus politischen Parteien, sondern aus dem Militär und gesellschaftlichen Organisationen. Persönliche Verbundenheit zu Piłsudski und Verehrung seines Wirkens ließen viele Offiziere und Soldaten auf die Seite der neuen Machthaber treten,[5] aber auch ein wichtiger ideologischer Gesichtspunkt: Aktive Militärangehörige waren nach den Wahlordnungen von 1918 und 1922 von einer Teilnahme an den Wahlen ausgeschlossen. In der Folge konnte sich das Militär zu einer Institution stilisieren, die über dem „Parteienstreit" stand und allein auf die Sicherstellung der Landesverteidigung als „höchstem Gut" bedacht war.[6]

Neben aktiven Militärangehörigen erklärten sich vor allem Veteranen- und Reservistenverbände wie der 1918 erstmals zusammengetretene Verband der Polnischen Legionäre (*Związek Legionistów Polskich*, ZLP) und der 1919 gegründete, mehrere zehntausend Mitglieder zählende paramilitärische Schützenverband (*Związek Strzelecki*) für Piłsudski, aber auch zivile, zu einem nicht unerheblichen Teil von Frauen getragene Vereinigungen wie der Bund staatsbürgerlicher Arbeit der Frauen (*Związek Pracy Obywatelskiej Kobiet*), gegründet 1928 von Zofia Moraczewska, der Gattin des früheren sozialistischen Ministerpräsidenten, oder die Organisationen für Soldaten- und Polizistenfamilien (*Rodzina Wojskowa*, „Armee-Familie" bzw. *Rodzina Policyjna*, „Polizei-Familie"). Die *Sanacja* gab vor allem emanzipationsorientierten Frauenverbänden eine politische Plattform[7] und forderte so die katholische Kirche in ihrem traditionell starken Einfluss auf die weibliche Bevölkerung heraus.

Die inhaltliche Ausrichtung der *Sanacja* war somit heterogen: elitäre, militärische und konservative, aber auch sozialreformerische und linksliberale Ansätze fanden hier einen Platz. Gemeinsam war die Auffassung, dass für die polnische Nation die entscheidende Integrationsgröße der eigene Staat

---

5 Zum Selbstverständnis insbesondere der „Legionäre": Jerzy Kochanowski: Horthy und Piłsudski – Vergleich der autoritären Regime in Ungarn und Polen, in: Erwin Oberländer (Hrsg.): Autoritäre Regime in Ostmittel- und Südosteuropa 1919 - 1944, Paderborn 2001, S. 31 - 33, 35.
6 Wybory, in: Polska Zbrojna, 18. 8. 1922, S. 1; St. W.: Wybory, in: Polska Zbrojna, 5. 11. 1922, S. 1 - 2.
7 Andrzej Chojnowski: Aktywność kobiet w życiu politycznym, in: Żarnowska/Szwarc, Równe prawa, S. 38.

war. Prinzipiell lag dieser „staatsnationalen" Auffassung ein politischer Nationsbegriff zugrunde, der auf die Integration sämtlicher, auch ethnisch nicht-polnischer Bevölkerungsgruppen in eine polnische Gesamtgesellschaft abzielte. Gleichzeitig gehörte dazu aber der Anspruch auf eine führende Rolle des Staates in allen Bereichen des öffentlichen Lebens.[8] Wie weit dieser Anspruch ging, davon vermittelten zwei zentrale politische Ereignisse eine eindringliche Vorstellung: die Wahlen zu Sejm und Senat 1928 und 1930.

Nach der Machtübernahme Piłsudskis wurden weiterhin Wahlen durchgeführt, sie waren aber von verändertem Charakter. Zu den Sejm-Wahlen am 4. März 1928 trat die *Sanacja* mit einer eigenen politischen Plattform an, mit dem Parteilosen Block der Zusammenarbeit mit der Regierung (*Bezpartyjny Blok Współpracy z Rządem*, BBWR). Der BBWR stellte sogleich mit 21 % der Stimmen die stärkste Fraktion im neuen Sejm. An zweiter Stelle folgte aber schon die PPS, die mit 13 % der Stimmen gegenüber den Wahlen 1922 (10,3 % der Stimmen) zulegen konnte, und dies vor allem auch in ländlichen Gebieten.[9] Der Block der Nationalen Minderheiten notierte im Vergleich zu 1922 etwas schwächer mit 12,6 % der Stimmen. Das linke Spektrum der Bauernbewegung, zu dem neben dem PSL-Wyzwolenie jetzt auch das 1926 von Jan Dąbski, dem ehemaligen Mitstreiter Wincenty Witos', kurzzeitigen polnischen Außenminister und Delegationsleiter bei den Friedensverhandlungen mit Sowjetrussland in Riga 1921, neu gegründete *Stronnictwo Chłopskie* (SCh, „Bauernpartei") zählte, kam zusammen auf rund 13 % der Stimmen und konsolidierte damit seinen bisherigen Zuspruch bei den Wählern. Dagegen erlitten die Wahllisten der politischen Rechten überaus deutliche Stimmenverluste. Der ZLN fiel im Vergleich zu 1922 von 29,1 % auf nur noch 8,1 %, der Stimmen,[10] und dem PSL-Piast nützte sein Zusammengehen mit den Christdemokraten nur wenig: Der Polnische Katholische Block (*Polski Blok Katolicki*) erreichte gerade einmal 6,8 % der Stimmen.[11]

Augenfälliger Begleiter auf dem Weg zu einem parlamentarischen Übergewicht für den BBWR waren Manipulationen und repressive Maßnahmen

---

[8] Zu den politischen Vorstellungen der *Sanacja*: Waldemar Paruch: Obóz piłsudczykowski (1926 - 1939), in: Jachymek/Paruch, Więcej niż niepodległość, S. 69 - 128.

[9] Tadeusz Rzepecki und Karol Rzepecki: Sejm i Senat Rzeczypospolitej Polskiej 1928 - 1933, Poznań 1928, S. 219.

[10] Lediglich im ehemaligen preußischen Teilungsgebiet konnten die Nationaldemokraten noch gute Wahlergebnisse notieren: ebd., S. 223.

[11] Główny Urząd Statystyczny Rzeczypospolitej Polskiej (Hrsg.): Statystyka wyborów do Sejmu i Senatu odbytych w dniu 4 i 11 marca 1928 roku [Statystyka Polski, Bd. 10], Warszawa 1930, S. XXXIX. Bei Christdemokraten und PSL-Piast gab es daher auch Kritik am Listenbündnis: Kołodziejczyk, Ruch ludowy, S. 289 - 292.

der Staatsmacht. Die von amtlichen Berichterstattern während des Wahlkampfes nicht ohne eine Portion Zynismus registrierte „Ruhe" bei den Oppositionsparteien war zu einem großen Teil durch Verhaftungen von Sejm-Abgeordneten, Wahlkreiskandidaten oder Funktionären sowie durch administrative Beschränkungen der Wahlkampfveranstaltungen verursacht.[12]

Die Verstöße gegen das formal weiterhin in Kraft befindlich demokratische Wahlrecht nahmen bei den Sejm-Wahlen 1930 noch zu. Der BBWR hatte in den Wahlen 1928 nicht die absolute Mehrheit erreicht, wodurch den Ministerkabinetten der *Sanacja* die parlamentarische Approbation wiederholt versagt blieb. Neuwahlen sollten eine günstigere Machtkonstellation schaffen. Daher löste Piłsudski, der erst wenige Tage zuvor offiziell das Amt des Ministerpräsidenten übernommen hatte, am 30. August 1930 nach einem Misstrauensvotum der linken Oppositionsparteien den amtierenden Sejm vorzeitig auf.

Im September 1930, in den ersten Wochen des Wahlkampfs, wurden führende Politiker der Opposition verhaftet und in das Militärgefängnis der polesischen Wojewodschaftshauptstadt Brześć (Brest-Litowsk) verbracht. Unter den Verhafteten befanden sich der Bauernführer und ehemalige Ministerpräsident Wincenty Witos (PSL-Piast), die Sejm-Abgeordneten Norbert Barlicki und Herman Lieberman (beide PPS), die als scharfe Kritiker der *Sanacja* hervorgetreten waren, sowie der Christdemokrat und Anführer des erfolgreichen schlesischen Aufstands von 1921, Wojciech Korfanty. Hinzu kamen fünf ukrainische Sejm-Abgeordnete verschiedener Parteizugehörigkeit, denen bei dieser Gelegenheit eine „antistaatliche" Haltung zum Vorwurf gemacht wurde.[13]

Nach den Wahlergebnissen vom 16. November 1930 war der BBWR mit 46,7 % der Stimmen die mit Abstand stärkste Kraft. Dagegen musste sich die 1928 noch starke Linke, die sich in der Zwischenzeit zu einem gemeinsamen oppositionellen Wahlbündnis, dem *Centrolew* („Mitte-links") zusammengeschlossen hatte, mit 17,4 % der Stimmen begnügen. Der Block der nationalen Minderheiten kam 1930 nicht zustande. Die Nationaldemokraten aber konnten nach ihrem Debakel von 1928 wieder Stimmengewinne verzeichnen und landeten bei knapp 13 %, was ihnen in der Folge sogar den Status der zweitstärksten Fraktion im Sejm nach dem BBWR einbrachte.[14]

---

[12] Für die Wojewodschaft Warschau: APW, UW Warszawski, 22, Bl. 78 - 81; APW, UW Warszawski, 46, Bl. 123 - 125, 165 - 167, 221 - 255.
[13] Szumiło, Ukraińska Reprezentacja Parlamentarna, S. 140.
[14] Wahlergebnisse nach: Główny Urząd Statystyczny Rzeczypospolitej Polskiej (Hrsg.): Statystyka wyborów do Sejmu i Senatu z dnia 16 i 23 listopada 1930 roku [Statystyka Polski, Serie C, Heft 4], Warszawa 1935, S. XX - XXI.

Die Wahlen 1930 sind aufgrund der Verhaftungswelle im Vorfeld als „Brester Wahlen" (*wybory brzeskie*) in die Geschichte Polens eingegangen. Das Spektrum staatlicher Einflussnahme war allerdings umfassender und setzte sich aus vielen, oft subtilen Maßnahmen zusammen. Dies zeigt ein genauerer Blick auf die Praxis von Wahlen und Wahlkämpfen. Ohne bestehende Regelungen formal zu verletzen, bot die Wahlordnung vielfältige Möglichkeiten zur Einschränkung des Wahlrechts und zur Begünstigung der *Sanacja*. Veränderungen gab es zunächst bei der Einteilung der Wahlkreise. Dies betraf vor allem den Großraum Warschau, der in der Zwischenkriegszeit einen rasanten Urbanisierungs- und Suburbanisierungsprozess durchlief. In den neu entstehenden Vororten waren mitunter noch nicht alle Straßen und Häuser termingerecht registriert. Die hier wohnenden Zuzügler erfuhren bei der Zulassung zur Wahl häufig keine Berücksichtigung. Im Zweifelsfall restriktiv gestaltete sich auch der Umgang mit dem Wahlalter. Dies betraf vor allem Wähler, die im Wahljahr das Mindestwahlalter von 21 (für den Sejm) und 30 Jahren (für den Senat) vollendeten, von denen aber keine genauen Geburtsdaten in den amtlichen Unterlagen angegeben waren. Für den Wahlkreis Warschau empfahlen sowohl der Regierungskommissar (Wojewode) der Stadt Warschau als auch der vom Staatspräsidenten ernannte Generalwahlkommissar, diese Personengruppe pauschal als „am wenigsten wertvolle Wähler-Elemente" von der Liste zu streichen. Über die Jungwähler diskutierten die Mitglieder der Warschauer Bezirkswahlkommission zwar auf zwei Sitzungen, doch wurde trotz des Widerspruchs von zehn Vorsitzenden von Kreiswahlkommissionen ganz im Sinne der Regierungsbeamten ablehnend entschieden.[15]

Wie die Warschauer Praxis bei Wahlkreiseinteilung und Wahlalter zeigte, gab es oft keine eindeutigen Hinweise auf oppositionelle politische Präferenzen der ausgegrenzten Personengruppen, vielmehr brach sich hier ein allgemeiner antipartizipatorischer Impetus Bahn. Parteipolitische Absicht war hingegen sehr deutlich bei der Zusammenstellung der Wahllisten zu erkennen. Der BBWR sicherte sich gleich 1928 die augenfällige Listennummer 1 (*jedynka*), während die bisherige Mehrheitsfraktion im Sejm, die Nationaldemokratie, in der Reihung der Wählerlisten weit nach unten rückte und als Nr. 24 firmierte. 1930 wurde dann die Frist zwischen Ausschreibung der Wahlen und Wahltermin auf das gerade noch gesetzlich zulässige Minimum von 78 Tagen beschränkt. Darin sahen die Oppositionsparteien einen Nachteil für ihre Wahlkampfmobilisierung.[16] Tendenziös zeigte sich auch die Zusammensetzung der örtlichen Kreiswahlkommissionen. In Warschau

---

15   AAN, MSW, 864, Bl. 94 - 96.
16   AAN, UW Krakowski, 268/II-7, Bl. 116.

etwa waren diese auf Veranlassung des Regierungskommissariats vorwiegend mit Staatsbeamten, BBWR-Funktionären oder Angehörigen von Veteranenverbänden besetzt worden.[17] Schließlich wurden Polizisten, Ortsvorsteher und Vertreter regierungstreuer gesellschaftlicher Organisationen eingespannt, um Wahlveranstaltungen und Hausbesuche der Oppositionsparteien zu unterbinden, dem BBWR dagegen Unterstützung zu gewähren.[18]

Der Tag der Wahl zog atmosphärisch mit dem staatlich eingehegten Wahlkampf gleich. Zwar waren auch schon bei den Sejm-Wahlen in der Anfangszeit der Zweiten Republik Polizei und Verwaltung aktiv gewesen, um einen reibungslosen Ablauf zu gewährleisten,[19] doch nun hatte sich der Umfang der Maßnahmen deutlich erweitert: 1930 ordnete der Regierungskommissar für Warschau an, dass in der Nacht vom 15. auf den 16. und vom 22. auf den 23. November sowohl Funktionäre der Ordnungspolizei als auch der Kriminalpolizei durch die Stadt patrouillieren sollten, um zu verhindern, dass Wahlplakate des BBWR unerlaubt entfernt und umgekehrt Aufrufe „antistaatlichen" Inhalts geklebt wurden. Polizisten bewachten die Wahllokale. Um die öffentliche Ordnung aufrechtzuerhalten, gab es ein Ausschank- und Verkaufsverbot für alkoholische Getränke, das vom 15. November, 15 Uhr bis zum 17. November, 10 Uhr morgens und vom 22. November, 15 Uhr bis zum 24. November, 10 Uhr morgens währte. Zusätzlich zu diesen Sicherungsmaßnahmen standen Teile der Armee in Alarmbereitschaft.[20] Parlamentswahlen gerieten so zu einem potenziellen Ausnahmezustand.

So praktikabel die Unterbindung möglicher oppositioneller Regungen auch sein mochte – dadurch eine Stagnation des öffentlichen Lebens herbeizuführen, stand nicht mit dem Selbstverständnis der *Sanacja* in Einklang. Das Bedürfnis nach Legitimation der eigenen Herrschaft legte es vielmehr nahe, breite Bevölkerungsschichten von den Vorzügen des neuen „staatsnationalen" Integrationsangebots zu überzeugen.

Für die Wahlkampfführung der *Sanacja* bedeutete dies konkret, wichtige Wählergruppen und gesellschaftliche Organisationen, die bislang den Oppositionsparteien nahe standen, zu sich herüberzuziehen. Der BBWR profitierte dabei in erheblichem Maße von der Instabilität der Parteienlandschaft Polens. 1928 traten immer noch 156 lokale, nur in einzelnen Wahlbezirken

---

[17] AAN, MSW, 864, Bl. 97.
[18] Ebd., Bl. 28 - 38, 93 - 102; APW, UW Warszawski, 46, Bl. 340 - 341; Warszawa w dniu wyborów, in: Polska Zbrojna, 17. 11. 1930, S. 3.
[19] Wybory, in: Polska Zbrojna, 5. 11. 1922, S. 6.
[20] AAN, MSW, 864, Bl. 38.

präsente Listen zur Wahl an.²¹ Vor allem aber befanden sich die meisten der größeren Parteien nach 1926 in politischen Orientierungsnöten.

Die Frage der Einstellung zu Piłsudski und seiner Machtübernahme führte zu mehreren Parteispaltungen. Auf der gemäßigten Rechten verlor das PSL-Piast mit dem Senator Jakub Bojko seinen mittlerweile fast siebzigjährigen Senior und Mitbegründer der Partei an den BBWR. Die nationale Arbeiterpartei NPR bildete eine oppositionelle Rechte (NPR-Prawica) und eine staatsnational orientierte Linke (NPR-Lewica) aus und die Christdemokraten gliederten sich in verschiedene regionale Unterströmungen auf, wobei die schlesische Gruppierung unter Wojciech Korfanty die kritischste Haltung gegenüber der *Sanacja* einnahm.²²

Das meiste Aufsehen erregte der Fall der Sozialisten. Nach lange schwelenden Richtungsstreitigkeiten und einer Reihe von Parteiaustritten kam es im Herbst 1928 zu einer organisatorischen Spaltung in die oppositionell eingestellte PPS und in die staatsnational orientierte PPS-Frakcja Rewolucyjna (PPS-„Revolutionäre Fraktion", PPS-F.R.), die mit ihrem Namen an eine von Piłsudski getragene Vorkriegs-Gruppierung in der PPS erinnerte: Deren Kampfstrategie hatte explizit nicht dem Klassenkampf, sondern der Erlangung der nationalen Unabhängigkeit Polens gegolten.

Für die Nationaldemokraten hingegen war nicht die Haltung gegenüber Piłsudski drängendstes Problem, denn der Marschall war über viele Jahre hinweg einer der wichtigsten politischen Gegner gewesen und blieb dies auch nach 1926. Vielmehr überwog hier die Einschätzung, der ZLN sei durch den Staatsstreich Piłsudskis schachmatt gesetzt worden, daher gelte es, die bisherige Parteiformation durch zwei neue Gruppierungen zu ersetzen: zum einen durch den im Dezember 1926 auf Betreiben Roman Dmowskis gegründeten außerparlamentarischen, nach Möglichkeit sämtliche nationaldemokratisch orientierten Gesellschaftskreise einigenden *Obóz Wielkiej Polski* (OWP, „Lager für ein Großes Polen"), zum anderen durch einen 1928 etablierten neuen parlamentarischen Flügel, das *Stronnictwo Narodowe* (SN, „Nationale Partei"), das *de facto* die Nachfolge des ZLN antrat.

Der nationaldemokratische Neubeginn stand unter widrigen Vorzeichen, denn die *Sanacja* warb im Sinne eines Elitenkompromisses nun intensiv für eine Zusammenarbeit der Regierung mit dem Gutsbesitzeradel, der bislang mehrheitlich dem ZLN anhing.²³ Die Wirkkraft der paternalistischen Ordnung in ländlichen Regionen versprach dem BBWR eine rasche Ausbreitung

---

21 GUS, Statystyka wyborów 1928, S. XI - XII.
22 AAN, Zbiór druków ulotnych, 73, Bl. 42 - 43.
23 APW, UW Warszawski, 22, Bl. 30 - 32.

seines Einflusses. Tatsächlich konnte die *Sanacja* bereits zum Sejm-Wahlkampf 1928 in bisherigen Hochburgen der Nationaldemokraten Erfolge vermelden. Im masowischen Landkreis Mława etwa gewann der BBWR nach eigener Einschätzung mehrheitlichen Rückhalt bei der Bevölkerung und im benachbarten Landkreis Przasnysz erklärten sich unter anderem der Kreisverband der Feuerwehren, mehrere Handwerkerinnungen, der Bezirksvorstand des *Stronnictwo Chłopskie* und der Invalidenverein für den BBWR.[24] Mit diesen positiven Resultaten im Rücken trieb der BBWR im Vorfeld der Sejm-Wahlen 1930 die Gründung von eigenen Orts- und Kreisverbänden voran.[25] Besondere Bedeutung hatte die Gewinnung lokaler Persönlichkeiten für den BBWR, wie das Beispiel Nordmasowien verdeutlicht. Im Landkreis Ciechanów stand an der Spitze des neuen BBWR-Bezirksvorstands der Schulinspektor Stanisław Radwański, während im Landkreis Maków der Vorsitzende des Kreisvorstands des PSL-Piast, Antoni Napiórkowski, zum BBWR überlief und seither in seiner Heimatgemeinde Karniewo für die Regierung warb.[26]

In den größeren Städten lag das Interesse der *Sanacja* auf den Organisationen der Gewerbetreibenden, die sich bislang überwiegend in der nationaldemokratischen Einflusssphäre befanden. In Warschau etwa sorgte die Zusammenarbeit des BBWR mit der Mittelstandsvereinigung dafür, dass viele Kaufleute und Handwerker nun für die Regierungsliste stimmten.[27] Ebenso wichtig für den BBWR waren die Veteranenverbände. Die traditionellen Unterstützer Piłsudskis erreichten nicht nur unterschiedliche Schichten der Gesellschaft, sondern bereicherten vor allem das Profil der *Sanacja*-Anhängerschaft um symbolisch verwertbare Tugenden wie „soldatische Kraft", „Idealismus" und „Opferbereitschaft".[28] Hier hatte die *Endecja* kaum Gleichwertiges entgegenzusetzen.

Dort, wo Wirtschafts- und Veteranenverbände keine entscheidende Rolle im Wahlkampf zu spielen vermochten, blieb der Rückgriff auf eine andere wichtige Bevölkerungsgruppe: die Frauen. Bei Wahlveranstaltungen im masowischen Kreis Ciechanów etwa führte der BBWR gesonderte Frauenversammlungen durch, die er teilweise in Zusammenarbeit mit den Ortsverbänden regierungstreuer gesellschaftlicher Institutionen wie des *Związek Pracy Obywatelskiej Kobiet* oder der *Rodzina Policyjna* organisierte. In

---

[24] Ebd., 22, Bl. 30 - 32, 48 - 49, 51, 78 - 81.
[25] APW, UW Warszawski, 46, Bl. 221 - 255.
[26] Ebd., Bl. 85 - 86, 165 - 167.
[27] AAN, MSW, 864, Bl. 28.
[28] Ebd., Bl. 29.

der Stadt Ciechanów entstand ein eigenes Wahlkomitee der Frauen für den BBWR.[29]

Zur dauerhaften Vermittlung des staatsnationalen Integrationsangebots, das nicht nur augenblickliche politische Konjunkturen ausnutzen sollte, suchte der BBWR „Vertrauensleute der Regierung" in jeder Gemeinde zu platzieren. Erste Ansprechpartner waren Beamte oder Mitglieder regierungsnaher Organisationen wie dem Schützenverband.[30] Wichtige Unterstützungsleistung wurde auch von den Lehrern erwartet. Gerade in Zeiten des Wahlkampfs mit seiner „rasenden Demagogie" sollten sie zum Einsatz kommen, sich an Wahlkommissionen beteiligen und das ihnen von der Bevölkerung entgegengebrachte Vertrauen nutzen, um in ihrem lokalen Umfeld auf die Wahl geeigneter Kandidaten für den Sejm hinzuwirken.[31] Das von der Regierung angetragene Angebot, das staatsnationale Konzept tatkräftig zu fördern und dafür die Funktion einer neuen, staatlich unterstützten Elite zu übernehmen, kam dabei dem Wunsch vieler Lehrer nach einem höheren Sozialprestige entgegen.

In der inszenatorischen Gestaltung des Wahlkampfs setzte die *Sanacja* neue massenwirksame Akzente. Dies begann mit der rechtzeitigen Anmietung repräsentativer Räumlichkeiten für die Wahlkampfveranstaltungen: So konnte der Kinobesitzer-Verband dafür gewonnen werden, seine Kinosäle ausschließlich für den BBWR zur Verfügung zu stellen.[32] In ländlichen Regionen, in denen Presseerzeugnisse rar waren, suchte das Regierungsbündnis durch die Verbreitung von Zeitungen und Zeitschriften Aufmerksamkeit zu erzielen.[33] Am Wahltag dann organisierte der BBWR in Warschau an sämtlichen Straßenkreuzungen Stände, wo Stimmkarten mit der Listennummer 1 an die Passanten verteilt wurden.[34]

Ein Höhepunkt war sicherlich erreicht, wenn bei den Wahlen die Anhänger der Regierung ihre Stimme öffentlich abgaben,[35] nachdem schon zuvor auf Wahlversammlungen des BBWR Zuhörer bekundet hatten am Wahltag

---

[29] APW, UW Warszawski, 46, Bl. 165 - 167, 221 - 255. Weitere Beispiele für das Wahlkampfengagement von Frauen zugunsten des BBWR in der Wojewodschaft Warschau: ebd., Bl. 555 - 557; Warszawa w dniu wyborów, in: Polska Zbrojna, 17. 11. 1930, S. 3.

[30] Andrzej Chojnowski: Piłsudczycy u władzy. Dzieje Bezpartyjnego Bloku Współpracy z Rządem, Wrocław u. a. 1986, S. 33 - 36, 76 - 77; Kochanowski, Horthy und Piłsudski, S. 80.

[31] Michał Kopeć: Przed wyborami do Sejmu i Senatu, in: Głos Nauczycielski, 12, 1928, S. 1 - 2.

[32] AAN, MSW, 864, Bl. 30.

[33] APW, UW Warszawski, 22, Bl. 66, 68 - 69.

[34] Warszawa w dniu wyborów, in: Polska Zbrojna, 17. 11. 1930, S. 3.

[35] APW, UW Warszawski, 46, Bl. 498; Maria Dąbrowska: 4 III 1928, in: dies.: Dzienniki 1926 - 1935, hrsg. von Tadeusz Drewnowski, Warszawa 1999, S. 107.

für die Liste Nr. 1 zu stimmen.[36] Schließlich ließ der BBWR in der einwöchigen Zeitspanne zwischen Sejm- und Senatswahlen in einer Reihe von Ortschaften gezielt Freudendemonstrationen stattfinden.[37] Diese Veranstaltungen waren zweifellos mit der Absicht versehen, die Wähler noch einmal im Sinne der Regierung zu mobilisieren. Dagegen zeigten sich die oppositionellen Parteien angesichts der Niederlage bei den Sejm-Wahlen konsterniert und hatten kaum mehr Ressourcen für die Senatswahl zur Verfügung.[38]

Auch wenn sich der BBWR durch die Doppeltaktik von Repression und Integration zunehmend seinem gewünschten Wahlergebnis annäherte und 1930 feierte, dass zum ersten Mal im unabhängigen Polen eine klare Mehrheit im Sejm gegeben sei[39] – das politische Leben Polens befand sich keineswegs vollständig unter der Kontrolle der Regierung. Trotz des immensen organisatorischen Aufwands, den der BBWR in den Wahlkämpfen betrieb, fanden sich in internen Lageberichten wiederholt Anzeichen von Zweifel und Unsicherheit bezüglich der Resonanz in der Bevölkerung. Dies begann schon bei der Mobilisierung für die Arbeit in den Wahlkommissionen, die sich hauptsächlich auf Staatsbeamte und erklärte Regierungsanhänger stützte, aber auch oft stützen musste, da sich große Teile der Bevölkerung distanziert zeigten. Eine Reihe von Absagen wurde gar explizit damit begründet, nichts mit dem BBWR zu tun haben zu wollen.[40] Vorherrschend war eine Wahrnehmung, wonach Wahlkommissionen nicht so sehr Ausdrucksmöglichkeit für ein freiwilliges staatsbürgerlich-demokratisches Engagement waren, sondern vielmehr Exekutivorgane der staatlichen Macht.

Im Wahlkampf schlug für den BBWR vor allem im ländlichen Raum negativ zu Buche, dass es wiederholt zu Absagen von Rednern kam oder dass erst gar keine Redner örtlich zur Verfügung standen. Dieser Umstand ließ sich nicht durchgängig mit auswärtigen Agitatoren beheben, da, wie schon in den frühen Wahlkämpfen der Zweiten Republik, so auch noch gegen Ende der 1920er Jahre Vorbehalte in der Bevölkerung gegenüber „Zugereisten" bestanden.[41]

Schwierigkeiten bereiteten aber nicht nur Mängel bei der Organisation und Mobilisierung. Ungeachtet staatlicher Einwirkungsmöglichkeiten wurden BBWR-Veranstaltungen wiederholt Ziel tätlicher Angriffe von Seiten der politischen Gegner. Für den Sejm-Wahlkampf 1928 sind allein für den überschaubaren ländlichen Norden der Wojewodschaft Warschau mehrere

---

36 APW, UW Warszawski, 46, Bl. 221 - 255.
37 Ebd., Bl. 498, 559.
38 APW, UW Warszawski, 22, Bl. 137 - 142.
39 APW, UW Warszawski, 46, Bl. 555 - 557.
40 AAN, MSW, 864, Bl. 97 - 98.
41 APW, UW Warszawski, 46, Bl. 85 - 86, 123 - 125, 340 - 341.

solcher Vorkommnisse überliefert: In Sieluń im Kreis Maków stellte sich der örtliche Priester den Ausführungen eines BBWR-Redners massiv entgegen und veranlasste, dass dieser vom Rednerpult gedrängt wurde. Im Kreis Pułtusk griff der PSL-Wyzwolenie-Agitator Czesław Skoczek den BBWR-Redner Jerzy Szaliński tätlich an und im Kreis Mława kam es zwischen Anhängern des BBWR und des PSL-Wyzwolenie kurz vor dem Wahltag wiederholt zu Schlägereien, die von der Polizei geschlichtet werden mussten.[42]

Häufig kam es zudem vor, dass Wahlkampfveranstaltungen im ländlichen Raum von der örtlichen Bevölkerung einfach auseinandergetrieben wurden.[43] PPS und PSL-Wyzwolenie bedienten sich dabei in der Auseinandersetzung mit dem politischen Gegner teilweise organisierter Schlägertrupps (*bojówki*), während die Nationaldemokraten auf den Einfluss von Priestern setzten.[44] Selbst wenn nicht nur der BBWR, sondern auch andere Parteien betroffen waren, sämtliche Vorgänge polizeilich verfolgt wurden und die amtliche Berichterstattung verlauten ließ, die eigentlichen Wahlen sei friedlich verlaufen,[45] ließ das gehäufte Vorkommen politischer Gewalt im Wahlkampf doch die Frage nach der Durchsetzungskraft des *Sanacja*-Regimes vor Ort in einem neuen Licht erscheinen.

Das Werben des BBWR um die Landbevölkerung war offenkundig nur eingeschränkt erfolgreich. Im masowischen Kreis Mława hatte sich ein Teil der Gutsbesitzer zunächst für die *Sanacja* ausgesprochen, um dann 1928 am Wahltag wieder die nationaldemokratische Liste Nr. 24 zu unterstützen. Im nahe gelegenen Kreis Maków hielten sich die Sympathien zu BBWR und *Endecja* bei den Gutsbesitzern die Waage.[46] Darin spiegelte sich die Unentschlossenheit der ländlichen Elite, die zwischen dem Festhalten an vorherigen politischen Präferenzen und der Adaption an das neue Regime schwankte.

Heterogen zeigte sich auch die politische Willensbildung bei den Landjugendverbänden. 1928 war es aufgrund der Haltung zur *Sanacja* zur Spaltung des Zentralen Verbands der Landjugend (*Centralny Związek Młodzieży Wiejskiej*, CZMW) gekommen. Ein Teil der Verbandsmitglieder erklärte sich unter dem nur leicht veränderten Namen CZMW *Siew* („Aussaat", benannt

---

[42] APW, UW Warszawski, 22, Bl. 78 - 81, 137 - 142.
[43] Davon berichteten die Zeitungen der Bauernbewegung nicht ohne Stolz: „Triumfy" Sanacji, in: Wyzwolenie, 19. 2. 1928, S. 13; Z pow. mławskiego. Pan Minister na agitacji, in: Wyzwolenie, 26. 2. 1928, S. 11; Z mławskiego, in: Wyzwolenie, 26. 2. 1928, S. 12; Józef Deptuła: W pułtuskiem umieją pędzić ze wsi różnych Zdunków, in: Wyzwolenie, 26. 2. 1928, S. 12 - 13.
[44] APW, UW Warszawski, 22, Bl. 137 - 142.
[45] Ebd., Bl. 137; APW, UW Warszawski, 46, Bl. 468, 474.
[46] APW, UW Warszawski, 22, Bl. 48 - 49, 51, 78 - 81, 169 - 170.

nach dem verbandseigenen Presseorgan) für Piłsudski, der andere Teil stellte sich unter dem neuen Namen Związek Młodzieży Wiejskiej Rzeczypospolitej Polskiej – Wici („Verband der Landjugend der Republik Polen – Die Gerten") auf die Seite der Opposition. In der Wojewodschaft Warschau verhielt es sich gegen Ende der 1920er Jahre allerdings noch längst nicht so eindeutig: Der Siew war auf Vorstandsebene für die Sanacja, auf den unteren Organisationsebenen jedoch überwiegend für die Oppositionsparteien eingestellt. Viele Mitglieder des Siew stimmten hier für die Liste Nr. 7, den Centrolew. Umgekehrt verhielt es sich bei den Wici: Hier waren die Führungsgremien oppositionell gesonnen, doch Angehörige lokaler Zirkel gaben mitunter der Sanacja-Liste Nr. 1 ihre Stimmen.[47]

Aber selbst bei einer neu aufstrebenden Gesellschaftsgruppe wie den Lehrern konnte sich die Sanacja nicht eindeutiger Unterstützung erfreuen. Nach 1926 begann zwar der politische Aufstieg von Janusz Jędrzejewicz, der seit dem Ersten Weltkrieg als enger Mitarbeiter von Józef Piłsudski und als politischer Offizier in den Polnischen Legionen und in der späteren polnischen Armee gedient hatte, um anschließend im Zivilberuf als Schuldirektor und Leiter von Lehrerseminaren zu wirken. Nur wenige Jahre später sollte er als Religions- und Bildungsminister mit der energischen Durchsetzung von Schulreformen große Bekanntheit in der polnischen Öffentlichkeit erlangen. In der landesweit größten Lehrergewerkschaft ZPNSP, der auch Jędrzejewicz angehörte, gab es allerdings neben einer deutlich wahrnehmbaren Sympathie für die Sanacja weiterhin Anhänger verschiedener politischer Richtungen.[48] Während sich der ZPNSP-Vorsitzende Stanisław Nowak für die Regierungsliste zum Senator wählen ließ, kandidierte sein Stellvertreter Zygmunt Nowicki für das PSL-Wyzwolenie und 1930 für den Centrolew.[49] Wiederholt mutmaßten staatliche Stellen gar, dass der ZPNSP-Vorstand den linken Oppositionsparteien verdeckt Wahlkampfgelder zukommen ließ.[50] Das vom ZPNSP dominierte Zentrale Wahlkomitee der Grundschullehrerschaft (Centralny Komitet Wyborczy Nauczycielstwa Szkół Powszechnych) war daher wohl beraten seine parteipolitische Neutralität zu betonen und zum offiziellen Wahlziel lediglich zu erklären, die Kandidatur von Lehrern fördern und

---

[47] APW, UW Warszawski, 46, Bl. 555 - 557.
[48] Poufny Komunikat Informacyjny nr 53 (7 I 1928), in: Ministerstwo Spraw Wewnętrznych (Hrsg.): Komunikaty Informacyjne Komisariatu Rządu na m. st. Warszawę, Bd. 2, H. 1 (3 stycznia 1928 - 26 czerwca 1928), Warszawa 1992, S. 20.
[49] Wynik wyborów do Sejmu, in: Głos Nauczycielski, 15, 1930, S. 212. Im Kreis Mława beispielsweise unterstützten die Grundschullehrer ebenfalls mehrheitlich den PSL-Wyzwolenie: APW, UW Warszawski, 22, Bl. 137 - 142.
[50] Poufny Komunikat Informacyjny nr 53 (7 I 1928), in: MSW, Komunikaty Informacyjne, Bd. 2, H. 1, S. 18; Poufny Komunikat Informacyjny nr 65 (27 I 1928), in: ebd., S. 71.

eine starke Repräsentanz von Grundschullehrern im Sejm schaffen zu wollen.[51]

Der Sorge um die Zuverlässigkeit der Wahlkampforganisation und um die Loyalität wichtiger Trägerschichten gesellten sich Schwierigkeiten bei einer möglichst symbolkräftigen Vermittlung des staatsnationalen Integrationsangebots hinzu. Großer Hoffnungsträger war der Piłsudski-Kult, der im Wahlkampf des BBWR eine zentrale Stellung einnahm, ja die Wahl sogar zuspitzte auf die Frage: „Mit Ihm oder gegen Ihn?"[52] Das Spektrum reichte von wiederholten Ehrenrufen auf Marschall Piłsudski bei Wahlversammlungen des BBWR bis zu volkspädagogisch und staatstragend inszenierten Vorträgen wie „Marschall Piłsudski. Seine Verdienste für Polen und die Ergebnisse der gegenwärtigen Regierungsarbeit".[53]

Genau hier aber, bei der Instrumentalisierung des Piłsudski-Kults im Wahlkampf, erlebte der BBWR verblüffende Momente. Die Inszenierung des Marschalls als charismatischer Führer nahm den Oppositionsparteien nämlich nicht so leicht den Wind aus den Segeln. Zwar waren auf der politischen Linken kritische Stimmen über den Marschall als „Abweichler von den alten Idealen" zu vernehmen[54] – häufig wurde allerdings ein Kontrastbild konstruiert vom „guten" Marschall Piłsudski und der „fehlgeleiteten" *Sanacja*. Obwohl Sozialisten, Bauernparteien oder Christdemokraten den BBWR als politischen Gegner bekämpften, hielt sie dies nicht davon ab, die Verdienste Piłsudskis lobend hervorzuheben. So erklärte ein Redner des PSL-Wyzwolenie auf einer Versammlung im masowischen Kreis Mława, dass der BBWR nicht die einzige Organisation sei, die Piłsudski unterstütze;[55] vielmehr entstand gerade vor Ort ein „Linker Block der Zusammenarbeit mit Marschall Piłsudski", den eine Gruppe Stadtverordneter von Mława mit dem Rechtsanwalt Kazimierz Koszutski an der Spitze ins Leben rief.[56] Umgekehrt wurde auf so mancher Wahlversammlung vom Regie-

---

51 Do Polskiego Nauczycielstwa Szkół Powszechnych, in: Głos Nauczycielski, 12, 1928, S. 65 - 67; Wybory a nauczycielstwo, in: Głos Nauczycielski, 15, 1930, S. 82.
52 V.: Co dalej? in: Polska Zbrojna, 7. 3. 1928, S. 1.
53 APW, UW Warszawski, 22, Bl. 137 - 142; APW, UW Warszawski, 46, Bl. 221 - 255.
54 APW, UW Warszawski, 22, Bl. 78.
55 Ebd., Bl. 48 - 49, 51; „Wyzwolenie" - a Marszałek Piłsudski, in: Wyzwolenie, 4. 3. 1928, S. 3; Gerüchte über eine Unterstützung durch Piłsudski griff auf: Baczność Wyzwoleńcy, in: Wyzwolenie, 26. 2. 1928, S. 1; hierzu auch Antoni Czubiński: Centrolew. Kształtowanie się i rozwój demokratycznej opozycji antysanacyjnej w Polsce w latach 1926 - 1930, Poznań 1963, S. 78.
56 APW, UW Warszawski, 22, Bl. 81. Kazimierz Koszutski war in der polnischen Kommunalpolitik der Zwischenkriegszeit kein Unbekannter. In den Jahren 1921 - 24 war er bereits Bürgermeister von Kalisz und federführend beim Wiederaufbau der kriegszerstörten Stadt gewesen, ab 1930 war er dann Bürgermeister von Mława.

rungsbündnis BBWR der Nachweis gefordert, dass es tatsächlich Piłsudski unterstütze.[57]

Name und Image des Marschalls waren, wie es die Beispiele aus dem Wahlkampf in der Wojewodschaft Warschau veranschaulichten, positiv besetzt und dies weit über die *Sanacja* hinaus. Allerdings konstruierten die oppositionellen Parteien und Gruppierungen ein eigenständiges, ihrer weltanschaulichen Linie und den Vorlieben ihrer Anhängerschaft angepasstes Piłsudski-Bild. Während Teile der politischen Rechten den Marschall vornehmlich aus Respekt vor seinen Funktionen als Generalinspekteur der Streitkräfte, zeitweiliger Ministerpräsident und *de facto* Staatsoberhaupt ehrten, war bei der linken Opposition der lange Zeit gemeinsam zurückgelegte politische Weg noch in lebendiger Erinnerung. Angesichts dessen konnte der BBWR den Piłsudski-Kult im Sejm-Wahlkampf vorerst nicht für sich monopolisieren.

Ungewisses Wahlkampf-Terrain war für den BBWR schließlich vor allem dort, wo es um religiöse Motive ging. Nach wie vor besaßen katholische Geistliche großen Einfluss auf das Wahlkampfgeschehen. Anders als die Agitatoren anderer Parteien konnten sie im Wahlkampf ihre kontinuierliche Präsenz vor Ort, ihre genaue Kenntnis der lokalen Lebenswelt und ihre soziale Autorität nutzen. Ihr Wirken begann mit Aufrufen direkt von der Kanzel, reichte über Wahlkampfveranstaltungen in Kirchenräumen, die als religiöse Treffen deklariert wurden, bis hin zu Drohungen anlässlich der Beichte, bei „falscher" Wahl die Sünden nicht zu erlassen. Der Wahlkampf wurde vornehmlich in religiös-moralischen Kategorien gedeutet: Die „richtige" Wahl galt als Verwirklichung der Grundsätze Christi im öffentlichen Leben, die „falsche" Wahl hingegen als „Todsünde".[58] Besondere Aufmerksamkeit versprachen die Hirtenbriefe der polnischen Bischöfe. Sie wurden nicht nur während der Gottesdienste in ganz Polen verlesen, sondern kursierten unter anderem auch als Flugblatt.[59] Selbst die Priester, die eine vertraulich gehaltene Wahlwerbung der öffentlichen Stellungnahme vorzogen,[60] vermochten mit ihren Empfehlungen für viele kirchengebundene Wähler, darunter vor allem Frauen, entscheidungsprägend sein. Der Einfluss der Kirche spielte sich damit gerade auch in privaten, familiären Lebensbereichen ab.

Das Problem für den BBWR lag darin, dass in manchen Regionen ein großer Teil der Geistlichkeit auf der Seite der nationaldemokratischen Op-

---

57 APW, UW Warszawski, 22, Bl. 66, 68 - 69.
58 Ebd., Bl. 66, 68 - 69; APW, UW Warszawski, 46, Bl. 459; AAN, Zbiór druków ulotnych, 103, Bl. 3.
59 AAN, Zbiór druków ulotnych, 288, Bl. 1 - 2.
60 APW, UW Warszawski, 22, Bl. 137 – 142.

position stand und sich nicht scheute, die kirchliche Autorität zu entsprechender Wahlwerbung zu nutzen.[61] Im masowischen Kreis Pułtusk drohte ein Pfarrer den Gläubigen während der Predigt wohl gar: „Wenn ihr nicht die Liste Nr. 24 wählt, dann möge Polen lieber untergehen."[62] Die Hoffnung auf die Wirkmächtigkeit religiöser Argumente brachte viele Nationaldemokraten dazu, möglichst großen Einklang mit Kirchenvertretern zu suchen. Nationaldemokratische Frauenorganisationen etwa postierten ihre Mitglieder zu Gottesdienstzeiten an den Kirchen, um ihren Themen und Argumenten Gehör zu verschaffen.[63] Behauptungen, dass die Regierung von Marschall Piłsudski die Schließung der Kirchen anstrebe,[64] oder die apokalyptische Beschwörung, dass Mitglieder der *Sanacja*-Regierung „in der Gestalt Satans" erschienen,[65] waren im Wahlkampf der politischen Rechten ebenso anzutreffen wie Warnungen vor einzelnen Kandidaten der Liste Nr. 1. Besonders ins Visier gerieten vermeintlich kirchenfeindlich eingestellte Intellektuelle, die einer Trennung von Staat und Kirche das Wort redeten. Andere Kandidaten wurden wiederum als Ungläubige oder Ketzer denunziert. Schließlich fehlte es nicht an antisemitischen Insinuationen: Für die *Sanacja* kandidierten „reiche Juden" und überhaupt hätte sich die wirtschaftlichen Verhältnisse der Juden unter der *Sanacja* verbessert.[66]

Ausführlich nahmen die Nationaldemokraten in ihrer Wahlwerbung Bezug auf bischöfliche Hirtenbriefe.[67] Im Kampf gegen ein „Polen der Trennung von Staat und Kirche, der Beseitigung des nationalen Charakters sowie des Einflusses von Internationale und Freimaurertum"[68] mahnten sie wie schon in den Wahlkämpfen der frühen Zweiten Republik, dass die polnisch-katholischen Stimmen nicht verstreut werden dürften, sondern sich hinter einer nationalen Liste bündeln sollten. Als passende Antwort auf die von den Bischöfen erhobene Forderung, sämtliche Parteienstreitigkeiten beizulegen und ein gemeinsames katholisch-nationales Lager zu schaffen,[69] präsentierten die Nationaldemokraten ihre eigene Wahlliste: „Wer ein wahr-

---

[61] APW, UW Warszawski, 22, Bl. 30 - 32, 48 - 49, 51; APW, UW Warszawski, 46, Bl. 221 - 255, 340 – 341.
[62] Als Liste 24 (*Lista Katolicko-Narodowa*) wirkte im Sejm-Wahlkampf 1928 der ZLN. Zitat in APW, UW Warszawski, 22, Bl. 141.
[63] Poufny Komunikat Informacyjny nr 56 (12 I 1928), in: MSW, Komunikaty Informacyjne, Bd. 2, H. 1, S. 31.
[64] APW, UW Warszawski, 46, Bl. 567.
[65] APW, UW Warszawski, 26, Bl. 33.
[66] AAN, Zbiór druków ulotnych, 103, Bl. 2 - 3; Poufny Komunikat Informacyjny nr 76 (28 II 1928), in: MSW, Komunikaty Informacyjne, Bd. 2, H. 1, S. 113.
[67] AAN, MSW, 864, Bl. 32.
[68] AAN, Zbiór druków ulotnych, 103, Bl. 43.
[69] Ebd., Bl. 48.

hafter Katholik ist, folgt ohne Zögern der Stimme des Hirtenbriefs und stimmt für die polnische nationale Liste. Polen muss groß, mächtig und vermögend sein!"[70]

Vor dem Hintergrund eines vor allem im ländlichen Raum wirkmächtigen nationaldemokratisch-katholischen Meinungsklimas war es für den BBWR ein riskantes Unterfangen, die Kirche offen zu attackieren.[71] Mancherorts mussten Vertreter staatlicher Stellen einräumen, dass sie keine Handhabe gegen das Wirken der katholischen Geistlichkeit finden konnten.[72] Hoffen konnten die Regierungsanhänger allerdings auf den moderierenden Einfluss der ihr nahestehenden Kirchenvertreter und auf eine nicht vorrangig auf sie zugespitzte katholische Wahlkampfargumentation. So half es, wenn sich ein prominenter Kirchenführer wie Kardinal Aleksander Kakowski politisch zur *Sanacja* bekannte, wenn der Bischof von Płock, Antoni Julian Nowowiejski, seine Stimme demonstrativ der Liste Nr. 1 gab oder wenn Priester den BBWR empfahlen.[73] Der *Sanacja* kam hier die traditionelle hierarchische Ordnung der Kirche entgegen. Viele Geistliche mochten erst in das Wahlkampfgeschehen eingreifen, nachdem sie entsprechende Anweisungen des Episkopats erhalten hatten[74] – und diese konnten von politischen Rücksichtnahmen gegenüber der Regierung geprägt sein.

Günstig für die *Sanacja* war aber vor allem, dass sowohl im kirchlichen als auch nationaldemokratischen Wahlkampf nicht die autoritäre Einhegung von Partizipationsrechten im Vordergrund der Kritik stand. Die Bischöfe appellierten in ihren Hirtenbriefen wiederholt an die staatsbürgerliche Verantwortung, zur Wahl zu gehen, und mahnten, „sich der Abstimmung zu enthalten ist eine schwere Sünde und kann zum Verderben von Kirche, Nation und Staat führen".[75] Allerdings speiste sich der Aufruf zu einer möglichst hohen Wahlbeteiligung bekennender Katholiken weniger aus einer demokratischen als aus einer weltanschaulichen Motivation: Den „Feinden von Kirche und Nation" sollte kein Raum gegeben werden. Stattdessen waren „der Glaube unserer Väter, der nationale Geist und unsere Rechte als Polen auf unserer polnischen Heimaterde" zu verteidigen: „Die Wahlkarte ist unsere Waffe im Kreuzzug für Christus in Polen."[76]

Solange die politische Rechte den „Kampf gegen das Parteiwesen" in den Vordergrund ihres Wahlkampfs rückte, besetzte sie dasselbe Thema wie

---

[70] AAN, Zbiór druków ulotnych, 73, Bl. 17 - 18.
[71] APW, UW Warszawski, 46, Bl. 340 - 341.
[72] APW, UW Warszawski, 22, Bl. 114 - 115.
[73] APW, UW Warszawski, 46, Bl. 459, 555 - 557.
[74] Ebd., Bl. 123 - 125.
[75] AAN, Zbiór druków ulotnych, 103, Bl. 43, 48.
[76] Ebd., Bl. 43, 56.

die *Sanacja*.⁷⁷ 1928, bei den ersten Wahlen unter der neuen Herrschaft, war den Nationaldemokraten und ihren katholischen Unterstützern dadurch recht leicht der Wind aus den Segeln zu nehmen. Innerhalb der Kirche obsiegte diejenige Strömung, die auf eine Kooperation, zumindest aber auf eine friedliche Koexistenz mit der Regierung setzte. Die Folge war ein geradezu verheerend schlechtes Ergebnis für den ZLN.

Dies sah 1930, bei den „Brester Wahlen", bereits anders aus. Im nationaldemokratischen und katholischen Wahlkampf galt die Konzentration nun ganz den „Kirchenfeinden" auf der politischen Linken.⁷⁸ Die Stimmabgabe für diese Parteien geißelten Priester in heftigen Worten von der Kanzel. Ein Wahlsieg der politischen Linken war demnach der Beginn der Bolschewisierung in Polen.⁷⁹ Solche geistlichen Warnungen hatte es auch schon vorher gegeben, doch 1930 schienen sie umso eingängiger, nachdem PPS und PSL-Wyzwolenie bei den vorangegangenen Sejm-Wahlen beachtliche Ergebnisse hatten erzielen können.

Die Wahlergebnisse von 1930 konnten als Erfolg für eine stärker religiös-weltanschauliche Wahlkampflinie der politischen Rechten gelten. Hinter dem „Sieger" BBWR hatten Nationaldemokraten und Christdemokraten ihren 1928 noch großen Abstand zur politischen Linken wettgemacht und präsentierten sich annähernd gleich stark zum *Centrolew*. Dabei konnte die politische Rechte aber auch vom Umstand profitieren, dass die staatlichen Repressalien nun in erster Linie den *Centrolew* betroffen hatten, weniger aber ihre eigenen, von der katholischen Kirche und von örtlichen Honoratioren unterstützten Wahllisten.⁸⁰

Die Praxis der Sejm-Wahlkämpfe bot entscheidende Anhaltspunkte zur Charakterisierung des politischen Systems in Polen nach 1926. Für die zeitgenössische Opposition war klar: Polen war zur „Diktatur" geworden.⁸¹ Die politische Linke forderte im Wahlkampf und an ihren politischen Feiertagen mit Transparenten und Sprechchören immer wieder „Weg mit der Diktatur".⁸² Zweifellos war der Begriff „Diktatur" höchst geeignet, um in den

---

77 AAN, Zbiór druków ulotnych, 73, Bl. 42 - 43; Vita: Signum temporis, in: Polska Zbrojna, 1. 3. 1928, S. 1; Władysław Ludwik Ewert: 16 i 23, in: Polska Zbrojna, 14. 11. 1930, S.1.
78 APW, UW Warszawski, 22, Bl. 48 - 49, 51; APW, UW Warszawski, 46, Bl. 459 - 460; Kołodziejczyk, Ruch ludowy, S. 296 - 303.
79 APW, UW Warszawski, 46, Bl. 123 - 125.
80 Ebd., Bl. 555 - 557.
81 Zur Begrifflichkeit der Sozialisten: Bäcker, Problematyka państwa, S. 116 - 118.
82 Wspaniały przebieg uroczystości w Lublinie w dniu 7 listopada, in: Wyzwolenie, 11. 11. 1928, o. S.; Wyzwolenie, 19. 10. 1930, S. 1; Wspaniały przebieg święta robotniczego w Warszawie, in: Robotnik, 2. 5. 1930, S. 1; Po 1 maja, in: Robotnik, 6. 5. 1930, S. 1; 1 maja na Pomorzu i Poznańskiem, in: Robotnik, 10. 5. 1930, S. 2; Imponująca manifestacja jedności i solidarności klasy pracującej stolicy, in: Robotnik, 2. 5. 1931, S. 1 - 2.

politischen Auseinandersetzungen der Zweiten Republik Wählergruppen zu mobilisieren und den Oppositionsparteien zumindest moralische Bestätigung zu geben. Nach dem Zweiten Weltkrieg schlossen sich allerdings ohne nennenswertes Hinterfragen viele Historiker und Politologen dieser Begriffsbildung an. Dies galt für die frühen Jahre der Volksrepublik Polen, als der politisch motivierte Wunsch nach Abgrenzung von der Zweiten Republik besonders stark war,[83] aber auch für westeuropäische Darstellungen zur Geschichte Polens und Europas in der Zwischenkriegszeit. In einem einflussreichen Aufsatz sprach der deutsche Politologe Theodor Eschenburg für die Staaten Mittel- und Osteuropas von „funktionalen Diktaturen", deren Aufgabe es nach dem Scheitern eines demokratisch-parlamentarischen Systems gewesen sei, „einfach den Staat intakt zu halten".[84] Teilweise noch bis heute wird für das politische System in Polen nach 1926 der Begriff „Diktatur" verwendet.[85]

Es gab in der Forschung seit dem Zweiten Weltkrieg allerdings auch Ansätze, die das politische System der Zwischenkriegszeit differenzierter zu analysierten versuchten. Dabei kristallisierte sich als besonders geeignet das Konzept des „Autoritarismus" heraus. Dem spanischen Politologen Juan Linz gebührt der Verdienst, seit Ende der 1960er Jahre hierfür konkrete Kriterien entwickelt zu haben. Dazu gehören ein begrenzter Pluralismus mit der Möglichkeit für oppositionelle Gruppierungen, weiterhin zu agieren, und eine Herrschaft, die nicht auf einer bestimmten Ideologie gründet, sondern eher intuitiv gesellschaftlich weithin akzeptable Leitmotive formuliert. Trägerschichten der autoritären Herrschaft sind weniger professionelle Politiker und Intellektuelle als vielmehr Angehörige von Bürokratie, Militär, technischer Elite oder wirtschaftlichen Interessengruppen. Die Parteibildungen der autoritären Herrschaft, obwohl oft mit dem Anspruch einer Einheitspartei versehen, sind zumeist Schöpfungen von oben, ohne innere Stringenz

---

[83] Antoni Czubiński: Spory o II Rzeczpospolitą. Ewolucja poglądów publicystyki i historiografii polskiej na temat przyczyn odbudowy i znaczenia niepodległego państwa dla narodu polskiego, Poznań 1988, S. 29.

[84] Eschenburg, Zerfall, S. 17; dort auch die Charakterisierung als „Erziehungsdiktaturen" und Diktaturen von „mehr oder minder gemäßigter Art".

[85] Als Beispiele: Dieter Segert: Die Grenzen Osteuropas. 1918, 1945, 1989 – Drei Versuche im Westen anzukommen, Frankfurt - New York 2002, S. 36 - 38, 55 - 68 definiert Polen nach 1926 zunächst als „gefährdete Demokratie", ab 1930 als „autoritäre Diktatur"; Gerhard Besier: Das Europa der Diktaturen. Eine neue Geschichte des 20. Jahrhunderts, München 2006, S. 24, 142 - 160 spricht Polen, begrifflich nicht immer trennscharf, als „konstitutionelle Diktatur" mit den Entwicklungsschritten „Präsidialdiktatur" (nach 1926) und „autoritäre Diktatur" (nach 1935) an.

und oft auch ohne die Fähigkeit, in der Bevölkerung nennenswerte politische Mobilisierung hervorzurufen.[86]

Unter dem Einfluss von Linz' Arbeiten haben neuere geschichtliche Synthesen nun das politische System Polens nach 1926 als „autoritär" charakterisiert, wenn auch teilweise widersprüchlich dazu die ältere Deutungstradition „Diktatur" beibehalten.[87] Dabei lässt sich Linz' Unterscheidung von „Autoritarismus" und „Diktatur" am empirischen Fall der polnischen Sejm-Wahlkämpfe detailliert nachvollziehen. Noch 1930, bei den „Brester Wahlen", zeigte sich, dass die Strategie des BBWR, sowohl mit Repressionen als auch mit einem spezifischen staatsnationalen Integrationsangebot das Wahlergebnis zu beeinflussen, nicht von durchschlagendem Erfolg war. Selbst der Piłsudski-Kult konnte nicht eindeutig im Sinne der neuen Regierungsmacht instrumentalisiert werden. Die Schwierigkeiten bei der Mobilisierung der Wählerschaft zeigten Grenzen der *Sanacja*-Herrschaft auf.

In den Wahlkämpfen 1928 und 1930 erwiesen sich abwechselnd zunächst die politische Linke, dann die katholische Kirche als wichtiges Widerlager. Ein Quantum an Pluralismus blieb im öffentlichen Leben der Zweiten Republik somit auch nach 1926 gewahrt. Weiterhin gab es konkurrierende Vorstellungen darüber, was die polnische Nation sein sollte. Ein anschauliches Beispiel hierfür liefert der Umgang mit politischen Festen.

---

[86] Neuere Zusammenfassung: Juan J. Linz: Totalitäre und autoritäre Regime [Potsdamer Textbücher, Bd. 4], Berlin 2000, S. 129 - 142. Für Polen wichtig: Franciszek Ryszka: Państwo autoritarne, in: Janusz Żarnowski: (Hrsg.): Dyktatury w Europie środkowowschodniej 1918 - 1939. Konferencja naukowa w Instytucie Historii Polskiej Akademii Nauk 2 - 3 XII 1971, Wrocław u. a. 1973, S. 115 - 126.

[87] Erwin Oberländer: Die Präsidialdiktaturen in Ostmitteleuropa – „Gelenkte Demokratie?", in: ders., Autoritäre Regime, S. 3 - 17 verwendet die Begriffe „Präsidialdiktatur" und „autoritäres Regime" weitgehend synonym; Walther L. Bernecker: Europa zwischen den Weltkriegen, Stuttgart 2002, S. 247, 251, 253: Polen als „Diktatur", dagegen S. 253: Die „Diktatur" in Polen sei weitgehend informell, „weder die Verfassung noch das Parlament, die Pressefreiheit oder das Parteiensystem wurden abgeschafft" und S. 254: es habe „noch Spielraum für die politische Betätigung der Opposition"; Stanley Payne: Geschichte des Faschismus. Aufstieg und Fall einer europäischen Bewegung, München - Berlin 2001, S. 192: Polen als „Diktatur", dagegen S. 187: Polen als „einigermaßen pluralistisches autoritäres Regime". Detlef Schmiechen-Ackermann: Diktaturen im Vergleich, Darmstadt 2002 bezeichnet die Zwischenkriegszeit allgemein als „Europa der Diktaturen" (S. 2), plädiert dann aber für eine Differenzierung zwischen totalitärer, autoritärer und demokratischer Herrschaft (S. 149).

1.2 Alte und neue Feiertage: Der 3. Mai und die Zehn-Jahres-Feier zur Staatsgründung am 11. November 1928

Der 3. Mai blieb zunächst der einzige offizielle Nationalfeiertag. Gedenktage an die Wiedererlangung der Unabhängigkeit, an den Sieg über die Rote Armee 1920 oder der Namenstag des Präsidenten harrten noch ihrer Institutionalisierung. Das neue politische Klima nach Übernahme der Regierung durch Piłsudski und seine Anhänger zeigte sich daher zunächst an der Inszenierung eines bereits etablierten Feiertags.

Die *Sanacja* deutete den 3. Mai 1791 in unverkennbarer Parallelität zu ihrer eigenen Machtübernahme 1926 als „Mai-Revolution":

> „Die Verfassung vom 3. Mai, formal gesehen ein Unrechtsakt und Staatsstreich, zeigte, dass sich in der polnischen Nation immer eine politisch bewusste und aktive Minderheit findet, die sich nicht scheut, an schwierigen Wendepunkten der Geschichte das Wohl und die Ehre des Staates zum höchsten Ziel ihres Vorgehens zu machen. In der Verfassung vom 3. Mai sehen wir zuallererst ein Symbol des Sieges für die polnische Staatsidee über Elemente der Anarchie, des Zerfalls, der Streitsucht und des Verrats."[88]

Wenn auch regierungsnahe Publizisten konzedierten, dass 1791 die gesellschaftlichen Reformen noch nicht weit genug gingen, dass zwar das Bürgertum neue Aufstiegsmöglichkeiten erhielt, aber nicht die bäuerliche Bevölkerung, so galt ihnen doch als entscheidende Errungenschaft die Stärkung der staatlichen Exekutivgewalt.[89]

Die Feierlichkeiten begannen in der Hauptstadt schon am Vorabend mit einem Zapfenstreich von mehreren Militärorchestern, die durch die Innenstadt, teilweise auch durch die Südstadt und die rechts der Weichsel gelegene Vorstadt Praga marschierten. Als Schlusspunkt des innerstädtischen Umzugs wurde die Zygmunt-Kolumne auf dem Schlossplatz gewählt, wo der Dąbrowski-Marsch als neue Nationalhymne, Polonaisen, die *Mazur* aus der Oper *Halka* des bedeutendsten polnischen Komponisten des 19. Jahrhunderts, Stanisław Moniuszko, sowie anderes nationales Musikgut intoniert wurden. Ein weiteres Orchester spielte vor dem *Belweder*, dem Sitz des Staatspräsidenten. Viele Häuser waren mit Nationalfahnen geschmückt.[90]

---

[88] Konstytucja 3 Maja – symbolem zwycięstwa polskiej idei państwowej, in: Gazeta Polska, 1. 5. 1930, S. 4.

[89] Wskazania trzeciego maja, in: Gazeta Polska, 3. 5. 1930, S. 1; „Żeby dobrze było Ojczyźnie", in: Gazeta Polska, 3. 5. 1931, S. 1; J. R.: Spuścizna ideowa 3-go Maja, in: Polska Zbrojna, 3. 5. 1929, S. 5.

[90] Wojsko w dniu święta 3 Maja, in: Polska Zbrojna, 2. 5. 1928, S. 3; Dzień Święta Narodowego, in: Gazeta Warszawska, 4. 5. 1928, S. 1; Święto narodowe w stolicy, in:

Das Festtagsprogramm am 3. Mai fand in Warschau seinen ersten Höhepunkt im zentralen Festgottesdienst, der von Kardinal Aleksander Kakowski um 10 Uhr im Beisein von Staatspräsident Ignacy Mościcki zelebriert wurde. Mościcki nahm dabei direkt neben dem Altar an erhöhter Stelle Platz.[91] Ebenfalls anwesend waren Vertreter von Sejm und Senat mit den Marschällen Ignacy Daszyński (PPS) und Julian Szymański (BBWR) an der Spitze, Vertreter der Regierung, des diplomatischen Korps', der Armee und der städtischen Selbstverwaltung. Die weiteren Bänke füllten Delegationen verschiedener gesellschaftlicher Organisationen mit ihren Standarten und eine Vielzahl von Gläubigen. Der zweite Höhepunkt war die Militärparade auf dem pl. Saski. Polizei und Militär hatten die Zufahrtswege zum Festplatz abgeriegelt, Journalisten mussten sich an den Polizeiposten ausweisen. Staatliche und militärische Würdenträger waren kraft ihres Amtes zugegen, die interessierte Öffentlichkeit benötigte hingegen Eintrittskarten. Veteranen hatten allerdings freien Eintritt.[92] Die Militärparade selbst geizte nicht mit Attraktionen; insbesondere Darbietungen der Luftwaffe machten auf die Zuschauer Eindruck.[93] Der Nachmittag und Abend des 3. Mai bot schließlich Festivitäten für die breite Öffentlichkeit: akademische Feiern oder Volksfeste in den Warschauer Stadtparks. Nach Angaben der zeitgenössischen Berichterstatter waren die Straßen der Hauptstadt bis zum späten Abend mit Menschen gefüllt. Soldaten erhielten Freikarten für Theater und Kinos. In der Oper wurden Werke von Moniuszko gegeben.[94]

Die staatsnationale Inszenierung des 3. Mai in der Hauptstadt war Vorbild für die Provinz, wo der Nationalfeiertag ebenfalls mit festlichen Umzügen und Gottesdiensten begangen wurde, an denen gesellschaftliche Organisationen und Schulen teilnahmen. In Garnisonsstädten war eine Feldmesse üblich, anschließend ein Defilee auf zentralen Plätzen der Innenstadt. In größeren Städten kamen ab dem Nachmittag akademische Feiern im Stadt-

---

Gazeta Warszawska, 3. 5. 1929, S. 1; Święto 3 maja w stolicy, in: Robotnik, 5. 5. 1930, S. 2; Stolica w dniu Święta Trzeciego Maja, in: Gazeta Polska, 4. 5. 1931, S. 4.

91 Święto narodowe 3 maja, in: Gazeta Warszawska, 4. 5. 1929, S. 5.
92 Dzień Święta Narodowego, in: Gazeta Warszawska, 4. 5. 1928, S. 1; Święto narodowe w stolicy, in: Gazeta Warszawska, 3. 5. 1929, S. 1; Święto 3 maja w stolicy, in: Robotnik, 5. 5. 1930, S. 2.
93 Wojsko w dniu święta 3 Maja, in: Polska Zbrojna, 2. 5. 1928, S. 3; Obchód święta narodowego w stolicy, in: Polska Zbrojna, 4. 5. 1929, S. 2; W 139-ą rocznicę konstutucji 3-go maja, in: Gazeta Polska, 5. 5. 1930, S. 1; Stolica w dniu Święta Trzeciego Maja, in: Gazeta Polska, 4. 5. 1931, S. 4; Święto narodowe 3 maja, in: Gazeta Warszawska, 4. 5. 1929, S. 5; Stolica w dniu Święta Narodowego, in: Gazeta Warszawska, 4. 5. 1931, S. 1.
94 Obchód święta narodowego w stolicy, in: Polska Zbrojna, 4. 5. 1929, S. 2; Stolica w dniu Święta Trzeciego Maja, in: Gazeta Polska, 4. 5. 1931, S. 4; Święto narodowe w stolicy, in: Gazeta Warszawska, 3. 5. 1929, S. 1; Święto 3 maja w stolicy, in: Robotnik, 5. 5. 1930, S. 2; Stolica w dniu Święta Narodowego, in: Gazeta Warszawska, 4. 5. 1931, S. 1.

theater hinzu und Sportveranstaltungen im Stadion.[95] Neu waren Darbietungen der „vormilitärischen Ausbildung" (*przysposobienie wojskowe*, PW).[96] Aus Reservistenübungen und verbandseigenen Aktivitäten von Turnern oder Schützen, wie sie schon vor 1926 stattfanden, war nach den Vorstellungen der *Sanacja* ein systematisches Programm zur Stärkung der Verteidigungskraft in der polnischen Gesellschaft zu entwickeln. Die vormilitärische Ausbildung befand sich fortan unter der Regie des 1927 neu geschaffenen und direkt dem Kriegsministerium unterstellten Staatlichen Amts für Leibeserziehung und vormilitärische Ausbildung (*Państwowy Urząd Wychowania Fizycznego i Przysposobienia Wojskowego*).[97] In kleineren Städten und im ländlichen Raum wiederum standen neben traditionell-religiösen Veranstaltungselementen pädagogisierende Ausführungen über die Bedeutung des Feiertags und des staatsbürgerlichen Engagements, aber auch fröhliche Volksfeste.[98]

Gegenüber der ersten Nachkriegszeit hatte sich der Charakter des 3. Mai merklich verändert. Dies betraf insbesondere die Rolle der Armee: Zu Beginn der 1920er Jahre gab es zwar auch schon am Vorabend einen Zapfenstreich, begrüßten Militärangehörige ihren Oberbefehlshaber Piłsudski vor und nach dem Kirchgang mit einem kleinen Defilee, auch spielten Militärorchester nachmittags an verschiedenen Punkten der Stadt,[99] doch noch vermochte die Armee dem Nationalfeiertag am 3. Mai nicht den symbolischen Stempel aufzudrücken. Vielmehr bestimmten konfliktreiche Auseinandersetzungen um den „richtigen" Nationalfeiertag das Bild. 1925, noch unter der Ägide des nationaldemokratischen Religions- und Bildungsministers Stanisław Grabski, wurde das Gedenken an die Verfassung von 1791 stärker ritualisiert: Die Militärparade erhielt nun ihre prominente Stellung. Die *Sanacja*-Regierung griff diese Vorgaben dankbar auf[100] und prägte den 3. Mai in der Inszenierung von Militär, Staat und „organisierter" Gesellschaft zunehmend autoritär aus. Die gelenkte Teilnahme am Fest besaß aus staatsnationaler Sicht den Vorteil, schon bei der Planung im Vorfeld bestimmte Zielgruppen besonders ansprechen zu können.

---

[95] Uroczyste obchody na prowincji, in: Gazeta Warszawska, 4. 5. 1931, S. 2.
[96] APW, UW Warszawski, 43, Bl. 330.
[97] Ausführlich hierzu Jan Kęsik: Naród pod bronią. Społeczeństwo w programie polskiej polityki wojskowej 1918 - 1939 [Historia, Bd. 137], Wrocław 1998, S. 72 - 101.
[98] Józef Stemler: Trzeci maj. Święto radości i ofiary, Warszawa o. J., S. 3 - 6, 27 - 37.
[99] Obchód uroczystości 3 maja, in: Polska Zbrojna, 2. 5. 1922, S. 3; Defilada trzeciego maja, in: Polska Zbrojna, 4. 5. 1922, S. 3.
[100] Kazimierz Badziak: Od święta narodowego do państwowego. Tradycja Konstytucji 3 maja w II Rzeczypospolitej, in: Alina Barszczewska-Krupa (Hrsg.): Konstytucja 3 maja w tradycji i kulturze polskiej, Łódź 1991, S. 198 - 199.

Die Gegner der neuen staatsnationalen Festtagsregie zum 3. Mai hatten, sofern sie sich nicht wie die sozialistische Linke von vornherein um den 1. Mai sammelten, einen schweren Stand. Die Nationaldemokraten beklagten den gewandelten Charakter des 3. Mai: Anstelle der früheren nationalen Manifestationen, die als „lebendig und aus dem Herzen der Menschen kommend" stilisiert wurden, gebe es heute feierliche Gala-Vorstellungen, Gottesdienste, Militärparaden und Theatervorstellungen, zu denen nur wenige ausgewählte Personen Eintritt erlangten. Um den 3. Mai zu einem Feiertag für die ganze Nation zu machen, brauche es keine großen Finanzmittel, keine Propaganda, keine Anfahrt von Teilnehmern aus dem ganzen Land mit Sonderzügen, keine Miliz und keine Kraftfahrzeuge des Magistrats.[101]

Eine solche Kritik verkannte, dass die neue Festtagsgestaltung mit einer herausgehobenen Rolle der Militärparade zumindest zum Teil auf Vorstellungen aus der Vor-*Sanacja*-Zeit zurückging und dass sie einer weit verbreiteten militärischen Selbstbeschreibung der polnischen Gesellschaft entgegenkam. Grundsätzlich unterstrich die Begünstigung von Soldaten und Veteranen, dass Verdienste im Kampf öffentlich belohnt wurden. Zum 3. Mai 1929 kam es gegen Ende der Militärparade sogar dazu, dass Schaulustige gegen das autoritäre Gepräge der Veranstaltung aufbegehrten, indem sie die Abwehrreihen der Polizei sprengten oder gelockerte Polizeikordone nutzten, um auf den Platz zu strömen und einen Blick auf Generäle und andere militärische Würdenträger zu erhaschen. Tausende Zuschauer auf den Bürgersteigen grüßten dann begeistert die Soldaten auf ihrem Rückweg in die Kasernen.[102]

Ein ähnliches Spannungsfeld zwischen inhaltlicher Zustimmung und nonkonformistischem individuellen Verhalten boten die Volksfeste am Nachmittag und Abend, zu denen weite Bevölkerungskreise eingeladen waren. Dieses Festtagselement war wie kaum ein anderes geeignet, karnevalesken Stimmungen Raum zu geben, die die Beliebtheit und Anziehungskraft von Festen ganz wesentlich förderten. Solange es keine alternative politische Symbolik gab, stellten solche karnevalesken Elemente den staatlichen Macht- und Deutungsanspruch auch nicht in Frage.

Gegen die staatsnationale Inszenierung des 3. Mai kam konkreter Widerstand von der politischen Rechten nur vereinzelt und uneinheitlich zum Tragen.[103] In Westpolen etwa erklärte 1927 ein Teil der lokalen Militär- und Jugendverbände, die Festumzüge boykottieren zu wollen, wenn der regie-

---

[101] Święto narodu, in: Gazeta Warszawska, 3. 5. 1929, S. 3.
[102] Święto narodowe 3 maja, in: Gazeta Warszawska, 4. 5. 1929, S. 5.
[103] Kulak, Konstytucja 3 Maja, S. 93.

rungsnahe Schützenverband mitwirke.[104] Hingegen trat in Warschau bei der Militärparade der Schützenverband gemeinsam mit nationaldemokratisch orientierten Organisationen wie der 1866 in Lwów gegründeten Turnerbewegung *Sokół* (*Polskie Towarzystwo Gimnastyczne – Sokół*, „Polnische Turngesellschaft – Falke") und dem während des Ersten Weltkriegs etablierten Bund der Pfadfinder (*Związek Harcerstwa Polskiego*, ZHP) auf.[105]

Einen Ausweg aus dieser Unschlüssigkeit bot die Konzentration auf Festtagsaktivitäten, die sich der staatsnationalen Koordination weitgehend entzogen. Dazu gehörte in Warschau der Umzug von nationaldemokratisch gesonnenen Studentenkorps, der sich nach einem Gottesdienst morgens um 8 Uhr 30 im Botanischen Garten die Prachtstraßen al. Ujazdowskie, Nowy Świat und Krakowskie Przedmieście entlang zur Universität zog.[106] Während der Messe waren offizielle Vertreter der Universität mit dem Rektor an der Spitze zugegen, danach dominierten die Studentenkorps mit ihren Standarten und entblößten Degen.[107] Den von der *Sanacja* staatsnational inszenierten Nationalfeiertag versah die politische Rechte so mit eigenen Gestaltungselementen, ohne dass diese zu Ende der 1920er Jahre schon den Charakter einer Gegenveranstaltung annahmen.

Die katholische Kirche begegnete dem „neuen" 3. Mai mit nicht minder gemischten Gefühlen. Unterstützern der neuen Regierung wie dem Erzbischof von Warschau standen nationaldemokratisch-oppositionell orientierte Priester gegenüber. Eine Möglichkeit, die inneren Friktionen zu bewältigen, lag – ähnlich wie bei den Nationaldemokraten – darin, Ansätze für eine spezifisch katholische Ausprägung des 3. Mai weiterzuentwickeln.

Der traditionelle Kult der Heiligen Jungfrau Maria in Polen hatte während des polnisch-sowjetischen Kriegs im Sommer 1920 eine neue Facette erhalten, als – so die Legendenbildung – an Mariä Himmelfahrt polnische Truppen, Standarten mit dem Marienbildnis in der Hand, die bedrohte Hauptstadt Polens verteidigten. Die Mutter Gottes „nahm daraufhin unter ihren Mantel die ganze Nation und beseelte alle Schichten in dem einzigen Gedanken, sämtlichen Zank und Klassenkampf aufzugeben".[108] Stilisiert als Vertretung der ganzen Nation wandten sich konservative und katholische, häufig vom Gutsbesitzeradel dominierte Verbände mit der Bitte an die polnischen Bischöfe, einen festen Feiertag für die Königin Polens einzurichten.

---

[104] Strzelec i Trzeci Maja w Wielkopolsce i na Pomorzu, in: Gazeta Warszawska Poranna, 26. 4. 1927, S. 5.
[105] Święto narodowe 3 maja, in: Gazeta Warszawska, 4. 5. 1929, S. 5.
[106] Pochód korporacyjny w dniu 3 maja, in: Gazeta Warszawska, 2. 5. 1928, S. 1; Nabożeństwo w Ogrodzie Botanicznym, in: Polska Zbrojna, 3. 5. 1929, S. 9.
[107] Święto narodowe 3 maja, in: Gazeta Warszawska, 4. 5. 1929, S. 5.
[108] Nowicki, Pierwsze Święto, S. 7.

Papst Pius XI., der während des „Wunders an der Weichsel" 1920 als apostolischer Nuntius in Polen geweilt hatte, stimmte zu und legte den Feiertag auf den 3. Mai.[109] Dieser galt zwar nicht als offizieller kirchlicher Feiertag, doch die Gestaltung der Festgottesdienste sollte ebenbürtig sein.[110] Damit verlagerten sich die kirchlichen Festinhalte zum 3. Mai immer mehr vom Gedenken an die Verfassung von 1791 auf die Verehrung Mariens als Königin Polens.[111]

Wiederholt kam es aber zu einer Koexistenz staatsnationaler und nationaldemokratisch-kirchlicher Prägungen des 3. Mai. Gemeinsam wirkten nationaldemokratische Organisationen und katholische Kirche bei der Sammelaktion Nationale Gabe für die Bildungsarbeit privater Schulgesellschaften, für die sie 1927 die staatliche Approbation erhielten.[112] Mit den Spenden sollte die Gründung und Konsolidierung polnischsprachiger Grundschulen in den *Kresy* finanziert werden.[113] Ein weiteres anschauliches Beispiel boten Lehrerhandreichungen, Broschüren und Poesie-Sammlungen für den Schulunterricht. Diese Büchlein brachten Gelegenheitslyrik und Klassiker der polnischen Literatur in Auswahl. Unter den versammelten Autoren waren Schriftsteller wie Maria Konopnicka, die Verfasserin der *Rota*, Artur Oppman, der aus einer Warschauer deutschen Familie stammte und in seinen Werken die polnischen nationalen Aufstände des 19. Jahrhunderts romantisierte, oder Ignacy Baliński, der seit 1922 für den ZLN im Senat saß, aber auch in der zeitgenössischen Öffentlichkeit bekannte Publizisten wie Adam Grzymała-Siedlecki, der Leiter der *Polska Macierz Szkolna*, Józef Stemler oder der Lemberger Verfassungshistoriker Oswald Balzer. Darüber hinaus fehlten auch nicht Statements von Politikern wie Józef Piłsudski und Roman Dmowski.[114]

Die Übernahme des 3. Mai in den staatsnationalen Festkalender war somit weitgehend erfolgreich verlaufen. Die Verfassung von 1791 repräsen-

---

[109] Święto Królowej Korony Polskiej w dniu 3 maja, Warszawa 1925..
[110] Ks. A. Fajęcki: Święta obowiązkowe i zniesione, in: Wiadomości Archidiecezjalne Warszawskie, 18, 1928, S. 338 - 342.
[111] Jan Ziółek: Konstytucja 3 maja. Kościelno-narodowe tradycje święta [Towarzystwo Naukowe KUL, Prace Wydziału Historyczno-Filologicznego, Bd. 60], Lublin 1991, S. 99; Kulak, Konstytucja 3 Maja, S. 92.
[112] Badziak, Od święta narodowego, S. 201.
[113] AAN, MWRiOP, 161, Bl. 136; vgl. auch die Berichterstattung in der Presse: Święto narodowe w stolicy, in: Gazeta Warszawska, 3. 5. 1929, S. 1; Święto 3 maja w stolicy, in: Robotnik, 5. 5. 1930, S. 2.
[114] Marja Bogusławska (Hrsg.): Rocznice narodowe, Lwów - Warszawa 1926; Marja Dynowska: Nasze Rocznice. Wybór poezji i prozy na obchody narodowe, Kraków ²1926; Alicja Bełcikowska: Święto Trzeciego Maja. Popularny zarys dziejów konstytucji 3 maja 1791. Pieśni – Poezje, Warszawa 1932; Stemler, Trzeci maj, S. 41 - 49.

tierte allerdings keine originäre Leistung Piłsudskis und seiner Anhänger. Wünschenswert erschien daher die Installation eines neuen Feiertags. Da die Legionärstreffen zum 6. August bislang kaum über den Kreis der damals Beteiligten hinausgefunden hatten,[115] bot sich als neuer symbolträchtiger Anknüpfungspunkt von republikweitem Rang das zehnjährige Jubiläum der polnischen Unabhängigkeit, festgelegt für den 11. November 1928.

Der 11. November war zu diesem Zeitpunkt noch kein offizieller Staatsfeiertag.[116] Die Ansichten, wer welchen Anteil an der Erlangung der Unabhängigkeit hatte und an welchem Tag der Staatsgründung zu gedenken sei, gingen nach wie vor weit auseinander. Der *Sanacja*-Regierung war es aber selbstverständlich ein zentrales Anliegen, das Wirken Piłsudskis gegenüber den anderen Regierungsbildungen und Machtzentren in Polen im Oktober und November 1918 gebührend hervorzuheben. So stand der 11. November 1928 zuvorderst im Zeichen des Piłsudski-Kults als „doppelter Feiertag der Befreiung Polens und der Rückkehr des Führers der Nation aus dem Gefängnis".[117]

Wochen zuvor schon hatten Gemeinden im ganzen Land beschlossen, Józef Piłsudski zu ihrem Ehrenbürger zu ernennen.[118] Schulkinder sandten Grußadressen an den Marschall.[119] Gleichzeitig feierten Schulbuchautoren Piłsudski als denjenigen, der im Ersten Weltkrieg den „allgemeinen Kampf für die Freiheit der Völker" aufgenommen habe, für den Adam Mickiewicz in seiner Litanei eines Pilgers (*Litania pielgrzymska*), entstanden 1832 unter dem Eindruck des gescheiterten polnischen Novemberaufstands, einst gebetet hatte.[120] Dazu passend zeigte sich der Marschall gemeinsam mit Staatspräsident Mościcki am 9. November 1928 zur Warschauer Kinopremiere von *Pan Tadeusz*, einem der bekanntesten Werke Mickiewiczs, das den Kampf polnischer Adeliger an der Seite Napoleons während des Russlandfeldzugs 1811/12 zum Gegenstand hatte.[121] Die vielfachen Rühmungen

---

[115] Dzień 6-go sierpnia w stolicy i na prowincji, in: Polska Zbrojna, 7. 8. 1929, S. 3; ausführlich dazu Heidi Hein: Der Piłsudski-Kult und seine Bedeutung für den polnischen Staat 1926 - 1939 [Materialien und Studien zur Ostmitteleuropa-Forschung, Bd. 9], Marburg 2002, S. 218 - 226.

[116] Wapiński, Świadomość polityczna, S. 299.

[117] Program obchodu 10-ej rocznicy niepodległości, 7. 11. 1928, S. 5.

[118] APW, UW Warszawski, 26, Bl. 250, 275.

[119] Młodzież szkolna stolicy w 10-ą rocznicę niepodległości, in: Polska Zbrojna, 11. 11. 1928, S. 9.

[120] Dlaczego świętujemy dziesiątą rocznicę odzyskania Niepodległości 1918 - 1928? Warszawa 1928; Zofia Roguska: Przemówienie okolicznościowe do młodszych dzieci w dniu 11 listopada, in: dies. und Regina Korupczyńska: Święto niepodległości. Materjał na uroczystości szkolne w dniu 11 listopada, Warszawa ²1932, S. 3 - 10.

[121] Na uroczystej premjerze filmu „Pan Tadeusz", in: Polska Zbrojna, 10. 11. 1928, S. 7; Zofia Nałkowska: Warszawa 10 XI 1928, in: dies., Dzienniki, Bd. 3, S. 387 - 388.

Piłsudskis als aktiver Vorkämpfer für die Freiheit Polens zeigten, dass die in den ersten Nachkriegsjahren geführte Auseinandersetzung um die „richtige Methode" bei der Erlangung der Unabhängigkeit nun eindeutig entschieden werden sollte: zugunsten der „aktivistischen" Deutung, die die Anhänger Piłsudskis seit jeher vertreten hatten und die nun zum offiziellen Geschichtsbild der *Sanacja* gehörte. Aber nicht nur als Kämpfer erhielt Piłsudski Lob. Hoch angerechnet wurden ihm seine Leistungen beim Aufbau der polnischen Staatlichkeit: Piłsudski wurde zur Vaterfigur, zu einem „klugen und aufgeklärten Hausherrn" stilisiert.[122]

Der Piłsudski-Kult war nicht das einzige Deutungselement zum 11. November.[123] Über den Kult der Persönlichkeit hinaus war ein Kult des Militärischen virulent, der sich auch auf eine von den Legionen Piłsudskis unabhängige Traditionsbildung stützen konnte, etwa bei der Erinnerung an die Aufstände des 19. Jahrhunderts oder an die Grenzkämpfe der Jahre 1918 – 21.[124] In jedem Fall aber galt das Militär als Garant für die Macht und Stärke Polens. Dies schlug sich nicht zuletzt in der Schullektüre nieder: In vielen Gedichten, Anekdoten und Kurzgeschichten waren die Leistungen militärischer Führer und Verbände, insbesondere auch die neu geschaffene polnische Marine und Luftwaffe besonders häufige Motive.[125]

Ein noch junges Deutungselement zum 11. November war der Stolz auf das beim Aufbau der polnischen Staatlichkeit Erreichte. Ein einleuchtendes Narrativ war der Kontrast mit der Teilungszeit als Zeit der Unterdrückung und Rückständigkeit. Vor dieser Negativfolie geriet die Unabhängigkeit umso strahlender und die Geschichte Polens zur dichotomisch angelegten Erzählung von Richtig und Falsch, Gut und Böse. Dabei begegnete das unabhängige Polen den Schülerinnen und Schülern vorrangig in Gestalt staatlicher Würdenträger wie Wojewoden und Starosten, Beamten und Lehrern, aber auch im Wirken von Sejm und Senat.[126] Die Wertschätzung parlamentarischer Institutionen in einem autoritären Umfeld war nur auf den ersten Blick erstaunlich. Hier setzte sich eine Deutungslinie fort, die schon zu Beginn der Zweiten Republik den Wert des Sejm weniger in seiner demokratischen Funktion als in seiner Eigenschaft als Repräsentanz der Nation sah.

---

[122] Als Beispiele: Władysław Ludwik Ewert: On, in: Polska Zbrojna, 11. 11. 1928, S. 1; Dlaczego świetujemy. Ausführlich zu einzelnen Topoi: Hein, Piłsudski-Kult, S. 270 - 299.
[123] So die These von Hein, Piłsudski-Kult, S. 325.
[124] 10-lecie zmartwychstania Polski, in: Wiadomości Archidiecezjalne Warszawskie, 18, 1928, S. 299 - 301.
[125] Einen ersten Eindruck bietet bereits das Inhaltsverzeichnis von: Roguska/Korupczyńska, Święto niepodległości.
[126] Dlaczego świętujemy, S. 10 - 13, 28.

Die Bevölkerung Polens sollte beim rühmenden Blick auf die Erfolge des eigenen Landes nicht außen vor bleiben. Vielmehr entsprach es dem Integrationsverständnis des Staatsnationalismus, die gemeinschaftliche Arbeit aller Staatsbürger hervorzuheben und einen Appell an alle zu richten, auch „mit einem kleinen Ziegelsteinchen zum Gebäude der großen Republik" beizutragen.[127] Das politische Ideal der *Sanacja* war die gelenkte Partizipation einer unter den Auspizien von Staat und Armee „organisierten" Gesellschaft.[128]

Den geplanten Ablauf des 11. November 1928 dokumentierte ein Leitfaden des Religions- und Bildungsministeriums. Im ganzen Land war dieser Tag außergewöhnlich feierlich zu begehen. In allen Städten und Dörfern sollten Organisationskomitees entstehen, die nicht nur den eigentlichen Feiertag planen, sondern auch „lebende" Denkmäler setzen sollten in Form von Fürsorgeeinrichtungen, Waisenhäusern für die Hinterbliebenen der Unabhängigkeitskämpfer oder Mutter-Kind-Heimen.[129] Tatsächlich kam es selbst in der wirtschaftsschwachen ländlichen Region nördlich von Warschau es zu zahlreichen solchen „lebenden" Denkmälern: In Mława entstand eine Fachschule für Landwirtschaft und Handwerk, deren Namenspatron Józef Piłsudski war, im Kreis Pułtusk beabsichtigte die Gemeinde Wyszków den Bau eines Volkshauses, die Gemeinde Nasielsk den Bau einer Grundschule und die Stadt Serock eine Handwerksschule, die ebenfalls alle den Namen des Marschalls tragen sollten.[130]

Besondere Aufmerksamkeit galt der Schuljugend: Sie sollte gemeinsam mit den Lehrern als Teil der „organisierten" Gesellschaft in großer Zahl an den Feiern teilnehmen. Schon im ersten Heft des neuen Schuljahrs 1928/29 rief die Schülerzeitschrift *Płomyk* („Kleine Flamme") ihre jungen Leser zu einem feierlichen Begehen des Jubiläums auf, erschienen Gedichte oder Theaterstücke zum *Dziesięciolecie*, zum „Zehnjährigen".[131] Das Religions- und Bildungsministerium bestimmte den Samstag, 10. November, zum Schulfeiertag. Statt regulären Unterrichts sollte ein Gottesdienst mit einer dem Anlass entsprechenden, erbauenden Predigt in der örtlichen Pfarrkirche oder in der Schulkapelle stattfinden, anschließend eine Matinee mit der Ansprache eines Lehrers oder Elternratsmitglieds sowie eines Schülers oder einer Schülerin. Danach konnte ein feierliches Defilee sämtlicher Schüler vor dem

---

[127] Zofia Roguska: Przemówienie okolicznościowe do młodszych dzieci w dniu 11 listopada, in: dies./Korupczyńska, Święto niepodległości, S. 10; ähnliches Motiv: Dlaczego świętujemy, S. 29.
[128] Vita: Signum temporis, in: Polska Zbrojna, 1. 3. 1928, S. 1.
[129] AAN, MWRiOP, 408, Bl. 329 - 330.
[130] APW, UW Warszawski, 26, Bl. 275, 299. Weitere Ehrenbürgerschaften: ebd., Bl. 319.
[131] „Płomyk" i „Płomyczek", in: Głos Nauczycielski, 12, 1928, S. 434.

Schuldirektor die vormittäglichen Aktivitäten beschließen. Abends sahen die Programmempfehlungen eine Schultheatervorstellung für Kinder und Eltern vor. Für Warschau war schließlich eine Manifestation sämtlicher Schulen vorgesehen: Nach Gottesdiensten in den verschiedenen Kirchen der Stadt sollten mehr als 10.000 Kinder zum Grab des Unbekannten Soldaten ziehen und dort Kränze niederlegen.[132]

Auch im Bereich der Schule wurde die Idee eines „lebenden" Denkmals forciert. Aus unterschiedlichen Vorschlägen der einzelnen Klassen sollte ein gemeinsames Schulprojekt ausgewählt und bei der Matinee am 10. November präsentiert werden. Dabei konnten sich auch mehrere Schulen auf ein Denkmal einigen, das in der ganzen Stadt oder im ganzen Landkreis für Beachtung sorgen sollte. Lehrer und Elternratsmitglieder sollten die Pläne der Schüler leitend unterstützen, Schuldirektoren, Inspektoren und Visitatoren die Festtagsvorbereitungen inspizieren, damit es eine „machtvolle Demonstration freudiger und erhabener Gefühle" werde.[133]

Der 11. November 1928 musste für die *Sanacja* zu einem Erfolg werden. Mit einem reibungslosen und große Teile der Bevölkerung ansprechenden Verlauf des zehnten Jahrestags konnte die Machtergreifung von 1926 nachträglich als gut und richtig bestätigt werden. Die Quellen der amtlichen Berichterstattung sind daher nur mit Vorsicht heranzuziehen. Viele Vertreter der staatlichen Verwaltung standen unter dem Druck, ein erfolgreiches Festtags-Management vor Ort nachweisen zu müssen und neigten dazu, im Vorfeld des zehnjährigen Unabhängigkeits-Jubiläums eine Verminderung gesellschaftlicher und politischer Konflikte zu konstatieren.[134] Unter autoritärer Obhut waren am 11. November 1928 vielmehr die im Vorfeld wohl abgewogenen Festtagskomponenten zu realisieren: die Verbindung von nationalen Werten und gesellschaftlicher Aufbauleistung, von staatlicher Machtdemonstration und emotionaler Zugewandtheit.

Auch wenn es sich bestens in die staatsnationalen Integrationsvorstellungen fügte – die zum 11. November 1928 vielfach bekundete Empathie war keineswegs nur ein Ergebnis soziotechnischen Kalküls. Vielmehr zeigte sich eine tatsächlich vorhandene persönliche Anteilnahme in breiten Schichten der Bevölkerung gerade darin, dass zum zehnten Unabhängigkeitstag auch nationale Denkfiguren artikuliert wurden, die nicht unmittelbar dem Deutungsfundus der *Sanacja* entsprangen. Hierzu zählten organizistische Beschreibungen der polnischen Nation als Familie oder als „unzer-

---

[132] Młodzież szkolna stolicy w 10-ą rocznicę niepodległości, in: Polska Zbrojna, 11. 11. 1928, S. 9.
[133] AAN, MWRiOP, 408, Bl. 329 - 330.
[134] APW, UW Warszawski, 26, Bl. 383.

trennlicher Körper"[135], aber auch die Charakterisierung des Unabhängigkeitskampfes als „unbewaffnet, still, aber erbittert und kompromisslos".[136] Dies alles waren Motive und Attribute, die eher an die „organische Arbeit" gemahnten als an die militärische Risikobereitschaft Piłsudskis.

Von hier aus war es freilich nicht weit zu oppositionellen Haltungen. Vor allem Anhänger der politischen Rechten führten den 15. August als eigentlichen Nationalfeiertag ins Feld,[137] da dieser nicht nur das „Wunder an der Weichsel" gebracht hatte, sondern auch mit Mariä Himmelfahrt zusammenfiel. Eine Gutsbesitzerin berichtete davon, wie sie ihre Feier der zehnjährigen Unabhängigkeit Polens auf den Sommer legte und sich in lokalem Rahmen an einer Theatervorstellung der Jugend mit Szenen aus *Pan Tadeusz* und Tänzen wie dem *Krakowiak* erfreute. Die republikweiten staatlichen Feierlichkeiten am 11. November 1928 bewertete sie dagegen als eintönig.[138]

Das SN beging seine Feiern zur Staatsgründung zwar im Umkreis des 11. November, bemühte sich aber, Hinweise auf Piłsudski weitgehend zu vermeiden.[139] Auf einer akademischen Feier in Warschau sprach der Sejm-Abgeordnete Zygmunt Berezowski vielmehr den geistigen Vätern der nationaldemokratischen Bewegung, Jan Ludwik Popławski, Zygmunt Balicki und Roman Dmowski, sowie den Generälen Józef Haller, dem Helden von Radzymin 1920, und Józef Dowbór-Muśnicki, dem Helden des Großpolnischen Aufstandes 1919, die entscheidenden Verdienste um die Unabhängigkeit zu.[140] Als hilfreich erwies sich für die Interpretation der politischen Rechten die Metaphorik der katholischen Kirche, die die Erlangung der Unabhängigkeit als „Auferstehung" Polens feierte und einem Wunder Gottes zuschrieb.[141] Die schon in den ersten Nachkriegsjahren etablierte religiöse Ausdeutung der Staatsgründung, die dazu angetan war, die Rolle Piłsudskis im November 1918 stillschweigend zu übergehen, war in kirchli-

---

[135] Dlaczego świętujemy, S. 7.
[136] Zofia Roguska: Przemówienie okolicznościowe do młodszych dzieci w dniu 11 listopada, in: dies./Korupczyńska, Święto niepodległości, S. 5.
[137] APW, UW Warszawski, 46, Bl. 459 - 460.
[138] H. Wilanowska: Jak pani uczciła Dziesięciolecie Niepodległości Polski? in: Ziemianka Polska, 1929, H. 4, S. 18 - 19.
[139] AAN, MSW, 849, Bl. 114.
[140] Poufny Komunikat Informacyjny nr 147 (20 XI 1928), in: Ministerstwo Spraw Wewnętrznych (Hrsg.): Komunikaty Informacyjne Komisariatu Rządu na m. st. Warszawę, Bd. 2, H. 2 (3 lipca 1928 - 27 grudnia 1928), Warszawa 1993, S. 418.
[141] 10-lecie zmartwychstania Polski, in: Wiadomości Archidiecezjalne Warszawskie, 18, 1928, S. 299 - 301.

chen Kreisen so dominant, dass selbst Kardinal Aleksander Kakowski sich ihr in seinem Hirtenbrief zum 11. November 1928 nicht verweigerte.[142]

Ein weitaus größeres Problem stellte für das staatsnationale Festtagskonzept dar, dass viele Gottesdienste am 11. November sich kaum von üblichen Gottesdiensten unterschieden. Dabei bekamen im ländlichen Raum Feiertage oft erst dann ihre eigentliche Bedeutung, wenn sich die Kirche ihrer annahm. Angesichts der mentalitätsprägenden Rolle der katholischen Kirche schätzten Anhänger der *Sanacja* durchaus nüchtern ein, dass sich der 11. November erst durchsetzen könne, wenn er so feierlich begangen werde wie ein kirchlicher Feiertag.[143] Verärgert registrierten daher Regierungsbeamte, wenn Pfarrer bei ihren Predigten verkündeten, die Auferstehung Polens sei dem Polnischen Nationalkomitee in Paris zu verdanken, an dessen Spitze Dmowski und Paderewski standen,[144] oder wenn am 11. November in einigen Pfarreien gar Trauergottesdienste oder überhaupt keine Gottesdienste abgehalten wurden.[145]

Auch die politische Linke beurteilte die Feier des 11. November 1928 skeptisch. Ein Kommentator der Wochenzeitung *Wyzwolenie* etwa nannte als Eindrücke von den Warschauer Festivitäten eine „amtsmäßige Parade" und „viel künstlichen Glanz" und vermisste „echte, ausgelassene, zukunftsgewisse Freude".[146] Dafür tat sich die politische Linke mit Gegenveranstaltungen zum staatsnational dominierten 11. November 1928 hervor. Im Zentrum der Erinnerung stand die für nur wenige Tage im November 1918 aktive, von PPS und PSL-Wyzwolenie dominierte Provisorische Volksregierung der Republik Polen in Lublin. Die PPS hielt akademische Feiern in Warschau und anderen Städten des Landes ab.[147] An der Warschauer Veranstaltung nahm auch der damalige Ministerpräsident der Volksregierung, Ignacy Daszyński, teil. Daszyński befand sich allerdings in einer zwiespältigen Lage: Schon in Vorkriegszeiten hatte er als führender Politiker der galizischen Sozialisten mit Piłsudski kooperiert, hatte ihm dann im November 1918 die vorbehaltlose Unterstützung der Volksregierung zugesichert und zeigte sich 1926 als Befürworter des Mai-Umsturzes. Mit großer Sorge betrachte Daszyński aber in der Folgezeit die Spaltung der PPS in einen regie-

---

[142] Aleksander Kardynał Kakowski, 15. 10. 1928, in: Wiadomości Archidiecezjalne Warszawskie, 18, 1928, S. 327 - 328.
[143] F. A.: Kilka słów w sprawie obchodu świąt narodowych, in: Głos Nauczycielski, 15, 1930, S. 206.
[144] APW, UW Warszawski, 26, Bl. 383.
[145] APW, UW Warszawski, 46, Bl. 459 – 460; M. K.: Nie wiedzą, co czynią..., in: Głos Nauczycielski, 14, 1930, S. 10 - 11.
[146] Chłop-ochotnik: Po rocznicowym święcie, in: Wyzwolenie, 2. 12. 1928, S. 2.
[147] AAN, MSW, 849, Bl. 118 - 120.

rungstreuen und einen oppositionellen Teil und zunehmend kritisch begleitete er die autoritäre Entwicklung der *Sanacja*.

Das zentrale Gedenken an die Provisorische Volksregierung fand unter Federführung des von inneren Spaltungstendenzen weit weniger betroffenen PSL-Wyzwolenie am 7. und 8. November 1928 in Lublin statt. Auf der öffentlichen Kundgebung sprachen Redner von PSL-Wyzwolenie, PPS und SCh, die das undemokratische Gebaren der *Sanacja*-Regierung scharf kritisierten. Auf dem Partei-Kongress des PSL-Wyzwolenie, der zeitgleich in Lublin tagte, verabschiedeten die Delegierten eine Resolution, wonach sich Polen in den zehn Jahren seiner Unabhängigkeit „erheblich von der Verwirklichung der Aufgaben, wie sie die Lubliner Volksregierung vorsah, entfernt hatte". Zu diesen Aufgaben zählten nicht nur die Etablierung einer republikanischen Verfassung, sondern auch die Berücksichtigung von „Zielen, Bedürfnissen und Rechten der arbeitenden Klassen". Als „besonders schmerzlich" empfand das PSL-Wyzwolenie, dass der einstige „Führer des einfachen Volkes im Kampf um die Unabhängigkeit", Józef Piłsudski, nun die Bevölkerung von der Teilhabe in Politik, Wirtschaft und Gesellschaft fernhielt.[148]

Typisch für die Kritik der Linken war, dass sie nicht nur die Einschränkung von staatsbürgerlichen Rechten, sondern auch die Zementierung sozialer Ungleichheit ins Feld führten. In umso leuchtenderen Farben erstrahlte dagegen das Bild der Volksregierung von 1918.[149] Damit unternahm die politische Linke den Versuch, dem Piłsudski-Kult, dem staatsnationalen Leistungsstolz und der „organisierten" Gesellschaft zum zehnten Jahrestag der Unabhängigkeit in Lublin einen Erinnerungsort demokratischer und „volkspolnischer" Traditionen entgegenzustellen.[150]

Die amtlichen Berichterstatter waren verständlicherweise daran interessiert, die Lubliner Veranstaltung in ihrer Bedeutung zu marginalisieren und berichteten, dass die öffentlichen Versammlungen blass und wenig ernstzunehmend ausfielen. Sie zählten lediglich 3.000 bis 4.000 Teilnehmer, die vor allem aus Lublin und Umgebung stammten. Unerwähnt blieb wohlweislich in den amtlichen Quellen, dass die Opposition nicht mit der gleichen organisatorischen Machtfülle ausgestattet war und dass das autoritäre Regime, wie die Erfahrungen der ersten Sejm-Wahl unter den neuen Bedingungen ein gutes halbes Jahr zuvor gezeigt hatten, gezielt zu intervenieren wusste.

---

[148] AAN, MSW, 849, Bl. 123.
[149] Ebd., Bl. 117.
[150] W przededniu wielkiej manifestacji w Lublinie, in: Wyzwolenie, 4. 11. 1928, S. 1; Jasiek z Lipnicy: Rocznicowe rozważania, in: Wyzwolenie, 11. 11. 1928, S. 3 - 4; Wspaniały przebieg uroczystości w Lublinie w dniu 7 listopada, in: Wyzwolenie, 11. 11. 1928, o. S.

1.3 Die Umsetzung des neuen Kurses in der Schule

Die staatsnationale Doppelstrategie von Integration und Intervention nicht nur situativ in Wahlkämpfen und bei politischen Festen, sondern stetig anzuwenden – dafür bot sich das Schulwesen an. Die Schule war die wichtigste und der Bevölkerung nächste staatliche Einrichtung. Umgekehrt war an der Haltung der Gesellschaft zur Schule *pars pro toto* die Haltung der Gesellschaft zum Staat ablesbar.

Die aus der Perspektive der späten 1920er Jahre getroffenen Einschätzungen über das Schulwesen in Polen konnten unterschiedlicher kaum sein. Die optimistische Variante sah die Entwicklung seit der Unabhängigkeit als „herrlich" an: Die Bevölkerung habe in die Lehrer Vertrauen gewonnen; heute erkenne jeder Bauer und Arbeiter den Wert und die Bedeutung der Bildung an. Dies sei der Ausdauer, dem Fleiß und der Gewissenhaftigkeit der Lehrer zu verdanken: Ihre „stille, tägliche, mühsame Arbeit" habe wesentlich zur inneren Einigung des Landes beigetragen.[151]

Gemessen an der Ausgangssituation 1918 waren Erfolge bei der Bekämpfung des Analphabetismus in der Tat nicht zu verkennen. Für eine Mehrheit der Lehrervertreter und Pädagogen schienen allzu überschwängliche Reaktionen freilich nicht recht am Platze zu sein. Auf dem zehnten ZPNSP-Kongress vom 1. bis 4. November 1928 in Warschau war sogar die Rede davon, dass das Grundschulwesen dicht vor einer Katastrophe stünde.[152] Trotz Schulpflicht ging immer noch eine nennenswerte Zahl der Kinder nicht in die Schule – im ehemaligen Kongresspolen etwa 10 %, in den östlichen Wojewodschaften sogar bis zu einem Viertel der Kinder. Selbst in der Hauptstadt Warschau waren mehrere tausend Kinder ohne Unterricht.[153] Als Hauptursache galt den Lehrervertretern der fortbestehende Mangel an Schulgebäuden und Lehrern. Angesichts der geburtenstarken Jahrgänge seit Erlangung der Unabhängigkeit war für die 1930er Jahre bei ausbleibenden Investitionen mit einer weiteren Verschlechterung der Lage zu rechnen.[154] Auch der Schulbesuch gestaltete sich nicht ohne Probleme. Häufig lernten die Kinder wegen der beengten Raumverhältnisse in

---

[151] Jan Frey: Nauczyciel, jako czynnik siły społeczno-państwowej, in: Głos Nauczycielski, 12, 1928, S. 55.
[152] Przemówienie Prezesa Nowaka, in: Głos Nauczycielski, 12, 1928, S. 516 - 519.
[153] Brak miejsca w szkołach, in: Glos Nauczycielski, 15, 1930, S. 83; Stefan Kopciński: Wybory do Rady Miejskiej a szkolnictwo, in: Robotnik, 7. 5. 1927, S. 1.
[154] Stefan Kopciński: Wybory do Rady Miejskiej a szkolnictwo, in: Robotnik, 7. 5. 1927, S. 1; Nawiążmy do chlubnej tradycji, in: Głos Nauczycielski, 20 (30), 1935, S. 113; Nauczycielsocjalista: Na Alarm! Zamach na 7-klasową szkołę powszechną, in: Robotnik, 7. 5. 1931, S. 1.

zwei, mitunter gar in drei Schichten. Im ländlichen Raum bereitete die mangelnde Frequentierung der Grundschulen außerhalb des Winterhalbjahrs weiterhin Sorge. In einigen Teilen der Landbevölkerung hielt sich noch bis in die 1930er Jahren die Ansicht, dass die Schule die Kinder von den dringend benötigten Hilfsarbeiten auf dem Feld fernhalte: „Sobald der Schnee auf den Feldern schmilzt, geht auch der Schulbesuch der Dorfkinder zurück". Kontroll- und Ahndungsversuche von Seiten der Schule waren häufig zur Wirkungslosigkeit verurteilt.[155]

Die *Sanacja* versuchte nun, die notwendigen Reformen mit einer inhaltlichen Neuausrichtung zu verbinden. Dieses Anliegen verband sich eng mit der Person des seit 1929 amtierenden Religions- und Bildungsministers Sławomir Czerwiński. Als ausgebildeter Polnischlehrer und Direktor eines Gymnasiums in Ostrowiec Świętokrzyski war er gleich 1919 ins Ministerium gekommen und hatte dort in den 1920er Jahren eine rasche Karriere bis zum Staatssekretär durchlaufen. Czerwiński kündigte an, ein neues System „staatlicher Erziehung" (*wychowanie państwowe*) zu schaffen. Leitgedanke war der Dienst am Staat, Hauptgegner waren die mentalen Prägungen der Teilungszeit: Damals habe als „guter polnischer Patriot" gegolten, wer den Staat bekämpfte oder zumindest den Staat für sein eigenes Interesse ausnutzte, damals „kannten die Bürger nur ihre Rechte, dachten aber nicht an ihre Pflichten".[156] Die „staatliche Erziehung" sollte nun zur Entstehung eines neuen „Staatsbürger"-Bewusstseins sowie einer kollektiv und „solidarisch" organisierten Gesellschaft beitragen.[157]

Nach dem frühen Tod Czerwińskis konnte unter dem nachfolgenden Religions- und Bildungsminister Janusz Jędrzejewicz am 11. März 1932 das Schulreformgesetz den Sejm passieren. Um für die Neuausrichtung der Schule im Sinne der „staatlichen Erziehung" möglichst breite Resonanz zu erzielen, standen die Geschicke der Grundschule im Zentrum der Reform. Geplant war eine Ausdifferenzierung dieser Schulstufe in drei verschiedene Level je nach Größe und Einzugsbereich der einzelnen Schule, wobei auf

---

[155] W. Polkowski: Frekwencja w wiejskiej szkole powszechnej, in: Robotnik, 5. 8. 1929, S. 2; Antoni Żabko-Potopowicz: Wieś polska w świetle polskich prac naukowych i publicystycznych z okresu po uwłaszczeniu włościan, in: Roczniki Socjologii Wsi, 2, 1937, S. 140 - 141; hierzu auch Mędrzecki, Młodzież wiejska, S. 158.

[156] Najważniejsze zagadnienie wychowawcze, in: Głos Nauczycielski, 15, 1930, S. 205; ähnlich auch Postępy w pracy oświatowej w Polsce w ostatniem czteroleciu, in: Polska Zbrojna, 11. 11. 1930, S. 28.

[157] Stanisław Łempicki: Polskie tradycje wychowawcze, Warszawa 1936, S. 203 - 216; Kalina Bartnicka: Koncepcja wychowania państwowego, in: Miąso, Historia wychowania, S. 58 - 63; Krzysztof Jakubiak: Wychowanie państwowe jako ideologia wychowawcza Sanacji. Kształtowanie i upowszechnianie w periodycznych wydawnictwach społeczno-kulturalnych i pedagogicznych, Bydgoszcz 1994, S. 44 - 56.

jeden Fall die Gesamtdauer der Schulzeit sieben Jahre betragen sollte.[158] Ein höheres Prestige der Grundschule war zu erreichen, wenn der Zugang zu den Gymnasien nun an den Grundschulbesuch geknüpft war und nicht mehr allein an Eingangsexamina, die oft erst mit Hilfe privat finanzierter Prüfungsvorbereitungen zu meistern waren.[159] Programmatisch war die Zusammenfassung der Abteilungen für Grundschulen und Mittelschulen zu einer gemeinsamen Abteilung für allgemeinbildende Schulen im Religions- und Bildungsministerium. Beide Schulstufen in ein gemeinsames System zu integrieren, setzte eine bessere Abstimmung der Lehrpläne voraus. Die im Gefolge der Schulreform lancierten neuen Lehrpläne sollten der „positivistischen" Überladung des Unterrichtsstoffs nach Usus des 19. Jahrhunderts ein Ende bereiten. Gekürzt wurde beim Fremdsprachenunterricht und bei der außerpolnischen Geschichte, allerdings auch beim Lektürepensum für den Polnischunterricht.[160] Im Mittelpunkt sollte die Beschäftigung mit dem eigenen Staat stehen.

Wären die Idee der „staatlichen Erziehung" und die Reform des Schulwesens nur Direktiven der *Sanacja* gewesen, ließe sich das gegen Ende der 1920er Jahre zunächst große zustimmende Echo kaum erklären. Die Reformideen gewannen insbesondere vor dem Hintergrund eines als rasant wahrgenommenen gesellschaftlichen Wandels und einer demgegenüber als „alt, ängstlich und konservativ" erscheinenden Schule[161] rasch an Glanz. Ähnlich wie bei der Zehn-Jahres-Feier der Unabhängigkeit am 11. November 1928, als das staatsnationale Integrationsangebot der *Sanacja* auf tatsächlich in der Bevölkerung vorhandene Empathie traf, kamen die regierungsamtlichen Pläne für die Schule den zeitgenössischen pädagogischen Strömungen in Polen entgegen.

Am wirkungsmächtigsten war die Haltung des Lehrerverbands ZPNSP. Organisatorisch gestärkt durch die im Juli 1930 erfolgte Fusion mit dem Verband der Mittelschullehrer (ZZNPSŚ), signalisierte der neue und einprägsamere Name Verband der polnischen Lehrerschaft (*Związek Nauczycielstwa Polskiego*, ZNP) einen Anspruch deutlich über die Klientel der Grundschullehrerschaft hinaus. Gab es bereits in den Anfangsjahren der Zweiten Republik im ZPNSP eine staatsnahe Strömung, so ebneten deren Anhänger

---

[158] Stanisław Mauersberg: Ustawa o ustroju szkolnictwa z 11 marca 1932 roku, in: Miąso, Historia wychowania, S. 63 - 66.
[159] M. Lichtenstein: Podkopywanie powagi szkoły powszechnej, in: Głos Nauczycielski, 15, 1930, S. 160; B. Chrzan.: Przyczyny upośledzenia szkół powszechnych, in: Głos Nauczycielski, 15, 1930, S. 139 - 141.
[160] Wanda Garbowska: Nowy program nauczania, in: Miąso, Historia wychowania, S. 66 - 67.
[161] Dest.: O nową szkołę, in: Głos Nauczycielski, 15, 1931, S. 396.

nun im ZNP den Weg für eine rasche Adaption des staatsnationalen Integrationsanspruchs.

Typisch für viele Pädagogen im ZNP war allerdings die Verknüpfung staatsnationaler und idealistisch-humanitärer Vorstellungen. Demnach war die Schule als „einzige Institution dazu in der Lage, die höchsten Ideale der Menschheit in ihrer Verwirklichung voranzubringen und gleichzeitig unsere Gesellschaft in neue Höhen zu führen".[162] Drängend blieb vor allem die Verbindung von nationaler und sozialer Frage. Das Engagement des ZNP gegen soziale Segregationstendenzen im Bildungswesen trug Elemente des „volkspolnischen" Nationsentwurfs weiter. Der vom ZNP in diesem Zusammenhang häufig verwendete Begriff der „Demokratie" war vor allem egalitär gemeint: Die Lehrer sollten nicht nur dafür kämpfen, dass jedes Kind in Polen eine Schulbildung erhalten konnte, sondern auch dafür, dass möglichst viele Kinder vermögender und gebildeter Eltern in die Grundschule gingen: Erst dann befinde sich die neue Schulform im „Mittelpunkt des Interesses und der Sorge aller gesellschaftlicher Schichten", sei die Grundschule wirklich eine „allgemeine" Schule.[163]

Entsprechend der Vielgestaltigkeit schulischen Lebens gab es für die praktische Umsetzung der „staatlichen Erziehung" verschiedene Ausdrucksformen. Als Ideal galt ein Gleichgewicht zwischen körperlicher, geistiger und moralisch-ethischer Entwicklung der polnischen Jugend.[164] Gegenüber den Anfangsjahren der Zweiten Republik verstärkte sich die Tendenz, Normen und Werte statt „reinen", klassisch-humanistischen Wissens zu vermitteln, wie dies gerne dem 19. Jahrhundert zugeschrieben wurde.[165]

Der Geschichtsunterricht bot wichtigen Aufschluss über den Paradigmenwechsel. Leitmotiv sollte das kollektive Wirken der polnischen Nation sein. Eine Abgrenzung versuchten die Anhänger der „staatlichen Erziehung" daher gegenüber dem „Vorkriegs-Patriotismus" vorzunehmen: Verehrung habe damals individuellen Helden gegolten, die in Aufständen, mit Sabotage und Attentaten gegen die schier übermächtigen Teilungsmächte kämpften. „Dieses destruktive Verhalten hat sich in unser Unterbewusstsein eingefressen und hat bei uns die Begriffe Nation, Staat, Regierung und Par-

---

[162] Józef Milenkiewicz: Nauczyciel, jako wychowawca i obywatel, in: Głos Nauczycielski, 12, 1928, S. 481.

[163] B. Chrzan.: Przyczyny upośledzenia szkół powszechnych, in: Głos Nauczycielski, 15, 1930, S. 139 - 141, Zitat: S. 140; B. Chrzan.: Przyczyny upośledzenia szkół powszechnych. Dokończenie, in: Głos Nauczycielski, 15, 1930, S. 155 - 157.

[164] Józef Milenkiewicz: Nauczyciel, jako wychowawca i obywatel, in: Głos Nauczycielski, 12, 1928, S. 481 - 483.

[165] Nauczyciel związkowiec, jako działacz państwowy, in: Głos Nauczycielski, 15, 1931, S. 401 - 403; Łempicki, Polskie tradycje, S. 227 - 228.

teien durcheinander gewirbelt". Zwar werde das Vaterland Polen geliebt, nicht aber seine Regierungen.[166] Als idealer polnischer Staatsbürger galt nun nicht länger der „Märtyrer, Partisan oder Verschwörer", sondern derjenige, der „fähig ist, alles für die Verteidigung des Vaterlands zu geben" und der dabei „um das kollektive Leben der Nation weiß, staatsbürgerliche Verantwortung empfindet, gewissenhaft seine staatsbürgerlichen Pflichten erfüllt und voller Liebe ist zum Vaterland und seinen Landsleuten".[167]

Das Einüben kollektiver Verhaltensweisen und gesellschaftlichen Engagements im staatsnationalen Sinne wurde aber nicht nur durch Unterrichtsinhalte vermittelt, sondern auch durch praktische Gepflogenheiten: Die Schüler hatten zu lernen, Aufgaben in gemeinschaftlicher Anstrengung zu lösen und sich jeweils am zugewiesenen Platz in der Gruppe zu bewähren.[168] Als förderlich für die Gewöhnung an das „kollektive Leben" galten Sport, Aktivitäten in der schulischen Selbstverwaltung oder die Übernahme kleinerer Dienstpflichten in der Schule, die in einer militärischen Sprache als „staatsbürgerliche Musterung" bezeichnet wurden.[169]

Ein populäres Vermittlungsorgan für das Konzept der „staatlichen Erziehung" waren die beliebten, vom ZNP herausgegebenen und wöchentlich erscheinenden Schülerzeitschriften, der bereits 1917 gegründete *Płomyk* und seine jüngeren Geschwister *Płomyczek* und *Mały Płomyczek* die in den 1930er Jahren eine Auflage von rund 500.000 Exemplaren erreichten. Eine regierungsamtlich geförderte Zeitschrift war *Kuźni młodych* („Schmieden der Jugend"): Sie bezog ihre Attraktivität aus einer aufwändigen Machart mit mehrfarbigem Druck bei einem gleichzeitig niedrigen Verkaufspreis.[170] An die Lehrer richtete sich ebenfalls eine Reihe von pädagogischen Zeitschriften, die vom Religions- und Bildungsministerium herausgegeben, subventioniert oder zumindest empfohlen wurden.[171]

Besondere Höhepunkte im Schuljahr waren Schulfeste und Schulausstellungen. Sie boten nach Ansicht vieler Pädagogen „großes erzieherisches Kapital" zur Förderung staatsbürgerlichen Bewusstseins. Entscheidend war

---

[166] St. Dobraniecki: Nauczyciel związkowiec jako działacz państwowy, in: Głos Nauczycielski, 15, 1931, S. 504, 507.

[167] Nauczyciel związkowiec, jako działacz państwowy, in: Głos Nauczycielski, 15, 1931, S. 444; zum Heldenbegriff der „staatlichen" Erziehung auch Łempicki, Polskie tradycje, S. 204 - 205, 226 - 227.

[168] Józef Milenkiewicz: Nauczyciel, jako wychowawca i obywatel, in: Głos Nauczycielski, 12, 1928, S. 481 - 483.

[169] F. Sadowski: Realne problemy wychowania państwowego, in: Głos Nauczycielski, 15, 1930, S. 57 - 59, 73 - 75.

[170] Szkodliwa propaganda, in: Gazeta Warszawska, 30. 4. 1932, S. 3.

[171] Detaillierte Vorstellung der einzelnen Zeitschriften bei Jakubiak, Wychowanie państwowe, S. 73 - 162.

dabei, die Veranstaltungen methodisch gezielt vorzubereiten. Die Fähigkeit, die Kinder und Jugendlichen wirksam anzusprechen, erwies sich als eigentliche Herausforderung. Wie schon zu Beginn der Zweiten Republik dienten die Schulfeste des 19. Jahrhunderts als Negativbeispiel, da sie von stereotypen Formeln und Ritualen gekennzeichnet gewesen seien.[172] Wie schon in den ersten Jahren der Unabhängigkeit wurde die Gedenkpraxis der Teilungszeit als „Totenkult" abgelehnt; Aufbruchstimmung und Gestaltbarkeitseuphorie gaben den Zeitgeist vor. Nach staatsnationalen Vorstellungen sollte die Feier nationaler Feste in der Schule aber nicht mehr allein von Lebendigkeit, Stärke und Dynamik, sondern nun vor allem auch von gemeinschaftlicher Mobilisierung und Stolz auf die Errungenschaften der Zweiten Republik geprägt sein.[173]

Zehn Jahre nach Erlangung der Unabhängigkeit schlug schließlich die Stunde der Leistungsschauen. Was in großem Stil die Allgemeine Landesausstellung (*Powszechna Wystawa Krajowa*) in Poznań 1929 leistete, war in kleinerem schulischem Rahmen etwa im Gebäude des Warschauer Staatlichen Mädchengymnasiums Königin Jadwiga am pl. Tzech Krzyży zu bewundern: In der Ausstellung des Schulkuratoriumsbezirks Warschau wurden einzelne Unterrichtsfächer ebenso präsentiert wie gemeinschaftliche Unternehmungen, etwa Schulzeitungen, Schulausflüge, Schultheater oder die Schülerselbstverwaltung.[174]

Das, was in der Schule in die Wege geleitet wurde, sollte auch außerhalb der Schule wahrgenommen werden. Einerseits sollten die Lehrer darauf hinwirken, „dass der mächtige erzieherische Einfluss des Elternhauses auf eine qualifizierte Weise für die Arbeit mit den Kindern nutzbar gemacht" werde.[175] Damit griff das staatsnationale Schulmodell in die Erziehungskompetenz der Eltern ein und offenbarte unzweifelhaft autoritäre Denkmuster. Andererseits sollte mit der Teilnahme an Schulfesten oder Elternabenden eine „dauerhafte Brücke der Sympathie geschlagen werden zwischen der Gesellschaft und der polnischen Schule", sollten noch vorhandene Akzeptanzprobleme ausgeräumt werden: Die ältere Generation konnte so erfah-

---

[172] Al. Kotwicz: Nauczyciel związkowiec – jako działacz państwowy, in: Głos Nauczycielski, 15, 1930, S. 275 - 277, Zitat: 276; anschließende Diskussion: Nauczyciel związkowiec, jako działacz państwowy, in: Głos Nauczycielski, 15, 1931, S. 401 - 403.
[173] Najważniejsze zagadnienie wychowawcze, in: Głos Nauczycielski, 15, 1930, S. 204 - 206.
[174] Wystawa Szkolna Okręgu Szkolnego Warszawskiego. Od 31 stycznia do 9 lutego 1929 r. Informator, Warszawa 1929.
[175] W sprawie współpracy szkoły z domem, in: Głos Nauczycielski, 15, 1931, S. 316 .

ren, „dass die heutige Schule anders ist als die alte Schule der Teilungszeit".[176]

Die Umsetzung des neuen Kurses in und außerhalb der Schule war in hohem Maße vom Engagement der Lehrer abhängig. Zu Beginn der Zweiten Republik hatte sich die Lehrerschaft als neuer gesellschaftlicher Akteur exponiert. Die Emanzipation von der Kuratel der traditionellen Ordnungsmächte Kirche und Gutsbesitzeradel verbanden viele Lehrer mit einer verstärkten Affinität zum Staat, der für sie nicht nur Nationalstaat, sondern auch Sozialstaat war. Die Bereitschaft vieler Lehrer, sich für den Aufbau des polnischen Staates einzubringen, gestaltete sich unter der *Sanacja*-Herrschaft um in die Vorstellung vom Lehrer als „Staatsaktivist" (*działacz państwowy*). In einer „organisierten" Gesellschaft sollte das Engagement der Lehrer nicht länger dem freien Spiel der Kräfte überlassen werden.

Nahe liegend war zunächst das fortgesetzte Engagement in der außerschulischen Erwachsenenbildung. Fortbildungskurse, Vorlesungsreihen, Chöre, Amateurtheater, Volkshäuser (*domy ludowe*), Bibliotheken und Lesesäle sollten helfen den Analphabetismus weiter zu bekämpfen. Für die Mitwirkung in gesellschaftlichen Organisationen boten sich neben Freiwilliger Feuerwehr, Landwirtschaftszirkeln oder Genossenschaftsvereinen bevorzugt *Sanacja*-nahe Zusammenschlüsse wie der Schützenverband oder der Landjugendverband *Siew* an. Für weibliche Lehrkräfte war eine Mitgliedschaft im *Związek Pracy Obywatelskiej Kobiet* angezeigt. Besondere Profilierungschancen für die „staatsschaffende" Arbeit des Lehrers gab es bei der Gestaltung von Nationalfeiertagen, bei Volkszählungen oder Wahlen.[177] Kandidaturen von Lehrern für den Sejm waren erwünscht, denn als „Staats-

---

[176] Michał Kopeć: Rola nauczyciela w środowisku jego pracy, in: Głos Nauczycielski, 12, 1928, S. 193 (Zitat), 194; W sprawie współpracy szkoły z domem, in: Głos Nauczycielski, 15, 1931, S. 316 - 317; A. Świtarzowski: Zebrania rodzicielskie, in: Głos Nauczycielski, 15, 1931, S. 315 - 316.

[177] Kazimierz Maj: Nauczyciel a praca społeczna, in: Głos Nauczycielski, 15, 1931, S. 679 - 680; ders.: Zadania nauczyciela w samorządzie komunalnym, in: Głos Nauczycielski, 12, 1928, S. 177 - 178; S. M.: Nauczycielstwo a samorząd, in: Głos Nauczycielski, 15, 1931, S. 462 - 463; Michał Kopeć: Rola nauczyciela w środowisku jego pracy, in: Głos Nauczycielski, 12, 1928, S. 193 - 194; Józef Milenkiewicz: Nauczyciel, jako wychowawca i obywatel, in: Głos Nauczycielski, 12, 1928, S. 481 - 483; Kl. Stattlerówna: O udział koleżanek w Związku Pracy Obywatelskiej Kobiet, in: Głos Nauczycielski, 14, 1930, S. 458; Nauczyciel związkowiec, jako działacz państwowy, in: Głos Nauczycielski, 15, 1931, S. 381 - 383, 401 - 403. In den Personalakten der Schulkuratorien war das gesellschaftliche Engagement der Lehrer ausführlich dokumentiert, beispielsweise: APW, KOS Warszawa, 297, Bl. 11 - 18, 89 - 90.

aktivisten" sollten Lehrer auch in den zentralen Organen des Staates eine hervorgehobene Rolle spielen.[178]

Die Popularisierung des „Staatsdenkens" (*myśl państwowa*) schien besonders in ländlichen Regionen notwendig, da nach Einschätzung staatsnational orientierter Pädagogen viele Landbewohner, insbesondere der älteren Generation, die Mentalität der Teilungszeit noch verinnerlicht hätten und dem heutigen polnischen Staat skeptisch gegenüber stünden. Für den Lehrer leitete sich daraus eine dreifache Aufgabe ab: die Erziehung der Kinder in der Schule, die Vermittlung der Regierungsposition an die Dorfbevölkerung und der Versuch, auf dem Dorf eine „Zelle aktiven und lebendigen staatlichen Lebens" zu schaffen.[179]

Zwar wurde formal jedem Lehrer eine eigenständige politische Auffassung zugestanden, doch in der Aufforderung, auf dem Dorf müssten alle Lehrer „Staatler" sein und nicht „Politiker",[180] offenbarte sich der Hegemonialanspruch der staatsnationalen Integrationsideologie: Die Ausrichtung am „Staat" sollte Gemeinschaft und Harmonie garantieren, während „Politik" als Unruhestiftung denunziert wurde. Gerade in der Zeit der Wahlkämpfe konnte aus staatsnationaler Sicht ein „parteipolitisches" Engagement der Lehrer das Vertrauen zwischen Schule und Elternhaus zerstören; eine Wahlniederlage barg demnach für die Lehrer gar das Risiko, ihre Autorität vor Ort zu verlieren.[181] Als „Parteien" galten der *Sanacja* freilich nur die Gruppierungen der Opposition. Ein eigenständiges politisches Bekenntnis war somit kein selbstverständlicher Vorgang, sondern barg die Gefahr, vom Ideal nationaler Einheit abzuweichen.

Die Selbststilisierung der staatsnationalen Konzeption als „überparteilich", „sachlich" und „staatlich-objektiv" konnte kaum überdecken, dass es hier mitnichten um eine zweck- und ideologiefreie Vermittlung staatsbürgerlicher Verantwortung ging. Auf subtile Weise sollten vielmehr die Lehrer gegenüber der breiten Bevölkerung die *Sanacja*-Herrschaft zu legitimieren helfen. Die Labilität der erst jüngst errungenen gesellschaftlichen Position der Lehrer war ein wichtiges Druckmittel. Entgegen sämtlicher Neutralitäts-

---

[178] Jan Frey: Nauczyciel, jako czynnik siły społeczno-państwowej, in: Głos Nauczycielski, 12, 1928, S. 55.

[179] St. B.: Smutna rzeczywistość, in: Głos Nauczycielski, 20 (30), 1935, S. 289; Nauczyciel związkowiec, jako działacz państwowy, in: Głos Nauczycielski, 15, 1931, S. 381 - 383.

[180] Nauczyciel związkowiec, jako działacz państwowy, in: Głos Nauczycielski, 15, 1931, S. 381 - 383.

[181] Nauczyciel związkowiec, jako działacz państwowy, in: Głos Nauczycielski, 15, 1931, S. 364 - 366; St. Dobraniecki: Nauczyciel związkowiec jako działacz państwowy, in: Głos Nauczycielski, 15, 1931, S. 504 - 509; Scriptor: Pokłosie wyborów samorządowych, in: Głos Nauczycielski, 20 (30), 1936, S. 357 - 358; Józef Milenkiewicz: Nauczyciel, jako wychowawca i obywatel, in: Głos Nauczycielski, 12, 1928, S. 481 - 483.

beschwörungen aus dem Religions- und Bildungsministerium gab es Druck auf die Lehrer, sich zur *Sanacja* zu bekennen. Lehrern, die sich für Oppositionsparteien betätigten, drohte die Versetzung an andere Schulen, in entlegene Ortschaften oder gar die Entlassung aus dem Dienst.[182] Durch einen Präsidialerlass vom 19. Januar 1928 (Art. 13, 14, 20, 23, 65 - 67) konnte die vom Verfassunggebenden Sejm festgelegte Unabhängigkeit der Schulverwaltung übergangen werden, so dass die Schulverwaltung faktisch der allgemeinen Verwaltung unterstellt war. Kuratoren und Schulinspektoren fungierten hiernach als Exekutivorgane der Wojewoden und Starosten.[183]

Die Einschränkung individueller politischer Rechte wie der Meinungs- und Vereinigungsfreiheit sollten die Lehrer durch die Übernahme einer staatstragenden Funktion und ein daraus resultierendes höheres Prestige kompensieren dürfen. Die Lehrer standen damit paradigmatisch für eine Entwicklung, die massiv nach 1926 einsetzte: Das Prestige sozialer Gruppen stand demnach in unmittelbarem Zusammenhang zu ihrer Bindung an den Staat und ihren Funktionen im Staat. Gesellschaft war in der Perspektive der *Sanacja* eine auf den Staat hin formierte soziale Ordnung.

Für das Selbstverständnis des Lehrerberufs gab es aber selbst unter diesen Umständen noch recht unterschiedliche Ausdrucksmöglichkeiten. Zwei inhaltlich diametral entgegengesetzte Beispiele verdeutlichen dies. Auf der einen Seite stand das Bestreben, auf weiteren gesellschaftlichen Prestigezuwachs hinzuarbeiten. Dazu gehörte die Konstruktion von symbolischen Parallelen zwischen Schule und Armee, die Verknüpfung von staatsbürgerlichem Engagement und soldatischer Haltung. Sejm-Marschall Ignacy Daszyński etwa sprach in seiner Rede auf dem zehnten Delegiertenkongress des ZPNSP 1928 von der Entwicklung des Schulwesens als der „größten Schlacht um die Zukunft des polnischen Staates und um die Seele des polnischen Staatsbürgers".[184] In dieser Perspektive stand die Lehrerschaft des unabhängigen Polens an der „Front von Bildung und Kultur" und stellte eine eigene Armee dar, die „künftige Kader von Bürgern und Soldaten" ausbildete.[185] Der Lehrer sollte demnach auch in physischer Hinsicht ein Vorbild sein durch „Gewandtheit, Gesundheit und Stärke". Nur ein solcher

---

[182] AAN, MWRiOP, 184, Bl. 1 - 19; W sprawie współpracy szkoły z domem, in: Głos Nauczycielski, 15, 1930, S. 277; Nauczycielstwo a polityka, in: Głos Nauczycielski, 23 (33), 1938/39, S. 578 - 579.

[183] Rozporządzenie Prezydenta Rzeczypospolitej o organizacji i zakresie działania władz administracji ogólnej, 19. 1. 1928, in: Dziennik Ustaw RP, Nr. 11, 6. 2. 1928, S. 156 - 157, 162.

[184] Przemówienie Marszałka Sejmu Ignacego Daszyńskiego, in: Głos Nauczycielski, 12, 1928, S. 519 - 520.

[185] Godność nauczyciela, in: Głos Nauczycielski, 20 (30), 1935, S. 114 - 115.

Lehrer könne den Schülern überzeugend die Verteidigungsfähigkeit und den Anspruch Polens, eine europäische Großmacht zu sein, deutlich machen.[186]
Auf der anderen Seite stand der Wunsch nach emanzipatorischen und „fortschrittlichen" Identifikationsfiguren. Symptomatisch hierfür war die Verehrung, die vor allem weibliche Lehrkräfte der Schriftstellerin Eliza Orzeszkowa als „großer nationaler Erzieherin" entgegenbrachten.[187] Die 1841 als Gutsbesitzertochter nahe der weißrussischen Stadt Grodno geborene Orzeszkowa gehörte zu den bedeutendsten Vertretern des polnischen literarischen Positivismus in der zweiten Hälfte des 19. Jahrhunderts. In ihren Werken, deren erzählerische Motive häufig im heimischen ländlichen Raum der *Kresy Wschodnie* angesiedelt waren, propagierte sie die Emanzipation der Frauen und die Gleichberechtigung der Juden. Die Bewunderung für Orzeszkowas literarisches Werk und ihre politische Haltung war ein Phänomen, das vorwiegend auf dem linksliberalen Flügel der *Sanacja* anzutreffen war.

Das Konzept der „staatlichen Erziehung" war weder eindeutig noch einheitlich geraten. Immer wieder kam es zu divergierenden Deutungen und Erwartungshaltungen. Auch die Umsetzung des Konzepts in die schulische Praxis verlief nicht reibungslos. Zunächst waren Probleme allgemeiner Natur zu verzeichnen, wie sie jede größere Reform im Bildungswesen kennt. Befürchtungen hinsichtlich des Unterrichtsniveaus, der Neugewichtung der Unterrichtsfächer, neu zusammengesetzter Lehrerkollegien sowie schul- und fachfremd unterrichtender Lehrer zählten zu den gängigen Begleiterscheinungen.[188]

Spezifisch für die Situation in Polen war der Stadt-Land-Kontrast. So konnte meist nur in Städten die siebenjährige Grundschule verwirklicht werden, während auf dem Lande teilweise schon die fünften Klassen auf den für Berufstätige gedachten Abendschulbereich verlagert wurden. Dies war ein gravierender Nachteil für die Bildung der Landbevölkerung, denn es bedeutete nicht nur in der Praxis eine kürzere Schulzeit, sondern auch eine Auslassung von Lehrinhalten, die für die höheren Klassen der Grundschule vorgesehen waren: Dies betraf sogar die für die „staatliche Erziehung" relevante Staatsbürgerkunde, die erst in der siebten Klasse gelehrt werden

---

[186] Józef Milenkiewicz: Nauczyciel, jako wychowawca i obywatel, in: Głos Nauczycielski, 12, 1928, S. 482.

[187] Eliza Orzeszkowa, jedna z wielkich wychowawczyń narodowych, in: Głos Nauczycielski, 13, 1929, S. 487 - 488.

[188] B. Chrzan.: Przyczyny upośledzenia szkół powszechnych, in: Głos Nauczycielski, 15, 1930, S. 139 - 141; Nawiążmy do chlubnej tradycji, in: Głos Nauczycielski, 20 (30), 1935, S. 113; Upośledzenie materjalne nauczycielstwa gimnazjów, in: Głos Nauczycielski, 20 (30), 1935, S. 32 - 34.

sollte.[189] Zum wohl bekanntesten Symbol für den Stadt-Land-Kontrast im Schulwesen der Zweiten Republik wurden die unterschiedlichen Ausgaben von Lesebüchern – „für städtische Schulen" (*dla szkół miejskich*) und „für ländliche Schulen" (*dla szkół wiejskich*).

Mit der Schulreform konnten soziale Ungleichheiten nicht beseitigt werden. Trotz intensiven Werbens für die Grundschule galt diese Schulform vielerorts nach wie vor als Schule für die Kinder von Arbeitern, Bauern, Handwerkern, Kleinhändlern, verarmten Bürgern und Büroangestellten. Symptomatisch war der Sprachgebrauch: Die Bezeichnung „Grundschule", die den neuen Anspruch als erste einheitliche Regelschule im Schulsystem unterstreichen sollte, war im alltäglichen Wortschatz immer noch weit weniger verbreitet als die ältere Form „Volksschule". Angehörige der gehobenen gesellschaftlichen Schichten schickten ihre Kinder häufig weiterhin ohne vorangehenden Grundschulbesuch auf die prestigeträchtigeren und besser ausgestatteten Gymnasien. Die 1920er Jahre hatten den Gymnasien ohnehin eine günstige Konjunktur beschert: Sie galten im unabhängigen Polen als pädagogische Basis für die künftige wirtschaftliche und intellektuelle Entwicklung des Staates und expandierten stürmisch. Auch das Konkurrenzverhältnis zwischen Grundschule und Gymnasium besaß eine räumliche Dimension: Während die meisten Grundschulen auf dem Land vertreten waren, stellte das Gymnasium eine vorwiegend städtische Schulform dar.

Mit Empfindlichkeit registrierten Vertreter des ZNP, wenn der Grundschule und ihnen als Grundschullehrer nicht die ihrem Selbstverständnis entsprechende Anerkennung entgegengebracht wurde. Das fehlende Prestige und die schlechte finanzielle Situation ihrer Schulen, die mitunter Bittgänge bei der Gemeindekasse um grundlegende Mittel wie Heizmaterial im Winter erforderlich machten, oder die immer noch unbefriedigende Ausstattung mit staatlich gefördertem Wohnraum sowie schließlich die als zu gering erachtete eigene Entlohnung waren häufig Gegenstand von Klagen.[190]

Tatsächlich gestaltete sich das Verhältnis des Lehrers zur örtlichen Bevölkerung im Einzelfall sehr unterschiedlich. Positiven Einschätzungen über die Zusammenarbeit standen Beschwerden darüber entgegen, dass die Schule es noch nicht geschafft habe, einen engen und vertrauensvollen Kontakt zum Elternhaus zu schaffen, wie dies im Rahmen der „staatlichen

---

[189] Nauczyciel-socjalista: Na Alarm! Zamach na 7-klasową szkołę powszechną, in: Robotnik, 7. 5. 1931, S. 1.

[190] AAN, MWRiOP, 161, B. 58; APW, KOS Warszawa, 297, Bl. 93; B. Chrzan.: Przyczyny upośledzenia szkół powzechnych, in: Głos Nauczycielski, 15, 1930, S. 139 - 141; Warunki bytu i pracy nauczyciela na wsi, in: Głos Nauczycielski, 20 (30), 1935, S. 27 - 29.

Erziehung" angestrebt war.[191] Auch war Distanz gegenüber den staatsnational motivierten Versuchen anzutreffen, das Projekt einer „organisierten" Gesellschaft voranzutreiben. Das als Bestandteil der „staatlichen Erziehung" postulierte gesellschaftliche Engagement der Lehrer blieb vielerorts hinter den offiziellen Erwartungen zurück. Viele Lehrer fühlten sich mit Arbeit überlastet oder wollten nicht zwischen die Mühlsteine verschiedener Interessen geraten.[192] Die „klassische" Lösung, sich ausschließlich auf die Tätigkeit in der Schule zu konzentrieren, war dabei in den Städten, wo der Lehrer als Angehöriger der gebildeten Schicht keine so exponierte Erscheinung war wie auf dem Dorf, eher möglich.

Besondere Schwierigkeiten bereiteten auf dem Lande die Beziehungen zu den örtlichen Honoratioren. Viele Lehrer konnten die Labilität ihrer erst jüngst errungenen gesellschaftlichen Position oder den Umstand ihres mitunter erst kurz währenden Aufenthalts in einer Gemeinde selbst mit einem offensiven Auftreten als „Staatsaktivist" nicht immer wettmachen.[193] Pfarrer und Gutsbesitzer als traditionelle Eliten vermochten daher erfolgreich ihren konkurrierenden Anspruch auszuspielen, die ländliche Bevölkerung politisch hinter sich zu scharen.

Insbesondere die Rivalität mit den Pfarrern beschäftigte die Lehrerschaft. Im *Głos Nauczycielski* existierte hierzu zeitweise sogar eine eigene Rubrik. Die nach 1918 vollzogene dienstrechtliche Unabhängigkeit von kirchlicher Kuratel fand in der lebensweltlichen Praxis oft nicht den von den Lehrern angestrebten Niederschlag. Noch immer genoss der Priester ein höheres Sozialprestige als der Grundschullehrer, war in der Wohnungsfrage besser gestellt und teilweise sogar in staatlichen Räumlichkeiten untergebracht.[194]

Allerdings ging es zu Beginn der 1930er Jahre oft nicht mehr um Emanzipation, sondern vielmehr um die geistig-kulturelle Hegemonie, insbesondere in ländlichen Regionen.[195] Das, was der ZNP als Kampf um die Unab-

---

[191] W sprawie współpracy szkoły z domem, in: Głos Nauczycielski, 15, 1930, S. 277; W sprawie współpracy szkoły z domem, in: Głos Nauczycielski, 15, 1931, S. 316 - 317; A. Świtarzowski: Zebrania rodzicielskie, in: Głos Nauczycielski, 15, 1931, S. 315 - 316.

[192] Wł. Łanoszka: Źródło niedomagań, in: Głos Nauczycielski, 14, 1930, S. 300 - 302; St. Dobraniecki: Nauczyciel związkowiec jako działacz państwowy, in: Głos Nauczycielski, 15, 1931, S. 504 - 509; Warunki bytu i pracy nauczyciela na wsi, in: Głos Nauczycielski, 20 (30), 1935, S. 27 - 29.

[193] AAN, MWRiOP, 184, Bl. 1 - 19; W sprawie współpracy szkoły z domem, in: Głos Nauczycielski, 15, 1930, S. 277; Nauczycielstwo a polityka, in: Głos Nauczycielski, 23 (33), 1938/39, S. 578 - 579.

[194] Stefan Święcicki: Jak mieszkaja nauczyciele, in: Głos Nauczycielski, 13, 1929, S. 121.

[195] Stanisław Wiącek: Na marginesie współczesnej ideologji związku P. N. S. P., in: Głos Nauczycielski, 14, 1930, S. 185 - 188; Dziesięciolecie szkolnictwa polskiego, in: Głos Nauczycielski, 12, 1928, S. 537 - 540.

hängigkeit der Schule deklarierte, empfanden viele Priester als Kampf gegen die Religion. Nicht selten warnten sie von der Kanzel herab die Schulkinder vor der vermeintlich religionsfeindlichen Lehrerschaft.[196] Die Rivalität gewann eine über den Streit um Kirchenbesuch und Religionsunterricht hinausgehende Bedeutung, da sich viele Geistliche zusammen mit nationaldemokratischen und konservativen Kreisen für ein Gegenmodell zur „staatlichen Erziehung" stark machten: für die „nationale Erziehung". Auch die Idee der Konfessionsschule war nach wie vor virulent.

Die Konkurrenz pädagogischer Entwürfe zeigte sich symbolträchtig beim Gedenken an die Schulstreiks zu Beginn des 20. Jahrhunderts. Die Proteste polnischer Schüler und Lehrer hatten sich gegen Anordnungen von Schulbehörden insbesondere im preußischen und russischen Teilungsgebiet gerichtet. Angefangen im großpolnischen Września 1901 und im kongresspolnischen Siedlce 1902, erfassten sie im Revolutionsjahr 1905 die Mittel- und Hochschulen in Kongresspolen und hatten ihren letzten Höhepunkt im preußischen Teilungsgebiet 1906/07. Die Schulstreiks fanden in der zeitgenössischen Öffentlichkeit regen Widerhall und machten die große gesellschaftliche, politische und kulturelle Bedeutung der Schule für die polnische Nationalbewegung bewusst.

In der Zweiten Republik war die Zeit für eine historische Würdigung der Schulstreiks gekommen. In einer Rede auf dem 10. Delegiertentreffen des ZPNSP 1928 in Warschau, gewidmet dem ersten „Jahrzehnt des polnischen Schulwesens", konstatierte der stellvertretende Vorsitzende des Grundschullehrerverbands, Zygmunt Nowicki, wie wenig die preußischen, russischen und österreichischen Schulen der Teilungszeit in ihren Bildungszielen und ihren Unterrichtsmethoden „gemein hatten mit dem Leben, den Bedürfnissen und Ambitionen der polnischen Gesellschaft". Dies habe sich auch auf die Lage der Lehrerschaft niedergeschlagen: Im preußischen Teilungsgebiet habe es kaum polnische Lehrer gegeben, während die Lehrkräfte im russischen Teilungsgebiet unter staatlicher Willkür und Korruption, im österreichischen Teilungsgebiet hingegen unter rigiden hierarchischen und bürokratischen Strukturen gelitten hätten.[197] Besonders anschaulich geriet die Interpretation der Teilungszeit als „drückende und schreckliche Nacht" aus der Perspektive der Kinder: Die polnischen Schülerinnen und Schüler mussten im Unterricht eine „fremde" Sprache lernen, und der „fremde" Lehrer fand trotz ihrer Mühe kein gutes Wort für sie: „Religion, Mathematik und andere Fächer lernten sie in einer für sie unverständlichen Sprache", in

---

[196] M. K.: Nie wiedzą, co czynią..., in: Głos Nauczycielski, 14, 1930, S. 10 - 11.
[197] Dziesięciolecie szkolnictwa polskiego, in: Głos Nauczycielski, 12 (22), 1928, S. 538, 561 - 562.

Deutsch oder Russisch.[198] Diese Darstellung, wie sie Festtagsansprachen für Schulkinder entnommen ist, dürfte wegen ihrer engen Anlehnung an die Alltagswelt die angestrebte Wirkung kaum verfehlt haben. Die eindringlich skizzierten Härten der Teilungszeit betrafen demnach selbst die jüngsten Polen und bezogen sie in die Konstruktion einer nationalen Schicksalsgemeinschaft ein.

1930 beging der ZNP in Anknüpfung an die kongresspolnischen Streiks von 1905 das 25-jährige Jubiläum des „Kampfes um die polnische Schule". Die Zielsetzung des eigens eingerichteten Organisationskomitees lautete, die Kenntnis über dieses ruhmreiche Kapitel der polnischen Schulgeschichte weiter zu verbreiten, zugleich an das Schicksal der polnischen Schulen jenseits der Staatsgrenzen zu erinnern und hierfür Spenden zu sammeln.[199] Am 25. und 26. Oktober 1930 fand in Warschau ein großes Ehemaligentreffen statt. Die Aktivitäten begannen mit einem Gottesdienst in der St. Johannes-Kathedrale, anschließend gab es eine akademische Feier in der Nationalphilharmonie, an der auch Staatspräsident Ignacy Mościcki teilnahm. Der 25. Oktober war nach dem Willen des Religions- und Bildungsministeriums zum unterrichtsfreien „Feiertag der polnischen Schule" erklärt worden, zu dessen Festivitäten und Vorträgen auch die Eltern eingeladen waren. Am 26. Oktober gab es in der Hauptstadt einen großen öffentlichen Festumzug aller Mittel-, Berufs- und Grundschulen, abschließend eine Abendvorstellung im Theater.[200]

Der 25. Jahrestag sollte unterstreichen, dass damals, zu Beginn des 20. Jahrhunderts, „der Schulstreik ein Sprung in die Zukunft war, ein Ausdruck festen, aggressiven Willens, ein Zeichen dafür, dass die Epoche der Ohnmacht und Passivität zu Ende ging".[201] Doch zum Leidwesen der Organisatoren traf das Gedenken an den „Kampf um die polnische Schule" nicht auf den erhofften Widerhall. Als Ursache machte der ZNP zunächst aus, dass viele jüngere Lehrer, die die Ereignisse nicht mehr aktiv miterlebt hatten, sich gleichgültig verhielten. Zum zweiten nährte der Misserfolg die

---

[198] Zofia Roguska: Przemówienie okolicznościowe do młodszych dzieci w dniu 11 listopada, in: Roguska/Korupczyńska, Święto niepodległości, S. 4.
[199] Uroczysty obchód 25-lecia strajku szkolnego, in: Głos Nauczycielski, 14, 1930, S. 219.
[200] 25-lecie walki o szkołę polską, in: Głos Nauczycielski, 15, 1930, S. 130; Obchód 25-lecia walki o szkołę polską, in: Głos Nauczycielski, 15, 1930, S. 165; Program 1-go dnia zjazdu i obchodu, in: Polska Zbrojna, 25. 10. 1930, S. 5; W. L. Ewert: Uroczystość ćwierćwiecza walki o szkołą polskę, in: Polska Zbrojna, 26. 10. 1930, S. 2; Hołd zwycięstwu serc polskich, in: Gazeta Polska, 26. 10. 1930, S. 1; Dziś – wielki pochód młodzieży, in: Gazeta Polska, 26. 10. 1930, S. 4; W rocznicę walki o szkołę polską, in: Gazeta Polska, 27. 10. 1930, S. 1.
[201] W. L. Ewert: Uroczystość ćwierćwiecza walki o szkołą polskę, in: Polska Zbrojna, 26. 10. 1930, S. 2; ähnlich auch Sursum corda! in: Gazeta Polska, 26. 10. 1930, S. 1.

Befürchtung, die Schule werde immer noch nicht als „Eigentum der polnischen Nation" wahrgenommen. Weiterhin müsse in breiten Bevölkerungsschichten für Bildung geworben werden. Als dritter Grund für den mangelnden Zuspruch galt den Lehrervertretern der Sejm-Wahlkampf.[202]

Die angeführten Gründe waren wenig überzeugend. Das Jubiläum des Schulstreiks hätte gerade eine gute Instrumentalisierungsmöglichkeit im Sejm-Wahlkampf abgeben können, auch musste fehlendes Miterleben der Ereignisse noch keine Absage an ein Festtagsengagement bedeuten. Eine Schwächung erfuhr die zentrale Veranstaltung in Warschau sicherlich dadurch, dass in vielen Regionen Polens zu anderen Terminen und in anderer Trägerschaft Gedenkfeiern abgehalten wurden. Im masowischen Pułtusk beispielsweise wurde das 25-jährige Jubiläum des „Kampfes um die polnische Schule" mit einem großen Ehemaligentreffen des Gymnasiums schon am 22. Juni 1930 festlich begangen: Nach einem Gottesdienst wurde am Gymnasium eine Gedenktafel enthüllt und in einem Saal des Stadttheaters fand die akademische Feier statt, bei der die Redner an den Schulstreik von 1905 erinnerten und gleichfalls um Spenden für polnische Schulen im Ausland warben.[203]

Schwerwiegender noch war, dass dem Gedenken an die „Schulstreiks" kein eindeutiger Erinnerungsort zuzuordnen war. Jedes einzelne Streikereignis der Jahre 1902 bis 1907 konnte einer eigenen Lesart Vorschub leisten. Vertreter der Bauernbewegung verwiesen darauf, dass die Schulstreiks zwar in den Städten ihren Ausgang genommen hatten, Breitenwirkung aber erst durch die Beteiligung der ländlichen Schuljugend erreicht hatten.[204]

Vor allem aber setzten nationaldemokratische, katholische und konservative Kreise, vereint im Streben nach „nationaler Erziehung" und Konfessionsschule, ganz eigene Akzente beim Gedenken an die Schulstreiks. Sie hielten die Erinnerung an die Kinder von Września ehrend hoch, da diese sich in der Frage des Schulgebets aufgelehnt und statt „Vater unser" laut *Ojcze nasz* gebetet hatten.[205] Eng verbunden waren damit die Fragen, wo alternativ zu staatlichen Schulen die Kinder denn eine „eigentliche" polnische Erziehung erhalten konnten und wo Resistenz gegenüber Russifizierungs- und Germanisierungstendenzen im Schulwesen gelebt wurde.[206]

---

[202] Obecny: Bojownikom o szkołę polską w hołdzie, in: Głos Nauczycielski, 15, 1931, S. 399 - 401.
[203] APW, UW Warszawski, 43, Bl. 444.
[204] Maksymilian Malinowski: 25-lecie walki o szkołę polską, in: Wyzwolenie, 2. 11. 1930, S. 6.
[205] Marja Śliwińska-Zarzecka: Zasługi kobiety polskiej dawniej i dziś, in: Ziemianka Polska, 1929, H. 4, S. 12 - 13.
[206] Dziesięciolecie szkolnictwa polskiego, in: Głos Nauczycielski, 12, 1928, S. 537 - 540.

Das zu Beginn des 20. Jahrhunderts in Schwung gekommene konspirative Unterrichtswesen, als Ausdruck nationalen polnischen Selbstbehauptungswillens gefeiert, zeigte sich bei näherem Hinsehen als ausgesprochen heterogen. Ob Unterricht im Elternhaus, durch Priester, in gesellschaftlich organisierten Bildungszirkeln, in Privat- oder Klosterschulen – jede dieser Möglichkeiten verwies auf unterschiedliche Bildungsideale und Nationsentwürfe. Gemeinsames Motiv war allerdings die dichotomische Gegenüberstellung von Gesellschaft und Staat, die aus den Schulstreiks seinerzeit erst ein Politikum machte. Genau hier lag für die *Sanacja* und ihre Anhänger unter den Pädagogen das größte Problem beim Gedenken an die Schulstreiks. Der ZNP versuchte daher zu vermitteln, es habe sich bei den Schulstreiks um den Kampf gegen die „fremde" Schule der Teilungsmächte und für die „eigene" polnische Schule gehandelt, die nun in der Zweiten Republik verwirklicht sei. Die Schulstreiks verdienten aus staatsnationaler Sicht somit eine Historisierung. Dagegen besaß das Gedenken an die Schulstreiks für oppositionell eingestellte Kreise nach wie vor aktuelle Relevanz. Der Kampf der Schulkinder gegen die Teilungsmächte diente als Vorbild, so die Drohung an die *Sanacja*, für den Kampf um die religiöse Erziehung der Jugend im unabhängigen Polen.[207]

1. 4 Die Reform der territorialen Selbstverwaltung

Gegenstand einer intensiven Reformdebatte war seit Ende der 1920er Jahre schließlich auch die territoriale Selbstverwaltung. Ursprünglicher Anlass war das Ziel, die im Gefolge der Teilungszeit immer noch äußerst disparaten rechtlichen Zustände zu vereinheitlichen. Bei der Konstituierung der Selbstverwaltung im unabhängigen Polen war ohne grundsätzliche Neuregelung in pragmatischer Weise auf bestehende Organisationsformen zurückgegriffen worden.

Auf die angestrebte Rechtsangleichung zielten Expertenvorschläge wie die republikweite Einführung von Verbandsgemeinden (*gmina zbiorowa*) oder die Abschaffung der Gemeindevollversammlungen (*zgromadzenie gminne*) im ehemaligen Kongresspolen.[208] Kontroverser gestaltete sich die Gewichtung von Stadt- und Landkreisen. In den Selbstverwaltungsgremien auf Wojewodschaftsebene sahen sich die Städtevertreter gegenüber den ländlichen Kreisen als stark unterrepräsentiert und forderten, Wojewodschaftsräte

---

[207] Ks. Stanisław Wesołowski: Z walki młodzieży o ideały, in: Wiadomości Archidiecezjalne Warszawskie, 20, 1930, S. 381 - 383.
[208] Posiedzenie Rady Związku Powiatów Rzplitej z dn. 20 czerwca 1931 r., in: Samorząd Terytorjalny, 3, 1931, S. 228 - 231.

künftig nach demographischen Kriterien, also nach dem Anteil der städtischen und ländlichen Bevölkerung zu besetzen.[209] Eine Verordnung des Ministerrats vom 19. März 1928 führte weitere Stadtkreise ein, doch mit einer begrenzten administrativen Neuordnung ließ sich der scharfe Stadt-Land-Kontrast im Polen der Zwischenkriegszeit kaum mildern. Die eigentliche Ursache für den „Klassenkampf" zwischen Stadt und Land, wie es in zeitgenössischen Betrachtungen häufig hieß, lag in der gesellschaftlichen Entwicklung: Mit dem Emanzipationsstreben der ländlichen Bevölkerung einerseits und der rasch zunehmenden Urbanisierung Polens andererseits standen sich vor allem seit Beginn der 1930er Jahre zwei Modernisierungsprozesse diametral gegenüber.

Wirkmächtigster Anstoß für eine Reform der Selbstverwaltung war aber die Auffassung, dass viele der noch im 19. Jahrhundert erlassenen Selbstverwaltungsstatuten dem gegenwärtigen Verständnis von Staat und Gesellschaft nicht mehr entsprächen.[210] Sollte die territoriale Selbstverwaltung staatsnah oder gesellschaftsnah sein? Diese Fragestellung aus der Anfangszeit der Zweiten Republik entwickelte nun, vor dem Hintergrund des Machtwechsels 1926, höchste politische Brisanz.

Die staatsnahe Ausrichtung der territorialen Selbstverwaltung war ganz im Sinne der *Sanacja*. Es galt, die Spuren der Teilungszeit nicht nur durch eine Rechtsvereinheitlichung, sondern auch durch eine neue konzeptionelle Ausrichtung zu überwinden. Bronisław Pieracki, ein junger und ehrgeiziger Offizier, der seit 1931 Innenminister und damit zuständig für Fragen der Selbstverwaltung war, legte die Position der *Sanacja*-Regierung dar: Im 19. Jahrhundert bestand demnach ein scharfer Gegensatz zwischen polnischer Gesellschaft und „fremdem" Staat der Teilungsmächte. Eine gesellschaftlich getragene Selbstverwaltung bot die Chance, die polnische nationale Identität zu verteidigen und sich dem „fremden" Staat entgegenzustellen. Nach 1918 musste aber das Ziel polnischer Selbstverwaltung lauten, den eigenen Staat zu stärken.[211] Noch schärfer formulierte es der langjährige Vizepräsident von Krakau, Piotr Wielgus: Im unabhängigen Polen gehe es darum, die weitgehenden Rechte der Selbstverwaltung, die im Namen des nationalen Kampfes den Teilungsmächten abgetrotzt wurden, zugunsten der polni-

---

[209] Piotr Wielgus: Nowe rozporządzenia administracyjne a Samorząd Miejski, in: Samorząd Miejski, 8, 1928, S. 365 - 394.
[210] Jan Strzelecki: W sprawie organizacji władzy wykonawczej w samorządzie miejskim, in: Samorząd Miejski, 11, 1931, S. 101 - 107.
[211] Bronisław Pieracki: Rząd a samorząd, in: W 15-lecie niepodległości, Warszawa 1933, S. 29 - 34.

schen Staatsräson wieder einzugrenzen.²¹² Hier zeigte sich ein ausgesprochen taktischer Umgang mit politischen Partizipationsrechten: Die eigenständige Existenz einer territorialen Selbstverwaltung wurde nur anerkannt, solange sie staatlich und national definierten Zielen nutzte.

Die staatsnahe Konzeption sah vor, Selbstverwaltung und Staatsverwaltung nicht als voneinander abgekoppelte, gar konkurrierende Bereiche bestehen zu lassen, sondern arbeitsteilig der Staatsverwaltung Angelegenheiten von zentralstaatlicher und der Selbstverwaltung von lokaler Bedeutung zu überantworten.²¹³ Wielgus rechtfertigte die anvisierte Zentralisierung nicht nur mit einer erwarteten größeren Rationalität und Effizienz der Verwaltung, sondern auch mit dem Verweis auf die ethisch heterogene Zusammensetzung des polnischen Staates und den dadurch vermeintlich drohenden zentrifugalen Tendenzen.²¹⁴ Den ethnisch nicht-polnischen Bevölkerungsgruppen schrieb er so im Vorhinein eine illoyale und widerständige Haltung zu.

Mit dem Argument des Nationalen ließen sich bei der Selbstverwaltungsreform aber nicht nur Abwehrlinien ziehen, sondern auch Kompensationen anbieten. Dies zeigte sich eindrücklich im Fall der Städte, die im Zuge der von der *Sanacja* geplanten Reform Kompetenzen an die zentralstaatliche Verwaltung abzugeben hatten. Besonders betroffen waren die Städte des ehemaligen österreichischen Teilungsgebiets, die über eigene, teilweise noch aus dem 19. Jahrhundert stammende Statuten verfügten. Die Befürchtung, dass die städtischen Räte und Magistrate künftig nur noch als bloße Instrumente der zentralstaatlichen Exekutive fungierten,²¹⁵ sollte mit einem neuen sinnstiftenden Angebot zerstreut werden: nämlich mit der Stilisierung der polnischen Stadtentwicklung zur nationalen Aufgabe.²¹⁶ Das Selbstverständnis der Städte war demnach noch stärker als bisher aus der Anlehnung an Staat und Nation zu begründen. Keinen Anklang fand dagegen eine Vision von der Stadt als selbstbewusstem regionalem Zentrum mit einem zivilgesellschaftlich verfassten Stadtbürgertum.

Die Reformvorschläge konnten im Detail divergieren, wiesen aber dieselbe Tendenz zur autoritären Machtbündelung auf. Die Arbeit der Selbst-

---

²¹² Piotr Wielgus: Nowe rozporządzenia administracyjne a Samorząd Miejski, in: Samorząd Miejski, 8, 1928, S. 376 - 377.
²¹³ Bronisław Pieracki: Rząd a samorząd, in: W 15-lecie niepodległości, S. 29 - 34.
²¹⁴ Piotr Wielgus: Nowe rozporządzenia administracyjne a Samorząd Miejski, in: Samorząd Miejski, 8, 1928, S. 378.
²¹⁵ Tadeusz Przeorski: Zagrożony samorząd miejski w Małopolsce, in: Samorząd Miejski, 8, 1928, S. 85 - 87.
²¹⁶ Piotr Wielgus: Nowe rozporządzenia administracyjne a Samorząd Miejski, in: Samorząd Miejski, 8, 1928, S. 378.

verwaltung sollte rationaler werden.²¹⁷ Wenn Stadträte nur unregelmäßig oder selten tagten, ließ sich die städtische Wirtschaft nicht allzu wirksam lenken – dies war klar. Die Vertreter der staatsnahen Konzeption der Selbstverwaltung sahen freilich nicht einfach eine Verbesserung von Regularien und Betriebsabläufen vor, sondern nahmen die Klagen über kommunale Probleme zum Anlass, einen grundsätzlichen Wandel in der Selbstverwaltung einzuläuten. Jan Strzelecki, der aus der sozialistischen Bewegung stammte, aber unter der *Sanacja* seine Karriere im Innenministerium fortsetzen konnte und bis 1930 die Abteilung für Selbstverwaltungsfragen leitete, schlug vor, die Verantwortlichkeit für die Kommunalpolitik aus den Händen des Stadtrats zu nehmen und propagierte die Alleinregierung eines starken Bürgermeisters als effektivste Lösung.²¹⁸ Hier floss sicherlich Strzeleckis eigene kommunalpolitische Erfahrung ein, denn 1927/28 bekleidete er für rund ein Jahr in Lwów das Amt des Regierungskommissars, nachdem der Wojewode von Lwów, Piotr Dunin-Borkowski, ein konservativer Parteigänger Piłsudskis, den Stadtrat aufgelöst hatte. Dagegen präferierte die Mehrheit der staatsnah orientierten Verwaltungsjuristen und Kommunalpolitiker eine Stärkung der Kontrolle über die Selbstverwaltung. Dabei zog die *Sanacja* einer Schaffung von zusätzlichen Kontrollinstanzen innerhalb der Selbstverwaltung, etwa in Gestalt von Expertengremien,²¹⁹ das schärfere Instrument erweiterter Befugnisse für die Zentralregierung vor. Selbstverwaltungsorgane aufzulösen und kommissarische Verwaltungen einzusetzen war zwar nur für Ausnahmefälle vorgesehen, wenn das öffentliche Interesse massiv beeinträchtigt war,²²⁰ doch die politische Praxis erwies sich hier als ausgesprochen flexibel.

Die Möglichkeit einer demokratischen Kontrolle über professionelle Amtsträger zogen die Anhänger einer staatsnahen Ausrichtung der Selbstverwaltung kaum in Betracht. Vielmehr beurteilten sie die gesellschaftliche Mitwirkung an der Selbstverwaltung ausgesprochen skeptisch. Demnach verfügte die Bevölkerung nicht über einschlägige fachliche Qualifikationen und instrumentalisierte die Selbstverwaltung für die eigenen Interessen.²²¹ Eine auf bürgerschaftlichem Engagement beruhende Selbstverwaltung erschien von vornherein als nachteilig gegenüber einer staatlich organisierten

---

217 Bronisław Pieracki: Rząd a samorząd, in: W 15-lecie niepodległości, S. 33.
218 Jan Strzelecki: W sprawie organizacji władzy wykonawczej w samorządzie miejskim, in: Samorząd Miejski, 11, 1931, S. 105 - 106.
219 Zofja Hartleb-Wojciechowska: Kontrola własna jako podstawowe zagadnienie samorządu, in: Samorząd Terytorjalny, 7, 1935, S. 61 - 80.
220 Bronisław Pieracki: Rząd a samorząd, in: W 15-lecie niepodległości, S. 34.
221 Zofja Hartleb-Wojciechowska: Kontrola własna jako podstawowe zagadnienie samorządu, in: Samorząd Terytorjalny, 7, 1935, S. 61, 77, 79.

Verwaltung. Partizipation und Professionalität standen damit im Gegensatz zueinander. Unschwer zu erkennen war hier ein Denkmuster, wonach politische Macht bevorzugt in den Händen von Eliten liegen sollte und der Austrag von Interessensgegensätzen nicht als Stärke einer demokratisch-pluralistischen Ordnung, sondern als Unruhestiftung galt.

Nur auf den ersten Blick schien hierzu im Widerspruch zu stehen, wenn Jan Strzelecki meinte, gerade angesichts der weltweiten Wirtschaftskrise zu Beginn der 1930er Jahre behaupteten sich nicht diejenigen Staaten erfolgreich, die das bürgerschaftliche Engagement einengten, sondern diejenigen, in der verantwortungsbewusste Bürger sich in der öffentlichen Verwaltung engagierten.[222] Wenn aber zugleich ein führender Politiker der *Sanacja* wie Bronisław Pieracki die Selbstverwaltung als „beste Schule für die gesellschaftliche Beteiligung der Bürger" lobte,[223] dann wurde deutlich, dass es anders als noch zu Beginn der Unabhängigkeit nicht um Lernprozesse, sondern um die Erziehung des Bürgers ging. Bei allen unterschiedlichen Nuancierungen, die der frühere Sozialist Strzelecki und der frühere Berufsoffizier Pieracki in ihren Aussagen erkennen ließen: In beiden Fällen war das gesellschaftliche Idealbild die gelenkte Partizipation.

Die Vertreter einer gesellschaftsnahen Konzeption der Selbstverwaltung hatten keinen leichten Stand. Befanden sie sich politisch ohnehin zumeist im Gegensatz zur regierenden *Sanacja*, so waren sie zudem in ihren Visionen unter sich uneinig. Zwar sprachen sie sich gegen eine verstärkte staatliche Kontrolle aus, doch ob die Neuordnung der Selbstverwaltung auf eine Vereinheitlichung der bestehenden Vorschriften abzielen oder regionale Unterschiede beibehalten sollte, blieb umstritten.[224] Noch stärkere Divergenzen traten in den Vorstellungen über das grundsätzliche Wesen der Selbstverwaltung zu Tage. Während konservative und nationaldemokratische Kreise wie schon in früheren Jahren die Selbstverwaltung in die Nähe einer familial-organischen Ordnung rückten, sah das PSL-Wyzwolenie die Selbstverwaltung als Mittel zur Selbsthilfe breiter Bevölkerungsschichten.[225]

Selbstverwaltung und Staat mussten sich nicht zwangsläufig konkurrierend gegenüberstehen, gesellschaftsnahe und zentralistische Vorstellungen mussten sich nicht gegenseitig ausschließen – dies war schließlich die Auffassung der polnischen Sozialisten. Der Soziologe Konstanty Krzeczkowski,

---

[222] Jan Strzelecki: O właściwe granice nadzoru państwowego nad samorządem, in: Samorząd Miejski, 11, 1931, S. 1282 - 1284.
[223] Bronisław Pieracki: Rząd a samorząd, in: W 15-lecie niepodległości, S. 30 - 31.
[224] Zur Diskussion innerhalb der Nationaldemokratie: Maj, Związek Ludowo-Narodowy, S. 309 - 315.
[225] Uchwały walnego zjazdu P. S. L. „Wyzwolenie", in: Samorząd Terytorjalny, 1, 1929, S. 407.

PPS-Mitglied und seit 1916 Professor an der Handelshochschule Warschau, versuchte eine Aufgabenteilung zu entwerfen, wonach die Politik dem Staat gehöre, wirtschaftliche Angelegenheiten aber der Gemeinde. Damit gebe es keinen Primat von Gemeinde oder Staat, sondern eigene, selbständige Bedürfnisse der lokalen Politik. Der vor allem aus wirtschaftlichen Gründen zusammengehaltene Verband sollte auf gemeinsamen Interessen und dem Prinzip der Freiwilligkeit beruhen.[226]

Eine Bilanz des ersten Jahrzehnts territorialer Selbstverwaltung in der Zweiten Republik bot die Allgemeine Landesausstellung 1929 in Poznań mit einer eigenen kleinen, aber gut besuchten thematischen Ausstellung. Am erfolgreichsten präsentierte sich die Selbstverwaltung bei der Verbesserung der öffentlichen Gesundheitsfürsorge des ländlichen Raums und der landwirtschaftlichen Verhältnisse. Ein Grundschulwesen in kommunaler Trägerschaft konnte sich, insbesondere im ehemaligen preußischen Teilungsgebiet, aber auch im ehemaligen Kongresspolen, erfolgreich etablieren. Die kulturelle Förderung dagegen spielte in den ländlichen Selbstverwaltungen aus Geldmangel kaum eine Rolle, systematisch wurde sie nur in den größeren Städten betrieben, wobei das Schwergewicht auf den zentralpolnischen Wojewodschaften lag.[227] Die größten Probleme bereiteten die schwachen kommunalen Finanzen und die städtische Wohnungsnot.[228]

Die bisherige kommunalpolitische Praxis in Polen gab den Vertretern der gesellschaftsnahen Konzeption keine starken Argumente an die Hand. In vielen Städten ließ sich der drängende Wunsch nach einer wohlgeordneten Verwaltung angesichts der schwachen öffentlichen Finanzkraft und der teilweise erst seit 1918 möglichen kommunalpolitischen Eigenständigkeit kaum so rasch erfüllen. Der Blick auf westeuropäische Modelle territorialer Selbstverwaltung diente nicht nur als Vorbild und Maßstab,[229] sondern offenbarte auch den noch großen Abstand.[230] Dass selbst liberale Verwaltungsjuristen die städtische Selbstverwaltung überwiegend in Kategorien des Defizitären beschrieben, gab einen bezeichnenden Hinweis darauf, wie wenig in Polen in der ersten Hälfte des 20. Jahrhunderts selbstbewusste Urbanität den Habitus der Stadtbewohner prägte.

---

[226] K. Krzeczkowski: Gmina jako podmiot polityki komunalnej, in: Samorząd Terytorjalny, 10, 1938, S. 253 - 282.

[227] Edward Jezierski: Działalność Samorządów miejskich i ziemskich w I-em dziesięcioleciu niepodległości, in: Samorząd Miejski, 9, 1929, S. 754 - 761.

[228] Z. M.: Po Zjeździe Miast, in: Samorząd Miejski, 10, 1930, S. 563 - 565.

[229] Edward Jezierski: Działalność Samorządów miejskich i ziemskich w I-em dziesięcioleciu niepodległości, in: Samorząd Miejski, 9, 1929, S. 754 - 761.

[230] Zygmunt Słomiński: O krytykę objektywną prac samorządu, in: Samorząd Miejski, 10, 1930, S. 85 - 86.

Im ländlichen Raum zeigten viele Bürger ein recht zwiespältiges Verhältnis zu ihrer Selbstverwaltung. Die häufige Klage über Passivität und fehlende Kompetenz der Gemeinderatsmitglieder bestärkte einerseits Pfarrer und Gutsbesitzer in ihrem traditionellen paternalistischen Wirken und beförderte auch die Vorstellung vom Gemeindevorsteher (*wójt*) als einer Autoritätsperson höheren Sozialprestiges. Andererseits manifestierten sich zunehmend emanzipatorische Haltungen, wonach der Gemeindevorsteher es nicht „mit den Herren halten" und nicht allzu lange amtieren sollte, um sich nicht zu sehr an die Macht zu gewöhnen.[231]

Viele Anhänger einer gesellschaftsnahen Konzeption sahen die entscheidende Ursache für die Probleme der Selbstverwaltung in einer nicht konsequent umgesetzten Demokratisierung[232] und einem dadurch nur schwachen Interesse in der Gesellschaft.[233] Teodor Toeplitz, einer der profiliertesten Sozialpolitiker der Zweiten Republik, der seit 1916 für die PPS als Beisitzer im Magistrat der Stadt Warschau saß und Mitbegründer der ersten kommunalen Wohnungsbaugenossenschaft in Polen war, vertrat die Ansicht, die Passivität der Stadt- und Gemeinderäte beruhe gerade auf der Einschränkung ihrer Kompetenz. Indem die Selbstverwaltung durch die Regierung behandelt werde wie ein unmündiges Kind, konnte sie die Bevölkerung auch nicht zu mehr Mitarbeit und Engagement anspornen.[234]

Die kritisierten Praktiken reichten bis in die Zeit vor 1926 zurück und waren oft genug der Improvisationsbereitschaft beim Aufbau der polnischen Staatlichkeit geschuldet. Dazu zählte auch das am 30. März 1922 erlassene Gesetz, das die Amtszeit der Selbstverwaltungsorgane im ehemals russischen Teilungsgebiet über den Ablauf der dreijährigen Frist hinaus verlängerte. Die Kommunalvertreter behielten damit ihr Mandat bis zu dem Zeitpunkt, an dem wieder Wahlen ausgeschrieben wurden. Diese Entscheidung sollte angesichts der anfänglichen Probleme beim Aufbau von Staat und Verwaltung für Kontinuität sorgen, trug aber mit der Hintanstellung der gesellschaftlichen Legitimation durch Wahlen den Keim undemokratischer Verfahrensweisen in sich.

---

[231] Wiktor Bronikowski: Chłopska działalność samorządowa w świetle życiorysów, in: Roczniki Socjologii Wsi, 2, 1937, S. 165 - 166. Aber auch der Gutsbesitzeradel hatte eine zwiespältige Haltung, was das soziale Prestige und die Machtkompetenz eines Gemeindevorstehers anbetraf: Gustaw Świda: Zadania ziemiaństwa w życiu społecznym, in: Pamiętnik pierwszego walnego zjazdu zrzeszonego ziemiaństwa Polski odbytego w Warszawie w dniach 10, 11 i 12 IX 1925 r., Warszawa 1925, S. 59 - 60.

[232] K. Krzeczkowski: Gmina jako podmiot polityki komunalnej, in: Samorząd Terytorjalny, 10, 1938, S. 253 - 282.

[233] Z. M.: W jedności siła, in: Samorząd Miejski, 10, 1930, S. 229 - 231.

[234] Teodor Topelitz: Do społeczeństwa – przez samorząd, in: Samorząd Miejski, 16, 1936, S. 4 - 13.

Die Einschränkungen der Selbstverwaltung nahmen nach 1926 allerdings in drastischer Weise zu. Die politische Opposition bemängelte, dass die Selbstverwaltung nur noch auf dem Papier bestünde, da *de facto* die Starosten als Vorsitzende der Kreisselbstverwaltungen und der Exekutivräte der Kreisselbstverwaltungen Anordnungen erließen, die ihnen genehm waren, und sogar polizeiliche Maßnahmen anwandten.[235] Die Selbstverwaltung verkomme „zu einem bloßen Instrument in den Händen der Starosten und Wojewoden", während die „gewählten Vertreter der Bevölkerung von Amtsseite her völlig missachtet" würden.[236] Vor diesem Hintergrund äußerten sich Vertreter der gesellschaftsnahen Konzeption kritisch über die staatsnationalen Reformvorschläge, etwa über das Ansinnen, der Ortsvorsteher solle bei „staatsgefährdenden Tendenzen" Resolutionen des Gemeinderates aufheben können. Dies ermögliche in der Tat eine nahezu uneingeschränkte Ingerenz in die Selbstverwaltung. Gegenüber solchen Kontrollabsichten betonte der 1930 gegründete Verband der Landkreise der Republik Polen (*Związek Powiatów Rzeczypospolitej Polskiej*), die Interessen des Staates seien durch die vorhandene Selbstverwaltungsordnung ausreichend geschützt.[237]

Die Debatte um die territoriale Selbstverwaltung erfuhr die größtmögliche Zuspitzung, als es um eine neue Wahlordnung zu den Selbstverwaltungsorganen ging. Für die zentralistisch orientierte PPS war eine Vereinheitlichung der Selbstverwaltung nur dann denkbar, wenn gleichzeitig das gleiche, direkte, geheime und proportionale Wahlrecht beibehalten werde. Nur so sah sie eine gesellschaftsnahe, demokratische Selbstverwaltung und die künftige Verwirklichung einer „volkspolnischen" Arbeiter- und Bauern-Regierung gewährleistet.[238] Selbst der dem linken Flügel der *Sanacja* zugeneigte Verwaltungsrechtler Maurycy Jaroszyński, der an der privaten Polnischen Freien Universität und an der Handelshochschule in Warschau lehrte, Ende der 1920er Jahre aber auch das Amt des stellvertretenden Innenministers bekleidete, plädierte für das Verhältniswahlrecht, um die Belange von ethnischen, konfessionellen, sozialen und wirtschaftlichen Minderheiten zu schützen. Eine größere soziale Ausgewogenheit des Wahlrechts sollte durch eine Modifizierung der einjährigen Wohnortsfrist erreicht werden: Sie sollte

---

[235] AAN, MSW, 849, Bl. 117.
[236] Kongres stronnictwa P. S. L. „Wyzwolenie", in: Samorząd Terytorjalny, 1, 1929, S. 107.
[237] Posiedzenie Rady Związku Powiatów Rzplitej z dn. 20 czerwca 1931 r., in: Samorząd Terytorjalny, 3, 1931, S. 228 - 231.
[238] AAN, PPS, 114/IV-10, Bl. 10; Konferencja samorządowa Polskiej Partji Socjalistycznej, in: Samorząd Terytorjalny, 1, 1929, S. 109.

nicht nur für „Kolonisten", die ethnisch polnischen Ansiedler in den *Kresy Wschodnie*, sondern auch für Landarbeiter gelten.[239]

Die Diskussion der späten 1920er und frühen 1930er Jahre dominierten allerdings Überlegungen zu einer Einschränkung des Wahlrechts – ob durch eine Anhebung des aktiven und passiven Wahlalters auf 25 Jahre oder einen Bildungs-Zensus. Besonders häufig war die Forderung nach polnischen Lese- und Schreibkenntnissen beim passiven Wahlrecht. In der Praxis hätte dies aber keineswegs vorrangig ethnisch nicht-polnische Bevölkerungsgruppen betroffen, die zumindest in den gehobenen Schichten oftmals sehr gut des Polnischen mächtig waren. Die Forderung nach polnischen Lese- und Schreibkenntnissen zog angesichts der immer noch großen Analphabetenquote vielmehr vor allem eine soziale Diskriminierung nach sich.

Das Selbstverwaltungsgesetz vom 23. März 1933 beinhaltete ein neues kommunales Wahlrecht. Nach Art. 3 waren alle Männer und Frauen ab 24 Jahren wahlberechtigt, die seit mindestens einem Jahr in der jeweiligen Gemeinde lebten. Eine Ausnahme von der Wohnsitzregelung gab es für Immobilienbesitzer, Staatsbeamte, für Angestellte staatlicher Institutionen, der territorialen und der wirtschaftlichen Selbstverwaltung (Landwirtschafts-, Handwerks-, Industrie- und Handelskammern), für Geistliche und aktive Berufssoldaten.[240] Damit war eine Privilegierung von *Sanacja*-nahen Bevölkerungsgruppen und traditionellen Honoratioren, von „alten" und „neuen" Eliten verbunden, war der Elitenkompromiss als Herrschaftsmedium des autoritären Regimes offiziell etabliert. Kandidieren für Stadt- und Kreisräte sowie für die Ämter eines Bürgermeisters, Ortsvorstehers oder eines entsprechenden Stellvertreters durften nur Bürger, die polnisch lesen und sprechen konnten (Art. 4).[241] In den *Kresy Wschodnie* reichte es nach einer Verordnung des Innenministeriums vom 17. Oktober 1933 für eine Übergangszeit von fünf Jahren aus polnisch zu sprechen.[242]

In der Frage der Wahlorganisation war die staatliche Verfügungsgewalt maßgebend. Der Starost entschied über den Termin der Kommunalwahlen in seinem Kreis, die Einteilung in Stimmbezirke und die Zusammensetzung der Wahlkommission.[243] Diese Regelung traf auf scharfe Kritik der Opposi-

---

[239] Posiedzenie Rady Związku Powiatów Rzplitej z dn. 20 czerwca 1931 r., in: Samorząd Terytorjalny, 3, 1931, S. 228 - 231.
[240] Ustawa z dnia 23 marca 1933 r. o częściowej zmianie ustroju samorządu terytorialnego, in: Szwed, Samorząd Terytorialny, S. 190 - 191.
[241] Ebd., S. 191 - 192.
[242] Rozporządzenie Ministra Spraw Wewnętrznych, 17. 10. 1933, in: Dziennik Ustaw RP, Nr. 83, 28. 10. 1933, S. 1537.
[243] Art. 24, 29, 32 in: Ustawa z dnia 23 marca 1933 r. o częściowej zmianie ustroju samorządu terytorialnego, in: Szwed, Samorząd Terytorialny, S. 201 - 202, 204 - 205.

tion. Das Minimum zwischen Ausschreibung der Wahlen und dem Wahltermin betrug sechs Tage, die Frist für die Prüfung der Wahlunterlagen drei Tage – damit waren die Zeitspannen so knapp bemessen, dass dies für einen Großteil der informationsfernen ländlichen Bevölkerung *de facto* eine Einschränkung des Wahlrechts bedeutete. Sozial unausgewogen besetzt waren auch die von den Starosten bestimmten Wahlkommissionen. Nach Beobachtung der PPS saßen dort Adelige, Beamte, Lehrer, Priester und Gemeindevorsteher, während Bauern häufig nicht zugelassen waren. Schließlich entschieden die Starosten, wer faktisch wählen und wer für die Stellen des Gemeindevorstehers, der Beisitzer, des Ortsvorstehers (*sołtys*) und der jeweiligen Stellvertreter kandidieren durfte, da ihnen die Prüfung oblag, wer polnisch lesen und sprechen konnte.[244]

Noch stärkere Einschränkungen demokratischer Partizipationsrechte offenbarte die Wahlpraxis. Das Selbstverwaltungsgesetz von 1933 bestimmte für die Gemeinderatswahlen (Art. 27), dass sich die Wähler zu einer angegebenen Stunde im Wahllokal versammelten und dann mindestens ein Fünftel der anwesenden Wähler mündlich oder schriftlich geheime Wahlen verlangen musste, damit diese auch tatsächlich geheim waren.[245] Beim geheimen Wählen wurde ein Blatt weißes Papier mit den Kandidatennamen in einen gestempelten Umschlag gelegt. Falls das hierfür notwendige Quorum nicht erreicht wurde, kam es zum „öffentlichen" Wählen. Dabei sagte jeder Wähler der Wahlkommission, für wen er stimme.[246] Das geheime Wählen war somit auf Lesekundige und Bürger mit genügend Zivilcourage beschränkt. Der *Sanacja* kam hier zweifellos zugute, dass moderne Wahlpraktiken in der Bevölkerung noch nicht hinreichend eingeübt waren. Dies zeigte sich an den trotz aller sonstigen Repressivität für notwendig erachteten Mahnungen, niemand dürfe anstelle eines anderen stimmen, auch dann nicht, wenn es sich um Familienmitglieder handele.[247]

Die PPS berichtete in Rundbriefen und Flugblättern kritisch von darüber noch hinausgehenden autoritären Praktiken: Der Mindestabstand von sechs Tagen zwischen Ankündigung und Wahltermin wurde mancherorts unterschritten, mitunter erfuhren die Wähler von den Wahlen erst am Tag der Wahl. In Abwesenheit der meisten Wähler konnte die *Sanacja* dann ihre eigenen „Wahlen" durchführen. Neben diesen gelenkten Wahlen ereigneten

---

[244] AAN, PPS, 114/IV-10, Bl. 10 – 11a, 13; zur Haltung der Bauernpartei SL: Aleksander Łuczak: Samorząd terytorialny w programach i działalności stronnictw ludowych 1918 - 1939, Warszawa 1973, S. 253 - 256, 259.
[245] Ustawa z dnia 23 marca 1933 r. o częściowej zmianie ustroju samorządu terytorialnego, in: Szwed, Samorząd Terytorialny, S. 203.
[246] Mit plastischen Schilderungen: AAN, PPS, 114/IV-10, Bl. 10 - 11a.
[247] Ebd., Bl. 10 - 11a.

sich auch Fälle, in denen der Gemeindevorsteher den Versammelten eine Liste der „Gewählten" vorlas, obwohl zuvor gar keine Abstimmung stattgefunden hatte. Wiederholt kam es auch zur Annullierung ganzer Wahllisten aufgrund von Formfehlern. Schließlich verkündete so mancher Gemeindevorsteher den Wählern, dass es keine alternative Wahlliste gäbe. Viele kommunale Delegierte waren damit eher nominiert als gewählt worden. Wahlproteste verpufften häufig wirkungslos, da sie zumeist von denselben Starosten bearbeitet wurden, die bereits für die Wahlorganisation verantwortlich zeichneten. Die staatlichen Repressalien gipfelten in Verhaftungen oder dienstrechtlichen Versetzungen von Oppositionskandidaten.[248] Angesichts dieser Missstände setzten die Sozialisten das Wort „Wahlen" in ihren Texten zur Selbstverwaltung oft nur noch in Anführungszeichen.

Die zweifelhafte Wahlpraxis war nicht das einzige Zeichen autoritärer Einflussnahme. Wie bei den Sejm-Wahlen suchte der BBWR im ländlichen Raum nach Unterstützung bei den Vertretern der traditionellen Eliten und zog deren Wirkungskraft von den anderen Parteien ab. In Nordmasowien beispielsweise wählte der Kreisrat von Ciechanów 1928 den Gutsbesitzer Michał Bojanowski zum Mitglied des Wojewodschaftsrats. Bojanowski gehörte eigentlich der Nationaldemokratie an und saß für den ZLN von 1919 bis 1922 im Verfassunggebenden Sejm und seit 1922 im Senat, ließ sich aber nun vom BBWR gegen einen konkurrierenden Kandidaten vom PSL-Wyzwolenie unterstützen. In ähnlicher Weise gewannen bei Nachwahlen zu den Kreisparlamenten der Region frühere Parteigänger der Konservativen ihre Mandate nun für den BBWR.[249]

Eine andere Strategie, um zu Wahlerfolgen zu kommen, zeigte sich bei den Stadtratswahlen in der Kreisstadt Pułtusk 1928. Dort konnte der neu ins Leben gerufene BBWR durch geschickte Verhandlungen die bislang dominanten Nationaldemokraten in ein gemeinsames Wahlbündnis mit dem Namen *Gospodarczy Blok Pracy Samorządowej* („Block der Wirtschaft für die Arbeit in der Selbstverwaltung") bringen.[250] Die Namensgebung sollte Überparteilichkeit und Zusammenarbeit zum Wohle der Allgemeinheit signalisieren und wurde zu einer auch andernorts genutzten Praxis.[251] Tatsächlich fiel das Wahlbündnis in Pułtusk mit der Nominierung von elf Kandidaten aus den Reihen des BBWR, drei Parteilosen, aber nur zwei Angehörigen des SN sehr ungleichgewichtig aus und diente offenkundig der Marginalisierung des

---

[248] AAN, PPS, 114/IV-10, Bl. 13; Wiktor Bronikowski: Chłopska działalność samorządowa w świetle życiorysów, in: Roczniki Socjologii Wsi, 2, 1937, S. 174 - 175.
[249] APW, UW Warszawski, 26, Bl. 8, 45.
[250] APW, UW Warszawski, 22, Bl. 248.
[251] In Mława etwa trat die *Sanacja*-Liste zu den Stadtratswahlen im Oktober 1928 unter dem Titel „Parteiloses Komitee der Demokraten" an: APW, UW Warszawski, 26, Bl. 250.

SN.²⁵² Bei den Wahlen am 29. Juli 1928 ergab sich eine große Mehrheit für die regierungsnahe Liste. Die amtlichen Berichterstatter sprachen es unverhohlen aus: Der Sieg der regierungsnahen Liste in Pułtusk war „das Ergebnis einer gezielten Aktion auf dem Territorium der Wojewodschaft Warschau zur Eroberung der Stadträte".²⁵³

Bei der staatsnahen Reform der territorialen Selbstverwaltung lauteten die ursprünglichen Zielvorgaben, das kommunalpolitische Erbe der Teilungszeit zu beseitigen und Staat und Selbstverwaltung enger miteinander zu verknüpfen. Tatsächlich kam es zu einer weitergehenden Entwicklung: Statt sich als eigenständige, mit der staatlichen Verwaltung kooperierende Größe zu behaupten, musste die Selbstverwaltung mit der Rolle eines zu kontrollierenden Juniorpartners vorliebnehmen. Vor allem aber grenzte das Selbstverwaltungsgesetz von 1933 die demokratischen Partizipationsmöglichkeiten der Bürger stark ein.

Während Vertreter der gesellschaftsnahen Konzeption, oft noch geprägt vom partizipatorischen Schwung der ersten Nachkriegsjahre, die Selbstverwaltung als Medium demokratischen Engagements ansahen, machten die Vertreter der staatsnahen Konzeption Sachkenntnis und Rationalität zu Argumenten für die Zurückdrängung demokratischer Teilhabe. Partizipation wurde ausschließlich als gelenkte Mitwirkung der Bürger am Staat gedacht. Damit zeigte sich am Beispiel der Selbstverwaltungsreform ein wichtiges Motiv der politischen und gesellschaftlichen Entwicklung Polens nach 1926: das Zusammenspiel von autoritärer Sozialdisziplinierung und modernisierender Professionalisierung.

Die Einflussnahme der *Sanacja* führte in der Praxis aber weit weniger zur erhofften staatsnationalen Integration auf kommunalpolitischer Ebene als zu einer Stagnation. Viele regierungskritisch gesonnene Selbstverwaltungsvertreter wurden zum Rückzug gezwungen oder zogen sich freiwillig zurück. Die übrig gebliebenen Delegierten enthielten sich in politisch heiklen Fragen zunehmend der Stimme, so dass die Kreisparlamente (*sejmiki*) der Jahre 1931 - 1934 als „stumm" bezeichnet wurden²⁵⁴ – ein provokanter Anklang an den „stummen Sejm" von 1717, der ohne Diskussion Ansprüche russischer Suprematie durchgehen lassen musste.

Aus dieser Situation gab es für die Anhänger einer gesellschaftsnahen Konzeption zwei unterschiedliche Auswege: Dominierte auf der politischen Linken der Wille zum offen ausgetragenen politischen Konflikt mit der

---

252 APW, UW Warszawski, 22, Bl. 248; APW, UW Warszawski, 26, Bl. 32, 45.
253 APW, UW Warszawski, 26, Bl. 58.
254 Wiktor Bronikowski: Chłopska działalność samorządowa w świetle życiorysów, in: Roczniki Socjologii Wsi, 2, 1937, S. 171.

Sanacja, etwa mit Drohungen zum Boykott der Wahlen,²⁵⁵ so zogen sich Konservative und Nationaldemokraten auf eine private gesellschaftliche Organisationsarbeit jenseits von Staat und Selbstverwaltung zurück.

1. 5 Einheit nach außen? Außenpolitische Bedrohungsperzeptionen

Um die Integration nach innen zu erlangen, bot sich die Abgrenzung nach außen an. Doch was war „außen"? Die internationale Ordnung nach dem Ersten Weltkrieg bot ein Bild höchster Komplexität. Bis vor wenigen Jahren existierten für die Interpretation der internationalen Beziehungen im Wesentlichen zwei Deutungslinien: der Idealismus und der Realismus. Der Idealismus entstand im angelsächsischen Raum und verstand sich als liberaldemokratische Antwort auf die Herausforderung durch das bolschewistische Russland.²⁵⁶ Einen ersten Höhepunkt erreichte der Idealismus mit den Vorstellungen des amerikanischen Präsidenten Woodrow Wilson zur künftigen Friedenssicherung, prominent gefasst in der Aussage, die Welt *safe for democracy* zu machen.²⁵⁷ Die Relevanz und zugleich Brisanz der Konzeption Wilsons lag darin, dass sie „demokratische Rechtsstaatlichkeit mit gerechter internationaler Friedensordnung verbinden wollte und damit auch einen innenpolitischen Legitimationszwang für die gefundenen Regeln schuf".²⁵⁸ Dagegen betrachteten die Anhänger einer „realistischen" Interpretation die Nationalstaaten als zentrale Akteure der internationalen Ordnung, deren gegenseitige Beziehungen durch Konkurrenz und Konflikte geprägt waren.²⁵⁹ Internationaler Kooperation und der Existenz internationaler Institutionen wie dem Völkerbund begegneten die Realisten mit großer Skepsis und erklärten stattdessen die Machtpolitik zur entscheidenden Konstante in den internationalen Beziehungen.

Tatsächlich zeigte sich die internationale Ordnung nach dem Ersten Weltkrieg als Medaille mit zwei Seiten: Idealistisch motivierte „Institutionen zur Stabilisierung und wertbezogenen Fundierung des Staatensystems" waren ebenso kennzeichnend wie die realistische „Tradition der autonomen

---

[255] AAN, PPS, 114/IV-10, Bl. 10 - 11a.
[256] Peter Wilson: Introduction: The Twenty Years' Crisis and the Category of ‚Idealism' in International Relations, in: David Long und Peter Wilson (Hrsg.): Thinkers of the Twenty Year's Crisis. Inter-War Idealism Reassessed, Oxford 1995, S. 3 - 7.
[257] Vgl. hierzu Niedhart, Beziehungen, S. 11 - 23.
[258] Möller, Europa, S. 173.
[259] Wegweisend Edward Hallet Carr: The Twenty Year's Crisis, 1919 - 1939. An Introduction to the Study of International Relations, ND New York 1964; Kenneth N. Waltz: Theory of International Politics, New York u. a. 1979.

nationalstaatlichen Außenpolitik".[260] In der mittel- und osteuropäischen Praxis traten so zur idealistischen Friedenswahrung durch den Völkerbund realistische regionale Bündnisstrategien hinzu: etwa die *cordon sanitaire*-Konzeption oder das gegen den Revisionismus Ungarns gerichtete Bündnis zwischen der Tschechoslowakei, Jugoslawien und Rumänien, die Kleine Entente. Vor allem aber wurde hier das von Wilson postulierte idealistische „Selbstbestimmungsrecht der Völker" zu einer Bestätigung für das neue nationalstaatliche Prinzip umgedeutet: Zu dessen Logik gehörte es, dass diejenigen Bevölkerungsgruppen, die über keinen eigenen Nationalstaat verfügten, unter dem Schutz spezieller Verträge, der Minderheitenschutzverträge, standen.

Die Zuschreibung „außen" galt somit aus einer nationalistischen Perspektive für recht unterschiedliche Akteure: für Staaten, die als feindlich betrachtet wurden, für „nationale Minderheiten" und, damit in polemischer Absicht verknüpft, immer wieder auch für die innenpolitischen Gegner. Der polnisch-sowjetische Krieg hatte mit den Stereotypen der *żydokomuna* und des „russisch-asiatischen" Bolschewismus eine solche Ethnisierung gefördert und einprägsame Diffamierungsmuster bereitgestellt. Freilich zeigten die Feindbilder der Jahre 1919/20 auch, dass deutliche Differenzen zwischen den verschiedenen Nationsentwürfen in Polen bestanden.

In den Folgejahren schien die außenpolitische Lage eindeutiger. Das Ende des polnisch-sowjetischen Krieges hatte die Frage nach einem umfassenden militärisch-politischen Engagement Polens im Osten Europas vorläufig ihrer Bedeutung enthoben. Für weitgehenden Konsens in der polnischen Öffentlichkeit sorgte das Bewusstsein einer gemeinschaftlichen Bedrohung Polens durch die Nachbarstaaten Deutschland und Sowjetunion.

Die Zusammenarbeit der beiden Außenseiter des Pariser Friedenssystems, die im Vertrag von Rapallo 1922 einen ersten Höhepunkt erreicht hatte, betrachteten die meisten Europäer misstrauisch. Kaum ein Land konnte sich allerdings so unmittelbar betroffen fühlen wie Polen. Die geographische Lage zwischen Deutschland und der Sowjetunion, die frische Erinnerung an die Rolle der beiden Nachbarn als Teilungsmächte im „langen" 19. Jahrhundert und die junge, noch als verletzlich empfundene Eigenstaatlichkeit sorgten für tief sitzende Befürchtungen. Diese wurden durch die aktuelle Politik der beiden degradierten Großmächte immer wieder angefacht.

---

260 Anselm Doering-Manteuffel: Internationale Geschichte als Systemgeschichte. Strukturen und Handlungsmuster im europäischen Staatensystem des 19. und 20. Jahrhunderts, in: Wilfried Loth und Jürgen Osterhammel (Hrsg.): Internationale Geschichte. Themen – Ergebnisse – Aussichten [Studien zur Internationalen Geschichte, Bd. 10], München 2000, S. 103.

Die Beziehungen Polens zur Sowjetunion gestalteten sich nach dem Frieden von Riga 1921 wechselhaft: Wiederholt gab es auf der bilateralen Ebene Ansätze zu einer politischen und wirtschaftlichen Entspannung, doch die Anstrengungen der sowjetischen Regierung, größeren internationalen Einfluss in Europa zu gewinnen und die Pariser Nachkriegsordnung auszuhebeln, sah Polen gegen sich gerichtet.[261]

Im Mittelpunkt der Aufmerksamkeit standen aber in den 1920er Jahren die Beziehungen zu Deutschland. Im Versailler Vertrag 1919 und aufgrund des Plebiszits über Oberschlesien 1921 waren Polen von den westlichen Alliierten umfangreiche Territorien zuerkannt worden, die zuvor Bestandteil des Deutschen Reiches gewesen waren. Aus dieser Übertragung von Territorien entstand ein Bedarf an detaillierten rechtlichen Folgeregelungen, die nicht mehr allein von Entscheidungen der Alliierten abhingen, sondern bilaterale Übereinkünfte zwischen Deutschland und Polen erforderten. Dies betraf die praktische Grenzziehung, Fragen der Staatsangehörigkeit und des Optionsrechts, das den Deutschen in Polen die Möglichkeit gab, sich für die Zugehörigkeit zum Deutschen Reich zu entscheiden, sowie als Folge davon auch den Umgang mit dem zurückgelassenen Eigentum von Deutschen, die ins Deutsche Reich umzogen. Diese Sachverhalte waren, entgegen vielen allzu raschen und eindeutigen Urteilen in Publizistik und Historiographie, komplex und beschäftigten in der Zwischenkriegszeit vielfach internationale Schiedsgerichte.

Entscheidende Wirkung auf die deutsch-polnischen Beziehungen hatte die politische Atmosphäre, in der sich die rechtlichen Verhandlungen vollzogen. Die Erinnerung an die blutigen Grenzkämpfe, an den Großpolnischen Aufstand und die schlesischen Aufstände, war noch frisch, als in der zweiten Hälfte der 1920er Jahre die Frage nach einer Revision der Pariser Friedensordnung die internationale Politik zu dominieren begann.

In Deutschland war die Ablehnung des Versailler Vertrags und damit zusammenhängend die Revision der deutschen Ostgrenze parteiübergreifender Konsens. Im Oktober 1925 ließ Deutschland in den Verträgen von Locarno festhalten, dass es die Grenzen im Westen des Deutschen Reiches als unverletzlich und international garantiert anerkannte, dass aber für die Grenzen im Osten des Deutschen Reiches lediglich ein militärischer Gewaltverzicht gelten sollte. Seit September 1926, als Deutschland zum Ratsmitglied des Völkerbundes avancierte, konnten Forderungen nach einer politischen

---

[261] Jena, Polnische Ostpolitik, S. 79 - 99, 141 - 177, 182 - 184. Stärker die Fragilität des polnisch-sowjetischen Verhältnisses und eine latente Expansivität der sowjetischen Außenpolitik betont Wojciech Materski: Tarcza Europy. Stosunki polsko-sowieckie 1918 - 1939, Warszawa 1994, S. 359.

Revision der deutschen Ostgrenze mit ungleich größerem Nachdruck auf internationalem Parkett vorgetragen werden.

In der deutschen und polnischen Historiographie fällt die Bewertung der deutschen Revisionspolitik und auch der Rolle des deutschen Außenministers Gustav Stresemann recht unterschiedlich aus. Unbestritten ist die zentrale Rolle, die der „Revisionismus" für die Außenpolitik der Weimarer Republik spielte, allerdings nahmen deutsche Autoren in den letzten zwei Jahrzehnten hier einige Differenzierungen vor. Demnach ging es Stresemann zwar in der Tat um eine Revision des Versailler Vertrags, allerdings mit friedlichen Mitteln, im Zuge multilateraler Zusammenarbeit und Vereinbarungen. Eine solche Vorgehensweise stellte nicht nur einen „Lernprozess" gegenüber der Politik des deutschen Kaiserreichs dar, mehr noch, es war Ausdruck einer neuen, genuin republikanischen Außenpolitik.[262] Der britische Historiker und Stresemann-Biograph Jonathan Wright vertrat sogar die These, die Politik der friedlichen Revision des Versailler Vertrags sei wichtig für die innenpolitische Konsolidierung der Weimarer Republik gewesen; Erfolge in der Außenpolitik hätten eine Stärkung der Republik bedeutet.[263] Erst für die Zeit ab 1928/29 setzten deutsche Historiker eine stärker konfrontative Phase der Weimarer Revisionspolitik an, bedingt durch den innenpolitischen Druck von rechts. Polnische Historiker identifizieren dagegen, zweifellos geprägt von den Erfahrungen des Zweiten Weltkriegs, eher Kontinuitäten in der deutschen Politik gegenüber Polen.[264] Als „multilaterale Zusammenarbeit" mit dem Zweck, den Versailler Vertrag zu revidieren, interpretierten sie gerade auch die deutsche Annäherung an die Sowjetunion.[265]

In der polnischen Öffentlichkeit der 1920er Jahre sorgte die deutsche Revisionspolitik für gespannte Aufmerksamkeit, zugleich dynamisierte sie den Nationalismus in Polen. Am 3. Mai 1929 fand im Anschluss an die gewohnten Festivitäten des Nationalfeiertags auf dem Warschauer pl. Teatralny eine große Protestdemonstration gegen „deutsche Angriffe und

---

[262] Peter Krüger: Die Außenpolitik der Republik von Weimar, Darmstadt 1985, S. XIII, 15 - 16; Klaus Hildebrand: Das vergangene Reich. Deutsche Außenpolitik von Bismarck bis Hitler 1871 - 1945, Stuttgart 1995, S. 475, 483; Gottfried Niedhart: Die Außenpolitik der Weimarer Republik [Enzyklopädie deutscher Geschichte, Bd. 53], München 1999, S. 49 - 50, 76, 78.
[263] Jonathan Wright: Gustav Stresemann 1878 - 1929. Weimars größter Staatsmann, München 2006, S. 501, 513.
[264] Grzegorz Łukomski: Problem „korytarza" w stosunkach polsko-niemieckich i na arenie międzynarodowej 1919 - 1939. Studium polityczne, Warszawa 2000, S. 258; Sierpowski, Mniejszości narodowe, S. 17 - 37.
[265] Jerzy Krasuski: Tragiczna niepodległość. Polityka zagraniczna Polski w latach 1919 - 1945, Poznań 2000, S. 137 - 140.

Ansinnen" statt. Veranstalter war der Bund zur Verteidigung der westlichen Grenzgebiete (*Związek Obrony Kresów Zachodnich*), eine 1921 aus dem polnischen Komitee zur Verteidigung Oberschlesiens (*Komitet Obrony Górnego Śląska*) hervorgegangene Organisation mit Sitz in Poznań und (1928) rund 25.000 Mitgliedern. Ihre Zielsetzung lautete, deutsche Prägungen im ehemals preußischen Teilungsgebiet durch eine offensiv propagierte polnische Kultur, Wissenschaft und Politik vergessen machen zu lassen.

An der Warschauer Demonstration beteiligten sich noch weitere 52 Parteien und Gruppierungen, die, angefangen mit BBWR, SN und NPR bis hin zu Wirtschaftsverbänden, Gewerkschaften, Lehrervereinen, Pfadfindern, Veteranenorganisationen und Gutsbesitzerzirkeln, einen großen Teil der politischen und gesellschaftlichen Landschaft Polens abdeckten. Am Vortag, dem 2. Mai, war in den Abendstunden die Bevölkerung Warschaus durch Lautsprecherdurchsagen zu zahlreicher Teilnahme aufgefordert worden; am 3. Mai wurden aus Autos, die in der Stadt umherfuhren, noch einmal 30.000 Flugblätter verteilt und Megafonsprecher machten an verschiedenen Punkten der Hauptstadt Werbung für die Veranstaltung. In einer vorbereiteten Resolution wurden alle deutschen Pläne, die auf eine Revision der deutschpolnischen Grenze und eine Eingliederung Pomerellens/Pomorzes, Schlesiens und Großpolens in das Deutsche Reich hinausliefen, ebenso scharf verurteilt wie die Unterdrückung der ethnisch polnischen Bevölkerung im Oppelner Schlesien, das zum Deutschen Reich gehörte.[266] Auch außerhalb der Hauptstadt fanden am 3. Mai 1929 Veranstaltungen statt, auf denen Resolutionen gegen deutsche Grenzrevisionspläne verabschiedet und die in Deutschland lebenden Polen der nationalen Solidarität versichert wurden.[267]

Das zeitliche Zusammenspiel mit dem Nationalfeiertag bot sich ganz pragmatisch an, um eine möglichst große Zahl an Menschen für die Protestaktionen zu mobilisieren. Die quantitative Dimension war wichtig, da sie in der internationalen Wahrnehmung das Bild einer geschlossenen polnischen Öffentlichkeit vermitteln sollte. Gleichzeitig wirkte die Auseinandersetzung mit deutschem Revisionismus und gefürchtetem deutsch-sowjetischem Einklang als Mobilisierungsfaktor in polnischen innenpolitischen Kontexten.

So war es kaum ein Zufall, dass weitere Protestkundgebungen gegen die deutschen Absichten einer Revision der Ostgrenze bevorzugt in Zeiten des Wahlkampfs stattfanden. Allerdings hatte die deutsche Politik einen willkommenen Anlass dazu gegeben: Am 19. August 1930 hatte Gottfried Tre-

---

[266] Stolica przeciwko gwałtom i zakusom niemieckim, in: Gazeta Warszawska, 3. 5. 1929, S. 1 - 2; gry: Żywiołowa manifestacja stolicy przeciw gwałtom opolskim, in: Polska Zbrojna, 4. 5. 1929, S. 2.
[267] Święto 3 maja w Mławie, in: Gazeta Warszawska, 6. 5. 1929, S. 3.

viranus, Kapitänleutnant a. D. und Begründer der Konservativen Volkspartei, seit Anfang 1930 Reichsminister „für die besetzten Gebiete", seit Juni 1930 Reichsminister ohne Geschäftsbereich im Kabinett Brüning, während einer Demonstration vor dem Berliner Reichstag eine Rede gehalten. Darin hatte er Pomorze, den „polnischen Korridor", als offene Wunde an der Ostflanke bezeichnet und Grenzveränderungen in nicht allzu ferner Zukunft angekündigt. Der polnische Außenminister August Zaleski, eigentlich Anhänger einer auf Verständigung mit dem deutschen Nachbarn und auf internationale Zusammenarbeit im Rahmen des Völkerbundes gerichteten Politik, übergab der deutschen Regierung in Reaktion auf die Rede des Ministers eine offizielle Protestnote, doch die Emotionen in Polen hielten an.[268] Wie amtliche Berichterstatter nicht ohne Genugtuung bemerkten, gab es im September 1930 in Masowien, das in direkter geographischer Nähe zu Pomorze und Ostpreußen lag, in verschiedenen Ortschaften Veranstaltungen, an denen „alle Organisationen und Verbände sowie Massen von Bürgern aus allen Schichten der Gesellschaft" teilnahmen und die öffentlich verkündeten Resolutionen „enthusiastisch" aufnahmen.[269]

Am 14. September 1930 fand eine der größten Protestkundgebungen der Wojewodschaft Warschau in Pułtusk statt. Veranstalter war der Verband der Polnischen Legionäre, die älteste und loyalste Unterstützerorganisation für Piłsudski. Die öffentliche Ansprache hielt der örtliche Schulinspektor. Anschließend überreichten die Versammelten feierlich dem Starosten in seinem Amtssitz eine im Namen der Bürger von Pułtusk formulierte Resolution. Darin verurteilten sie den „deutschen Imperialismus" und bekräftigten,

> „dass Pomorze ein seit ewigen Zeiten angestammtes polnisches Land ist, dass wir uns nicht entreißen lassen. Das Aufhalten des deutschritterlichen Drangs nach Osten betrachten wir als eine historische Aufgabe Polens. [...] Wir geloben daher feierlich, dass wir unsere Rechte auf Pomorze bis auf die letzten Kräfte verteidigen werden und zur Not auch keine Opfer von Eigentum, Blut und Leben scheuen."[270]

Die *Sanacja* versuchte einige Wochen später, die Ergebnisse der Sejm- und Senatswahlen im November 1930 als Antwort auf die deutschen Reichs-

---

[268] Die Rede von Treviranus als symbolischen Auftakt einer neuen Phase deutscher Revisionspolitik deutet Marian Leczyk: Lata polokarneńskie (maj 1926 - listopad 1932), in: Piotr Łossowski (Hrsg.): Historia dyplomacji polskiej, Bd. 4: 1918 - 1939, Warszawa 1995, S. 331.
[269] APW, UW Warszawski, 46, Bl. 57.
[270] Ebd., Bl. 57.

tagswahlen vom 14. September 1930 darzustellen.²⁷¹ Im westlichen Nachbarland hatte nach der SPD, die 24,5 % der Stimmen erhielt, die NSDAP mit 18,3 % der Stimmen die Position der zweitstärksten politischen Kraft einnehmen können. Die *Sanacja* konnte nun ihren durch Repressionen und Manipulationen zustande gekommenen Wahlsieg als außenpolitische Notwendigkeit adeln und feierte ihn als Demonstration polnischer Geschlossenheit und Selbstbehauptung.²⁷² Ernsthaft empfundene Befürchtungen in der polnischen Bevölkerung angesichts der deutschen Revisionspolitik gerieten so zur Manövriermasse für Legitimationsbedürfnisse in innerpolnischen Auseinandersetzungen.

Die Furcht vor dem deutschen Revisionismus wirkte nicht nur mobilisierend in einem genuin politischen Bereich wie dem Wahlkampf, sondern auch in unterschiedlichen Bereichen des öffentlichen Lebens. Dies zeigt exemplarisch ein Blick auf das Bildungswesen der Zweiten Republik. Hier gewann vor dem Hintergrund außenpolitischer Bedrohungsszenarien die Erziehung zur Landesverteidigung an Bedeutung, wobei sich regierungsoffizielle Stellen ihrer Förderung annahmen.²⁷³ Eine gute Infrastruktur, eine starke Marine und die neu begründete Luftwaffe sollten zusammen mit gebildeten, aufopferungsbereiten und gemeinsinnigen Staatsbürgern für die Selbstbehauptung Polens sorgen.²⁷⁴ Mit dieser Zielsetzung ließen sich grundsätzlich auch eine Ausweitung des Bildungsangebots und die Alphabetisierung breiter Bevölkerungsschichten begründen. Insbesondere der Wunsch nach einer Stärkung der staatsbürgerlichen Erziehung war weit verbreitet. Deutlich darüber hinaus ging allerdings die Forderung, angesichts der bedrohlichen Lage zwischen den expansiven Nachbarn Deutschland und der Sowjetunion das bislang in Polen herrschende „Durcheinander" um das erzieherische Ideal zu beseitigen.²⁷⁵ Die Wahrnehmung der internationalen Lage wurde so zu einem Legitimations- und Druckmittel im Streit um das richtige Erziehungsmodell. Hier ging es *de facto* um eine Privilegierung der „staatlichen Erziehung".

Nahezu die meisten innenpolitischen und gesellschaftlichen Reformen ließen sich so als außenpolitisches Gebot der Stunde begründen. Polen

---

[271] Als „Antwort auf Treviranus" sah dies B.: Zdecydowane zwycięstwo B. B. W. R., in: Polska Zbrojna, 18. 11. 1930, S. 1; APW, UW Warszawski, 46, Bl. 498.
[272] W oczach zachodu, in: Gazeta Polska, 19. 11. 1930, S. 1.
[273] Przemówienie Min. Świtalskiego, in: Głos Nauczycielski, 12, 1928, S. 520 - 522.
[274] A. Świtarzowski: Zebrania rodzicielskie, in: Głos Nauczycielski, 15, 1931, S. 315 - 316; B. Chrzan.: Przyczyny upośledzenia szkół powszechnych, in: Głos Nauczycielski, 15, 1930, S. 139 - 141.
[275] St. Dobraniecki: Nauczyciel związkowiec jako działacz państwowy, in: Głos Nauczycielski, 15, 1931, S. 504 - 509.

sollte im Innern krisenfest sein, bevor die beiden Nachbarn Deutschland und Russland wieder erstarkten.[276] Ein historisches Vorbild gab es hierzu schon: Ein Leitartikel der *Gazeta Warszawska* führte anlässlich des Nationalfeiertags 1928 das Beispiel der Verfassung vom 3. Mai 1791 ins Feld. Diese habe eine von innerer Anarchie erschütterte, schwache und außenpolitisch wehrlose *Rzeczpospolita* in ihrer fehlerhaften Ordnung zu reformieren versucht.[277] Dass eine solche Argumentation nicht nur bei der *Sanacja*, sondern eben auch bei der nationaldemokratischen Opposition anzutreffen war, zeigte die im Polen der Zwischenkriegszeit doch recht weit verbreitete Bereitschaft, die Verhältnisse im eigenen Staat den als zwingend angenommenen Bedürfnissen der internationalen Lage anzupassen. Dies begünstigte antidemokratische und antiegalitäre Impulse und diente zur Eindämmung von Widerständen.

Ging es hier um das Vermeiden vermeintlicher innerer Schwächen, so forcierte die *Sanacja* komplementär dazu einen Kurs außenpolitischer Stärke. Die Verteidigung gegen äußere Gefahren, Wohlstand für die Bürger sowie die Bekräftigung, dass „die polnische Nation sich selbst regieren und den Staat zu Macht und Größe führen" könne – dies bildete seit Ende der 1920er Jahre das Grundgerüst einer durchweg positiv gefärbten Leistungsbilanz, mit der nicht nur die eigenen Bürger, sondern die ganze Welt beeindruckt werden sollte.[278] Der Blick ins Ausland, zu Beginn der Zweiten Republik durch die Suche nach Vorbildern für den eigenen Staatsaufbau motiviert, diente nun vorrangig der nationalen Selbstbestätigung und kam dem Legitimationsbedürfnis der *Sanacja* entgegen.

In den 1930er Jahren verfestigte sich dieser politische Grundtonus zum Streben nach einem polnischen Großmachtstatus in Europa. Dabei bemerkten aber schon zeitgenössische Beobachter wie der seit 1927 amtierende Chefredakteur des sozialistischen *Robotnik*, Mieczysław Niedziałkowski, dass solche außenpolitischen Ideen, zusammen mit dem Versprechen materiellen Wohlstands, sehr wohl vom autoritären Regime dazu genutzt werden konnten, ein Substitut für den Entzug demokratischer Partizipationsrechte und die Relativierung von Menschen- und Bürgerrechten bereitzustellen.[279] Das auf der internationalen Bühne der Zwischenkriegszeit oft demonstrativ selbstbewusste Auftreten Polens war innenpolitisch teuer

---

[276] W oczach zachodu, in: Gazeta Polska, 19. 11. 1930, S. 1.
[277] Konstytucja, in: Gazeta Warszawska, 3. 5. 1928, S. 3.
[278] Zofia Roguska: Przemówienie okolicznościowe do młodszych dzieci w dniu 11 listopada, in: dies./Korupczyńska, Święto niepodległości, S. 3 - 10; ähnlich auch die Sichtweise bei Aleksander Kardynał Kakowski, 15. 10 1928, in: Wiadomości Archidiecezjalne Warszawskie, 18, 1928, S. 327 - 328.
[279] Mieczysław Niedziałkowski: Niech się święci 1 maj! in: Robotnik, 1. 5. 1931, S. 1.

erkauft. Die autoritären Antworten auf äußere Bedrohungsperzeptionen sowie der wachsende Stellenwert von militärischer Organisation und Landesverteidigung trugen zur Radikalisierung des polnischen Nationalismus in den 1930er Jahren wesentlich bei.

2 Adaption oder Opposition?

2. 1 Auf dem Weg zur Massenbasis: Neue Wege der katholischen Kirche

Die paradoxe Gefühlslage der Kirche zu Beginn der Zweiten Republik gab ein zeitgenössischer Ausspruch recht treffend wieder: „Stark sind wir, doch uns fehlt das Gefühl von Stärke."[280] Die katholische Konfession war die Mehrheitskonfession im unabhängigen Polen. Vor allem im ländlichen Raum hatte die traditionelle gesellschaftliche Ordnung mit einer Vorrangstellung des Priesters und der kulturellen Hegemonie der Kirche noch häufig Bestand. In den Parlamenten der frühen Zweiten Republik saß eine Reihe von katholischen Geistlichen, die sich etwa wie der Nationaldemokrat Kazimierz Lutosławski aktiv an Verfassungs- und Gesetzesinitiativen beteiligten. Die Märzverfassung von 1921 schließlich hatte den prominenten Rang der katholischen Kirche bestätigt und den Anspruch anderer Glaubensgemeinschaften auf Gleichberechtigung in einem national und konfessionell heterogen zusammengesetzten Staat damit zumindest in Teilen zurückgestellt.[281]

Und dennoch war die Nachkriegszeit aus kirchlicher Sicht von großer Unsicherheit geprägt. Zunächst sahen viele Geistliche und Gläubige einen Niedergang der gesellschaftlichen Moral. Als Ursachen hierfür galten die langen Jahre der Teilung Polens, „der zehrende Weltkrieg, die Mühen des täglichen Lebens, die Entgleisung der einen durch Verarmung und der anderen durch unehrliche Bereicherung, ob durch Wucher, Schieberei oder Spekulation". Das demokratisch-parlamentarische System, obwohl prinzipiell akzeptiert, sorgte für zusätzliche Irritationen: Die Polen von heute seien

---

[280] Z. Choromański: Dosyć bierności, in: Wiadomości Archidyecezyalne Warszawskie, 10, 1920, S. 256.
[281] Der Satz in Art. 114 der Märzverfassung („Die römisch-katholische Konfession, die Religion der überwiegenden Mehrheit der Nation, nimmt im Staat eine herausgehobene Stellung unter den gleichberechtigten Konfessionen ein") konnte verfassungsrechtlich auf verschiedene Weise ausgelegt werden, hierzu Piekarski, Wyznania religijne, S. 11 - 12.

weiterhin geteilt – durch die unterschiedlichen Interessen politischer Parteien, gesellschaftlicher Schichten und der ehemaligen Teilungsgebiete.[282]

An die Fundamente des kirchlichen Selbstverständnisses als Grundautorität des polnischen nationalen Lebens rührten auch die in der ersten Nachkriegszeit während der Verfassungsdebatte zu vernehmenden Stimmen für eine Trennung von Staat und Kirche. Laizistische Forderungen waren in dieser Häufigkeit zuvor nicht anzutreffen gewesen und wurden nun von offiziellen politischen Funktionsträgern wie den Sejm-Abgeordneten Kazimierz Czapiński (PPS) und Józef Putek (PSL-Lewica, später PSL-Wyzwolenie) erhoben, die mit scharf formulierten kirchenkritischen Parlamentsreden und publizistischen Beiträgen hervortraten. Czapiński hatte dabei für seine Haltung schon früh persönliche Konsequenzen hinnehmen müssen: Aufgrund einer kirchenkritischen Aktion mit anderen Studierenden war er 1911 von der juristischen Fakultät der Jagiellonen-Universität in Krakau verwiesen worden. Umso mehr erhoffte sich die politische Linke nun von der gesellschaftlichen Aufbruchsstimmung im unabhängigen Polen, dass dadurch eine weitergehende Emanzipation von kirchlicher Kuratel bewirkt werde.

Schließlich war die im 19. Jahrhundert gefestigte Vorstellung von der Kirche als Ordnungsmacht und Substitut fehlender Staatlichkeit durch die Unabhängigkeit Polens ins Wanken geraten. Daher verhielten sich zu Beginn der Zweiten Republik viele Geistliche und Gläubige abwartend.[283] Genau diese katholische „Passivität" entschieden zu bekämpfen, war in der Nachkriegszeit wichtiges Anliegen der Katholikentage. Auf dem ersten Katholikentag im unabhängigen Polen, der vom 26. bis 28. Oktober 1920 in Poznań stattfand, betonten die Teilnehmer, dass „die Kirche die Nation von Anbeginn ihrer Geschichte begleitet" habe und nun weiterhin als „Anführerin" der Nation wirken wolle.[284] Ganz in diesem Sinne war der Verweis auf die historischen Leistungen polnischer Priester für Staat und Nation. Hier firmierten an vorderster Stelle die „großen geistlichen Autoritäten in der polnischen Geschichte" wie Piotr Skarga, der Hofprediger König Zygmunts III. Waza während der Zeit der Gegenreformation in Polen, Hugo Kołłątaj, der aufgeklärte Bildungsreformer in der Zeit der Teilungen Polens, oder Stanisław Staszic, der engagierte Förderer wissenschaftlicher Forschung in Polen zu Beginn des 19. Jahrhunderts. Ihr Wort habe „in der Nation Wider-

---

[282] Zjazd Katolicki w Warszawie. Odezwa Komitetu Organizacyjnego, in: Wiadomości Archidyecezyalne Warszawskie, 11, 1921, S. 109 - 110.
[283] Piela, Udzial duchowieństwa, S. 156.
[284] Ze zjazdu katolickiego w Poznaniu, in: Wiadomości Archidyecezyalne Warszawskie, 10, 1920, S. 249.

hall und ihr Wirken für die Gesellschaft Wertschätzung und Anerkennung gefunden".[285]

Allerdings war innerhalb kirchlicher Kreise umstritten, ob dieser rückwärtsgewandte Blick ausreichende Legitimationskraft besaß für die neuen Herausforderungen. Auch der nächste Katholikentag in Warschau vom 5. bis 8. September 1921 gab auf die Frage, wie ein neu begründeter gesellschaftlicher Rückhalt erreicht werden sollte, keine befriedigende Antwort. Dabei mangelte es nicht an Symbolik und Rhetorik: Bei der Eröffnungsveranstaltung im Hauptgebäude der Warschauer Technischen Hochschule war Józef Piłsudski in seiner Funktion als provisorisches Staatsoberhaupt ebenso zugegen wie beim zentralen Gottesdienst in der Pfarrkirche Christus Erlöser (*Zbawiciela*) – dies wurde als offizielles Zeichen gedeutet, dass Polen katholisch sei und nicht anders als katholisch sein könne. Besonders gefeiert wurden die Reden von General Józef Haller, Anführer der Freiwilligen-Armee im Sommer 1920, und Wojciech Korfanty, Anführer des erst wenige Monate zurückliegenden dritten schlesischen Aufstands.[286] In seiner Abschlussrede bemerkte der gastgebende Erzbischof von Warschau, Kardinal Aleksander Kakowski, mit Genugtuung, dass prominente Vertreter aus Politik, Kunst, Wissenschaft, Wirtschaft und Gesellschaft auf dem Katholikentag übereinstimmend bekundet hätten, Polen „bleibe stets eine treue Tochter der katholischen Kirche".[287]

Der Warschauer Katholikentag war eine Elitenveranstaltung. In den Augen eines kirchlichen Berichterstatters zeichnete ihn gerade aus, dass er keine Menschenmassen anzog,[288] wie sie in jenen Jahren vor allem die „Radikalen", so die Bezeichnung in kirchlichen und konservativen Kreisen für die politische Linke und die Bauernparteien, zu mobilisieren vermochten. Die Selbstbeschränkung auf eine gesellschaftliche Elite war allerdings kaum geeignet, katholische Traditionen als integrales Wesensmerkmal einer neu zu konstituierenden polnischen Gesamtgesellschaft behaupten zu können.

In einem bezeichnenden Kontrast zum überschaubaren Teilnehmerkreis des Katholikentags stand daher, dass in den Nachkriegsjahren Bischöfe und Priester in vielen Reden und Proklamationen an die Katholiken appellierten,

---

[285] So bereits St. Wesołowski: Odkleryzowanie życia społeczno-narodowego, in: Wiadomości Archidyecezyalne Warszawskie, 9, 1919, S. 167 - 168.
[286] J. Gnatowski: Zjazd Katolicki w Warszawie, in: Wiadomości Archidyecezyalne Warszawskie, 11, 1921, S. 137 - 140.
[287] Mowa Jego Eminencji przy zamknięciu Zjazdu Katolickiego, in: Wiadomości Archidyecezyalne Warszawskie, 11, 1921, S. 142 - 143.
[288] J. Gnatowski: Zjazd Katolicki w Warszawie, in: Wiadomości Archidyecezyalne Warszawskie, 11, 1921, S. 137 - 140.

als Mehrheit der Bevölkerung ihre Religion und ihren Einfluss auf die polnische Gesellschaft zu verteidigen.[289] Dabei erinnerten Kirchenvertreter zunächst wieder in einem historischen Rückblick an die alltäglichen Erfahrungen der Teilungszeit, die als Epoche kirchlichen und nationalen Märtyrertums so viele Beweise des Mitleidens und der Zusammenarbeit mit dem Volk hervorgebracht hatte.[290] Der Topos von der Vereinigung der Priester mit dem Volk der Gläubigen griff Momente des in der Nachkriegszeit weit verbreiteten Nationskonzepts „Volkspolen" auf und transformierte diese in eine spezifisch kirchliche Lesart.

Inspiration für die aktuelle praktische Umsetzung fanden katholische Vordenker aber vor allem beim Blick auf das ehemals preußische Teilungsgebiet. Die hohe Kirchenbindung und intensiv ausgeprägte Religiosität waren für viele Priester im übrigen Polen faszinierend:

„Wir sind in den großen Städten daran gewöhnt, dass sich der Priester auf der Straße nicht recht wohl fühlt, dass dieser oder jener ihn schief ansieht, dass manchmal an seine Adresse ein unschönes Wort fällt; wir sind auch daran gewöhnt, dass unsere Kirchen am Sonntag nur zum stillen Gebet gefüllt sind, während zum Hochamt, zur Predigt und zu den Vespern nur ein Häuflein Gläubiger verweilt; wir sind daran gewöhnt, bei den Beichten nur Frauen zu sehen; auch an weitere Unannehmlichkeiten sind wir in Krakau, Lwów oder Warschau gewöhnt. Es kommt uns immer so vor, als müsse dies leider so sein, als seien diese Erscheinungen untrennbar verbunden mit der großen Stadt. Wenn man dann nach Poznań kommt, mag man den Augen nicht trauen – alle sehen uns wohlwollend an, viele grüßen uns, die Kirchen sind stets voll, zur Heiligen Kommunion gehen auch viele Männer, jede Veranstaltung, jede Versammlung beginnt mit dem Lob Gottes, kurz gesagt, alles ist so wie in einem kleinen, biederen Städtchen. Man könnte den Großpolen deswegen ‚Rückständigkeit' vorwerfen, Mangel an ‚Fortschritt', Unwissenheit, wenn man nicht gleichzeitig die vielen Genossenschaften, Banken und Organisationen sehen würde, wenn nicht Wohlstand und Ordnung sowie wahrhaftiger wirtschaftlicher und sozialer Fortschritt an jedem Ort in die Augen springen würden."[291]

Großpolen imponierte den Katholiken anderer ehemaliger Teilungsgebiete nicht nur durch eine zum Ideal stilisierte Tugendhaftigkeit und Frömmig-

---

[289] Krzysztof Krasowski: Episkopat katolicki w II Rzeczypospolitej. Myśl o ustroju państwa, postulaty, realizacja, Warszawa - Poznań 1992, S. 69.
[290] X. Z.: Kilka uwag o pracy społecznej duchowieństwa (dokończenie), in: Wiadomości Archidyecezjalne Warszawskie, 9, 1919, S. 131 - 138; Ze zjazdu katolickiego w Poznaniu, in: Wiadomości Archidyecezjalne Warszawskie, 10, 1920, S. 249 - 255.
[291] Duszpasterstwo w Poznaniu, in: Wiadomości Archidyecezjalne Warszawskie, 9, 1919, S. 208 - 209. Ähnliche Beobachtungen zum Katholizismus im ländlichen Raum Großpolens: Kołodziejczyk, Ruch ludowy, S. 34.

keit, sondern auch durch die vielfältigen außerkirchlichen Aktivitäten der Geistlichen. Das Engagement für eine christliche Bildungsarbeit galt hier nicht als Zusatzaufgabe, sondern als Kernbestandteil eines modernen, sozial orientierten Priestertums.[292] Dem Beispiel Großpolens folgend, gab es daher auch im übrigen Polen nun Überlegungen zur verstärkten Gründung von katholischen Vereinen und einer katholischen Tageszeitung von landesweiter Bedeutung, zur gezielten Ansprache der Jugend und zur Durchführung von Vortragsabenden und Diskussionsveranstaltungen, um das verschüttet geglaubte katholische Selbstgefühl aufzuwecken. Katholische Organisationen sollten sich unter dem Dach einer Katholischen Liga (*Liga Katolicka*) vereinen.[293]

Eine besondere Rolle in den kirchlichen Bemühungen spielte die ländliche Bevölkerung.[294] Die Ansätze zum Aufbau einer modernen katholischen Massenbasis sollten vom Land ausgehen, wo die Mehrheit der polnischen Bevölkerung lebte und eine stärkere Kirchenbindung vorherrschte. Dieser Ansatz mochte pragmatisch sein, er verwies aber auf kulturelle und habituelle Umstellungsschwierigkeiten beim Weg von der traditionellen Hierarchiebindung zur modernen Volkskirche. Die Bewohner der Städte stellten nämlich ein für die Kirche schwieriger zu erschließendes Potenzial dar. Viele Kirchenvertreter hegten Misstrauen gegenüber den Städtern als Träger der politischen und gesellschaftlichen Modernisierung. Sie stellten der weitgehend in traditionellen Lebenswelten verwurzelten ländlichen Bevölkerung die vermeintlich „verdorbenen" Städter entgegen. Dieses ideologische Konstrukt besaß praktische Konsequenzen: So wurde um die Teilnahme am Warschauer Katholikentag 1921 in erster Linie in der Provinz geworben. Am Begrüßungsabend waren die ländlichen Regionen Polens besser repräsentiert als die gastgebende Hauptstadt. Eine besonders große Teilnehmergruppe stellten neben der Geistlichkeit Frauen aus der ländlichen und kleinstädtischen Elite.[295] Nicht zuletzt angesichts der anhaltenden Wanderung vom Land in die Städte konnte die Kirche in ihrem Bestreben, eine starke katholische Massenbasis zu gewinnen, allerdings nicht dauerhaft in der Defensive bleiben. Daher unternahm die katholische Kirche im zweiten Jahrzehnt der polnischen Republik einen erneuten Anlauf zu ihrer Reform.

---

[292] Duszpasterstwo w Poznaniu, in: Wiadomości Archidyecezyalne Warszawskie, 9, 1919, S. 208 - 209.
[293] Ze zjazdu katolickiego w Poznaniu, in: Wiadomości Archidyecezyalne Warszawskie, 10, 1920, S. 249 - 255.
[294] Najważniejsze rezolucje Zjazdu Katolickiego, in: Wiadomości Archidyecezyalne Warszawskie, 11, 1921, S. 145 - 149.
[295] J. Gnatowski: Zjazd Katolicki w Warszawie, in: Wiadomości Archidyecezyalne Warszawskie, 11, 1921, S. 137 - 140.

Die Überlegungen zielten nun verstärkt auf inhaltlich-organisatorische Aspekte. Sie erwuchsen aus der Einschätzung, dass es trotz einer wieder recht großen Zahl praktizierender Katholiken und gut gefüllter Kirchen zu wenig bewusste Katholiken gebe und der Katholizismus kaum Einfluss auf die geistige Entwicklung des Landes habe.[296] Selbstkritisch wurde vermerkt, dass im polnischen Katholizismus traditionelle Gewohnheiten und erstarrte Rituale dominierten.[297] Die Religion sei verinnerlicht und vielen zur Privatsache geworden.[298] Dagegen seien die Grundsätze der katholischen Soziallehre und die neueren Entwicklungen des Christentums in Westeuropa, wie schon der Katholikentag 1921 festgestellt hatte, in Polen noch kaum bekannt.[299]

Eine Antwort hierauf gab die Etablierung der päpstlich initiierten Katholischen Aktion in Polen (*Akcja Katolicka*, AK). Die *Akcja Katolicka* erhob den Anspruch, die einzelnen Gläubigen stärker mit dem Leben in Gemeinde, Gesellschaft und Staat zu vernetzen, indem sie die soziale und wohltätige Arbeit in den katholischen Gemeinden vereinheitlichte und koordinierte.[300] Im Gegensatz zu traditionellen Formen der Laienpartizipation wie den Bruder- und Schwesterschaften sollte die AK das Idealbild des gesellschaftlich aktiven Katholiken befördern.[301] Das in den frühen 1920er Jahren noch umstrittene Konzept einer breiten katholischen Massenbasis setzte die AK nun als entscheidend für ihren Erfolg voraus.[302]

Der polnische Episkopat gab der AK große Unterstützung. Am frühesten konstituierte sich die AK im ehemals preußischen und österreichischen Teilungsgebiet; im ehemaligen Kongresspolen war das Erzbistum Warschau

---

[296] Józef St. Czarnecki: Akcja Katolicka a polska rzeczywistość, in: Ruch Katolicki, 6, 1936, S. 163 - 169.

[297] Władysław Lewandowicz: „Tak Bóg chce!" Rzecz o Akcji Katolickiej w Archidiezecji Warszawskiej, in: Wiadomości Archidiecezjalne Warszawskie, 26, 1936, S. 246 - 269; Alicja Byszewska: Akcja Katolicka a rola Ziemianek w ruchu Odrodzeniowym, in: Ziemianka Polska, 1930, H. 22, S. 3 - 7.

[298] Józef St. Czarnecki: Akcja Katolicka a polska rzeczywistość, in: Ruch Katolicki, 6, 1936, S. 163 - 169; Jan Piwowarczyk: Przyszłość myśli katolicko-społecznej i możliwość jej realizacji w Polsce, in: Ruch Katolicki, 7, 1937, S. 388 - 405.

[299] Najważniejsze rezolucje Zjazdu Katolickiego, in: Wiadomości Archidyecezjalne Warszawskie, 11, 1921, S. 145 - 149.

[300] Władysław Deptuła: Na marginesie stowarzyszeń pomocniczych A. K. Artykuł dyskusyjny, in: Ruch Katolicki, 7, 1937, S. 170 - 174.

[301] Władysław Lewandowicz: „Tak Bóg chce!" Rzecz o Akcji Katolickiej w Archidiezecji Warszawskiej, in: Wiadomości Archidiecezjalne Warszawskie, 26, 1936, S. 246 - 269.

[302] Władysław Piwowarski: Formy duszpasterstwa parafialnego w Polsce odrodzonej (1918 - 1939), in: Zygmunt Zieliński und Stanisław Wilk (Hrsg.): Kościół w II Rzeczypospolitej [Towarzystwo Naukowe KUL, Rozprawy Wydziału Teologiczno-Kanonicznego, Bd. 48], Lublin 1980, S. 142.

führend. Die Entwicklung der AK verlief allerdings nicht ohne Anlaufschwierigkeiten. Zum einen fiel ihre Etablierungsphase in die Zeit der Weltwirtschaftskrise und der gesellschaftlichen Stagnation unter der *Sanacja*. Zum anderen gab es Skepsis von denjenigen Gläubigen und Priestern, die die bisherigen katholischen Organisationen als ausreichend erachteten.[303] Die von der AK propagierte gleichberechtigte Zusammenarbeit von Priestern und Laien sowie das geforderte gesellschaftliche Engagement waren ungewohnt und nicht alle Priester mochten darin ein Zeichen der neuen Zeit erkennen. Sie plädierten dafür, sich bei der sozialen Arbeit nicht zu weit von der Sakristei zu entfernen und der Tätigkeit in Kanzel, Beichtstuhl und traditionellen kirchlichen Vereinigungen Priorität zuzumessen.[304] Erst im Laufe der Zeit ließ sich mit Hilfe der in Poznań installierten Zentralstelle der AK die angestrebte breite Verankerung der AK im polnischen katholischen Leben besser realisieren. Mitte der 1930er Jahre gab es nur noch wenige Pfarreien ohne AK.[305]

Der Grundsatz der AK, alle Gesellschaftsschichten zu umfassen, wurde am raschesten in den Organisationen der Frauen und der weiblichen Jugend verwirklicht.[306] Damit spiegelte die AK die bisher dominierenden religiösen Affinitäten und Kirchenbindungen wider. Wie in anderen europäischen Ländern war der polnische Katholizismus von einer starken Feminisierung geprägt. Großen Einfluss konnte die AK zudem auf dem Lande verbuchen,[307] das ebenfalls traditionelles kirchliches Terrain darstellte.

Um dem Katholizismus im öffentlichen Leben mehr Geltungskraft zu verschaffen, lag aber das besondere Augenmerk auf Bevölkerungsgruppen, die der Kirche bislang eher fern standen.[308] Zum ersten bestand eine große Herausforderung in der raschen Urbanisierung Polens zwischen den beiden Weltkriegen. In vielen Städten und Vorstädten insbesondere West- und Zentralpolens mussten neue Strukturen für ein religiöses Leben geschaffen

---

[303] Leon Błaszczyk: Trudności, na jakie napotyka A. K. w terenie, in: Ruch Katolicki, 6, 1936, S. 316 - 319; Krasowski, Episkopat, S. 209.
[304] Ks. Stanisław Wesołowski: O duszę ludu polskiego, in: Wiadomości Archidiecezjalne Warszawskie, 18, 1928, S. 108 - 110; umfänglich von der Überzeugungsarbeit, die Kardinal Aleksander Kakowski zu leisten hatte, berichtet Władysław Lewandowicz: „Tak Bóg chce!" Rzecz o Akcji Katolickiej w Archidiezecji Warszawskiej, in: Wiadomości Archidiecezjalne Warszawskie, 26, 1936, S. 246 - 269.
[305] Zur Organisationsstruktur Zdaniewicz, Akcja Katolicka, S. 74 - 85.
[306] Leon Błaszczyk: Trudności, na jakie napotyka A. K. w terenie, in: Ruch Katolicki, 6, 1936, S. 316 - 319.
[307] Władysław Lewandowicz: „Tak Bóg chce!" Rzecz o Akcji Katolickiej w Archidiezecji Warszawskiej, in: Wiadomości Archidiecezjalne Warszawskie, 26, 1936, S. 246 - 269; Piwowarski, Formy duszpasterstwa parafialnego, S. 143.
[308] Władysław Deptuła: Na marginesie stowarzyszeń pomocniczych A. K. Artykuł dyskusyjny, in: Ruch Katolicki, 7, 1937, S. 170 - 174.

werden. Kardinal Aleksander Kakowski etwa engagierte sich aktiv für die Warschauer Stadtrandgebiete und Vorstädte wie Koło, Nowe Bródno oder Annopol. Ihm war wichtig, dass die Urbanisierung nicht zu weiterer Säkularisierung führte.[309] Zum zweiten gab es noch kaum Gruppen katholischer Intellektueller.[310] Der überwiegende Teil der gebildeten Schichten stand nach Ansicht der Kirche noch unter dem Eindruck des Positivismus, sowohl in seiner sozialistischen als auch in seiner anfänglichen nationaldemokratischen Ausprägung. Dagegen habe der Katholizismus für das intellektuelle Denken in Polen noch bis in die 1920er Jahre hinein keine prägende Rolle gespielt oder sei auch hier allenfalls in der Form eines ritualisierten und oberflächlichen Traditionalismus anzutreffen gewesen. Konkrete Folgen dieses Defizits waren ausbleibender Priesternachwuchs aus den Kreisen der gebildeten und städtischen Schichten sowie ein Mangel an moderner theologischer Literatur in Polen.[311] Darüber hinaus sollte zum dritten generell um den männlichen Teil der Bevölkerung geworben werden; als Erfolg versprechend galt die Zusammenarbeit der AK mit Wirtschafts- und Berufsverbänden.[312] Ziel war es, Religion nicht länger als „Weibersache"[313] und „verweichlicht" erscheinen zu lassen – Kampf statt Innerlichkeit hieß die Devise, die in der Zwischenkriegszeit auch für andere Bereiche des öffentlichen Lebens in Polen typisch war.

Die AK schrieb sich in den 1930er Jahren eine erste erfolgreiche Bilanz zu. Männer „aus besseren Kreisen" gingen wieder zum Gottesdienst[314] und die gebildeten Schichten schienen zumindest für die Zukunft über die Ver-

---

[309] W. Lewandowicz: Śp. Kardynał Kakowski w publicznym życiu, in: Ruch Katolicki, 9, 1939, S. 54; Tadeusz Jachimowski: Operari – Sperare! Szkic działalności pasterskiej śp. Ks. Kardynała Aleksandra Kakowskiego na stolicy arcybiskupiej w Warszawie, in: Wiadomości Archidiecezjalne Warszawskie, 29, 1939, S. 27 - 47.

[310] Ignacy Stein: Organizacje inteligencji katolickiej w Polsce na usługach Akcji Katolickiej, in: Ruch Katolicki, 1, 1931, S. 179 - 181; Hieronim Eug. Wyczawski: Działalność religijna i społeczna, in: Bolesław Kumor und Zdzisław Obertyński (Hrsg.): Historia Kościoła w Polsce, Bd. 2: 1764 - 1945, Teil 2: 1918 - 1945, Poznań - Warszawa 1979, S. 60.

[311] Czesław Kaczmarek: Inteligencja katolicka w Polsce i jej organizacja, in: Ruch Katolicki, 6, 1936, S. 554 - 565. Beispielhaft für die kritische Haltung zeitgenössischer katholischer Theologen gegenüber dem Positivismus: Andrzej Krzesiński: Pozytywizm i modernizm a polskie duchowieństwo, Warszawa 1928, S. 7 - 10.

[312] Jan Piwowarczyk: Przyszłość myśli katolicko-społecznej i możliwość jej realizacji w Polsce, in: Ruch Katolicki, 7, 1937, S. 401.

[313] Józef St. Czarnecki: Akcja Katolicka a polska rzeczywistość, in: Ruch Katolicki, 6, 1936, S. 165.

[314] Czesław Kaczmarek: Problem inteligencji katolickiej w Polsce, in: Ruch Katolicki, 6, 1936, S. 171; Władysław Lewandowicz: „Tak Bóg chce!" Rzecz o Akcji Katolickiej w Archidiecezji Warszawskiej, in: Wiadomości Archidiecezjalne Warszawskie, 26, 1936, S. 257.

einigungen der männlichen und weiblichen akademischen Jugend zu fassen zu sein.[315] In den rasch wachsenden Städten wirkten die bäuerliche Prägung vieler Zuwanderer und das Engagement einer zur Gesellschaft hin geöffneten Kirche erfolgreich zusammen.[316]

Im Werben um Städter, gebildete Schichten und akademische Jugend trat in den Hintergrund, dass auch die gesellschaftlichen Kerngruppen des Katholizismus Wandlungsprozessen unterlagen. Die Forderung, *Akcja Katolicka* und ein modernes Frauenbild zu verbinden, war dabei, wiewohl zukunftsweisend,[317] in der Zwischenkriegszeit deutlich weniger brisant als die Herausforderungen im ländlichen Raum. Durch die Wirkungen der Weltwirtschaftskrise, den Niedergang des Gutsbesitzeradels und die zunehmend stärker vernehmlichen Forderungen der Landjugend nach gesellschaftlicher Emanzipation in einem künftigen „Volkspolen" zeichnete sich hier eine Umbruchssituation ab, die einer traditionell geprägten kirchlichen Einflussnahme nicht förderlich war.[318] Wie schon in der Anfangszeit der Zweiten Republik, unter dem frischen Eindruck von russischer Revolution und sozialer Unruhe in Zeiten ungefestigter Staatlichkeit, so sahen in den 1930er Jahren katholische Publizisten das polnische Dorf erneut als gefährdet durch Radikalisierung und bolschewistische Propaganda an.

Priester beklagten Schwierigkeiten in ihrer seelsorgerischen und erzieherischen Arbeit angesichts der Tätigkeit der Bauernbewegung. „Innere Zerrissenheit" und Unordnung waren somit nicht nur in den Städten, sondern auch auf dem Lande anzutreffen: „Vorbei ist die Zeit der priesterlichen Idylle". „Sektierertum, Radikalismus, Konfessionslosigkeit und Kommunismus" gediehen insbesondere dort, wo die Menschen wenig gebildet und wenig in religiöser und nationaler Hinsicht aufgeklärt seien. Dem hatte sich die Priesterschaft „mit unermüdlicher, bis zur Selbstverleugnung aufopferungsvoller seelsorgerischer Arbeit im Namen der Liebe zu Gott zum Va-

---

[315] Ks. Kard. Kakowski: Rzut oka na rozwój Akcji Katolickiej w Archidiecezji Warszawskiej, in: Ruch Katolicki, 1, 1931, S. 104 - 111; Krasowski, Episkopat, S. 214.

[316] Tadeusz Jachimowski: Operari – Sperare! Szkic działalności pasterskiej śp. Ks. Kardynała Aleksandra Kakowskiego na stolicy arcybiskupiej w Warszawie, in: Wiadomości Archidiecezjalne Warszawskie, 29, 1939, S. 27 - 47.

[317] Überlegungen zur Förderung weiblicher katholischen gebildeter Schichten bei Zofja Władysławowa Zamoyska: Konieczność wytworzenia światłej elity kobiecej, przejętej duchem katolickim i narodowym, in: Helena Sołtanówna (Hrsg.): Początki katolickiego ruchu kobiecego w Polsce, Poznań 1930, S. 37 - 38; Maria Śliwińska-Zarzecka: Katolicyzm w dziejach Polski. Materiał dla prelegentów, Katowice 1938, S. 11 - 12; Zofia Rzepecka: Kobieta w służbie kościoła, in: Ruch Katolicki, 9, 1939, S. 134 - 137.

[318] Antoni Żabko-Potopowicz: Wieś polska w świetle polskich prac naukowych i publicystycznych z okresu po uwłaszczeniu włościan, in: Roczniki Socjologii Wsi, 2, 1937, S. 129.

terland und zur Nation" entgegenzustellen. Auch die Priester, die in Schulen Religionsunterricht hielten, galten als wichtige intellektuelle und moralische Instanz, um auf eine vermeintlich besonders von Radikalisierung bedrohte Jugend einzuwirken.[319]

Die Anleitung der Dorfbevölkerung und die Erziehbarkeit der Massen stellten nach wie vor populäre Denkfiguren dar. Alicja Byszewska, eine aus dem Gutsbesitzeradel stammende Verfasserin christlicher Erbauungsliteratur, warb als Vortragsreisende der *Akcja Katolicka* dafür, den kommunistischen Tendenzen auf dem Lande tatkräftig entgegenzutreten. Ihrer Darstellung nach gab es kaum ein Dorf, wo nicht an Sonntagen, bei der Kirchweihe oder anderen großen Versammlungen linke Agitatoren mit ihren Fahrrädern, beladen mit kommunistischen „Bibeln", auftauchten. Als angemessene Entgegnung von katholischer Seite empfahl sie den Vertrieb preisgünstiger christlicher Bücher, von Schriften der *Akcja Katolicka*, Gebetstexten und erbaulichen Bildern an Bücherständen nach dem sonntäglichen Gottesdienst sowie die gezielte Ansprache der Kinder.[320] Für den masowischen Landkreis Mława beispielsweise ließ sich der Erfolg solcher Kolportage-Aktionen bestätigen: Bereits nach den ersten acht Dörfern seien alle Bücher und Broschüren restlos ausverkauft gewesen.[321]

Das hervorgehobene Engagement des Gutsbesitzeradels war ein symptomatischer Hinweis auf die innere Struktur der AK. Die Arbeit am Ausbau einer katholischen Massenbasis war zwar leitendes Motiv, allerdings eignete sich nach Ansicht kirchlicher Beobachter nur eine Minderheit der aktiven Katholiken für eine „vertiefte" Arbeit.[322] In vielen Pfarreien stand und fiel die Organisation der AK-Zirkel mit dem Engagement des Gutsbesitzeradels.[323] Dort, wo es an solchen Führungspersönlichkeiten fehlte, kam es zu einer markanten Abwandlung vom ursprünglichen Organisationsmodell der AK: Gedacht als Laienvereinigung, fungierten die Priester nun häufig als die eigentlichen Initiatoren und Organisatoren.[324]

---

[319] Ks. Stanisław Wesołowski: Posterunek duszpasterski, in: Wiadomości Archidiecezjalne Warszawskie, 18, 1928, S. 21; ders.: Z niwy duszpasterskiej, in: Wiadomości Archidiecezjalne Warszawskie, 19, 1929, S. 180, 182; ders.: Przednia straż, in: Wiadomości Archidiecezjalne Warszawskie, 21, 1931, S. 258 - 259.
[320] Alicja Byszewska: Kolportaż na wsi, in: Ziemianka Polska, 1929, H. 2, S. 11 - 12.
[321] Zofja Ujazdowska: Jeszcze o kolportażu: in: Ziemianka Polska, 1929, H. 7, S. 12.
[322] Włodzimierz Gniazdowski: Rzeczywistość Akcji Katolickiej w Polsce, in: Ruch Katolicki, 6, 1936, S. 362 - 370; Tadeusz Dworak: Katolicki działacz społeczny, in: Ruch Katolicki, 7, 1937, S. 340 - 354. Hierzu auch Krasowski, Episkopat, S. 209.
[323] Kołodziejczyk, Ruch ludowy, S. 375.
[324] Witold Zdaniewicz: Akcja Katolicka w Drugiej Rzeczypospolitej, in: Regina Renz und Marta Meducka (Hrsg.): Społeczno-kulturalna działalność Kościoła katolickiego w Polsce XIX i XX wieku, Kielce 1994, S. 86.

Die Schwerpunktsetzung der Katholischen Aktion in Polen auf die Mobilisierung der Bevölkerung konnte kaum überdecken, dass ein klares inhaltliches Programm ein Desiderat war.[325] Der Anspruch, auf das öffentliche Leben Polens einwirken zu können, zwang aber die AK, sich zu den grundlegenden politischen und gesellschaftlichen Fragen zu verhalten. Dabei wurden rasch gegensätzliche Positionen innerhalb der katholischen Kirche deutlich. Einem Anhänger der *Sanacja* wie Kardinal Aleksander Kakowski, dem daran gelegen war, dass die AK im Erzbistum Warschau loyale Staatsbürger ausbildete, standen oppositionell gesonnene Priester gegenüber, die die *Akcja Katolicka* als Mittel im lokalen politischen Machtkampf mit staatlichen Stellen zu nutzen suchten.[326]

Einen eigenen parteipolitischen Arm besaß die katholische Kirche nach wie vor nicht. Die Christdemokraten, die sich die politische Umsetzung der katholischen Soziallehre auf die Fahnen geschrieben hatten, gewannen keinen großen Einfluss, obwohl sie prominente kirchliche Würdenträger wie den Sejm-Abgeordneten und Senator Stanisław Adamski, der 1930 die Bischofswürde des oberschlesischen Bistums Katowice übernommen hatte, oder den Direktor der Katholischen Presse-Agentur in Warschau, Zygmunt Kaczyński, in ihren Reihen versammelten. Allerdings gehörte es zu den programmatischen Vorstellungen der Christdemokraten, keine direkt vom Episkopat abhängige Partei zu sein; auch gab es für ihre Zielgruppe bei den Wählern, bei Arbeitern, Handwerkern, kleinen Gewerbetreibenden und Angehörigen der gebildeten Schichten, starke parteipolitische Konkurrenz.[327] Die christlichen Arbeitervereine spielten kaum eine Rolle im öffentlichen Leben Polens.[328]

Die Nationaldemokraten konnten sich seit 1927 auf die Schrift „Kirche, Nation und Staat" von Roman Dmowski berufen. Darin deutete ihr Vordenker die katholische Religion nicht bloß als Zugabe zum Polentum, sondern als Teil seines Wesenskerns.[329] Nicht alle Kirchenvertreter mochten freilich der *Endecja* ihren früheren Kampf gegen die katholische Ethik, wie ihn besonders Zygmunt Balicki in seinem 1902 erschienenen Werk „Der

---

[325] Władysław Deptuła: Na marginesie stowarzyszeń pomocniczych A. K. Artykuł dyskusyjny, in: Ruch Katolicki, 7, 1937, S. 170 - 174.
[326] Zur Haltung der Kirche gegenüber der Sanacja: Stanisław Wilk: Episkopat Kościoła katolickiego w Polsce w latach 1918 - 1939, Warszawa 1992, S. 376 - 377; Krasowski, Episkopat, S. 88 - 89.
[327] Marcin Wichmanowski: Chrześcijańska Demokracja, in: Jachymek/Paruch, Więcej niż niepodległość, S. 219.
[328] Józef St. Czarnecki: Akcja Katolicka a polska rzeczywistość, in: Ruch Katolicki, 6, 1936, S. 163 - 169.
[329] Roman Dmowski: Kościół, naród i państwo [Wszkazanie programowe, Bd. 5], Warszawa 1927; Roman Dmowski a katolicyzm, in: Ruch Katolicki, 9, 1939, S. 94 - 95.

nationale Egoismus und die Ethik" vertreten hatte, vergessen: Während die Kirche „Gerechtigkeit, Liebe und Nächstenliebe" predige, stehe der Nationalismus für „Egoismus, Hass und brutale Gewalt".[330]

Sprachen sich kirchliche Würdenträger schließlich für die seit 1926 amtierenden Regierungen aus, verteidigten sie deren Staatsnationalismus gar mit Verve,[331] dann befanden sie sich in derselben politischen Gesellschaft wie Kirchenkritiker oder Laizisten, die dem liberalen und linken Flügel der *Sanacja* angehörten. Umso attraktiver war für viele Kirchenangehörige die Vorstellung, den politischen Grabenkämpfen die Religion als einigendes Band gegenüberstellen zu können. Ein anschauliches Beispiel bot der Versuch, den Nationalfeiertag am 3. Mai zu einem katholischen Feiertag zu erweitern.

Papst Pius XI. hatte bereits 1924 seine Zustimmung gegeben, am 3. Mai die Heilige Jungfrau Maria in besonderer Form zu ehren.[332] Eine katholische Traditionslinie zum 3. Mai entwickelte sich aber nicht nur im liturgischen Fest, sondern auch im Engagement für den Bau eines Denkmals. Geplant war ein Heiligtum der Vorsehung Gottes (*Świątynia Opatrzności Bożej, Votum Narodowe*), an dessen Mauern Ehrengräber für verdiente Bürger Polens angelegt werden sollten. Bei der Verabschiedung der Verfassung 1791 hatte der damalige Sejm ein entsprechendes Gelübde abgelegt, und nun war der katholischen Deutung zufolge nach der Wiedererlangung der Unabhängigkeit und dem „Wunder an der Weichsel" die Zeit gekommen Dank abzustatten.[333]

---

[330] Kazimierz Krotoski: Nacjonalizm a kościół. Uwagi na czasie, Kraków 1930, S. 23 - 24; ähnliche Kritik bei Konstanty Turowski: Renesans katolicyzmu młodego pokolenia polskiego, in: Przegląd Powszechny, 215, 1937, S. 12 - 14. Zum Hintergrund ausführlich Bogumil Grott: Polnische Parteien und nationalistische Gruppen in ihrem Verhältnis zur katholischen Kirche und zu deren Lehre vor dem zweiten Weltkrieg, in: ZfO, 45, 1996, S. 74 - 78; Ute Caumanns: Die polnischen Jesuiten, der Przegląd Powszechny und der politische Katholizismus in der Zweiten Republik. Ein Beitrag zur Geschichte der katholischen Presse Polens zwischen den beiden Weltkriegen (1918 - 1939) [Veröffentlichungen der Forschungsstelle Ostmitteleuropa an der Universität Dortmund, Reihe B, Bd. 55], Dortmund 1996, S. 165 - 167.

[331] Krotoski, Nacjonalizm a kościół, S. 10 - 30; Maria Szafranówna: O Akcji Katolickiej i filantropii. Artykuł dyskusyjny, in: Ruch Katolicki, 7, 1937, S. 166 - 169.

[332] Święto Królowej Korony Polskiej; Nowicki, Pierwsze Święto; Ks. A. Fajęcki: Święta obowiązkowe i zniesione, in: Wiadomości Archidiecezjalne Warszawskie, 18, 1928, S. 338 - 342.

[333] O budowę Kościoła Opatrzności Bożej (Votum Narodowe), in: Wiadomości Archidiecezjalne Warszawskie, 19, 1929, S. 127; O spełnienie ślubu narodowego, in: Wiadomości Archidiecezjalne Warszawskie, 19, 1929, S. 317 - 318. Mit dem Hinweis, dass das *Votum Narodowe* 1791 weniger katholisch als aufklärerisch gemeint war, im Sinne einer „höchsten Vorsehung" (*Najwyższa Opatrzność*): Jerzy Pietrzak: Świątynia Opatrzności Bożej, in: Kulak, Konstytucja 3 Maja, S. 17.

Als Standort für das Heiligtum der Vorsehung Gottes war der Warschauer pl. Mokotowski geplant, wo auch andere Repräsentativbauten der Zweiten Republik projektiert waren. Damit versuchte die katholische Kirche in städtebaulicher Symbolik mit dem Staat gleichzuziehen. Eine eigens gegründete und unter der Schirmherrschaft des polnischen Episkopats stehende Gesellschaft zur Erfüllung des *Votum Narodowe* nahm sich dieses Unternehmens an, unterstützt von nationaldemokratischen und katholischen Organisationen wie dem Frauenverband der Hauptstadt (*Stołeczne Koło Pań*). Popularisiert wurde das Denkmalsprojekt durch den Druck von Briefmarken, die Einrichtung von Zirkeln der Gesellschaft zur Erfüllung des *Votum Narodowe* in jedem Bistum und niedrige Mitgliedsbeiträge, die allen interessierten Bürgern die Beteiligung ermöglichen sollten. Auf der Landesausstellung in Poznań 1929 wurden die Glocken für die vorgesehene Kirche vorgestellt, eine Gabe der unter internationaler Kontrolle stehenden, aber zum Teil mit polnischem Kapital ausgestatteten Danziger Werft. Am Vortag des 3. Mai 1930 fand im Sejm die Preisverleihung im Architektenwettbewerb statt.[334] Verzögerungen, die schließlich bis zum Ausbruch des Zweiten Weltkriegs die Ausführung verhinderten, resultierten aus Meinungsverschiedenheiten, die nur auf den ersten Blick ästhetischer Art waren, gleichwohl aber bezeichnenden historischen Hintergrund besaßen: Mit Blick auf ungeliebte visuelle Erinnerungen an die Teilungszeit meinte der Vorsitzende der Gesellschaft zur Erfüllung des *Votum Narodowe*, der Nationaldemokrat und frühere Sejm-Marschall Wojciech Trąmpczyński, dass die Kirche nicht in gotischem Stil ausgeführt werden dürfe, da dies zu sehr an deutsche Muster erinnere, während der Warschauer Erzbischof Kardinal Kakowski vor einem russisch-byzantinischen Stil warnte.[335]

Der eigenen Uneinigkeit ungeachtet setzte die Kirche gegenüber den staatlichen Feiertagen ihre selbstbewusste Haltung aus der Anfangszeit der Zweiten Republik nach 1926 fort. Die Leitlinie war, an diesen Tagen staatlichen Organen, Armee oder gesellschaftlichen Institutionen auf deren Bitten hin Heilige Messen zu gewähren, denn „Gebete für Polen gibt es nie genug, und wir beten, leider, zu wenig".[336] Alle Formen und Termine der

---

[334] O budowę Kościoła Opatrzności Bożej (Votum Narodowe), in: Wiadomości Archidiecezjalne Warszawskie, 19, 1929, S. 127; O spełnienie ślubu narodowego, in: Wiadomości Archidiecezjalne Warszawskie, 19, 1929, S. 317 - 318; Marian Marek Drozdowski: Recepcja Konstytucji 3 Maja w Warszawie w latach 1914 - 1944, in: Hanna Szwankowska (Hrsg.): Trzeci Maj w Warszawie. Materiały z sesji, Warszawa 1992, S. 71; Jerzy Pietrzak: Świątynia Opatrzności Bożej, in: Kulak, Konstytucja 3 Maja, S. 21 - 23.
[335] Czego chce Episkopat od architektów budujących kościoły? in: Wiadomości Archidiecezjalne Warszawskie, 21, 1931, S. 199 - 202.
[336] Ks. A. Fajęcki: Święta obowiązkowe i zniesione, in: Wiadomości Archidiecezjalne Warszawskie, 18, 1928, S. 338 - 342.

Festtagsgestaltung waren der kirchlichen Seite allerdings nicht genehm. So beschwerte sich Kardinal Aleksander Kakowski in einem Brief an den Religions- und Bildungsminister, dass öffentliche Feiertage, Umzüge, Paraden und Wettkämpfe immer häufiger zu den Zeiten der sonntäglichen Hauptgottesdienste anberaumt würden. Kakowskis Wunsch war es, alle größeren öffentlichen Versammlungen an Sonn- und Feiertagen zwischen 10 Uhr vormittags und 12 Uhr 30 mittags zu verbieten.[337] Eine Anordnung der Kurie aus dem Jahre 1935 monierte schließlich explizit die inflationäre Verwendung des kirchlichen Feiertagbegriffs *święto* für nicht-kirchliche Anlässe. Weltliche Feste sollten nicht mit diesem Begriff belegt werden.[338]

Der weitgehenden Bereitschaft zur Nationalisierung der Religion, also zur Stilisierung seelsorgerischer und gesellschaftlicher Aktivitäten der Priester als Dienst an der Nation, stand eine abwartende Distanz gegenüber, wenn es um die Sakralisierung der Nation ging. So war, mit neuem Selbstbewusstsein versehen, das katholische Geschichtsbild weiterhin gültig: Polen habe stets dann Größe zeigen können, wenn auch die Rolle der Kirche stark gewesen war. Die Schicksale von Kirche und staatlicher Unabhängigkeit wurden damit in existentieller Weise parallel gedacht: „Polen wird katholisch sein, oder es wird nicht sein."[339]

Der Kirche gelang es zu Beginn des zweiten Jahrzehnts polnischer Unabhängigkeit, aus der Defensive und Verunsicherung der ersten Nachkriegsjahre herauszufinden. Ein kirchlicher Vordenker verkündete gar den Anbruch eines „neuen Zeitalters in der Geschichte der Menschheit, das, worauf alles hindeutet, einen überragend katholischen Charakter haben wird": Während alle religiösen Systeme außer dem Katholizismus eine Krise durchlebten, spürten die Menschen „eine immer größere Sehnsucht nach Stabilität und Sicherheit".[340]

Die nach wie vor starke traditionelle Kirchenbindung der Frauen und der ländlichen Bevölkerung war ein wichtiges Fundament. Eindrucksvoll zeigte sich aber vor allem die Erweiterung kirchlicher Strukturen. So entstanden etwa im Erzbistum Warschau nicht nur 70 neue Pfarreien (darunter 20 allein in Warschau), 200 neue Kirchen und Kapellen, sondern auch rund 80 neue Pfarrheime sowie Lesesäle, Pfarrbüchereien oder das katholische Kino

---

[337] AAN, MWRiOP, 410, Bl. 108.
[338] Rozporządzenie Kurii Metropolitalnej nr 5147, 19. 9. 1935, in: Wiadomości Archidiecezjalne Warszawskie, 25, 1935, S. 320. Den schon länger schwelenden Unmut innerhalb der katholischen Kirche über die Verwendung des Begriffs *święto* schildert Wilk, Episkopat, S. 221 - 223.
[339] Dni społeczne w stolicy, in: Wiadomości Archidiecezjalne Warszawskie, 27, 1937, S. 184.
[340] Ks. Bolesław Twardowski: Po Zwycięstwo! in: Ruch Katolicki, 1, 1931, S. 34 - 35.

Roma.³⁴¹ Seit den 1930er Jahren wurden neue Volkshäuser geschaffen. Fixpunkt war ein groß geplantes Katholisches Gemeindehaus (*Parafialny Dom Katolicki*) in Warschau, das nach außen hin zeigen sollte, dass „die polnischen Katholiken, als Hausherren in ihrem eigenen Land, an der Spitze des Fortschritts gingen".³⁴²

Die katholische Kirche nahm den gesellschaftlichen Wandel im Polen der Zwischenkriegszeit aufmerksam wahr, sie versuchte vielmehr noch, ihn aktiv mitzugestalten und dadurch ihren kirchlichen Führungsanspruch zu bewahren. Die Legitimation hierfür lag nicht länger in einer traditionellen Frömmigkeit, sondern in einer spezifischen Aneignung von „Fortschritt". Ziel war es, die nach 1918 neu konstituierte polnische Gesamtgesellschaft katholisch zu prägen. Soziale und politische Emanzipationsbestrebungen anderer Trägergruppen waren zwar ungeliebte Konkurrenz, doch indem sie die Schwächen der traditionellen Ordnungsmacht Kirche ausleuchteten, trieben sie damit den katholischen Reformmotor weiter an.

2. 2 Weltwirtschaftskrise und nationale Sinnstiftung: Der Gutsbesitzeradel

Wie die katholische Kirche hatte auch eine andere traditionelle Ordnungsmacht mit der Umbruchzeit von Weltkrieg, Revolution und Staatsgründung zurechtzukommen: der Gutsbesitzeradel (*ziemiaństwo*).³⁴³ Nationale Sinnstiftung war nicht nur ein Weg, um die bisherige gesellschaftliche Vormachtstellung neu zu legitimieren, sondern diente auch der Orientierung und Selbstvergewisserung. Die Weltwirtschaftskrise stellte diese Konsolidierungsbemühungen auf eine Probe. Im Vergleich zur katholischen Kirche, die sich auf ein starkes spirituelles Fundament stützen konnte, tat sich der Gutsbesitzeradel, dessen Stellung sich überwiegend ökonomischen Faktoren verdankte, mit einer Antwort hier weitaus schwerer.

Von den zeitgenössischen Beobachtungen zum sich abzeichnenden gesellschaftlichen Wandel Polens ist diejenige des Soziologen Stanisław Rychliński hervorzuheben. Er sah die gesellschaftliche Schichtung als einen dynamischen Prozess: Die überlieferten Ordnungen von Ober- und Unterschichten standen in Frage, wenn die Oberschicht wirtschaftlichen Nieder-

---

[341] Mowa P. Prezydenta m. stołecznego Warszawy Stefana Starzyńskiego, in: Wiadomości Archidiecezjalne Warszawskie, 29, 1939, S. 20 - 23; W. Lewandowicz: Śp. Kardynał Kakowski w publicznym życiu, in: Ruch Katolicki, 9, 1939, S. 49 - 55.
[342] Stanisław Sprusiński: Katolicki Dom Parafjalny pionierem kultury, in: Wiadomości Archidiecezjalne Warszawskie, 25, 1935, S. 393.
[343] Zur Begriffsbestimmung: Szymon Rudnicki: Ziemiaństwo, in: Janusz Żarnowski (Hrsg.): Społeczeństwo polskie w XX wieku, Warszawa 2003, S. 205 - 207.

gang erfuhr oder wenn neue Vertreter in die Oberschicht aufstiegen. Dies war Rychliński zufolge in Polen seit den Bauernbefreiungen des 19. Jahrhunderts der Fall: Während der Grund besitzende Adel defensiv seine Position zu behaupten suchte, gerierten sich die gebildeten Schichten (*inteligencja*) als Ersatz für das kaum vorhandene Bürgertum zur neuen Elite. Im Zuge einer „Feudalisierung" hätte diese Traditionen und Prestige der alten Elite übernommen.[344]

Tatsächlich war die Frage nach dem historischen „Niedergang" und „Obenbleiben" des Adels lange Zeit in der Forschung von zentralem Interesse[345] und dabei war das Erklärungsmodell von Rychliński für die polnische Sozialgeschichtsschreibung ausgesprochen einflussreich. In den letzten Jahren hat allerdings eine methodisch erneuerte Adelsforschung die Vorstellung von sich wechselseitig ablösenden Aufstiegs- und Abstiegsprozessen in Frage gestellt. Stattdessen gilt das Interesse einer Beziehungsgeschichte zwischen alten und neuen Eliten, die von vielfältigen Aushandlungsprozessen geprägt ist.[346]

Eine für die Geschichte des polnischen Adels entscheidende Weichenstellung lag demnach im 19. Jahrhundert, als vor allem die preußische, aber auch die russische Teilungsmacht die bis dato üblichen Elitenkompromisse verweigerten. Der polnische Adel rückte ab von den ihm habituell eigentlich nahe stehenden sozial- und verfassungskonservativen Staatsmächten und ging in der Folge Allianzen mit nichtadeligen Schichten ein, besonders im Rahmen der „organischen Arbeit". Die Preisgabe von Kernbeständen adeliger Identität wie den ständerechtlichen Kompetenzen ließ sich dadurch kompensieren, dass sich Vertreter des Adels in zentraler Funktion für den politischen Wandel in Polen engagierten.[347] Damit war die Zukunft des polnischen Adelsstands verstärkt an das nationale Projekt geknüpft. Damit konnte der polnische Adel sein „Obenbleiben" und die Aktualität adeliger Gesellschafts- und Nationsentwürfe vorläufig sichern.

Nach dem Ende der Teilungszeit, in der unabhängigen Republik Polen, stellte sich die Frage nach dem Rang einzelner Gruppen, nach „oben" und „unten" in der erst zu konstituierenden polnischen Gesamtgesellschaft in neuer Weise. Die soziökonomische, regionale und kulturelle Heterogenität des polnischen Adels stand nach 1918 in bemerkenswertem Gegensatz zu

---

[344] Stanisław Rychliński: Warstwy społeczne, in: Ruch Prawniczy, Ekonomiczny i Socjologiczny, 19, 1939, S. 113* - 127*.
[345] Monika Wienfort: Der Adel in der Moderne, Göttingen 2006, S. 10 - 11.
[346] Michael G. Müller: Adel und Elitenwandel in Ostmitteleuropa. Fragen an die polnische Adelsgeschichte im ausgehenden 18. und 19. Jahrhundert, in: ZfO, 50, 2001, S. 504.
[347] Ebd., S. 508 - 509, 511.

der von den eigenen Standesgenossen immer wieder eingeforderten Solidarität.

Zu Beginn der Zweiten Republik mochte die Parteipolitik als ein einigendes Band erscheinen: Der Gutsbesitzeradel hatte sich nahezu ausschließlich um Parteien der politischen Rechten geschart. Die Abwehrhaltung gegen eine befürchtete soziale Revolution und gegen außenpolitische Bedrohungen konnte die inhaltlichen Gegensätze zwischen Konservativen und Nationaldemokraten allerdings nur zeitweise überdecken. Nach der Machtübernahme der *Sanacja* zeichnete sich eine neue Trennlinie ab. Ein Teil des Gutsbesitzeradels, und zwar vornehmlich derjenige, der den konservativen Parteien nahe stand, suchte im berühmt gewordenen Treffen von Nieśwież, dem an der polnischen Grenze zur Weißrussischen Sowjetrepublik gelegenen Gutshof der Familie Radziwiłł, bereits im Oktober 1926 den Elitenkompromiss mit der neuen Regierung. Dagegen sah ein anderer Teil des Gutsbesitzeradels sein Selbstverständnis in Opposition zur Piłsudski-Herrschaft und schloss sich enger an die Nationaldemokraten an.[348]

Wenn über die Parteipolitik kein Zusammenhalt zu schaffen war, rückten dafür die gesellschaftlichen und kulturellen Praktiken des Gutsbesitzeradels in den Fokus. Orientierung gaben die seit Beginn des 20. Jahrhunderts entstandenen adeligen Standesorganisationen.[349] Hier gab es Ermahnung und Ermunterung, sich nicht von der gesellschaftlichen, wirtschaftlichen und kulturellen Arbeit zurückzuziehen, denn sonst laufe der Gutsbesitzeradel Gefahr, in den Hintergrund gedrängt und von anderen gesellschaftlichen Gruppen ersetzt zu werden.[350]

Tatsächlich zeigte sich die sozioökonomische Basis des Gutsbesitzeradels zunehmend fragil. Die seit Beginn der Zweiten Republik geplante Agrarreform hatte zwar in der konservativen und nationaldemokratischen Publizistik sowie der politischen Lobby-Arbeit des Gutsbesitzeradels eine besonders hervorgehobene Bedrohung dargestellt, doch hatte sich der Gutsbesitzeradel den Forderungen der politischen Linken und der Bauernparteien oft noch erfolgreich entgegenstellen können.[351] Weit größere Probleme brachte die Weltwirtschaftskrise seit 1929. Vor allem die großen, extensiv und ineffizient bewirtschafteten Gutshöfe in den östlichen Landes-

---

[348] APW, UW Warszawski, 46, Bl. 221 - 255.
[349] Bogusław Galka: Ziemianie i ich organizacje w Polsce lat 1918 - 1939, Toruń 1997, vor allem S. 176 - 192.
[350] Aleksander Meysztowicz: Polityczne postulaty ziemiaństwa, in: Pamiętnik pierwszego walnego zjazdu zrzeszonego ziemiaństwa Polski odbytego w Warszawie w dniach 10, 11 i 12 IX 1925 r., Warszawa 1925, S. 97; Halina Chrząszczewska: Brak wiary w swoje siły, in: Ziemianka Polska, 1930, H. 13 - 14, S. 20 - 23.
[351] Gałka, Ziemianie, S. 142 - 164, 201 - 202; Rudnicki, Ziemiaństwo, S. 224 - 228.

teilen Polens verzeichneten starke Gewinneinbrüche; nicht wenige Gutshöfe mussten aufgegeben oder zwangsverpachtet werden.[352] Der wirtschaftliche Niedergang zog politische Konsequenzen nach sich: Der Gutsbesitzeradel war als Elite in Frage gestellt und damit sank zugleich der Einfluss auf die Regierungspolitik der *Sanacja*.[353]

Trotz der sich verstärkenden sozialen Unterschiede innerhalb des Gutsbesitzeradels blieb ein Bewusstsein von adeliger Gemeinsamkeit und Verbundenheit erhalten.[354] Das „Obenbleiben" des Adels war damit nicht nur eine Frage der politischen Sozialgeschichte. Vielmehr begreift die neuere Forschung den Adel im 19. und 20. Jahrhundert in erster Linie als „Kulturmodell" und zieht zu seiner Charakterisierung wesentliche Elemente der gruppenspezifischen Selbstbeschreibung heran, etwa die Bedeutung der adeligen Familie, ihrer Werte und Strukturen.[355] Hier gewinnen auch Fragen nach dem kulturellen und politischen Habitus des Adels an Relevanz.

Fraglos war der große Einfluss des Adels in Polen auch damit zu erklären, dass er auf eine lange Zeit überwiegend traditionell und agrarisch geprägte Gesellschaft traf. Für eine sozial- und kulturgeschichtliche Analyse des Gutsbesitzeradels ist daher dessen Haltung gegenüber der Dorfbevölkerung besonders zu berücksichtigen. Nach Beobachtungen des Ethnologen Jan Stanisław Bystroń zu Beginn der 1930er Jahre hatte sich der polnische Gutsbesitzeradel in den vergangenen Jahrzehnten immer stärker mit sozialem Engagement hervorgetan. Bevorzugte Tätigkeitsbereiche waren Erziehung, Wohltätigkeit und Kulturvermittlung. Dabei sahen sich viele Adelige in einer Vorbildfunktion gegenüber dem „einfachen Volk".[356]

Das soziale Engagement des Gutsbesitzeradels wies geschlechtsspezifische Unterschiede auf. Männliche Gutsbesitzer zeigten sich gegenüber der Dorfbevölkerung als Führende in Landwirtschaftszirkeln, Bildungsvereinen und politischen Parteien. Zwar verringerte sich der wirtschaftliche Abstand zu den Mittel- und Großbauern zusehends, insbesondere in den westlichen Landesteilen Polens, doch konnten viele Adelige noch von einer besseren

---

[352] Gałka, Ziemianie, S. 55 - 66, 201 - 202; Zbigniew Landau und Jerzy Tomaszewski: Zarys historii gospodarczej Polski 1918 - 1939, Warszawa ⁶1999, S. 211 - 213; Rudnicki, Ziemiaństwo, S. 232 - 234.
[353] Kochanowski, Horthy und Piłsudski, S. 74 - 75.
[354] Rudnicki, Ziemiaństwo, S. 210.
[355] Wienfort, Adel in der Moderne, S. 27.
[356] Jan Stanisław Bystroń: Kultura ludowa, Warszawa 1936, S. 202 - 215; Gustaw Świda: Zadania ziemiaństwa w życiu społecznym, in: Pamiętnik pierwszego walnego zjazdu zrzeszonego ziemiaństwa Polski odbytego w Warszawie w dniach 10, 11 i 12 IX 1925 r., Warszawa 1925, S. 56 - 57.

Ausbildung, von Kenntnissen westeuropäischer Lebensweisen und einem „überlegenem Habitus" zehren.[357]

Kulturell prägender aber noch war die Rolle der Gutsbesitzerinnen. In der Zweiten Republik waren es immer häufiger die Frauen, die weitgehend selbständig die wirtschaftlichen Geschicke der Gutshöfe führten.[358] Bei den Gutsbesitzerinnen war der Abstand in Lebensweise und Bildung gegenüber der weiblichen Dorfbevölkerung deutlich größer. Zugleich galten Erziehung und Wohltätigkeit der traditionellen Auffassung von Geschlechterrollen zufolge ohnehin als weibliche Domäne. Ein zentraler Bestandteil adeliger Selbstbeschreibung kam damit im Wirken von Frauen zur Geltung.[359]

Das erzieherische Betätigungsfeld des Gutsbesitzerinnenadels erstreckte sich auf Kinder, Hauspersonal, Gutsarbeiter und örtliche Bauern. In die vom Gutshof abhängigen Familien wollte die Gutsherrin „den Funken christlicher Nächstenliebe tragen und dieses noch wenig kultivierte Element moralisch heben".[360] Leitbegriffe im Umgang mit der ländlichen Bevölkerung waren Fürsorge, Hygiene und Zivilisierung. Dies animierte zu einem weit gespannten Tätigkeitsspektrum: die Förderung des ländlichen Heimgewerbes, die Bekämpfung des Alkoholismus, der Betrieb von Apotheken und Schulen - teilweise in Zusammenarbeit mit Bildungsorganisationen wie der *Polska Macierz Szkolna* -, die Unterstützung von Landwirtschaftszirkeln und der Jugendarbeit auf dem Dorf, die Gründung von Badeanstalten, Kulturzentren, Lesesälen und Volkshäusern sowie die Veranstaltung von Fortbildungen, Hygiene-Kursen, Ausstellungen oder Vorträgen. Einen näheren Einblick in die dabei vorherrschenden ideellen Vorstellungen gaben Vortragsthemen wie „Die Frau als Ehefrau, Mutter, Erzieherin und Hausfrau", „Die Lektüre guter Bücher und Zeitschriften", „Polen: Seine Grenzen und natürlichen Reichtümer", „Die Verpflichtung zu Treue und Dienst am Vaterland" oder „Verdienstvolle Helden der Nation".[361]

Die Pflege lokaler Traditionen und Sitten sowie die Erziehung der „einfachen" Bevölkerung zu „Gott und Vaterland" sollten „das polnische Dorf aus den gegenwärtigen Wirren, dem moralischen Niedergang, dem Chaos

---

[357] Bystroń, Kultura ludowa, S. 215.

[358] Janusz Żarnowski: Kobiety w strukturze społeczno-zawodowej Polski międzywojennej, in: Żarnowska/Szwarc, Równe prawa, S. 100.

[359] Bystroń, Kultura ludowa, S. 215; Wienfort, Adel in der Moderne, S. 29.

[360] Marja Starnowska: Rola Ziemianki w Polsce Współczesnej, in: Ziemianka Polska, 1929, H. 9, S. 4.

[361] Janina Skarbek-Kruszewska: O powinnościach Ziemianek, in: Ziemianka Polska, 1929, H. 5, S. 5 - 9; Wanda Drużbocka: Jubileuszowe Zebranie Związku Ziemianek Małopolskich, in: Ziemianka Polska, 1931, H. 10, S. 3 - 9; A. Grzybowska: Zestawienie Sprawozdań z pracy Kół i Okręgów za rok 1928, in: Ziemianka Polska, 1929, H. 13 - 14, S. 13 - 22.

der ständig hart aufeinander prallenden politischen Ansichten und dem Kampf der Egoismen" retten. Vor allem die Landarbeiter galten als anfällig für „Parolen des Hasses und gesellschaftlichen Neids".[362] Aber auch die Schule sahen Angehörige des Gutsbesitzeradels „fremden, feindlichen Einflüssen" ausgesetzt. Dem war durch eine gezielte Aufklärung bei den Kindern und ihren Eltern entgegenzuwirken.[363]

Versinnbildlichung dieser Haltung war die Stilisierung des Gutshofs als „zivilisatorisches Zentrum des polnischen Dorfes", als „Triebkraft für die Landwirtschaft" und als „Muster europäischer Kultur". In besonderem Maße galt dies für Gutshöfe in den östlichen Randgebieten, in den *Kresy Wschodnie*. Die Selbstbeschreibung des dortigen Gutsbesitzeradels als „Ausstrahlungsort des Polentums inmitten einer Flutwelle fremder Einflüsse" enthielt zentrale Vorstellungsmuster eines ethnischen Nationsverständnisses: Wenn die Welt der Gutshöfe untergehe, schwinde auch die polnische Sprache und das Polentum in den *Kresy Wschodnie*, „denn die kulturell niedriger stehenden Bevölkerungsschichten innerhalb der Nation" würden „fremden Einflüssen" leicht erliegen.[364]

Der Topos des „Vorpostens" zeigte den Gutsbesitzeradel aber zugleich in einer ausgesprochen fragilen Grenzlage: nicht nur geographisch, sondern auch im Hinblick auf dessen gefährdete gesellschaftliche und politische Bedeutung. Umso wichtiger war es, sich sinnstiftend in den Mittelpunkt der Nation zu rücken: „Im Namen der Liebe zu Polen müssen wir die schlimmsten Zeiten durchstehen und auf unserem Posten ausharren."[365]

Diese Ansätze zur Bewahrung gesellschaftlicher Harmonie und Ordnung konnten allerdings eine wachsende Mehrheit im Gutsbesitzeradel nicht zufrieden stellen: „Die gesellschaftliche Entwicklung ist in einem unglaublich raschen Tempo vorangeschritten, während wir auf der Stelle treten."[366] Insbesondere die Entwicklung der Bauernbewegung in der Zweiten Republik rang zeitgenössischen adeligen Beobachtern Respekt ab. Um unter veränderten gesellschaftlichen Rahmenbedingungen weiter bestehen zu

---

[362] Marja Starnowska: Rola Ziemianki w Polsce Współczesnej, in: Ziemianka Polska, 1929, H. 9, S. 3 - 6.
[363] Grabkowska: Znaczenie Ziemianki w Społeczeństwie, in: Ziemianka Polska, 1930, H. 24, S. 3 - 6; Janina Skarbek-Kruszewska: O powinnościach Ziemianek, in: Ziemianka Polska, 1929, H. 5, S. 5 - 9.
[364] Janina Skarbek-Kruszewska: Dwór Wiejski, in: Ziemianka Polska, 1930, H. 11, S. 3; ähnlich Wanda Drużbocka: Jubileuszowe Zebranie Związku Ziemianek Małopolskich, in: Ziemianka Polska, 1931, H. 10, S. 8.
[365] Wanda Drużbocka: Jubileuszowe Zebranie Związku Ziemianek Małopolskich, in: Ziemianka Polska, 1931, H. 10, S. 9.
[366] Halina Chrząszczewska: Brak wiary w swoje siły, in: Ziemianka Polska, 1930, H. 13 - 14, S. 21.

können, musste sich der Gutsbesitzeradel sowohl organisatorisch als auch inhaltlich neu ausrichten. Dies bedeutete konkret, über traditionelle Aktivitäten im Rahmen adeliger Standesorganisationen und über Eigeninitiativen, die von einem individuellem Sendungsbewusstsein getragen waren, hinauszugehen.

Zunehmend erkannten Vertreter des Gutsbesitzeradels die Partizipationsmöglichkeiten seit 1918 als Chance. Um ihren Gestaltungswillen zur Geltung zu bringen, versuchten sie in der kommunalen Selbstverwaltung, in Jugendvereinigungen oder Gewerkschaftsräten Präsenz zu zeigen.[367] Besonders erfolgversprechend schien ein Engagement für das örtliche Schulwesen: Der Gutsbesitzerinnen-Verband appellierte an seine Mitglieder, an der Schulfürsorge teilzunehmen und darüber hinaus intensives Augenmerk auf die ideellen und materiellen Bedürfnisse der Schulen, auf die erzieherischen Ziele, die Unterrichtsgestaltung, die Ausstattung mit Büchern und Heften sowie die Situation der Lehrer zu legen.[368] Der Form nach waren dies konstruktive Anpassungsleistungen an die neue Zeit, doch die inhaltlichen Maßstäbe stammten oft genug aus alter, vermeintlich besserer Zeit. Dabei gab es innerhalb des Gutsbesitzeradels durchaus Stimmen, die die eigenen Standesgenossen zu einem deutlicheren Umdenken anhielten.

Schon 1919 war auf der Vollversammlung des Gutsbesitzerinnen-Verbandes die Auffassung formuliert worden, die bisher geübte Wohltätigkeit müsse allmählich in ein zielorientiertes soziales Engagement überführt werden.[369] Dies setzte nichts weniger als einen Mentalitätswechsel von einem stark ausgeprägten Individualismus zu einem kollektiven Zusammenwirken des Gutsbesitzeradels voraus.[370] Für eine Akzeptanz des staatsnationalen Gesellschaftsentwurfs nach 1926 war damit schon früh der Boden bereitet. Überhaupt passte sich ein Teil des Gutsbesitzeradels in seiner Argumentation nahtlos den *Sanacja*-Vorstellungen an, etwa bei dem selbstbewusst vorgetragenen Angebot, dass bei der Weiterentwicklung des ländlichen Raums dem Staat eine „intelligente" und gut organisierte Gesellschaft zu Hilfe

---

[367] Ebd., S. 20 - 23; Gustaw Świda: Zadania ziemiaństwa w życiu społecznym, in: Pamiętnik pierwszego walnego zjazdu, S. 58 - 59; Janina Skarbek-Kruszewska: O powinnościach Ziemianek, in: Ziemianka Polska, 1929, H. 5, S. 5 - 9; Marja Starnowska: Rola Ziemianki w Polsce Współczesnej, in: Ziemianka Polska, 1929, H. 9, S. 3 - 6.

[368] Janina Skarbek-Kruszewska: O powinnościach Ziemianek, in: Ziemianka Polska, 1929, H. 5, S. 5 - 9. Plädoyer für eine stärkere Unterstützung der *Polska Macierz Szkolna* durch den Gutsbesitzeradel: Gustaw Świda: Zadania ziemiaństwa w życiu społecznym, in: Pamiętnik pierwszego walnego zjazdu, S. 60.

[369] Ze Zjazdu Walnego Zjednocz. Ziemianek dnia 12, 13 i 14 czerwca 1919 r., in: Ziemianka, 8, 1919, S. 127 - 132.

[370] Rudnicki, Ziemiaństwo, S. 236.

kommen müsse.[371] Der Elitenkompromiss von Nieśwież besaß damit nicht nur eine politisch, sondern auch eine sozial- und kulturgeschichtlich bedeutsame Dimension. Wenn schon die alten Verhältnisse nicht bewahrt werden konnten, dann sollte der gesellschaftliche Wandel wenigstens kontrolliert werden.

Die Bemühungen um eine Neuausrichtung des adeligen Nations- und Gesellschaftsentwurfs mussten aber nicht allein auf die *Sanacja* Bezug nehmen. Mit gespanntem Interesse verfolgte der Gutsbesitzeradel vor allem die Wege der katholischen Kirche. Schon lange vor 1926 hatten viele Angehörige der traditionellen Eliten eine starke Affinität zum Katholizismus gezeigt. Ideelle Leitvorstellung war der Einklang von Nation, Religion und Familie.[372] Das vom Gutsbesitzeradel propagierte erzieherische Einwirken auf die Landarbeiterfamilien enthielt oft dezidiert religiöse Komponenten wie die Veranstaltung von Rosenkranz-Zirkeln, Gottesdiensten oder Exerzitien. Eine wichtige Rolle spielte das Abonnement von religiösen Zeitschriften, die die Gutsbesitzer ihrem Hofpersonal und den Landarbeitern zu lesen gaben. Eine verbreitete Erwartungshaltung speziell an die Gutsbesitzerinnen war, dass sie den Gutshof zu einem Musterbeispiel religiösen Lebens ausgestalteten, sich als Vorsitzende des Pfarrgemeinderats engagierten, als Schirmherrinnen von Jugendvereinigungen wirkten oder sich in Zusammenarbeit mit Geistlichen für die Gründung von Schulen und Kinderheimen durch Ordensgemeinschaften einsetzten.[373]

Die katholische Neuorientierung seit den 1920er Jahren rezipierte der Gutsbesitzeradel als bemerkenswertes Beispiel konservativer Krisenlösungskompetenz. Auf der Generalversammlung des Gutsbesitzerinnen-Verbandes vom 11. bis 13. Juni 1930 in Warschau wurde intensiv für ein Engagement in der *Akcja Katolicka* geworben.[374] Dem Gutsbesitzeradel bot sich in der AK eine seinen ideellen Prämissen genehme Chance zum kollektiven Engagement. Im christlich-konservativen Selbstverständnis galt die paternalisti-

---

[371] Wanda Drużbocka: Jubileuszowe Zebranie Związku Ziemianek Małopolskich, in: Ziemianka Polska, 1931, H. 10, S. 4; ähnlich Z. R.: Z kursów społecznych, in: Ziemianka Polska, 1931, H. 8, S. 8 - 9.
[372] Włodzimierz Mich: Polscy konserwatyści, in: Jachymek/Paruch, Więcej niż Niepodległość, S. 36.
[373] Marja Starnowska: Rola Ziemianki w Polsce Współczesnej, in: Ziemianka Polska, 1929, H. 9, S. 3 - 6; Alicja Byszewska: Akcja Katolicka a rola Ziemianek w ruchu Odrodzeniowym, in: Ziemianka Polska, 1930, H. 22, S. 3 - 7; Janina Skarbek-Kruszewska: O powinnościach Ziemianek, in: Ziemianka Polska, 1929, H. 5, S. 5 - 9.
[374] Walne zebrania Stowarzyszenia Zjednoczonych Ziemianek, in: Ziemianka Polska, 1930, H. 13 - 14, S. 3 - 5.

sche Erziehungsarbeit auf dem Dorf als „apostolische Mission"[375] und das Wirken der AK in Polen als „heiliger Kreuzzug um die Seele unserer Nation".[376]

Neue Facetten machten sich zur Mitte der Zwischenkriegszeit schließlich in den vermeintlich fest gefügten konservativen Deutungsmustern von Nation und Geschlecht bemerkbar. Den Gutsbesitzerinnen als Ehegattinnen und Müttern war in traditioneller Sicht zu wesentlichen Teilen die Erhaltung des Polentums während der Teilungszeit zu verdanken. Die als uneigennützig stilisierte Kultur- und Bildungsarbeit galt als besonders ruhmreiches Kapitel in der Geschichte des Gutshofes. Das intensive Engagement für die Erziehungsarbeit entsprach einem traditionellen Rollenverständnis: Während Mann und Sohn für das Vaterland kämpften, sorgte die polnische Gutsfrau für den Haushalt und die Erziehung der künftigen Generation.[377]

Ein erstes Indiz der Veränderung waren Erweiterungen im Kanon weiblicher Vorbilder. Neben der Verehrung adeliger Persönlichkeiten wie Izabella Czartoryska, der ersten bedeutenden Kunstmäzenin Polens oder Klaudyna Potocka, die eine wohltätige Stiftung für die nach 1831 in westeuropäische Länder emigrierten polnischen Aufständischen schuf, hatte sich schon im 19. Jahrhundert eine zunehmende Wertschätzung intellektueller Frauenarbeit für die Nation abgezeichnet.[378] Dies galt für Schriftstellerinnen wie Eliza Orzeszkowa, Maria Konopnicka oder Maria Rodziewiczówna, für die „vielen namenlosen Lehrerinnen, die unter ständiger Bedrohung durch Verhaftung, Verbannung, Hunger und Kälte zu Fuß die polnischen Lande durchreisten und die Dorfkinder die polnische Sprache und das polnische Vaterunser lehrten", und ebenso für akademische Pionierinnen und Wissenschaftlerinnen wie die Physikerin und Nobelpreisträgerin Maria Skłodowska-Curie. Nun rückte weibliches Engagement aus der Zeit der Grenzkämpfe zu Beginn der Zweiten Republik in den Blickpunkt. Nun fanden, ungeachtet ihrer sozialen Herkunft, Frauen wie Felicja Sulimirska und Zofja Prokopowiczówna, die im November 1918 in Lwów gekämpft hatten, posthum zum Mythenstatus, ebenso die weiblichen Freiwilligen, die im

---

[375] Grabkowska: Znaczenie Ziemianki w Społeczeństwie, in: Ziemianka Polska, 1930, H. 24, S. 5.
[376] Alicja Byszewska: Akcja Katolicka a rola Ziemianek w ruchu Odrodzeniowym, in: Ziemianka Polska, 1930, H. 22, S. 7.
[377] Janina Skarbek-Kruszewska: Dwór Wiejski, in: Ziemianka Polska, 1930, H. 11, S. 3 - 5; Marja Śliwińska-Zarzecka: Zasługi kobiety polskiej dawniej i dziś, in: Ziemianka Polska, 1929, H. 4, S. 12 - 13; Alicja Byszewska: Akcja Katolicka a rola Ziemianek w ruchu Odrodzeniowym, in: Ziemianka Polska, 1930, H. 22, S. 3 - 7.
[378] Pickhan, Frauenrollen, S. 12.

Krieg gegen Sowjetrussland ihr Leben ließen.[379] Damit schlugen die Gutsbesitzerinnen eine Brücke zu *Sanacja* und polnischer Armee: Dort waren dieselben Frauengestalten zur Heldenverehrung empfohlen.[380] Die Frau als aktive Kämpferin – dieses Bild hatte in der polnischen Geschichte zuvor allein die Ausnahmegestalt Emilia Platerówna, die als aktive Teilnehmerin am Novemberaufstand 1830 für Aufsehen sorgte, geprägt. Ein bindendes Glied zum traditionellen Frauenbild lag hier allenfalls noch im Topos der „Aufopferung".

Ein zweites Indiz der Veränderung war, dass sich nun Stimmen vernehmen ließen, wonach die Frau auf dem Gutshof allzu oft in ihren intellektuellen Bestrebungen gehemmt worden sei, indem sie sich auf ihre Rolle als Mutter und Hausherrin zu konzentrieren hatte.[381] Angesichts der Unabhängigkeit Polens und der vielen neuen Chancen, die sich dadurch auch den Frauen eröffneten, sei „Flexibilität" erforderlich, anstatt „mental in der vergangenen Epoche weiterzuleben".[382] In diesen Aussagen von Anna Sikorska, der Mitbegründerin und langjährigen Vorsitzenden des Verbands polnischer Gutsbesitzerinnen in Pomorze, und Marja Janta-Połczyńska, der Gattin des konservativen Senators und Landwirtschaftsministers Leon Janta-Połczyński, der seinerseits Vorsitzender des Verbands der Gutsbesitzer in Pomorze war, schwangen die strukturellen Besonderheiten der Gutsbesitzerinnen-Verbände im ehemals preußischen Teilungsgebiet mit. Ihre Mitgliederbasis war nachhaltig durch den im 19. Jahrhundert verweigerten Elitenkompromiss zwischen preußischem Staat und polnischem Adel und durch die im Rahmen der Germanisierungspolitik angestrebte Zurückdrängung des polnischen Adels geprägt: Mitglieder waren häufig auch Ehefrauen von städtischen Kaufleuten und Ärzten oder Schwestern von katholischen Pfarrern. Gemeinsam mit nationaldemokratischen Frauenorganisationen arbeiteten sie an der Zielsetzung, „das Polentum in den Städten zu erhalten".[383] Vorsichtige Anklänge an ein neues Frauenbild waren hier an ein dezidiert ethnisches Nationsverständnis geknüpft.

Die Krisenbewältigung der traditionellen Elite des Gutsbesitzeradels enthielt ambivalente Momente. Der gesellschaftliche Wandel und das noch keineswegs entschiedene Ringen um die Deutungsmacht der unterschiedlichen Nationsentwürfe kamen in Topoi wie „Chaos" und „Bedrohung" zum

---

[379] Kosmowska, Nasi bohaterscy obrońcy; Marja Śliwińska-Zarzecka: Zasługi kobiety polskiej dawniej i dziś, in: Ziemianka Polska, 1929, H. 4, S. 12 - 13.
[380] Han. Skar.: Należy nam o nich pamiętać, in: Polska Zbrojna, 10. 11. 1928, S. 6.
[381] Anna Sikorska: Jak to było przed 20 laty, in: Ziemianka Polska, 1931, H. 9, S. 16 - 19.
[382] Marja Janta-Połczyńska: Zagajenie wygłoszone na Walnem Zebraniu T-wa Ziemianek Pomorskich w Grudziądzu 25. XI. 30 r., in: Ziemianka Polska, 1931, H. 9, S. 22.
[383] Anna Sikorska: Jak to było przed 20 laty, in: Ziemianka Polska, 1931, H. 9, S. 16.

Ausdruck. Die viel beschworene standesinterne Solidarität trug die Züge einer Wagenburg. Der befürchtete Niedergang der eigenen Stellung stellte sich im Selbstverständnis des Gutsbesitzeradels nicht nur als wirtschaftliche, sondern vor allem auch als nationale und moralische Katastrophe dar.[384] Der Gutsbesitzeradel erhob auch im gewandelten gesellschaftlichen und politischen Umfeld der Zweiten Republik Anspruch auf Führung. Die fortgesetzte Selbststilisierung als Elite der Nation musste sich allerdings auf die Einsicht stützen, dass polnischer Adel im 20. Jahrhundertweit oft nur noch eine kulturelle, kaum mehr aber eine sozioökonomische Größe war. Das Bestreben, in den immer noch zahlreichen rückständigen ländlichen Regionen Polens zwischen den beiden Weltkriegen als Pioniere wirtschaftlichen Fortschritts zu wirken, war angesichts der schwierigen materiellen Lage vieler Gutshöfe oft illusorisch.

Der Nationsentwurf des Gutsbesitzeradels zeichnete sich in erster Linie durch den Anspruch aus, im christlich-konservativen Sinne auf die Gesellschaft einzuwirken und „der Nation ein Muster an staatsbürgerlichen Tugenden, an Opferbereitschaft und Hingabe" darzubieten.[385] Die Berufung auf den uneigennützig dargebrachten Dienst an der Nation während der Teilungszeit stellte, ähnlich wie bei anderen gesellschaftlichen Gruppen auch beim Gutsbesitzeradel einen häufig wiederkehrenden Topos der Selbstbeschreibung dar. Für die Zukunft sollte gelten, dass der Gutshof als Sitz von Tradition und Tugend nicht untergehen werde, sondern „gehärtet im Kampf mit Widrigkeiten, durch harte und mühevolle Arbeit, treu den alten Grundsätzen, weiter den Dienst am Vaterland und die zivilisatorische Arbeit für das polnische Dorf erfüllt".[386]

Trotz mancher Neujustierungen wie der Hinwendung zu kollektiven Organisationsmustern oder Überlegungen zur zukünftigen Rolle der Frau – eine grundsätzliche Loslösung von paternalistischen Denkfiguren fand nicht statt. Damit unterschied sich der Gutsbesitzeradel von der anderen traditionellen Ordnungsmacht, der katholischen Kirche, die nicht nur überweltliche Gewissheiten in die Waagschale werfen konnte, sondern auch innere Reformen einleitete, um sich damit in Zukunft gesellschaftlichen Rückhalt zu sichern. Das verhältnismäßig lange „Obenbleiben" des Adels in Polen, das im 19. Jahrhunderts einige konstruktive Anpassungsleistungen gezeigt hatte,[387] hing angesichts der wachsenden sozioökonomischen Krisenerscheinungen zu Beginn der 1930er Jahre nur noch an zwei schmalen Fäden: an

---

[384] Mich, Polscy konserwatyści, S. 48.
[385] Janina Skarbek-Kruszewska: O powinnościach Ziemianek, in: Ziemianka Polska, 1929, H. 5, S. 5 - 9.
[386] Dies.: Dwór Wiejski, in: Ziemianka Polska, 1930, H. 11, S. 5.
[387] Müller, Adel, S. 504.

der politischen Gunst der *Sanacja*-Regierungen[388] und an der Hoffnung, zumindest eine kulturelle Vorrangstellung bewahren zu können.

2. 3 Staatsnationalismus als Kompromiss? Der Umgang mit der Multiethnizität

Die *Sanacja* hat die Bürger Polens nicht unter dem Gesichtspunkt der Ethnizität, sondern einzig der Loyalität zu Staat und Regierung betrachtet: Anhaltspunkte für diese Sichtweise boten nicht nur die Publizistik und offizielle Programmatik der *Sanacja*, sondern auch die Situation insbesondere der jüdischen Bevölkerung Polens.[389] Die persönliche Haltung Piłsudskis, des von den multiethnischen *Kresy Wschodnie* geprägten ehemaligen Sozialisten, werden dabei ebenso in Anspruch genommen wie die Tatsache, dass der Umsturz 1926 ohne antijüdische Ausschreitungen verlief. Demnach zeigte die *Sanacja* auch in den folgenden Jahren bis Piłsudskis Tod 1935 kein spezielles Interesse an der politischen Instrumentalisierung der „jüdischen Frage".[390]

Eine „minderheitenfreundliche" Gesinnung attestierte der *Sanacja* auch der politische Gegner auf der Rechten. Ziel war es, daraus eine handfeste Polemik gegen die Regierung zu münzen. Vor allem in den Sejm-Wahlkämpfen war diese Strategie relevant, denn die Nationaldemokraten hatten Mühe, die *Sanacja* in Sachfragen zu kritisieren. Auch gab es soziale und kulturelle Überschneidungen bei der Wählerklientel von Nationaldemokraten und BBWR. Dies zeigten die teilweise recht erbittert geführten Auseinandersetzungen um den parteipolitischen Einfluss auf den Gutsbesitzeradel oder auf die Wirtschaftsverbände. Gerade eine in ihrem politischen Habitus konservativ orientierte Wählerschaft, die vor der Etablierung der *Sanacja* den Nationaldemokraten ihre Stimmen gegeben hatte, empfand die staatsnationale Losung von der „Zusammenarbeit mit der Regierung" durchaus als attraktiv und einem staatstragenden Verantwortungsbewusstsein als ange-

---

[388] Żarnowski, Społeczeństwo, S. 27.
[389] Für den Zeitraum 1926 - 1935: Waldemar Paruch: Od konsolidacji państwowej do konsolidacji narodowej. Mniejszości narodowe w myśli politycznej obozu piłsudczykowskiego (1926 - 1939), Lublin 1997, S. 124 - 138, 364 - 365; ders., Obóz piłsudczykowski, S. 116; Markus Krzoska: Für ein Polen an Oder und Ostsee. Zygmunt Wojciechowski (1900 - 1955) als Historiker und Publizist [Einzelveröffentlichungen des DHI Warschau, Bd. 8], Osnabrück 2003, S. 272; Steffen, Jüdische Polonität, S. 79 - 80.
[390] Bergmann, Narodowa Demokracja, S. 112; Steffen, Jüdische Polonität, S. 115, 246; kritisch zu Piłsudskis persönlicher Haltung gegenüber nationalen Minderheiten: Chojnowski, Koncepcje polityki, S. 72 - 73; Andrzej Garlicki: Józef Piłsudski 1867 - 1935, Warszawa 1988, S. 403 - 405.

messen.[391] Es konnte kaum mehr als ein propagandistischer Notbehelf sein, wenn Nationaldemokraten auf Flugblättern konstatierten, die BBWR-Liste Nr. 1 verfüge über „kein Programm" oder ironisch kommentierten: „Wer nicht weiß, was er will, der wähle die Nr. 1."[392]

Ethnische Zuschreibungen hatten sich dagegen schon in den Sejm-Wahlkämpfen 1919 und 1922 als wirkungsvolles Mittel erwiesen, um eine politische Freund-Feind-Kennung aufzubauen und in den häufig als „chaotisch" und „verwirrend" empfundenen Wahlkämpfen eingängige Orientierungsmuster anzubieten. Diese Strategie kam nun erneut bei den Sejm-Wahlen 1928 und 1930 zum Tragen. Wahlkämpfer der politischen Rechten suchten die staatlich forcierte Vorrangstellung des BBWR aufzubrechen, indem sie – ähnlich wie schon gegenüber der politischen Linken – dessen Kandidaten und Anhängerschaft als Feinde der Kirche und ihrer Lehre darstellten, der Liste Nr. 1 einen katholischen Charakter absprachen, da sich darauf auch Kandidaten „anderer Konfessionen" befänden, und vor allem eine besondere Beliebtheit der Liste Nr. 1 bei den Juden behaupteten: „Wenn du nun mit der jüdischen Überschwemmung kämpfen willst, wenn du willst, dass sich nicht die Juden, sondern die Polen nach den Wahlen freuen, dann wähle die katholisch-nationale Liste Nr. 24."[393]

Auf der Ebene des lokalen Wahlkampfgeschehens fanden sich aber sogar Redner links stehender Oppositionsparteien bereit, der Strategie der Ethnisierung zu folgen und den BBWR als jüdische Liste zu denunzieren. Der Redner des PSL-Wyzwolenie, Czesław Skoczek, verstieg sich bei einer Veranstaltung im nordmasowischen Landkreis Przasnysz gar zu der Bemerkung, auf der Liste Nr. 1 stünden „Betrüger, Diebe und Juden, die unter dem Deckmäntelchen der Loyalität zu Marschall Piłsudski den Interessen der ländlichen Bevölkerung Schaden zufügen wollten".[394]

Für Deutungen dieser Art war nicht so sehr der Wahrheitsgehalt entscheidend, sondern welche Wirkung sie besaßen, wie sie Diskurse und Handlungen einer Gesellschaft zu steuern vermochten. Die wütenden Angriffe der politischen Gegner befestigten nicht nur den Ruf der *Sanacja*, auf Seiten der ethnisch nicht-polnischen Bevölkerungsgruppen zu stehen, son-

---

[391] AAN, Zbiór druków ulotnych, 103, Bl. 2.
[392] Ebd., Bl. 1, 46.
[393] Ebd., Bl. 2; APW, UW Warszawski, 46, Bl. 460, 498. Gleichlautende Behauptungen fanden sich in der nationaldemokratischen Presse: Bergmann, Narodowa Demokracja, S. 110-111.
[394] APW, UW Warszawski, 22, Bl. 68. Das Problem des Antisemitismus bei den Bauernparteien der Zweiten Republik ist bislang weitgehend unbearbeitet. Wichtig ist aber die Skizze von Kai Struve: Die Juden in der Sicht der polnischen Bauernparteien vom Ende des 19. Jahrhunderts bis 1939, in: ZfO, 48, 1999, S. 200-223.

dern nährten auch eine dichotomische Vorstellung, wonach der in weltanschaulichen und ethnischen Fragen „neutrale" Staat der *Sanacja* einer nationalistisch-katholischen gesonnenen Gesellschaft gegenüber stand.

Ausgehend von dieser Wahrnehmung war es kaum verwunderlich, wenn Angehörige nicht-polnischer Ethnien ihre Loyalität bevorzugt einem staatsbezogenen Nationsentwurf bezeugten. Vor dem Hintergrund der politischen Verhältnisse seit 1926 bedeutete dies zugleich eine Approbation der *Sanacja*-Herrschaft. In der jüdischen Bevölkerungsgruppe genoss Józef Piłsudski allgemeine Akzeptanz, ja sogar Verehrung. Angehörige der jüdischen Oberschichten und der gebildeten Schichten begingen festlich den von der *Sanacja* als Nationalfeiertag beibehaltenen 3. Mai, weil sie in der Verfassung von 1791 zwar noch nicht eine Emanzipation der Juden, aber doch allgemeine aufklärerische Anknüpfungspunkte entdecken konnten.[395] Schließlich meldeten sich Stimmen, die selbstbewusst die Teilhabe der Juden am Kampf um die Unabhängigkeit Polens betonten. 1929 kam es sogar zur Gründung einer eigenen Veteranenorganisation, des Verbands von jüdischen Teilnehmern an den Kämpfen für die Unabhängigkeit Polens (*Związek Żydów Uczestników Walk o Niepodległość Polski*).[396] Die *Sanacja* unterstützte diese Strömungen mit dem demonstrativen Einbezug ethnisch nichtpolnischer Bevölkerungsgruppen in die Gestaltung der staatlichen Feiertage, etwa indem am Morgen des 3. Mai Gottesdienste auch in allen nicht-katholischen Gotteshäusern annonciert wurden.[397]

Das Beispiel der politischen Feste zeigte aber auch gegenteilige Handlungsweisen. Eine subtile symbolische Bedeutung lag bereits in der Tatsache, dass den morgendlichen Gottesdiensten sämtlicher Konfessionen am 3. Mai ein mit regierungsamtlichem Besucherglanz versehener Festgottesdienst in einer katholischen Kirche als erster Programmhöhepunkt entgegenstand, was *de facto* auf eine Privilegierung des Katholizismus hinauslief.

Für weit größere Irritationen sorgten Geschehnisse rund um den 1. Mai. Zählte die Diffamierung von ethnisch nicht-polnischen Sozialisten, wie sie die politische Rechte regelmäßig betrieb,[398] zu einer betrüblichen, aber doch erwartbaren Begleiterscheinung, so hatte namentlich die jüdische Linke auch

---

[395] Steffen, Jüdische Polonität, S. 112.
[396] Marek Jabłonowski: Sen o potędze Polski. Z dziejów ruchu byłych wojskowych w II Rzeczypospolitej 1918 - 1939 [Rozprawy i materiały Ośrodka Badań Naukowych im. Wojciecha Kętrzyńskiego w Olsztynie, Bd. 173], Olsztyn 1998, S. 210 - 213.
[397] Święto narodowe w stolicy, in: Gazeta Warszawska, 3. 5. 1929, S. 1; Święto 3 maja w stolicy, in: Robotnik, 5. 5. 1930, S. 2.
[398] 200 ofiar walk na ulicach Warszawy, in: Gazeta Warszawska, 2. 5. 1928, S. 1 - 2; Krwawa statystyka 1 maja w Warszawie, in: Gazeta Warszawska, 3. 5. 1928, S. 6; Czerwone Święto w Warszawie, in: Gazeta Warszawska, 2. 5. 1929, S. 1 - 2.

unter der Ägide einer sich als „minderheitenfreundlich" gerierenden *Sanacja*-Regierung Restriktionen zu gewärtigen.

1928 etwa erregte ein hartes polizeiliches Vorgehen gegenüber den 1. Mai-Umzügen von *Bund* und *Poale-Syjon*, bei dem es zu Verletzten kam, die Gemüter.[399] In einer wohlwollenden Betrachtungsweise mochte den Ordnungskräften zugestanden werden, dass es ihnen primär um den Schutz des Staates gegenüber einer unbotmäßigen Opposition ging – wer sich loyal gegenüber der *Sanacja*-Regierung verhielt, hatte keine Unannehmlichkeiten zu befürchten, gleich ob ethnischer Pole oder Angehöriger einer ethnisch nicht-polnischen Bevölkerungsgruppe. Bei genauerem Hinsehen wiesen jedoch einige Indizien darauf hin, dass es um eine von ethnischen Zuschreibungen freie, in ihrer Repressivität genau austarierte Vorgehensweise der Regierungsstellen nicht zum Besten bestellt war.

Zu den autoritär motivierten Einschränkungen, die die sozialistische Arbeiterbewegung zum 1. Mai hinnehmen musste, zählte, dass PPS und *Bund* nicht mehr gemeinsam manifestieren durften. Während die jüdischen Sozialisten früher häufig den Start- und/oder Endpunkt ihres Festzuges an ihrem Vereinslokal im jüdischen Viertel genommen hatten, danach aber durch die zentralen innerstädtischen Straßen paradierten, konnte der *Bund* seine Umzüge seit Ende der 1920er Jahre nur noch im Bereich des jüdischen Viertels stattfinden lassen.[400] Die räumliche Separation entbehrte nicht einer symbolischen Dimension: Juden hatten sich auf Orte zurückzuziehen, die als spezifisch jüdisch identifiziert wurden. Zugleich ließ das Regierungskommissariat Warschau am 1. Mai bevorzugt das jüdische Viertel von berittenen oder gar mit Motorrädern ausgestatteten Polizeikräften kontrollieren, um kommunistischen „Exzessen" vorzubeugen. Im Rahmen ihrer Berichterstattung zum 1. Mai führte eine regierungsnahe Zeitung wie die *Polska Zbrojna* eine Reihe von verhafteten Demonstranten namentlich auf, wobei es sich vornehmlich um als jüdisch identifizierbare Namen handelte.[401] Die Vorstellung von einem „jüdischen Bolschewismus" prägte hier zweifellos den Denkhorizont.

Auf welche Motivation die staatlichen Repressionen im Einzelfall auch zurückgingen – es blieb für die betroffenen Gruppierungen die grundsätzliche Erfahrung von Diskriminierung. Daher hielt sich zumindest bei den

---

[399] Poufny Komunikat Informacyjny nr 100 (po 16 V 1928), in: MSW, Komunikaty Informacyjne, Bd. 2, H. 1, S. 213; Krwawy dzień 1 maja w stolicy, in: Polska Zbrojna, 2. 5. 1928, S. 4; Obchód majowy Poalej-Sjon (Lewicy), in: Robotnik, 2. 5. 1928, S. 2; Napad policji na lokal „Bundu", in: Robotnik, 2. 5. 1928, S. 2; Echa pierwszego maja w stolicy, in: Robotnik, 5. 5. 1928, S. 2.

[400] Manifestacja „Bundu", in: Robotnik, 2. 5. 1929, S. 2.

[401] Krwawy dzień 1 maja w stolicy, in: Polska Zbrojna, 2. 5. 1928, S. 4.

politisch weiter links stehenden Gruppierungen der ethnisch nicht-polnischen Bevölkerung das Vertrauen zur *Sanacja* in recht engen Grenzen.

Schließlich boten die politischen Feste nicht die einzigen einschlägigen Erfahrungen. Bei den Sejm-Wahlen waren es nicht allein Wahlreden und Wahlpropaganda der politischen Rechten und teilweise der Bauernparteien, die Stimmung schürten, vielmehr richtete sich der autoritäre Anspruch der *Sanacja*, Parlament und Parteiensystem zu domestizieren, auch gegen die politischen Vertreter der ethnisch nicht-polnischen Bevölkerung. So registrierten Anhänger der Regierung mit Genugtuung, dass 1930 ein neuer Block der nationalen Minderheiten nicht mehr zustande kam, dass die jüdische Wahlstimmen „zersplittert" waren und die deutsche Liste eine „totale Niederlage" erfahren musste.[402] In den Jahren 1928 und 1930, als die Sejm-Wahlen einen Erfolg des BBWR zu produzieren hatten, fielen die Manipulationen am ausgeprägtesten in den *Kresy Wschodnie* aus. Mit Roman Rybarski war es sogar ein Nationaldemokrat, wenngleich liberal orientiert und als Professor für Finanzwesen an der Universität Warschau parteiübergreifend für seine wirtschaftspolitische Kompetenz anerkannt, der kaum umhin kam, sarkastisch zu kommentieren: „In Kowel errang die *Sanacja* den größten Sieg, alle fünf Mandate, aber wie hätte es auch anders sein können: in diesem Wahlkreis wurden 52.000 Stimmen abgegeben, von denen 28.000 für ungültig erklärt wurden, nämlich alle jene, die nicht für die Liste Nr. 1 waren."[403] Das Beispiel war nicht ohne Brisanz: Kowel lag in der Wojewodschaft Wolhynien, die als „Musterprovinz" auserkoren war, um den Umgang mit der Multiethnizität unter staatsnationalen Vorzeichen zu erproben.

Der 1928 neu eingesetzte Wojewode von Wolhynien, Henryk Józewski, schien hierfür die personelle Idealbesetzung zu sein: 1892 als Sohn ethnisch polnischer Eltern in Kiew geboren, hatte er sich dann als Schüler und Student in der dortigen polnischen Nationalbewegung engagiert. 1919 kam er erstmals für längere Zeit nach Polen und fand sich bald darauf wieder auf ukrainische Zusammenhänge verwiesen: Nach dem Bündnis zwischen Piłsudski und Petlura 1920 war er zunächst stellvertretender Innenminister, dann Regierungsberater in Petluras Ukrainischer Volksrepublik. Mit dem Mai-Umsturz 1926 begann die „polnische" Karriere Józewskis.

Sein „wolhynisches Programm" sah vor, die einheimische ukrainische Bevölkerung dazu zu bewegen, die polnische Staatlichkeit loyal zu akzeptieren und dafür die Idee einer unabhängigen Ukraine fallen zu lassen. Dabei erinnerte Józewski nicht nur – wie einige Jahre zuvor Stanisław Grabski in

---

[402] B.: Zdecydowane zwycięstwo B. B. W. R., in: Polska Zbrojna, 18. 11. 1930, S. 1.
[403] Poufny Komunikat Informacyjny nr 78 – Sprawozdanie, in: MSW, Komunikaty Informacyjne, Bd. 2, H. 1, S. 123.

Verteidigung seines Schulgesetzes – an enge kulturelle und historische Bindungen zwischen Polen und Ukrainern, sondern wiederholt auch an die von ihm wesentlich mitgestaltete polnisch-ukrainische Zusammenarbeit im Frühjahr und Sommer 1920, während des Krieges gegen Sowjetrussland. Józewski stärkte zwar das polnische und utraquistische Schulwesen, führte aber auch eine höhere Stundenzahl für den Ukrainisch-Unterricht in polnischen Schulen ein. Gefördert werden sollten gemeinsame polnisch-ukrainische gesellschaftliche Vereinigungen wie Jugendverbände oder Genossenschaften, gleichzeitig aber sollten Reformen die orthodoxe Kirche in Wolhynien von ihrer traditionellen Orientierung an Moskau lösen und stärker „ukrainisieren". Allerdings sollte die zahlenmäßig geringe polnische Bevölkerung in Wolhynien die Führungsrolle bei der Umsetzung dieses gesellschaftspolitischen Experiments einnehmen.[404] Hier schlug sich in der Konzeption Józewskis durch, dass seit der frühen Zweiten Republik den Vorstellungen nicht nur der Inkorporationisten, sondern auch der Föderationisten ein Verständnis von Polen als kultureller Hegemonialmacht gegenüber den ostslavischen Ethnien in den *Kresy Wschodnie* innewohnte.

Von definitiven Regelungen für multiethnisch geprägte Bereiche des öffentlichen Lebens war das unabhängige Polen auch zu Beginn seines zweiten Jahrzehnts noch weit entfernt. Dabei gehörte die Frage des staatlich-administrativen Aufbaus zweifellos zu den Kernthemen des Minderheitenschutzes. Zu Beginn der 1920er Jahre waren – teilweise unter dem Druck der internationalen Erwartungshaltung – unterschiedliche Projekte für Autonomieregelungen lanciert, aber letztlich nicht verwirklicht worden. Die Nationaldemokraten lehnten dies vehement ab und prophezeiten eine erneute Teilung Polens, wenn die ethnisch verstandenen „Polen in ihrem eigenen Land nicht mehr Herr im Hause sein",[405] stattdessen aber die Juden ihren angeblich alten Traum erfüllen könnten, auf polnischem Territorium einen jüdischen Staat zu errichten.[406] Der *Sanacja*, die unter dem Leitbild „Integration" auf eine zentralistischen Staatsaufbau setzte, kamen Autonomie-Bestrebungen ebenfalls nicht gelegen. Damit sprachen sich die gleich zwei der wichtigsten politischen Gruppierungen der 1920er Jahre eindeutig gegen eine solche Lösung im Umgang mit der Multiethnizität aus.

Die PPS zeigte sich dagegen beharrlich und plädierte weiterhin für die Einrichtung einer territorialen Autonomie in den *Kresy Wschodnie* und einer persönlichen („national-kulturellen") Autonomie für Juden und Deutsche.

---

[404] Chojnowski, Koncepcje, S. 91 - 102; Jan Kęsik: Zaufany Komendanta. Biografia polityczna Jana Henryka Józewskiego 1892 - 1981 [Historia, Bd. 121], Wrocław 1995, S. 68 - 91.
[405] AAN, Zbiór druków ulotnych, 73, Bl. 17 - 18.
[406] AAN, MSW, 866, Bl. 63 - 65.

Kritisch zu betrachten waren aber die ideellen Prämissen der Autonomiebefürworter. Entscheidend war die Frage, ob die Einführung von Autonomieregelungen nicht letztlich auf einer primär ethnischen Perzeption der einzelnen Bevölkerungsgruppen Polens beruhte, also den zeitgenössischen Tendenzen zur Ethnisierung des öffentlichen Lebens – wenn auch ohne diffamierende Absichten – folgte und die Geltungsmöglichkeiten für einen politischen Nationsbegriff einschränkte.

Im Gegensatz zu den spätestens seit Mitte der 1920er Jahre politisch nicht mehr durchsetzbaren Autonomieprojekten war die Debatte um die Einbeziehung ethnisch nicht-polnischer Bevölkerungsgruppen im Schulwesen von anhaltender Aktualität. Als Ideal galt Anhängern eines staatsnationalen Nationsentwurfs, aber auch nationaldemokratischen Fürsprechern der *lex Grabski* ein einheitliches staatliches Schulwesen, an dem Kinder unterschiedlich definierter Herkunft teilnahmen.[407] Aber auch ein Pädagoge wie Czesław Wycech, der für das PSL-Wyzwolenie aktiv war, sorgte sich, dass die Schaffung von Schulen nicht-polnischer Unterrichtssprache, von „Nationalitätenschulen", zu einem geminderten „staatlichen Zusammenhalt" und zu einer zunehmenden Zahl von bildungspolitisch ineffizienten Zwergschulen führe.[408]

Das am 11. März 1932 verabschiedete Gesetz zum Privatschulwesen war geeignet, die Bildungseinrichtungen der ethnisch nicht-polnischen Bevölkerungsgruppen in einige Nöte zu bringen. Die Auflage, dass Direktoren und Lehrer einer Privatschule polnische Staatsbürger von untadeliger Loyalität zu sein hatten (Art. 2),[409] zielte zwar generell gegen *Sanacja*-kritische Pädagogen, traf aber besonders jene Schulen nicht-polnischer Unterrichtssprache, die wenigstens einen Teil ihres Personals aus dem muttersprachlichen Ausland bezogen. So waren ab 1926 im ehemals preußischen Teilungsgebiet deutsche „Wanderlehrer" aktiv, deren Bezahlung hauptsächlich der Verein für das Deutschtum im Ausland (VDA) übernahm.[410] Die Rolle dieser Pädagogen erfuhr je nach Standpunkt eine ausgesprochen konträre Bewertung zwischen aufopferungsvoller Bildungsarbeit und separatistischer Agitation.

Die Vorgehensweise im Schulwesen war durchaus typisch für die *Sanacja*: Selten ließ sich klar zwischen einer etatistisch-autoritären Attitüde und Dis-

---

[407] Zygmunt Mysłakowski: Państwo a wychowanie, Warszawa 1935, S. 88; Jan Kornecki: Szkolnictwo dla mniejszości narodowych w Polsce, Warszawa 1929, S. 30.
[408] Czesław Wycech: Nasze założenia ideowe, in: Głos Nauczycielski, 21 (31), 1936/37, S. 568 - 569.
[409] Ustawa o prywatnych szkołach oraz zakładach naukowych i wychowawczych, 11. 3. 1932, in: Dziennik Ustaw RP, Nr. 33, 20. 4. 1932, S. 545.
[410] Przemysław Hauser: Mniejszość niemiecka w województwie pomorskim w latach 1920 - 1939, Wrocław u. a. 1981, S. 146 - 148.

kriminierungen vor ethnischem Hintergrund unterscheiden. Behördliche Restriktionen gegenüber den deutschen „Wanderlehrern" konnten auch mit dem Willen zur Verstaatlichung und Professionalisierung des Schulwesens begründet sein, zudem glichen sich die dienstrechtlichen Konsequenzen für Lehrer, die sich im Landesverband deutscher Lehrer und Lehrerinnen in Polen engagierten, mit solchen für politisch missliebige ethnisch polnische Kollegen – eine Versetzung in die *Kresy Wschodnie* oder in den vorzeitigen Ruhestand.[411] Zweideutig waren schließlich die im Zuge der Schulreform veranlassten neuen Lehrpläne, die den Einbezug von Geschichte und Kultur der ethnisch nicht-polnischen Bevölkerungsgruppen Polens vorsahen. Die Zielsetzung, das Zusammenleben in einem gemeinsamen staatlichen Zusammenhang zu fördern,[412] passte einerseits zur neu kreierten „staatlichen Erziehung" und führte andererseits die auf eine besondere kulturelle und politische Anziehungskraft Polens gerichtete Konzeption des früheren nationaldemokratischen Bildungsministers Stanisław Grabski fort.

Verstärkt noch durch die materielle Not der Weltwirtschaftskrise wirkte die Schulreform der *Sanacja* insgesamt belastend auf das Schulwesen der ethnisch nicht-polnischen Bevölkerung. In zunehmendem Maße schickten Eltern ihre Kinder auf Schulen mit polnischer Unterrichtssprache.[413] Die Kritik am staatsnationalen Umgang mit der Multiethnizität im Schulwesen war allerdings wenig durchschlagkräftig. Zeitgenössische Publizisten, Pädagogen und Bildungspolitiker führten zur Untermauerung ihres Standpunkts oft nur Einzelbeobachtungen ins Feld. Anhänger der politischen Rechten bezogen sich etwa auf statistische Daten, insbesondere zum deutsch- und russischsprachigen Schulwesen, wonach Polen in der Schulpolitik seine Verpflichtungen aus dem Minderheitenschutzvertrag übererfüllt habe.[414] Dagegen beriefen sich sozialistische Publizisten auf Aussagen von Bauern in den *Kresy Wschodnie,* dass sie ihre Kinder lieber zur Schule schickten, wenn dort in ihrer Muttersprache unterrichtet werde. Die politisch genehme Schlussfolgerung war, dass das Problem des unregelmäßigen Schulbesuchs in vielen ländlichen Regionen nur zu lösen sei, wenn der Ausbau des Schul-

---

[411] Marzec 1933 r.: UW w Toruniu do MSW. Sprawozdanie sytuacyjne dot. mniejszości niemieckiej (luty 1933r.), in: Jaworski/Wojciechowski, Deutsche und Polen zwischen den Kriegen, Halbbd. 1, S. 339.

[412] Wanda Garbowska: Nowy program nauczania, in: Miąso, Historia wychowania, S. 67 - 68.

[413] Gabriela Zalewska: Ludność żydowska w Warszawie w okresie międzywojennym, Warszawa 1996, S. 237 - 238.

[414] Kornecki, Szkolnictwo dla mniejszości, S. 9 - 13, 29, 31.

wesens nicht-polnischer Unterrichtssprache mit einer konsequenten Umsetzung der Agrarreform gekoppelt werde.[415]

Äußerst gemischte Erfahrungen mit dem staatsnationalen Integrationsangebot an die ethnisch nicht-polnischen Bevölkerungsgruppen hielt schließlich die Kommunalpolitik bereit. Im nördlichen Umland von Warschau standen gegen Ende der 1920er Jahre mehrere Stadtratswahlen auf der Tagesordnung, die unter dem Zeichen der organisatorischen Etablierung des BBWR standen. In Pułtusk trat 1928 im Gegensatz zu den Sejm-Wahlen wenige Monate zuvor kein Block der nationalen Minderheiten an, vielmehr präsentierte sich die lokale jüdische Bevölkerung in acht verschiedenen Kandidatenlisten: *Bund*, marxistisch-zionistische *Poale-Syjon*, die an der jüdischen Mittel- und Oberschicht orientierte *Organizacja Syjonistyczna*, eine Liste der Wohlfahrtskasse *Gemiłus Hesed*, Listen der Kleinhändler, der Immobilienbesitzer und der Orthodoxen sowie eine parteilose Liste.[416] Demgegenüber gab es im Vorfeld der Wahlen Fusionsbestrebungen unter jenen Parteien, die sich als „polnisch" verstanden. So führte der BBWR Verhandlungen mit dem ZLN zur Bildung eines gemeinsamen Blocks,[417] so dass zu den Wahlen nach Wahrnehmung amtlicher Berichterstatter schließlich immerhin drei „polnische" Listen antraten: der Überparteilichkeit signalisierende, wesentlich vom BBWR inspirierte Block der Wirtschaft für die Arbeit in der Selbstverwaltung, die PPS und eine nicht näher bezeichnete unabhängige Liste.[418]

Die Zusammenarbeit mit der PPS und den jüdischen Gruppierungen zu suchen, um nicht nur den Stadtrat, sondern auch das Bürgermeisteramt zu gewinnen, war für den BBWR erst nach der erfolgreichen Domestizierung der Nationaldemokraten eine Option.[419] Während die Regierungspartei, die sich im Rahmen ihres staatsnationalen Integrationsangebots die unvoreingenommene Behandlung der ethnisch nicht-polnischen Bevölkerung auf die Fahnen geschrieben hatte, auf lokaler Ebene eher zögerlich diesem Postulat begegnete, konnte andernorts eine Konstellation möglich sein, wonach SN und Christdemokraten Gespräche mit jüdischen Gruppierungen nicht ausschlossen, um eine Mehrheit im Stadtrat zu erhalten.[420] Genauso kam es aber auch zu dem Fall, dass Kommunalvertreter sich exakt entlang ethnischer Trennlinien separierten, so etwa bei der Wahl des neuen Bürgermeis-

---

[415] W. Polkowski: Frekwencja w wiejskiej szkole powszechnej, in: Robotnik, 5. 8. 1929, S. 2.
[416] APW, UW Warszawski, 26, Bl. 32, 45.
[417] APW, UW Warszawski, 22, Bl. 248.
[418] APW, UW Warszawski, 26, Bl. 32 - 33. Eine ähnliche Situation ergab sich im Herbst 1928 für die Wahl zum Stadtrat von Mława: ebd., Bl. 471.
[419] Ebd., Bl. 69.
[420] So die Situation in Mława 1928: ebd., Bl. 275.

ters von Przasnysz, Feliks Wieciński, für den im Dezember 1928 alle polnischen Stadtverordneten stimmten, während sich die jüdischen Stadträte der Stimme enthielten.[421] Ähnlich verhielt es sich mit der ethnisch deutschen Bevölkerung. Wie eine Mikrostudie zum ehemaligen Westpreußen zeigen konnte, standen auch hier Kooperationen und Wahlbündnisse gegen Auseinandersetzungen und Diskriminierungen, all dies durchaus auch in ein und derselben Gemeinde.[422] Ob daraus auf eine „gemeinsame lokale Identität" geschlossen werden kann,[423] bedarf im Einzelnen weiterer Forschung. Zumindest aber sind generalisierende Urteile über die Ausprägung einer ethnisch polnischen und ethnisch nicht-polnischen Parallelgesellschaft in der Zweiten Republik empirisch nicht gerechtfertigt. Die kommunalpolitische Praxis zeigte ein Nebeneinander von Taktik, Ressentiment und Empathie, das parteipolitische und ethnische Trennlinien vielfach unterlief.

Die Haltungen zur Multiethnizität in der Zweiten Republik waren somit keineswegs so eindeutig, wie dies manch zeitgenössische und historiographische Urteile nahe legten. Umgekehrt waren auch die häufig unter dem Sammelbegriff „nationale Minderheiten" subsumierten Bevölkerungsgruppen in ethnischer, sozialer, religiöser und politischer Hinsicht äußerst heterogen. Dies zeigte sich für den Bereich der Politik beispielhaft in den zahlreichen konkurrierenden Wahllisten bei Kommunalwahlen genauso wie landesweit bei den Sejm-Wahlen: Die Neuauflage des Blocks der Nationalen Minderheiten geriet 1928 weit unverbindlicher und glanzloser als noch 1922 und 1930 kam es gar nicht mehr zu einer Einigung. Viele Parteien ethnisch nicht-polnischer Observanz suchten die Sejm-Wahlen auf sich allein gestellt zu bestreiten und sich gleichermaßen abzugrenzen nach links und nach rechts, gegenüber „polnischen" Parteien und gegenüber anderen Parteien der „nationalen Minderheiten".[424] So befehdeten sich im Sejm-Wahlkampf 1928 Anhänger der Liste Nr. 18, des Blocks der Nationalen Minderheiten, mit Anhängern der Liste Nr. 33 (*Ogólnożydowski Narodowy Blok Wyborczy*, „Allgemeinjüdischer Nationaler Wahlblock"), eines Zusammenschlusses orthodoxer Juden und liberaler „Folkisten", der mit dem BBWR sympathisierte. Wie regierungsamtliche Beobachter kolportierten, wollten die Anhänger des Blocks der nationalen Minderheiten eigens eine Schlägertruppe (*bojówka*) einrichten, um Wahlversammlungen der Liste Nr. 33 zu stören, bei nächtlichen Rundgängen durch das jüdische Viertel Plakate der Listen Nr. 1

---

[421] Ebd., Bl. 444.
[422] Niendorf, Minderheiten, S. 216 – 227.
[423] Ebd., S. 226.
[424] AAN, MSW, 864, Bl. 36.

und 33 zu entfernen und dafür solche für die eigene Liste Nr. 18 zu kleben.[425]

Trotz solcher mitunter heftigen Auseinandersetzungen auch zwischen den ethnisch nicht-polnischen Bevölkerungsgruppen war das staatsnationale Integrationsangebot der *Sanacja* kein befriedigender Kompromiss. Eine Orientierung einzig am Staat als entscheidender Regelungsgröße konnte die Dilemmata der ethnisch nicht-polnischen Bevölkerung sogar noch verstärken, prägte die jüngere Geschichte Polens doch eine wirkungsmächtige Trennlinie zwischen den Organisationsmodellen „Staat" und „Gesellschaft". Aufgrund der Erfahrungen aus der Teilungszeit galt die „Gesellschaft" nicht nur als ideeller Anknüpfungspunkt nationaler Kontinuität, sondern auch von Eigeninitiative und Partizipationsbestrebungen. Eine nur über den „Staat" vermittelte Bindung an Polen konnte die politische und kulturelle Vielfalt des öffentlichen Lebens in Polen kaum hinreichend erfassen und war zudem in hohem Maße von der jeweiligen Regierungspolitik abhängig.

3 Partizipationsentzug: Regimegegner auf Orientierungssuche

3.1 „Westliche" und „polnische" Wege zur Demokratie

Welche Alternativen gab es zum autoritären *Sanacja*-Regime? Auf diese Frage war eine enorme Bandbreite von Antworten anzutreffen, angefangen von der Stärkung partizipatorischer Elemente bis hin zu faschistisch inspirierten Ordnungsmodellen. Eine unveränderte Wiederbelebung des liberalen Verfassungsstaats der frühen Zweiten Republik freilich schien angesichts der Leichtigkeit, mit der seit 1926 das politische System hinweggefegt worden war, kaum aussichtsreich.

Einen näheren Einblick in die intellektuellen Transformationen der politischen Opposition gewähren die Auseinandersetzungen um Verfassung und Wahlrecht, die beide nach dem Willen der *Sanacja* reformiert werden sollten. Die neue Regierung hatte verständlicherweise ein Interesse daran, ihre 1926 errungene Macht rechtlich zu legitimieren, dagegen sahen die übrigen Parteien in der aufkommenden Debatte die Chance, ihre eigenen Anliegen öffentlichkeitswirksam darstellen zu können.

Die politische Linke stand für die Beibehaltung des fünffachen Wahlrechts ein. Der Historiker und PPS-Abgeordnete Adam Próchnik meinte,

---

[425] Poufny Komunikat Informacyjny nr 72 (11 II 1928), in: MSW, Komunikaty Informacyjne, Bd. 2, H. 1, S. 96.

nur durch die Beteiligung „breiter Massen im aktiven politischen Leben" könne sich eine moderne politische Kultur entwickeln, nicht aber „durch das Aufschieben der Möglichkeiten politischer Bewusstseinsbildung auf spätere Generationen".[426] Die Bauernparteien machten ihre potenziellen Wähler im ländlichen Raum wiederholt auf die weiterhin gültige Wahlordnung von 1922 und die darin verankerten demokratischen Prinzipien aufmerksam. Sie warnten davor, sich von regierungsnahen Wahlhelfern zu einer Verletzung des Wahlgeheimnisses drängen zu lassen und ermunterten zu couragiertem Widerstand gegen Wahlmanipulationen.[427]

Angesichts der antipartizipatorischen Praktiken des *Sanacja*-Regimes traten selbst manche Vertreter rechter und kirchlicher Kreise dafür ein, die Wahlrechte der Bürger zu verteidigen, damit sie nicht durch „ein amtliches Versehen" missachtet und verspielt würden.[428] Sie sammelten Materialien, um Verstöße der *Sanacja* gegen die bestehende Wahlordnung und Verfassung bei den Sejm-Wahlen zu dokumentieren,[429] und kritisierten ganz grundsätzlich die autoritäre Bündelung staatlicher Gewalt, was die Stimmabgabe bei Wahlen zur Farce geraten ließ.[430] Gleichzeitig gab es bei den Nationaldemokraten schon seit geraumer Zeit skeptische Stimmen gegenüber dem bisherigen demokratischen Wahlrecht, die von einem deutlichen Unbehagen am politischen Massenmarkt geprägt waren: „Und dann verbreitet sich in der ganzen altehrwürdigen Republik Polen, nunmehr bedeckt von einer roten Plane, von der Ostsee zu den Karpaten, von Zbąszyń bis Baranowicze eine große, allgemeine, wahrhafte und fünffache Rüpelherrschaft (*chamstwo*)."[431]

In nationaldemokratischer Sicht konnte der moderne Staat zwar nicht ohne die Beteiligung der Bevölkerung auskommen, allerdings war diese Beteiligung anders und neu zu organisieren.[432] Ansatzpunkte zur Regulierung des wenig geschätzten politischen Massenmarkts boten die Einschränkung der Allgemeinheit der Wahlen, etwa durch die Anhebung des Wahlalters, vor allem aber die Abkehr vom Verhältniswahlrecht. Ein Mehrheitswahlrecht sollte Kompromisse und Koalitionen künftig überflüssig machen. Dieses Ansinnen resultierte ganz praktisch aus den parlamentarischen Er-

---

[426] Adam Próchnik: Strach przed demokracją, in: Robotnik, 30. 4. 1928, S. 1.
[427] O wyborach, in: wyzwolenie, 26. 10. 1930, S. 4 - 5; R. W.: Trzeba strzec tajności głosowania, in: Wyzwolenie, 9. 11. 1930, S. 5.
[428] AAN, Zbiór druków ulotnych, 103, Bl. 43.
[429] Poufny Komunikat Informacyjny nr 80 (10 III 1928), in: MSW, Komunikaty Informacyjne, Bd. 2, H. 1, S. 129.
[430] Roman Rybarski: Ultrademokratyczna elita, in: Gazeta Wyborcza, 12. 8. 1928, S. 3.
[431] Vieux Polonais: Przez moje radjo: „Przebrzmiałe hasła", in: Gazeta Warszawska, 5. 5. 1928, S. 5.
[432] Konstytucja, in: Gazeta Warszawska, 3. 5. 1928, S. 3.

fahrungen der Nationaldemokratie, die aus den Wahlen von 1919 und 1922 jeweils als stärkste Kraft hervorging, aber ihre politischen Ideen wegen instabiler Koalitionsbildungen nur kurze Zeit an regierender Stelle durchsetzen konnte.[433] Bestärkend kam hinzu, dass die Nationaldemokraten seit Beginn der Zweiten Republik zu denjenigen politischen Gruppierungen gehört hatten, die besonders aufmerksam nach westlichen Vorbildern Ausschau hielten. Zur Untermauerung der eigenen Forderungen nach einer neuen Wahlordnung verwiesen viele Nationaldemokraten auf das Beispiel Frankreichs oder Englands.[434] Eine spezifisch nationale Komponente lag freilich in der Selektivität, mit der auf manche – tatsächliche oder auch nur vermeintliche – Errungenschaften des Westens rekurriert wurde. Die Auswahl der als vorbildlich erachteten Politik- und Gesellschaftsordnungen sagte mehr über ein nationales Selbstbild aus, als dass sie eingehender Landeskenntnis entsprang.

Stärker als zu Beginn der polnischen Unabhängigkeit kamen aber nun, in Zeiten der Krise der polnischen Demokratie, die Schwierigkeiten bei der Übertragung westlicher Modelle auf die einheimische Situation zur Sprache.[435] Die Nationaldemokraten machten in ihrer Argumentation den hohen Anteil ethnisch nicht-polnischer Bevölkerungsgruppen stark. Die bisherige Wahlordnung berücksichtigte aus ihrer Sicht die nicht-polnischen Ethnien zu sehr, um eine stabile Mehrheit im Sejm und eine konstruktive politische Arbeit gewährleisten zu können.[436] Stanisław Grabski urteilte: Aus der Doktrin der Volkssouveränität resultiere „ein sehr starkes Bewusstsein der Bürger, was ihnen vom Staat zusteht, […] aber ein sehr schwaches, was ihre Pflichten gegenüber dem Staat betrifft". Die ethnisch nicht-polnischen Bevölkerungsgruppen seien für eine solche Haltung besonders anfällig, da sie mit dem Staat „weder durch Tradition noch durch nationale Solidarität verbunden" seien. Eine „Herrschaft der Gesamtheit aller Einwohner" galt Grabski als „Herrschaft ohne Willen, ohne Konsequenz, ohne Leitgedanken, als Herrschaft des Zufalls, der behelfsmäßigen, künstlichen parteipolitischen Kombinationen oder des militärischen Klüngels".[437]

---

[433] Adam Próchnik: Strach przed demokracją, in: Robotnik, 30. 4. 1928, S. 1.
[434] AAN, Zbiór druków ulotnych, 73, Bl. 59. Schon seit längerem hatte insbesondere das britische Mehrheitswahlrecht nationaldemokratische Publizisten und Politiker fasziniert: Kawalec, Spadkobiercy, S. 19.
[435] St. Dobraniecki: Nauczyciel związkowiec jako działacz państwowy, in: Głos Nauczycielski, 15, 1931, S. 504 - 509; Roman Rybarski: Ultrademokratyczna elita, in: Gazeta Warszawska, 12. 8. 1928, S. 3; AAN, Zbiór druków ulotnych, 73, Bl. 59.
[436] AAN, Zbiór druków ulotnych, 73, Bl. 59; Kawalec, Spadkobiercy, S. 96.
[437] Grabski, Szkoła, S. 5.

Eine neue Wahlordnung musste demnach in erster Linie erreichen, dass eine ethnisch-polnische Bevölkerung „als Herr im eigenen Land" die Verantwortung für die Regierung trug. Ein Vorschlag des langjährigen Generalsekretärs des ZLN, Karol Wierczak, zielte darauf ab, dass die Wahlkreise Westpolens mit einer überwiegend ethnisch polnischen, zudem im Steueraufkommen starken und besser gebildeten Bevölkerung mehr Mandate bekommen sollte als die von ethnisch nicht-polnischen Bevölkerungsgruppen dominierten Wahlkreise Ostpolens.[438] Fraglich war nach dieser Logik allerdings, wie damit die Stellung der im Osten lebenden ethnischen Polen zu sichern war.

Mit einem in der Tendenz ethnisch exklusiven Wahlrecht sahen die Nationaldemokraten nicht nur die Rechte der ethnisch polnischen Bevölkerung sichergestellt, sondern vor allem auch die Wahlchancen der eigenen Partei verbessert, da nach ihrer Überzeugung die ethnisch nicht-polnische Bevölkerung ihre Stimme ohnehin Kandidaten der Linken geben würde.

Zugleich sollte ein neues Mehrheitswahlrecht zusammen mit einer Verkleinerung des Sejm auf die Hälfte der Abgeordneten ein grundlegendes Motiv der nationaldemokratischen Wahlreformvorstellungen verwirklichen helfen: die Bündelung der Parteien in zwei großen „Lagern", der Rechten und der Linken, mit einem deutlichen Hervortreten programmatischer Unterschiede und einer starken Massenbasis bei den Wählern.[439] Die möglichen Konsequenzen aus einem solchen Wahlrecht zeigten sich in Umrissen bei den Sejm-Wahlkämpfen 1928 und 1930, als die politische Rechte die Stimmabgabe zu einem Abwehrkampf gegen die Feinde von Kirche und Nation stilisierte.[440] Die Polarisierung der polnischen Politik in zwei große weltanschauliche „Lager" und die daraus erwachsende Kompromisslosigkeit des Wahlkampfs waren kein beklagenswerter Nebeneffekt des geregelten Konfliktaustrags und auch nicht durch die vermeintliche Anfälligkeit der Bevölkerung für Demagogie verursacht, sondern ausdrücklich beabsichtigt.

Das von den Nationaldemokraten präferierte Freund-Feind-Modell stand dem *Sanacja*-Modell einer staatsnational begründeten „Überparteilichkeit", die sich aus einem prinzipiellen Misstrauen gegenüber dem Parteiwesen speiste, diametral entgegen. Während die Nationaldemokraten auf Konflikt setzten, um den politischen Gegner klar zu identifizieren, versuchte der BBWR seine Hegemonialstellung mit dem Appell an die Gemeinschaftssehnsucht der polnischen Gesellschaft zu sichern.

---

[438] AAN, Zbiór druków ulotnych, 73, Bl. 59. Kritik an dieser Position von Adam Próchnik: Strach przed demokracją, in: Robotnik, 30. 4. 1928, S. 1.
[439] AAN, Zbiór druków ulotnych, 73, Bl. 42 - 43, 59.
[440] AAN, Zbiór druków ulotnych, 103, Bl. 43, 56.

Verfremdung und Distanzierung von „westlichen" Wegen lenkten den Blick auf „polnische" Wege zur Demokratie. Schon zu Beginn der Zweiten Republik beriefen sich Anhänger des demokratischen Systems auf ein idealisiertes „polnisches Menschenbild", das „dem tiefen und beharrlichen Glauben in den Menschen, in das Individuum" und seiner „ritterlichen", idealistischen Art verpflichtet war. Daraus ergab sich die Forderung, die Demokratie in Polen müsse „von polnischem Stil und polnischem Geist" erfüllt sein: „Damit sie gut angenommen wird, in den Seelen erstarkt und kräftig wächst, ist sie in den Grund der innigsten und tiefsten Instinkte der Nation einzupflanzen". Einer Demokratie „aus fremder Wurzel" schien kein Erfolg beschieden.[441]

Das wohl wichtigste Konstruktionselement für eine einheimische demokratische Traditionsbildung war die Verfassung vom 3. Mai 1791. Einer der einflussreichsten Historiker Polens, Oswald Balzer, der bereits seit Ende des 19. Jahrhunderts in seinen Werken zur mittelalterlichen Verfassungsgeschichte bevorzugt auf autochthone polnische oder slavische Entwicklungen verwiesen hatte, schätzte auch die Mai-Verfassung als bedeutende polnische Eigenleistung ein: Sie sei keine einfache Übernahme westlicher Muster, sondern „etwas, das aus uns selbst heraus entstand, etwas, für das wir im schlechtesten Fall allein selbst verantwortlich sind und für das wir uns im besten Fall Verdienste und Ruhm zurechnen können".[442] Die Verfasserin einer Lehrerhandreichung zur Feier des 3. Mai ging sogar noch weiter: Sie stellte die Verfassung von 1791 dem Westeuropa angeblich prägenden „Terror der Französischen Revolution" gegenüber und stilisierte sie als überlegen, als „Ausdruck unserer Kultur, gekennzeichnet von Liebe, Frieden und Harmonie". Demnach erwuchs auch „der Typus des polnischen Bürgers in der würdigen Atmosphäre von gegenseitiger Wertschätzung und Vertrauen".[443]

Die Entstehungs- und Wirkungsgeschichte der Verfassung von 1791 bot freilich eine Fülle von Interpretationsmöglichkeiten. Regierungsnahe Publizisten gaben dem 3. Mai in der zweiten Hälfte der 1920er Jahre vor dem Hintergrund der Verfassungs- und Reformdebatten eine neue Facette als „großartiger Feiertag der Reform der Republik".[444] Vertreter der politischen Rechten nahmen diesen Faden auf, verwiesen aber vor allem auf die Aus-

---

[441] O wychowaniu obywatelskiem w szkole, in: Głos Nauczycielski, 4, 1920, H. 7 - 8, S. 2 - 3.
[442] Als Nachdruck: Oswald Balzer: Konstytucja Trzeciego Maja, Warszawski Dziennik Narodowy, 3. 5. 1936, S. 3.
[443] Maria Śliwińska-Zarzecka: Trzeci Maj. Dzień obywatelskiego czynu. Myśli i materjał do przemówień. Pieśni i deklamacje, Warszawa 1939, S. 11.
[444] Bełcikowska, Święto Trzeciego Maja, S. VIII.

gangslage von 1791, nämlich als „die von innerer Anarchie erschütterte, schwache und wehrlose *Rzeczpospolita*" in „ihrer fehlerhaften politischen Ordnung" zu reformieren war. Ihrer Ansicht nach stand eine ähnliche Aufgabe im gegenwärtigen Polen an, daran hatte die Machtergreifung durch die *Sanacja* nichts geändert.[445] Bezeichnend für eine radikale, antiliberale Strömung innerhalb der Nationaldemokratie, die zunehmend von Vertretern der jüngeren Generation ausging, war, dass ihre pessimistische Gegenwartsdiagnose nicht so sehr auf den Autoritarismus seit 1926 Bezug nahm, sondern vielmehr bereits auf die Märzverfassung von 1921, die die Exekutive zu schwach veranschlagt und „mechanisch von der Nation als der Summe aller Bürger eines Landes" gesprochen habe.[446]

Die Kontroverse um die „richtige" Verfassung für Polen war in zweierlei Hinsicht bemerkenswert. Zum ersten ging es um den im polnischen politischen Denken so wichtigen und gleichzeitig so umstrittenen Begriff von Freiheit (*wolność*). Seine Fürsprecher beriefen sich auf historische Erfahrungen vornehmlich aus der Zeit der frühneuzeitlichen Adelsrepublik: religiöse Toleranz, eine unabhängige Stellung des Adels gegenüber dem König, Achtung von ethnischen Minderheiten oder eine Neigung zur Selbstverwaltung.[447] Tatsächlich kam es bereits im 16. Jahrhundert zu einer nationalen Aufladung des Begriffs als spezifisch „polnische Freiheit".[448] Nicht eine individuelle, sondern eine kollektive Freiheit für die Angehörigen der polnischen Nation war dabei in den Konflikten mit dem Moskauer Staat oder der schwedischen Großmacht zu verteidigen. Im 19. Jahrhundert gab die Berufung auf die „polnische Freiheit" wichtige Motivation im Widerstand gegen die Teilungsherrschaft.

Noch in der frühen Neuzeit entstand aber auch eine entgegengesetzte Deutungslinie, die Freiheit im Hinblick auf das besondere politische System Polen-Litauens vorrangig mit „Anarchie" und „Unordnung" identifizierte. Symbolträchtig dafür stand das *liberum veto*, das Recht jedes einzelnen Abgeordneten, durch seinen Einspruch Beschlussfassungen auf dem gesamtpolnischen Sejm aufzuschieben oder zu verhindern. Äußerten eine solche Deutungsweise anfänglich vor allem deutsche Staatsdenker wie Samuel Pu-

---

[445] Konstytucja, in: Gazeta Warszawska, 3. 5. 1928, S. 3.
[446] Tadeusz Bielecki: Rozważania trzeciomajowe, in: Warszawski Dziennik Narodowy, 3. 5. 1938, S. 3.
[447] O wychowaniu obywatelskiem w szkole, in: Głos Nauczycielski, 4, 1920, H. 7 - 8, S. 4.
[448] Hans-Jürgen Bömelburg: „Polnische Freiheit" – Zur Konstruktion und Reichweite eines frühneuzeitlichen Mobilisierungsbegriffs, in: Georg Schmidt, Martin van Gelderen und Christopher Snigula (Hrsg.): Kollektive Freiheitsvorstellungen im frühneuzeitlichen Europa (1400 - 1850) [Jenaer Beiträge zur Geschichte, Bd. 8], Frankfurt/Main 2008, S. 191 - 215.

fendorf oder Hermann Conring,[449] so kamen nach den Teilungen Polens verstärkt polnische Historiker, namentlich die Mitglieder der „Krakauer Schule" um Józef Szujski und Michał Bobrzyński, auf der Suche nach Gründen für den Niedergang der Adelsrepublik zu einem solchen Schluss. Politikern und Publizisten der Zweiten Republik, die dieser kritischen Sicht auf den Begriff von Freiheit folgten, galt die Verfassung von 1791 als probates Heilmittel gegen „Anarchie", die Märzverfassung von 1921 hingegen als wesentliche Ursache gegenwärtiger Probleme.

Zum zweiten führte ein Vergleich der Verfassungen von 1791 und 1921 in das Spannungsfeld zwischen einem politischen und einem ethnischen Nationsverständnis. Nationaldemokratische Kommentatoren rühmten die Verfassung von 1791 als Symbol nationaler Wiedergeburt.[450] Ihr Vorbild sollte dazu beitragen, die vermeintlich auseinanderdriftenden Faktoren Staat und Nation wieder zur Deckung zu bringen.[451] Das Konzept der politischen Nation, wie es die Märzverfassung von 1921 zum Ausdruck brachte, war dagegen aus ihrer Sicht verfehlt.

Das historische Gedenken an die Verfassung von 1791 wurde so gegen Ende der 1920er Jahre von den zwei der größten und miteinander konkurrierenden politischen Gruppierungen in Polen auf je eigene Weise vereinnahmt: Während die *Sanacja* eine staatsnationale Inszenierung des Nationalfeiertags am 3. Mai etablierte, nahmen die Nationaldemokraten eine ethnisch-nationale Ausdeutung der Verfassung von 1791 vor. Beides motivierte die politische Linke zur Stellungnahme.

Die Sozialisten konnten für ihren Nationsentwurf „Volkspolen" lange Zeit keine Anknüpfungspunkte in der Verfassung von 1791 finden. Die Berichterstattung über die Feierlichkeiten des 3. Mai fiel im *Robotnik* denkbar knapp aus.[452] Dagegen hatten sich Vertreter der Bauernbewegung schon zu Beginn der Zweiten Republik anerkennend über die Verfassung von 1791 geäußert. Nach 1926 verstärkten sie ihre Haltung nochmals und führten den 3. Mai als Symbol polnischen Unabhängigkeitswillens gegen die Herrschaft der *Sanacja* und den vom Piłsudski-Kult dominierten 11. November ins Feld.[453] Gegen Ende der 1920er Jahre ließen aber auch die Kommentare der PPS eine positivere Wertung der Verfassung vom 3. Mai 1791

---

[449] Ebd., S. 221.
[450] Konstytucja, in: Gazeta Warszawska, 3. 5. 1928, S. 3.
[451] Święto Narodu, in: Gazeta Warszawska, 3. 5. 1929, S. 3.
[452] So noch: Obchód święta 3-go maja, in: Robotnik, 4. 5. 1928, S. 3.
[453] Święto 3-go Maja, in: Wyzwolenie, 6. 5. 1928, S. 7; Maksymilian Malinowski: Po dniu 3-cim maja, in: Wyzwolenie, 12. 5. 1929, S. 2 - 3.

erkennen.[454] Sie galt nun als Reformversuch, der zwar im sozialen Bereich sehr vorsichtig war, durchaus mutig hingegen im Bereich der Staats- und Verfassungsordnung. Dies würdigten die Sozialisten als „sehr bedeutsam für die damalige Zeit" und bekannten sich nun dazu, das Gedenken an die Verfassungsväter von 1791 zu ehren.[455] Zentrales Motiv für die Neuinterpretation der Sozialisten war, die nationale demokratische Traditionsbildung nicht allein der politischen Rechten zu überlassen.[456]

Die Suche nach einem „polnischen" Weg zur Demokratie hatte eine kaum zu überschätzende Bedeutung für die politische Kultur der Zweiten Republik. Die Demokratisierung in Polen nach 1918 war auf eine recht unvorbereitete Gesellschaft gestoßen. Die Beharrungskraft der traditionellen Ordnung in den Anfangsjahren der Zweiten Republik verdankte sich nicht zuletzt diesem Umstand. Der „polnische" Weg zur Demokratie bot die Möglichkeit zur Aneignung des Neuen über die Denkfigur der Nation. Die entscheidende Frage betraf die Auswirkungen: Während die politische Rechte auf eine Ausgrenzung der ethnisch nicht-polnischen Bevölkerung bei Bewahrung politischer Partizipationsmöglichkeiten für ethnische Polen setzte, suchte die politische Linke ihr Nationskonzept „Volkspolen" ambitioniert in einen Deutungszusammenhang von gesellschaftlichem Fortschritt und demokratischer politischer Kultur zu stellen.

3. 2 Die schwierige Selbstbehauptung „Volkspolens"

Von den Repressalien der *Sanacja*-Herrschaft war die politische Linke in zunehmendem Maße betroffen. Während sie im Sejm-Wahlkampf 1928 noch vom Bonus zehren konnte, den Mai-Umsturz 1926 zumindest teilweise unterstützt zu haben, hatte sich die Situation 1930 grundlegend gewandelt. Wiederholt hatten PPS und Bauernparteien Verhaftungen ihrer Führer und Aktivisten zu beklagen, fast an der Tagesordnung waren Turbulenzen bei Wahlversammlungen, die ein polizeiliches Einschreiten nach sich zogen.[457] Unter dem anhaltenden Druck zog sich eine große Anzahl an Parteimitgliedern aus der aktiven Parteiarbeit zurück. In der Hauptstadt Warschau sanken 1930 die Wahlkampfbemühungen der PPS auf ein Mini-

---

[454] Hist.: Konstytucja 3 maja, in: Robotnik, 3. 5. 1929, S. 1; Jerzy Holzer: Polski ruch robotniczy wobec tradycji Trzeciego Maja, in: ders.: Dwa stulecia Polski i Europy. Teksty pisane w różnych porach wieku [Poznańskie Towarzystwo Przyjaciół Nauk, Bd. 17], Poznań 2004, S. 81.
[455] Rocznica 3-go maja, in: Robotnik, 3. 5. 1930, S. 1.
[456] Hist.: Konstytucja 3 maja, in: Robotnik, 3. 5. 1929, S. 1.
[457] APW, UW Warszawski, 46, Bl. 468.

mum. Öffentliche Versammlungen gab es kaum; der Wahlkampf fand vor allem in Parteiräumlichkeiten statt, die nur eine geringe Zahl von Zuhörern aufnehmen konnten.[458]

Im Sejm-Wahlkampf 1930 hatten die Sozialisten zugleich mit einem zweiten Problem zu kämpfen: mit der Spaltung in die oppositionelle PPS und die staatsnational orientierte PPS-*Frakcja Rewolucyjna* (PPS-F.R.). Die Auseinandersetzung zwischen beiden Gruppierungen wurde recht heftig geführt, vor allem im Bereich der Jugendorganisationen. Dabei konnte die PPS-F.R. auf vielfältige Schützenhilfe der *Sanacja* bauen. Die staatlichen Repressionen gegen Kandidaten der oppositionellen PPS verschafften Kandidaten der regierungstreuen PPS-F.R. günstigere Ausgangsbedingungen,[459] mancherorts schlossen sich PPS und PPS-F.R. sogar unter Federführung der regierungstreuen Sozialisten zusammen.[460] Schließlich konnte die PPS-F.R. bei der Nummerierung der Landeslisten die bisher der PPS zugestandene und der Wählerschaft vertraute Nr. 2 „erben".[461] Die vermeintliche Formalität der Nummernvergabe besaß Brisanz: Viele Parteien warben nämlich im Wahlkampf bei einem großen, auch ein Jahrzehnt nach der Unabhängigkeit noch bildungsfernen Teil der Bevölkerung gezielt mit den Listennummern.

Ein drittes Problem lag für die oppositionelle Linke darin, dass sie im Wahlkampf der *Sanacja* anfangs inhaltlich nur wenig entgegenzusetzen hatte. Dies hatte zu einem guten Teil persönliche Ursachen. Gegenüber der Herrschaft des ehemaligen Sozialisten Piłsudski hegten viele in seiner alten Partei ambivalente Gefühle. Oft schwang bei aller Kritik an der aktuellen Politik der *Sanacja* der anklagende Stolz mit, dass im Mai 1926 erst die Arbeiter den Sieg Piłsudskis möglich gemacht hatten.[462] Schwerer aber noch wog, dass auch bei den Sozialisten Vorbehalte gegenüber dem geregeltem Konfliktaustrag in einer pluralistischen Gesellschaft anzutreffen waren. Sorgfältig versuchten sie zu vermeiden, in die Nähe von Interessenwahrnehmung gerückt zu werden, sondern propagierten stattdessen, für das Wohlergehen aller Menschen in Polen einzustehen.[463] Die Krise der Demokratie seit 1926 stand trotz der Einschränkung von politischen Grundrechten daher zunächst nicht im Zentrum der Aufmerksamkeit. Vielmehr kritisierte die poli-

---

[458] AAN, MSW, 864, Bl. 34.
[459] Für den Wahlkreis Ciechanów: APW, UW Warszawski, 46, Bl. 277.
[460] Zum Beispiel in Przasnysz: Ebd., Bl. 222.
[461] APW, UW Warszawski, 46, Bl. 165 - 167.
[462] Warszawa robotnicza przemówiła, in: Robotnik, 2. 5. 1929, S. 1; Uroczysta akademja, in: Robotnik, 2. 5. 1929, S. 1 - 2.
[463] Manifestacja majowa, in: Gazeta Warszawska, 1. 5. 1928, S. 3; Henryk Bezmaski [i. e. Stanisław Posner]: Prawdy pierwszomajowe, in: Robotnik, 1. 5. 1928, S. 2.

tische Linke mit gewohntem antikapitalistischem und antifeudalistischem Impetus die vermeintlich ausschließlich Großindustrie, Großgrundbesitz, Adel und Militär begünstigende Politik der *Sanacja*.[464] Der sozialen Komponente von Demokratie galt größere Dringlichkeit als der freiheitlichen Komponente.

Die neuen autoritären Verhältnisse überschatteten nicht nur den Wahlkampf, sondern auch die zentrale Ausdrucksplattform sozialistischer Selbstbeschreibung, den Tag der Arbeit. Ging es zu Beginn der Zweiten Republik in aller Zuversicht darum, den 1. Mai als Feiertag des neu entstehenden „Volkspolen" zu etablieren, sahen sich die Sozialisten gegen Ende der 1920er Jahre in der Defensive. Während in manchen Städten und Gemeinden, wo die PPS Mehrheiten in der kommunalen Selbstverwaltung besaß, der 1. Mai noch die Formen eines offiziellen Feiertags annehmen konnte, so etwa in Lublin, Łódź oder Żyrardów,[465] kam es in der Hauptstadt Warschau zu einem erbitterten Kräftemessen zwischen Opposition und Regierung.

Die *Sanacja* hatte zum 1. Mai ein ambivalentes Verhältnis. Vor dem Ersten Weltkrieg hatte der Tag der Arbeit eine wichtige Funktion als öffentliche Manifestation des polnischen nationalen Unabhängigkeitsstrebens inne gehabt, an der auch der Sozialist Piłsudski teilgenommen hatte. An diese Traditionslinie erinnerten regierungsnahe Publizisten nach wie vor mit Wertschätzung. Für die Feier des 1. Mai in der Zweiten Republik fanden sie dagegen überwiegend skeptische Worte. Der Tag der Arbeit war ihnen nun Ausdruck von Parteienstreit und Partikularinteressen, abgehalten auf eine „routinierte" und „mechanische" Weise.[466]

Die Feier des 1. Mai war nach 1926 nicht verboten,[467] hatte allerdings autoritäre Beschränkungen zu gewahren. Während noch 1928 der zehnte Maifeiertag seit Erlangung der Unabhängigkeit mit einem Umzug durch die zentralen Straßen Warschaus begangen werden konnte,[468] verwies die Stadtverwaltung die PPS 1929 zur Abhaltung ihres Ehrentags auf die Arbeiterwohnviertel am Stadtrand. Die Hauptkundgebung fand unterhalb einer Straßenbrücke über die Weichsel statt. Dementsprechend kamen weniger

---

[464] AAN, PPS, 114/X-3, Bl. 7 - 7a; AAN, UW Krakowski, 268/I-12, Bl. 112 - 112a.
[465] Dies vermerkte aufmerksam der politische Gegner: 1 maja na prowincji, in: Gazeta Warszawska, 3. 5. 1928, S. 6.
[466] Wilski: Święto komunału, in: Polska Zbrojna, 1. 5. 1928, S. 1; Mir-wicz: Otrzeźwienie, in: Polska Zbrojna, 2. 5. 1929, S. 1; Manifestacja 1-szo majowa w Warszawie, in: Polska Zbrojna, 2. 5. 1930, S. 6.
[467] Die *Sanacja* wertete dies nicht zuletzt im Hinblick auf die Wirkung im Ausland: Polen sei keine „verkappte Diktatur, wo die Regierung sämtliche Bürgerrechte verletzt": Spokojny przebieg 1 maja w całym kraju, in: Gazeta Polska, 2. 5. 1930, S. 1 - 2.
[468] Obchód święta majowego w Warszawie, in: Robotnik, 2. 5. 1928, S. 1.

Schaulustige.[469] Auch in den Folgejahren musste die PPS mit räumlichen Einschränkungen leben und veranstaltete ihre zentralen Kundgebungen nunmehr auf dem pl. Grzybowski, nahe dem jüdischen Viertel.[470]

Die für die *Sanacja* typische Doppelstrategie lief darauf hinaus, autoritäre Akte einerseits mit einem staatsnationalen Integrationsangebot andererseits zu koppeln. Für den 1. Mai übernahm diesen Part die regierungstreue PPS-F.R. Die Feierlichkeiten 1929 standen zum ersten Mal im Zeichen der sozialistischen Parteispaltung. Mit großer Spannung richtete sich die Aufmerksamkeit darauf, welche Präsentation der Kräfte überzeugender ausfallen würde: diejenige der PPS oder der PPS-F.R. Dabei erhielten die regierungstreuen Sozialisten, wie die oppositionellen Sozialisten aufmerksam registrierten, offenkundig Hilfe durch den von Anhängern der *Sanacja* dominierten Magistrat der Stadt Warschau, um sich als neue und respektable Kraft inszenieren zu können. Hier machte zweifellos der seit 1927 amtierende Vorsitzende des Warschauer Stadtrats und Mitbegründer der PPS-F.R., Rajmund Jaworowski, seinen Einfluss geltend. Das Teilnehmerfeld bestand überwiegend aus Arbeitern staatlicher oder städtischer Betriebe,[471] aufgestockt durch Angehörige des Schützenverbandes und anderer regierungsnaher Vereinigungen, und hatte zum Schutz der Veranstaltung ein größeres Aufgebot städtischer Lastkraftwagen zur Verfügung.[472] Am augenfälligsten war die räumliche Dimension: Während die PPS an den Stadtrand ausweichen musste, konnten die *Sanacja*-Anhänger den traditionellen Versammlungsort, den pl. Teatralny, nutzen.

---

469 Warszawa robotnicza przemówiła, in: Robotnik, 2. 5. 1929, S. 1; Czerwone Święto w Warszawie, in: Gazeta Warszawska, 2. 5. 1929, S. 1 - 2; Przy wiadukcie Poniatowskiego, in: Robotnik, 2. 5. 1929, S. 1. Zeitweilig hatte die PPS gar die Absage des 1. Mai-Umzugs und eine Beschränkung auf akademische Feiern und geschlossene Versammlungen erwogen: Komunikat Informacyjny nr 36 (3 IV 1929): in: Ministerstwo Spraw Wewnętrznych (Hrsg.): Komunikaty Informacyjne Komisariatu Rządu na m. st. Warszawę, Bd. 3, H. 2 (3 kwietnia 1929 - 28 czerwca 1929), Warszawa 1994, S. 399; Komunikat Informacyjny nr 48 (26 IV 1929), in: ebd., S. 509.
470 Wspaniały przebieg święta robotniczego w Warszawie, in: Robotnik, 2. 5. 1930, S. 1; Imponująca manifestacja jedności i solidarności klasy pracującej stolicy, in: Robotnik, 2. 5. 1931, S. 1 - 2.
471 Komunikat Informacyjny nr 51 (4 V 1929), in: MSW, Komunikaty Informacyjne Komisariatu, Bd. 3, H. 2, S. 531; 1 maj B.B.S-u, in: Robotnik, 2. 5. 1931, S. 2; Czerwone Święto w Warszawie, in: Gazeta Warszawska, 2. 5. 1929, S. 1 - 2; Wspaniały przebieg święta robotniczego w Warszawie, in: Robotnik, 2. 5. 1930, S. 1.
472 Komunikat Informacyjny nr 53 (10 V 1929), in: MSW, Komunikaty Informacyjne Komisariatu, Bd. 3, H. 2, S. 549; Refleksje po święcie 1 maja, in: Robotnik, 2. 5. 1929, S. 2; Mieczysław Niedziałkowski: Po pierwszym maja, in: Robotnik, 3. 5. 1929, S. 1; ders.: Warszawa Robotnicza w dniu 1 maja, in: Robotnik, 3. 5. 1930, S. 1; Czerwone Święto w Warszawie, in: Gazeta Warszawska, 2. 5. 1929, S. 1 - 2.

Die symbolische Besetzung eines zentralen öffentlichen Raums der Hauptstadt durch die regierungstreuen Sozialisten war nicht nur eine Maßnahme zur Schwächung der oppositionellen Konkurrenz, sondern auch zum Erhalt der öffentlichen Ordnung am 1. Mai.[473] In den Anfangsjahren der Zweiten Republik hatte es handfeste Konflikte zwischen politischer Linke und Nationaldemokraten gegeben. In der zweiten Hälfte der 1920er Jahre hatten die Anhänger der PPS, neben allen anderen Bedrängnissen, nun auch verstärkt die Auseinandersetzung mit den polnischen Kommunisten zu gewärtigen. Die KPP zwar war nach wie vor nur illegal aktiv, nahm aber über Wahllisten wie das Bündnis des Proletariats von Stadt und Land (*Związek Proletariatu Miast i Wsi*) und die Einheit von Arbeitern und Bauern (*Jedność Robotniczo-Chłopska*) an den Sejm-Wahlen teil. 1928 und 1930 hatten die Kommunisten dabei mit sieben bzw. vier gewonnenen Mandaten ihre besten Wahlergebnisse erzielen können.

Am 1. Mai 1928 war es zu einem besonders heftigen Zusammenstoß gekommen. Die Kommunisten hatten versucht, den Aufmarsch der Sozialisten zu unterwandern, und dies schon bei der Sammlung des PPS-Zuges in der rechts der Weichsel gelegenen Arbeitervorstadt Praga. Auf die Störversuche der Kommunisten hin hatten die Ordnertruppen der Sozialisten auf dem pl. Teatralny eine Gegenattacke von einem Lastwagen aus gestartet.[474] Auch wenn die sozialistische Miliz und die staatliche Polizei die Kommunisten zurückzudrängen vermochten, gab es dennoch eine blutige Eskalation mit vier Todesopfern und hunderten Verletzten.[475] Die Krawalle hatten ein Nachspiel. Die Warschauer PPS-Organisation rief angesichts der „Entehrung" des „Tags der Arbeit" alle Mitglieder von Partei-Organisationen und Gewerkschaften, überhaupt die ganze „Arbeiterklasse Warschaus" auf, die kommunistischen Einflüsse massiv zu bekämpfen. Kommunistische Vertreter sollten aus allen Gremien und Delegationen von Betrieben, Gewerkschaften und Genossenschaften entfernt werden.[476]

Tatsächlich war die offensiv gesuchte Auseinandersetzung am 1. Mai für die Kommunisten angesichts ihrer nach wie vor schwachen Verankerung in der polnischen Gesellschaft eine der wenigen Möglichkeiten, sich öffent-

---

[473] So gab es während des 1. Mai in der Hauptstadt ein Ausschankverbot für alkoholische Getränke: Warszawa w dniu święta majowego, in: Robotnik, 2. 5. 1931, S. 2.
[474] Obchód święta majowego w Warszawie, in: Robotnik, 2. 5. 1928, S. 1; 200 ofiar walk na ulicach Warszawy, in: Gazeta Warszawska, 2. 5. 1928, S. 1 - 2.
[475] Zabici i ranni, in: Robotnik, 2. 5. 1928, S. 2; 200 ofiar walk na ulicach Warszawy, in: Gazeta Warszawska, 2. 5. 1928, S. 1 - 2; Krwawa statystyka 1 maja w Warszawie, in: Gazeta Warszawska, 3. 5. 1928, S. 6.
[476] Uchwała konferencji międzydzielnicowej warszawskiej organizacji PPS, in: Robotnik, 3. 5. 1928, S. 1.

lichkeitswirksam zu profilieren.[477] Die Sozialisten maßen den Kommunisten die „moralische Verantwortung" für die Krawalle zu, doch sie erkannten zugleich eine konfliktverschärfende Wirkung im Einsatz der Polizei.[478] Deren repressive Haltung gegenüber Aktivitäten der politischen Linken war schon in den Anfangsjahren der Zweiten Republik zu beobachten gewesen und die Machtergreifung durch die *Sanacja* hatte hier nichts geändert. Im Gegenteil, die blutigen Vorkommnisse von 1928 waren für Regierungsanhänger vielmehr Bestätigung für ihren restriktiven Kurs zum Erhalt öffentlicher Ordnung.[479] Noch in den Folgejahren führte das Bereithalten starker Polizeikräfte, teils zu Pferde und von Kopf bis Fuß bewaffnet, in nahezu sämtlichen an der Demonstrationsstrecke gelegenen Hauseingängen, Toreinfahrten und Nebenstraßen zu wiederholten Beschwerden der Sozialisten: Dieser Alarmzustand trübe die Atmosphäre des Maifeiertags und erleichtere Provokateuren die Arbeit.[480]

Angesichts der Repressalien des *Sanacja*-Regimes, der Parteispaltung und der Auseinandersetzung sowohl mit den Kommunisten als auch – wie gehabt – mit der politischen Rechten sah sich die PPS gegen Ende der 1920er Jahre von einer Vielzahl an Gegnern umringt.[481] Nicht zufällig ließen Redner auf den Kundgebungen und Ansprachen zum 1. Mai immer wieder Reminiszenzen an die Unterdrückung und Verfolgung während der Teilungszeit anklingen.[482] Aus diesem martyrologischen Narrativ leiteten sich aber auch Ansatzpunkte für eine neue Selbstbeschreibung der polnischen Linken und des „volkspolnischen" Nationsentwurfs ab.

Dazu gehörte zunächst eine wieder entdeckte Kampfbereitschaft, eine unter widrigen politischen Umständen zu mobilisierende Widerstandskraft der Sozialisten.[483] Die Sozialisten erinnerten an die Heldentaten der War-

---

477 Kazimierz Czapiński: Komuniści – Faszyści. Po krwawych wypadkach w Warszawie, in: Robotnik, 3. 5. 1928, S. 1; Czem jest obecnie socjalistyczne „Święto Pracy", in: Gazeta Warszawska, 2. 5. 1928, S. 2.
478 Mieczysław Niedziałkowski: Po pierwszym maja, in: Robotnik, 5. 5. 1928, S. 1; Obchód święta majowego w Warszawie, in: Robotnik, 2. 5. 1928, S. 1; 200 ofiar walk na ulicach Warszawy, in: Gazeta Warszawska, 2. 5. 1928, S. 1 - 2. Weitere Berichterstattung: Krwawa statystyka 1 maja w Warszawie, in: Gazeta Warszawska, 3. 5. 1928, S. 6.
479 Mir-wicz: Otrzeźwienie, in: Polska Zbrojna, 2. 5. 1929, S. 1; Spokojny przebieg 1 maja w całym kraju, in: Gazeta Polska, 2. 5. 1920, S. 1 - 2.
480 Jan Maurycy Borski: 1 maja w Warszawie, in: Robotnik, 3. 5. 1931, S. 1.
481 Na dzień 1 maja. Rezolucja dla zgromadzeń P. P. S., in: Robotnik, 30. 4. 1928, S. 1; Mieczysław Niedziałkowski: Niech się święci 1 maj! in: Robotnik, 1. 5. 1931, S. 1; 1 maj w Polsce. Pułtusk, in: Robotnik, 5. 5. 1930, S. 2.
482 Henryk Bezmaski [i. e. Stanisław Posner]: Prawdy pierwszomajowe, in: Robotnik, 1. 5. 1928, S. 2; Warszawa robotnicza przemówiła, in: Robotnik, 2. 5. 1929, S. 1.
483 Henryk Bezmaski [i. e. Stanisław Posner]: Prawdy pierwszomajowe, in: Robotnik, 1. 5. 1928, S. 2.

schauer Arbeiter im Kampf um die Unabhängigkeit Polens, an die Revolution 1905, die Volksregierung in Lublin 1918 und an das Jahr 1920, als Arbeiter und Bauern gemeinsam die Hauptstadt Warschau verteidigt hätten.[484] Angesichts der gegenwärtigen Krise müssten die alten Kampfstandarten wieder gezeigt werden.[485]

Tatsächlich nahmen es auch Regierungsorgane zur Kenntnis, wenn sich etwa in den Wahlkämpfen zum Sejm 1928 und 1930 die oppositionellen Sozialisten gemeinsam mit der Bauernbewegung trotz der autoritären Bedrängnis um ein mutiges und offensives Auftreten bemühten[486] und sich auch nicht scheuten, Wahlveranstaltungen des Regierungsbündnisses zu stören.[487] Das wohl eindrucksvollste Anschauungsmaterial für die Selbstbehauptung „Volkspolens" bot aber auch hier die alljährliche Feier des 1. Mai. Anlässlich des Maifeiertags sprachen die sozialistischen Kommentatoren von einer „scharfen Warnung für die *Sanacja*" und beschworen den „Charakter der Kampfbereitschaft", den die Feierlichkeiten tragen sollten.[488] Besondere Verehrung galt den Milizeinheiten und den teilweise bewaffneten Schlägerkommandos (*bojówki*).

Im Herbst 1928 war infolge der Parteispaltung ein beträchtlicher Teil der bisherigen Ordnertruppen, die unter der Führung Rajmund Jaworowskis gestanden hatten, zur PPS-F.R. übergewechselt. Daher regte sich bei der PPS die Initiative für eine neue, schlagkräftigere Miliz. Die Leitung der Organisation übernahm Tomasz Arciszewski,[489] der sich schon seit Vorkriegszeiten als Anführer sozialistischer Milizen und im Sommer 1920 als Anführer des Arbeiterkomitees zur Verteidigung der Unabhängigkeit ausgezeichnet hatte.

Auch wenn das Argument des Selbstschutzes zweifellos eine entscheidende Rolle spielte, spiegelte sich in vielen Heldenerzählungen und Traditionsstiftungen doch das Pathos von Tatkraft und Männlichkeit, das die Mitglieder der *bojówki* zu idealen Verkörperungen des neuen sozialistischen Menschen geraten ließ.[490] In einer zivileren Variante zeigte sich dies im

---

[484] Warszawa robotnicza przemówiła, in: Robotnik, 2. 5. 1929, S. 1.
[485] Redakcja „Robotnika": Pierwszy Maj, in: Robotnik, 1. 5. 1929, S. 2.
[486] APW, UW Warszawski, 22, Bl. 30 - 32, 114 - 115.
[487] APW, UW Warszawski, 46, Bl. 221 - 255, 474.
[488] Warszawa robotnicza przemówiła, in: Robotnik, 2. 5. 1929, S. 1.
[489] Poufny Komunikat Informacyjny nr 147 (20 XI 1928), in: MSW, Komunikaty Informacyjne Komisariatu, Bd. 2, H. 2, S. 421.
[490] Zu Entstehung, Organisation und Selbstbild der PPS-Miliz: Komunikat Informacyjny nr 101 (25 IX 1929), in: Ministerstwo Spraw Wewnętrznych (Hrsg.): Komunikaty Informacyjne Komisariatu Rządu na m. st. Warszawę, Bd. 4, H. 1 (3 lipca 1929 - 30 września 1929), Warszawa 1996, S. 199 - 201. Zur Praxis der Milizen am 1. Mai: Obchód święta

wachsenden Stellenwert des Arbeitersports, der den zeitgenössischen Beobachtern durch seine „disziplinierten Reihen und Rüstigkeit" imponierte.[491]
Mut erforderte aber vor allem, trotz drohender Repressalien Kritik am autoritären System zu äußern. Nach anfänglicher Zögerlichkeit gegenüber der Herrschaft Piłsudskis kündeten die Parolen für den 1. Mai 1929: „Für die Erhaltung der Unabhängigkeit Volkspolens! Für Freiheit und Demokratie!" „Im Namen Polens für Demokratie, Freiheit und Arbeit, für die Liquidierung des Regierungssystems nach dem Mai 1926".[492] Auch in den Folgejahren standen die Kundgebungen konsequent unter dem Zeichen des Kampfes gegen den Autoritarismus und für die Demokratie.[493] Zwar hatten angesichts der Weltwirtschaftskrise soziale Forderungen nach einer besseren Bekämpfung der Arbeitslosigkeit oder nach einer neuen Wohnungsbaupolitik weiterhin Konjunktur – die Entschlossenheit, für ein Ende der autoritären Herrschaft zu kämpfen, ließ aber nicht mehr nach.[494] 1931 brachten die Teilnehmer der akademischen Feier bei einer Rede des Sejm-Abgeordneten Norbert Barlicki, der 1930 mehrere Wochen in Brześć inhaftiert gewesen und nur gegen Kaution freigelassen worden war, sogar enthusiastische Hochrufe auf die politischen Gefangenen der *Sanacja* aus.[495]

Die Kampfbereitschaft aus einer Situation der Defensive heraus war mit dem wichtigsten Ziel des „volkspolnischen" Nationsentwurfs allerdings erst noch in Einklang zu bringen: möglichst große Teile der Bevölkerung unter das eigene Banner zu scharen. Wiederholt beschworen sozialistische Redner, wie etwa unter dem autokratischen Zarenregime der 1. Mai den Protest gegen die Unfreiheit gebündelt und viele Teilnehmer angezogen hatte, die ansonsten dem Sozialismus eher fern standen: „Vereint hat uns alle dieselbe Sehnsucht – die Sehnsucht nach sozialer Gerechtigkeit, die Sehnsucht nach einem freien und unabhängigen Polen, die Sehnsucht, deren Name lautet: Sozialismus."[496]

---

majowego w Warszawie, in: Robotnik, 2. 5. 1928, S. 1; Redakcja „Robotnika": Pierwszy Maj, in: Robotnik, 1. 5. 1929, S. 2; Uroczysta akademja, in: Robotnik, 2. 5. 1929, S. 1 - 2.

[491] Niech żyje Pierwszy Maj! Program obchodu święta majowego w stolicy, in: Robotnik, 1. 5. 1929, S. 2; Jan Maurycy Borski: 1 maja w Warszawie, in: Robotnik, 3. 5. 1931, S. 1.

[492] Niech żyje Pierwszy Maj! in: Robotnik, 1. 5. 1929, S. 1.

[493] Po 1 maja, in: Robotnik, 6. 5. 1930, S. 1; Tekst uchwały dla zgromadzeń 1-majowych, in: Robotnik, 1. 5. 1931, S. 1; 1 maja na Pomorzu i Poznańskiem, in: Robotnik, 10. 5. 1930, S. 2.

[494] Wspaniały przebieg święta robotniczego w Warszawie, in: Robotnik, 2. 5. 1930, S. 1; Mieczysław Niedziałkowski: Niech się święci 1 maj! in: Robotnik, 1. 5. 1931, S. 1.

[495] Imponująca manifestacja jedności i solidarności klasy pracującej stolicy, in: Robotnik, 2. 5. 1931, S. 1 - 2.

[496] Redakcja „Robotnika": Pierwszy Maj, in: Robotnik, 1. 5. 1929, S. 2; Uroczysta akademja, in: Robotnik, 2. 5. 1929, S. 1 - 2. Die besondere Resonanz zum Tag der Arbeit unter dem

Die Zahl der Demonstrierenden am 1. Mai geriet dadurch zum Politikum. Genauigkeit war dabei weniger gefragt als Ermutigung und Selbstvergewisserung, wenn die Parteizeitung *Robotnik* von „massenhafter Teilnahme"[497] oder den bislang „größten Teilnehmerzahlen" in vielen Landesteilen berichtete.[498] Vor allem in der Auseinandersetzung mit der behördlich unterstützten PPS-F. R. hielt sich die PPS zugute, die Massen aus eigener Kraft anzuziehen.[499] Angesichts solcher recht subjektiven Einschätzungen mussten die oppositionellen Sozialisten freilich hinnehmen, dass die amtliche Berichterstattung und die Kommentatoren der politischen Rechten sich gleichfalls an eine „Statistik" des 1. Mai machten – mit der Tendenz, die Teilnehmerzahlen deutlich zu minimieren und eine nachlassende Bedeutung des Maifeiertags für die Arbeiterschaft zu konstatieren.[500] Ebenso umstritten waren symbolträchtige Gesten wie die Arbeitsniederlegung in Fabriken, Büros und Ämtern. Immerhin konnte die PPS auf ein höchst augenfälliges Indiz verweisen: In Warschau standen am 1. Mai die Straßenbahnen bis zum Nachmittag im Depot.[501]

Wenn es um den Nachweis ging, dass der „volkspolnische" Nationsentwurf immer noch Realisierungschancen besaß, war nicht nur der Blick auf die Zahl, sondern auch auf die soziale Struktur des Teilnehmerfeldes wichtig. Hier galt, „neben der organisierten Arbeiterklasse alle Menschen anzusprechen, die bislang noch gleichgültig oder unwissend zur Seite stehen".[502] Eine feste Bank waren die Sympathien aus Künstlerkreisen, wenn etwa Artisten der Warschauer Oper die akademischen Feiern der PPS am Abend des 1. Mai bereicherten[503] oder wenn mit Julian Tuwim einer der bekanntes-

---

Zarenregime war auch der nationaldemokratischen Presse eine Erwähnung wert: Manifestacja majowa, in: Gazeta Warszawska, 1. 5. 1928, S. 3.
[497] Warszawa robotnicza przemówiła, in: Robotnik, 2. 5. 1929, S. 1.
[498] Mieczysław Niedziałkowski: Po pierwszym maja, in: Robotnik, 5. 5. 1928, S. 1; ders.: Po pierwszym maja, in: Robotnik, 3. 5. 1929, S. 1; 1 maja na Pomorzu i Poznańskiem, in: Robotnik, 10. 5. 1930, S. 2.
[499] Komunikat Informacyjny nr 51 (4 V 1929), in: MSW, Komunikaty Informacyjne Komisariatu, Bd. 3, H. 2, S. 531; Mieczysław Niedziałkowski: Po pierwszym maja, in: Robotnik, 3. 5. 1929, S. 1; ders.: Warszawa Robotnicza w dniu 1 maja, in: Robotnik, 3. 5. 1930, S. 1; Po 1 maja, in: Robotnik, 6. 5. 1930, S. 1.
[500] APW, UW Warszawski, 43, Bl. 319; Czem jest obecnie socjalistyczne „Święto Pracy", in: Gazeta Warszawska, 2. 5. 1928, S. 2.
[501] Obchód święta majowego w Warszawie, in: Robotnik, 2. 5. 1928, S. 1; Wspaniały przebieg święta robotniczego w Warszawie, in: Robotnik, 2. 5. 1930, S. 1; Warszawa w dniu święta majowego, in: Robotnik, 2. 5. 1931, S. 2.
[502] Herman Diamand: Pierwszy Maja jest świętem żywem i świętem żywych, in: Robotnik, 1. 5. 1928, S. 2.
[503] Uroczysta Akademja, in: Robotnik, 2. 5. 1928, S. 2; Imponująca manifestacja jedności i solidarności klasy pracującej stolicy, in: Robotnik, 2. 5. 1931, S. 1 - 2.

ten Dichter und Kabarettisten der Zweiten Republik zum Maifeiertag 1928 ein Gedicht im *Robotnik* publizierte.[504]

Gleichzeitig hatten frühere Überlegungen der PPS, den ländlichen Raum in die Parteistrategie einzubeziehen, mit der am 15. Februar 1927 erfolgten Gründung eines eigenen Sekretariats für den Zentralausschuss Ländlicher Raum konkrete Formen angenommen. Für die sozialistische Annäherung an den ländlichen Raum war wichtig, die Wähler in ihren lebensweltlichen Bezügen anzusprechen, so durch die Verbreitung von Parteiliteratur an Sonn- und Feiertagen vor den Kirchen,[505] aber auch durch eine neue Herangehensweise bei den Listenaufstellungen für Wahlen: Statt Vertreter der gebildeten Schichten wie Anwälte, Lehrer oder Beamte sollten mehr Arbeiter, Bauern oder Gewerbetreibende Berücksichtigung finden.[506]

Ebenfalls im Februar 1927 sprach der Vorsitzende der neu gegründeten Bauernpartei *Stronnictwo Chłopskie*, Jan Dąbski, erstmals von der Notwendigkeit eines gemeinsamen Blocks der linken Parteien.[507] 1928 wurde in einzelnen Wahlkreisen bereits konkret erwogen, einen gemeinsamen Wahlblock zu bilden, auch unter Beteiligung ethnisch nicht-polnischer Parteien wie dem jüdischen *Bund* oder der Deutschen Sozialistischen Arbeiterpartei Polens (DSAP).[508] Eine Institutionalisierung der Zusammenarbeit war nur noch eine Frage der Zeit. Am 14. November 1929 schlossen in Warschau die PPS, das PSL-Wyzwolenie, das PSL-Piast, das SCh, die gemäßigt rechte Arbeiterpartei NPR und die Christdemokraten ein politisches Abkommen, dessen Ziel in der Ablösung der autoritären *Sanacja*-Herrschaft und der Wiederherstellung der parlamentarischen Demokratie lag. In den nächsten Monaten konnten die sechs Parteien durch parlamentarische Misstrauensvoten zwei Regierungen der *Sanacja* zum Rücktritt bewegen. Darüber hinaus richteten sie ein gemeinsames provisorisches Exekutivkomitee ein, veranstalteten am 29. Juni 1930 in Krakau einen vielbeachteten und von rund 30.000 Demonstranten unterstützten Kongress für die Verteidigung von Recht und Freiheit des Volkes (*Kongres Obrony Prawa i Wolności Ludu*) und einigten sich – allerdings ohne die Christdemokraten – im August 1930 angesichts der bevorstehenden Neuwahlen zum Sejm auf ein gemeinsames Wahlbündnis, den *Centrolew*.

---

[504] Julian Tuwim: Pierwszy maja, in: Robotnik, 1. 5. 1928, S. 1.
[505] AAN, PPS, 114/IV-10, Bl. 8.
[506] Entsprechende Kritik an der PPS im Kreis Mława: APW, UW Warszawski, 22, Bl. 66, 68 - 69.
[507] Czubiński, Centrolew, S. 79.
[508] APW, UW Warszawski, 22, Bl. 30 - 32,78 - 81; Petra Blachetta-Madajczyk: Klassenkampf oder Nation? Deutsche Sozialdemokratie in Polen 1918 - 1939 [Schriften des Bundesarchivs, Bd. 49], Düsseldorf 1997, S. 167 - 168.

Vor diesem Hintergrund hob die Berichterstattung zum 1. Mai verstärkt Gesten der Verbundenheit zwischen Arbeitern und Bauern hervor. Demnach beteiligten sich an den Demonstrationen immer mehr Bauern[509] und auf den Kundgebungen der PPS traten Vertreter des PSL-Wyzwolenie auf, die ihre Solidarität mit der Arbeiterklasse beim Kampf um die Demokratie bekräftigten.[510] Die neu entdeckten Gemeinsamkeiten fanden ihren Niederschlag bis in Details der Festgestaltung, wenn etwa bei akademischen Feiern der sozialistischen Jugend Volkstanzgruppen auftraten.[511] Gestärkt im Glauben an einen neuen Anlauf für das Projekt „Volkspolen" verhieß die PPS daher 1930 selbstbewusst: *Fala ludowa powraca...* („Die Volksmassen kehren zurück").[512]

Der Optimismus war verfrüht. Das Wahlbündnis *Centrolew* war mit schweren internen Konflikten belastet. Während die Aktivitäten in der Hauptstadt und anderen großen Städten des Landes fast im Alleingang von der PPS getragen werden mussten, da NPR und Bauernparteien über nur geringen Einfluss verfügten, gab es in der bäuerlichen Bevölkerung einigen Unmut wegen des Zusammengehens mit den Sozialisten.[513] Streit gab es auch über die Verteilung der Listenplätze zwischen den einzelnen Gruppierungen und zusätzlich belastete die schwache Finanzausstattung, obwohl Vertreter des *Centrolew* aus der Not eine Tugend zu machen suchten und erklärten, einen kurzen, aber intensiven Wahlkampf führen zu wollen.[514]

Der Misserfolg bei den Sejm-Wahlen 1930 mit einem Stimmergebnis von nur rund 17 % gab Anstoß für die bald einsetzende Auflösung des *Centrolew*. Dies musste skeptisch stimmen für die Realisierungschancen eines „volkspolnischen" Nationsentwurfs. So sehr auch staatliche Repressalien und die Gegnerschaft konservativer, katholischer und nationaldemokratischer Kreise für erschwerte Rahmenbedingungen sorgten, so zeigte sich doch deutlich, dass die Annahme einer gemeinsamen sozio-kulturellen Basis der politischen Linken zum gegenwärtigen Zeitpunkt illusorisch war. Die gemeinsame Opposition gegen die *Sanacja* reichte nicht aus, um programmatisch, vor allem aber lebensweltlich unterschiedlich verankerte Parteien in so kurzer Zeit zusammenwachsen zu lassen.

Die Ernüchterung betraf auch den Tag der Arbeit. Jenseits der großen Überschriften und programmatischen Artikel in der sozialistischen Presse, die die Deutung des 1. Mai an den Erfordernissen des neuen linken Selbst-

---

[509] Po 1 maja, in: Robotnik, 6. 5. 1930, S. 1.
[510] Wspaniały przebieg święta robotniczego w Warszawie, in: Robotnik, 2. 5. 1930, S. 1.
[511] Akademja młodzieży, in: Robotnik, 2. 5. 1928, S. 2.
[512] Po 1 maja, in: Robotnik, 6. 5. 1930, S. 1.
[513] Am regionalen Beispiel: APW, UW Warszawski, 46, Bl. 85 - 86.
[514] Ebd., Bl. 85 - 86, 221 - 255.

bildes ausrichteten, verriet so mancher Detailbericht mehr vom eigentlichen Festcharakter. Die Maifeiertage waren gegen Ende der 1920er Jahre ungleich stärker als zu Beginn der Zweiten Republik eingebettet in das spezifische Milieu der Arbeiterklasse, das sozialistische Berichterstatter als „eine große Familie" beschrieben.[515] Mobilisierungserfolge konnte die PPS weiterhin vor allem dadurch verbuchen, dass nicht mehr nur männliche Arbeiter, sondern auch Frauen, Jugendliche und Kinder teilnahmen.[516] Für die neuen Mitstreiter gab es eigene Programmpunkte, etwa bestens besuchte akademische Feiern für Kinder. Deren Organisation und Durchführung lag überwiegend in weiblicher Hand, und oft genug kamen dabei traditionelle Rollenmuster zur Geltung, wenn etwa Genossinnen kleine Texte über den 1. Mai vorlasen oder unter ihrer Leitung Arbeiterkinder Gedichte vortrugen und Musikstücke aufführten.[517] Die Selbstvergewisserung von der eigenen Gruppenzugehörigkeit und das öffentliche Bekenntnis dazu verlangten unter den Bedingungen des Autoritarismus einigen Mut. So rückten die Teilnehmer des 1. Mai untereinander enger zusammen, appellierten an das Gemeinschaftsgefühl und ermunterten sich gegenseitig: „Vereinigen wir uns, gehen wir, singen wir."[518] So präsentierte sich der 1. Mai familiärer, konservativer und geschlossener – dafür sprach auch, dass eine scharfe Abgrenzung gegenüber der „Bourgeoisie" weiterhin als notwendig erachtet wurde.[519]

Die wachsende lebensweltliche Verfestigung und innere Kohärenz der Arbeiterbewegung, wie sie in den ersten Jahren der *Sanacja*-Herrschaft zu beobachten war, trug ihren Teil dazu bei, dass ein Zusammenwirken breiter Bevölkerungsschichten im Sinne des „volkspolnischen" Nationsentwurfs vorerst Zukunftsmusik blieb. Dafür aber gelang ein neuer, kaum zu überschätzender Brückenschlag zu den sozialistischen Parteien der nicht-polnischen Ethnien.[520]

Zum 1. Mai war es schon seit längerem Brauch gewesen, dass auf Kundgebungen und akademischen Feiern Gastredner aus anderen sozialistischen

---

[515] Imponująca manifestacja jedności i solidarności klasy pracującej stolicy, in: Robotnik, 2. 5. 1931, S. 1 - 2.
[516] Po 1 maja, in: Robotnik, 6. 5. 1930, S. 1; Imponująca manifestacja jedności i solidarności klasy pracującej stolicy, in: Robotnik, 2. 5. 1931, S. 1 - 2; Jan Maurycy Borski: 1 maja w Warszawie, in: Robotnik, 3. 5. 1931, S. 1.
[517] Akademje dziecięce, in: Robotnik, 2. 5. 1929, S. 2.
[518] Warszawa robotnicza przemówiła, in: Robotnik, 2. 5. 1929, S. 1; Przy wiadukcie Poniatowskiego, in: Robotnik, 2. 5. 1929, S. 1.
[519] Imponująca manifestacja jedności i solidarności klasy pracującej stolicy, in: Robotnik, 2. 5. 1931, S. 1 - 2.
[520] Na dzień 1 maja. Rezolucja dla zgromadzeń P. P. S., in: Robotnik, 30. 4. 1928, S. 1; Uroczysta akademja, in: Robotnik, 2. 5. 1929, S. 1 - 2.

Parteien auftraten.[521] 1926 und 1927 kam es dann zu ersten Verständigungskonferenzen zwischen der DSAP, der PPS und dem *Bund*.[522] Gegen Ende der 1920er Jahre schließlich demonstrierte die PPS im ganzen Land immer häufiger gemeinsam mit dem *Bund* und dem *Poale-Syjon*, teilweise, etwa in Łódź, auch mit den deutschen Sozialisten.[523]

Symptomatisch war die Festtagspraxis in Warschau: Während die jüdischen Sozialisten früher vom jüdischen Viertel aus in die zentralen innerstädtischen Straßen zogen, kam nun umgekehrt auch die PPS zur Vereinigung der Festzüge in das jüdische Viertel. Milizeinheiten der PPS führten den vergrößerten Festzug an, in dessen Mitte *Bund* und *Poale-Syjon* mit ihren Orchestern und Standarten marschierten.[524] Neben Forderungen nach einer „Arbeiter-Regierung" und Protesten gegen „Faschismus", „Diktatur" und „Militarismus" erklangen auch Forderungen nach einer Reform der territorialen Selbstverwaltung und nach einer Amnestie für politische Gefangene. *Bund* und *Poale-Syjon* verlangten staatliche und damit weltliche jiddische Schulen sowie ein Recht auf eigene Sprache und Kultur im Rahmen einer national-kulturellen Autonomie.[525] Sozialisten unterschiedlicher ethnischer Couleur kamen anschließend im geselligen Teil des 1. Mai zusammen, wenn etwa bei nachmittäglichen Arbeitersport-Darbietungen ein jüdisches und ein polnisches Team ein Fußballspiel austrugen.[526] Besonders bemerkenswert erschien den Veranstaltern des Maifeiertags, dass die Zuschauer am Straßenrand sich dem Umzug durchweg wohl gesonnen zeigten[527] – und dies trotz der virulenten nationaldemokratischen Traditionen in Warschau und der skeptischen Haltung der *Sanacja* gegenüber den jüdischen Sozialisten, die sie für antipolnisch und staatsfeindlich hielt.

Dennoch blieb das Bewusstsein präsent, dass mit der begonnenen Zusammenarbeit unterschiedlicher ethnischer Gruppen erst ein kleiner Teil des Weges beschritten war. Die Verständigungsversuche zwischen den sozialistischen Parteien waren von der gemeinsamen Opposition gegen die *Sanacja*

---

[521] Manifestacja „Bundu", in: Robotnik, 2. 5. 1929, S. 2; Wspaniały przebieg święta robotniczego w Warszawie, in: Robotnik, 2. 5. 1930, S. 1; Imponująca manifestacja jedności i solidarności klasy pracującej stolicy, in: Robotnik, 2. 5. 1931, S. 1 - 2.
[522] Blachetta-Madajczyk, Klassenkampf oder Nation, S. 152 - 168.
[523] Mieczysław Niedziałkowski: Po pierwszym maja, in: Robotnik, 5. 5. 1928, S. 1; ders.: Po pierwszym maja, in: Robotnik, 3. 5. 1929, S. 1; Pierwszy maja w Polsce. Biała-Bielsko, in: Robotnik, 3. 5. 1929, S. 2.
[524] Wspaniały przebieg święta robotniczego w Warszawie, in: Robotnik, 2. 5. 1930, S. 1.
[525] Imponująca manifestacja jedności i solidarności klasy pracującej stolicy, in: Robotnik, 2. 5. 1931, S. 1 - 2.
[526] Wspaniały przebieg święta robotniczego w Warszawie, in: Robotnik, 2. 5. 1930, S. 1.
[527] Imponująca manifestacja jedności i solidarności klasy pracującej stolicy, in: Robotnik, 2. 5. 1931, S. 1 - 2; Jan Maurycy Borski: 1 maja w Warszawie, in: Robotnik, 3. 5. 1931, S. 1.

geprägt und zeigten ansonsten wenig inhaltliche Berührungspunkte auf.[528] Zum 1. Mai demonstrierten PPS, *Bund* und deutsche Sozialisten häufig in getrennten Zugabschnitten. Die darin zum Ausdruck kommende Distanz konnte verschiedene Ursachen haben. Die pragmatische Unterscheidung zwischen den verwendeten Sprachen spielte zweifellos eine Rolle,[529] vor allem aber reagierten sowohl der *Bund* als auch die PPS auf die autoritären Anfechtungen mit einem engeren Zusammenschluss der eigenen Anhängerschaft[530] und definierten sich als eine eigene „Familie".[531] Einer der führenden Politiker des *Bund*, Henryk Erlich, der seine nicht im Sejm vertretene Partei immerhin seit 1919 im landesweit meistbeachteten Kommunalparlament, dem Stadtrat von Warschau, vertrat, maß dem Faktor Ethnizität ausschlaggebende Ursache zu, wenn es um die fehlende Einigkeit der Arbeiter ging – „es trennen sie immer noch, leider, die künstliche Unterschiede von Nationalität und der Rasse".[532]

Dennoch prägte die Feier des 1. Mai in entscheidender Weise die Herausbildung eines neuen Selbstverständnisses der politischen Linken. Sozialistische Vordenker, Berichterstatter und Organisatoren des 1. Mai waren unermüdlich darin, die defensive Lage der politischen Linken in der zweiten Hälfte der 1920er Jahre in positiv besetzte Begriffe wie Kampfbereitschaft, Zivilcourage und Selbstbehauptung umzucodieren, um Zweifel in der eigenen Anhängerschaft und die Furcht vor einer weiteren Spaltung der Arbeiterbewegung zu zerstreuen. In dieser Semantik der Zuversicht durfte der Ausblick auf eine bessere Zukunft nicht fehlen. Jugendliche Frische und Lebendigkeit sollten die Merkmale des 1. Mai sein, der das Versprechen einer neuen gesellschaftlichen Ordnung wach hielt und sich dann „zu einem Tag der Erholung, des Vergnügens und der sorgenlosen Freude" wandeln konnte.[533]

Eng damit verbunden war die Erwartung, dass die *Sanacja*-Herrschaft einem baldigen Niedergang entgegensah.[534] Mit großer Genugtuung registrier-

---

528 Mit Blick auf die Verständigungskonferenzen: Blachetta-Madajczyk, Klassenkampf oder Nation, S. 165, 176; Pickhan, „Gegen den Strom", S. 330 - 337.
529 Daniel Mahla: „Mit di massn in di gassn". Der sozialistische Maifeiertag und seine Bedeutung für den Allgemeinen Jüdischen Arbeiterbund in Polen, Magisterarbeit, HU Berlin 2005, S. 50.
530 Echa pierwszego maja w stolicy, in: Robotnik, 5. 5. 1928, S. 2.
531 Imponująca manifestacja jedności i solidarności klasy pracującej stolicy, in: Robotnik, 2. 5. 1931, S. 1 - 2; Pickhan, „Gegen den Strom", S. 138.
532 Uroczysta akademja, in: Robotnik, 2. 5. 1929, S. 1 - 2.
533 Herman Diamand: Pierwszy Maja jest świętem żywem i świętem żywych, in: Robotnik, 1. 5. 1928, S. 2; Imponująca manifestacja jedności i solidarności klasy pracującej stolicy, in: Robotnik, 2. 5. 1931, S. 1 - 2.
534 Jan Maurycy Borski: O decyzję, in: Robotnik, 3. 5. 1930, S. 1.

ten daher die oppositionellen Sozialisten, dass die regierungstreue PPS-F.R. nur ein begrenztes Wirkungspotenzial zu entfalten vermochte: Nicht nur für den *Centrolew* waren die Sejm-Wahlen 1930 ein schwieriges Terrain gewesen, sondern auch für sozialistische Konkurrenz, die bei der Mandatsverteilung gar völlig leer ausging. Am 1. Mai zogen die Kundgebungen und Festumzüge der PPS-F.R. weitaus geringere Teilnehmerzahlen an als die der oppositionellen Sozialisten. Ohnehin konnte die PPS-F.R. lediglich in ihrer bisherigen Hochburg Warschau eine merkliche Beteiligung organisieren, während in den übrigen Landesteilen kaum mehr als kleinere, verstreute Demonstrationsgruppen zustande kamen.[535] Die behördlichen Begünstigungen für die PPS-F. R. gerieten angesichts ihrer offenkundigen, aber aussichtslosen Bemühtheit zunehmend zur Zielscheibe des Gespötts und fügten dem autoritären Hegemonialanspruch der *Sanacja* empfindliche Kratzer zu. So konnte der *Robotnik* ungehindert berichten, dass die Teilnehmer an den PPS-F.R.-Veranstaltungen im Vorfeld hierzu verpflichtet worden seien,[536] dass es sich bei der Parteiabspaltung um einen reinen Funktionärsverband ohne Massenbasis handele und dass die Konkurrenzveranstaltungen am 1. Mai nur so lange Bestand haben würden, wie die *Sanacja* und der von ihr dominierte Magistrat der Stadt Warschau amtierten.[537]

Die noch 1928/29 befürchtete Spaltung der sozialistischen Arbeiterbewegung schien gebannt, zumal in den Folgejahren auch kommunistische Aktionen zum 1. Mai bis auf wenige Einzelfälle eingedämmt werden konnten.[538] Schrittweise gelang den oppositionellen Sozialisten die symbolträchtige Rückeroberung des öffentlichen Raums: Zwar verblieb die zentrale Kundgebung noch auf dem pl. Grzybowski, der Umzug 1931 ging aber wieder auf den früheren Wegen über ul. Marszałkowska, Nowy Świat, Krakowskie Przedmieście und pl. Teatralny bis zur ul. Przejazd vonstatten.[539]

Der Weg zu realer politischer Macht, der über Wahlen zum Sejm führte, blieb der Opposition in der *Sanacja*-Ära verwehrt. Um nicht allein auf die

---

[535] Diese Indizien vermerkten sowohl die oppositionelle sozialistische als auch die nationaldemokratische Presse: 1 maj B.B.S-u, in: Robotnik, 2. 5. 1931, S. 2; Po 1 maja, in: Robotnik, 6. 5. 1930, S. 1; 1 maja na Pomorzu i Poznańskiem, in: Robotnik, 10. 5. 1930, S. 2. Czerwone Święto w Warszawie, in: Gazeta Warszawska, 2. 5. 1929, S. 1 – 2.
[536] 1 maj B.B.S-u, in: Robotnik, 2. 5. 1931, S. 2.
[537] Po 1 maja, in: Robotnik, 6. 5. 1930, S. 1; offene Kritik auch bei den Nationaldemokraten: Wyblakłe sztandary, in: Gazeta Warszawska, 2. 5. 1931, S. 3.
[538] Wspaniały przebieg święta robotniczego w Warszawie, in: Robotnik, 2. 5. 1930, S. 1; Imponująca manifestacja jedności i solidarności klasy pracującej stolicy, in: Robotnik, 2. 5. 1931, S. 1 - 2.
[539] Imponująca manifestacja jedności i solidarności klasy pracującej stolicy, in: Robotnik, 2. 5. 1931, S. 1 - 2.

symbolische Politik des 1. Mai angewiesen zu sein, suchte die politische Linke nach einer Alternative und fand sie in der kommunalen Mitbestimmung. Diese Option mochte zunächst überraschen, denn in der Debatte um die Reform der Selbstverwaltung hatten PPS und Bauernparteien ihr Eintreten für eine von Staatsverwaltung und Polizei unabhängige Selbstverwaltung nach demokratischen Grundsätzen kundgetan und deutliche Kritik an der kommunalpolitischen Praxis der *Sanacja*-Zeit geübt. Insbesondere die PPS erhob wiederholt Forderungen nach einer Annullierung undemokratisch abgehaltener kommunaler Wahlen oder nach Boykott-Maßnahmen, wenn Innenminister und Wojewoden für einzelne Städte kommissarische Regierungen einsetzten.[540] Ausgesprochen skeptisch beurteilten die Sozialisten zudem den Einfluss von „Kapitalisten, Fabrikanten, Händlern und Großgrundbesitzern" auf die Selbstverwaltung, der von der *Sanacja* in den vergangenen Jahren noch bestärkt worden sei.[541]

Anlass für einen grundsätzlichen Rückzug aus der Kommunalpolitik sah die politische Linke aber nicht. Die Stadt- und Gemeinderäte boten oppositionellen Parteien zunächst ein Forum für Regimekritik, das sich, anders als die politischen Feste, stetig über das ganze Jahr hinweg nutzen ließ und das durch seine Verankerung in der lokalen Lebenswelt auch bei eher unpolitisch eingestellten Bevölkerungsgruppen auf Aufmerksamkeit stieß. Dabei konnten Regimekritik und konkreter Widerstand mit Hilfe von Befugnissen geprobt werden, die der Selbstverwaltung auch unter der *Sanacja*-Herrschaft noch geblieben waren, so mit der Ablehnung von Gemeindehaushalten oder mit Misstrauensvoten gegen Gemeindevorsteher und Gemeinderäte, die dem BBWR nahe standen.[542] Tatsächlich gab es auch positive Ziele, die der Opposition ein kommunalpolitisches Engagement lohnend erscheinen ließen. Dazu gehörten bei den Sozialisten vor allem die soziale Ausgestaltung der kommunalen Wirtschaft, etwa beim Wohnungsbau, und die Bereitstellung von Bildungsangeboten für die ärmeren Schichten der Bevölkerung, etwa mit der Durchsetzung des kostenlosen Schulbesuchs für alle Kinder in kommunalen Schulen oder mit der Gründung von Lesesälen.[543] Das kommunalpolitische Wirken bot der Opposition schließlich die Gelegenheit, mit ihrer örtlichen Anhängerschaft in engem Kontakt zu bleiben,[544] ja sogar

---

[540] Uchwały konferencji działaczy samorządowych Polskiej Partji Socjalistycznej, in: Samorząd Terytorjalny, 1, 1929, S. 406; APW, UW Warszawski, 26, Bl. 275.
[541] AAN, PPS, 114/IV-10, Bl. 10; Uchwały konferencji działaczy samorządowych Polskiej Partji Socjalistycznej, in: Samorząd Terytorjalny, 1, 1929, S. 406.
[542] APW, UW Warszawski, 53, Bl. 351.
[543] AAN, PPS, 114/IV-10, Bl. 12.
[544] Konferencja samorządowa Polskiej Partji Socjalistycznej, in: Samorząd Terytorjalny, 1, 1929, S. 109.

die eigene politische Anziehungskraft zu erneuern und zu erweitern. Dies alles nährte die Hoffnung, dass Polen an der Wende von den 1920er zu den 1930er Jahren entgegen den Bemühungen der autoritären und zentralistischen *Sanacja*-Regierung noch keineswegs lückenlos durchherrscht war und dass sich in der Provinz noch unausgeschöpfte politische Entfaltungsmöglichkeiten boten.

Trotz ihrer Kritik an der zeitgenössischen Ausprägung der Selbstverwaltung zeigte sich die PPS daher in vielen Kommunalwahlkämpfen sehr aktiv und rechnete sich mancherorts sogar eine Chance aus, die Mehrheit in den Stadt- und Gemeinderäten zu übernehmen.[545] Für den Stellenwert der Selbstverwaltung kündete, dass auf den Wahlversammlungen der PPS regelmäßig prominente Politiker vertreten waren, beispielsweise im Kommunalwahlkampf der masowischen Kreisstadt Pułtusk im Sommer 1928 die Sejm-Abgeordneten Tomasz Arciszewski und Medard Downarowicz. Auch waren die Kommunalwahlkämpfe nicht minder als die Sejm-Wahlkämpfe von Störversuchen und handfesten Auseinandersetzungen mit dem politischen Gegner gekennzeichnet.[546]

Die Anhänger des „volkspolnischen" Nationsentwurfs vermochten die mit autoritären Methoden gesicherte Stellung der *Sanacja* vorerst nicht zu gefährden, doch angesichts von Repressalien, Parteispaltung und staatsnationalem Integrationsangebot gestaltete sich die Selbstbehauptung respektabel. Gegen Ende der 1920er Jahre, als die Bevölkerung Polens einen fortschreitenden Entzug demokratischer Partizipationsmöglichkeiten zu gewärtigen hatte und die Ergebnisse bei den Sejm-Wahlen kaum noch die tatsächliche Stimmungslage wiedergaben, gewannen für die linke Opposition politische Feste und zum Teil auch kommunalpolitisches Engagement an Bedeutung: als Kräfteschau, als Surrogat für das andernorts verwehrte politische Bekenntnis sowie als Ankerpunkt für gesellschaftlichen und politischen Pluralismus. Neue Selbstbilder und neue Handlungsoptionen, wie etwa ein konstruktives Verhältnis zur Multiethnizität Polens, sollten den Boden für ein künftiges Wiedererstarken bereiten.

Weiterhin ungelöst war jedoch die Frage nach dem gesellschaftlichen Potenzial für den „volkspolnischen" Nationsentwurf. Hier setzte die unter den autoritären Auspizien erfolgte Rückbesinnung auf die Kernanhängerschaft eher einen gegenteiligen Prozess in Gang. Die gemeinsame Gegnerschaft zur *Sanacja* war für Bauernparteien und Sozialisten zu Beginn der 1930er Jahre noch weit weniger prägend als der Einfluss unterschiedlicher Lebenswelten in Stadt und Land. Die Hoffnungen der politischen Linken

---

[545] APW, UW Warszawski, 22, Bl. 296; APW, UW Warszawski, 26, Bl. 32, 250.
[546] APW, UW Warszawski, 26, Bl. 57; APW, UW Warszawski, 43, Bl. 503.

mussten sich daher auf einen gesellschaftlichen Wandel richten, wie er sich im Zuge der Weltwirtschaftskrise und eines in verschiedenen Bereichen des öffentlichen Lebens augenfälligen Generationswechsels seit Mitte der 1930er Jahre abzuzeichnen begann.

3.3 Rückkehr der „organischen Arbeit": Gesellschaft als Privatveranstaltung

Die von der *Sanacja* forcierte positive Besetzung von Begriffen wie „Staat", „Staatsbewusstsein" oder „staatliche Erziehung" zeugte mehr von einem noch vorhandenen Nachholbedarf als von einer als selbstverständlich empfundenen Normalität. Seit der Teilungszeit hatte sich ein eingängiges Denkmuster etabliert, wonach „Staat" und „Gesellschaft" im Gegensatz zueinander standen. Dies war, wie Anhänger des staatsnationalen Nationsentwurfs immer wieder beklagten, in der Zweiten Republik keineswegs überholt.

Schon in den frühen 1920er Jahren hatten sich Vertreter ansonsten höchst unterschiedlicher politischer Positionen, angefangen vom Nationaldemokraten Stanisław Grabski bis hin zum Sozialisten Tadeusz Hołówko, in Übereinstimmung befunden, wenn sie bevorzugt gesellschaftliche Kräfte anstelle staatlicher Macht wirken sehen wollten.[547] Unter den Bedingungen eines autoritären, sich explizit auf das Leitbild „Staat" berufenden Regimes erfuhren diese gesellschaftsorientierten Ansätze nun eine neue Aktualität: Sie konnten von der Opposition sowohl sinnstiftend als auch handlungsleitend in Anspruch genommen werden.

Auf der politischen Rechten spielte die Erfahrung der „organischen Arbeit" eine herausragende Rolle. Vor allem die ältere Generation von Nationaldemokraten und Gutsbesitzeradel erinnerte daran. Galt privates Engagement zu Beginn der Zweiten Republik noch als vertrauensvolle gesellschaftliche Unterstützung für die neuen polnischen Regierungen,[548] so wurde es nach 1926 wieder verstärkt zu einem Regulativ gegen die herrschende staatliche Gewalt stilisiert.

Ein Musterbeispiel bot das Schulwesen. Dessen Neuaufbau nach 1918 hatte der politischen Rechten einige Enttäuschungen gebracht. Viele ihrer bildungspolitischen Ideen, allen voran die Konfessionsschule, wurden nicht in die Praxis umgesetzt, stattdessen gewannen die linksliberale Lehrergewerkschaft ZNP und ihr nahe stehende Pädagogen führenden Einfluss.

---

[547] Hierzu auch Wapiński, Świadomość polityczna, S. 291.
[548] Grabski, Z codziennych walk, S. 39.

Deutlich von Frustration zeugte, wenn Vertreter der politischen Rechten in den Lehrbüchern des Reformpädagogen Henryk Rowid oder im Wirken des marxistischen Philosophen Władysław Spasowski, des langjährigen Direktors der staatlichen Lehrerfortbildungskurse (*Państwowe Kursy Nauczycielskie*), „internationale, dem polnischen Geist, Temperament und Charakter fremde Doktrinen" am Werk sahen und eine negative Haltung gegenüber Religion und Kirche monierten.[549]

Zu Beginn der Zweiten Republik konnten sich die schulischen Neuerungen vielerorts noch nicht sogleich gegen die kulturelle Beharrungskraft der traditionellen Ordnung durchsetzen. Doch die seit den späten 1920er Jahren vorbereitete Reform der Schule unter staatsnationalen Vorzeichen drohte den vor allem im ländlichen und kleinstädtischen Raum starken Einfluss von Kirche, Gutsbesitzeradel und örtlichen Honoratioren nachhaltig einzugrenzen.

Bei der Suche nach Alternativen zum staatlichen Schulwesen spielte der Appell an das Engagement der Gesellschaft eine wichtige Rolle. Mit Reminiszenz an die „organische Arbeit" galt die Aufforderung den gebildeten Schichten Polens, „durch eigene Anstrengung, Uneigennützigkeit und opfervolle Bildungsarbeit" Verantwortung für die zukünftigen Generationen zu tragen: „In einer freien polnischen Gesellschaft muss jeder gebildete Pole und jede gebildete Polin Erzieher und Bildungsträger sein."[550] Tatsächlich gab es schon eine Reihe von institutionellen Ausweichmöglichkeiten. Experimentelle „neue Schulen", Schulen in der Trägerschaft der kommunalen Selbstverwaltung und Privatschulen sorgten sogar für einen ausgeprägten Pluralismus im Bildungswesen, der auch nach 1926 anhielt.

Die „neue Schule" war ein Sammelbegriff für recht unterschiedliche pädagogische Strömungen, deren Gemeinsamkeiten in einer Wendung gegen hergebrachte Unterrichtsmethoden und -inhalte sowie im Fokus auf das Kind bestanden. Es waren vor allem linke und liberale Pädagogen, die das gesellschaftliche Klima der Zweiten Republik als günstig für Innovationen wähnten und dabei auch über die Leitvorgaben des neuen staatlichen Schulwesens hinausgehen wollten. Prominente Beispiele waren die miteinander verbundene Vor-, Grund- und Mittelschule der Arbeitergesellschaft der Freunde des Kindes (*Robotnicze Towarzystwo Przyjaciół Dzieci*, RTPD) in der genossenschaftlichen Mustersiedlung Warschau-Żoliborz oder die am Konzept eines ganzheitlichen und selbstbestimmten Lernens orientierte

---

[549] AAN, MWRiOP, 184, Bl. 4.
[550] Stemler, Trzeci maj, S. 14 - 16. Auch schon: Alfons Trepkowski: Z Polskiej Macierzy Szkolnej, in: Wiadomości Archidyecezjalne Warszawskie, 11, 1921, S. 118 - 121.

Schule im wolhynischen Dorf Turkowicze.[551] Die größte Bekanntheit auch außerhalb Polens erlangten die Ideen und Einrichtungen von Janusz Korczak. Der Arzt, Kinderbuchautor und Pädagoge, 1878 als Sohn einer assimilierten jüdischen Anwaltsfamilie geboren, leitete schon seit Vorkriegszeiten Waisenhäuser für jüdische und polnische Kinder. Ausgehend von diesen Erfahrungen entwickelte er sein wegweisendes pädagogisches Konzept, in dem er grundsätzlich die Würde eines jeden Kindes und die Fähigkeit von Kindern zur selbständigen Wahrnehmung ihrer Rechte betonte.

Den Erziehungsvorstellungen von Nationaldemokraten, Konservativen und katholischer Kirche kamen die Schulen in der Trägerschaft kommunaler Selbstverwaltungen ebenso wenig gelegen. Zwar war bei den städtischen Mittelschulen mit Ausnahme des oberschlesischen Katowice, wo zwei Einrichtungen für deutschsprachige Schülerinnen und Schüler existierten, die Unterrichtssprache überall polnisch, doch das Konzept der Koedukation, die besondere Aufmerksamkeit für Kinder aus ärmeren Gesellschaftsschichten sowie die enge Verbindung mit den in der Zweiten Republik neu etablierten Berufsschulen[552] verwiesen eher auf ein „volkspolnisches" Modell sozialer Demokratisierung.

Das Privatschulwesen im engeren Sinne präsentierte sich heterogen. Es gab sowohl private Grund- als auch Mittelschulen.[553] In der gesamten Zeit zwischen den beiden Weltkriegen waren private gegenüber staatlichen Mittelschulen in der Mehrzahl: Noch im Schuljahr 1937/38 betrug das Verhältnis 427 zu 308.[554] Die privaten Grundschulen in Polen erreichten zwar nur etwa 3 % eines Schülerjahrgangs, konnten diese Quote allerdings über Jahre stabil halten und hielten so mit der Entwicklung des staatlichen Schulwesens Schritt. Die Privatschulen waren ein überwiegend städtisches Phänomen. Auf dem Land gingen lediglich 1 % der Schüler auf private Grundschulen, in den Städten durchschnittlich 9 %, in Warschau sogar 15 %. Die strukturelle Bandbreite reichte von Schulen für ethnische und konfessionelle Minderheiten bis hin zu Schulen für die Kinder gehobener Schichten, die mit guter materieller und personeller Ausstattung gleichsam den weiteren Bil-

---

551 Leonard Grochowski: Ruch nowego wychowania, in: Miąso, Historia wychowania, S. 175 - 179; zu den theoretischen Implikationen: Franciszek Bereźnicki: Hasła „nowej szkoły" w dydaktyce Drugiej Rzeczypospolitej, Toruń 1999.
552 Karol Czernicki: Samorządowe szkoły średnie ogólnokształcące, in: Samorząd Miejski, 17, 1937, S. 489 - 499.
553 Einen Überblick bietet Stanisław Majewski: Szkolnictwo prywatne w systemie edukacyjnym II Rzeczypospolitej, in: Walewander, Katolicka a liberalna myśl wychowawcza, S. 320 - 324.
554 Wanda Garbowska: Ustawa o szkolnictwie prywatnym z 11 marca 1932 roku, in: Miąso, Historia wychowania, S. 70.

dungserfolg garantierten: Für die Schüler von solchen privaten Grundschulen war der Weg in die Mittel- und Hochschulen deutlich leichter.[555]

Der Blick der politischen Rechten richtete sich bevorzugt auf jene privaten Schulen, die ihre Wurzeln auf das konspirative Bildungswesen der Teilungszeit zurückführten und sich rühmten, noch „alte polnische Traditionen zu pflegen und sich nicht neuen Strömungen hinzugeben".[556] Zentral war die Stilisierung des Lehrerberufs als aufopferungsvolle Tätigkeit für die polnische Nation. Viele Privatschullehrer wussten sich mit ihren Schuldirektoren darin einig, dass sie während der Teilungszeit ihre berufliche Existenz fest mit dem Glauben an ein unabhängiges polnisches Bildungswesen verbunden hatten.[557] Ihr Leitbild war nun die „nationale Erziehung" (*wychowanie narodowe*).

Zu Beginn der Zweiten Republik war dieser Begriff noch von verschiedenen Seiten zu vernehmen gewesen, häufig als Synonym für ein neues, auf die Bedürfnisse des unabhängigen Polen ausgerichtetes Bildungsideal. Die „nationale Erziehung" aus einem Konglomerat mehrerer idealler Strömungen in ein klar erkennbares pädagogisches Paradigma zu verwandeln, war zunächst keine leichte Aufgabe. Die von der politischen Rechten für den Staatsbürgerkunde-Unterricht propagierten Leitmotive einer „mächtigeren Republik" und einer Stärkung der Verteidigungsfähigkeit[558] fanden weit deutlicher im *Sanacja*-Programm der „staatlichen Erziehung" Niederschlag. Auch die Wahl der ehrwürdigen Kommission für Nationale Erziehung zum historischen Referenzpunkt der „nationalen Erziehung" brachte Überschneidungen mit anderen Bildungsidealen. Katholische und nationaldemokratische Pädagogen hoben allerdings aus dem umfangreichen Werk der Bildungsreformer des 18. Jahrhunderts vor allem jene Aspekte hervor, die auf die Bedeutung der Kirche bei der Modernisierung des polnischen Schulwesens verwiesen.[559] Die „nationale Erziehung" konnte somit inhaltliche Prägnanz durch eine Anlehnung an das katholische Bildungsideal gewinnen.

Ausgangspunkt des katholischen Bildungsideals war, dass die Erziehung zu Staatsbürgern ethische Grundlagen benötige. Demnach genügte es nicht, nur die Geschichte und Verfassung eines Staates zu lehren, vielmehr galt die katholische Religionslehre als beste Garantie für eine wahrhaft staatsbürger-

---

[555] A. Charszewski: Rola społeczna prywatnej szkoły powszechnej, in: Głos Nauczycielski, 23 (33), 1938/39, S. 179-181.
[556] AAN, MWRiOP, 184, Bl. 1-19.
[557] AAN, TNSŚW, 163, Bl. 1-8.
[558] Stemler, Trzeci maj, S. 16, 22.
[559] Śliwińska-Zarzecka, Trzeci Maj, S. 5; Sabina Grzegorzewicz: O wychowaniu Narodowem, in: Ziemianka Polska, 1929, H. 20, S. 13-17.

liche Erziehung: Zuerst sei „ein tugendhafter Mensch zu erziehen, dann ein Staatsbürger, und nicht umgekehrt".[560]

Die „nationale Erziehung" sollte nicht nur die Formulierung von Unterrichtszielen, sondern auch die schulische Organisation und Praxis in den Blick nehmen. Insbesondere kirchliche Wortführer waren es, die nicht nur die vermeintlich übermäßige Privilegierung des Sportunterrichts monierten,[561] sondern vor allem das Prinzip der Koedukation, das mit Beginn des Schuljahrs 1935/36 nun durchgängig in allen ersten Klassen der staatlichen Grundschulen eingeführt wurde.[562] Die schon früher vorhandene Neigung Eltern aus gehobenen gesellschaftlichen Schichten, ihre Töchter auf Ordensschulen oder private Institutionen zu schicken, die nicht den offiziellen Bildungsvorgaben unterlagen, nahm dadurch zu.[563] Vielfach war damit eine Weiterführung traditioneller Geschlechterrollen verbunden. Dies zeigt das Beispiel des Warschauer Mädchengymnasiums von Zofja Kurmanowa. Während des polnisch-sowjetischen Krieges ermunterte Kurmanowa ihre Schülerinnen zu wohltätiger Arbeit für das Vaterland. So nähten die Schülerinnen für die Soldaten Wäsche, machten Krankenbesuche in Spitälern, stellten Verpflegungspakete für die Frontsoldaten zusammen, nahmen sich der Familien der Soldaten an und unterhielten unter der Aufsicht von Direktorin und Lehrerinnen Suppenküchen. Viele Schülerinnen traten in nationaldemokratisch orientierte Organisationen wie den Nationalen Dienst der Frauen (*Służba Narodowa Kobiet*) oder in die Bürgerwehr (*Straż Obywatelska*) ein.[564]

Das Engagement für die Nation, auf das viele Privatschulen mit Stolz verwiesen, war sicherlich Ausdruck innerer Überzeugung. Gleichzeitig stellte dies aber auch ein wichtiges Argument in der bildungspolitischen Diskussion dar, denn die tragende Rolle des Staates beim Aufbau des Schulwesens nach 1918, die sich unter der *Sanacja*-Herrschaft noch verstärkte, brachte

---

560 Józef Hetnał: Państwo a wychowanie, in: Ruch Katolicki, 6, 1936, S. 513 - 516; Stemler, Trzeci maj, S. 13; AAN, TNSŚW, 163, Bl. 1 - 8; Sabina Grzegorzewicz: O wychowaniu Narodowem, in: Ziemianka Polska, 1929, H. 20, S. 13 - 17; Zofja Władysławowa Zamoyska: Konieczność wytworzenia światłej elity kobiecej, przejętej duchem katolickim i narodowym, in: Helena Sołtanówna (Hrsg.): Początki katolickiego ruchu kobiecego w Polsce, Poznań 1930, S. 45 - 46.
561 Józef Hetnał: Państwo a wychowanie, in: Ruch Katolicki, 6, 1936, S. 513 - 516; Grochowski, Wychowanie religijne, S. 273.
562 Dni społeczne w stolicy, in: Wiadomości Archidiecezjalne Warszawskie, 27, 1937, S. 183 - 185; Józef Hetnał: Państwo a wychowanie, in: Ruch Katolicki, 6, 1936, S. 513 – 516; Walery Jasiński: O katolicką szkołę w Polsce [Ideały i życie, Bd. 6], Poznań 1938, S. 149.
563 Matka Ziemianka: Panienki ze Dworu, in: Ziemianka Polska, 1931, H. 8, S. 9 - 12. Zur bedeutenden Rolle privater Schulen für die Mädchenbildung: Majewski, Szkolnictwo prywatne, S. 324.
564 APW, KOS Warszawa 1918 - 39, 81, Bl. 20 - 25.

viele private Schulträger unter Rechtfertigungsdruck.[565] Ihre krisenhafte Lage wurde noch dadurch verstärkt, dass ein Großteil ihres pädagogischen Personals in die neu entstandene staatliche Verwaltung oder in die staatlichen Schulen abgewandert war, wo es in der Regel bessere Verdienst- und Aufstiegsmöglichkeiten gab. Schließlich entzog die Weltwirtschaftskrise der finanziellen Basis vieler Privatschulen den Boden. Das Gesetz über das Privatschulwesen vom 11. März 1932 stellte die Privatschulen unter direkte staatliche Kontrolle und erhöhte die Anforderungen an die finanzielle und räumliche Ausstattung sowie an das pädagogische Niveau. Für viele Privatschulen geriet diese Reform, die ab dem Schuljahr 1933/34 verbindlich wurde, zur existenziellen Bedrängnis.[566] Die Zahl der Gymnasien privater Bildungsträger fiel, auch bedingt durch die Weltwirtschaftskrise, im Schuljahr 1934/35 auf einen vorläufigen Tiefstand von 419 Einrichtungen.[567]

Viele Privatschulen und private Bildungsorganisationen reagierten, indem sie die eigene Beharrungskraft sowohl in einer heroisch gezeichneten Vergangenheit als auch in einer schwierigen Gegenwart herausstrichen. Zukunftsweisender war freilich die Erschließung neuer pädagogischer Betätigungsfelder. Der im europäischen Vergleich große Bildungsrückstand Polens ließ hier vielerorts fündig werden. Für die *Polska Macierz Szkolna* etwa gehörte der Kampf gegen den Analphabetismus forthin ebenso zu den zentralen Aufgaben wie die Förderung des Vorschulbereichs und der außerschulischen Bildung.[568] Eine besondere Profilierungschance bot die Kulturarbeit in den Grenzgebieten Polens sowie in den außerhalb der Staatsgrenzen liegenden ethnisch-polnischen Siedlungsgebieten: Dort galt es, „auch in Zukunft die polnischen Emigranten vor der Entnationalisierung zu bewahren".

Entscheidende Motivation für die Neuausrichtung der PMS war, die Bildungspolitik nicht allein der *Sanacja* oder linksliberalen pädagogischen Orga-

---

[565] Alfons Trepkowski: Z Polskiej Macierzy Szkolnej, in: Wiadomości Archidyecezyalne Warszawskie, 11, 1921, S. 121. Die Kritik am Etatismus im Bildungswesen ging in katholischen und konservativen Kreisen auch in den darauffolgenden Jahren weiter, so Zofja Władysławowa Zamoyska: Konieczność wytworzenia światłej elity kobiecej, przejętej duchem katolickim i narodowym, in: Sołtanówna, Początki katolickiego ruchu kobiecego, S. 44 - 45.

[566] AAN, TNSŚW, 163, Bl. 1 - 8; AAN, MWRiOP, 184, Bl. 1 - 19; Upośledzenie materjalne nauczycielstwa gimnazjów, in: Głos Nauczycielski, 20 (30), 1935, S. 32 - 34.

[567] Upośledzenie materjalne nauczycielstwa gimnazjów, in: Głos Nauczycielski, 20 (30), 1935, S. 32 - 34; Karol Czernicki: Samorządowe szkoły średnie ogólnokształcące, in: Samorząd Miejski, 17, 1937, S. 489 - 499.

[568] Jarosław Góralski: Polska Macierz Szkolna jako instytucja wychowania obywatelskiego, in: Witold Wojdyło (Hrsg.): Wychowanie a polityka. Między wychowaniem narodowym a państwowym, Toruń 1999, S. 85 - 89.

nisationen zu überlassen.⁵⁶⁹ Mit dieser Zielsetzung war offensichtlich, dass der Rückzug auf die Privatheit und auf die Prinzipien der „organischen Arbeit" nach 1926 nur ein zeitweiliges Unterfangen darstellte.

Dies galt nicht nur für die konservative und katholische Bildungsarbeit, sondern für die politische Rechte insgesamt. Vor allem die Nationaldemokraten hatte vor 1926 als Mehrheitspartei im Sejm und zeitweilige Regierungspartei ein durchaus optimistisches Verhältnis zu Staat und Staatlichkeit ausgezeichnet. Selbst die „organische Arbeit" verdankte ihre Wirkmächtigkeit und Wertschätzung letztlich dem Umstand, dass sie immer auch Surrogat war für die fehlende staatliche Souveränität Polens. Der staatstragende Habitus der politischen Rechten ließ sich nach 1926 nicht ohne weiteres abstreifen. Der Lobpreis für die „organische Arbeit" war daher zumindest teilweise mit einer zwiespältigen Befindlichkeit auf der politischen Rechten verbunden, bedeutete er doch zugleich ein Zugeständnis an die Bedingungen autoritärer Herrschaft.

Wenig auftrumpfend zeigte sich daher die Festtagsgestaltung der politischen Rechten, die sich auf die Prinzipien der „organischen Arbeit" berief. Dies galt insbesondere für den 3. Mai, denn die Verfassung von 1791 ließ sich mit deutlichem Anklang an das Ideal der „organischen Arbeit" durchaus als „Ergebnis langer, mühevoller Arbeit" interpretieren.⁵⁷⁰ Zum 3. Mai 1930 etwa organisierten christliche Arbeiter- und Angestelltenverbände neben dem offiziellen Festtagsprogramm ihre eigenen Gottesdienste und einen Festumzug, der mit Standarten, Transparenten und Orchestern durch die zentralen Straßen der Innenstadt führen sollte.⁵⁷¹ Mit diesem Auftritt war die Fähigkeit zu gesellschaftlicher Initiativkraft unter Beweis gestellt, aber kein Ernst zunehmender Konflikt mit der Staatsmacht riskiert. Die von Nationaldemokraten und katholischer Kirche unterstützte Sammlung der Nationalen Gabe, die privaten Bildungsträgern wie der *Polska Macierz Szkolna* zugute kam, genoss sogar die offizielle Approbation des Religions- und Bildungsministeriums.⁵⁷²

Bei den Wahlkämpfen zum Sejm 1928 und 1930 stand nicht Resistenz gegen staatsnationale Symbolhegemonie, sondern gegen konkrete staatliche Repressalien zu Gebote. Umso mehr war auch hier „organische Arbeit" gefragt: Charakteristisch für den Wahlkampf von Nationaldemokraten und Kirchenvertretern waren die Hausbesuche.⁵⁷³ Diese bereits in früheren

---

⁵⁶⁹ Alfons Trepkowski: Z Polskiej Macierzy Szkolnej, in: Wiadomości Archidyecezyalne Warszawskie, 11, 1921, S. 118 - 121.
⁵⁷⁰ Śliwińska-Zarzecka, Trzeci Maj, S. 4.
⁵⁷¹ Program obchodu 3-go Maja, in: Gazeta Warszawska, 2. 5. 1930, S. 8.
⁵⁷² AAN, MWRiOP, 161, Bl. 136.
⁵⁷³ APW, UW Warszawski, 46, Bl. 340 - 341.

Wahlkämpfen praktizierte Maßnahme entwickelte sich nun vielerorts zu einer unmittelbaren Reaktion darauf, dass Wahlveranstaltungen der Nationaldemokraten von *Sanacja*-Anhängern oder anderen oppositionellen Gruppierungen vermehrt gestört wurden. Das SN überließ in der Folge die öffentliche Wahlkampfbühne weitgehend dem BBWR[574] und praktizierte den im „Vertraulichen" geführten Wahlkampf mit Hausbesuchen selbst in Orten, die zu seinen Hochburgen zählten.[575]

Bei aller autoritären Einschränkung bot diese Wahlkampfpraxis auch Vorteile. Während der Hausbesuche konnte durch individuelle Ansprache eine zweifellos recht eindringliche Überzeugungsarbeit geleistet werden. Angesichts der auf der politischen Rechten verbreiteten Skepsis gegenüber „Agitation" und „Parteienstreit" schien dies darüber hinaus eine „gemäßigte" und „sachbetonte" Wahlkampfform darzustellen und kam dem Selbstverständnis traditionell eingestellter Bevölkerungsschichten habituell entgegen.

Im ländlichen Raum standen die Wahlkämpfer, die Hausbesuche absolvierten, häufig in engem Verhältnis zur örtlichen katholischen Kirchengemeinde, etwa als Organisten oder Angehörige von Laienorganisationen. Nicht selten nutzten Pfarrer selbst die Gelegenheit, um beispielsweise anlässlich von Krankenbesuchen der Bevölkerung einschlägige Hirtenbriefe und Aufrufe des SN an die Hand zu geben.[576]

Für die Wahlkampfform der Hausbesuche spielte das Engagement von Frauen eine herausragende Rolle. Den stärksten Rückhalt hatte das SN aber nicht nur in kirchennahen „Betschwestern" (*dewotki*), wie die politische Linke verächtlich meinte, sondern vor allem in Mitgliedern von Frauenverbänden wie der Nationalen Organisation der Frauen (*Narodowa Organizacja Kobiet*, NOK).[577]

In den Städten waren für den Wahlkampf eigens ernannte „häusliche Ratgeber" (*opiekuni domowi*) wichtig, da sich damit die Einwohner fast jedes größeren Mietshauses erreichen ließen. Als *opiekuni domowi* firmierten entweder Hausbesitzer, Verwalter, Hausmeister oder aber Angehörige nationaldemokratischer Organisationen. Zwar versuchte sich auch der BBWR dieser

---

[574] AAN, MSW, 864, Bl. 28 - 33; APW, UW Warszawski, 22, Bl. 30 - 32, 114 - 115; Poufny Komunikat Informacyjny nr 65 (27 I 1928), in: MSW, Komunikaty Informacyjne Komisariatu, Bd. 2, H. 1, S. 69.
[575] APW, UW Warszawski, 46, Bl. 221 - 255.
[576] Ebd., Bl. 567.
[577] AAN, MSW, 864, Bl. 32; APW, UW Warszawski, 22, Bl. 30 - 32; Poufny Komunikat Informacyjny nr 51 (3 I 1928), in: MSW, Komunikaty Informacyjne Komisariatu, Bd. 2, H. 1, S. 7.

Wahlkampfform zu bedienen, doch erwiesen sich die Nationaldemokraten auf diesem Terrain als einflussreicher.[578]

Bei den Hausbesuchen wurden große Mengen an Plakaten, Flugblättern, Stimmkarten und Propaganda-Broschüren ausgeteilt. Am Wahltag gab es bei entsprechender Nachfrage Fahrbereitschaften zu den Wahllokalen.[579] Dafür war eine ausreichende Finanzlage erforderlich. Zwar sah sich das SN gerade in der Hauptstadt Warschau angesichts des Überwechselns vieler finanzkräftiger wirtschaftlicher und gesellschaftlicher Organisationen zum BBWR im Wahlkampf zunächst benachteiligt,[580] doch insgesamt gesehen konnten die Nationaldemokraten vor allem in ihren Hochburgen als gut ausgestattet gelten.[581] Für die Wahlfonds des SN waren insbesondere die Geistlichen eine große Hilfe, aber auch der Gutsbesitzeradel und Teile der gebildeten Schichten.[582] Zwar konnten die Nationaldemokraten angesichts der autoritären Umstände kaum ernsthaft auf einen Sieg bei den Sejm-Wahlen hoffen, aber doch einige Achtungserfolge erzielen, mit denen amtliche Berichterstatter im Vorfeld nicht gerechnet hatten.[583]

Erfolgreicher noch sah es auf den ersten Blick in der territorialen Selbstverwaltung aus. Tatsächlich konnten die Nationaldemokraten in Hochburgen wie dem nördlichen Masowien vielfach ihre Dominanz in den Gemeindeverwaltungen gegen die massiv forcierte Expansion des BBWR behaupten.[584] Immer deutlicher aber trat zutage, dass zwischen dem günstigen Meinungsklima in den Regionen und dem Zugang zur eigentlichen Macht im Staat eine „gläserne Decke" gezogen war. In der Debatte um die Reform der Selbstverwaltung zeigte sich deswegen aber mit umso größerer Dringlichkeit das Dilemma der politischen Rechten zwischen bürgerschaftlichem Engagement und Staatsräson.

Viele Vertreter der politischen Rechten orientierten sich an einer gesellschaftsnahen Konzeption der Selbstverwaltung. Sie teilten auch die auf der

---

[578] AAN, MSW, 864, Bl. 29, 32; Poufny Komunikat Informacyjny nr 56 (12 I 1928), in: MSW, Komunikaty Informacyjne Komisariatu, Bd. 2, H. 1, S. 31.

[579] APW, UW Warszawski, 46, Bl. 276 - 277, 498, 555 - 557; Poufny Komunikat Informacyjny nr 60 (18 I 1928), in: MSW, Komunikaty Informacyjne Komisariatu, Bd. 2, H. 1, S. 44.

[580] AAN, MSW, 864, Bl. 28, 32; Poufny Komunikat Informacyjny nr 55 (po 10 I 1928), in: MSW, Komunikaty Informacyjne Komisariatu, Bd. 2, H. 1, S. 26.

[581] APW, UW Warszawski, 46, Bl. 276 - 277, 498, 555 - 557. Allerdings stieß die teilweise rigorose Praxis beim Einzug von Wahlkampfbeiträgen bei den eigenen Mitgliedern auch auf Kritik: Poufny Komunikat Informacyjny nr 55 (po 10 I 1928), in: MSW, Komunikaty Informacyjne Komisariatu, Bd. 2, H. 1, S. 25.

[582] AAN, MSW, 864, Bl. 32.

[583] APW, UW Warszawski, 46, Bl. 555 - 557; Z życia Stronnictwa Narodowego, in: Gazeta Warszawska, 3. 5. 1929, S. 3.

[584] APW, UW Warszawski, 43, Bl. 330.

politischen Linken verbreitete Kritik, dass unter der *Sanacja* die territoriale Selbstverwaltung nur noch ein Schatten ihrer selbst war, dass Landgemeinden und Kreis-Parlamente vollständig von den Starosten abhängig waren.[585] Bei einer künftigen Neuordnung der Selbstverwaltung setzte die politische Rechte aber andere Akzente. Dies zeigte sich insbesondere bei der Einschätzung der wirtschaftlichen Lage der Städte und Gemeinden. In einem im Oktober 1928 verabschiedeten Programmpapier forderte der Parteivorstand des SN, „sich kostspieligen Versuchen, sozialistische Doktrinen in der kommunalen Wirtschaft einzuführen", entgegenzustellen, und kritisierte zugleich das bislang geltende fünffache Wahlrecht: „Kulturelle und wirtschaftliche Qualifikationen der Wähler" sollten stärker berücksichtigt werden.[586] Professionalisierung und Effizienzsteigerung der kommunalen Wirtschaft galten als erstrebenswert. Angesichts der Weltwirtschaftskrise waren viele Nationaldemokraten sogar damit einverstanden, Gemeinden, die mit ihren Finanzen nicht klar kamen, bei der Verabschiedung von Haushalten und bei der Steuerung der kommunalen Wirtschaft durch Aufsichtsräte kontrollieren zu lassen. In Abgrenzung von den staatsnationalen Selbstverwaltungskonzepten der *Sanacja* sahen sie solche Maßnahmen aber allenfalls temporär für zulässig an. Keinesfalls sollte daraus eine institutionalisierte Kontrolle abgeleitet werden.[587]

Kompromisslos war dagegen die nationaldemokratische Haltung gegenüber ethnisch nicht-polnischen Bevölkerungsgruppen in der territorialen Selbstverwaltung. Schon in den Anfangsjahren der Zweiten Republik war in nationaldemokratischen Kreisen der Gedanke populär gewesen, die Selbstverwaltung als Instrument der „Nationalitätenpolitik" zu nutzen. Dies manifestierte sich erneut in den Reformdebatten der späten 1920er Jahre. Das Plädoyer für eine „regional diversifizierte" Selbstverwaltung lief darauf hinaus, nicht nur wirtschaftliche und kulturelle Unterschiede zwischen den ehemaligen Teilungsgebieten zu berücksichtigen, sondern zugleich in ethnisch heterogenen Gebieten für die Interessen der ethnisch polnischen Bevölkerung Sorge zu tragen.[588] Praktisch umgesetzt werden sollte dies durch eine neue, ethnische Polen begünstigende Wahlordnung.

Eines der wichtigsten Anliegen der staatsnationalen Selbstverwaltungsreform, nämlich die republikweite Vereinheitlichung kommunalpolitischer

---

[585] „Dyktatura nad samorządem", in: Gazeta Warszawska, 30. 4. 1932, S. 3.
[586] Rada naczelna Stronnictwa Narodowego, in: Samorząd Terytorjalny, 1, 1929, S. 108 - 109.
[587] Ebd., S. 108 - 109; „Dyktatura nad samorządem", in: Gazeta Warszawska, 30. 4. 1932, S. 3.
[588] Rada naczelna Stronnictwa Narodowego, in: Samorząd Terytorjalny, 1, 1929, S. 108 - 109.

Rechtsgrundlagen, stieß vor diesem Hintergrund bei der politischen Rechten auf erbitterten Protest. Die Nationaldemokraten warfen der *Sanacja* vor, den Juden die Herrschaft über die städtische Selbstverwaltung in Polen zu erleichtern, da die gültige Wahlordnung die Interessen der polnischen Stadtbevölkerung nicht genügend sichere. Im Zusammenspiel mit dem BBWR hätten die Juden mittlerweile in vielen Städten das Sagen. Einen Skandal stellte es in dieser Sicht sogar dar, wenn sich Stadt- oder Gemeinderäte dafür aussprachen, jüdische Arbeiter zu kommunalen Betrieben wie Straßenbahnen, Gas- und Elektrizitätswerken zuzulassen oder jüdische Persönlichkeiten bei der Vergabe von Straßennamen zu ehren.[589]

Seit Ende der 1920er Jahre standen daher auf der politischen Rechten grundsätzlichen Befürwortern der territorialen Selbstverwaltung zunehmend Skeptiker gegenüber, nach deren Auffassung die territoriale Selbstverwaltung nicht „in Bereiche eindringen sollte, in der gesellschaftliche, wirtschaftliche und kulturelle Vereinigungen erfolgreiche Arbeit leisteten".[590] Ein solcher Rückzug auf die Sphäre privater Organisationen war an die Traditionslinie der „organischen Arbeit", vor allem aber an ethnisch-exklusive Vorstellungen geknüpft: Es war nämlich das Engagement ethnisch polnischer gesellschaftlicher Organisationen, das es gegenüber einer als ethnisch und ideologisch zunehmend für „fremd" erachteten territorialen Selbstverwaltung zu verteidigen galt.

Die Strategie, die polnische Gesellschaft als Privatveranstaltung zu inszenieren, zeigte schon bald gravierende Nachteile. Der eigene Spielraum bemaß sich überwiegend reaktiv nach den Vorgaben der autoritären Regierung. Folgerichtig waren immer wieder Klagen über die „Einmischung" staatlicher Stellen auf das gesellschaftliche Leben zu vernehmen.[591] Der Rückzug auf Privatheit, der Versuch, die längst in der Erinnerung verklärte „organische Arbeit" neu zu beleben und ein quer dazu stehender staatstragender Habitus, wo doch die Überlegenheit der *Sanacja* in der Vereinnahmung alles „Staatlichen" so offensichtlich schien – all dies traf nun seinerseits innerhalb des rechten politischen Spektrums auf Kritik. Die Orientierungssuche der rechten Opposition setzte sich in den 1930er Jahren mit einem Generationswechsel und radikaleren Wegen fort.

---

[589] „Dyktatura nad samorządem", in: Gazeta Warszawska, 30. 4. 1932, S. 3; AAN, Zbiór druków ulotnych, 103, Bl. 62 - 63.

[590] Rada naczelna Stronnictwa Narodowego, in: Samorząd Terytorjalny, 1, 1929, S. 108 - 109.

[591] Antoni Żabko-Potopowicz: Wieś polska w świetle polskich prac naukowych i publicystycznych z okresu po uwłaszczeniu włościan, in: Roczniki Socjologii Wsi, 2, 1937, S. 144.

3.4 Der Faschismus als Vorbild?

Die Suche nach „westlichen" oder „polnischen" Wegen zur Demokratie, die Selbstbehauptung „Volkspolens", aber auch die Propagierung der „organischen" Arbeit: So sehr sich diese Wege im einzelnen unterschieden, sie alle gingen von einer gemeinsamen Prämisse aus, nämlich von der Notwendigkeit, die zu Beginn der Zweiten Republik gewährten politischen Partizipationsrechte zumindest teilweise wiederherzustellen.

Die oppositionelle Orientierungssuche nach der Machtübernahme durch die *Sanacja* ließ allerdings auch noch einen anderen Schluss zu: Demnach war das Vertrauen in Wahlen und andere institutionalisierte Wege der Partizipation nachhaltig erschüttert worden, während politische Gewalt, wie sie 1926 zum Umsturz geführt hatte, als erfolgreiches Konzept zur Krisenlösung galt. Diese Sichtweise entfaltete insbesondere auf der politischen Rechten Wirkungskraft. Während ein Teil der Nationaldemokraten sich an der Debatte um ein neues Wahlrecht beteiligte und damit signalisierte, im Rahmen eines demokratisch-parlamentarischen Systems zu verbleiben, forcierte ein anderer Teil offen autoritäre, ethnisch-national unterlegte Lösungen. Dabei handelte es sich um Strömungen, die schon in den Anfangsjahren der Zweiten Republik erste Ausprägungen erfuhren. Der Sejm-Abgeordnete und Generalsekretär des ZLN, Karol Wierczak, etwa postulierte 1921: „In der Verfassung wird sehr richtig von der Rede- und Pressefreiheit gesprochen, aber ich meine, es gibt keinen Demokraten in Polen, der anders denken könnte, als dass die Rede- und Pressefreiheit dort endet, wo der Verrat am Vaterland beginnt."[592] Grundrechte waren demnach keine Werte an sich, sondern abhängig vom politischen Kontext; der Kampf gegen „Vaterlandsverräter" wie „Juden" oder „Freimauer" erschien wichtiger als die Frage nach Demokratie.

Vor diesem Hintergrund konnte ein internationales Ereignis auf besondere Resonanz stoßen: Benito Mussolinis „Marsch auf Rom" im Oktober 1922 und die nachfolgende faschistische Regierungsübernahme. Wie in vielen anderen Ländern Europas nach dem Ersten Weltkrieg beobachteten auch in Polen antiliberal orientierte Kreise auf der politischen Rechten aufmerksam und mit einiger Faszination den Aufstieg und die Durchsetzung des Faschismus in Italien.[593]

---

[592] AAN, Zbiór druków ulotnych, 73, Bl. 7.
[593] Roman Wapiński: Kształtowanie się w Polsce w latach 1922 - 1939 poglądów na ruchy faszystowskie w Europie, in: Studia nad Faszyzmem i Zbrodniami Hitlerowskimi, 9, 1985, S. 92 - 111; Krzysztof Kawalec: Narodowa Demokracja wobec faszyzmu 1922 - 1939. Ze studiów nad dziejami myśli politycznej obozu narodowego, Warszawa 1989, S. 153 - 168.

Handelte es sich hier in der Anfangszeit des unabhängigen Polen um zwar markante, aber noch nicht repräsentative Haltungen der Nationaldemokratie, die sich bislang eher als heterogene Sammlungsbewegung denn als programmatisch scharf abgrenzbare Partei fassen ließ, so kam es nach 1926 zu einer ideologischen und institutionellen Bedeutungszunahme dieses antiliberalen Meinungsspektrums. Ein wichtiger Schritt war die von Roman Dmowski betriebene Gründung des *Obóz Wielkiej Polski*.

War damit der Entwicklung einer faschistischen Bewegung in Polen der Weg geebnet? Für die politische Linke der Zwischenkriegszeit stand fest: Der „Faschismus" hatte sich einen zentralen Platz im politischen Leben der Zweiten Republik erobert und er fand seine Verkörperung nicht allein in den Nationaldemokraten, sondern zumindest teilweise auch in der *Sanacja*.[594] Die Grundlage für diese Einschätzung lieferten marxistische Faschismustheorien, die den Faschismus als eine politische Massenbewegung interpretierten, mit deren Hilfe die Bourgeoisie ihre kapitalistischen Interessen vor der revolutionären Arbeiterbewegung zu schützen versuchte.[595] Zweifellos war diese These nicht nur theoretisch von Interesse, sondern diente auch der Feindmarkierung in den aktuellen politischen Auseinandersetzungen. Die Historiographie in der frühen Volksrepublik Polen hat die Verwendung des Attributs „faschistisch" noch einmal ausgeweitet und charakterisierte auf diese Weise mitunter die Zweite Republik insgesamt.[596]

---

[594] Abzulesen unter anderem in der politischen Rhetorik zum 1. Mai: Kazimierz Czapiński: Komuniści – Faszyści. Po krwawych wypadkach w Warszawie, in: Robotnik, 3. 5. 1928, S. 1; Bolesław Limanowski: Co zwiastuje nam jutro? in: Robotnik, 1. 5. 1929, S. 1; Imponująca manifestacja jedności i solidarności klasy pracującej stolicy, in: Robotnik, 2. 5. 1931, S. 1 - 2.

[595] Zu den marxistischen Faschismustheorien ausführlicher: Arnd Bauerkämper: Der Faschismus in Europa 1918 - 1945, Stuttgart 2006, S. 18 - 24; Jerzy W. Borejsza: Schulen des Hasses. Faschistische Systeme in Europa, Frankfurt/Main 1999, S. 37 - 41. Zur Rezeption marxistischer Faschismustheorien im Polen der Zwischenkriegszeit: Bäcker, Problematyka państwa, S. 121 - 126.

[596] Dokumentiert bei Czubiński, Spory, S. 29; gegen eine solche Verwendung des Faschismusbegriffs aber schon Janusz Żarnowski: Reżimy autorytarne w Europie środkowej i południowo-wschodniej w okresie międzywojennym – analogie i różnice, in: ders. (Hrsg.): Dyktatury w Europie środkowo-wschodniej 1918 - 1939. Konferencja naukowa w Instytucie Historii Polskiej Akademii Nauk 2 - 3 XII 1971, Wrocław u. a. 1973, S. 29 - 30; Andrzej Ajnenkiel: Ewolucja systemów ustrojowych w Europie środkowo-wschodniej 1918 - 1939, in: ebd., S. 59; Ryszka, Państwo autorytarne, S. 115. Insofern trifft Daniel Ursprungs These einer starken Ideologisierung der mittel- und osteuropäischen Geschichtsschreibung zum Faschismus nur teilweise zu: Faschismus in Ostmittel- und Südosteuropa: Theorien, Ansätze, Fragestellungen, in: Mariana Hausleitner und Harald Roth (Hrsg.): Der Einfluss von Faschismus und Nationalsozialismus auf Minderheiten in Ostmittel- und Südosteuropa, München 2006, S. 10, 13.

Neue Perspektiven hat die internationale Faschismusforschung seit den 1990er Jahren eröffnet. Zum einen gelangte sie zur Erkenntnis, den Faschismus weniger als stringente Ideologie oder intellektuelle Doktrin zu begreifen, sondern vor allem als soziale Praxis. Neben Negationen wie Antiliberalismus, Antikommunismus und Antikonservatismus traten nun als wichtige Bestimmungselemente das symbolisch aufgeladene gewalttätige Handeln, der Kult von Jugend und Männlichkeit und die öffentliche Präsenz als Massenorganisation.[597] Zum anderen hat sich die Forschung auf einen generischen Faschismusbegriff verständigt. Die Festlegung des Faschismus als Gattungs- und Epochenbegriff, wie sie der deutsche Historiker Ernst Nolte seit den 1960er Jahren vorgenommen hat,[598] erfährt dadurch eine entscheidende Erweiterung: „Every strategy for understanding fascism must come to terms with the wide diversity of its national cases."[599]

Der polnische Fall hat in der Forschungsliteratur manch widersprüchliche Darstellung erfahren, die überwiegend auf Unsicherheiten bei parteipolitischen Zuordnungen zurückzuführen ist. In der Regel dominiert aber die Auffassung, dass es sich in Polen um ein marginales Phänomen gehandelt habe. Demnach hatten die autoritäre Regierungsform und eine konservative Gesellschaftsstruktur die Entwicklung des Faschismus wirksam behindert.[600] Freilich ließen sich mit diesen Argumenten nicht die stärkeren Ausprägungen des Faschismus etwa in Rumänien oder Ungarn erklären. Umso notwendiger ist ein empirisch unterlegter Blick auf Ansätze und Reichweite einer faschistischen Bewegung in Polen.

Als frühester organisatorischer Ansatzpunkt kann in der Tat die Gründung des OWP gelten, der sich dezidiert „außerparlamentarische Opposition statt legaler Taktik"[601] auf die Fahnen schrieb. Im Rahmen des hier zu erprobenden „neuen" Nationalismus wurden zugleich Elemente des sich abzeichnenden gesellschaftlichen Wandels verarbeitet. Dies spiegelte sich

---

[597] Robert O. Paxton: The Anatomy of Fascism, London 2004, S. 10, 21; Sven Reichardt: Faschistische Kampfbünde. Gewalt und Gemeinschaft im italienischen Squadrismus und in der deutschen SA [Industrielle Welt, Bd. 63], Köln - Weimar - Wien 2002, S. 11 - 14, 21 - 25, 696; Payne, Geschichte des Faschismus, S. 13 - 15; Armin Heinen: Erscheinungsformen des europäischen Faschismus, in: Christof Dipper, Lutz Klinkhammer und Alexander Nützenadel (Hrsg.): Europäische Sozialgeschichte. Festschrift für Wolfgang Schieder [Historische Forschungen, Bd. 68], Berlin 2000, S. 7.

[598] Insbesondere Ernst Nolte: Der Faschismus in seiner Epoche. Die Action Française, der italienische Faschismus, der deutsche Nationalsozialismus, München 1963; ders.: Die Krise des liberalen Systems und die faschistischen Bewegungen, München 1968.

[599] Paxton, Anatomy of Fascism, S. 19 - 20. In diesem Sinne auch Richard Saage: Faschismus. Konzeptionen und historische Kontexte. Eine Einführung, Wiesbaden 2007, S. 15.

[600] Payne, Geschichte des Faschismus, S. 31, 193, 599 - 600; Heinen, Erscheinungsformen, S. 9 - 10.

[601] Krzoska, Für ein Polen, S. 242.

zuvorderst in der Faszination für die „Massen". Der Anspruch lautete, sämtliche Gesellschaftsschichten, gerade auch die bislang von der „älteren" Nationaldemokratie wenig berücksichtigte Arbeiterschaft, für die politische Rechte zu gewinnen. Während der Weltwirtschaftskrise gerieten für die angestrebte klassenübergreifende Mobilisierung auch junge Arbeitslose und Angehörige des notleidenden Handwerks in den Blick.

Die Aufgabe, aus dem OWP eine Massenbewegung zu machen, lag seit 1932 in den Händen von Jędrzej Giertych. Der 1903 in Sosnowiec geborene Fabrikantensohn hatte bis 1926 Rechtswissenschaft an der Universität Warschau studiert. Während seines Studiums hatte er leitende Funktionen im polnischen Pfadfinderverband ZHP inne. Dabei war es Giertych ein besonderes Anliegen gewesen, die im Ausland lebenden ethnischen Polen zu fördern, namentlich im deutschen und tschechoslowakischen Teil Schlesiens sowie in Ostpreußen.

In realistischer Einschätzung der eigenen, gegenüber der *Sanacja* oder „Volkspolen" geringeren Mobilisierungsfähigkeit plädierte Giertych dafür, „Massen nicht nur im quantitativen, sondern vor allem im qualitativen Sinn" zu definieren.[602] Die extreme politische Rechte in Polen suchte so aus der Not eine Tugend zu machen: Nicht etwa die bereits in der Adelsrepublik Polen-Litauen praktizierte allgemeine Mobilmachung zur Landesverteidigung, das *pospolite ruszenie*, war demnach Idealbild, „sondern eine gut organisierte, von einer einzigen Idee durchdrungene kämpfende Armee".[603]

Die praktische Konsequenz bestand in einem verstärkten Ausbau von Miliztruppen. Dem OWP traten unter anderem die frühere Miliztruppe des ZLN, die studentische *Młodzież Wszechpolska* („Allpolnische Jugend"), die *Straż Narodowa* („nationale Wacht"), oder Organisationen nationaldemokratischer gesonnener Gymnasiasten bei. Die Miliztruppen hatten einerseits Aufgaben zu erfüllen wie den Schutz von Versammlungen, das Kleben von Plakaten oder die Koordination von Wahlkämpfen,[604] andererseits verkörperten sie das in den 1930er Jahren an gesamtgesellschaftlicher Popularität gewinnende Ideal von physischer Stärke, Disziplin und Geschlossenheit. Hierzu passte, dass der OWP für seine Mitglieder eine einheitliche Parteikleidung vorsah: helle Hemden mit einem Abzeichen, auf dem das Schwert von Polens erstem piastischen König Bolesław Chrobry zu sehen war.

Von den neuen Organisationsformen ließen sich vor allem junge Nationaldemokraten ansprechen. Dem OWP gehörten neben Jędrzej Giertych unter anderem der persönliche Referent Roman Dmowskis, der 1901 gebo-

---

[602] Jędrzej Giertych: Po wyborach w Łodzi. Obserwacje i wnioski, Warszawa 1936, S. 14.
[603] O wielką Polskę, in: Warszawski Dziennik Narodowy, 18. 8. 1936, S. 3.
[604] AAN, MSW, 864, Bl. 31; Poufny Komunikat Informacyjny nr 77 (2 III 1928), in: MSW, Komunikaty Informacyjne Komisariatu, Bd. 2, H. 1, S. 117.

rene Tadeusz Bielecki, an, ebenso der Mitbegründer der *Młodzież Wszechpolska* in Krakau, der 1902 geborene Zeitungsredakteur Klaudiusz Hrabyk, oder der Landesvorsitzende der *Młodzież Wszechpolska*, der 1904 geborene Doktorand der Philosophie Jan Mosdorf.

Die Neuorientierung auf der politischen Rechten blieb nicht ohne Probleme. Ließ sich die nicht zufriedenstellende Mobilisierungsfähigkeit zumindest vorübergehend durch einen selbstbewussten und militärischen Habitus der jungen Nationaldemokraten kompensieren, so stellte die postulierte starke Führerschaft ein weit größeres Manko dar. Wie die politischen Gegner schadenfroh vermerkten, taugte nämlich der „alte Dmowski" hierfür kaum. Auch wenn Dmowski mit seinen bald siebzig Jahren nach wie vor die Rolle eines ideellen Vordenkers einzunehmen vermochte, so hatte er doch seinen Zenit in der praktischen Politik bereits überschritten und sich in der Bevölkerung ohnehin nie eines solch breiten Rückhalts erfreuen können wie Piłsudski. Daher zogen nicht nur zeitgenössische Beobachter ein sehr skeptisches Fazit in Bezug auf persönlichen Wagemut und Zukunftsfähigkeit des OWP-Gründers,[605] auch Dmowski selbst lehnte für sich die Rolle eines „Führers" ab.[606]

Dem OWP war keine lange Lebensdauer beschieden. Nach wiederholten antisemitischen Gewalttätigkeiten, die insbesondere junge Aktivisten an Hochschulen oder in Kleinstädten verübten, löste das Innenministerium am 28. März 1933 den OWP wegen Gefährdung der öffentlichen Ordnung auf. Der überwiegende Teil der Mitglieder wechselte in die Reihen des SN, um sich dort in einer Sektion der Jungen (*Sekcja Młodych*) einzurichten.

Ein kleinerer Teil der „jüngeren" Nationaldemokraten reagierte mit einer weitergehenden Radikalisierung. Der im April 1934 gegründete *Obóz Narodowo-Radykalny* (ONR, „National-Radikales Lager") verstand sich als konspirative Bewegung, nicht als Massenorganisation. Er arbeitete nach eigenem Selbstverständnis auf eine radikale Veränderung der politischen Verhältnisse hin, auf eine „nationale Revolution". Ethnische Konsequenzen wie ein „Polen ohne Juden" paarten sich mit der Akzeptanz sozioökonomischer Umbrüche unter dem Eindruck der Weltwirtschaftskrise: So war gegen die „Ausbeuterei der Kapitalisten" eine gerechtere Ordnung anzustreben, in der jeder Pole Arbeit und Brot haben sollte.[607]

---

[605] Kazimierz Czapiński: Ideologia czy frazeologia? in: Robotnik, 18. 8. 1937, S. 3.
[606] Krzysztof Kawalec: Roman Dmowski 1864 - 1939, Wrocław - Warszawa - Kraków 2002, S. 258.
[607] AAN, Zbiór druków ulotnych, 154, Bl. 3; AAN, MSW, 868, Bl. 8 - 9; Szymon Rudnicki: Obóz Narodowo Radykalny. Geneza i działalność, Warszawa 1985, S. 183 - 187; Andrzej Jaszczuk: Ewolucja ideowa Bolesława Piaseckiego 1932 - 1956, Warszawa 2005, S. 36 - 38; zum Antikapitalismus der jüngeren Generation: Kawalec, Spadkobiercy, S. 214.

Der „neue" Nationalismus präsentierte sich somit als eine auch sozial inspirierte Bewegung. Selbst politische Gegner konstatierten, dass dieser Teil der politischen Rechten nach einem erneuerten Ordnungsentwurf für die polnische Gesellschaft strebe und dabei radikale, gar mitunter sozialistisch anmutende Ansinnen verfolge. Für sozialistische Beobachter wie die Sejm-Abgeordneten Adam Próchnik und Kazimierz Czapiński handelte es sich allerdings um ein taktisches Zugeständnis, um kommenden sozialen Revolutionen den Wind aus den Segeln zu nehmen.[608]

Tatsächlich definierte die politische Rechte den Revolutionsbegriff anders als die Sozialisten. Weit unbestimmter als in der marxistischen Theoriebildung galt hier die intuitive Einschätzung, die gegenwärtige Zeit sei revolutionär, dementsprechend sollten auch in Polen „die inneren und äußeren Verhältnisse neu geregelt werden".[609] Mit der Approbation revolutionärer Vorstellungen war zugleich die Aktualisierung spezifischer Feindbilder verbunden, insbesondere von einer konkurrierenden „roten Revolution". Zu den „fremden Agenturen" in Polen, die eine solche „rote Revolution" vorbereiteten, zählten dabei nicht nur Kommunisten und Sozialisten, sondern auch die Bauernparteien und der Lehrerverband ZNP.

Der Kampf um die „Zukunft des Landes" fand daher nach Einschätzung der radikalen Nationaldemokraten an den unterschiedlichsten „Fronten" statt und vermochte ihre Aktivitäten mit einem militärisch-heroischen Pathos zu umhüllen. Im Bildungsbereich etwa war eine ONR-nahe Organisation wie die National-Radikale Schule (*Szkoła Narodowo-Radykalna*) an der „Schulfront" aktiv und bekämpfte insbesondere den ZNP, den sie als eine „Polen feindlich gesonnene politische Kraft" wahrnahm und dem sie vorwarf, als „Vorposten" einer „Volksfront", eines angeblich künftigen Bündnisses zwischen Sozialisten und Kommunisten zu fungieren.[610]

Weit stärker als seinerzeit den OWP kennzeichneten den ONR ein Kult der Jugend, ein Kult der Uniform und ein Kult der Gewalt. Entscheidend war aber der Führergedanke. Obwohl an der Gründung des ONR gleich mehrere ehemalige OWP-Mitglieder beteiligt waren, zeigte sich doch eine Persönlichkeit von herausragendem Einfluss: Bolesław Piasecki. 1915 in

---

[608] Adam Próchnik: Nacjonalizm współczesny, in: Robotnik, 1. 5. 1936, S. 2; Kazimierz Czapiński: Ideologia czy frazeologia? in: Robotnik, 18. 8. 1937, S. 3.

[609] Przeszłość a teraźniejszość, in: Warszawski Dziennik Narodowy, 15. 8. 1937, S. 3; Michał Śliwa: Mit rewolucji w polskiej myśli politycznej w latach trzydziestych XX wieku, in: Archiwum Historii Myśli Politycznej, 5, 1995, S. 91; Krzysztof Kawalec: Wizje ustroju państwa w polskiej myśli politycznej lat 1918 - 1939. Ze studiów nad dziejami polskiej myśli politycznej [Historia, Bd. 122], Wrocław 1995, S. 164 - 166.

[610] AAN, Zbiór druków ulotnych, Bl. 6 - 6a. Allgemein zur „Volksfront"-These: Giertych, Po wyborach, S. 12.

eine Łódźer Beamtenfamilie geboren, legte er 1931 sein Abitur ab und studierte seither Jura an der Universität Warschau. Während seines Studiums war er zunächst Mitglied von OWP und SN (*Sekcja Młodych*), bevor er 1934 den ONR mitbegründete. Auf der extremen politischen Rechten Polens vertrat er am konsequentesten die Vorstellung von einem Führerkult, gespeist aus dem festen Glauben an die eigenen Fähigkeiten als charismatische Persönlichkeit.

Auch die legale Existenz des ONR währte nicht lange. Nach dem tödlichen Attentat auf Innenminister Bronisław Pieracki am 15. Juni 1934 gerieten Mitglieder des ONR in den Kreis der Verdächtigen. Obwohl sich bald ukrainische Nationalisten als Täter identifizieren ließen, erklärten staatliche Stellen den ONR dennoch im Juli 1934 für aufgelöst. Anders als zuvor beim OWP fanden sich die Mitglieder des ONR mit der neuen Situation rasch zurecht; gehörten doch konspirative Methoden zur selbstgewählten Organisationsform. Allerdings blieb der ONR nicht in sich einig: Im Laufe der folgenden Monate kam es zur Ausgründung der Gruppen ONR-ABC und ONR-Falanga, letztere unter Führung von Piasecki und benannt nach der paramilitärischen Organisation *Falange*, die an der Seite General Francos im Spanischen Bürgerkrieg kämpfte.

Die Kurzlebigkeit der rechtsextremen, vom Faschismus inspirierten Gruppierungen Polens war nicht allein Repressionen des autoritären Regimes geschuldet. Die programmatische und organisatorische Ausrichtung der radikalen Nationalisten stieß vor allem an soziale und kulturelle Barrieren. Nationaldemokraten der „älteren" Generation, die die klassische politische Organisationsform des SN bevorzugten, standen Führerprinzip und Kult der Stärke ablehnend gegenüber; ebenso wenig gefiel ihnen die sozialrevolutionäre Rhetorik des ONR.[611] Einen weiteren Teil ihrer Kritik richteten die „Älteren" auf die bei einem Teil der „Jungen" vorhandenen Bereitschaft, staatlichen Institutionen den Vorrang gegenüber privater gesellschaftlicher Initiative einzuräumen. Schließlich standen die kollektivistischen Tendenzen des ONR im Widerspruch zu einer historisch verklärten Wertschätzung des Individuums, wie sie im politischen System der frühneuzeitlichen Adelsrepublik ihren wohl prominentesten Ausdruck fand.[612]

Ihren Maßstab bezog die Kritik der „älteren" Nationaldemokraten aus traditionellen gesellschaftlichen Ordnungsvorstellungen – insofern hat ein gesellschaftlicher Konservatismus der Ausbreitung einer faschistischen Bewegung in Polen tatsächlich Widerstände entgegengesetzt. Allerdings handelte es sich hier weniger um einen Konservatismus der polnischen

---

[611] Rudnicki, Obóz Narodowo Radykalny, S. 331.
[612] Krotoski, Nacjonalizm a kościół, S. 10 - 30.

Gesamtgesellschaft, sondern vor allem des nationaldemokratisch orientierten Spektrums, das dadurch wesentlich weniger als die politische Rechte in anderen europäischen Ländern personelle, organisatorische und ideologische Reserven für den Aufbau einer faschistischen Bewegung bereitstellen konnte.

Vor diesem Hintergrund suchte Jędrzej Giertych, der 1933 zum *Stronnictwo Narodowe* übergewechselt war, nach einem Kompromiss. Den kollektivistischen Tendenzen bei den „jungen" Nationaldemokraten stellte er komplementär den Wunsch nach einer „Schicht entschlossener Führer" hinzu.[613] Massenpolitik und Elitenprinzip, die sich nach dem geläufigen Verständnis von Faschismus eigentlich gegenseitig ausschlossen, sollten im polnischen Fall eine nachhaltige Verbindung eingehen und der extremen politischen Rechten einen breiteren Rückhalt bei den traditionellen Eliten sichern.

Ein Feld, auf dem die polnischen Fürsprecher des Faschismus für noch weitergehende Ausnahmen vom italienisch-europäischen Vorbild sorgten, war die Religion. In den 1930er Jahren machte die politische Rechte mit einem auf öffentlichen Manifestationen angestimmten „Gebet für ein Großes Polen"[614] von sich reden. Das „Gebet", das in der nationaldemokratischen Presse popularisiert wurde, hatte Adam Doboszyński verfasst. Der Sohn eines ehemaligen Abgeordneten im österreichischen Staatsrat hatte an der Technischen Hochschule in Danzig Ingenieurwesen studiert und sich dort in polnischen nationalen Studentenvereinigungen engagiert. Mit religiösen Ideen befasste Doboszyński sich erst nach seinem Eintritt in den OWP 1931. Das „Gebet für ein Großes Polen", sprachlich in übertriebener Fülle den katholischen liturgischen Duktus imitierend, begann mit der Anrufung Gottes, Christi und der Gottesmutter Maria und schloss mit zahlreichen Bitten, unter anderem für ein katholisches Polen, ein Polen allein für die ethnischen Polen und schließlich für ein „großes Polen". Näher an der kirchlichen Tradition war die „Wiederentdeckung" des heiligen Wojciech.[615] Im 10. Jahrhundert hatte der Bischof von Prag, Vojtěch (Wojciech, deutsch Adalbert), eine Missionsreise an die Ostseeküste in der Nähe des späteren Danzig unternommen und war dort 997 durch einen Angriff von Pruzzen ums Leben gekommen. Polens erster Heiliger, bereits 999 kanonisiert, bot für die extreme Rechte nicht zuletzt durch den Ort seiner Mission und seines Märtyrertums, im Grenzgebiet zwischen Pomorze, Danzig und Ost-

---

[613] Giertych, Po wyborach, S. 14; ähnlich O wielką Polskę, in: Warszawski Dziennik Narodowy, 18. 8. 1936, S. 3; Tadeusz Bielecki: 1920 – 1937. Garść uwag, in: Warszawski Dziennik Narodowy, 15. 8. 1937, S. 3.
[614] MWRiOP, 414, Bl. 807 - 808.
[615] AAN, MSW, 868, Bl. 8 - 9.

preußen, geeignete propagandistische Anknüpfungspunkte im Sinne des „Westgedankens".

Das sowohl von OWP als auch ONR vorgetragene Bekenntnis zum Katholizismus entsprach der kulturellen und religiösen Sozialisation vieler ihrer Mitglieder, bedeutete aber auch eine Anerkennung der einflussreichen gesellschaftlichen Rolle der Kirche.[616] Damit aber gab die extreme Rechte den Anspruch auf ein ideologisches Monopol, auf eine eigene „politische Religion"[617] auf.

Insgesamt blieb der Weg zu einer Akzeptanz faschistischer Modelle in Polen steinig. Die Orientierung an Vorbildern aus dem Ausland, die die Dynamik des Faschismus im übrigen Europa seit Beginn des „italienischen Experiments" 1922 wesentlich förderte,[618] half – wie die abweichenden Inhalte und Praktiken der polnischen faschistischen Bewegung zeigten – nur wenig. Die traditionelle nationaldemokratische Selbstwahrnehmung, dass die politische Kultur Polens sei „eng mit dem römischen und katholischen Westen verbunden" sei,[619] hatte zwar seit den 1920er Jahren den Boden für eine starke intellektuelle Beeinflussung und Faszination durch den italienischen Faschismus bereitet. Bolesław Piasecki bezog zeitweise sogar direkte materielle Unterstützung aus Rom.[620] In den 1930er Jahren kam eine besondere Affinität zur *Action Française* und zur *Falange* in Spanien hinzu. Die entscheidende Herausforderung für eine faschistische Bewegung in Polen lag aber in der unmittelbaren Nachbarschaft.

Die Rezeption des Nationalsozialismus in Deutschland gestaltete sich ausgesprochen zwiespältig. Auf der einen Seite stellte die NSDAP ein Vorbild für die Schaffung eines homogen auftretenden, „modernen" nationalistischen Lagers dar; der nationalsozialistische Antisemitismus und Antikommunismus fanden bei den Nationaldemokraten weitgehende Zustimmung; und schließlich faszinierte mit Blick auf die Anfänge des „Dritten Reichs" die selbstgewählte „revolutionäre" Attitüde Hitlers und seiner Anhänger. Auf der anderen Seite hoben polnische Beobachter der politischen Rechten die geistesgeschichtliche Verankerung des Nationalsozialismus in „germanischen" und „preußischen" Traditionen hervor; für weitere Distanz sorgten

---

[616] Rudnicki, Obóz Narodowo Radykalny, S. 223 - 225; Grott, Polnische Parteien, S. 80. Mit dem Hinweis, dass gute Beziehungen zur Kirche einen wichtigen Unterschied zwischen autoritären und totalitären Bestrebungen markieren: Kochanowski, Horthy und Piłsudski, S. 88.
[617] Jaszczuk, Ewolucja, S. 53.
[618] Den Faschismus der Zwischenkriegszeit als „transnationale Bewegung" interpretiert nun Bauerkämper, Faschismus in Europa, S. 166 - 182.
[619] Święto narodu, in: Gazeta Warszawska, 3. 5. 1929, S. 3.
[620] Borejsza, Schulen des Hasses, S. 166.

die Programmatik und Politik des „Dritten Reichs", die katholischen Idealen entgegenstand; und vor allem blieb das Bewusstsein der Bedrohung, die für Polen von Deutschland ausgehen konnte, stets gegenwärtig.[621]

---

[621] Hierzu die differenziert argumentierende Darstellung von Michał Musielak, Nazizm w interpretacjach polskiej myśli politycznej okresu międzywojennego, Poznań 1997; mit besonderer Beachtung der Position Roman Dmowskis: Albert S. Kotowski: Hitlers Bewegung im Urteil der polnischen Nationaldemokratie [Studien der Forschungsstelle Ostmitteleuropa an der Universität Dortmund, Bd. 28], Wiesbaden 2000.

III Nation zwischen politischem Konflikt und gesellschaftlicher Integration. Von der April-Verfassung 1935 bis zum Kriegsausbruch 1939

1 Politische Konflikte und Kampf um Partizipation

1.1 Boykott der Sejm-Wahlen 1935 und Lagerdenken

Im April 1935 erhielt Polen eine neue Verfassung. Sie schränkte die Kompetenzen des Sejm ein und stärkte dafür die Exekutivgewalt, die Stellung des Präsidenten und des Senats. Die Bürgerpflichten gegenüber dem Staat rücken in den Vordergrund. Die konstitutionelle Etablierung einer starken Präsidialmacht, von der *Sanacja* seit Ende der 1920er Jahre angestrebt, kam allerdings zu einem unglücklichen Zeitpunkt: Nur kurze Zeit später, am 12. Mai 1935, starb Józef Piłsudski, der die prägende Persönlichkeit der autoritären Herrschaft in Polen seit 1926 gewesen war. Nun fehlte es an einem geeigneten Nachfolger. Im militärischen Machtbereich war die Regelung noch am eindeutigsten: Neuer Generalinspektor der polnischen Streitkräfte wurde Edward Rydz-Śmigły. 1886 in der ostgalizischen Kleinstadt Brzeżany geboren, hatte er nach dem Abitur zunächst in Krakau ein Kunststudium aufgenommen, bevor er sich dem militärischen Kampf um die Unabhängigkeit Polens verschrieb. Schon vor dem Ersten Weltkrieg traf er dabei auf Piłsudski, und war dann dessen getreuer Mitarbeiter in der Ersten Brigade der Polnischen Legionen, später in Armee und Generalstab des unabhängigen Polen. Im politischen Machtbereich dagegen kam es zu anhaltenden Auseinandersetzungen um die Nachfolge Piłsudskis. Die organisatorische und inhaltliche Heterogenität der *Sanacja* machte sich hier deutlich bemerkbar. Nach der formalen Auflösung des BBWR im Oktober 1935 dauerte es bis Anfang 1937, bis eine neue politische Plattform der *Sanacja* entstand, das Lager der Nationalen Einigung (*Obóz Zjednoczenia Narodowego*, OZN).

Von dieser Entwicklung zunächst noch wenig berührt, erließ der Sejm am 8. Juli 1935 eine seit längerem geplante neue Wahlordnung. Die Heraufsetzung des aktiven Wahlrechts auf 24 Jahre und die Einführung einer kollektiven Kandidatenliste für jeden Wahlkreis statt unterschiedlicher Parteienlisten minderten die Allgemeinheit der Wahlen und beseitigten das Prinzip der Verhältniswahl. Noch drastischer gegen demokratische Gepflogenheiten verstieß das Wahlrecht zum Senat. Dieser bestand nun zu einem Drittel aus Senatoren, die der Präsident bestimmte, und zu zwei Dritteln aus Senatoren, die aus einer elitären Wahl durch Wahlmänner hervorgingen.

Spätestens mit diesen verfassungsrechtlichen Änderungen bot Polen in den 1930er Jahren ein Bild, das Historiker und Politologen bereits seit langem von Mittel- und Osteuropa zwischen den beiden Weltkriegen zeichneten. Einer nur kurz während demokratisch-liberalen Anfangsphase folgte oft nur wenige Jahre später die Errichtung diktatorischer oder zumindest autoritärer Regimes: in Polen und Litauen 1926, in Jugoslawien 1929, in Lettland 1934 und in Estland 1937. Rumänien, Ungarn oder Bulgarien hatten die demokratisch-liberale Phase sogar ganz übergangen. Ausnahmen von dieser Entwicklung stellten demnach lediglich Finnland und die Tschechoslowakei dar.[1]

Das gängige Erklärungsmuster für die Tschechoslowakei war der Verweis auf die hoch entwickelte Volkswirtschaft. Allerdings konnte dies für das agrarisch geprägte Finnland, bis weit ins 20. Jahrhundert einer der ärmsten Staaten Europas, kaum gelten, zudem war gerade in Mitteleuropa nicht jede Industriegesellschaft gegen diktatorische Versuchungen resistent. Die beiden Ausnahmeländer kamen deswegen mit der Zeit auf einen genaueren historiographischen Prüfstand. Demnach zeichnete Finnland eher ein konstitutioneller Mittelweg mit einer Präsidialdemokratie, in der Praxis mit einem zuweilen sogar autoritär orientierten Staatspräsidenten aus.[2] Im Falle der Tschechoslowakei richtete sich das Augenmerk verstärkt auf autoritäre „Beimischungen" des politischen Systems. Dazu gehörte insbesondere die informelle Herrschaft der fünf wichtigsten Parteivorsitzenden (Pětka) und die damit einhergehende Schwächung des Parlaments.[3] Besonders auffällig wurden diese antipartizipatorischen Züge nach dem Münchner Abkommen 1938, als sich innerhalb von nur zwei Monaten und ohne nennenswerten öffentlichen Widerstand das politische System der Tschechoslowakei in ein autoritäres Regiment transformierte: Parteien wurden verboten und grundlegende Bürgerrechte suspendiert.[4] Dies waren nicht allein Maßnahmen aus der Not heraus; vielmehr fand sich eine Reihe von Publi-

---

[1] Als Beispiele seien genannt: Ajnenkiel, Ewolucja systemów ustrojowych, S. 53 - 56; Bernecker, Europa, S. 252, 265.
[2] Oberländer, Präsidialdiktaturen, S. 7 - 8.
[3] Ebd., S. 8 - 9.
[4] Peter Bugge: Czech democracy 1918 - 1938 – paragon or parody? in: Bohemia, 47, 2006/07, S. 5.

zisten, Politikern und Wissenschaftlern bereit, die neue Ordnung theoretisch zu rechtfertigen, etwa als „autoritäre Demokratie".[5]

Diese Erkenntnisse sind schwerwiegend, weil Demokratie und Autoritarismus in Mittel- und Osteuropa zwischen den beiden Weltkriegen somit nicht Resultat langfristiger Strukturen oder Mentalitäten, sondern politischer und personeller Konstellationen waren, die prinzipiell auch reversibel sein konnten. Umso größeres Interesse verdienen daher oppositionelle Regungen gegen die autoritäre Herrschaft, wie sie in Polen nach 1935 an Dynamik gewannen.

Am Umgang der *Sanacja* mit Parlamentarismus und Wahlrecht gab es schon früh Kritik. Die Erfahrung der Machtergreifung 1926, der Sejm-Wahlen 1928 und 1930, aber auch der Kommunalwahlen seit Ende der 1920er Jahre hatte dazu geführt, dass viele Bürger nicht mehr an die Wirksamkeit von Stimmkarten und legalen Mitteln glaubten, um auf das Schicksal des Staates und auf ihr eigenes Schicksal Einfluss zu nehmen. Das politische Gewicht des Parlaments begann erheblich zu sinken und von seiner Arbeit wurde öffentlich weniger Notiz genommen.[6]

Ein neuer Anlauf im Kampf um mehr Partizipation verdankte sich zuerst einer gewandelten machtpolitischen Konstellation. Nach Piłsudskis Tod und den damit einhergehenden Neuformierungen innerhalb der *Sanacja* witterte die Opposition Morgenluft. Sie interpretierte die frisch geänderte Wahlordnung als Furcht vor allgemeinen Wahlen, vor einem „Sprung ins Leere", und vermutete, die Regierung versuche auf Zeit zu spielen, bis sich mehr Vertrauen in der Bevölkerung angesammelt hatte.[7] Mit der weisgesagten Schwäche der Regierung korrespondierte ein wachsendes Selbstbewusstsein der politischen Opposition. Dieses wachsende Selbstbewusstsein hatte eine zweite, langfristig noch gewichtigere Ursache in einem tiefgreifenden strukturellen Wandel, der die polnische Gesellschaft zur Mitte der 1930er Jahre erfasste.

Die Weltwirtschaftskrise hatte eine Pauperisierung vor allem der Bauern, aber auch der Arbeiter, Handwerker und kleinen Gewerbetreibenden zur Folge gehabt. Zudem stieg die Arbeitslosigkeit drastisch: Schätzungen belie-

---

[5] Jan Gebhart und Jan Kuklík: Druhá republika 1938 - 1939. Svár demokracie a totality v politickém, společenském a kulturním životě, Praha - Litomyšl 2004, S. 46 - 49, 93, 103, 110 - 112, 182 - 191.

[6] Henryk Swoboda [i. e. Adam Próchnik]: Pierwsze piętnastolecie Polski niepodległej (1918 - 1933). Zarys dziejów politycznych, Warszawa 1933, S. 369 - 371; Wiktor Bronikowski: Chłopska działalność samorządowa w świetle życiorysów, in: Roczniki Socjologii Wsi, 2, 1937, S. 175; Mieczysław Niedziałkowski: Walka o nowe prawo wyborcze, in: Robotnik, 18. 8. 1937, S. 3; Dorota Kłuszczyńska: Czy skok w próżnię? in: Robotnik, 1. 5. 1938, S. 5; Błędne koło, in: Zielony Sztandar, 25. 9. 1938, S. 2.

[7] Dorota Kłuszczyńska: Czy skok w próżnię? in: Robotnik, 1. 5. 1938, S. 5.

fen sich auf bis zu über eine Million Arbeitslose zu Beginn der 1930er Jahre.[8] Die Parteien der politischen Linken, die Forderungen nach sozialen und wirtschaftlichen Reformen vertraten, nun mehr Zustimmung erzielen.

PPS und jüdischer *Bund* registrierten ein deutliches Anwachsen ihres Einflusses in Stadt und Land, vor allem aber in den stark von Urbanisierungsprozessen geprägten Metropolregionen Warschau und Łódź. Ablesbar war diese Entwicklung unter anderem in den höheren Leserzahlen sozialistischer Presse.[9] Die Bauernbewegung hatte sich nach dem Scheitern des *Centrolew* am 15. März 1931 zu einem Kongress in Warschau zusammengefunden und schmiedete aus PSL-Piast, PSL-Wyzwolenie und SCh eine neue gemeinsame Partei: das *Stronnictwo Ludowe* (SL, „Volkspartei"). Mit annähernd 300.000 Mitgliedern (1932) handelte es sich nunmehr um die größte Partei der politischen Opposition.[10] Solchermaßen gestärkt rückte die politische Linke in den 1930er Jahren auf massenhaft besuchten Veranstaltungen Forderungen nach demokratischen und freien Wahlen selbstbewusst an die erste Stelle.[11] Eine ideale Gelegenheit, um ein tatkräftiges Zeichen des Wandels zu setzen, bot dann die Sejm-Wahl 1935.

Trotz Machtverlust des Parlaments besaßen die Wahlkämpfe nach wie vor Bedeutung, war dies doch die Zeit des größten öffentlichen Engagements und Interesses an politischen Fragen in der Zweiten Republik. Die restriktive Neuordnung des Wahlrechts hinderte die *Sanacja* nicht daran, für die Sejm-Wahlen am 8. September 1935 mit einer hohen Wahlbeteiligung zu rechnen. In der gelenkten Partizipation zeigte sich nämlich für die Regierungsanhänger die politische Reife der Bevölkerung, der Sieg über „die uns eigene Streitsucht".[12]

Entscheidendes Ziel der autoritären Wählermobilisierung war die außen- und innenpolitische Signalwirkung. Zum einen sollte die polnische Bevölkerung durch eine hohe Wahlbeteiligung „der Welt zeigen, dass der Geist eines wieder erwachten Polens herrscht, der in Staat und Nation das höchste Gut

---

[8] Zu den gesellschaftlichen Folgen der Weltwirtschaftskrise: Landau/Tomaszewski, Zarys historii gospodarczej, S. 210 - 227.
[9] 1 Maj w Polsce, in: Robotnik, 2. 5. 1937, S. 2; Dorota Kłuszczyńska: Czy skok w próżnię? in: Robotnik, 1. 5. 1938, S. 5; Pickhan, „Gegen den Strom", S. 128 - 129, 134 - 136, 371.
[10] Janusz Gmitruk: Wielki Strajk Chłopski 1937 roku, in: ders. und Dorota Pasiak-Wąsik (Hrsg.): Bądźcie solidarni! Wielki Strajk Chłopski 1937 r., Warszawa 2007, S. 11.
[11] Władysław Praga: Front chłopsko-robotniczy, in: Zielony Sztandar, 26. 4. 1936, S. 4; Mieczysław Niedziałkowski: Walka o nowe prawo wyborcze, in: Robotnik, 18. 8. 1937, S. 3.
[12] APW-Pułtusk, Akta miasta Przasnysza, 1, Bl. 204.

und Ziel ansieht",¹³ zum anderen erhoffte sich der BBWR in der schwierigen Phase nach dem Tod Piłsudskis eine Legitimation seiner Machtposition durch eine breite Massenbasis.

Hierzu setzte die *Sanacja* auf zwei Mobilisierungsfaktoren. Zunächst sollte der in den 1930er Jahren zunehmend vernehmlicher artikulierte Wunsch nach sozialer Gerechtigkeit bedient werden: Anstelle einer liberalen, parlamentarischen Demokratie bot die *Sanacja* eine „soziale Demokratie" an.¹⁴ Wie dies konkret aussah, zeigte sich beispielhaft in einem Flugblatt, das im nordmasowischen Wahlkreis Ciechanów Verbreitung fand. Darin legte die Regierung den Wählern nahe, im Sinne eines sozialen Porporzes einen Bauer und einen städtischen Vertreter zu wählen.

Der zweite Mobilisierungsfaktor war der Piłsudski-Kult, der nach dem Tod des Marschalls eine zuvor nicht gekannte Wirkmächtigkeit entfaltete. Im oben zitierten Flugblatt hieß es dazu:

> „Der Führer der Nation – Marschall Piłsudski hat seine Unterschrift unter die neue Verfassung gesetzt. Die Wahlordnung ist der weitere rechtliche Ausbau der Verfassung. Die Unterschrift des Ersten Marschalls von Polen, des Baumeisters unserer Unabhängigkeit, eines Menschen von makellosem Charakter, gibt uns die volle Garantie, dass neue Formen des kollektiven Lebens und der parlamentarischen Verfassung zu einer nationalen Vertretung führen, die die innere Lage des Landes ordnen und das wirtschaftliche Leben neu in Schwung wird."¹⁵

Mit dieser Instrumentalisierung der Wahlen korrespondierte die Einschätzung des Parlaments. Hatte schon zu Beginn der Zweiten Republik der Sejm vielfach eher als nationales Symbol denn als demokratische Institution gegolten, so trieb die *Sanacja* diese Wahrnehmung nach 1935 zu einer neuen Blüte. Dabei musste sich das autoritäre Regime in Polen gar nicht einmal antiparlamentarisch gebärden. Es genügte bereits, das Parlament zu domestizieren anstatt es zu bekämpfen.¹⁶

Hier setzte die politische Opposition an. Ein Boykott der Sejm-Wahl 1935 sollte auf ihre Kritik an der undemokratischen Wahlordnung und der Entmachtung des Parlaments aufmerksam machen.¹⁷ Allerdings war dieses Vorhaben nicht ganz so leicht zu bewerkstelligen, denn gegenüber einem Boykott gab es durchaus gemischte Gefühle. Dies galt für diejenigen, die die

---

13 Ebd., Bl. 204. Dieses Argument war auch bei der Sejm-Wahl 1938 wichtig: APW, UW Warszawski, 109, Bl. 283 - 303.
14 Andrzej Wojtas: Mit demokracji politycznej a demokratyzacja, in: Wojdyło, Wychowanie a polityka, S. 26.
15 APW-Pułtusk, Akta miasta Przasnysza, 1, Bl. 204.
16 Adam Próchnik: Przeciw fałszowaniu demokracji, in: Robotnik, 8. 5. 1938, S. 4.
17 Henryk Swoboda: Źródła apatii wyborczej, in: Robotnik, 4. 8. 1935, S. 4.

Hoffnung auf einen neuen politischen Kurs der Piłsudski-Nachfolger nicht fahren lassen wollten, ebenso wie für Anhänger staatstragender, an den Prinzipien von Legitimität orientierter Verfahrensweisen. Auch die gesellschaftlich einflussreiche und meinungsprägende katholische Kirche zeigte sich gespalten. Im Erzbistum Warschau, dem bischöflichen Wirkungsbereich des Regierungsanhängers Kardinal Aleksander Kakowski, gehörte die *Akcja Katolicka* zum Unterstützerkreis für eine Beteiligung an den Wahlen,[18] dagegen forderten die nationaldemokratisch orientierten Bischöfe von Siedlce und Łomża, Henryk Przeździecki und Stanisław Łukomski, einen Boykott der Wahlen. Der Primas von Polen, Kardinal August Hlond, versuchte zu schlichten. Er sprach sich gegen einen Boykott, aber auch gegen eine dezidierte Unterstützung der Wahlen aus. Die *Akcja Katolicka* sollte sich nicht an den Wahlen beteiligen, dafür aber sollten die Wähler einen Kandidaten wählen, der sich im katholischen Sinne zu engagieren versprach.[19]

Letztlich nahmen an der Aufstellung der kollektiven Kandidatenlisten lediglich der BBWR und einige Parteien der ethnisch nicht-polnischen Bevölkerung teil. Hierzu gehörte zunächst die Ukrainische National-Demokratische Vereinigung (*Ukraïns'ke Nacional'no-Demokratične Objednannja*, UNDO), die größte und einflussreichste politische Partei der Ukrainer in Polen, die, 1925 gegründet, den Anspruch auf einen unabhängigen und demokratischen ukrainischen Staat aufrecht erhielt, sich aber in den 1930er Jahren von terroristischen Methoden abwandte und zu einem vorläufigen Ausgleich mit der polnischen Staatsführung bereitfand.[20] Auch Gruppierungen der zionistischen Rechten und der orthodoxen Juden erhofften sich positive Impulse durch ihre Beteiligung an der Wahl – insbesondere die Unterstützung der *Sanacja* gegen die Nationaldemokraten und die Möglichkeit, im Parlament die sich in den 1930er Jahren wieder häufenden antisemitischen Übergriffe öffentlichkeitswirksam zur Sprache bringen zu können. Schließlich gab es aber auch einfach den Wunsch, Juden in den politischen Institutionen der Zweiten Republik repräsentiert zu sehen.[21] Eine Besonderheit war die Wahlteilnahme der Jungdeutschen Partei (JDP). Diese zu Beginn der 1930er Jahre neu formierte, politisch am weitesten rechts stehende Gruppierung der ethnisch deutschen Bevölkerung propagierte in Polen aktiv den im westlichen Nachbarland seit 1933 herrschenden Nationalsozialismus. Hier wäre eigentlich kaum mit Unterstützung für innerpolnische Anliegen zu rechnen

---

[18] APW-Pułtusk, Akta miasta Przasnysza, 1, Bl. 204.
[19] Wilk, Episkopat, S. 334 - 337; Krasowski, Episkopat, S. 133 - 134. Unterschiede in der Boykotthaltung der katholischen Kirche und der linken Opposition betont Kołodziejczyk, Ruch ludowy, S. 336 - 337.
[20] Szumiło, Ukraińska Reprezentacja Parlamentarna, S. 169 - 198.
[21] Tomaszewski, Niepodległa Rzeczpospolita, S. 232; Rudnicki, Żydzi, S. 363 - 364.

gewesen, allerdings hatten Polen und das Deutsche Reich am 26. Januar 1934 einen Nichtangriffsvertrag geschlossen. Formal rückte Polen damit in die Nähe eines Verbündeten des Deutschen Reichs und diese neue, für viele zeitgenössische Beobachter durchaus überraschende Konstellation galt es nun mit symbolischen Gesten zu festigen.[22] Die Sejm-Wahlen 1935 boykottierten hingegen sämtliche polnische Oppositionsparteien sowie von den ethnisch nicht-polnischen Gruppierungen die jüdische, ukrainische, weißrussische und deutsche Linke.[23]

Nach amtlicher Zählung hatten sich bei der Sejm-Wahl 1935 nur 46 % der Wahlberechtigten zu den Urnen begeben.[24] Die Opposition malte die Dimensionen noch drastischer und sprach von bis zu 70 % Nichtwählern.[25] Auch die Mandatsverteilung konnte nicht als durchschlagender Erfolg der *Sanacja* gelten. Von den kollektiven Kandidatenlisten wurden unerwartet viele Kandidaten aus hinteren Listenrängen in den Sejm gewählt und direkt hinter Anhängern des BBWR folgten mit rund 12 % der Mandate die Vertreter der ukrainischen Bevölkerungsgruppe. Die jüdischen Gruppierungen konnten nur drei Abgeordnete in den neuen Sejm entsenden.

In der Folgezeit konnten es die Oppositionsparteien als ihren Vorteil ansehen, sich nicht durch die Mitwirkung an einem unglaubwürdig gewordenen Parlament zu kompromittieren. Mit dem Wegfall der einst zentralen Tribüne politischer Auseinandersetzung galt es aber nun, anderweitig Gehör zu finden und Verbindungen mit der Bevölkerung aufrecht zu erhalten.[26] Es gab mehrere außerparlamentarischen Partizipationswege: Streikaktionen fanden hier ebenso ihren Raum wie die Hinwendung zur Kommunalpolitik und die stärkere Politisierung von Festen.

Die Nationaldemokraten sahen die Entwicklung von solchen Ersatzschauplätzen vor allem als Zeichen für die „innere Unordnung" eines Landes, das seiner Bevölkerung die Möglichkeiten zur politischen Partizipation „am richtigen Ort und in der angemessenen Weise" weitgehend beschnitt.[27] Dagegen lobten die Sozialisten die sich bietende Gelegenheit, demokratische Verhaltensweisen in allen Bereichen des öffentlichen Lebens zu verankern. Für die zweite Hälfte der 1930er Jahre konzedierte Adam Próchnik hier erste Erfolge, die für ihn teilweise in Zusammenhang mit der politischen Bewusstwerdung insbesondere der Bauern standen, vor allem aber dem

---

22 Brzoza/Sowa, Historia Polski, S. 334.
23 Mieczysław Niedziałkowski: Walka o nowe prawo wyborcze, in: Robotnik, 18. 8. 1937, S. 3.
24 Wybory do Sejmu, in: Wiadomości Statystyczne, 14, 1936, S. 217.
25 Dorota Kłuszczyńska: Czy skok w próżnię? in: Robotnik, 1. 5. 1938, S. 5.
26 Ebd., S. 5.
27 Nieład, in: Warszawski Dziennik Narodowy, 17. 8. 1938, S. 3.

allgemeinen Phänomen geschuldet waren, dass erst durch die Erfahrung des Autoritarismus die Anerkennung und Wertschätzung von Demokratie stieg.[28]

Die ausgeprägten Emotionen, die das Streben um einen Rückgewinn von Partizipationsrechten begleiteten, zeigten sich im häufigen Rekurs auf nationale Denkfiguren. Selbst die politische Linke begründete das Recht der Arbeiter, Bauern und Angestellten, über das Schicksal Polens zu entscheiden, damit, dass sie stets „ihr Examen bestanden, als der Staat in Not war".[29] Partizipation legitimierte sich hier gleichermaßen demokratisch-emanzipatorisch wie durch einen heldenhaften Beitrag zur Nation.

Die Wendung gegen die autoritäre Planierung der politischen Landschaft durch die *Sanacja* umfasste aber nicht nur die Hinwendung zu einem neuen, mithin national unterlegten Demokratieverständnis, sondern auch zu mehr Polarisierung und Konkurrenz. Schon die Sejm-Wahlen in der frühen Zweiten Republik hatten politische Beobachter in einer ambivalenten Mischung aus Faszination und Abscheu als Kampf zwischen den „zwei äußersten Flügeln unserer Gesellschaft", zwischen den Nationaldemokraten und den Sozialisten, zwischen den „Priestern und Herren" einerseits und dem „einfachenVolk" andererseits kommentiert.[30] An der Neigung, die komplexe politische und gesellschaftliche Situation des jungen, noch in der Konsolidierung begriffenen polnischen Staates und die Konkurrenz unterschiedlicher Nationsentwürfe auf eingängige Gegenüberstellungen zu reduzieren, änderte das staatsnationale Integrationsangebot der *Sanacja* seit 1926 nichts. Im Gegenteil, in den Sejm-Wahlkämpfen 1928 und 1930 brach sich das Denken in zwei weltanschaulich getrennte „Lager" weiter Bahn.

Anhänger der *Sanacja* stellten, den autoritären Kurs gegen Parlament und Parteien rechtfertigend, die politische Opposition als „Lager der Ohnmacht, der Orientierungslosigkeit, des Chaos, der Streitereien, Cliquen und Klüngeleien" dar und stilisierten das „Lager" um Piłsudski als „Lager gesunder Herrschaft und eines gesunden Sejm", als „Lager gesellschaftlicher Kraft und staatlicher Macht".[31] Die Nationaldemokraten postulierten, die Sejm-Wahlen entschieden darüber, ob in Polen die Grundsätze Christi im öffent-

---

[28] Adam Próchnik: Najgłębsza treść demokracji, in: Robotnik, 1. 5. 1938, S. 6; so auch die Einschätzung der Bauernbewegung: W dwudziestą rocznicę, in: Zielony Sztandar, 13. 11. 1938, S. 1.

[29] Dorota Kłuszczyńska: Czy skok w próżnię? in: Robotnik, 1. 5. 1938, S. 5; Święto Czynu Chłopskiego, in: Zielony Sztandar, 16. 8. 1939, S. 1 - 2.

[30] AAN, PPS: 114/X-2, Bl. 28; 5-ty listopada – wybory, in: Wyzwolenie, 6. 8. 1922, S. 348; in ähnlichem Sinne: Władysław Padacz: Listy Pasterskie i Odezwy Jego Eminencji Ks. Kardynała Aleksandra Kakowskiego, in: Wiadomości Archidiecezjalne Warszawskie, 28, 1938, S. 164 - 179.

[31] Władysław Ludwik Ewert: 16 i 23, in: Polska Zbrojna, 14. 11. 1930, S. 1.

lichen Leben weiterhin Geltung besäßen oder aber die Linken siegten, die ebendiese Grundsätze der Religion und Moral bekämpften.[32] Nach dieser Zwei-Lager-Theorie marschierte das erste Lager „unter der Fahne Christi und wollte das Königreich Gottes in Polen verwirklichen und verbreiten", während das zweite Lager „im Geiste des Antichristen" agierte.[33] Warnendes Beispiel für das Wirken der Linken war die Sowjetunion: Wenn bei den Sejm-Wahlen das linke „Lager" gewinne, dann warte auf Polen das Schicksal des bolschewistischen Russland.[34]

Besondere Wirksamkeit versprach sich die politische Rechte mit ihrem „Lager"-Wahlkampf beim Werben um weibliche Wählergruppen. Dabei erwies sich ein Hirtenbrief der polnischen Bischöfe zur Sejm-Wahl 1928 als geeigneter argumentativer Steinbruch. Wenn ein Sejm mit linker Mehrheit über eine neue Verfassung entscheide, über Änderungen am katholischen Eherecht, über die Trennung von Staat und Kirche, über die Verbannung des Religionsunterrichts aus den Schulen und überhaupt der katholischen Religion aus der Nation, „dann verliert die Frau dabei am meisten!" Die Nationaldemokraten mahnten daher die „polnische Frau": „Gefahr droht ihrem Haus! Die Familie muss verteidigt werden!". Die Frauen, als Wächterinnen der häuslichen Ordnung sich der Verantwortung für das Schicksal ihrer Familien bewusst, sollten den Worten der „ehrwürdigen Hirten" folgen und die Liste Nr. 24 wählen.[35] Mit der Hinwendung zu weltanschaulichen Fragen und einer emotional-moralisierenden Ansprache spielten die nationaldemokratischen Wahlkämpfer gezielt auf die Ängste derjenigen Frauen an, für die eine enge Verbundenheit mit der Kirche und der Glaube in die Institution der Ehe angesichts einer erst in ihren Anfängen stehenden Frauenbewegung vielerorts noch von existenzieller Bedeutung waren. Der politische Konkurrenzkampf ließ sich damit bis in privateste Bereiche deklinieren. Der politische Gegner erschien als eine ganz persönliche Bedrohung und die Frage nach Sieg und Niederlage bei einer Parlamentswahl gestaltete sich zu einem Schicksalsmoment, der über das eigene Leben und die eigene Familie entschied.

In diesen weltanschaulichen Grundton stimmte auch die politische Linke ein. Niemand Geringeres als der mittlerweile 94-jährige Senior der sozialistischen Bewegung, Bolesław Limanowski, prognostizierte in einem Leitartikel des *Robotnik* zum 1. Mai 1929 für Polen und Europa den Kampf zwischen zwei „Kräften": Die eine Kraft war demnach von „despotischem", „militärischem" und „reaktionärem" Charakter, ihr Ziel war der „Militärstaat", wenn

---

[32] AAN, Zbiór druków ulotnych, 73, Bl. 17 - 18.
[33] AAN, Zbiór druków ulotnych, 103, Bl. 48, 56.
[34] Ebd., Bl. 1.
[35] Ebd., Bl. 14, 48.

nicht gar die faschistische Diktatur nach dem Vorbild Mussolinis. Die andere Kraft dagegen war „humanitär", „sozialistisch" und nährte den Wunsch der Bürger nach einer besseren Zukunft.[36] In Limanowskis Version einer Zwei-Lager-These schimmerte die seit der Teilungszeit geprägte Gegenüberstellung von „reaktionärer" Regierung und „freiheitsliebender" Gesellschaft durch.

Der *Sanacja* kam allerdings entgegen, dass die politische Linke „Faschismus", „Kapitalismus", Nationaldemokratie und *Sanacja* oftmals in einem Zug nannte, was die Analyse des Autoritarismus in Polen und ein darauf aufbauendes oppositionelles Handeln nicht gerade erleichterte. Vor allem aber ließ das Lagerdenken der politischen Rechten die *Sanacja* weitgehend unbehelligt und konzentrierte sich auf die vermeintliche Gefahr von „Bolschewisierung" und linker „Religionsfeindschaft".

Der Umbruch nach 1935 änderte dieses Bild nur unwesentlich. Die politische Rechte sah zwar den Staatsapparat in den Händen der *Sanacja* liegen, aber deren gesellschaftlichen Rückhalt als so gering an, dass ihr höchstens die Rolle eines „neutralen und die Schärfe der Kämpfe mildernden Mediators" blieb.[37] Auch aus sozialistischer Perspektive war nach Piłsudskis Tod eine inhaltliche „Leere" bei den regierungsnahen Organisationen zu bemerken und kein Nachfolger in Sicht, der die Lücke füllen könnte: „Die Tragik von Diktaturen besteht darin, dass eine verwaiste Diktatur früher oder später zum Untergang verurteilt ist."[38]

Oppositionelle Rechte und Linke sahen sich dabei selbst als wirkmächtigste Gruppen in der jüngsten Geschichte Polens, während sie die Zeit der *Sanacja*-Herrschaft einer erstaunlich raschen historischen Marginalisierung unterzogen. In der Diktion der Sozialisten bildete das eine Lager „die nationalistische Reaktion", das andere hingegen „das arbeitende Polen". Verstreute Reste der *Sanacja* würden sich allmählich zur einen oder anderen Seite lehnen.[39]

In der nationaldemokratischen Deutung existierten in Polen gegen Ende der 1930er Jahre ein „nationales" Lager und ein linkes „Volksfront"-Lager, das von Juden gelenkt werde und dem sich die Bauernbewegung zunehmend anschließe.[40] Während sich aber Vertreter der Bauernbewegung

---

36 Bolesław Limanowski: Co zwiastuje nam jutro? in: Robotnik, 1. 5. 1929, S. 1.
37 Giertych, Po wyborach, S. 12 - 13; Likwidacja marksizmu, in: Warszawski Dziennik Narodowy, 3. 5. 1938, S. 3; hierzu auch Wapiński, Narodowa Demokracja, S. 314.
38 Zygmunt Piotrowski: Wierzymy w człowieka i wolność! in: Robotnik, 1. 5. 1937, S. 2.
39 Zygmunt Zaremba: Spojrzenie wstecz i naprzód, in: Robotnik, 1. 5. 1936, S. 3.
40 Giertych, Po wyborach, S. 12 - 14; Likwidacja marksizmu, in: Warszawski Dziennik Narodowy, 3. 5. 1938, S. 3; hierzu auch Wapiński, Narodowa Demokracja, S. 314.

wiederholt gegen die Vereinnahmung in ein bestimmtes Lager verwahrten,[41] nahmen regierungsnahe Kreise immerhin in der Namensgebung die Vorgabe des Lagerdenkens auf und komplettierten ab 1937 mit dem *Obóz Zjednoczenia Narodowego* (OZN) semantisch die Reihe der bisherigen „Lager" *Obóz Wielkiej Polski* (OWP) und *Obóz Narodowo-Radykalny* (ONR).

Mit der „Rückkehr" zum Konfliktmuster der frühen Zweiten Republik zwischen Sozialisten und Nationaldemokraten verband sich in der zweiten Hälfte der 1930er Jahre zugleich eine Radikalisierung. Die Lösung des Lagerkonflikts lag für die Kontrahenten in der bewussten Anwendung politischer Gewalt. Bei den Sozialisten meinte ein Vertreter der jüngeren Generation, der 1895 im Łódźer Gebiet geborene Zygmunt Zaremba, der sich bereits kritisch über parlamentarische Methoden der Auseinandersetzung mit der *Sanacja* geäußert hatte und ein entschiedener Gegner des *Centrolew* gewesen war, jetzt müsse nur noch die „Front" der *Endecja* „zersprengt und vernichtet werden, um zu einem Polen der Arbeiter und Bauern zu gelangen".[42] Im Nachklang des 1. Mai 1937 konstatierte aber auch der in seinen politischen Statements gemeinhin gemäßigtere Parteifreund Zarembas, Mieczysław Niedziałkowski, dass die Sozialisten durch die intensive Jugendarbeit der Arbeiterbewegung innerhalb eines Jahres „einen großen Sprung nach vorne gemacht hatten" und nun „zur Offensive übergehen" könnten, um der „nationalen Bewegung" entgegenzutreten.[43]

Die Situation Polens in der zweiten Hälfte der 1930er Jahre als „innere Anarchie" deutend, waren im Gegenzug auch die Nationaldemokraten darauf bedacht, Bereitschaft zum Kampf zu wecken.[44] Obwohl die Ausbildung einer stringenten faschistischen Bewegung in Polen misslang, so hatte das Wirken von OWP, ONR und „Jungen" in der Nationaldemokratie gewichtigen Einfluss auf die politische Atmosphäre der 1930er Jahre.[45] Jędrzej Giertych, der sich 1933 für ein Engagement im SN entschieden hatte, versuchte den Konflikt zwischen „alten" und „neuen" Rechten auszugleichen, indem er mit Anklängen an faschistische Vorbilder die Mobilisierung der Massen unter entschlossenen Führern postulierte, zugleich aber religiöse Wirkkraft reklamierte: „in unserem Lager liegt die Erlösung des Landes".[46]

---

[41] Władysław Praga: Front chłopsko-robotniczy, in: Zielony Sztandar, 26. 4. 1936, S. 4; Nasz front, in: Zielony Sztandar, 17. 5. 1936, S. 1.
[42] Zygmunt Zaremba: Spojrzenie wstecz i naprzód, in: Robotnik, 1. 5. 1936, S. 3.
[43] Mieczysław Niedziałkowski: Po dniu 1 Maja. Przemiany i wnioski, in: Robotnik, 5. 5. 1937, S. 3.
[44] O wielką Polskę, in: Warszawski Dziennik Narodowy, 18. 8. 1936, S. 3; Przeszłość a teraźniejszość, in: Warszawski Dziennik Narodowy, 15. 8. 1937, S. 3; Śliwa, Mit rewolucji, S. 92.
[45] Rudnicki, Obóz Narodowo Radykalny, S. 331 - 333.
[46] Giertych, Po wyborach, S. 14.

Selbst Aktivisten kirchlicher Organisationen wie der *Akcja Katolicka* übernahmen eine solche Rhetorik. Die Katholiken sollten sich demnach in „einem großen und wohlgeordneten Lager versammeln",[47] um daraus eine „einheitliche koordinierte Front" zu bilden.[48] Das Wirken der AK sollte nicht nur der vermeintlichen Ohnmacht der Katholiken im öffentlichen Leben Polens begegnen,[49] sondern auch Katholiken an alle wichtigen gesellschaftlichen Positionen bringen, bevor diese an „der Kirche feindlich gesonnene Elemente" fielen.[50] In dieser Ausdeutung barg die Propagierung der AK eine antisemitische Komponente.[51] Die Einigung der Gesellschaft unter katholischen Vorzeichen vollzog sich damit im Rahmen eines imaginierten innergesellschaftlichen Kampfes, für den militärische Begriffe wie „Front" und „Lager" leitend waren.

Die unter Verwendung nationaler, religiöser und militärischer Denkfiguren betriebene Polarisierung des öffentlichen Lebens in Polen fasste das angesichts des politischen und gesellschaftlichen Umbruchs in den 1930er Jahren wieder neu in Gang kommende Ringen um die unterschiedlichen Nationsentwürfe in eingängige dichotomische Formeln. Nationale Einheit schien nur möglich zu den Bedingungen des jeweils eigenen Nationsentwurfs. Das Fehlen einer mehrheitlich akzeptierten inneren Ordnung nährte aber zugleich die Befürchtung vor „spanischen Zuständen".[52] Der seit Juli 1936 währende Bürgerkrieg zwischen Republikanern und Anhängern General Francos war für viele Europäer der Zwischenkriegszeit und nicht zuletzt für viele Polen mahnendes Beispiel.

1. 2 Umkämpfte Feiertage

Nach 1935 gerieten die Fundamente der autoritären Herrschaft ins Wanken. Um Erhalt oder Wandel wurde daher umso erbitterter gerungen. Dies zeigte sich markant bei den politischen Festen. Oppositionelle Gruppierungen

---

[47] Władysław Lewandowicz: „Tak Bóg chce!" Rzecz o Akcji Katolickiej w Archidiezecji Warszawskiej, in: Wiadomości Archidiecezjalne Warszawskie, 26, 1936, S. 252 (Zitat), 259.
[48] Władysław Deptuła: Na marginesie stowarzyszeń pomocniczych A. K. Artykuł dyskusyjny, in: Ruch Katolicki, 7, 1937, S. 171.
[49] Władysław Lewandowicz: „Tak Bóg chce!" Rzecz o Akcji Katolickiej w Archidiezecji Warszawskiej, in: Wiadomości Archidiecezjalne Warszawskie, 26, 1936, S. 246 - 248.
[50] Alicja Byszewska: Akcja Katolicka a rola Ziemianek w ruchu Odrodzeniowym, in: Ziemianka Polska, 1930, H. 22, S. 4.
[51] Henryk Misiak: Problem inteligencji katolickiej w Polsce, in: Ruch Katolicki, 6, 1936, S. 370 - 372.
[52] AAN, MSW, 866, Bl. 63 - 65.

mussten vorab von der Polizei Genehmigungen für einzelne Parolen und Transparente einholen. Nicht erlaubt waren Aussagen, die die Würde des Staatspräsidenten herabsetzten oder zur Missachtung von Gesetzen, insbesondere der Verfassung, aufriefen.[53]

Besonders restriktiv handhabten staatliche Stellen nach wie vor die Feier des 1. Mai. Der Tag der Arbeit war der mit Abstand größte oppositionelle Massenaufzug. Immer wieder kam es dazu, dass im Vorfeld PPS-Mitglieder verhaftet wurden und erst Tage danach wieder frei kamen.[54] Ebenso unterbanden die Behörden den Zusammenschluss von polnischer und jüdischer Arbeiterbewegung. Dies betraf sowohl die Hauptstadt Warschau als auch andere Städte des Landes wie Łódź, Lublin, Kalisz oder Kutno.[55] Die jüdische Arbeiterbewegung war in ihrer Festtagsgestaltung weitgehend auf die Grenzen ihres Viertels verwiesen, lediglich anlässlich akademischer Feiern der PPS und von Arbeiterparteien der übrigen ethnisch nicht-polnischen Bevölkerung kam es zu Besuch und Gegenbesuch.[56] Das autoritäre Bestreben, die öffentliche Ordnung aufrechtzuerhalten, nahm weiterhin die Diskriminierung nicht-polnischer Ethnien in Kauf.

Dabei hatte sich zu Beginn der 1930er Jahre für die PPS ein Hoffnungsschimmer gezeigt: Der Einfluss der regierungstreuen Arbeiterbewegung schwand. Die PPS-F.R. manifestierte zwar weiterhin auf den zentralen Plätzen der Hauptstadt, konnte aber nur noch einen recht bescheidenen Teilnehmerkreis um sich scharen. Auch Versuchen des 1931 gegründeten regierungsnahen Gewerkschaftsbundes ZZZ (*Związek Związków Zawodowych*, „Verband der Berufsverbände"), einen eigenen 1. Mai zu organisieren, war kein großer Erfolg beschieden.[57] Die räumlichen Beschränkungen für die oppositionellen Sozialisten gerieten daher recht inkonsequent. 1936 beispielsweise war für die PPS die Strecke des 1. Mai-Umzugs durch die Warschauer Innenstadt so vorgegeben, dass der Zug mehrmals anhalten und

---

[53] AAN, KGPP, dop. 112, Bl. 35 - 36.
[54] 1 Maj w Polsce, in: Robotnik, 2. 5. 1937, S. 2.
[55] Czerwona Warszawa. Uroczysta Akademja w wielkiej sali Opery, in: Robotnik, 2. 5. 1936, S. 3; Mieczysław Niedziałkowski: Dzień 1 Maja. Pod znakiem ruchu masowego, in: Robotnik, 5. 5. 1936, S. 1; H. Erlich: W dniu 1 maja. Pozdrowienia braterskie, in: Robotnik, 5. 5. 1937, S. 3; Demonstracja robotników stolicy, in: Robotnik, 2. 5. 1938, S. 1; Warszawa pod Czerwonymi Sztandarami, in: Robotnik, 2. 5. 1938, S. 2.
[56] Czerwona Warszawa. Uroczysta Akademja w wielkiej sali Opery, in: Robotnik, 2. 5. 1936, S. 3; H. Erlich: W dniu 1 maja. Pozdrowienia braterskie, in: Robotnik, 5. 5. 1937, S. 3.
[57] Święto 1 Maja, in: Robotnik, 2. 5. 1936, S. 2; Tomasz Arciszewski: O jedność klasy robotniczej, in: Robotnik, 1. 5. 1937, S. 2; 1 Maj w Polsce, in: Robotnik, 2. 5. 1937, S. 2; Demonstracja robotników stolicy, in: Robotnik, 2. 5. 1938, S. 1; Warszawa pod Czerwonymi Sztandarami, in: Robotnik, 2. 5. 1938, S. 2; Tomasz Arciszewski: „Śmiało podnieśmy Sztandar nasz w górę!...", in: Robotnik, 1. 5. 1938, S. 1.

den regierungsnahen Demonstrationsgruppen den Vorzug lassen musste. Dafür aber konnte die Abschlusskundgebung auf dem weitläufigen pl. Marszałka Piłsudskiego nahe des Sächsischen Gartens stattfinden.[58]

1938 unternahm die *Sanacja* einen neuen Anlauf, die Maidemonstrationen einzuhegen. Der ZZZ gab Flugblätter heraus, in dem er den Verzicht auf Feierlichkeiten zum 1. Mai bekannt gab. Damit sollten die von ihm vertretenen Arbeiter und Angestellten veranlasst werden, sich unter dem Motto „Nationale Einigung" von den Idealen der sozialistischen Arbeiterbewegung loszusagen.[59] Auch die Arbeitersektion (*Wydział Robotników*) des OZN rief 1938 über ihre neu ins Leben gerufene Zeitung *Robotnik Polski* dazu auf, mit der Tradition des 1. Mai zu brechen.[60] Darüber hinaus musste die PPS mit Übergriffen von ONR- und SN-Aktivisten rechnen, die im Vorfeld des 1. Mai auf Flugblättern und Versammlungen verkündet hatten, mit den Sozialisten tätlich abrechnen zu wollen.[61] In Pomorze hatte sich das SN sogar mit einem Gesuch an den Wojewoden gewandt, den 1. Mai zu verbieten.[62]

Die PPS klagte, ähnlich heftigen Kampagnen sei ihr Feiertag nur im Revolutionsjahr 1905 oder 1918 ausgesetzt gewesen, „als preußische Ulanen unseren 1. Mai-Umzug in Warschau auseinanderritten, unseren letzten konspirativen Umzug"[63] – also zu Zeiten feindlicher Teilungs- und Besatzungsmacht. In der Tat wartete der 1. Mai 1938 mit geringeren Teilnehmerzahlen auf als in den Vorjahren. Die politischen Gegner vermerkten nicht ohne Häme, dass dieser Mai-Umzug seit 1918 am schwächsten besucht war und weder durch Geschlossenheit und Disziplin noch durch eine besondere Anteilnahme der Zuschauer am Straßenrand beeindrucken konnte. Rasch wähnten sie den Kampf der PPS um die polnische Arbeiterschaft als verloren.[64] Allerdings war für die PPS, da die regierungsnahe Arbeiterschaft auf Kundgebungen zum 1. Mai verzichtet hatte, erneut eine symbolische Beset-

---

[58] Czerwona Warszawa, in: Robotnik, 2. 5. 1936, S. 1; eine ähnliche Situation ergab sich 1937, als die PPS von einem Arbeiterviertel am Rande der Innenstadt durch die von der Konkurrenz nur schwach genutzten zentralen Straßen zum pl. Teatralny ziehen konnte: Prawdziwe oblicze stolicy. 75 000 demonstruje na ulicach Warszawy, in: Robotnik, 2. 5. 1937, S. 1.

[59] Tomasz Arciszewski: „Śmiało podnieśmy Sztandar nasz w górę!...", in: Robotnik, 1. 5. 1938, S. 1.

[60] A. Zdanowski: Czym jest nasz Pierwszy Maj? in: Robotnik, 1. 5. 1938, S. 10.

[61] Demonstracja robotników stolicy, in: Robotnik, 2. 5. 1938, S. 1; Warszawa pod Czerwonymi Sztandarami, in: Robotnik, 2. 5. 1938, S. 2.

[62] Mieczysław Niedziałkowski: „...Ale z nami jest Serce Ojczyzny...", in: Robotnik, 1. 5. 1938, S. 1.

[63] Ebd., S. 1.

[64] 1-majowa demonstracja „folksfrontu" pod hasłem „walki z endecją", in: Warszawski Dziennik Narodowy, 2. 5. 1938, S. 1; Likwidacja marksizmu, in: Warszawski Dziennik Narodowy, 3. 5. 1938, S. 3.

zung des zentralen öffentlichen Raums in der Hauptstadt möglich geworden. Die oppositionellen Sozialisten sahen daher den trotz aller Widrigkeiten durchgeführten Festumzug als Nachweis erfolgreicher Selbstbehauptung.[65] Mit Verweis auf die historischen Verdienste der Arbeiter im Kampf um „ein freies, unabhängiges und gerechtes Polen" verurteilten sie sämtliche Versuche, „den Feiertag am 1. Mai auszulöschen".[66]

Die Deklaration der eigenen zur nationalen Sache war ein Indiz für das gewachsene Selbstbewusstsein, das die oppositionelle Linke seit der zweiten Hälfte der 1930er Jahre an den Tag legte. Wie bereits in der Vorkriegszeit und in den Anfangsjahren der Zweiten Republik kamen wieder verstärkt Studenten, Künstler und Angehörige der gebildeten Schichten zu einer aktiven Mitwirkung am Maifeiertag, die über die Gestaltung der akademischen Feiern am Abend des 1. Mai und über Veröffentlichungen in Parteizeitungen hinausging.[67] 1936 marschierte eine Reihe von Schriftstellern erstmals auf der Straße mit.[68] Für besondere Genugtuung sorgte, wenn einst regierungsnahe Gruppierungen wie die Jugendorganisationen *Legion Młodych* („Legion der Jungen") und *Związek Polskiej Młodzieży Demokratycznej* („Bund der polnischen demokratischen Jugend") auf die Seite der oppositionellen Sozialisten wechselten und am 1. Mai-Umzug teilnahmen[69] oder wenn lokale Zirkel des Gewerkschaftsbundes ZZZ symbolträchtig am Tag der Arbeit ankündigten, geschlossen zur PPS-nahen Klassengewerkschaft ZSZ (*Związek Stowarzyszeń Zawodowych*, „Verband der Berufsvereinigungen") zu wechseln.[70]

So konnte die PPS demonstrieren, dass sie in der *Sanacja*-Zeit nicht von der politischen Bildfläche verschwunden war. „Wir kehren zurück" – lautete die Parole. Damit war keine Rückkehr in die Zeit vor 1926 gemeint. Vielmehr wurde das eigene Agieren in der Anfangszeit der Zweiten Republik selbstkritisch als Niederlage begriffen, da es trotz der eingeleiteten sozialen Reformen damals nicht gelungen war, den Nationsentwurf „Volkspolen" umzusetzen.[71] Umso mehr war den Sozialisten daran gelegen, ihr Erstarken in den 1930er Jahren als Resultat einer neuen Idee und einer neuen ge-

---

65 Demonstracja robotników stolicy, in: Robotnik, 2. 5. 1938, S. 1; Warszawa pod Czerwonymi Sztandarami, in: Robotnik, 2. 5. 1938, S. 2.
66 Mieczysław Michałowicz: „Byle Wasze było na wierzchu...". Prof. M. Michalowicz o święcie Pierwszego Maja, in: Robotnik, 3. 5. 1938, S. 3.
67 Czerwona Warszawa. Uroczysta Akademja w wielkiej sali Opery, in: Robotnik, 2. 5. 1936, S. 3.
68 Czerwona Warszawa, in: Robotnik, 2. 5. 1936, S. 1.
69 1 maja w Warszawie, in: Warszawski Dziennik Narodowy, 2. 5. 1936, S. 2.
70 1 Maja w całej Polsce, in: Robotnik, 2. 5. 1936, S. 3.
71 Zygmunt Zaremba: Spojrzenie wstecz i naprzód, in: Robotnik, 1. 5. 1936, S. 3.

schichtlichen Strömung zu deuten.[72] Der 1. Mai war nicht nur „eine jährliche Bilanz der politischen, sozialen und kulturellen Errungenschaften der Arbeiterbewegung", sondern auch in offensivem Sinne eine „Kräfteschau" des sozialistischen Lagers.[73]

Allerdings lebten nicht wenige Konfliktmuster aus der Zeit der frühen Zweiten Republik weiter. So untermauerten die Sozialisten ihre Sicht auf Warschau als einer „roten Stadt" mit der Feststellung, erst der 1. Mai habe dafür gesorgt, dass „Warschau heute die Hauptstadt des polnischen Staates ist und nicht mehr eine russische Gouvernementsstadt im Weichselland".[74] Deutlich waren hier Anklänge an frühere Bestrebungen, den 1. Mai zum Nationalfeiertag zu machen, zu vernehmen. Und während zu Beginn der 1930er Jahre vorwiegend Auseinandersetzungen mit den Kommunisten und der regierungsnahen sozialistischen Konkurrenz den Ablauf der PPS-Manifestationen störten,[75] war nun das „nationale Lager" wieder wichtigster Gegner.[76]

In der Tat bestimmten in den Jahren vor dem Zweiten Weltkrieg vom Lagerdenken befeuerte Zusammenstöße zwischen Sozialisten und nationaldemokratischen Gruppierungen das Bild der Maifeiertage. Die politische Rechte brachte die ideologische Überzeugung von einer Polen drohenden kommunistischen Gefahr in die Auseinandersetzungen ein. Ihre Schärfe erhielt diese Warnung durch eine ethnische Aufladung des Feindbildes; das Stereotyp vom „jüdischen Bolschewismus" wurde jetzt wieder häufiger aktiviert: „Wenn der Kommunismus in Polen triumphiert, werden sich die dreieinhalb Millionen Juden in Kommissare verwandeln und den alten jüdischen Traum von einer Herrschaft über Polen verwirklichen". Angesichts einer solchermaßen konstruierten Bedrohung appellierte die politische Rechte nun immer schriller an die „Wachsamkeit der polnischen Bevölkerung", selbst dann, wenn ein weitgehend friedlich verlaufener 1. Mai eigentlich die Befürchtungen hätte zerstreuen müssen.[77] Die Atmosphäre ständiger Anspannung, um möglichst frühzeitig die kommunistische Gefahr aufzuspüren, begünstigte zweifellos die Eskalation von Gewalt, ja, mehr noch:

---

[72] Mieczysław Niedziałkowski: Po 1 Maja. Pierwsze wnioski, in: Robotnik, 3. 5. 1936, S. 1. Solidarność mas chłopskich z robotnikami. Dzień 1 Maja w Polsce, in: Robotnik, 6. 5. 1936, S. 5.
[73] Zygmunt Piotrowski: Wierzymy w człowieka i wolność! in: Robotnik, 1. 5. 1937, S. 2.
[74] Czerwona Warszawa, in: Robotnik, 2. 5. 1936, S. 1; Prawdziwe oblicze stolicy. 75 000 demonstruje na ulicach Warszawy, in: Robotnik, 2. 5. 1937, S. 1.
[75] Czerwona Warszawa, in: Robotnik, 2. 5. 1936, S. 1.
[76] Zygmunt Zaremba: Spojrzenie wstecz i naprzód, in: Robotnik, 1. 5. 1936, S. 3.
[77] Po pierwszym maja, in: Warszawski Dziennik Narodowy, 3. 5. 1936, S. 3.

Gewalt erschien vor dem Hintergrund vielfältig geschürter Verschwörungstheorien als aktiver Ausweg aus der Furcht.

Bereits im Vorfeld des 1. Mai verteilten Mitglieder nationaldemokratischer Organisationen in Warschau antikommunistische und antijüdische Flugblätter und malten einschlägige Parolen an Wände und auf Gehwege.[78] Am 1. Mai spielten sich Angriffe auf die sozialistischen Umzüge sowohl an zentralen innerstädtischen Straßen ab[79] als auch im Übergangsgebiet zwischen dem jüdischen Viertel, das als „Operationsbasis der Kommunisten" diffamiert wurde, und dem in ethnisierender Tendenz als „polnisch" stilisierten Arbeiterviertel Wola.[80] Darüber hinaus betonte die nationaldemokratische Presse, dass „polnische" Fabriken überwiegend arbeiteten, während alle „jüdischen" Fabriken geschlossen waren.[81] Zerstörte Standarten, Revolverschüsse, umgestürzte Taxi-Droschken und eingeschlagene Schaufensterscheiben zählten mittlerweile zur Tagesordnung des 1. Mai.[82] Nachhaltiges Entsetzen konnte aber immer noch auslösen, wenn Menschen ihr Leben lassen mussten.[83]

Anders als im ersten Jahrzehnt des unabhängigen Polens, als die Hauptstadt Warschau bei den politischen Festen stets die Avantgarde für das ganze Land abgab, sowohl in Dimension und inszenatorischem Aufwand als auch bei politischer Radikalisierung und Gewaltbereitschaft, war in der zweiten Hälfte der 1930er Jahre die Gewalt keineswegs mehr auf das Zentrum beschränkt: Zum 1. Mai 1938 beispielsweise gab es blutige Ausschreitungen in Kielce, Lwów, Poznań und Grodno.[84]

In einer Gewaltbilanz des 1. Mai in der zweiten Hälfte der 1930er Jahre, wie sie sich anhand der Berichterstattung der Tagespresse und der staatlichen Behörden erfassen lässt, hatten in der überwiegenden Zahl der Fälle

---

[78] 1 maja w Warszawie, in: Warszawski Dziennik Narodowy, 2. 5. 1936, S. 1.
[79] 1 Maj w Polsce, in: Robotnik, 2. 5. 1937, S. 2.
[80] 1 maja w Warszawie, in: Warszawski Dziennik Narodowy, 2. 5. 1936, S. 1; 1 maja w Warszawie, in: Warszawski Dziennik Narodowy, 2. 5. 1937, S. 2. Dem versuchten die Sozialisten einen Kult des „roten" Wola entgegenzusetzen: Stefan Kobrzyński: Wspomnienia z Woli, in: P. P. S. Wspomnienia z lat 1918 - 1939, Bd. 1, Warszawa 1987, S. 451 - 464.
[81] 1 maja w Warszawie, in: Warszawski Dziennik Narodowy, 2. 5. 1937, S. 2. Allerdings war der 1. Mai 1937 ein Samstag, also ohnehin arbeitsfrei gemäß des jüdischen Sabbat – eine Facette, die der nationaldemokratische Berichterstatter geflissentlich unterschlug.
[82] 1 maja w Warszawie, in: Warszawski Dziennik Narodowy, 2. 5. 1936, S. 1; Czerwona Warszawa, in: Robotnik, 2. 5. 1936, S. 1.
[83] 1937 zählte ein fünfjähriges Kind zu den Opfern: 1 maj w Polsce. Napad na pochód „Bundu", in: Robotnik, 2. 5. 1937, S. 2; 1 maj w Warszawie. Akademia, in: Robotnik, 5. 5. 1937, S. 2.
[84] Zum 1. Mai 1938 gab es blutige Ausschreitungen in Kielce, Lwów, Poznań und Grodno: Masy robotnicze prowincji wypowiadają się za P.P.S., in: Robotnik, 2. 5. 1938, S. 3.

Provokationen der politischen Rechten auslösende Wirkung gehabt. In der konkreten Situation, in der sich kampfbereite, teilweise uniformierte und gerüstete Milizen auf beiden Seiten gegenüberstanden, war der Grat zwischen Standhaftigkeit und Drohgebärden, zwischen Selbstverteidigung und „präventiven" Maßnahmen allerdings mitunter sehr schmal.[85] So kam es wiederholt auch zu handgreiflichen Aktionen der politischen Linken, als beispielsweise 1936 die sozialistische Miliz versuchte, das Redaktionsgebäude der wichtigsten nationaldemokratischen Hauptstadtzeitung, des seit 1935 in Nachfolge der *Gazeta Warszawska* erscheinenden *Warszawski Dziennik Narodowy*, zu stürmen.[86]

Mit der Abkehr von einer reinen Gegenwehr korrespondierte bei der politischen Linken die zunehmende Überzeugung von der eigenen Überlegenheit. Dabei hob sie nicht nur das mutige öffentliche Bekenntnis der Arbeiterschaft hervor, sondern verhöhnte gleichzeitig den politischen Gegner, dass er nicht den Mut habe zu offener Auseinandersetzung, sondern nur zu spontanen Überfällen auf jüdische Geschäfte.[87] Auf das gewachsene Selbstbewusstsein der politischen Linken hatten die Nationaldemokraten oft keine schlüssige Antwort parat. Recht hilflos und phrasenhaft wirkte die Erklärung, der „Marxismus" in Polen könne aufgrund der hohen Beteiligung der Juden schneller mobilisieren als der „Nationalismus".[88] Die obsessive Ethnisierung, wie sie die politische Rechte betrieb, mochte zwar den Zusammenhalt in der eigenen Anhängerschaft fördern, stand aber einer Fehleranalyse und gezielten Problemlösung im Wege.

Einen näheren Einblick in die Widerstände, vor denen die Nationaldemokraten standen, offenbarte die Feier des 3. Mai. Unter der Parole „eine nationale Hauptstadt in einem nationalen Staat" wollte die politische Rechte eine Antwort auf die 1. Mai-Umzüge von „Sozialisten, Juden und Kommunisten" geben, wollte sie den Kampf gegen die „fremden Eindringlinge in die Straßen der Hauptstadt" und gegen „die Reste des so genannten roten Warschau" aufnehmen.[89]

Das Problem dabei war, dass der 3. Mai als Nationalfeiertag nach wie vor eine inszenatorische Domäne der Regierung darstellte. Bevor sie weiter rei-

---

[85] 1 maja w Warszawie, in: Warszawski Dziennik Narodowy, 2. 5. 1936, S. 1; Dwie mobilizacje, in: Warszawski Dziennik Narodowy, 5. 5. 1937, S. 3; 1 Maj w Polsce, in: Robotnik, 2. 5. 1937, S. 2.
[86] 1 maja w Warszawie, in: Warszawski Dziennik Narodowy, 2. 5. 1936, S. 1.
[87] Demonstracja robotników stolicy, in: Robotnik, 2. 5. 1938, S. 1; Warszawa pod Czerwonymi Sztandarami, in: Robotnik, 2. 5. 1938, S. 2.
[88] Dwie mobilizacje, in: Warszawski Dziennik Narodowy, 5. 5. 1937, S. 3.
[89] W dniu święta narodowego młodzież manifestuje na cześć armji, in: Warszawski Dziennik Narodowy, 4. 5. 1936, S. 1.

chende Ziele im „Lagerkampf" gegen die Linke verfolgen konnten, mussten die Nationaldemokraten erst einmal den Gestaltungsanspruch der *Sanacja* in Frage stellen. Am leichtesten bewerkstelligen ließ sich dies in der Medienberichterstattung. In Abkehr vom staatstragenden Gestus früherer Jahre lenkte die nationaldemokratische Presse ihre Aufmerksamkeit nicht länger auf die Militärparade als Höhepunkt des staatlich-offiziellen Festtagsprogramms in der Hauptstadt, sondern berichtete an prominenter Stelle über separate Veranstaltungen der politischen Rechten, in erster Linie den „nationalen Umzug" der studentischen Jugend.[90] Seit Ende der 1920er Jahre führte ein solcher Zug ausgehend vom Botanischen Garten durch zentrale Straßen Warschaus bis zu einer Kundgebung auf dem Universitätsgelände. Die Nationaldemokraten waren bemüht, dieser Veranstaltung den Anstrich einer breite Bevölkerungskreise umfassenden Anziehungskraft zu verleihen. So betonten sie, dass beim Umzug keineswegs nur Studenten, sondern auch die Arbeiterjugend und ältere Menschen teilnahmen.[91] Tatsächlich kam der Zielpunkt Universitätsgelände eher einem Rückzug in eine milieuspezifische Heimstatt gleich, dem nur noch ein Teil der Umzügler folgen mochte.[92]

Die Defensive bei der Nutzung des öffentlichen Raums war auch polizeilichen Restriktionen geschuldet. 1936 blockierten Wasserwerfer den Rückweg des studentischen Zugs vom Universitätsgelände zum Nowy Świat.[93] Auch 1937 griffen staatliche Ordnungshüter hart durch, um die auf dem nahen pl. Marszałka Piłsudskiego stattfindende offizielle Militärparade von Störungen frei zu halten, und drängten den nationaldemokratischen Umzug von seiner ursprünglichen Marschrichtung durch die Innenstadt gleich ganz an die Peripherie, an das Weichselufer in Höhe des Wybrzeże Kościuszkowe ab. Immerhin fand sich dort mit dem Denkmal für die *Dowborczyk*-Soldaten – für die Mitglieder der polnischen Armee in Großpolen, die 1919 unter General Józef Dowbor-Muśnicki gegen die Deutschen kämpften – ein symbolträchtiges Monument für die improvisierte Abschlusskundgebung, was die unrühmliche Beendigung des Umzugs in einem milderen Licht erscheinen ließ.[94] Die Demonstranten hatten den staatlichen

---

[90] Ebd., S. 1; Manifestacja młodzieży narodowej, in: Warszawski Dziennik Narodowy, 4. 5. 1937, S. 1.
[91] W dniu święta narodowego młodzież manifestuje na cześć armji, in: Warszawski Dziennik Narodowy, 4. 5. 1936, S. 1.
[92] Obserwator: Zamiast felietonu. Żałosne „fiasko" endeckiej próby „panowania nad ulicą", in: Robotnik, 5. 5. 1936, S. 3.
[93] W dniu święta narodowego młodzież manifestuje na cześć armji, in: Warszawski Dziennik Narodowy, 4. 5. 1936, S. 1.
[94] Manifestacja młodzieży narodowej, in: Warszawski Dziennik Narodowy, 4. 5. 1937, S. 1; Wybryki studentów, in: Polska Zbrojna, 4. 5. 1937, S. 4. 1938 wiederholte sich dieses

Behörden freilich Argumente für ein Eingreifen gleich selbst an die Hand gegeben: mit tätlichen Auseinandersetzungen im Umfeld des Umzugs und mit Übergriffen auf jüdische Geschäfte, deren Auswirkungen allerdings zumeist auf Sachschäden wie eingeschlagene Schaufensterscheiben begrenzt blieben.[95]

Nicht nur in der Hauptstadt Warschau, sondern auch in der Provinz, selbst in nationaldemokratisch geprägten Regionen wie dem nördlichen Masowien, war die Profilierung der politischen Rechten am 3. Mai erschwert. Meistens nahmen Mitglieder des SN an den Gottesdiensten teil, aber nicht am Umzug oder allenfalls an dessen Ende, um vor den Tribünen der Militärparade in die Seitenstraßen abzuschwenken. Die Organisation eigener Umzüge parallel zum offiziellen Programm wurde dem SN vielerorts behördlich untersagt. Nur in wenigen Ortschaften konnte das SN die Organisation des 3. Mai ganz unter seine Kuratel nehmen.[96]

Der Gegensatz zwischen den beiden oppositionellen politischen Festen, zwischen „sozialistischem" 1. Mai und „nationaldemokratischem" 3. Mai, besaß eine asymmetrische Komponente. Die neue sozialistische Selbstdarstellung vollzog sich in weit stärkerem Maße, als dies den Zeitgenossen bewusst sein konnte, im Rahmen der politischen Kultur der 1930er Jahre, zu deren Kennzeichen die Denkfigur der „verfeindeten Lager", die Militarisierung von Sprache und Habitus sowie die Neigung zu außerparlamentarischen, „revolutionären" Lösungen zählte. Für die Nationaldemokraten war die Gelegenheit, physische Kraft und Mobilisierungsfähigkeit zu demonstrieren und den politischen Gegner auf diese Weise zu demoralisieren, weit weniger günstig. Mit dem Entzug institutionalisierter Partizipationswege durch das autoritäre Regime war der öffentliche Raum, die „Straße", spätestens in der zweiten Hälfte der 1930er Jahre zu einem führenden Schauplatz politischer Auseinandersetzungen geworden. Weder der staatstragende Habitus aus der Frühzeit der Zweiten Republik noch die Wiederbelebung von Elementen der „organischen Arbeit" oder der Rückzug auf das Private seit Ende der 1920er Jahre boten aber geeignete Voraussetzungen für die oppositionelle Selbstbehauptung auf der „Straße". Die radikalen, vom Faschismus faszinierten Gruppierungen auf der politischen Rechten schließlich konnten zwar mit Aktionismus aufwarten, waren aber für einen großen Teil der Bevölkerung nicht attraktiv.

Szenario: Rewia 3 majowa. Dzielna postawa wojska, in: Warszawski Dziennik Narodowy, 4. 5. 1938, S. 1.
[95] Wybryki studentów, in: Polska Zbrojna, 4. 5. 1937, S. 4; Jak endeccy studenci uczcili Trzeci Maj, in: Robotnik, 4. 5. 1936, S. 3; W dniu święta narodowego młodzież manifestuje na cześć armji, in: Warszawski Dziennik Narodowy, 4. 5. 1936, S. 1.
[96] APW, UW Warszawski, 109, Bl. 119 - 120.

Vor allem aber die bisherige Domäne nationaldemokratischer Symbolpolitik geriet nun unter Druck: die Feier des 15. August, des „Wunders an der Weichsel". Das Gedenken an den polnisch-sowjetischen Krieg rückte in den 1930er Jahren stärker ins Visier staatlichen Gestaltungsinteresses. Ein erster Höhepunkt war das Jahr 1930 gewesen, als die *Sanacja*-Regierung das zehnjährige Gedenken an den Sieg über die Rote Armee feierlich begehen ließ – allerdings nicht im Hochsommer, sondern am 11. November, dem zum „Tag der Unabhängigkeit" stilisierten Jahrestag der Rückkehr Piłsudskis nach Polen 1918. Diese Terminsetzung war ein geschickter Schachzug, denn am 16. November 1930 wählte die Bevölkerung Polens einen neuen Sejm, der der *Sanacja* eine deutliche Mehrheit verschaffen sollte. Viele staatsnational orientierte gesellschaftliche Organisationen waren intensiv mit den Festtagsvorbereitungen befasst.[97] In den Folgejahren bemühte sich dann die *Sanacja* verstärkt, zum 15. August ein eigenes Fest des Polnischen Soldaten (*Święto Żołnierza Polskiego*) in Szene zu setzen.[98] Armee und Staatsverwaltung leisteten hier wichtige Unterstützung.[99]

Mit der Etablierung des staatsnationalen Fests des Polnischen Soldaten standen die Nationaldemokraten bei ihren Veranstaltungen vor der Notwendigkeit, eine räumliche und programmatische Abgrenzung zu den Regierungsfeierlichkeiten zu dokumentieren. So unterstrich 1936 der *Warszawski Dziennik Narodowy* für seine Leser, mit der akademischen Feier in der Philharmonie habe das SN nichts zu tun und auch die Veranstaltung einer „Nationalen Vereinigung" (*Zjednoczenie Narodowe*) im Saal der Hygiene-Gesellschaft an der ul. Karowa fände ohne SN-Beteiligung statt.[100]

Gelegenheit zur Ausbildung eines neuen Festtagsrituals erhielten die Nationaldemokraten schon rasch – allerdings nicht freiwillig. Neben zahlrei-

---

[97] APW, UW Warszawski, 46, Bl. 340 - 341. Im August 1930 hatte in Warschau lediglich ein Treffen der Reservisten- und Veteranenverbände stattgefunden, dem zwar zeitweilig Ministerpräsident Walery Sławek, Innenminister Felicjan Sławoj-Składkowski und Piłsudskis Ehefrau, Aleksandra Piłsudska, beiwohnten, aber es gab keine größere Festivität mit dem Anspruch auf gesellschaftliche Breitenwirkung: W służbie ukochanego wodza – na straży granic Rzeczpospolitej, in: Polska Zbrojna, 16. 8. 1930, S. 3; Imponująca manifestacja obrońców ojczyzny w 10-tą rocznicę odparcia nawały bolszewickiej, in: Gazeta Polska, 16. 8. 1930, S. 1 - 2. Dagegen waren im November Zapfenstreich, Militärparade, Festumzüge mit Orchestern sowie eine feierliche Dekoration der Hauptstadt vorgesehen. Genauer Programmablauf: Uroczystości wojskowe w dniu Święta Niepodległości, in: Polska Zbrojna, 8. 11. 1930, S. 4; Stolica w dniu święta Niepodległości i Zwycięstwa, in: Gazeta Polska, 12. 11. 1930, S. 1 - 2.
[98] Dzień 15 sierpnia, in: Polska Zbrojna, 7. 8. 1936, S. 6; Święto konsolidacji narodowej, in: Polska Zbrojna, 12. 8. 1936, S. 3.
[99] AAN, FPZOO, 49, Bl. 55 - 58; APW, UW Warszawski, 109, Bl. 212 - 243.
[100] Narodowcy pod Radzyminem. Uroczystości 15 sierpnia, in: Warszawski Dziennik Narodowy, 14. 8. 1936, S. 1.

chen regionalen und lokalen Veranstaltungen anlässlich des „Wunders an der Weichsel" war 1936 unter Federführung des SN-Bezirksverbands Warschau eine zentrale Festivität in der Hauptstadt geplant. Behördliche Repressalien veranlassten die Verlegung der Gedenkveranstaltung in die Umlandgemeinde Radzymin. Nationaldemokratische Kreise nahmen dies zunächst mit großem Bedauern auf.[101] Erst die konkrete Festtagsgestaltung vor Ort und die nachträgliche Stilisierung in der parteinahen Berichterstattung vermochten aus der Not eine Tugend zu machen und einen wichtigen Orientierungspunkt zu geben für die in den 1930er Jahren im Umbruch befindliche Selbstbeschreibung der nationaldemokratischen Bewegung.

Statt Repräsentation im Zentrum der Macht bot das Ausweichquartier eine größere Nähe zum Ort des militärischen Geschehens. In Radzymin ehrten jährlich Veteranenverbände, gesellschaftliche Organisationen und Familienangehörige auf dem örtlichen Friedhof die Gefallenen von 1920.[102] Dieses Ritual konnten auch die nationaldemokratischen Festumzügler nutzen, indem sie an den Gräbern von Radzymin Gedenken einlegten. Mehr noch aber konnten sie mit der improvisierten Kulisse für ihre Kundgebung – die Tribüne bestand aus einem Auto – atmosphärisch die hier einstmals nahe verlaufene Kriegsfront beschwören. Als Hauptredner erinnerte der mittlerweile fast siebzigjährige Joachim Bartoszewicz, der seit 1928 den Vorsitz des SN bekleidete, daran, dass der Kampf auch 16 Jahre nach dem „Wunder an der Weichsel" weiterginge.

Wie dieser Kampf aussehen sollte, verdeutlichte die Feier in Radzymin immerhin ansatzweise. Bei einer Parade zeigten sich die parteieigenen Ordnungskräfte in einheitlichen Uniformen, später folgte ein Zug von *Dowborczyk*-Soldaten und einigen hundert Radfahrern. Schließlich wurde ein Appell in militärischer Manier abgehalten.[103]

Zentral für die neue nationaldemokratische Selbstbeschreibung waren körperliche Stärke, militärische Disziplin, Enthusiasmus und Willen zum Kampf. In der sozialen Zusammensetzung der Veranstaltung sollte ein deutlicher Kontrast zum staatstragenden Habitus der älteren Nationaldemokraten aufscheinen. Die Berichterstatter legten besonderen Wert auf die

---

[101] Narodowcy pod Radzyminem. Początek uroczystości o godz. 9-ej rano, in: Warszawski Dziennik Narodowy, 15. 8. 1936, S. 1; Wielkie uroczystości narodowe w kraju, in: Warszawski Dziennik Narodowy, 17. 8. 1936, S. 1; Śmieszne wysiłki, in: Warszawski Dziennik Narodowy, 18. 8. 1936, S. 3.

[102] Na mogiłach bohaterów z pod Radzymina, in: Polska Zbrojna, 15. 8. 1936, S. 7; W rocznicę bitwy warszawskiej. Święto Żołnierza Polskiego, in: Polska Zbrojna, 14. 8. 1937, S. 6; W 17-tą rocznicę wielkiego zwycięstwa. Święto żołnierza w stolicy, in: Polska Zbrojna, 16. 8. 1937, S. 1.

[103] Wielkie uroczystości narodowe w kraju, in: Warszawski Dziennik Narodowy, 17. 8. 1936, S. 1.

Feststellung, dass es sich bei den Teilnehmern der Parade überwiegend um junge Bauern und Arbeiter gehandelt habe.[104]

Inhaltlich verband die politische Rechte mit dem 15. August 1920 wesentliche Postulate des Lagerdenkens. Das Gedenken an das „Wunder an der Weichsel" war demnach ein wichtiger Mobilisierungsfaktor im innenpolitischen Kampf gegen die „Volksfront". Noch heute stehe Polen „an vorgeschobenem Posten" im Kampf gegen den Kommunismus:

„Sowohl die schwierige wirtschaftliche Lage, die politische Unsicherheit und die sozialen Spannungen als auch das moralische Klima der letzten Jahre haben die Entwicklung der kommunistischen Agitation befördert [...] Mit einem mächtigen Stoß konnten wir vor 16 Jahren die Bolschewiki zurückschlagen, aber dann tolerierten wir das schrittweise Einsickern des Kommunismus in unser Land."[105]

1920 war der Kampf aus nationaldemokratischer Sicht „blutiger, aber einfacher": Damals gab es „einen deutlich erkennbaren Feind, der uns von Angesicht zu Angesicht gegenüberstand – heute tritt der Kommunismus in unserem Land hinter einer Maske auf, wirkt hinterlistig, verräterisch, aus dem Untergrund".[106] Wie bereits beim 1. Mai galt es daher, die Bevölkerung in ständiger Wachsamkeit und Bereitschaft zu halten.[107]

Der Feind, gegen den sich der selbst proklamierte Kampf der politischen Rechten richtete, war mit einer Strategie der Ethnisierung leicht zu fassen: Kommunisten waren Juden. Die Antwort auf die vermeintliche Gefahr lautete entsprechend: Durch die Entfernung der Juden werde auch dem Kommunismus in Polen der Boden entzogen. Hier bot die Veranstaltung von Radzymin 1936 einen Vorgeschmack auf das angestrebte Szenarium. Während des Treffens zum 15. August hatten sich keine Juden auf den Straßen gezeigt, was die *Endecja* triumphieren ließ: „Für einen Tag ist Radzymin eine rein polnische Stadt gewesen."[108]

Die neue nationaldemokratische Selbstinszenierung fand im folgenden Jahr in größerer und erweiterter Dimension stand. Als sich zum 15. August 1937 von behördlicher Seite keine Hindernisse zeigten, teilte die Führungsspitze des SN kurzfristig ihren Ortsverbänden mit, die zentrale Feier wieder

---

104 Ebd., S. 1.
105 Tadeusz Bielecki: Zwycięstwo wiary i woli, in: Warszawski Dziennik Narodowy, 15. 8. 1936, S. 3.
106 W dzień zwycięstwa, in: Warszawski Dziennik Narodowy, 14. 8. 1938, S. 3.
107 Z uwagi na interes publiczny, in: Warszawski Dziennik Narodowy, 13. 8. 1938, S. 3; W dzień zwycięstwa, in: Warszawski Dziennik Narodowy, 14. 8. 1939, S. 3. Als „Enthüllungsideologie" bezeichnet Pufelska, „Judäo-Komune", S. 57 dieses Denkmuster.
108 Wielkie uroczystości narodowe w kraju, in: Warszawski Dziennik Narodowy, 17. 8. 1936, S. 1.

in der Hauptstadt abzuhalten.[109] Die Organisationsleitung für die Feierlichkeiten übernahm Jędrzej Giertych. An der al. Ujazdowskie, unweit des Botanischen Gartens, fand eine militärisch angehauchte Parade statt, die der SN-Vorstand und der für seine antisemitische Einstellung bekannte Pfarrer der Warschauer Allerheiligen-Kirche am pl. Grzybowski, Prälat Marceli Godlewski, „abnahmen". Fast eine Stunde lang defilierten Infantristen, Radfahrer, Männer und Frauen, die meisten in hellen Uniformen, vorbei. Im Anschluss an die Parade entspann sich ein Umzug zum Grabmal des Unbekannten Soldaten, wo erneut ein Zeremoniell in militärischer Manier abgehalten wurde. Schließlich versammelten sich auf dem Altstadtmarkt nach Angaben der Veranstalter 12.000 Teilnehmer des SN sowie etwa 4.000 Passanten.[110] Die Nationalhymne wurde gespielt und „die Versammelten hörten sie in militärischer Haltung mit der Hand erhoben zum nationalen Gruß".[111]

Die Parolen während des Umzugs enthielten auffallend viele Lobpreisungen für die Armee. Hier kam nicht nur der militärische Habitus als zentrales Element des neuen nationaldemokratischen Selbstbildes zum Tragen, sondern auch der in der zweiten Hälfte der 1930er Jahre in ganz Polen verbreitete Diskurs der Landesverteidigung. Das SN unterstrich sogar, keine andere politische Gruppierung habe sich die Idee der Landesverteidigung so sehr auf die eigenen Fahnen geschrieben. Dies war eine Spitze gegen die Regierung, die den entscheidenden Einfluss über die Armee besaß. Die Konzeption der *Sanacja* verwarfen die Nationaldemokraten vielmehr als „mechanische Kombinatorik" und setzten ihre Vision entgegen, dass die Armee „auf organische Weise" aus der Nation heraus erwachsen müsse.[112] Vorbild war der „Geist des Glaubens und der Kräfte, der Tapferkeit und Opferbereitschaft" von 1920, der dazu geführt habe, dass sich damals die „Vereinigung der polnischen Gesellschaft schnell und leicht vollzog". Die unter Ausblendung von Not und Unsicherheit im Kriegssommer 1920 nachträglich stilisierte Atmosphäre von „ehrlicher Begeisterung" stand somit in symbolträchtigem Kontrast zur „grauen Alltäglichkeit" der Gegen-

---

[109] APW, UW Warszawski, 102, Bl. 189 - 207.
[110] Obchód Stronnictwa Narodowego w Warszawie, in: Warszawski Dziennik Narodowy, 16. 8. 1937, S. 1. In der amtlichen Einschätzung wurde hingegen nur von 5.000 Teilnehmern des SN ausgegangen: APW, UW Warszawski, 102, Bl. 213 - 233.
[111] Obchód Stronnictwa Narodowego w Warszawie, in: Warszawski Dziennik Narodowy, 16. 8. 1937, S. 1.
[112] Tadeusz Bielecki: 1920 – 1937. Garść uwag, in: Warszawski Dziennik Narodowy, 15. 8. 1937, S. 3; Obchód Stronnictwa Narodowego w Warszawie, in: Warszawski Dziennik Narodowy, 16. 8. 1937, S. 1.

wart.¹¹³ Gerade angesichts der mühsamen Selbstbehauptung in der polarisierten politischen Landschaft Polens der 1930er Jahre erschien die Kriegsnation mit ihrem Versprechen von Gemeinschaft und Einigkeit immer mehr als verlockende Perspektive.

Der wichtigste Unterschied zu den gleichfalls militärisch geprägten Festen der *Sanacja* lag aber darin, dass die Nationaldemokraten dem 15. August eine Reihe religiöser Komponenten hinzufügten, die in den 1930er Jahren vor allem bei der Anhängerschaft von OWP und ONR beliebt waren. Nach einer Messe in der St. Johannes-Kathedrale hatten Prälat Godlewski und die Mitglieder des SN-Vorstands auf einem Balkon, der mit den Nationalfarben und dem aus OWP-Zeiten rührenden Abzeichen, dem Schwert Bolesław Chrobrys, geschmückt war, das „Gebet für ein großes Polen" gesprochen. Anschließend hatten die Teilnehmer die *Bogurodzica*, das älteste, aus dem Mittelalter stammende religiöse Lied Polens angestimmt. Auf der Abschlusskundgebung beschwor Jędrzej Giertych schließlich neben dem „Wunder nationaler Einheit" im Sommer 1920 ausdrücklich die Vision Polens als eines „katholischen Staates". Dazu gehörte auch die Forderung, dass sich Polen „von den Juden frei machen müsse".¹¹⁴

Die radikalisierte und militarisierte Neuausrichtung der Nationaldemokratie in den 1930er Jahren vermochte ältere Traditionslinien und Praktiken der politischen Rechten anlässlich des 15. August nicht gänzlich zu verdrängen. Ein eigenständiges, kirchlich getragenes Feiertagsritual hatte sich in dem Örtchen Ossów herausgebildet. Hier fanden alljährlich Feierlichkeiten statt, an der einige tausend Menschen aus Warschau und Umgebung teilnahmen, und dies nicht nur Anhänger der Nationaldemokratie: Pfadfinder, Gruppen der vormilitärischen Ausbildung und des Schützenverbands, die örtliche Freiwillige Feuerwehr mit Orchester und Kinder der Grundschule in Ossów waren ebenso präsent wie Vertreter gesellschaftlicher Organisationen aus Warschau.¹¹⁵ Ossów bezog seine Symbolkraft aus der Erzählung vom Heldentod des jungen Priesters Ignacy Skorupka.¹¹⁶ Sein Andenken stand nicht nur im Mittelpunkt der örtlichen Feierlichkeit, sondern wurde in Pfarrgemeinden in ganz Polen begangen. Nicht militärischer Habitus, son-

---

[113] Tadeusz Bielecki: 1920 – 1937. Garść uwag, in: Warszawski Dziennik Narodowy, 15. 8. 1937, S. 3.
[114] Obchód Stronnictwa Narodowego w Warszawie, in: Warszawski Dziennik Narodowy, 16. 8. 1937, S. 1.
[115] Obchód „Cudu nad Wisłą" w Ossowie, in: Warszawski Dziennik Narodowy, 16. 8. 1937, S. 2; Obchód pod Ossowem, in: Warszawski Dziennik Narodowy, 17. 8. 1936, S. 4.
[116] Stanisław Helstyński: W dzień Cudu nad Wisłą, in: Warszawski Dziennik Narodowy, 14. 8. 1938, S. 7.

dern religiöse Lieder und liturgische Elemente bestimmten dabei den Charakter der Veranstaltungen.[117]

Für viele lokale Gedenkaktivitäten, insbesondere abseits der Hauptstadt und ihres unmittelbaren Umlands, war allerdings eine lose Mischung von „jungnationaldemokratischen" und kirchlich-traditionalistischen Strömungen kennzeichnend. Dies ließ sich beispielhaft im nördlichen Masowien und in Pomorze beobachten. In der masowischen Gemeinde Krasnosielc wurde auf einer überwiegend von kirchlichen Organisationen geprägten Veranstaltung kniend vor einer Figur der heiligen Jungfrau Maria das „Gebet für ein großes Polen" vorgetragen. Dagegen wurden in der ehemals westpreußischen Garnisonsstadt Grudziądz Kränze am Denkmal des Polnischen Soldaten auf dem Marktplatz niedergelegt[118] und in der masowischen Kleinstadt Różan stand ein frisch eingeweihtes Denkmal für die gefallenen Helden von 1920, das die örtliche Bevölkerung gestiftet hatte, im Zentrum der Aufmerksamkeit.[119] In der Kreisstadt Ciechanów wiederum bündelten sich die unterschiedlichen Festtagselemente. Dort war der größte Teil der rund 2.000 Teilnehmer am SN-Umzug uniformiert angetreten und bediente die Erwartungen militaristisch orientierter Nationaldemokraten. Die anschließende Versammlung in der mittelalterlichen Ruine der masowischen Fürstenburg stellte die Veranstaltung in spezifisch lokale Bezüge. An dieser Feierlichkeit nahmen neben den Nationaldemokraten auch *Sokół*, *Akcja Katolicka* sowie weitere katholische und nationale Organisationen teil. Hier gewann das Gedenken an 1920 einen breiteren gesellschaftlichen Wirkungskreis.[120] Der Charakter örtlicher Feierlichkeiten konnte schließlich von Jahr zu Jahr variieren. Nachdem Warschau 1937 der Schauplatz des zentralen SN-Gedenkens gewesen war, stellte das höchstrangige Ereignis in der Hauptstadt 1938 eine unter Beteiligung des örtlichen Pfarrers abgehaltene Fahnenweihe des SN-Ortsverbandes im Industrie- und Arbeitervorort Grochów dar.[121]

Die nationaldemokratischen Zeitungen beurteilten die Feierlichkeiten gerne als rundweg gelungen,[122] dagegen nahmen amtliche Berichterstatter nicht ohne Schadenfreude eine fehlende organisatorische Geschlossenheit

---

[117] APW, UW Warszawski, 109, Bl. 212 - 243.
[118] 15-ty sierpień na Pomorzu, in: Warszawski Dziennik Narodowy, 20. 8. 1938, S. 4.
[119] Z całego kraju. Różan, in: Warszawski Dziennik Narodowy, 18. 8. 1938, S. 4.
[120] W rocznicę zwycięstwa 15 sierpnia, in: Warszawski Dziennik Narodowy, 16. 8. 1938, S. 1; Mazowsze w dniu 15 sierpnia, in: Warszawski Dziennik Narodowy, 18. 8. 1938, S. 4.
[121] W rocznicę zwycięstwa 15 sierpnia, in: Warszawski Dziennik Narodowy, 16. 8. 1938, S. 1; Mazowsze w dniu 15 sierpnia, in: Warszawski Dziennik Narodowy, 18. 8. 1938, S. 4.
[122] B.: Siły organizacyjne Str. Narodowego w świetle obchodów sierpniowych, in: Warszawski Dziennik Narodowy, 22. 8. 1937, S. 3.

des SN in der Provinz wahr, etwa wenn die Nationaldemokraten und ihre Anhänger in mehreren Landkreisen des nördlichen Masowiens mangels eigener Festivitäten auf Angebote in den Nachbarkreisen ausweichen mussten.[123]

Wie sehr freilich die Sicht der staatlichen Behörden prädisponiert war, zeigte sich an der kontroversen Einschätzung des Pułtusker Festakts 1938. In der masowischen Kreisstadt mussten den amtlichen Quellen zufolge aufgrund mangelhafter Vorbereitung die rund 70 Versammelten unverrichteter Dinge wieder nach Hause zurückkehren.[124] Die Nationaldemokraten erklärten dies dagegen mit behördlichen Auflagen, die die Feierlichkeiten massiv behindert hätten. Getreu der neuen Selbststilisierung der politischen Rechten versäumten sie aber nicht den Hinweis, dass trotz der Schwierigkeiten im Vorfeld die Teilnehmer in Pułtusk, von ihnen immerhin auf einige hundert geschätzt, „durch ihre Haltung und Organisationsfähigkeit großes Interesse bei der örtlichen Bevölkerung erweckt" hätten.[125]

Die Selbstbehauptungsstrategie der Nationaldemokraten gelang am 15. August besser als am 3. Mai, gestaltete sich aber nach wie vor wechselvoll. Neue Dynamik erhielt das Gedenken an den Krieg gegen Sowjetrussland nämlich dadurch, dass die im SL geeinte Bauernbewegung seit Mitte der 1930er Jahre den Anspruch erhob, genau an diesem Tag der „bäuerlichen Tat" (*Święto Czynu Chłopskiego*) zu gedenken. In manchen ländlichen Regionen artete das Bestreben der beiden großen Oppositionsgruppierungen, die bäuerliche Bevölkerung für die jeweils eigene Festtagsinszenierung zu gewinnen, zu einem regelrechten Kleinkrieg aus. Die Nationaldemokraten versuchten dem Tag der bäuerlichen Tat eigene Veranstaltungen entgegenzustellen. So verteilte das SN 1936 in Tłuszcz bei Warschau ein Flugblatt, das den Aufrufen des SL täuschend ähnelte und zu einer Veranstaltung am 15. August in Radzymin aufrief – zu jener Veranstaltung, die wesentlich zur neuen Selbstbeschreibung der Nationaldemokratie beitragen sollte. In anderen Ortschaften tauchten Abordnungen der Nationaldemokraten mit Orchestern, aber auch mit Schlägertrupps auf.[126] Umgekehrt zogen auch die Umzüge des SN die Angriffslust politischer Gegner auf sich. Während sich

---

[123] APW, UW Warszawski, 109, Bl. 212, 218.
[124] Ebd., Bl. 218.
[125] Mazowsze w dniu 15 sierpnia, in: Warszawski Dziennik Narodowy, 18. 8. 1938, S. 4.
[126] Obchód Stronnictwa Narodowego w Warszawie, in: Warszawski Dziennik Narodowy, 16. 8. 1937, S. 1; B.: Siły organizacyjne Str. Narodowego w świetle obchodów sierpniowych, in: Warszawski Dziennik Narodowy, 22. 8. 1937, S. 3; Wspaniały przebieg rocznicy Czynu Chłopskiego, in: Zielony Sztandar, 23. 8. 1936, S. 1 - 2; Masy chłopskie demonstrowały wierność Str. Ludowemu i przywiązanie do demokracji, in: Robotnik, 18. 8. 1936, S. 2.

1936 in die verhältnismäßige Abgeschiedenheit Radzymins nur einige kommunistische Gruppen aus den Vororten Warschaus vorwagten,[127] war die zentrale Veranstaltung der Nationaldemokraten in Warschau 1937 weit größeren Störungen ausgesetzt. In die Auseinandersetzung waren sowohl Sozialisten, Kommunisten, Angehörige der politisch links stehenden bäuerlichen Jugendbewegung *Wici* als auch konkurrierende Splittergruppen vom rechten Rand wie der ONR-Falanga Bolesław Piaseckis oder der ONR-ABC verwickelt,[128] Die größte Herausforderung aber kam in diesem Jahr erst noch: Am 15. August 1937 brach der Bauernstreik aus.

1. 3 Die Streiks von Bauern und Lehrern 1937

Der ländliche Raum befand sich in den 1930er Jahren in einer Zeit des Umbruchs. Wenig verändert hatten sich lediglich die demographischen Kennzahlen. Im Zeitraum zwischen den beiden Volkszählungen 1921 und 1931 sank der Prozentsatz der Landbevölkerung von 75 % auf 73 %; am stärksten war noch der Rückgang im Westen Polens, von 72 auf 66 %.[129] Die Einschätzung der wirtschaftlichen, gesellschaftlichen und politischen Situation auf dem Lande differierte weitaus stärker. Waren noch zu Beginn der Zweiten Republik viele Probleme des ländlichen Raums zur Hinterlassenschaft der Teilungszeit gerechnet worden, wandte sich der Blick in den 1930er Jahren zunehmend auf indigene Faktoren. Der ländliche Raum entwickelte sich dabei zu einem bevorzugten und gleichzeitig kontrovers diskutierten Gegenstand der jungen soziologischen Forschung in Polen.

Ausgesprochen pessimistisch war die Sichtweise des an der Warschauer Landwirtschaftshochschule lehrenden Agronomen und Wirtschaftshistorikers Antoni Żabko-Potopowicz, wonach in der Zeit seit der polnischen Unabhängigkeit das Dorf keinen entscheidenden wirtschaftlichen Aufbruch verbuchen konnte und es an manchen Orten gar zu einer Verschlechterung im Vergleich zum Vorkriegsstand kam.[130] Tatsächlich zogen sich insbeson-

---

[127] Wielkie uroczystości narodowe w kraju, in: Warszawski Dziennik Narodowy, 17. 8. 1936, S. 1.
[128] Obchód Stronnictwa Narodowego w Warszawie, in: Warszawski Dziennik Narodowy, 16. 8. 1937, S. 1; B.: Siły organizacyjne Str. Narodowego w świetle obchodów sierpniowych, in: Warszawski Dziennik Narodowy, 22. 8. 1937, S. 3; „Próba masowa" Str. Narodowego, in: Robotnik, 17. 8. 1937, S. 5.
[129] Roman Jabłonowski: Wiejska ludność bezrolna, in: Roczniki Socjologii Wsi, 3, 1938, S. 130 - 131.
[130] Antoni Żabko-Potopowicz: Wieś polska w świetle polskich prac naukowych i publicystycznych z okresu po uwłaszczeniu włościan, in: Roczniki Socjologii Wsi, 2, 1937, S. 126 - 127.

dere während der Weltwirtschaftskrise nicht wenige Bauernbetriebe auf Formen der Subsistenzwirtschaft zurück, dazu wuchs die Zahl der Landbewohner, die kein eigenes Stück Land bewirtschafteten. Wenn auch zu den „Landlosen" formal Staatsbedienstete wie Eisenbahner, Förster oder Lehrer zu rechnen waren, unterlag doch keinem Zweifel, dass den Beschäftigungsverhältnissen eines Guts- oder Saisonarbeiters, wie es sie insbesondere noch in Großpolen, Pomorze und im nördlichen Masowien gab, trotz gegenwärtig zunehmender Zahl nur wenig Zukunft beschieden sein würde.[131]

Angesichts einer gleichzeitig fortschreitenden Urbanisierung verschärfte sich in der Zweiten Republik der Stadt-Land-Kontrast. Dies zeigte sich nicht nur im sozioökonomischen, sondern auch im kulturellen Bereich. So wurde die Klage formuliert, der ländliche Nachschub für die städtischen gebildeten Schichten sei im unabhängigen Polen weniger stark als noch vor dem Ersten Weltkrieg. Darüber hinaus wurde die im ländlichen Raum verbreitete Zurückhaltung gegenüber Fragen des überregionalen öffentlichen Lebens in wachsendem Maße als Anachronismus empfunden in einer Zeit, die Partizipation und Massenmobilisierung zum Zeichen hatte.[132]

Es gab aber auch Anlass für eine optimistischere Sicht auf die Situation des polnischen Dorfes in den 1930er Jahren. Die paternalistische Ordnung war im unabhängigen Polen nicht ohne Erschütterungen geblieben. Nach einer ersten emanzipatorischen Aufbruchsstimmung in der frühen Nachkriegszeit wirkte sich nun die Weltwirtschaftskrise entscheidend aus. Nicht nur der Führungsanspruch des Gutsbesitzeradels erfuhr eine deutliche Relativierung, auch staatliche Institutionen hatten in den Krisenjahren mit Durchsetzungsproblemen zu kämpfen. Hinzu kam der schon seit geraumer Zeit im Gange befindliche Neuorientierungsprozess der katholischen Kirche. Den bäuerlichen Organisationsbestrebungen boten sich ungewohnte Handlungsspielräume – ein Phänomen, das zeitgenössische Beobachter als eine für den ländlichen Raum bislang eher untypische Suche nach „radikalen" gesellschaftlichen und politischen Lösungen charakterisierten.[133]

Das neue Selbstbewusstsein der Bauernbewegung zeigte sich in ihrer Festkultur. Ursprünglich war das Hauptfest des SL das *Święto Ludowe* („Volksfest"), das seit 1904 im Gedenken an die Schlacht von Racławice 1794 gefeiert wurde: Damals hatten in der Nähe des kleinpolnischen Dorfes Freiwilligentruppen unter der Führung von Tadeusz Kościuszko während

---

[131] Roman Jabłonowski: Wiejska ludność bezrolna, in: Roczniki Socjologii Wsi, 3, 1938, S. 139 - 141.
[132] Antoni Żabko-Potopowicz: Wieś polska w świetle polskich prac naukowych i publicystycznych z okresu po uwłaszczeniu włościan, in: Roczniki Socjologii Wsi, 2, 1937, S. 129, 142.
[133] Ebd., S. 147, 149.

des letzten großen Aufstands gegen die Teilungen Polens einen Sieg gegen russische Militäreinheiten errungen und damit den Bürgern von Warschau und Wilno ermöglicht, vorläufig die in ihren Städten stationierten russischen Garnisonen zu vertreiben. Ein eindrucksvolles Sinnbild gaben die siegreichen Bauern nicht zuletzt ab, da sie lediglich mit Sensen und anderem Ackergerät bewaffnet gewesen waren.[134]

Dem *Święto Ludowe* lief jedoch das *Święto Czynu Chłopskiego* am 15. August seit seiner erstmaligen Veranstaltung im Jahre 1936 rasch den Rang ab. Mancherorts versammelten sich im Spätsommer mehrere zehntausend Teilnehmer, nachdem es im Frühjahr nur einige tausend gewesen waren,[135] und während in vielen Landkreisen das *Święto Ludowe* ausschließlich auf den Dörfern gefeiert wurde, fanden die Feiern zum 15. August eine zentrale räumliche Manifestation in den Kreisstädten.[136]

Für die *Sanacja* war dies eine unliebsame Herausforderung – bisher hatte sie sich darauf beschränken können, die nationaldemokratische Feier des „Wunders an der Weichsel" einzuhegen. Nun musste sie gleich gegen zwei oppositionelle Gruppierungen vorgehen, erledigte dies allerdings nach erprobtem Muster: Polizisten entfernten im Vorfeld des 15. August Plakate, konfiszierten Flugblätter, verhafteten Aktivisten und drohten mit Repressalien.[137] Symbolträchtige Praxis waren räumliche Beschränkungen. Feierlichkeiten des SN ebenso wie diejenigen des SL durften am 15. August nur in den Grenzen eines Landkreises stattfinden, damit die Manifestationen kein zu großes Ausmaß annahmen. Mancherorts untersagten die Behörden gar jegliche Gedenkaktivitäten.[138] Gleichzeitig versuchten amtliche Berichter-

---

[134] Barbara Jakubowska: Ruch ludowy wobec przeszłości narodowej (do 1939 r.), Warszawa 1995, S. 89 - 90; Struve, Bauern und Nation, S. 348. Das *Święto Ludowe* fand zunächst am 4. April oder am nächstliegenden Sonntag, seit 1927 an Pfingsten statt: Dobrochna Kałwa: Polska doby rozbiorów i międzywojenna, in: Andrzej Chwalba (Hrsg.): Obyczaje w Polsce. Od średniowiecza do czasów współczesnych, Warszawa 2005, S. 322.

[135] Masy chłopskie demonstrowały wierność Str. Ludowemu i przywiązanie do demokracji, in: Robotnik, 18. 8. 1936, S. 2.

[136] Kazimierz Czapiński: Chłopi maszerują..., in: Robotnik, 19. 8. 1936, S. 2.

[137] Wielkie uroczystości narodowe w kraju, in: Warszawski Dziennik Narodowy, 17. 8. 1936, S. 1; Bilans obchodów 15 sierpnia, in: Warszawski Dziennik Narodowy, 23. 8. 1938, S. 3; Obchód Stronnictwa Narodowego w Warszawie, in: Warszawski Dziennik Narodowy, 16. 8. 1937, S. 1; B.: Siły organizacyjne Str. Narodowego w świetle obchodów sierpniowych, in: Warszawski Dziennik Narodowy, 22. 8. 1937, S. 3; „Próba masowa" Str. Narodowego, in: Robotnik, 17. 8. 1937, S. 5.

[138] Zebrania i zjazdy Stronnictwa Ludowego, in: Zielony Sztandar, 9. 8. 1936, S. 7; Kazimierz Czapiński: Chłopi maszerują..., in: Robotnik, 19. 8. 1936, S. 2; Bilans obchodów 15 sierpnia, in: Warszawski Dziennik Narodowy, 23. 8. 1938, S. 3; Dziś „Święto Czynu Chłopskiego", in: Robotnik, 15. 8. 1937, S. 2; „Święto Czynu Chłopskiego", in: Robotnik, 16. 8. 1937, S. 1.

statter die Veranstaltungen von SN und SL zu marginalisieren; dem schloss sich die regierungsnahe Presse an, indem sie oft gar nicht erst berichtete.[139]

Das zu Beginn der 1930er Jahre von der *Sanacja* neu etablierte Fest des Polnischen Soldaten zum 15. August kam allerdings gerade in der Provinz nur schwer in Gang. Wie Kommentatoren der politischen Linken meinten, hatte hier so manche staatsnationale Veranstaltung das vorrangige Ziel, den bäuerlichen Feiern den Wind aus den Segeln zu nehmen. Genugtuung bereitete daher, wenn es dann nur wenige Teilnehmer gab, „keinen, zu dem man von der ‚Tribüne' sprechen konnte – außer zur Freiwilligen Feuerwehr".[140]

Viel empfindlicher musste es aber die *Sanacja* treffen, wenn Bauern manch offiziöse Feier nutzten, um gegen die behördlichen Erschwernisse bei der Veranstaltung ihrer SL-Feiern zu protestieren[141] oder wenn sogar Mitglieder von Landwirtschaftszirkeln, Schützenverbänden und anderen regierungsnahen Organisationen bei SL-Umzügen mitmarschierten.[142] Mit einer gewissen Hilflosigkeit flüchteten sich nicht wenige Berichterstatter der staatlichen Verwaltung ins Ressentiment und stempelten die anwachsenden Bauern-Manifestationen als „Rückkehr ins Primitive" ab.[143]

Diese Einschätzung konnte fehlerhafter kaum sein: Die vom SL auf den Kundgebungen erhobenen Forderungen waren von großem inhaltlichen Gewicht. Eine Bodenreform ohne Entschädigungszahlungen war dabei keineswegs die einzige oder wichtigste Forderung. Die Liste war weit umfassender:

„Änderung der Verfassung und der Wahlordnung. Auflösung des gegenwärtigen Sejm, des Senats und der Selbstverwaltungen. Eine demokratische Ordnung für Polen und neue, ehrliche Wahlen zu den Institutionen des Staates und der Selbstverwaltung. Beendigung des diktatorisch-bürokratischen Regierungssystems. Einberufung einer Regierung, die das Vertrauen breiter Bevölkerungskreise besitzt. Gerechtigkeit vor den Gerichten. Änderungen in der Außenpolitik. Eine Armee, die sich auf die Landesverteidigung vorbereitet und die die Wertschätzung aller Bürger besitzt. Bezahlbarkeit landwirtschaftlicher Produkte

---

[139] APW, UW Warszawski, 102, Bl. 213 - 233; Śmieszne wysiłki, in: Warszawski Dziennik Narodowy, 18. 8. 1936, S. 3; Kazimierz Czapiński: Chłopi maszerują..., in: Robotnik, 19. 8. 1936, S. 2; 15-ty sierpień na Pomorzu, in: Warszawski Dziennik Narodowy, 20. 8. 1938, S. 4.
[140] Kazimierz Czapiński: Chłopi maszerują..., in: Robotnik, 19. 8. 1936, S. 2.
[141] Ebd., S. 2.
[142] Masy chłopskie demonstrowały wierność Str. Ludowemu i przywiązanie do demokracji, in: Robotnik, 18. 8. 1936, S. 2.
[143] Kazimierz Czapiński: Chłopi maszerują..., in: Robotnik, 19. 8. 1936, S. 2.

und gerechte Entlohnung. Gerechte Verteilung gesellschaftlicher Güter, Brot und Arbeit für alle".[144]

Besonders am Herzen lag der Bauernbewegung, die Nachwirkungen von „Brześć" zu beenden.[145] Im September 1930, im Vorfeld des Sejm-Wahlkampfs, hatte die *Sanacja* führende Politiker der Opposition verhaften lassen, in das Militärgefängnis der polesischen Wojewodschaftshauptstadt verbracht und seit 1931 vor dem Bezirksgericht Warschau strafrechtliche Prozesse gegen elf der Verhafteten angestrengt. Zwar hatte die politische Opposition die Gerichtsverhandlungen zu einer öffentlichkeitswirksamen Abrechnung mit dem autoritären Regime nutzen können, auch entzogen sich nicht wenige der Angeklagten den gegen sie verhängten Haftstrafen durch Emigration nach Frankreich oder in die Tschechoslowakei, doch nach wie vor war es den oppositionellen Gruppierungen ein dringendes Anliegen, den ehemaligen politischen Gefangenen alle Rechte wieder zuzuerkennen. Dies galt gerade auch für die Bauernbewegung, da sich unter den Angeklagten mit Wincenty Witos der populäre Bauernführer und Ministerpräsident der frühen Zweiten Republik befand, der sich mittlerweile in der Tschechoslowakei aufhielt.

Die Feier des 15. August gab dem Kampf für ein demokratisches Polen nachhaltige Versinnbildlichung. Mit der Berufung auf die „Opferbereitschaft der arbeitenden Klassen"[146] erinnerte die politische Linke daran, dass neben den Arbeitern vor allem die Bauern als „einfache Soldaten" den größten Anteil an der Zurückdrängung der Bolschewiki hätten.[147] Feierlich in Szene gesetzt wurde die neu beschworene heldenhafte Rolle des einfachen Volkes, indem am Vorabend des 15. August in vielen Dörfern Gedenkfeuer für die Bauern brannten, die im Kampf für ein unabhängiges Polen gefallen waren.[148]

In den Vordergrund rückte nun auch die Rolle des damaligen Rats der Staatsverteidigung unter Führung von Wincenty Witos und Ignacy Daszyński. Das Wirken der beiden „volkspolnischen" Staatsmänner war von hoher symbolischer Kraft: Bauern und Arbeiter stellten für Polen „den

---

[144] AAN, MSW, 873, Bl. 108 - 110, 113 (Zitat); kurz gefasst auch bei Władysław Praga: Front chłopsko-robotniczy, in: Zielony Sztandar, 26. 4. 1936, S. 4; Mieczysław Niedziałkowski: „Święto Czynu chłopskiego", in: Robotnik, 14. 8. 1937, S. 3.
[145] AAN, MSW, 873, Bl. 113.
[146] Kazimierz Czapiński: Chłopi maszerują..., in: Robotnik, 19. 8. 1936, S. 2; Masy chłopskie demonstrowały wierność Str. Ludowemu i przywiązanie do demokracji, in: Robotnik, 18. 8. 1936, S. 2.
[147] Mieczysław Niedziałkowski: „Święto Czynu chłopskiego", in: Robotnik, 14. 8. 1937, S. 3.
[148] Sobotnie manifestacje ludowe, in: Robotnik, 17. 8. 1936, S. 1.

letzten Rettungsring" dar.¹⁴⁹ Mit der Ehrung speziell für Witos erhielt zugleich die Forderung nach dessen politischer Rehabilitierung Nachdruck.¹⁵⁰ Symbolpolitisch lief die Neubewertung der Verantwortlichkeiten im Sommer 1920 auf eine Erweiterung des nationalen Helden-Pantheons hinaus und setzte dem Piłsudski-Kult ein alternatives Identifikationsangebot entgegen.

Brisanz gewann die neue „volkspolnische" Betrachtung des polnisch-sowjetischen Kriegs aber vor allem durch die politischen Schlüsse, die daraus gezogen werden konnten. Damals, so die Deutung der politischen Linken, habe „das arbeitende Polen unmittelbare Verantwortung für die Verteidigung des Landes auf sich genommen",¹⁵¹ der Bauer „konnte zeigen, dass er zu einem vollen Staatsbürger herangereift war".¹⁵² Die im Rückblick auf den 15. August 1920 postulierte „heldenhafte Anstrengung" des einfachen Volkes bot Gelegenheit, in aller Grundsätzlichkeit die historischen Leistungen der Bauern für Staat und Nation hervorzuheben und mit ihrer gegenwärtigen Lage in der Zweiten Republik kritisch zu vergleichen.

Aufschluss über das in der Bauernbewegung der 1930er Jahre kursierende Geschichts- und Selbstbild gaben Musterreden, die das Generalsekretariat des SL vorab an die Ortsverbände versandte. Die Bauernbewegung ging von einer Parallelität der Geschicke von Bauer und Staat aus. Demnach waren in der Frühzeit des polnischen Gemeinwesens die freien Bauern die Grundlage für Wachstum und Macht Polens gewesen. Der Aufstieg des Adels, der *szlachta*, und die Unterdrückung der Bauern hatten dagegen zum Untergang der ersten polnischen Republik im 18. Jahrhundert geführt.¹⁵³ Die Haltung gegenüber der Verfassung vom 3. Mai 1791 war nun, im Gegensatz zu den 1920er Jahren, als sich die Bauernbewegung noch anerkennend über deren Bedeutung für das polnische Unabhängigkeitsstreben geäußert hatte, von grundsätzlicher Kritik geprägt: An den sozialen Strukturen habe sich damals nichts geändert.¹⁵⁴ Mit dem Hinweis darauf, dass „die Bauernbefreiung erst die Teilungsmächte vollbracht hatten",¹⁵⁵ machte das SL in drastischer Weise ein Versagen der eigenen, polnischen Eliten deut-

---

149 AAN, MSW, 873, Bl. 108 - 109; Stronnictwo Ludowe: Chłopi! in: Zielony Sztandar, 19. 7. 1936, S. 1.
150 APW, UW Warszawski, 109, Bl. 212 - 243; Stanisław Mikołajczyk: W rocznicę „Czynu Chłopskiego", in: Zielony Sztandar, 14. 8. 1938, S. 1.
151 Mieczysław Niedziałkowski: Sierpień roku 1920, in: Robotnik, 14. 8. 1938, S. 4.
152 AAN, MSW, 873, Bl. 110; Stronnictwo Ludowe: Chłopi! in: Zielony Sztandar, 19. 7. 1936, S. 1; Święto Czynu Chłopskiego, in: Zielony Sztandar, 16. 8. 1936, S. 1 - 2.
153 AAN, MSW, 873, Bl. 110; Jakubowska, Ruch ludowy, S. 151 - 155.
154 Jakubowska, Ruch ludowy, S. 186 - 193; Helena Brodowska: Tradycje 3 maja w ruchu ludowym, in: Barszczewska-Krupa, Konstytucja 3 maja, S. 194.
155 AAN, MSW, 873, Bl. 110.

lich. Eine Approbation für die Politik Preußens, Österreichs oder Russlands stellte dies aber nicht dar. Das verehrte Vorbild der Bauernbewegung war vielmehr Tadeusz Kościuszko, der erstmals den Bauern als Bürger anerkannt und ihn zur Verteidigung des Vaterlandes berufen habe. Anhänger dieser Sichtweise, die das emanzipatorische Potenzial in der polnischen Geschichte betonte, konnten das Ende „Adelspolens" (*Polska szlachecka*) in den Teilungen kaum als Verlust empfinden – stattdessen wandten sie sich gegen die Herrschaft von Eliten und hofften auf das „Volkspolen" (*Polska ludowa*), das Gleichheit, Freiheit und Gerechtigkeit verwirklichen werde.[156]

Der Glaube an die existenzielle Bedeutung der eigenen Gruppe für die Nation stützte sich lange Zeit auf die Funktion des Bauern als „Ernährer" des Landes. Mit Blick auf 1920 und vor dem Hintergrund der 1930er Jahre schärfte sich der Blick für die Funktion als „Verteidiger" des Landes. Mit der Berufung auf ein solchermaßen verstandenes Leistungsprinzip verlangten die Bauern gleiche Rechte und Partizipation[157] – und machten deutlich, dass ihnen die *Sanacja*-Regierung die erhoffte Anerkennung nicht gewährt hatte. Konkrete Erfahrungen in der bäuerlichen Lebenswelt bestärkten diese Annahme. Eine sehr persönlich empfundene Enttäuschung zeigte sich wohl am deutlichsten in der Aussage, dass viele Soldaten und Landesverteidiger von 1920 unter der *Sanacja* nicht einmal mehr für wert befunden wurden, das Amt eines Ortsvorstehers zu bekleiden.[158]

Eine am polnisch-sowjetischen Krieg 1919/20 ausgerichtete historische Traditionsbildung wirkte nicht nur sinnstiftend für die Bauernbewegung, sondern für den Nationsentwurf „Volkspolen" insgesamt. In der Zweiten Republik hatte es nicht an Annäherungsversuchen zwischen Sozialisten und Bauernbewegung gefehlt, doch in den 1930er Jahren schien sich eine beständigere und festere Verbindung abzuzeichnen. Dies schlug sich in vielen Gesten nieder. Kamen schon früher Aktivisten der Bauernbewegung zu Umzügen und akademischen Feiern des 1. Mai,[159] so nahmen nun die Sozialisten die Gelegenheit wahr, sich zu revanchieren: Sie wohnten zum 15. August den Feierlichkeiten der Bauernbewegung bei und sprachen auf den

---

[156] AAN, MSW, 873, Bl. 123 - 124; Zum antielitären Impetus der Bauernbewegung: Stronnictwo Ludowe: Chłopi! in: Zielony Sztandar, 19. 7. 1936, S. 1; Twarzą ku Nowosielcom, in: Zielony Sztandar, 2. 10. 1938; Michał Strzelecki: Mechanizmy rozwijania aktywności obywatelskiej w systemie niedemokratycznym w myśli politycznej polskiego ruchu ludowego w latach trzydziestych XX wieku, in: Arkadiusz Kołodziejczyk und Waldemar Paruch (Hrsg.): Dzieje i przyszłość ruchu ludowego, Bd. 1: Od zaborów do okupacji (1895 - 1945), Warszawa 2002, S. 719, 726, 730.

[157] AAN, MSW, 873, Bl. 111; Stronnictwo Ludowe: Chłopi! in: Zielony Sztandar, 19. 7. 1936, S. 1; Przed rocznicą czynu, in: Zielony Sztandar, 9. 8. 1936, S. 1.

[158] AAN, MSW, 873, Bl. 110.

[159] Im Rückblick: Święto robotnicze, in: Zielony Sztandar, 10. 5. 1936, S. 2.

Kundgebungen.¹⁶⁰ Ausführlich berichtete der *Robotnik* über die Manifestationen des SL im ganzen Land und führte eine eigene Rubrik *Ruch ludowy* („Bauernbewegung") ein. Mieczysław Niedzialkowski meinte nun sogar, die Annäherung von Arbeiter- und Bauernbewegung sei durch den Rat der Staatsverteidigung mit Witos und Daszyński schon vorgezeichnet gewesen.¹⁶¹ Damit erhielt die Erinnerung an 1920 die Rolle eines Initiationsritus für den Nationsentwurf „Volkspolen" und setzte den bislang vorherrschenden Deutungen des Krieges einen eigenständigen geschichtspolitischen Entwurf entgegen.

Im Vertrauen auf eine neue „volkspolnische" Stärke bezeichnete der stellvertretende Chefredakteur des *Robotnik*, Kazimierz Czapiński, die Veranstaltungen zum *Święto Czynu Chłopskiego* 1936 als zweite Warnung an die Regierung nach Nowosielce.¹⁶² Nahe des Dorfes Nowosielce im kleinpolnischen Landkreis Przeworsk hatte es am 29. Juni 1936 ein bemerkenswertes Zusammentreffen gegeben: Die dort geplante Gedenkveranstaltung zu den Tatareneinfällen des 17. Jahrhunderts war unter der Regie der Bauernbewegung zu unerwarteter Größe und politischer Bedeutung angewachsen. Dem Generalinspekteur der polnischen Streitkräfte, Edward Rydz-Śmigły, ließ das anwesende Publikum einen recht frostigen Empfang zuteil werden und die Organisatoren übergaben dem Nachfolger Piłsudskis eine Resolution mit ihren wichtigsten politischen Forderungen.

Tatsächlich kam es dann am 15. August 1936 zu blutigen Zusammenstößen, vor allem im kleinpolnischen Wierzchosławice, dem Heimatort von Wincenty Witos.¹⁶³ Dem folgten eine „Pazifizierungsaktion" im südlichen Lubliner Land im Herbst 1936 und erneute Auseinandersetzungen zwischen Polizei und bäuerlichen Demonstranten im Frühjahr 1937 anlässlich der Gedenkveranstaltungen zur Schlacht von Racławice.

All dies konnte den Willen der Bauernbewegung, einen neuen, womöglich noch größeren Erfolg in der Auseinandersetzung mit der *Sanacja* zu erreichen, kaum schmälern.¹⁶⁴ Das Generalsekretariat des SL empfahl im Juli

---

¹⁶⁰ APW, UW Warszawski, 109, Bl. 212 - 243; Sobotnie manifestacje ludowe, in: Robotnik, 17. 8. 1936, S. 1; Wspaniały przebieg rocznicy Czynu Chłopskiego, in: Zielony Sztandar, 23. 8. 1936, S. 1 - 2.

¹⁶¹ Mieczysław Niedziałkowski: Dzień 15 sierpnia. Drogi Polski, in: Robotnik, 15. 8. 1936, S. 3.

¹⁶² Kazimierz Czapiński: Chłopi maszerują..., in: Robotnik, 19. 8. 1936, S. 2. Dabei nahm Czapiński entsprechende Andeutungen in der SL-Presse auf: Przed rocznicą czynu, in: Zielony Sztandar, 9. 8. 1936, S. 1.

¹⁶³ Masy chłopskie demonstrowały wierność Str. Ludowemu i przywiązanie do demokracji, in: Robotnik, 18. 8. 1936, S. 2.

¹⁶⁴ Diese Hoffnung sprach das SL bereits im August 1936 aus: Po Nowosielcach – 15 sierpnia, in: Zielony Sztandar, 30. 8. 1936, S. 1. Zu den Vorbereitungen auf den Streik im

1937, zum Tag der bäuerlichen Tat Arbeiterdelegationen einzuladen, wobei eine Kontaktaufnahme nicht nur zur PPS, sondern auch zur gemäßigt rechten Arbeiterpartei NPR erfolgte. Kommunistische Gruppierungen waren hingegen von der Teilnahme ausgeschlossen. Für die Feiern am 15. August sollten Redner aus den Ortsverbänden des SL rekrutiert werden, für Ordnung hatte die *Chłopska Straż Porządkowa* („Bäuerliche Ordnungswacht") zu sorgen.[165] Während der Gedenkfeier sollte dann der Aufruf zum Streik erfolgen. Konkret bestand dieser darin, dass sämtliche Bauern in Polen in der Zeit vom 16. bis 25. August nichts kaufen und verkaufen sollten. Sie sollten nicht in die Städte fahren und nur die nötigsten Arbeiten auf ihren Höfen verrichten.

Der Bauernstreik stand ausdrücklich unter der Maßgabe, „das *Sanacja*-System in Polen zu beenden und den Staatsbürgern die ihnen zustehenden und zum Leben notwendigen Rechte zurückzugeben". Dementsprechend kämpferisch waren die Aufrufe für den 15. August 1937: „Zahlreicher als sonst. Selbst wenn sie es verbieten sollten" oder gar „Lieber den Tod – als ein Leben in Not und Erniedrigung". Energisch animierte die SL-Führung dazu, die ganze ländliche Bevölkerung in ihrer beeindruckenden Zahl zu mobilisieren: Junge, Alte, Frauen und Männer. Alle Bauern, gleich welcher politischen Haltung, sollten solidarisch zusammenstehen.[166]

Dimension und Erfolg des Streiks beurteilten das veranstaltende SL und die amtlichen Stellen höchst unterschiedlich. In einem Bulletin dokumentierte die Bauernpartei den Verlauf des Streiks. In Kleinpolen waren demnach alle Bauern am Streik beteiligt. Engagiert zeigte sich auch das ehemalige Kongresspolen: Der Anteil der Bauern, die noch ihre Produkte verkauften, betrug hier in vielen Landkreisen lediglich 10 bis 30 %.[167] Das westliche Polen, die *Kresy Wschodnie* und Oberschlesien nahmen dagegen am Streik nicht teil.[168]

Als brisant erkannten die staatlichen Stellen die Lage in Kleinpolen. Das SL musste daher nicht nur hinnehmen, dass bei der Durchsuchung seiner Büros Redenentwürfe und andere schriftliche Anweisungen konfisziert wurden, vielmehr wurde der Bauernstreik noch von massenhaften Verhaftungen unter den Bauernvertretern begleitet: Die Schätzungen reichten von 1.500 bis 5.000 Betroffenen, wobei allerdings viele nach kurzer Zeit wieder

---

folgenden Jahr: Bolesław Dereń: Geneza i przebieg strajku chłopskiego w sierpniu 1937 roku, in: Gmitruk/Pasiak-Wąsik, Bądźcie solidarni, S. 25 - 28.
[165] AAN, MSW, 873, Bl. 107.
[166] Ebd., Bl. 111, 113, 123 - 124.
[167] Ebd., Bl. 113.
[168] Ursache hierfür waren die schwächere organisatorische Verankerung des SL und der größere Anteil ethnisch nicht-polnischer Bevölkerung: Dereń, Geneza i przebieg, S. 27.

frei kamen. In Kleinpolen kamen in bewaffneten Auseinandersetzungen zwischen Polizei und Streikenden rund 40 Bauern ums Leben, mehrere Hundert erlitten Verletzungen.

Die *Sanacja*-nahe Presse enthielt sich jeglicher Nachrichten und Kommentare und die Presse der Bauernbewegung unterlag der Zensur. Umstritten blieb daher insbesondere die Einschätzung jener Gebiete, die nicht eindeutig als Zentrum der Erhebung oder als unbeteiligt identifiziert werden konnten. Ein solches Gebiet war die Wojewodschaft Warschau. Während das SL das masowische Land zu den aktiven Streikregionen rechnete,[169] beschrieben die regionalen Staatsvertreter eine gegenteilige Lage. Bereits im Vorfeld des Bauernstreiks, im Juli 1937, hatten amtliche Berichterstatter gemeint, bei der Landbevölkerung Skepsis und mangelnden Enthusiasmus gegenüber ersten Streikplänen registrieren zu können. Die organisatorischen Bemühungen des SL, zahlreiche neue Ortsvereine zu gründen und eifrig Mitglieder zu werben, um am 15. August so viele Menschen wie möglich mobilisieren zu können, galten als wenig dauerhaftes Unterfangen: Die ländliche Bevölkerung sei von SL-Agitatoren vor Ort mit Mitgliedsausweisen versorgt worden, doch die solchermaßen eilig zusammengestellten Ortsvereine hätten sich in der Folge nicht lange halten können.[170]

Die amtlichen Berichterstatter marginalisierten nicht nur die Entwicklung im Vorfeld, sondern auch den Tag der bäuerlichen Tat und den anschließenden Streik. In der Wojewodschaft Warschau fielen die SL-Feierlichkeiten zum 15. August demnach wenig imponierend aus. Die Teilnehmerzahl sei um fast die Hälfte geringer gewesen als im Vorjahr, was sich auf die Stimmung ausgewirkt habe. Zwar sei in elf Landkreisen von einem Bauernstreik gesprochen worden, doch sei nur in zwei Kreisen tatsächlich eine Streikresolution erlassen worden. In zwei weiteren Kreisen hätten Delegierte des SL darüber informiert, dass ein Bauernstreik stattfinde und zur Teilnahme daran aufgerufen, und in drei Kreisen seien lediglich konspirativ Flugblätter verteilt worden. Das offizielle Fazit lautete daher, der zehntägige Bauernstreik des SL habe in der Wojewodschaft Warschau kaum nennenswerte Wirkungen hinterlassen, sondern allenfalls den Charakter einer Reihe von Einzeldemonstrationen angenommen.[171]

Der vorgeblich als Misserfolg eingeschätzte Streik in der Wojewodschaft Warschau bot den staatlichen Behörden allerdings Anlass genug, um gegen

---

[169] AAN, MSW, 873, Bl. 114.
[170] APW, UW Warszawski, 102, Bl. 189 - 207, 213 - 233.
[171] Ebd., Bl. 213 - 233.

die örtlichen Hauptaktivisten des SL mit Verhaftungen vorzugehen.[172] In zwei Landkreisen wurde die Verkündung einer Streikresolution durch das Einschreiten örtlicher Amtsträger unterbunden.[173] In denselben Berichten, die dem Bauernstreik in Masowien organisatorische Unzulänglichkeiten und fehlende Wirkung nachsagten, wurde in merkwürdigem Kontrast hierzu die „energische Aktion der Regierung" gelobt, die zu einer „Beruhigung der Lage" geführt habe. Begründet wurde das staatliche Eingreifen damit, dass weite Teile der Bevölkerung unter dem Eindruck der Geschehnisse in Kleinpolen verstört gewesen seien, da sie radikale Reformen und einen Umbau der gesellschaftlichen Verhältnisse fürchteten, und dass in einigen Landkreisen der Bauernstreik gewaltsame, gar als „Terror" bezeichnete Formen angenommen hatte.[174]

Die offenkundigen Widersprüchlichkeiten in den amtlichen Berichten, die sowohl den Eindruck durchsetzungskräftiger Staatsvertreter als auch beruhigende Botschaften über eine gebannte Gefahr zu vermitteln versuchten, provozierten das SL zu schweren Vorwürfen an die Regierung. Demnach gebe es über viele Verhaftungen kaum Nachrichten, weil sie das Ausmaß der Streikbewegung offen legen könnten. Überhaupt habe das aggressive Vorgehen der staatlichen Stellen und der Polizei den friedlichen Verlauf des Streiks erst gestört und das Auftaktsignal zu unnötigen blutigen Auseinandersetzungen gegeben. Aufrufe des SL, den Frieden zu bewahren, seien konfisziert worden, dagegen sei bei den staatlichen „Befriedungsaktionen" Eigentum der ländlichen Bevölkerung vernichtet worden.[175]

Der Erfolg des Streiks lag somit für die Bauernpartei nicht zuvorderst im Konflikt, also in der Zahl tätlicher Ausschreitungen oder Verhaftungen. Vielmehr verwies das SL gerne darauf, dass der Streik in den meisten beteiligten Landkreisen „große Disziplin und organisatorische Tatkraft" in der Landbevölkerung unter Beweis gestellt habe.[176] Mit einer so großzügigen Definition widerständiger Regungen konnte freilich leicht eine positive Bilanz des Streiks gezogen werden.

Weder die an einer Marginalisierung der Vorkommnisse interessierte Staatsmacht noch die unter Erfolgszwang stehenden bäuerlichen Organisatoren gaben in ihren Aussagen ein vollständiges Bild des Bauernstreiks wie-

---

[172] Ebd., Bl. 258. Trotz vieler Konfiskate konnte die SL-Presse berichten: Masowe aresztowania, in: Zielony Sztandar, 29. 8. 1937, S. 1; Kto z ludowców jest w więzieniu, in: Zielony Sztandar, 12. 9. 1937, S. 4; Aresztowani, in: Zielony Sztandar, 19. 9. 1937, S. 4.
[173] APW, UW Warszawski, 102, Bl. 225.
[174] Ebd., Bl. 213, 226.
[175] AAN, MSW, 873, Bl. 114 - 116.
[176] Ebd., Bl. 114. So auch die Tendenz in einer der Bauernbewegung nahe stehenden Geschichtsschreibung, zuletzt Gmitruk, Wielki Strajk Chłopski, S. 13 - 15.

der. Umso wichtiger war daher die Frage, wie andere gesellschaftliche und politische Gruppierungen sich zum Streik verhielten.

Die Nationaldemokraten reagierten zunächst unsicher: Ließen sich an den Bauernstreik weitergehende Aktionen für einen politischen Wandel anknüpfen? Erst einige Tage später gab die Führungsspitze des SN die Leitlinie vor, den Streik zu bekämpfen, da dieser in der Logik des Lagerdenkens lediglich eine „Erfüllung kommunistischer Befehle" war. Die illegal tätige KPP unterstützte in der Tat den Bauernstreik, um eine „revolutionäre" Stimmung anzuheizen, doch das SL selbst empfand ihr Engagement als unerwünschte Störung.[177] Ein erwünschter Verbündeter im Bauernstreik war hingegen die PPS. Bereits im Vorfeld hatten die Sozialisten versucht, durch eine Kampagne für vorzeitige Neuwahlen zu Sejm und Senat den politischen Forderungen des Bauernstreiks den Boden zu bereiten,[178] auch gab es anfänglich Pläne für einen dreitägigen Solidarstreik.[179] In der Wojewodschaft Warschau kamen dann zu den SL-Feierlichkeiten am 15. August Delegationen der PPS in acht Landkreise[180] und während des nachfolgenden Bauernstreiks bekundeten die Sozialisten an mehreren Orten des Landes mit eintägigen Generalstreiks und mit Flugblättern gegen die behördlichen Repressalien ihre Unterstützung.[181]

Dennoch zeugte der Bauernstreik 1937 von der Fragilität des gemeinsamen „volkspolnischen" Projekts. Kazimierz Czapiński schrieb unter dem Eindruck des Streiks in der kämpferischen Sprache des innenpolitischen Lagerdenkens über die „gemeinsame Front" der Arbeiter und Bauern – dies konnte aber nicht verdecken, dass der Spätsommer 1937 in erster Linie die bäuerliche Seite „Volkspolens" zum Vorschein brachte. Zunächst gab es unter PPS-Anhängern einige feindliche Stimmen gegenüber dem Bauernstreik, da er die Preise für Lebensmittel zu verteuern drohte. Zwar hatte das SL in seinen Rundschreiben ausdrücklich betont, der Streik sei nicht gegen eine andere gesellschaftliche Schicht gerichtet und habe nicht zum Ziel, „die Städte auszuhungern",[182] doch dies konnte Teile der Arbeiterschaft nicht überzeugen.[183] Vor allem Arbeiter und Arbeitslose im ländlichen Raum sahen in der Aktion der Bauern eine Erschwernis ihrer eigenen materiellen Lage, während neben der PPS-Führungsspitze auch die besser gestellten

---

[177] APW, UW Warszawski, 102, Bl. 213 - 233; AAN, MSW, 873, Bl. 115 - 116.
[178] APW, UW Warszawski, 102, Bl. 189 - 207.
[179] Gmitruk, Wielki Strajk Chłopski, S. 14.
[180] APW, UW Warszawski, 102, Bl. 213 - 233.
[181] Janusz Żarnowski: Polska Partia Socjalistyczna w latach 1935 - 1939, Warszawa 1965, S. 260.
[182] AAN, MSW, 873, Bl. 113.
[183] Żarnowski, Polska Partia Socjalistyczna, S. 262.

Fabrikarbeiter in den größeren Städten dem Streik positiv gegenüberstanden.[184] Das politische Interesse an der Zusammenarbeit mit der Bauernbewegung kollidierte hier für viele PPS-Anhänger mit ganz alltagspraktischen Fragen, insbesondere mit ihrer Rolle als Konsumenten.

Grundsätzlicher wirkten trotz der wiederholten Annäherungsversuche in den vorangegangenen Jahren weiterhin vorhandene Animositäten zwischen Arbeiter- und Bauernbewegung. Ein führender Publizist und Politiker der PPS wie Kazimierz Czapiński, der 1937 den Bauernstreik als Kommentator engagiert verfolgte, hatte noch 1936 beklagt, die Durchsetzung des Sozialismus in Polen werde durch die überwiegend agrarische Wirtschaftsstruktur erschwert: „Die Weltwirtschaftskrise hat die Bauern in ihren Lebensbedingungen erschüttert und sie auf die Suche nach neuen politischen Wegen geführt, allerdings sind sie noch lange nicht zum Sozialismus herangereift."[185] Bei allem Lob für die Verständigungsbereitschaft des SL und dessen Beitrag zum Kampf für mehr Demokratie betrachtete Czapiński die Bauern weiterhin als Juniorpartner der Arbeiterbewegung: Da sich politisches Bewusstsein und Organisationsbildung bei den Bauern erst später entwickelt hätten, empfahl sich aus seiner Sicht eine Orientierung an den Arbeitern, die „zahlreich, gut organisiert, politisch bewusst und diszipliniert aufzutreten gelernt haben und in den Zentren von Wirtschaft und Verwaltung wichtige Positionen einnehmen".[186] Nicht ganz unverschuldet mussten sich die Sozialisten daher gegen Mutmaßungen zur Wehr setzen, die Bauernbewegung sei für sie nur ein zeitweiliger Verbündeter bis zur Durchsetzung einer neuen Wahlordnung.[187]

Das Jahr 1937 zu einem Jahr des Streiks und einem Fanal für die *Sanacja*-Regierung zu machen, unternahm nicht die PPS, sondern eine gesellschaftlich nicht minder einflussreiche Gruppe: die im ZNP organisierten Lehrer. Der ZNP hatte sich seit Beginn der Zweiten Republik für einen staatlich getragenen Neuaufbau des polnischen Schulwesens stark gemacht und dabei für die Lehrer einen Zugewinn an beruflichen Kompetenzen und Sozialprestige erhofft. Diese Erwartungshaltung führte zunächst zu einer engen Anlehnung an das staatsnationale Regiment der *Sanacja*. In den 1930er Jah-

---

[184] APW, UW Warszawski, 102, Bl. 213 - 233.
[185] Kazimierz Czapiński: Nasza Partja. Cele i drogi, in: Robotnik, 1. 5. 1936, S. 3.
[186] Kazimierz Czapiński: Nasz wspólny front. Robotnik i chłop, in: Robotnik, 22. 8. 1937, S. 3.
[187] Dies kam schon frühzeitig zum Ausdruck: Władysław Praga: Front chłopsko-robotniczy, in: Zielony Sztandar, 26. 4. 1936, S. 4; Ważny okólnik: in: Zielony Sztandar, 3. 5. 1936, S. 3. Zu den inhaltlichen Differenzen zwischen SL und PPS auch Michał Śliwa: Partie robotnicze wobec strajku chłopskiego 1937 r., in: Gmitruk/Pasiak-Wąsik, Bądźcie solidarni, S. 63 - 64.

ren war hingegen eine zunehmend skeptische, ja oppositionelle Haltung zu beobachten.

Ein erster Grund lag in der Mitgliederstruktur des ZNP. Dem Verband gehörten Lehrer unterschiedlicher gesellschaftlicher, politischer und religiöser Anschauungen an und nicht alle Strömungen innerhalb des ZNP billigten die Zusammenarbeit mit der *Sanacja*. Insbesondere nach Piłsudskis Tod, als sich die Regierungsanhänger in mehrere Formationen aufzusplittern begann, war, allein schon des verbandsinternen Zusammenhalts wegen, die bereits früher eingeforderte „neutrale Haltung gegenüber der Parteipolitik" nun zwingendes Gebot.[188]

Ein zweiter Grund war bildungspolitischer Natur. Viele Lehrer empfanden die gegenwärtige Epoche als geprägt von einem dynamischen Wandel der gesellschaftlichen Entwicklung in Polen, von einem rasanten „schöpferischen Tempo" und vom Wunsch nach individueller Selbstverwirklichung. Das Bestreben, als Lehrer und Erzieher an dieser „Dynamik des Lebens" teilzuhaben, ja diese sogar aktiv mitzugestalten, paarte sich oft mit einer ausgeprägten fachlichen und persönlichen Orientierungssuche. Die Schulreform der *Sanacja* brachte insofern eine Enttäuschung, als viele Lehrer hierin eher eine Zunahme dienstlicher Kontrollen und machtstützender Praktiken sahen statt neuer pädagogischer Impulse.[189] Darüber hinaus blieb die Schulreform auch in ihren sozialen Folgewirkungen umstritten. Teils galt die neue siebenjährige Grundschule als unzureichend, gar als Ursache für einen „sekundären Analphabetismus", teils blieb noch zur Mitte der 1930er Jahre eine beträchtliche Zahl von Kindern außerhalb der Schule, was der staatlichen Durchsetzungsfähigkeit im Bildungswesen ein mangelhaftes Zeugnis ausstellte.[190]

Zum dritten litt auch der ZNP unter den Wirkungen der Weltwirtschaftskrise. Im Vergleich zur ersten Blütezeit des Verbands in den Jahren 1919 - 21, als es um die Rechte der Lehrer, ihre Stellung in der neuen polnischen Gesellschaft und um den Aufbau des Schulwesens ging, präsentierten sich die Aktivitäten in den Zirkeln des ZNP schon gegen Ende der 1920er Jahre schwächer.[191] Nun führte die Verschlechterung der materiellen Lage von staatlichen Angestellten wie den Lehrern dazu, dass, um Mitgliedsbei-

---

[188] Stoimy poza partiami, in: Głos Nauczycielski, 21 (31), 1936/37, S. 482 - 483; Nauczycielstwo a polityka, in: Głos Nauczycielski, 23 (33), 1938/39, S. 578 - 579.

[189] Dest.: O nową szkołę, in: Głos Nauczycielski, 15, 1931, S. 396 - 399.

[190] Zygmunt Lewandowski: Krzywda wsi, in: Głos Nauczycielski, 20 (30), 1936, S. 607 - 608; Wacław Polkowski: Na drodze demokratyzacji kultury, in: Głos Nauczycielski, 23 (33), 1938/39, S. 109 - 111; Czesław Wycech: Działalność i rola Z. N. P. w niepodległej Polsce, in: Głos Nauczycielski, 23 (33), 1938/39, S. 203 - 206.

[191] Wł. Łanoszka: Źródło niedomagań, in: Głos Nauczycielski, 14, 1930, S. 300 - 302.

träge einzusparen, viele Austritte aus gesellschaftlichen Vereinigungen erfolgten.[192] Dies war insofern bemerkenswert, hatte doch die bildungspolitische Empfehlung in den vorangegangenen Jahren gelautet, dass Lehrer als Multiplikatoren der „staatlichen Erziehung" sich durch verstärktes politisches und gesellschaftliches Engagement auszuzeichnen hatten.[193] In dieser angespannten Situation konnte dann leicht für Unmut sorgen, wenn Gerüchten zufolge die *Sanacja*-Regierung die Weltwirtschaftskrise zu lindern beabsichtigte, indem sie Gehaltsreduzierungen auf dem Rücken vornahm, oder wenn Lehrervertreter im domestizierten Sejm immer häufiger die Erfahrung ihrer Einflusslosigkeit machten.[194]

Ein erstes Zeichen für einen politischen Linksruck in der Grundschullehrerschaft war die Gründung der *Sanacja*-kritischen Gesellschaft für demokratische Bildung – Neue Gleise (*Towarzystwo Oświaty Demokratycznej – Nowe Tory*) 1931, zu deren führenden Mitgliedern bekannte Politiker wie Kazimierz Czapiński und Adam Próchnik von der PPS oder Irena Kosmowska vom SL gehörten. Inspiriert von den *Nowe Tory* bildeten „volkspolnisch" orientierte Grundschullehrer dann 1935 eine Plattform der Vereinigten Opposition im ZNP (*Platforma Zjednoczonej Opozycji ZNP*).[195]

Die Abwendung von der *Sanacja*-Regierung war durchaus ein mutiger Schritt, denn gerade mit Unterstützung staatlicher Autorität hatten die Lehrer bislang ihren Kampf um eine Emanzipation von der kirchlichen Kuratel im Schulwesen und gegen die traditionelle Ordnung der Gesellschaft geführt. Und dieser Kampf schien noch längst nicht ausgestanden. Die katholische Kirche vertrat in den 1930er Jahren weiterhin in scharfem Kontrast zur Programmatik des ZNP stehende bildungspolitische Forderungen wie die Einführung einer katholischen Konfessionsschule, die gleichberechtigte Visitation zumindest des Religionsunterrichts durch einen Schulinspektor und einen geistlichen Gesandten oder das Recht für Katecheten, an allen schulischen Konferenzen teilzunehmen.[196] An die Eltern richteten kirchliche Kreise den Hinweis, sie sollten genau darauf achten, welchen Lehrern sie ihre Kinder anvertrauten und nötigenfalls, wenn die Lehrer Glaubensvorschriften missachteten und ihre Rolle als katholische Erzieher nicht pflichtgemäß erfüllten, gemeinsam mit Pfarrer, Schulaufsicht und Schulfürsorge

---

[192] APW, UW Warszawski, 92, Bl. 2 - 15.
[193] Ebd., Bl. 2 - 15; APW, UW Warszawski, 105, Bl. 2 - 8.
[194] Czesław Wycech: Działalność i rola Z. N. P. w niepodległej Polsce, in: Głos Nauczycielski, 23 (33), 1938/39, S. 203 - 206.
[195] Wacław Tułodziecki: Moja działalność oświatowa w PPS, in: P. P. S. Wspomnienia, Bd. 2, S. 1046 - 1049; Kalina Bartnicka und Stanisław Mauersberg: Krytyka polityki oświatowej sanacji, ruch nauczycielski, in: Miąso, Historia wychowania, S. 93.
[196] MWRiOP, 955, Bl. 32 - 33.

von den Schulbehörden den Wechsel des Lehrers verlangen.[197] Darüber hinaus kamen aus der schulischen Praxis vor Ort weiterhin zahlreiche Berichte über Konflikte zwischen Lehrern und Pfarrern, die nicht nur von unterschiedlichen bildungspolitischen Vorstellungen, sondern auch von teilweise recht persönlichen Ansichten über Einfluss und Kompetenzen ausgingen. So ermunterten manche Pfarrer die Bevölkerung auch an mittlerweile obsolet gewordenen kirchlichen Feiertagen, bei bischöflichen Visitationen oder an den Patronatstagen von Pfarrei und Bistum zu einem schulfreien Tag.[198]

Prominenten Ausdruck fand das schwierige Verhältnis von katholischer Kirche und ZNP in mehreren Meinungskonfrontationen, die republikweit Aufsehen erregten. 1930 wandten sich die polnischen Bischöfe in einem Hirtenbrief gegen die „antireligiösen" Strömungen im ZNP.[199] 1936 kam es zu einer Auseinandersetzung um die vom ZNP herausgegebene Schülerzeitschrift *Płomyk*. Ein Themenheft zur Sowjetunion schien in katholischen und politisch rechten Kreisen schon länger gehegte Annahmen von einer „bolschewistischen" Infiltration der Jugend nur zu bestätigen.[200] Eine solche Bolschewisierungsthese verschärfte die ohnehin schon stark politisierte Debatte um das Bildungswesen im unabhängigen Polen und brachte Elemente des Lagerdenkens zum Ausdruck.

Bei seiner Neudefinition von politischer Unabhängigkeit ließ der ZNP daher nicht vom Bezug auf den Staat. Demnach hatte die Schule zwar den Interessen des Staates zu dienen[201] und der Staat sollte von den Lehrern die loyale und gewissenhafte Erfüllung ihrer Pflichten in der Schule verlangen dürfen, doch außerhalb dieses Rahmens sollten die staatsbürgerlichen Rechte der Lehrer keiner weiteren Einschränkung unterliegen.[202] In diesen Formulierungen spiegelte sich zugleich das grundsätzliche Dilemma des ZNP: Nach wie vor galt die enge Bindung an den Staat als Königsweg zur gesell-

---

[197] J. E.: Na bezdrożach. O nielegalnej działalności Z. N. P., in: Ruch Katolicki, 7, 1937, S. 197 - 211.

[198] W. P.: Frekwencja w szkołach wiejskich, in: Głos Nauczycielski, 20 (30), 1936, S. 608 - 609.

[199] Unmittelbarer Anlaß hierfür waren Reden und Auftritte auf dem Krakauer ZNP-Kongress im Juli desselben Jahres gewesen: Odezwa Episkopatu Polskiego w sprawie antyreligijnych wystąpień na zjeździe Związku Nauczycieli Szkół Powszechnych w Krakowie w lipcu 1930 roku, in: Wiadomości Archidiecezjalne Warszawskie, 20, 1930, S. 280 - 282; auch abgedruckt in: Głos Nauczycielski, 15, 1930, S. 38 - 39.

[200] J. E.: Na bezdrożach. O nielegalnej działalności Z. N. P., in: Ruch Katolicki, 7, 1937, S. 197 - 211.

[201] Stanisław Wiącek: Na marginesie współczesnej ideologji związku P. N. S. P., in: Głos Nauczycielski, 14, 1930, S. 185 - 188.

[202] Z. N.: W obronie niezależności szkolnictwa, in: Głos Nauczycielski, 12, 1928, S. 146 - 149.

schaftlichen Anerkennung von Schule und Lehrern, gleichzeitig aber stand unter der autoritären Herrschaft die Gefahr einer entrechtenden Vereinnahmung im Raum. Die vom ZNP stets umfänglich betonten Probleme der Lehrer mit Kirche und ländlicher Gesellschaft waren vor diesem Hintergrund nicht nur als Konflikt emanzipatorischer Kräfte mit vermeintlich hartnäckigen Traditionalisten zu sehen, sondern sie boten auch ein Ventil, um über ein eingängiges Feindbild zur Selbstvergewisserung zu gelangen.

Neben die Affinität zum emanzipierenden Staat trat allerdings zunehmend ein oppositionell orientiertes „volkspolnisches" Selbstverständnis. Anknüpfungspunkt war ein seit Mitte der 1930er Jahre deutlich wahrnehmbarer Wandel im Verhältnis der Grundschullehrer insbesondere zur ländlichen Gesellschaft. In der Zweiten Republik war aus dem Dorfschullehrer (*nauczyciel ludowy*) der Grundschullehrer (*nauczyciel szkoły powszechnej*) geworden. Diese Statusänderung betrachten nicht wenige Pädagogen nun mit gemischten Gefühlen. Einerseits trug das Berufsbild Grundschullehrer dem Bestreben Rechnung, ein einheitliches Bildungswesen für alle Bürger Polens zu schaffen, andererseits galt die enge Anbindung an die staatliche Bildungspolitik als Ursache der „Entfremdung" zwischen Bauern und Lehrern. Nun sollte ein Verhältnis zur ländlichen Gesellschaft geschaffen werden, das die Solidarität der Lehrer mit den Bauern in den Mittelpunkt rückte und den Lehrer zwar als Vorkämpfer für die Bildung des einfachen Volkes, doch ansonsten allenfalls als *primus inter pares* sah.[203] Hierfür fand sich auch ein als heroisch stilisierbares Vorbild aus der Vergangenheit: In der Teilungszeit hätten sich die Dorfschullehrer mit der Landbevölkerung solidarisiert – so sei in Kongresspolen die Verbreitung der polnischen Kultur im wesentlichen durch das geheime Unterrichtswesen und die Erwachsenenbildung erfolgt.[204]

Die Schulbehörden beobachteten den „Links-Kurs" des ZNP schon seit einiger Zeit kritisch. Unregelmäßigkeiten bei einer Rechnungsprüfung Ende September 1937 in den Räumen der Warschauer ZNP-Zentrale gaben staatlichen Stellen dann den Vorwand, den Vorstand des ZNP aufzulösen. Umstritten war dabei insbesondere die Person des zwangsweise eingesetzten Kurators. Der Oberschlesier Paweł Musioł gehörte zwar selbst dem ZNP an und hatte sich hier lange Zeit im Sinne der *Sanacja* engagiert, doch war er in den 1930er Jahren der rechtsextremen ONR-Falanga beigetreten. Seine Einsetzung als Kurator des ZNP stand vor dem Hintergrund wiederholt

---

[203] Od nauczyciela ludowego do nauczyciela szkoły powszechnej, in: Głos Nauczycielski, 20 (30), 1935, S. 25 - 27.
[204] Ebd., S. 25 - 27; Stefan Piotrowski: Uświadomić wieś czym jest Z. N. P., in: Głos Nauczycielski, 21 (31), 1936/37, S. 347 - 348.

unternommener Versuche der Regierungspartei OZN, mit dem ONR zu einer politischen Verständigung zu kommen.

In Antwort darauf traten Mitglieder des ZNP und sogar gewerkschaftlich nicht organisierte Lehrer republikweit in Ausstand, veranstalteten Protestkundgebungen oder verweigerten die Teilnahme an staatlich unterstützten Festivitäten wie der „Woche der Grundschule". Die Wojewodschaft Warschau gehörte zu den aktivsten Regionen des ZNP-Streiks.[205] Zwar registrierten amtliche Berichterstatter mit einiger Erleichterung, wenn mancherorts die Protestaktionen abgebrochen werden mussten, da sich ein Teil der Lehrer nicht mit der Aktion solidarisierte,[206] dennoch endete die gesamte Aktion mit einem Erfolg für den ZNP: Im November 1937 fand ein personelles Revirement innerhalb der kommissarischen Verwaltung statt und im Februar 1938 sah sich der Vorstand des ZNP wieder in seine Rechte eingesetzt.

Die zwei Streikbewegungen des Jahres 1937 förderten bei den Vertretern des „volkspolnischen" Nationsentwurfs Zukunftshoffnungen und Kampfbereitschaft, brachten aber auch praktische Umsetzungsprobleme und Desillusionierungen mit sich. Von einhelliger Wichtigkeit war es aber für die Streikenden, ihr Anliegen nicht auf den kurzen Zeitraum öffentlicher Aufmerksamkeit im Sommer und Herbst 1937 begrenzt zu wissen. Das SL gab in den Folgemonaten gerne kund, im August 1937 habe es sich erst um einen Auftakt einer größeren Streikbewegung gehandelt, um einen „Probestreik", dem ein Generalstreik folgen werde. Dabei sollten dann auch diejenigen Landkreise beteiligt sein, die bislang keine Aktivitäten gezeigt hatten.[207]

Im Frühjahr 1938 hatte sich das SL zwar immer noch nicht in der Frage eines erneuten Streiks entschieden, versuchte aber das *Święto Ludowe* am 5. und 6. Juni 1938 zu einer Generalschau der eigenen Kräfte auszugestalten. Demonstrative Verstärkung erfuhr die parteieigene Ordnungstruppe.[208] Die Bevölkerung unter Anspannung zu halten – diese schon bei den Nationaldemokraten zu beobachtende Strategie entsprach dem in den 1930er Jahren verbreiteten politischen Ideal von permanenter Mobilisierung und Kampfbereitschaft.

---

[205] Andrzej Cieśla: Związek Nauczycielstwa Polskiego w województwie warszawskim w okresie Drugiej Rzeczypospolitej, Toruń 2000, S. 166 - 169, 172 - 173; Tomasz Szczechura: Związek Nauczycielstwa Polskiego. Zarys dziejów 1919 - 1939, Warszawa 1957, S. 232 - 240.
[206] APW, UW Warszawski, 102, Bl. 291 - 292.
[207] Ebd., Bl. 249 - 271.
[208] APW, UW Warszawski, 109, Bl. 113.

In einer solchen Stimmungslage rief Mieczysław Niedziałkowski im August 1938 die *Sanacja* dazu auf, die Bevölkerung wieder in demokratische Partizipationsrechte einzusetzen, bevor „der Boden unter den Füßen brennt".[209] Die Regierung zeigte sich nicht unbeeindruckt. Amtliche Berichterstatter gestanden im Vorfeld des 15. August 1938 eine verbreitete Unsicherheit ein und fragten sich, welche der konkurrierenden Feiertagsveranstaltungen den meisten Anklang fände und ob die politische Linke erneut einen Bauernstreik ausrufen werde.[210] Besonderes Gerangel gab es daher um den Veranstaltungsort Warschau.

1938 fand der Tag der bäuerlichen Tat wie in den Vorjahren nur auf Kreisebene statt.[211] Der Bauernstreik hatte die Furcht der Regierung vor größeren Versammlungen ja gerade erst bestätigt. Für die SL-Ortsgruppen des Warschauer Umlands war der Festakt in der Hauptstadt selbst geplant. Die hier aufscheinende Möglichkeit, dem 15. August ein zentrales Forum zu bieten, veranlasste die staatlichen Behörden kurzfristig zum Handeln. Die in Warschau geplante Veranstaltung verbot das Regierungskommissariat durch einen Erlass vom 11. August mit Rücksicht auf die öffentliche Ordnung und innere Sicherheit.[212] Am 13. August zog das Innenministerium das Verbot zurück. Da dies erst knapp vor dem Festtermin geschah, hatte das SL einige Schwierigkeiten bei der Organisation und Mobilisierung von Teilnehmern.[213]

Entgegen vieler vorheriger Erwartungen hatte der 15. August 1938 republikweit einen ausgesprochen getragenen Charakter: Er war nicht nur dem Gedenken an 1920 gewidmet, sondern auch dem ersten Jahrestag des Bauernstreiks und seinen Opfern, insbesondere bei den blutigen Auseinandersetzungen in Kleinpolen.[214] Die Orchester spielten Trauermärsche, Parteifahnen waren mit schwarzem Flor versehen.[215] Auch wenn der Gestus nicht mehr so kämpferisch war wie im Jahr zuvor, so enthielt die Veranstaltung in Warschau, die nach Aufhebung des regierungsamtlichen Verbots mit immerhin 7.000 Teilnehmern stattfand, bemerkenswerte symbolische Botschaften. Nach einem Gottesdienst in der Pfarrkirche Christus Erlöser (*Zbawiciela*) an der al. Marszałkowska bewegte sich ein Umzug durch die

---

[209] Mieczysław Niedziałkowski: Sierpień roku 1920, in: Robotnik, 14. 8. 1938, S. 4.
[210] AAN, FPZOO, 49, Bl. 55 - 58; APW, UW Warszawski, 109, Bl. 212 - 243.
[211] APW, UW Warszawski, 109, Bl. 212 - 243.
[212] Święto Czynu Chłopskiego nie odbędzie się w Warszawie, in: Robotnik, 12. 8, 1938, S. 4; S. K.: Rzeczy niepojęte, in: Robotnik, 13. 8. 1938, S. 3.
[213] Cofnięcie zakazów obchodu „Święta Czynu Chłopskiego" w Warszawie i w Jarosławiu, in: Robotnik, 14. 8. 1938, S. 3; Wspaniały przebieg Święta Czynu Chłopskiego, in: Zielony Sztandar, 21. 8. 1938, S. 1 - 2.
[214] APW, UW Warszawski, 109, Bl. 212 - 243.
[215] Wspaniały przebieg Święta Czynu Chłopskiego, in: Zielony Sztandar, 21. 8. 1938, S. 1 - 2; Uroczysty obchód Święta Czynu Chłopskiego, in: Robotnik, 16. 8. 1938, S. 1.

Straßen Warschaus zum Grabmal des Unbekannten Soldaten, wo drei Bauernkränze niedergelegt wurden. Dann ging es zur öffentlichen Kundgebung auf dem Altstadtmarkt.[216]

Interessant waren an diesem Festtagsablauf drei Punkte: Zum ersten nahm, um den Zusammenhalt der politischen Linken zu demonstrieren, eine Delegation der PPS und der sozialistischen Jugend am bäuerlichen Umzug teil. Zum zweiten begleiteten zahlreiche Zuschauer am Straßenrand den Umzug – damit hatte die einst ausschließlich im ländlichen Raum agierende Bauernbewegung die Aufmerksamkeit, wenn nicht gar das Wohlwollen eines Teils der hauptstädtischen Bevölkerung auf sich lenken können. Schließlich machten die Umzugsroute, die Kranzniederlegung und der Ort der Kundgebung deutlich, dass die Bauernbewegung die gleiche Repräsentanz im öffentlichen Raum der Hauptstadt und damit den gleichen politischen Stellenwert beanspruchte wie *Sanacja*, Nationaldemokratie und Sozialisten.

1. 4 Spirale der Gewalt? Multiethnizität in einer polarisierten Gesellschaft

Der Umgang mit der Multiethnizität war auch im zweiten Jahrzehnt der Unabhängigkeit Anlass anhaltender Auseinandersetzungen. Die Frage, ob Polen eine ethnische oder politische Nation war, erfuhr nun in der radikalisierten Sprache des Lagerdenkens eine Zuspitzung auf den Gegensatz zwischen „nationalem" und „internationalistischem" Lager, zwischen „polnischem" Nationalstaat und „deutsch-jüdischem" Nationalitätenstaat.[217] Nicht den ethnisierenden Attributen, aber doch der schon zu Beginn der Zweiten Republik geläufigen Dichotomie von „Nationalstaat" und „Nationalitätenstaat" folgend, hat die Historiographie die Multiethnizität Polens lange Zeit unter dem Aspekt des ihm innewohnenden Konfliktpotenzials behandelt; die entscheidende Forschungsfrage galt den jeweiligen Antriebskräften.

Einer etatistischen Interpretationslinie zufolge waren „Nationalitätenkonflikte" forciert durch eine staatliche Gliederung, die außerhalb Oberschlesiens keine Autonomieregelung zuließ, und durch Wahlordnungen, die die ethnisch nicht-polnische Bevölkerung benachteiligten. Argumente lieferte aber vor allem die offizielle Politik Polens vor dem Völkerbund, die im Übrigen für viele Jahre unter der Regie der *Sanacja* stand. Für Aufsehen sorgte, dass Polen am 13. Oktober 1934 den Minderheitenschutzvertrag

---

[216] Wspaniały przebieg Święta Czynu Chłopskiego, in: Zielony Sztandar, 21. 8. 1938, S. 1 - 2; Uroczysty obchód Święta Czynu Chłopskiego, in: Robotnik, 16. 8. 1938, S. 1.
[217] Związek Ludowo-Narodowy (Hrsg.): Nacjonalizm, Warszawa 1928, S. 3 - 9.

einseitig aufkündigte. Diesem Schritt lag die Überzeugung zugrunde, dass Klagen von Vertretern der ethnisch nicht-polnischen Bevölkerung vor dem Völkerbund von anderen Staaten zum Nachteil Polens genutzt würden. Die deutsche Revisionspolitik seit den 1920er Jahren hatten polnische Diplomaten in Genf noch stets beantworten können, doch mit der bevorstehenden Aufnahme der Sowjetunion in den Völkerbund war die Befürchtung verbunden, dass nun auch die zahlenmäßig weit stärkere ostslavische Bevölkerung Polens an Fürsprache auf internationalem Parkett gewann.

Einer zweiten, sozial- und kulturgeschichtlichen Interpretationslinie zufolge lag das entscheidende Konfliktpotenzial im Umgang mit der Multiethnizität nicht so sehr in der staatlichen Politik als vielmehr in einer nationalistischen Durchdringung der Gesellschaft („Nationalismus von unten"). Die wichtigste staatliche Normsetzung der 1930er Jahre, die April-Verfassung von 1935, enthielt nämlich in Art. 7 dieselbe Definition von Nation wie die März-Verfassung von 1921: die Gleichberechtigung aller Bürger ohne Einschränkung durch Herkunft, Religion, Nationalität oder Geschlecht.[218] Damit waren Angehörigen nicht-polnischer Ethnien weiterhin dieselben politischen Rechte garantiert – sehr zum Verdruss von Anhängern des ethnischen Nationsprinzips.[219] Daraus ließ sich nun ein Gegensatz zwischen „neutralem" Staat und „nationalistischer" Gesellschaft konstruieren, der oft auch als ein Gegensatz zwischen *Sanacja* und Nationaldemokratie beschrieben worden ist.

Ein Beispiel, das diese Dichotomie stützte, war in den 1930er Jahren das Verhältnis zu Deutschland und den Deutschen in Polen. Die Nationaldemokraten hatten ihre früheren optimistischen Annahmen über die Integrationsmöglichkeiten der deutschen Bevölkerung seit den deutsch-polnischen Auseinandersetzungen um Grenzrevision und Minderheitenschutz in den 1920er Jahren immer mehr zurückgestellt. Sie befürworteten nun mit überwältigender Mehrheit die Zurückdrängung deutschen Einflusses und langfristig die Emigration der ethnisch deutschen Bevölkerung im Westen Polens.[220] Dagegen betrachtete die *Sanacja* die deutsche Bevölkerung in Polen zwar mit Wachsamkeit, aber nicht ohne Vertrauen in deren Loyalität.[221]

Diese Haltung ermöglichte der polnischen Regierung den Abschluss des deutsch-polnischen Nichtangriffsabkommens am 26. Januar 1934. Befristet

---

[218] Ustawa konstytucyjna z dnia 23 kwietnia 1935 r., in: Sudnik, Prawo polityczne, S. 92. Deutsche Übersetzung in Gosewinkel/Masing, Verfassungen in Europa, S. 403.

[219] Tadeusz Bielecki: Rozważania trzeciomajowe, in: Warszawski Dziennik Narodowy, 3. 5. 1938, S. 3.

[220] Zur Entwicklung der nationaldemokratischen Haltung gegenüber der deutschen Minderheit seit den 1920er Jahren: Mai, Związek Ludowo-Narodowy, S. 257 - 264.

[221] Paruch, Od konsolidacji państwowej, S. 215; Krzoska, Für ein Polen, S. 281.

auf zehn Jahre waren Gewaltverzicht, Nichteinmischung in innere Angelegenheiten des jeweils anderen Staates, aber auch der Aufbau eines guten nachbarschaftlichen Verhältnisses vorgesehen. So sehr der Abschluss dieses Abkommens von taktischen Motiven bestimmt war,[222] so unternahmen es die beiden Regierungen doch auch, eine Phase der Verständigung mit dem jeweiligen Nachbarn zu propagieren.[223]

Dieser „neue Kurs" traf allerdings auf nur geringe Akzeptanz in der Bevölkerung, sowohl in Deutschland als auch in Polen.[224] Skepsis gab es selbst in polnischen Regierungskreisen,[225] und in der ethnisch deutschen Bevölkerung Polens herrschte Sorge, dass durch den Partnerschaftsvertrag Garantien des internationalen Minderheitenschutzes übergangen werden könnten.[226] Im polnischen Verhältnis zu Deutschland offenbarte sich somit zwischen politischer Strategie und gesellschaftlicher Imagination eine deutliche Kluft. Doch gegenüber der deutschen Bevölkerung in Polen fanden polnische Politiker und Publizisten auch noch in den 1930er Jahren zu keiner eindeutigen Beurteilung. Dazu trug der lange Zeit offene Ausgang der Auseinandersetzungen zwischen den einzelnen deutschen Organisationen in Polen bei.

Im Zeichen der nationalsozialistischen Machtergreifung im Deutschen Reich 1933 kam es unter den Deutschen in Polen zu einer politischen Radikalisierung: Die Deutsche Sozialistische Arbeitspartei Polens (DSAP) verlor ebenso an Einfluss wie die in Oberschlesien beheimatete Deutsche Katholische Volkspartei (DKVP) um den Lehrer, Senator und langjährigen Abge-

---

[222] Einen historiographischen Überblick bietet Marek Kornat: Polsko-niemiecka deklaracja o niestosowaniu przemocy z 26 stycznia 1934 r. i „polityka równowagi" w opiniach historyków niemieckich, in: Mieczysław Wojciechowski (Hrsg.): Deklaracja polsko-niemiecka o niestosowaniu przemocy z dnia 26 stycznia 1934 r. z perspektywy Polski i Europy w siedemdziesiątą rocznicę podpisania, Toruń 2005, S. 54 - 79.

[223] Konkrete Beispiele bei Carsten Roschke: Der umworbene „Urfeind". Polen in der nationalsozialistischen Propaganda 1934 - 1939, Marburg 2000; Maria Gierlak: Der Schüleraustausch zwischen Polen und Deutschland in den 1930er Jahren. Polnischer Pfadfinderverband (ZHP) und Hitlerjugend, in: ZfO, 50, 2001, S. 90 - 92.

[224] Karina Pryt: Kulturbeziehungen zwischen Hitler-Deutschland und Piłsudskis Polen, 1934 - 1939, in: Bernd Martin und Arkadiusz Stempin (Hrsg.): Deutschland und Polen in schweren Zeiten 1933 - 1990, Poznań 2004, S. 35 - 49; Lars Jockheck: Propaganda im Generalgouvernement. Die NS-Besatzungspresse für Deutsche und Polen 1939 - 1945 [Einzelveröffentlichungen des DHI Warschau, Bd. 15], Osnabrück 2006, S. 47 - 49; so auch das abschließende Urteil bei Roschke, Umworbener „Urfeind", S. 470 - 472, 474. „Junge" Nationaldemokraten mochten noch eher zustimmen als die „ältere" Generation: Kotowski, Hitlers Bewegung, S. 126 - 139.

[225] Stanisław Żerko: Stosunki polsko-niemieckie 1938 - 1939, Poznań 1998, S. 23 - 24.

[226] Nordblom, Für Glaube, S. 646.

ordneten im schlesischen Sejm Eduard Pant.[227] Selbst die konservative deutsch-nationale Deutsche Vereinigung im Sejm und Senat für Posen, Netzegau und Pommerellen (DV), 1923 gegründet mit dem Ziel, Rechte und Besitzstand der ethnisch deutschen Bevölkerung in Polen zu behaupten, geriet in Schwierigkeiten. Um die Vorrangstellung unter den Deutschen in Polen musste die DV nun mit der dem Nationalsozialismus in seiner faschistisch-revolutionären Selbstbeschreibung zugetanen Jungdeutschen Partei (JDP) ringen. Auf die suggestive Formel eines Kampfes „Alte" (DV) gegen „Junge" (JDP) gebracht, zog dies mancherorts tumultartige Auseinandersetzungen mit sich.[228] Der diplomatische Ausgleich zwischen Berlin und Warschau 1934 war dann für die nationalsozialistischen Bestrebungen unter der ethnisch deutschen Bevölkerung Polens besonders günstig, da sich die staatlich polnische Seite kaum gegen die ideologischen Wahlverwandten des neuen internationalen Partners stellen konnte.[229]

Weit konfliktträchtiger zeigte sich in den 1930er Jahren das Verhältnis zur ukrainischen Bevölkerung in Polen. Vor allem aber war hier kaum mehr von einem „neutralen" Staat zu sprechen. Die *Sanacja*-Regierung und ihre Anhänger waren direkt in die unterschiedliche Konflikte involviert: Auf der einen Seite mit der Internierung ukrainischer Sejm-Abgeordneter in Brześć 1930 und mit „Pazifizierungsaktionen" von Militär und Polizei unter der ukrainischen Bevölkerung zu Beginn der 1930er Jahre, auf der anderen Seite als Ziel von Mordanschlägen der 1929 gegründeten ukrainischen konspirativen Organisation OUN (*Orhanizacija Ukraïns'kych Nacionalistiv*, „Organisation ukrainischer Nationalisten"). Prominenteste Opfer waren der Sozialist Tadeusz Hołówko 1931 und Innenminister Bronisław Pieracki 1934. Demgegenüber trat fast in den Hintergrund, dass die OUN auch Anschläge auf Ukrainer verübte, die Polen gegenüber verständigungsbereit waren. Diese Ereignisse standen im Zentrum der öffentlichen Aufmerksamkeit und prägten die gegenseitige polnisch-ukrainische Wahrnehmung. Wenngleich damit auch nicht das gesamte Spektrum ukrainischen Lebens in der Zweiten Republik erfasst war,[230] so erschien die politische Vision der *Sanacja*, die für die ethnisch nicht-polnische Bevölkerung eine „Assimilation an den Staat"

---

[227] Ebd., S. 148 - 186, 594 - 643.
[228] Hierzu die neuere Darstellung bei Kotowski, Polens Politik, S. 272 - 279.
[229] Mieczyław Wojciechowski: Mniejszość niemiecka na Pomorzu wobec polsko-niemieckiej deklaracji o niestosowaniu przemocy z 1934 r., in: ders., Deklaracja polsko-niemiecka, S. 322 - 325.
[230] Der im Vorfeld der Sejm-Wahlen 1935 erzielte Ausgleich zwischen *Sanacja* und UNDO beispielsweise zog vorübergehende Erleichterungen im polnisch-ukrainischen Verhältnis sowie für die ukrainischen Kultur- und Bildungseinrichtungen in den *Kresy* nach sich: Szumiło, Ukraińska Reprezentacja Parlamentarna, S. 198 - 205, 207 - 208, 295.

(*asymilacja państwowa*) vorsah, auch in Regierungskreisen immer mehr als gescheitert.[231]

Staatliche und gesellschaftliche Probleme im Umgang mit der Multiethnizität trafen zusammen, wenn es um das Verhältnis zur jüdischen Bevölkerung ging. Den Antisemitismus in Polen zwischen den beiden Weltkriegen haben sowohl zeitgenössische Beobachter als auch für längere Zeit Historiker vorrangig unter sozioökonomischem Blickwinkel interpretiert.[232] Für diesen Erklärungsansatz sprach, dass bereits in der frühen Zweiten Republik die wirtschaftliche Aufbauleistung unter das unverkennbar ethnisch-nationale Motto *swój do swego i po swoje* („Jeder zu dem Seinen und auf seine Weise") gestellt wurde.[233] Auch für die 1930er Jahre, vor dem Hintergrund der Weltwirtschaftskrise, schien es am nächst liegenden zu sein, Feindseligkeiten gegen Juden in ökonomischen Kategorien wahrzunehmen.[234] Juden gerieten dabei nicht nur zu Sündenböcken in einer vorübergehend schlechten wirtschaftlichen Situation, sondern wurden ursächlich für strukturelle Probleme Polens in Haftung genommen.

Ein solches Argumentationsmuster zeigte sich konkret in der „Übervölkerungdebatte".[235] Ausgangspunkt war die Einschätzung, dass im ländlichen Raum Polens zu viele Menschen lebten, die kaum selbständig für ihren Lebensunterhalt sorgen konnten, da die Produktivität der Landwirtschaft zu gering war und alternative Wirtschaftszweige nur schwach entwickelt waren. Dies war kein rein ökonomisches Problem. Vielmehr war dem Topos „Übervölkerung" ein kulturpessimistisches und antiegalitäres Leiden an der Masse zu Eigen, das in den Saison- und Hilfsarbeitern oder in denjenigen Bauern, die in Subsistenzwirtschaft lebten, eine eingängige Personifizierung fand. Die antisemitische Komponente dieser Debatte lautete kurz zusammengefasst: Die überwiegend in Städten lebenden Juden erschwerten

---

[231] Paruch, Od konsolidacji państwowej, S. 255 - 256, 366. Auch die ukrainischen Parlamentarier nahmen seit 1936 zunehmend wieder eine oppositionelle Haltung ein: Szumiło, Ukraińska Reprezentacja Parlamentarna, S. 209 - 240, 294.

[232] Wichtig für den Forschungsstand: Dietrich Beyrau: Antisemitismus und Judentum in Polen, 1918 - 1939, in: GG, 8, 1982, S. 205 - 232.

[233] Ze Zjazdu Walnego Zjednocz. Ziemianek dnia 12, 13 i 14 czerwca 1919 r., in: Ziemianka, 8, 1919, S. 127 - 132.

[234] Ludwik Wilczkowski: Wojna z Żydami, in: Przegląd Powszechny, 215, 1937, S. 248.

[235] Michael G. Esch: „Gesunde Verhältnisse". Deutsche und polnische Bevölkerungspolitik in Ostmitteleuropa 1939 - 1950 [Materialien und Studien zur Ostmitteleuropa-Forschung, Bd. 2], Marburg 1998, S. 84 - 85; Steffen, Jüdische Polonität, S. 267 - 271; zeitgenössischer Literaturbericht: Antoni Żabko-Potopowicz: Wieś polska w świetle polskich prac naukowych i publicystycznych z okresu po uwłaszczeniu włościan, in: Roczniki Socjologii Wsi, 2, 1937, S. 120 - 125.

die Abwanderung der polnischen Bevölkerung in die Städte und behinderten damit die Modernisierung des ländlichen Raums.[236]

Für das „Übervölkerungsproblem" existierte ein weites Spektrum an vermeintlichen Lösungsansätzen, die zumeist auf Bevölkerungsverschiebungen hinausliefen: Überlegungen für eine forcierte Binnenkolonisation ethnischer Polen im Osten fehlten hier genauso wenig wie der Wunsch nach einer mehr oder weniger „freiwilligen" Emigration der Juden oder das Projekt einer jüdischen Ansiedlung auf der Insel Madagaskar.[237] Nicht wenige polnische Wissenschaftler, Publizisten und Politiker richteten dabei ihren Blick, wenn auch nicht durchweg billigend, so doch immer wieder interessiert, auf die Entwicklung im westlichen Nachbarland Deutschland.[238]

Die im Zuge der „Übervölkerungsdebatte" tradierten Klischees vom „städtischen" Juden und von der „jüdischen Unproduktivität" wiesen eindeutig darauf hin, dass es sich beim Antisemitismus in Polen während der 1930er Jahre nicht lediglich um ein konjunkturelles Ereignis handelte. Vordergründig ökonomisch ausgerichtete Aktionen gegen Juden offenbarten vielfach tiefgreifende ideologisch-kulturelle Ressentiments. Aufschlussreich war hier eine antisemitische Boykottaktion des SN in Masowien, deren leitende Parole lautete: „Masowien ohne Juden". Seit der zweiten Augusthälfte 1937 kam es verstärkt zu einem Boykott jüdischer Geschäfte, zur Verbreitung einschlägiger Flugblätter sowie zu Graffiti mit antijüdischen Parolen auf Gehwegen und Wänden.[239] Die Aktion verschlang einige Finanzmittel, so dass das SN bemüht war, von seinen Mitgliedern und von ihm politisch nahe stehenden Wirtschaftsvereinigungen Spenden zu erhalten. Darin zeigte sich, dass der betriebene Aufwand keinerlei wirtschaftlichem Nutzen entsprach, sondern erstrangig auf ideologische Genugtuung abzielte, dass kollektive, „nationale" Interessen eine höhere Bewertung erfuhren als das individuelle wirtschaftliche Gewinnstreben.

Kaum zufällig war der zeitliche Höhepunkt der Boykottmaßnahmen in Masowien auf ein höchst umkämpftes Feld gesellschaftlicher Normsetzung gerichtet: auf Bildung und Erziehung. Eine von Flugblattpropaganda und mehreren kleineren Festivitäten begleitete „Woche des polnischen Kaufmanns" fand just zu Beginn des Schuljahres 1937/38 statt, als viele Familien neue Schulbücher und andere Schulausstattung kaufen mussten. Mitglieder

---

[236] Ludwik Wilczkowski: Wojna z Żydami, in: Przegląd Powszechny, 215, 1937, S. 249 - 250.
[237] Anna Landau-Czajka: W jednym stali domu... Koncepcje rozwiązania kwestii żydowskiej w publicystyce polskiej lat 1933 - 1939, Warszawa 1998, S. 240 - 267; Magnus Brechtken: „Madagaskar für die Juden". Antisemitische Idee und politische Praxis 1885 - 1945 [Studien zur Zeitgeschichte, Bd. 53], München 1997, S. 81 - 139, 142 - 164.
[238] Esch, „Gesunde Verhältnisse", S. 85 - 86.
[239] APW, UW Warszawski, 102, Bl. 213 - 233.

des SN führten eigens eine breit angelegte Aktion unter Schulkindern und ihren Eltern durch, damit sie keine Schulbücher in jüdischen Geschäften kauften.[240] Ökonomie und kulturelle Symbolik gingen auch Hand in Hand, als eine selbst ernannte, mit dem ONR-Falanga eng verzahnte Polnische Organisation für Kulturelle Aktion (*Polska Organizacja Akcji Kulturalnej*, POAK) durch einen Boykott jüdischer Kinos, Kunst- und Vergnügungsstätten („Woche ohne jüdisches Kino") auf eine Polonisierung des Kulturlebens hinzuwirken trachtete.[241]

Die antisemitischen Boykott-Aktionen konnten große Resonanz entfalten, da sie von der *Sanacja*-Regierung geduldet, wenn nicht sogar gebilligt wurden.[242] Es ist bis heute umstritten, ob die so zum Ausdruck gebrachte Annäherung des OZN an die antisemitischen Positionen der politischen Rechten überwiegend taktischer Natur war und einem „Nachgeben" gegenüber der *Endecja* entsprang[243] oder auf eigenständige, bislang eher latente antisemitische Ressentiments unter den *Sanacja*-Anhängern zurückgreifen konnte.[244]

In die erste Richtung wies, dass sich dem OZN in der Phase nach dem Tod Piłsudskis, als dessen Anhänger mit einiger Nervosität um ihre organisatorische Konsolidierung bangten, der Antisemitismus als Vehikel zur Mehrheitsfindung im politischen Machtkampf anbot.[245] In die zweite Richtung wies neben persönlichen Einlassungen von OZN-Politikern[246] eine Reihe politischer Entscheidungen und administrativer Praktiken: Hierzu zählten beispielsweise das unter Berufung auf den Tierschutz erlassene Ver-

---

[240] Ebd., Bl. 249 - 271.
[241] AAN, Zbiór druków ulotnych, 154, Bl. 16.
[242] APW, UW Warszawski, 111, Bl. 2; Kupujemy tylko u Polaków. Akcja propagandowa Zw. Polskiego, in: Polska Zbrojna, 17. 8. 1937, S. 6.
[243] Chojnowski, Koncepcje polityki, S. 196 - 197, 220; Tomaszewski, Niepodległa Rzeczpospolita, S. 232 - 233; Haumann, Geschichte, S. 202. Dieser Interpretation liegt die Annahme von einer „nationalistischen Durchdringung der Gesellschaft" zugrunde. Indirekt wird damit konzediert, dass die Nationaldemokratie stärkeren gesellschaftlichen Rückhalt besaß als die *Sanacja*.
[244] Paruch, Od konsolidacji państwowej, S. 247 - 253, 365 - 366 attestiert zwar den Einfluss von Nationalismus und katholischer Kirche, stellt aber vor allem Änderungen in der Haltung der *Sanacja*-Anhänger heraus, die eine Reaktion auf so unterschiedliche Faktoren wie die Erfolglosigkeit der bisherigen Minderheitenpolitik, die Weltwirtschaftskrise oder das gestiegene jüdische Selbstbewusstsein gewesen seien (S. 283 - 304). Nicht überzeugen kann allerdings Paruchs Urteil, die *Sanacja*-Anhänger hätten den Antisemitismus überwiegend abgelehnt, denn er verweist gleichzeitig auf Absichten der *Sanacja*, die jüdischer Emigration zu forcieren und den jüdischen „Einfluss" zu reduzieren (S. 304 - 319, 367).
[245] Dies strich etwa ein interner Lagebericht heraus: APW, UW Warszawski, 102, Bl. 2 - 3.
[246] Zur Haltung von Adam Koc und Bogusław Miedziński: Edward D. Wynot: Polish Politics in Transition. The Camp of National Unity and the Struggle for Power, 1935 - 1939, Athens 1974, S. 107 - 112.

bot des Schächtens vom 20. März 1936,[247] die Wahlordnung von 1935, die durch die kollektiven, de *facto* von der *Sanacja* kontrollierten Wahllisten für eine abnehmende jüdische Repräsentanz im Sejm sorgte,[248] die häufig vergeblichen Versuche der jüdischen Bevölkerung, den Einsatz staatlicher Ordnungskräfte zur Verteidigung ihrer Rechte und für ein Ende der Boykott-Aktionen herbeizuführen, oder schließlich die Angewohnheit, dass amtliche Berichterstatter bei Versammlungen der politischen Linken nach wie vor die Zahl der Juden unter den Teilnehmern aufführten.[249]

Der Konsens zwischen OZN und Nationaldemokraten in der „jüdischen Frage" erwies sich freilich als recht labil. Die politische Rechte war ungleich stärker als die *Sanacja* in den weltanschaulichen Schemata eines dichotomischen Lagerdenkens befangen. Anlässlich der Wahlen zur Selbstverwaltung 1938 etwa sah der ONR-Falanga

> „ein Anwachsen der Kräfte der Volksfront, die, mit dem Gold jüdischer Bankiers gestärkt, die Hände nach der Macht in Polen ausstrecken, um unser Land in eine sowjetische Kolonie zu verwandeln. [...] Eine solche ‚Demokratie' ist das Eingangstor, durch das Polen in das Chaos des ‚Parteien-Jahrmarkts' und dann weiter in die Fesseln sowjetischer Unfreiheit gelangt, in das System einer neuen Leibeigenschaft, in das marxistisch-jüdische System der Ausbeutung der arbeitenden Massen."[250]

Der OZN galt als zu schwach, um sich dem Ansturm einer „Volksfront" entgegenzustemmen. Vielmehr noch gewährte der ONR-Falanga eine opportunistische Haltung, wenn der OZN nun nationale Parolen und Aktionen gegen jüdische Geschäfte übernehme, denn früher seien nationaldemokratische Aktivisten hierfür mit Gefängnisstrafen bedroht worden.[251]

Der Antisemitismus galt der politischen Rechten als Alleinstellungsmerkmal im Kampf um politische Mobilisierung. Diese Position wurde mitunter fast eifersüchtig gegen „Nachahmer" verteidigt. Der ONR-Falanga führte die Vehemenz im Kampf gegen die Juden selbst noch gegen konkurrierende rechte Gruppierungen ins Feld: SN und ONR-ABC seien nicht in der Lage, „sich wirksam der roten Offensive entgegenzustellen". Ihnen fehlten „ein Programm, eine klare Vision für das zukünftige Große Polen sowie eine geschlossene und entschlossene Führung".[252]

---

[247] Ausführlich Rudnicki, Żydzi, S. 386 - 387.
[248] Steffen, Jüdische Polonität, S. 222.
[249] APW, UW Warszawski, 102, Bl. 213 - 233, 249 - 271.
[250] AAN, Zbiór druków ulotnych, 154, Bl. 15.
[251] Ebd., Bl. 15.
[252] Ebd., Bl. 15.

Bei den politischen Festen, die in den Jahren eingeschränkter Wahlen zu Sejm und Selbstverwaltung stellvertretend eine Bühne für Meinungs- und Machtkämpfe boten, zeigte sich deutlich, dass die antisemitischen Parolen der Nationaldemokraten zunehmend obsessive Züge trugen. Insbesondere zum 1. und 3. Mai präsentierte sich die Stimmung aufgeheizt. So kursierten 1936 schon einige Tage vor dem 1. Mai im jüdischen Viertel Warschaus Gerüchte über bevorstehende Unruhen. Am Vortag suchten Mitglieder rechtsextremistischer Organisation jüdische Geschäftsbesitzer auf und warnten sie davor, am 1. Mai zu öffnen, da es „blutige Ausschreitungen" geben werde.[253] Tatsächlich hatten viele jüdische Geschäfte dann am 1. Mai nicht geöffnet.[254] Diese Vorsichtsmaßnahme stellte sich als berechtigt heraus: So wurden am 1. Mai im Warschauer Stadtteil Praga viele Schaufensterscheiben jüdischer Geschäfte eingeworfen.

Der eigentliche Skandal ereignete sich allerdings erst nach dem 1. Mai 1936. In der Warschauer Technischen Hochschule kam es zu gravierenden antisemitischen Ausschreitungen: Nationaldemokratisch orientierte Studenten meinten, ihre jüdischen Kommilitonen dafür „abstrafen" zu müssen, dass sie am 1. Mai angeblich durch kommunistische und antimilitaristische Parolen im PPS-Umzug auf sich aufmerksam gemacht hätten.[255]

In den Folgejahren steigerten sich die Gewalttätigkeiten in der Hauptstadt. Antisemitische Ausrufe von Passanten für die demonstrierende Linke, Auseinandersetzungen zwischen nationaldemokratischen Studenten und sozialistischer Miliz sowie ein vermehrtes Eingreifen der Polizei – daran hatten sich die Warschauer am Tag der Arbeit schon gewöhnen müssen.[256] Allgemeine Bestürzung und Empörung löste aber 1937 aus, dass bei Attacken auf den Umzug des *Bund* nicht nur mehrere Arbeiter verwundet wurden, sondern sogar ein fünfjähriges Kind ums Leben kam.[257]

Angesichts dieser Eskalation der Gewalt liefen die Nationaldemokraten Gefahr, sich in eine moralisch geächtete Position zu manövrieren und gesellschaftlichen Rückhalt zu verlieren. Nach dem 1. Mai 1937 bemühte sich die Führungsspitze des SN, ihre Ablehnung blutiger Ausschreitungen zu bekunden und antisemitische Attacken als Einzelfälle abzutun.[258] Bezeich-

---

253 Obchód „Bundu", in: Robotnik, 2. 5. 1936, S. 2.
254 1 maja w Warszawie, in: Warszawski Dziennik Narodowy, 2. 5. 1936, S. 2.
255 Zajścia na Politechnice, in: Warszawski Dziennik Narodowy, 3. 5. 1936, S. 1.
256 1 maja w Warszawie, in: Warszawski Dziennik Narodowy, 2. 5. 1937, S. 2.
257 1 Maj w Polsce, in: Robotnik, 2. 5. 1937, S. 2; 1 maja w Warszawie, in: Warszawski Dziennik Narodowy, 2. 5. 1937, S. 2; 1 maja minął spokojnie w stolicy i w całym kraju, in: Polska Zbrojna, 2. 5. 1937, S. 7. Der irreführende Titel der *Sanacja*-nahen Militärzeitung zeigt, wie sehr der Regierung an einer harmonisierenden Darstellung von Konflikten gelegen war.
258 APW, UW Warszawski, 102, Bl. 220.

nend an der nationaldemokratischen Reaktion war zweierlei. Dazu zählte zum einen die Doppelbödigkeit, gewaltsame Exzesse in der Theorie zu verurteilen, in der Praxis aber mindestens zu dulden. Diese taktische Rücksichtnahme auf gemäßigte Teile der eigenen Anhängerschaft verhinderte deshalb nicht, dass es 1938 zu einem weiteren schweren Zwischenfall am 1. Mai kam, als am pl. Muranowski um elf Uhr unbekannte Täter eine Bombe mit Zeitzünder explodieren ließen. Betroffen davon war der *Poale-Syjon*, der deswegen seine Zugstrecke verkürzen musste.[259]

Zum anderen ergaben sich Aufschlüsse auf das im Wandel begriffene Selbstbild der politischen Rechten. Der *Warszawski Dziennik Narodowy* verurteilte im Nachgang zum 1. Mai 1937 in erster Linie nicht die Tat an sich, sondern die Methode der Tat aus dem Hinterhalt als „unsinnig und unmännlich". Schnell vermutete der nationaldemokratische Kommentator darin das Werk von „Provokateuren", denn als Markenzeichen der neuen Rechten sollte der offene „heroische Kampf" gelten. Diesem Ideal recht nahe kam der Verlauf des 1. Mai 1937 in Lwów, als sich sozialistische Umzugsteilnehmer einerseits und junge nationaldemokratische Arbeiter und Studenten andererseits eine Schlägerei lieferten, durch die schließlich der sozialistische Umzug zerstreut wurde.[260]

Die deutlich wahrnehmbare Steigerung antisemitischer Gewalt in der zweiten Hälfte der 1930er Jahre führte dazu, dass kaum eine politische und gesellschaftliche Gruppierung umhin kam, hier Stellung zu beziehen. Gegen physische Gewalt an Juden äußerten sich vornehmlich Vertreter der Wirtschaft, konservative und katholische Kreise sowie teilweise auch Anhänger der *Sanacja*. In welchem Sinne dies geschah, zeigte beispielhaft die Direktorin eines Warschauer privaten Mädchengymnasiums, die antisemitische Ausschreitungen an den Hochschulen als „Vandalismus" und „Mangel an Kultur" betrachtete und forderte, dass eine Analyse der Vorgänge im Rahmen des Religionsunterrichts stattfinden solle.[261] Weniger die Ursachen das Antisemitismus als vielmehr dessen äußere Erscheinungsformen standen mithin im Zentrum der Kritik. Deswegen war es gleichzeitig möglich, antisemitische Boykotte zu tolerieren oder mit Plädoyers für eine „organische Arbeit" gegen Juden und eine Separierung im Bildungswesen aufzuwarten.

---

[259] 1-majowa demonstracja „folksfrontu" pod hasłem „walki z endecją", in: Warszawski Dziennik Narodowy, 2. 5. 1938, S. 1; Warszawa pod Czerwonymi Sztandarami, in: Robotnik, 2. 5. 1938, S. 2.
[260] 1 maja w Warszawie, in: Warszawski Dziennik Narodowy, 2. 5. 1937, S. 2.
[261] APW, Gimnazjum H. Rzeszotarskiej, 51, Protokół nr 12.

Ziel war die „freiwillige" Emigration. Die Maßgabe lautete, Juden ohne Gewalt und „kultiviert" auszuschließen.[262]

Kaum Solidarität erhielten die Juden von den übrigen ethnisch nicht-polnischen Bevölkerungsgruppen. Das Blatt der deutschen Katholiken Oberschlesiens, *Der Deutsche in Polen*, verurteilte den Antisemitismus aus einer christlichen Wertehaltung heraus, fürchtete aber vor allem, eine Entrechtung der Juden bringe negative Rückwirkungen auch für die anderen ethnisch nicht-polnischen Bevölkerungsgruppen. Diese Haltung hinderte die Publizisten aus dem Umkreis von Eduard Pant nicht daran, Annahmen über eine vorgeblich von den Juden verursachte „ungesunde" Wirtschaftsstruktur Polens einige Berechtigung beizumessen.[263] Die deutschen Katholiken urteilten somit in ähnlicher Weise wie viele ethnisch polnische Katholiken und Konservative; dagegen waren sie für die ethnisch deutsche Bevölkerung Polens immer weniger repräsentativ. Hier verstärkte sich in den 1930er Jahren der Antisemitismus massiv. Einerseits gab es in den Praktiken des Dritten Reichs ein einschlägiges „Vorbild", andererseits sahen manche politische Vertreter der Deutschen in Polen im Kampf gegen die Juden die Chance eines Brückenschlags zu einer „nationalistisch" eingestellten polnischen Gesellschaft.[264]

Verbündete gegen den wachsenden Antisemitismus konnte die jüdische Bevölkerungsgruppe am ehesten auf der politischen Linken erwarten. Die PPS rühmte sich, entgegen des Zeitgeistes der 1930er Jahre, „einer ehrlichen Zusammenarbeit mit der ukrainischen, deutschen und jüdischen Arbeiterbewegung in Polen"[265] und übernahm 1936 die langjährige Forderung des *Bund* nach national-kultureller Autonomie.[266] Für ihre Haltung hatte die PPS scharfe Kritik zu gegenwärtigen: Die politische Rechte sah in den sozialistischen Autonomievorschlägen den Weg zu einer erneuten Teilung Polens[267] und wollte gar, ausgehend von einem ethnisch-exklusiven Nationsentwurf,

---

[262] Als zeitgenössische Beispiele: Jan Piwowarczyk: Przyszłość myśli katolicko-społecznej i możliwość jej realizacji w Polsce, in: Ruch Katolicki, 7, 1937, S. 388 - 405; Wojciech Wasiutyński: Szkoła wyznaniowa a narodowa jednolitość państwa, in: Przegląd Powszechny, 215, 1937, S. 196 - 197, 202; Zygmunt Mysłakowski: Państwo a wychowanie, Warszawa 1935, S. 93 - 95. Dazu als neuere Darstellungen: Steffen, Jüdische Polonität, S. 360; Pollmann, Untermieter, S. 245.

[263] Nordblom, Für Glaube, S. 498 - 501.

[264] Beate Kosmala: Juden und Deutsche im polnischen Haus. Tomaszów Mazowiecki 1914 - 1939 [Dokumente – Texte – Materialien, veröffentlicht vom Zentrum für Antisemitismusforschung der TU Berlin, Bd. 28], Berlin 2001, S. 350 - 353.

[265] Mieczysław Niedziałkowski: Dzień 1 Maja. Pod znakiem ruchu masowego, in: Robotnik, 5. 5. 1936, S. 1.

[266] Pickhan, „Gegen den Strom", S. 336 - 337.

[267] AAN, Zbiór druków ulotnych, 73, Bl. 17 - 18.

der PPS aufgrund ihrer Zusammenarbeit mit deutschen, weißrussischen oder jüdischen Staatsbürgern der Zweiten Republik das Attribut „polnisch" absprechen.[268]

Wenn es um Standhaftigkeit gegenüber Antisemitismus und Diskriminierung der ethnisch nicht-polnischen Bevölkerung ging, war aber nicht nur das Verhalten der linken Avantgarde wichtig, sondern auch die Wirkung auf die alltägliche Lebenswelt. Der Sozialist Kazimierz Czapiński beklagte einmal mehr die „niedrige" politische Kultur auf dem Dorf, vor allem im ehemals russischen Teilungsgebiet: „Dies gibt der Demagogie, gerade auch der antisemitischen, ein leichtes Spiel."[269] Daher stimmte umso zuversichtlicher, wenn sich auf der Ebene lokaler Partei-Organisationen Widerstand gegen antisemitische Aktivitäten regte. So schrieben die Sozialisten im masowischen Mława in einem Flugblatt: „Mit Gewalt und dem Schlagen von Juden werden wir die hungrigen Mägen von Arbeitern und Bauern nicht nähren". Die „arbeitende Klasse" solle Ruhe bewahren und sich nicht von der nationaldemokratischen Agitation beeindrucken lassen.[270] Ins gleiche Horn stießen die Frauen in der PPS, die bei akademischen Feiern anlässlich eines „Monats der Frau" im Oktober 1938 *Endecja* und OZN für ihre Aggressivität gegenüber ethnisch nicht-polnischen Bevölkerungsgruppen verurteilten: Diese „lenken nur die Aufmerksamkeit der Bevölkerung von den eigentlichen Aufgaben ab, nämlich den Menschen wieder politische Macht an die Hand zu geben und die gesellschaftliche Ordnung zu reformieren".[271]

Trotz ernsthafter und ehrenwerter Absichten gelang es der politischen Linken jedoch nicht, sich dem Antisemitismus in der zweiten Hälfte der 1930er Jahre entscheidend entgegenzustellen. Dies lag nicht nur an der vergleichsweise geringen zahlenmäßigen Präsenz, die die Verteidiger der jüdischen Bevölkerungsgruppe zu öffentlichen Kundgebungen mobilisieren konnten,[272] sondern auch an manchen ideologischen Vorgaben und inneren Widersprüchen.

In der Zweiten Republik war die Analyse des Antisemitismus eine Domäne der politischen Linken, die hier zweifellos mit einem aufklärerischen Impetus zu Werke ging.[273] Die Perspektive des historischen Materialismus

---

[268] AAN, Zbiór druków ulotnych, 103, Bl. 8 - 9.
[269] Kazimierz Czapiński: Nasza Partja. Cele i drogi, in: Robotnik, 1. 5. 1936, S. 3.
[270] APW, UW Warszawski, 102, Bl. 267 - 268.
[271] Abdruck einer Musterrede: AAN, PPS, 114/IV-3, Bl. 27.
[272] 1-majowa demonstracja „folksfrontu" pod hasłem „walki z endecją", in: Warszawski Dziennik Narodowy, 2. 5. 1938, S. 1.
[273] Vortrag von Antoni Gronowicz vor dem TUR in Lwów, 17. 12. 1937, in: Rafał Żebrowski (Hrsg.): Dzieje Żydów w Polsce. Wybór tekstów źródłowych 1918 - 1939, Warszawa 1993, S. 47.

begünstigte allerdings manche gedankliche Engführung, wenn etwa der Antisemitismus als „Vehikel zur Verfolgung und Unterdrückung der Arbeiterklasse" galt.[274] Schwerer noch wog, dass sich selbst Teile der politischen Linken nicht unbeeindruckt von verbreiteten Ressentiments zeigten. Das SL sprach sich gegen die antisemitischen Boykott-Aktionen des SN aus, meinte aber, die Juden durch wirtschaftliche Mittel wie die Gründung von Genossenschaften in Handel und Landwirtschaft bekämpfen zu können.[275] Das vom SL 1935 beschlossene Parteiprogramm enthielt sogar einen Passus, der mit Verweis auf die wirtschaftliche Struktur Polens die Emigration der Juden empfahl.[276] Das Empfinden eigener sozioökonomischer Unterlegenheit begünstigte auch bei der prinzipiell emanzipatorisch gestimmten Bauernbewegung eine kleinmütige Perspektive gegenüber Juden. Schließlich war es ein Motiv im Kampf gegen den Antisemitismus, dass die „Nationalitätenfrage" in Polen international aufmerksam beobachtet wurde.[277] Weniger die Empfindung für Humanität und Recht und ein Interesse an den Opfern, sondern die Sorge um das Ansehen Polens kennzeichnete diese Haltung.[278]

Vor dem Hintergrund dieser nur wenig gefestigten Gegenwehr lehnten sich nicht wenige Juden an die gerne gepflegte Vorstellung einer „staatlich", nicht „nationalistisch" orientierten *Sanacja* an. Sie registrierten hoffnungsvoll, wenn der OZN trotz seiner Annäherung an den politisch rechten Rand jüdische Persönlichkeiten unterstützte oder wenn sich OZN-Agitatoren im Wahlkampf 1938 in der „jüdischen Frage" zumindest indifferent zeigten.[279] Die polnischsprachige jüdische Presse zog diese Beispiele oft als Berufungsinstanz für ein „besseres" Polen heran. Selbst wenn die Verteidigung der Juden von ethnisch-polnischer Seite eher symbolischer als praktischer Natur gewesen sein mochte, wenn es sich mehr um moralische Allgemeinplätze als um konkreten Beistand handelte, so spiegelte sich hier aber noch in den schwierigen 1930er Jahren die optimistische Grundhaltung des Entwurfs von „jüdischer Polonität" wider.[280]

Auch in jenem größeren Teil der jüdischen Bevölkerungsgruppe, der dem elaborierten Identitätskonzept der „jüdischen Polonität" eher fern stand, löste die antisemitische Stimmung in Polen nicht nur Resignation und

---

[274] Steffen, Jüdische Polonität, S. 320; Friedrich, Von der żydokomuna, S. 73.
[275] APW, UW Warszawski, 102, Bl. 259; Czesław Wojciechowski: Chłop-producent wyzyskiwany w handlu, in: Zielony Sztandar, 2. 8. 1936, S. 5. Zur Ambivalenz des SL in der „jüdischen Frage": Struve, Juden, S. 218 - 223.
[276] Das Parteiorgan des SL, der *Zielony Sztandar*, brachte zudem einschlägige Artikel: Struve, Juden, S. 219 - 220.
[277] APW, UW Warszawski, 102, Bl. 267 - 268.
[278] Nordblom, Für Glaube, S. 500; Steffen, Jüdische Polonität, S. 359.
[279] APW, UW Warszawski, 109, Bl. 308.
[280] Steffen, Jüdische Polonität, S. 42, 356, 361.

Verzweiflung aus. Ein solcher historiographischer Befund ist recht neu: Lange Zeit prägte mehr oder weniger bewusst eine zionistische Perspektive das Bild, wonach jüdisches Leben vor allem aus dem Kampf gegen Widerstände in einer feindlichen Umgebung bestand und die einzige Auswegmöglichkeit die Schaffung eines eigenen jüdischen Staats war.[281]

Die Geschichte der Juden im östlichen Europa bis 1939 nicht einzig als Vorgeschichte der *Shoah* zu begreifen, hat dagegen den Vorzug, Juden als handelnde Subjekte in den Vordergrund treten zu lassen[282] und die Dynamik jüdischen Lebens und Denkens am Vorabend des Zweiten Weltkriegs besser einfangen zu können. Gerade die Frage, welche Antworten auf den eskalierenden Antisemitismus zu geben seien, wurde in der jüdischen Publizistik und Politik ausgesprochen kontrovers diskutiert. Der für seine satirischen wöchentlichen Feuilletons in der Zweiten Republik weithin geschätzte Dichter Antoni Słonimski meinte sogar, bestimmte kollektive jüdische Eigenschaften riefen leicht Antisemitismus hervor, und forderte jüdische Selbstkritik ein.[283] Ein anderer Lösungsansatz, um dem Antisemitismus der Mehrheitsgesellschaft zu begegnen, war die Hoffnung auf Demokratie und aufklärende Erziehung.[284] Dies war jedoch eine eher mittelfristige Perspektive, die zudem nicht exklusiv auf die Bekämpfung des Antisemitismus fokussiert war, sondern für nahezu sämtliche Zukunftserwartungen der oppositionellen Parteien in Polen Gültigkeit besaß.

Kurzfristig am wirkungsvollsten erschien dagegen der sowohl von Zionisten als auch jiddisch-bundischen Sozialisten beschworene Kult der eigenen Stärke. Wie sich an der Resonanz ihrer Festtage in den 1930er Jahren ablesen ließ, konnten *Bund* und *Poale-Syjon* ein Wachstum von Organisation und Anhängerschaft registrieren.[285] Darüber hinaus setzten sie dem Stereotyp von der „jüdischen Unproduktivität" die Idee des „neuen Juden" entgegen: jung und mutig, mit einer offensiven Betonung von Gesundheit und Kampfkraft. Dies schien nicht nur wichtig für die zukünftige körperliche Arbeit in Palästina, wie sie den Zionisten als Vision vorschwebte, sondern

---

[281] So legten zwei gewichtige Darstellungen ihr Fazit bereits mit der Titelgebung nahe: Celia S. Heller: On the Edge of Destruction. Jews of Poland between the two world wars, New York 1977; Emanuel Melzer: No Way Out. The Politics of Polish Jewry 1935 - 1939, Cincinnati 1997.
[282] Maurer, Plädoyer, S. 309 - 310.
[283] Am Beispiel einer Umfrage in der polnisch-jüdischen Tageszeitung *Nasz Przegląd* zeigt dies Steffen, Jüdische Polonität, S. 178 - 179, auch 182, 203. Dies ging bisweilen so weit, dass antisemitische Ressentiments internalisiert und in den innerjüdischen Diskurs getragen wurden.
[284] Ebd., S. 291.
[285] Pickhan, „Gegen den Strom", S. 129, 371.

versprach auch in der gegenwärtigen Bedrängnis rasche Hilfe zu geben.[286] Ein auch in der ethnisch polnischen Bevölkerung als eindrucksvoll wahrgenommenes Sinnbild für dieses Ideal waren die Milizen des *Bund*, die sich am 1. Mai schon in den frühen Morgenstunden versammelten und ein kämpferisches Auftreten an den Tag legten.[287]

Die Herausforderung des Antisemitismus gab in der jüdischen Bevölkerungsgruppe einen Anstoß zu neuer Selbstbestimmung. Klärende Wirkung hatte der vergleichende Blick auf die Situation der Juden im nationalsozialistischen Deutschland. Dabei zeigte sich, dass angesichts der in weiten Teilen des östlichen Europa ausgebliebenen oder schwächer verankerten Erfahrung von Emanzipation und Assimilation zionistische Denkmuster bei den Juden in Polen weit selbstverständlicher ausgeprägt waren als in Westeuropa. Gegenüber der Situation in Deutschland wurde nicht selten ein jüdischer Stolz artikuliert, in Polen zu leben und ein kämpferischer zionistischer Jude im Osten zu sein, dem Körperkraft und Gewalt als Verteidigungsmittel nicht fremd waren.[288]

War der Antisemitismus ein typischer Ausdruck für den Umgang mit der Multiethnizität Polens in den 1930er Jahren? Er war es, und zwar zeigt sich dies, wenn nicht konkrete Argumente und Aktionen, sondern – oft unbeabsichtigte – Begleitumstände und Wirkungen in den Blick rücken. Antisemitismus manifestierte sich in einer Vielzahl von Lebensbereichen und damit wurde offenkundig, dass Juden und Nicht-Juden keine voneinander völlig abgegrenzten Parallelgesellschaften ausbildeten. Die Separierung von ethnischen Polen und polnischen Juden war antisemitisches Programm,[289] aber deswegen noch lange nicht identisch mit der Lebenswirklichkeit der Zweiten Republik.[290] Ein Teil der Vergemeinschaftung in Vereinen und Parteien verlief entlang ethnischer Trennlinien, doch von mindestens ebenso prägender Wirkung war das Agieren im gemeinsamen politisch-kulturellen Bezugs-

---

[286] Steffen, Jüdische Polonität, S. 181, 214.
[287] Obchód „Bundu", in: Robotnik, 2. 5. 1936, S. 2.
[288] Yfaat Weiss: Deutsche und polnische Juden vor dem Holocaust. Jüdische Identität zwischen Staatsbürgerschaft und Ethnizität 1933 - 1940 [Schriftenreihe der VfZ, Bd. 81], München 2000, S. 127 - 130; Steffen, Jüdische Polonität, S. 314, 316, 342. Eine abnehmende Bereitschaft zur „Assimilation" und stärkere Hinwendung zum Zionismus schildert für die jüdischen Bildungsschichten Anna Landau Czajka: Zasymilowana inteligencja żydowska w okresie międzywojennym, in: Janusz Żarnowski (Hrsg.): Metamorfozy społeczne, Bd. 2: Badania nad dziejami społecznymi XIX i XX w., Warszawa 2007, S. 130 - 131.
[289] Wojciech Wasiutyński: Szkoła wyznaniowa a narodowa jednolitość państwa, in: Przegląd Powszechny, 215, 1937, S. 196 - 197, 202; Ludwik Wilczkowski: Wojna z Żydami, in: Przegląd Powszechny, 215, 1937, S. 247 - 249.
[290] Dezidiert hierzu Żarnowski, Społeczeństwo, S. 29.

system der Zweiten Republik. Gerade das Aufsehen, das die Boykott-Aktionen der 1930er Jahre hervorriefen, beruhte auf der Voraussetzung, dass selbst elementare Besorgungen nicht an Kontakten mit jüdischen Einzelhändlern vorbeiführten.[291] Die anhaltende lebensweltlich-praktische Interaktion zwischen ethnischen Polen und polnischen Juden traf in der Zweiten Republik mit einer anhaltenden Unsicherheit angesichts konkurrierender Nationsentwürfe zusammen. Dies machte insbesondere auf der politischen Rechten das Bedürfnis nach Komplexitätsreduktion dringlich. Antisemitische Parolen und Aktionen wurden hier nicht nur mit einer bislang ungekannten Obsessivität vorgebracht, sondern verselbständigten sich oft so weit, dass sie sich gegen alle Andersdenkenden richten konnten.[292] Darin zeigte sich markant der Konstruktcharakter von Judenfeindschaft: Es handelte sich um einen Kampf gegen imaginäre Feinde, der wirkliche Juden als Projektionsfläche nutzte.[293] Judenfeindschaft äußerte sich so zuerst und vor allem als ein Symptom für Probleme der nicht-jüdischen „Mehrheitsgesellschaft", die eine labile Identität durch Ressentiments zu stabilisieren versuchte. Das verstärkt wieder verwendete Schlagwort „jüdischer Bolschewismus" bot eines der eindrücklichsten Beispiele, wie im Lagerdenken der 1930er Jahre ethnische Gegensätze konstruiert und zugespitzt wurden und zwar in einem Umfang, dass sich dadurch sogar bis kurz vor Beginn des Zweiten Weltkriegs der Blick auf die reale Kriegsgefahr verstellte.[294]

2 Nationale Einheit im Zeichen der Bedrohung? Am Vorabend des Zweiten Weltkriegs

2. 1 Zur Interdependenz von Außen- und Innenpolitik in den 1930er Jahren

Die außenpolitische Lage zwischen den Nachbarstaaten Deutschland und Sowjetunion ist in der Politik und Publizistik der Zweiten Republik immer wieder unter dem Gesichtspunkt analysiert worden, wie die Selbstbehauptung der polnischen Nation am besten zu gewährleisten sei. Tatsächlich ließen die expansive Außenpolitik des nationalsozialistischen Deutschlands und das Streben der Sowjetunion nach internationaler Anerkennung, das

---

[291] Pollmann, Untermieter, S. 301, 323 - 325.
[292] Steffen, Jüdische Polonität, S. 273.
[293] Wolfgang Benz: Was ist Antisemitismus? Bonn 2004, S. 25.
[294] Czesław Miłosz: Wyprawa w dwudziestolecie, Kraków 1999, S. 273.

einen wichtigen Erfolg im Beitritt zum Völkerbund 1934 fand, die auf der Pariser Friedenskonferenz etablierte europäische Nachkriegsordnung eher zusammenbrechen, als dies selbst manch skeptischer Kommentator befürchtet hatte.

Rasch an Reichweite gewann dadurch in Polen in den 1930er Jahren ein Diskurs der Landesverteidigung, der auf die Feststellung hinauslief: Nur eine organisierte Nation könne sich den Feinden wirkungsvoll entgegenstellen. Zur Rechtfertigung solch kollektivistischer Tendenzen diente die These, die Feinde rechneten mit der inneren Schwäche Polens.[295] Zum einen war damit die seit den 1920er Jahren vollzogene antiliberale Wendung gegen ein demokratisches politisches System bekräftigt: Die Domestizierung von Sejm und territorialer Selbstverwaltung, die Einschränkung von Presse-, Meinungs- und Versammlungsfreiheit sowie die Einführung der neuen Verfassung im April 1935 ergaben so einen übergeordneten Sinn. Zum anderen erschien der Wunsch, ein auch über die Landesgrenzen hinweg deutlich wahrnehmbares Zeichen polnischer Stärke zu setzen, nun umso dringlicher.

Die polnische Außenpolitik stand in den 1930er Jahren unter der Führung von Józef Beck. Seit dem Ersten Weltkrieg war der 1894 in Warschau geborene Beck ein enger Mitarbeiter Piłsudskis gewesen: Er diente in der Ersten Brigade der Polnischen Legionen und bekleidete in den 1920er Jahren Positionen als Abteilungsleiter in Generalstab und Kriegsministerium, aber auch als Militärattaché in Paris und Brüssel. 1932 übernahm er die Leitung des Außenministeriums. Sein erklärtes Ziel war der Ausbau einer eigenen polnischen Großmachtposition in Mittel- und Osteuropa. Dafür konnte Beck in der polnischen Öffentlichkeit zunächst auf eine breite Zustimmung bauen, denn Begründungen für die außenpolitischen Ambitionen Polens ließen sich aus mehreren Quellen ableiten.

Hierzu zählte zunächst der Stolz auf die seit 1918 erreichten Leistungen. Besonders anschauliche Beispiele waren die Konstituierung der Staatsgrenzen und der Aufbau einer eigenen Armee, in den 1930er Jahren bevorzugt auch prestigeträchtige Großprojekte in Infrastruktur und Wirtschaft wie der an Polens Ostseeküste völlig neu errichtete Hafen von Gdynia, die Fluggesellschaft *Lot* oder das im Aufbau befindliche Zentrale Industriegebiet (*Centralny Okręg Przemysłowy*, COP) zwischen Weichsel und San.[296]

---

[295] Obchód Stronnictwa Narodowego w Warszawie, in: Warszawski Dziennik Narodowy, 16. 8. 1937, S. 1.
[296] J. Świderska-Jarmołowiczowa: „Skazuję Was na wielkość!", in: Regina Korupczyńska (Hrsg.): Wielkie Święto. Materiał na uroczystości szkolne w dniu 11 listopada w przedszkolach, szkołach, gimnazjach, Warszawa - Wilno - Lublin 1938, S. 10 - 13; Stanisław Thugutt: Wartość morza, in: Zielony Sztandar, 30. 7. 1939, S. 4.

Zum zweiten bescherte die Umwälzung der internationalen Ordnung in den 1930er Jahren der „jagiellonischen" Vision der polnischen Nation neue Konjunktur. Der Warschauer Geschichtsprofessor Oskar Halecki, der schon zu Beginn der 1920er Jahre die Föderationisten unterstützt hatte, forderte im traditionsreichen Organ der polnischen Geschichtswissenschaft, im *Kwartalnik Historyczny*, eine Gesamtdarstellung der spätmittelalterlichen Geschichte Polens und schloss mit den Worten:

> „Damit erst erfüllt die polnische Geschichtswissenschaft ihre Aufgaben: Zum einen gegenüber dem bald tausendjährigen Staat, der in der herrlichsten Epoche seiner Vergangenheit nach einer objektive Begründung für seine heutigen Großmachtsambitionen sucht; und zum anderen gegenüber der Nation, die nach der Verwirklichung der staatlichen Unabhängigkeit an der Schwelle eines neuen Zeitalters steht, die sich angesichts des engen, aber auch schwierigen staatlichen und zwischenstaatlichen Zusammenlebens mit anderen Nationen nach einer neuen Leitidee umsieht und sich dabei intuitiv der alten, aber ewig lebendigen jagiellonischen Idee zuwendet."[297]

Ideelle Bestätigung für die Außenpolitik der 1930er Jahre bot zum dritten der Blick in nach-jagiellonische Epochen der polnischen Geschichte: So erfuhr die frühneuzeitliche Adelsrepublik nicht nur eine freiheitliche, sondern auch eine imperiale Deutung. Selbst die reformerische Tätigkeit des Vierjährigen Sejm (1788 - 92) galt als Ansatzpunkt, wieder zur ehrenvollen Tradition Polens als Großmacht zurückzukehren.[298] Sogar die Sozialisten attestieren nun der von ihnen lange Zeit wenig geschätzten Verfassung vom 3. Mai 1791, ein wichtiger Beitrag gewesen zu sein, „um Polen von den Einflüssen fremder Mächte zu befreien".[299]

Das „aktivistische" Geschichtsbild schließlich, das die eigenständigen polnischen Verdienste bei der Erlangung der staatlichen Unabhängigkeit 1918 hervorhob, erreichte nun seinen Höhepunkt: „Wir haben die Freiheit aus eigener Kraft errungen, gegen den Willen Europas; mit eigener Waffe, mit eigenem Blut haben wir einen mächtigen Staat gebaut."[300] In den Stolz

---

[297] Oskar Halecki: Idea jagiellońska, in: KH, 51, 1937, S. 510.
[298] Śliwińska-Zarzecka, Trzeci Maj, S. 3 - 30.
[299] Mieczysław Niedziałkowski: W rocznicę Konstytucji 3 Maja, in: Robotnik, 3. 5. 1938, S. 3.
[300] Znaczenie dnia 11 listopada, in: Adam Galiński [Ludwik Stolarzewicz]: Dzień 11 listopada. Święto państwowe Rzeczypospolitej Polskiej. Poradnik dla nauczycieli i dla urządzających obchody, Łódź ²1936, S. 7 - 8, ähnlich K. Staszewski: Dwadzieścia lat niepodległego państwa polskiego, in: Korupczyńska, Wielkie Święto, S. 14 - 19; Stronnictwo Ludowe: Chłopi! in: Zielony Sztandar, 19. 7. 1936, S. 1. Eine solche Haltung war auch bei der Einnahme des Teschener Schlesien im Herbst 1938 zu beobachten: Precz z najazdem czeskim, in: Polska Zbrojna, 27. 9. 1938, S. 1.

mischten sich trotzige, isolationistische Töne und gaben Aufschluss über ein Selbstbild, wonach Polen gegen Ende der 1930er Jahre in einem zunehmend bedrohlicheren internationalen Umfeld wieder einmal auf sich allein gestellt war. Das vor allem von den Nationaldemokraten vertretene „passivistische" Geschichtsbild, das auf ein Zusammenwirken Polens mit den westlichen Alliierten abstellte, kam dagegen nur noch punktuell zum Vorschein, etwa bei der Erinnerung an den polnisch-sowjetischen Krieg 1920. Der damalige Sieg war demnach nicht nur für die Existenz der polnischen Nation, sondern – im Sinne Polens als *antemurale* – für ganz Europa bedeutsam gewesen.[301]

Begünstigt von der zustimmenden Haltung in der Öffentlichkeit besaß die polnische Außenpolitik in den 1930er Jahren bemerkenswerte Handlungsfreiheiten, die freilich zu häufig wechselnden Optionen, zu Eigenwilligkeiten und Inkonsistenzen verführten. So setzte Beck die Strategie, die im Juli 1932 zum Abschluss eines Nichtangriffsabkommens mit der Sowjetunion geführt hatte, zunächst fort, allerdings weniger, weil er eine Zusammenarbeit mit dem östlichen Nachbarn für realistisch hielt, sondern vor allem um sich vom bislang wichtigsten Bündnispartner Frankreich emanzipieren zu können. Insbesondere zeigte sich Beck skeptisch gegenüber französischen „Ostpakt"-Plänen zur kollektiven Sicherheit Europas, da er befürchtete, dass dadurch die Sowjetunion in einen internationalen Rang vor Polen rückte. Der Abschluss des deutsch-polnischen Nichtangriffsabkommens und die von Polen einseitig vorgenommene Aufkündigung des Minderheitenschutzvertrags 1934 sorgten in Frankreich und anderen westeuropäischen Staaten für weitere Irritationen.[302] Nach dem Urteil von Stanisław Żerko balancierte die polnische Außenpolitik der 1930er Jahre nicht so sehr zwischen Deutschland und der Sowjetunion, wie dies angesichts der geographischen Lage nahe liegend schien, als zwischen Deutschland und den Westmächten.[303]

Das Projekt, auf das sich die Großmachtpläne Polens ganz wesentlich stützten, ist unter dem Begriff „Drittes Europa" bekannt geworden. Ausgehend von der Annahme einer gemeinsamen Bedrohung des mittleren, östlichen und südöstlichen Europas durch Deutschland und die Sowjetunion bei einem vermeintlichen Desinteresse Frankreichs an der Region, galt es, die betroffenen Staaten zu einem festeren Zusammenschluss zu bewegen. Polen sollte dabei eine führende Rolle zukommen. Inhaltlich war das Projekt des

---

[301] W rocznicę „Cudu nad Wisłą", in: Warszawski Dziennik Narodowy, 16. 8. 1939, S. 2.
[302] Janusz Faryś: Koncepcje polskiej polityki zagranicznej 1918 - 1939, Warszawa 1981, S. 325 - 328.
[303] Żerko, Stosunki polsko-niemieckie, S. 462; ähnlich auch Krasuski, Tragiczna niepodległość, S. 224 - 226.

„Dritten Europas" ausgesprochen schillernd. Dies zeigte sich sowohl bei der politischen Auswahl der Bündnispartner als auch bei der territorialen Reichweite. Bei der populären Formel „Von Meer zu Meer" (*Intermarium, Międzymorze*) war nur der Ausgangspunkt an der Ostsee eindeutig; je nachdem, ob ein Zusammengehen mit dem faschistischen Italien präferiert wurde oder ob mit der Kleinen Entente, also mit der Tschechoslowakei, Jugoslawien und Rumänien, kooperiert werden sollte, konnte dieses „zweite Meer" sowohl die Adria als auch das Schwarze Meer bezeichnen. Die Hypertrophie manch dieser Überlegungen rückte zuweilen die wortwörtlich nahe liegenden Brennpunkte polnischer Außenpolitik in den Hintergrund. Erst am Vorabend des Zweiten Weltkriegs galt der Verteidigung Pomorzes und des Danziger *status quo* vorrangige Aufmerksamkeit, die angesichts der deutschen Aufrüstung und der deutschen Revisionsansprüche auf den „Korridor" durchaus als Ausdruck von Selbstverteidigung verstanden werden konnten.

Den polnischen Anliegen war jedoch nur wenige Wochen zuvor, im Herbst 1938, durch konkretes Handeln ein Bärendienst erwiesen. Am 29. September 1938 hatte sich Hitler in München mit Mussolini und den Premierministern Frankreichs und Großbritanniens, Edouard Daladier und Arthur Neville Chamberlain, getroffen, um über die deutschen Gebietsansprüche an die Tschechoslowakei zu beraten. Das Ergebnis war, dass die Wehrmacht ab dem 1. Oktober ohne Widerstand die Sudetengebiete besetzen konnte, während sich England und Frankreich dazu bereit fanden, der Tschechoslowakei für ihr übrig gebliebenes Staatsgebiet eine Bestandsgarantie zu geben. Die Erleichterung der Westmächte darüber, einen Krieg verhindert zu haben, währte nur kurz, denn im Herbst 1938 begann sich nun auch in Mitteleuropa die Spirale der Kriegsvorbereitungen immer rascher zu drehen.

Im Gefolge des Münchner Abkommens stellte auch die polnische Regierung ein Ultimatum an Prag. Am 2. Oktober 1938 nahmen dann polnische Armee-Einheiten das seit dem Ende des Ersten Weltkriegs zwischen Polen und der Tschechoslowakei strittige Gebiet von Zaolzie, das Teschener Schlesien, ein.

Über die beabsichtigte Propaganda-Wirkung konnte kaum Zweifel bestehen. Bereits am Vorabend, am 1. Oktober, fand in Warschau eine vom OZN einberufene Freudenkundgebung statt, deren Teilnehmerzahl an die Hunderttausend reichte.[304] Der Einzug nach Zaolzie am Mittag des nächsten Tages war in Form einer Militärparade gestaltet, die Häuser im ehemals tschechoslowakischen Teil der Stadt Cieszyń waren mit polnischen Fahnen

---

[304] Żywiołowe manifestacje w Warszawie, in: Polska Zbrojna, 2. 10. 1938, S. 2.

geschmückt und die Öffentlichkeit in Polen konnte die Geschehnisse in einer Radio-Übertragung verfolgen.[305] Im November erzwang die polnische Außenpolitik noch die Übergabe der kleineren Territorien von Spisz und Orawa.

In der polnischen Öffentlichkeit bewirkte die Übernahme von Zaolzie eine nochmals gesteigerte Verehrung der Armee, nicht zuletzt gründend in der Annahme, gut auf einen kommenden Krieg vorbereitet zu sein.[306] Zustimmung kam selbst von Seiten der ethnisch nicht-polnischen Bevölkerung.[307] Nur wenige Stimmen, vornehmlich aus den Reihen der politischen Linken, äußerten gemischte Gefühle, allen voran Publizisten der Bauernbewegung, die sich wiederholt für eine Zusammenarbeit zwischen Polen und der Tschechoslowakei ausgesprochen hatten, dabei die Verwandtschaft der drei westslavischen Nationen betonten und nicht zuletzt zu schätzen wussten, dass die Tschechoslowakei ihrem Parteiführer Wincenty Witos in den 1930er Jahren politische Zuflucht geboten hatte.[308] Noch weiter ging die der Bauernbewegung nahe stehende Schriftstellerin Maria Dąbrowska in ihrem Urteil, dass der bisherige Umgang mit der Multiethnizität in der Zweiten Republik eine Hypothek für weitere territoriale Expansionen sei.[309]

Die Beteiligung Polens an der Zerstückelung der Tschechoslowakei nach dem Münchner Abkommen 1938 wurde europaweit mit Empörung und Unverständnis aufgenommen.[310] Demgegenüber zeigte sich die polnische Außenpolitik einigermaßen robust. Die endgültige Auflösung der Pariser Friedensordnung im Herbst 1938 schien militärische Aktionen mit der zivilen Diplomatie als gleichermaßen legitime Mittel auf eine Stufe zu stellen. Die historische Retrospektive lässt die Annexion von Zaolzie als einen Pyrrhus-Sieg deutlich werden – das politische Vertrauen zwischen Polen und den westlichen Alliierten war an einem Tiefpunkt angelangt. Polen band sich nach Auffassung nicht weniger westlicher Diplomaten immer mehr an

---

[305] Marek Piotr Deszczyński: Ostatni egzamin. Wojsko polskie wobec kryzysu czechosłowackiego 1938 - 1939, Warszawa 2003, S. 261 - 264.
[306] Wolą narodu Zaolzie powrócone Polsce, in: Polska Zbrojna, 2. 10. 1938, S. 1; Ludność Zaolzia staje do pracy dla swej Macierzy. Cała Polska entuzjastycznie wita powrót prastarej ziemi, in: Polska Zbrojna, 4. 10. 1938, S. 1; Wdzięczni Tobie i Wojsku serca oddajemy. Telegramy i lista płyną do Wodza Naczelnego, in: Polska Zbrojna, 6. 10. 1938, S. 3; Listy do Wodza Naczelnego, in: Polska Zbrojna, 7. 10. 1938, S. 3; Deszczyński, Ostatni egzamin, S. 402 - 403.
[307] Steffen, Jüdische Polonität, S. 103, Nordblom, Für Glaube, S. 650.
[308] O powrót Ziemi Zaolzańskiej do Polski, in: Zielony Sztandar, 2. 10. 1938, S. 3; Powrót Ziemi Zaolzańskiej do Polski, in: Zielony Sztandar, 9. 10. 1938, S. 1.
[309] Maria Dąbrowska: Dzienniki 1936 - 1945, hrsg. von Tadeusz Drewnowski, Warszawa 2000, S. 232.
[310] Żerko, Stosunki polsko-niemieckie, S. 98 - 99, 464.

das Deutsche Reich und immer weniger an den Westen.[311] Fatal wirkte sich schließlich aus, dass die Aktionen im polnisch-tschechoslowakischen Grenzgebiet in Polen Illusionen weckten, was das eigene militärische Potenzial anging.[312]

Unverkennbar fehlte der Außenpolitik der *Sanacja* in den 1930er Jahren ein Korrektiv in Gestalt einer freien und pluralistischen Debatte über Polens Werte und Ziele in Europa. Nach dem Tod Piłsudskis 1935 geriet zwar Bewegung in die politische und geistige Landschaft Polens, den immer noch knapp bemessenen Spielraum nutzten die oppositionellen Gruppierungen allerdings vorrangig für innenpolitische Forderungen. Daher kann kaum verwundern, dass sich die zeitgenössische Kritik an der Außenpolitik vornehmlich auf die Person Józef Becks und Fragen der militärischen Taktik stützte. Nur wenige oppositionelle Politiker und Publizisten stellten prinzipielle Erwägungen zum globalpolitischen Verhältnis von Demokratie und Autoritarismus an. Auslöser hierfür war die Auffassung der *Sanacja*, dass die polnische Außenpolitik frei sein sollte von Rücksichten auf ideologische und innenpolitische Entwicklungen in anderen Ländern. Angestrebt war eine Neutralität Polens gegenüber den „ideologischen Blöcken": den totalitären Staaten der Achse Berlin – Rom auf der einen Seite und den demokratischen Staaten Westeuropas auf der anderen Seite. In dieser Äquidistanz lag ein Affront gegenüber der Demokratie. Insbesondere Vertreter der politischen Linken verweigertem dem OZN hier die Zustimmung. Sie bejahten zwar die Rolle Polens als Großmacht, doch sollte diese Rolle gestützt sein auf demokratische Prinzipien, auf „Wohlstand, hoch stehende Kultur und eine innere Bindung der Menschen an den eigenen Staat".[313]

2. 2 Im Bann des Münchner Abkommens 1938

Die Feier des 11. November 1938 zum zwanzigjährigen Jubiläum der Unabhängigkeit bot wenige Wochen nach der Einnahme von Zaolzie einen willkommenen Anlass, um der staatsnationalen Version von Stärke und Einigkeit nachdrückliche Geltung zu verschaffen. Der logistische und propagandistische Aufwand war beträchtlich. In den Schulen wurde seit Beginn des

---

[311] Ebd., S. 98 - 99.
[312] Deszczyński, Ostatni egzamin, S. 414.
[313] Czesław Wycech: Nasze założenia ideowe, in: Głos Nauczycielski, 21 (31), 1936/37, S. 567 - 572; Władysław Praga: Front chłopsko-robotniczy, in: Zielony Sztandar, 26. 4. 1936, S. 4; J. Gr.: Własną pracą i walką, in: Zielony Sztandar, 12. 9. 1937, S. 3; Romuald Szumski: Rewaloryzacja demokracji, in: Robotnik, 2. 5. 1939, S. 4; J. Gr.: W poszukiwaniu twardych i mocnych ludzi, in: Zielony Sztandar, 6. 8. 1939, S. 3.

Schuljahrs 1938/39 auf eine möglichst eindrucksvolle Feier zum 11. November hingearbeitet, über die anschließend gebührend in der Schulchronik berichtet werden sollte.[314] Dabei fehlte es nicht an Handreichungen für die Lehrerschaft: Wie bereits zu früheren Jubiläen und Feierlichkeiten gab es vielfach Broschüren mit Musterreden, Gedichten, Liedern und kleinen Theaterstücken, deren inhaltliche Aussagen ausnahmslos auf Lobpreisungen und Heldenerzählungen führender *Sanacja*-Aktivisten hinausliefen. In einer Handreichung etwa wurde in märchenhaftem Ton für Kinder das Wirken Piłsudskis, „unseres größten Lehrers", dargestellt.[315]

Alles, was nicht zu einer Erfolgsgeschichte der Zweiten Republik passen mochte, wurde oft kurzerhand dem fatalen Wirken der Teilungsmächte zugeschrieben.[316] Mochte dieses Erklärungsmuster zu Beginn der Unabhängigkeit durchaus begründet gewesen sein, so war es zwei Jahrzehnte später zu einer rhetorischen Formel geworden, wonach sich aktuelle Errungenschaften vor einer leicht identifizierbaren Negativfolie umso glänzender ausnahmen. Ein Problem freilich konnte kaum auf die Verhältnisse des 19. Jahrhunderts zurückgeführt werden: Auch die Feier des 11. November hatte sich, wie selbstkritische Vertreter der Lehrerschaft einräumten, immer mehr in eine Formel verwandelt mit Gottesdienst, Umzug und einer akademischen Feier, die nach einheitlichen Vorgaben gestaltet wurde: Ansprache, Gesang, Gedichtvortrag sowie Darbietungen von Chor und Orchester. „Der Festtag beginnt zu langweilen und ohne größeren Eindruck vorüber zu ziehen". Um dem 11. November zu neuem Glanz zu verhelfen, war das Religions- und Bildungsministerium bereit, einige allzu förmliche Handhabungen der Festtagsorganisation zu lockern. Die Empfehlung an die Schulen lautete daher, die Kinder den Feiertag selbst gestalten zu lassen. Die Haltung des Lehrers sollte „beratend" sein.[317]

Während in einem wichtigen Teilbereich des öffentlichen Lebens, in der Schule, bereits Alternativen zu einer autoritären Festtagsgestaltung erprobt wurden, vertraute die *Sanacja* für die offizielle staatliche Feier des zwanzigsten Unabhängigkeitstags auf die inszenatorische Praxis des vergangenen Jahrzehnts. Am Abend des 10. November 1938 legten Veteranen- und Reservistenverbände am Grabmal des Unbekannten Soldaten Kränze nieder.

---

[314] Program obchodów i uroczystości 11 listopadowych, in: Galiński, Dzień 11 listopada, S. 104 - 107.

[315] Regina Korupczyńska: Pogadanka w dniu 11 listopada dla małych dzieci, in: dies., Wielkie Święto, S. 7 - 9.

[316] J. Świderska-Jarmołowiczowa: „Skazuję Was na wielkość!", in: Korupczyńska, Wielkie Święto, S. 10 - 13.

[317] Program obchodów i uroczystości 11 listopadowych, in: Galiński, Dzień 11 listopada, S. 104, 107.

Nach einer Radioansprache von Staatspräsident Ignacy Mościcki begann ein Umzug zum *Belweder*, dem Präsidentensitz. Am 11. November folgten nach Gottesdiensten aller Konfessionen am frühen Morgen, dem zentralen Festgottesdienst um 10 Uhr in der Kathedrale Św. Jana, einem großen Umzug und der Militärparade ab dem Nachmittag künstlerische Weihen: Orchester und Chor des Warschauer Großen Theaters intonierten auf dem Theaterbalkon die *Bogurodzica*, anschließend fanden an verschiedenen Punkten der Stadt öffentliche Konzerte statt. Um 20 Uhr gab es eine Sondervorstellung im Großen Theater und ein festliches Konzert in der Nationalphilharmonie, zeitgleich auf dem Altstadtmarkt ein Schauspiel mit anschließendem Volksfest. Nachdem am 12. November noch einige Einweihungen von Gedenktafeln und Gedenksteinen ihren Platz im Festtagsprogramm beanspruchten, gab es noch eine Reihe von öffentlichen Konzerten.

Bereits im Vorfeld hatte sich das staatliche Organisationskomitee an alle Bürger der Hauptstadt gewandt, die Stadt feierlich und einheitlich zu schmücken, insbesondere entlang der Umzugsstrecke. Gebeten wurde um Flaggen und Girlanden in den Nationalfarben Weiß und Rot, um Blumen und festliches Gründekor vom Dach bis zum Erdgeschoss sowie an Balkonen, Fenstern und Schaufenstern. Auch die Teilnahme an den beiden Hauptveranstaltungen, den großen Umzug und die Militärparade am Vormittag des 11. November, galten sorgfältig festgelegte Regeln. Einer eigens von der Warschauer Stadtverwaltung ausgearbeiteten Zuschauerordnung zufolge sollten entlang der Umzugsstrecke gesellschaftliche Organisationen die Bürgersteige säumen und ein einheitliches Spalier schaffen. Die „nicht organisierte" Öffentlichkeit durfte sich je nach freiem Platz außerhalb dieses Spaliers gruppieren. Besucher außerhalb der Hauptstadt konnten nach Vorlage von Teilnahmekarten, die von Tourismusveranstaltern ausgegeben wurden, eigens reservierte Plätze an der Umzugsstrecke einnehmen. Die offizielle Ordnungstruppe war mit Armbinden in den Warschauer Stadtfarben Gelb und Rot gekennzeichnet. Davon unabhängig sollte jede teilnehmende Organisation ihre eigenen Ordnungstruppen zur Verfügung halten. Den Anordnungen der Ordner war bedingungslos Folge zu leisten.[318]

Eine militärisch geprägte Festtagsgestaltung war schon seit langem zum Markenzeichen der *Sanacja* und der ihr nahestehenden Organisationen geworden. Im Herbst 1938, vor dem Hintergrund einer krisenhaften Zuspitzung der außenpolitischen Lage in Europa und der Machtdemonstration Polens in Zaolzie, hatte die einschlägige Symbolik besondere Konjunktur. Bereits vor dem Unabhängigkeitsjubiläum forderte die Föderation polnischer Verbände von Vaterlandsverteidigern (*Federacja Polskich Związków*

---

[318] AAN, FPZOO, 49, Bl. 64 - 70.

Obrońców Ojczyzny, FPZOO) als Dachverband zahlreicher Veteranen- und Reservistenvereinigungen von ihren assoziierten Gruppen, nach Möglichkeit uniformiert aufzutreten und akademische Feiern „im soldatischen Geist" mit Deklamationen und Liedern patriotischen Inhalts abzuhalten.[319] Staatspräsident Mościcki weilte am 11. November in Cieszyn und nahm dort an einer Feldmesse sowie an einer feierlichen Übergabe militärischen Geräts an die polnische Armee teil.[320] Im Gegenzug paradierten Soldaten, die an der Eroberung des Teschener Schlesien teilgenommen hatten vor Oberbefehlshaber Rydz-Śmigły in Warschau.[321]

Selbst die oppositionellen Sozialisten, die auch in diesem Jahr eine Gegenveranstaltung zum Tag der Unabhängigkeit vorbereiteten, ließen bei ihren Festivitäten heldenhaften Taten während des vergangenen Weltkriegs besondere Ehrung zuteil werden. Den Intentionen der *Sanacja* entgegengesetzt war freilich das Ziel, den Anteil der arbeitenden Klassen an der Wiedererlangung der Unabhängigkeit herauszustellen und dabei auch die Rolle der PPS gebührend hervorzuheben.[322] Hier wusste sich die PPS mit der Bauernbewegung einig, die in ihrem Presseorgan *Zielony Sztandar* an die Lubliner Volksregierung vom November 1918 erinnerte.[323]

Es waren wohl gerade die besondere Aufmerksamkeit, die ein „runder" Jahrestag auf sich zog, und die frisch unter praktischen Beweis gestellte militärische Leistungskraft, die dem 11. November 1938 trotz einer konventionell autoritären Festtagspraxis doch recht große öffentliche Zustimmung bescherten. Dies sollte nach dem Willen der Regierung auch zwei innenpolitische Vorhaben günstig beeinflussen: zum einen die Neuwahlen zum Sejm, zum anderen die Wahlen zur territorialen Selbstverwaltung.

Am 13. September 1938 hatte Staatspräsident Mościcki den Sejm vorzeitig aufgelöst. Die schwache Wahlbeteiligung 1935 war der *Sanacja* stets unliebsame Erinnerung daran gewesen, dass ihr gesellschaftlicher Rückhalt und damit die Legitimationsbasis für ihre Herrschaft fragil waren. Neuwahlen waren nun für den 6. November 1938 angesetzt. In enger zeitlicher Koinzidenz mit der heraufziehenden Gefährdung der internationalen Ordnung, mit den militärischen Erfolgen gegenüber der Tschechoslowakei und der schon seit längerem aufwändig geplanten nationalen Selbstfeier am 11. November bot sich der Regierung hier eine viel versprechende Gelegenheit, die

---

[319] Ebd., Bl. 63.
[320] Prezydent Rzplitej na Śląsku Zaolzańskim, in: Polska Zbrojna, 11. 11. 1938, S. 4; Pan Prezydent Rzplitej zaszczycił swą obecnością święto wolności na Śląsku zaolzański, in: Polska Zbrojna, 12. 11. 1938, S. 1.
[321] Obchód święta niepodległości w stolicy, in: Polska Zbrojna, 12. 11. 1938, S. 2.
[322] APW, UW Warszawski, 109, Bl. 306.
[323] I. K.: Święto Niepodległości, in: Zielony Sztandar, 13. 11. 1938, S. 2.

Bevölkerung wieder stärker an die *Sanacja* zu binden. Eine Hürde auf diesem Weg war allerdings, dass die Opposition zur Abhaltung von Neuwahlen rasch eine ablehnende Haltung einnahm und ähnlich wie 1935 eine intensive Boykott-Aktion entfaltete.[324] Zwar war bei einer Abstinenz der übrigen Parteien ein klarer Sieg des OZN vorauszusehen, um aber tatsächlich massenhafte Unterstützung für die Regierungspolitik zu demonstrieren, war eine möglichst hohe Wahlbeteiligung unabdingbar. Der OZN warb daher nachdrücklich für die Sejm-Wahl und stellte eine Beteiligung an der Wahl als Pflicht eines jeden Staatsbürgers heraus.[325]

Der offene Boykottaufruf unterlag einer Ahndung gemäß Art. 156 des Strafgesetzbuches. Auch wenn die Strafen relativ milde ausfielen oder mitunter nach dem Wahltermin ein Freispruch von Strafe und Schuld erfolgte, versuchten die Agitatoren der Oppositionsparteien der Bevölkerung den Wahlboykott auf vorsichtige und indirekte Weise zu übermitteln. Während bei der Wahlkampfmethode der Hausbesuche Vertraulichkeit vorausgesetzt werden konnte, war bei öffentlichen Versammlungen eine geschickte Formulierung gefragt. So gab es für die Agitatoren spezielle Sprachregelungen wie: „Das *Stronnictwo Narodowe* hat beschlossen, nicht zur Wahl zu gehen. Ich werde nicht zur Wahl gehen. Ihr könnt Euch aussuchen, was ihr macht". Ähnlich vorsichtig zeigten sich die Agitatoren der PPS und des SL. Allerdings rief das SL, gewissermaßen als Revanche für behördliche Restriktionen, seine Mitglieder dazu auf, in einer Entfernung von rund hundert Metern an den Wahllokalen auf Posten zu stehen und all diejenigen aufzuschreiben, die zur Wahl gingen.[326]

Die Oppositionsparteien wussten sich zwar auf durchaus hintersinnige Weise gegenüber den autoritären Rahmenbedingungen des Wahlkampfs zu behaupten, doch ein Problem blieb dasselbe wie schon drei Jahre zuvor: die eigene Inkonsequenz gegenüber dem Boykott. Für die Nationaldemokraten schien zunächst hilfreich, dass die katholische Kirche Distanz zur Wahlagitation des OZN wahrte, doch in der Wojewodschaft Warschau gingen die Mitglieder der hier besonders staatstreu orientierten *Akcja Katolicka* nahezu geschlossen zur Wahl. Darüber hinaus riefen viele Priester zur Beteiligung an der Wahl auf, allerdings verbunden mit dem Appell, dass die Stimmen

---

[324] APW, UW Warszawski, 109, Bl. 283 - 303, 305 - 316; Uchwały N. K. W. w sprawie wyborów parlamentarnych i samorządowych, in: Zielony Sztandar, 25. 9. 1938, S. 1.
[325] Zdzisław Harlender: Dzisiejszy egzamin obywatelski, in: Polska Zbrojna, 6. 11. 1938, S. 1; Z. H.: W jedności jest siła, in: Polska Zbrojna, 9. 11. 1938, S. 1; hierzu auch die Beobachtungen von Maria Dąbrowska: 2 XI 1938, in: dies., Dzienniki 1936 - 1945, S. 223.
[326] APW, UW Warszawski, 109, Bl. 283, 287, 290, 292, 339 - 345; Do czytelników, in: Zielony Sztandar, 30. 10. 1938, S. 5.

einem „praktizierenden Katholiken" zugute kommen sollten.[327] Wahlziel war, für konfessionelle Repräsentanz im Sejm zu sorgen. Dies bedeutete wenn zwar nicht die Billigung, so doch die pragmatische Hinnahme von undemokratischer Wahlordnung und Funktionsverlust des Parlaments. Die politische Linke hatte keinen Anlass zur Empörung über die katholische Haltung. Die PPS boykottierte die Sejm-Wahlen offiziell, duldete es aber, dass sich auf den Einheitswahllisten Kandidaten aus der Gewerkschaftsbewegung befanden.[328]

Aus diesem Glaubwürdigkeitsdilemma versuchte sich die PPS zu befreien, indem sie ihre Aktivitäten im November 1938 umso nachdrücklicher auf die Gegenveranstaltung zur zwanzigjährigen Unabhängigkeit lenkte.[329] Angespornt vom enormen Material- und Deutungseinsatz der Regierung erhoben die Sozialisten den Anspruch, dass ihre November-Feierlichkeiten in diesem Jahr so eindrucksvoll ausfallen sollten wie sonst nur ihre Feierlichkeiten zum 1. Mai. Der *Robotnik* und andere Pressorgane der Sozialisten gaben eigens Sondernummern zu diesem Anlass heraus.[330]

Das Datum für die sozialistischen Feierlichkeiten musste die PPS dann vom 11. auf den 20. November verschieben, um die Festivitäten aus dem Umkreis der Sejm- und Senats-Wahlen herauszuhalten und Repressionen staatlicher Stellen zu umgehen.[331] Das terminliche Nachgeben fiel allerdings schon nicht mehr entscheidend ins Gewicht, denn inzwischen war bekannt geworden, dass der Boykott der Sejm-Wahlen am 6. November weitgehend erfolglos geblieben war. Nach offizieller Statistik waren 67,1 % der Wahlberechtigten zu den Urnen gegangen.[332] Diese doch recht hohe Wahlbeteiligung war eine herbe Enttäuschung für alle Oppositionsparteien, besonders aber für das SL, das im Vorfeld den Wahlboykott als Prüfstein für seinen Einfluss auf die ländliche Bevölkerung ausgegeben hatte.[333] Nun waren ein großer Teil der ländlichen Bevölkerung und teilweise selbst SL-Mitglieder zur Wahl gegangen. Damit schwanden zugleich die Hoffnungen auf einen erneuten und erfolgreicheren Bauernstreik.[334]

Noch blieben der Opposition die Wahlen zur territorialen Selbstverwaltung, um sich Gehör zu verschaffen.[335] Hier fügten sich die Geschicke für

---

[327] APW, UW Warszawski, 109, Bl. 303.
[328] Ebd., Bl. 247, 314.
[329] Ebd., Bl. 305 - 316.
[330] AAN, PPS, 114/III-46, Bl. 1 - 2.
[331] Ebd., Bl. 1.
[332] Wybory do Sejmu, in: Wiadomości Statystyczne, 17, 1939, S. 165.
[333] APW, UW Warszawski, 109, Bl. 283 - 303; Po wyborach sejmowych, in: Zielony Sztandar, 13. 11. 1938, S. 3.
[334] APW, UW Warszawski, 109, Bl. 305 - 316.
[335] AAN, PPS, 114/IV-3, Bl. 25.

die Regierung weit weniger glücklich. Nur wenige Jahre nach den staatsnationalen Vereinheitlichungsversuchen war die Debatte um die Reform der territorialen Selbstverwaltung neu entbrannt.[336] Hauptmotiv der Klagen war das Übermaß an staatlicher Aufsicht über die Selbstverwaltung.[337] Selbst ein Anhänger der staatsnahen Konzeption der Selbstverwaltung wie der Geschäftsführer des polnischen Städtebundes, Marceli Porowski, gab nun die Empfehlung, der Bürger solle, wenn auch bei klarer Kompetenzabgrenzung zwischen Selbstverwaltung und Staatsverwaltung, selbständiger agieren.[338] Gleichzeitig ließ der polnische Städtebund offiziell verlauten, die Stadträte sollten wieder mehr Kompetenzen erhalten; dafür sei die Zahl der Angelegenheiten, die der Zustimmung übergeordneter Kontrollorgane bedurften, zu reduzieren.[339]

Die oppositionelle PPS ging über diese Vorschläge noch hinaus und forderte, dass die Wahl von Stadträten nicht mehr von übergeordneten Regierungsstellen bestätigt werden müsse. Außerdem sollten Regierungsstellen demokratisch gewählte Mitglieder der Stadtverwaltung nicht länger willkürlich des Amtes entheben können und schließlich sollten die Kompetenzen des Stadtrats nicht mehr so weit zurückgedrängt werden, dass er lediglich ein Beraterorgan für den Stadtpräsidenten darstelle.[340] Der sozialistische Selbstverwaltungstheoretiker Konstanty Krzeczkowski begriff in Anknüpfung an schon verloren geglaubte Momente liberalen Staatsdenkens die Selbstverwaltung gar als Sicherungsinstrument gegen einen „staatlichen Totalitarismus" bzw. einen „autokratischen Staat": Während der Staat Konflikte mit Macht und institutionellen Mechanismen zu regeln versuche, beruhe die Gemeinde auf dem Prinzip der Gleichstellung ihrer Mitglieder.[341]

Konkrete Erörterungen galten einer neuen Wahlordnung. Diesen Teil der Reformdebatte hatte allerdings die Regierung initiiert, denn sie beabsichtigte, die kommunale Wahlordnung in einen Gleichklang mit der Sejm- und Senats-Wahlordnung von 1935 zu bringen. Demnach sollten in die Stadträte der sechs größten Städte des Landes sowohl Abgeordnete aus allgemeinen Wahlen Eingang finden als auch ernannte Delegierte, die be-

---

[336] M. Porowski: Na przełomie, in: Samorząd Miejski, 17, 1937, S. 4 - 6.
[337] Wiktor Bronikowski: Chłopska działalność samorządowa w świetle życiorysów, in: Roczniki Socjologii Wsi, 2, 1937, S. 153 - 175.
[338] M. Porowski: Obecna sytuacja samorządu miejskiego, in: Samorząd Miejski, 18, 1938, S. 887 - 896.
[339] Sprawy ustroju związków samorządowych, in: Samorząd Terytorjalny, 10, 1938, S. 163 - 165. So auch M. Porowski: Obecna sytuacja samorządu miejskiego, in: Samorząd Miejski, 18, 1938, S. 887 - 896.
[340] AAN, PPS, 114/XI-2, Bl. 56a - 59.
[341] Konstanty Krzeczkowski: Gmina jako podmiot polityki komunalnej, in: Samorząd Terytorjalny, 10, 1938, S. 256, 259, 261 - 262, 264, 282 (Zitat).

stimmte Berufs- und Wirtschaftszweige repräsentierten.[342] Der polnische Städtebund, dessen Vorsitzender seit Oktober 1934 der Warschauer Stadtpräsident Stefan Starzyński war, erweiterte dieses korporatistische Modell mit dem Vorschlag, auch Angehörige von Wissenschaft und Kultur sowie Veteranen der polnischen Unabhängigkeitskämpfe zu berücksichtigen.[343] Damit regten sich bereits innerhalb der Regierungsanhänger unterschiedliche Ansichten darüber, welche Personengruppen in den Proporz einbezogen werden sollten. Das Ziel einer gesellschaftspolitischen „Harmonisierung" war so kaum erreichbar, und tatsächlich kam es bis zum Beginn des Zweiten Weltkriegs zu keiner gesetzlichen Regelung mehr.

Nach dem Boykott der Sejm-Wahlen 1935 hatte es bei der Opposition anfänglich Überlegungen gegeben, auch die Wahlen zur territorialen Selbstverwaltung zu boykottieren.[344] Diese Idee war aber rasch beiseite gelegt worden. Eine neue Annäherung an die politische Macht über die kommunale Ebene zu versuchen, schien vor dem Hintergrund der Reformdebatte chancenreicher als noch einige Jahre zuvor. Dabei ging es nicht nur darum, eine Mehrheit in Stadt- und Gemeinderäten zu erreichen und das politikgestaltende Monopol der *Sanacja* aufzuweichen – auch die kommunalen Wahlen waren ein wichtiger Prüfstein für die Mobilisierungsfähigkeit der Oppositionsparteien, für die politische Linke[345] ebenso wie für die Nationaldemokraten, die nach einem teilweisen Rückzug auf private Organisationsformen zu Beginn der *Sanacja*-Herrschaft nun wieder öffentlich vortraten und als Ziel ausgaben, die Oberhoheit über die Selbstverwaltungen zu erlangen.[346]

Signalwirkung hatte die Kommunalwahl in Łódź 1936: PPS, *Bund* und deutsche Sozialisten erlangten die Mehrheit der Mandate im Stadtrat und wählten den PPS-Politiker und langjährigen Sejm-Abgeordneten Norbert Barlicki zum neuen Stadtpräsidenten. Wenn auch das Innenministerium Barlickis Wahl nicht bestätigen wollte[347] – ein Weg zurück in die Zeit der „stummen" *sejmiki* wie zu Beginn der 1930er Jahre schien nicht mehr möglich. Die Oppositionsparteien lobten die Wahlen zur Selbstverwaltung als Chance für die Bevölkerung, ihre politischen Präferenzen offiziell zu be-

---

[342] Als konkreter Vorschlag für Warschau: Julian Kulski: Stefan Starzyński w mojej pamięci [Biblioteka „Kultury", Bd. 160], Paris 1968, S. 52.
[343] Sprawy ustroju związków samorządowych, in: Samorząd Terytorjalny, 10, 1938, S. 163 – 165; M. Porowski: Obecna sytuacja samorządu miejskiego, in: Samorząd Miejski, 18, 1938, S. 887 - 896.
[344] APW, UW Warszawski, 109, Bl. 222, 224; Przed wyborami samorządowymi, in: Zielony Sztandar, 11. 9. 1938, S. 4.
[345] APW, UW Warszawski, 109, Bl. 283 - 303, 305 - 316; Uchwały N. K. W. w sprawie wyborów parlamentarnych i samorządowych, in: Zielony Sztandar, 25. 9. 1938, S. 1.
[346] APW, UW Warszawski, 109, Bl. 219 - 220.
[347] Pickhan, „Gegen den Strom", S. 363 - 367.

kunden. Die PPS schürte gar die Hoffnung, die Selbstverwaltung diene als Motor für eine Demokratisierung in ganz Polen.[348]

Damit verfolgte die Opposition im Herbst 1938, als landesweit zahlreiche Wahlen zu territorialen Selbstverwaltungseinrichtungen bevorstanden, eine dem Boykott der Sejm-Wahlen diametral entgegengesetzte Strategie. Begünstigende Faktoren waren, dass die Kommunalwahlen zumindest in den größeren Städten rechtzeitig ausgeschrieben waren[349] und dass die neu konstituierte Regierungspartei OZN vor Ort häufig noch nicht genügend organisatorische Kräfte besaß. Zwar hielt der OZN kommunalpolitische Schulungskurse ab, gab Zeitungssonderausgaben (*jednodniówki*) heraus und versuchte, ähnlich wie Jahre zuvor der BBWR, durch *ad hoc* zusammengestellte und als „parteiübergreifend" stilisierte Komitees sowie durch regierungsnahe gesellschaftliche Organisationen Einfluss zu gewinnen, doch geriet sein Wahlkampf für die Stadt- und Gemeinderäte vielfach recht sporadisch.[350] Der regierungsnahen Berichterstattung kam daher die Aufgabe zu, die Bedeutung der Kommunalwahlen zu minimieren und das Augenmerk auf vermeintlich „unpolitische" wirtschaftliche und soziale Fragen zu richten.[351]

Umso entschlossener gestalteten sich dafür die Aktivitäten der Opposition. Zunächst stand eine regierungsunabhängige Information der Bevölkerung im Vordergrund. PPS und SL verteilten in großer Zahl Aufklärungsbroschüren: nicht nur den Wortlaut der Wahlordnung zu den Stadt-, Gemeinde- und Kreisräten, sondern auch kommentierende Titel wie „Erläuterung zur neuen Wahlordnung zu den Stadträten" oder „Instruktionen für die Vertrauensmänner der PPS und der Klassen-Gewerkschaften für die Wahlen zu den Stadträten". Darüber hinaus beraumten die linken Parteien für ihre Mitglieder eigens Treffen an, um ihnen von Instrukteuren aus der Parteizentrale die Regeln der Wahl erklären zu lassen.[352] Während des Wahlkampfs nutzte die PPS dann Veranstaltungen rund um den „Monat der Frau" im Oktober 1938, um sich speziell des weiblichen Wählerpotenzials zu versichern: „Steht nicht zur Seite, wenn die erste Etappe des Kampfes um staatsbürgerliche Rechte und Freiheiten beginnt."[353]

---

[348] AAN, PPS, 114/XI-2, Bl. 56a - 59.
[349] In Warschau schon im Sommer für den 18. Dezember 1938: Ryszard Siudalski: PPS Dzielnica „Czyste" w Warszawie, in: P. P. S. Wspomnienia, Bd. 2, S. 969.
[350] APW, UW Warszawski, 111, Bl. 2; APW, UW Warszawski, 109, Bl. 305 - 316, 339 - 345.
[351] Z. H.: Niedzielne wybory, in: Polska Zbrojna, 21. 12. 1938, S. 1; APW, UW Warszawski, 109, Bl. 339 - 345.
[352] AAN, PPS, 114/III-46, Bl. 2; APW, UW Warszawski, 109, Bl. 305 - 316.
[353] AAN, PPS, 114/IV-3, Bl. 28.

An der „volkspolnischen" Selbstverwaltungskampagne beteiligte sich die Lehrergewerkschaft ZNP. Nach dem Streik 1937 waren die Kommunalwahlen eine willkommene Gelegenheit, um die neue Unabhängigkeit gegenüber der *Sanacja*-Regierung zu unterstreichen. Das erklärte Ziel, dass die Grundschullehrer insbesondere im ländlichen Raum gemeinsam mit der örtlichen Bevölkerung für das Wohl der Gemeinde wirken sollten, fand seinen praktischen Ausdruck in der Aufstellung gemeinsamer Wahllisten.[354]

Auch die Nationaldemokraten informierten über die Wahlen. Leiter der SN-Ortsvereine und andere Partei-Aktivisten sollten Versammlungen und Vorträge abhalten zu Themen wie „Forderungen und Ideologie des SN", „Polen für die Polen", „Bekämpfung des Kommunismus", „Grundhaltung und Taktik des Kommunismus", „Der Handel muss in polnische Hände übergehen", „Juden nach Palästina", „Gerechte Regierungen in Polen". Die Inhalte der Vorträge sollten leicht verständlich und breitenwirksam sein, so dass die Zuhörer die Botschaft auch ihren Nachbarn und Bekannten übermitteln konnten.[355] Die Themenwahl deutete es allerdings an: Für die Nationaldemokraten lief die Mobilisierung zu den Kommunalwahlen nicht so sehr über den Kampf für mehr Demokratie als über ein weltanschaulich unterlegtes Lagerdenken, das sich insbesondere gegen „Kommunisten" und ethnisch nicht-polnische Bevölkerungsgruppen richtete.

Einen republikweit beachteten Höhepunkt stellten die Wahlen zum Stadtrat von Warschau am 18. Dezember 1938 dar. Auf Flugblättern propagierte sie die PPS explizit als Alternative zu den Sejm-Wahlen: „Im Land und in der Hauptstadt herrscht derselbe Feind: Reaktion, Totalitarismus, Unrecht. Das Land wartet auf das Ergebnis der Wahlen in der Hauptstadt. In Land und Hauptstadt gibt es dasselbe Ziel: Freiheit, Planwirtschaft und Kontrolle durch die Bürger."[356] Auf den Punkt brachte es die gereimte Parole: *Pokażemy w Radzie Miejskiej, że będziemy i na Wiejskiej* („Wir zeigen im Stadtrat, dass wir auch in den Sejm gehören").[357] Aber auch im lokalen Maßstab waren die Wahlen am 18. Dezember als Protest geplant – gegen die kommissarische Stadtregierung, die seit dem 3. März 1934, seit der Auflösung des letztmals im Jahre 1927 gewählten Stadtrats von Warschau amtierte.[358]

---

[354] W. Skuza: Nauczycielstwo w nowym samorządzie, in: Głos Nauczycielski, 23 (33), 1938/39, S. 626 - 627.
[355] APW, UW Warszawski, 109, Bl. 305 - 316.
[356] AAN, PPS, 114/XI-2, Bl. 61.
[357] Stefan Kobrzyński: Wspomnienia z Woli, in: P. P. S. Wspomnienia, Bd. 1, S. 462. Der Sitz des Sejm war in der ul. Wiejska.
[358] Das kommunale Parlament der Hauptstadt war der *Sanacja* stets ein Dorn im Auge gewesen, denn bei der Wahl 1927 hatten die Nationaldemokraten rund 30 % der Wähler-

„Dies sind die ersten Wahlen nach elf Jahren Pause! Elf Jahre lang hatten die Einwohner Warschaus keine Stimme in den Angelegenheiten ihrer Stadt. In ihrem Namen wurden Gelder verteilt, wurde über ihre wichtigsten Angelegenheiten entschieden, und niemals wurde dabei nach ihrer Meinung gefragt, wurde sich nicht darum gekümmert, was der einfache Bürger der Stadt denkt, wünscht und braucht. Heute erhält dieser Bürger endlich wieder eine Stimme, kann seine Meinung, sein Urteil, seine Bedürfnisse kundtun, kann darüber entscheiden, wie die städtische Wirtschaft aussehen soll, was ihre Richtung und ihre Ziele sein sollen."[359]

Die oppositionellen Proteste gestalteten sich allerdings schwierig, da die Hauptstadt unter dem demokratisch nicht legitimierten, aber in großen Teilen der Bevölkerung populären Stadtpräsidenten Stefan Starzyński in den 1930er Jahren enorme Fortschritte in Modernisierung und Urbanisierung zu verzeichnen hatte.[360] Die unternehmerischen und stadtplanerischen Fähigkeiten Starzyńskis fügten sich zweifellos günstig in die Strategie der *Sanacja*, die eigene Regierungsherrschaft durch eine erfolgreiche Leistungsbilanz zu legitimieren.[361] Demgegenüber war die Aussicht auf kommunalpolitische Kompromisse und Aushandlungsprozesse, wie sie eine gesellschaftsnahe, von Bürgerbeteiligung getragene Selbstverwaltung kennzeichneten, deutlich weniger glanzvoll. Es kostete die politische Opposition in der Hauptstadt nicht wenig Mühe aufzuzeigen, dass Starzyńskis kommissarische Regierung lediglich ein bereits früher begonnenes Werk fortgesetzt habe und dabei aus wesentlich mehr Finanzmitteln schöpfen konnte als die alte Selbstverwaltung. Neben politischen Forderungen nach mehr Partizipationsrechten warfen die Sozialisten auch ihr soziales Verständnis von Demokratie mit Forderungen nach Verteilungs- und Chancengerechtigkeit in die Waagschale der Wählermobilisierung: „Die städtische Wirtschaft soll in ständigem Kontakt mit der Bevölkerung, in genauer Kenntnis ihrer Bedürfnisse und

---

stimmen erhalten und waren damit zur größten Fraktion geworden. Ausführlich dazu Marian Marek Drozdowski: Warszawa w latach 1914 - 1939 [Dzieje Warszawy, Bd. 4], Warszawa 1990, S. 189 - 191, 206.
[359] AAN, PPS, 114/XI-2, Bl. 56a.
[360] Apologetisch die Darstellung bei Kulski, Stefan Starzyński; in Teilen auch bei Edward D. Wynot: Warsaw Between the World Wars. Profile of the Capital City in a Developing Land, 1918 - 1939 [East European Monographs, Bd. 129], New York 1983, S. 148 - 149. Kritischer dagegen Marian Marek Drozdowski: Stefan Starzyński, prezydent Warszawy, Warszawa 1976, S. 44 - 55. Die fehlende demokratische Legitimation war auch Thema einer Debatte in den Gremien des polnischen Städtebundes, dem Starzyński seit 1934 präsidierte: Ryszard Szwed: Prezesi Związku Miast Polskich, in: ders., Samorządowa Rzeczpospolita, S. 148.
[361] Für Starzyński selbst nahm dies wohl die Bedeutung eines „Plebiszits" über seine persönliche Wirkung an: Drozdowski, Stefan Starzyński, S. 148.

unter Beteiligung möglichst breiter Bevölkerungsschichten gestaltet werden". Konkret bedeutete dies unter anderem eine Ausweitung der sozialen Fürsorge, des Wohnungsbaus, der Zahl städtischer Mittelschulen und Vorschuleinrichtungen. Um die Realisierbarkeit dieser Forderungen zu unterstreichen, verwies die PPS in ihren Wahlkampfaussagen auf die Erfolge sozialistisch geprägter Stadtverwaltungen – in Wien und London ebenso wie in Łódź, Radom, Piotrków, Płock oder im Zagłębie Dąbrowskie.[362]

Die amtlichen Berichterstatter mussten konzedieren, dass das hohe Engagement der Oppositionsparteien zu einem außergewöhnlichen Interesse der Bevölkerung an den Kommunalwahlen geführt hatte.[363] Der Wahlkampf zum Warschauer Stadtrat produzierte außerdem heftige Zusammenstöße im Zeichen des Lagerdenkens zwischen politischer Linke und politischer Rechte. Straßenkämpfe zwischen Jugendorganisationen waren hier ebenso anzutreffen wie fahnengeschmückte, siegesgewisse Kundgebungen schon vor dem Gang zur Wahlurne.[364]

Umstritten war die Interpretation der Wahlergebnisse. Siegen des OZN vor allem in den *Kresy Wschodnie* stand in vielen Gebieten Zentral- und Westpolens zumindest eine Pattsituation mit der Opposition gegenüber. Dies verdeutlicht ein Blick auf die Situation in der Wojewodschaft Warschau. In einer Anfang 1939 von der staatlichen Verwaltung erstellten Bilanz der Kommunalwahlen war hier bei den Oppositionsparteien das SL mit 18,7 % der Mandate, das SN mit 9,8 % der Mandate und die PPS mit nur 1,3 % der Mandate vermerkt. Allerdings hatte sich die PPS im ländlichen Raum vielerorts unterstützend dem SL verschrieben und genau dort stritt sich die Bauernbewegung mit dem staatlich begünstigten OZN um den Sieg.[365] Die amtlichen Berichterstatter rechneten dem OZN 22 % der Mandate in Masowien zu, erweitert um formal unabhängige, aber als „regierungsfreundlich" vermutete Vertreter sogar bis zu 32 %. Massive Kritik an dieser offiziellen Bilanz übte das SL: Viele neu gewählten Stadt- und Gemeindevertreter, die unter „regierungsfreundlich" oder „parteilos" rangierten, reklamierte die Bauernpartei als ihre eigenen Anhänger.[366]

---

[362] AAN, PPS, 114/XI-2, Bl. 56a - 59.
[363] APW, UW Warszawski, 109, Bl. 305 - 316.
[364] Ryszard Siudalski: PPS Dzielnica „Czyste" w Warszawie, in: P. P. S. Wspomnienia, Bd. 2, S. 972 - 974; Stefan Kobrzyński: Wspomnienia z Woli, in: P. P. S. Wspomnienia, Bd. 1, S. 462. Zum Wahlkampf insgesamt Drozdowski, Warszawa, S. 244 - 247.
[365] APW, UW Warszawski, 109, Bl. 336, 339, 345; zum Wahlkampf des SL in der Wojewodschaft Warschau auch Łuczak, Samorząd terytorialny, S. 321 - 322.
[366] APW, UW Warszawski, 109, Bl. 339 - 340; Chowanie głowy w piasek, in: Zielony Sztandar, 8. 1. 1939, S. 1; Al. Bogusławski: Wybory do Zarządu Gminnego, 19. 1. 1939, S. 9 - 10.

In der Stadt Warschau hatte der OZN 39 Mandate geholt, allerdings konnten PPS und *Bund* mit 27 bzw. 16 Mandaten gemeinsam die Regierungspartei hinter sich lassen. Dass es nicht zu einer linken Machtübernahme reichte, war dem Ergebnis des SN zuzuschreiben, der elf Mandate erhielt. Mangels Koalitionsbereitschaft konnte in den wenigen Monaten vor dem Zweiten Weltkrieg der Triumph der Linken im Warschauer Stadtrat kaum mehr genutzt werden,[367] vielmehr war die neue, demokratisch gewählte Selbstverwaltung auf weitere Zusammenarbeit mit dem nicht aus Wahlen hervorgegangenen Magistrat angewiesen.[368]

Anders als die Strategie des Boykotts eröffnete die Strategie des Engagements in der Selbstverwaltung der Opposition bessere Aussichten für die Zukunft. Zwar gab es nach wie vor nur wenige Möglichkeiten, die politische Macht im Staat von der Provinz her auszuhebeln. Neben örtlichen Organisationsschwierigkeiten des OZN mochte gerade dieser Umstand das verhältnismäßig geringe Interesse der Regierung an den Wahlen zur territorialen Selbstverwaltung 1938/39 erklären. An diesem Punkt ließ sich aber auch folgern, dass die staatsnationale Dominanz selbst im Windschatten des Münchner Abkommens nicht in alle Bereiche des öffentlichen Lebens hineinreichte, nicht auf allumfassende Resonanz bei der Bevölkerung traf.

Selbstbewusst fällte daher die Opposition ihr Fazit der Selbstverwaltungswahlen: „Die Parteien, die totalitäre Lösungen anbieten oder ihnen anhängen, haben die Wahlen verloren". Dies ließ sich auch nicht durch Manipulationen bei der Auszählung oder durch die Zurechnung von Mandaten für Regierungsanhänger vertuschen: „Die breiten Massen des polnischen Volks stellten sich dem Totalitarismus entgegen, sprachen der Demokratie ihr Vertrauen aus und bekundeten ihren Willen, dass der polnische Staat sich entschieden aufmacht auf den Weg zu Freiheit und Demokratie."[369] Ob diese Einschätzung auch den Belastungen der sich verdichtenden Kriegsgefahr standhielt, musste sich aber noch weisen.

---

[367] Stefan Kobrzyński: Wspomnienia z Woli, in: P. P. S. Wspomnienia, Bd. 1, S. 463. Stadtpräsident Starzyński unternahm allerdings einige Annäherungsversuche an die PPS: Drozdowski, Warszawa, S. 247 - 249.
[368] Kulski, Stefan Starzyński, S. 68.
[369] Romuald Szumski: Rewaloryzacja demokracji, in: Robotnik, 2. 5. 1939, S. 4; ähnlich: W obliczu chwili, in: Głos Nauczycielski, 23 (33), 1938/39, S. 769 - 770; Chowanie głowy w piasek, in: Zielony Sztandar, 8. 1. 1939, S. 1.

2.3 Die Mobilisierung der polnischen Gesellschaft 1939

Am 24. Oktober 1938 fand eine Unterredung zwischen dem Außenminister des „Dritten Reichs", Joachim von Ribbentrop, und dem polnischen Botschafter in Berlin, Józef Lipski, statt. Ins Spiel gebracht wurde dabei eine „Globallösung" aller zwischen Deutschland und Polen strittigen Fragen: Deutschland erhob Forderungen nach einer Eingliederung der Freien Stadt Danzig sowie nach der Einrichtung einer exterritorialen Straßen- und Eisenbahnverbindung nach Ostpreußen und schlug Polen dafür die Garantie der neuen Grenzen, ein weiteres Nichtangriffsabkommen, wirtschaftliche Zusammenarbeit und den Beitritt zum Antikominternpakt vor.

Eine polnische Antwort erfolgte nicht sofort. Allerdings galt die Freie Stadt Danzig als wichtiges Symbol der internationalen Nachkriegsordnung, von der Polen trotz aller Konflikte und Auffassungsunterschiede in den letzten zwanzig Jahren profitiert hatte. Unklar blieb auch, ob die „Globallösung" das letzte Wort von deutscher Seite war. Großen Eindruck in der polnischen Diplomatie und Öffentlichkeit machte dann die Besetzung der „Rest-Tschechei" am 15. März 1939. Kaum zwei Wochen später, am 26. März 1939, wies Polen das deutsche Angebot einer „Globallösung" definitiv zurück.[370] Nachdem Polen innerhalb kurzer Zeit Garantie-Erklärungen der Westmächte erlangen konnte, kündigte Hitler am 28. April 1939 vor dem deutschen Reichstag den deutsch-polnischen Nichtangriffsvertrag von 1934 auf.

Der nun rasch näher rückenden Kriegsgefahr begegnete die polnische Regierung nicht mit einem einheitlichen Mobilisierungskonzept. Nachdem sie bis ins Frühjahr 1939 hinein den Oppositionsparteien bei den Wahlen zur territorialen Selbstverwaltung teilweise beachtliche Erfolge gestattet hatte, griff sie nun wieder zu verschärften Restriktionen.[371]

Im Frühjahr und Sommer 1939 standen Angehörige der ethnisch deutschen Bevölkerungsgruppe unter besonderer Beobachtung. Wer hier einer deutschen Eroberung Pomorzes, des „polnischen Korridors", erwartungsfroh entgegensah, musste gerichtliche Anklagen gewärtigen, die das „Säen von Unfrieden" und „Defätismus" vorwarfen.[372] Zunehmend kam es zu

---

[370] In manchen Darstellungen zur deutschen Außenpolitik findet sich die Haltung, dass eine Annahme des deutschen Angebots für Polen hätte günstig sein können: Hildebrand, Vergangenes Reich, S. 679; Marie-Luise Recker: Die Außenpolitik des Dritten Reiches [Enzyklopädie deutscher Geschichte, Bd. 8], München 1990, S. 25 - 26.
[371] Die Unentschiedenheit von Regierung und OZN ausführlich bei Wynot, Polish Politics, S. 225 - 257.
[372] Sierpień 1939 r.: Wojewoda w Toruniu do MSW. Sprawozdanie sytuacyjne dot. mniejszości niemieckiej (lipiec 1939 r.), in: Jaworski/Wojciechowski, Deutsche und Polen

handgreiflichen Auseinandersetzungen zwischen Angehörigen der ethnisch deutschen und der ethnisch polnischen Bevölkerung. Die Frage, wer hier wen zuerst provoziert hatte, beschäftigte polnische und deutsche Diplomatie, Presse und Minderheitenvertreter gleichermaßen. Nach dem Verbot der Jungdeutschen Partei und weiterer NS-naher Vereine sowie einer zunehmenden Ausreise von Angehörigen der ethnisch deutschen Bevölkerung ins Deutsche Reich kam die organisatorische Tätigkeit der Deutschen in Polen in den Sommermonaten 1939 größtenteils zum Erliegen.[373] Umso wichtiger erschien es den noch existierenden gemäßigten Kreisen in der ethnisch deutschen Bevölkerung, sich für die polnische Sache zu erklären, sich gar auf den polnischen *antemurale*-Mythos zu berufen, versehen mit der Hoffnung, angesichts der Kriegsgefahr nicht als „Sicherheitsrisiko", sondern als gleichberechtigte Bürger des polnischen Staates akzeptiert zu werden.[374]

Auch die politische Linke konnte weniger agieren als bisher. Für den 16. April 1939 beabsichtigte das SL, gemeinsam mit der PPS und mit dem 1937 aus dem Zusammenschluss von NPR und Christdemokraten entstandenen *Stronnictwo Pracy* („Arbeitspartei"), die schon traditionelle Großveranstaltung zum Gedenken an die Schlacht von Racławice abzuhalten. Das Anliegen weckte bei den staatlichen Stellen ausgesprochen unliebsame Erinnerungen an vorangegangene Manifestationen der Bauernbewegung und das SL hatte auch schon angekündigt, für eine Änderung des Wahlrechts demonstrieren zu wollen. Nachdem der Termin zunächst auf den 23. April verschoben werden musste, sah sich die Führungsspitze des SL schließlich gezwungen, das Vorhaben ganz abzusagen.[375]

Noch weitergehender als der Ausfall einer einzelnen, bereits im Vorfeld umstrittenen Veranstaltung war, dass im Jahre 1939 die Verwaltungsbehörden dazu übergingen, die Ausübung sämtlicher nicht staatsnational initiierter Versammlungen unter freiem Himmel zu verbieten. Eine ähnliche Anweisung hatte es zwar schon in früheren Jahren gegeben, doch war sie punktueller Natur gewesen. Dass diese neue Dimension autoritärer Reglementierung für Unmut sorgen könnte, ahnten wohl die örtlichen Regierungsbeamten, die sich in ihren Berichten zu versichern beeilten, diese Anweisung

---

zwischen den Kriegen, Halbbd. 1, S. 398. Hierzu auch 12 IV 1939 r.: UW w Toruniu do MSW. Incydenty w ostatnim okresie, in: ebd., S. 383 - 384; Maj 1939 r.: Wojewoda w Toruniu do MSW. Sprawozdanie sytuacyjne dot. Mniejszości niemieckiej (kwiecień 1939 r.), in: ebd., S. 387.

[373] Żerko, Stosunki polsko-niemieckie, S. 361 - 366; Wojciechowski, Deutsche Minderheit, S. 25; Hauser, Mniejszość niemiecka, S. 202 - 210; Kotowski, Polens Politik, S. 312 - 338.
[374] Nordblom, Für Glaube, S. 658 - 661.
[375] APW, UW Warszawski, 111, Bl. 15. Im Rückblick dazu: Zakaz zgromadzeń i pochodów w dniu 1 Maja, in: Zielony Sztandar, 7. 5. 1939, S. 3.

treffe in Vorahnung des Krieges bei der Bevölkerung auf Verständnis und fordere kaum Kritik heraus.[376] Tatsächlich war die Vermutung kaum auszuräumen, dass die Regierung die drohende Kriegsgefahr zumindest teilweise dazu instrumentalisierte, die innenpolitische Opposition verstummen zu lassen, die sich in den Vorjahren so heftig artikuliert hatte wie noch nie seit Beginn der *Sanacja*-Herrschaft.

Die Entwicklung im Jahr 1939 schien die Strategie der Regierung zunächst zu bestätigen. Die Verminderung politischer Aktivitäten war allerdings nicht alleine auf restriktive Maßnahmen staatlicher Behörden zurückzuführen. Vielmehr kam der *Sanacja* entscheidend entgegen, dass sich die meisten politischen und gesellschaftlichen Gruppierungen angesichts der Kriegsgefahr eine Selbstmobilisierung auferlegten, die nicht nur die Propagierung von Stärke und Kampfbereitschaft, sondern auch den zumindest vorübergehenden Verzicht auf öffentliche Kontroversen beinhaltete. Mit dem Versuch, gewissermaßen durch einen vorauseilenden Gehorsam zur künftigen Einheit der Kriegsnation beizutragen, kam am Vorabend des Zweiten Weltkriegs jener antipluralistische Grundzug in der politischen Kultur Polens wieder stärker zur Geltung, der schon in den 1920er Jahren für die Krise der Demokratie verantwortlich gewesen war.

Exemplarisch beobachten ließ sich dies beim linksliberalen Lehrerverband ZNP. Dieser sah in seiner Arbeit eine wichtige Voraussetzung für die Landesverteidigung und meinte, dermaßen gerüstet könne Polen „die größten Wirrnisse der Geschichte" überstehen.[377] Die „psychische Mobilisierung der Gesellschaft" verlief nach Ansicht des ZNP „schnell und ordnungsgemäß".[378] Zur Demonstration der eigenen Leistungen führte das Hausorgan des ZNP, der *Głos Nauczycielski*, im Frühjahr 1939 eine ständige Rubrik ein: „Wir sind bereit" (*Jesteśmy gotowi*). Die in den letzten Jahren häufig artikulierte Skepsis einer „volkspolnisch" orientierten Lehrerschaft gegenüber der *Sanacja* war nun kaum mehr zu spüren, im Gegenteil: Der Vorstand des ZNP rief die Lehrer auf, mit der Regierung zusammenzuarbeiten, „um unserer Armee ein möglichst großes moralisches und materielles Potenzial zur Verfügung zu stellen".[379]

Überraschender als der Schwenk der im ZNP organisierten Lehrerschaft, die ja immerhin früher schon etatistische und staatsnationale Bildungsideale unterstützt hatte, war die Entwicklung bei den Nationaldemokraten. Die

---

[376] APW, UW Warszawski, 111, Bl. 17.
[377] J. Kolanko: W obliczu wielkich wydarzeń, in: Głos Nauczycielski, 23 (33), 1938/39, S. 610 - 611.
[378] Deklaracja Zarządu Głównego Związku Nauczycielstwa Polskiego, in: Głos Nauczycielski, 23 (33), 1938/39, S. 625.
[379] Ebd., S. 625.

politische Rechte kritisierte zwar, dass die Regierung die Bürger über die drohende Kriegsgefahr nicht hinreichend aufkläre, doch betonte sie zugleich, dass die Mitglieder und Anhänger des SN am treuesten für die Verteidigung des Vaterlandes einstünden.[380] Hier manifestierte sich ein staatstragender Habitus, der vielen Nationaldemokraten in einer existenzbedrohenden internationalen Krisensituation doch passender schien als das Unterfangen, eine „nationale Revolution" voranzutreiben. Vor allem aber stand die politische Rechte unter dem tiefen Eindruck von Roman Dmowskis Tod, der nach längerer Krankheit am 2. Januar 1939 eingetreten war. Obwohl nationaldemokratische Kommentatoren das große Echo, das die Trauerfeierlichkeiten fanden, als einen Zugewinn an Sympathien interpretierten und das SN sogar wieder auf dem Weg zur Macht in Polen sahen,[381] lenkte der Verlust des langjährigen *spiritus rector* doch für eine Weile den Blick von den drängenden Fragen der Gegenwart ab.

Deutlich größere Schwierigkeiten hatte die *Sanacja* mit der katholischen Kirche. Die kirchlichen Mobilisierungsaufrufe kündeten von der Autorität der nach wie vor wichtigsten lebensweltlich-kulturellen Ordnungsinstanz in Polen. Dabei gelang es den polnischen Bischöfen in ihren Verlautbarungen, die parteipolitisch unterschiedlichen Orientierungen innerhalb der Priesterschaft geschickt auszubalancieren: Die positive kirchliche Bilanz der Zweiten Republik als Beginn eines neuen „katholischen Zeitalters" wies Parallelen zum offensiv vertretenen Leistungsstolz der seit 1926 agierenden *Sanacja* auf, bezog aber auch Argumentationselemente nationaldemokratischer und konservativer Kreise ein. So bekundete der Hirtenbrief der polnischen Bischöfe vom 26. April 1939:

> „Hier, im wiedergeborenen Polen, haben wir trotz menschlicher Fehler und Sünden Gott angebetet und verehrt und wir wollen ihm stets treu dienen. Wir haben den gottlosen Kommunismus von den Grenzen unserer *Rzeczpospolita* zurückgestoßen und verhindert, dass er sich im polnischen Leben unter den falschen Parolen einer unchristlichen Kultur eingenistet hat. Wir wachsen aus Gottlosigkeit, Freimaurertum und Positivismus heraus. Wir heilen uns sorgfältig von Laizismus, Materialismus und religiöse Indifferenz. Wir verteidigen uns wirkungsvoll gegen das neue Heidentum des Nachbarn, auch wenn es sich zu uns im Schafspelz slavischer Traditionen und Sitten hineingemogelt hat. Immer offener, immer öffentlicher, immer weiter bauen wir das polnische Leben auf christlichen Prinzipien und göttlichem Recht auf."[382]

---

[380] So die kolportierte Stimmung in den SN-Ortsverbänden Masowiens: APW, UW Warszawski, 111, Bl. 12.

[381] Ebd., Bl. 13.

[382] Odezwa biskupów Polski do wiernych, in: Wiadomości Archidiecezjalne Warszawskie, 29, 1939, S. 223.

So mahnten die Bischöfe zwar, die Zusammenarbeit mit staatlichen Stellen sei staatsbürgerliche Pflicht, verfügten aber gleichzeitig, die Sakramente sollten eine besonders wichtige Rolle für die Mobilisierung spielen. Der 3. Mai 1939 war als Fest der Allerheiligsten Jungfrau Maria und Königin Polens dazu auserkoren, mit besonderer Feierlichkeit begangen zu werden. Der von der Regierung forcierten staatsnationalen Inszenierung von Kriegs- und Verteidigungsbereitschaft am polnischen Nationalfeiertag stellte die Kirche die Erwartung an ein gesteigertes Engagement von katholischen Organisationen entgegen.[383]

Mit dem Selbstbewusstsein, dass ohne das Wirken der katholische Kirche eine rasche Mobilisierung breiter Bevölkerungsschichten kaum möglich sei, trauten sich viele Priester sogar zu, staatlichen Anordnungen offen zu widersprechen, wenn sie nicht dem katholischen Menschen- und Gesellschaftsbild entsprachen. Beispielhaft war die Auseinandersetzung, die um die Beteiligung der Frauen an der Kriegsvorbereitung entstand. Im Sinne der Regierung sollte die weibliche Bevölkerung nicht nur die „klassische" karitative Rolle bekleiden, sondern in Übernahme bislang männlich dominierter Tätigkeitsfelder beispielsweise zu den Freiwilligen Feuerwehren gehen, um dort diejenigen Aktiven zu ersetzen, die zum Militärdienst einberufen worden waren. Die Kirche hob hervor, „dass sich die katholischen Organisationen und Geistlichen der Tragweite des gegenwärtigen Moments bewusst sind und gerne an allen Aktionen teilnehmen, die dem Wohl des Vaterlandes und seiner Bürger dienen", sie beharrte allerdings darauf, dass die Frauen in eigenen Organisationen an der Stärkung der Verteidigungsbereitschaft arbeiten sollten.[384] Der aus dieser Haltung erwachsende Konflikt mit den staatlichen Stellen erschien so dringlich, dass sich der Ministerpräsident und Innenminister Felicjan Sławoj Składkowski persönlich an seinen Amtskollegen im Religions- und Bildungsministerium, Wojciech Świętosławski, wandte, damit die Priester im Interesse der Verteidigungsbereitschaft des Landes ihre Resistenz gegenüber dem Einsatz von Frauen aufgaben.[385]

Das größte Konfliktpotenzial bot, trotz staatlicher Reglementierungsversuche und der Bereitschaft der Opposition zur Selbstmobilisierung, aber der 1. Mai. Die Sozialisten arbeiteten im Vorfeld mit Rundschreiben und Aufrufen energisch daran, angesichts der internationalen Situation zum Tag der Arbeit besonders viele Menschen zu mobilisieren, wobei Arbeiter in militär-

---

[383] Ebd., S. 222–225.
[384] AAN, MWRiOP, 954, Bl. 306. Hier zeigten sich Vorbehalte gegenüber der gemeinsamen körperlichen Aktivität von Männern und Frauen, wie sie sich schon im Bereich der Schule mit der Kritik an Koedukation und Sportunterricht manifestiert hatte: Grochowski, Wychowanie religijne, S. 273.
[385] AAN, MWRiOP, 954, Bl. 293 - 294.

strategisch wichtigen Branchen auf Geheiß der Parteileitungen befreit waren von der Teilnahme.[386] Leitendes Motto war die „Verteidigung der Landesgrenzen". Offiziell genehmigte Transparente und Aufrufe der PPS für den 1. Mai in der Hauptstadt lauteten: „Mehren wir die Kräfte Polens mit der Luftwaffe" oder „Bringt Opfer für die Luftwaffe". Emanzipatorische Anklänge wie „Alles für die Verteidigung der Freiheit Polens" oder „Polen muss ein Bollwerk der befreiten Nationen sein" standen dabei neben einer bislang eher bei den politischen Rechten zu vermutenden Haltung: „Fort mit fremden Agenturen in Polen."[387]

Allerdings war die Genehmigungspraxis für Transparente und Parolen 1939 äußerst rigide ausgefallen. Innenpolitisch kontroverse Forderungen nach Regierungswechsel und Änderungen der Wahlordnung zu Sejm und Senat waren ebenso untersagt wie Misstrauenskundgebungen gegenüber dem OZN. Lediglich die als regierungstreu erachtete PPS-F. R. und der *Poale-Syjon* durften auf ihren Transparenten die allgemein gehaltene Formulierung „Demokratisches Wahlrecht zu Sejm und Senat" verwenden. Der *Bund* nutzte am mutigsten den 1. Mai, um Freiheitsrechte und die Gleichberechtigung ethnisch nicht-polnischer Bevölkerungsgruppen anzumahnen.[388]

Angesichts der bereits in Kauf genommenen Einschränkungen, der angelaufenen Vorbereitungen und der 1939 besonders emotionalen Einstimmung auf den 1. Mai erwischte das von der Regierung kurzfristig erlassene Verbot von Umzügen und Versammlungen unter freiem Himmel die Sozialisten kalt. Ihre Empörung über die behördlichen Anweisungen war groß. Da half es kaum, dass in diesem Jahr die kommunistische Bewegung als potenzielle Störgröße ausschied, da im August 1938 die Kommunistische Internationale auf Veranlassung Stalins die Auflösung der KPP bestätigt hatte. Die Stimmung war so konfliktgeladen, dass die Polizei illegale Umzüge und einen Aufruhr der Arbeiterschaft befürchtete.[389] Mit einer wohldosierten Mischung aus mäßigenden Tönen und trotzigem Selbstbehauptungswillen gelang es der PPS-Spitze, eine Eskalation der Lage zu vermeiden. Einerseits konzedierte sie, dass die Verteidigung des Staates eine Not-

---

[386] So die Lageberichterstatter der staatlichen Polizei: AAN, KGPP, dop. 42, Bl. 19 - 30.
[387] AAN, KGPP, dop. 42, Bl. 23.
[388] Ebd., Bl. 20, 21, 23 - 24, 27. Von der offenkundig geringeren Reglementierung in der Provinz profitierte in der Wojewodschaft Warschau die Jugendabteilung der PPS, die am 1. Mai die Demokratisierung des inneren Lebens Polens, die Änderung der Wahlordnung zum Parlament sowie Neuwahlen, eine Regierung der Nationalen Verteidigung und volle Rechte für die territoriale Selbstverwaltung fordern konnte: APW, UW Warszawski, 111, Bl. 10 - 23.
[389] AAN, KGPP, dop. 42, Bl. 19 - 30. Tatsächlich widersetzten sich einige Fabriken sowie die PPS-Ortsgruppe in Warschau-Czyste dem Manifestationsverbot: Ryszard Siudalski: PPS Dzielnica „Czyste" w Warszawie, in: P. P. S. Wspomnienia, Bd. 2, S. 976 - 977.

wendigkeit ersten Ranges sei, hinter der alle anderen Wünsche und Bedürfnisse zurückzustehen hätten,[390] andererseits postulierte sie in ihrer zentralen Feiertagsresolution „feierlich, dass das polnische Volk niemals von seinem Recht, den 1. Mai zu feiern, lassen wird".[391]

Am 1. Mai 1939 veranstaltete die PPS in Warschau ab 10 Uhr vormittags Versammlungen mit akademischen Feiern in den zehn größten Sälen der Stadt. Der Eintritt war kostenlos und ohne Eintrittskarte möglich.[392] Am folgenden Tag berichtete der *Robotnik*, dass sämtliche Veranstaltungen vom Andrang überlastet gewesen seien.[393] Auch in der Provinz waren die Säle überfüllt. Oft fanden die PPS-Veranstaltungen in zentralen Räumlichkeiten wie dem städtischen Theater oder bei der örtlichen Feuerwehr statt.[394] Sehr zum Ärger von offiziellen Stellen legten zudem bis in den Nachmittag hinein die Warschauer Straßenbahnfahrer ihre Arbeit nieder.[395]

Mancherorts fiel allerdings das Fehlen der Arbeiter aus rüstungsrelevanten Betrieben so stark ins Gewicht, dass trotz aller Bemühungen, die behördlichen Einschränkungen wettzumachen, der 1. Mai 1939 nicht die erhoffte Demonstration sozialistischer Stärke darstellen konnte. Wie schon so oft mussten in der Hauptstadt polnische und jüdische Organisationen getrennt manifestieren. Lediglich bei einigen wenigen Versammlungen wie im Warschauer Großen Theater traten wechselseitig Vertreter der befreundeten Parteien auf.[396] Mit behördlicher Vorsicht im Zeichen der Kriegsgefahr konnte diese Separierung kaum begründet werden. 1939 stand nicht die jüdische, sondern die deutsche Ethnie im Blickpunkt polizeilicher Präventivstrategien, da angesichts der internationalen Situation Ausschreitungen gegenüber polnischen Staatsbürgern deutscher Ethnizität oder gegenüber deutschen Institutionen zu befürchten waren. Die örtlichen Polizisten erhielten die Aufgabe, entsprechende Äußerungen sofort zu unterbinden;

---

[390] Manifestacyjne obchody pierwszomajowe, in: Robotnik, 2. 5. 1939, S. 1. Dieser Deutung folgt auch: Zakaz zgromadzeń i pochodów w dniu 1 Maja, in: Zielony Sztandar, 7. 5. 1939, S. 3.
[391] Projekt rezolucji Pierwszo-Majowej na akademiach i zgromadzeniach, in: Robotnik, 1. 5. 1939, S. 1.
[392] Obchód 1 maja w stolicy, in: Robotnik, 1. 5. 1939, S. 1; Manifestacyjne obchody pierwszomajowe, in: Robotnik, 2. 5. 1939, S. 1; Stefan Kobrzyński: Wspomnienia z Woli, in: P. P. S. Wspomnienia, Bd. 1, S. 463.
[393] Manifestacyjne obchody pierwszomajowe, in: Robotnik, 2. 5. 1939, S. 1; ebenso Ryszard Siudalski: PPS Dzielnica „Czyste" w Warszawie, in: P. P. S. Wspomnienia, Bd. 2, S. 976.
[394] 1 Maj w kraju, in: Robotnik, 4. 5. 1939, S. 3.
[395] Jak minął 1 maja w Warszawie? In: Polska Zbrojna, 2. 5. 1939, S. 6.
[396] Manifestacyjne obchody pierwszomajowe, in: Robotnik, 2. 5. 1939, S. 1.

gleichzeitig sollten etwaige Provokationen von deutscher Seite umgehend erstickt werden.[397]

Das nicht zustande gekommene Zusammenwirken von polnischen und jüdischen Sozialisten in der Hauptstadt verwies auf tief sitzende Ressentiments, die sich auch von Konsensbeteuerungen im Zeichen der Landesverteidigung nicht so rasch überwinden ließen. So unterstrich der OZN im Einklang mit der politischen Rechten, mit ONR und SN, schon im Vorfeld seine feindliche Haltung gegenüber dem 1. Mai als einem Festtag der *żydokomuna*, „der dem polnischen Geist fremd" sei. Der *Bund* reagierte, indem er in seinen polizeilich genehmigten 1. Mai-Parolen dezidiert die antisemitische Verfolgung zur Sprache brachte.[398] Von einem Verzicht auf das Lagerdenken war hier wenig zu spüren.

Das Bestreben, die doch recht fragile Einigkeit am Vorabend des Zweiten Weltkriegs zu festigen, prägte das Festtagsprogramm des 3. Mai. Der Nationalfeiertag orientierte sich 1939 an den staatsnationalen Inszenierungen der vorangegangenen Jahre, allerdings war die Zunahme disziplinierender Gesten doch augenfällig. Am 3. Mai wurden die morgendlichen Gottesdienste aller Konfessionen durch ordnungssichernde Maßnahmen der Polizei vor den Kirchengebäuden begleitet. Den zentralen Gottesdienst in der Kathedrale besuchten Staatspräsident Mościcki, Marschall Rydz-Śmigły und Regierungsmitglieder. Der Zutritt der übrigen Gottesdienstteilnehmer war mit speziellen Eintrittskarten geregelt. Die übrigen Programmpunkte konnten im Gegensatz zum 1. Mai unter freiem Himmel stattfinden.[399] Für die Militärschau räumten Polizisten den pl. Wolności und die al. Ujazdowskie allerdings von so genannter „nicht organisierter Öffentlichkeit". Diese konnte der Parade an eigens dafür vorgesehenen Stellen zwischen ul. Warecka und ul. Chmielna beiwohnen, ansonsten sollte sie sich hinter den Mitgliedern von Verbänden und Organisationen aufhalten, die ihrerseits nach einem vorab festgelegten Plan aufgestellt waren.[400]

Die Feier des 3. Mai 1939 sollte militärische Stärke darbieten[401] und ein eindrucksvolles Bild geschlossener Reihen nach außen vermitteln: „Heute ist die polnische Gesellschaft eine einzige große Armee, und Polen eine einzige Festung."[402] Dieser Absicht kam entgegen, dass Auftritte von Verbänden und Organisationen mittlerweile durchgängig nach militärischem Muster

---

[397] AAN, KGPP, dop. 42, Bl. 20, 28.
[398] Ebd., Bl. 19, 23 – 24.
[399] Dies vermerkte mit vorwurfsvoller Ironie die politische Linke: Zakaz zgromadzeń i pochodów w dniu 1 Maja, in: Zielony Sztandar, 7. 5. 1939, S. 3.
[400] AAN, KGPP, dop. 40, Bl. 7 - 12.
[401] Cała Polska w dniu 3 maja, in: Warszawski Dziennik Narodowy, 4. 5. 1939, S. 2.
[402] Rzeczy wielkie i piękne powstają ofiarności, in: Polska Zbrojna, 3. 5. 1939, S. 1.

gestaltet waren, etwa wenn sich Studenten der Warschauer Hochschulen in einer „akademischen Legion" versammelten oder wenn sich Freiwilligeneinheiten des zu Beginn der 1930er Jahre gegründeten polnischen Arbeitsdienstes (*Fundusz Pracy*) als „Armee der Arbeit" präsentierten.[403] Unter den Zuschauern am Straßenrand trugen auffallend viele eine Uniform.[404] Selbst die Tradition der Nationalen Gabe für die Bildung ließ sich militärisch deuten: Der 3. Mai 1939 galt demnach als gemeinsamer Feiertag von Armee und Schule, da die Schule die Grundlagen für die Armee schaffe.[405]

Offenkundig verfehlte die militärische Selbstvergewisserung ihre Wirkung nicht, denn die Zahl der Touristen und Festtagsbesucher aus den übrigen Landesteilen Polens war zahlreich. Die Presseberichterstatter zeigten sich vom festlichen Glanz der Hauptstadt am 3. Mai 1939 beeindruckt. Selbst der oppositionelle *Warszawski Dziennik Narodowy* konstatierte, seit 1920 habe in Warschau nicht mehr solch ein Enthusiasmus geherrscht:

„Die Zuschauer am Straßenrand erfreuten sich am Anblick der vorbeimarschierenden Soldaten, schauten auf sie mit der Überzeugung, dass, wenn die Stunde kommt, sie gemeinsam mit ihnen Karabiner und Lanze ergreifen werden, um die Angriffe des Feindes auf die Grenzen unserer in strahlendem Glanze leuchtenden Republik zurückzuschlagen."[406]

2. 4 Das „Wunder an der Weichsel" 1920 als Vorbild?

Schon früher hatten Nationaldemokraten den Wunsch geäußert, die Geschlossenheit der Nation im gemeinsamen Gedenken zu symbolisieren und „unterschiedliche Ansichten zur Seite zu legen, um stattdessen zu zeigen, was alle verbindet und allen gleichermaßen lieb und teuer ist".[407] So konnte der staatsnational inszenierte 3. Mai 1939 nach langer Zeit immerhin mit der Zustimmung der politischen Rechten rechnen. Tatsächlich beeinflusste das alles überwölbende Motiv der Landesverteidigung auch die inhaltliche Ausgestaltung des 1. Mai 1939. Der Versuch einer autoritären Einhegung des Tags der Arbeit hatte allerdings zu einer nur mit Mühe gebändigten brenzligen Situation für den erhofften nationalen Zusammenhalt geführt. Darin

---

[403] W dniu święta 3 maja. Wspaniała defilada na polu Mokotowskim, in: Polska Zbrojna, 4. 5. 1938, S. 1 - 2; Trzeci Maja w Warszawie, in: Warszawski Dziennik Narodowy, 4. 5. 1939, S. 1.
[404] 3-ci Maja w stolicy, in: Polska Zbrojna, 4. 5. 1939, S. 1.
[405] W. F.: Capstrzyk, in: Warszawski Dziennik Narodowy, 2. 5. 1939, S. 3.
[406] Trzeci Maja w Warszawie, in: Warszawski Dziennik Narodowy, 4. 5. 1939, S. 2.
[407] Nieład, in: Warszawski Dziennik Narodowy, 17. 8. 1938, S. 3.

war der 1. Mai für die Geschichte der Zweiten Republik sehr viel typischer als der 3. Mai: Für die Mobilisierung der Bevölkerung und die Demonstration von Geschlossenheit boten politische Feste mit ihren vielfältigen und eindrucksvollen inszenatorischen Möglichkeiten dem theoretischen Anspruch nach zwar eine hervorragende Gelegenheit, doch in der Praxis waren sie zumeist Ausdruck konkurrierender Nationsentwürfe gewesen. Die galt auch für die beiden Feiertage im August 1939. Sowohl der 6. August als auch der 15. August hatten eine Vorgeschichte, die nicht unbedingt auf eine konfliktfreie, sämtliche Bevölkerungsschichten umfassende Mobilisierung hoffen ließ.

Der 6. August war der Feiertag der Piłsudski-Anhänger. Seit 1922 gab es, wenn auch nicht jährliche, so doch regelmäßige Treffen der Polnischen Legionäre und seit 1924 veranstaltete der Schützenverband einen Marsch auf den Spuren Piłsudskis, der sich über 120 km von Krakau nach Kielce erstreckte. Allerdings war der 6. August auch unter der *Sanacja* nicht zu einem offiziellen Feiertag erhoben worden und traf in den 1930er Jahren auf abnehmende gesellschaftliche Resonanz.[408]

Die Erinnerung an den Sieg über Sowjetrussland 1920 besaß demgegenüber eine ungleich größere mobilisierende Wirkung, und zwar so, dass die Feierlichkeiten zum 15. August in den 1930er Jahren oft zu vehementen Auseinandersetzungen im Zeichen des Lagerdenkens geführt und 1937 sogar den symbolischen Auftakt zum Bauernstreik gegeben hatten. Parallel hierzu fand ein bemerkenswerter Wandel in der Haltung der *Sanacja* statt: Nachdem sich die Anhänger Piłsudskis in den Anfangsjahren der Zweiten Republik gegenüber Gedenkaktivitäten am 15. August mit großer Distanz verhalten hatten, etablierten sie zu Beginn der 1930er Jahre, sich der hohen symbolischen Wirkkraft wohl bewusst, ein eigenes Fest des Polnischen Soldaten.

Die staatsnationalen Festivitäten begannen in der Regel bereits am Vorabend. In Warschau absolvierten Soldaten und Einheiten der vormilitärischen Ausbildung den Zapfenstreich, in der Provinz waren Fackelzüge und Zapfenstreiche häufig dem Gedenken der Gefallenen aus dem jeweiligen Landkreis gewidmet.[409] Der eigentliche Gedenktag begann in der Hauptstadt mit Gottesdiensten und einer Militärparade, zu der auch ausländische Gäste, wie beispielsweise 1936 der Generalstabschef des französischen Heeres,

---

[408] Ostatnie przygotowania przed marszem Szlakiem Kadrówki, in: Polska Zbrojna, 5. 8. 1936, S. 6; Józef Korpała: Święto Zw. Strzeleckiego, in: Polska Zbrojna, 6. 8. 1936, S. 6; W rocznicę wymarszu Pierwszej Kadrowej, in: Polska Zbrojna, 7. 8. 1938, S. 1.

[409] AAN, FPZOO, 49, Bl. 55 - 58; APW, UW Warszawski, 109, Bl. 212 - 243; Uroczysty obchód „Święta żołnierza", in: Polska Zbrojna, 11. 8. 1936, S. 1.

Maurice Gamelin, eingeladen waren.⁴¹⁰ Bei der Kranzniederlegung am Grabmal des Unbekannten Soldaten stammte der erste Kranz von einem Vertreter der Armee, der zweite von einem Mitglied der Stadtverwaltung im Namen der Bürger Warschaus und dann weitere Kränze von Vertretern verschiedener gesellschaftlicher Organisationen.⁴¹¹ Diese Rangfolge reflektierte den bei Festen der *Sanacja* üblichen autoritären und militärischen Gestus, der in den 1930er Jahren eine immer stärkere Ausprägung erhielt.⁴¹² Dies zeigte sich etwa bei den Volksfesten auf Warschauer Plätzen, die am Nachmittag unter reger Beteiligung der allgemeinen Bevölkerung stattfanden. 1937 lautete das Motto „Kein Stand über dem Soldaten", 1938 „Es lebe die Armee". Für besondere Attraktivität sorgten die zahlreichen Sportveranstaltungen und Auftritte von Jugendgruppen und Künstlern.⁴¹³ Auf diese Weise wurde der Diskurs der Landesverteidigung in Fest- und Alltagspraxis verankert.

Neben den zentralen Veranstaltungen in der Hauptstadt gab es viele weitere offizielle Festivitäten im ganzen Land. Im Großen und Ganzen unterschied sich der Ablauf nicht von demjenigen in Warschau.⁴¹⁴ Die Trägerschaft der offiziellen Festivitäten in der Provinz war allerdings heterogener als in der Hauptstadt. Zwar beteiligte sich der OZN intensiv an der Festgestaltung und trat vielerorts als Hauptorganisator auf, doch taten sich hier auch Vertreter gesellschaftlicher Organisationen, Orts- und Gemeindevorsteher, Lehrer oder Geistliche hervor.⁴¹⁵

In der Erinnerung an den polnisch-sowjetischen Krieg 1920 hatten die Anhänger Piłsudskis stets „ihrem" Marschall den siegreichen taktischen Plan zu Gute geschrieben. Die Bevorzugung des Landsmanns gegenüber dem „Ausländer" Weygand bei der Heldenverehrung fand sich auch lange

---

[410] Uroczysty obchód „Święta żołnierza", in: Polska Zbrojna, 11. 8. 1936, S. 1; „Święto Żołnierza", in: Robotnik, 17. 8. 1936, S. 1.
[411] AAN, FPZOO, 49, Bl. 55 - 58; Dzień Żołnierza w stolicy, in: Warszawski Dziennik Narodowy, 16. 8. 1938, S. 2.
[412] Kałwa, Polska, S. 330 - 331.
[413] Das Festprogramm organisierte die städtische Bildungs- und Kulturbehörde. AAN, FPZOO, 49, Bl. 55 – 58; W rocznicę bitwy warszawskiej. Święto Żołnierza Polskiego, in: Polska Zbrojna, 14. 8. 1937, S. 6; Młoda Polska Wieś – Armii i Naczelnemu Wodzowi, in: Polska Zbrojna, 16. 8. 1938, S. 3; 15 sierpnia – Święto Żołnierza Polskiego. W stolicy i na prowincji, in: Polska Zbrojna, 16. 8. 1938, S. 4; „Święto Żołnierza", in: Robotnik, 17. 8. 1936, S. 1; Uroczysty przebieg Święta Żołnierza Polskiego, in: Warszawski Dziennik Narodowy, 16. 8. 1937, S. 1; Dzień Żołnierza w stolicy, in: Warszawski Dziennik Narodowy, 16. 8. 1938, S. 2.
[414] AAN, FPZOO, 49, Bl. 55 - 58; APW, UW Warszawski, 109, Bl. 212 - 243.
[415] APW, UW Warszawski, 109, Bl. 212 - 243; Masy chłopskie demonstrowały wierność Str. Ludowemu i przywiązanie do demokracji, in: Robotnik, 18. 8. 1936, S. 2.

Zeit bei der Bauernbewegung und den Sozialisten[416] sowie beim Lehrerverband ZNP, der nach eigenem Bekunden „trotz bitterer Erlebnisse mit kommissarischen Regierungen dem Piłsudski-Kult treu blieb".[417] Erst seit Mitte der 1930er Jahre rückte die oppositionelle Linke die Verehrung der beiden führenden Männer im Rat der Staatsverteidigung, Wincenty Witos und Ignacy Daszyński, in den Vordergrund. In jedem Fall aber entsprach es einem „aktivistischen" Geschichtsbild, wenn das Wirken polnischer Staatsmänner und die Leistung der jungen polnischen Armee in den Vordergrund der Wahrnehmung rückten: Demnach hatte Polen seine Freiheit 1920 durch eigene Kraft erkämpft und die Grenzen des jungen Staates „ein für allemal auf der Karte Europas festgelegt".[418]

1939 bot sich der *Sanacja* die Gelegenheit, beide August-Feiertage miteinander zu verbinden. Am 6. August war der 25. Jahrestag des zu Beginn des Ersten Weltkriegs von Piłsudski und seinen Legionen unternommenen Vorstoßes über die Grenzen Österreichs nach Russland. Dies allein schon führte dazu, dass der Legionärstag eine deutlich größere Bedeutung erhielt als in den vergangenen Jahren. Die Hauptveranstaltung fand am Ausgangsort des historischen Geschehens, in Krakau statt – und zwar wie bereits die staatsnationalen Festivitäten zum 3. Mai unter freiem Himmel. Nach einer Feldmesse auf den Błonia-Wiesen westlich der Innenstadt gab es eine Militärparade und einen Umzug zum Wawel, der mittelalterlichen Residenz polnischer Könige. Nachmittags fanden dann auf den Straßen und Plätzen der kleinpolnischen Metropole Kundgebungen und Ansprachen statt.[419]

In Warschau sah das Programm einen Zapfenstreich und ein Konzert eines Militärorchesters auf dem Altstadtmarkt vor, bevor der 1914 ergangene Befehl Piłsudskis an seine Soldaten feierlich verlesen wurde.[420] Das Organisationskomitee für die Feier des 6. August rief die gesamte Bevölkerung Polens auf, die Häuser mit den Nationalfarben Weiß und Rot zu schmücken sowie Radioapparate in Schaufenster, Wohnungsfenster oder auf Balkone zu stellen, damit ein größtmögliches Publikum die Rede des Gene-

---

[416] Mieczysław Niedziałkowski: Dzień 15 sierpnia. Drogi Polski, in: Robotnik, 15. 8. 1936, S. 3.
[417] J. Kolanko: W obliczu wielkich wydarzeń, in: Głos Nauczycielski, 23 (33), 1938/39, S. 610 - 611.
[418] Odezwa Zw. Strzeleckiego przed świętem 15 sierpnia, in: Polska Zbrojna, 11. 8. 1936, S. 6.
[419] Zjazd Sierpniowy, in: Polska Zbrojna, 5. 8. 1939, S. 4; Zjazd sierpniowy. Program dzisiejszych uroczystości w Krakowie, in: Polska Zbrojna, 6. 8. 1939, S. 4; Kraków w 25-lecie Czynu Legionowego, in: Polska Zbrojna, 7. 8. 1939, 1939, S. 3.
[420] Program dzisiejszych uroczystości w Warszawie, in: Polska Zbrojna, 5. 8. 1939, S. 4.

ralstabschefs Rydz-Śmigły hören konnte.⁴²¹ In dieser Rede stellte Rydz-Śmigły explizit die Verbindung zwischen 1914 und 1920 her: „Damit sich 1920 ereignen konnte, musste erst der 6. August eintreten."⁴²² Für die Anhänger Piłsudskis war nach wie vor der 6. August die eigentliche Herzensangelegenheit. Um aber eine Deutungshoheit für den in der polnischen Öffentlichkeit bedeutsameren 15. August zu gewinnen, war dasselbe Komitee, das für die Feier des 6. August verantwortlich zeichnete, auch federführend für den 15. August.⁴²³

Schon der Legionärstag am 6. August 1939 war Anlass zu motivierenden Aussagen im Angesicht der nahen Kriegsgefahr gewesen. So beschwor General Kazimierz Sosnkowski, einstiger Stellvertreter Piłsudskis in der Ersten Brigade der Polnischen Legionen, die Legionäre müssten ihren Marsch „weiter fortsetzen ohne Rast, bis zur vollständigen Erfüllung ihrer historischen Mission".⁴²⁴ Für die Inszenierung von Zuversicht war aber vor allem die Feier des 15. August kaum zu überschätzen: Die Erinnerung an die Situation äußerster Bedrängnis im Jahre 1920, als sich die polnischen Soldaten entgegen aller Prognosen siegreich aus der Affäre zogen – nie schien diese Botschaft aktueller.

Vor diesem Hintergrund gab es nicht allzu viel Kritik daran, dass die konkrete Festtagsorganisation in weiten Teilen dem bewährten Muster staatsnationaler Feierlichkeiten unter *Sanacja*-Regie folgte. Immerhin erschien es der Regierung im Hinblick auf Massenmobilisierung und Außenwirkung als opportun, ausdrücklich „alle Bürger ohne Ansehen von politischer Überzeugung und gesellschaftlicher Stellung" zu diesem Festtag einzuladen.⁴²⁵

Das Fest des Polnischen Soldaten am 15. August wurde wie schon der 6. August trotz Kriegsgefahr unter freiem Himmel begangen. In der Hauptstadt fanden zunächst Gottesdienst, Militärparade und akademische Feiern statt, danach in den Nachmittagsstunden Volksfeste und Konzerte von Militärorchestern. Die Häuser waren in den Nationalfarben festlich deko-

---

⁴²¹ Cała Polska święci 25-tą rocznicę Czynu Legionowego, in: Polska Zbrojna, 5. 8. 1939, S. 1; mit Kommentar zu dieser Rede: Leon Wacław Koc: W rocznicę bitwy warszawskiej, in: Polska Zbrojna, 15. 8. 1939, S. 1.
⁴²² Mowa Wodza Naczelnego na Zjeździe Legionistów w Krakowie, in: Polska Zbrojna, 7. 8. 1939, S. 1.
⁴²³ AAN, Akta Moraczewskich, 34, Bl. 50 - 51.
⁴²⁴ Gen. Broni Kazimierz Sosnkowski w 25-lecie do Legionistów, in: Polska Zbrojna, 6. 8. 1939, S. 1; weitere Beispiele: Karol Koźmiński: Najdonioślejsza rocznica, in: Polska Zbrojna, 6. 8. 1939, S. 2; Zygmunt Wenda: 1914 – 1939, in: Polska Zbrojna, 6. 8. 1939, S. 3.
⁴²⁵ AAN, Akta Moraczewskich, 34, Bl. 50. Entsprechende Würdigung auch bei der Bauernbewegung: J. Gr.: Sierpniowe rocznice, in: Zielony Sztandar, 13. 8. 1939, S. 1.

riert.[426] Für die Provinz sah das Programm nach dem Gottesdienst einen Umzug zu einem Kreuz, Denkmal oder Soldatengrab vor. Bei den dort abzuhaltenden Kundgebungen mit kurzer Ansprache, Gedichten und feierlichen Eiden sollten die „heldenhafte Kämpfe des polnischen Soldaten" ebenso zum Ausdruck kommen wie die „Liebe der Bürger zu unserer Armee". Zum Abschluss war nach dem Wunsch des staatsnationalen Organisationskomitees nicht nur die seit 1927 verbindliche Nationalhymne *Jeszcze Polska nie zginęła* („Noch ist Polen nicht verloren") anzustimmen, sondern auch Maria Konopnickas populäre *Rota*,[427] die in ihren kritischen Tönen gegenüber Deutschland so passend schien wie kaum zuvor.

Angesichts des verbreiteten Willens, im Vorfeld des erwarteten Kriegsausbruchs nationale Einigkeit zu demonstrieren und das Jahr 1920 als Hoffnungsquell zu deuten, kam es im Umfeld des 15. August 1939 gegenüber den konfliktreichen Vorjahren zu vergleichsweise wenig Irritationen. So sah der hauptstädtische Bezirksverband des SN offenkundig von vornherein die Aussichtslosigkeit des Unterfangens, seine zentrale Gedenkfeier parallel zum Fest des Polnischen Soldaten in Warschau abzuhalten und zog eine Feierlichkeit in der westlich von Warschau gelegenen Industriestadt Żyrardów ins Kalkül. Da aber keine Gruppenermäßigungen für die Eisenbahn zu bekommen waren, zogen die Nationaldemokraten nach Radzymin. Im Gegensatz zur dort im Jahre 1936 vollzogenen scharfen Abgrenzung gegenüber der *Sanacja* lehnten sich die Nationaldemokraten nun wieder verstärkt an die örtlichen katholischen Feierlichkeiten an.[428] Neben behördlichen Restriktionen[429] spiegelten sich in der Festtagspraxis der politischen Rechten somit die schon seit mehreren Monaten eingeübte Selbstmobilisierung und ein am Vorabend des Zweiten Weltkriegs wieder stärker betonter staatstragender Gestus wider.

Warschau und sein Umland, wegen der räumlichen Nähe zum Kampfgeschehen von 1920 in der nationaldemokratischen Presseberichterstattung bislang regelmäßig im Mittelpunkt des Interesses, musste in den späten

---

[426] Ablaufplan in: AAN, FPZOO, Bl. 85 - 88; Stolica uroczyście obchodzić będzie Święta Żołnierza, in: Polska Zbrojna, 13. 8. 1939, S. 8; W radosnym nastroju stolica obchodzi dziś święto żołnierza, in: Polska Zbrojna, 15. 8. 1939, S. 8; Warszawa obchodziła „swoje" święto pod znakiem serdecznych uczuć dla wojska, in: Polska Zbrojna, 16. 8. 1939, S. 3; Uroczysty obchód Święta Żołnierza, in: Robotnik, 16. 8. 1939, S. 1.
[427] AAN, Akta Moraczewskich, 34, Bl. 51.
[428] W rocznicę „Cudu nad Wisłą", in: Warszawski Dziennik Narodowy, 16. 8. 1939, S. 2. Die SN-Veranstaltung im pommerschen Pelplin wies sogar ein überwiegend kirchlich gehaltenes Festprogramm auf: W rocznicę „Cudu nad Wisłą". Na Pomorzu, in: Warszawski Dziennik Narodowy, 18. 8. 1939, S. 6.
[429] Davon kündeten die von der Zensur verfügten Auslassungen in der nationaldemokratischen Presse.

1930er Jahren die Aufmerksamkeit mit einer anderen Region Polens teilen: mit dem durch deutsche Revisionsvorstellungen besonders gefährdeten Pomorze als dem sogenannten „polnischen Korridor".[430] Auf der zentralen SN-Veranstaltung für den Bezirksverband Pomorze in Pelplin 1939 unterstrichen die Festredner nachhaltig die große Bedeutung dieser Region für Polen. Diese Ansicht fügte sich bestens ein in den unter Nationaldemokraten populären „Westgedanken", wonach „Polen immer dann groß gewesen ist, wenn es sich auf seine westlichen Grenzgebiete stützen konnte und eine nach Westen gewandte Politik verfolgte".[431] Allerdings war Pomorze erst im Februar 1920 an Polen angegliedert worden und hatte sich in den wenigen Monaten bis zum Höhepunkt des polnisch-sowjetischen Kriegs noch kaum in die neuen staatlichen Zusammenhänge eingewöhnt. Die erinnerungspolitische Aufgabe lag nun darin, Pomorze ein eigenes heroisches Narrativ für das Jahr 1920 zu geben. Dabei bot sich an, die besondere Rolle der Pommerschen Division Nr. 16 für den polnisch-sowjetischen Krieg hervorzuheben, da diese schon wenige Wochen nach ihrer Gründung zum Kampf an der Ostfront bereit gestanden hatte.[432]

Was schon die Reden zum 6. August anklingen ließen, setzte sich zum 15. August nahtlos fort: die Propagierung des „aktivistischen" Geschichtsbildes und die daraus gespeiste Rechtfertigung für Polens internationale Politik in den 1930er Jahren:

„Wir suchen unseren Weg nicht im Labyrinth wechselhafter internationaler Konjunkturen. Wir sind heute selbst in der Lage, neue Realitäten in Europa zu schaffen und das aus den Fugen geratene Gleichgewicht der Mächte wieder herzustellen. Wir sind nicht ein Objekt, sondern ein selbständig handelndes und entscheidendes Subjekt. Diese Stellung lassen wir uns nicht mehr nehmen. Wir sind bereit, für den Erhalt auch nur des kleinsten Fleckchens polnischer Erde zu kämpfen – sogar ohne Verbündete."[433]

Auch die Nationaldemokraten, die sich im Sommer 1920 für die Zusammenarbeit mit den westlichen Alliierten stark gemacht hatten und dafür den

---

[430] 40.000 kaszubów na Święcie Żołnierza w Wejherowie, in: Polska Zbrojna, 17. 8. 1938, S. 6.
[431] W rocznicę „Cudu nad Wisłą". Na Pomorzu, in: Warszawski Dziennik Narodowy, 18. 8. 1939, S. 6.
[432] Triumf zjednoczonego narodu. Na rocznicę bitwy pod Warszawą w sierpniu 1920 r., in: Warszawski Dziennik Narodowy, 15. 8. 1939, S. 3.
[433] Zygmunt Wenda: 1914 – 1939, in: Polska Zbrojna, 6. 8. 1939, S. 3; ähnlich auch: Leon Wacław Koc: W rocznicę bitwy warszawskiej, in: Polska Zbrojna, 15. 8. 1939, S. 1; J. Kolanko: W obliczu wielkich wydarzeń, in: Głos Nauczycielski, 23 (33), 1938/39, S. 610 - 611.

Abgang der Regierung Władysław Grabski hinnehmen mussten, schwenkten in der zweiten Hälfte der 1930er Jahre allmählich auf diese Sichtweise ein. Zwar hütete sich die politische Rechte wohlweislich, Piłsudski und seine Armee-Einheiten allzu lobend zu erwähnen, meinte nun aber, die Schlacht von 1920 habe gezeigt, „dass die polnische Nation eine große Nation ist – eine Nation, die große historische Aufgaben auf sich alleine gestellt lösen kann ohne sich fremder Hilfe bedienen zu müssen".[434] Die 1920 noch gefürchtete internationale Isolation Polens wurde nunmehr zur Tugend verklärt: „Im Moment der tiefsten Depression und Hoffnungslosigkeit hat sich 1920 ein neuer Faktor gezeigt: die polnische Gesellschaft, die kämpfen und siegen wollte. [...] Trotz des sich in den Städten verbreitenden Verrats der Juden, trotz der internationalen Isolierung Polens in diesen tragischen, aber schönen Tagen hat die Nation mit Stolz und Entschlossenheit gekämpft". Lob galt zahlreichen Bürgerkomitees zur nationalen Verteidigung, der „nach hunderttausenden zählenden Freiwilligen-Armee und der ganzen polnischen Bevölkerung, die dem bedrohten Vaterland ohne Leben und Eigentum zu schonen zu Hilfe eilte".[435]

Diese Haltung verwies zum ersten auf die mittlerweile eingetretene Distanz zu den westeuropäischen Partnern von einst, was insbesondere Frankreich betraf. Die Nationaldemokraten störten sich an den vermeintlich die Sowjetunion begünstigenden französischen „Ostpakt"-Plänen, vor allem aber kritisierten sie die innenpolitische Entwicklung Frankreichs, namentlich die „Volksfront"-Regierung unter Léon Blum.[436] Zum zweiten zeigte sich hier die nationaldemokratische Adaption an den in Polen kurz vor dem Zweiten Weltkrieg weit verbreiteten und selbstbewussten Diskurs der eigenen Stärke. Dieser Diskurs korrespondierte hervorragend mit dem erneuerten, revolutionär und kämpferisch gestimmten Selbstbild der Nationaldemokraten: Beispielgebend habe das „Wunder an der Weichsel" gezeigt, „dass in der polnischen Nation mächtige Kräfte wurzeln, die es zu sammeln, mobilisieren und aus den Fesseln zu befreien gilt, damit sie sich siegreich entfalten und alles zerbrechen können, was ihnen im Wege steht".[437] So leiteten die Nationaldemokraten aus dem vielgestaltigen Erinnerungsreservoir des Sommers 1920 die Hoffnung ab, nationale Einheit herstellen zu können, und trafen sich in dieser Einschätzung mit den Regierungsanhängern: Auf den Schlachtfeldern vor Warschau sei neben der bolschewisti-

---

[434] AAN, MSW, 866, Bl. 63 - 65.
[435] Rok 1920, in: Warszawski Dziennik Narodowy, 15. 8. 1936, S. 3.
[436] Faryś, Koncepcje polskiej polityki zagranicznej, S. 370 - 371, 377 - 378, 388.
[437] AAN, MSW, 866, Bl. 63 - 65.

schen Armee auch „die boshafte Legende von der vermeintlichen Spaltung der polnischen Nation" besiegt worden.[438]

Der polnische Diskurs der eigenen Stärke und die in diesem Sinne aktualisierte Deutung des „Wunders an der Weichsel" waren in ihren Wirkungen ausgesprochen ambivalent. Einerseits zogen sie eine von späteren Historikern vielfach kritisierte Selbstüberschätzung nach sich, die die realen Gefahren eines deutschen Angriffs kaum adäquat beurteilen ließ.[439] Nahezu hypertroph mutete etwa die Bekundung von *Sanacja*-Anhängern an, durch den Sieg am 15. August 1920 habe Polen „seine Stellung als Großmacht im östlichen Europa befestigt".[440] Bei einem neuen Weltkrieg schien nicht nur ein siegreicher Ausgang für Polen möglich, sondern auch der Erhalt oder gar die Erweiterung des eigenen Großmachtanspruchs.[441] Andererseits konnte der Überschwang positiver Emotionen dem auf der politischen Rechten obsessiv verfolgten Feindbild „jüdischer Bolschewismus" und den dazu passenden Verschwörungstheorien wie dem „Verrat der Juden 1920"[442] und der vermeintlich vielerorts unterschwellig betriebenen kommunistischen Arbeit[443] einen beträchtlichen Teil des Windes aus den Segeln nehmen. Damit ließ sich der Sommer 1920 als eine erfolgreich bewältigte Krisenerfahrung interpretieren.

---

[438] Triumf zjednoczonego narodu. Na rocznicę bitwy pod Warszawą w sierpniu 1920 r., in: Warszawski Dziennik Narodowy, 15. 8. 1939, S. 3; Leon Wacław Koc: W rocznicę bitwy warszawskiej, in: Polska Zbrojna, 15. 8. 1939, S. 1.

[439] Żerko, Stosunki polsko-niemieckie, S. 466; Antoni Czubiński: Mity, legendy i polska rzeczywistość historyczna. Polskie spory o wiek XX, in: Sierpowski, Polska na tle procesów rozwojowych, S. 313; Rolf Ahmann: Militärische Schwäche oder Versagen der Sicherheitspolitik? Verteidigungsprobleme Polens, der baltischen Staaten und der Tschechoslowakei in der Zwischenkriegszeit, in: Lemberg, Ostmitteleuropa, S. 46 - 47; als Ergebnis einer konzisen Studie: Deszczyński, Ostatni egzamin, S. 412 - 413. Originell ist der Ansatz, in der Zukunftsgewissheit nicht nur Selbsttäuschung zu sehen, sondern auch die unbekümmerte Dynamik einer demographisch jungen Gesellschaft, so Kawalec, Spadkobiercy, S. 254.

[440] AAN, Akta Moraczewskich, 34, Bl. 50 - 51.

[441] Gen. Broni Kazimierz Sosnkowski w 25-lecie do Legionistów, in: Polska Zbrojna, 6. 8. 1939, S. 1.

[442] Zdrada Żydów w r. 1920, in: Warszawski Dziennik Narodowy, 14. 8. 1936, S. 3.

[443] W dzień zwycięstwa, in: Warszawski Dziennik Narodowy, 14. 8. 1938, S. 3.

3 Gesellschaftliche Integration und politische Kultur. Formen nationaler Vergemeinschaftung

3.1 Festtagspraktiken

In der frühen Zweiten Republik entwickelte sich ein ideeller Anspruch an die Gestaltung politischer Feste, der über die kommenden zwei Jahrzehnte hinweg gültig blieb: Dynamik, Lebendigkeit, Kraft, Frische und Kampf sollten den Festtag prägen, nicht aber „althergebrachte Formen" und „starre Rituale". In der unmittelbaren Nachkriegszeit lief dies auf die Inszenierung eines Kontrastes hinaus, der eine von Bedrückung und Unfreiheit geprägte Teilungszeit einerseits und die erhoffte blühende Zukunft des unabhängigen Polens andererseits vermittelte. Rasch ließen sich dann die gegensätzlichen Stimmungsbilder „Erstarrung" und „Lebendigkeit" für die Konkurrenz verschiedener Nationsentwürfe nutzen: So stellten die Sozialisten den Tag der Arbeit am 1. Mai dem „langweiligen" offiziellen Feiertag am 3. Mai gegenüber,[444] dafür revanchierten sich die politische Rechte und die *Sanacja* mit dem Vorwurf eines ritualisierten und formalisierten 1. Mai, während sie selbst „ihren" 3. Mai mit Attributen wie „kraftvoll" und „lebendig" versahen.[445]

Obwohl in der Auseinandersetzung um die „richtige" Festtagsgestaltung prinzipiell alle inszenatorischen Praktiken den Vorwurf der „Erstarrung" und „Ritualisierung" auf sich ziehen konnten, bildeten die akademischen Feiern eine besonders häufig identifizierte Schwachstelle. Eine Lehrerin beobachtete anhand der Schulfeiern zum 3. Mai eine anhaltende Dominanz jenes „weinerlichen Tons", mit dem das historische Schicksal Polens seit den Teilungen im 18. Jahrhundert zum Ausdruck gebracht wurde,[446] und der Grundschuldirektor Stanisław Dobraniecki beurteilte die Wirkungsweise von Abendvorträgen skeptisch, da sie unnatürlich und theatralisch, vor allem aber nur von kurzzeitiger Wirkung seien.[447] Die an der Universität Warschau lehrende Geschichtsdidaktikerin Hanna Pohoska forderte daher zu einer grundlegen Reform der Schulfeiern auf: zum einen durch eine Be-

---

[444] Redakcja „Robotnika": Pierwszy Maj! in: Robotnik, 1. 5. 1928, S. 1.
[445] Mir-wicz: Otrzeźwienie, in: Polska Zbrojna, 2. 5. 1929, S. 1; Czem jest obecnie socjalistyczne „Święto Pracy", in: Gazeta Warszawska, 2. 5. 1928, S. 2; Wyblakłe sztandary, in: Gazeta Warszawska, 2. 5. 1931, S. 3.
[446] Nadratowska-Kompatowa: Ton wychowawczy wczoraj i dziś, in: Głos Nauczycielski, 3, 1919, S. 63; ähnlich auch Wł. Horoch: Na marginesie ideologji związku P. N. S. P., in: Głos Nauczycielski, 14, 1930, S. 274 - 277.
[447] St. Dobraniecki: Nauczyciel związkowiec jako działacz państwowy, in: Głos Nauczycielski, 15, 1931, S. 504 - 509.

grenzung ihrer Anzahl, zum anderen durch größere Eigeninitiative der Schülerinnen und Schüler.[448] Es waren also durchaus Zweifel vorhanden, ob nationale Feste wie bislang praktiziert überhaupt als pädagogisches Instrument genutzt werden konnten. Dies bot auch eine Erklärung, warum die jüngere Generation in den 1930er Jahren nach neuen und radikaleren Wegen suchte, um ihrem Bedürfnis nach Symbolik und Emotion Ausdruck zu verleihen.

In der Presseberichterstattung zu den politischen Festen waren die akademischen Feiern der unterschiedlichen Parteien zwar eine feste Größe, genossen vor allem die Vortragsinhalte prominenter Redner ausführliche Dokumentation, doch auch hier rückten in den 1930er Jahren zunehmend Umzüge, Paraden und öffentliche Kundgebungen in den Vordergrund der Aufmerksamkeit. Die ostentative Sammlung auf der „Straße" diente dem Nachweis der Mobilisierungsfähigkeit und der Legitimation von Machtansprüchen und Nationsentwürfen.

Die autoritären Feste der *Sanacja*, die mit eindrucksvollen Inszenierungen dem staatsnationalen Integrationsangebot breite Wirkung in der Öffentlichkeit verschaffen sollten, hatten für die politische Opposition zunächst eine Bedrängnis, zunehmend aber auch einen Anreiz für eine neue politische Selbstfindung dargestellt. Für das in den 1930er Jahren neu auflebende Selbstvertrauen der politischen Opposition sprach, wenn sie trotz staatlicher Repressionen versuchte, konkurrierende Festtagsaktivitäten mit den Dimensionen der eigenen Veranstaltung zu übertreffen und durch organisatorische Geschlossenheit zu beeindrucken. Dazu gehörte vor allem, eine Ausweitung der sozialen Basis vorzunehmen und die Fähigkeit zur Massenmobilisierung unter Beweis zu stellen.

Davon offenkundig nicht unbeeindruckt waren in der zweiten Hälfte der 1930er Jahre schrittweise Konzessionen bei der staatsnationalen Festtagsorganisation zu beobachten, die vom Bemühen um eine größere Massenattraktivität auf Kosten ursprünglich elitärer Konzeptionen zeugten. So reagierte die *Sanacja* in den 1930er Jahren mit einer Erweiterung des Festprogramms um Volksfeste, Sportveranstaltungen, Auftritte von Jugendgruppen und Bühnenkünstlern.[449] Die Zugeständnisse an die Geselligkeit sollten die inhaltlichen und symbolischen Anliegen der staatsnationalen Festivitäten besser vermitteln. Dabei beherzigte die Regierung nicht nur offenkundig die oppositionelle Kritik an den „steifen" Veranstaltungen, sondern versuchte

---

[448] Pohoska, Dydaktyka historji, S. 198 - 199.
[449] AAN, FPZOO, 49, Bl. 55 - 58; Wszystko dla żołnierza, in: Polska Zbrojna, 8. 8. 1936, S. 3; „Święto Żołnierza", in: Robotnik, 17. 8. 1936, S. 1; Uroczysty przebieg Święta Żołnierza Polskiego, in: Warszawski Dziennik Narodowy, 16. 8. 1937, S. 1; Dzień Żołnierza w stolicy, in: Warszawski Dziennik Narodowy, 16. 8. 1938, S. 2.

auch mit dieser neuen Mobilisierungstechnik der sich herausbildenden modernen Massengesellschaft in Polen entgegenzukommen.

Das Bemühen um Mobilisierungsfähigkeit besaß einen quantitativen und einen strukturellen Aspekt. Bereits die bloße Zahl der Teilnehmer war ein heftig umkämpftes Politikum. Sie galt als wichtiger Parameter bei der Beurteilung von Erfolg oder Misserfolg. Staatliche Behörden und staatsnationale Presseberichterstatter versuchten, Veranstaltungen der Opposition zu marginalisieren, während die Opposition ihrerseits die Größenverhältnisse staatsnationaler Inszenierungen als „künstlich produziert" abtat. Zugleich machten sich die oppositionellen Gruppierungen untereinander an polemische „Statistiken", um dem politischen Gegner eine möglichst geringe Anziehungskraft zu bezeugen.[450] Ebenso umstritten war eine symbolträchtige Geste wie die Arbeitsniederlegung in Fabriken, Büros und Ämtern. Bis ins Detail listeten zum 1. Mai die sozialistische, die regierungsnahe und die nationaldemokratische Presse, aber auch die politischen Situationsberichte der Behörden auf, welche Betriebe sich dem Tag der Arbeit anschlossen und welche nicht.[451]

Für die jeweiligen Festtagsorganisatoren war es ein Gebot der Ermutigung und Selbstvergewisserung, die Teilnehmerzahlen ausgesprochen optimistisch zu deuten, ja sogar zu konstatieren, just in diesem Jahr seien im ganzen Land Umzüge und Veranstaltungen weitaus zahlreicher besucht worden als in den Vorjahren.[452] Eine hohe oder zumindest anwachsende Teilnehmerzahl zeugte von einer erfolgreichen Mobilisierungsfähigkeit und unterstrich den Anspruch, eine zukunftsträchtige Massenbewegung zu sein.

---

[450] Aus der Fülle an zeitgenössischen Quellenbeispielen: APW, UW Warszawski, 43, Bl. 319; Dzień 1-go Maja w Warszawie, in: Polska Zbrojna, 2. 5. 1929, S. 6; 1 maja minął spokojnie w stolicy i w całym kraju, in: Polska Zbrojna, 2. 5. 1937, S. 7; Czem jest obecnie socjalistyczne „Święto Pracy", in: Gazeta Warszawska, 2. 5. 1928, S. 2; Wyblakłe sztandary, in: Gazeta Warszawska, 2. 5. 1931, S. 3; Obserwator: Zamiast feljetonu. Żałosne „fiasko" endeckiej próby „panowania nad ulicą", in: Robotnik, 5. 5. 1936, S. 3; Bronisław Lipiński: Taką była praska Dzielnica PPS w Warszawie, in: P. P. S. Wspomnienia, Bd. 1, S. 615.

[451] Ebenfalls exemplarisch: APW, UW Warszawski, 43, Bl. 319; Obchód święta majowego w Warszawie, in: Robotnik, 2. 5. 1928, S. 1; Warszawa robotnicza przemówiła, in: Robotnik, 2. 5. 1929, S. 1; Wspaniały przebieg święta robotniczego w Warszawie, in: Robotnik, 2. 5. 1930, S. 1; Mir-wicz: Otrzeźwienie, in: Polska Zbrojna, 2. 5. 1929, S. 1.

[452] Als Beispiele alleine von Seiten der politischen Linken: Warszawa robotnicza przemówiła, in: Robotnik, 2. 5. 1929, S. 1; Czerwona Warszawa, in: Robotnik, 2. 5. 1936, S. 1; Mieczysław Niedziałkowski: Dzień 1 Maja. Pod znakiem ruchu masowego, in: Robotnik, 5. 5. 1936, S. 1; Prawdziwe oblicze stolicy. 75 000 demonstruje na ulicach Warszawy, in: Robotnik, 2. 5. 1937, S. 1; Święto Ludowe, in: Zielony Sztandar, 14. 6. 1936, S. 6; Wspaniały przebieg rocznicy Czynu Chłopskiego, in: Zielony Sztandar, 23. 8. 1936, S. 1 - 2.

Beobachtungen, dass Umzüge nicht nur in den Städten Anklang gefunden hatten, sondern auch auf dem Land,[453] oder dass über die eigenen regionalen Hochburgen hinaus neue Gebiete ins Blickfeld der Festtagsaktivitäten gerieten,[454] zielten schon auf die strukturelle Zusammensetzung der Teilnehmerschaft. Für die *Sanacja* mit ihrem staatsnationalen Integrationsanspruch war es geradezu geboten, anlässlich offizieller Feiertage die Teilnahme sämtlicher Bevölkerungsschichten, angefangen von Bauern, Arbeitern, Angestellten bis hin zu Beamten, zu würdigen.[455] Ebenso traten die Verfechter des Nationskonzepts „Volkspolen" mit dem Anspruch auf, eine möglichst breite Bevölkerungskreise umfassende Bewegung darzustellen. Mit unermüdlicher Hoffnung hob die politische Linke in ihrer Presseberichterstattung hervor, wenn Anhänger von Sozialisten und Bauernbewegung am 1. Mai oder zum *Święto Ludowe* zusammen manifestierten.[456] Jede gelungene Gemeinschaftsaktivität trug so dazu bei, den Nationsentwurf „Volkspolen" zu bestärken.[457] Dies war umso notwendiger, als der Traum von einer überwältigenden „volkspolnischen" Massenbasis im Laufe der Jahre zahlreichen Rückschlägen unterlag. Nur zum Teil waren die autoritären Umstände der *Sanacja*-Herrschaft seit 1926 dafür ausschlaggebend, dass sich die Mobilisierung für politische Feste oft genug auf die jeweils eigene Kernanhängerschaft von städtischen Arbeitern oder ländlichen SL-Aktivisten beschränkte. Als entscheidende Barriere erwiesen sich lebensweltliche Differenzen. Bei aller inhaltlichen Übereinstimmung in den großen politischen Streitfragen bestand das SL gegenüber den Sozialisten explizit auf seiner Eigenständigkeit, wenn es „fest verwurzelt in seiner eigenen Ideenwelt, Programmatik und organisatorischen Vorstellungen seine Solidarität mit der Arbeiterklasse erklärte".[458] Und obwohl die wechselseitige Entsendung von Delegierten der

---

[453] Mieczysław Niedziałkowski: Po 1 Maja. Pierwsze wnioski, in: Robotnik, 3. 5. 1936, S. 1; Solidarność mas chłopskich z robotnikami. Dzień 1 Maja w Polsce, in: Robotnik, 6. 5. 1936, S. 5.

[454] B.: Siły organizacyjne Str. Narodowego w świetle obchodów sierpniowych, in: Warszawski Dziennik Narodowy, 22. 8. 1937, S. 3.

[455] Święto radości, in: Polska Zbrojna, 8. 8. 1936, S. 1; Odezwa Zw. Strzeleckigeo przed świętem 15 sierpnia, in: Polska Zbrojna, 11. 8. 1936, S. 6.

[456] Mieczysław Niedziałkowski: Po 1 Maja. Pierwsze wnioski, in: Robotnik, 3. 5. 1936, S. 1; ders.: Po dniu 1 Maja. Przemiany i wnioski, in: Robotnik, 5. 5. 1937, S. 3; Solidarność mas chłopskich z robotnikami. Dzień 1 Maja w Polsce, in: Robotnik, 6. 5. 1936, S. 5.

[457] Tomasz Arciszewski: O jedność klasy robotniczej, in: Robotnik, 1. 5. 1937, S. 2; Jak się narodził 1 Maj? in: Robotnik, 1. 5. 1937, S. 3.

[458] Mieczysław Niedziałkowski: Po 1 Maja. Pierwsze wnioski, in: Robotnik, 3. 5. 1936, S. 1; Solidarność mas chłopskich z robotnikami. Dzień 1 Maja w Polsce, in: Robotnik, 6. 5. 1936, S. 5; Władysław Praga: Front chłopsko-robotniczy, in: Zielony Sztandar, 26. 4. 1936, S. 4; Ważny okólnik: in: Zielony Sztandar, 3. 5. 1936, S. 3; Święto robotnicze, in: Zielony Sztandar, 10. 5. 1936, S. 2.

PPS und des SL zu den jeweiligen Feiertagen mittlerweile gängige Praxis geworden war, kam es noch am Vorabend des Zweiten Weltkriegs vor, dass offenbar nicht jeder Einladung Folge geleistet wurde.[459]

Massenmobilisierung, soziale Heterogenität und der Einbezug der unteren Bevölkerungsschichten waren spätestens seit den 1930er Jahren auch Leitmotive für die Selbstbeschreibung der Nationaldemokraten. Aus Arbeitern, Bauern, Handwerkern und Akademikern etwa hatte sich demnach die Teilnehmerschaft bei den Feiern des „Wunders an der Weichsel" rekrutiert.[460]

Ebenso wie bei den Teilnehmerzahlen gaben die in Presse und amtlichen Berichten lancierten Angaben über die soziale Zusammensetzung der Festumzüge kaum sicher nachprüfbare Tatsachen, sondern eher die jeweiligen Wunschvorstellungen wieder. Das Bestreben, möglichst breite Bevölkerungsschichten für die eigene Sache zu mobilisieren, musste zwangsläufig zu Interessenkollisionen führen. Zahlreich waren Klagen über „Abwerbungsversuche". So versuchte das SL aller bekundeten „volkspolnischen" Solidarität zum Trotz auch diejenigen Arbeiter noch für die Bauernbewegung zu gewinnen, die erst kürzlich vom ländlichen Raum in die Städte abgewandert waren.[461] Sowohl die Ambitionen des SL als auch die darüber an den Tag gelegte Empörung der PPS zeugten dabei von der Vorstellung, eine bestimmte soziale Gruppe sei *a priori* einer bestimmten politischen Orientierung zuzuordnen.

Weniger sozial als kulturell fassbar war der Einbezug von Kindern, Jugendlichen und Frauen. Sollte die Aufmerksamkeit, die der jungen Generation zuteil wurde, in erster Linie die eigene Zukunftsfähigkeit unterstreichen, so überlagerten sich bei der Inklusion der weiblichen Bevölkerung verschiedene Motive. In der überregionalen Presseberichterstattung besaß die Erwähnung weiblicher Teilnahme an Festen häufig eher additive Funktion, um die Fähigkeit zur Mobilisierung breiter Bevölkerungsschichten oder aber zumindest den engen Zusammenhalt innerhalb der Bauernbewegung oder der Arbeiterschaft zu untermauern. Letzteres war insbesondere für die Oppositionsparteien in Zeiten verstärkter staatlicher Repression von Bedeutung. Mit der gezielten Ansprache von Frauen und Kindern der jeweiligen Kernanhängerschaft konnte an Festtagen die Selbstbeschreibung der eigenen politischen Gruppierung als „Familie" nachhaltig in Szene gesetzt

---

[459] APW, UW Warszawski, 109, Bl. 128.
[460] B.: Siły organizacyjne Str. Narodowego w świetle obchodów sierpniowych, in: Warszawski Dziennik Narodowy, 22. 8. 1937, S. 3.
[461] APW, UW Warszawski, 109, Bl. 121 - 122.

werden.⁴⁶² Dabei nahm die Inklusion von Frauen und Kindern oft einen paternalistischen Zug an.

Dagegen spiegelten neu entstandene Frauengruppen innerhalb einer politischen Orientierung den emanzipatorischen Anspruch wider, der seit Beginn der Zweiten Republik durch die Gewährung umfassender Partizipationsrechte Auftrieb erhalten hatte.⁴⁶³ Frauen bildeten als Wählerinnen und Anhängerinnen in der Konkurrenz unterschiedlicher Nationsentwürfe ein gewichtiges Unterstützungspotenzial, auf das zu verzichten sich keine Partei erlauben konnte.⁴⁶⁴

Schließlich kam auch die politische Praxis kaum ohne das Engagement von Frauen aus. Vielfach stellten auf lokaler Ebene Frauen sowohl für die Organisation einer Partei als auch für die Veranstaltung von politischen Festen das tragende Gerüst dar.⁴⁶⁵ Ihr aktiver Part bei der Festtagsgestaltung war aber nicht selten aus einem traditionellen Verständnis von Geschlechterrollen gespeist. Auch Festkalender und Handreichungen für Lehrer mit Vorschlägen für Dekoration, Gedichte, Lieder und Theaterstücke stammten überwiegend aus weiblicher Feder und bekräftigten die Vorstellung von der vorrangigen Zuständigkeit der Frau in pädagogischen Belangen.

Trotz konkurrierender Nationsentwürfe fanden sich bei der inszenatorischen Ausgestaltung der politischen Feste vielfach gemeinsame Motive. Dies begann mit der medial vermittelten Zuschreibung von Bedeutung. Die Zeitungsberichterstattung war ausgesprochen umfangreich. In sozialistischen Blättern etwa zog sich der Rückblick auf den Tag der Arbeit bis zur Mitte des Monats Mai hin. Mochte allein schon die Quantität den Leser beeindrucken, so kam der sprachlichen Gestalt der Berichte entscheidende interpretierende Wirkung zu. Vermeintliche Nebensächlichkeiten wie die Beschreibung der Festtagsdekoration, der Kleidung der Festtagsteilnehmer oder des Wetters erzeugten eine atmosphärische und emotionale Suggestiv-

---

462 Prawdziwe oblicze stolicy. 75 000 demonstruje na ulicach Warszawy, in: Robotnik, 2. 5. 1937, S. 1.
463 Bei den Nationaldemokraten war dies die 1919 gegründete Nationale Frauen-Organisation (*Narodowa Organizacja Kobiet*), beim BBWR der 1928 gegründete Bund staatsbürgerlicher Arbeit der Frauen (*Związek Pracy Obywatelskiej Kobiet*) oder bei der PPS die 1918 gegründete Zentrale Frauen-Abteilung der PPS (*Centralny Wydział Kobiecy PPS*). Hierzu ausführlich Chojnowski, Aktywność kobiet, S. 37 - 48; Jerzy Myśliński: Kobiety w polskich ugrupowaniach lewicowych 1918 - 1939, in: Żarnowska/Szwarc, Równe prawa, S., S. 61 - 76.
464 Śliwa, Udział kobiet, S. 50 - 51.
465 So erfuhren lokale Feiern des „Wunders an der Weichsel" maßgebliche Unterstützung von den Gutsbesitzerinnen: H. Wilanowska: Jak pani uczciła Dziesięciolecie Niepodległości Polski? in: Ziemianka Polska, 1929, H. 4, S. 18 - 19.

kraft, die nicht nur von der Bedeutung der Veranstaltung, sondern auch von der Stimmigkeit politischer Forderungen und Geschichtsbilder kündete.

Legitimation und Sinnstiftung bezogen sämtliche politische und gesellschaftliche Gruppierungen aus „nationalen Heldentaten" im Kampf für die Unabhängigkeit Polens. Während der *Sanacja*-Herrschaft seit 1926 bezogen sich die Vertreter oppositioneller Nationsentwürfe in ihrem Ringen um Selbstbehauptung gegenüber dem staatsnationalen Integrationsangebot sogar in besonderem Maße auf glorreiche Taten vergangener Zeiten und die entsprechenden nationalen Verdienste der eigenen Partei.

Welche historischen Ereignisse im Einzelnen der Würdigung für wert befunden wurden, differierte je nach Nationsentwurf. So sahen die Sozialisten etwa die Arbeiter, die während der ersten russischen Revolution 1905 zum 1. Mai Demonstrationen gegen die zarische Herrschaft abgehalten hatten, als „Kämpfer für ein freies, unabhängiges und gerechtes Polen".[466] Dahingegen führte die *Sanacja* das Gedenken an die Geburtsstunde der Polnischen Legionen am 6. August 1914 trotz zunehmender Konkurrenz durch das „Wunder an der Weichsel" bis 1939 fort.[467]

Gemeinsam war der durch die Geschichtserzählung vermittelte Appell an die Opferbereitschaft. Eine zentrale Rolle spielte die Ehrung der toten Helden. Dabei wurden auch die bei tumultuarischen Auseinandersetzungen während der politischen Feste in der Zweiten Republik ums Leben gekommenen Teilnehmer gewürdigt. Die in den Zeitungen zum Gedenken veröffentlichten Namenslisten glichen in der äußeren Gestaltung den Listen gefallener Soldaten im Krieg[468] und nährten damit die Wahrnehmung der politischen Feste als einer „Front" im „inneren" Kampf.

Krieg und Militär waren seit Beginn der Unabhängigkeit, in verstärktem Maße aber seit den 1930er Jahren allseits verbreitete Motive der Festtagsinszenierung. Berichterstatter strichen bevorzugt Merkmale wie „Disziplin", „Kampfgeist", „männliche Haltung", „organisatorische Geschlossenheit" und „Ordnung der Reihen" heraus.[469] Von hier aus war es nicht mehr weit

---

[466] Mieczysław Michałowicz: „Byle Wasze było na wierzchu...". Prof. M. Michalowicz o święcie Pierwszego Maja, in: Robotnik, 3. 5. 1938, S. 3.

[467] AAN, Akta Moraczewskich, 34, Bl. 50 - 51; Uroczysty obchód Święta Żołnierza. Pan Prezydent na obchodzie Dywizji Legionowej w Wilnie, in: Robotnik, 16. 8. 1939, S. 1.

[468] Czerwona Warszawa, in: Robotnik, 2. 5. 1936, S. 1; Czerwona Warszawa. Uroczysta Akademja w wielkiej sali Opery, in: Robotnik, 2. 5. 1936, S. 3; Mieczysław Michałowicz: „Byle Wasze było na wierzchu...". Prof. M. Michalowicz o święcie Pierwszego Maja, in: Robotnik, 3. 5. 1938, S. 3.

[469] APW, UW Warszawski, 109, Bl 121 – 122; Śmieszne wysiłki, in: Warszawski Dziennik Narodowy, 18. 8. 1936, S. 3; Mieczysław Niedziałkowski: Po dniu 1 Maja. Przemiany i wnioski, in: Robotnik, 5. 5. 1937, S. 3; Uroczysty obchód Święta Czynu Chłopskiego, in: Robotnik, 16. 8. 1938, S. 1; Bilans obchodów 15 sierpnia, in: Warszawski Dziennik

zur Vorstellung einer „führenden, ordnenden Hand". Selbst der Chefredakteur des sozialistischen *Robotnik*, Mieczysław Niedziałkowski, hob lobend hervor, die „Straße" befolge ohne Proteste und ohne Ausschreitungen die Anweisungen ihrer „Kommandanten".[470]

Der Führergedanke, der im Europa der Zwischenkriegszeit so große Popularität auf sich ziehen konnte, war in Polen allerdings kaum in einer „modernen", charismatisch-totalitären Variante ausgeprägt. Selbst der Piłsudski-Kult trug eher Züge eines landesväterlich-monarchischen Verehrungsrituals. Mindestens genauso typisch für die politische Kultur der Zweiten Republik war die Vorstellung von der idealistischen Hingabe jedes Einzelnen als „kleine Rädchen" im Getriebe der Nation. Zu Beginn der Zweiten Republik sahen die Grundschullehrer als Pioniere des polnischen Schulwesens ebenso wie die Agitatorinnen der frühen Sejm-Wahlkämpfe sich selbst in einem aufopferungsvollen Kampf gegen widrige Umstände, und eine solche Haltung nahmen in den 1930er Jahren auch Organisatoren und Teilnehmer oppositioneller politischer Feste für sich in Anspruch. Ausführlich schilderte etwa die sozialistische Presse, dass Arbeiter aus den Vorstädten kilometerweit für den 1. Mai in die Hauptstadt gelaufen waren.[471] Ebenso großen Wert legten nationaldemokratische Kommentatoren auf die Feststellung, dass zur Feier des „Wunders an der Weichsel" in Radzymin 1936 Delegierte aus 20 Landkreisen des Bezirksverbandes Warschau zusammenkamen, zu Fuß, häufig aus weiterer Entfernung, so dass einige Tagesmärsche erforderlich waren.[472]

War die lange Anreise der Teilnehmer zwar oft durch behördliche Restriktionen, Organisationsprobleme oder – am 1. Mai – durch die Arbeitsniederlegung im öffentlichen Nahverkehr bedingt, so zögerten parteigebundene Beobachter jedoch nicht, solche Unannehmlichkeiten in positiv besetzte militärische Tugenden umzumünzen, die sich bestens in die kampfesmutigen und zukunftsgewissen Selbstbeschreibungen einfügten. In dieser Logik

---

Narodowy, 23. 8. 1938, S. 3; Ważny okólnik, in: Zielony Sztandar, 3. 5. 1936, S. 3; Wspaniały przebieg Święta Czynu Chłopskiego, in: Zielony Sztandar, 21. 8. 1938, S. 1 - 2. So auch die Beobachtung bei Kawalec, Spadkobiercy, S. 163, 168 - 169.

[470] Mieczysław Niedziałkowski: Po 1 Maja. Pierwsze wnioski, in: Robotnik, 3. 5. 1936, S. 1; Solidarność mas chłopskich z robotnikami. Dzień 1 Maja w Polsce, in: Robotnik, 6. 5. 1936, S. 5.

[471] Prawdziwe oblicze stolicy. 75 000 demonstruje na ulicach Warszawy, in: Robotnik, 2. 5. 1937, S. 1.

[472] Wielkie uroczystości narodowe w kraju, in: Warszawski Dziennik Narodowy, 17. 8. 1936, S. 1. Ähnlich auch im Folgejahr: Obchód Stronnictwa Narodowego w Warszawie, in: Warszawski Dziennik Narodowy, 16. 8. 1937, S. 1.

stählten lange Fußmärsche die „soldatischen Eigenschaften"[473] und die Nationaldemokraten lobten, dass ihre Anhänger trotz aller Hindernisse zahlreich „zum Appell erschienen" seien.[474] Analog dazu sahen sich die Sozialisten „umso großartiger belohnt" durch den Triumphzug der Arbeiter in die Hauptstadt: „Die Arbeitervorstädte überfluteten die Straßen der Innenstadt, färbten sie mit dem Rot ihrer Standarten ein. Das Straßenpflaster bebte unter den gleichmäßigen Schritten zehntausender Arbeiter."[475] Mit solchen militärischen, ja autoritären Anklängen der Festtagsgestaltung standen die Forderungen nach mehr Demokratie, die vor allem die oppositionelle Linke erhob, doch in einem bemerkenswerten Gegensatz.

Die allseitig demonstrierte Kampfbereitschaft entsprang nicht erst dem Diskurs der Landesverteidigung am Vorabend des Zweiten Weltkriegs. Zu Beginn der Zweiten Republik war sie teilweise noch realen Erfordernissen der Grenzkämpfe geschuldet, mündete aber bald schon in eine Wahrnehmung des politischen Lebens als „innere Front". Diese Sichtweise erfuhr in den 1930er Jahren durch das Lagerdenken entscheidende Zuspitzung. Eine zentrale Rolle nahmen die Milizen der einzelnen politischen Gruppierungen ein. Die sozialistischen und nationaldemokratischen *bojówki* konnten auf Traditionslinien aus der Teilungszeit zurückblicken. Im November 1929 veranstaltete die PPS sogar eigene Feierlichkeiten zum 25. Jahrestag der Entstehung ihrer *bojówki*.[476] Bei den Kommunisten hatten sich Einheiten aus den westlich von Warschau gelegenen Industriearbeiterstädten Pruszków, Żyrardów und Błonie einen einschlägigen Ruf erworben[477] und bei der Bauernbewegung übernahm in den 1930er Jahren der Landjugendverband *Wici* Aufgaben einer parteieigenen Ordnungstruppe bei Veranstaltungen.[478]

Der Einsatz der Milizen war nicht nur aus der Unzufriedenheit mit dem Verhalten der staatlichen Polizei und mit der Notwendigkeit zum Selbst-

---

[473] Wielkie uroczystości narodowe w kraju, in: Warszawski Dziennik Narodowy, 17. 8. 1936, S. 1.
[474] Śmieszne wysiłki, in: Warszawski Dziennik Narodowy, 18. 8. 1936, S. 3; W rocznicę zwycięstwa 15 sierpnia, in: Warszawski Dziennik Narodowy, 16. 8. 1938, S. 1; Mazowsze w dniu 15 sierpnia, in: Warszawski Dziennik Narodowy, 18. 8. 1938, S. 4; Bilans obchodów 15 sierpnia, in: Warszawski Dziennik Narodowy, 23. 8. 1938, S. 3.
[475] Warszawa pod Czerwonymi Sztandarami. Proletariat panuje na ulicach Warszawy, in: Robotnik, 2. 5. 1938, S. 2.
[476] Komunikat Informacyjny nr 122 (8 XI 1929), in: Ministerstwo Spraw Wewnętrznych (Hrsg.): Komunikaty Informacyjne Komisariatu Rządu na m. st. Warszawę, Bd. 4, H. 2 (2 października 1929 - 30 listopada 1929), Warszawa 1997, S. 403 - 404; Komunikat Informacyjny nr 123 (12 XI 1929), in: ebd., S. 412 - 415.
[477] Obchód święta majowego w Warszawie, in: Robotnik, 2. 5. 1928, S. 1.
[478] APW, UW Warszawski, 109, Bl. 121 - 122.

schutz begründet.⁴⁷⁹ Vielmehr brachten sowohl die politische Rechte als auch die Linke ihren Milizen regelrechte Verehrung entgegen. Verkörpert war hier in idealer Weise ein Selbstbild, zu dessen tragenden Bestandteilen Selbstbewusstsein, Geschlossenheit, Disziplin und Körperlichkeit zählten.⁴⁸⁰ So präsentierten sich die Milizen gerne eindrucksvoll nach außen, mit den Insignien der Stärke der damaligen Zeit, mit Lastkraftwagen, Uniform und Bewaffnung.⁴⁸¹ Die Auseinandersetzung mit dem politischen Gegner war vielfach keine unausweichliche Zwangsläufigkeit, sondern erst forciert durch das konkrete Auftreten der Milizen.⁴⁸² Dass mit einer offen demonstrierten Kampfbereitschaft die Neigung zu einer gewaltsamen Lösung der innenpolitischen Machtkämpfe an Wahrscheinlichkeit zunahm, wurde von den Zeitgenossen kaum problematisiert. Das Bewusstsein der Milizangehörigen, einer durch Körperkraft und symbolische Bedeutung definierten Elite anzugehören, leistete vielmehr manchen Provokationen und autoritären Verhaltensmustern selbst gegenüber unbeteiligten Passanten und eigenen Anhängern Vorschub.⁴⁸³

Die besondere Beachtung, die den Milizen vor allem in den 1930er Jahren zuteil wurde, markierte eine gegenläufige Tendenz zur Erweiterung des Teilnehmerfeldes um die weibliche Bevölkerung: Dominanz und Stärke wurden hier mit einer „männlichen Haltung" konnotiert.⁴⁸⁴ Die politische Rechte bemühte sich sogar um eine ethnisierende Verknüpfung zwischen „Männlichkeit" und „Polentum". Dieses Denkmuster beeinflusste die Beurteilung des politischen Gegners: Während nationaldemokratische Kommentatoren den sozialistischen Feiertag am 1. Mai insgesamt als „jüdisch" diffamierten, konnten sie sich gleichzeitig die Stärke der PPS-Miliz nur dadurch erklären, dass diese offenkundig „fast ausschließlich aus Polen" be-

---

⁴⁷⁹ 1 maja w Warszawie, in: Warszawski Dziennik Narodowy, 2. 5. 1936, S. 1; Czerwona Warszawa, in: Robotnik, 2. 5. 1936, S. 1; 1-majowa demonstracja „folksfrontu" pod hasłem „walki z endecją", in: Warszawski Dziennik Narodowy, 2. 5. 1938, S. 1.
⁴⁸⁰ Mieczysław Niedziałkowski: „....Ale z nami jest Serce Ojczyzny...", in: Robotnik, 1. 5. 1938, S. 1.
⁴⁸¹ 200 ofiar walk na ulicach Warszawy, in: Gazeta Warszawska, 2. 5. 1928, S. 1 - 2. Weitere Berichterstattung: Krwawa statystyka 1 maja w Warszawie, in: Gazeta Warszawska, 3. 5. 1928, S. 6.
⁴⁸² 1 maja w Warszawie, in: Warszawski Dziennik Narodowy, 2. 5. 1936, S. 1; Dwie mobilizacje, in: Warszawski Dziennik Narodowy, 5. 5. 1937, S. 3; 1 Maj w Polsce, in: Robotnik, 2. 5. 1937, S. 2.
⁴⁸³ Czerwona Warszawa. Uroczysta Akademja w wielkiej sali Opery, in: Robotnik, 2. 5. 1936, S. 3; 1 maja w Warszawie, in: Warszawski Dziennik Narodowy, 2. 5. 1936, S. 1; 1-majowa demonstracja „folksfrontu" pod hasłem „walki z endecją", in: Warszawski Dziennik Narodowy, 2. 5. 1938, S. 1.
⁴⁸⁴ Śmieszne wysiłki, in: Warszawski Dziennik Narodowy, 18. 8. 1936, S. 3; Bilans obchodów 15 sierpnia, in: Warszawski Dziennik Narodowy, 23. 8. 1938, S. 3.

standen habe.[485] Was Nationaldemokraten hier für die polnische Ethnie als positiv konzedierten, ließ sich antijüdisch wenden: als Stereotyp von der „mangelnden Männlichkeit".

Ethnische Zuschreibungen dieser Art waren leicht als Phantasieprodukte zu erkennen. Dies zeigte die höchst unterschiedliche Einschätzung des jüdischen *Bund*. Entgegen dem nationaldemokratischen Ressentiment lobten nämlich Beobachter der PPS, dass für den *Bund* bei seinen Umzügen zum 1. Mai Kampfbereitschaft und Stärke von zunehmender Bedeutung seien, dass eine „mustergültige Ordnung" herrsche und der Jugend besondere Anerkennung geschenkt werde. Darüber hinaus sei es dem *Bund* ausgesprochen erfolgreich gelungen, eine eigene Miliz aufzubauen.[486] Tatsächlich kennzeichnete einen nicht geringen Anteil der jüdischen Bevölkerung Polens eine besondere Affinität zum Militär. Institutionell greifbar war dies im Verband der Jüdischen Teilnehmer an den Kämpfen um die Unabhängigkeit Polens, der bestrebt war, das Bild vom Juden als gutem Soldaten zu propagieren, der bereit war, für Polen ins Feld zu ziehen und zu sterben.[487]

Während der Blick auf die politischen Organisationsstrukturen Momente einer parallelgesellschaftlichen Entwicklung von ethnisch polnischer und ethnisch nicht-polnischer Bevölkerung aufscheinen ließ, zeigte sich bei der Symbolik politischer Feste und beim Habitus der Teilnehmenden ein anderes Bild. Die Faszination der Masse, die Militarisierung der Atmosphäre und die Affirmation von Gewalt nahmen in den 1930er Jahren zu.[488] Diese Charakteristika der politischen Kultur der Zweiten Republik fanden sich auch bei den ethnisch nicht-polnischen Bevölkerungsgruppen und wurden von diesen aktiv mitgestaltet.

3. 2 Der Diskurs der Landesverteidigung

In der zweiten Hälfte der 1930er Jahre bestimmte der Diskurs der Landesverteidigung in überragender Weise das öffentliche Leben Polens. Dies zeigte sich beispielhaft selbst in einem ausgesprochen zivilen Bereich wie dem Bildungswesen. 1936 definierte der Generalinspekteur der Streitkräfte, Edward Rydz-Śmigły, in einem programmatischen Artikel die Schule als eine Institution, die entscheidend den Boden für die Landesverteidigung bereite: „Jeder Pole sollte von Kindesbeinen an mit dem Bewusstsein auf-

---

[485] 1-majowa demonstracja „folksfrontu" pod hasłem „walki z endecją", in: Warszawski Dziennik Narodowy, 2. 5. 1938, S. 1.
[486] Obchód „Bundu", in: Robotnik, 2. 5. 1936, S. 2.
[487] Steffen, Jüdische Polonität, S. 105, 110.
[488] Kawalec, Wizje ustroju, S. 163 - 164.

wachsen, dass das Schicksal seines Vaterlandes davon abhängt, wie viele und welche Soldaten zu seiner Verteidigung bereitstehen."[489] Rydz-Śmigły berief sich dabei ausgerechnet auf einen Ausspruch aus der Bismarck-Zeit, wonach der preußische Lehrer den deutsch-französischen Krieg 1870/71 gewonnen habe,[490] um die polnischen Grundschullehrer vor eine neue Aufgabe zu stellen: Sie sollten mithelfen, die „Nation in Waffen" (*Naród pod bronią*) zu bringen.[491]

Der Weg hierzu verlief mehrgleisig. Zum ersten war den Schülern auf einer ethisch-sittlichen Ebene staatsbürgerliche Verantwortung und Heroismus zu vermitteln. Hierzu bot sich die Erinnerung an den Siegesglauben des Jahres 1920 an,[492] aber auch die seit Jahren dominant militärische Inszenierung des 3. Mai: Der Verfassungstag firmierte nun als Tag der staatsbürgerlichen Tat (*Dzień obywatelskiego czynu*).[493] Von hervorgehobener Bedeutung war der staatsbürgerliche Unterricht: Die Schule sollte den jungen Menschen vermitteln, „nicht nur für Polen zu arbeiten, sondern sich in der Not auch für Polen zu opfern". Als Ideal galten eine „soldatische Haltung der Nation" und eine enge Bindung an die Armee.[494] Damit wurde das Bildungsideal der *Sanacja*, die „staatliche" Erziehung, aktualisiert und ein Nations- und Gesellschaftsentwurf popularisiert, der militärischen Werten Vorrang vor zivilen Werten beimaß sowie kollektive Denk- und Verhaltensweisen begünstigte: „Nur eine organisierte Nation kann sich ihren Feinden siegreich entgegenstellen."[495]

Zum zweiten sollten die Lehrer ihren Schülern am eigenen Vorbild den Dienst am Vaterland und die Verteidigung der Landesgrenzen vermitteln.

---

[489] Artikel aus dem Kurjer Poranny vom 9. 10. 1936, abgedruckt als: Szkoła powszechna jako dźwignia obrony kraju, in: Głos Nauczycielski, 21 (31), 1936/37, S. 97 - 98.

[490] Zum Kontext: Frank-Michael Kuhlemann: Modernisierung und Disziplinierung. Sozialgeschichte des preußischen Volksschulwesens 1794 - 1872 [Kritische Studien zur Geschichtswissenschaft, Bd. 96], Göttingen 1992, S. 326.

[491] Artikel aus dem Kurjer Poranny vom 9. 10. 1936, abgedruckt als: Szkoła powszechna jako dźwignia obrony kraju, in: Głos Nauczycielski, 21 (31), 1936/37, S. 97 - 98.

[492] Ebd., S. 97 - 98.

[493] Śliwińska-Zarzecka, Trzeci Maj, S. 3 - 30. Die Fähigkeit zur Landesverteidigung als wichtigsten Reformanstoß aus der Verfassung sahen: Juljan Wołoszynowski: Dwie ustawy, in: Polska Zbrojna, 3. 5. 1936, S. 1; Henryk Mościcki: By dobrze było Ojczyźnie…, in: Polska Zbrojna, 3. 5. 1937, S. 1. Selbst Nationaldemokraten sagten nun den Verfassungsvätern von 1791 nach, dass für sie die Frage einer starken nationalen Armee von Bedeutung gewesen sei: Symbol żywotności, in: Warszawski Dziennik Narodowy, 2. 5. 1937, S. 3.

[494] K. Staszewski: Dwadzieścia lat niepodległego państwa polskiego, in: Korupczyńska, Wielkie Święto, S. 14 - 19.

[495] Obchód Stronnictwa Narodowego w Warszawie, in: Warszawski Dziennik Narodowy, 16. 8. 1937, S. 1.

Im Ersten Weltkrieg hatten viele Lehrer an der Polnischen Armee-Organisation (*Polska Organizacja Wojskowa*, POW) und am Schützenverband mitgewirkt, teilweise sogar eine militärische Karriere eingeschlagen; auch 1920 hatten sich Lehrer an der Front ausgezeichnet.[496] Die Konstruktion einer eigenen Heldentradition und die ideelle Vorgabe, Tatkraft zu betonen statt „positivistischen Wissens", führte dazu, dass der ZNP an seine Mitglieder die Erwartung richtete, aktiv an der Weiterentwicklung von Leibeserziehung und vormilitärischer Ausbildung mitzuwirken: „Unseren Patriotismus zeigen wir mit Taten, nicht mit puren Worten."[497]

Zum dritten fand der Diskurs der Landesverteidigung Niederschlag in einer Neuausrichtung von Lehrplänen und Schulaktivitäten, die auf mehr physische und praktische Fähigkeiten setzte. Das 1937 entwickelte Bildungsprogramm „Zur Verteidigung der Republik" legte noch größeren Wert als bislang auf die Fächer Sport und vormilitärische Ausbildung.[498] Darüber hinaus sollte im Unterricht mehr Begeisterung für Technik vermittelt werden. Die schrittweise Einführung von Filmvorführungen als didaktisches Mittel[499] gehörte hier ebenso dazu wie Schulausflüge zu Flughäfen und Fabriken[500] oder besondere Einzelaktionen: Das Bildungsministerium empfahl etwa, den Schülern die zunehmende Motorisierung in Polen ausdrücklich im Hinblick auf die Bedeutung für die Verteidigungsbereitschaft näherzubringen. Hierfür stand den Schulen eine Reihe von Kraftwagen zur Verfügung, wobei die Hauptstadt mit zehn Autos und zwei LKWs ungleich stärker bedacht wurde als die Provinz. In Toruń mussten sich die Schüler beispielsweise mit einem Motorrad begnügen.[501]

Im Schuljahr 1937/38 veranstalteten die Kriegsmarine und die mehrere Hunderttausend Mitglieder zählende, regierungsnahe Meeres- und Kolonial-Liga (*Liga Morska i Kolonialna*, LMK) in allen größeren Städten für die Schüler der höheren Klassen allgemeinbildender Mittelschulen Treffen und Vorträge, um die Verteidigungsbereitschaft zu stärken und um Nachwuchs zu werben. Noch intensivere Propaganda galt der Luftwaffe: Nach den Vorstellungen des Bildungsministeriums sollten die Lehrer die Bedeutung der Luftwaffe im nationalen Leben Polens verdeutlichen, ihren zentralen Stel-

---

[496] Zygmunt Nowicki: Dwudziestolecie, in: Głos Nauczycielski, 23 (33), 1938/39, S. 201 - 202.
[497] Czesław Wycech: Nasze założenia ideowe, in: Głos Nauczycielski, 21 (31), 1936/37, S. 567 - 572.
[498] Jabłonowski, Sen o potędze, S. 295.
[499] AAN, MWRiOP, 168, Bl. 257; zu einem vom Dachverband der Veteranenverbände produzierten Film für die Schule: AAN, FPZOO, 70, Bl. 3 - 9.
[500] AAN, MWRiOP, 168, Bl. 285.
[501] Ebd., Bl. 201.

lenwert für die Landesverteidigung herausstreichen und in privaten Gesprächen mit den Schülern für ein zukünftiges Engagement bei diesem Armeeverband werben. Das Bildungsministerium empfahl den Schulen auch die Kontaktaufnahme zu weiteren, die Zusammenarbeit von Militär und Gesellschaft fördernden Organisationen, insbesondere zur Liga für Luftverteidigung und Gasabwehr (*Liga Obrony Powietrznej i Przeciwgazowej*, LOPP), die Schulungen für den Fall eines Luftangriffs durchführte, aber auch durch Modellbau, Sportfliegerei und den Betrieb von Flugplätzen Begeisterung für die neue Technik zu vermitteln suchte.[502]

Schließlich zeichnete die polnische Armee für eine besondere Aktion verantwortlich: Sie versprach Unterstützung für die am schlechtesten ausgestatten Grundschulen Polens und wollte den Bau neuer Schulgebäude vorantreiben. Die Organisation für Soldatenfamilien gab zudem Essen und Kleidung für Schulkinder aus. Allerdings ging es nicht nur um materielle Aspekte: Im direkten Kontakt vor Ort sollte eine „moralische Fürsorge" der Armee für die Schule vermittelt werden. Ein räumlicher Schwerpunkt der Aktion lag auf den Grenzgebieten zu Deutschland.[503] Hier war nämlich eine regelrechte Konkurrenzsituation entstanden: Wenn die deutsche Seite in den ländlichen, peripheren Gebieten Ostpreußens Schulen modernisierte oder neu errichtete, dann war die polnische Seite bestrebt, im nördlichen Masowien Gleiches zu tun.[504]

Mit Blick auf die Landesverteidigung, begleitet von Leistungsstolz auf die Errungenschaften der Zweiten Republik, von Technikbegeisterung und Militarisierung des Bildungswesens, verwischten sich die zwischenzeitlich scharf gezogenen Unterscheidungslinien zwischen „staatlicher" und „nationaler" Erziehung wieder. Der ZNP sah in der von ihm größtenteils mitgetragenen Konzeption der „staatlichen" Erziehung im Falle eines Krieges nach wie vor die beste Voraussetzung für die Vermittlung des benötigten geistigen Rüstzeugs,[505] mahnte vor diesem Hintergrund aber auch Nachbesserungen an der Schulreform der *Sanacja* an: Polen könne sich angesichts der drängenden Aufgaben der Landesverteidigung seine unzureichend ausgestatteten Dorfschulen und vielen Analphabeten nicht länger leisten.[506]

---

[502] Ebd., Bl. 205, 285.
[503] Major Perucki: Już 800 szkół znajduje się pod opieką wojska, in: Polska Zbrojna, 2. 5. 1938, S. 2.
[504] Chłopi budują szkoły na pograniczu mazurskim, in: Polska Zbrojna, 23. 8. 1937, S. 4.
[505] J. Kolanko: W obliczu wielkich wydarzeń, in: Głos Nauczycielski, 23 (33), 1938/39, S. 610 - 611; K. Staszewski: Dwadzieścia lat niepodległego państwa polskiego, in: Korupczyńska, Wielkie Święto, S. 14 - 19.
[506] Czesław Wycech: Nasze założenia ideowe, in: Głos Nauczycielski, 21 (31), 1936/37, S. 567 - 572.

Im Lobpreis von Armee und militärischer Erziehung wurden staatsnational orientierte Lehrer mittlerweile von Anhängern der „nationalen" Erziehung, die gegenüber der regierungsnahen Armee lange Zeit skeptisch eingestellt waren, sogar übertroffen. „Kein Staat ohne starke Armee" postulierte etwa die in der *Akcja Katolicka* engagierte konservative Pädagogin Maria Śliwińska-Zarzecka und rief alle Bürger auf, „Soldaten einer staatsbürgerlichen Bildungsarbeit zu sein, von der sie nicht desertieren und bei der sie keine Befehle verweigern dürfen".[507] Selbst in den Privatschulen, die sich bisher erfolgreich gegen staatliche Einflussnahme gewehrt hatten, war nun der Gedanke populär, die Erziehung „in eine militärische Richtung zu treiben", um Polen als „große Nation" zu etablieren.[508]

Der Diskurs der Landesverteidigung bezog seine Dringlichkeit aus der zugespitzten internationalen Situation der 1930er Jahre, seine inhaltliche Ausprägung aber bereits aus früheren Erfahrungs- und Deutungsmustern. Eine herausragende Rolle spielten hier zweifellos die Erlangung der Unabhängigkeit im Zuge des Ersten Weltkriegs und die darauffolgenden Grenzkämpfe. Die Wertschätzung militärischer Anstrengungen zog gesellschaftlich weite Kreise und die Neigung zu militärischen Formen hielt Einzug bis in alltägliche Zusammenhänge. Der Aufbau einer eigenen Armee wurde vielerorts enthusiastisch unterstützt, getreu dem Motto, wenn es ein freies Polen geben soll, müsse es auch polnische Soldaten geben: „Welche Ehre, Vater und Mutter, für Euch, wenn Euer Sohn die Grenzen Polens erweitert, Anteil hat an der Aneignung des polnischen Meeres und in der Reihe der Helden steht, die seit Jahrhunderten Polen verteidigt haben."[509] Aus dem konservativen Gutsbesitzeradel kam in der ersten Nachkriegszeit die Idee eines „Dienstes am Vaterland" für alle jungen Polen zwischen dem 18. und 20. Lebensjahr, die dem Aufbau des Staates „ein Jahr ihres Lebens schenken" sollten. Auch die Frauen, die nun die rechtliche Gleichberechtigung erkämpft hätten, sollten dafür verstärkt auch gesellschaftliche Pflichten übernehmen.[510]

Der polnisch-sowjetische Krieg 1919/1920 stellte einen vorläufigen Höhepunkt dar mit der umfassenden Mobilisierung in Freiwilligen-Armee, Arbeiterkomitees und Bürgerwehren. In einem beträchtlichen Ausmaß gelangten militärische Erfahrungen und militärisches Denken in zivile Bereiche der Gesellschaft – etwa bei der Schuljugend, die sich vielfach mit Enthusiasmus der Landesverteidigung hingab und nach dem Ende der Armee-

---

[507] Śliwińska-Zarzecka, Trzeci Maj, S. 21.
[508] AAN, MWRiOP, 184, Bl. 16 - 17.
[509] Józefa Sidwa: Co przeciwne Polsce? in: Ziemianka, 9, 1920, S. 68.
[510] Z walnego zgromadzenia Zjednoczonego Koła Ziemianek w Warszawie, in: Ziemianka, 8, 1919, S. 1 - 8.

zeit mitunter Probleme hatte, sich wieder dem Alltag in der Schule zu stellen.[511]

Waren in der Anfangszeit der Zweiten Republik militärische Anklänge vor allem ein Medium zur mentalen Bewältigung des gerade Geschehenden, so nutzte die *Sanacja* seit 1926 das Militär gezielt als inszenatorisches und legitimatorisches Element. Dabei berichtete die *Sanacja*-nahe Presse gerne von „enthusiastischen" Reaktionen des Publikums während der Militärparade.[512] „Jeder Staatsbürger ist Soldat" – so propagierte es die regierungsnahe Militärzeitung *Polska Zbrojna*. Eine wachsende Militärbegeisterung ließ sich dann in den 1930er Jahren auch bei den Festen der politischen Opposition beobachten; das Lagerdenken war hier eine fördernde Einflussgröße.

Der Diskurs der Landesverteidigung schlug sich symptomatisch in einer militarisierten Sprache des öffentlichen Lebens in Polen nieder. Wenn selbst ein prominenter Vertreter der katholischen Soziallehre wie der Bischof von Katowice, Stanisław Adamski, die ausgesprochen unmilitärische und überwiegend von Frauen getragene *Akcja Katolicka* mit einer Armee verglich und ihre Mitglieder zu „Soldaten für Christus" stilisierte,[513] dann konnte kaum noch gesellschaftlicher Rückhalt für pazifistische Haltungen erwartet werden. Im Gegenteil, entsprechende Aussagen waren oft ein willkommener Anlass, politische Gegner zu denunzieren und dafür die eigene Loyalität zu Armee und Landesverteidigung herauszustellen. Dies zeigte sich stellvertretend an der Kritik, die die Nationaldemokraten am Gedicht „Schwarzer Tod" des jungen, 1913 in Lwów geborenen Karikaturisten und Satirikers Franciszek Parecki übten. Polen sei, so die Nationaldemokraten, stets ein Land von „ritterlicher Kultur" gewesen. Pazifistische Vorstellungen dagegen führten ihrer Ansicht nach dazu, die entscheidenden „Werte unseres Charakters zu zerstören – ohne diese aber wird die Nation in kritischen Momenten zur wehrlosen Beute der Nachbarn".[514]

Die hier an den Tag gelegte Schärfe in der Auseinandersetzung mit dem Pazifismus war nicht zufällig. Die oppositionelle politische Rechte zeigte sich in den 1930er Jahren vom Wunsch beseelt, ihr bislang eher distanziertes Verhältnis zum weitgehend regierungsnahen Militär zu verbessern. Die Notwendigkeit der Landesverteidigung sollte zu einer Annäherung zwischen Gesellschaft und Armee führen – und auf längere Sicht der *Sanacja* die militärpolitische Dominanz streitig machen.

---

[511] Rataj, Pamiętniki, S. 106 - 107.
[512] W obecności Najwyższego Dostojnika Państwa obchód święta 3 maja w stolicy, in: Polska Zbrojna, 4. 5. 1937, S. 1.
[513] Stanisław Adamski: Podstawy Akcji Katolickiej w Polsce, in: Ruch Katolicki, 7, 1937, S. 502 - 507.
[514] Szkodliwa propaganda, in: Gazeta Warszawska, 30. 4. 1932, S. 3.

Nationaldemokratische Publizisten gewannen den von ihnen bislang skeptisch kommentierten staatsnationalen Feiertagsinszenierungen nun zumindest in ihrem militärischen Part positivere Seiten ab. Für den 3. Mai 1936 berichtete beispielsweise der *Warszawski Dziennik Narodowy* angesichts der Militärparade auf dem Flugplatz in Warschau-Mokotów von einer „herzlichen und lebhaften Reaktion" der Zuschauer. Das präsentierte technische Armeegerät erhielt große Aufmerksamkeit, und der Berichterstatter schloss daraus: „Warschau entdeckt sein Herz für die nationale Armee."[515] Am meisten bejubelt wurden aber nach wie vor jene Festtags-Auftritte, die als spezifisch nationaldemokratische Beiträge zur Landesverteidigung identifiziert werden konnten: Nachdem schon 1936 am 3. Mai ein Transparent zum studentischen Umzug verkündete: „Es lebe die nationale Armee!",[516] trat bei der Militärparade zum 3. Mai 1938 in der Hauptstadt erstmals eine „akademische Legion" auf, in der Studenten von Universität, Polytechnikum, Handels- und Landwirtschaftshochschule unter Orchesterklängen „gleichmäßigen kräftigen Schrittes" in grauen Soldatenuniformen vorbeidefilierten.[517]

Das Verhältnis zum Militärischen changierte in der Zweiten Republik zwischen den Bedürfnissen politisch-kultureller Legitimationsstiftung und Selbstbeschreibung einerseits und den Erfordernissen von außenpolitischer Lage und Landesverteidigung andererseits. So wie das Militärische allerdings in unterschiedlicher Weise für die jeweiligen Nationsentwürfe herangezogen wurde, so war auch die Perzeption der internationalen Situation keineswegs einheitlich. Nationaldemokratische Beobachter hoben in erster Linie die prekäre Situation Polens zwischen Deutschland und der Sowjetunion in den Vordergrund. Umso mehr fürchteten sie, dass der militärische Vorbereitungsstand Polens für diese Herausforderung nicht genügen könne. Die über viele Jahre hinweg geäußerte Einschätzung, die polnische Armee sei materiell nicht so ausgestattet, wie es eine moderne Armee sein müsse, zielte aber nicht nur auf die *Sanacja*-Regierung, sondern mehr noch auf einen anderen Sündenbock: die Juden. Solange die polnische Wirtschaft überwiegend in Händen jüdischer Händler, Bankiers und sonstigen „fremden Groß-

---

[515] Rewja 3 Maja. Znakomita postawa wojska, in: Warszawski Dziennik Narodowy, 4. 5. 1936, S. 1. Ähnlich enthusiastische Wertungen auch in den Folgejahren, z. B.: Rewia 3 majowa. Dzielna postawa wojska, in: Warszawski Dziennik Narodowy, 4. 5. 1938, S. 1.
[516] W dniu święta narodowego młodzież manifestuje na cześć armji, in: Warszawski Dziennik Narodowy, 4. 5. 1936, S. 1.
[517] Rewia 3 majowa. Dzielna postawa wojska, in: Warszawski Dziennik Narodowy, 4. 5. 1938, S. 1.

kapitals" sei, könne eine erfolgreiche Landesverteidigung nicht garantiert werden.[518]

Diese Interpretation trieb durch eine obsessive Ethnisierung einen Keil in die polnische Gesellschaft, die ja zum Zwecke der Landesverteidigung gerade geeint werden sollte. Zugleich stand die hier zum Ausdruck kommende Verschwörungsangst in merkwürdigem Kontrast zu dem in den 1930er Jahren neu geprägten Selbstbild der Nationaldemokraten, das auf Kraft, Dynamik und Körperlichkeit setzte.

Ambivalenzen dieser Art waren der *Sanacja* und ihrer Anhängerschaft fremd. Das überaus große Vertrauen in die eigene Stärke korrespondierte im positiven Sinne mit der Ablehnung von Verschwörungsängsten, wie sie die politische Rechte schürte. Polen galt weder als das Opfer internationaler Mächte und Intrigen noch als innenpolitisch bedrängt durch feindlich gesonnene „nationale Minderheiten".[519] Eine solche Interpretation der Lage erleichterte den ethnisch nicht-polnischen Bevölkerungsgruppen die Teilnahme an den staatsnationalen Vorbereitungen zur Landesverteidigung. So konnten jüdische Gruppierungen am Vorabend des Zweiten Weltkriegs Polen als stark und kampfbereit loben sowie die historische Rolle Polens zur Rettung der Freiheit in Europa hervorheben. Dabei unterlagen aber auch sie nicht selten einer Überschätzung der militärischen Stärke Polens.[520]

Stärke und Selbstvertrauen wirkten nicht nur nach außen; sie sorgten vielmehr, von der *Sanacja* unbeabsichtigt, auch für einen neuen Schub gesellschaftlich-politischer Emanzipationsbestrebungen im Innern. Viele Frauen-Organisationen sahen mit einem Engagement für die Landesverteidigung die Chance, die in der Zweiten Republik juristisch weitgehend gewährleistete Gleichstellung der Frau stärker in der lebensweltlichen Praxis zu implementieren. Die PPS-Zentralabteilung Frauen tat kund, dass alle Bürger unabhängig vom Geschlecht in gleichem Maße Verantwortung trügen für das Schicksal Polens. Als anregendes Vorbild sahen die Genossinnen die Beteiligung von Frauen an den Bürgerkriegskämpfen in Spanien und China an.[521] Selbst konservative und katholische Frauen-Organisationen überwanden habituelle Barrieren und nahmen neben traditionellen karitativen Tätigkeiten im Angesicht des Krieges auch eine „Ausbildung zur Landesverteidigung" in ihr Programm auf oder an Einsatzübungen der Freiwilligen Feuerwehr teil.[522]

---

[518] Czas nagli, in: Warszawski Dziennik Narodowy, 5. 5. 1936, S. 3.
[519] Artikel aus dem Kurjer Poranny vom 9. 10. 1936, abgedruckt als: Szkoła powszechna jako dźwignia obrony kraju, in: Głos Nauczycielski, 21 (31), 1936/37, S. 97 - 98.
[520] Steffen, Jüdische Polonität, S. 123, 341.
[521] AAN, PPS, 114/IV-3, Bl. 25.
[522] AAN, MWRiOP, 954, Bl. 306.

Emanzipation war insbesondere aber das Leitmotiv für Vertreter des „volkspolnischen" Nationsentwurfs. Die politische Linke hatte in ihrem Verhältnis zur Landesverteidigung einen grundlegenden Wandel durchlaufen. Im polnisch-sowjetischen Krieg 1919/20 hatte sie zu den Anwälten einer frühzeitigen Friedenslösung gehört, sich in den späten 1920er Jahren scharf gegen die „Militärdiktatur" Piłsudskis gewandt und Rüstungsprojekte der *Sanacja* verurteilt,[523] doch nun mochte sie sich in ihrer Bereitschaft zur Landesverteidigung von niemandem übertreffen lassen. Gerne hob ein führender PPS-Aktivist wie Mieczysław Niedziałkowski hervor, dass im Jahre 1920 Bauern, Arbeiter und Angestellte die soziale Basis für die Regierung der nationalen Verteidigung gestellt hatten. Dabei postulierte er im Nachhinein eine „psychische Verbundenheit breiter Bevölkerungsmassen" mit der militärischen Führung.[524]

Ähnlich wie die Nationaldemokraten richtete aber auch die politische Linke in den 1930er Jahren einige kritische Anfragen an die verteidigungspolitischen Vorbereitungen der *Sanacja*-Regierung. Nach ihrer Auffassung war die Landesverteidigung auf so breiter Basis wie 1920 unter den Bedingungen der *Sanacja*-Herrschaft nicht zu verwirklichen: Über einen Sieg im Krieg „entscheiden nicht nur die kasernierten Berufssoldaten, sondern vor allem auch Reservisten und Freiwillige".[525] Die Bauernbewegung postulierte zum 15. August 1938: Um sich zu verteidigen, müsse Polen „technisch, aber auch moralisch gerüstet sein".[526] Dies schien der politischen Linken nur möglich, wenn auch einfachere Bevölkerungsschichten Bildung, Arbeit und volle politische Rechte erhielten.[527]

Die „volkspolnische" Devise lautete, dass nur ein freies Volk das Land richtig verteidigen könne. Daher forderte die politische Linke gegen Ende der 1930er Jahre auf Kundgebungen mit neuem Nachdruck eine Änderung der Wahlordnung zu Sejm und Senat, unabhängige Wahlen zur Selbstver-

---

[523] Komunikat Informacyjny nr 52 (7 V 1929), in: MSW, Komunikaty Informacyjne, Bd. 3, H. 2, S. 540.
[524] Mieczysław Niedziałkowski: Dzień 15 sierpnia. Drogi Polski, in: Robotnik, 15. 8. 1936, S. 3.
[525] AAN, PPS, 114/IV-3, Bl. 27; so auch Mieczysław Niedziałkowski: Dzień 15 sierpnia. Drogi Polski, in: Robotnik, 15. 8. 1936, S. 3; Stronnictwo Ludowe: Chłopi! in: Zielony Sztandar, 19. 7. 1936, S. 1.
[526] Uroczysty obchód Święta Czynu Chłopskiego, in: Robotnik, 16. 8. 1938, S. 1; Stanisław Mikołajczyk: W rocznicę „Czynu Chłopskiego", in: Zielony Sztandar, 14. 8. 1938, S. 1; Twarzą ku Nowosielcom, in: Zielony Sztandar, 2. 10. 1938, S. 1; so nachdrücklich noch ein Jahr später: J. Gr.: W poszukiwaniu twardych i mocnych ludzi, in: Zielony Sztandar, 6. 8. 1939, S. 3.
[527] AAN, PPS, 114/IV-3, Bl. 27; Stronnictwo Ludowe: Ludu Rolny! in: Zielony Sztandar, 31. 7. 1938, S. 1; Wytyczne demokratycznego ustroju oświaty, in: Głos Nauczycielski, 23 (33), 1938/39, S. 816 - 818.

waltung, eine Senkung der Arbeitslosigkeit statt Einrichtung von Arbeitsdienst und Arbeitslagern sowie die außenpolitische Verständigung Polens „mit den großen Demokratien Frankreich, England und Vereinigte Staaten".[528] Am Vorabend des 1. Mai 1939 postulierte auf einer akademischen Feier im Warschauer Vorort Włochy der junge Journalist Stanisław Chudoba, der dem linken Flügel der PPS angehörte: „Wir sind bereit, das Land zu verteidigen – aber wir wollen wissen, welches Gesicht es in Zukunft haben wird. Minister Beck und alle, die dem Hitlerismus geholfen haben, müssen ihren Hut nehmen, und es muss eine Arbeiter- und Bauern-Regierung entstehen, schließlich muss dem Faschismus der Kopf abgerissen und der polnische Totalitarismus beendet werden."[529] In der Überzeugung, mit Arbeitern, Bauern und Angestellten ein höchst bedeutsames Massenpotenzial zu repräsentieren, formulierte die politische Linke ein Junktim zwischen Landesverteidigung und Emanzipationsbestrebungen.

Gemeinsam war der politischen Linken, den Nationaldemokraten und der *Sanacja* am Vorabend des Zweiten Weltkrieges der Argumentationsrahmen: Sämtliche politischen, kulturellen und gesellschaftlichen Entwicklungen wurden unter dem Blickwinkel der Verteidigungsfähigkeit analysiert. Vor den Schrecken des Krieges, denen in erster Linie die wehrlose Bevölkerung von Stadt und Land zum Opfer fallen werde, warnten nur vereinzelte Stimmen,[530] denn über die konkrete Gefahrenabwehr hinaus bot der Diskurs der Landesverteidigung angesichts der inneren Polarisierung des Landes eine nur schwer zu relativierende Verheißung: die Einheit der Kriegsnation.

3.3 Generationswechsel: Die Jugend als Hoffnungsträger

Polen besaß in der Zwischenkriegszeit eine der höchsten Geburtenraten in Europa. Dies änderte sich auch nicht durch den gesellschaftlichen Wandel

---

[528] AAN, PPS, 114/IV-3, Bl. 26 - 28; ähnlich auch: 1 Maj w Polsce, in: Robotnik, 2. 5. 1937, S. 2.
[529] APW, UW Warszawski, 111, Bl. 19; gegen die polnischen politischen „Eliten" gerichtet auch: J. Gr.: W poszukiwaniu twardych i mocnych ludzi, in: Zielony Sztandar, 6. 8. 1939, S. 3.
[530] So der Entwurf eines Redetextes der PPS-Jugend zum 1. Mai 1939: APW, UW Warszawski, 111, Bl. 21 oder die Erinnerungen des kommunistischen Schriftstellers Aleksander Wat: Wat, Jenseits, S. 205 - 210; auf Seiten der politischen Rechten die Publizistik des Wilnoer Slavisten und Philosophen Marian Zdziechowski, vor allem sein letztes Werk: W obliczu końca, Wilno 1938.

und die zunehmende Urbanisierung in den 1930er Jahren.[531] Kinder und Jugendliche stellten damit in der Zweiten Republik einen Faktor von außerordentlicher gesellschaftlicher Bedeutung dar. Potenziert wurde dies durch eine starke ideelle Aufladung: Der Lehrerverband ZNP etwa feierte die Jugend als erste freie Generation Polens und Symbol für eine hoffnungsvolle Zukunft[532] und Lehrer schwärmten davon, dass die jetzigen Schüler bereits Kinder des unabhängigen Polens seien und von der Zeit der Teilungen, von den „traurigsten Tagen" nur noch aus Büchern und Erzählungen wüssten.[533] Die Überwindung der Teilungszeit und der notwendige Mentalitätswechsel für die Schaffung eines „neuen Polen" schien somit nur möglich durch die nachwachsende Generation: Sie sollte neue Wege finden zum „vollen Leben" und zur „Wahrheit".[534]

Die Jugend als Hoffnungsträger zu sehen, war dabei zunächst keine polnische Besonderheit. Das 20. Jahrhundert, von der schwedischen Pädagogin Ellen Key 1900 zum „Jahrhundert des Kindes"[535] ausgerufen, war weltweit durch eine Expansion staatlicher und gesellschaftlicher Aktivitäten zu Kindererziehung und Kinderwohlfahrt gekennzeichnet. Auffällig war für Polen allerdings durchaus die eindrucksvolle Entwicklung des Fachs Pädagogik in der Zwischenkriegszeit. Die neuen fachlichen Einsichten ließen sich nicht nur für eine Abgrenzung von der Teilungszeit nutzen, sondern in noch weit größerem Maße mit nationalen Zukunftsentwürfen verbinden. Das Vertrauen in die Gestaltbarkeit mentaler Prägungen und sozialer Prozesse führte dazu, dass das Schulwesen zu einem Politikum ersten Ranges wurde: Die Jugend gab eine Projektionsfläche für die unterschiedlichsten Bildungsideale und Erziehungsansprüche ab. Regierung, Kirche, traditionelle Eliten, politische Parteien, Lehrerverbände – sie alle sahen hier ihre Chance. Am drastischsten drückte es wohl der rechtsradikale ONR aus: „Wer nämlich die Erziehung dominiert und sich den Einfluss auf die junge Generation sichert, der hat in seinen Händen die Zukunft des Landes."[536]

---

[531] Stefan Szulc: Zróżnicowanie rozrodczości w Polsce w zależności od środowiska, in: Ruch Prawniczy, Ekonomiczny i Socjologiczny, 19, 1939, S. 191* - 211*.
[532] Dziesięciolecie Niepodległości Polski, in: Głos Nauczycielski, 12, 1928, S. 513.
[533] Święto młodzieży polskiej, in: Galiński, Dzień 11 listopada, S. 9 - 10.
[534] Halina Doria-Dernałowicz: Głos Młodych: Nasza Przyszłość, in: Ziemianka Polska, 1929, H. 5, S. 13 - 14; Odezwa Episkopatu Polskiego w sprawie antyreligijnych wystąpień na zjeździe Związku Nauczycieli Szkół Powszechnych w Krakowie w lipcu 1930 roku, in: Wiadomości Archidiecezjalne Warszawskie, 20, 1930, S. 280 - 282; List Pasterski J. Em. Ks. Kardynała Aleksandra Kakowskiego do Młodzieży, in: Wiadomości Archidiecezjalne Warszawskie, 28, 1938, S. 334 - 356.
[535] Die Übersetzung ins Polnische (*Stulecie dziecka*) besorgte 1904 die Frauenrechtlerin Iza Moszczeńska.
[536] AAN, Zbiór druków ulotnych, 154, Bl. 6a.

Die Sorge um die Zukunftschancen der Jugend war ein wichtiges Motiv für die anhaltenden Bemühungen um Schulausbau und Schulreform. Dabei ging es mindestens ebenso oft um einen Abbau von strukturellen Benachteiligungen wie um weltanschaulich-inhaltliche Fragen, etwa bei den Überlegungen zu einer „staatlichen" oder „nationalen" Erziehung. Welche Resonanz dies bei Jugendlichen fand und für wen Jugendliche tatsächlich zum Hoffnungsträger wurden, ließ sich dann an einer wichtigen Eintrittsschwelle in das öffentliche Leben beobachten - beim ersten politischen Engagement.

Zweifellos hatten, ebenso wie Pädagogen und Bildungspolitiker, auch die Vertreter der unterschiedlichen politischen Gruppierungen große Erwartungen an die Jugend: Sie sollte insbesondere bei der Demonstration von Mobilisierungsfähigkeit und Zukunftsgewissheit eine herausragende Rolle einnehmen. Den polnischen Sozialisten etwa galt die Jugend als positives Element, das „Begeisterung und Schwung", „Tapferkeit, Mobilität, Energie, ja auch Idealismus" mitbringe.[537] Bei den Feiern des 1. Mai hoben die Berichterstatter des *Robotnik* das Mitwirken der jungen Generation stets gebührend hervor.[538] Genauso gerne unterstrich die politische Rechte ihre Anziehungskraft auf die Jugend[539] und auch Gruppierungen der ethnisch nicht-polnischen Bevölkerung pflegten das „Junge" in Selbstbenennung, Symbolik und Habitus, besonders offensiv die dem Nationalsozialismus zugetane Jungdeutsche Partei.

Die allseits verbreitete Apologie von Jugend und Generationswechsel führte dazu, dass sich die unterschiedlichen politischen Gruppierungen förmlich darin überboten, eine Art Alleinvertretungsanspruch auf Mobilisierung, Förderung und „richtige" Geisteshaltung der Jugend zu erheben. Gewissheit gab es allerdings nicht; gerade im Zeichen des Lagerdenkens in den 1930er Jahren bewegte daher mit zunehmender Dringlichkeit die Frage, ob die mit so viel Hoffnung und Vorschusslorbeeren bedachte Jugend mehrheitlich im sozialistisch-„antifaschistischen" oder aber im nationaldemokratisch-„nationalen" Lager stand.

Stoff für einschlägige Interpretationen boten die politischen Feste. Während sich die Nationaldemokraten darum bemühten, für ihre Feiertagsveranstaltungen ein erfolgreiches und sozial ausgewogenes Zusammenwirken von jungen Arbeitern, Handwerkern, Bauern und Studenten nachzuwei-

---

537 Adam Próchnik: Strach przed demokracją, in: Robotnik, 30. 4. 1928, S. 1.
538 Mieczysław Niedziałkowski: Po 1 Maja. Pierwsze wnioski, in: Robotnik, 3. 5. 1936, S. 1; Solidarność mas chłopskich z robotnikami. Dzień 1 Maja w Polsce, in: Robotnik, 6. 5. 1936, S. 5.
539 Przeszłość a teraźniejszość, in: Warszawski Dziennik Narodowy, 15. 8. 1937, S. 3; B.: Siły organizacyjne Str. Narodowego w świetle obchodów sierpniowych, in: Warszawski Dziennik Narodowy, 22. 8. 1937, S. 3.

sen,⁵⁴⁰ sahen die Sozialisten „reaktionäre nationalistische und faschistische Strömungen" in erster Linie bei der Jugend der vermögenden Schichten und den Hochschülern verbreitet.⁵⁴¹ Dagegen beschwor die PPS, dass sich unter der Jugend antifaschistische und sozialistische Haltungen verbreiteten,⁵⁴² und aus Meldungen, dass Versuche nationaldemokratischer Studenten und Gymnasiasten, zum 1. Mai Unruhe zu stiften, ohne größere Probleme verhindert worden waren, zog Mieczysław Niedziałkowski triumphierend den Schluss: „Die Legende ist beseitigt, wonach in den 1930er Jahren die *Endecja* auf der Straße dominiert."⁵⁴³

Der siegesgewissen Rhetorik zum Trotz: Auch in den 1930er Jahren, als der Nachweis von Mobilisierungsfähigkeit das Gebot der Stunde zu sein schien, gab es immer wieder Klagen über ein Desinteresse von Jugendlichen an gesellschaftlich-politischer Arbeit. Letzteres war zumindest teilweise von einer wirtschaftlich unsicheren Lage bestimmt, die junge Menschen dazu veranlasste, ihr Leben rasch auf materiell solide Füße zu stellen und zeitaufwändiges Engagement in Jugendverbänden zu meiden.⁵⁴⁴ Sollte die Inanspruchnahme von Jugend und Zukunftsfähigkeit für den eigenen Nationsentwurf nicht kurzfristiges Mobilisierungsprodukt bleiben, mussten die einzelnen politischen und gesellschaftlichen Gruppierungen verstärkte Anstrengungen bei der Organisation von Nachwuchsgruppen oder bei der außerschulischen Bildungsarbeit leisten.

In den vom Lagerdenken geprägten Auseinandersetzungen der 1930er Jahre verwies die PPS gerne auf ihre erfolgreiche Jugendarbeit und leitete daraus selbstbewusst einen wesentlichen Grund für ihre Überlegenheit gegenüber der politischen Rechten ab.⁵⁴⁵ Tatsächlich war der wichtigste Stützpfeiler der Jugendarbeit dabei zunächst nicht die Partei selbst, sondern der 1923 gegründete sozialistische Bildungsverein Gesellschaft der Arbeiter-Universität (*Towarzystwo Uniwersytetu Robotniczego*, TUR). Das TUR verfügte seit 1926 über eine eigene Jugendorganisation (*Organizacja Młodzieży Towarzystwa Uniwersytetu Robotniczego*, OM TUR), die mehrere tausend Mitglieder zählte und ihre Präsenz gerne am 1. Mai sowie bei kulturellen und

---

540 B.: Siły organizacyjne Str. Narodowego w świetle obchodów sierpniowych, in: Warszawski Dziennik Narodowy, 22. 8. 1937, S. 3.
541 Adam Ciołkosz: P.P.S. – „siła fatalna", in: Robotnik, 1. 5. 1938, S. 5.
542 Rafał Praga: Nie tędy drogą!..., in: Robotnik, 4. 5. 1936, S. 2.
543 Mieczysław Niedziałkowski: Po 1 Maja. Pierwsze wnioski, in: Robotnik, 3. 5. 1936, S. 1. Ähnliches Fazit zum 1. Mai 1938: Warszawa pod Czerwonymi Sztandarami, in: Robotnik, 2. 5. 1938, S. 2.
544 APW, UW Warszawski, 92, Bl. 2 - 15, 37 - 39.
545 Mieczysław Niedziałkowski: Po dniu 1 Maja. Przemiany i wnioski, in: Robotnik, 5. 5. 1937, S. 3.

sportlichen Aktivitäten demonstrierte.[546] Allerdings prägten in den 1930er Jahren interne Auseinandersetzungen das Bild, da ein Teil der OM TUR sich der PPS als Parteijugend zuordnen wollte, ein anderer Teil hingegen auf die Existenz als selbständige Organisation pochte.[547] Hinzu kam, dass auch die KPP versuchte, auf die OM TUR Einfluss zu gewinnen.[548] 1936 löste die PPS die „radikalisierte" OM TUR auf und rief dafür den unmittelbar an die Partei gebundenen Zentrale Jugendabteilung der PPS (*Centralny Wydział Młodzieży PPS*) ins Leben. Schwierigkeiten psychologischer Art zeigten sich aus Sicht der Altvorderen darin, dass die junge Generation polnischer Arbeiter trotz allen politischen Engagements nicht mehr „all die Mühen der ersten Vertreter des Sozialismus in Polen" kennen gelernt habe und nur wenig „um die ruhmreiche Geschichte der PPS" wisse. Aufgabe war es daher, dem Parteinachwuchs gezielt „den Ruhm der Aktivisten im Untergrund, der Ritter der Revolution und der namenlosen Märtyrer und Kämpfer" näher zu bringen.[549]

Beruhigend konnte für die Sozialisten sein, dass die politische Konkurrenz ähnliche Sorgen mit den Jugendorganisationen plagten. Durch die Transformationen der Nationaldemokratie nach 1926 rückte zwar eine neue Generation von Politikern innerhalb von OWP, SN und ONR nach vorne, aber trotz aller Selbststilisierung als „Junge" stellten Funktionäre wie Tadeusz Bielecki, Jędrzej Giertych oder Jan Mosdorf längst keine Jugendlichen mehr dar. Keine Parteijugend im eigentlichen Sinne, aber ideologisch und personell teilweise recht eng mit der Nationaldemokratie verbunden war die mehrere zehntausend Mitglieder zählende Turnerbewegung *Sokół*. Auch hier gab es gegensätzliche Orientierungen. Während ein Teil des *Sokół* für die Zusammenarbeit mit dem SN eintrat, strebte ein anderer Teil, sich auf die Beteiligung an der vormilitärischen Ausbildung berufend, eine Annäherung an die *Sanacja* an.[550]

Regierungsnah orientierte politische Jugendgruppen wie der 1930 gegründete Legion der Jungen (*Legion Młodych*) oder die 1933 gegründete Organisation der arbeitenden Jugend (*Organizacja Młodzieży Pracującej*, OMP) zählten zwar oft mehrere tausend, teilweise auch über zehntausend Mitglie-

---

[546] APW, UW Warszawski, 105, Bl. 2 - 8; Henryk Jędrzejewski: Kilka refleksji o działalności OM TUR, in: P. P. S. Wspomnienia, Bd. 1, S. 331 - 343.
[547] AAN, MSW, 859, Bl. 2 - 14.
[548] APW, UW Warszawski, 92, Bl. 2 - 15; APW, UW Warszawski, 105, Bl. 2 - 8.
[549] Adam Ciołkosz: P.P.S. – „siła fatalna", in: Robotnik, 1. 5. 1938, S. 5. Eine wichtige Rolle spielten die vom Warschauer PPS-Aktivisten und Geschichtslehrer Jan Krzesławski herausgegebenen historischen Broschüren: Władysław Jagiełło: Wspomnienia młodzieżowca, in: P. P. S. Wspomnienia, Bd. 1, S. 310.
[550] AAN, MSW, 859, Bl. 2 - 14; APW, UW Warszawski, 92, Bl. 37 - 39.

der, wiesen jedoch wesentlich geringere Aktivitätsradien auf als die stärker vom Lagerdenken beeinflussten Organisationen der Opposition.[551] Zudem gab es nicht zuletzt auch hier politische Divergenzen: Während die OMP seit 1937 offiziell den OZN unterstützte, konvertierte um dieselbe Zeit ein beträchtlicher Teil von *Legjon Młodych*-Aktivisten zur oppositionellen politischen Linken.

Allein den Mitgliederzahlen nach zu schließen, waren Angebote ohne direkte parteipolitische Bindung für viele Jugendliche am attraktivsten. Bei der Schuljugend dominierten lange Zeit die Pfadfinder; zunehmender Beliebtheit erfreuten sich dann in den 1930er Jahren unter dem Zeichen von Großmachtambitionen und Landesverteidigung die Schülergruppen von Meeres- und Kolonial-Liga und Liga für Luftverteidigung und Gasabwehr. Schwächer vertreten war die unter Schirmherrschaft des Religions- und Bildungsministeriums stehende *Straż Przednia* („Vorwehr"), die sich in ihrer Arbeit auf die schulische Selbstverwaltung und die Weiterbildung konzentrierte. Im außerschulischen Bereich zählten die Schützenvereine und, insbesondere auf dem Lande, die Freiwillige Feuerwehr zu den beliebtesten Vereinigungen bei Jugendlichen. Die beiden zuletzt genannten Organisationen sahen ihren Tätigkeitsbereich vor allem in der praktischen Mitwirkung an staatlichen Feiertagen, im Engagement für die vormilitärische Ausbildung sowie im Kultur- und Bildungsbereich.[552]

Den mit Abstand größten Einfluss besaßen katholische Jugendvereinigungen.[553] Viele Pfarrgemeinden umwarben die Jugend regelrecht. Aufrufe von der Kanzel und in der katholischen Presse, vor allem aber das beispielgebende Engagement jüngerer Priester verfehlten auf viele Jugendliche nicht ihre Wirkung.[554] Unter politischen Gesichtspunkten verhielten sich die katholischen Jugendvereine wie die katholische Kirche insgesamt sorgfältig austariert. Unterstützung erhielten die Jugendgruppen einerseits durch Priester und gesellschaftliche Kreise, die der Nationaldemokratie nahe standen,[555] andererseits gaben sich die Führungsgremien der Jugendgruppen vor

---

[551] AAN, MSW, 859, Bl. 2 - 14; APW, UW Warszawski, 92, Bl. 2 - 15; APW, UW Warszawski, 105, Bl. 2 - 8.
[552] AAN, MSW, 859, Bl. 2 - 14; APW, UW Warszawski, 92, Bl. 2 - 15; APW, UW Warszawski, 105, Bl. 2 - 8.
[553] APW, UW Warszawski, 92, Bl. 37 - 39.
[554] AAN, MSW, 859, Bl. 2 - 14; APW, UW Warszawski, 92, Bl. 2 - 15; APW, UW Warszawski, 105, Bl. 2 - 8. Unklar ist, ob die antisemitische Propaganda mancher Geistlichen Ursache war für den starken Zulauf zu den katholischen Jugendorganisationen, wie dies die zeitgenössischen Lageberichte der Staatsverwaltung behaupteten.
[555] APW, UW Warszawski, 105, Bl. 2 - 8.

allem dort, wo ihre Bischöfe der *Sanacja* nahe standen, regierungstreu und übermittelten entsprechende Anweisungen an die einzelnen Ortsvereine.[556]

„Unpolitisch" waren Pfadfinder, Schützen oder katholische Vereine somit nicht; vielmehr prägten sich hier auf einer Ebene unterhalb elaborierter politischer Programmentwürfe Wertvorstellungen und Deutungsmuster aus. In europäischen Staaten mit einem bereits verfestigten Parteiensystem wären viele dieser Gruppen vermutlich längst als politische Vorfeldorganisationen in unterschiedliche „sozial-moralische" Milieus integriert worden; in Polen zeigten sich diesbezügliche Ansätze erst in den 1930er Jahren. Vor dem Hintergrund von gesellschaftlichem Wandel und Lagerdenken vollzogen sich dafür die Auseinandersetzungen um Einflussnahme und Zugehörigkeiten nun umso heftiger. Eindrucksvolle Beispiele für diese nachholende Politisierung waren die Jugendgruppen im ländlichen Raum.

Die Landjugend (*młodzież wiejska*) war lange Zeit eine rein sozialstatistische Größe gewesen; als Akteur auf der Bühne des öffentlichen Lebens war sie ein noch junges Phänomen, das sich erst im zweiten Jahrzehnt der Unabhängigkeit Polens deutlicher bemerkbar machte.

Aus der kritischen Sicht von Soziologen, die sich mit dem ländlichen Raum Polens beschäftigten, hatte es die Bauernbewegung lange Zeit nicht vermocht, die Kluft zwischen den aktiven Bauernführern, die sich hauptamtlich der Politik widmeten, und der weitgehend traditionellen Lebenswelt der Dorfbevölkerung zu überbrücken. Der Durchschlagskraft einer „wahrhaften" *polityka ludowa* („Volkspolitik") im Sejm und in anderen staatlichen Institutionen waren unter diesen Umständen enge Grenzen gesetzt.[557] Zum Hoffnungsträger avancierte nun die Jugend als eine von den Schwächen der Vergangenheit unbelastete und bereits vom unabhängigen Polen geprägte Generation.

Tatsächlich hatte der Landjugendverband *Wici* am Aufschwung der Bauernbewegung beträchtlichen Anteil. Bei der Mobilisierung von Anhängern setzten die *Wici* instinktsicher auf jene Themen und Aktivitäten, die sich unter der jungen Generation im ländlichen Raum besonderer Attraktivität erfreuten. Das Spektrum reichte von einer praktisch-beruflich orientierten Förderung der landwirtschaftlichen Ausbildung über die Arbeit im Genossenschaftswesen bis hin zu sportlichen und kulturellen Veranstaltungen.[558] Die letztgenannten Tätigkeitsbereiche waren nur vordergründig

---

556 AAN, MSW, 859, Bl. 2 - 14; APW, UW Warszawski, 92, Bl. 2 - 15.
557 Antoni Żabko-Potopowicz: Wieś polska w świetle polskich prac naukowych i publicystycznych z okresu po uwłaszczeniu włościan, in: Roczniki Socjologii Wsi, 2, 1937, S. 146 - 147.
558 APW, UW Warszawski, 105, Bl. 2 - 8; Włodzimierz Mędrzecki: Chłopi, in: Janusz Żarnowski (Hrsg.): Społeczeństwo polskie w XX wieku, Warszawa 2003, S. 130.

unpolitisch: Die Förderung des Sports beispielsweise eignete sich dazu, die infolge von Weltwirtschaftskrise und Subsistenzwirtschaft verschlechterte körperliche Kondition der ländlichen Jugend[559] zu heben, sie reflektierte aber auch den in den 1930er Jahren stark zunehmenden Kult der Körperlichkeit und hatte schließlich den praktischen Zweck, die Landjugend für handfeste Einsätze bei politischen Manifestationen zu „schulen".[560] Ging es beim Sport um Selbstvergewisserung durch Demonstration physischer Stärke, stand bei den kulturellen Aktivitäten die Suche nach einem spezifisch ländlichen Beitrag zum „volkspolnischen" Nationsentwurf im Vordergrund. Eine wichtige Rolle spielten Volksfeste, die auf folkloristische und regionalistische Gestaltungselemente zugriffen;[561] gerne bemüht wurde auch ein Geschichtsbild, das auf die bäuerlichen Freiheiten in der Zeit des frühen Slaventums hinwies und eine skeptische Haltung gegenüber dem modernen Staat zum Ausdruck brachte.[562]

Immer häufiger nahmen die *Wici* an politischen Veranstaltungen und Feiertagen des SL teil, bevorzugt in der Funktion einer Ordnungstruppe. Besondere Anerkennung fand bei der Führung des SL die tatkräftige Mitwirkung der *Wici* am Boykott der Sejm-Wahlen und am Bauernstreik 1937. Das SL sah die *Wici* auf einem Entwicklungspfad, der von einer parteipolitisch ungebundenen Landjugend zu einer Unterstützerorganisation des SL führte; dies wurde honoriert, indem Angehörige der Jugendbewegung in der Folge rasch in Führungsgremien des SL aufsteigen konnten.[563]

Der beachtliche Zulauf zu den *Wici* in den 1930er Jahren konnte regierungsnahen und kirchlich-konservativen Kreisen, die sich ebenfalls um die ländliche Jugend bemühten, nicht gleichgültig bleiben. Dies galt umso mehr, als die *Wici* mit ihren politischen Ansichten oft noch weit über die regime- und kirchenkritische Ausrichtung des SL hinausgingen: Sie riefen nicht nur im Sinne „Volkspolens" zur Zusammenarbeit mit der PPS und zum „Kampf für ein demokratisches Polen" auf,[564] sondern erhoben auch die Forderung nach bäuerlicher Dominanz in den traditionell oft von katholischen Pfarrern angeleiteten ländlichen Genossenschaften, propagierten

---

[559] Antoni Żabko-Potopowicz: Wieś polska w świetle polskich prac naukowych i publicystycznych z okresu po uwłaszczeniu włościan, in: Roczniki Socjologii Wsi, 2, 1937, S. 127.
[560] APW, UW Warszawski, 105, Bl. 2 - 8.
[561] Ebd., Bl. 2 - 8.
[562] Józef Młodowiejski: Ruch „Wiciowy", in: Ruch Katolicki, 7, 1937, S. 69 - 73; Jakubowska, Ruch ludowy, S. 154 - 155.
[563] APW, UW Warszawski, 102, Bl. 249 - 271; Józef Młodowiejski: Ruch „Wiciowy", in: Ruch Katolicki, 7, 1937, S. 69 - 73.
[564] APW, UW Warszawski, 105, Bl. 2 - 8; Józef Młodowiejski: Ruch „Wiciowy", in: Ruch Katolicki, 7, 1937, S. 69 - 73.

überhaupt den Kampf mit dem „Klerikalismus" und lehnten explizit die Zusammenarbeit „mit undemokratischen Organisationen oder solchen, die mit dem Dorf nur in einem losen Zusammenhang stehen", ab.[565]

Die *Sanacja*-Regierung sah sich zu mehr Einflussnahme herausgefordert: Die Landjugend sollte so gefördert werden, dass sie dem Staat „von Nutzen sein" konnte.[566] Das Landwirtschaftsministerium unterstützte daher offiziell die Landjugendorganisation *Siew*. Inhaltlich war die Konkurrenz zu den *Wici* nicht auf den ersten Blick zu erkennen, etwa bei der zumindest rhetorisch scharfen Wendung gegen die katholische Kirche. Der *Siew* warf der katholischen Kirche gleichfalls die Vernachlässigung von Bildung, Kultur und sozialer Situation des polnischen Dorfes vor[567] und brandmarkte das Wirken der Geistlichkeit und speziell der päpstlich initiierten *Akcja Katolicka* gar als „Einmischung internationaler Faktoren in die inneren Angelegenheiten Polens".[568] So ähnlich die Agitation gegen den „Klerikalismus" bei *Wici* und *Siew* auch klang, so unterschiedlich waren aber die Beweggründe. Während der *Siew* mit seinen Attacken die Kirche als Institution und traditionelle intermediäre Ordnungsmacht treffen wollte, da sie so dem Streben der *Sanacja* nach einem starken Staat entgegenstand,[569] sahen die *Wici* in den katholischen Glaubensauffassungen ein gravierendes Hindernis für Demokratie und Freiheit im Sinne „Volkspolens".

Mit dieser stärker weltanschaulichen Nuancierung stellten die *Wici* für die katholische Kirche den gefährlicheren Gegenpart dar. Die kirchliche Publizistik warf den *Wici* daher nicht nur eine größere Gewalttätigkeit im Kampf mit der Kirche vor, sondern sagte ihnen auch den Willen zum „Umsturz der bestehenden Ordnung" nach und warnte, dass das Engagement der *Wici* nach einer Machtergreifung „Volkspolens" in eine „Diktatur des Proletariats" umschlagen werde.[570]

---

[565] APW, UW Warszawski, 105, Bl. 2 - 8; ausführlich zur Haltung gegenüber der katholischen Kirche: Kołodziejczyk, Ruch ludowy, S. 388 - 406.

[566] Zygmunt Lewandowski: Krzywda wsi, in: Głos Nauczycielski, 20 (30), 1936, S. 607 - 608; Wacław Polkowski: Na drodze demokratyzacji kultury, in: Głos Nauczycielski, 23 (33), 1938/39, S. 109 - 111; Czesław Wycech: Działalność i rola Z. N. P. w niepodległej Polsce, in: Głos Nauczycielski, 23 (33), 1938/39, S. 203 - 206; AAN, Akta Moraczewskich, 21, Bl. 1 - 2, 13 - 14.

[567] APW, UW Warszawski, 105, Bl. 2 - 8; Franciszek Barda: Centralny Związek Młodej Wsi „Siew" i Uniwersytety Ludowe, in: Wiadomości Archidiecezjalne Warszawskie, 28, 1938, S. 527.

[568] Franciszek Barda: Centralny Związek Młodej Wsi „Siew" i Uniwersytety Ludowe, in: Wiadomości Archidiecezjalne Warszawskie, 28, 1938, S. 524 - 526.

[569] APW, UW Warszawski, 105, Bl. 2 - 8.

[570] Józef Młodowiejski: Ruch „Wiciowy", in: Ruch Katolicki, 7, 1937, S. 69 - 73. Als Feindbild katholischer Geistlicher rangierten die *Wici* damit fast gleichauf mit den Kommunisten, so die Einschätzung von Kołodziejczyk, Ruch ludowy, S. 423.

Die Konkurrenz von *Wici* und *Siew* mit katholischen Jugendgruppen ließ den Bischof von Przemyśl, Franciszek Barda, folgern, insgesamt gebe es in Polen eine Viertelmillion junger Menschen, die der Kirche feindlich gegenüberstünden.[571] Der Warschauer Erzbischof Kardinal Aleksander Kakowski bedauerte in einem Hirtenbrief die Entwicklung der Landjugend, die Emanzipation mit der Abwendung von der katholischen Kirche gleichsetze, ging aber davon aus, dass die Landjugend eigentlich „gesund und unverdorben" und die „Fehlentwicklungen bei der Jugend" lediglich das Werk Einzelner sei.[572] Nach wie vor galt die Annahme von der Erziehbarkeit der Jugend, und kirchliche Folgerung daraus war, verstärkte Fürsorge für die Landjugend im Rahmen der *Akcja Katolicka* zu leisten. Die Erziehung im katholischen Geiste sollte der zunehmenden Attraktivität „kommunistischen" Gedankenguts unter der Landjugend begegnen.[573]

Einig waren sich zeitgenössische Beobachter allein darin, dass die Landjugend besser organisiert war als die städtische Jugend. Dieses Phänomen resultierte nicht zuletzt aus der mobilisierenden Dynamik neuer Organisationen wie der *Wici*, des *Siew* und der *Akcja Katolicka*. Lagerdenken und einsetzende Milieubildungsprozesse standen dabei oft einem pragmatischen Miteinander der verschiedenen Jugendorganisationen hinderlich gegenüber.[574] Daraus den bedauernden Schluss zu ziehen, die Jugend sei in sich zerstritten und uneinig,[575] kündete allerdings in erster Linie von dem Wunsch, dass das Ziel nationaler Einheit, das in der Konkurrenz unterschiedlicher Nationsentwürfe gegenwärtig unerreichbar schien, von der Jugend verwirklicht werden müsse.

Die Generationsfrage in der Zweiten Republik erhielt ihr Gewicht damit nicht einfach aus einer demographischen Entwicklung heraus, sondern aus einem spezifischen historisch-politischen Kontext: aus einer verbreiteten Skepsis gegenüber der älteren, noch in der Teilungszeit sozialisierten Bevölkerung, insbesondere gegenüber ihrem Denken und ihren Wertehaltungen. Zur neuen Norm erklärt und verklärt wurden dagegen Selbstbilder, die von jugendlich starker Physis und Wehrhaftigkeit kündeten und in Festtagsritualen, im Diskurs der Landesverteidigung sowie in Lagerdenken prominenten

---

[571] Franciszek Barda: Centralny Związek Młodej Wsi „Siew" i Uniwersytety Ludowe, in: Wiadomości Archidiecezjalne Warszawskie, 28, 1938, S. 523 - 532.
[572] List Pasterski J. Em. Ks. Kardynała Aleksandra Kakowskiego do Młodzieży, in: Wiadomości Archidiecezjalne Warszawskie, 28, 1938, S. 334 - 356; ähnlich auch schon Józef Młodowiejski: Ruch „Wiciowy", in: Ruch Katolicki, 7, 1937, S. 69 - 73.
[573] APW, UW Warszawski, 105, Bl. 2 - 8.
[574] AAN, MSW, 859, Bl. 2 - 14; APW, UW Warszawski, 92, Bl. 2 - 15, 37 - 39; APW, UW Warszawski, 105, Bl. 2 - 8.
[575] List Pasterski J. Em. Ks. Kardynała Aleksandra Kakowskiego do Młodzieży, in: Wiadomości Archidiecezjalne Warszawskie, 28, 1938, S. 334 - 356.

Niederschlag fanden. Zog damit der Generationswechsel einen Verlust freiheitlicher und demokratischer Orientierungen nach sich?[576] Die Antwort auf diese Frage muss ambivalent ausfallen: Vertreter der älteren Generation, die vor dem Ersten Weltkrieg nationale Unabhängigkeit und gesellschaftliche Emanzipation als Ziele miteinander verknüpft hatten, brachten zwar die partizipatorische Ausgestaltung des jungen polnischen Staatswesens voran, konnten aber selbst nicht aus einem krisenfesten Erfahrungsschatz „gelebter" Demokratie schöpfen. Dies zeigte sich überaus deutlich seit 1926, als die *Sanacja* ihre im Handstreich ergriffene Macht sukzessive ausbauen konnte. Umgekehrt hinderte in den 1930er Jahren ein militärischer und „revolutionärer" Habitus oppositionelle jugendliche Festtagsteilnehmer nicht daran, mehr Partizipation, Demokratie und soziale Gerechtigkeit zu fordern. Der Blick auf die junge Generation der Zweiten Republik zeigt damit weniger den mitunter so euphorisch erhofften Mentalitätswechsel als eine gesellschaftlich-politische Umbruchssituation mit widersprüchlichen Momenten und offenem Ausgang.

3. 4 Die Organisierung der Gesellschaft

Für die 1930er Jahre hat Norman Davies festgestellt, dass viele gesellschaftliche und politische Organisationen eine weit größere Massenanziehungskraft besaßen als noch im ersten Jahrzehnt der Unabhängigkeit.[577] Dies war nicht nur ein Symptom des gesellschaftlichen Wandels in Polen, sondern vielmehr noch der politischen Steuerung dieses gesellschaftlichen Wandels. Unter den *Sanacja*-Regierungen seit 1926 wurden Initiativen zur kollektiven Organisierung der Gesellschaft ausdrücklich sanktioniert. Gemeinschaftsbildung und Entpolitisierung sollten den autoritären Partizipationsentzug abmildern und ausgleichen.

Diese Zielsetzung ließ sich auf unterschiedlichen Wegen erreichen. Die territoriale Selbstverwaltung beispielsweise stand gegen Ende der 1920er Jahre vor einer doppelten Herausforderung: Einerseits sollte sie nach dem Wunsch der *Sanacja* eine möglichst staatsnahe Ausgestaltung erfahren, andererseits war sie auf die Mitarbeit der Bevölkerung angewiesen. Der Lösungsansatz der *Sanacja* lief darauf hinaus, das Engagement der Bevölkerung nicht als Eigeninitiative, sondern als Hilfe für die staatliche Verwaltung zu verstehen.

---

[576] Steffen, Jüdische Polonität, S. 101; Kawalec, Spadkobiercy, S. 162.
[577] Davies, Im Herzen Europas, S. 118.

Konkrete Instruktionen kamen auf einer Versammlung von Starosten der Wojewodschaft Warschau im Jahre 1929 zur Sprache. Demnach waren „aktive Kräfte der örtlichen Bevölkerung", die bislang noch in verschiedenen gesellschaftlichen Organisationen vertreten waren, zu sammeln und auszubilden.[578] 1936 listete ein interner Bericht des Innenministeriums die Erfolge auf, die seither bei der Koordination des gesellschaftlichen Lebens zu verzeichnen waren:

„1/ Minderung der Zahl neu gegründeter Organisationen, 2/ fortgesetzte Liquidierung nicht gemeinnütziger Organisationen, 3/ genaue Auswahl der Mitglieder von Organisationen, 4/ Wahl von Vorständen, die eine sachgemäße Arbeit in den Organisationen garantierten, 5/ deutliche Zunahme von Organisationen, die einem höherem Gemeinwohl dienen, 6/ allgemein – die Erweckung eines gesunden gesellschaftlichen Instinkts, der dazu geführt hat, dass sowohl moralische als auch materielle gesellschaftliche Errungenschaften steigende Achtung erfahren".[579]

Um den Eindruck einer allzu starren Reglementierung „von oben" zu vermeiden, konzedierten die Bürokraten der *Sanacja*, innerhalb eines festgesteckten Rahmens sollten sich die Aktiven „selbständig" entwickeln dürfen,[580] amtliche Berichterstatter strichen sogar eigens heraus, wenn Initiativen aus der Bevölkerung kamen.[581] Die Vorstellungen von gesellschaftlicher Organisierung und gelenkter Partizipation der Bevölkerung trafen hier mustergültig zusammen.

Dabei ging es durchaus nicht bevorzugt darum, flächendeckend neue Institutionen und Organisationen zu schaffen, sondern es genügte vielfach, an Bestehendes anzuknüpfen, ihm aber eine veränderte inhaltliche Richtung zu geben. Das Genossenschaftswesen etwa, das im 19. Jahrhundert nicht nur aus wirtschaftlichen Erwägungen heraus, sondern auch in Resistenz gegen die Politik der Teilungsmächte konzipiert worden war und sich rasch zu einem wichtigen Pfeiler der polnischen Nationalbewegung entwickelt hatte, bot nun aus staatsnationaler Perspektive ein hervorragendes Anschauungsbeispiel, um „die Fähigkeit zum Zusammenleben und zur Zusammenarbeit in der Gemeinde" zu schulen. Dies galt umso mehr, als es sich beim Genossenschaftswesen ebenso wie bei der Kommunalpolitik um Tätigkeitsfelder handelte, die für einen großen Teil der Bevölkerung auf der Ebene lokaler Lebenswelten erfahrbar waren. Daher lag es nicht fern, im Rahmen der

---

[578] AAN, Akta Moraczewskich, 21, Bl. 1 - 2, 13 - 14.
[579] AAN, MSW, 859, Bl. 2.
[580] AAN, Akta Moraczewskich, 21, Bl. 1 - 2, 13 - 14.
[581] AAN, MSW, 859, Bl. 2 - 14.

„staatlichen" Erziehung dieses Ideal des Kollektivismus bereits Kindern in der Grundschule zu vermitteln.[582]

Das Bemühen um die Jugend stand im Zentrum diverser Organisierungsversuche. Prominentes Beispiel war die vormilitärische Ausbildung, die sich aus regelmäßigen Übungen im Rahmen bereits bestehender Jugend-, Sport- und Reservistenverbände entwickelte. Dabei konnten sich staatliche Stellen auf diesem Wege nicht nur stets gut informiert halten über die aktuellen Strömungen der jüngsten Generation, sondern sie konnten auch die Kontrolle über die „dynamischsten Elemente der Gesellschaft" gewinnen und den eigenen Erziehungsanspruch durchsetzen: Die Arbeit mit den Jugendlichen sollte deren Sympathie für den polnischen Staat fördern.[583]

Der Ausgangspunkt für die Etablierung kollektivistischer Denk- und Handlungsweisen war nicht erst bei der *Sanacja* zu suchen, sondern in einem Gesellschaftsideal, das in Ansätzen bereits seit dem frühen 19. Jahrhundert formuliert worden war. Die Teilungen Polens, obgleich in erster Linie der expansiven Politik Preußens, Russlands und Österreichs zuzuschreiben, hatten schon wenig später polnische Gelehrte, Publizisten und Politiker mit der selbstkritischen Frage bewegt, inwieweit innerpolnische Umstände den Verlust der eigenen Staatlichkeit befördert hatten. In dieser Perspektive erfuhr die „goldene Freiheit" der polnisch-litauischen Adelsrepublik eine pejorative Umwertung zur „Anarchie": Der ausufernde Individualismus der Polen zog demnach parallel mit einem übermäßigen Gebrauch von „Freiheit".[584]

In der Zweiten Republik Polen setzte sich von Anfang an die Maßgabe fest, die Fehler des 17. und 18. Jahrhunderts zu vermeiden. Auch war eine Abgrenzung gegenüber Vorstellungen des 19. Jahrhunderts vorzunehmen, als infolge der fehlenden polnischen Staatlichkeit ein vermeintlich individualistisches Verständnis von Politik vorherrschte. Die Argumentation mit nationalen polnischen Geschichtserfahrungen stellte allerdings nur eine Seite der Medaille dar. Ebenso wirkungsvoll zeigte sich nach dem Ersten Weltkrieg eine gesamteuropäische Zeitströmung, wonach der als „chaotisch" empfundenen Moderne durch neue Formen von Gemeinschaft zu begegnen war.[585]

Die Gegenüberstellung von Individualismus und Kollektivismus gewann an neuer Schärfe in der Debatte über den politischen Massenmarkt und das parlamentarische System in Polen nach 1918. Als Ursache für innenpoliti-

---

[582] Ruch spółdzielczy a naucycielstwo, in: Głos Nauczycielski, 12, 1928, S. 2 - 3.
[583] AAN, Akta Moraczewskich, 21, Bl. 14.
[584] Wł. Horoch: Na marginesie ideologji związku P. N. S. P., in: Głos Nauczycielski, 14, 1930, S. 274 - 277.
[585] Prägnante Darstellung bei Mai, Europa, S. 7 - 51.

sche Probleme wurde oft rasch ein Mangel an Solidarität oder eine Dominanz von Einzelinteressen ausgemacht. Selbst die Märzverfassung 1921 fand aus dieser Perspektive eine kritische Beleuchtung: Der Krakauer Rechtswissenschaftler Władysław Leopold Jaworski, der einst für die Konservativen Abgeordneter im österreichischen Staatsrat in Wien gewesen war, befand, hier sei zu viel vom „liberal-individualistischen Denken des 19. Jahrhunderts" spürbar, von jenem Denken also, das sich an den in der Französischen Revolution propagierten Werten Freiheit und Gleichheit orientierte. Die Verfassung von 1921 bevorzuge einseitig die individuellen Rechte der Bürger, dabei hätten sich längst die Schattenseiten des Individualismus gezeigt: Er führe zu „Atomismus", zu „Hedonismus und Utilitarismus".[586]

Tatsächlich war für konservative und katholische Kreise das Entstehen einer Massengesellschaft in Polen erst der Ausgangspunkt, Formen der kollektiven Organisierung zu erproben. So gab der Verband der Gutsbesitzerinnen die gemeinschaftliche Interessenvertretung als ein Zeichen der neuen Zeit aus[587] und die katholische Kirche setzte als positives Leitbild das systematische gesellschaftliche Engagement in der *Akcja Katolicka* gegen den Individualismus und die Auffassung von der Religion als Privatsache. In den 1930er Jahren galt die Sympathie dem Korporationismus, der mit seinem Ansinnen, Freiheit mit Autorität und die Selbstverwaltung der Gesellschaft mit einem starken Staat zu verbinden, einen „dritten" Weg jenseits von Demokratie und Diktatur verkörperte. Die *Akcja Katolicka* sollte auch hierzu mit ihrem organisatorischen Netz wichtige Anknüpfungspunkte bieten.[588]

Für die Nationaldemokraten wurzelte der Anreiz zur kollektiven Organisierung der Gesellschaft unmittelbar in der Denkfigur der Nation: Die Nation als Kollektiv habe die Menschen aus der Vereinzelung und der Rückständigkeit zu neuer Zivilisation geführt; „alles, was heute jeder Einzelne besitzt oder besitzen kann, verdankt er der jahrhundertelangen kollektiven Anstrengung der Nation".[589] Mit dieser Sichtweise gingen auf der politischen Rechten sozialharmonische Gesellschaftsvorstellungen einher. In Wahlkämpfen bekundeten die Nationaldemokraten, ihre Wahlliste symbolisiere den solidarischen Zusammenhalt aller Schichten der Nation, und mahnten: „Lassen wir es nicht zu, dass unsere Nation geteilt wird, sondern verbinden wir die Menschen in Stadt und auf Land, die Ärmeren und die

---

[586] Władysław Leopold Jaworski: Indywidualizm i uniwersalizm w konstytucji marcowej, in: Ruch Prawniczy, Ekonomiczny i Socjologiczny, 5, 1925, S. 666 - 670.
[587] Julja Roguska: O siłach kobiecych, in: Ziemianka, 7, 1918, S. 134 - 137.
[588] Jan Piwowarczyk: Przyszłość myśli katolicko-społecznej i możliwość jej realizacji w Polsce, in: Ruch Katolicki, 7, 1937, S. 388 - 405.
[589] Związek Ludowo-Narodowy, Nacjonalizm, S. 3 - 9.

Reicheren, Priester, Intellektuelle, Bauern und Arbeiter zu einem einzigen Organismus, in dem ein einziges polnisches Blut fließt."[590]

Der Kollektivismus der Nationaldemokraten wies einerseits eine starke ethnisch-nationale Färbung auf, andererseits führte die von der politischen Rechten hochgehaltene Erinnerung an die von privater Initiative getragene „organische Arbeit" des 19. Jahrhunderts dazu, dass das Verhältnis von Individuum und Kollektiv weniger hierarchisch denn als Wechselspiel gesehen wurde. Symptomatisch hierfür waren Aussagen, wonach es ohne den Willen jedes Einzelnen keinen kollektiven Willen gebe: „Der Staatsbürger wächst durch die Nation, und die Nation durch den Staatsbürger."[591]

Kollektivistische Vorstellungen auf der politischen Linken schließlich waren auf eine „soziale Demokratisierung" Polens gerichtet: Dem gesellschaftlichen Umbruch in Nachkriegszeit und Weltwirtschaftskrise konnte nach Überzeugung der politischen Linken nur durch systematische und kollektive Anstrengungen begegnet werden, wie sie in Sozialreformen und Sozialgesetzgebung der Zweiten Republik zumindest ansatzweise zu Tage traten.[592] Dagegen galt der Individualismus des 19. Jahrhunderts, der sich auf das religiöse Gebot der Nächstenliebe stützte und überwiegend in privater Wohltätigkeit zum Ausdruck kam, als überholt.

So war auch bei denjenigen politischen und sozialen Gruppierungen Polens eine Neigung zum Kollektivismus anzutreffen, die zur *Sanacja*-Regierung in Distanz oder Opposition standen. Bei allen Unterschieden in Motivation und ideengeschichtlicher Herleitung gab es somit in der Zweiten Republik theoretisch einen breiten Konsens, die kollektive Organisierung der Gesellschaft als Problemlösungsstrategie anzuerkennen. Ebenso symptomatisch für die Geschichte der Zweiten Republik war jedoch, dass diesem Anspruch in der Praxis gravierende Hindernisse entgegenstanden.

So machte sich insbesondere in der ländlichen Lebenswelt häufig noch ein Aktivitätsrhythmus bemerkbar, der an jahreszeitlichen und naturräumlichen Gegebenheiten orientiert war. Das Wirken gesellschaftlicher Organisationen ruhte während der Zeit der Feldarbeiten und lief meist erst wieder im September an.[593] Eine systematische Organisierung der Gesellschaft war arbeitsökonomisch vorerst nur schwer durchsetzbar. Auch hielt sich in konservativen und katholischen Kreisen trotz der beginnenden Hinwendung zu

---

[590] AAN, Zbiór druków ulotnych, 103, Bl. 56, 105.
[591] Związek Ludowo-Narodowy, Nacjonalizm, S. 3 - 9; so auch Stemler, Trzeci maj, S. 17; Halina Doria-Dernałowicz: Głos Młodych: Nasza Przyszłość, in: Ziemianka Polska, 1929, H. 5, S. 13 - 14.
[592] Zofja Daszyńska-Golińska: Polityka społeczna a Polska, in: Ruch Prawniczy, Ekonomiczny i Socjologiczny, 10, 1930, S. 191* - 200*.
[593] APW, UW Warszawski, 92, Bl. 19 - 20.

neuen Formen der gesellschaftlichen Organisierung ein individualistischer Habitus: Die Polen liebten es nicht, „in Gemeinschaft zu leben", dies habe schon die staatstragende Schicht der alten *Rzeczpospolita*, der Adel, gezeigt.[594] Und nicht zuletzt war die Mehrzahl der gesellschaftlichen Organisationen nach wie vor im religiösen und karitativen Bereich verankert, diente Bildungszwecken oder der Wirtschaftsförderung. Der hier oftmals geübte Paternalismus war mit dem Kollektivismus durchaus nicht deckungsgleich.

Diese strukturelle Offenheit des gesellschaftlichen Lebens in Polen hatte ambivalente Auswirkungen: Auf der einen Seite konnten neue Akteure wie die *Sanacja* seit 1926 rasche Geländegewinne erzielen, auf der anderen Seite war in Zeiten des Umbruchs nur zu oft mit einem deutlichen Nachlassen der Organisierungsbereitschaft zu rechnen. Dies zeigte zunächst die Weltwirtschaftskrise: Die schwierige materielle Lage vieler Bevölkerungsschichten führte zu Zurückhaltung, wenn es um gesellschaftliches Engagement ging. Lediglich Vereinigungen, die ihren Mitgliedern einen konkreten materiellen Nutzen versprachen, hielten sich einigermaßen schadlos.[595] Eine organisatorische Krise erlebte dann die *Sanacja* nach Piłsudskis Tod 1935. Die Auflösung des BBWR, der zeitweise einen merklichen Teil des polnischen gesellschaftlichen Lebens integrierend überwölben konnte, wirkte sich hier desorientierend aus.[596] Vor allem Vertreter liberaler und linker Positionen distanzierten sich zunehmend von der *Sanacja*. Beträchtliche Wirkung entfaltete eine Resolution des ZNP-Kongresses 1935, wonach die Grundschullehrer nur noch in einer einzigen, frei wählbaren gesellschaftlichen Organisation tätig sein sollten. Vom Rückzug dieser gerade in ländlichen Regionen als Multiplikatoren des öffentlichen Lebens bedeutsamen Berufsgruppe waren vor allem die Schützenvereine betroffen,[597] aber auch die Nachfolgeorganisation des BBWR, der im Februar 1937 gegründete OZN.[598] In manchen Regionen der Wojewodschaft Warschau zeigte sich der OZN noch 1938 wenig präsent. Die Etablierung neuer Ortsverbände ging nur langsam vonstatten.[599]

Mit Erleichterung registrierten amtliche Berichterstatter, dass sich in der zweiten Hälfte der 1930er Jahre wieder eine Belebung des politischen und gesellschaftlichen Lebens abzeichnete, denn dies konnte schließlich auch

---

[594] Stemler, Trzeci maj, S. 18 - 19; Józef St. Czarnecki: Akcja Katolicka a polska rzeczywistość, in: Ruch Katolicki, 6, 1936, S. 164. Allerdings hielten beide Autoren dies für eine zu überwindende polnische Eigenart.
[595] APW, UW Warszawski, 92, Bl. 19 - 20.
[596] Ebd., Bl. 19 - 20.
[597] AAN, MSW, 859, Bl. 12.
[598] APW, UW Warszawski, 92, Bl. 37 – 39.
[599] APW, UW Warszawski, 102, Bl. 249 - 271; APW, UW Warszawski, 109, Bl. 212 - 243.

dem OZN zugute kommen.[600] Ein erster Erklärungsansatz für diese Entwicklung lag in ökonomischen Wirkzusammenhängen: In dem Maße, wie sich die materielle Lage der Bevölkerung nach der Weltwirtschaftskrise sukzessive verbesserte, war dieser Logik gemäß wieder eine größere gesellschaftliche Aktivität der Bevölkerung zu erwarten.[601]

Noch vorteilhafter für die *Sanacja* aber war ein zweiter Erklärungsansatz, der den Aufschwung des gesellschaftlichen Organisationswesens staatsnationaler Initiative zugute schrieb. Wenn nun schon die kollektive Organisierung der Gesellschaft und die gelenkte Partizipation taugliche Instrumente zur Eindämmung des angeblich traditionellen „polnischen Individualismus" und des politischen Wettbewerbs waren, dann lag es nahe, sie auch gegen die wachsende innenpolitische Polarisierung der späten 1930er Jahre einzusetzen. In der Tat stellten Vertreter der *Sanacja* immer häufiger Überlegungen zu einer korporationistischen und am sozialen Proporz orientierten Verfasstheit des politischen Lebens in Polen an. Die April-Verfassung von 1935 und die neuen Wahlordnungen zu Sejm und Senat markierten erste Schritte zur praktischen Umsetzung. Vor allem aber ließen sich die Zuspitzung der internationalen Lage und das ambitionierte Streben Polens nach einer Großmachtrolle in Europa mobilisierend nutzen: Bislang ungekannten Zulauf erfuhren Organisationen wie das Polnische Rote Kreuz, die Liga für Luftverteidigung und Gasabwehr oder die Meeres- und Kolonial-Liga.[602]

In der staatsnationalen Wahrnehmung vermischten sich die gesellschaftlichen Wandlungsprozesse in den 1930er Jahren häufig mit Elementen einer idealisierten Selbstbeschreibung. Beliebt war vor allem die Annahme, dass die entscheidenden Impulse für die neu in Angriff genommene kollektive Organisierung der Gesellschaft von der Jugend ausgingen.[603] Dies entsprach der Denkfigur, dass Fortschritt und Zukunft der polnischen Nation an die junge Generation geknüpft seien.

Die Grenzen dieses Anspruchs ließen sich in erster Linie bei den Jugendlichen in den Städten beobachten. Viele von ihnen hatten sich keiner Bildungsorganisation oder Sportgruppe angeschlossen. Wenn sie dann noch keinen Militärdienst absolvierten, galten sie rasch als Zielgruppe für „umstürzlerische Agitation".[604] Diese Befürchtung, so überzogen sie auch war, brachte anschaulich zutage, dass der Aufschwung des öffentlichen Lebens in den 1930er Jahren nicht ohne Konkurrenz zu den Vorstellungen der *Sanacja* war. Der spektakuläre Boykott der Sejm-Wahlen 1935 hatte gerade den Op-

---

[600] APW, UW Warszawski, 92, Bl. 37 – 39; APW, UW Warszawski, 105, Bl. 2 - 8.
[601] APW, UW Warszawski, 92, Bl. 37 - 39.
[602] APW, UW Warszawski, 92, Bl. 19 - 20; APW, UW Warszawski, 105, Bl. 2.
[603] APW, UW Warszawski, 105, Bl. 2 - 8.
[604] AAN, Akta Moraczewskich, 21, Bl. 1 - 2, 13 - 14.

positionsparteien und den mit ihnen verbundenen Jugendorganisationen neuen Zulauf beschert, allen voran den *Wici* und der OM TUR. Aus der Perspektive amtlicher Berichterstatter stellten diese Gruppierungen eine Gefährdung für die staatsnationalen Organisationen dar. Insbesondere OM TUR und *Wici* wurden häufig als „Kommunisten" und „Radikale" diffamiert, gegen die es galt, sich in eine „einheitliche Front" zu stellen.[605]

Eine kaum geringere Herausforderung für die *Sanacja* und ihre Vision einer kollektiv organisierten Gesellschaft stellte die *Akcja Katolicka* dar. Entgegen den im rechten und konservativen politischen Spektrum lange Zeit dominierenden Gepflogenheiten traditionell-paternalistischer Vereinsarbeit erhob nun eine Organisation der katholischen Kirche den Anspruch auf Massenbasis und auf eine über rein religiöse Belange hinausgehende gesellschaftliche Repräsentation. Wenngleich sich die AK nicht ablehnend gegen die *Sanacja* stellte, so festigte sie doch das Selbstverständnis der katholischen Kirche, eine von politischen Konjunkturen unabhängige intermediäre Ordnungsgröße darzustellen.

Die zeitgenössischen Wahrnehmungen und Erklärungsansätze des gesellschaftlichen Wandels in der zweiten Hälfte der 1930er Jahre waren teilweise widersprüchlich und nicht frei davon, für eine Erfolgsbilanz von Regierungspolitik oder oppositionellem Engagement vereinnahmt zu werden. Deutlich zeigte sich aber: Die Faszination von Gemeinschaft und die Präferenz für eine sozialharmonische Ordnung waren, ungeachtet der praktischen Umsetzungsprobleme, bei nahezu allen politischen und gesellschaftlichen Gruppierungen Polens präsent. Zu Beginn der Zweiten Republik standen vor allem die als „Lektion aus der Geschichte" verinnerlichte kritische Rückschau auf die „Anarchie" der frühneuzeitlichen Adelsrepublik und das Unbehagen am neu etablierten politischen Massenmarkt im Vordergrund der Argumentation. In den 1930er Jahren gaben dann der Diskurs der Landesverteidigung und die Polarisierung konkurrierender Nationsentwürfe im Lagerdenken entscheidende Anreize, den Erfolg kollektivistischer Lösungsstrategien zu beschwören.

3. 5 Raumvorstellungen

Die räumliche Dimension der polnischen Nation hat die Geschichtsschreibung bislang überwiegend mit Blick auf die ideengeschichtliche Auseinandersetzung zwischen „jagiellonischer" und „piastischer" Konzeption, zwischen Föderationisten und Inkorporationisten erfasst. Unverkennbar war

---

[605] APW, UW Warszawski, 92, Bl. 2 - 15, 19 - 20, 37 - 39.

dabei im Verlauf der Zwischenkriegszeit ein Bedeutungs- und Gestaltwandel. Das Engagement, mit dem die Diskussion in den ersten Nachkriegsjahren geführt wurde, resultierte aus der damals so verlockend aufscheinenden Möglichkeit, im Kampf um die künftigen Staatsgrenzen die je eigene Raumvorstellung verwirklicht zu sehen. In den 1930er Jahren bescherten die Großmachtambitionen der *Sanacja* dem Ringen um die „richtige" geographisch-historische Orientierung Polens erneute Konjunktur. Die Debatte verlief diesmal allerdings in weitaus akademischeren Bahnen, getragen vornehmlich von dem wohl prominentesten zeitgenössischen Erforscher des polnischen Spätmittelalters und Fürsprecher der „Jagiellonen", Oskar Halecki, einerseits und dem Posener Mediävisten Zygmunt Wojciechowski und dem Krakauer Frühneuzeithistoriker Władysław Konopczyński andererseits.[606] Der Gegensatz zwischen „jagiellonischer" und „piastischer" Konzeption gab nun, in einem territorial und administrativ konsolidierten Staatswesen, eher eine begleitende Orientierungshilfe ab – sowohl bei der außenpolitischen Standortbestimmung als auch bei der kognitiven und emotionalen Aneignung des nach 1918 neu zusammengesetzten Landes.

Die „äußere" und die „innere" Seite der räumlichen Selbstbeschreibung Polens waren eng miteinander verknüpft. Die als weitgehend unumstößliche Tatsache perzipierte Lage Polens zwischen den feindlichen Nachbarn Deutschland und Sowjetunion beispielsweise traf sich in den ersten Nachkriegsjahren mit der neu auflebenden Vorstellung Polens als *antemurale christianitatis*, als „Vormauer der Christenheit". In der Blütezeit der autoritären Herrschaft Piłsudskis um die Wende von den 1920er zu den 1930er Jahren diente der Verweis auf die prekäre außenpolitische Lage Polens zur Domestizierung innenpolitischer Widerstände. In den 1930er Jahren schließlich trat die polnische Außenpolitik unter der Führung von Józef Beck die selbstbewusste Flucht nach vorne an und versuchte, immer auch mit Blick auf eine möglichst große gesellschaftliche Zustimmung, Polen als eigenständige Großmacht zwischen Deutschland und der Sowjetunion zu etablieren. Gemeinsam war das Leitmotiv, die internationale Bedeutung Polens mit der inneren Einheit des Landes zu korrelieren. Dies war umso notwendiger, als in der Zweiten Republik noch vielfach Animositäten zwischen den Bewohnern der verschiedenen Teilungsgebiete anzutreffen waren.[607]

---

[606] Oskar Halecki: Idea jagiellońska, in: KH, 51, 1937, S. 486 - 510; Jarosław Książek: Historyczne i współczesne wątki „idei jagiellońskiej" w narodowo-demokratycznej publicystyce i historiografii okresu międzywojennego, in: Studia Polityczne, 4, 1995, S. 151 - 152.

[607] Beispielhaft: Apel do nauczycielstwa wielkopolskiego, in: Głos Nauczycielski, 4, 1920, H. 14 - 16, S. 19 - 20; Z naszych stosunków międzydzielnicowych, in: Głos Nauczycielski, 5,

Das Postulat der Einheit konnte aus höchst unterschiedlichen Quellen abgeleitet werden. Hierzu zählte etwa das kulturelle Homogenisierungspotenzial des Katholizismus oder die Verfassung vom 3. Mai 1791, die die Zusammenfassung der Länder der Republik in eine untrennbare Einheit und die Beseitigung der letzten Reste litauischer Autonomie verfügte.[608] Jüngeren Datums waren die Stilisierung des Sieges von 1920, wonach damals das „Blut aller Söhne Polens" geflossen war als Zeichen für den „Organismus einer geeinten Nation",[609] oder das propagandistische Lob für die in den 1930er Jahren forcierten und überregional bedeutsamen Großprojekte in Infrastruktur und Wirtschaft.[610]

Besondere Bedeutung besaß die Aneignung des Landes als „einheitliches" und „nationales" Territorium durch konkret erfahrbare Anschauung. Der Aufschwung des innerpolnischen Tourismus in der Zwischenkriegszeit ist vor diesem Hintergrund zu sehen. Die Liebe zur polnischen Landschaft galt als Tugend, die auch bei Angehörigen der nicht-polnischen Ethnien auf Resonanz stieß.[611] Dazu gehörte, herausragende topographische Merkmale wie Flüsse, Gebirgszüge oder Waldgebiete als „typisch" polnisch zu definieren, so etwa die Weichsel als „einzigen nationalen Fluss".[612]

Organisatorisch und in ihrer erzieherischen Wirkung wichtig waren schulische Unternehmungen wie Ausflüge oder der Besuch von landes- und volkskundlichen Ausstellungen.[613] Vorschläge für Schulausflüge gehörten zu den meist verbreiteten didaktischen Empfehlungen und wurden in Broschüren oder Zeitschriften wie dem *Głos Nauczycielski* publiziert. Bevorzugt waren Orte, an denen sich national aufgeladene historische Erinnerung und Symbolik erfassen ließ,[614] oft gruppiert um inhaltliche Arrangements wie: „Auf den Spuren von Józef Piłsudski" oder „Auf den Spuren des Warschauer Bataillons im Ersten Weltkrieg".[615] Landes- und volkskundliche Sammlungen umfassten häufig Pflanzen, Mineralien, Bilder und Photogra-

---

1921, S. 205; Pamiętnik nr 3 (Województwo Warszawskie), in: Instytut Gospodarstwa Społecznego, Pamiętniki Chłopów, Bd. 2, S. 350.
[608] Diese Deutung rückt in den Vordergrund: Śliwińska-Zarzecka, Trzeci Maj, S. 3 - 30.
[609] Triumf zjednoczonego narodu. Na rocznicę bitwy pod Warszawą w sierpniu 1920 r., in: Warszawski Dziennik Narodowy, 15. 8. 1939, S. 3.
[610] J. Świderska-Jarmołowiczowa: „Skazuję Was na wielkość!", in: Korupczyńska, Wielkie Święto, S. 10 - 13.
[611] Steffen, Jüdische Polonität, S. 166.
[612] Wielkie uroczystości narodowe w kraju, in: Warszawski Dziennik Narodowy, 17. 8. 1936, S. 1.
[613] Pohoska, Dydaktyka historji, S. 195 - 197; Jurecki, O wizytowaniu, S. 12 - 14
[614] Marja Wysznacka: Wycieczki szkolne po Warszawie, in: Głos Nauczycielski, 2, 1918/19, S. 68 - 72.
[615] Regina Korupczyńska: Urządzajmy wycieczki w dniu Święta Niepodległości, in: dies., Wielkie Święto, S. 197 - 201.

phien, die „charakteristische Werte der polnischen Heimat" präsentierten, Ansichten polnischer Städte und architektonischer Sehenswürdigkeiten, Werke der polnischen Kunst und polnische Volkstrachten.[616] Als Themen für Ausstellungen in der Schule regte die Verfasserin einer Lehrerhandreichung an:

> „1) ‚Vaterland': Landschaften, Volkstrachten, Folklore, Lieder, Dialekte, Tänze, Sitten, Volkskunst, 2) ‚Polen – die größten Städte': Verteidigung von Lwów, Entwicklung des Hafens von Gdynia, Allgemeine Landesausstellung in Poznań, 3) Marschall Piłsudski, 4) Die Polnischen Legionen, 5) Der Staatspräsident, 6) ‚Ehre der Armee!': Waffen und Truppenteile, 7) Außenhandel, Meer, Eisenbahn, Wirtschaftskraft".[617]

Zur Aneignung des Landes gehörte es, gerade auch die unterschiedlichen Landesteile Polens immer wieder zueinander in Bezug zu setzen. Auf Veranstaltungen wurden Teilnehmer eigens nach ihrer Herkunft aus den verschiedenen vormaligen Teilungsgebieten gegrüßt, anlässlich politischer Feste fügten Zeitungsredakteure Beobachtungen aus Hauptstadt und „Provinz" zusammen und politische Kommentatoren brachten regionale Ereignisse wie Kommunalwahlen, Streiks oder Demonstrationen in einen landesweiten Kausalzusammenhang. Dies bestätigt die Auffassung der neueren historischen Forschung, wonach die „nationale" Aneignung eines Landes vielfach erst durch regionale und lokale Bezüge vermittelt wird.[618] Auch wenn die Zeitgenossen in der Zweiten Republik es als eines der wichtigsten politischen und gesellschaftlichen Anliegen auffassten, die Teilungslinien seit dem 18. Jahrhundert zu überwinden und dafür auch zentralistische Ordnungsvorstellungen billigten, so ließ sich doch das Potenzial regionaler und lokaler Orientierungen dadurch keineswegs verdrängen. Dafür sorgten nicht zuletzt zwei wichtige Vermittlungsinstanzen.

Für sinnstiftende Orientierung im lokalen und regionalen Umfeld sorgte zum einen die katholische Kirche. Feiertage, die auf eine einzelne Pfarrei, eine Diözese oder ein Bistum beschränkt waren, aber eine lange kirchliche Tradition aufwiesen, wussten viele Geistliche oft in großer Festlichkeit und

---

616 Odezwa Naczelnego Zarządu Związku Polskiego Nauczycielstwa w Krakowie, in: Głos Nauczycielski, 2, 1918/19, S. 186.
617 Regina Korupczyńska: Urządzajmy wycieczki w dniu Święta Niepodległości, in: dies., Wielkie Święto, S. 197 - 201.
618 Zum theoretischen Kontext: Peter Haslinger: Nationalismus und Regionalismus – Konflikt oder Koexistenz? in: Philipp Ther und Holm Sundhaussen (Hrsg.): Regionale Bewegungen und Regionalismen in europäischen Zwischenräumen seit der Mitte des 19. Jhd. im Vergleich, Marburg 2003, S. 267 - 274.

unter zahlreicher Teilnahme der Gläubigen zu begehen.[619] Lokaler Stolz war zum anderen auch Städten und Gemeinden zu Eigen, die sich um kulturelle Selbstdarstellung in Gestalt von Museen und Denkmälern, Stadtfesten und Geschichtsforschung ebenso wie um die Einrichtung weiterführender Schulen bemühten.[620] Die Ausweitung der territorialen Selbstverwaltung nach 1918 begünstigte entsprechende Aktivitäten, wenngleich zeitgenössische Beobachter noch einigen Nachholbedarf gegenüber westeuropäischen Vorbildern konstatierten.[621]

Die Herausforderung bei der Konstruktion Polens als räumlicher Einheit bestand somit nicht allein darin, einen politisch-administrativen Zentralitätsanspruch durchzusetzen, sondern vor allem auch regionale und lokale Spezifika zu integrieren. Die Möglichkeiten hierzu waren vielfältig. So konnten in landes- und volkskundlichen Sammlungen neben Exponaten „gesamtpolnischer" Aussagekraft auch Produkte einer als typisch „regional" erachteten Handwerkskunst stehen.[622] Nationale Geschichte ließ sich als Teil der regionalen Geschichte erzählen und umgekehrt, etwa beim feierlichen Gedenken an die „Wiedergewinnung" Schlesiens und Pomorzes oder an die „Befreiung" Großpolens und Wilnos in den Jahren 1918 – 21.[623] Und selbst unter der zentralistischen gestimmten *Sanacja* verkündeten Lehrpläne für den Erdkunde-Unterricht in der Schule als Ziel, „das Kind als Staatsbürger seines Landesteils" zu erziehen.[624]

Um die Wechselwirkungen zwischen nationalen und regionalen Bezügen näher ergründen zu können, bietet sich der Blick auf Pomorze an. Das ehemalige Westpreußen war von der polnischen Nationalbewegung vor 1918 verhältnismäßig gering erfasst worden und auf einer polnischen nationalen *mental map* noch kaum profiliert. Noch in den ersten Nachkriegsjahren konzentrierte sich die Selbstbeschreibung der regionalen Eliten darauf, die spezifische Leistung des „pommerschen Volks" für die polnische Nation vor

---

[619] Ks. A. Fajęcki: Święta obowiązkowe i zniesione, in: Wiadomości Archidiecezjalne Warszawskie, 18, 1928, S. 338 - 342.

[620] Józef Bero: Właściwe drogi propagandy naszych miast, in: Samorząd Miejski, 16, 1936, S. 1561 - 1566; Kazimierz Maj: Zadania nauczyciela w samorządzie komunalnym, in: Głos Nauczycielski, 12, 1928, S. 177 - 178. Am Beispiel der Stadt Maków: APW-Pułtusk, Starostwo Powiatowe w Makowie Mazowieckim, 4, Bl. 18 - 19.

[621] Józef Bero: Właściwe drogi propagandy naszych miast, in: Samorząd Miejski, 16, 1936, S. 1561 - 1566.

[622] Odezwa Naczelnego Zarządu Związku Polskiego Nauczycielstwa w Krakowie, in: Głos Nauczycielski, 2, 1918/19, S. 186.

[623] Bogusławska, Rocznice narodowe; Dynowska, Nasze Rocznice.

[624] Wystawa Szkolna Okręgu Szkolnego Warszawskiego. Od 31 stycznia do 9 lutego 1929 r. Informator, Warszawa 1929.

allem *ex negativo* zu begründen, indem sich das „pommersche Volk" nämlich „nicht germanisieren ließ und uns den Glauben bewahrte".

Den entscheidenden Schritt zu einer räumlich-symbolischen Aufwertung Pomorzes im unabhängigen Polen bot der Kult des Maritimen. Die vom Versailler Vertrag vorgesehene Inbesitznahme Pomorzes durch Polen fand am 10. Februar 1920 mit einer Zeremonie statt, die als „Vermählung Polens mit dem Meer" angelegt war: Offiziere, Regierungsvertreter, katholische Geistliche und Künstler waren an der Ostseeküste in Puck (Putzig) vor Ort, als General Józef Haller einen Platinring ins Meer warf.[625] Pomorze erfuhr eine sinnliche Deutung als „Land am Meer", obwohl der eigentliche Küstenstreifen nur wenige Dutzend Kilometer umfasste und sich der Hauptteil der Wojewodschaft mit seiner Hauptstadt Toruń entlang der Weichsel sowie über das kaschubische Hügel- und Heideland erstreckte. Die Sorge um das Meer war aber gleichsam gesamtpolnische staatsbürgerliche Pflicht. Der Küstenzugang hatte Polen erst wieder in die Reihe der unabhängigen Nationen gestellt: „Solange wir kein eigenes Meer besaßen, waren wir nicht frei."[626]

Die Faszination des Meeres steigerte sich, begünstigt durch die *Sanacja*-Großmachtpolitik, in den 1930er Jahren und führte zur Ausbildung einer eigenen „Meeres-Ideologie", auf die sich mannigfaltige Erwartungen und Sehnsüchte projizieren ließen. Diese reichten von der wirtschaftlich motivierten Hoffnung auf das Meer als Tor zur Welt und Ausgangspunkt eines regen Außenhandels über koloniale Phantasien bis hin zur Zielsetzung, mit Hilfe des Meeres eine geringere Abhängigkeit von den Nachbarn Deutschland und Sowjetunion zu erreichen.[627]

Tatsächlich erhöhte sich in den 1930er Jahren zugleich das strategische Interesse an Pomorze und auch Danzig.[628] Mit Akribie verzeichneten amtliche Berichterstatter unter der ethnisch deutschen Bevölkerung Pomorzes kursierende Gerüchte über eine bevorstehende Angliederung ans Deutsche Reich.[629] Umgekehrt konnten Anhänger einer „piastischen", auf die Stärkung des polnischen Westens orientierten Konzeption in der öffentlichen

---

[625] Stefan Troebst: „Intermarium" und „Vermählung mit dem Meer". Kognitive Karten und Geschichtspolitik in Ostmitteleuropa, in: GG, 28, 2002, S. 461 - 462.
[626] Zofja Kowerska: Nasze morze, in: Ziemianka, 9, 1920, S. 33 - 35.
[627] Stanisław Thugutt: Wartość morza, in: Zielony Sztandar, 30. 7. 1939, S. 4; Troebst, „Intermarium", S. 444 - 445, 460 - 464.
[628] Krzoska, Für ein Polen, S. 268.
[629] Als Beispiele: Marzec 1933 r.: UW w Toruniu do MSW. Sprawozdanie sytuacyjne dot. mniejszości niemieckiej (luty 1933r.), in: Jaworski/Wojciechowski, Deutsche und Polen zwischen den Kriegen, Halbbd. 1, S. 345; Kwiecień 1938 r.: Wojewoda w Toruniu do MSW. Sprawozdanie sytuacyjne dot. mniejszości niemieckiej (marzec 1938 r.), in: ebd., S. 371. Dazu auch Hauser, Mniejszość niemiecka, S. 207.

Meinung Polens ihre bislang größten Terraingewinne erzielen, wenn sie die geopolitische Gefahr beschworen, Polen vom Meer und von der Weichselmündung abzuschneiden,[630] oder wenn sie auf die glorreiche Geschichte Danzigs in polnischer Zeit verwiesen und den Untergang der Stadt während der Teilungszeit beklagten.[631]

Pomorze wandelte sich in den zwanzig Jahren der Zweiten Republik von einer verspätet hinzugekommenen, randständigen Region, deren Rolle als Bewahrerin von Tradition und Glauben eher defensiv angelegt war, zu einem zentralen Schauplatz, an dem sich das nationale Schicksal Polens entschied: Dabei ging es um das Fortbestehen der unabhängigen Staatlichkeit, aber auch um den Schutz der im Ausbau der maritimen Infrastruktur symbolisierten Modernisierungsleistungen seit 1918. Für die nationale Aneignung Pomorzes wurden gezielt regionale Spezifika genutzt, und gleichzeitig bereicherten Elemente der regionalen Selbstbeschreibung sukzessive die nationalen Raumvorstellungen. Damit gab es in der Zweiten Republik Ansätze zur Herausbildung eines neuen regionalen Bewusstseins, das auch dazu geeignet war, die Trennlinien zwischen den einstigen Teilungsgebieten zu überschreiten.[632]

Ob es nun um die klassische, wenn auch bisweilen in der Historiographie überschätzte Auseinandersetzung zwischen „piastischer" und „jagiellonischer" Konzeption ging, um die vielfältigen Ansätze, Polen als räumliche Einheit zu denken, oder um die Wechselwirkung von regionalen und nationalen Bezügen: Ein gemeinsamer räumlicher Bezugsrahmen konnte sowohl im Konsens als auch im Konflikt konstituiert werden.

Beide Seiten der Medaille zeigten sich in einem Phänomen, das sich am geeignetsten als Ethnisierung des Raumes fassen lässt. Für die heterogen zusammengesetzte Bevölkerung der Zweiten Republik konnte der konkrete Orts- und Landschaftsbezug einerseits Gemeinsamkeiten schaffen, die sie als Bewohner desselben emotional und kognitiv erfassten Territoriums auswies. Zu einem solchen konkreten Ort gehörte beispielsweise der Sejm, der nicht nur als Parlament, sondern auch als nationales Symbol galt. Im Klub der Parlamentsberichterstatter waren auch Journalisten von Zeitungen

---

[630] Wielkie uroczystości narodowe w kraju, in: Warszawski Dziennik Narodowy, 17. 8. 1936, S. 1.
[631] W rocznicę „Cudu nad Wisłą". Na Pomorzu, in: Warszawski Dziennik Narodowy, 18. 8. 1939, S. 6.
[632] Hierzu zählten auch die nun gerne postulierten naturräumlichen und kulturellen Gemeinsamkeiten zwischen dem nördlichen Mazowsze und dem östlichen Pomorze, die in der Wojewodschaftseinteilung von 1938 einen Widerhall erfuhren.

für die Bevölkerung nicht-polnischer Muttersprache vertreten,[633] die ihren Lesern, selbst bei ausgesprochen kritischer Kommentierung der von ihnen beobachteten politischen Geschehnisse, doch einen gemeinsamen Wahrnehmungshorizont nahe legten.

Andererseits existierten zahlreiche gruppenspezifische „eigene Orte". Diese konnten politisch, religiös oder sozial definiert sein, wie etwa katholische Wallfahrtszentren oder Gedächtnisorte der sozialistischen Arbeiterbewegung, aber eben auch ethnisch. So pflegten jüdische Orthodoxe in einem „Kult alles Ostjüdischen" die Wertschätzung von jüdischen Vierteln und Shtetln,[634] während die ukrainische Bevölkerungsgruppe wichtige Elemente ihrer Selbstbeschreibung aus der ländlichen Lebenswelt der *Kresy* bezog.

Eine solche selbstgewählte Ethnisierung des Raumes wirkte allerdings ambivalent, da sie leicht auch als Instrument der Ausgrenzung verwendet werden konnte. Dies ließ sich anschaulich bei politischen Festen beobachten. Der *Bund* etwa organisierte seinen 1. Mai-Umzug gerne in vertrautem Terrain, im Warschauer jüdischen Viertel. Die Freiwilligkeit dieser Selbstverortung bestand darin, bei entsprechendem Wunsch auch die zentralen Straßen und Plätze der Hauptstadt nutzen zu können. Diese Möglichkeit schlossen aber behördliche Restriktionen aus, wenn sie verfügten, dass nur das jüdische Viertel für die Feierlichkeiten zur Verfügung stehen dürfe.[635] Einer ethnisierenden Identifizierung von städtischen Teilräumen war damit der Boden bereitet. In der kleinteiligen Lebenswelt des ländlichen Raums bezog sich die Ethnisierung oft auf einzelne Institutionen oder Objekte. Ein mehr als zwiespältiges Lob war es, wenn in den 1930er Jahren der Selbstverwaltung in der Zweiten Republik eine deutlich größere Professionalität attestiert wurde – mit dem sinnfälligen Hinweis, kommunale Angelegenheiten seien nun nicht mehr eine feuchtfröhliche Angelegenheit wie einst in der *karczma*, einer Schänke, die häufig einem jüdischen Pächter unterstand.[636]

Neben solchen gegensätzlichen Raumansprüchen standen ausschließende Raumansprüche. Im Gutsbesitzeradel etwa war die Sichtweise populär, wonach die Nation ihre Bestimmung im heimischen Boden fand, „auf dem schon unsere Väter und Vorväter gelebt haben und gestorben sind, den

---

633 Stefan Michalski: Moja droga do Klubu Sprawodawców Parlamentarnych, in: Jerzy Łojek (Hrsg.): Moja droga do dziennikarstwa. Wspomnienia dziennikarzy polskich z okresu międzywojennego (1918 - 1939), Warszawa 1974, S. 225.
634 Steffen, Jüdische Polonität, S. 175; Christoph Schmidt: Das Schtetl aus neuer Sicht, in: HZ, 277, 2003, S. 115 - 124.
635 Echa pierwszego maja w stolicy, in: Robotnik, 5. 5. 1928.
636 So die Äußerungen in einer soziologischen Umfragen unter bäuerlichen Selbstverwaltungsvertretern: Wiktor Bronikowski: Chłopska działalność samorządowa w świetle życiorysów, in: Roczniki Socjologii Wsi, 2, 1937, S. 164; Erste Ansätze für diese Haltung vor 1914: Struve, Bauern und Nation, S. 407 - 410.

einst unsere eigenen polnischen Könige regiert haben". Die Juden waren damit als Bevölkerungsgruppe „ohne eigenes Territorium" aus der Nation ausgegrenzt.[637]

Die Konstruktion eines nationalen Territoriums fand seine Grenzen aber schließlich – an Grenzen. Der Stilisierung der Grenzregionen als nationale Schicksalsorte wie beim Beispiel Pomorze standen abweichende lebensweltliche Erfahrungen gegenüber. Trotz der außenpolitischen Frontstellung waren etwa zwischen dem Deutschen Reich und der Zweiten Republik lokale grenzüberschreitende Praktiken verbreitet, so der Gang zur gewohnten Kirchengemeinde, die nun auf dem Gebiet des anderen Staates lag, oder der Einsatz der Feuerwehr in einem Notfall.[638] Die polnische Bevölkerung in den Grenzregionen zeigte

zum Leidwesen amtlicher Berichterstatter gar einen „gewissen Unwillen" gegen den Grenzschutz des eigenen Staates, der gegen Schmuggel und Kriminalität an der Grenze vorging. Ein Rundschreiben des Religions- und Bildungsministeriums vom 30. Mai 1936 forderte die Grundschullehrer auf, die Aufgaben des Grenzschutzes und seine Bedeutung für den Staat den Kindern zu erklären und für ein positiveres Bild zu sorgen. In den Unterrichtsfächern Geschichte, Erdkunde und Polnisch sowie bei Schulfeierlichkeiten und Staatsfeiertagen sollten die Entwicklung der polnischen Grenzen, das Funktionieren staatlicher Behörden und das Leben der Menschen an der Grenze erörtert werden.[639] Eine noch elegantere Lösung bot die von Pädagogen der konservativen Bildungsorganisation *Polska Macierz Szkolna* geäußerte Erkenntnis: Der polnische Staat werde nicht bloß durch die Gestalt seiner äußeren Grenzen bestimmt, sondern vor allem durch seinen Geist, durch die „gemeinsame, kollektive Anstrengung bei der Schaffung von Grundlagen unserer Kultur".[640]

3. 6 Sprache und Kultur

Die Feststellung, die polnische Nation verdanke ihren inneren Zusammenhalt über die Teilungszeit im 19. Jahrhundert hinaus in entscheidender Weise der identitätsstiftenden Kraft der Kultur, gehört schon fast zu einem historiographischen Allgemeinplatz. Im Vordergrund dieser Wahrnehmung

---

[637] Bronisława Zabierzowska: Nasza ziemia, in: Ziemianka, 8, 1919, S. 83 - 84.
[638] So für Ostpreußen und Masowien: APW, UW Warszawski, 43, Bl. 287; Für Pomorze mit mehreren Beispielen: Niendorf, Minderheiten, S. 174 - 184.
[639] AAN, MWRiOP, 161, Bl. 217.
[640] Zarząd Główny Polskiej Macierzy Szkolnej: Do Stowarzyszeń Oświatowych Polskich, in: Głos Nauczycielski, 2, 1918/19, S. 276.

steht die Literatur. Angehörige der Nationalbewegung erinnerten sich gerne an ihre oft schon in der Jugendzeit begonnene Lektüre polnischer Dichter und die Ehrung von polnischen Dichtern durch Denkmäler oder Geburtstagsfeierlichkeiten bot wiederholt Anlässe zu öffentlichen nationalen Manifestationen.[641] In der Zweiten Republik erschienene „nationale Festkalender" führten neben offiziellen staatlichen Feiertagen wie dem 3. Mai auch Gedenktage für die beiden herausragenden Vertreter der polnischen Romantik, Adam Mickiewicz und Juliusz Słowacki sowie für den Literaturnobelpreisträger Henryk Sienkiewicz auf.[642] Zu besonderer Ehre gereichte den Dichtern, wenn sie offen ihren Glauben an die Wiedererlangung der Unabhängigkeit Polens bekundet hatten.

Ähnliche nationale Codierungen konnten auch Persönlichkeiten aus den Bildenden Künsten oder der Musik auf sich ziehen. Herausragend für die polnische Kunstperzeption war lange Zeit der im 19. Jahrhundert wirkende Krakauer Historienmaler Jan Matejko, dessen monumentale Darstellungen etwa der Schlachten von Grunwald (Tannenberg) 1410 oder von Racławice 1794, aber auch verfassungshistorischer Ereignisse wie der Huldigung und Belehnung Albrecht von Hohenzollerns mit dem säkularisierten Ordensstaat 1525, dem Abschluss der polnisch-litauischen Union von Lublin 1569 oder der Verabschiedung der Verfassung vom 3. Mai 1791 beliebtes Illustrationsmaterial für Schulbücher abgaben. Als „nationaler" Komponist galt der aus den *Kresy Wschodnie*, aus der Nähe des weißrussischen Minsk stammende Stanisław Moniuszko. Er prägte im 19. Jahrhundert als Dirigent und Musikpädagoge das Musikleben insbesondere Wilnos und Warschaus. Sein Hauptwerk *Halka* figurierte als „Nationaloper" und wurde in der Zweiten Republik häufig als musikalischer Höhepunkt anlässlich politischer Feste und Gedenktage gegeben.[643]

Tatsächlich wurde die vorrangige Bewertung „nationaler Verdienste" der komplexen Struktur der meisten künstlerischen Werke kaum gerecht. Vor allem aber konnte das Kriterium des „Nationalen" im Kontext konkurrierender Nationsentwürfe für beträchtliche Dissonanzen sorgen. Entspre-

---

[641] Janusz Żarnowski: „Ojczyzną był język i mowa..." Kultura polska a odbudowa niepodległości w 1918 r., Warszawa 1978, S. 52 - 53, 60 - 62, 200.
[642] Bogusławska, Rocznice narodowe; Dynowska, Nasze Rocznice.
[643] W rocznicę bitwy warszawskiej. Święto Żołnierza Polskiego, in: Polska Zbrojna, 14. 8. 1937, S. 6; Święto narodowe w stolicy, in: Gazeta Warszawska, 3. 5. 1929, S. 1; Święto 3 maja w stolicy, in: Robotnik, 5. 5. 1930, S. 2. Wegweisend nun die Arbeiten von Rüdiger Ritter: Musik für die Nation. Der Komponist Stanisław Moniuszko (1819 - 1872) in der polnischen Nationalbewegung des 19. Jahrhunderts [Mitteleuropa – Osteuropa, Bd. 6], Frankfurt/Main 2005 und ders.: Wem gehört Musik? Warschau und Wilna im Widerstreit nationaler und städtischer Musikkulturen vor 1939 [Forschungen zur Geschichte und Kultur des östlichen Mitteleuropa, Bd. 19], Stuttgart 2004.

chend seiner prominenten Stellung drehten sich besonders intensive Auseinandersetzungen um die „richtige" Exegese von Adam Mickiewicz: „In der Zweiten Republik hatte jeder ‚seinen' Mickiewicz."[644] 1928 etwa schmückte die Kinopremiere eines von Mickiewicz' Hauptwerken, des zur Zeit der Napoleonischen Kriege spielenden *Pan Tadeusz*, den von der *Sanacja* inszenierten zehnten Jahrestag der Unabhängigkeit am 11. November.[645] Dabei war nur wenige Monate zuvor dasselbe Stück als klassische Theateraufführung auf konservativ-oppositionellen Feiern des „Wunders an der Weichsel" zu sehen gewesen.[646] Zudem versuchten die polnischen Anhänger des *Paneuropa*-Projekts von Graf Richard von Coudenhove-Kalergi an europäische Visionen des Dichters anzuknüpfen[647] und eine treue Anhängerschaft besaß Mickiewicz schließlich bei jenen Vertretern der jüdischen gebildeten Schichten, die sich ausdrücklich von der polnischen statt von der jiddischen oder hebräischen Kultur leiten lassen wollten. In Abgrenzung von einer national-volkstümlichen Auffassung von Polonität betonten sie aber vor allem die universellen Aspekte im Werk von Mickiewicz.[648]

Trotz Vereinnahmungen und Deutungsstreit nahm Mickiewicz eine unangefochtene Stellung im literarischen Kanon Polens ein. Der Konstruktcharakter einer „nationalen" Literaturgeschichte zeigte sich aber gerade an der Frage, wer außerhalb dieses Kanons stand. Wiesen die meisten „nationalen" Literaturgeschichten Europas traditionell Defizite in geschlechterspezifischer Hinsicht auf, waren also weibliche Autoren unterrepräsentiert, so kam im Falle Polens zusätzlich eine ethnische Komponente zum Tragen. Prominente Angehörige des künstlerischen Milieus der Zwischenkriegszeit wie der Romanschriftsteller und Piłsudski-Anhänger Juliusz Kaden-Bandrowski oder der für liberale Werte im gesellschaftlichen Leben Polens streitende Arzt, Kabarettist, Übersetzer und Feuilletonist Tadeusz Boy-Żeleński klagten, jüdische und nichtjüdische Schriftsteller in Polen hätten voneinander zu wenig Kenntnis.[649] Eine ähnliche Beziehungslosigkeit lag offenkundig vor, wenn sich beispielsweise in Toruń anlässlich eines Vortragsabends im staatlichen deutschen Gymnasium zwischen Lehrern und Eltern eine Debatte darüber entzündete, ob im literarischen Programm

---

[644] Steffen, Jüdische Polonität, S. 142.
[645] Zofia Nałkowska: Warszawa 10 XI 1928, in: dies.: Dzienniki, Bd. 3, S. 387- 388.
[646] H. Wilanowska: Jak pani uczciła Dziesięciolecie Niepodległości Polski? in: Ziemianka Polska, 1929, H. 4, S. 18 - 19.
[647] Otwarcie kongresu paneuropejskiego, in : Czas, 6. 10. 1926, S. 3.
[648] Steffen, Jüdische Polonität, S. 11, 27.
[649] Ebd., S. 189, 353.

neben deutschen auch polnische Schriftsteller berücksichtigt werden sollten.[650]

Trotzdem meinte der Begründer und Vorsitzende der liberalen Jüdischen Volkspartei in Polen, Noach Pryłucki, der sich in der Zweiten Republik als Philologe und engagierter Bildungspolitiker für die jüdische Bevölkerung über die Anhängerschaft seiner Partei hinaus einen Namen gemacht hatte, am ehesten könne die Schule ein Hoffnungsträger für ein ethnische Trennlinien überschreitendes kulturelles Wissen sein: „Warum sollte den Kindern eines gemeinsamen Vaterlandes eine jüdische oder polnische Lehrerin nicht irgendwann einmal die Werke eines gemeinsamen Dichters in beiden Sprachen (jiddisch und polnisch – S. Z.) näher bringen und in den Schulen erläutern?"[651]

Sinnstiftende Kraft war aus der „klassischen" Hochkultur keineswegs widerspruchsfrei und in einer zu größeren Teilen agrarischen und bildungsfernen Gesellschaft auch nicht umfassend zu beziehen. Ein weiter gefasster, ethnologisch grundierter Kulturbegriff[652] besitzt zumindest den Vorteil, das Angebot nationaler Vergemeinschaftung auch für breitere Bevölkerungsschichten analysieren zu können. Drei unterschiedliche kulturelle Phänomene der Zwischenkriegszeit dienen als Beispiele: zum ersten die sprachliche Homogenisierung, die die gesamte Bevölkerung Polens betraf, zum zweiten die Sorge um die „traditionelle" Volkskultur und schließlich das Radio als Medium der entstehenden modernen Massengesellschaft.

Für das kulturgeschichtliche Gepräge Ostmitteleuropas waren bis ins 20. Jahrhundert hinein die Zwei- oder gar Mehrsprachigkeit und der damit verbundene situative Wechsel von einer in die andere Sprache kennzeichnend. Die Nationalstaatsgründungen nach dem Ersten Weltkrieg bildeten einen wichtigen Einschnitt. Das Streben nach sprachlicher Vereinheitlichung setzte in Polen auf zwei Ebenen an: Zum ersten gab es wichtige Impulse für die innere Entwicklung der polnischen Sprache, etwa durch die Rechtschreibreform 1936 oder die für die phonetische Normsetzung wichtige Verbreitung des Radios. Zum zweiten galt es, dem Anspruch des Polnischen als Staatssprache der Zweiten Republik in allen Teilen der Bevölkerung

---

[650] Marzec 1933 r.: UW w Toruniu do MSW. Sprawozdanie sytuacyjne dot. Mniejszości niemieckiej (luty 1933r.), in: Jaworski/Wojciechowski, Deutsche und Polen zwischen den Kriegen, Halbbd. 1, S. 339.

[651] Interview mit Noach Pryłucki, in: Marek Niedowiarek: Rozwiązanie sprawy żydowskiej w Polsce. Rozmowy z politykami, Warszawa 1938, zit. in: Żebrowski, Dzieje Żydów, S.122.

[652] Ute Daniel: „Kultur" und „Gesellschaft". Überlegungen zum Gegenstandsbereich der Sozialgeschichte, in: GG, 19, 1993, S. 75 - 84; dies., Kompendium Kulturgeschichte, S. 445 - 447.

Geltung zu verschaffen.[653] Diese Erwartung richtete sich gerade auch an die ethnisch nicht-polnische Bevölkerung und hier insbesondere an die junge Generation: Die Kinder sollten durch die Schule zur polnischen Sprache und Kultur erzogen werden. Vermittelnde Funktion kam dabei nicht nur der Ansprache des Lehrers oder der Schullektüre zu, sondern auch musisch-spielerische Aktivitäten, etwa im Rahmen eines Schulchors, der polnisches Liedgut pflegte und dadurch für die Kinder „die erste polnische Gemeinschaft" darstellte.[654]

Die Debatte um den Umgang mit der Multiethnizität im Schulwesen zeigte bereits, dass die Anerkennung des Polnischen als zentrales Verständigungsmedium nicht allein ethnisch-polnischem Oktroi entsprach, sondern auch Zustimmung bei Angehörigen nicht-polnischer Ethnien erfuhr. Die Wertschätzung, die die Bürger der Zweiten Republik der polnischen Sprache entgegenbrachten, zeigte sich wohl nirgendwo eindrücklicher als in der Wortschöpfung des Schriftstellers Julian Tuwim, der 1894 in Łódź in einer Familie assimilierter Juden zur Welt kam: *Ojczyzna-Polszczyzna* – „die polnische Sprache als Vaterland".[655]

Trotz der zustimmenden Haltung zum Gebrauch des Polnischen insbesondere bei der jüdischen Bevölkerung registrierten allerdings manche zeitgenössischen Beobachter mit Sorge eine wachsende Polonisierung, die den Verfall der jiddischen Sprache und damit der traditionellen jüdischen Kultur nach sich zu ziehen drohte.[656] Umso wichtiger waren die parallel laufenden Modernisierungsprozesse des Jiddischen, die das 1925 ins Leben gerufene Jüdische Wissenschaftliche Institut (*Yidisher Visnshaftlekher Institut*, YIVO) in Wilno wesentlich förderte. Neben Historikern wie Simon Dubnow und Jakub Szacki oder dem Soziologen Jakub Leszczyński arbeiteten hier auch der Politiker und Philologe Noach Pryłucki sowie der Verleger, Übersetzer und Philologe Maks Weinreich, die sich erstmals ausführlich mit der wissenschaftlichen Aufarbeitung und Normierung der jiddischen Sprache befassten.[657]

Befürchtungen von Marginalisierung gab es auch innerhalb der ethnisch polnischen Bevölkerungsgruppe. Hier kursierten aber weniger Sorgen um die Sprache als vielmehr um die ländliche Volkskultur, die zunehmend von

---

[653] Zur Sprachensituation ausführlich: Jerzy Ogonowski: Uprawnienia językowe mniejszości narodowych w Rzeczypospolitej Polskiej 1918 - 1939, Warszawa 2000.
[654] Śliwińska-Zarzecka, Trzeci Maj, S. 27; zur erhofften assimilatorischen Kraft von Musik und Gesang auch AAN, MSW, 946, Bl. 32.
[655] Die Liebe zur polnischen Sprache als wichtiges Merkmal der jüdischen „assimilierten" Bevölkerung identifiziert Landau-Czajka, Zasymilowana inteligencja, S. 133 - 135.
[656] Steffen, Jüdische Polonität, S. 55, 206.
[657] Ewa Geller: Jidysz, język Żydów polskich, Warszawa 1994, S. 63.

modernen städtischen Mustern überlagert werde.[658] Die Aufmerksamkeit für dieses Phänomen war keineswegs zufällig in den 1930er Jahren deutlich erhöht. Im zweiten Jahrzehnt der Unabhängigkeit zeigte sich der Stadt-Land-Kontrast in Polen vor dem Hintergrund einer nur in Ansätzen durchgeführten Agrarreform, der rasch voranschreitenden Urbanisierung und der Weltwirtschaftskrise immer ausgeprägter.

Das Unbehagen an dieser sozioökonomischen Entwicklung und die wachsende politische Rolle der Bauernbewegung ebneten den Weg für eine kulturelle Gegenbewegung, für eine bewusste Förderung von Volkskultur. Dies zeigte sich zunächst in einschlägigen praktischen Aktivitäten. Für politische Feste etwa galten in den 1930er Jahren immer häufiger Orchester und Chöre, die volkstümliche Lieder intonierten, als Erfolgsformel, um Menschen anzuziehen und zu begeistern.[659]

Weitergehend war die Bereitschaft, Elemente der Volkskultur für den je eigenen Nationsentwurf in Anspruch zu nehmen. Konstitutiv war dies natürlich in erster Linie für die Bauernbewegung. Im Sinne solidarischen Zusammenhalts auf der politischen Linken strahlte die Idee der Volkskultur aber auch in die Reihen der sozialistischen Arbeiterbewegung aus und bezog sogar Gruppierungen der gemäßigten Rechten wie die NPR oder die Christdemokraten ein, die ihre Klientel in den einfacheren Schichten der Bevölkerung sahen. Den Wandel in der kulturellen Beschreibung der Bauern betrieben somit nicht allein das SL oder die *Wici*, sondern auch die einflussreiche Lehrergewerkschaft ZNP oder namhafte Intellektuelle und Künstler. Maria Dąbrowska etwa schrieb in der Einleitung zum zweiten Band der sozialwissenschaftlichen Dokumentation „Erinnerungen von Bauern" (*Pamiętniki Chłopów*): „Heute spricht in den *Pamiętniki* zu allen, die Ohren haben zu hören, der große Unbekannte – der Bauer. Die Bauern eine Schicht der Nation zu nennen ist dabei eigentlich schon zu wenig, denn sie stellen eine so überwältigende Mehrheit der Nation dar, dass bei der Lektüre ihrer Erinnerungen die Nation sich selbst erst im Ganzen erkennen, betrachten und beurteilen kann."[660]

Für die *Sanacja* und für die sich als „sozialrevolutionär" definierende jüngere Generation von Nationaldemokraten waren die Bezüge zur Volkskultur vor allem in Hinblick auf strategische Möglichkeiten zur Massenmobilisierung interessant. Einen eigenen programmatischen Weg verfolgten aller-

---

[658] Antoni Żabko-Potopowicz: Wieś polska w świetle polskich prac naukowych i publicystycznych z okresu po uwłaszczeniu włościan, in: Roczniki Socjologii Wsi, 2, 1937, S. 133 - 137.
[659] Stemler, Trzeci maj, S. 27 - 34.
[660] Maria Dąbrowska: in: Instytut Gospodarstwa Społecznego, Pamiętniki Chłopów, Bd. 2, S. XI.

dings konservative und nationaldemokratische Kräfte in den westpolnischen Gebieten: Um die Spuren deutschen Kulturschaffens so rasch wie möglich zu tilgen, ventilierten sie die Idee, alte und als slavisch eingeschätzte kaschubisch-pommersche Traditionen „wieder zu beleben" und Lieder einzuüben, die im 19. Jahrhundert der Ethnograph und Musikologe Oskar Kolberg als zur Volkskultur Polens gehörig identifiziert hatte.[661] Zur nationalen Aneignung von musikalischem Gut gesellte sich eine Hinwendung zu Volkskunst und Heimgewerbe. Besonders aktiv zeigt sich bei diesem Unterfangen der Regionalzirkel Pomorze des Verbands polnischer Gutsbesitzerinnen unter der Leitung seiner langjährigen Vorsitzenden Anna Sikorska.[662] Die angestrebte „(Re-)Slavisierung" Pomorzes setzte damit den Akzent auf vormoderne soziale Formen.

Aus welchen Quellen sich die ideelle Aufladung der Volkskultur auch speiste: Unumstritten war sie nicht. Während sich der Ethnologe Jan Stanisław Bystroń für den Erhalt einer möglichst vielfältigen, eigenständigen und durchaus nicht politisch instrumentalisierten Volkskultur einsetzte, die er als Bereicherung der gesamten polnischen nationalen Kultur ansah,[663] fürchtete ein konservativer Autor wie Feliks Koneczny dadurch einen Niveauverlust für die nationale Hochkultur.[664] Der Kontrast zwischen Hochkultur und Volkskultur in ihrer Bedeutung für die polnische Nation zeigte sich dann verdichtet in der noch jungen Geschichte des Radios.

Das neue Medium konnte bei seiner Verbreitung nicht ohne weiteres vom gesellschaftlichen Wandel der 1930er Jahre und dem Entstehen einer modernen Massengesellschaft in Polen profitieren. Trotz einer beachtlichen Zunahme vor allem in den Jahren unmittelbar vor Ausbruch des Zweiten Weltkriegs hatte das Radio 1938 bei 34 Millionen Einwohnern Polens weniger als eine Million Abonnenten und nahm damit einen der hinteren Plätze in Europa ein.[665]

Zeitgenössische Kritiker sahen die Ursache weniger in der Armut der Landbevölkerung als in der politischen Einflussnahme der *Sanacja* auf das

---

[661] Zofja Skąpska: Pomorze, in: Ziemianka Polska, 1931, H. 9, S. 15.
[662] Ebd., S. 14.
[663] Bystroń, Kultura ludowa, S. 451 - 458.
[664] Antoni Żabko-Potopowicz: Wieś polska w świetle polskich prac naukowych i publicystycznych z okresu po uwłaszczeniu włościan, in: Roczniki Socjologii Wsi, 2, 1937, S. 137 - 138. Auch in dieser Hinsicht zeigt sich die Annahme Ernest Gellners von einer Dichotomie zwischen der Idealisierung des Westens und den Tugenden des eigenen Volkes als zu unflexibel: Gellner, Nationalismus, Kultur, S. 137.
[665] Janusz Żarnowski: Polska 1918 - 1939. Praca, technika, społeczeństwo, Warszawa ²1999, S. 324 - 325.

Radio.⁶⁶⁶ Die Nationaldemokraten klagten, dass gegen den Willen der amtierenden Regierung das neue Massenmedium nicht in Anspruch genommen werden könne, etwa für Übertragungen der Gedenkfeiern zum „Wunder an der Weichsel".⁶⁶⁷ Die politische Linke nahm es sarkastisch: Die Radio-Propaganda der *Sanacja* „amüsiert die einen, irritiert die anderen, kann aber niemanden überzeugen".⁶⁶⁸

Um die Akzeptanzschwierigkeiten des Radios zu überwinden, kam den Programminhalten im Kulturbereich umso größere Bedeutung zu. Die Ausstrahlung von klassischer Musik und von Hörspielen angesehener, durchaus nicht immer regierungskonformer zeitgenössischer Schriftsteller wie Julian Tuwim, Zofia Nałkowska oder Jarosław Iwaszkiewicz versuchte die Erwartungen einer an Hochkultur orientierten Hörerschaft zu bedienen. Wichtiges Programmelement waren dann spezielle Sendungen für die Schule, die den Lehrern bei ihrer Unterrichtsarbeit helfen sollten.⁶⁶⁹ Schließlich war mit niedrigen Abonnement-Preisen für die ländliche Bevölkerung, mit Preisausschreiben und Reklame, vor allem aber mit der Vermittlung von regionaler Kultur und Folklore⁶⁷⁰ die Absicht verbunden, dem polnischen Radio eine möglichst volksnahe Ausrichtung zu geben. Die breite Streuung des kulturellen Programmangebots entsprach der von der *Sanacja* so häufig verfolgten Strategie, die polnische Gesellschaft unter staatsnationalen Vorzeichen zu einen. Dies bedeutete aber zugleich, dass „Kultur" ein Medium nationaler Vergemeinschaftung war, das bevorzugt gezielter Einflussnahme unterlag.

3. 7 Religiosität im Wandel

Die sozial- und kulturhistorische Forschung hat das religiöse Leben im Polen der Zwischenkriegszeit erst wenig in den Blick genommen. Dies gilt

---

⁶⁶⁶ J. Przepiórka: Coś o radio, in: Zielony Sztandar, 7. 8. 1938, S. 4; Marian Krzesiwo: Radio nie spełnia swego zadania wobec wsi, in: Zielony Sztandar, 9. 10. 1938, S. 8; Kilka uwag o radiofonizacji Polski, in: Robotnik, 3. 5. 1938, S. 3.
⁶⁶⁷ Obchód Stronnictwa Narodowego w Warszawie, in: Warszawski Dziennik Narodowy, 16. 8. 1937, S. 1.
⁶⁶⁸ Kilka uwag o radiofonizacji Polski, in: Robotnik, 3. 5. 1938, S. 3.
⁶⁶⁹ AAN, MWRiOP, 192, Bl. 22 - 23 (Schuljahr 1938/39); AAN, MWRiOP, 161, Bl. 270 (Schuljahr 1937/38).
⁶⁷⁰ Żarnowski, Polska 1918 - 1939, S. 327 - 328; als skeptische zeitgenössische Einschätzung: Marian Krzesiwo: Radio nie spełnia swego zadania wobec wsi, in: Zielony Sztandar, 9. 10. 1938, S. 8.

für die Mehrheitskonfession der Zweiten Republik, den Katholizismus,[671] und noch viel mehr für die übrigen Religionen und Konfessionen wie das Judentum, den Protestantismus oder die Orthodoxie. Diese Forschungslücke ist umso mehr zu bedauern, da sich in den beiden Jahrzehnten vor dem Zweiten Weltkrieg bemerkenswerte Änderungen in religiöser Einstellung und religiöser Praxis vollzogen. Beispielsweise mangelte es in der ethnisch jüdischen Bevölkerung nicht an Stimmen, die für eine „Wiederentdeckung" jüdischen religiösen Denkens, von Thora und Talmud plädierten.[672] Die Katholiken wiederum suchten eine Antwort auf die in der Zweiten Republik verbreitete gesellschaftliche Erwartungshaltung, sich von den mentalen Prägungen der Teilungszeit zu lösen und der unabhängigen polnischen Nation neue Impulse zu geben: „Dynamik", „Lebendigkeit" und „Idealismus" lauteten entsprechend die neuen Schlagworte. Für viele katholische Autoren bedeutete dies, dem oberflächlichen, formelhaften Katholizismus des 19. Jahrhunderts den tiefen Glauben und den „Geist" des 20. Jahrhunderts entgegenzustellen.[673]

Die vielfältigen Aushandlungs- und Neuorientierungsprozesse von Religiosität sollen im Folgenden am Beispiel der Mehrheitskonfession in Polen aufgezeigt werden. Die Aktivitäten der katholischen Kirche sind dabei von Interesse, wenn es um ihre Wirkung auf die unterschiedlichen Bereich des öffentlichen Leben geht; vor allem aber rückt die Perspektive der Gläubigen in den Vordergrund.

Das Bildungswesen war ein Bereich des öffentlichen Lebens, der trotz des politischen und gesellschaftlichen Wandels seit 1918 weiterhin vom Wirken der traditionellen Ordnungsmacht Kirche beeinflusst war. In der Historiographie ging es daher für lange Zeit bevorzugt um den Konflikt

---

[671] Einige Hinweise bietet hier die Religionssoziologie: Kazimierz Ryczan: Badania socjologiczne nad religijnością w Polsce (analiza socjologiczna), in: Renz/Meducka, Społecznokulturalna działalność, S. 9 - 16. Die Förderung von Heiligenkulten, Katholikentreffen und Aktivitäten der Pfarrgemeinden durch den Episkopat beschreibt Wilk, Episkopat, S. 223 - 239.

[672] Ein eindrucksvolles Beispiel bot die Krakauer Näherin Sara Szenirer. Sie baute seit 1917 die Mädchenschulorganisation *Bejt Jakob* auf, die (1938) 250 Schulen und 38.000 Schülerinnen umfasste. Da der Talmud-Unterricht traditionell nur für Jungen vorgesehen war, trug Szenirer damit zu einer neuen orthodoxen Bewegung bei, die in großen Teilen von Frauen unterstützt wurde. Vgl. hierzu Hillel Seidman: Renesans religijny kobiety żydowskiej. Sara Szenirer – człowiek i dzieło, Łódź 1936: Auszug in: Żebrowski, Dzieje Żydów, S. 99 - 100; Tomaszewski, Niepodległa Rzeczpospolita, S. 245.

[673] Alicja Byszewska: Akcja Katolicka a rola Ziemianek w ruchu Odrodzeniowym, in: Ziemianka Polska, 1930, H. 22, S. 3 - 7; List Pasterski J. Em. Ks. Kardynała Aleksandra Kakowskiego do Młodzieży, in: Wiadomości Archidiecezjalne Warszawskie, 28, 1938, S. 334 - 356; Wojciech Wasiutyński: Dynamizm katolicki młodego pokolenia, in: Przegląd Powszechny, 214, 1937, S. 141.

zwischen katholischer Kirche und staatlicher Schule, zwischen Geistlichen und Lehrern. Dabei folgten viele Autoren der zeitgenössischen Einschätzungen der Lehrergewerkschaft ZNP.[674] Demnach konnten es die Geistlichen nicht verschmerzen, dass die Grundschullehrer in der Zweiten Republik „einen bedeutenden intellektuellen, fachlichen und ideellen Aufschwung" genommen hatten, und dadurch „ein für alle Mal losgekommen sind vom alten Status als gesellschaftliche Paria, als sie wie im Mittelalter auf der gleichen Stufe standen wie die niedrigsten Kirchendiener". Der ZNP habe zu dieser Emanzipation der Grundschullehrer wesentlich beigetragen.[675]

Die Auseinandersetzung um die gesellschaftliche Rolle von Geistlichen und Lehrern in der Zweiten Republik war aber auch in hohem Maße mit weltanschaulichen Fragen verknüpft. Der ZNP, der schon in den ersten Jahren der Unabhängigkeit für eine umfassende Verstaatlichung des Schulwesens eingetreten war, stellte sich nach 1926 mehrheitlich auf die Seite der *Sanacja* und des von ihr forcierten Konzepts der „staatlichen" Erziehung. Als „Staatsaktivisten" mit der Ausrichtung an den „Interessen von Staat, Nation, Kultur und Fortschritt" wehrten sich die vom ZNP vertretenen Lehrer gegen weitere Einflussnahmen der katholischen Kirche.[676]

Die katholische Perspektive auf das Schulwesen der Zweiten Republik ging dagegen davon aus, dass eine Bildung auf religiöser Grundlage und die Förderung moralischer Tugenden größere Chancen für die Entwicklung einer gesunden und entwicklungsfähigen Gesellschaft gaben als wirtschaftlicher Wohlstand, Regierungshandeln oder militärische Macht. Im Vertrauen auf eine noch weitgehend von traditionellen Wertehaltungen und Ordnungsvorstellungen geprägten Gesellschaft lautete das katholische Bildungsideal: Die Jugend gehöre zuerst den Eltern, dann der Kirche und zuletzt dem Staat.[677]

Nachdem die Bestrebungen, katholische Bekenntnisschulen als feste Säule im Bildungswesen der Zweiten Republik zu etablieren, erfolglos blie-

---

[674] Beispielhaft Karolina Bartnicka und Stanisław Mauersberg: Krytyka polityki oświatowej sanacji, ruch nauczycielski, in: Miąso, Historia wychowania, S. 96; Stanisław Mauersberg und Leonard Grochowski: Ogólna ocena dorobku oświatowego i myśli pedagogicznej II Rzeczypospolitej, in: ebd., S. 209; Cieśla, Związek Nauczycielstwa Polskiego, S. 159 - 163.
[675] Krucjata przeciw Związkowi PNSP. List otwarty senatora St. Nowaka, prezesa Związku polskiego Naucz. Szkół Powsz. do Episkopatu Polski, in: Głos Nauczycielski, 15, 1930, S. 39 - 42.
[676] Ebd., S. 39 - 42.
[677] Odezwa Episkopatu Polskiego w sprawie antyreligijnych wystąpień na zjeździe Związku Nauczycieli Szkół Powszechnych w Krakowie w lipcu 1930 roku, in: Wiadomości Archidiecezjalne Warszawskie, 20, 1930, S. 280 - 282. So auch als Plädoyer für eine katholische Bekenntnisschule: Jasiński, O katolicką szkołę.

ben, konzentrierte sich das katholische Interesse auf den Religionsunterricht und die Vermittlung religiöser Inhalte in den übrigen Unterrichtsfächern. Das Rundschreiben von Religions- und Bildungsminister Kazimierz Bartel vom 19. Dezember 1926, das religiöse Praktiken im schulischen Bereich explizit zu fördern anwies, nahmen kirchliche Kreise zustimmend auf.[678] Dies besserte die Lage aus katholischer Sicht aber nicht grundlegend. Die neuere Entwicklung der Pädagogik in Polen kam weitestgehend ohne katholische Inspirationen aus.[679] Lediglich der Mathematiker und Didaktiker Lucjan Zarzecki, der Mitglied der *Polska Macierz Szkolna* war und an der Freien Polnischen Universität Warschau einen Lehrstuhl für Pädagogik inne hatte, und der Dominikanerpater Jacek Adam Woroniecki, der als Professor an der Katholischen Universität Lublin sowie in Rom, Lwów und Warschau Theologie, Philosophie und Pädagogik lehrte, lieferten wissenschaftlich fundierte Beiträge zu einer „nationalen" Erziehung. Ansonsten aber konnten die Erziehungsvorstellungen des rechten politischen Spektrums mit der intellektuellen Breitenwirkung, die staatsnational, linksliberal und sozialistisch orientierte Pädagogen in der Zweiten Republik fanden, kaum mithalten.[680]

Unzufriedenheit mit der schulischen Praxis artikulierten auch die katholischen Lehrervereine, darunter die mitgliederstärkste Vereinigung der Christlich-Nationalen Grundschullehrer auf einem Treffen Ende Juni 1937 im Wallfahrtsort Częstochowa. Die von katholischen und konservativen Kreisen approbierte „nationale" Erziehung würde in den gegenwärtigen Lehrplänen und Schulbüchern vernachlässigt, stattdessen dominierten „die Doktrinen des internationalen Pazifismus, des Sozialismus und mitunter gar eine unverhohlene Bewunderung für Sowjetrussland".[681] Diese Kritik richtete sich kaum verhüllt gegen den ZNP. Durch dessen politische Haltung werde das Ansehen der Lehrer in der Gesellschaft geschwächt, wenn nicht sogar schon „der Boden für die Anhänger eines bolschewistischen Umstur-

---

[678] AAN, MWRiOP, 955, Bl. 134; AAN, MWRiOP, 413, Bl. 25; Liga Katolicka w Czerniakowie przeciw antykatolickim uchwałom Sejmu i Senatu, in: Wiadomości Archidiecezjalne Warszawskie, 18, 1928, S. 273; Organizacje Społeczne protestują przeciw wrogiej katolikom rezolucji Sejmu i Senatu, in: Wiadomości Archidiecezjalne Warszawskie, 18, 1928, S. 273 - 274; O religję w szkole, in: Wiadomości Archidiecezjalne Warszawskie, 18, 1928, S. 274 - 275; Caumanns, Polnische Jesuiten, S. 365 - 366.

[679] So die Klagen in: AAN, MWRiOP, 184, Bl. 1 - 19; Jasiński, O katolicką szkołę, S. 131 - 134.

[680] Stanisław Kilian: Myśl edukacyjna Narodowej Demokracji w latach 1918 - 1939 [WSP im. KEN w Krakowie, Prace Monograficzne, Bd. 227], Kraków 1997, S. 159.

[681] Kronika, in: Ruch Katolicki, 7, 1937, S. 378 - 379.

zes in Polen bereitet".[682] Dagegen verlangte der SChNNSP, dass der Unterricht sämtlicher Schulfächer stärker von den Lehren, Traditionen und Moralvorstellungen der katholischen Kirche durchdrungen sein müsse.[683] Zugleich strebte er eine enge Zusammenarbeit zwischen Schule, Familie und Kirche an.[684] In den 1930er Jahren bot sich eine Lösungsmöglichkeit in der *Akcja Katolicka*, die das Maß an religiöser Erziehung der Jugend gewährleisten sollte, das die zumeist im ZNP organisierten Lehrer nach Auffassung der Kirche nicht bieten mochten.[685]

In der Auseinandersetzung um die weltanschauliche Prägung des Bildungswesens zeichneten sich Konfliktstrukturen ab, die für das innenpolitische Lagerdenken der 1930er Jahre typisch waren. Den Stil der Debatte kennzeichneten die gehäufte Verwendung des Begriffs „Kampf" oder der Verweis auf vermeintlich drohende Verhältnisse wie im bolschewistischen Nachbarland. Radikalität und Fragilität waren aber zwei Seiten einer Medaille: Die Grundschullehrerschaft zeigte sich angesichts ihres gesellschaftlichen Aufstiegs selbstgewisser als zuvor, doch war sie sich ihrer engen Bindung an die staatlichen Geschicke wohl bewusst. Die katholische Kirche wiederum konnte nach einer Phase der Unsicherheit zu Beginn der Zweiten Republik beachtliche Konsolidierungs- und Reformerfolge verzeichnen, die Verwirklichung eines spezifisch katholischen Nationsentwurfs stand aber noch aus.

Trotz des Konflikts mit der katholischen Kirche war Religion für den ZNP ein Phänomen, das sich nicht allein im Macht- und Deutungsstreit mit der Geistlichkeit erschöpfte. Bereits während des Konflikts mit dem Episkopat im Jahre 1930 sah sich der ZNP zu ausgleichenden Anmerkungen aufgefordert. Der ZNP-Vorsitzende Stanisław Nowak verwies ausdrücklich darauf, dass viele Mitglieder des ZNP praktizierende, ja gar „glühende" Katholiken seien.[686] Demonstrativ ließ der ZNP in seinem Organ *Głos*

---

[682] Nauczycielstwo katolickie walczy z próbami podważania zdrowych zasad wychowania, in: Ruch Katolicki, 7, 1937, S. 87 - 88.
[683] Kronika, in: Ruch Katolicki, 7, 1937, S. 378 - 379; Maria Jolanta Żmichrowska: Polskie stowarzyszenia nauczycielskie o orientacji narodowo-katolickiej (chrześcijańskiej), in: Życie i Myśl, 44, 1996, H. 4, S. 53.
[684] Nauczycielstwo katolickie walczy z próbami podważania zdrowych zasad wychowania, in: Ruch Katolicki, 7, 1937, S. 87 - 88.
[685] APW, UW Warszawski, 92, Bl. 37 - 39; Jasiński, O katolicką szkołę, S. 83 - 84; Kraskowski, Episkopat, S. 204; zu den konkreten Erziehungsvorstellungen der AK: Mariusz Leszczyński: Elementy wychowawcze działalności Akcji Katolickiej, in: Walewander, Katolicka a liberalna myśl wychowawcza, S. 124 - 146.
[686] Krucjata przeciw Związkowi PNSP. List otwarty senatora St. Nowaka, prezesa Związku polskiego Naucz. Szkół Powsz. do Episkopatu Polski, in: Głos Nauczycielski, 15, 1930, S. 39 - 42.

Nauczycielski eine sich selbst als tief gläubig bezeichnende Lehrerin bekunden, dass sie noch nie auf den ZNP-Veranstaltungen oder in den Verlautbarungen des ZNP etwas gehört oder gelesen habe, das ihre religiösen Gefühle verletze. Sie selbst unterrichte Religion und versuche, ihren Schülern die christlichen Grundsätze nahe zu bringen. Die Kinder ihrer Schule gingen sonntags aus eigenem Antrieb zum Gottesdienst.[687] Der Abdruck einer solchen Stellungnahme war sicherlich von taktischen Erwägungen begleitet – freilich in zweierlei Hinsicht: einerseits mit dem Bestreben, den Vorwürfen der Bischöfe den Wind aus den Segeln zu nehmen, andererseits mit Rücksicht auf eine tatsächlich religiös eingestellte Mitgliedergruppe des ZNP. In einer verbandsintern geführten Debatte zeigte sich nur wenige Monate später, dass es sich hierbei durchaus nicht um eine Minderheit handelte.

Eine Reihe von ZNP-Mitgliedern plädierte dafür, den Kampf gegen Kirche und Geistlichkeit einzustellen. Zunächst gab es die eher pragmatisch-fatalistische Begründung, Auseinandersetzungen zwischen Lehrern und örtlicher Bevölkerung endeten in der Regel mit der Niederlage des Lehrers.[688] Darüber hinaus ging ein Standpunkt, der die mögliche Wirkung auf die polnische Gesellschaft betrachtete. Der Kampf gegen die Geistlichkeit führte demnach zur Schwächung des nationalen Zusammenhalts:

> „Wenn also die Mehrheit der Gesellschaft eine bestimmte Erziehung, z. B. eine religiöse, wünscht, dann können wir als Erzieher der uns anvertrauten Kinder auch nur den Weg gehen, der dem Verlangen der Allgemeinheit entspricht. [...] Wir können zwar tapfer gegen die Oberaufsicht des Klerus kämpfen, aber eine gänzlich unabhängige Schule zu fordern, ohne jeglichen Einfluss der Kirche, hieße unter unseren gesellschaftlichen Rahmenbedingungen, die Erziehung auf Irrwege zu führen, die Einigkeit zwischen Schule und Elternhaus zu brechen und sich dem Elternhaus entgegenzustellen."[689]

Ein Ausgleich zwischen dem „fortschrittlichen" Anspruch des ZNP-Programms und einer überwiegend „traditionellen" Wertehaltung in der polnischen Gesellschaft schien nur auf evolutionärem Wege denkbar.

Schließlich gab es im ZNP Stimmen, die Vaterland und Religion explizit zu zwei Seiten einer Medaille erklärten: „Die Religion spielt eine wichtige Rolle in der Geschichte der Menschheit, der Nationen und im Leben jedes

---

[687] Emilja Jadczakowa: Głos nauczycielski w sprawie zarzutów, in: Głos Nauczycielski, 15, 1930, S. 94.
[688] Idem.: Na marginesie ideologji związku P. N. S. P., in: Głos Nauczycielski, 14, 1930, S. 429 - 431.
[689] Czerniewski: Na marginesie ideologji związku P. N. S. P., in: Głos Nauczycielski, 14, 1930, S. 459; ähnlich Idem.: Na marginesie ideologji związku P. N. S. P., in: Głos Nauczycielski, 14, 1930, S. 429 - 431.

Einzelnen. [...] Die Religion ist bis zu einem gewissen Grad auch ein Garant gesellschaftlicher Ordnung". Der Lehrer als Erzieher der jungen Generation erfülle „seine Aufgabe auf Grundlage eines Mandats, das er von der Nation erhalten hat, und die ihm in vollem Vertrauen ihren größten Schatz übergeben hat – die Jugend". Auf den Lehrer „sind daher die Augen von Millionen tief gläubiger Menschen gerichtet, denen die Haltung zur religiösen Erziehung alles andere als gleichgültig ist".[690]

In den 1930er Jahren konnten die religiös orientierten Mitglieder des ZNP in der Haltung vieler Schülerinnen und Schüler eine Bestätigung ihrer Überzeugungen erblicken. Der allfällig empfundene Generationswechsel in der polnischen Gesellschaft bezeugte sich aus katholischer Sicht darin, dass die Jugend nun von einem tiefen christlichen Glauben und vom Mut zum öffentlichen Bekenntnis ihres Glaubens geprägt war.[691]

Ob nun eine pragmatische Einschätzung der gesellschaftlichen Machtverhältnisse insbesondere auf dem Lande, eine sozialharmonische Sicht auf den „nationalen Zusammenhalt", eine Adaption an die Stimmungslage der jungen Generation oder aber originär religiöse Empfindungen den einzelnen Debattenbeiträge zugrunde lagen – eine deutlich wahrnehmbare Strömung innerhalb des ZNP war mit dem kulturkämpferischen Kurs seiner Spitzenfunktionäre nicht einverstanden.[692] Dies nahm auch die katholische Kirche zur Kenntnis,[693] sie unterschied aber genau zwischen der individuellen Religiosität einzelner Mitglieder des ZNP und der grundsätzlichen pädagogisch-programmatischen Ausrichtung der Lehrergewerkschaft.

In der Zweiten Republik resultierten viele Konflikte um das Thema Religion nicht aus einem klaren Für oder Wider, sondern hatten ihre tiefere Ursache in der Suche nach einer neuen Religiosität. So zeigten sich viele religiös orientierte Mitglieder des ZNP gegenüber modernen Tendenzen des Katholizismus sehr aufgeschlossen. Dies wirkte sich beispielsweise auf ihre Vorstellungen bezüglich des schulischen Religionsunterrichts aus. Statt traditionell in den unteren Klassen den Katechismus auswendig lernen zu lassen, wollten sie die Schüler stärker an ein individuelles Glaubensbekenntnis

---

[690] Idem.: Na marginesie ideologji związku P. N. S. P., in: Głos Nauczycielski, 14, 1930, S. 388 - 390, 429 - 431.
[691] List Pasterski J. Em. Ks. Kardynała Aleksandra Kakowskiego do Młodzieży, in: Wiadomości Archidiecezjalne Warszawskie, 28, 1938, S. 338.
[692] A. Świtarzowski: O pracę w ogniskach i oddziałach, in: Głos Nauczycielski, 14, 1930, S. 212 - 214.
[693] Odezwa Episkopatu Polskiego w sprawie antyreligijnych wystąpień na zjeździe Związku Nauczycieli Szkół Powszechnych w Krakowie w lipcu 1930 roku, in: Wiadomości Archidiecezjalne Warszawskie, 20, 1930, S. 280 - 282; Jasiński, O katolicką szkołę, S. 91.

heranführen.[694] Kritisch betrachteten sie die im ehemaligen österreichischen und russischen Teilungsgebiet für Lehrer verpflichtende Praxis, die Kinder sonntags zur Kirche zu begleiten. Sie verwiesen darauf, dass dies im ehemaligen preußischen Teilungsgebiet nicht üblich sei, dort aber eine große Religiosität in der Bevölkerung anzutreffen sei.[695]

Ein von traditionellen Zwängen, Hierarchien und Formeln befreites Christentum, das Wert auf eine größere Innerlichkeit und zugleich auf eigenverantwortliches Denken und Handeln im religiösen Sinne legte, entsprach am meisten dem Ideal der im ZNP organisierten katholischen Lehrer. Diese Haltung mochte manch konservativ eingestellten Geistlichen in seiner Skepsis gegenüber dem örtlichen Lehrer bestätigen,[696] doch längst waren auch in Pfarrgemeinden und kirchlichen Gruppierungen reformorientierte Strömungen bemerkbar, ja selbst in der ländlichen Bevölkerung, die lange Zeit ein Fundament traditioneller Religiosität dargestellt hatte, kam es in den 1930er Jahren zu einer „Individualisierung des Glaubens".[697]

Die verstärkte Hinwendung der Jugend zum Katholizismus in den 1930er Jahren gab modernisierungswilligen Kirchenkreisen Bestätigung, war aber auch Herausforderung.[698] Erfreut zeigten sich katholische Autoren vor allem von den angehenden Akademikern, die von einem neuen religiösen Geist durchdrungen seien und sich an den Universitäten deutlich von ihren Professoren aus der älteren, „positivistischen" Wissenschaftlergeneration absetzten. Noch galt aber der Katholizismus der Studenten und Gymnasiasten als jung und ungefestigt: Unter das Bekenntnis zum Glauben mischten sich „wohl auch etwas Mode, viel Snobismus, Willkür, ja auch Antisemitismus und Politik". Einige Teile der akademischen Jugend sympathisierten mit einem starken, autoritären Staat, andere erwärmten sich für „Faschismus und Hitlerismus", wieder andere zogen Verbindungslinien zwischen Katholizismus und Kommunismus.[699]

---

[694] Emilja Jadczakowa: Głos nauczycielski w sprawie zarzutów, in: Głos Nauczycielski, 15, 1930, S. 94.

[695] Wstydliwy odwrót, in: Głos Nauczycielski, 15, 1930, S. 42 - 43. Zu diesem Konflikt mit der Kirche Grochowski, Wychowanie religijne, S. 257 - 258, 275

[696] Emilja Jadczakowa: Głos nauczycielski w sprawie zarzutów, in: Głos Nauczycielski, 15, 1930, S. 94.

[697] Mędrzecki, Chłopi, S. 140.

[698] Hierzu die Debatte zwischen Wojciech Wasiutyński: Dynamizm katolicki młodego pokolenia, in: Przegląd Powszechny, 214, 1937, S. 137 - 144 und Konstanty Turowski: Renesans katolicyzmu młodego pokolenia polskiego, in: Przegląd Powszechny, 215, 1937, S. 3 - 16.

[699] Czesław Kaczmarek: Problem inteligencji katolickiej w Polsce, in: Ruch Katolicki, 6, 1936, S. 169 - 179; Wojciech Wasiutyński: Dynamizm katolicki młodego pokolenia, in: Przegląd Powszechny, 214, 1937, S. 142 - 144.

Besondere Anstrengungen um einen erneuerten Katholizismus sollten, so Kardinal Aleksander Kakowski in seinem 1938 veröffentlichten „Hirtenbrief an die Jugend", der vermeintlich von kommunistischen Ideen bedrohten Arbeiterjugend und der Landjugend gelten. Gerade letztere lasse sich „in ihrem – grundsätzlich richtigen und lobenswerten – Streben nach einem höheren kulturellen Niveau des ländlichen Raums allzu oft von verschiedenen Rädelsführer einreden, dass sie sich von Religion und Kirche abwenden müsse". Hier versprach sich der Warschauer Erzbischof viel vom Wirken der *Akcja Katolicka*.[700]

Weiter reichende Akzente setzten die Vertreter katholischer gebildeter Schichten. Für sie boten sich in den 1930er Jahren zunehmend mehr institutionelle Anknüpfungspunkte. Die unter der Schirmherrschaft des polnischen Episkopats stehende Katholische Universität in Lublin (KUL), 1918 gegründet, hatte in den zwei Jahrzehnten ihres Bestehens ein beachtliches wissenschaftliches Niveau etabliert und von Jahr zu Jahr mehr Studierende anziehen können. Neben Theologie und Kirchenrecht wurden hier auch weltliches Recht, Sozial- und Geisteswissenschaften gelehrt. 1938 erhielt die KUL die offizielle staatliche Anerkennung als Hochschule. Der seit 1933 amtierende Rektor der KUL, der Sozialwissenschaftler und Priester Antoni Szymański gab die Zeitschrift *Prąd* („Strom") heraus, die auf der Grundlage der katholischen Soziallehre einen „fortschrittlichen Katholizismus" propagierte und vor allem die katholische akademische Jugend zu erreichen suchte. An der Herausgabe des *Prąd* beteiligte sich die 1919 entstandene und vor allem in Warschau, Lublin und Poznań aktive katholische Studentenkorporation *Odrodzenie* („Auferstehung"). Zu ihren Mitgliedern gehörten Studierende, die nach dem Zweiten Weltkrieg das Gesicht des polnischen Katholizismus prägen sollten: Stefan Wyszyński, Jerzy Turowicz und Stanisław Stomma.

Zumindest indirekt an das Universitätsleben angebunden war der intellektuelle Kreis, der sich im Dorf Laski bei Warschau, in den Räumlichkeiten des dortigen Blindenheims, traf. *Spiritus rector* war der Priester Władysław Korniłowicz. 1884 in Warschau geboren, hatte Korniłowicz als Feldgeistlicher am polnisch-sowjetischen Krieg teilgenommen, anschließend am Priesterseminar seiner Heimatstadt und an der Katholischen Universität Lublin gelehrt, bevor er 1930 die Seelsorge in Laski übernahm. Ausgehend von den philosophischen Überlegungen Thomas von Aquins entwickelte Korniłowicz ökumenische Impulse für das kirchliche Leben in Polen. Wichtiges Organ war die von ihm seit 1934 herausgegebene Vierteljahres-

---

[700] List Pasterski J. Em. Ks. Kardynała Aleksandra Kakowskiego do Młodzieży, in: Wiadomości Archidiecezjalne Warszawskie, 28, 1938, S. 334 - 356.

schrift *Verbum*. Intellektuelle Impulse dieser Art nahmen schließlich auch einige christdemokratische Politiker auf. Für sie sprach der junge, 1907 geborene Konstanty Turowski, der sich nach seinem Studium der Ökonomie an der KUL und einem aktiven Wirken in der Studentenkorporation *Odrodzenie* seit Mitte der 1930er Jahre im christlichen Gewerkschaftswesen engagierte. Er forderte eine stärkere Hinwendung der Jugend zur katholischen Soziallehre ein.[701] Die Zukunft dieses gesellschaftsnah orientierten und sich selbst als „offen" bezeichnenden Katholizismus[702] lag allerdings erst in der Zeit nach 1945.

Das Ringen um eine neue Religiosität war in den 1930er Jahren von einer auffallenden Massenanziehungskraft und öffentlichen Symbolik begleitet. Besondere Aufmerksamkeit konnten die Wallfahrten auf den Klosterberg Jasna Góra nahe Częstochowa auf sich lenken. 1936 etwa kam es hier zu einem feierlichen Gelübde von rund 20.000 jungen Studenten und Studentinnen. 1937 reisten rund 20.000 junge Lehrerinnen und Lehrer in Sonderzügen, geschmückt mit Bildern der Mutter Gottes und Standarten, in das religiöse Zentrum Polens.[703]

Solche Veranstaltungen waren einerseits Wasser auf die Mühlen jener Kritiker, die darin eine lediglich anders nuancierte Fortsetzung der im polnischen Katholizismus traditionell starken Tendenz zu Ritual, Gewohnheit, Zeremonie, gar zu „falscher Frömmigkeit" sahen,[704] doch sorgten sie andererseits selbst bei kirchlich nicht gebundenen Kreisen für Eindruck. So gingen amtliche Berichterstatter dazu über, Wallfahrten und größere katholische Treffen ähnlich wie die schon länger unter Beobachtung stehenden Feierlichkeiten der Opposition als „Kräfteschau" zu werten.[705]

Daher vermag kaum zu überraschen, dass auch genuin politische Gruppierungen zunehmend auf die Strahlkraft religiöser Aussagen und Praktiken setzten. Relativ leicht fiel dies den Gruppierungen auf der politischen

---

[701] Konstanty Turowski: Renesans katolicyzmu młodego pokolenia polskiego, in: Przegląd Powszechny, 215, 1937, S. 13 - 14.

[702] Ausführlich zu diesem Spektrum des polnischen Katholizismus: Anna Mikołejko: Tradycja i nowe drogi wiary. Obrazy religijności polskiej w latach 1918 - 1939, Warszawa 2001, S. 193 - 250; Grażyna Karolewicz: Środowiska kształtujące kadrę inteligencji katolickiej w okresie międzywojennym, in: Walewander, Katolicka a liberalna myśl wychowawcza, S. 155 - 158, 160 - 164, 168 - 172.

[703] Gerne hoben katholische Chronisten hervor, dass die Lehrer aus unterschiedlichen Lehrervereinen zusammenkamen. Józef St. Czarnecki: Akcja Katolicka a polska rzeczywistość, in: Ruch Katolicki, 6, 1936, S. 163 - 169; Kronika, in: Ruch Katolicki, 7, 1937, S. 376 - 377. Zum Kontext: Piwowarski, Formy duszpasterstwa parafialnego, S. 147.

[704] Józef St. Czarnecki: Akcja Katolicka a polska rzeczywistość, in: Ruch Katolicki, 6, 1936, S. 163 - 169.

[705] APW, UW Warszawski, 92, Bl. 2 - 15.

Rechten. Nicht nur die Konservativen, auch die Nationaldemokraten wiesen in ihren aktualisierten Nationsentwürfen der 1930er Jahre der Religion die Rolle eines herausragenden Kriteriums für die Bestimmung dessen, was polnisch sei, zu.[706] Das galt insbesondere für die „jungen" Nationaldemokraten, die auf öffentlichen Manifestationen ihr „Gebet für ein Großes Polen" anstimmten[707] und dem Kult des heiligen Wojciech huldigten.[708]

Mochten die politischen Gegner für diese Rituale die kirchliche Approbation bezweifeln[709] deren Verwendung in Wahlkämpfen als blasphemisch erachten[710] oder generell auf die christlichen Prinzipien widersprechende Haltung der politischen Rechten verweisen[711] – sie selbst versuchten auch, einer als zunehmend religiös wahrgenommenen Zeitströmung Rechnung zu tragen. Dabei war für die *Sanacja* und die politische Linke nicht nur eine rein taktische Motivation anzunehmen.[712] Forderungen nach einer Trennung von Staat und Kirche oder die Empörung über die Instrumentalisierung religiöser Inhalte für den Wahlkampf bedeuteten für die Sozialisten nicht zwangsläufig eine Ablehnung von Religion und Religiosität.[713] Wenn Mitglieder der PPS auf parteieigenen Veranstaltungen lobten, in ihrem sozialistischen Programm die göttlichen Gebote zu befolgen,[714] verwies dies vielmehr auf ein komplexes Feld von religiöser Sozialisierung, individueller Glaubensüberzeugung und symbolischer Bezugnahme auf eine konfessionell gedachte Nation.[715]

3. 8 Das Ideal der „sozialen Demokratisierung"

Die sozialgeschichtliche Einschätzung der Zweiten Republik ist ausgesprochen kontrovers. Über viele Jahre hinweg setzte die 1973 erschienene Darstellung von Janusz Żarnowski Maßstäbe: Ausgehend von einer historisch-

---

[706] Ausführlich hierzu Grott, Polnische Parteien, S. 79 - 85.
[707] MWRiOP, 414, Bl. 807 - 808.
[708] AAN, MSW, 868, Bl. 8 - 9.
[709] MWRiOP, 414, Bl. 807 - 808.
[710] AAN, UW Krakowski, 268/I-12, Bl. 112 - 112a.
[711] MWRiOP, 413, Bl. 285 - 286.
[712] So Krzoska, Für ein Polen, S. 258.
[713] Diesen Nachweis führt Stanisław Michałowski: Religia i Kościół rzymskokatolicki w myśli politycznej Polskiej Partii Socjalistycznej 1918 - 1939, in: Jan Jachymek (Hrsg.): Religia i Kościół rzymskokatolickiej w polskiej myśli politycznej 1919 - 1993, Lublin 1995, S. 135 - 150.
[714] AAN, UW Krakowski, 268/I-12, Bl. 112 - 112a.
[715] Andrzej Chwalba: Socjaliści a religie na przełomie XIX i XX wieku, in: Renz/Meducka, Społeczno-kulturalna działalność, S. 97 - 106.

materialistischen Geschichtskonzeption gelangte sie über eine umfassende Auswertung statistischer Kennzahlen zur Diagnose einer gesellschaftlichen Stagnation in den Jahren der Zweiten Republik. Demnach hielt sich weitgehend der agrarische Charakter der polnischen Gesellschaft; die zahlenmäßige Zunahme der Arbeiterschaft stützte sich zu einem großen Teil auf die Landarbeiterschaft; überwiegend staatlich induziert, nämlich durch den Ausbau des Verwaltungs- und Bildungswesens, war die Ausbildung gebildeter Schichten; und sogar um ihren Rang bangen mussten das zahlenmäßig schwache Bürgertum und der Gutsbesitzeradel.[716] Żarnowski stützte sich dabei auf die These des Soziologen Stanisław Rychliński, wonach sich ein gesellschaftlicher Wandel in Polen höchstens in evolutionärer Weise vollzog.[717] Implizit kam bei dieser Interpretationslinie ein Topos der Verspätung und Deformation gegenüber dem westeuropäischen Modell zur Sprache.[718]

Zeitgenössische Beschreibungen des gesellschaftlichen Lebens legen allerdings einen diametral entgegen gesetzten Befund nahe: Die Zwischenkriegszeit in Polen war demnach eine Zeit großer Dynamik, rasanter Veränderungen und nachholender Modernisierungsprozesse. Worauf gründete diese Wahrnehmung? Zunächst gab es die vielfach bekundete Bereitschaft, sich auch im Bereich der gesellschaftlichen Ordnung von der Teilungszeit und damit von den Traditionen des 19. Jahrhunderts abzugrenzen. Zwar hielten sich in der Anfangszeit der Zweiten Republik noch vielfach paternalistisch-hierarchische Strukturen, insbesondere im ländlichen Raum, doch ein breites Bündnis von politischer Linken, liberalen Piłsudski-Anhängern und gemäßigter Rechten drängte darauf, im unabhängigen Polen neue Ausdrucksformen für Gesellschaft, Politik und Kultur zu schaffen. Das Nebeneinander von übergangsweise noch akzeptierter traditioneller Ordnung und gesellschaftspolitischer Experimentierfreude führte zu einem Spannungsverhältnis, das nicht zuletzt von den polnischen Geistes- und Sozialwissenschaften in der Zwischenkriegszeit wiederholt aufgegriffen und analysiert wurde.

Die Frage, wohin der Wandel führen und wie die zukünftige Gesellschaft Polens aussehen sollte, war eng an unterschiedliche Nationsentwürfe geknüpft. Mit der Deutung der Nation waren gesellschaftliche Ordnungsvorstellungen verknüpft, umgekehrt wurden soziale Auf- und Abstiegsprozesse

---

[716] Janusz Żarnowski: Społeczeństwo Drugiej Rzeczypospolitej, Warszawa 1973. Aktualisierung: Żarnowski, Społeczeństwo, S. 22 - 28.

[717] Stanisław Rychliński: Warstwy społeczne, in: Ruch Prawniczy, Ekonomiczny i Socjologiczny, 19, 1939, S. 113* - 127*.

[718] Dies gilt besonders für den Verweis auf die verhältnismäßig kleine Schicht der *inteligencja* als Bürgertumsersatz: Müller, Adel, S. 504; Anna Sosnowska: Zrozumieć zacofanie. Spory historyków o Europę Wschodnią (1947 - 1994), Warszawa 2004, S. 318 - 326.

sinnstiftend verarbeitet. Am einflussreichsten war das Konzept der „sozialen Demokratisierung". Auf der politischen Linken bildete es ein wichtiges Element der Legitimation und Selbstbeschreibung „Volkspolens". Aus dieser Sicht war das öffentliche Leben Polens vor dem Ersten Weltkrieg von den zahlenmäßig kleinen Bevölkerungsgruppen der Gutsbesitzer, der Geistlichkeit und der Akademiker bestimmt worden, während nun, nach Erlangung der Unabhängigkeit, „neue Kräfte und ein neues Polen" erwacht waren, vor allem eine „neue Generation von Bauern, Arbeitern und Handwerkern, die eine größere gesellschaftliche Reife besitzt".[719] Unschwer war hier das parteipolitisch motivierte Bestreben zu erkennen, die eigene Anhängerschaft in das Zentrum einer als „Volkspolen" gedachten Nation zu stellen, allerdings gab es für das Konzept der „sozialen Demokratisierung" auch konkrete Anknüpfungspunkte im öffentlichen Leben Polens.

Ein solcher Anknüpfungspunkt war der Neuaufbau des Schulwesens. Bildung für alle gesellschaftlichen Schichten – dies hatte sich der Lehrerverband ZNP seit Beginn seiner Tätigkeit auf die Fahnen geschrieben. Czesław Wycech, Lehrer und SL-Mitglied, parallelisierte die Geschichte des ZNP und seiner pädagogischen Ideen explizit mit Phasen der polnischen Geschichte, die durch das Streben nach nationaler Unabhängigkeit und Demokratie geprägt waren.[720]

Während aber in den 1920er Jahren der ZNP sein Ziele vor allem in Anlehnung an den Staat und nach 1926 an das staatsnationale Integrationsprogramm der *Sanacja* zu erreichen versuchte, verschoben sich die Akzente in den 1930er Jahren: Immer mehr Grundschullehrer ergriffen nun in Opposition zur Regierungspolitik Partei für die große Zahl einfacher Bevölkerungsschichten, die immer noch in ihren Bildungschancen benachteiligt waren. Zwar definierte der ZNP sein Leitbild offiziell als „enge Verbindung der Schule mit den Bedürfnissen des Staates und breiter Schichten der Bevölkerung",[721] doch insgesamt war eine wachsende Hinwendung zum „volkspolnischen" Nationsentwurf unverkennbar.[722]

Die Lehrer stilisierten sich dabei zu treuen Verbündeten für die emanzipatorischen Forderungen der Bauernschaft und der Arbeiterschicht. Im historischen Rückblick unterstrich der Soziologe Józef Obrębski, der sich empirisch mit dem ländlichen Raum des östlichen Polens beschäftigte, die

---

[719] Rola nauczyciela w środowisku, in: Głos Nauczycielski, 23 (33), 1938/39, S. 312.
[720] Czesław Wycech: Nasze założenia ideowe, in: Głos Nauczycielski, 21 (31), 1936/37, S. 567 - 572; ähnlich auch Zygmunt Nowicki: Dwudziestolecie, in: Głos Nauczycielski, 23 (33), 1938/39, S. 201 - 202.
[721] A. I.: Wychowanie a struktura społeczna Polski, in: Głos Nauczycielski, 23 (33), 1938/39, S. 697 - 699.
[722] Wojciech Skura: Ku czemu idzie nauczycielstwo, in: Zielony Sztandar, 22. 1. 1939, S. 6.

aufopferungsvolle Rolle der Lehrer in der Vorkriegszeit, etwa mit dem Hinweis auf ihre Tätigkeit im konspirativen Schulwesen und in Redaktionen von Zeitschriften, um der einfachen Bevölkerung „den Weg zur Nation und später auch zum Staat zu ebnen".[723] Gemeinsam mit der Bauernbewegung propagierte der ZNP dann eine „Wiederentdeckung" der lange Zeit wenig beachteten „bäuerlichen Wurzeln" der gebildeten Schichten in Polen.[724] Es gehörte nun zur Selbstbeschreibung vieler Lehrer, dass sie keine gesellschaftlichen Kontakte mit den „so genannten höheren Schichten" unterhielten, sondern als „gebildete Kader aus dem Volk" ein freundschaftliches Verhältnis zur einfachen Bevölkerung pflegten.[725]

Die in den 1930er Jahren eingeleitete Neuausrichtung des ZNP auf Traditionen des Widerstands und der Bauern- und Arbeiterkultur war nicht nur eine Gegenreaktion auf den nur wenige Jahre zuvor gepflegten Kult des Staates, sondern stand auch für einen Paradigmenwechsel in der polnischen Pädagogik. In den 1930er Jahren hatten die Evaluierung von Aufbauleistung und Reformen des Bildungswesens seit 1918 und der Eindruck gesellschaftlichen Wandels dazu geführt, dass die Schule immer mehr als Spiegelbild der sozialen Struktur Polens begriffen wurde. Hierbei stellten führende Pädagogen und Soziologen der Zweiten Republik ein vernichtendes Zeugnis aus. Ihren Analysen zufolge war das Schulsystem im unabhängigen Polen immer noch stark auf die Belange der höheren Schichten abgestellt.[726] Dies führte „zu einem selektiven Mechanismus, der die Interessen der Eliten verteidigt, während die ärmeren Bevölkerungsschichten, insbesondere die Bauern, in der Bildungspolitik als Bürger zweiter Klasse behandelt werden und auf dem Stand niedriger Kultur gehalten werden".[727] Der Pädagoge Antoni Bolesław Dobrowolski konstatierte gar, die Gesellschaft sei in zwei Hälften gespalten,

---

[723] Józef Obrębski: Szkoła a dążenia młodego pokolenia chłopów, in: Głos Nauczycielski, 23 (33), 1938/39, S. 276 - 280.
[724] Strzelecki, Mechanizmy rozwijania, S. 726.
[725] Zygmunt Nowicki: Dwudziestolecie, in: Głos Nauczycielski, 23 (33), 1938/39, S. 201 - 202.
[726] Józef Obrębski: Szkoła a dążenia młodego pokolenia chłopów, in: Głos Nauczycielski, 23 (33), 1938/39, S. 276 - 280; A. I.: Wychowanie a struktura społeczna Polski, in: Głos Nauczycielski, 23 (33), 1938/39, S. 697 - 699; Józef Sidor: Skończmy z kształceniem synów chłopskich na panów, in: Zielony Sztandar, 17. 5. 1936; Janosik: Walka o lepszą szkołę, in: Zielony Sztandar, 8. 1. 1939, S. 4. Dieser Interpretation folgte die polnische Geschichtsschreibung nach 1945, etwa Feliks W. Araszkiewicz und Stanisław Mauersberg: Elitaryzm średnich szkół ogólnokształcących, in: Miąso, Historia wychowania, S. 80 - 82.
[727] Program ideowy kongresu, in: Głos Nauczycielski, 23 (33), 1938/39, S. 809 - 811.

die miteinander kaum in kulturellem oder gesellschaftlichem Kontakt stünden.[728]

Die „soziale Demokratisierung" schien ein frommer Wunsch der linksliberalen Grundschullehrerschaft zu bleiben. Tatsächlich gab es ein nach wie vor verbreitetes traditionelles Standesdenken, wonach Großgrundbesitzer die eigenen Kinder nicht gerne in einer Schule mit den ärmeren Nachbarskindern wissen wollten.[729] Auch war vielen Gymnasiallehrern von elitär-intellektuellem Habitus ein gesellschaftliches Engagement gegen den Bildungsrückstand weiter Bevölkerungskreise nicht vermittelbar.[730]

Die Schulreform der *Sanacja* hatte die sozialen Ungleichheiten bei den Bildungschancen nicht wesentlich mildern können. Die Weltwirtschaftskrise und die damit einhergehenden Kürzungen der Bildungsausgaben im Staatshaushalt als Erklärung heranzuziehen,[731] traf nur einen Teil des Problems. Vielmehr wurde die wohl bedeutsamste Neuerung der *Sanacja*-Zeit, die Einführung der siebenjährigen Grundschule, ausgesprochen kontrovers diskutiert. Die siebenjährige Grundschule als Unterbau eines einheitlichen Schulsystems war gerade im ländlichen Raum noch nicht flächendeckend verwirklicht worden, auch schlossen längst nicht alle Kinder ihren Grundschulbesuch ab.[732] Die Schlussfolgerungen aus dieser Situation konnten aber unterschiedlicher kaum sein. Während der ZNP dafür plädierte, die siebenjährige Grundschule um ein allgemein zugängliches dreijähriges Gymnasium, idealerweise mit Vorschule und Internat für die ärmeren Schüler, zu ergänzen oder gleich eine zehnjährige Grundschule einzuführen,[733] gab es in konservativen Kreisen Forderungen nach einer Rückkehr zur Volksschule und zum achtklassigen Gymnasium.[734] Dieses Modell freilich hatte die Bildungschancen breiter Bevölkerungsschichten schon vor der Schulreform der *Sanacja* nicht heben können. Die Mittel- und Hochschulen waren nach wie vor in überwiegendem Maße Schulen für gebildete, vermögende und vor allem städtische Gesellschaftsschichten. Jugendliche vom Lande mussten entweder den Kontakt zum Dorf abbrechen, um zur Bildungswelt der

---

[728] Wytyczne demokratycznego ustroju oświaty, in: Głos Nauczycielski, 23 (33), 1938/39, S. 816 - 818.
[729] APW-Pułtusk, Starostwo Powiatowe w Makowie Mazowieckim, 3, Bl. 236; ebenso ein Jahr später: APW-Pułtusk, Starostwo Powiatowe w Makowie Mazowieckim, 4, Bl. 243.
[730] Rez. Józef Chałasiński, Tło socjologiczne pracy oświatowej, in: Roczniki Socjologii Wsi, 3, 1938, S. 264 - 265.
[731] S. d.: Z ducha demokracji, in: Głos Nauczycielski, 20 (30), 1936, S. 586 - 587; Nie oszczędzać na oświatę, in: Zielony Sztandar, 1. 1. 1939, S. 9.
[732] Wytyczne demokratycznego ustroju oświaty, in: Głos Nauczycielski, 23 (33), 1938/39, S. 816 - 818.
[733] Ebd., S. 816 - 818.
[734] Program ideowy kongresu, in: Głos Nauczycielski, 23 (33), 1938/39, S. 809 - 811.

Städter aufzuschließen,[735] oder aber sie liefen Gefahr, nach der Schulzeit den Weg zu einem sekundären Analphabetismus einzuschlagen.

Um dem Konzept der „sozialen Demokratisierung" in Zukunft doch noch zu größerem Erfolg zu verhelfen, plädierten Soziologen und Bildungspolitiker der politischen Linken dafür, die „schöpferischen Kräfte" der Bauern stärker zu mobilisieren und für das öffentliche Leben in Polen zu nutzen.[736] Gerne bemühten Vertreter des ZNP positive Nachrichten, etwa dass auf dem Lande die Nachfrage nach Schulbildung steige, dass viele Eltern bereit seien, ihre Kinder an besser ausgestattete Schulen in der Nachbarschaft zu schicken,[737] und dass die ländliche Bevölkerung insgesamt die Leistungen des Schulwesens der Zweiten Republik zunehmend positiv aufnehme.[738]

Nachdem die Bildung der Bauern noch vor dem Ersten Weltkrieg vielfach als aussichtslos galt, sollte sich nun aus einer adelig-kirchlich dominierten Gesellschaft eine demokratische und stärker den bäuerlichen Bevölkerungsanteil berücksichtigende Gesellschaft entwickeln.[739]

Das Konzept der „sozialen Demokratisierung" zielte daher nicht nur auf strukturelle, sondern auch auf mentale und kulturelle Änderungen, etwa bei den Unterrichtsinhalten. Noch überwog in den Geschichtsbüchern die Darstellung der Geschichte Polens als Geschichte von Schlachten, Heeresführern und Königen. Jenseits von kriegerischen und politischen Ereignissen fanden allenfalls Entwicklungen in Kunst und Wissenschaft nähere Beachtung. Nach den Vorstellungen der Anhänger „Volkspolens" war der Bauer künftig stärker als „aktive gesellschaftliche Kraft" und „Grundlage der Nation" zu zeichnen sowie überhaupt die Geschichte der Bauern in den Unter-

---

[735] Józef Sidor: Skończmy z kształceniem synów chłopskich na panów, in: Zielony Sztandar, 17. 5. 1936, S. 6; Antoni Żabko-Potopowicz: Wieś polska w świetle polskich prac naukowych i publicystycznych z okresu po uwłaszczeniu włościan, in: Roczniki Socjologii Wsi, 2, 1937, S. 136.

[736] Józef Obrębski: Szkoła a dążenia młodego pokolenia chłopów, in: Głos Nauczycielski, 23 (33), 1938/39, S. 276 - 280; Józef Sidor: Skończmy z kształceniem synów chłopskich na panów, in: Zielony Sztandar, 17. 5. 1936, S. 6; Wojciech Skura: Ku czemu idzie nauczycielstwo, in: Zielony Sztandar, 22. 1. 1939, S. 6.

[737] Zygmunt Lewandowski: Krzywda wsi, in: Głos Nauczycielski, 20 (30), 1936, S. 607 - 608; Wacław Polkowski: Na drodze demokratyzacji kultury, in: Głos Nauczycielski, 23 (33), 1938/39, S. 109 - 111; Czesław Wycech: Działalność i rola Z. N. P. w niepodległej Polsce, in: Głos Nauczycielski, 23 (33), 1938/39, S. 203 - 206.

[738] W. Rzymowski: „Święte Przymierze", in: Głos Nauczycielski, 21 (31), 1936/37, S. 113 - 116. Optimistische Einschätzung auch bei Mędrzecki, Chłopi, S. 132.

[739] W. Rzymowski: „Święte Przymierze", in: Głos Nauczycielski, 21 (31), 1936/37, S. 113 - 116; Józef Obrębski: Szkoła a dążenia młodego pokolenia chłopów, in: Głos Nauczycielski, 23 (33), 1938/39, S. 276 - 280; Janosik: Walka o lepszą szkołę, in: Zielony Sztandar, 8. 1. 1939, S: 4.

richt vor allem der Grundschule zu integrieren. Im Bildungskanon sollte sich so eine stärkere Berücksichtigung bäuerlicher Vorstellungswelten niederschlagen.[740] Bei manchen dieser Reformüberlegungen zum Geschichtsunterricht kam aber nicht nur eine dezidert bäuerliche, sondern auch eine kollektivistische Perspektive zum Tragen. Die „kooperative Organisation der Gesellschaft" galt als Idealzustand. Nicht ein einzelner Held, sondern das Wirken der gesamten Nation stand demnach im Vordergrund.[741] Schließlich sollten die Abkehr vom „elitär-positivistischen Erbe des 19. Jahrhunderts" und die Wertschätzung für die körperlich arbeitenden Bauern und Arbeiter auch andere Schulfächer prägen und namentlich den Stellenwert von Sport und Körperbewusstsein heben.[742]

Das Ideal der „sozialen Demokratisierung" war nicht *per se* mit dem Kampf um politische Freiheiten verknüpft. Kollektivistische Orientierungen konnten hier einen Platz finden und Forderungen nach einer gleichmäßigen Berücksichtigung der gesellschaftlichen und kulturellen Leistungen jeder Bevölkerungsgruppe Polens waren durchaus mit den staatsnationalen Vorstellungen von Konsens und gesellschaftlichem Proporz vermittelbar. Ein aufschlussreiches Beispiel bot die Haltung zur Sozialpolitik der Zweiten Republik.

Eine soziale und eine freiheitliche Ausgestaltung von Demokratie waren zusammengebracht, wenn sich an politischen Demonstrationstagen wie dem 1. Mai gewerkschaftliche Forderungen und zugleich Proteste gegen den Autoritarismus der *Sanacja* artikulierten. Nach dem Urteil von Tomasz Arciszewski führte die Abdrängung der politischen Linken in die Opposition zu Einbußen sowohl bei den politischen Partizipationsrechten als auch bei der Sozialgesetzgebung.[743] Die Bauernbewegung, die in den 1930er Jahren dazu übergegangen war, die Forderung nach mehr Demokratie in die erste Reihe zu stellen, sah hier auch einen direkten Wirkzusammenhang mit ihrem seit langer Zeit vorgetragenen Anliegen einer nachgebesserten Agrarreform. Mit Blick auf die internationale Situation Polens propagierte schließlich Zofja Daszyńska-Golińska die Ansicht, mit einer energischen und klugen Sozialpolitik sollte Polen versuchen, eine bolschewistischen

---

[740] Józef Obrębski: Szkoła a dążenia młodego pokolenia chłopów, in: Głos Nauczycielski, 23 (33), 1938/39, S. 276 - 280; Wychowanie a struktura społeczna Polski, in: Głos Nauczycielski, 23 (33), 1938/39, S. 814 - 815; F.: Lepsze traktowanie chłopa w podręczniku szkolnym, in: Zielony Sztandar, 6. 8. 1939, S. 6.
[741] A. I.: Wychowanie a struktura społeczna Polski, in: Głos Nauczycielski, 23 (33), 1938/39, S. 697 - 699.
[742] Wychowanie a struktura społeczna Polski, in: Głos Nauczycielski, 23 (33), 1938/39, S. 814 - 815.
[743] Tomasz Arciszewski: O jedność klasy robotniczej, in: Robotnik, 1. 5. 1937, S. 2.

Revolution zu vermeiden und zugleich die Sympathien der demokratischen Nationen zu erringen.[744]

Sozialpolitische Belange konnten aber auch ohne eine solche Wechselwirkung gedacht werden. Insbesondere infolge der Weltwirtschaftskrise gewannen Forderungen nach einem vollständigen Umbau der Wirtschafts- und Gesellschaftsordnung an Einfluss.[745] Dagegen deckte sich die gemäßigtere Auffassung, Polen solle in erster Linie ein Staat sein, der für das Wohl seiner Einwohner Sorge trage und durch konkrete materielle Vorzüge den ländlichen Raum besser in das Leben der polnischen Nation eingliedere,[746] mit den Absichten staatsnationaler Integrationsstiftung. Damit kam diese Auffassung zugleich der lange Zeit vorherrschenden Regel in der europäischen Geschichte des 19. und 20. Jahrhunderts entgegen, wonach Nationalstaat und Sozialstaat wechselseitig aufeinander bezogen waren.[747]

Die Nations- und Gesellschaftsentwürfe von Konservativen und politischen Rechten vertrauten völlig anderen sozialpolitischen Maßstäben. Die traditionelle paternalistische Ordnung wurde auf Verbandstreffen oder in publizistischen Organen des Gutsbesitzeradels beredt verteidigt und im ländlichen Raum oft noch gelebt. Die Umbruchssituation nach dem Ersten Weltkrieg und die Weltwirtschaftskrise nahmen zwar vieles von der einstigen Vorrangstellung in Politik und Gesellschaft, was auch durch die Annäherung eines Teils der Konservativen an die *Sanacja* nicht mehr kompensiert werden konnte, doch bewahrte sich der Gutsbesitzeradel bis zum Ausbruch des Zweiten Weltkriegs eine kulturell-habituell vermittelte Anziehungskraft.

Dies veranlasste zeitgenössische Soziologen wie Stanisław Rychliński und Józef Chałasiński und später auch Sozialhistoriker wie Janusz Żarnowski dazu, eine schlagwortartig als „Feudalisierung" gefasste Orientierung nicht-adeliger Bevölkerungsschichten an der adeligen Lebensweise zu konstatieren. Diese „Feudalisierung" war nicht zufällig ein Phänomen der 1930er Jahre, als sowohl bei den Anhängern der *Sanacja* als auch bei den Befürwortern einer polnischen faschistischen Bewegung die Vision einer politischen und gesellschaftlichen Elitenbildung populär war.[748]

---

[744] Zofja Daszyńska-Golińska: Polityka społeczna a Polska, in: Ruch Prawniczy, Ekonomiczny i Socjologiczny, 10, 1930, S. 191* - 200*.
[745] Adam Ciołkosz: P.P.S. – „siła fatalna", in: Robotnik, 1. 5. 1938, S. 5.
[746] Antoni Żabko-Potopowicz: Wieś polska w świetle polskich prac naukowych i publicystycznych z okresu po uwłaszczeniu włościan, in: Roczniki Socjologii Wsi, 2, 1937, S. 149.
[747] Wehler, Nationalismus, S. 101 - 102.
[748] Referat von Józef Chałasiński auf dem polnischen Pädagogen-Kongress im Mai 1939: Wychowanie a struktura społeczna Polski, in: Głos Nauczycielski, 23 (33), 1938/39, S. 814 - 815; Żarnowski, Społeczeństwo, S. 21 - 22, 27.

Die hierarchisch angelegte „Feudalisierung" war allerdings nicht die einzige Möglichkeit, die konservative und nationaldemokratische Gesellschaftsentwürfe vorsahen. Auch hier gab es Überlegungen zu einer stärker auf Ausgleich bedachten Ordnung. Diese äußerten sich allerdings vorwiegend in einer sozialharmonischen Variante: „Die notwendigen sozialen Reformen dürfen nicht auf revolutionärem Wege erfolgen, sondern nur durch die gegenseitige Verständigung aller Stände."[749] In romantisierendem Duktus beschwor die konservative Pädagogin Maria Śliwińska-Zarzecka gar, „wir müssen alle sozialen Angelegenheiten im Geiste der Liebe regeln. Klassenhass und Klassenkampf waren, sind und bleiben uns fremd".[750] Der sozialharmonischen Argumentation lag die funktionalistische Annahme zugrunde, mit der Denkfigur der Nation gesellschaftliche Konflikte überwölben, moderieren und reduzieren zu können.

Hier klang ein Versuch an, Polen im Windschatten jener politischen und gesellschaftlichen Entwicklungen zu positionieren, die der europäischen Geschichte der Zwischenkriegszeit, eindringlich verdichtet im totalitären Experiment von sowjetischem Kommunismus und deutschem Nationalsozialismus, ihr Signum gaben. Dies war auch der katholischen Kirche sympathisch: Die Religion, so Kardinal Aleksander Kakowski in seinem „Hirtenbrief an die Jugend" 1938, verbinde das Wohl von Nation und Staat und führe zu „gesellschaftlicher Harmonie und innerem Frieden".[751]

Allzu idealistische Vorstellungen von Sozialharmonie musste die Kirche allerdings aufgeben, sollten die Bemühungen um die Arbeiterjugend und die Landjugend tatsächlich Erfolg haben. Die Maßgabe, Bildung und Fortschritt auf dem Lande zu fördern, damit sich die Bauern zu einer „herausragenden schöpferischen Element für die Kultur der Nation" entwickelten,[752] und der schichtenübergreifende Ansatz der *Akcja Katolicka* adaptierten vielmehr *de facto* Elemente der „sozialen Demokratisierung". Mancherorts nahmen sogar der Kirche nahe stehende politische Gruppierungen wie NPR und Christdemokraten an den vom SL organisierten *Święta Ludowe* teil.[753] Mit dieser Öffnung gegenüber dem Nationsentwurf „Volkspolen" konnte der polnische Katholizismus noch vor dem Zweiten Weltkrieg wichtige Weichen für

---

[749] Przebieg święta narodowego, in: Gazeta Warszawska, 4. 5. 1922, S. 1 - 2.
[750] Śliwińska-Zarzecka, Trzeci Maj, S. 22; Maria Śliwińska-Zarzecka: Katolicyzm w dziejach Polski. Materiał dla prelegentów, Katowice 1938, S. 10. Hierzu auch Grochowski, Wychowanie religijne, S. 260 - 261.
[751] List Pasterski J. Em. Ks. Kardynała Aleksandra Kakowskiego do Młodzieży, in: Wiadomości Archidiecezjalne Warszawskie, 28, 1938, S. 343.
[752] Ebd., S. 343.
[753] Sobotnie manifestacje ludowe, in: Robotnik, 17. 8. 1936, S. 1.

seine anhaltende Akzeptanz unter den Bedingungen einer sich ausbildenden Massengesellschaft stellen.

Ein optimistischeres Verhältnis zum gesellschaftlichen Wandel setzte sich allmählich auch im nationaldemokratischen Spektrum durch. So legten Presseberichterstatter anlässlich politischer Feste besonderen Wert auf die Feststellung, dass unter den Teilnehmern viele Bauern und Arbeiter gewesen seien,[754] und bei den Betrachtungen zur Verfassung vom 3. Mai 1791 rückten zunehmend die damals eingeleiteten gesellschaftlichen Reformen in den Vordergrund. Jetzt war nicht mehr allein die Gleichberechtigung der Bürger mit dem Adel wichtig, nun wurde explizit auch das Schicksal der Bauern in den Blick genommen, das durch die Mai-Verfassung erste Schritte zu einer Verbesserung erfahren habe.[755] Symptomatisch für eine spezifisch nationaldemokratische Auffassung von „sozialer Demokratisierung" war allerdings die immer wiederkehrende Verknüpfung mit antisemitischen Ressentiments: Für Erscheinungen gesellschaftlicher Ungleichheit waren aus ihrer Sicht die Juden verantwortlich, da sie in ihren Händen Handel, Industrie, Finanzwesen und einen Großteil des Handwerks vereinten.[756]

Die zentrale Rolle, die gesellschaftliche Ordnungsvorstellungen im Rahmen der unterschiedlichen Nationsentwürfe einnahmen, ist vor allem für die 1930er Jahre augenfällig. Das lange verfochtene Ziel der staatlichen Unabhängigkeit war erreicht und gesichert, umso mehr Nachdruck konnte auf die innere Ausgestaltung der Nation gelegt werden. Wissenschaftler, Politiker und Publizisten beschäftigten sich nun ausführlich mit Fragen der strukturellen Ungleichheit und gesellschaftlichen Zukunft. Gleich ob die Diagnose auf eine „Feudalisierung" der polnischen Gesellschaft hinauslief oder ob es Hoffnungen auf eine „soziale Demokratisierung" gab – kurz vor dem Zweiten Weltkrieg entstanden in Polen sozialkritische Analysen, Dokumentationen und Essays von bleibendem Rang.

Hierzu gehörten zweifellos die gesammelten Lebenserinnerungen verschiedener Berufsgruppen und Bevölkerungsgruppen, die vom wissenschaftlichen Unternehmungsgeist der noch jungen empirischen Sozialforschung in Polen zeugten. Neben den „Erinnerungen von Arbeitslosen" (*Pamiętniki Bezrobotnych*), den „Erinnerungen von Emigranten" (*Pamiętniki Emigrantów*) oder den „Erinnerungen von Ärzten" (*Pamiętniki Lekarzy*) fanden insbesondere die zweibändigen „Erinnerungen von Bauern" (*Pamiętniki Chłopów*) weit über fachwissenschaftliche Kreise hinaus Widerhall. Wie sehr

---

[754] Wielkie uroczystości narodowe w kraju, in: Warszawski Dziennik Narodowy, 17. 8. 1936, S. 1.
[755] Symbol żywotności, in: Warszawski Dziennik Narodowy, 2. 5. 1937, S. 3; Tadeusz Bielecki: Rozważania trzeciomajowe, in: Warszawski Dziennik Narodowy, 3. 5. 1938, S. 3.
[756] Symbol żywotności, in: Warszawski Dziennik Narodowy, 2. 5. 1937, S. 3.

die Beschäftigung mit dem ländlichen Raum und der ländlichen Bevölkerung mittlerweile im Zentrum öffentlicher Aufmerksamkeit stand, zeigte sich am Beispiel des jungen und energisch vorandrängenden Soziologen Józef Chałasiński. 1935 nach Lehr- und Forschungstätigkeit in Poznań und den Vereinigten Staaten an die Universität Warschau gewechselt, konnte er mit seinem vierbändigen Werk „Die junge Generation der Bauern" (*Młode pokolenie chłopów*) als Karrierethema reüssieren.

In der Literatur erlangte eine gesellschaftskritische Strömung Bedeutung, die sich 1934 als Gruppe *Przedmieście* („Vorstadt") konstituierte und zu deren Mitgliedern unter anderem die Schriftsteller Zofia Nałkowska, Bruno Schulz, Adolf Rudnicki, Gustaw Morcinek und Halina Krahelska zählten. Das Proletariat und die ärmsten Schichten der ländlichen Bevölkerung gehörten schließlich zu den bevorzugten Motiven kommunistischer Schriftsteller wie Wanda Wasilewska oder Leon Kruczkowski.[757]

Die Gesellschaftsvision des oppositionellen „volkspolnischen" Nationsentwurfs entwickelte trotz des autoritären politischen Rahmens der *Sanacja*-Herrschaft zunehmende Breitenwirkung. Die als „Feudalisierung" in die polnische Sozialgeschichtsschreibung eingegangene und gleichsam entgegengesetzte Anziehungskraft des Adels zeigte sich immerhin als so wirkmächtig, dass Möglichkeiten zu einer gesellschaftlichen Entwicklung in Richtung Bürgertum und Bürgerlichkeit weit weniger in Betracht gezogen wurden;[758] letztere galten vielmehr als Signaturen des 19. Jahrhunderts, der ungeliebten Teilungszeit, von deren Erbe sich die Zeitgenossen der Zweiten Republik nicht nur politisch, sondern auch gesellschaftlich und habituell abgrenzen wollten. Die Einschätzung der gesellschaftlichen Situation in der Zweiten Republik bemaß sich damit mindestens ebenso sehr an ideell aufgeladenen Erwartungen für ein neues kollektives Zusammenleben wie an den statistisch fassbaren Einkommen oder Lebensverhältnissen.

3.9 „Rasse", „Volk", „Familie": Deutungsmuster der Abstammung

Die Frage nach Akzeptanz und Reichweite rassistischer Ideen im Polen der Zwischenkriegszeit ist in der Forschung noch nicht geklärt. Vorherrschend war lange Zeit die Auffassung, dass es sich um marginale Phänomene han-

---

[757] Jerzy Kwiatkowski: Dwudziestolecie międzywojenne, Warszawa 2000, S. 298 - 310.

[758] Zum Unterschied der Selbstbeschreibung als *inteligencja* und Bürgertum: Janusz Żarnowski: Inteligencja, in: ders., Społeczeństwo polskie w XX wieku, S. 73 - 76, 81; Denis Sdvižkov: Das Zeitalter der Intelligenz. Zur vergleichenden Geschichte der Gebildeten in Europa [Synthesen. Probleme europäischer Geschichte, Bd. 3], Göttingen 2006, S. 103 - 104, 123.

delte. Ein erster Grund hierfür lag zweifellos in einer Distanz polnischer Publizisten und Politiker gegenüber dem westeuropäischen und nordamerikanischen Rassismus, da Slaven dort gemeinhin unter das Verdikt einer „minderwertigen Rasse" fielen. Der Rassebegriff, wie ihn Teile der Nationaldemokraten verwendeten, rekurrierte demnach weniger auf biologische Faktoren, sondern vielmehr auf die Vorstellung einer „polnischen geistigen Einheit", vom „Genie der polnischen Rasse".[759] Das Postulat einer „polnischen geistigen Einheit" entfaltete seine Suggestivkraft insbesondere in Abgrenzung zu Kollektivbegriffen wie „jüdischer Geist" (*dusza żydowska*) oder „jüdische Seele" (*psychika żydowska*).[760] Damit aber wandte sich – so ein zweites Argument für die marginale Rolle eines spezifisch polnischen Rassismus – das einschlägige Gedankengut ausschließlich gegen Juden, nicht aber gegen andere ethnische Bevölkerungsgruppen.[761] Zum dritten galt schließlich die starke Stellung der katholischen Kirche und der von ihr geprägten christlichen Wertehaltung als Barriere gegen rassistische Vorstellungen.[762]

Diese Argumente gegen eine starke Rolle des Rassismus in Polen gründeten auf einer traditionellen ideengeschichtlichen Herangehensweise und sind von einiger Widersprüchlichkeit und Vorsicht gekennzeichnet, insbesondere was die Haltung der katholischen Kirche betrifft. Tatsächlich gab es wohl stärker als bislang angenommen rassistische Motive in der katholischen Publizistik, wenn es um die „jüdische Frage" ging.[763]

Neuere methodische Ansätze wie die Diskursanalyse und Körpergeschichte oder Untersuchungsfelder wie die Bevölkerungspolitik können helfen, ein umfassenderes Bild zu zeichnen. Tatsächlich begegnete in der zeitgenössischen Sprache wiederholt eine Affinität zu biologisch-organizistischen Auffassungen. In einer Musterrede zur Feier des Nationalfeiertags am 3. Mai brachte Maria Śliwińska-Zarzecka als Verfasserin einer Lehrerhandreichung die Überzeugung zum Ausdruck, die Jugend sei mit der

---

[759] Zeitgenössisches Quellenbeispiel: Rok 1920, in: Warszawski Dziennik Narodowy, 15. 8. 1936, S. 3. Ausführlicher zum nicht-biologischen Rassebegriff der Nationaldemokraten: Sobczak, Stosunek do Narodowej Demokracji, S. 429 - 430.
[760] Die Verwendung dieser Kollektivbegriffe als Surrogat für „Rasse" sieht Bergmann, Narodowa Demokracja, S. 379; hierzu auch Śliwa, Polska myśl polityczna, S. 155.
[761] Steffen, Jüdische Polonität, S. 280; Mich, Obcy w polskim domu, S. 17; widersprüchlich hierzu Kotowski, Hitlers Bewegung, S. 59 - 86, der einen rassistisch motivierten Antisemitismus nur für kleine Teile der Nationaldemokratie annimmt, aber von einer allgemeinen Zustimmung zu „Arierparagraphen" und „Nürnberger Gesetzen" berichtet.
[762] Musielak, Nazizm, S. 40; Kotowski, Hitlers Bewegung, S. 62, 65, 66; Kawalec, Spadkobiercy, S. 66.
[763] Landau-Czajka, W jednym stali domu..., S. 46 - 47; Pollmann, Untermieter, S. 391.

Nation „verbunden durch Blut, Sprache und Nationalbewusstsein".[764] Populär war die etymologische Vorstellung von *naród* („Nation") und *ród* („Stamm"),[765] die ihre Verbindung – analog zur lateinischen *natio* – im Verb *rodzić* („gebären") fand. Die „Nation als Blutsverwandtschaft"[766] gab damit ein Stabilitätsversprechen, das vor dem Hintergrund konkurrierender Nationsentwürfe und politischer Polarisierung an Attraktivität gewann.

Eine stringente Kategorisierung und Klassifizierung der Bevölkerung nach biopolitischen Kriterien, wie es ein rassentheoretisches Verständnis von Nation erfordert hätte und wie es das Nachbarland Deutschland mit den „Nürnberger Gesetzen" zu praktizieren begann, stand in Polen allerdings nicht zur Debatte. Vielmehr zielten Topoi wie „Gesundheit" und „Reinheit" in erster Linie auf gesellschaftliche Ordnungsvorstellungen. Empfänglich für eine entsprechende Rhetorik waren daher auch Anhänger des „volkspolnischen" Nationsentwurfs. So galt ihnen die polnische Landbevölkerung zumindest in „physischer Hinsicht" als „gesündester" Teil des polnischen Volkes.[767] Die Idealisierung des Bauern und der ländlichen Lebensweise stand aber auf einer recht fragilen Grundlage: Dazu auserkoren, die „Gesundung" der polnischen Gesellschaft zu symbolisieren, war ausgerechnet eine Bevölkerungsgruppe, die noch häufig genug in Kategorien des Defizitären wahrgenommen wurde und einschlägige Erziehungsanstrengungen auf sich zog – etwa in den vom Ministerium für Sozialfürsorge oder von sozial engagierten Gutsbesitzern veranlassten „Hygiene-Kursen".

Sprache und Körperbilder beförderten einen biologistischen Vorstellungshorizont im Polen der Zwischenkriegszeit, doch gab es keine konsistente Utopie zur Schaffung einer radikal neuen Gesellschaft, etwa mit Mitteln der Eugenik.[768] Auch bot sich keine zentrale Denkfigur wie etwa im deutschen Fall das „Volkstum" an. *Lud* („Volk") blieb eine überwiegend soziale Kennzeichnung.[769] Politiker und Publizisten betrachteten die Ver-

---

764 Śliwińska-Zarzecka, Trzeci Maj, S. 26; weitere Beispiele gibt Sobczak, Stosunek Narodowej Demokracji, S. 426 - 428.
765 Związek Ludowo-Narodowy, Nacjonalizm, S. 6.
766 Christian Geulen: Wahlverwandtschaften. Rassendiskurs und Nationalismus im späten 19. Jahrhundert, Hamburg 2004, S. 13.
767 Zygmunt Lewandowski: Krzywda wsi, in: Głos Nauczycielski, 20 (30), 1936, S. 608.
768 Zurückhaltende Einschätzung von Reichweite und Popularität der Eugenik in Polen, auch wegen der ablehnenden Haltung der katholischen Kirche, bei Magdalena Gawin: Rasa i nowoczesność. Historia polskiego ruchu eugenicznego, Warszawa 2003, S. 240 - 244, 281 - 282, 309.
769 Klärend hierzu: Jan M. Piskorski: Volksgeschichte à la polonaise. Vom Polonozentrismus im Rahmen der sogenannten polnischen Westforschung, in: Manfred Hettling (Hrsg.): Volksgeschichten im Europa der Zwischenkriegszeit, Göttingen 2003, S. 239 - 245.

wendung der Begriffe „Rasse" und „Volk" im Deutschland der 1930er Jahre mit anfänglicher Faszination, aber dann mit zunehmender Skepsis.[770]

Weit wichtiger für die polnische Debatte war ein Deutungsmuster von Abstammung, das sich auf den Begriff der „Familie" bezog.[771] Hier gab es durchaus auch biologisch-organizistische Komponenten, so in Fortführung der Etymologie von *naród* über *ród* zur *rodzina* („Familie"),[772] allerdings waren sie nicht konkurrenzlos. So konnte die familiale Vorstellung von Nation zunächst hohe lebensweltliche Plausibilität beanspruchen: Wie etwa die Soziologen William I. Thomas und Florian Znaniecki in ihrer groß angelegten Studie über die polnischen Bauern zu Beginn des 20. Jahrhunderts feststellten, reichte das gesellschaftliche Gesichtsfeld in dieser zahlenmäßig größten Bevölkerungsgruppe Polens kaum über die Interessen der eigenen Familie hinaus.[773] Erst im Rahmen des gesellschaftlichen Wandels in den 1930er Jahren war ein markanter Wandel zu beobachten.[774]

Darüber hinaus besaß „Familie" eine eminent symbolische Dimension: In der Teilungszeit galt sie den Anhängern der polnischen Nationalbewegung als Rückhalt und Rückzugsmöglichkeit.[775] Die Folgen dieses Erbes waren allerdings ambivalent: Die ideelle Aufladung der Familie förderte eine kritische Haltung gegenüber Loyalitätsansprüchen des Staates, sie führte aber auch zu einer normative Überhöhung vormoderner sozialer und politischer Ordnungsvorstellungen. Letzteres spiegelte sich vor allem in der Auffassung katholischer und konservativer Kreise: Familie war die „lebendige Quelle des Vaterlandes"[776] und demnach bildeten „alle Familien aus allen Dörfern und Städten, alle, die auf dem gleichen Boden lebten, die gleiche Sprache sprachen und für das gemeinsame Wohl sorgen mochten, eine übergeordnete Familie, die Nation".[777]

Praktischen Niederschlag fand diese Auffassung beispielsweise im katholischen Bildungsideal mit der Privilegierung der Erziehung im Eltern-

---

[770] Sobczak, Stosunek Narodowej Demokracji, S. 430 - 438.
[771] Sabina Grzegorzewicz: O wychowaniu Narodowem, in: Ziemianka Polska, 1929, H. 20, S. 13 - 17.
[772] Związek Ludowo-Narodowy, Nacjonalizm, S. 6.
[773] Antoni Żabko-Potopowicz: Wieś polska w świetle polskich prac naukowych i publicystycznych z okresu po uwłaszczeniu włościan, in: Roczniki Socjologii Wsi, 2, 1937, S. 143; Mędrzecki, Młodzież wiejska, S. 7 - 9.
[774] Mędrzecki, Młodzież wiejska, S. 10, 165, 195 - 196.
[775] Steffen, Jüdische Polonität, S. 234; Claudia Kraft: Das Eherecht in der Zweiten Polnischen Republik (1918 - 1939) und das gescheiterte Ideal gleichberechtigter Staatsbürgerschaft, in: Gehmacher/Harvey/Kemlein, Zwischen Kriegen, S. 73.
[776] Głos Młodych: Rola społeczna rodziny, in: Ziemianka Polska, 1929, H. 8, S. 11.
[777] O wychowaniu narodowym, in: Ziemianka, 7, 1918, S. 145 – 150.

haus.[778] Die familiale Komponente stellte dabei ein zentrales Argument gegenüber staatsnationalen Tendenzen im Schulwesen dar. In einer erweiterten Reihung von „Familie – Gemeinde – Nation"[779] war der familiale Nationsentwurf aber auch für die territoriale Selbstverwaltung anwendbar. „Mehrere benachbarte Familien schaffen gemeinsam die Gemeinde – eine größere Familie. Die Gemeinde muss wie die Familie dafür sorgen, dass es allen gut gehen möge", und daraus folgte: „Alle Gemeinden zusammen schaffen die Nation – eine große Familie. Und auch die Nation muss, wie die Familie, für alle sorgen."[780] Gesellschaft und Staat galten dagegen als „organisatorische" und „administrative Funktionen" der Nation,[781] eine Folge bloß „des natürlichen Wachstums und der Entwicklung der Familie".[782] Die politische Rechte setzte den Lobpreis der Familie dabei nicht nur gegen die starke Verehrung des Staates bei der *Sanacja*, sondern auch gegen einen „Kult des Einzelnen", wie er namentlich der Person Piłsudskis galt.[783]

Lebensweltliche Bedeutung und politische Stilisierung von „Familie" verbanden sich schließlich auf komplexe Weise im Streit um das Wahlrecht der Zweiten Republik. Noch in den 1930er Jahren versuchte die politische Linke mit aufklärerischem Impetus gegen vormoderne Wahlpraktiken im ländlichen Raum anzugehen und mahnte, niemand dürfe für jemanden anderen stimmen, auch nicht Familienmitglieder füreinander.[784] Sie befürchtete, dass ein solches Abstimmverhalten der *Sanacja* mit ihrem Ideal der gelenkten Partizipation nur allzu gelegen kam. Dagegen wartete die politische Rechte mit dem Vorschlag eines familial begründeten Wahlrechts auf, dessen Ausübung in paternalistischer Manier dem Familienvater zugedacht war. Sie erhoffte sich, dass dadurch „Vernunft, Reife und Lebenserfahrung" bei der Entscheidung über die „Schicksalsfragen des Staates" eine stärkere Rolle spielen würden.[785]

---

[778] Józef Hetnał: Państwo a wychowanie, in: Ruch Katolicki, 6, 1936, S. 513 - 516; ebenso: Dni społeczne w stolicy, in: Wiadomości Archidiecezjalne Warszawskie, 27, 1937, S. 183 - 185; Głos Młodych: Rola społeczna rodziny, in: Ziemianka Polska, 1929, H. 8, S. 11 - 19.

[779] Mrowisko ludzie (Rodzina, gmina, naród), in: Ziemianka, 7, 1918, S. 195 - 196. Bei Kakowski steht – bezeichnenderweise – „Staat" synonym für „Nation": Arcybiskup Metropolita Warszawski do duchowieństwa i ludu wiernego, in: Wiadomości Archidyecezyalne Warszawskie, 9, 1919, S. 121 - 124.

[780] Mrowisko ludzie (Rodzina, gmina, naród), in: Ziemianka, 7, 1918, S. 195 - 196.

[781] Związek Ludowo-Narodowy, Nacjonalizm, S. 7.

[782] Głos Młodych: Rola społeczna rodziny, in: Ziemianka Polska, 1929, H. 8, S. 12.

[783] Ebd., S. 15.

[784] AAN, PPS, 114/IV-10, Bl. 10 - 11a.

[785] Kritik daran bei Adam Próchnik: Strach przed demokracją, in: Robotnik, 30. 4. 1928, S. 1.

Der Begriff „Familie" war vielschichtig genug, um über konservativ-katholische und nationaldemokratische Gesellschaftskreise hinaus Strahlkraft entfalten zu können. Nicht nur die Standesorganisation der Gutsbesitzerinnen stilisierte sich selbst oft als eine „große Familie",[786] sondern auch die Lehrergewerkschaft ZNP.[787] Die *Sanacja* bemühte sich, „Nation und Armee" als eine „Familie" zu vermitteln und pflegte eine institutionalisierte Selbsthilfe in Form der *Rodzina Wojskowa* und *Rodzina Policyjna*, aber auch ähnlich gelagerter Organisationen wie der *Rodzina Rezerwistów* („Reservisten-Familie") oder der *Rodzina Legionowa* („Legions-Familie"). Auf der politischen Linken legte die Erweiterung der Teilnahme am 1. Mai-Umzug auf die Ehefrauen und Kinder der Arbeiter auch praktisch nahe, den Begriff „Familie" zur Beschreibung sozialistischer Solidarität zu nutzen.[788] Idealtypisch präsentierten sich der Familienvater am 1. Mai in roter Krawatte, die Mutter in roter Bluse oder mit rotem Schirm und die Kinder mit roter Mütze.[789] Vermutlich spielte bei der Verehrung für die Familie eine Rolle, dass ein Großteil der Arbeiterschaft erst vor wenigen Generationen den Weg aus der traditionellen Lebenswelt des ländlichen Raums in die Industriemetropolen angetreten hatte.[790] Aber auch bei den jüdischen Sozialisten vom *Bund* war das Selbstverständnis als „Familie" (*meshpokhe*) von zentraler Bedeutung und schuf eine emotionale, durch vielfältige Symbole und Rituale gestützte Bindung an die Partei.[791]

Mit den unterschiedlichen Trägerschichten für das Vergemeinschaftungsangebot „Familie" kamen immer wieder neue inhaltliche Ausdeutungen zum Zuge. Das patriarchalische Modell von Familie hatte zwar in der Zwischenkriegszeit noch längst nicht ausgedient,[792] doch fanden sich

---

[786] Grabkowska: Znaczenie Ziemianki w Społeczeństwie, in: Ziemianka Polska, 1930, H. 24, S. 3 - 6.

[787] Leon Patyna: IV Zjazd Delegatów Związku Polskiego Nauczycielstwa Szkół Powszechnych Rzeczypospolitej Polskiej, in: Głos Nauczycielski, 6, 1922, S. 197.

[788] Imponująca manifestacja jedności i solidarności klasy pracującej stolicy, in: Robotnik, 2. 5. 1931, S. 1 - 2; Prawdziwe oblicze stolicy. 75 000 demonstruje na ulicach Warszawy, in: Robotnik, 2. 5. 1937, S. 1.

[789] Warszawa robotnicza przemówiła, in: Robotnik, 2. 5. 1929, S. 1.

[790] Andrzej Stawarz: Ludowe źródła kultury robotniczej (Wyniki badań nad środowiskiem robotników Żyrardowa XIX i początku XX w.), in: Kołodziejczyk/Paruch, Dzieje i przyszłość ruchu ludowego, Bd. 1, S. 676 - 677, 680. Dagegen vertritt Kałwa, Polska, S. 243 die These, dass gerade die Abwanderung in die Städte zu einer raschen Auflösung familiärer Bindungen geführt habe.

[791] Ausführlich dazu Pickhan, „Gegen den Strom", S. 138 - 177, 197.

[792] So zu verfolgen in der konservativen und katholischen Kritik an der Neugestaltung des Eherechts: Kraft, Eherecht, S. 63 - 82, aber selbst noch auf der politischen Linken: Gertrud Pickhan: „Wo sind die Frauen?" Zur Diskussion um Weiblichkeit, Männlichkeit

immerhin einige Neujustierungen in den Rollenbildern von Männern, Frauen und Kindern. Dies geschah in subtiler Form beispielsweise in Schul-Lesebüchern, wenn für die jüngsten Schülerinnen und Schüler das Bild von gegenseitiger Wertschätzung zwischen Eltern und Kindern gezeichnet wurde oder Väter präsentiert wurden, die sich zumindest ein Stück weit an Erziehung und häuslicher Arbeit beteiligten.[793] Größeres Aufsehen dagegen erregten in der polnischen Öffentlichkeit der Zwischenkriegszeit die liberalen und sozialreformerischen Kampagnen für Familienplanung und eine „bewusste Mutterschaft" (*świadome macierzyństwo*).[794] Hier lag der entscheidende Unterschied: Während sich das Vergemeinschaftungsangebot „Rasse" in der politischen Ideengeschichte des frühen 20. Jahrhunderts zu einer vermeintlich unumstößlichen ideologischen Doktrin entwickelt hatte, unterlag das Vergemeinschaftungsangebot „Familie" wiederholten Aushandlungsprozessen. Die Präferenz für die „Familie" war somit auch ein Spiegelbild des polnischen Nationalismus zwischen den beiden Weltkriegen.

---

und Jüdischkeit im Allgemeinen Jüdischen Arbeiterbund („Bund") in Polen, in: Gehmacher/Harvey/Kemlein, Zwischen Kriegen, S. 187 - 199.
[793] Anna Landau-Czajka: Co Alicja odkrywa po własnej stronie lustra. Życie codzienne, społeczeństwo, władza w podręcznikach dla dzieci najmłodszych 1785 - 2000, Warszawa 2002, S. 44 - 53.
[794] Żarnowski, Polska 1918 - 1939, S. 280; Gawin, Rasa i nowoczesność, S. 225 - 227.

Zusammenfassung

Für viele Menschen im östlichen Mitteleuropa brachte das Ende des Ersten Weltkriegs weitreichende Veränderungen: staatliche Unabhängigkeit und Demokratie, aber auch das Konstrukt einer einheitlichen Nation. Dies galt gerade auch im Falle Polens: Seit Ende des 18. Jahrhunderts geteilt, erschien das Land trotz einer engagierten Nationalbewegung im Laufe der Zeit immer mehr als eine eher virtuelle Größe. Nun aber stand die Transformation zu einem reellen und souveränen Staat bevor.

Das neu in Schwung gekommene öffentliche Leben Polens zeichnete sich in einem bislang nicht gekannten Ausmaß durch das Streben nach nationaler Sinnstiftung aus: Jedes gesellschaftliche und politische Handeln wurde als „Dienst an der Nation" interpretiert. Allerdings konkurrierten in einem noch provisorisch verfassten Gemeinwesen wie der frühen Zweiten Republik verschiedene Deutungsangebote miteinander, ohne dass es zu einer übergreifenden konzeptionellen Idee der polnischen Nation und einer daraus resultierenden staatlichen Normsetzung kam. Der politische Pluralismus, den die liberale Verfassungsordnung der frühen Zweiten Republik gewährleistete, bot vielmehr ein weites Spektrum an Möglichkeiten, unterschiedliche Vorstellungen von der polnischen Nation zu konkretisieren: ob in der politischen Festkultur, beim Ideenwettstreit um die inhaltliche Ausrichtung des Schulwesens, in den Wahlkämpfen zu Sejm und territorialer Selbstverwaltung oder im Umgang mit der Multiethnizität.

Die unterschiedlichen Nationsvorstellungen verliefen dabei durchaus nicht immer entlang parteipolitischer Trennlinien. So reichte die Vision von *Polska Ludowa* („Volkspolen"), eines Polens der Arbeiter und Bauern, über die Kreise von Sozialisten und Bauernbewegung bis zu Parteien der gemäßigten Rechten und in die katholische Kirche hinein, während konservative und katholische Nationsvorstellungen auch für große Teile der Nationaldemokraten attraktiv waren. Zugleich wechselte im Verlauf der rund zwanzig Jahre bis zu Beginn des Zweiten Weltkriegs das politische und gesellschaftliche Gewicht der einzelnen Nationsvorstellungen und schließlich gab eine politische Zäsur wie der Übergang von der Demokratie zum Autoritarismus nach 1926 Anlass zur Neujustierung von Nationsvorstellungen.

Die unterschiedlichen Nationsvorstellungen sind in der vorliegenden Arbeit daher nicht allein aus einer ideologisch-programmatischen Publizistik, sondern vor allem aus politischen und gesellschaftlichen Praktiken abgeleitet worden. Mit dieser Vorgehensweise wird das für die Geschichte der

Zweiten Republik so typische Nebeneinander von traditioneller Ordnung und reformerischem Schwung deutlicher erkennbar. Dies zeigt sich exemplarisch bei der Einführung umfangreicher Partizipationsmöglichkeiten in der Zeit unmittelbar nach Ende des Ersten Weltkriegs.

Bislang tonangebende Eliten wie der Gutsbesitzeradel oder katholische Geistliche klagten angesichts des neuen gesellschaftlichen und politischen Gewichts der so genannten „einfachen" Bevölkerung verbreitet über ein Gefühl der Unsicherheit: Sie sahen ihre eigene Stellung als gefährdet an und verbanden damit oft noch eine pessimistische Sicht auf die Geschicke der westlichen Zivilisation und deren Bedrohung durch den „Bolschewismus". Rascher als vielfach vermutet stellten sich die Anhänger einer traditionellen Ordnung aber auf die neue Situation ein. Bereits bei den ersten Wahlkämpfen in der Zweiten Republik zeigte sich, wie gut eine informelle paternalistische Einflussnahme auf das öffentliche Meinungsklima funktionierte. Vor allem aber waren neu begründete Institutionen wie Sejm und territoriale Selbstverwaltung noch nicht durchgängig als Fundamente einer partizipatorisch gedachten Nation im gesellschaftlichen Bewusstsein verankert. Anhänger einer traditionellen Ordnung konnten so den Sejm als autoritatives nationales Symbol interpretieren und eine Kontinuität zwischen „alten" adeligen und „neuen" parlamentarischen Eliten konstruieren, ebenso boten sich Gutsbesitzern und katholischen Geistlichen in Stadt- und Gemeinderäten vielfältige Interventionsmöglichkeiten. Die 1918 deklarierten umfangreichen Partizipationsrechte blieben so oft ohne rechten Zusammenhang mit der Lebenswelt insbesondere des ländlichen und kleinstädtischen Raums, allerdings konnte hier die Wirkkraft der traditionellen Ordnung in den ersten Nachkriegsjahren auch manche radikale und revolutionäre Lösung blockieren und damit Befürchtungen einer „Bolschewisierung" den Wind aus den Segeln nehmen.

Nahezu diametral entgegengesetzt war die Haltung vieler Arbeiter und des mit der Bauernbewegung sympathisierenden Teils der ländlichen Bevölkerung, aber auch von Angehörigen gebildeter Schichten und des Militärs: Sie sahen nach 1918 die Stunde gekommen, den polnischen Staat „praktisch aus dem Nichts"[1] zu errichten. Ihre Gestaltungseuphorie erstreckte sich nicht nur auf Institutionen, sondern auch auf mentale Prägungen und soziale Prozesse. Ein hervorragender Testfall hierfür und zugleich ein Politikum ersten Ranges war der Neuaufbau des Bildungswesens. Auf dem Lehrer-Sejm im April 1919 trugen jene Pädagogen die Deutungshoheit davon, die sich eine enge Bindung der Schule an den säkularen und republikanischen Staat, aber auch das emanzipatorische Ideal einer „sozialen Demokratisie-

---

[1] Dziesięciolecie szkolnictwa polskiego, in: Głos Nauczycielski, 12, 1928, S. 537 - 540.

rung" auf die Fahnen geschrieben hatten. Dagegen war der von konservativen und katholischen Kreisen geäußerte Wunsch nach einer konfessionellen Bekenntnisschule nur durch private Bildungsträger zu verwirklichen.

Systematisch lassen sich nun die Wirkungen des polnischen Nationalismus der Zwischenkriegszeit in drei Problemfeldern darstellen: 1) nationale und soziale Frage, 2) Umgang mit Multiethnizität sowie 3) Nation und Partizipation.

Zu 1) Eric Hobsbawm sah in seiner einflussreichen Interpretation für die Jahre des Ersten Weltkriegs nationale und soziale Frage als eng miteinander verknüpft an, konstatierte aber für die Folgezeit im östlichen Mitteleuropa, dass emanzipatorische Haltungen einer national begründeten Machtperspektive „der mittleren und unteren Mittelschichten der unterdrückten Nationalitäten" hätten weichen müssen.[2] Dieser Argumentation liegt die Annahme zugrunde, mit der Denkfigur der Nation ließen sich gesellschaftliche Konflikte überwölben, moderieren und reduzieren.[3] Dieser funktionalistischen These ist entgegenzuhalten, dass die nationale Unabhängigkeit für große Teile der Bevölkerung Polens überhaupt erst den Anreiz bot, ihren sozialen Standort näher zu bestimmen: So war im Kampf um Rang und Anerkennung in der nach 1918 neu zu konstituierenden polnischen Gesamtgesellschaft, die sich aus einzelnen, durch unterschiedliche historische Entwicklungsverläufe geprägten Teilgesellschaften zusammensetzte, jede gesellschaftliche Gruppe sorgfältig darauf bedacht, die eigenen Verdienste um die Nation hervorzuheben und für die Steigerung des eigenen Gruppenprestiges zu nutzen.

Vielfältig waren auch die Vorstellungen einer gesellschaftlichen Ordnung, die über die Perspektive einzelner Gruppen hinausreichten. Anhänger der politischen Rechten waren mit einer traditionellen Gliederung der Gesellschaft in adelige, wirtschaftliche oder gebildete Eliten einerseits und eine zahlenmäßig große „einfache" Bevölkerung andererseits in der Regel einverstanden, beschworen aber wiederholt den solidarischen Zusammenhalt aller gesellschaftlichen Schichten zum Wohle der Nation. Solche sozialharmonische Vorstellungen erhielten in den 1930er Jahren neue Nahrung, als die autoritären Regierungen gezielt einen sozialen Proporz, etwa bei der Aufstellung von Wahllisten oder bei der Benennung von Stadt- und Gemeinderäten, als politisches Integrationsmittel einzusetzen versuchten. Anders als bei der politischen Rechten war bei der *Sanacja* die Ansprache aller Bevölke-

---

2   Hobsbawm, Nationen und Nationalismus, S. 153.
3   Die Nationalismusforschung hat diese funktionalistische Annahme lange Zeit nicht kritisch hinterfragt. Hierzu nun Echternkamp/Müller, Perspektiven, S. 10.

rungsschichten zugleich mit dem kollektivistischen Bild einer „organisierten" Gesellschaft verbunden.

Einen Gegenentwurf hierzu bildete das Ideal der „sozialen Demokratisierung", das von Anhängern des „volkspolnischen" Nationsentwurfs propagiert wurde. Nach einer anfänglich dominanten Ausrichtung auf die sozialistische Arbeiterbewegung geriet zunehmend auch der ländliche Raum in den Blick. In den 1930er Jahren wurde das polnische Dorf sogar zum Fundament für die Zukunft der Nation stilisiert.[4] Unter dem Eindruck der dynamischen Entwicklung von Bauernbewegung und Landjugendbewegung verbreiteten sich die Forderungen nach „sozialer Demokratisierung" und mehr „Volkskultur" im öffentlichen Leben Polens und viele Vertreter der politischen Linken zeigten sich zukunftsgewiss über die baldige Realisierung „Volkspolens".[5]

Hilfreich für eine breitere Wirkung des Ideals der „sozialen Demokratisierung" waren die Wandlungsprozesse innerhalb der katholischen Kirche. Die gesellschaftliche Umbruchsstimmung der frühen Zweiten Republik hatte bei einer Reihe von Theologen die Einsicht gemehrt, dass neue Formen für das Wirken unter den Gläubigen erforderlich waren, wollte die Kirche nicht an Einfluss einbüßen. Indem sie ihr gesellschaftliches Fundament mit Reformen zu sichern versuchte, konnten die Kirche ihre traditionelle Vorrangstellung neu legitimieren und Ansatzpunkte für den Ausbau einer modernen katholischen Massenbasis schaffen. Eindrucksvoll sollte sich die kirchliche Neuorientierung dann in der antikommunistischen Opposition nach 1945 entfalten.

Die Konstruktion von Nation beeinflusste schließlich auch die soziale Konstruktion von Geschlechterrollen. Prinzipiell wurde die polnische Nation in allen politischen Gruppierungen unter Einbezug von Frauen, Kindern und Jugendlichen gedacht. Besonders nachhaltig wirkte aber die veränderte Stellung der Frau als voll partizipationsberechtigter Staatsbürgerin. Wenn auch in kleinen Schritten und zunächst noch überwiegend mit der Ausrichtung auf „klassische" frauenspezifische Themen wie Erziehung und Religion, so nahmen Frauen doch zunehmend aktiv am öffentlichen Leben Polens teil: bei der Organisation politischer Feste, als Rednerinnen in den Wahlkämpfen zum Sejm oder als Lehrerinnen in dem am stärksten beachteten und geförderten Bereich des Bildungswesens, der neuen Grundschule.

Zu 2) Eine Herausforderung für die unterschiedlichen Nationsentwürfe in der Zeit zwischen den beiden Weltkriegen stellte die Multiethnizität des

---

[4] Antoni Żabko-Potopowicz: Wieś polska w świetle polskich prac naukowych i publicystycznych z okresu po uwłaszczeniu włościan, in: Roczniki Socjologii Wsi, 2, 1937, S. 67 - 151.

[5] Zygmunt Zaremba: Spojrzenie wstecz i naprzód, in: Robotnik, 1. 5. 1936, S. 3.

östlichen Mitteleuropas dar. Zu Beginn des 20. Jahrhunderts hatten sich ethnische Deutungsmuster insoweit verfestigt, dass für einen größeren Teil der Bevölkerung Polens Aussagen über die Zugehörigkeit zu einer bestimmten ethnischen Gruppe möglich waren – dabei blieben aber immer noch Spielräume für flexible, mehrdimensionale Identitäten, die sich wiederholten Zuschreibungsversuchen, etwa durch Volkszählungen und Wahlstatistik, entzogen.

Der zeitgleich mit dem Versailler Vertrag geschlossene Minderheitenschutzvertrag überließ viele Fragen einer späteren, kontroversen Auslegung. In Polen verabschiedete Gesetze blieben entweder fragmentarisch – so die zwar Aufsehen erregende, aber höchst einseitig wirksame *lex Grabski* zum Umgang mit der Multiethnizität im Schulwesen –, oder erfuhren zahlreiche Änderungen, wie etwa das Staatsangehörigkeitsrecht oder das Wahlrecht zu Sejm und Senat sowie zur territorialen Selbstverwaltung. Eine eindeutige Entscheidung für einen ethnischen oder für einen politischen Nationsbegriff fällten die wenigsten gesetzlichen Regelungen. Auch die in zeitgenössischen Quellen und in der Forschungsliteratur oft als Dichotomie formulierte Ausgestaltung Polens als „Nationalstaat" oder „Nationalitätenstaat" wird dem Pluralismus von Identitäten, den komplexen Aushandlungsprozessen und der andauernden Unsicherheit darüber, was die polnische Nation ausmachen sollte, nicht gerecht.

Dennoch gab es in Politik und Gesellschaft der Zweiten Republik immer wieder Versuche, Eindeutig zu erzwingen. Hierzu gehörte vor allem die Strategie der Ethnisierung. Eines der eindrücklichsten Beispiele bot der polnisch-sowjetische Krieg 1919/20. Damals schob sich erstmals in bedeutenderem Umfang das Schlagwort „jüdischer Bolschewismus" (*żydokomuna*) in den Vordergrund. Brachte der Begriff des „Bolschewismus" schon vorher das als bedrohlich wahrgenommene Potenzial der Moderne auf einen populären Nenner, so wurde der sich im Sommer 1920 kurzzeitig tatsächlich anbahnende Systemkonflikt durch die ethnische Zuschreibung auf einen persönlich fassbaren Gegner projiziert.

Noch mehr als eine bestimmte inhaltliche Vorstellung von einzelnen Ethnien transportierte die Strategie der Ethnisierung in subtiler Weise einen antipluralistischen Grundzug in die politische Kultur der Zweiten Republik. Hierzu gehörte die ethnische Zuordnung von Wählerstimmen mit der damit verbundenen Implikation, nationale Inklusion und Exklusion mit dem Stimmzettel auszuhandeln. Hierzu gehörte ebenfalls die Definition von Feiertagen als „polnisch" oder „jüdisch", um entsprechend Teilnehmerströme beeinflussen zu können, hierzu gehörte aber auch die bewusste Harmonisierung ethnischer Heterogenität, wie sie die *Sanacja* betrieb, um die Leistungsfähigkeit ihres staatsnationalen Integrationsangebots unter Beweis zu stellen. Der subjektive Nutzen der Ethnisierung lag darin, die eigene labile Identität durch Ressentiments zu stabilisieren. Dies zeigte sich am prägnantesten in den 1930er Jahren bei der in sich uneinigen und dauerhaft auf die Oppositionsrolle verwiesenen Nationaldemokratie, die in obsessiver Weise sämtliche aktuellen Probleme auf die „jüdische Frage" zurückgeführt wissen wollte.

Zu 3) Die politischen Auseinandersetzungen um Sejm-Wahlen und Nationalfeiertage in den ersten Jahren der Zweiten Republik standen unter dem Zeichen des Ringens um den „richtigen" Nationsentwurf. Dies bedingte ausgesprochen kompromisslose Wahlkämpfe, die auf parlamentarischer Ebene in mangelndem Koalitionswillen mündeten. Nicht so sehr ein „Konstruktionsfehler" der Verfassungsordnung, wie dies manche Zeitgenossen und Historiker sahen, als vielmehr ein unbewältigter Pluralismus, der sich selbst auf die einheitsversprechende Denkfigur der Nation erstreckte, schwächte das Vertrauen in die Demokratie.

Die Bewältigungsstrategie, die seit 1926 Józef Piłsudski und seine Anhänger verfolgten, setzte am verbreiteten Unbehagen mit dem in Polen noch jungen Phänomen des politischen Massenmarkts an. Versehen mit der Attitüde von Sachlichkeit und Unparteilichkeit lief das staatsnationale Integrationsangebot der *Sanacja* auf eine gelenkte Partizipation der Bevölkerung hinaus, wie dies die Praxis der Sejm-Wahlkämpfe, die aufwändig inszenierten Feiern zum Nationalfeiertag am 3. Mai und zum zehnten Jahrestag der Unabhängigkeit am 11. November 1928 sowie die zentralistisch und etatistisch ausgerichtete Reform der territorialen Selbstverwaltung erkennen ließen. An positiven Identifikations- und Sinnstiftungsmöglichkeiten bot die *Sanacja* den Piłsudski-Kult, das Ideal einer „organisierten" Gesellschaft, den Glauben an die umfassende Macht des Staates, die Ausrichtung des öffentlichen Lebens auf die Erfordernisse der Landesverteidigung und das Streben nach einer internationalen Großmachtstellung Polens. Für oppositionell gesonnene Bürger bedeutete die Herrschaft der *Sanacja* dagegen greifbare Repressionen: Verhaftungen, Veranstaltungsverbote, Pressezensur oder berufliche Versetzung an entlegene Dienstorte.

Die Machtübernahme Piłsudskis 1926 in einem kurzen blutigen Kampf wurde auch von seinen Gegnern als erfolgreich anerkannt. Dies wirft ein Schlaglicht auf den hohen Stellenwert, den politische Gewalt in der Zweiten Republik besaß. Im Kampf um die nationale Unabhängigkeit und in den Grenzkämpfen seit Ende des Ersten Weltkriegs waren Gewalt und militärische Aktivität als selbstverständlich erlebt worden; zugleich schien sich die Sehnsucht nach einer einigen Nation gerade im Medium kriegerischer Auseinandersetzungen am besten zu verwirklichen. Daher unterlag Gewalt auch als Mittel der Politik nicht der Ächtung, sondern mochte als Legitimation für 1926 ebenso dienen wie als Option für das Handeln der politischen Opposition. Insbesondere in den 1930er Jahren sollte der Wunsch nach Ordnungsstiftung durch Gewalt an Attraktivität gewinnen.

Angriffspunkte für Versuche, Eindeutigkeit zu erzwingen, waren die Multiethnizität Polens, in noch höherem Maße aber die nach 1918 erweiterten politischen Partizipationsrechte. Pläne zur Eingrenzung der Wahlberechtigung oder der Teilnahme an der Kommunalpolitik sind in der historischen Forschung bevorzugt unter dem Blickpunkt der Ausgrenzung ethnisch nicht-polnischer Bevölkerungsgruppen analysiert worden, waren aber vor allem von einem starken antiegalitären Impuls gespeist.

Für die Entwicklung, die zur autoritären Machtübernahme Piłsudskis 1926 geführt hatte, trifft die These, der Nationalismus habe in der Zeit zwischen den beiden Weltkriegen die Demokratie zerstört, zweifellos zu. Politische Partizipationsmöglichkeiten wurden als Hindernisse für die nationale Einheit identifiziert. In der Folge kam das spezifische Partizipationsangebot des Nationalismus zum Tragen, das nicht mit einem demokratischen politischen Partizipationsangebot übereinstimmen musste.

Die Herrschaft der *Sanacja* ist in der hier vorgelegten Studie aber nicht Fluchtpunkt der Zweiten Republik. Während in anderen Teilen Europas oft erst die Weltwirtschaftskrise den Aufstieg autoritärer oder gar totalitärer Diktatur förderte, konnte in Polen schon eine Desillusionierung einsetzen. Spätestens in den 1930er Jahren war die mangelnde Krisenlösungskompetenz des autoritären Regimes offenkundig geworden. Hinzu kam, dass trotz zahlreicher Repressionen auch nach 1926 ein Quantum an Pluralismus im öffentlichen Leben der Zweiten Republik gewahrt blieb. Das bedeutete zugleich, dass der am Staat orientierte und von staatlichen Stellen dirigierte Nationalismus, wie ihn die *Sanacja* offerierte, keine Monopolstellung in der politischen Ideenlandschaft Polens einnahm. Es gab weiterhin konkurrierende Vorstellungen darüber, was die polnische Nation sein sollte. Umso wichtiger ist die Frage nach der weiteren Entwicklung des polnischen Nationalismus.

Augenfällig ist für die 1930er Jahre eine zunehmende Radikalisierung vor dem Hintergrund des beschleunigten gesellschaftlichen Wandels seit der Weltwirtschaftskrise und des politischen Umbruchs 1935. Das autoritär vorgetragene staatsnationale Integrationsangebot trug nicht zur innenpolitischen Befriedung bei, vielmehr meldete sich die Opposition wieder verstärkt zu Wort; sie war sogar federführend, wenn es darum ging, mit Hilfe nationaler und immer häufiger auch religiöser Denkfiguren, einer Strategie der Ethnisierung sowie von politischer Gewalt das neu in Gang gekommene Ringen um die unterschiedlichen Nationsentwürfe in eingängige dichotomische Formeln zu fassen.

Besondere Bedeutung kam hier den politischen Festen zu, die von der Opposition als Ersatzschauplätze für die verweigerte institutionalisierte politische Partizipation genutzt wurden. Es sprach für das neu auflebende Selbstvertrauen der politischen Opposition, dass sie trotz fortgesetzter staatlicher Repressionen versuchte, die jeweils konkurrierenden Feste mit den Dimensionen ihrer eigenen Veranstaltung zu übertreffen und durch organisatorische Geschlossenheit zu beeindrucken: Feiertage wurden zu Kampftagen.

Die inhaltliche Profilierung der Feste stand im Zeichen des Lagerdenkens. Das Lagerdenken ging von einem raschen Bedeutungsverlust der *Sanacja* und einem „Endkampf" zwischen dem rechten „nationalen" und dem linken „volkspolnischen" Lager aus. Ein bezeichnendes Beispiel, wie wesentliche Postulate des Lagerdenkens zur Sprache gebracht wurden, lieferte der 15. August mit dem Gedenken an den Sieg über die Rote Armee 1920. Während die politische Linke die „Schlacht von Warschau" als Initiationsritus für „Volkspolen" deutete, mobilisierte die politische Rechte mit dem „Wunder an der Weichsel" für den innenpolitischen Kampf gegen die „Volksfront".[6]

Diese Auseinandersetzungen wurden von der Denkfigur der Nation nicht einfach überwölbt. Vielmehr wurde hier das diffamierende Potenzial des Nationalismus, die dichotomische Sicht auf die Welt und die Unterteilung in „Eigenes" und „Fremdes", gezielt zur innergesellschaftlichen Abgrenzung zwischen den als Lager definierten Gruppen und Parteien eingesetzt. Gleichsam im Zirkelschluss führte dies dazu, dass die nationale Einheit immer mehr als unerreichbarer schien. Die Konkurrenz unterschiedlicher Nationsentwürfe und die damit verbundenen Schwierigkeiten, den eigenen Nationsentwurf durchsetzen zu können, sorgten für Frustration und weitere Radikalisierung.

Angesichts der starken Polarisierung des politischen Lebens bewegte die polnische Öffentlichkeit in der zweiten Hälfte der 1930er Jahre zunehmend die Frage, ob denn die drohende Kriegsgefahr zur ersehnten nationalen Einheit führen konnte. Krieg und Kriegsnation sollten die Auswegslosigkeit des Lagerdenkens beenden, ohne Kompromisse bemühen zu müssen. Eine Schlüsselrolle nahm in diesen Überlegungen die Armee ein. Von der *Sanacja* ohnehin als wichtiges Fundament der eigenen Macht betrachtet, hatte die Übernahme von Zaolzie im Gefolge des Münchner Abkommens 1938 eine nahezu euphorische Verehrung der Armee in der polnischen Öffentlichkeit bewirkt, gründend in der Annahme, gut auf einen kommenden Krieg vorbe-

---

[6] Tadeusz Bielecki: 1920 – 1937. Garść uwag, in: Warszawski Dziennik Narodowy, 15. 8. 1937, S. 3.

reitet zu sein. Auch die Opposition gab sich nicht mehr nur mit militärischem Symbolglanz zufrieden, sondern suchte eine Annäherung an das professionelle Militär. 1939 sprach etwa die Nationaldemokratie die Hoffnung aus, dass der kommende Krieg die Kluft zwischen Armee und Gesellschaft überwinden werde. Die Armee galt nun als „Lager der Jugend, der Hoffnung und der Gesundheit".[7]

Die Sehnsucht nach der Kriegsnation war allerdings trügerisch. Zum einen galt insbesondere für die Oppositionsgruppierungen: So wenig die gemeinsamen Restriktionserfahrungen in der *Sanacja*-Zeit zu Solidarisierungseffekten führten, so wenig bewirkte dies auch der vermeintlich „nationsbildende" Erfahrungs- und Erinnerungsschatz an frühere Kriegssituationen. Die Grenzkämpfe zu Beginn der Zweiten Republik etwa sind von der Historiographie bevorzugt unter dem Blickpunkt von territorialer Expansion, Diskriminierung ethnisch nicht-polnischer Bevölkerungsgruppen und nationaler Mobilisierung betrachtet worden; ihre Wirkungsgeschichte weist sie allerdings als Kristallisationspunkt für eine gespaltene Gedenkpraxis sowie als Legitimationsquelle für konkurrierende innenpolitische Machtansprüche und Deutungsentwürfe aus. Zum anderen führte der von der *Sanacja* maßgeblich in Gang gebrachte Diskurs der Landesverteidigung zu einer gesellschaftlichen Stimmung, die im späteren historischen Urteil gemeinhin als fatal eingeschätzt wurde: eine Überschätzung der eigenen Stärke und Stellung als Großmacht, die die realen Gefahren eines deutschen Angriffs kaum adäquat beurteilen ließ. Ein solcher Überschwang positiver Emotionen nahm immerhin dem auf der politischen Rechten obsessiv verfolgten Feindbild „jüdischer Bolschewismus", den dazu passenden Verschwörungstheorien wie dem „Verrat der Juden 1920"[8] und der vermeintlich vielerorts unterschwellig betriebenen kommunistischen Arbeit[9] einen beträchtlichen Teil des Windes aus den Segeln.

Die 1930er Jahre waren aber nicht nur eine Zeit der destruktiven Radikalisierung und der Sehnsucht nach der Kriegsnation. Das Beziehungsgeflecht von Nationalismus und politischer Partizipation blieb ambivalent. In dem Maße, wie es der *Sanacja* nicht gelang, ein wirkungsvolles Substitut für den Entzug von individuellen demokratischen Rechten bieten, wuchs umgekehrt dazu bei einem Teil der Opposition die Einsicht in die Sinnhaftigkeit von konstruktivem, geregeltem Konfliktaustrag. Die Wendung gegen die *Sanacja* setzte somit auch Bemühungen um ein neues Demokratieverständnis in Gang.

---

7 W. F.: Capstrzyk, in: Warszawski Dziennik Narodowy, 2. 5. 1939, S. 3.
8 Zdrada Żydów w r. 1920, in: Warszawski Dziennik Narodowy, 14. 8. 1936, S. 3.
9 W dzień zwycięstwa, in: Warszawski Dziennik Narodowy, 14. 8. 1939, S. 3.

Einen ersten Anhaltspunkt boten die Debatten über einen spezifisch „polnischen" Weg zur Demokratie. Das Streben um einen Rückgewinn von Partizipationsrechten führte dann in der zweiten Hälfte der 1930er Jahre zu viel beachteten Aktionen: zum Boykott der Sejm-Wahlen 1935 und 1938, zu den Streiks von Bauern und Lehrern 1937 oder zur Umfunktionierung der Kommunalwahlen 1938/39 zur Ausdrucksplattform oppositioneller Haltungen.

Die politische Linke war zwar Schrittmacher bei der praktischen Umsetzung partizipatorischer Postulate, allerdings war auch die politische Rechte zumindest fallweise an der Entwicklung eines neuen Demokratieverständnisses beteiligt. Weder das Eintreten des rechtsradikalen ONR für eine „nationale Revolution" nach faschistischem Vorbild noch der von einer verklärenden Erinnerung an die Zeit der „organischen Arbeit" geprägte Rückzug auf Privatheit hatten letztlich eine Mehrheit nationaldemokratischer Parteigänger überzeugen können. Allerdings setzte die politische Rechte auf eine Gewährung politischer Partizipationsmöglichkeiten für ethnische Polen bei gleichzeitiger Ausgrenzung der ethnisch nicht-polnischen Bevölkerung.

Gemeinsam war sowohl der politischen Rechten als auch der politischen Linken die Aneignung eines neuen Verhältnisses zur Demokratie über die Denkfigur der Nation. So präsentierte sich die politische Linke in den 1930er Jahren mit einem inhaltlich und emotional neu aufgeladenen Nationsentwurf „Volkspolen". Ihre Kritik am politischen Partizipationsentzug fokussierte die politische Linke auf die Aprilverfassung 1935 und die neue Wahlordnung der *Sanacja*, aber auch auf die staatsnationale Domestizierung der territorialen Selbstverwaltung, die zuvor gerade für die Landbevölkerung eine der wenigen Möglichkeiten zur aktiven Teilhabe am öffentlichen Leben geboten hatte. Dem stellte sie das Recht der Arbeiter, Bauern und Angestellten gegenüber, über das Schicksal Polens zu entscheiden, und begründete dies nicht nur demokratisch-emanzipatorisch, sondern auch mit deren heldenhaften Beitrag zur Nation, namentlich im Kriegssommer 1920. Nachdrücklich formulierte die politische Linke dann am Vorabend des Zweiten Weltkriegs ein Junktim zwischen ihrer Bereitschaft zur Landesverteidigung und der Durchführung demokratischer Reformen. Der Rekurs auf die historische Erinnerung und auf militärische Argumentationsmuster wie Opferbereitschaft, Heldentum und Ehre verschaffte dem „volkspolnischen" Anliegen nicht nur den Gestus einer tiefgreifenden, nahezu existenziellen Legitimation, sondern spiegelte dabei eine habituelle Disposition der 1930er Jahre wider: Demokratie und Partizipation waren eine Frage der Mobilisierung, keine alltäglich gelebte Selbstverständlichkeit.

Das Problemfeld Nation und Partizipation besaß in der Zwischenkriegszeit die größte Dynamik, denn hier ging es letztlich auch um das Verhältnis zwischen Staat und Gesellschaft. In der zeitgenössischen Wahrnehmung wurden viele Schwierigkeiten mit der nationalen Einheit bevorzugt externen Faktoren angelastet, insbesondere dem Erbe der Teilungszeit, als es noch kein polnisches staatliches Leben gegeben hatte. Der Etatismus in den Anfangsjahren der Zweiten Republik, wie er beispielsweise beim Neuaufbau des Schulwesens zu beobachten war, hatte viel von einem nachholenden Prozess. Die *Sanacja* trieb nach 1926 die Apologie des Staates auf die Spitze: Angesichts der Situation der territorialen Selbstverwaltung argumentierte sie etwa, dass die von der polnischen Gesellschaft dem „fremdem" Staat der Teilungsmächte abgetrotzten kommunalen Rechte und Privilegien nun zugunsten des neuen souveränen polnischen Staats wieder einzugrenzen waren.

Dagegen regte sich Widerstand, sei es durch den Rückzug auf eine „organische Arbeit" oder den Zusammenhalt in der „Familie", sei es durch eine Anlehnung an die katholische Kirche als traditioneller intermediärer Ordnungsmacht oder sei es durch verstärkte emanzipatorische Forderungen, verbunden mit dem Streben, demokratische Verhaltensweisen in allen gesellschaftlichen Bereichen zu verankern. Zum Ausdruck kam dabei in allen Fällen die während der Teilungszeit internalisierte Haltung, „Gesellschaft" in moralisch überlegener Opposition zum „Staat" zu begreifen. Ein besonderes Dilemma stellte diese Haltung für die ethnisch nicht-polnische Bevölkerung dar, denn ihre Bereitschaft zur Loyalität gegenüber der Zweiten Republik richtete sich in der Regel an der Bezugsgröße „Staat" aus. Damit aber war ihnen die über die „Gesellschaft" vermittelte politische und kulturelle Vielfalt Polens mitunter nur teilweise zugänglich.

Viele Prozesse kultureller Vergemeinschaftung verliefen auf solch eher subtile Weise. Auch *nation-building* musste weder konfliktfrei vonstattengehen noch in Abhängigkeit zu institutionellen Vorgaben stehen. Insbesondere die gängige Ansicht von Schule oder Verwaltung als „Nationalisierungsagenturen" ist vor dem Hintergrund konkurrierender Nationsentwürfe zu relativieren. Dagegen erschließt der methodische Weg über Denkhorizonte, Diskurse und Praktiken bislang historiographisch noch kaum erfasste Phänomene wie das Ideal der „sozialen Demokratisierung", die Bedeutung von „Familie" oder kollektivistischen Ordnungsvorstellungen, den Wandel von Religiosität oder die den einzelnen konkurrierenden politischen Gruppierungen dennoch gemeinsamen Festtagspraktiken. Dem wenig formalisierten und mitunter auch nicht intendierten Charakter dieser kulturellen Vergemeinschaftung entspricht auch, dass die politische Kultur der Zweiten Republik trotz forcierter Ethnisierungsbestrebungen immer wieder über vermeintliche Trennlinien hinausreichte, einerseits Prägungen an ethnisch nicht-polnische Bevölkerungsgruppen vermittelte, die die Symbolik des polnischen Staates als auch ihre Symbolik internalisierten, und andererseits in der Teilnahme ethnisch nicht-polnischer Bevölkerungsgruppen am öffentlichen Leben erst ihre spezifische Kontur erhielt.

Vor dem Hintergrund vielfältiger, auch unerwarteter Gemeinsamkeiten ist die Frage nach der Zukunft der polnischen Gesellschaft am Vorabend des Zweiten Weltkriegs neu zu stellen. Der Blick auf Völkermord und Zwangsmigrationen sowohl während als auch im Gefolge des Zweiten Weltkriegs hat lange Zeit übersehen lassen, dass gerade auch für ethnisch nicht-polnische Bevölkerungsgruppen eine Zukunft in der polnischen Nation denkbar schien. Die Hoffnung auf eine bessere, demokratischere Ordnung in Polen oder einen Sieg über den Antisemitismus, wie dies etwa polnische Juden artikulierten,[10] stellte keinen Widerspruch hierzu und auch kein Minderheitenvotum dar, sondern war wichtiger Bestandteil jener Nationsentwürfe, die auf eine aktive Gestaltung des unabhängigen Polens gerichtet waren. Mit welcher Haltung und mit welchen Bindungen Angehörige ethnisch nicht-polnischer Bevölkerungsgruppen die Geschicke des östlichen Mitteleuropas, des Orts ihrer einstigen Zukunftsvorstellungen, in der Zeit nach 1945 verfolgten, wäre eine eigene Studie wert.

---

[10] Steffen, Jüdische Polonität, S. 329.

Abkürzungsverzeichnis

AAN	Archiwum Akt Nowych (Archiv Neuer Akten)
AK	Akcja Katolicka (Katholische Aktion)
al.	aleja/aleje (Allee)
APW	Archiwum Państwowe m. st. Warszawy (Staatsarchiv der Hauptstadt Warschau)
APW-Pułtusk	Archiwum Państwowe m. st. Warszawy, Oddział w Pułtusku (Staatsarchiv der Hauptstadt Warschau, Abteilung in Pułtusk)
BBWR	Bezpartyjny Blok Współpracy z Rządem (Parteiloser Block der Zusammenarbeit mit der Regierung)
CISZO	Centrale Jidysze Szul Organizacje (Zentrale Jüdische Schul-Organisation)
COP	Centralny Okręg Przemysłowy (Zentrales Industriegebiet)
CZMW „Siew"	Centralny Związek Młodzieży Wiejskiej „Siew" (Zentraler Verband der Landjugend „Siew")
DHI	Deutsches Historisches Institut
DV	Deutsche Vereinigung im Sejm und Senat für Posen, Netzegau und Pommerellen
FPZOO	Federacja Polskich Związków Obrońców Ojczyzny (Föderation polnischer Verbände von Vaterlandsverteidigern)
GG	Geschichte und Gesellschaft
GUS	Główny Urząd Statystyczny (Statistisches Hauptamt)
HZ	Historische Zeitschrift
JDP	Jungdeutsche Partei
KEN	Komisja Edukacji Narodowej (Kommission für Nationale Erziehung)
KH	Kwartalnik Historyczny (Historische Vierteljahresschrift)

KOS	Kuratorium Okręgu Szkolnego (Kuratorium des Schulbezirks)
KPP	Komunistyczna Partia Polski (Kommunistische Partei Polens)
kpt.	kapitan (Hauptmann)
ks.	ksiądz (Priester)
KUL	Katolicki Uniwersytet Lubelski (Katholische Universität Lublin)
LMK	Liga Morska i Kolonialna (Meeres- und Kolonial-Liga)
LOPP	Liga Obrony Powietrznej i Przeciwgazowej (Liga für Luftverteidigung und Gasabwehr)
MSW	Ministerstwo Spraw Wewnętrznych (Ministerium des Inneren)
MWRiOP	Ministerstwo Wyznań Religijnych i Oświecenia Publicznego (Ministerium für religiöse Konfessionen und öffentliche Bildung)
ND	Narodowa Demokracja (Nationaldemokratie)
NOK	Narodowa Organizacja Kobiet (Nationale Organisation der Frauen)
NPL	Neue Politische Literatur
NPR	Narodowa Partia Robotnicza (Nationale Arbeitspartei)
NSR	Narodowe Stronnictwo Robotników (Nationale Partei der Arbeiter)
NZR	Narodowy Związek Robotniczy (Nationaler Arbeitsbund)
o.	ojciec (Pater)
OM TUR	Organizacja Młodzieży Towarzystwa Uniwersytetu Robotniczego (Jugendorganisation der Gesellschaft der Arbeiter-Universität)
OMP	Organizacja Młodzieży Pracującej (Organisation der arbeitenden Jugend)
ONR	Obóz Narodowo-Radykalny (National-Radikales Lager)
OUN	Orhanizacija Ukraïns'kych Nacionalistiv (Organisation ukrainischer Nationalisten)

OWP	Obóz Wielkiej Polski (Lager für ein Großes Polen)
OZN	Obóz Zjednoczenia Narodowego (Lager der Nationalen Einigung)
pl.	plac (Platz)
PMS	Polska Macierz Szkolna (Polnische Mutterorganisation für die Schule)
POAK	Polska Organizacja Akcji Kulturalnej (Polnische Organisation für Kulturelle Aktion)
POW	Polska Organizacja Wojskowa (Polnische Armee-Organisation)
PPS	Polska Partia Socjalistyczna (Polnische Sozialistische Partei)
PPS-F.R.	Polska Partia Socjalistyczna - Frakcja Rewolucyjna (Polnische Sozialistische Partei - Revolutionäre Fraktion)
PSL-Lewica	Polskie Stronnictwo Ludowe - Lewica (Polnische Volkspartei - Die Linke)
PSL-Piast	Polskie Stronnictwo Ludowe - Piast (Polnische Volkspartei - Piast)
PSL-Wyzwolenie	Polskie Stronnictwo Ludowe - Wyzwolenie (Polnische Volkspartei - Befreiung)
PW	przysposobienie wojskowe (vormilitärische Ausbildung)
RP	Rzeczpospolita Polska (Republik Polen)
RTPD	Robotnicze Towarzystwo Przyjaciół Dzieci (Arbeitergesellschaft der Freunde des Kindes)
SCh	Stronnictwo Chłopskie (Bauernpartei)
SChNNSP	Stowarzyszenie Chrześcijańsko-Narodowe Nauczycielstwa Szkół Powszechnych (Vereinigung der Christlich-Nationalen Grundschullehrerschaft)
SL	Stronnictwo Ludowe (Volkspartei)
SN	Stronnictwo Narodowe (Nationale Partei)
śp.	świętej pamięci (seeligen Angedenkens)
św.	święty (heilig)
TNSW bzw. TNSŚW	Towarzystwo Nauczycieli Szkół Średnich i Wyższych (Gesellschaft der Gymnasial- und Hochschullehrer)

TSL	Towarzystwo Szkoły Ludowej (Gesellschaft für die Volksschule)
TU	Technische Universität
TUR	Towarzystwo Uniwersytetu Robotniczego (Gesellschaft der Arbeiter-Universität)
ul.	ulica (Straße)
UNDO	Ukraïn'ske Nacionalno-Demokratyčne Objednannja (Ukrainische National-Demokratische Vereinigung)
UW	Urząd Wojewódzki (Wojewodschaftsamt)
VfZ	Vierteljahreshefte für Zeitgeschichte
WP	Wojsko Polskie (Polnische Armee)
WSP	Wyższa Szkoła Pedagogiczna (Pädagogische Hochschule)
YIVO	Yidisher Visnshaftlekher Institut (Jüdisches Wissenschaftliches Institut)
ZfO	Zeitschrift für Ostmitteleuropa-Forschung
ZLN	Związek Ludowo-Narodowy (Nationaler Volks-Bund)
ZNP	Związek Nauczycielstwa Polskiego (Verband der polnischen Lehrerschaft)
ZPNSP	Związek Polskiego Nauczycielstwa Szkół Powszechnych (Vereinigung der polnischen Grundschullehrerschaft)
ZSZ	Związek Stowarzyszeń Zawodowych (Verband der Berufsvereinigungen)
ZZNPSŚ	Związek Zawodowy Nauczycieli Polskich Szkół Średnich (Berufsverband der polnischen Mittelschullehrer)
ZZSUSŚ	Związek Zrzeszeń Społecznych Utrzymujących Szkoły Średnie (Verband gesellschaftlicher Vereinigungen zum Unterhalt von Mittelschulen)
ZZZ	Związek Związków Zawodowych (Verband der Berufsverbände)

Quellen- und Literaturverzeichnis

Quellen

Ungedruckte Quellen

ARCHIWUM AKT NOWYCH, WARSZAWA:
Ministerstwo Spraw Wewnetrznych
      - Wydział Społeczno-Polityczny
      - Wydział Narodowościowy
      - Wydział Administracji Samorządowej
      - Wydział Porządku Publicznego
Ministerstwo Wyznań Religijnych i Oświecenia Publicznego
      - Departament Szkolnictwa Ogólnokształcącego
      - Departament Wyznań
Ministerstwo Opieki Społecznej
      - Departament Zatrudnienia
      - Departament Opieki Społecznej
Komenda Główna Policji Państwowej
Urząd Wojewódzki Krakowski
BBWR
      - Sekretariat Generalny
OZN
PPS
Zbiór druków ulotnych
Federacja Polskich Związków Obrońców Ojczyzny
      - Zarząd Główny, Sekretariat
Towarzystwo Nauczycieli Szkół Średnich i Wyższych
      - Zarząd Główny
Samopomoc Społeczna Kobiet
Akta Józefa Hallera
Akta Józefa i Zofii Moraczewskich
Akta K. Sosnkowskiego
Akta Leona Wasilewskiego
Akta Gen. L. Żeligowskiego

ARCHIWUM PAŃSTWOWE M. ST. WARSZAWY:
Urząd Wojewódzki Warszawski
  - Wydział Społeczno-Polityczny
  - Wydział Administracyjny, Oddział Sztuki
Komenda Powiatowa Policji Państwowej w Makowie Mazowieckim
  - Dział Administracyjny
Komenda Powiatowa Policji Państwowej w Sierpcu
Komenda Powiatowa Policji Państwowej w Przasnyszu
Kuratorium Okręgu Szkolnego, Warszawa
  - Wydział szkolnictwa średniego ogólnokształcącego i zakładów kształcenia nauczycieli
  - Biuro Personalne
Związek Zrzeszeń Społecznych Utrzymujących Szkoły Średnie
Gimnazjum H. Rzeszotarskiej

ARCHIWUM PAŃSTWOWE M. ST. WARSZAWY, ODDZIAŁ W PUŁTUSKU:
Starostwo Powiatowe w Makowie Mazowieckim
Starostwo Powiatowe w Przasnyszu
Akta miasta Przasnysza
Akta gminy Obryte

Gedruckte Quellen

Archiwum polityczne Ignacego Paderewskiego, Bd. 2: 1919 - 1921, hrsg. von Witold Stankiewicz und Andrzej Piber, Wrocław - Warszawa - Kraków - Gdańsk 1974.
Archiwum polityczne Ignacego Paderewskiego, Bd. 3: 1921 - 1934, hrsg. von Halina Janowska und Czesław Madajczyk, Wrocław - Warszawa - Kraków - Gdańsk 1974.
Bartoszewicz, Joachim: Podręczny słownik polityczny, Warszawa 1922.
Bełcikowska, Alicja: Święto Trzeciego Maja. Popularny zarys dziejów konstytucji 3 maja 1791. Pieśni – Poezje, Warszawa 1932.
Bilczewski, Józef: Pokłosie z czasu wojny bolszewickiej. List pasterski do duchowieństwa i wiernych (24. 9. 1920), Lwów 1920.
Bilczewski, Józef: O miłości Ojczyzny. List pasterski na Wielki Post 1923, Lwów 1923.
Bogusławska, Marja: Dziedzictwo Kordeckiego. Ks. Ignacy Skorupka, Warszawa 1920.
Bogusławska, Marja (Hrsg.): Rocznice narodowe, Lwów - Warszawa 1926.
Borkowski, Jan (Hrsg.): Rok 1918 we wspomnieniach mężów stanu, polityków i wojskowych, Warszawa 1987.
Borkowski, Jan (Hrsg.): Wincenty Witos. Wybór pism, Warszawa 1989.
Brzoza, Czesław und Roliński, Adam (Hrsg.): Bij Bolszewika! Rok 1920 w przekazie historycznym i literackim, Kraków 1990.

Budziło, Krzysztof und Pruszyński, Jan (Hrsg.): Dla dobra Rzeczypospolitej. Antologia myśli państwowej, Warszawa 1996.
Bukowiecki, Stanisław: Polityka Polski niepodległej. Szkic programu, Warszawa 1922.
Bystroń, Jan Stanisław: Kultura ludowa, Warszawa 1936.
Bystroń, Jan Stanisław: Megalomania narodowa (1935), ND Warszawa 1995.
Caro, Leopold: Ku nowej Polsce, Lwów 1923.
Chojnowski, Andrzej (Hrsg.): Tadeusz Hołówko o demokracji, polityce i moralności życia publicznego, Warszawa 1999.
Czapiński, Kazimierz: Czy socjaliści mogą walczyć razem z komunistami? Kwestja międzynarodówki i „jednego frontu" proletarjatu, Warszawa 1922.
Dąbrowska, Maria: Dzienniki 1914 - 1925, hrsg. von Tadeusz Drewnowski, Warszawa 1998.
Dąbrowska, Maria: Dzienniki 1926 - 1935, hrsg. von Tadeusz Drewnowski, Warszawa 1999.
Dąbrowska, Maria: Dzienniki 1936 - 1945, hrsg. von Tadeusz Drewnowski, Warszawa 2000.
Dlaczego świętujemy dziesiątą rocznicę odzyskania Niepodległości 1918 - 1928? Warszawa 1928.
Dmowski, Roman: Kościół, naród i państwo [Wszkazanie programowe, Bd. 5], Warszawa 1927.
Dmowski, Roman: Niemcy, Rosya i kwestya polska, Lwów 1908.
Dobbermann, Paul: Die deutsche Schule im ehemals preußischen Teilgebiet Polens, Posen 1925.
Dobrzyńska-Rybicka, Ludwika: Wybory powszechne w świetle psychologji społecznej i etyki [Prace Instytutu Socjologicznego, Bd. 1], Poznań - Warszawa - Wilno - Lublin 1925.
Drozdowski, Marian Marek (Hrsg.): Metropolia Warszawska a narodziny II Rzeczypospolitej. Antologia tekstów historycznych i literackich w 80-tą rocznicę odzyskania niepodległości, Warszawa 1998.
Drozdowski, Marian Marek; Eychhorn-Szwankowska, Hanna und Wiechowski, Jerzy (Hrsg.): Zwycięstwo 1920. Warszawa wobec agresji bolszewickiej, Paris 1990.
Dudek, Antoni und Szlachta, Bogdan (Hrsg.): Naród, Państwo, Władza. Wybór tekstów z historii polskiej myśli politycznej, Kraków 1996.
Dynowska, Marja: Nasze Rocznice. Wybór poezji i prozy na obchody narodowe, Kraków ²1926.
Galiński, Adam [i. e. Ludwik Stolarzewicz]: Dzień 11 listopada. Święto państwowe Rzeczypospolitej Polskiej. Poradnik dla nauczycieli i dla urządzających obchody, Łódź ²1936.
Giertych, Jędrzej: Po wyborach w Łodzi. Obserwacje i wnioski, Warszawa 1936.
Giza, Stanisław und Lato, Stanisław (Hrsg.): Materiały źródłowe do historii polskiego ruchu ludowego, Bd. 2: 1918 - 1931, Warszawa 1967.

Główny Urząd Statystyczny (Hrsg.): Statystyka wyborów do Sejmu i Senatu odbytych w dniu 5 i 12 listopada 1922 roku [Statystyka Polski, Bd. 8 a], Warszawa 1926.
Główny Urząd Statystyczny Rzeczypospolitej Polskiej (Hrsg.): Statystyka wyborów do Sejmu i Senatu odbytych w dniu 4 i 11 marca 1928 roku [Statystyka Polski, Bd. 10], Warszawa 1930.
Główny Urząd Statystyczny Rzeczypospolitej Polskiej (Hrsg.): Statystyka wyborów do Sejmu i Senatu z dnia 16 i 23 listopada 1930 roku [Statystyka Polski, Serie C, Heft 4], Warszawa 1935.
Grabski, Stanisław: Naród a Państwo, Lwów 1922.
Grabski, Stanisław: Pamiętniki, hrsg. von Witold Stankiewicz, Bd. 2, Warszawa 1989.
Grabski, Stanisław: Rewolucja. Studjum społeczno-psychologiczne, Warszawa 1921.
Grabski, Stanisław: Uwagi o bieżącej historycznej chwili Polski, Warszawa 1922.
Grabski, Stanisław: Z codziennych walk i rozważań, Poznań 1923.
Grzymała-Siedlecki, Adam: Cud Wisły. Wspomnienia korespondenta wojennego (1921), Poznań - Warszawa - Wilno - Lublin ³1926.
Gosewinkel, Dieter und Masing, Johannes (Hrsg.): Die Verfassungen in Europa 1789 - 1949. Wissenschaftliche Textedition unter Einschluß sämtlicher Änderungen und Ergänzungen sowie mit Dokumenten aus der englischen und amerikanischen Verfassungsgeschichte, München 2006.
Halecki, Oskar: Idea jagiellońska, in: KH, 51, 1937, S. 486 - 510.
Haller, Józef: Pamiętniki, London 1964.
Handelsman, Marceli: W piątym pułku legionów. Dwa miesiące ofensywy litewsko-białoruskiej, Zamość 1921.
Hołówko, Tadeusz: Kwestia narodowościowa w Polsce, Warszawa 1922.
Instytut Gospodarstwa Społecznego (Hrsg.): Pamiętniki Chłopów, serja druga, Warszawa 1936.
Jabłonowski, Marek; Stawecki, Piotr und Wawrzyński, Tadeusz (Hrsg.): O niepodległą i granice, Bd. 2: Raporty i komunikaty Naczelnych Władz Wojskowych o sytuacji wewnętrznej w Polsce 1919 - 1920, Warszawa - Pułtusk 2001.
Janowska, Halina und Jędruszczak, Tadeusz (Hrsg.): Powstanie II Rzeczypospolitej. Wybór dokumentów 1866 - 1925, Warszawa 1981.
Jasiński, Walery: O katolicką szkołę w Polsce [Ideały i życie, Bd. 6], Poznań 1938.
Jaworski, Rudolf und Wojciechowski, Marian (Hrsg.): Deutsche und Polen zwischen den Weltkriegen. Minderheitenstatus und „Volkstumskampf" im Grenzgebiet. Amtliche Berichterstattung aus beiden Ländern 1920 - 1939, Halbbd. 1, München u. a. 1997.
Jędruszczak, Tadeusz und Nowak-Kiełbikowa, Maria (Hrsg.): Dokumenty z dziejów polskiej polityki zagranicznej 1918 - 1939, Bd. 1: 1918 - 1932, Warszawa 1989.
Kołodziejczyk, Tadeusz und Pomianowska, Małgorzata (Hrsg.): Konstytucje w Polsce 1791 - 1990, Warszawa 1990.
Kornecki, Jan: Szkolnictwo dla mniejszości narodowych w Polsce, Warszawa 1929.

Korupczyńska, Regina (Hrsg.): Wielkie Święto. Materiał na uroczystości szkolne w dniu 11 listopada w przedszkolach, szkołach, gimnazjach, Warszawa - Wilno - Lublin 1938.

Kosmowska, I. W.: Nasi bohaterscy obrońcy. Ksiądz Ignacy Skorupka, Warszawa o. J.

Kosmowska, I. W.: Nasi bohaterscy obrońcy. Zofja Prokopowiczówna, Warszawa o. J.

Kowalczyk, Stanisław und Łuczak, Aleksander (Hrsg.): Pisma ulotne stronnictw ludowych w Polsce 1895 - 1939, Warszawa 1971.

Kozicki, Stanisław: Sprawa granic Polski. Na konferencji pokojowej w Paryżu, Warszawa 1921.

Krotoski, Kazimierz: Nacjonalizm a kościół. Uwagi na czasie, Kraków 1930.

Krzesiński, Andrzej: Pozytywizm i modernizm a polskie duchowieństwo, Warszawa 1928.

Krzywicki, Ludwik (Hrsg.): Statystyka Wyborów do Sejmu Ustawodawczego, Warszawa 1921.

Kulski, Julian: Stefan Starzyński w mojej pamięci [Biblioteka „Kultury", Bd. 160], Paris 1968.

Kumaniecki, Władysław Kazimierz: Zbiór najważniejszych dokumentów do powstania państwa polskiego, Warszawa 1920.

Kutrzeba, Stanisław: Polska odrodzona 1914 - 1921, Kraków 1921.

Kutrzeba, Stanisław: Trud budowy Polski jako jedności państwowej. Co warte własne państwo? Warszawa 1920.

Lato, Stanisław und Stankiewicz, Witold (Hrsg.): Programy Stronnictw Ludowych. Zbiór dokumentów, Warszawa 1969.

Lechoń, Jan: Poezje, Warszawa 1963.

Łojek, Jerzy (Hrsg.): Moja droga do dziennikarstwa. Wspomnienia dziennikarzy polskich z okresu międzywojennego (1918 - 1939), Warszawa 1974.

Miłosz, Czesław: Wyprawa w dwudziestolecie, Kraków 1999.

Ministerstwo Spraw Wewnętrznych (Hrsg.): Komunikaty Informacyjne Komisariatu Rządu na m. st. Warszawę, Bd. 2, H. 1 (3 stycznia 1928 - 26 czerwca 1928), Warszawa 1992.

Ministerstwo Spraw Wewnętrznych (Hrsg.): Komunikaty Informacyjne Komisariatu Rządu na m. st. Warszawę, Bd. 2, H. 2 (3 lipca 1928 - 27 grudnia 1928), Warszawa 1993.

Ministerstwo Spraw Wewnętrznych (Hrsg.): Komunikaty Informacyjne Komisariatu Rządu na m. st. Warszawę, Bd. 3, H. 2 (3 kwietnia 1929 - 28 czerwca 1929), Warszawa 1994.

Ministerstwo Spraw Wewnętrznych (Hrsg.): Komunikaty Informacyjne Komisariatu Rządu na m. st. Warszawę, Bd. 4, H. 1 (3 lipca 1929 - 30 września 1929), Warszawa 1996.

Ministerstwo Spraw Wewnętrznych (Hrsg.): Komunikaty Informacyjne Komisariatu Rządu na m. st. Warszawę, Bd. 4, H. 2 (2 października 1929 - 30 listopada 1929), Warszawa 1997.

Ministerstwo Wyznań Religijnych i Oświecenia Publicznego (Hrsg.): Program Nauki w szkołach powszechnych siedmioklasowych. Religja rzymsko-katolicka, Warszawa 1920.
Mścisławski, T.: Wojsko Polskie a Żydzi [Bibljoteczka Żydoznawcza Towarzystwa Rozwój, Bd. 2], Warszawa 1923.
Mysłakowski, Zygmunt: Państwo a wychowanie, Warszawa 1935.
Nałkowska, Zofia: Dzienniki, Bd. 3: 1918 - 1929, hrsg. von Hanna Kirchner, Warszawa 1980.
Niesiołowski, Andrzej: Formy i metody pracy oświatowej. Próba klasyfikacji i analizy socjologicznej, Warszawa 1932.
Nowaczyński, Adolf (Hrsg.): Mocarstwo anonimowe. Ankieta w sprawie żydowskiej, Warszawa 1921.
Nowicki, Cz.: Pierwsze Święto Królowej Korony Polskiej na Jasnej Górze. Spełnienie Ślubów Króla Jana Kazimierza złożonych w katedrze lwowskiej 1 kwietnia 1656 r., Częstochowa 1925.
Nowosławski, Franciszek: Z aktualnych zagadnień małopolskiego szkolnictwa, Sanok 1924.
O naprawę Rzeczypospolitej, Kraków 1922.
Pamiętnik pierwszego walnego zjazdu zrzeszonego ziemiaństwa Polski odbytego w Warszawie w dniach 10, 11 i 12 IX 1925 r., Warszawa 1925.
Pawłowski, Stanisław; Bystroń, Jan Stanisław und Peretiatkowicz, Antoni: Polska współczesna, Lwów - Warszawa 1923.
Piekarski, Stanisław: Wyznania religijne w Polsce, Warszawa 1927.
Piłsudski, Józef: Pisma zbiorowe. Wydanie prac dotychczas drukiem ogłoszonych, Bd. 5, Warszawa 1937.
Pohoska, Hanna: Dydaktyka historji, Warszawa 1928.
P. P. S. Wspomnienia z lat 1918 - 1939, 2 Bde., Warszawa 1987.
Rataj, Maciej: Pamiętniki 1918 - 1927, hrsg. von Jan Dębski, Warszawa 1965.
Roguska, Zofia und Korupczyńska, Regina: Święto niepodległości. Materjał na uroczystości szkolne w dniu 11 listopada, Warszawa ²1932.
Rzepecki, Tadeusz: Sejm Rzeczypospolitej Polskiej 1919 roku, Poznań 1920.
Rzepecki, Tadeusz und Rzepecki, Witold: Sejm i Senat 1922 - 1927. Podręcznik dla wyborców, Poznań 1923.
Rzepecki, Tadeusz und Rzepecki, Karol: Sejm i Senat Rzeczypospolitej Polskiej 1928 - 1933, Poznań 1928.
Skrzynski, Aleksander: Poland and Peace, London 1923.
Sołtanówna, Helena (Hrsg.): Początki katolickiego ruchu kobiecego w Polsce, Poznań 1930.
Stemler, Józef: Trzeci maj. Święto radości i ofiary, Warszawa o. J.
Stroński, Stanisław: Nacjonalizm, in: Reyman, Edmund Jan (Hrsg.): Encyklopedia nauk politycznych, Bd. 4, H. 1, Warszawa 1939, S. 1 - 3.
Studnicki, Władysław: W sprawie stosunku politycznego do jej ziem wschodnich, Warszawa 1919.
Sudnik, Wanda (Hrsg.): Prawo polityczne Rzeczypospolitej Polskiej 1918 - 1939. Wybór źródeł, Warszawa 2002.

Swoboda, Henryk [i. e. Próchnik, Adam]: Pierwsze piętnastolecie Polski niepodległej (1918 - 1933). Zarys dziejów politycznych, Warszawa 1933.
Szwed, Ryszard (Hrsg.): Samorząd terytorialny w Polsce w latach 1918 - 1939. Wybór materiałów źródłowych, Częstochowa 2000.
Szwemin, Jan: Szkolnictwo i oświata na Pomorzu 1920 - 1930, Lwów 1933.
Śliwińska-Zarzecka, Maria: Katolicyzm w dziejach Polski. Materiał dla prelegentów, Katowice 1938.
Śliwińska-Zarzecka, Maria: Trzeci Maj. Dzień obywatelskiego czynu. Myśli i materjał do przemówień. Pieśni i deklamacje, Warszawa 1939.
Świecki, Tadeusz und Wybult, Franciszek: Mazowsze Płockie w czasach wojny światowej i powstania państwa polskiego, Toruń 1932.
Święto Królowej Korony Polskiej w dniu 3 maja, Warszawa 1925.
Thugutt, Stanisław: Autobiografia, Warszawa 1984.
W 15-lecie niepodległości, Warszawa 1933.
Wasilewski, Leon: O wschodnią granicę państwa polskiego, Warszawa 1917.
Wasilewski, Zygmunt: O życiu i katastrofach cywilizacji narodowej. Wstęp do rozważań nad programowemi zagadnieniami doby obecnej, Warszawa 1921.
Wat, Aleksander: Jenseits von Wahrheit und Lüge. Mein Jahrhundert. Gesprochene Erinnerungen 1926 - 1945, hrsg. von Matthias Freise, Frankfurt/Main 2000.
Witos, Wincenty: Moje wspomnienia, 3 Bde. [Biblioteka „Kultury", Bd. 99], Paris 1964.
Witos, Wincenty: Wybór pism i mów [Biblioteka Dziejów i Kultury Wsi, Bd. 7], Lwów 1939.
Wystawa Szkolna Okręgu Szkolnego Warszawskiego. Od 31 stycznia do 9 lutego 1929 r. Informator, Warszawa 1929.
Zarzecki, Lucjan: Wychowanie narodowe. Studja i szkice, Warszawa ²1929.
Zdziechowski, Marian: W obliczu końca, Wilno 1938.
Znaniecki, Florian: Der Untergang der westlichen Zivilisation, Poznań 1996.
Związek Ludowo-Narodowy (Hrsg.): Nacjonalizm, Warszawa 1928.
Żebrowski, Rafał (Hrsg.): Dzieje Żydów w Polsce. Wybór tekstów źródłowych 1918 - 1939, Warszawa 1993.

Periodika

Czas
Dziennik Ustaw Rzeczypospolitej Polskiej
Gazeta Warszawska
Głos Prawdy
Głos Nauczycielski
Kurjer Polski
Kurjer Poranny
Myśl Narodowa
Piast
Polska Zbrojna

Przegląd Wszechpolski
Przegląd Powszechny
Robotnik
Roczniki Socjologii Wsi
Ruch Katolicki
Ruch Prawniczy, Ekonomiczny i Socjologiczny
Rzeczpospolita
Samorząd Miejski
Samorząd Terytorialny
Słowo
Sprawozdania Stenograficzne Sejmu Ustawodawczego
Sprawozdanie Stenograficzne Sejmu Rzeczypospolitej Polskiej
Warszawski Dziennik Narodowy
Wiadomości Statystyczne
Wyzwolenie
Zielony Sztandar
Ziemianka
Ziemianka Polska

Literatur

Ahmann, Rolf: Militärische Schwäche oder Versagen der Sicherheitspolitik? Verteidigungsprobleme Polens, der baltischen Staaten und der Tschechoslowakei in der Zwischenkriegszeit, in: Lemberg, Hans (Hrsg.): Ostmitteleuropa zwischen den beiden Weltkriegen (1918 - 1939). Stärke und Schwäche der neuen Staaten, nationale Minderheiten [Tagungen zur Ostmitteleuropa-Forschung, Bd. 3], Marburg 1997, S. 31 - 52.

Ajnenkiel, Andrzej: Ewolucja systemów ustrojowych w Europie środkowo-wschodniej 1918 - 1939, in: Żarnowski, Janusz: (Hrsg.): Dyktatury w Europie środkowo-wschodniej 1918 - 1939. Konferencja naukowa w Instytucie Historii Polskiej Akademii Nauk 2 - 3 XII 1971, Wrocław u. a. 1973, S. 41 - 62.

Ajnenkiel, Andrzej: Nationality, Patriotism and Nationalism: The Polish Case from the Mid-Eastern European Perspective, in: Michener, Roger (Hrsg.): Nationality, Patriotism, and Nationalism in Liberal Democratic Societies, St. Paul, Minnesota, 1993, S. 107 - 137.

Ajnenkiel, Andrzej: Sejmy i konstytucje w Polsce 1918 - 1939, Warszawa 1968.

Ajnenkiel, Andrzej: Spór o model parlamentaryzmu polskiego do roku 1926, Warszawa 1972.

Ajnenkiel, Andrzej; Drzycimski, Andrzej und Paradowska, Janina: Prezydenci Polski, Warszawa 1991.

Althoen, David: Natione Polonus and the Naród Szlachecki. Two Myths of National Identity and Noble Solidarity, in: ZfO, 52, 2003, S. 475 - 508.

Anderson, Benedict: Die Erfindung der Nation. Zur Karriere eines folgenreichen Konzepts, Berlin 1998.
Andruszko, Maria Alicja: Niektóre podręczniki dla klas najmłodszych publicznych szkół powszechnych (1918 - 1939), in: Studia z dziejów oświaty polskiej XIX i XX wieku [Prace Pedagogiczne, Bd. 48], Wrocław 1986, S. 115 - 125.
Andrzejewski, Marek: Gabriel Narutowicz. Wasserbauer, Hochschullehrer und Politiker, Zürich 2006.
Assmann, Jan: Das kulturelle Gedächtnis. Schrift, Erinnerung und politische Identität in frühen Hochkulturen, München 1992.
Badziak, Kazimierz: Od święta narodowego do państwowego. Tradycja Konstytucji 3 maja w II Rzeczypospolitej, in: Barszczewska-Krupa, Alina (Hrsg.): Konstytucja 3 maja w tradycji i kulturze polskiej, Łódź 1991, S. 195 - 202.
Bäcker, Roman: Problematyka państwa w polskiej myśli socjalistycznej lat 1918 - 1948, Toruń 1994.
Bakke, Elisabeth: The Making of Czechoslovakism in the First Czechoslovak Republic, in: Schulze Wessel, Martin (Hrsg.): Loyalitäten in der Tschechoslowakischen Republik 1918 - 1939. Politische, nationale und kulturelle Zugehörigkeiten [Veröffentlichungen des Collegium Carolinum, Bd. 101], München 2004, S. 23 - 44.
Bamberger-Stemmann, Sabine: Der Europäische Nationalitätenkongreß 1925 bis 1938. Nationale Minderheiten zwischen Lobbyistentum und Großmachtinteressen [Materialien und Studien zur Ostmitteleuropa-Forschung, Bd. 7], Marburg 2000.
Bardach, Juliusz; Leśnodorski, Bogusław und Pietrzak, Michał: Historia ustroju i prawa polskiego, Warszawa ⁵2001.
Bariéty, Jacques: Die französisch-polnische „Allianz" und Locarno, in: Schattkowsky, Ralph (Hrsg.): Locarno und Osteuropa. Fragen eines europäischen Sicherheitssystems in den 20er Jahren [Marburger Studien zur Neueren Geschichte, Bd. 5], Marburg 1994, S. 75 - 91.
Bauerkämper, Arnd: Der Faschismus in Europa 1918 - 1945, Stuttgart 2006.
Bavaj, Riccardo: Die deutsche Ukraine-Publizistik während des Ersten Weltkrieges, in: ZfO, 50, 2001, S. 1 - 25.
Benecke, Werner: „... ein allerdings zur Zeit sehr schwacher Verbündeter Deutschlands". Das Auswärtige Amt und die ukrainische Minderheit in der Polnischen Republik 1922 - 1930, in: ZfO, 49, 2000, S. 221 - 241.
Benecke, Werner: Die Ostgebiete der zweiten polnischen Republik. Staatsmacht und öffentliche Ordnung in einer Minderheitenregion 1918 - 1939 [Beiträge zur Geschichte Osteuropas, Bd. 29], Köln - Weimar - Wien 1999.
Benz, Wolfgang: Was ist Antisemitismus? Bonn 2004.
Bereźnicki, Franciszek: Hasła „nowej szkoły" w dydaktyce Drugiej Rzeczypospolitej, Toruń 1999.
Bergmann, Olaf: Narodowa Demokracja wobec problematyki żydowskiej w latach 1918 - 1929, Poznań 1998.
Bernecker, Walther L.: Europa zwischen den Weltkriegen, Stuttgart 2002.

Besier, Gerhard: Das Europa der Diktaturen. Eine neue Geschichte des 20. Jahrhunderts, München 2006.

Beyrau, Dietrich: Antisemitismus und Judentum in Polen, 1918 - 1939, in: GG, 8, 1982, S. 205 - 232.

Blachetta-Madajczyk, Petra: Klassenkampf oder Nation? Deutsche Sozialdemokratie in Polen 1918 - 1939 [Schriften des Bundesarchivs, Bd. 49], Düsseldorf 1997.

Bömelburg, Hans-Jürgen: „Polnische Freiheit" – Zur Konstruktion und Reichweite eines frühneuzeitlichen Mobilisierungsbegriffs, in: Schmidt, Georg; van Gelderen, Martin und Snigula, Christopher (Hrsg.): Kollektive Freiheitsvorstellungen im frühneuzeitlichen Europa (1400 - 1850) [Jenaer Beiträge zur Geschichte, Bd. 8], Frankfurt/Main 2008, S. 191 - 222.

Bokajło, Wiesław: Polnische Konzepte einer europäischen Föderation. Zwischen den „Vereinigten Staaten von Europa" und dem konföderalen Mitteleuropa (1917 - 1939), in: Duchhardt, Heinz und Morawiec, Małgorzata (Hrsg.): Vision Europa. Deutsche und polnische Föderationspläne des 19. und frühen 20. Jahrhunderts [Veröffentlichungen des Instituts für Europäische Geschichte Mainz, Beiheft 60], Mainz 2003, S. 85 - 116.

Borejsza, Jerzy W.: Schulen des Hasses. Faschistische Systeme in Europa, Frankfurt/Main 1999.

Brechtken, Magnus: „Madagaskar für die Juden". Antisemitische Idee und politische Praxis 1885 - 1945 [Studien zur Zeitgeschichte, Bd. 53], München 1997.

Breuilly, John J.: Nationalismus als kulturelle Konstruktion: Einige Überlegungen, in: Echternkamp, Jörg und Müller, Sven Oliver (Hrsg.): Die Politik der Nation. Deutscher Nationalismus in Krieg und Krisen 1760 - 1960, München 2002, S. 247 - 268.

Brock, Peter: Polish Nationalism, in: Sugar, Peter F. und Lederer, Ivo J. (Hrsg.). Nationalism in Eastern Europe [Far Eastern and Russian Institute Publications on Russia and Eastern Europe, Bd. 1], Seattle - London ²1971, S. 311 - 372.

Brodowska, Helena: Tradycje 3 maja w ruchu ludowym, in: Barszczewska-Krupa, Alina (Hrsg.): Konstytucja 3 maja w tradycji i kulturze polskiej, Łódź 1991, S. 186 - 194.

Bruski, Jan Jacek: Petlurowcy. Centrum Państwowe Ukraińskiej Republiki Ludowej na wychodźstwie (1919 - 1924), Kraków 2000.

Brzoza, Czesław und Sowa, Andrzej Leon: Histora Polski 1918 - 1945, Kraków 2006.

Budrewicz, Zofia: Czytanka literacka w gimnazjum międzywojennym. Geneza, struktura, funkcje [Akademia Pedagogiczna im. KEN w Krakowie, Prace monograficzne, Bd. 353], Kraków 2003.

Bugge, Peter: Czech democracy 1918 - 1938 – paragon or parody? in: Bohemia, 47, 2006/07, S. 3 - 28.

Carr, Edward Hallet: The Twenty Year's Crisis, 1919 - 1939. An Introduction to the Study of International Relations, ND New York 1964.

Caumanns, Ute: Die polnischen Jesuiten, der Przegląd Powszechny und der politische Katholizismus in der Zweiten Republik. Ein Beitrag zur Geschichte der katholischen Presse Polens zwischen den beiden Weltkriegen (1918 - 1939)

[Veröffentlichungen der Forschungsstelle Ostmitteleuropa an der Universität Dortmund, Reihe B, Bd. 55], Dortmund 1996.
Chojnowski, Andrzej: Aktywność kobiet w życiu politycznym, in: Żarnowska, Anna und Szwarc, Andrzej (Hrsg.): Równe prawa i nierówne szanse. Kobiety w Polsce międzywojennej, Warszawa 2000, S. 37 - 48.
Chojnowski, Andrzej: Koncepcje polityki narodowościowej rządów polskich w latach 1921 - 1939 [Polska myśl polityczna XIX i XX wieku, Bd. 3], Wrocław u. a. 1979.
Chojnowski, Andrzej: Piłsudczycy u władzy. Dzieje Bezpartyjnego Bloku Współpracy z Rządem, Wrocław u. a. 1986.
Chu, Winson W.: Metropole der Minderheit. Die Deutschen in Lodz und Mittelpolen 1918 - 1939, in: Kochanowski, Jerzy und Sach, Maike (Hrsg.): Die „Volksdeutschen" in Polen, Frankreich, Ungarn und der Tschechoslowakei. Mythos und Realität [Einzelveröffentlichungen des DHI Warschau, Bd. 12], Osnabrück 2006, S. 95 - 111.
Chwalba, Andrzej: Socjaliści a religie na przełomie XIX i XX wieku, in: Renz, Regina und Meducka, Marta (Hrsg.): Społeczno-kulturalna działalność Kościoła katolickiego w Polsce XIX i XX wieku, Kielce 1994, S. 97 - 106.
Cieśla, Andrzej: Związek Nauczycielstwa Polskiego w województwie warszawskim w okresie Drugiej Rzeczypospolitej, Toruń 2000.
Cornelißen, Christoph: Was heißt Erinnerungskultur? Begriff – Methoden – Perspektiven, in: GWU, 54, 2003, S. 548 - 563.
Czapiewski, Edward: Koncepcje polityki zagranicznej konserwatystów polskich w latach 1918 - 1926 [Historia, Bd. 68], Wrocław 1988.
Czubiński Antoni: Centrolew. Kształtowanie się i rozwój demokratycznej opozycji antysanacyjnej w Polsce w latach 1926 - 1930, Poznań 1963.
Czubiński, Antoni: Mity, legendy i polska rzeczywistość historyczna. Polskie spory o wiek XX, in: Sierpowski, Stanisław (Hrsg.): Polska na tle procesów rozwojowych Europy w XX wieku, Poznań 2002, S. 300 - 323.
Czubiński, Antoni: Spory o II Rzeczpospolitą. Ewolucja poglądów publicystyki i historiografii polskiej na temat przyczyn odbudowy i znaczenia niepodległego państwa dla narodu polskiego, Poznań 1988.
Daniel, Ute: Kompendium Kulturgeschichte. Theorien, Praxis, Schlüsselwörter, Frankfurt/Main [5]2006.
Daniel, Ute: „Kultur" und „Gesellschaft". Überlegungen zum Gegenstandsbereich der Sozialgeschichte, in: GG, 19, 1993, S. 69 - 99.
Davies, Norman: Aufstand der Verlorenen. Der Kampf um Warschau 1944, München 2004.
Davies, Norman: God's Playground. A History of Poland, Bd. 2: 1795 to the Present, Oxford 1981.
Davies, Norman: Im Herzen Europas. Geschichte Polens, München 2000.
Davies, Norman: Orzeł biały, czerwona gwiazda. Wojna polsko-bolszewicka 1919 - 1920, Kraków 1997.

Dereń, Bolesław: Geneza i przebieg strajku chłopskiego w sierpniu 1937 roku, in: Gmitruk, Janusz und Pasiak-Wąsik, Dorota (Hrsg.): Bądźcie solidarni! Wielki Strajk Chłopski 1937 r., Warszawa 2007, S. 23 - 31.

Deszczyński, Marek Piotr: Ostatni egzamin. Wojsko polskie wobec kryzysu czechosłowackiego 1938 - 1939, Warszawa 2003.

Deutsch, Karl W.: Nationalism and Social Communication. An Inquiry into the Foundations of Nationality, New York u. a. 1953.

Doering-Manteuffel, Anselm: Internationale Geschichte als Systemgeschichte. Strukturen und Handlungsmuster im europäischen Staatensystem des 19. und 20. Jahrhunderts, in: Loth, Wilfried und Osterhammel, Jürgen (Hrsg.): Internationale Geschichte. Themen – Ergebnisse – Aussichten [Studien zur Internationalen Geschichte, Bd. 10], München 2000, S. 93 - 115.

Doliesen, Gerhard: Die Polnische Bauernpartei „Wyzwolenie" in den Jahren 1918 - 1926 [Historische und landeskundliche Ostmitteleuropa-Studien, Bd. 15], Marburg 1995.

Drozdowski, Marian Marek: Recepcja Konstytucji 3 Maja w Warszawie w latach 1914 - 1944, in: Szwankowska, Hanna (Hrsg.): Trzeci Maj w Warszawie. Materiały z sesji, Warszawa 1992, S. 63 - 88.

Drozdowski, Marian Marek: Stefan Starzyński, prezydent Warszawy, Warszawa 1976.

Drozdowski, Marian Marek: Warszawa w latach 1914 - 1939 [Dzieje Warszawy, Bd. 4], Warszawa 1990.

Dudek, Antoni: Konserwatyzm w Polsce międzywojennej, in: Bankowicz, Bożena; Dudek, Antoni und Majchrowski, Jacek: Główne nurty współczesnej polskiej myśli politycznej, Bd. 1, Kraków 1996, S. 30 - 49.

Dylągowa, Hanna: Historia Kościołów chrześcijańskich w najnowszej historiografii polskiej, in: Kosiewski, Piotr und Motyka, Grzegorz (Hrsg.): Historycy polscy i ukraińscy wobec problemów XX wieku, Kraków 2000, S. 247 - 253.

Eberhardt, Piotr: Polska ludność kresowa. Rodowód, liczebność, rozmieszczenie, Warszawa 1998.

Echternkamp, Jörg und Müller, Sven Oliver: Perspektiven einer politik- und kulturgeschichtlichen Nationalismusforschung. Einleitung, in: dies. (Hrsg.): Die Politik der Nation. Deutscher Nationalismus in Krieg und Krisen 1760 - 1960, München 2002, S. 1 - 24.

Esch, Michael G.: „Gesunde Verhältnisse". Deutsche und polnische Bevölkerungspolitik in Ostmitteleuropa 1939 - 1950 [Materialien und Studien zur Ostmitteleuropa-Forschung, Bd. 2], Marburg 1998.

Eschenburg, Theodor: Der Zerfall der demokratischen Ordnungen zwischen dem Ersten und dem Zweiten Weltkrieg, in: ders. u. a.: Der Weg in die Diktatur 1918 bis 1933, München 1962, S. 7 - 28.

Eser, Ingo: Polnischer Nationalstaat, deutsche Minderheit und Schulwesen 1918 - 1939. Ansätze einer Zivilgesellschaft? in: Bauerkämper, Arnd (Hrsg.): Die Praxis der Zivilgesellschaft. Akteure, Handeln und Strukturen im internationalen Vergleich, Frankfurt - New York 2003, S. 275 - 292.

Faryś, Janusz: Koncepcje polskiej polityki zagranicznej 1918 - 1939, Warszawa 1981.

Feichtinger, Johannes; Prutsch, Ursula und Csáky, Moritz (Hrsg.): Habsburg postcolonial. Machtstrukturen und kollektives Gedächtnis [Gedächtnis – Erinnerung – Identität, Bd. 2], Innsbruck u. a. 2003.
Feldman, Wilhelm: Geschichte der politischen Ideen in Polen seit dessen Teilungen (1795 - 1914), München - Berlin 1917.
Fiddick, Thomas C.: Russia's Retreat from Poland, 1920. From Permanent Revolution to Peaceful Coexistence, Houndmills - London 1990.
Filipowicz, Mirosław: Wobec Rosji. Studia z dziejów historiografii polskiej od końca XIX wieku po II wojnę światową [Monografie Instytutu Europy Środkowo-Wschodniej, Bd. 2], Lublin 2000.
Föllmer, Moritz: Die Verteidigung der bürgerlichen Nation. Industrielle und hohe Beamte in Deutschland und Frankreich 1900 - 1930 [Kritische Studien zur Geschichtswissenschaft, Bd. 154], Göttingen 2002.
François, Etienne; Siegrist, Hannes und Vogel, Jakob: Die Nation. Vorstellungen, Inszenierungen, Emotionen, in: dies. (Hrsg.): Nation und Emotion. Deutschland und Frankreich im Vergleich, 19. und 20. Jahrhundert [Kritische Studien zur Geschichtswissenschaft, Bd. 110], Göttingen 1995, S. 13 - 35.
Friedrich, Klaus-Peter: Juden und jüdisch-polnische Beziehungen in der Zweiten Polnischen Republik (1918 - 1939). Neuere Literatur, in: ZfO, 46, 1997, S. 535 - 560.
Friedrich, Klaus-Peter: Von der żydokomuna zur Lösung einer „jüdischen Frage" durch Auswanderung: Die politische Instrumentalisierung ethnischer und kultureller Differenzen in Polen 1917/18 bis 1939, in: Dahlmann, Dittmar und Hilbrenner, Anke (Hrsg.): Zwischen großen Erwartungen und bösem Erwachen. Juden, Politik und Antisemitismus in Ost- und Südosteuropa 1918 - 1945, Paderborn 2007, S. 53 - 75.
Gałka, Bogusław: Ziemianie i ich organizacje w Polsce lat 1918 - 1939, Toruń 1997.
Garlicki, Andrzej: Drugiej Rzeczypospolitej początki, Wrocław 1997.
Garlicki, Andrzej: Józef Piłsudski 1867 - 1935, Warszawa 1988.
Gawin, Magdalena: Rasa i nowoczesność. Historia polskiego ruchu eugenicznego, Warszawa 2003.
Gawor, Leszek: Katastrofizm w polskiej myśli społecznej i filozofii 1918 - 1939, Lublin 1999.
Gebhart, Jan und Kuklík, Jan: Druhá republika 1938 - 1939. Svár demokracie a totality v politickém, společenském a kulturním životě, Praha - Litomyšl 2004.
Gehrke, Roland: Der polnische Westgedanke bis zur Wiedererrichtung des polnischen Staates nach Ende des Ersten Weltkrieges. Genese und Begründung polnischer Gebietsansprüche gegenüber Deutschland im Zeitalter des europäischen Nationalismus [Materialien und Studien zur Ostmitteleuropa-Forschung, Bd. 8], Marburg 2001.
Geller, Ewa: Jidysz, język Żydów polskich, Warszawa 1994.
Gellner, Ernest: Nationalismus. Kultur und Macht, Berlin 1999.
Gellner, Ernest: Nationalismus und Moderne, Hamburg 1995.
Gerner, Kristian: Piast, Jagiello or Jadwiga? Poland and Europe at the End of the 20th Century, in: Domański, Ryszard (Hrsg.): The Changing Map of Europe.

The Trajectory Berlin - Poznań - Warsaw. A Tribute to Antoni Kukliński, Warsaw 1999, S. 35 - 51.

Gerrits, André: Antisemitism and Anti-Communism: The Myth of "Judeo-Communism" in Eastern Europe, in: East European Jewish Affairs, 25, 1995, S. 49 - 72.

Gerson, Daniel: Der Jude als Bolschewist. Die Wiederbelebung eines Stereotyps, in: Benz, Wolfgang (Hrsg.): Antisemitismus in Deutschland. Zur Aktualität eines Vorurteils, München 1995, S. 157 - 180.

Geulen, Christian: Wahlverwandtschaften. Rassendiskurs und Nationalismus im späten 19. Jahrhundert, Hamburg 2004.

Gierlak, Maria: Der Schüleraustausch zwischen Polen und Deutschland in den 1930er Jahren. Polnischer Pfadfinderverband (ZHP) und Hitlerjugend, in: ZfO, 50, 2001, S. 73 - 94.

Gierowska-Kałłaur, Joanna: Zarząd Cywilny Ziem Wschodnich (19 lutego 1919 - 9 września 1920), Warszawa 2003.

Gmitruk, Janusz: Wielki Strajk Chłopski 1937 roku, in: ders. und Pasiak-Wąsik, Dorota (Hrsg.): Bądźcie solidarni! Wielki Strajk Chłopski 1937 r., Warszawa 2007, S. 9 - 15.

Golczewski, Frank: Polnisch-jüdische Beziehungen 1881 - 1922. Eine Studie zur Geschichte des Antisemitismus in Osteuropa [Quellen und Studien zur Geschichte des östlichen Europa, Bd. 14], Wiesbaden 1981.

Goltermann, Svenja: Körper der Nation. Habitusformierung und die Politik des Turnens 1860 - 1890 [Kritische Studien zur Geschichtswissenschaft, Bd. 126], Göttingen 1998.

Gosewinkel, Dieter: Einbürgern und Ausschließen. Die Nationalisierung der Staatsangehörigkeit vom Deutschen Bund bis zur Bundesrepublik Deutschland [Kritische Studien zur Geschichtswissenschaft, Bd. 150], Göttingen 2001.

Góralski, Jarosław: Polska Macierz Szkolna jako instytucja wychowania obywatelskiego, in: Wojdyło, Witold (Hrsg.): Wychowanie a polityka. Między wychowaniem narodowym a państwowym, Toruń 1999, S. 83 - 90.

Grabski, Andrzej F.: The Concept of the Poland of the Piasts in Polish Historiography. Zygmunt Wojciechowski's Interpretation of Poland's History, in: Polish Western Affairs, 33, 1992, S. 251 - 272.

Grochowski, Leonard: Wychowanie religijne katolickie w szkołach II Rzeczypospolitej lat dwudziestych. Treści i funkcje, in: Walewander, Edward (Hrsg.): Katolicka a liberalna myśl wychowawcza w Polsce w latach 1918 - 1939 [Biblioteka Pedagogiczna, Seria A: Studia, Bd. 3], Lublin 2000, S. 239 - 280.

Grott, Bogumił: Polnische Parteien und nationalistische Gruppen in ihrem Verhältnis zur katholischen Kirche und zu deren Lehre vor dem zweiten Weltkrieg, in: ZfO, 45, 1996, S. 72 - 88.

Gulczyński, Andrzej: Ministerstwo byłej dzielnicy pruskiej (1919 - 1922) [Poznańskie Towarzystwo Przyjaciół Nauk, Wydział Historii i Nauk Społecznych, Prace Komisji Historycznej, Bd. 50], Poznań 1995.

Guesnet, François: Polnische Juden im 19. Jahrhundert. Lebensbedingungen, Rechtsnormen und Organisation im Wandel [Lebenswelten osteuropäischer Juden, Bd. 3], Köln - Weimar - Wien 1998.

Gwiżdż, Andrzej: Sejm i Senat w latach 1918 - 1939, in: Bardach, Juliusz (Hrsg.): Dzieje Sejmu Polskiego, Warszawa 1993, S. 145 - 202.
Gzella, Jacek: Myśl polityczna Władyslawa Studnickiego na tle koncepcji konserwatystów polskich (1918 - 1939), Toruń 1993.
Hackmann, Jörg: Ostpreußen und Westpreußen in deutscher und polnischer Sicht. Landeshistorie als beziehungsgeschichtliches Problem [DHI Warschau, Quellen und Studien, Bd. 3], Wiesbaden 1996.
Hackmann, Jörg: Werner Hasselblatt (1890 - 1958). Von der estländischen Kulturautonomie zur nationalsozialistischen Bevölkerungspolitik, in: von Pistohlkors, Gert und Weber, Matthias (Hrsg.): Staatliche Einheit und nationale Vielfalt im Baltikum. Festschrift für Prof. Dr. Michael Garleff zum 65. Geburtstag [Schriften des Bundesinstituts für Kultur und Geschichte der Deutschen im östlichen Europa, Bd. 26], München 2005, S. 175 - 205.
Hagen, William W.: Germans, Poles, and Jews. The Nationality Conflict in the Prussian East, 1772 - 1914, Chicago - London 1980.
Hagen, William W.: The Moral Economy of Ethnic Violence: The Pogrom in Lwów, November 1918, in: GG, 31, 2005, S. 203 - 226.
Hampel, Józef: Ruch inteligencji ludowej – formy organizacyjne i działalność polityczna, in: Dąbrowski, Stanisław (Hrsg.): Chłopi – Naród – Kultura, Bd. 2: Działalność polityczna ruchu ludowego, Rzeszów 1996, S. 47 - 60.
Haslinger, Peter: Nationalismus und Regionalismus – Konflikt oder Koexistenz? in: Ther, Philipp und Sundhaussen, Holm (Hrsg.): Regionale Bewegungen und Regionalismen in europäischen Zwischenräumen seit der Mitte des 19. Jhd. im Vergleich, Marburg 2003, S. 267 - 274.
Hass, Ludwik: Wybory warszawskie 1918 - 1926. Postawy polityczne mieszkańców Warszawy w świetle wyników głosowania do ciał przedstawicielskich, Warszawa 1972.
Haumann, Heiko: Geschichte der Ostjuden, München [4]1998.
Haupt, Heinz-Gerhard: Der Nationalismus in der neueren deutschen und französischen Geschichtswissenschaft, in: François, Etienne; Siegrist, Hannes und Vogel, Jakob (Hrsg.): Nation und Emotion. Deutschland und Frankreich im Vergleich, 19. und 20. Jahrhundert [Kritische Studien zur Geschichtswissenschaft, Bd. 110], Göttingen 1995, S. 39 - 55.
Hauser, Przemysław: Federacyjna wizja Rzeczypospolitej w poglądach Józefa Piłsudskiego i próba jej urzeczywistnienia w latach 1918 - 1921, in: Karpus, Zbigniew; Rezmer, Waldemar und Wiszka, Emilian (Hrsg.): Polska i Ukraina. Sojusz 1920 roku i jego następstwa, Toruń 1997, S. 17 - 41.
Hauser, Przemysław: Mniejszość niemiecka w województwie pomorskim w latach 1920 - 1939, Wrocław u. a. 1981.
Hauser, Przemysław: Problem mniejszości narodowych, in: Sierpowski, Stanisław (Hrsg.): Polska na tle procesów rozwojowych Europy w XX wieku, Poznań 2002, S. 86 - 107.
Hein, Heidi: Der Piłsudski-Kult und seine Bedeutung für den polnischen Staat 1926 - 1939 [Materialien und Studien zur Ostmitteleuropa-Forschung, Bd. 9], Marburg 2002.

Heinen, Armin: Erscheinungsformen des europäischen Faschismus, in: Dipper, Christof; Klinkhammer, Lutz und Nützenadel, Alexander (Hrsg.): Europäische Sozialgeschichte. Festschrift für Wolfgang Schieder [Historische Forschungen, Bd. 68], Berlin 2000, S. 3 - 20.

Heller, Celia S.: On the Edge of Destruction. Jews of Poland between the two world wars, New York 1977.

Hemmerling, Zygmunt: Stronnictwa ludowe wobec Żydów i kwestii żydowskiej, in: KH, 96, 1989, H. 1 - 2, S. 155 - 181.

Hensel, Jürgen und Nordblom, Pia (Hrsg.): Hermann Rauschning. Materialien und Beiträge zu einer politischen Biographie, Osnabrück 2003.

Hildebrand, Klaus: Das vergangene Reich. Deutsche Außenpolitik von Bismarck bis Hitler 1871 - 1945, Stuttgart 1995.

von Hirschhausen, Ulrike und Leonhard, Jörn: Europäische Nationalismen im West-Ost-Vergleich. Von der Typologie zur Differenzbestimmung, in: dies. (Hrsg.): Nationalismen in Europa. West- und Osteuropa im Vergleich, Göttingen 2001, S. 11 - 45.

Hobsbawm, Eric J.: Nationen und Nationalismus. Mythos und Realität seit 1780, München ²1998.

Hobsbawm, Eric J.: Das Zeitalter der Extreme. Weltgeschichte des 20. Jahrhunderts, München ⁶2003.

Holzer, Jerzy: Die galizischen Juden, Deutschtum und Polentum, in: Maier, Robert und Stöber, Georg (Hrsg.): Zwischen Abgrenzung und Assimilation – Deutsche, Polen und Juden. Schauplätze ihres Zusammenlebens von der Zeit der Aufklärung bis zum Beginn des Zweiten Weltkrieges [Studien zur internationalen Schulbuchforschung, Bd. 88], Hannover 1996, S. 125 - 137.

Holzer, Jerzy: Mozaika polityczna Drugiej Rzeczypospolitej, Warszawa 1974.

Holzer, Jerzy: Polski ruch robotniczy wobec tradycji Trzeciego Maja, in: ders.: Dwa stulecia Polski i Europy. Teksty pisane w różnych porach wieku [Poznańskie Towarzystwo Przyjaciół Nauk, Bd. 17], Poznań 2004, S. 71 - 83.

Holzer, Jerzy: Upadek komunizmu i historiografia, in: Kosiewski, Piotr und Motyka, Grzegorz (Hrsg.): Historycy polscy i ukraińscy wobec problemów XX wieku, Kraków 2000, S. 5 - 10.

Hovi, Kalervo: Cordon sanitaire or barrière de l'Est? The Emergence of the New French Eastern European Alliance Policy 1917 - 1919 [Annales Universitatis Turkuensis, Serie B, Bd. 135], Turku 1975.

Hroch, Miroslav: Das Europa der Nationen. Die moderne Nationsbildung im europäischen Vergleich [Synthesen. Probleme europäischer Geschichte, Bd. 2], Göttingen 2005.

Jabłonowski, Marek: Sen o potędze Polski. Z dziejów ruchu byłych wojskowych w II Rzeczypospolitej 1918 - 1939 [Rozprawy i materiały Ośrodka Badań Naukowych im. Wojciecha Kętrzyńskiego w Olsztynie, Bd. 173], Olsztyn 1998.

Jachymek, Jan und Paruch, Waldemar (Hrsg.): Więcej niż Niepodległość. Polska myśl polityczna 1918 - 1939, Lublin 2001.

Jakubiak, Krzysztof: Wychowanie państwowe jako ideologia wychowawcza Sanacji. Kształtowanie i upowszechnianie w periodycznych wydawnictwach społeczno-kulturalnych i pedagogicznych, Bydgoszcz 1994.
Jakubowska, Barbara: Ruch ludowy wobec przeszłości narodowej (do 1939 r.), Warszawa 1995.
James, Harold: Geschichte Europas im 20. Jahrhundert. Fall und Aufstieg 1914 - 2001, München 2004.
Jaszczuk, Andrzej: Ewolucja ideowa Bolesława Piaseckiego 1932 - 1956, Warszawa 2005.
von Jena, Kai: Polnische Ostpolitik nach dem Ersten Weltkrieg. Das Problem der Beziehungen zu Sowjetrußland nach dem Rigaer Frieden von 1921 [Schriftenreihe der VfZ, Bd. 40], Stuttgart 1980.
Johnpoll, Bernard K.: The Politics of Futility. The General Jewish Workers Bund of Poland, 1917 - 1943, Ithaca - New York 1967.
Jockheck, Lars: Propaganda im Generalgouvernement. Die NS-Besatzungspresse für Deutsche und Polen 1939 - 1945 [Einzelveröffentlichungen des DHI Warschau, Bd. 15], Osnabrück 2006.
Kacperski, Kamil: System wyborczy do Sejmu i Senatu u progu Drugiej Rzeczypospolitej, Warszawa 2007.
Kaelble, Hartmut: Wege zur Demokratie. Von der Französischen Revolution zur Europäischen Union, Stuttgart - München 2001.
Kałwa, Dobrochna: Model kobiety aktywnej na tle sporów światopoglądowych. Ruch feministyczny w dwudziestoleciu międzywojennym, in: Żarnowska, Anna und Szwarc, Andrzej (Hrsg.): Równe prawa i nierówne szanse. Kobiety w Polsce międzywojennej, Warszawa 2000, S. 135 - 153.
Kałwa, Dobrochna: Politische Emanzipation durch nationale Mobilisierung? Bemerkungen zur Aktivität von Frauen im polnischen nationalen Lager der Zweiten Republik, in: Gehmacher, Johanna; Harvey, Elizabeth und Kemlein, Sophia (Hrsg.): Zwischen Kriegen. Nationen, Nationalismen und Geschlechterverhältnisse in Mittel- und Osteuropa 1918 - 1939 [Einzelveröffentlichungen des DHI Warschau, Bd. 7], Osnabrück 2004, S. 43 - 61.
Kałwa, Dobrochna: Polska doby rozbiorów i międzywojenna, in: Chwalba, Andrzej (Hrsg.): Obyczaje w Polsce. Od średniowiecza do czasów współczesnych, Warszawa 2005, S. 222 - 336.
Kappeler, Andreas: Rußland als Vielvölkerreich. Entstehung, Geschichte, Zerfall, München 1992.
Karolewicz, Grażyna: Środowiska kształtujące kadrę inteligencji katolickiej w okresie międzywojennym, in: Walewander, Edward (Hrsg.): Katolicka a liberalna myśl wychowawcza w Polsce w latach 1918 - 1939 [Biblioteka Pedagogiczna, Seria A: Studia, Bd. 3], Lublin 2000, S. 149 - 173.
Kawalec, Krzysztof: Narodowa Demokracja wobec faszyzmu 1922 - 1939. Ze studiów nad dziejami myśli politycznej obozu narodowego, Warszawa 1989
Kawalec, Krzysztof: Roman Dmowski 1864 - 1939, Wrocław - Warszawa - Kraków 2002.

Kawalec, Krzysztof: Spadkobiercy niepokornych. Dzieje polskiej myśli politycznej 1918 - 1939, Wrocław - Warszawa - Kraków 2000.
Kawalec, Krzysztof: Wizje ustroju państwa w polskiej myśli politycznej lat 1918 - 1939. Ze studiów nad dziejami polskiej myśli politycznej [Historia, Bd. 122], Wrocław 1995.
Kemlein, Sophia: Die Posener Juden. Entwicklungsprozesse einer polnischen Judenheit unter preußischer Herrschaft [Hamburger Veröffentlichungen zur Geschichte Mittel- und Osteuropas, Bd. 3], Hamburg 1997.
Kersten, Krystyna: Schlußbilanz, in: Śpiewak, Paweł (Hrsg.): Anti-Totalitarismus. Eine polnische Debatte, Frankfurt/Main 2003, S. 375 - 387.
Kessler, Wolfgang: Die gescheiterte Integration. Die Minderheitenfrage in Ostmitteleuropa 1919 - 1939, in: Lemberg, Hans (Hrsg.): Ostmitteleuropa zwischen den beiden Weltkriegen (1918 - 1939). Stärke und Schwäche der neuen Staaten, nationale Minderheiten [Tagungen zur Ostmitteleuropa-Forschung, Bd. 3], Marburg 1997, S. 161 - 188.
Kęsik, Jan: Naród pod bronią. Społeczeństwo w programie polskiej polityki wojskowej 1918 - 1939 [Historia, Bd. 137], Wrocław 1998.
Kęsik, Jan: Zaufany Komendanta. Biografia polityczna Jana Henryka Józewskiego 1892 - 1981 [Historia, Bd. 121], Wrocław 1995.
Kilian, Stanisław: Myśl edukacyjna Narodowej Demokracji w latach 1918 - 1939 [WSP im. KEN w Krakowie, Prace Monograficzne, Bd. 227], Kraków 1997.
Kizwalter, Tomasz: O nowoczesności narodu. Przypadek Polski, Warszawa 1999.
Klemensiewicz, Zenon: Historia języka polskiego, Warszawa ⁷1999.
Kleßmann, Christoph: Polnische Bergarbeiter im Ruhrgebiet 1870 - 1945. Soziale Integration und nationale Subkultur einer Minderheit in der deutschen Industriegesellschaft [Kritische Studien zur Geschichtswissenschaft, Bd. 30], Göttingen 1978.
Kłoskowska, Antonina: National Cultures at the Grass-Root Level, Budapest 2001.
Kochanowski, Jerzy: Horthy und Piłsudski – Vergleich der autoritären Regime in Ungarn und Polen, in: Oberländer, Erwin (Hrsg.): Autoritäre Regime in Ostmittel- und Südosteuropa 1919 - 1944, Paderborn 2001, S. 19 - 94.
Koko, Eugeniusz: W nadziei na zgodę. Polski ruch socjalistyczny wobec kwestii narodowościowej w Polsce (1918 - 1939), Gdańsk 1995.
Koko, Eugeniusz: Wolni z wolnymi. PPS wobec kwestii ukraińskiej w latach 1918 - 1925, Gdańsk 1991.
Kolbuszewski, Jacek: Kresy, Wrocław 1995.
Kołodziejczyk, Arkadiusz: Ruch ludowy a Kościół rzymskokatolicki w latach II Rzeczypospolitej, Warszawa 2002.
Konopka, Hanna: Edukacja historyczna w polskich szkołach powszechnych 1918 - 1939, Białystok 1987.
Korzec, Paweł: Der Block der Nationalen Minderheiten im Parlamentarismus Polens des Jahres 1922, in: ZfO, 24, 1975, S. 193 - 220.
Kornat, Marek: Polsko-niemiecka deklaracja o niestosowaniu przemocy z 26 stycznia 1934 r. i „polityka równowagi" w opiniach historyków niemieckich, in: Wojciechowski, Mieczysław (Hrsg.): Deklaracja polsko-niemiecka o niestosowaniu

przemocy z dnia 26 stycznia 1934 r. z perspektywy Polski i Europy w siedemdziesiątą rocznicę podpisania, Toruń 2005, S. 54 - 79.

Kosmala, Beate: Juden und Deutsche im polnischen Haus. Tomaszów Mazowiecki 1914 - 1939 [Dokumente – Texte – Materialien, veröffentlicht vom Zentrum für Antisemitismusforschung der TU Berlin, Bd. 28], Berlin 2001.

Kotowski, Albert S.: Hitlers Bewegung im Urteil der polnischen Nationaldemokratie [Studien der Forschungsstelle Ostmitteleuropa an der Universität Dortmund, Bd. 28], Wiesbaden 2000.

Kotowski, Albert S.: Polens Politik gegenüber seiner deutschen Minderheit 1919 - 1939 [Studien der Forschungsstelle Ostmitteleuropa an der Universität Dortmund, Bd. 23], Wiesbaden 1998.

Kowalska-Glikman, Stefania: Drobnomieszczaństwo polskie w warunkach rozwoju gospodarki kapitalistycznej (XIX wiek – lata międzywojenne), in: Żarnowski, Janusz (Hrsg.): Metamorfozy społeczne. Badania nad dziejami społeczeństwa polskiego XIX i XX wieku, Warszawa 1997, S. 79 - 107.

Kraft, Claudia: Das Eherecht in der Zweiten Polnischen Republik (1918 - 1939) und das gescheiterte Ideal gleichberechtigter Staatsbürgerschaft, in: Gehmacher, Johanna; Harvey, Elizabeth und Kemlein, Sophia (Hrsg.): Zwischen Kriegen. Nationen, Nationalismen und Geschlechterverhältnisse in Mittel- und Osteuropa 1918 - 1939 [Einzelveröffentlichungen des DHI Warschau, Bd. 7], Osnabrück 2004, S. 63 - 82.

Krasowski, Krzysztof: Episkopat katolicki w II Rzeczypospolitej. Myśl o ustroju państwa, postulaty, realizacja, Warszawa - Poznań 1992.

Krasuski, Jerzy: Tragiczna niepodległość. Polityka zagraniczna Polski w latach 1919 - 1945, Poznań 2000.

Krebs, Bernd: Nationale Identität und kirchliche Selbstbehauptung. Julius Bursche und die Auseinandersetzungen um Auftrag und Weg des Protestantismus in Polen 1917 - 1939 [Historisch-Theologische Studien zum 19. und 20. Jahrhundert, Bd. 6], Neukirchen-Vluyn 1993.

Krekeler, Norbert F.: Revisionsanspruch und geheime Ostpolitik der Weimarer Republik. Die Subventionierung der deutschen Minderheit in Polen [Schriftenreihe der VfZ, Bd. 27], Stuttgart 1973.

Krüger, Peter: Die Außenpolitik der Republik von Weimar, Darmstadt 1985.

Krüger, Peter: Ostmitteleuropa und das Staatensystem nach dem Ersten Weltkrieg: Im Spannungsfeld von Zentren, Peripherien, Grenzen und Regionen, in: Mühle, Eduard (Hrsg.): Mentalitäten – Nationen – Spannungsfelder. Studien zu Mittel- und Osteuropa im 19. und 20. Jahrhundert. Beiträge eines Kolloquiums zum 65. Geburtstag von Hans Lemberg [Tagungen zur Ostmitteleuropa-Forschung, Bd. 11], Marburg 2001, S. 53 - 68.

Krzemiński, Adam: Polen im 20. Jahrhundert. Ein historischer Essay, München ²1998.

Krzoska, Markus: Für ein Polen an Oder und Ostsee. Zygmunt Wojciechowski (1900 - 1955) als Historiker und Publizist [Einzelveröffentlichungen des DHI Warschau, Bd. 8], Osnabrück 2003.

Książek, Jarosław: Historyczne i współczesne wątki „idei jagiellońskiej" w narodowo-demokratycznej publicystyce i historiografii okresu międzywojennego, in: Studia Polityczne, 4, 1995, S. 147 - 163.
Kuhlemann, Frank-Michael: Modernisierung und Disziplinierung. Sozialgeschichte des preußischen Volksschulwesens 1794 - 1872 [Kritische Studien zur Geschichtswissenschaft, Bd. 96], Göttingen 1992.
Kulak, Teresa: Konstytucja 3 Maja w ideologii i praktyce politycznej Narodowej Demokracji, in: dies. (Hrsg.): Konstytucja 3 Maja z perspektywy dwusetnej rocznicy (1791 - 1991) [Historia, Bd. 110], Wrocław 1993, S. 81 - 93.
Kulczykowska, Anna: Programy nauczania historii w Polsce 1918 - 1932, Warszawa 1972.
Kumor, Bolesław und Obertyński, Zdzisław (Hrsg.): Historia Kościoła w Polsce, Bd. 2: 1764 - 1945, Teil 2: 1918 - 1945, Poznań - Warszawa 1979.
Kwiatkowski, Jerzy: Dwudziestolecie międzywojenne, Warszawa 2000.
Lässig, Simone: Jüdische Wege ins Bürgertum. Kulturelles Kapital und sozialer Aufstieg im 19. Jahrhundert [Bürgertum, N. F., Bd. 1], Göttingen 2004.
Lässig, Simone: Sprachwandel und Verbürgerlichung. Zur Bedeutung der Sprache im innerjüdischen Modernisierungsprozeß des frühen 19. Jahrhunderts, in: HZ, 270, 2000, S. 617 - 667.
Landau, Zbigniew und Tomaszewski, Jerzy: Zarys historii gospodarczej Polski 1918 - 1939, Warszawa ⁶1999.
Landau-Czajka, Anna: Co Alicja odkrywa po własnej stronie lustra. Życie codzienne, społeczeństwo, władza w podręcznikach dla dzieci najmłodszych 1785 - 2000, Warszawa 2002.
Landau-Czajka, Anna: W jednym stali domu... Koncepcje rozwiązania kwestii żydowskiej w publicystyce polskiej lat 1933 - 1939, Warszawa 1998.
Landau-Czajka, Anna: Zasymilowana inteligencja żydowska w okresie międzywojennym, in: Żarnowski, Janusz (Hrsg.): Metamorfozy społeczne, Bd. 2: Badania nad dziejami społecznymi XIX i XX w., Warszawa 2007, S. 127 - 153.
Langewiesche, Dieter: Nation, Nationalismus, Nationalstaat: Forschungsstand und Forschungsperspektiven, in: NPL, 40, 1995, S. 190 - 236.
Langewiesche, Dieter: Nation, Nationalismus, Nationalstaat in Deutschland und Europa, München 2000.
Langewiesche, Dieter: Was heißt „Erfindung der Nation?" Nationalgeschichte als Artefakt – oder Geschichtsdeutung als Machtkampf, in: HZ, 277, 2003, S. 593 - 617.
Leczyk, Marian: Lata polokarneńskie (maj 1926 - listopad 1932), in: Łossowski, Piotr (Hrsg.). Historia dyplomacji polskiej, Bd. 4: 1918 - 1939, Warszawa 1995, S. 313 - 445.
Leinwand, Artur: Polska Partia Socjalistyczna wobec wojny polsko-radzieckiej 1919 - 1920, Warszawa 1964.
Lemberg, Hans: Polnische Konzeptionen für ein neues Polen in der Zeit vor 1918, in: Schieder, Theodor (Hrsg.): Staatsgründungen und Nationalitätsprinzip [Studien zur Geschichte des neunzehnten Jahrhunderts. Abhandlung der For-

schungsabteilung des Historischen Seminars der Universität Köln, Bd. 7], München - Wien 1974, S. 85 - 104.
Leszczyński, Mariusz: Elementy wychowawcze działalności Akcji Katolickiej, in: Walewander, Edward (Hrsg.): Katolicka a liberalna myśl wychowawcza w Polsce w latach 1918 - 1939 [Biblioteka Pedagogiczna, Seria A: Studia, Bd. 3], Lublin 2000, S. 121 - 147.
Lewandowski, Józef: Federalizm. Litwa i Białoruś w polityce obozu belwederskiego (XI 1918 - IV 1920), Warszawa 1962.
Lindner, Rainer: Im Reich der Zeichen. Osteuropäische Geschichte als Kulturgeschichte, in: Osteuropa, 53, 2003, S. 1757 - 1771.
Linek, Bernard und Struve, Kai: Einleitung, in: dies. (Hrsg.): Nacjonalizm a tożsamość narodowa w Europie Środkowo-Wschodniej w XIX i XX w./Nationalismus und nationale Identität in Ostmitteleuropa im 19. und 20. Jahrhundert [Tagungen zur Ostmitteleuropa-Forschung, Bd. 12], Opole - Marburg 2000, S. 6 - 10.
Linz, Juan J.: Totalitäre und autoritäre Regime [Potsdamer Textbücher, Bd. 4], Berlin 2000.
Lisiak, Henryk: Propaganda obronna w Polsce w rozstrzygającym okresie wojny polsko-sowieckiej 1920 r., in: Dzieje Najnowsze, 29, 1997, H. 4, S. 3 - 25.
Lundgreen-Nielsen, Kay: The Polish Problem at the Paris Peace Conference. A Study of the Politics of the Great Powers and the Poles, 1918 - 1919, Odense 1979.
Łossowski, Piotr: Dyplomacja Drugiej Rzeczypospolitej. Z dziejów polskiej służby zagranicznej, Warszawa 1992.
Łuczak, Aleksander: Samorząd terytorialny w programach i działalności stronnictw ludowych 1918 - 1939, Warszawa 1973.
Łukomski, Grzegorz: Problem „korytarza" w stosunkach polsko-niemieckich i na arenie międzynarodowej 1919 - 1939. Studium polityczne, Warszawa 2000.
Mahla, Daniel: „Mit di massn in di gassn". Der sozialistische Maifeiertag und seine Bedeutung für den Allgemeinen Jüdischen Arbeiterbund in Polen, Magisterarbeit, HU Berlin 2005.
Mai, Gunther: Europa 1918 - 1939. Mentalitäten, Lebensweisen, Politik zwischen den Weltkriegen, Stuttgart - Berlin - Köln 2001.
Main, Izabella: Trudne świętowanie. Konflikty wokół obchodów świąt państwowych i kościelnych w Lublinie (1944 - 1989), Warszawa 2004.
Maj, Ewa: Związek Ludowo-Narodowy 1919 - 1928. Studium z dziejów myśli politycznej, Lublin 2000.
Majewski, Stanisław: Szkolnictwo prywatne w systemie edukacyjnym II Rzeczypospolitej, in: Walewander, Edward (Hrsg.): Katolicka a liberalna myśl wychowawcza w Polsce w latach 1918 - 1939 [Biblioteka Pedagogiczna, Seria A: Studia, Bd. 3], Lublin 2000, S. 309 - 334.
Makowski, Bronisław: Litwini w Polsce 1920 - 1939, Warszawa 1986.
Markowski, Mieczysław B.: Społeczeństwo województwa kieleckiego wobec wojny polsko-bolszewickiej 1919 - 1920, Kielce 1998.

Materski, Wojciech: Tarcza Europy. Stosunki polsko-sowieckie 1918 - 1939, Warszawa 1994.
Mauersberg, Stanisław: Komu służyła szkoła w Drugiej Rzeczypospolitej? Społeczne uwarunkowania dostępu do oświaty [Monografie z dziejów oświaty, Bd. 33], Wrocław u. a. 1988.
Mauersberg, Stanisław: Szkolnictwo powszechne dla mniejszości narodowych w Polsce w latach 1918 - 1939, Wrocław - Warszawa - Kraków 1968.
Maurer, Trude: Plädoyer für eine vergleichende Erforschung der jüdischen Geschichte Deutschlands und Osteuropas, in: GG, 27, 2001, S. 308 - 326.
Mazower, Mark: Der dunkle Kontinent. Europa im 20. Jahrhundert, Berlin 2000.
Mędrzecki, Włodzimierz: Chłopi, in: Żarnowski, Janusz (Hrsg.): Społeczeństwo polskie w XX wieku, Warszawa 2003, S. 107 - 169.
Mędrzecki, Włodzimierz: Druga Rzeczpospolita w historiografii polskiej po 1989 roku, in: Kosiewski, Piotr und Motyka, Grzegorz (Hrsg.): Historycy polscy i ukraińscy wobec problemów XX wieku, Kraków 2000, S. 11 - 20.
Mędrzecki, Włodzimierz: Młodzież wiejska na ziemiach Polski centralnej 1864 - 1939. Procesy socjalizacji, Warszawa 2002.
Mędrzecki, Włodzimierz: Niemiecka interwencja militarna na Ukrainie w 1918 roku, Warszawa 2000.
Melzer, Emanuel: No Way Out. The Politics of Polish Jewry 1935 - 1939, Cincinnati 1997.
Miąso, Józef (Hrsg.): Historia wychowania. Wiek XX, Warszawa ²1981.
Mich, Włodzimierz: Obcy w polskim domu. Nacjonalistyczne koncepcje rozwiązania problemu mniejszości narodowych 1918 - 1939, Lublin 1994.
Mich, Włodzimierz: Polscy konserwatyści, in: Jachymek, Jan und Paruch, Waldemar (Hrsg.): Więcej niż Niepodległość. Polska myśl polityczna 1918 - 1939, Lublin 2001, S. 29 - 68.
Michałowski, Stanisław: Religia i Kościół rzymskokatolicki w myśli politycznej Polskiej Partii Socjalistycznej 1918 - 1939, in: Jachymek, Jan (Hrsg.): Religia i Kościół rzymskokatolickiej w polskiej myśli politycznej 1919 - 1993, Lublin 1995, S. 135 - 150.
Mick, Christoph: Ethnische Gewalt und Pogrome in Lemberg 1914 - 1941, in: Osteuropa, 53, 2003, S. 1810 - 1829.
Mickiewicz, Piotr: Wolne Miasto Gdańsk w koncepcjach wojskowych i polityce II Rzeczypospolitej, Toruń 2000.
Mikołejko, Anna: Tradycja i nowe drogi wiary. Obrazy religijności polskiej w latach 1918 - 1939, Warszawa 2001.
Milow, Caroline: Die ukrainische Frage 1917 - 1923 im Spannungsfeld der europäischen Diplomatie [Veröffentlichungen des Osteuropa-Institutes München, Reihe: Geschichte, Bd. 68], Wiesbaden 2002.
Möller, Horst: Europa zwischen den Weltkriegen [Oldenbourg Grundriß der Geschichte, Bd. 21], München 1998.
Mommsen, Wolfgang J.: Der Vertrag von Versailles. Eine Bilanz, in: Krumeich, Gerd (Hrsg.): Versailles 1919. Ziele – Wirkung – Wahrnehmung [Schriften der Bibliothek für Zeitgeschichte, N. F., Bd. 14], Essen 2001, S. 351 - 360.

Monasterska, Teresa: Narodowy Związek Robotniczy 1905 - 1920, Warszawa 1973.
Müller, Michael G.: Adel und Elitenwandel in Ostmitteleuropa. Fragen an die polnische Adelsgeschichte im ausgehenden 18. und 19. Jahrhundert, in: ZfO, 50, 2001, S. 497 - 513.
Müller, Sven Oliver: Die Nation als Waffe und Vorstellung. Nationalismus in Deutschland und Großbritannien im Ersten Weltkrieg [Kritische Studien zur Geschichtswissenschaft, Bd. 158], Göttingen 2002.
Musielak, Michał: Nazizm w interpretacjach polskiej myśli politycznej okresu międzywojennego, Poznań 1997.
Myśliński, Jerzy: Kobiety w polskich ugrupowaniach lewicowych 1918 - 1939, in: Żarnowska, Anna und Szwarc, Andrzej (Hrsg.): Równe prawa i nierówne szanse. Kobiety w Polsce międzywojennej, Warszawa 2000, S. 61 - 76.
Newman, Karl J.: Zerstörung und Selbstzerstörung der Demokratie. Europa 1918 - 1938, Stuttgart ²1984.
Niedhart, Gottfried: Die Außenpolitik der Weimarer Republik [Enzyklopädie deutscher Geschichte, Bd. 53], München 1999.
Niedhart, Gottfried: Internationale Beziehungen 1917 - 1947, Paderborn u. a. 1989.
Niendorf, Mathias: Minderheiten an der Grenze. Deutsche und Polen in den Kreisen Flatow (Złotów) und Zempelburg (Sępolno Krajeńskie) 1900 - 1939 [DHI Warschau, Quellen und Studien, Bd. 6], Wiesbaden 1997.
Nipperdey, Thomas: Deutsche Geschichte 1866 - 1918, Bd. 2: Machtstaat vor der Demokratie, München ²1993.
Nolte, Ernst: Der Faschismus in seiner Epoche. Die Action Française, der italienische Faschismus, der deutsche Nationalsozialismus, München 1963.
Nolte, Ernst: Die Krise des liberalen Systems und die faschistischen Bewegungen, München 1968.
Nolte, Paul: Die Ordnung der deutschen Gesellschaft. Selbstentwurf und Selbstbeschreibung im 20. Jahrhundert, München 2000.
Nordblom, Pia: Für Glaube und Volkstum. Die katholische Wochenzeitung „Der Deutsche in Polen" (1934 - 1939) in der Auseinandersetzung mit dem Nationalsozialismus [Veröffentlichungen der Kommission für Zeitgeschichte, Reihe B: Forschungen, Bd. 87], Paderborn u. a. 2000.
Oberländer, Erwin: Die Präsidialdiktaturen in Ostmitteleuropa – „Gelenkte Demokratie?", in: ders. (Hrsg.): Autoritäre Regime in Ostmittel- und Südosteuropa 1919 - 1944, Paderborn u. a. 2001, S. 3 - 17.
Ogonowski, Jerzy: Uprawnienia językowe mniejszości narodowych w Rzeczypospolitej Polskiej 1918 - 1939, Warszawa 2000.
Okoń, Wincenty: Lebensbilder polnischer Pädagogen, hrsg. von Oskar Anweiler [Bildung und Erziehung, Beiheft 10], Köln - Weimar - Wien 1999.
Paczkowski, Andrzej: Prasa polska w latach 1918 - 1939, Warszawa 1980.
Papierzyńska-Turek, Mirosława: Sprawa ukraińska w Drugiej Rzeczypospolitej 1922 - 1926, Kraków 1979.
Paprocka, Wanda: Kultura i tradycja ludowa w polskiej myśli humanistycznej XIX i XX wieku [Biblioteka etnografii polskiej, Bd. 39], Wrocław u. a. 1986.

Paruch, Waldemar: Obóz piłsudczykowski (1926 - 1939), in: Jachymek, Jan und Paruch, Waldemar (Hrsg.): Więcej niż Niepodległość. Polska myśl polityczna 1918 - 1939, Lublin 2001,
Paruch, Waldemar: Od konsolidacji państwowej do konsolidacji narodowej. Mniejszości narodowe w myśli politycznej obozu piłsudczykowskiego (1926 – 1939), Lublin 1997.
Paxton, Robert O.: The Anatomy of Fascism, London 2004.
Payne, Stanley: Geschichte des Faschismus. Aufstieg und Fall einer europäischen Bewegung, München - Berlin 2001.
Pickhan, Gertrud: Frauenrollen, Geschlechterdifferenz und nation-building in der Geschichte Polens, in: Jahrbuch Polen, 17, 2006, S. 7 - 17.
Pickhan, Gertrud: „Gegen den Strom". Der Allgemeine Jüdische Arbeiterbund „Bund" in Polen 1918 - 1939 [Schriften des Simon-Dubnow-Instituts Leipzig, Bd. 1], Stuttgart - München 2001.
Pickhan, Gertrud: „Wo sind die Frauen?" Zur Diskussion um Weiblichkeit, Männlichkeit und Jüdischkeit im Allgemeinen Jüdischen Arbeiterbund („Bund"') in Polen, in: Gehmacher, Johanna; Harvey, Elizabeth und Kemlein, Sophia (Hrsg.): Zwischen Kriegen. Nationen, Nationalismen und Geschlechterverhältnisse in Mittel- und Osteuropa 1918 - 1939 [Einzelveröffentlichungen des DHI Warschau, Bd. 7], Osnabrück 2004, S. 187 - 199.
Piela, Michał: Udział duchowieństwa w polskim życiu politycznym w latach 1914 - 1924, Lublin 1994.
Pietrzak, Jerzy: Świątynia Opatrzności Bożej, in: Kulak, Teresa (Hrsg.): Konstytucja 3 Maja z perspektywy dwusetnej rocznicy (1791 - 1991 [Historia, Bd. 110], Wrocław 1993, S. 17 - 24.
Piotrowski, Mirosław: Reemigracja Polaków z Niemiec 1918 - 1939, Lublin 2000.
Piskorski, Jan M.: Volksgeschichte à la polonaise. Vom Polonozentrismus im Rahmen der sogenannten polnischen Westforschung, in: Hettling, Manfred (Hrsg.): Volksgeschichten im Europa der Zwischenkriegszeit, Göttingen 2003, S. 239 - 271.
Pisuliński, Jan: Nie tylko Petlura. Kwestia ukraińska w polskiej polityce zagranicznej w latach 1918 - 1923, Wrocław 2004.
Piwowarski, Władysław: Formy duszpasterstwa parafialnego w Polsce odrodzonej (1918 - 1939), in: Zieliński, Zygmunt und Wilk, Stanisław (Hrsg.): Kościół w II Rzeczypospolitej [Towarzystwo Naukowe KUL, Rozprawy Wydziału Teologiczno-Kanonicznego, Bd. 48], Lublin 1980, S. 129 - 148.
Planert, Ute: Der dreifache Körper des Volkes: Sexualität, Biopolitik und die Wissenschaften vom Leben, in: GG, 26, 2000, S. 539 - 576.
Planert, Ute: Vater Staat und Mutter Germania. Zur Politisierung des weiblichen Geschlechts im 19. und 20. Jahrhundert, in: dies. (Hrsg.): Nation, Politik und Geschlecht. Frauenbewegungen und Nationalismus in der Moderne, Frankfurt/Main 2000, S. 15 - 65.
Pogonowska, Ewa: Dzikie biesy. Wizja Rosji sowieckiej w antybolszewickiej poezji polskiej lat 1917 - 1932, Lublin 2002.

Pollmann, Viktoria: „Ungebetene Gäste im christlichen Haus". Die Kirche und die Juden im Polen des 19. und frühen 20. Jahrhunderts, in: Blaschke, Olaf und Mattioli, Aram (Hrsg.): Katholischer Antisemitismus im 19. Jahrhundert. Ursachen und Traditionen im internationalen Vergleich, Zürich 2000, S. 259 - 286.

Pollmann, Viktoria: Untermieter im christlichen Haus. Die Kirche und die „jüdische Frage" in Polen anhand der Bistumspresse der Metropolie Krakau 1926 - 1939 [Jüdische Kultur, Bd. 9], Wiesbaden 2001.

Porter, Brian: When Nationalism Began to Hate. Imagining Modern Politics in Nineteenth-Century Poland, New York - Oxford 2000.

Pryt, Karina: Kulturbeziehungen zwischen Hitler-Deutschland und Piłsudskis Polen, 1934 - 1939, in: Martin, Bernd und Stempin, Arkadiusz (Hrsg.): Deutschland und Polen in schweren Zeiten 1933 - 1990, Poznań 2004, S. 35 - 49.

Pufelska, Agnieszka: Die „Judäo-Komune". Ein Feindbild in Polen. Das polnische Selbstverständnis im Schatten des Antisemitismus 1939 - 1948, Paderborn u. a. 2007.

Puszka, Alicja: Nauczyciele historii i geografii państwowych szkół średnich w Galicji w okresie autonomii (1868 - 1914) [Towarzystwo Naukowe KUL, Źródła i monografie, Bd. 184], Lublin 1999.

Ramus, Walenty: Prawo o obywatelstwie polskim, Warszawa 1968.

Ratajczakowa, Dobrochna: „Cud nad Wisłą". Obrazy wojny polsko-sowieckiej 1920 roku w dramacie popularnym lat dwudziestych, in: Roczniki Humanistyczne, 42, 1994, H. 1: Literatura polska, S. 123 - 136.

Rauschning, Hermann: Die Abwandrung der Deutschen aus Westpreußen und Posen nach dem Ersten Weltkrieg. Ein Beitrag zur Geschichte der deutsch-polnischen Beziehungen 1919 - 1929. Die Entdeutschung Westpreußens und Posens, hrsg. von Wolfgang Kessler, Essen 1988.

Recker, Marie-Luise: Die Außenpolitik des Dritten Reiches [Enzyklopädie deutscher Geschichte, Bd. 8], München 1990.

Reichardt, Sven: Bourdieu für Historiker? Ein kultursoziologisches Angebot an die Sozialgeschichte, in: Mergel, Thomas und Welskopp, Thomas (Hrsg.): Geschichte zwischen Kultur und Gesellschaft. Beiträge zur Theoriedebatte, München 1997, S. 71 - 93.

Reichardt, Sven: Faschistische Kampfbünde. Gewalt und Gemeinschaft im italienischen Squadrismus und in der deutschen SA [Industrielle Welt, Bd. 63], Köln - Weimar - Wien 2002.

Requate, Jörg: Öffentlichkeit und Medien als Gegenstände historischer Analyse, in: GG, 25, 1999, S. 5 - 32.

Rhode, Gotthold: Kleine Geschichte Polens, Darmstadt 1965.

Ritter, Rüdiger: Musik für die Nation. Der Komponist Stanisław Moniuszko (1819 - 1872) in der polnischen Nationalbewegung des 19. Jahrhunderts [Mitteleuropa – Osteuropa, Bd. 6], Frankfurt/Main 2005.

Ritter, Rüdiger: Wem gehört Musik? Warschau und Wilna im Widerstreit nationaler und städtischer Musikkulturen vor 1939 [Forschungen zur Geschichte und Kultur des östlichen Mitteleuropa, Bd. 19], Stuttgart 2004.

Ronikier, Jerzy: Mit i historia. Mitotwórcze funkcje podręczników szkolnych, Kraków 2002.
Roos, Hans: Geschichte der Polnischen Nation 1918 - 1985. Von der Staatsgründung im Ersten Weltkrieg bis zur Gegenwart, Stuttgart - Berlin - Köln - Mainz ⁴1986.
Roschke, Carsten: Der umworbene „Urfeind". Polen in der nationalsozialistischen Propaganda 1934 - 1939, Marburg 2000.
Rudnicki, Szymon: Obóz Narodowo Radykalny. Geneza i działalność, Warszawa 1985.
Rudnicki, Szymon: Ziemiaństwo, in: Żarnowski, Janusz (Hrsg.): Społeczeństwo polskie w XX wieku, Warszawa 2003, S. 205 - 260.
Rudnicki, Szymon: Żydzi w parlamencie II Rzeczypospolitej, Warszawa 2004.
Ryczan, Kazimierz: Badania socjologiczne nad religijnością w Polsce (analiza socjologiczna), in: Renz, Regina und Meducka, Marta (Hrsg.): Społeczno-kulturalna działalność Kościoła katolickiego w Polsce XIX i XX wieku, Kielce 1994, S. 9 - 16.
Ryszka, Franciszek: Państwo autorytarne, in: Żarnowski, Janusz: (Hrsg.): Dyktatury w Europie środkowo-wschodniej 1918 - 1939. Konferencja naukowa w Instytucie Historii Polskiej Akademii Nauk 2 - 3 XII 1971, Wrocław u. a. 1973, S. 115 - 126.
Saage, Richard: Faschismus. Konzeptionen und historische Kontexte. Eine Einführung, Wiesbaden 2007.
Schattkowsky, Ralph: Deutschland und Polen von 1918/19 bis 1925. Deutsch-polnische Beziehungen zwischen Versailles und Locarno [Europäische Hochschulschriften, Reihe 3: Geschichte und ihre Hilfswissenschaften, Bd. 619], Frankfurt/Main 1994.
Schattkowsky, Ralph: Deutsch-polnischer Minderheitenstreit nach dem Ersten Weltkrieg, in: ZfO, 48, 1999, S. 524 - 554.
Schattkowsky, Ralph: Nationalismus in Ostmitteleuropa. Tendenzen und Aufgaben der Forschung, in: ders. und Müller, Michael G. (Hrsg.): Identitätenwandel und nationale Mobilisierung in Regionen ethnischer Diversität. Ein regionaler Vergleich zwischen Westpreußen und Galizien am Ende des 19. und Anfang des 20. Jahrhunderts [Tagungen zur Ostmitteleuropa-Forschung, Bd. 20], Marburg 2004, S. 1 - 27.
Scheuermann Martin: Minderheitenschutz contra Konfliktverhütung? Die Minderheitenpolitik des Völkerbundes in den zwanziger Jahren [Materialien und Studien zur Ostmitteleuropa-Forschung, Bd. 6], Marburg 2000.
Schmiechen-Ackermann, Detlef: Diktaturen im Vergleich, Darmstadt 2002.
Schmidt, Christoph: Das Schtetl aus neuer Sicht, in: HZ, 277, 2003, S. 115 - 124.
Schot, Bastiaan: Nation oder Staat? Deutschland und der Minderheitenschutz. Zur Völkerbundpolitik der Stresemann-Ära [Historische und landeskundliche Ostmitteleuropa-Studien, Bd. 4], Marburg 1988.
Schulze, Hagen: Staat und Nation in der europäischen Geschichte, München 1994.

Schuster, Frank M.: Zwischen allen Fronten. Osteuropäische Juden während des Ersten Weltkriegs (1914 - 1919) [Lebenswelten osteuropäischer Juden, Bd. 9], Köln - Weimar - Wien 2004.

Sdvižkov, Denis: Das Zeitalter der Intelligenz. Zur vergleichenden Geschichte der Gebildeten in Europa [Synthesen. Probleme europäischer Geschichte, Bd. 3], Göttingen 2006.

Segert, Dieter: Die Grenzen Osteuropas. 1918, 1945, 1989 – Drei Versuche im Westen anzukommen, Frankfurt - New York 2002.

Sierpowski, Stanisław: Mniejszości narodowe jako instrument polityki międzynarodowej 1919 - 1939, Poznań 1986.

Snyder, Timothy: The Reconstruction of Nations. Poland, Ukraine, Lithuania, Belarus 1569 - 1999, New Haven - London 2003.

Sobczak, Mieczysław: Stosunek Narodowej Demokracji do kwestii żydowskiej w Polsce w latach 1918 - 1939, Wrocław 1998.

Sosnowska, Anna: Zrozumieć zacofanie. Spory historyków o Europę Wschodnią (1947 - 1994), Warszawa 2004.

Stachura, Peter D.: The Battle of Warsaw, August 1920, and the Development of the Second Polish Republic, in: ders. (Hrsg.): Poland between the Wars, 1918 - 1939, Houndmills - London - New York 1998, S. 43 - 59.

Stachura, Peter D.: National Identity and the Ethnic Minorities in Early Inter-War Poland, in: ders. (Hrsg.): Poland between the Wars, 1918 - 1939, Houndmills - London - New York 1998, S. 60 - 86.

Stachura, Peter D.: The Second Republic in Historiographical Outline, in: ders. (Hrsg.): Poland between the Wars, 1918 - 1939, Houndmills - London - New York 1998, S. 1 - 12.

Stawarz, Andrzej: Ludowe źródła kultury robotniczej (Wyniki badań nad środowiskiem robotników Żyrardowa XIX i początku XX w.), in: Kołodziejczyk, Arkadiusz und Paruch, Waldemar (Hrsg.): Dzieje i przyszłość ruchu ludowego, Bd. 1: Od zaborów do okupacji (1895 - 1945), Warszawa 2002, S. 671 - 685.

Steffen, Katrin: Jüdische Polonität. Ethnizität und Nation im Spiegel der polnischsprachigen jüdischen Presse 1918 - 1939 [Schriften des Simon-Dubnow-Instituts, Bd. 3], Göttingen 2004.

Stegmann, Natali: Die Töchter der geschlagenen Helden. „Frauenfrage", Feminismus und Frauenbewegung in Polen 1863 - 1919 [DHI Warschau, Quellen und Studien, Bd. 11], Wiesbaden 2000.

Steiner, Zara: The Treaty of Versailles Revisited, in: Dockrill, Michael und Fisher, John (Hrsg.): The Paris Peace Conference, 1919. Peace without Victory? Houndmills, Basingstoke 2001, S.13 - 33.

Stobiecki, Rafał: Between Continuity and Discontinuity: A Few Comments on the Post-War Development of Polish Historical Research, in: ZfO, 50, 2001, S. 214 - 229.

Struve, Kai: Bauern und Nation in Galizien. Über Zugehörigkeit und soziale Emanzipation im 19. Jahrhundert [Schriften des Simon-Dubnow-Instituts, Bd. 4], Göttingen 2005.

Struve, Kai: Die Juden in der Sicht der polnischen Bauernparteien vom Ende des 19. Jahrhunderts bis 1939, in: ZfO, 48, 1999, S. 184 - 225.

Strzelecki, Michał: Mechanizmy rozwijania aktywności obywatelskiej w systemie niedemokratycznym w myśli politycznej polskiego ruchu ludowego w latach trzydziestych XX wieku, in: Kołodziejczyk, Arkadiusz und Paruch, Waldemar (Hrsg.): Dzieje i przyszłość ruchu ludowego, Bd. 1: Od zaborów do okupacji (1895 – 1945), Warszawa 2002, S. 717 - 730.

Suleja, Włodzimierz: Józef Piłsudski, Wrocław - Warszawa - Kraków 1995.

Swietoslawski, Moritz: Der Organismus der territorialen Selbstverwaltung in der Republik Polen [Abhandlungen des Instituts für Politik, ausländisches öffentliches Recht und Völkerrecht an der Universität Leipzig, Heft 13], Leipzig 1931.

Szczechura, Tomasz: Związek Nauczycielstwa Polskiego. Zarys dziejów 1919 - 1939, Warszawa 1957.

Szczepański, Janusz: Społeczeństwo Polski w walce z najazdem bolszewickim 1920 roku, Warszawa - Pułtusk 2000.

Szumiło, Mirosław: Ukraińska Reprezentacja Parlamentarna w Sejmie i senacie RP (1928 - 1939), Warszawa 2007.

Szwed, Ryszard: Samorządowa Rzeczpospolita 1918 - 1939. Wybór rozpraw i artykułów, Częstochowa 2000.

Śliwa, Michał: Mit rewolucji w polskiej myśli politycznej w latach trzydziestych XX wieku, in: Archiwum Historii Myśli Politycznej, 5, 1995, S. 89 – 99.

Śliwa, Michał: Partie robotnicze wobec strajku chłopskiego 1937 r., in: Gmitruk, Janusz und Pasiak-Wąsik, Dorota (Hrsg.): Bądźcie solidarni! Wielki Strajk Chłopski 1937 r., Warszawa 2007, S. 61 - 67.

Śliwa, Michał: Polska myśl polityczna w I polowie XX wieku, Wrocław - Warszawa - Kraków 1993.

Śliwa, Michał: Polska myśl socjalistyczna (1918 - 1949), Wrocław u. a. 1988.

Śliwa, Michał: Udział kobiet w wyborach i ich działalność parlamentarna, in: Żarnowska, Anna und Szwarc, Andrzej (Hrsg.): Równe prawa i nierówne szanse. Kobiety w Polsce międzywojennej, Warszawa 2000, S. 49 - 60.

Śpiewak, Paweł: Polnische Erfahrungen mit dem Totalitarismus, in: ders. (Hrsg.): Anti-Totalitarismus. Eine polnische Debatte, Frankfurt/Main 2003, S. 15 - 67.

Tacke, Charlotte: Geschlecht und Nation, in: Kemlein, Sophia (Hrsg.): Geschlecht und Nationalismus in Mittel- und Osteuropa 1848 - 1918 [Einzelveröffentlichungen des DHI Warschau, Bd. 4], Osnabrück 2000, S.15 - 32.

Tazbir, Janusz: Spory o przedmurze, in: ders.: Pożegnanie z XX wiekiem, Warszawa 1999, S. 111 - 134.

Ther, Philipp: Deutsche Geschichte als imperiale Geschichte. Polen, slawophone Minderheiten und das Kaiserreich als kontinentales Empire, in: Conrad, Sebastian und Osterhammel, Jürgen (Hrsg.): Das Kaiserreich transnational. Deutschland in der Welt 1871 - 1914, Göttingen 2004, S. 129 - 148.

Tomaszewski, Jerzy: Niepodległa Rzeczpospolita, in: ders. (Hrsg.): Najnowsze dzieje Żydów w Polsce w zarysie (do 1950 roku), Warszawa 1993, S. 143 - 269.

Tomaszewski, Jerzy: Ojczyzna nie tylko Polaków. Mniejszości narodowe w Polsce w latach 1918 - 1939, Warszawa 1985.

Tomaszewski, Jerzy: Rzeczpospolita wielu narodów, Warszawa 1985.
Torzecki, Ryszard: Kwestia ukraińska w Polsce w latach 1923 - 1929, Kraków 1989.
Troebst, Stefan: „Intermarium" und „Vermählung mit dem Meer". Kognitive Karten und Geschichtspolitik in Ostmitteleuropa, in: GG, 28, 2002, S. 435 - 469.
Trzebiatowski, Klemens: Szkolnictwo w województwie pomorskim w latach 1920 - 1939 [Gdańskie Towarzystwo Naukowe, Wydział I: Nauk Społecznych i Humanistycznych, Seria Monografii, Bd. 82], Wrocław u. a. 1986.
Ursprung, Daniel: Faschismus in Ostmittel- und Südosteuropa: Theorien, Ansätze, Fragestellungen, in: Hausleitner, Mariana und Roth, Harald (Hrsg.): Der Einfluss von Faschismus und Nationalsozialismus auf Minderheiten in Ostmittel- und Südosteuropa, München 2006, S. 9 - 52.
Uschakow, Alexander: Verfassungen und Minderheitenrecht, in: Lemberg, Hans (Hrsg.): Ostmitteleuropa zwischen den beiden Weltkriegen (1918 - 1939). Stärke und Schwäche der neuen Staaten, nationale Minderheiten [Tagungen zur Ostmitteleuropa-Forschung, Bd. 3], Marburg 1997, S. 201 - 224.
Walczak, Bogdan: Zarys dziejów języka polskiego, Wrocław 1999.
Waleszczak, Radosław: Przasnysz i powiat przasnyski w latach 1866 - 1939, Przasnysz 1999.
Walicki, Andrzej: The Three Traditions in Polish Patriotism and their Contemporary Relevance, Bloomington 1988.
Walicki, Andrzej: The Troubling Legacy of Roman Dmowski, in: East European Politics and Societies, 14, 2000, S. 12 - 46.
Waltz, Kenneth N.: Theory of International Politics, New York u. a. 1979.
Wandycz, Piotr S.: France and Her Eastern Allies 1919 - 1925. French-Czechoslovak-Polish Relations from the Paris Peace Conference to Locarno, Minneapolis 1962.
Wapiński, Roman: Historia polskiej myśli politycznej XIX i XX wieku, Gdańsk 1997.
Wapiński, Roman: Kształtowanie się w Polsce w latach 1922 - 1939 poglądów na ruchy faszystowskie w Europie, in: Studia nad Faszyzmem i Zbrodniami Hitlerowskimi, 9, 1985, S. 89 - 125.
Wapiński, Roman: Narodowa demokracja 1893 - 1939. Ze studiów nad dziejami myśli nacjonalistycznej, Wrocław - Warszawa - Kraków - Gdańsk 1980.
Wapiński, Roman: Polska i małe ojczyzny Polaków. Z dziejów kształtowania się świadomości narodowej w XIX i XX wieku po wybuch II wojny światowej, Wrocław - Warszawa - Kraków 1994.
Wapiński, Roman: Świadomość polityczna w Drugiej Rzeczypospolitej, Łódź 1989.
Wapiński, Roman: Wpływ I i II wojny światowej na losy sprawy polskiej i przemiany w sferze świadomości politycznej Polaków. Próba porównania, in: Dzieje Najnowsze, 28, 1996, S. 25 - 30.
Wapiński, Roman: Życie polityczne Pomorza w latach 1920 - 1939 [Roczniki Towarzystwa Naukowego w Toruniu, Bd. 81,2], Warszawa - Poznań - Toruń 1983.
Wehler, Hans-Ulrich: Deutsche Gesellschaftsgeschichte, Bd. 4: Vom Beginn des Ersten Weltkriegs bis zur Gründung der beiden deutschen Staaten, München 2003.

Wehler, Hans-Ulrich: Nationalismus. Geschichte, Formen, Folgen, München 2001.
Wehrhahn, Torsten: Die Westukrainische Volksrepublik. Zu den polnisch-ukrainischen Beziehungen und dem Problem der ukrainischen Staatlichkeit in den Jahren 1918 bis 1923, Berlin 2004.
Weichlein, Siegfried: Nationalbewegungen und Nationalismus in Europa, Darmstadt 2006.
Weiss, Yfaat: Deutsche und polnische Juden vor dem Holocaust. Jüdische Identität zwischen Staatsbürgerschaft und Ethnizität 1933 - 1940 [Schriftenreihe der VfZ, Bd. 81], München 2000.
Węcławowicz, Grzegorz: Przestrzeń i społeczeństwo współczesnej Polski. Studium z geografii społeczno-gospodarczej, Warszawa 2002.
Wierzbicki, Andrzej: Naród – Państwo w polskiej myśli historycznej dwudziestolecia międzywojennego, Wrocław - Warszawa - Kraków - Gdańsk 1978.
Wilk, Stanisław: Episkopat Kościoła katolickiego w Polsce w latach 1918 - 1939, Warszawa 1992.
Wilson, Peter: Introduction: The Twenty Years' Crisis and the Category of ‚Idealism' in International Relations, in: Long, David und Wilson, Peter (Hrsg.): Thinkers of the Twenty Year's Crisis. Inter-War Idealism Reassessed, Oxford 1995, S. 1 - 24.
Winkler, Heinrich August: Einleitung. Der Nationalismus und seine Funktionen, in: ders. (Hrsg.): Nationalismus, Königstein/Ts. ²1985, S. 5 - 46.
Witkowski, Wojciech: Historia administracji w Polsce 1764 - 1989, Warszawa 2007.
Wojciechowski, Mieczyław: Mniejszość niemiecka na Pomorzu wobec polsko-niemieckiej deklaracji o niestosowaniu przemocy z 1934 r., in: ders. (Hrsg.): Deklaracja polsko-niemiecka o niestosowaniu przemocy z dnia 26 stycznia 1934 r. z perspektywy Polski i Europy w siedemdziesiątą rocznicę podpisania, Toruń 2005, S. 317 - 325.
Wojciechowski, Mieczysław: Powrót Pomorza do Polski 1918 - 1920 [Roczniki Towarzystwa Nauowego w Toruniu, Bd. 80,2], Warszawa - Poznań - Toruń 1981.
Wojtas, Andrzej: Mit demokracji politycznej a demokratyzacja, in: Wojdyło, Witold (Hrsg.): Wychowanie a polityka. Mity i stereotypy w polskiej myśli społecznej XX wieku, Toruń 2000, S. 23 - 27.
Wolfrum, Edgar: Geschichte als Politikum – Geschichtspolitik. Internationale Forschungen zum 19. und 20. Jahrhundert, in: NPL, 41, 1996, S. 376 - 401.
Wright, Jonathan: Gustav Stresemann 1878 - 1929. Weimars größter Staatsmann, München 2006.
Wróbel, Piotr: Przed odzyskaniem niepodległości, in: Tomaszewski, Jerzy (Hrsg.): Najnowsze dzieje Żydów w Polsce w zarysie (do 1950 roku), Warszawa 1993, S. 13 - 139.
Wrzesiński, Wojciech: Wersalskie doświadczenia a myślenia Polaków o przyszłości, in: ders. (Hrsg.): Wrocławskie studia z dziejów najnowszych [Historia, Bd. 90], Wrocław 1992, S. 85 - 106.
Wynot, Edward D.: Polish Politics in Transition. The Camp of National Unity and the Struggle for Power, 1935 - 1939, Athens 1974.

Wynot, Edward D.: Warsaw Between the World Wars. Profile of the Capital City in a Developing Land, 1918 - 1939 [East European Monographs, Bd. 129], New York 1983.
Zalewska, Gabriela: Ludność żydowska w Warszawie w okresie międzywojennym, Warszawa 1996.
Zawada, Andrzej: Dwudziestolecie literackie, Wrocław 1998.
Zdaniewicz, Witold: Akcja Katolicka w Drugiej Rzeczypospolitej, in: Renz, Regina und Meducka, Marta (Hrsg.): Społeczno-kulturalna działalność Kościoła katolickiego w Polsce XIX i XX wieku, Kielce 1994, S. 73 - 87.
Zernack, Klaus: Schwerpunkte und Entwicklungslinien der polnischen Geschichtswissenschaft nach 1945, in: Kienast, Walther (Hrsg.): Literaturberichte über Neuerscheinungen zur außerdeutschen Geschichte [HZ-Sonderhefte, Bd. 5], München 1973, S. 202 - 323.
Ziółek, Jan: Konstytucja 3 maja. Kościelno-narodowe tradycje święta [Towarzystwo Naukowe KUL, Prace Wydziału Historyczno-Filologicznego, Bd. 60], Lublin 1991.
Żarnowska, Anna: Wspólnoty lokalne i środowiskowe w miastach i miasteczkach ziem polskich pod zaborami i po odzyskaniu niepodległości: tradycyjne czy nowoczesne? in: dies. (Hrsg.): Wspólnoty lokalne i środowiskowe w miastach i miasteczkach ziem polskich pod zaborami i po odzyskaniu niepodległości [Studia nad dziejami miast i mieszczaństwa, Bd. 3], Toruń 1998, S. 3 - 20.
Żarnowski, Janusz: Historia społeczna. Nadzieje, rozczarowania, perspektywy, in: ders. (Hrsg.): Metamorfozy społeczne. Badania nad dziejami społeczeństwa polskiego XIX i XX wieku, Warszawa 1997, S. 9 - 34.
Żarnowski, Janusz: Inteligencja, in: ders. (Hrsg.): Społeczeństwo polskie w XX wieku, Warszawa 2003, S. 73 - 106.
Żarnowski, Janusz: Kobiety w strukturze społeczno-zawodowej Polski międzywojennej, in: Żarnowska, Anna und Szwarc, Andrzej (Hrsg.): Równe prawa i nierówne szanse. Kobiety w Polsce międzywojennej, Warszawa 2000, S. 95 - 108.
Żarnowski, Janusz: „Ojczyzną był język i mowa..." Kultura polska a odbudowa niepodległości w 1918 r., Warszawa 1978.
Żarnowski, Janusz: Polska 1918 - 1939. Praca, technika, społeczeństwo, Warszawa ²1999.
Żarnowski, Janusz: Polska Partia Socjalistyczna w latach 1935 - 1939, Warszawa 1965.
Żarnowski, Janusz: Reżimy autorytarne w Europie środkowej i południowo-wschodniej w okresie międzywojennym – analogie i różnice, in: ders. (Hrsg.): Dyktatury w Europie środkowo-wschodniej 1918 - 1939. Konferencja naukowa w Instytucie Historii Polskiej Akademii Nauk 2 - 3 XII 1971, Wrocław u. a. 1973, S. 23 - 40.
Żarnowski, Janusz: Społeczeństwo, in: ders. (Hrsg.): Społeczeństwo polskie w XX wieku, Warszawa 2003, S. 8 - 72.
Żarnowski, Janusz: Społeczeństwo Drugiej Rzeczypospolitej, Warszawa 1973.
Żerko, Stanisław: Stosunki polsko-niemieckie 1938 - 1939, Poznań 1998.

Żmichrowska, Maria Jolanta: Polskie stowarzyszenia nauczycielskie o orientacji narodowo-katolickiej (chrześcijańskiej), in: Życie i Myśl, 44, 1996, H. 4, S. 43 - 56.

Żurek, Waldemar Witold: Szkolnictwo zakonne w okresie międzywojennym na tle prądów epoki, in: Walewander, Edward (Hrsg.): Katolicka a liberalna myśl wychowawcza w Polsce w latach 1918 - 1939 [Biblioteka Pedagogiczna, Seria A: Studia, Bd. 3], Lublin 2000, S. 335 - 362.

Żyndul, Jolanta: Państwo w państwie? Autonomia narodowo-kulturalna w Europie środkowowschodniej w XX wieku, Warszawa 2000.

Personenregister

Adalbert, Hl., s. Wojciech, św.
Adamski, ks. Stanisław 38, 175, 332, 515
Anderson, Benedict 12
Aquin, Thomas von 559
Arciszewski, Tomasz 101, 132, 370, 380, 567

Balicki, Zygmunt 284, 332
Baliński, Ignacy 279
Balzer, Oswald 279, 361
Bałaban, Józef 233
Barda, Franciszek 528
Barlicki, Norbert 258, 371, 477
Bartel, Kazimierz 255, 554
Bartoszewicz, Joachim 125, 172, 174, 424
Baudouin de Courtenay, Jan Niecisław 93
Bauer, Otto 26
Bauer, Roland 162
Beck, Józef 465, 467, 470, 519, 537
Berezowski, Zygmunt 284
Bielecki, Tadeusz 253, 396, 523
Bilczewski, ks. Józef 119
Blum, Léon 498
Bobrzyński, Michał 363
Bojanowski, Michał 312
Bojko, Jakub 261
Bolesław Chrobry, König von Polen 395, 427
Borski, Jan Maurycy 157
Bourdieu, Pierre 23
Boy-Żeleński, Tadeusz 546
Breuilly, John 18
Brodziński, Kazimierz 123
Bryła, Stanisław 86
Budënnyj, Semën Michajlovič 127
Budzińska-Tylicka, Justyna 71

Bujak, Franciszek 72, 187
Bukowiecki, Stanisław 123
Bursche, Julius 185
Byszewska, Alicja 331
Bystroń, Jan Stanisław 188, 339, 550

Cat Mackiewicz s. Mackiewicz
Cavan, Lord Frederick Lambart 164
Chałasiński, Józef 568, 571
Chamberlain, Arthur Neville 468
Chudoba, Stanisław 519
Čičerin, Georgij 149
Clemenceau, Georges 211
Conring, Hermann 363
Coudenhove-Kalergi, Graf Richard von 546
Curie s. Skłodowska-Curie
Curzon, Lord George 127
Czapiński, Kazimierz 323, 397, 437, 441 f., 444, 460
Czartoryska, Izabella 344
Czerwiński, Sławomir 288

Daladier, Edouard 468
Daszyńska-Golińska, Zofia 40, 71, 139, 567
Daszyński, Ignacy 37 - 40, 49, 101, 195, 255, 275, 285, 295, 434, 437, 494
Davies, Norman 116, 529
Dąbrowska, Maria 72, 84, 88, 155, 235, 469, 549
Dąbrowski, Jan 234
Dąbski, Jan 257, 373
Diamand, Herman 173
Dmowski, Roman 19, 113 f., 123, 125, 131, 151, 176, 184, 207, 253, 261, 279, 284 f., 332, 393, 395 f., 486

Doboszyński, Adam 399
Dobraniecki, Stanisław 253, 500
Dobrowolski, Antoni Bolesław 100, 564
Dobrzyńska-Rybicka, Ludwika 53, 59, 62
Dowbor-Muśnicki, Józef 421
Downarowicz, Medard 380
Dubnow, Simon 548
Dulębianka, Maria 41
Dunin-Borkowski, Piotr 305
Dzierżyński, Feliks 135, 149, 163

Engels, Friedrich 76
Erlich, Henryk 377
Eschenburg, Theodor 272

Falski, Marian 235
Ferdinand I., König von Rumänien 164
Foch, Ferdinand 161, 164
Foucault, Michel 22
Frycz-Modrzewski, Andrzej 219

Gamelin, Maurice 493
Gebert, Bronisław 234
Gebert, Gizela 234
Gellner, Ernest 12, 170, 212, 246
Gerrits, André 151
Giertych, Jędrzej 395, 399, 413, 426 f., 523
Godlewski, Marceli 426 f.
Goetel, Ferdynand 235
Grabski, Stanisław 90 f., 124, 126, 128 f., 170, 174, 176, 182 f., 188, 198, 244 - 248, 251, 276, 351, 354, 359, 381
Grabski, Władysław 127 f., 131, 162, 498
Gralewski, ks. Jan 210
Grzymała-Siedlecki, Adam 132, 135, 279

Halecki, Oskar 466, 537
Haller, Anna 220

Haller, Józef 132, 147, 160 f., 164 f., 220, 284, 324, 541
Hausner, Artur 173
Hitler, Adolf 400, 468, 483
Hlond, ks. August 408
Hobsbawm, Eric 12, 21, 139, 581
Hołówko, Tadeusz 70, 169 f., 172, 188, 256, 381, 452
Hrabyk, Klaudiusz 396
Hroch, Miroslav 13

Iwaszkiewicz, Jarosław 235, 551

Janta-Połczyńska, Marja 345
Janta-Połczyński, Leon 345
Jaroszyński, Maurycy 309
Jaworowski, Rajmund 367, 370
Jaworski, Władysław Leopold 532
Jędrzejewicz, Janusz 266, 288
Józewski, Henryk 351 f.

Kaczyński, Zygmunt 332
Kaden-Bandrowski, Juliusz 235, 546
Kakowski, ks. Aleksander 36, 94, 119, 132, 136, 159, 196 - 198, 225, 270, 275, 285, 324, 329, 332, 334 f., 408, 528, 559, 569
Kamieński, Antoni 208
Kautsky, Karl 76
Kennan, George F. 14
Key, Ellen 520
Kizwalter, Tomasz 18
Klawerowa, Józefa 159
Kłoskowska, Antonina 13
Koc, Adam 39
Kolberg, Oskar 550
Kołłątaj, ks. Hugo 212, 323
Kon, Feliks 134
Koneczny, Feliks 111, 550
Konopczyński, Władysław 537
Konopnicka, Maria 279, 344, 496
Korczak, Janusz 383
Korfanty, Wojciech 38, 167, 258, 261, 324
Korniłowicz, ks. Władysław 559

Kosmowska, Irena 84, 444
Kostka, św. Stanisław 242
Koszutski, Kazimierz 267
Kościuszko, Tadeusz 236, 431, 436
Kozicki, Stanisław 125
Krahelska, Halina 571
Kramář, Karel 90
Krystman, Feliks 189
Kruczkowski, Leon 571
Krzeczkowski, Konstanty 306, 476
Krzywicki, Ludwik 67, 76 f.
Kuncewiczowa, Maria 235
Kurmanowa, Zofja 385
Kutrzeba, Stanisław 184

Lechoń, Jan 193
Lelewel, Joachim 65
Lenin, Vladimir Il'ič 135, 149
Le Rond, Henri 166
Leszczyński, Jakub 548
Libelt, Karol 123
Lieberman, Herman 173, 258
Liebknecht, Wilhelm 76
Limanowski, Bolesław 70 f., 76, 411 f.
Linz, Juan 272 f.
Lipski, Józef 483
Lloyd George, David 127
Lubomirski, ks. Zdzisław 36, 39
Lutosławski, ks. Kazimierz 322

Łopuszański, Tadeusz 243
Łukasiewicz, Jan 218
Łukomski, Stanisław 408

Mackiewicz, Stanisław Cat 118, 120, 169, 174
Marchlewski, Julian 134
Matakiewicz, Antoni 176
Matejko, Jan 545
Mendelson, Stanisław 67
Męczkowska, Teodora 41
Mickiewicz, Adam 123, 195, 239, 280, 545 f.
Millerand, Alexandre 127

Mochnacki, Maurycy 123
Moniuszko, Stanisław 274 f., 545
Moraczewska, Zofia 41, 256
Moraczewski, Jędrzej 35, 39, 41, 68, 101, 126, 172, 255
Morcinek, Gustaw 571
Morgenthau, Henry sen. 167
Mosdorf, Jan 396, 523
Moszczeńska, Izabela 40
Mościcki, Ignacy 255, 275, 280, 300, 472 f., 490
Musioł, Paweł 446
Mussolini, Benito 392, 412, 468

Nałkowska, Zofia 62, 92, 235, 551, 571
Nałkowski, Wacław 62
Napiórkowski, Aleksander 162
Napiórkowski, Antoni 262
Narutowicz, Gabriel 93 f.
Niedziałkowski, Mieczysław 172, 321, 413, 448, 507, 518, 522
Niewiadomski, Eligiusz 94
Nitsch, Kazimierz 187
Nocznicki, Tomasz 84, 231
Nolte, Ernst 394
Norwid, Cyprian 239
Nowak, Stanisław 215, 228, 244, 266, 555
Nowakowski, Marceli 129
Nowicki, Zygmunt 214, 266, 299
Nowowiejski, Antoni Julian 270

Obrębski, Józef 563
Oppman, Artur 279
Oraczewski, ks. Czesław 40
Orzeszkowa, Eliza 296, 344
Ostrowski, Józef August 37
Osuchowski, Antoni 199

Padacz, ks. Władysław 92
Paderewska, Helena 250
Paderewski, Ignacy Jan 111 - 113, 172, 184, 207, 211, 250, 285
Pannenkowa, Irena 165

Pant, Eduard 452, 459
Parecki, Franciszek 515
Perl, Feliks 176
Petlura, Symon 120, 177, 184, 351
Petruševyč, Jevhen 79, 103
Piasecki, Bolesław 397 f., 400, 430
Pieracki, Bronisław 303, 306, 398, 452
Piłsudski, Józef 15, 19, 30, 38 f., 41, 43, 113, 115, 117 f., 120, 122 - 124, 126, 130 - 132, 135, 156, 158, 160 - 165, 174, 176, 198, 255 - 258, 261 f., 266 - 269, 274, 276, 279 - 282, 284 - 286, 305, 319, 324, 347 - 349, 351, 365 f., 371, 396, 403, 405, 407, 410, 412, 423, 437, 443, 455, 465, 470 f., 492 - 495, 498, 518, 534, 537 - 539, 575, 584 f.
Pius XI. 279, 333
Platerówna, Emilia 345
Pohoska, Hanna 500
Poniatowski, Juliusz 72, 176
Popławski, Jan Ludwik 65, 284
Porowski, Marceli 476
Porter, Brian 18
Poszwiński, Adam 38
Potocka, Klaudyna 344
Prauss, Ksawery 214, 218
Prokopowiczówna, Zofja 344
Próchnik, Adam 357, 397, 409, 444
Pryłucki, Noach 547 f.
Przeorski, Tadeusz 89
Przeździecki, Henryk 408
Pufendorf, Samuel 362 f.
Putek, Józef 323

Radek, Karl 149
Radlińska, Helena 72
Radwański, Stanisław 262
Rataj, Maciej 62 f., 72, 153, 218
Rauschning, Hermann 181
Rej, Mikołaj 219
Ribbentrop, Joachim von 483
Rodziewiczówna, Maria 344

Rothfels, Hans 170
Rowid, Henryk 211, 382
Rudnicki, Adolf 571
Rybarski, Roman 351
Rychliński, Stanisław 85, 336 f., 562, 568
Rydz-Śmigły, Edward 403, 437, 473, 490, 495, 510 f.
Rzepecki, Tadeusz 77 f., 87 f.
Rzepecki, Witold 77 f., 87 f.
Rżewski, Aleksy 188 f.

Sapieha, Eustachy 164
Schmoller, Gustav 90
Schulz, Bruno 571
Sempołowska, Stefania 41
Sienkiewicz, Henryk 173, 199, 545
Sikorska, Anna 345, 550
Sikorski, Władysław 160
Siwik, Bronisław 203
Skarga, Piotr 323
Składkowski, Felicjan Sławoj 487
Skłodowska-Curie, Maria 344
Skoczek, Czesław 265, 348
Skorupka, ks. Ignacy 161, 427
Skrzyński, Aleksander 115
Skulski, Leopold 104, 106
Słonimski, Antoni 462
Słowacki, Juliusz 239, 545
Snyder, Timothy 19
Sosnkowski, Kazimierz 495
Spasowski, Władysław 382
Spengler, Oswald 91
Stanisław Kostka, św. s. Kostka
Starzyński, Stefan 477, 480
Staszic, Stanisław 323
Stemler, Józef 279
Stobiecki, Rafał 20
Stomma, Stanisław 559
Stresemann, Gustav 317
Stroński, Stanisław 134, 164
Strzelecki, Jan 305 f.
Studnicki, Władysław 121
Strzetelski, Stanisław 156
Sulimirska, Felicja 344

Szacki, Jakub 548
Szaliński, Jerzy 265
Szeptycki, Stanisław 163
Szober, Stanisław 234
Szujski, Józef 363
Szymański, Antoni 559
Szymański, Julian 275

Śliwińska-Zarzecka, Maria 514, 569, 572
Śmigły-Rydz s. Rydz-Śmigły
Świętosławski, Wojciech 487

Švehla, Antonín 90

Thomas, William I. 53, 574
Toeplitz, Teodor 308
Tomaszewski, Jerzy 20
Trąmpczyński, Wojciech 51 f., 159, 334
Treviranus, Gottfried 319
Trockij, Lev Davidovič 149, 163
Tuchačevskij, Michail Nikolaevič 127, 135
Turowicz, Jerzy 559
Turowski, Konstanty 560
Tuwim, Julian 372, 548, 551

Unszlicht, Józef 135

Vojtěch s. Wojciech, św.

Walicki, Andrzej 19
Wapiński, Roman 19, 176
Wasilewska, Wanda 571
Wehler, Hans-Ulrich 15
Weinreich, Maks 548
Weygand, Maxime 161, 493
Wieciński, Feliks 356
Wierczak, Karol 360, 392
Wilhelm II, Kaiser von Deutschland 39
Wilson, Woodrow 17, 314 f.

Witos, Wincenty 37 f., 119, 128, 131, 153, 155, 255, 257 f., 434 f., 437, 469, 494
Wojciech, św. 399
Wojciechowski, Stanisław 94, 255
Wojciechowski, Zygmunt 124, 537
Woroniecki, o. Jacek Adam 554
Wright, Jonathan 317
Wycech, Czesław 353, 563
Wyszyński, ks. Stefan 92, 559

Zaleski, August 319
Zamoyski, Maurycy 93
Zaremba, Zygmunt 413
Zarzecki, Lucjan 554
Zdzitowiecki, ks. Stanisław 119
Zelwerowicz, Aleksander 71
Znaniecki, Florian 53, 91, 574
Zygmunt III. Waza, König von Polen 323

Żabko-Potopowicz, Antoni 430
Żarnowski, Janusz 561 f., 568
Żerko, Stanisław 467
Żeromski, Stefan 138, 156, 158

INDUSTRIELLE WELT
SCHRIFTENREIHE DES ARBEITSKREISES FÜR MODERNE SOZIALGESCHICHTE
Herausgegeben von Andreas Eckert und Joachim Rückert

Eine Auswahl.

Band 69: Martin Lengwiler
RISIKOPOLITIK IM SOZIALSTAAT
DIE SCHWEIZERISCHE UNFALL-VERSICHERUNG (1870–1970)
2006. XVIII, 445 S. 7 s/w-Abb. Gb.
ISBN 978-3-412-08606-0

Band 70: Bettina Hitzer
IM NETZ DER LIEBE
DIE PROTESTANTISCHE KIRCHE UND IHRE ZUWANDERER IN DER METROPOLE BERLIN (1849–1914)
2006. XII, 446 S. 16 s/w-Abb. auf 16 Taf. Gb.
ISBN 978-3-412-08706-7

Band 71: Thomas Kroll
KOMMUNISTISCHE INTELLEKTUELLE IN WESTEUROPA
FRANKREICH, ÖSTERREICH, ITALIEN UND GROSSBRITANNIEN IM VERGLEICH (1945–1956)
2007. XII, 775 S. Gb.
ISBN 978-3-412-10806-9

Band 72: Jakob Vogel
EIN SCHILLERNDES KRISTALL
EINE WISSENSGESCHICHTE DES SALZES ZWISCHEN FRÜHER NEUZEIT UND MODERNE
2008. 522 S. Gb. ISBN 978-3-412-15006-8

Band 73: Friedrich Wilhelm Graf, Klaus Große Kracht (Hg.)
RELIGION UND GESELLSCHAFT
EUROPA IM 20. JAHRHUNDERT
2007. X, 416 S. Gb.
ISBN 978-3-412-20030-5

Band 74: Thomas M. Bohn
MINSK – MUSTERSTADT DES SOZIALISMUS
STADTPLANUNG UND URBANISIERUNG IN DER SOWJETUNION NACH 1945
2008. XVI, 410 S. 35 s/w-Abb auf 32 Taf. Gb.
ISBN 978-3-412-20071-8

Band 75: Alexandra Binnenkade
KONTAKTZONEN
JÜDISCH-CHRISTLICHER ALLTAG IN LENGNAU
2009. 317 S. 9 s/w-Abb. im Text und 8 farb. Karten auf 8 Taf. ISBN 978-3-412-20322-1

Band 76: Sarah Vanessa Losego
FERN VON AFRIKA
DIE GESCHICHTE DER NORDAFRIKANISCHEN »GASTARBEITER« IM FRANZÖSISCHEN INDUSTRIEREVIER VON LONGWY (1945–1990)
2009. 559 S. Gb. ISBN 978-3-412-20432-7

Band 77: Ute Daniel / Axel Schildt (Hg.)
MASSENMEDIEN IM EUROPA DES 20. JAHRHUNDERTS
2010. Ca. 416 S. Gb.
ISBN 978-3-412-20443-3

Band 78: Stephanie Zloch
POLNISCHER NATIONALISMUS
POLITIK UND GESELLSCHAFT ZWISCHEN DEN BEIDEN WELTKRIEGEN
2010. 631 S. Gb.
ISBN 978-3-412-20543-0

böhlau

BÖHLAU VERLAG, URSULAPLATZ 1, 50668 KÖLN. T: +49(0)221 913 90-0
INFO@BOEHLAU.DE, WWW.BOEHLAU.DE | KÖLN WEIMAR WIEN